KB071961

# 중국, 대국의 신화

중화제국 정치의 토대

孔子去葉返乎蔡長
沮桀溺偶而耕孔子
過之使子路問津焉
曰滔滔者天下皆是
也而誰與易之且爾
與其從避人之士豈
若從避世之士哉耰
而不輟
聖在濟人
周流不止
隱在潔身
潛藏不起
仕兮止兮
各隨其時
沮兮溺兮
豈能如斯

공자의 주유천하_춘추전국의 혼란기, 공자는 유가의 이상적인 정치이념을 실현할 수 있는 제후를 찾아 천하를 주유했다. 『공자성적도孔子聖蹟圖』 중 「자로문진 子路問津」(김진여金振汝, 1700, 비단에 채색, 32×57cm, 국립중앙박물관 소장)

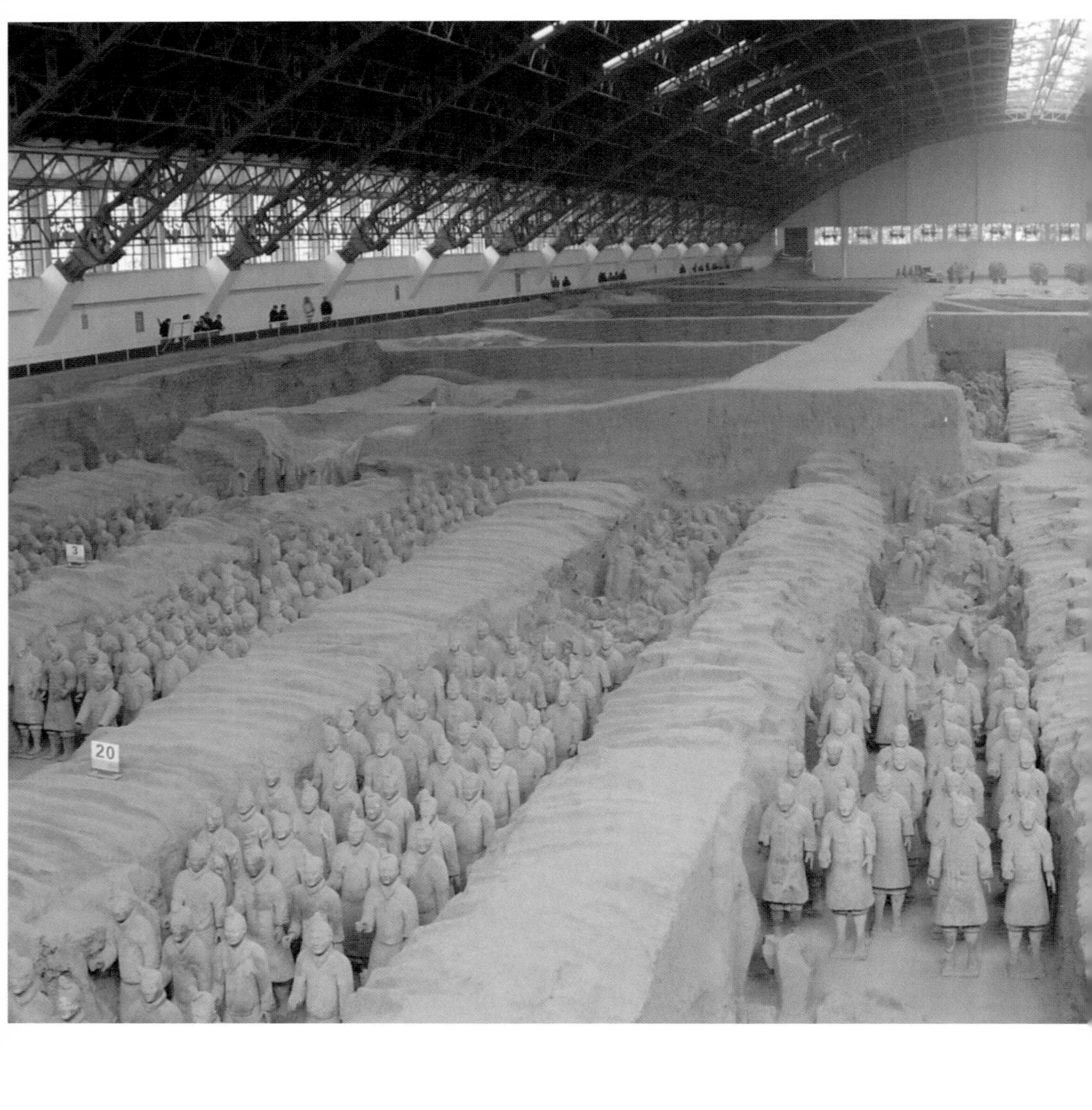
3
20

**만리장성**_진시황이 1만 리에 이르는 장성을 쌓았다는 기록이 있지만, 오늘날 일반적으로 알려진 북경 부근의 만리장성은 명 시기에 축조된 것이다. 장성은 중국의 농경 문화와 북방의 유목 문화를 분리하는 경계로서 간주된다. 그렇지만 장성은 양자의 관계를 안정시키는 기능은 하지 못했다. 중국은 강할 때 그 북쪽에 새로운 장성을 쌓았고, 북방민족들은 때로 장성을 넘어 중국 전체를 지배했다. 장성은 유사 이래 중국과 북방민족들 간의 끊임없는 공방을 상징적으로 보여준다. 사진은 영국 출신의 사진가 허버트 폰팅Herbert Ponting(1870-1935)이 촬영한 1907년 즈음의 명 시기 만리장성이다.

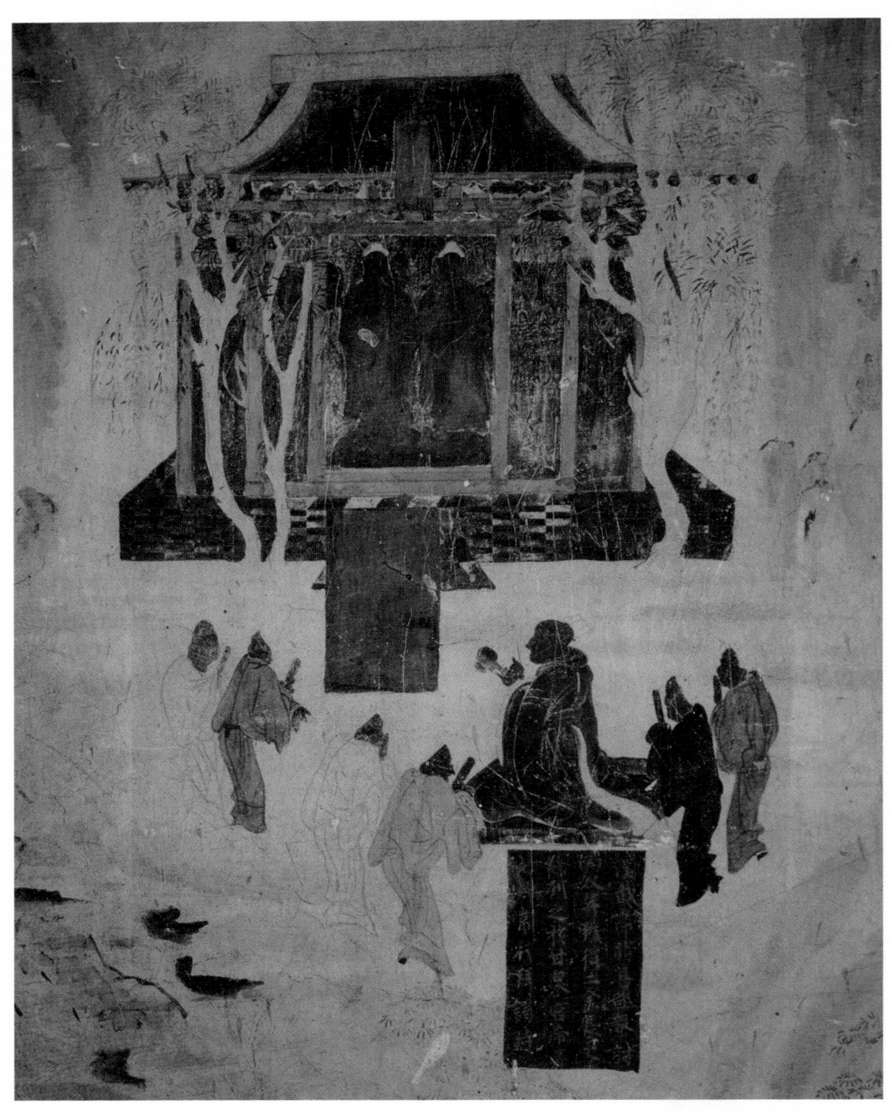

**한무제**_전한의 제7대 황제로, 유학을 바탕으로 통치했다. 해외 원정을 감행했으며, 흉노를 크게 무찌르 고, 남월·위만조선 등을 멸망시켜 당시 한족 역사상 두 번째로 넓은 영토를 만들어 전성기를 열었다. 중국 역사상 시황제·강희제 등과 더불어 중국의 가장 위대한 황제 중 한 사람으로 꼽힌다. 그림은 돈황 막고굴莫高窟에서 발견된 벽화로, 무제가 흉노를 치고 빼앗은 커다란 두 금불상을 경배 하는 장면이 담겨 있다.

# 중국, 대국의 신화

## 중화제국 정치의 토대

성균관대학교
출 판 부

## 목차

# 서문

중국에 대해 가장 먼저 생각나는 특징이 무엇인지 물어보면, 적지 않은 사람들이 '나라가 큰 것', 즉 '대국大國'의 이미지를 꼽을 것이다. 그리고 그 기준은 주로 인구나 영토와 같은 계량적인 것들이다. 다른 특징들은 부가적인 것들로서 대개 그 크기에서 파생된다. 인구가 다수라서 군사적 역량이나 국내 시장이 크고, 영토가 넓어서 식량 생산량이 많다. 이렇게 보면 중국의 국력은 무엇보다도 나라가 크기 때문인 것이 사실이다.

최근 세계사적 현상의 하나가 중국의 부상인데, 이와 관련해서도 대국적 측면이 두드러진다. 즉, 경제대국·문화대국·군사대국·인구대국·자본대국·소비대국·짝퉁대국·책임대국·대국경제·대국문화·대국관계·대국굴기大國崛起·대국주의·대국외교·대국병 등 각종 측면에서 대국적 특성이 부각되고 있는 것이다.

한국 사람들은 약간 비아냥거리는 말로 중국을 '때국'이라고 부르기도 하는데, 조선시대에도 그랬던 모양이다. 물론 연암 박지원에 의하면, '때국'은 '대국'이 아니라 '되국', 즉 오랑캐의 나라라는 의미로서, 청淸나라를 비하하는 표현이라고 한다. 그럼에도 공식적으로 조선은 청나라를 '대국'

이나 '상국上國', 자신을 '소국'이나 '소방小邦' 등으로 불렀다. '대국'은 단지 외형적 크기를 넘어 정치와 문화상의 우위를 내포하였으니, '때국'과 '대국'을 함께 쓴 우리 선조들의 심정도 참 복잡했으리라!

이제 중국이 대국으로 다시 등장하면서 그것이 한반도를 둘러싼 동아시아 질서에 미칠 결과에 대해 관심이 커지고 있다. 주지하는 것처럼 근대 이전 동아시아 질서는 오늘날의 중국 지역을 장악했던 국가에 의해 좌우되었다. 그 주체가 한족에 국한되지 않고 북방 유목민족들인 시기도 적지 않았지만, 어떤 경우이든 그러한 '비대칭적 구조'는 공고하게 유지되어 왔다. 근대 이후에는 중국 이외에도 러시아·일본·미국 등이 각축을 벌임으로써 일정한 대칭적 구조가 형성되었다. 그렇지만 이제 중국 중심의 비대칭적 구조로 회귀할 가능성이 제기되고 있다.

그렇다면 좀 더 본질적이고 직접적인 질문을 해 보자. 중국은 언제부터 대국이 되었을까? 그리고 대국의 통치를 위한 정치체제는 어떤 것이었을까? 역사적으로 중국이 분열과 통합을 반복했던 것은 대국으로 유지되는 데 어떠한 내재적인 어려움이 있었음을 보여 주는 건 아닌가? 이와 함께 대국의 등장은 동아시아에 어떤 국제질서를 가져왔는가? 초기 대국화 과정과 그 결과로 형성된 대국의 정치체제 그리고 거기에 상응하는 국제질서에 대한 고찰은, 동아시아의 현재 질서에 대한 이해와 더불어 미래에 대한 전망의 출발이 될 수 있을 것이다.

물론 적지 않은 역사서들은 위의 질문들에 대한 나름의 해답을 제시하고 있다. 다만 정치학적 연구는 문제를 직접적으로 제기하고, 동시에 역사적 사실의 기술보다는 이론적·실증적 방법을 통해서 일정한 규칙성을 밝힐 것을 요구한다. 그와 함께 거시적 차원에서 문제에 접근하여 각각의 부분들 사이의 전체적인 연계성을 밝힐 필요가 있다.

정치학에서 국가는 정치가 이루어지는 중요한 단위이고, 정치는 권력관계에 의거한다. 그렇다면 국가의 진화는 권력관계를 떠나서 설명하기 힘들 것이다. 마찬가지로 중국에서 대국의 형성은 그 진화의 결과이며, 중국의 대국화도 권력의 내재적 속성과 관련해서 설명되어야 한다. 여기서 권력의 속성, 특히 확대나 집중의 메커니즘에 대해서 연구할 필요성이 제기된다. 특히 인간의 권력욕이 무한하다는 전제하에서 본다면, 권력의 작용에 대한 연구에서는 그에 대한 제약적 측면이 더욱 중시되어야 한다. 권력은 동원 가능한 권력자원에 의존할 뿐만 아니라 자체의 내재적 요인에 의해 제약을 받을 수밖에 없다. 이를테면 적을 공략하기 위해서는 될 수 있으면 많은 군대가 필요하지만, 그 규모는 유지에 필요한 재원을 고려해야 할 뿐만 아니라, 정치적으로 통제될 수 있는 범위로 제한해야 한다.

일부에서는 국력은 경제력이나 군사력 등과 같은 질적인 권력이며, 인구나 영토와 같은 양적인 크기와 직접 관련되는 것은 아니라고 말한다. 이러한 견해는 얼핏 보면 반론의 여지가 없지만, 사실 절반의 진실만을 담고 있다. 그것은 경제력이나 군사력이 대개 큰 규모의 인구나 영토를 전제로 하기 때문만은 아니다. 그것은 권력의 복합적 측면, 특히 그 제약적 측면이 고려되어야 하기 때문이다. 이를테면 다수 인구나 넓은 영토는 국가권력의 기반이지만 인민들에 대한 통제나 영토의 방어에 있어서 작은 나라에 비해 더욱 많은 비용을 수반한다. 높은 비용은 권력에 대한 제약으로 작용한다. 이러한 의미에서 한 나라의 권력에 대한 평가는 그것을 구성하는 요소들의 복합적 측면도 고찰할 필요가 있다.

역사 초기에 권력이나 그 외적인 실체로서 국가와 같은 정치조직은 소규모로 존재할 수밖에 없고, 실제 중국사에서도 그랬다. 역사가들은 그것들을 성읍국가 등으로 부른다. 다만 시간이 지남에 따라 통합이 이루어지면서 점차 광역을 지배하는 영토국가들이 등장하였고, 춘추전국시대를 거쳐 기원전 221년 통일국가로 이어졌다. 권력의 통합과 중국의 외연적 확대는 진秦의 통일 이후에도 계속되었다. 결국 전한前漢 말 제국의 영토는 최대에 이르렀고, 그 이후에는 크게 변화되지 않았다. 그와 함께 조공체제나 제국체제 등으로 표현되는 동아시아 국제질서가 등장했다. 그 질서는 대국의 우세한 권력으로 인해 비대칭적이었지만, 대국의 팽창이 더 이상 불가능하게 됨으로써 일정한 균형을 이루었다.

정치권력이 통합되고 확대되면 그에 상응하여 정치체제 내부도 변화하게 된다. 실제 다수의 소규모 국가들에서 통일국가로의 통합은 권력의 수직적 통합, 즉 집중을 가져왔다. 그것은 군현체제, 즉 중앙집권적 정치체제의 구축을 의미했다. 그 과정은 권력의 외연적 확대와 마찬가지로 오랜 시간에 걸쳐 진행되었다. 또한 그러한 정치체제의 구축은 저절로 되는 것이 아니며, 다양한 아이디어와 정책, 제도형성 등에 의해 의식적으로 이루어져야 한다. 정치사상이나 관념체계, 중앙과 지방의 관료제도, 군대와 국방, 재정과 경제정책, 민족정책 등에 대해 고찰해야 하는 이유이다.

물론 중앙집권적 정치체제의 구축은 그 내부의 복잡한 권력관계로 말미암아 순조롭게 이루어지는 것이 아니며, 외형상 그것을 갖추었다고 하더라도 여러 가지 내적인 모순과 그에 따른 권력작용에 있어서 제약에 직면하게 된다. 예를 들어, 황제로의 권력집중은 경우에 따라서는 황제 개인의 제한된 능력과 갈등을 일으키기도 한다. 또한 광역의 통치는 불가피하게 강력한 군대나 지방권력을 요구하고, 이들은 중앙에 대한 도전세력으로 변모할 수 있다. 이것은 정치체제의 갈등과 위기를 내포할 뿐만 아니라 대외적 취약성의 원인이 될 수 있다. 대외관계에 대한 연구에서도 앞서 언급한 국내 정치체제의 구축에 대한 고찰이 필요하다.

이 연구는 중국에서 통일제국이 등장하고 동아시아 질서가 형성되는 시기를 다루었다. 그것은 중국사에서 역사 초기부터 진한시대까지의 기간에 해당된다. 중국이든 동아시아든 이 기간은, 나무에 비유한다면 그 뿌리와 밑동이 형성된 시기라고 생각한다. 다루는 시기가 길고 분야도 많을 뿐만 아니라 내용들이 서로 연관되어 있다. 따라서 전체의 내용들을 중복되지 않게 전달하기란 쉽지 않은 일이었다. 전체의 윤곽을 이해하고자 한다면 결론 부분을 먼저 읽어 보기를 권하고 싶다.

이 연구는 약 10년 전에 구상되었다. 물론 연구는 의지만으로 실현될 수는 없었으며, 적잖은 사전 준비가 요구되었다. 원래 현대 중국정치를 전공한 필자는 새로이 고문독해 능력과 더불어 고대사에 대한 기초지식을 쌓아야 했다. 연구방법에 있어서도 기존의 역사학과 다른 정치학적 분석틀을 구축해야 했다. 연구는 처음부터 일정한 가설이나 결론을 갖고 진행될 수도 없었다. 그에 대한 해결책은 달리 있지 않았고, 독서와 생각을 지속하면서 그 결과를 정리하고 거듭 수정해 나가는 일뿐이었다. 사실 연구의 대부분이 진행된 상황에서야 비로소 다시 체계를 잡을 수 있었다.

연구는 가능한 한 원전을 읽는 방법을 택했다. 연구자들에게는 원전을 직접 읽는 것이 가장 수월한 방식이다. 다만 고문해독 능력이 부족한 상황에서 시간을 줄이기 위해 한글이나 현대중국어 번역을 적잖게 활용했다. 원전에 대한 치중은 해석상 오류의 가능성도 있지만, 그에 반해 선입견이나 상반된 해석들로 인한 혼란을 줄일 수 있고, 가장 중요하게는 연구자의 목적에 따라 일관되고 때에 따라 새로운 해석을 시도할 수도 있는 장점이 있다.

마지막으로 이 책의 제목에 대해 약간 부연할 필요가 있다. 여기서 '대국'은 대규모의 중앙집권적인 국가라는 의미이다. 해당 정치체제는 광역에 대한 간접적 지배를 지향하는—정치학적 의미의—'제국'과는 대비된다. 부제의 '중화제국'은 고대 중국의 정치체제를 나타내는 개념으로서 일반의 인식에 부응하기 위한 표현이다. 한편 '신화'는 중국의 규모를 해부하고 그 내부구조를 보여줌으로써 대국에 대한 막연한 환상이나 선입견을 해소하려는 의도가 담겨 있다.

이제 완성의 기쁨과 함께 불안한 마음으로 이 글을 세상에 내놓게 되었다. 이 순간 무엇보다도 그간 소홀히 했던 여러 사람들의 얼굴이 떠오른다. 부모형제들, 친척들, 가족들, 친구들, 직장의 동료들 그리고 학문의 선후배들과 제자들…… 이름을 일일이 나열할 수는 없지만, 그저 가슴 깊이 미안하다고 그리고 사랑한다고 말하고 싶다. 아울러 꼼꼼한 교정과 멋진 편집으로 부족한 글을 보충해 준 성균관대학교 출판부 여러분들께도 고마움을 전한다.

2015년 7월,

김영진

## 일러두기

1. 중국 지명과 인명의 표기에 있어서 지명과 근대 이전 인물은 한자음을, 근대 이후의 인물은 중국어 병음을 사용했다. 본문에서 처음 등장하는 표기에는 모두 한자 병기를 원칙으로 했다.
2. 참고문헌에서 서명과 저자 그리고 기타 표기는 임의로 통일시키지 않고 모두 출판물의 상태를 그대로 따랐다.
3. 1차 문헌은 中國哲學書電子化計劃, 国学网 등 인터넷에 제공된 원문을 활용했다. 따라서 판본에 관해 별도로 명시하지 않았고, 출처도 문헌명과 권卷 또는 장章으로만 표기하였다.
4. 원문은 각주에서 제시했다. 다만 논의의 전개에 크게 중요하지 않거나 논쟁의 여지가 없을 경우에는 제외했다.
5. 왕이나 황제의 즉위 연도 표기와 관련하여 진한 이전과 이후를 구분했다. 진한 이전은 역사서들의 방식에 따라 새 연호의 시작을 기준으로 하고, 진한 이후에는 실제 즉위 연도에 의거했다. 그것은 한 이후 황제의 재위 기간을 보다 정확하게 제시하기 위해서이다.
6. 「열전」의 표기에 있어서 여러 명의 인물이나 민족이 한 권에 포함되어 있을 경우에는 해당 인물이나 민족만을 명시하여 「**열전」(『사기』의 경우) 또는 「**전」(『한서』와 『후한서』의 경우)로 표기했다.

제 1 부

# 대국화의 전개

| 첫 번째 |

# 대국 형성의 메커니즘

# 1

이 장은 이 책 전체에 대한 분석적 틀을 제공한다. 특히 대국의 형성 과정을 이론적·실증적으로 설명하고자 한다. 이 장은 크게 두 부분으로 구성된다. 첫 번째는 권력에 대한 이론적 설명이다. 구체적으로는 권력의 양적 크기, 권력구성 요소들 사이의 균형에 대한 요구, 그에 상응하여 상정될 수 있는 국가의 최적 크기와 권력 확대의 메커니즘 등 권력의 작용 및 확대와 결부되는 이론적 문제들을 살펴본다. 두 번째 절에서는 앞서 이론적으로 설명된 권력의 특징들을 초기 문헌과 자료들을 통해서 실증한다. 특히 소규모의 성읍국가의 존재, 권력통합의 전개, 영토의 확대와 그 한계 등에 주목한다. 마지막으로는 초기 정치체제의 역사적 형태로서 봉건제 그리고 국제질서로서 조공체제의 출현에 대한 이론적 근거를 설명한다.

## 1. 권력 크기의 이론적 접근

중국에서는 기원전 3세기 후반 진秦이라는 통일국가가 형성되었다. 진은 무엇보다도 넓은 지역을 포괄하는 중앙집권적 정치체제를 구축하였다. 그것은 오랜 기간에 걸쳐 이루어진 통합의 산물이었다. 그렇지만 진과 같이 광역을 지배하는 대국이 비교적 역사 초기에 등장한 것은 매우 드문 일이었다. 진은 불과 10여 년 만에 망하고 말았지만, 그 이후에 출현한 통일국가들은 진의 정치체제를 답습했다. 그리하여 진에 의해 처음으로 구축된 대규모 중앙집권적 정치체제는 간헐적으로 단절되기도 했으나 근대에 이르기까지 2천여 년 동안 그 기본 골격을 유지했다. 그와 함께 이 대국은 대외적으로 강력한 비대칭적 국제질서를 구축하였다. 그렇다면 이처럼 견고한 정치체제를 형성시킨 메커니즘은 무엇일까.

중국의 통일국가 형성에 대해서는 수많은 논의들이 이루어졌고, 사실 초기 역사에 관한 기술은 대부분 통일국가가 등장하게 된 원인에 중점을 두고 있다. 그 근거로서는 건조한 기후나 광대한 지리와 같은 자연조건,[1]

1 이를테면 마르크스Marx는 중앙집권적 전제주의의 물질적 기반에 초점을 두었다. 즉 중국에서는 건조한 기후로 인해 농업을 위한 관개가 중요하고, 이것은 대규모의 물

나태함과 자유로운 의식의 부재와 같은 정치문화,[2] 농업 중심의 경제구조나 봉건적 토지소유와 같은 경제사회적 기반,[3] 대일통의 정치사상,[4] 대외적 방어[5] 등이 다양하게 제시되고 있다. 이러한 논의들은 모두 정치외적 측면에 중점을 두었다는 점에서 공통적이다.

그렇다면 좀 더 정치적인 측면에서 규명될 수는 없는 것일까. 특히 정치에서 가장 중요한 개념이 권력이라고 한다면, 권력에 대해서도 주목할 필요가 있다. 다시 말해 정치권력의 내재적 속성에 근거하여 초기 중국에서 이루어진 대규모 중앙집권적 통일국가 형성을 규명해 볼 필요가 있

---

적·인적 자원을 동원할 수 있는 강력한 국가의 역할을 요구했다. 그와 함께 인간의 삶은 토지공유제에 기반을 둔 고립된 촌락공동체에 국한되었다. 이러한 마르크스의 아시아적 생산양식 이론(Asiatic mode of production)은 비트포겔Wittfogel에 의해 수력국가(hydraulic state)와 동양적 전제주의(Oriental despotism)로 좀 더 체계화되었다. 자세한 내용은 이 책 11장 2절 참조.

2 예를 들어 몽테스키외Montesquieu는 더운 기후에 따른 정신의 나태함과 노예적 근성, 그리고 지리적 광대함과 그것을 유지하기 위한 통제의 요구 등이 대규모 전제국가를 출현시켰다고 보았다. 그와 유사하게 헤겔Hegel은 광대하지만 봉쇄적인 평원과 거기에 세워진 대규모 왕국이 사람들의 자유로운 의식의 형성을 제약했고, 이것은 다시 전제정치와 사회적 정체停滯를 가져왔다고 주장하였다. 자세한 내용은 이 책 11장 2절 참조.

3 이 입장에서는 봉건경제와 중앙집권적 전제주의의 결합이 강조된다. 봉건지주는 전제국가의 정치적 강제를 통해 자신의 이익을 지키고, 전제국가도 봉건경제를 자신의 물질적 기반으로 삼았다(郭沫若,『中国古代社会研究』, 1954: 3-19; 翦伯赞主编,『中国史纲要』, 1962: 第三章, 第四章; 徐复观,『两汉思想史』二卷, 2001: 1-95; 陈长琦,『中国古代国家与政治』, 2002: 1-10; 王亞南,『中國地主經濟封建制度論綱』, 1955: 10-15).

4 중원의 사람들이 가지고 있던 대일통의 관념이 이 지역의 통일을 지향하게 만들었고 또 그것을 가능하게 했다는 주장의 예로는 다음을 들 수 있다. 梁启超,『先秦政治思想史』, 1996: 197-201; 张子侠, "'大一统'思想的萌生及其发展," 2007: 210-213.

5 예를 들어 동유럽이 몽고나 터키 등을 방어하기 위해서 강력한 중앙집권적 국가를 형성한 것과 유사하게 중국에서도 흉노의 침략에 대응하기 위해 그러한 정치체제가 조기에 출현했다는 주장이다(胡如雷,『中国封建社会形态研究』, 1979: 50; 范文瀾, "试论中国自秦汉时成为统一国家的原因," 1954: 16-18).

는 것이다. 물론 초기 중국사의 전개 과정에 대한 기존의 역사기술도 의식적이든 무의식적이든 정치권력의 통합에 관한 상이한 전제들에 기반하고 있다. 현실에서는 더 복잡한 형태를 띠게 되지만, 단순화하면 다음과 같다.

첫 번째 방식은 역사 초기 단계에서 이미 상당히 넓은 영역에 대한 통일적인 정치체제를 상정한다. 그리고 시간이 지나면서 내부적으로 보다 공고한 중앙집권적 정치체제를 갖추어 간다. 그간에 분열된 상태가 될 수도 있지만, 그것은 예외적이며 다시 통일 상태로 회복된다(〈그림 1〉의 가). 이를테면 『사기史記』·『한서漢書』 등 왕조 중심의 역사 기술이 그 예이다. 이 역사서들은 한결같이 제후국들을 일종의 지방정권으로 기술한다. 즉 제후국들은 소위 세가世家로서 제국의 일부로 다뤄지고, 하夏·상商·주周의 군주는 천하에 대한 보편적 통치자로 기술된다. 춘추전국은 분열의 시기이고, 진에 의해 다시 통일국가가 성립된 것으로 간주된다. 역사적 전개 과정이 통일-분열-통일의 순환론에 입각해 기술되는 것이다. 위의 문헌들에 기반을 둔 초기 중국에 대한 통사적 서술도 대개 거기에 해당된다.

두 번째 방식은 정치권력은 자연발생적 속성에 의해서 작은 규모에서 점차 큰 규모로 성장한다고 간주한다. 다만, 하나의 중심 권력이 점차 외부로 확대되는 것처럼 단선적으로 묘사된다. 처음에는 하나의 작은 씨족이나 부족으로 시작하고 인구의 증가와 영토의 확대를 통해 점차 넓은 영역을 포괄한다(〈그림 1〉의 나). 나아가 이 시각은 통일제국의 형성을 이미 중국 전역에 걸쳐 산재하는 다양한 정치조직들의 관계로 파악하지 않고, 황하 유역에서 등장한 특정 정치조직이 우수한 문명을 기반으로 점차 그 외부로 확장되는 과정으로 이해한다. 『사기』 등에서 중원은 물론 만이蠻夷의 선조들까지 황제黃帝와 같은 초기 전설적 중원 통치자들의 후예로 기술하는 것이 그 예이다.

세 번째 방식은 본 연구에서 취하고자 하는 권력규모 이론의 시각이다.

아래에서 상술하겠지만, 정치권력은 초기에는 여러 가지 요소적·관계적 제약으로 인해 소규모 독립적인 정치체의 형태로 존재할 수밖에 없다. 정치체들은 사회경제적 발전에 의해 점차 그러한 제약이 극복되면서 좀 더 큰 단위로 통합된다. 이때 권력구성 요소들 사이의 내적 균형이 이루어진 상태가 된 이후에 더 큰 공동체가 형성될 수 있다. 따라서 정치권력의 크기는 직선이 아니라 계단 모양으로 확대되고, 그것은 점진적으로만 이루어진다(〈그림 1〉의 다). 이 방식에 따르면 첫 번째 방식과 달리 하·상·주의 보편적 지배는 의문시되며, 춘추전국시대는 분열이 아니라 통합의 시기로 간주될 수 있다. 권력규모 이론은 초기국가 형성에서 중앙집권적 대국에 이르는 과정을 비교적 일관되게 설명할 수 있다.[6]

〈그림 1〉 초기 통일국가 형성에 관한 설명 모형

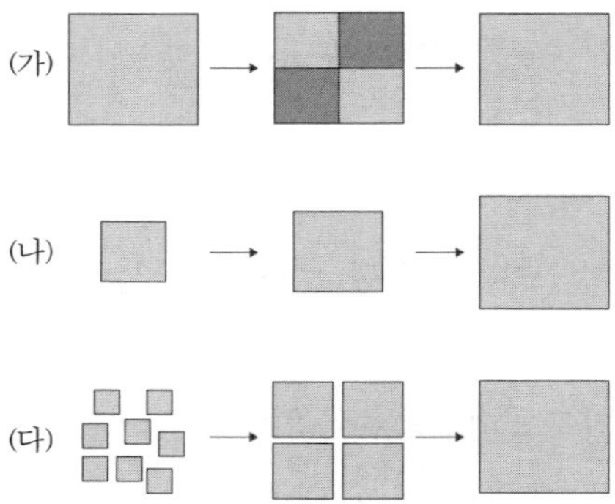


6 약간 변형된 방식도 있다. 인류학자 장광즈張光直는 하·상·주와 같은 초기국가들이 차례로 등장하지 않고 시기적으로 겹쳐서 발전했다는 의미에서 일종의 다중심적 국가기원을 제시하고 있다. 그것은 청동기와 같은 고고학적 증거와 『사기』 등 역사서를 통해서 뒷받침된다. 다만 그에게서 그러한 초기국가들은 광역을 지배하며 그 수도 전국적으로 몇 개에 불과하다는 점에서 이 글에서 상정하는 소규모 국가들의 산재와 다르다(Chang, "Sandai Archaeology and the Formation of States in Ancient China: Processual Aspect of the Origins of Chinese Civilization," 1983: 495-521).

실제 고고학적 유물들은 소위 국가사회의 등장 이전에 다양한 형태의 공동체들이 광역에 걸쳐 존재했음을 보여준다. 공동체들 사이에는 지역에 따라 부분적으로 크고 작은 문명적 연계성이 있었겠지만, 그들은 개별적인 사회단위였다. 이러한 상황에서 국가의 형성은 하나의 중심이 확대되는 것이 아니라 소규모 공동체들이 통합되는 방식이었을 것이다.

### 권력의 양적 크기

그렇다면 정치권력이란 무엇인가. 국제정치에서 권력에 대한 정의는 대략 "그렇지 않았으면 하지 않을 일을 다른 국가들이 하도록 시키기 위해서 국가들이 물질적 자원들을 사용할 수 있는 능력"[7]이다. 그와 함께 권력은 사람들 또는 국가들 사이의 관계로서 상대적으로 존재하고, 따라서 그것을 양적으로 규정하기란 사실상 불가능한 것으로 간주되어 왔다.[8] 정치권력, 즉 국가의 크기에 주목하는 이론적 논의가 없었던 것은 아니지만 그것은 주로 민주주의의 실현, 경제적 합리성 등 특정한 목적을 기준으로 하는 크기의 적정성 여부에 제한되었다. 이때 권력의 크기와 관련해 엄격한 계량화가 이루어지는 것은 아니지만 전자는 주로 인구의 수, 후자는 인구와 영토의 크기로 표현된다. 양자 모두에서 조직이나 교통 등 기술적 요소가 부정되지 않는다.[9]

그렇지만 그간 관련 연구는 권력 개념에 대해서 좀 더 정교한 이론적 이해를 가능하게 했다. 이를테면 다른 사회과학에서와 마찬가지로 복잡

---

7 "the ability of states to use material resources to get others to do what they otherwise would not."(Barnett and Duvall, "Power in International Politics," 2005: 40)

8 Parsons, "Concept of the political power," 1963: 232.

9 관련된 연구로는 Dahl and Tufte, *Size and Democracy*, 1973; Alesina and Spolaore, *The Size of Nations*, 2003 참조.

계로서 권력현상에 대한 이해를 들 수 있다. 복잡계는 "서로 연관된 일련의 단위들 또는 요소들로서 부분적 변화가 다른 부분에서의 변화를 수반하며, 전체는 부분들과 다른 속성과 행위들을 보인다."[10] 권력의 측정이나 개념화가 방법론적으로 어려운 것은 무엇보다도 권력의 이러한 복합적 성격 때문이다.[11] 그와 유사하게 권력은 군대·관료조직 등과 같은 하드웨어뿐 아니라 정당성과 같은 연성권력으로서 크고 작은 탄성elasticity을 갖고 있다.[12]

권력의 속성이 복잡하고 따라서 계량화가 어렵기는 하지만, 권력이 일정한 요소들로 구성된다는 점은 분명하다. 이것은 권력이 절대적 규모를 떠나 단지 상대적 관계로만 파악될 수 없음을 말해준다. 그렇다면 정치권력의 구체적인 구성 요소들은 무엇인가? 그것은 한 사회의 각종 경제적·정치적 상황에 따라 다를 것이다.  몇 가지만 예로 든다면, 통치자의 재산, 조세를 통해 조달되는 재정 수입, 요역徭役을 통해서 동원되는 노동력, 상비군, 관료조직 등이 있다. 그 외에도 정보력, 조직력, 정치적 권위나 이념 등도 정치권력의 작용에 영향을 미친다. 이것들은 권력의 구성 요소들, 즉 권력자원을 동원할 수 있는 능력과 관련된다. 일단 정치권력의 크기는 구성 요소들의 총합과 그것들의 동원 수준에 의존하는 셈이다.

권력의 크기 = 구성 요소×동원 능력

고대 중국에서 토지와 인구는 대표적인 권력자원으로 기능했다. 토지는 목축업이나 농업 등 자연으로부터의 채취가 산업의 대부분을 차지하

---

10 Jervis, *System Effects: Complexity in Political and Social Life*, 1997: 6.

11 Jervis, *System Effects: Complexity in Political and Social Life*, 1997: 74; Baldwin, "Power and International Relations," 2002: 179-181

12 Werlin, "The Evolution of Political Power in Political Development," 2008: 308-310.

던 역사 초기에 한 나라의 부를 창출하는 데 매우 중요했다. 초기 문헌들에는 인구와 토지, 그리고 농업생산 증대의 필요성에 대한 요구가 수없이 반복되는데, 그것은 국가의 권력자원을 확대하고자 하는 노력이었다. 인구는 생산을 통해 공동체의 부를 높일 수 있는 노동력이면서, 동시에 나라를 지키기 위한 군대의 인적 자원이었다. 그리고 토지는 인구를 부양할 수 있는 기반이었다. 따라서 넓은 영토와 인구의 확보를 위한 경쟁이 벌어졌다. 고대 중국에서 나라의 세력은 사방 몇 리里라고 하는 지리적 단위나 승乘이라는 군대 수로 표현되었다.[13]

다만 권력자원으로서 토지나 인구는 단기간에 증가될 수 없다. 토지의 확대는 자연적인 조건은 물론 동원될 수 있는 노동력에 의존한다. 그것은 경작지의 확대가 황무지의 개간뿐 아니라 대규모 관개시설이나 홍수방지시설 등이 필요하기 때문이다. 토지와 마찬가지로 인구도 단기간에 증가하지 않는다. 더욱이 수많은 전쟁, 자연재해, 질병 등으로 인해 고대사회에서 인구증가는 제한적이었을 것이다. 정치권력이 사회적 잉여생산에 의존한다는 점에서 경작지와 인구의 부족은 정치권력을 제약하는 중요한 요인이었다.

초기 정치사상은 올바른 통치의 문제와 더불어 정치권력의 유지와 강화에 초점을 두었다. 이를 위해 각종 권력자원의 증대와 동원에 관한 방안들이 다양한 각도에서 제시되었다. 이를테면 공자孔子(기원전 551-479)는 정치권력의 기반으로서 식량과 군대 그리고 백성의 신뢰 세 가지를 들었다.[14]

---

13 승乘은 전차 1대를 중심으로 하는 고대 군대의 기층단위이다. 구체적인 인원편제에 대해서는 의견이 분분하다. 시기적 변화에 주목한 한 연구에 의하면, 귀족 중심의 군대였던 서주 시기 1승의 전투병력은 25명이었다. 그러나 춘추 시기에는 평민들이 조직되면서 전투병력은 75명으로 확대되었다. 그 결과 1승은 전차를 타는 갑사甲士 3명과 보행하는 보졸步卒 72명으로 조직된 전투병력 75명과 후근인원 25명 등 총 1백명으로 구성되었다(蓝永蔚, 『春秋时期的步兵』, 1979: 89-110).

14 "足食足兵民信之矣."(『論語』「顔淵」)

또한 "제후의 보물은 세 가지인데, 토지·인민·정사政事이다."[15]라는 맹자孟子(기원전 약 390-약 305)의 언급은 근대 국가의 구성요소를 연상시킨다. 그와 유사하게 『묵자墨子』에도 위정자의 목적이 "국가가 부유해지고, 인민의 수가 많아지며, 법과 행정이 잘 다스려지는 것이다."고 세 번이나 언급되고 있다.[16]

그 외에도 제자백가의 문헌들에는 수리관개, 개간 그리고 절기의 준수를 통한 토지의 효율적인 이용, 인적자원의 양성, 재화의 효율적인 유통을 통한 생산성의 제고 등 다양한 권력자원 확보 방안이 강구되어 있다. 그와 함께 권력자원의 효과적인 동원과 보호를 위한 방안들, 이를테면 정치와 사회제도의 정비, 인재의 등용, 정책적 배려를 통한 백성들의 정부에 대한 지지 확보, 국내외 안정과 평화를 통한 생산 증대, 축성과 군대의 양성을 통한 국방의 강화 등도 제기된다.

### 권력자원의 정합성 요구

그런데 정치권력은 그 절대적 크기만으로 충분히 설명되지는 않는다. 현실적으로 정치권력의 작용과정과 관련해 몇 가지 중요한 추가적인 사실들이 고려되어야 한다. 그것은 무엇보다도 권력구성 요소들의 정합성과 관련된다. 정합성은 두 가지 측면에서 볼 수 있다. 한편으로 권력구성 요소들 사이에는 균형적 관계가 요구되며, 다른 한편으로 각각의 요소들은 수익과 비용의 양면성을 갖는다. 특히 권력구성 요소들의 양면성은 그것들의 조달과 사용의 대상이 대체로 동일하다는 점에서 내재적인 문제를 제기한다. 권력구성 요소들의 정합성에 대한 요구는 권력의 작용을 제약한다.

---

15 "諸侯之寶三: 土地, 人民, 政事."(『孟子』「盡心下」)

16 "國家之富, 人民之衆, 刑政之治."(『墨子』「尙賢上」, 「尙賢下」, 「非命上」)

먼저 권력구성 요소들의 균형적 관계에 대한 요구이다. 앞서 언급한 것처럼 인구의 수는 대개 영토의 크기와 관련되며, 국가의 재원이나 군대의 수, 관료기구 등도 그와 연관된다. 인구와 토지의 생산능력은 조세의 규모를 결정하고, 조세가 많을수록 더 큰 관료기구나 군대를 둘 수 있다. 넓은 국토를 관리하기 위해서는 교통이나 통신의 발전이 이루어져야 한다. 따라서 권력의 확대는 이러한 요소들을 거의 병렬적으로 확충해야만 가능하다. 그것은 마치 생산이 각 요소들 사이의 균형적 성장에 의해서만 확대될 수 있는 것과 같다.

권력자원 사이의 균형적 관계에 대한 인식은 중국의 초기 문헌에서도 확인된다. 전국시대 말의 저작으로 간주되는 『위요자尉繚子』에 다음과 같은 내용이 있다.

> 성의 축성(즉 국방력)은 영토의 좁고 넓음에 상응하고, 영토는 백성의 많고 적음에 상응하며, 인구는 식량(즉 경제적 기반)에 상응한다. 위 세 가지가 균형이 있으면 국내적으로 방어를 공고히 할 수 있고, 대외적으로 전쟁에 승리할 수 있다…… 영토가 넓어 그것을 잘 이용하면 나라가 부유해지고, 백성의 수가 많아 그것들을 잘 다스리면 나라가 잘 통치된다.[17]

춘추시대 패자의 논리를 제공했던 『관자管子』도 올바른 통치를 위해 토지·인구·군대 등에서 비례적 관계의 필요성을 자주 언급하고 있다. 이를테면 이 문헌은 군대의 구성과 비용, 농부 1인당 경작가능 면적, 토지생산량 등을 기준으로 농민과 병사의 최대 비율을 4.5:1로 제시하고 있다.[18] 또한 잘 알려진 것처럼 "창고가 채워지면 예절을 알고, 의식이 풍족하면 영

---

17 "建城稱地, 以城稱人, 以人稱粟. 三相稱則內可以固守, 外可以戰勝…… 夫土廣而任則國富, 民衆而治則國治."(刘春生 译注, 『尉缭子全译』, 1993: 7)

욕을 안다."[19]는 그의 말은 기본적인 욕구의 충족이 정치의 출발임을 보여준다. 그와 유사하게 『상군서商君書』에도 토지·인구·병력의 균형에 대한 요구가 빈번하게 제기된다.

> 토지를 지키는 데에는 성, 성을 지키는 데에는 군대, 군대를 지키는 데에는 사람, 사람을 지키는 데에는 식량이 각기 중요하다. 그러므로 토지를 개간하지 않으면 성이 튼튼하지 않다.[20]

> 곡식은 토지가 아니면 자라지 않고, 토지는 백성이 아니면 경작하지 못하니, 백성이 힘쓰지 않으면 재물을 얻을 수 없다.[21]

> 백성의 수가 토지보다 과다하면, 국가의 실적이 적고 군사력도 작다. 토지가 백성보다 과다하면, 자연의 재물이 충분히 활용되지 못한다.[22]

이에 따르면 인구는 노동력이면서 군대의 자원이고, 토지는 인구와 병력을 지탱할 수 있는 경제적 토대이다. 마찬가지로 병력은 전쟁을 통해 토지를 확대할 수 있는 중요한 수단이다.

그와 상반된 입장에서 묵자는 전쟁의 부당성을 설명하는 논리적 근거로서 토지와 인구의 관계에 주목한다. 즉 전쟁은 땅을 넓히더라도 땅을 경작할 인구의 감소를 가져와 불합리하다는 것이다.[23] 유가의 저작들에서도

---

18 구체적으로 사방 6리의 토지를 경작하면 말 4필과 전투병 28명, 엄호병 20명, 후근병 30명 등 총 78명으로 구성된 1승乘의 군대를 유지할 수 있는데, 사방 1리의 토지를 경작하기 위해서는 농부 9명이 필요하다(『管子』「乘馬」).

19 "倉廩實, 則知禮節. 衣食足, 則知榮辱."(『管子』「牧民」, 「輕重甲」).

20 "地之守在城, 城之守在兵, 兵之守在人, 人之守在粟; 故地不辟, 則城不固."(『管子』「權修」)

21 "穀非地不生, 地非民不動, 民非作力毋以致財."(『管子』「八觀」)

22 "民過地, 則國功寡而兵力少; 地過民, 則山澤財物不爲用."(『商君書』「算地」)

권력구성 요소들 사이의 균형에 대한 요구는 수없이 발견된다. 이를테면 앞서 언급한 공자의 경우에도 권력 요소들의 중요성에서는 차이가 있었는데, 그것은 백성의 신뢰, 식량 그리고 군대의 순이었다. 『예기』에는 토지를 측정하여 읍을 건설해 백성을 거주시킴으로써 버려진 땅이나 노는 백성이 없어야 한다는 구절이 있다.[24]

다음으로 수익과 동시에 비용으로서 권력구성 요소들이 갖는 양면성이다. 이를테면 인구는 권력의 기반이면서도 그 대상으로서 비용을 야기한다. 백성들은 노동력·군인·관리로서 권력자원을 공급하지만, 동시에 그들의 다양한 요구를 충족시키기 위해서 권력자원이 소요되어야 한다. 넓은 영토는 생산과 그에 따른 권력자원으로 기능하지만 동시에 방어를 위해서 적지 않은 비용을 야기한다. 관료기구는 권력의 중요한 기반이지만, 동시에 적지 않은 비용이 요구된다. 그것은 조직 및 절차상의 부하로 작용하거나 때로는 권력싸움의 장이 되기도 한다. 중앙에서는 파벌이 형성되고, 지방은 중앙과 경쟁하기도 한다. 군대는 정치권력의 중요한 구성 요소지만 때로는 심각한 도전세력이기도 하다. 외부의 세력은 때로는 동맹일 수 있지만 적이 될 수도 있다. 권력자원은 수익과 비용의 측면을 동시에 갖는 셈이다. 이것은 권력구성 요소들 간 균형적 관계에 대한 요구 그리고 그에 따른 권력작용에 대한 제약을 내포한다.

권력자원의 양면성은 중국의 문헌에서도 자주 확인된다. 그 예로 『관자』는 정치권력 자원과 동원에 관한 깊은 통찰을 보여 준다. 이를테면 땅이 넓고 나라가 부유하며, 인구가 많고 군대가 강한 것이 패왕의 기본이

23 “今天下好戰之國, 齊晉楚越, 若使此四國者得意於天下, 此皆十倍其國之衆, 而未能食其地也. 是人不足而地有餘也. 今又以爭地之故, 而反相賊也, 然則是虧不足, 而重有餘也.”(『墨子』「非攻下」)

24 “凡居民, 量地以制邑, 度地以居民. 地邑民居, 必參相得也. 無曠土, 無游民, 食節事時, 民咸安其居, 樂事勸功, 尊君親上, 然後興學.”(『禮記』「王制」)

다. 그것은 모든 나라들이 추구하는 패권적 지위의 바탕이다. 그렇지만 그것은 동시에 위기의 요인이 되기도 한다. 그것은 크게 두 가지 이유 때문이다. 첫째, 사물의 이치란 사물이 극에 달하면 반드시 되돌아가고, 번성하면 다시 쇠퇴하기 때문이다. 둘째, 사람들의 마음상태도 변화하기 때문인데, 특히 나라가 강하게 되면, 군주는 교만하거나 태만하게 된다. 교만하거나 태만하면 대외적으로 주변 제후들의 신임을 잃고, 대내적으로 백성들을 경시해 그들이 반란을 일으킨다.[25]

한편 전국시대 사상가 순자荀子(기원전 약 313-238)는 통치자와 백성의 관계를 배와 물에 비유했다. 그에 의하면, 물은 배를 띄울 수 있지만, 상황에 따라서는 배를 전복시키기도 한다. 즉 백성은 통치자의 권력을 뒷받침해 주는 중요한 기반이지만, 통치가 제대로 이루어지지 않을 때에는 통치자의 권력을 위기로 몰아갈 수 있다.[26] 그와 유사하게 말은 수레를 끌지만 말이 놀라면 수레가 불안한 것처럼, 백성들도 정치를 잘못하면 군주를 불안하게 할 수 있다.[27] 『일주서逸周書』에서도 백성의 수가 많아질수록 군주 혼자서 대적하기가 어려워지며, 특히 그들에게 해를 끼치면 군주가 위험해진다는 언급이 있다.[28] 거의 모든 문헌에서 치자와 피치자 간 단합의 중요성이 강조된다.[29]

관료들의 이중성에 주목하는 경우도 적지 않다. 그 대표적 예가 한비자

---

25 "地大國富, 人衆兵彊, 此霸王之本也, 然而與危亡為鄰矣. 天道之數, 人心之變. 天道之數, 至則反, 盛則衰. 人心之變, 有餘則驕. 驕則緩怠. 夫驕者驕諸侯, 驕諸侯者, 諸侯失於外. 緩怠者, 民亂於內."(『管子』「重令」)

26 "君子舟也, 庶人者水也, 水則載舟, 水則覆舟."(『荀子』「哀公」)

27 "馬駭輿則君子不安輿, 庶人駭政則君子不安位."(『荀子』「王制」)

28 "民至億兆, 后一而已, 寡不適衆, 后其危哉."(『逸周書』「芮良夫解」)

29 주지하는 것처럼 『맹자』·『순자』·『상군서』·『묵자』 등 문헌에는 백성들과 위정자의 조화로운 관계를 강조하는 구절이 수없이 많다. 단결은 통치비용은 물론 자원동원 능력에 큰 영향을 미친다. 세부적인 내용은 이 책의 5장 3절 참조.

韓非子(기원전 약 280-233)이다. 그에게 관리는 군주의 권력을 집행하는 수동적인 존재만은 아니다. 그들은 원래 이기심·아부·나태·위선·탈법·속임수·기회주의·위세·파벌·외세와의 결탁·권력욕 등 각종 부정적인 속성들을 갖고 있다.[30] 외척·대신·제후·장군 등도 황제권력의 중요한 기반이 되면서 동시에 도전세력이 될 수 있다. 특히 중국의 역사에서 대내외적 안정과 방어를 위해 불가결한 군대와 그것을 통수하는 장군들에 대한 통제는 통치자들의 중요한 과제였다.

아래에서 별도로 언급하는 것처럼 권력의 확대에 있어서도 수익과 비용의 관계가 작용한다. 인구가 많을수록 정치권력의 가장 기본적인 업무인 치안·분쟁해결·교육·구제 등에 어려움이 더 클 수밖에 없다. 또한 확대된 영토는 토지와 다른 자연자원을 제공하지만, 더 잦은 자연재해를 야기하거나 교통과 통신에 있어서 기술적 장애가 되며, 나아가 외부로부터 공격에 대한 방어를 어렵게 한다. 물론 현지인들의 저항은 적지 않은 비용을 야기할 수밖에 없다.

결국 통치자로서 인간은 기본적으로 더 많은 권력을 갖고자 하는 욕구를 가지며, 이것은 정치의 중요한 동력이다. 그렇지만 권력규모 이론에서 보면 권력의 작용은 여러 가지 제약을 받는다. 앞서 논의한 것에서 유추해 본다면 그 제약은 요소적 제약과 관계적 제약으로 요약될 수 있다.

먼저 권력의 요소적 제약은 권력구성 요소 또는 권력자원 자체의 제약이다. 그것은 한편으로 권력자원의 양적 크기와 그것들을 동원할 수 있는 능력의 크기에 따른 제약이다. 권력자원이나 구성 요소들 사이의 균형, 즉 정합성에 대한 요구도 권력을 제약하는 요인이다. 이를테면 권력자원으로서 군대나 관료기구의 크기는 인구나 경제력에 의존할 수밖에 없다. 그와 함께 개별 권력자원은 수익뿐 아니라 비용의 측면을 갖는다. 인구의 크

30 『韓非子』「有度」,「二柄」,「和氏」,「姦劫殺臣」,「愛臣」 등.

기는 중요한 권력자원이지만, 그들이 제기하는 다양한 요구와 문제는 권력의 행사나 그것의 확대를 제약하는 요소이다. 그와 유사하게 군대와 같은 권력자원은 권력에 대한 도전세력이 될 수 있다. 이것은 한 나라의 외형적 권력자원이 곧 대외정책상의 국력을 결정하지 않음을 의미한다.

한편 관계적 제약은 권력이 행사되는 대상에 의해서 제약된다는 의미이다. 그것은 개인이나 집단 또는 국가간의 권력관계에 있어서 모두 해당된다. 앞서 언급한 것처럼 권력은 상대적인 측면이 있기 때문이다. 그 예로서 특정 국가가 다른 국가나 지역을 통합하고자 할 때 후자의 저항능력은 그러한 시도를 제약하는 중요한 조건이다. 즉 통합과 정복은 그에 따른 수익과, 그 과정에서 그리고 그 이후에 치러야 할 각종 비용의 관계에 따라 선택된다.

### 국가의 최적 크기

앞서 언급된 권력자원의 정합성이 작용하는 단위는 다름아닌 정치체제, 즉 국가이다. 그것은 특히 배타적 주권을 특징으로 하는 근대국가에서 전형적으로 확인된다. 그렇지만 역사적인 정치체제들에 대해서도 그러한 원리가 기본적으로 작용한다고 볼 수 있다. 이처럼 권력자원의 정합성에 대한 요구와 그에 따른 권력작용의 제약에 근거하여 우리는 특정 시점에서 국가의 최적 크기를 상정할 수 있다.

예를 들어 하나의 중심에서 가까운 지역부터 먼 지역을 차례로 통합하는 방식으로 국가의 영토를 확대해 나간다고 가정해 보자. 가장 중요한 권력자원의 하나인 조세를 기준으로 본다면, 국가의 최적 크기는 해당 지역에 지배를 위해 투입되는 재정적 비용과 지배에서 산출되는 수익에 의해 정해진다. 다시 말해 한편으로 징수되는 조세와 다른 한편으로 지배를 위한 비용, 즉 해당 주민들에 대한 재화와 서비스의 공급 그리고 조세징수를 위한 비용의 차이가 가장 클 때 그 국가는 최적 크기라고 할 수 있다.[31] 국가는 조세를 징수하면서 다른 한편으로는 주민을 위한 재화와 서비스의 공급을 위해 지출하는데, 여기서 그 비용은 S자 곡선형으로 나타난다.[32] 지배의 비용은 처음에는 상대적으로 많지만 그 뒤 어느 단계부터 거의 불변하는 상태가 되고, 나중에는 다시 빠른 속도로 확대된다. 그것은 지리적으로 지나치게 먼 곳에 대한 통치에는 수익에 비해 많은 비용이 발생하기 때문이다. 물론 높은 비율의 지대地代를 확보할 수 있는 능력을 갖춘 국가일수록 지배할 수 있는 영토는 커지게 된다. 국가가 전제적일수록 착취 능력이 크고, 따라서 그만큼 최적 크기도 크다. 그렇지만 과도한 착취는 백성들의 저항을 불러올 수 있다.

물론 개발을 통한 생산의 증대로 그 비용의 일부를 충당할 수 있지만, 그러한 개발은 무한정 진행될 수는 없다. 거기에는 소위 '행정적 수익의 감소법칙Law of diminishing administrative return'이 작용하기 때문이다.[33] 여기에 따르면 한 나라의 많은 사업들은 일정한 범위까지는 '규모의 경제'가 작용할 수 있다. 그렇지만 그 범위를 넘어서면 효율성이 점차 감소하게 된다. 위치가 좋지 않은 토지의 개발이나 원거리의 관개는 그 비용과 효용에 있어서 역의 관계가 형성된다. 따라서 개간과 관개를 통한 자원의 동원은 무한정 확대될 수 없다. 마찬가지로 농업이나 수공업과 같은 생산활동을 포함한 각종 사회사업과 관련해서도 국가의 간여는 일정한 범위내에서 이루어져야 한다.

31 Lake, "The Rise, Fall, and Future of the Russian Empire: A Theoretical Interpretation," 1997: 47-50.

32 추가될 수 있는 각각의 지역마다 그 생산성과 그에 따른 조세징수 가능성에 차이가 있어서 그 선은 직선이 아니라 복잡한 계단식이 될 것이다. 마찬가지로 비용곡선도 지역마다 차이가 있어서 실제로는 구불구불할 것이다.

33 Wittfogel, *Oriental Despotism: A Compa- rative Study of Total Power*, 1957: ch. 4, B.

사실 경제외적 권력구성 요소들에서 그러한 비용과 수익의 절대적 크기를 계산하기란 어렵다. 그럼에도 양자 사이에 어느 정도 균형이 요구된다는 것은 분명하다. 역사상의 제국과 같이 높은 자원동원 능력은 영토나 영향권을 과도하게 확대하려는 경향이 있다. 그렇지만 제국은 정복뿐 아니라 유지를 위해서 적지 않은 비용을 치러야 하고, 그로 인해 다시 경제적 기반이 약화되어 결국 몰락하는 경우도 있다.[34]

## 권력확대의 메커니즘

정치학적 시각에서 보면 권력은 그 자체로 확대되려는 속성을 갖는다. 특히 통치자들은 그것을 제약하지 않는 한에서는 가능한 많은 권력을 갖고자 한다. 이러한 의미에서 순자는 "귀하기로는 천자가 되고 재산으로는 천하를 소유하는 것이 인간의 본성이 욕망하는 바이다."[35]고 했다. 피치자의 입장에서도 통합은 이점이 있다. 초기에는 생산성이 낮았기 때문에 자연재해가 잦다. 각종 경제적 또는 종족적 이해에 의해 정치체들 사이에도 물리적 갈등이 적지 않다. 이러한 상태에서 소규모 공동체들은 대내외 요구에 대응할 수 있는 인적·물적 자원이 부족할 수밖에 없고, 따라서 좀 더 큰 정치체로의 통합에 대한 요구가 생겨난다. 통합 과정에서 전쟁과 그에 따른 희생이 제기될 수 있지만 승리에 따른 이익이 크다고 간주되기도 한다. 규모의 장점으로 인해 때때로 작은 정치체가 자발적으로 큰 정치체에 귀속하기도 한다.

물론 역사는 그러한 권력의 확대가 끝없이 진행될 수 없다는 것을 보여

---

34 Kennedy, *The Rise and Fall of the Great Powers: Economic Change and Military Conflict from 1500 to 2000*, 1987; Li, "State Fragmentation: Toward a Theoretical Understanding of the Territorial Power of the State," 2002: 144.

35 "夫貴爲天子, 富有天下, 是人情之所同欲也."(『荀子』「榮辱」)

준다. 그것은 더 큰 정치체로의 통합은 이점과 더불어 그 구성 단위들의 자결이나 자유를 제한할 수 있기 때문이다. 따라서 인류 역사에서 통합은 자발적이기보다는 대개 강제적이었고, 그 과정에서 피통합 단위들의 격렬한 저항이 수반되었다. 이러한 의미에서 권력의 요소적 측면과 더불어 정치권력의 관계적 측면도 심각하게 고려되어야 한다. 다시 말해 권력확대에 관한 논의는 그에 대한 제약적 측면에 초점을 두어야 한다. 사실 기존의 논의는 대부분 무엇이 중앙집권적 대국의 형성에 기여했는지에 초점이 주어지고 있다. 그렇지만 권력규모 이론의 측면에서 본다면 권력에 대한 제약에 더 주목해야 한다.

그렇다면 정치권력은 어떤 방식으로 확대되는 것인가? 특히 정치권력의 확대가 그 내적 구성에 어떤 영향을 미치는 것인가? 사물의 크기나 스케일 그리고 그것의 확대가 갖는 의미에 대한 자연과학적 설명은 크게 세 가지이다.

첫째, 사물은 단지 서로 연관성이 없는 개체들로 구성되며, 스케일의 변화도 개체수의 양적 확대에 불과하고 그들 사이에 어떤 영향도 주지 않은 경우이다. 전체는 단순히 부분의 집합일 뿐이며, 양자 사이에는 어떤 유기적인 관계도 없다. 자연현상에 있어서 그것은 마치 작은 범위의 지진이 큰 지진의 일부인 것과 유사하다. 동태적으로 본다면 식물의 개체수가 증가할 뿐, 각각의 개체나 그들 사이의 관계에는 어떤 변화도 없는 경우이다.

둘째, 사물은 서로 연관성을 가진 요소들로 구성되며, 크기는 그들 사이의 관계를 결정하는 데 매우 중요하다. 스케일의 외형적 확대가 사물의 내적 구성에도 변화를 가한다. 전체는 부분의 합 이상인 셈이다. 예를 들어 단층의 건축물과 수십 층 고층빌딩 사이에는 단순히 크기의 비례적 차이만 있는 것은 아니다. 양자는 건축의 자재와 때로는 구조에 있어서 서로 질적인 차이가 있다. 동태적으로는 어린이가 성인으로 성장하면서 신체의 각 구성부분에도 변화가 이루어지는 것과 유사하다.

셋째, 사물은 서로 연관성이 있는 요소들로 구성되지만, 스케일의 확대가 그들 사이에 질적인 변화를 의미하지 않는 경우이다. 이러한 현상은 프랙탈fractal 차원으로 설명되는데, 그것은 사물이나 자연현상 가운데 축척이 변해도 동일한 구조가 유지되는 것을 뜻한다. 축척의 변화는 끊임없이 원래의 크기와 유사한 형태를 반복해 재생산함으로써 전체와 부분의 구조가 기본적으로 동일하게 된다. 구름은 그 크기와 무관하게 동일한 구조를 가지고 있다. 구름은 어떠한 축척(또는 관찰 거리)으로 본다고 하더라도 거의 일정한 모습을 가지고 있다.[36]

위의 세 가지 축척의 변화는 아래 〈그림 2〉와 같이 표현할 수 있다. 위의 설명에서 각각 첫 번째는 (가), 두 번째는 (나), 세 번째는 (다) 방식에 의한 변화에 해당된다.

〈그림 2〉 축척의 변화를 설명하는 세 가지 모형

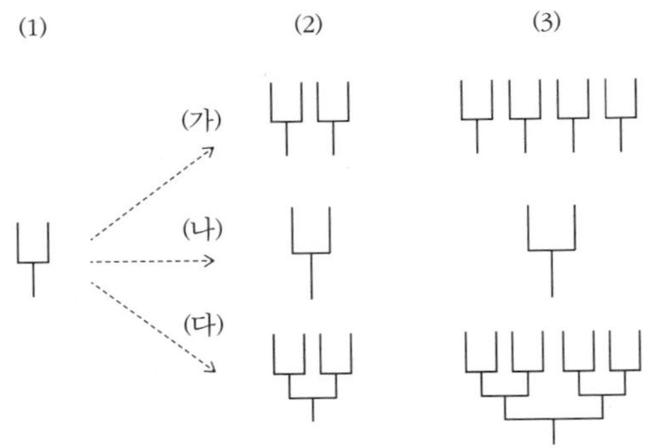


그렇다면 스케일의 변화에 대한 자연과학적 설명을 어떻게 정치현상에 적용할 수 있을까.

첫 번째는 축척의 변화가 구성 요소들과 그들 사이의 관계에 어떤 영향

36 Pumain, *Hierachy in Natural and Social Sicences*, 2006: 1-12.

도 주지 않는 경우이다. 그것은 마치 서로 독립된 국가들의 수적 증가와 같은 경우이다. 따라서 이러한 변화는 서로 다른 정치체들이 내적으로 통합되는 과정에서는 생각할 수 없다.

두 번째는 크기의 확대가 구성 요소들에도 변화를 수반하는 방식이다. 이를테면 나라가 커지면서 각각의 지방행정단위도 상응하여 커지는 경우에 해당된다. 그렇지만 이것은 그리 현실적인 방법이 아니다. 왜냐하면 지방의 구획은 대개 산이나 강과 같은 자연적 경계를 따르기 때문이다. 또한 대민업무를 담당하는 지방행정단위는 교통의 발달 정도에 따라 일정한 크기를 넘지 않아야 한다.

세 번째 프랙탈 방식의 확대이다. 이 방식에 의하면, 각 정부의 층차는 각기 동일한 구조가 반복되며, 그럼으로써 서로 유기적 관계를 가진다. 다시 말해 멸망된 나라 중앙정부의 권력자원이 중앙으로 집중되지 않고 새로운 행정단위로서 유지된다. 그 결과 기존의 권력관계에는 크게 영향을 주지 않으면서 규모의 문제에 대응할 수 있게 된다. 아래에서 보는 것처럼 역사 초기의 권력 통합 과정에서 프렉탈 방식이 관철되는 이유이다. 물론 국가 행정체제에서 프랙탈 방식의 확대는 계속되지 않는다. 그것은 권력자가 가능한 권력을 집중하고자 할 뿐만 아니라, 합리적인 행정을 위해서도 지방을 계속 층차로 나눌 수 없기 때문이다.

국가의 통합과 관련해 일반적인 설명은 한 국가가 일정한 규모에 이르면 효과적인 통치를 위해서 몇 개의 하급단위로 구획한다는 것이다. 즉 중앙의 권력이 먼저 있고, 통치의 필요에 따라서 지방을 구획한다는 논리이다. 그렇지만 역사는 그 반대, 즉 지방이 먼저 형성되고 중앙이 나중에 만들어지는 과정을 보여 준다. 앞서 언급된 권력규모의 제약적 속성에 의해, 역사 초기 국가는 소규모로 존재하며, 권력의 확대는 그들의 통합에 의해 이루어진다. 따라서 통합은 새로운 중앙권력이 창출되는 방식으로 전개된다. 이때 통합을 주도한 국가가 중앙권력으로 변모하지만, 그것은 이제 전혀 새로운 권력이다. 전국 말의 『여씨춘추呂氏春秋』에도 그러한 권력확대의 역사적 과정을 시사하는 구절이 있다.

> 사람들은 본래부터 나무로 무기를 깎아 싸웠다. 승자는 우두머리〔長〕가 되었다. 그렇지만 우두머리로 잘 다스릴 수 없어 군주〔君〕를 세웠다. 군주도 잘 다스릴 수 없어 천자를 세웠다. 천자는 군주의 기초 위에 세워졌고, 군주는 우두머리의 기초 위에 세워졌으며, 우두머리는 전쟁의 기초 위에 세워졌다. 전쟁의 유래는 오래되었다. 그것은 금하거나 멈추게 할 수 없었다.[37]

여기에 따르면 인간은 권력추구를 본성으로 한다. 인간은 옛날부터 서로 전쟁을 일삼아 왔다. 그 결과 초기에는 소규모 집단의 우두머리가 출현했고, 점차 권력의 통합이 진행되어 점차 군주와 천자가 차례로 나타났다. 그것은 계속되는 전쟁과 그에 따른 더 큰 권력의 형성 과정인 것이다.

권력의 통합이 새로운 중앙권력을 형성하는 방식으로 이루어진다는 것은 무엇을 말하는가. 그것은 그 과정에서 기존의 지방권력 구조가 전적으로 해체되지 않고 존속된다는 것을 의미한다. 사실 대민업무를 담당하는 지방단위는 앞서 언급한 것처럼 자연적 조건에 따라 형성되었고, 동시에 정교한 제도와 규범을 보유하고 있어 그것들을 폐지할 이유가 크지 않다. 다만 통일적인 정책의 집행을 위해서 중앙권력은 각 지방에 자신의 관리를 새로 파견할 뿐이다. 이러한 방식으로 중앙권력은 한편으로 지방을 효과적으로 관리하면서 동시에 제도개혁의 비용을 줄이고, 지방의 저항

---

37 "民固剝林木以戰矣, 勝者爲長. 長則猶不足治之, 故立君. 君又不足以治之, 故立天子. 天子之立也出於君, 君之立也出於長, 長之立也出於爭. 爭鬪之所自來者久矣, 不可禁, 不可止."(『呂氏春秋』「孟秋紀·蕩兵」) 여기서 번역은 关贤拄外 译注, 『吕氏春秋全译』, 2002: 208-210와 鄭英昊 解譯, 『여씨춘추 12기』, 2006: 205-207을 참조함.

을 최소화시킬 수 있다.

이러한 맥락에서 국가형성 과정에 관한 모델인 〈그림 1〉의 (다)는 실제 〈그림 3〉에 가깝다. 그 과정에서 역사적으로 영토국가로의 전환이 발생한다. 따라서 하위단위들 사이에 지리적인 간극은 시간이 지나면서 사라지게 된다.

〈그림 3〉 권력규모 이론에서 본 초기국가 형성

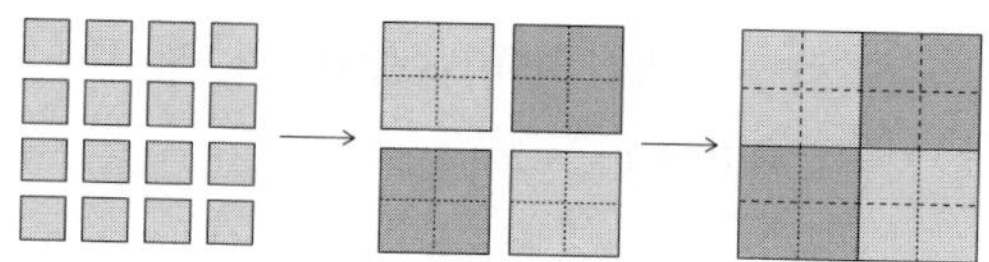

결국 역사 초기에는 소규모 정치체들이 병존했고, 시간이 지나면서 점차 통합되어 왔다. 초기 역사는 정치체들의 통합에 따른 권력의 확대 과정인 것이다. 한편으로는 새로운 중앙권력이 창출되고 다른 한편으로는 기존의 정치체들이 새로운 정치질서의 하부구조로 고착되어 간다. 이처럼 권력구조가 유사한 형태로 재생산됨으로써 권력배분에 있어서 평형이 이루어진다. 이것을 간단히 도식화하면 〈그림 4〉와 같다.

〈그림 4〉 권력확대의 동태적 과정

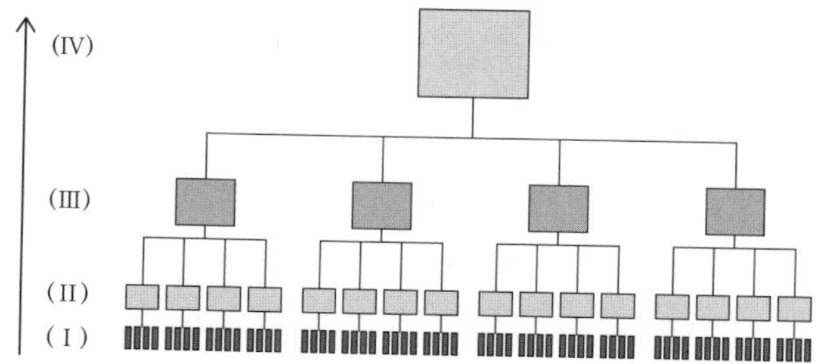

통합 과정에서 그러한 외적 구조의 재생산이 이루어지면서 내적 관계에 있어서도 변화가 수반된다. 인간의 역사에서 사회권력의 규모와 그 배분을 연구한 보들리Bodley에 의하면, 권력규모가 커질수록 조직이 세분화되고, 또한 권력의 배분에 있어서 소수에 집중되어 비대칭의 권력관계가 형성된다.[38] 이러한 현상은 위의 통합 과정에서도 나타난다. 각 단계에서 개별 하급단위와 중앙 사이 권력배분의 비율은 계속 확대되는 것이다. 통합 과정에서 권력자원의 총량은 변화되지 않고 상·하급 사이에 동일하게 배분된다고 가정할 경우, 그 비율은 (II)단계에서는 4배, (III)단계에서는 16배, (IV)단계에서는 64배가 된다. 국가권력 규모가 커질수록 지방단위에 대한 중앙권력의 비율은 기하급수적으로 증가하게 되는 것이다.

이 모델은 다급체제 국가로서 하나의 행정적 층차가 생기려면 거대한 상부구조가 형성되어야 함을 보여 준다. 그것은 대민업무를 담당하는 기존의 지방단위 행정기구는 거의 변화되지 않은 상황에서 권력자원은 새로운 중심체로 집중되기 때문이다. 또한 권력의 집중화는 여러 가지 형태로 나타난다. 그것은 중앙에 거대한 관료기구와 그것을 통한 지방의 통제 즉 군현화, 그리고 마찬가지로 중요하게는 최고통치자로의 권력 집중이다. 물론 양자는 서로 결합되어 있다. 즉 최고통치자는 절대적 권력의 소유자로 등장하고, 그것은 거대한 권력장치에 의해 뒷받침된다.

더욱이 이 모델보다 더욱 기형적인 형태의 권력집중도 나타날 수 있다. 이를테면 흡수된 정치체들의 중앙정부들을 통일국가의 상급 지방단위로 전환하지 않고, 중앙정부가 중하급 지방정부들을 직접 지배하는 경우이다. 이때 중앙은 최상급 지방단위에 귀속될 권력자원을 직접 갖게 된다. 그 결과 이를테면 (IV) 단계에서 말단 개별 지방단위와 중앙의 권력자원 배분 비율은 64배가 아니라 128배가 된다. 그만큼 양자의 격차는 확대되

38 Bodley, *The Power of Scale: A Global History Approach*, 2002: 61-63.

고 권력은 집중된다. 실제 진의 통일방식이 그러했다. 진은 통합된 제후국들을 상급으로 전환시키지 않고 폐지시켜 소속 군현에 대한 직접 지배를 실시했다.

초기국가의 형성과 통합은 오랜 시간을 거쳐서 진행된다. 여기서 자세히 다루지는 않았지만 정치권력의 확대는 정치적 관계뿐 아니라 사회적 관계에도 변화를 수반한다. 이를테면 국가권력의 강화는 주로 왕권의 강화, 중앙집권화, 그리고 관료적 지배로 나타난다. 그와 함께 국가는 대규모 인적·물적 자원의 동원과 재분배 능력을 갖출 뿐만 아니라 종교나 이념과 같은 의식을 독점하게 된다. 그 과정에서 기존의 신분질서가 와해되고 사회구성원에 대한 국가의 직접적 또는 인신적 지배가 이루어진다. 그 결과 토지에 기반을 둔 귀족계층이 해체되고 평민화 현상이 출현한다.

여기서 다루어져야 할 문제가 있다. 그것은 통합 과정에서 권력자원은 불변이라는 가정이다. 실제 사회경제적 발전에 의한 권력자원의 확대를 도외시하고라도, 통합 자체에 의해 권력자원이 변화될 수 있다. 권력자원의 요소적 측면에서 무엇보다도 전쟁의 종료와 평화에 따라 국방비의 감소가 기대될 수 있다. 그와 함께 경제적 안정과 조세의 증가, 노역 가능성 확대, 특히 장기적으로 지역간 교역의 확대로 상업적 이익과 재정수입이 증가될 수 있다. 관계적 측면에서 가장 두드러지게는 제후와 그 주변의 귀족 세력들이 제거되면서 그들의 사적 경비나 소비가 국가재원으로 전환될 수 있다.

반면 통합은 추가 비용을 야기한다. 이를테면 거대한 중앙의 권력기구 유지, 원거리 통치를 위한 운송과 통신, 복잡한 관료적 절차 등이 그것이다. 또한 국방비의 감소도 제한적일 수 있다. 대국에서는 소국들이 병립할 때보다는 군대를 줄일 수 있다. 다만 군대의 감축은 이동이 빠르고 또 그 기능이 국방에 국한되었을 때 가능한 일이다. 옛날 군대는 이동이 느리고, 또 그 기능이 국내 치안도 포함하기 때문에 일종의 지방군 형태를 띠고 있었다. 특히 교통이나 통신의 발전이 일정한 수준에 머문 상태에서 국방에 있어서 규모의 경제는 기대하기 힘들다. 더욱이 대국의 권력자들은 강한 권력자원을 바탕으로 대규모 대외전쟁을 수행하거나, 또는 권력의 유지를 위해 수도의 수비를 중시하고, 이에 더 많은 군대를 동원하는 경향이 있다. 이 경우 통일에 따른 국방비의 감소는 상쇄될 가능성이 크다.

그 외에도 대국은 개인적 공간과 공동체적 공간 사이에 커다란 차이를 특징으로 한다. 사실 대국에서나 소국에서나 인간이 육안으로 체험하는 공간은 동일하게 몇십 평방킬로미터에 불과하며, 개개인의 활동 범위도 크게 다르지 않다. 특히 교통의 발달 정도가 일정할 경우 그러한 차이는 매우 미미했을 것이다. 상인·관리·군인 등을 제외한다면 대다수의 사람들은 자신의 고향에서 벗어나지 않았다. 일반 사람들이 더 넓은 지역을 경험하게 되는 것은 군복무나 요역, 가뭄이나 홍수, 전쟁을 피하기 위해서 장거리 이동을 하는 경우 등에 국한되었다. 그 결과 일반 백성들의 의식에 있어서 국가 또는 황제와 같은 공동체적 요소는 소국보다 대국에서 더 약할 수밖에 없고, 동시에 공동체의 결속은 다른 조건이 일정하다면 후자에게서 더 약할 수밖에 없다. 따라서 대국에서는 공동체의 결속을 위해 더 의식적인 노력이 시도되며, 이것은 이념적·물리적 강제에 의하는 경우가 많고, 그 결과 해당 정치체제는 권위주의적일 가능성이 높고, 이를 위한 통치 비용도 증가한다.

결국 권력규모 이론의 입장에서 보면 초기 국가형성과 통합의 기제는 크게 3가지로 요약될 수 있다.

첫째, 초기 국가권력의 크기는 소규모로만 존재한다. 다만 시간이 지나 생산력·인구·교통·무기 등 각종 권력구성 요소들의 양적 확대가 이루어지면서 권력의 요소적 제약이 완화된다. 그러면서 작은 공동체들 사이에 더 긴밀한 관계가 형성되고, 경우에 따라서는 더 큰 정치체로 통합된다.

둘째, 소규모 정치체들이 통합되어 더 큰 정치체제를 구성하게 될 경우, 그들은 완전히 폐지되거나 사라지지 않고, 새로운 정치체의 지방단위로 존속하게 된다. 그것은 행정적 효율성을 높이고 그에 따라 권력행사의 비용을 줄이는 중요한 방법이다.

셋째, 권력의 규모가 커질수록 중앙에 집중되는 속성을 갖는다. 이 점은 얼른 보아 두 번째 기제와 상반된 것처럼 보이지만 실제 그 결과이기도 하다. 권력의 확대가 수반하는 광역화에 의해 지방에 의한 원심력도 강화될 수밖에 없다. 거기에 대응하여 국가를 유지하기 위해서는 중앙의 권력은 보다 강화되지 않으면 안된다. 그것은 무엇보다도 통합과정에서 각각의 중앙정부들이 보유했던 권력자원을 집중하는 방식으로 이루어진다. 해당 권력자원의 일부는 그들을 대신하여 새로 건설되는 지방정부에 남게 되지만, 적지 않은 부분은 통합된 국가의 중앙정부에 흡수된다. 이로써 강력한 중앙집권적 통치체제가 구축된다. 다만 교통과 통신 등 인프라 없이 과도한 집중화 시도는 권력자원의 낭비는 물론 피치자의 저항을 불러일으킬 수도 있다.

이제까지 언급된 권력통합의 특징들은 중국의 초기 정치권력과 통일제국의 형성 과정에서도 경험적으로 확인된다.

## 2. 권력통합의 전개

### 초기국가와 단급체제

앞서 언급한 것처럼 권력규모의 측면에서 보면, 역사초기에는 국가조직은 작을 수밖에 없다.[39] 권력구성 요소들과 그 동원능력이 모두 제한적이기 때문이다. 이것은 단급체제單級體制라고 부를 수 있는 국가형태이다. 즉 하나의 중심만이 있을 뿐, 중앙과 지방이 사실상 구분이 되지 않는 것으로, 초기국가의 범위가 일정한 지점地點에 불과했던 사실과 관계된다. 이것은 광역을 단위로 하는 영토국가에서 군현과 같은 여러 행정적 층차를 갖는 다급체제多級體制와 대비된다. 초기국가가 단급체제에 기반을 두었던 것은 관련 언어에서도 드러난다. 이를테면 상의 문자인 갑골문甲骨文, 주와 그 이후 청동기 유물에 새겨진 글자인 금문金文, 진에 의해 통일화된 문자인 소전小篆, 그리고 고대의 문헌에는 초기의 정치체를 묘사하는 상형의 개념들이 적지 않다. 대표적으로 국國 이외에도 읍邑·방邦·방方 등이 거기에 해당된다. 이 개념들에 대한 언어학적 분석은 단급체제의 특징을 보여준다.[40]

먼저 국國은 갑골문으로 [glyph] 또는 [glyph]인데 [glyph]와 [glyph]으로 구성되어 있다. [glyph]는 창을, [glyph]은 口와 같은데 네모난 성城의 모양이다. 즉 무기로 성을 지킨다는 의미이다.[41] 금문에는 [glyph], [glyph]인데 마찬가지로 일정한 영역의 경계가 있고 그곳을 지키는 모습이다. 고문에서는 國과 或은 혼용되었다.[42] 或은 주위

---

39 소규모 초기국가는 도시국가·성읍城邑국가·성방城邦국가 등 다양하게 불린다. 다만 이 개념들은 서구의 도시국가city-state와 크게 다르지 않다. 그런데 유럽에서 상업적 도시가 발달한 것과 달리, 중국에서는 농업 중심의 촌락들이 발달하였다. 도시는 촌락들을 정치적·상업적으로 연계하는 기능을 담당했지만, 중국에서 그 중요성은 더 작다고 할 수 있다. 도시국가의 측면에서 중국 초기국가의 형성에 관한 연구는 적지 않다(廖学盛, "试论城邦的历史地位和结构," 1986: 29-36; 日知, "从《春秋》'称人'之例再论亚洲古代民主政治," 1981: 3-17; 林志纯, "孔孟书中所反映的古代中国城市国家制度," 1981: 123-132; 杜正胜, "中國古代的城與城邦," 2001). 그와 달리 신석기시대 농촌 취락들의 분산된 구조와 그들 사이 광역에 걸친 위계적 연계성을 강조하는 예는 김정렬, 『서주 국가의 지역정치체 통합연구』 2012: 33-114.

40 사실 언어학적 분석 자체가 상당한 상상력에 의존하고 있기 때문에 그 내용도 약간씩 차이가 있다. 국내 연구로는 李春植, "中國古代國家의 二重構造와 世界觀"(1992: 90-92)이 있다.

41 叙中舒 主编, 『甲骨文字典』, 1989: 1361-1362; 陳初生 編纂, 『金文常用字典』, 1987: 651.

〈표 1〉 국國 · 읍邑 · 방邦 · 봉封의 글자 원형

| | 갑골문甲骨文[a] | 금문金文[b] | 소전小篆[c] |
|---|---|---|---|
| 國 | 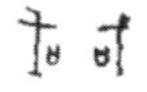 | 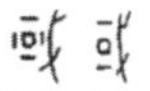 | |
| 邑 | 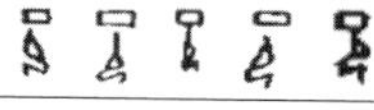 |  | |
| 邦 |  | 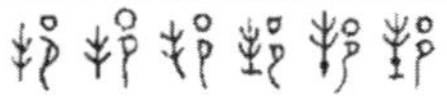 | |
| 封 |  |  |  |

a: 叙中舒 主编, 『甲骨文字典』, 1989; b: 陳初生 編纂, 『金文常用字典』, 1987; c: 段玉裁 注, 『說文解字注』, 2007 각 페이지.

를 둘러싼 성벽의 표시가 없다. 실제 하의 이리두二里頭, 상의 은허殷墟, 주의 풍豊과 호鎬, 초楚의 영郢 등 초기국가들의 수도에는 성벽이 확인되지 않는다.[43] 성벽은 전쟁이 잦아지면서 생겼는데, 대개 서주 후기라고 한다. 언어학적으로 或에 성벽을 뜻하는 口이 더해진 것도 그때이다. 후한 시기에 편찬된 사전인 『설문해자說文解字』에 의하면, 제후국이 지리적으로 확대되면서 원래 좁은 지역을 각자 지킨다는 의미의 或이 적절치 않아 口를 더했다고 한다.[44]

또한 초기 문헌에서는 국과 함께 읍邑도 동일하게 사용되었다. 읍은 〈표 1〉에서와 같이 口와 人으로 구성되어 있다. 그것은 네모난 성城과 같이 일정한 구역에 사람이 꿇어앉아 있는 모습으로서 사람들의 집단적 거주지를 나타낸다.[45] 하는 하읍夏邑, 상과 주도 각각 대읍상大邑商(또는 천읍상天邑

42 段玉裁 注, 『說文解字注』, 2007: 489.

43 杨宽, 『中国古代都城制度史研究』, 1993: 10-108. 일부에서는 일종의 영토국가적 관점에서 수도가 넓은 지역으로 둘러싸여 있어서 외부의 공격을 먼 국경에서 막으면 되었기 때문에 성벽도 없었다고 주장한다(리우리·천싱찬 저, 심재훈 역, 『중국 고대국가의 형성』, 2006: 31-32). 그렇지만 단급체제의 시각에서 본다면 초기의 정치적 중심지는 아직 견고한 성벽과 같은 방어체계를 충분히 갖추지 못한 원시적 형태였을 것이다.

44 段玉裁 注, 『說文解字注』, 2007: 1096.

商), 대읍주大邑周 등으로 불리었다. 『설문해자』에서도 "읍은 국國과 같다." 고 기록한다.[46]

문헌상으로 알려진 주의 봉건제를 보면, 앞서 언급된 읍邑의 언어학적 특징이 반영되어 있다. 천자와 제후들은 각기 자신의 영지를 갖고 있는데, 천자의 직할지는 공읍公邑으로서 — 대개 경卿이나 대부大夫라 불리는 — 중앙의 귀족들을 통해서 통치했다. 제후에게 분봉된 땅은 일부는 제후가 공읍으로서 스스로 통치하고, 일부는 자신에게 소속된 — 마찬가지로 대부라 불리는 — 귀족들에게 다시 채읍采邑 또는 식읍食邑의 이름으로 분봉되었다.[47] 읍은 씨족이나 부족 등 혈연조직에 기반을 두었고 독자적으로 통치되었다. 다만 각각의 영지들에 대한 귀속 관계는 엄격하지 않았기 때문에 사람들은 비교적 자유롭게 오갈 수 있었다.[48] 서주 시기 분봉과 관련해 『한서』는 "옛날에는 땅의 분할이 있었고, 사람의 분할은 없었다."[49]고 기록하고 있다.

한편 방邦은 갑골문에서는 [illegible]로 표기되었는데, 이것은 일정한 토지 위에 나무를 심어 둔 모양으로서 경계의 표시로 이해된다. 또한 방邦은 丰과 邑으로 구성되어 있는데, 이때 丰은 경계의 표시로서 나무를 심는 것을 뜻한다.[50] 『설문해자』에서도 방邦은 국國과 같다고 하며,[51] 공자의 『논어』에도 양자는 혼용되고 있다. 그와 함께 군주는 방군邦君으로 표현되고 있다.[52] 마지막으로 방方은 하·상·주와 같은 연합국가와 경쟁적인 관계에

---

45 叙中舒 主编, 『甲骨文字典』, 1989: 710; 陳初生 編纂, 『金文常用字典』, 1987: 663-664.

46 段玉裁 注, 『說文解字注』, 2007: 498.

47 陈长琦, 『中国古代国家与政治』, 2002: 114-115.

48 胡新生, "西周春秋时期的国野制与部族国家形态," 1985: 63-64.

49 "古有分土, 亡分民."(『漢書』 卷二十八 「地理志」)

50 叙中舒 主编, 『甲骨文字典』, 1989: 712; 陳初生 編纂, 『金文常用字典』, 1987: 664-665.

51 段玉裁 注, 『說文解字注』, 2007: 498.

52 초기에 방邦이 자주 사용되었으나 점차 국國으로 통칭되었다. 그것은 한의 고조 유

있는 정치체로 간주된다.[53] 이를테면 상 시기의 방方은 다른 종성種姓을 의미하는데, 천멍자陳夢家는 기원전 13세기 후반 무정武丁 시기의 갑골문에서 모두 29개의 방方을 확인하고 있다.[54]

정치체로서 국은 울타리 또는 성으로 둘러싸인 일정한 공간을 의미하며, 거기에 사는 평민들은 국인國人이라 했다. 따라서 처음 국은 2가지 의미를 가졌다. 첫째는 정치권력, 즉 국가의 단위이고, 둘째는 국가의 수도나 도시〔도읍都邑〕의 의미이다.[55] 물론 중심에 의한 주변의 직접적인 지배를 특징으로 하는 단급체제에서 양자는 일치했다. 후에 영토국가로 전환되면서 정치권력의 단위로서 국가와 수도의 개념이 서로 분리되었다.

국의 주변 농촌지역은 야野라고 불리는데, 거기에 거주하는 야인野人은 피지배 부족민이었다.[56] 국이 위에서 언급된 것처럼 성곽으로 둘러싸여 있다면, 야 너머는 하천이나 산과 같은 자연적 요소나 인공으로 흙을 쌓아 나무를 심는 토낭土閬으로 경계를 표시했다. 이처럼 넓게 잡힌 지리적 영역을 고대에는 봉강封疆이라고 했다.[57] 봉封의 갑골문은 , 금문은 등인데, 사람이 흙 위에 나무를 심는 모양이다. 봉건 또는 분봉은 이처럼 나무를 심어 경계를 정해 나라를 세운다는 의미이다.[58] 『논어』에 의하면 하는 소나무, 상은 측백나무, 주는 밤나무로 경계를 표시했다.[59]

그 외에도 영토나 토지의 경계와 관련된 언어적 표현들로는 경竟(=境),

---

방의 호를 피하기 위해서였다. 특히 고대의 많은 문헌들이 한 시기에 다시 정리되면서 '방'이 '국'으로 고쳐졌다. 귀의한 이민족의 공동체로서 속방屬邦이 속국屬國으로, 초기의 재상인 상방相邦이 상국相國으로 개칭된 것이 그 예이다.

53 Lewis, *The Construction of Space in Early China*, 2006: 136.

54 陳夢家, 『殷墟卜辭綜述』, 1988: 269-291.

55 张荣明, "《周礼》国野, 乡遂组织模式探原," 1998: 3-4.

56 『周禮』「天官·序官」.

57 杜正胜, "中國古代的城與城邦," 2001: 6.

58 『周禮』「地官·大司徒」.

59 『論語』「八佾」.

강疆, 어圉 등이 있는데, 이것은 역사 초기 일정한 영토나 경계 관념의 존재를 반영한다.[60] 다만 그러한 경계는 공동체와 공동체 사이가 아니라, 특정 공동체 중심의 범위를 나타낸다. 지역적으로 차이가 있었겠지만, 경계는 대개 공동체들 사이에 설정되지 않았고, 그들 사이에 넓은 공터가 있었다. 공동체를 구분하는 요소는 영토가 아니라 다양한 형태의 종족이었다. 물론 각 지역의 생산성이나 방어 등 편차가 있었기 때문에 영토나 토지를 둘러싼 갈등은 상존했다. 그에 따라 특정 공동체의 위치와 경계는 자주 변경될 수 있었다. 공동체들 사이에 일정한 정치적 질서가 형성되었을 때, 그러한 갈등은 좀 더 평화적인 방식으로 조정될 수 있었다.

고대국가의 출현 과정도 그것이 단급체제에 기반을 두고 있음을 보여준다. 역사적 유물로서 그 존재가 확실하게 뒷받침되는 왕조는 상商이다. 은허의 복사에서는 상족이 세운 상을 구성하는 수십 개 씨족들의 명칭이 확인된다고 한다.[61] 상은 그러한 씨족이나 그들의 집합체인 부족에 기반을 둔 연맹체였고, 상왕은 그 우두머리였던 셈이다.[62] 역사학자들에 의하면 상은 촌군村群 단계가 발전하면서 출현했다. 촌군은 원래 씨족이나 부족단위 촌락들의 군집체인데, 그것들은 여기저기 산재했고, 그들의 지도자는 추장酋長이었다. 시간이 지나 약한 촌군들이 강한 촌군에 복속되었다. 상의 추장은 중앙의 왕이 되고, 추장들은 왕에 대해 일정한 의무를 지는 제후로 변모했다. 이로써 기존의 촌군들이 그대로 유지된 상태에서 그 위에 고대국가가 형성되었다. 주의 경우에도 비록 일부 동성의 제후국들을 세웠지만, 은대의 성읍체제와 다르지 않았다.[63] 다만, 상업에 기초한 그리스에서 고대국가는 도시국가 형태였지만, 농업 중심의 중국에서는 촌

60 徐瑞泰, "先秦疆界制度浅议," 2008: 50-51.

61 陳夢家, 『殷墟卜辭綜述』, 1988: 313-316.

62 李雪山, 『商代分封制度研究』, 2004: 10-11.

63 李春植, "中國古代國家의 二重構造와 世界觀," 1992: 98-104.

락들이 점조직으로 연결되어 기층을 형성했다.[64]

초기국가들이 단급체제였던 것은 잦은 근거지 이동에서도 나타난다. 문헌에 의하면 상은 하를 멸하기 전에 8회, 그리고 하를 대신한 후에도 상은 황하를 따라 7회나 수도를 이동했다. 주周의 경우에도 시조인 기棄가 농사를 담당하는 후직后稷으로 공을 세워 순舜에 의해 태邰의 100리 땅에 봉해진 뒤, 그 후계자들은 빈豳, 기산岐山 남쪽의 주周, 풍豊, 호鎬 등으로 옮겨 다녔다. 천도는 영토국가에서 넓은 지역을 효과적으로 통치하기 위해서 실시되기도 하지만, 주의 천도는 주민 전체의 이동을 수반했다.

국도國都라고 불리는 천자의 나라도 단급체제였다. 이를테면 『논어』「태백」에서 국가권력은 백리지명百里之命으로 표현되고,[65] 『묵자』에서는 탕왕湯王은 100리, 문왕文王도 100리의 땅에 봉해졌다고 한다.[66] 『맹자』에도 탕왕은 70리, 문왕은 100리라고 했다.[67] 그와 유사한 표현들은 수없이 많다. 후한 초의 문인 왕충王充(27-97?)은 관리의 수가 하는 100명, 은은 200명, 주는 300명이었다고 말한다.[68] 제후국들도 사방 수십 리의 작은 국가들이었다. 이를테면 서주 시기 제齊·진晉·진秦·초楚 등 나라들은 그 크기가 아직 50-100리에 지나지 않았다.[69] 이들은 거의 독립적인 실체였다. 제후들은 조세수입은 물론 소속 백성들을 직접 통치했고, 영지는 세습되었다. 또한 나라를 옮기는 일도 비일비재했다.[70]

중원의 통합적 개념으로 사용되는 중국中國의 의미도 이제까지 언급된

---

64 윤내현 편저, 『중국사 1』, 1991: 75-76.

65 『論語』「泰伯」.

66 『墨子』「非命上」.

67 "湯以七十里, 文王以百里."(『孟子』「公孫丑上」)

68 『論衡』「語增」.

69 『史記』 卷十四 「十二諸侯年表」, 卷十七 「漢興以來諸侯王年表」, 卷三十九 「晉世家」; 『孟子』「告子下」.

70 초기국가들의 수도이전에 관해서는 이 책의 10장 1절 참조.

초기의 성읍체제와 그 이후 연합국가 형성 과정을 반영한다. 역사가들은 금문에서 해당 개념이 서주 시기에 출현했고, 그것이 상의 옛 영토, 특히 천자의 직할지를 지칭함을 밝히고 있다. 서주 이후에도 중국은 수도를 의미했다고 한다.[71] 서주와 같은 봉건제 하에서 국國은 천자와 제후들이 거주하는 성곽도시를 가리켰고, 중국은 천자의 국에 해당되었다. 춘추시대에 이르러서야 중국은 중원의 여러 나라를 통칭하는 개념으로 사용되기 시작했다.

춘추시대를 거치면서 점차 영토국가들이 출현했다. 그 증거는 비교적 큰 국가들의 등장과 그에 따른 지방의 구획이다. 춘추 말의 저작인 『논어』에는 천승지국千乘之國이 모두 3회 등장한다.[72] 해당 제후국은 중간 정도 크기로 간주되고 있는데, 글자 그대로 본다면 10만 명에 이른다는 점에서 상당히 큰 제후국들이 출현한 셈이다. 공자보다 한 세대 정도 이후의 인물인 묵자의 주장에 의하면, 제후국들은 주에 의해 처음 봉해졌을 때 땅이 수백 리에 불과했고, 인구도 수십만 명에 불과했다. 그렇지만 그들은 주변을 공략해 땅은 수천 리, 인구는 수백만 명에 이르렀다.[73] 이제 제후국들은 그간 정복된 여러 개의 작은 정치체들을 포괄했다. 그들은 넓은 빈터에 대해서도 점차 일종의 영유권을 형성했을 것이다.

그와 함께 제후국의 내부 구조도 변화하기 시작했다. 앞서 언급한 것처럼 단급체제에서 하나의 정치체는 하나의 성城과 그 주변 지역으로 구성되었다. 이것은 주의 종법체제와도 일치했다. 즉 주에 의해 분봉된 제후가 도성을 이루고, 그 경·대부 등 채읍이 그 주변에 위치해 전체 제후국을 형성했다. 그렇지만 춘추시대를 거치면서 그 틀은 깨지기 시작했다. 무엇보다

71 호리 도시카즈堀敏一 지음, 정병준·이원석·채지혜 옮김, 『중국과 고대 동아시아 세계: 중화적 세계와 여러 민족들』, 2012: 38-48.

72 『論語』「學而」, 「泰伯」, 「公冶長」.

73 『墨子』「非攻中」.

도 성읍의 수가 증가하고 그 규모도 커졌다. 성읍이 확대되는 방식은 새로운 다수 성(읍)의 건설, 기존 성(읍)의 확장, 그리고 예법禮法을 벗어난 성(읍)의 건축 등이었다. 이를테면 『춘추좌전』에는 노魯의 새로운 성읍이 19개가 확인되었다. 제齊의 경우에도 전국시대까지 120개의 성이 건설되었다.[74]

통합에 대한 저항도 없지 않았다. 이를테면 성읍의 확대에 대응해 그것을 억제해야 한다는 요구이다. 이를테면 『춘추좌전春秋左傳』의 기원전 722년 기사에는 분봉된 성읍은 큰 것은 도성의 3분의 1, 중간은 5분의 1, 작은 것은 9분의 1로 해야 한다는 기준이 제시되고 있다. 그것은 큰 성읍은 귀족들의 세력기반이 될 수 있고, 그들은 제후국 군주에게 도전할 수 있기 때문이다.[75] 상황은 춘추 후기에도 크게 변화되지 않았다. 이를테면 초楚의 영왕靈王이 중원으로 진출하기 위해서 정복한 곳에 큰 성을 쌓으려 하자, 범무우范無宇라는 인물은 여러 나라에서 성에 기반을 가진 세력들이 군주를 위협했음을 근거로 들어, 정복지가 단지 변경으로서 기능하게 해야 한다는 반론을 제기하고 있다.[76]

사실 성읍을 중심으로 하는 지방세력에 대해서 제후국 군주 스스로 적극 통제하고자 시도하는 일도 있었다. 그 대표적인 사례가 기원전 498년 노魯 정공定公 때 3개 성읍의 성곽을 헐려는 시도이다. 정공은 공자의 제자 자로子路의 의견에 따라 소위 삼환三桓이라 칭하는 대부들의 근거지인 후郈·비費·성成의 3개 성읍의 성곽을 헐고자 했다. 그렇지만 각 성읍의 실권자들이 저항하면서, 노魯는 내전에 빠져들게 되었다. 결국 정공은 앞 두 곳의 성곽을 허는 데 성공했으나 나머지는 끝내 실패했다.[77]

물론 당시 영토국가 체제는 불완전했다. 레이하이종雷海宗에 의하면, 춘

---

74 贺业钜, 『中国古代城市规划史论丛』, 1986: 56-57.

75 『春秋左傳』 隱公元年(기원전 722년).

76 『國語』 卷十七 「楚語上」.

77 『春秋左傳』 定公十二年(기원전 498년).

추시대 각국의 경계는 매우 모호했고, 나라('국')는 곧 수도를 의미했다.[78] 나라들 사이에는 극지隙地가 있었는데, 그들은 극지에서 회맹을 했다. 특히 제후들이 천자를 조현하기 위해서는 먼저 그곳에서 모여야 했다.[79] 문헌에 의하면, 춘추 말에 송宋과 정鄭 사이에는 미작彌作·경구頃丘·암嵒·과戈·석錫 등 극지가 있었다. 기원전 483년 두 나라는 일부 지역을 둘러싸고 전쟁을 벌였지만 결국 빈터로 남게 되었다.[80]

그리고 제후국의 영토는 지리적으로 분산되어 있는 경우도 있었다. 이를테면 청 초의 문인 고동고顧棟高(1679-1759)에 의하면, 기원전 6세기 전후의 시점에서 진晋의 대부인 범무자范武子 사회士會의 식읍이 진에서 멀리 떨어진 산동성 복주濮州 범현范縣에, 초의 자서子西가 공公으로서 관할한 상현商縣은 마찬가지로 초에서 멀리 떨어진 섬서성陝西省 상주商州 낙남현雒南縣에 각각 위치했다.[81] 진과 초는, 고동고도 시사하고 있는 것처럼, 영토국가의 관념에서는 이해하기 힘들 정도로 원거리에 일정한 지점을 영토로 갖고 있었던 것이다. 그의 주장은 주의 연합국가적 성격을 전제로 하지만, 어쨌든 춘추 말기 영토의 불연속성을 반영한다.

단급국가 체제에서 영토국가 체제로 가는 과도기적 상황에서 『춘추좌전』은 매우 흥미로운 일화를 담고 있다. 기원전 519년 초가 오吳와 대결할 때, 초의 영윤令尹 낭와囊瓦가 수도인 영郢에 성을 쌓자 좌사마左司馬 심윤술沈尹戌[82]이 이를 비판하는 대목이다.

> 옛날 천자의 방어선은 사방 오랑캐들에 위치했다. 천자가 약해지자 방

78 雷海宗, "帝王制度之成立," 1934: 856.

79 《十三經注疏》整理委員會 整理, 『春秋公羊傳注疏』 隱公二-四年(기원전 721-719년).

80 『春秋左傳』 哀公十二-十三年(기원전 483-482년).

81 顧棟高 輯, 吳樹平·李解民 點校, 『春秋大事表』, 1993: 609-610.

82 심현沈縣의 윤尹(초의 지방단위인 현의 책임자)인 술戌로 번역될 수도 있다.

어는 제후에게 있게 되었다. 제후의 방어선은 사방의 이웃 국가들에 위치했다. 제후가 약해지자 방어선은 (국가의) 사방 변경에 위치하게 되었다. 사방 변경을 잘 경계하고, 지원국과 동맹을 맺고, 백성들이 안심하고 농사를 지어 봄·여름·가을 3계절에 해야 할 일이 잘되면, 백성들은 안으로 근심이 없고 밖으로 걱정할 게 없으니 국가가 무슨 성이 필요하겠는가. 지금 오가 두려워 영郢에 성을 쌓는 것은 그 방어 범위가 너무 협소하다…… 지금 영토가 수천 리인데도 영에 성을 쌓으면 매우 곤란하지 않겠는가?[83]

인용문의 앞부분에는 시대적 상황에 따라 방어의 경계가 유동적임을 보여 주고 있다. 심윤술에 의하면, 역사적으로 서주 시기 천자와 춘추시기 패자의 통합적 역할이 약화되면서 점차 개별 국가를 단위로 하는 방어체계가 구축되지 않으면 안 되었다. 다만 주지하는 것처럼 서주와 춘추 시기 여러 나라들은 주변의 작은 나라들을 흡수해 영토가 크게 확대되었다. 그 결과 더 넓은 영토를 포괄하게 되었고, 경계의 범위도 더욱 외곽으로 설정되어야 했다. 이러한 상황에서 낭와가 여전히 원래의 중심(수도)을 위주로 하는 방어체계를 고수했다면, 술은 그 범위를 사방의 변경으로 확대하고

---

83 "古者天子守在四夷, 天子卑, 守在諸侯, 諸侯守在四鄰, 諸侯卑, 守在四竟, 愼其四竟, 結其四援, 民狎其野, 三務成功, 民無內憂, 而又無外懼, 國焉用城, 今吳是懼, 而城於郢, 守已小矣……今土數圻, 而郢是城, 不亦難乎?"(『春秋左傳』 昭公二十三年(기원전 519년)) 이 글은 약간 균형이 맞지 않는 면이 있어서 번역상에 이견이 존재한다. 역사적 전개를 염두에 둔다면, 여기서 '제후'는 춘추시대 대제후, 즉 패자로, '이웃 국가들'은 일반 제후국들로 간주되어야 할 것 같다. 어쨌든 천자가 질서를 유지할 수 있을 때 좀 더 멀리 있는 이적을 국경으로 했고, 그의 힘이 약해지고 패자가 득세하면서 국경은 좀 더 가까운 개별 제후국들에 있게 되었다는 의미이다. 한의 논객인 가의의 『신서』에는 "天子有道, 守在四夷; 諸侯有道, 守在四鄰."라고 해, 좀 더 논리적인 해석을 가능하게 한다(『新書』「春秋」). 번역은 李梦生 撰, 『左传译注』, 1998: 1139-1140을 참조함.

있다. 특히 영토국가는 그 큰 지리적 규모로 인해 성을 쌓아 방어하기란 불가능하게 되었고, 오히려 국력을 기르고 외교적 방식을 통해 방어해야 한다.

불완전한 영토국가는 일부 정치사상에도 반영된다. 이를테면 후에 유가의 관념으로 정착되는 "가까운 곳(사람)을 친근하게 대우하여 먼 곳(사람)을 오게 한다."[84]는 관념이다. 이것은 친속에 대한 우선적 관심이나 덕치의 층차적 확대로 해석되기도 한다〔親親〕. 그렇지만 위의 구절은 유가뿐 아니라 거의 모든 사상들에서 공통으로 확인되며,[85] 관련 문헌에서는 대개 방점을 뒷부분에 두어 먼 곳(사람)을 오게 하는 방법으로 가까운 곳(사람)을 친근하게 대우한다는 의미가 강하다. 어쨌든 초기 지리적 제약으로 인해 통치가 먼 곳까지 미치기 어려운 상황에 대한 대응책으로 제기되었다. 그 예로 후에 공자의 말로 인용되는 구절이 전해진다.

> 무릇 형荊(춘추시대 초楚 땅을 지칭함)은 국토가 넓지만 수도는 좁아 사람들은 분리적인 성향이 있고, 그 거처를 편하게 생각하지 않는다. 그래서 (내가) '정치란 가까운 곳(사람)을 기쁘게 하여 먼 곳(사람)을 오게 하는 데 있다.'고 말한 것이다.[86]

---

84 이것은 여러 가지 방식으로 표현된다. "近者說, 遠者來."(『論語』「子路」); "言近而指遠者."(『孟子』「盡心下」); "主能治近則遠者理."(『荀子』「王霸」); "察邇來遠."(『墨子』「修身」); "使近者悅, 遠者來."(『文子』「微明」); "悅近而來遠."(『韓非子』「難三」)

85 아마도 해당 관념이 반영된 초기의 구절은 『詩經』「大雅」에 나오는 "중국을 잘 다스리면, 곧 사방을 안정시킬 수 있네."일 것이다.

86 "夫荊之地廣而都狹, 民有離心, 莫安其居, 故曰: 政在悅近而來遠."(『孔子家語』「辯政」); "夫荊之地廣而都狹, 民有離志焉, 故曰在於附近而來遠."(『說苑』「政理」) 한대 유학을 집대성한 동중서董仲舒에 이르면, 이 구절은 "자기 나라(즉 노魯)를 안으로 하고, 제하를 밖으로 하며, 제하를 안으로 하고, 이적을 밖으로 한다(故內其國而外諸夏, 內諸夏而外夷狄)."는 친소의 차별화 논리로 변용된다(『春秋繁露』「王道」). 다시 말해 중원을 천하의 중심으로 설정하고, 그 영향력을 점진적으로 확대하고자 하는 것이다.

춘추 말 묵자도 당시 불완전한 영토국가의 초기 모습을 보여 주고 있다.

> 오늘날 만승의 수레를 가진 대국이라도 비어 있는 읍邑이 천 개나 되고 (인구가 적어) 그것들을 다 채우지 못하고 있다. 광대한 땅은 만 개를 헤아리지만, 개척을 하지 못하고 있다. 이처럼 땅은 남아돌고 백성은 부족하다.[87]

따라서 부족한 백성을 희생해 가면서 남아도는 영토를 얻고자 전쟁을 벌이는 것은 무익한 일이다.

### 다급체제와 군현제

춘추 초 이미 적지 않은 제후국들이 강력한 국가권력으로 변모했다. 즉 주 왕실보다도 제齊·진晉·진秦 등이 이미 중요한 국제정치의 실체로 등장했던 것이다. 그 외에 노·정 등 중소 국가들도 충분히 독자적인 정치권력으로 성장했다. 이것은 영토국가 체제가 상당한 정도로 진행되었음을 의미한다. 전국시대에 이르러서는 각국은 변경에 장성을 쌓고 대규모 병력을 주둔시켜 방어했다.[88] 그들의 영토나 인구의 크기에 대해서는 알려지지 않고 있지만, 국경을 마주하고 있는 경우도 적지 않았다.

초기 정치체의 수적 변화는 국가 규모의 확대와 더불어 단급체제에서 다급체제로의 변화를 반영하고 있다. 이와 관련해 문헌들은 비교적 일관된 숫자를 제시하고 있다. 즉 하의 시조 우禹가 도산涂山에서 제후들을 모았을 때 1만 명이나 되었다(기원전 21세기). 하의 세력이 쇠하고 걸桀의 폭정이 있게 되자 제후들이 서로 겸병했다. 이에 탕湯은 천명을 내세워 걸과 일

87 『墨子』「非攻中」.

88 雷海宗, "帝王制度之成立," 1934: 856.

부 제후국들을 멸망시키고 상을 세웠는데, 이때 3천여 제후가 살아남았다(기원전 17세기).[89] 그 뒤 주의 무武왕이 상의 주紂왕을 멸했을 때 국國의 수는 1천773개로 탕 시기보다 훨씬 감소되었다(기원전 11세기 중엽).[90] 그 후에도 통합은 계속되어 그 수는 춘추 초 1천200개(기원전 8세기 중엽), 그리고 춘추 말 170개로 감소되었다(기원전 5세기).[91] 전국시대 중반 국가의 수는 24개였고, 그 가운데 소위 전국칠웅이 쟁패했다.[92] 물론 춘추시대 이전 제후국의 수치들은 믿기 어려운 측면이 있다.[93] 그럼에도 초기 역사는 작은 국가들이 지속적으로 병합되어 더 큰 나라로 변모하는 과정인 것은 분명하다.[94]

춘추전국시대 국國의 수적 변화를 통일제국 진한의 행정체제와 비교해 보면 흥미로운 추론이 가능하다. 이를테면 춘추 초기의 단급국가들과 전한 초기의 말단 행정단위인 현의 수가 거의 일치한다. 즉 춘추 초기 국國이 1천200개였는데, 현의 수는 진 시기에 900-1천 개 그리고 무제의 영토적 확대를 거쳐 전한 말(기원전 8년)에는 1천587개, 그리고 국내의 혼란으로 변경에 대한 통제력이 약화된 후한 말(서기 188년)에는 1천180개였다.[95] 전한 시대에 현은 대략 사방 100리라고 하는데,[96] 이것은 앞서 인용된 것처럼 춘추시대와 그 이전 국가단위의 크기와 유사하다. 또한 당시에도 현은 성城

---

89 『戰國策』「齊策四」; 『呂氏春秋』「離俗覽·用民」; 『文獻通考』 卷二百六十「封建考一」.

90 『文獻通考』 卷二百六十「封建考一」. 『예기』「왕제」는 1천773개 제후국을 주 무왕의 시기가 아닌 상의 탕 시기로 설정하고 있다(『禮記』「王制」).

91 『晉書』 卷十四「地理」.

92 『戰國策』「齊策四」.

93 우왕 시기 제후국 수가 1만 명으로 되어 있지만, 주지하는 것처럼 만萬은 만사萬事·만복萬福·만년萬年·만물萬物 등과 같이 다수라는 의미로 사용된다. 또한 주 무왕 시기 1천 773개도 소위 구주 모델에서 거의 기계적으로 유추되고 있다. 춘추시대의 경우에도 124개 제후국만이 고증되었다(顧楝高 輯, 吳樹平·李解民 點校, 『春秋大事表』, 1993: 495). 구주 모델에 대해서는 이 책 7장에서 상술됨.

94 Chang, *Archeology of Ancient China*, 1986: 306.

95 각 시기 군현의 수는 王恩涌, 『中国政治地理』, 2004: 39-56 참조.

96 『漢書』 卷十九「百官公卿表」.

과 동일하게 사용되었는데, 그것은 현이 대부분 성읍에 기원했음을 시사한다.

상급 지방행정단위인 군郡은 현보다는 불안정하다. 춘추 말 제후국 수는 170개 정도로 알려지고 있는데, 그 수의 정확성이나 그 이후 영토적 변화 등 문제가 고려되어야 하겠지만, 전한시대 군의 수 100여 개에 이르는 과도기적 단계로 이해될 수 있다. 춘추시대 각국은 대략 중앙-현(읍)의 체제를 갖고 있었고, 전국시대에는 각국이 보유한 현의 수가 확대되면서 몇몇의 현을 결합해 하나의 군을 설치했다. 6국이 진에 통합되었을 때에도 해당 군들은 그대로 유지되었다. 다만 하나의 군에 소속된 현의 수는 시기적으로 편차가 적지 않았다. 특히 한의 군은 진의 군보다 소속된 현의 수가 절반 정도에 불과했는데, 거기에 상응해 군의 크기는 작았다.

전국을 통일한 진은 군-현 2급체제만을 유지시키고, 각국의 중앙정부를 해체시켰다. 그럼에도 진의 시도는 일시적으로만 관철되었을 뿐, 프렉탈 방식의 통합은 종결되지 않았다. 다시 말해 한은 확대된 제국에 대한 통제를 위해서 소위 군국제를 통해 전국의 상당 부분에 군의 상급으로서 전국시대 각국의 범위를 기초로 7개의 제후국들을 두지 않을 수 없었던 것이다. 이들은 몇 년 지나지 않아 10개의 동성 제후국들로 전환되었고, 전한 중반까지 이들도 차례로 지방정치 단위로서 해체되었지만, 그 후에는 전국에 13개의 주州라고 하는 새로운 상급 지방정부가 출현했다. 그것은 제국은 다수의 중하급 지방정부들을 직접 통제할 수 없었기 때문이다. 비록 주는 제후국과 그 성격이 다른 면이 있지만 권력통합 과정에서 기존의 정치단위가 폐지되지 않고 유지되는 관성을 보여준다.

여기서 영토적 변화나 개별적 사례들의 일치 여부를 나열하기는 어렵지만, 일부의 연구는 통합 과정에서 지역단위의 연속성을 뒷받침해 주고 있다. 당대의 저명한 역사가인 뤼쓰멘呂思勉에 의하면, 춘추전국시대 군현의 등장은 작은 제후국들이 큰 나라로 합병된 것과 긴밀한 관계를 갖는다.[97] 그와 유사하게 앞서 언급된 고동고도 춘추 말기까지 국이 멸망해 다른 나라의 현이나 읍으로 전환된 것이 절반 이상이라고 한다.[98] 이 말은 두 가지 의미를 갖는데, 하나는 정치체들이 지속적으로 통합되었다는 것, 다른 하나는 통합 이후 기존의 정치체들은 대개 새로운 정치체의 하급단위로 잔존했다는 것이다.

그것은 지방행정단위의 출현 과정에도 반영된다. 초기 제국의 지방단위로서 상급인 군郡보다는 하급인 현縣이 먼저 등장했다. 그리고 역사가들의 연구에서도 춘추시대 현은 그 내부구조가 씨족적 성격이 강했다. 구체적인 통치 과정에 대해서는 잘 알려져 있지 않지만, 적어도 전국시대 이후와는 달리 현은 어떤 가문의 영지로서 세습되거나 증여되었다. 다시 말해 현이 군주의 직할지가 아니었던 것처럼 현의 통치자인 대부들은 군주의 관리가 아니었다.[99]

전국시대에는 춘추시대보다 정복과 합병이 더 성행했는데, 새로 확장된 영토에는 대개 중앙이 직접 관할하는 군현이 설치되었다. 지방행정단위로서 먼저 등장한 것이 현이다. 현의 본디 의미는 '매달다'인 '현懸'이다. 춘추시대 여러 나라들은 전쟁과 정복 등을 통해 주변 지역을 확보했는데, 일부 제후들은 그 지역을 귀족들에게 분봉하지 않고 공읍으로서 자신의 직할지로 삼았다. 이 지역은 대개 변방에 위치해 멀리 떨어져 있으면서도 제후와 이어져 있다는 의미로서 현이라 칭했다.[100] 전국시대 중엽 공읍을 포함해 300-400개의 현이 있었고, 그 면적은 전국의 절반 정도에 해당되었다.[101] 현은 이미 지방의 일급 정부가 되었고, 중앙의 군주에 의해 임명

---

97 吕思勉,『中国制度史』, 1985: 412.

98 顧棟高 輯, 吳樹平·李解民 點校,『春秋大事表』, 1993: 561.

99 지방행정단위의 역사적 등장에 대해서는 이 책 9장 1절 참조.

100 陈长琦,『中国古代国家与政治』, 2002: 115.

101 万昌华,『秦汉以来地方行政研究』, 2010: 62.

되는 그 책임자는 행정·군사·재정의 권력을 갖고 있었다.

한편 군郡은 제후의 별칭으로 국의 최고 통치자를 뜻하는 '국군國君'의 '군君'과 '공읍公邑' 또는 '군읍君邑'의 '읍邑'을 합성한 것이다. 이것은 군이 분봉되지 않고 군주가 직접 통치하는 지역임을 시사한다. 군은 현과 마찬가지로 원래 변방에 설치되었다. 즉 현 너머의 지역이 정복되면서 그곳에 설치되었던 것이다. 초기에 군은 현보다 작았고 주로 군사적 성격이 강했다. 그렇지만 전국시대에 전쟁의 규모가 커지면서 현보다 더 넓은 지역단위의 방어가 요구되었다. 이를 위해 몇 개의 현을 포괄하는 군이 설치되었다.[102] 시간이 지나면서 군은 행정적인 업무까지 담당하게 되었고, 결국 상급 지방정부로서 자리 잡게 되었다. 진시황이 6국에 대한 통일 전쟁을 본격화하기 이전에 위魏 5개, 조趙 6개, 한韓 3개, 초楚 6개, 연燕 5개, 진秦 9개로 이미 31개의 군이 있었다. 각각의 군에는 적게는 10여 개에서 많게는 30여개의 현들이 소속되었다.[103] 진이 전국을 통일한 뒤 설치한 36개의 군은 대부분 전국시대에 이미 존재했던 것이다.

이처럼 춘추전국시대 군주의 직접통치 범위가 확대됨에 따라 귀족들에게 분봉된 지역의 범위가 감소되었을 뿐만 아니라 그 내용도 달라졌다. 분봉은 소수의 공신이나 왕실의 친인척에게만 허용되었다. 분봉은 또한 식읍食邑이라 하여 일정 지역 또는 가구 수에 대한 조세권에 국한되었다. 식읍은 해당 지역에 대한 통치권이 아니라 대신들에 대한 봉록의 한 형태로서 주어졌던 것이다. 봉군이 관직을 그만두거나 사망할 경우 봉국도 회수되었다. 대신들에 대한 식읍뿐 아니라 왕실의 친인척에게 주어진 봉지도 세습되는 경우는 매우 드물었다.[104] 나아가 분봉되는 경우에도 일종의

102 陈长琦, 『中国古代国家与政治』, 2002: 115-116.

103 杨宽, 『战国史』(增订本), 1998: 677-684.

104 韩连琪, "春秋战国时代的郡县制及其演变," 1986: 46-47. 이용일, "戰國時代 列國의 封君 存在形態," 2011: 27-29.

지방행정 조직으로서 중앙의 통제 아래에 있었다. 또한 분봉된 지역은 쉽게 군현으로 개편될 수 있었다.

한편 정치권력의 확대는 권력의 집중, 즉 왕권의 강화와 맥락을 같이 한다. 춘추시대만 하더라도 각국의 권력은 제후와 더불어 경·대부의 작위를 가진 여러 신분귀족들에 의해 공유되었다. 춘추시대에 주왕이 명목상 천자였지만 그 권력은 직할지에 국한된 것처럼, 제후국에서 정치는 여러 귀족세력들에 의해 좌우되었다. 그렇지만 전국시대에 이르러 각국에서 권력은 기본적으로 하나의 왕가에 귀속되었다. 일부 약화된 귀족들과 다수의 사士로 통칭되는 지식인 관료들이 왕의 통치기반을 형성했다. 그와 함께 전국시대에는 영토국가 체제가 구축되면서 왕권은 전국에 미치게 되었다.[105]

왕권의 강화는 대규모 관료기구의 형성을 전제로 하고, 이를 위해서는 주변 지역으로부터 많은 재원의 집중을 요구한다. 따라서 특정 지점에 대한 통치가 아니라 더 넓은 지역에 대한 직·간접적 지배가 요구되며, 이것은 영토국가가 형성되는 중요한 계기이다. 실제 전국시대에 이르러 권력은 이미 군주의 손에 집중되었다. 그들은 관리의 임용에 있어서 과거 귀족적 특권의 기반이었던 채읍 또는 식읍이라 불리던 토지를 더 이상 제공하지 않았다. 그 대신 일정량의 곡식이 봉록으로 제공되었다. 각각의 관직은 곡식 몇 석으로 표현되었다. 곡식을 봉록으로 제공함으로써 군주는 필요에 따라 관리를 임용할 수 있었다.[106] 이로써 더 효율적이고 중앙집권적인 관료제의 기반이 마련되었다. 그와 함께 군주는 토지를 직접 장악해 농민들에게 공급하는 소위 수전제授田制를 실시했다. 주민의 자유로운 이동도 제약되는 등 인신에 대한 통제도 강화되었다.

---

105 雷海宗, "帝王制度之成立," 1934: 853-854.

106 徐复观, 『两汉思想史』, 2001: 61-62; 왕천유 저, 이상천 역, 『중국고대관제』, 2006: 29-30.

## 영토의 확대

이제까지 통상적으로 중원으로 일컫는 중국의 핵심지역에서 정치권력의 통합 과정을 살펴보았다. 논의의 편의상 직접 다루지 않았으나, 그것은 중원의 외연적 확대와 결합되었다. 종합한다면, 중원에 하·은·주와 같은 일종의 통합적인 정치체들이 등장한 후 동아시아에 제국적 질서가 형성된 전한 말까지 적어도 중원의 권력은 네 차례에 걸친 영토적 확대를 경험하게 된다. 그것은 주가 약화된 춘추시대에 중원에 인접한 진·초·월·오 등 만이들의 중원 진출, 전국시대 진·조·연과 같은 북방의 국가들과 남방의 초·제 등 강대국들에 의한 주변 민족들의 축출과 외적 팽창, 통일 이후 진시황 그리고 한무제에 의한 정복이다. 영토의 확대는 수 세기에 걸쳐 이루어졌고, 일시 후퇴가 없지 않았지만 대체로 팽창의 연속이었다.

처음 성읍국가로서 하·은·주는 주로 황하강 중하류에 위치했다. 그들은 각기 다른 지역에서 흥기해 주변의 세력들을 통합하고, 그 기초 위에서 기존의 지배세력을 대체했다. 따라서 초기국가들은 지리적 유동성을 특징으로 했고, 따라서 주변에 대한 영향력도 확실하지 않다. 다만 주나라는 서쪽의 관중을 기반으로 하면서 동방의 넓은 지역을 새로운 세력범위로

〈표 2〉 중국의 세력범위와 통치형태

| 시기 | 국가형태 | 통치형태 | 세력범위 |
|---|---|---|---|
| 서주<br>(기원전 8세기 중반) | 성읍국가 | 봉건제 | 하남, 하북 남부, 산동 서부, 섬서 남부, 산서 남부 |
| 춘추<br>(기원전 5세기 중반) | 영토국가 | 봉건제+<br>군현제 | + 산동 동부, 호북, 강소, 절강, 안휘 |
| 전국<br>(기원전 3세기 후반) | | | + 사천 동북부, 섬서 북부, 산서 북부, 내몽고 남부, 하북 북부, 요녕, 호남 |
| 진한<br>(서기 220년) | 통일국가 | 군현제/<br>조공체제 | + 광동, 광서, 사천 서남부, 귀주, 운남, 감숙, 신강, 월남 북부, 한반도 북부, 복건, 절강 |

서 개척했다. 서주 시기 주의 세계는 대체로 오늘날 섬서성과 산서성의 남부, 하북성 남부, 하남성, 그리고 산동성 서부에 해당되었다.

그리하여 섬서성 북부와 산서성의 대부분, 관중關中 이서 그리고 회수淮水이남과 장강長江 유역 및 그 이남은 여전히 주의 세계 밖에 있었다. 춘추 초기만 하더라도 관중 이서의 진秦, 장강 중류의 초, 하류의 오, 그리고 그 남쪽의 월은 모두 오랑캐로 간주되었다. 뿐만 아니라 그 주변에는 중국의 문헌에 융戎이나 이夷 등으로 호칭되는 적지 않은 이민족들이 거주하고 있었다.

이러한 상황에서 최초의 외연적 확대는 외부로부터 이루어졌다. 즉 진·초·오 등 중원의 주변 세력들은 그 주위의 소국들을 잠식하며 영토국가로 성장했고, 그 결과 전통적인 중원 국가들과 접하게 되었다. 그들은 비록 『사기』 등 역사서에는 중원과 혈연적으로 연결된 것으로 기술되어 있지만, 최소한 1천여 년 이상 독자적인 정치체로서 발전해 왔다. 춘추시대 이들의 진출에 대해서 아래 상술한 것처럼 중원의 패자로서 제와 진晉이 그들에 맞서 힘겹게 싸우지 않으면 안 되었다. 결국 춘추 말까지 위의 주변 세력들은 확고하게 중원의 일부가 되었다. 그 결과 중원의 외연은 크게 확대되었다.

전국시대에 중원의 각국은 서로 싸우면서도 동시에 주변 지역을 공략하여 각기 영토를 크게 확대했다.[107] 북방의 국가들로서 진은 섬서성 북부, 조는 산서성 북부와 음산陰山산맥, 그리고 연은 요동까지 세력을 확대했다. 그들은 융적을 몰아낸 다음 정복지역을 군현으로 전환하고 그 외곽에 장성을 쌓았다. 또한 진은 남쪽으로도 진출했다. 진 혜왕惠王(기원전 337-311년 재위)은 기원전 316년에 지금의 사천성 동부에 해당되는 파巴와 촉蜀을 정복해 군현을 두었다. 그리고 혜왕의 아들 소(양)왕昭(襄)王(기원전 306-251년

107 대외팽창 과정에 대해서는 이 책 3장에서 상술됨.

〈그림 5〉 통일제국의 최대 영토(기원전 1세기 전후)

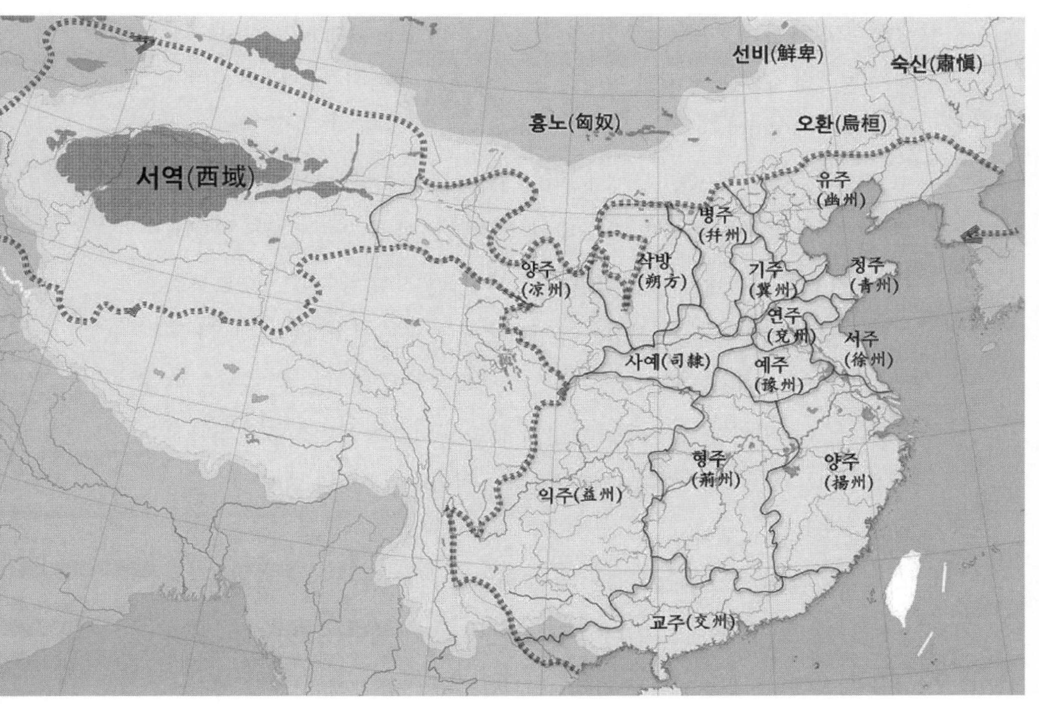


재위)은 기원전 277년 호북성과 호남성에 위치한 무릉과 장사를 각각 정복해 군현화했다. 그 지역은 원래 전국 초기 초의 세력권에 편입된 지역이었다. 초의 세력이 크게 약화되었지만, 그 과정에서 초의 장군 장교莊蹻는 운남, 귀주 서부, 광서 서북부 등에 해당되는 서남이를 개척했다고 한다.

우리가 세 번째 팽창이라고 부를 수 있는 중원의 확대는 진의 통일 이후에 이루어졌다. 진시황은 기원전 215년 제국의 역량을 총동원해 흉노로부터 오늘날 내몽고 남부를 포괄하는 오르도스 대부분을 빼앗았다. 이어 진은 그곳에 수십 개의 현성을 설치하여 그 외곽에 장성을 세우고, 전국시대 조와 연의 장성을 연결하고, 부분적으로 그 너머에 새로 쌓음으로써 요동에 이르는 소위 만리장성을 구축했다. 그와 함께 진은 남쪽으로 진격하여 오령 이남을 공략했다. 그리하여 기원전 214년 대략 지금의 광동성과 광서성 지역에 해당되는 곳에 3개의 군을 설치했다. 물론 변방의 군현지배는 철저하지 못했을 뿐만 아니라 진이 망하고 중원이 혼란에 빠지면서 다시 상실되었다.

마지막으로 전한 중반 무제에 의한 대규모 팽창이다. 아래에서 자세히 다루겠지만, 무제는 즉위 후 흉노에 대한 수년 간의 대규모 원정을 단행했다. 그리하여 마침내 기원전 127년 100여 년 전 진이 차지했던 오르도스 전역을 확보하고 그 외부 경계선인 황하변에 요새를 설치하였다. 또한 무제는 흉노의 근거지를 공략하여 진의 북방장성 너머에 새로운 장성을 구축했다. 그는 기원전 121년부터 오늘날 감숙성 서부지역으로 후에 비단길이 통과하는 하서河西지역을 대대적으로 공략하였고, 몇 년 뒤에 그곳에 4개의 군현을 설치했다.

무제는 오령 이남에 대해서도 다시 원정을 개시했다. 그곳은 진이 3개 군현을 설치했던 곳으로, 진이 망한 뒤 조타趙陀가 세력을 확장하여 남월국을 세웠다. 무제는 기원전 111년 10여만의 군대를 보내 남월을 평정하고, 교지군 등 9개 군을 설치했다. 이제 그 범위는 월남 북부까지 포괄하게 되었다. 이듬해인 기원전 110년 무제는 남월의 동쪽에 위치하며 절강성 남부와 복건성 북부에 해당하는 동월을 멸망시키고, 그 주민들을 내지로 이주시켰다. 또한 기원전 108년에는 동북의 조선을 공략하여 멸망시키고, 낙랑군 등 4개의 군을 세웠다.

그와 함께 무제는 하서지역의 서쪽에 위치하고 오늘날 신강 위구르 자치구에 해당하는 서역을 공략했다. 처음에는 기원전 138년 시작된 장건張騫(기원전 164-114)과 같은 사절의 왕래가 중심이었으나, 결국 104년과 103년 두 차례 각각 수만 명의 군대로 원정을 하여 과거 흉노의 지배하에 있던 서역 국가들에 대한 영향력을 강화했다. 서역의 국가들은 한에 '내속內屬'하여 사신이나 인질을 보내고, 한에서는 인수를 하사했다. 무제 이후에 서역도호부와 같은 현지 파견기구를 통해서 서역에 대한 통제를 더욱 강화했다.

### 통합의 성공과 실패

물론 통일국가는 반드시 중앙집권적일 필요는 없고, 또한 그러한 시도가 성공하는 것도 아니다. 중앙은 최소한의 권력만을 보유하고, 지방정부에 의한 분권적 통치가 가능할 것이다. 역사적으로 주의 봉건적 방식이 거기에 해당되었다. 광대한 영토를 정복한 로마의 경우에도 분권적 방식으로 통치되었다.[108] 새로운 통일국가는 각 제후국 중앙정부의 폐지에 따르는 비용의 감소를 백성들에게 환원할 수도 있다. 즉 국민의 1인당 조세나 부역을 줄일 수 있다. 전체적으로 동원되는 권력자원을 줄일 수 있는 셈이다.

그럼에도 앞서 언급한 것처럼 권력은 팽창과 집중을 관성으로 한다. 따라서 권력자원을 확대하고 집중시키려는 진의 시도는 일단 거기에 부합한 셈이었다. 다만 광역에 대한 권력의 행사는 현실적인 문제를 수반했다. 특히 교통이나 통신 등이 발달하지 않은 상태에서 시행되는 집중화는 적지 않은 낭비를 수반할 수밖에 없었다. 이를테면 지방에서 거두어들인 조세나 특산물을 중앙에 운송하기 위해서는 많은 비용이 들지 않을 수 없었다. 마찬가지로 수도나 변경에서 요역이나 군역을 담당하는 사람들은 장

---

108 진한시대와 시간적으로 중첩될 뿐만 아니라 그 규모면에서도 유사했던 로마제국과는 매우 차이가 있다. 무엇보다도 로마는 정복된 지역에 대해서 속주屬州(province)를 설치했고, 군대와 총독을 파견해 통치했다. 그것은 일종의 식민지 지배와 같았다. 각각의 지방은 조세의 납부 등 의무가 있었지만, 지리적·문화적인 것은 물론 정치적으로도 서로 분리되어 자치가 이루어졌고, 전체적으로 로마제국의 일부를 구성했을 뿐이었다(Garnsey and Saller, *The Roman Empire: Economy, Society and Culture*, 1987: 20-40).

거리 여행을 해야 했다. 초기 중앙집권적 통일국가의 문제점은 봉건제와 비교하여 분명하게 드러난다. 전한시대 가의賈誼(기원전 200-168)는 다음과 같이 언급한다.

> 옛날 천자의 나라는 사방 1천 리로서 그 가운데에 도읍을 세웠다. (지방에서 수도로) 공물의 운송이나 요역자의 이동은 멀어야 500리를 넘지 않았다. 제후들의 나라는 사방 100리로서 그 가운데에 도읍을 세웠다. 공물의 운송이나 요역자의 이동은 멀어야 50리를 넘지 않았다. 공물의 운송자가 노고에 힘들어하지 않고 요역자들이 비용으로 고통스러워하지 않으니 먼 곳 사람들은 그 거처에서 편안했고, 백성들은 모두 그 나라(또는 군주)를 좋아하였으니 이것이 천하가 장구한 이유이다.
>
> 진에 이르러서는 그러지 않았다. 진은 작은 땅도 나누어 주지 않았고, 다 갖고자 할 뿐이었다. 바닷가에서 운송을 시작해 오면, 1전어치의 공물은 10전의 비용을 들여서도 쉽게 운송하지 못했다. 임금이 얻는 것은 매우 적은데도 백성들의 고통은 매우 컸기 때문에 진승陳勝이 한번 움직이자 천하가 진을 돕지 않았다.[109]

가의가 시사하는 바로는 대국은 그 광역성으로 인해서 분권적 통치가 불가피하다. 운송비용을 줄이기 위해서는 먼 중앙으로 자원을 집중하려 해서는 안 된다. 그럼에도 진은 오히려 많아진 권력자원을 집중하여 각종

---

109 “古者天子地方千里, 中之而爲都, 輸將繇使, 其遠者不在五百里而至. 公侯地百里, 中之而爲都, 輸將繇使遠者不在五十里而至. 輸將者不苦其勞, 繇使者不傷其費, 故遠方人安其居, 士民皆有驩樂其上, 此天下之所以長久也. 及秦而不然, 秦不能分尺寸之地, 欲盡自有之耳. 輸將起海上而來, 一錢之賦耳, 十錢之費, 弗輕能致也, 上之所得者甚少, 而民毒苦之甚深, 故陳勝一動, 而天下不振.”(『新書』「屬遠」) 가의의 주장은 전한 당시 황제의 군현이지만 중앙에서 멀리 위치한 여강군廬江郡을 제후국으로 분봉해야 한다는 취지로 제기되었다.

사업을 벌였다. 전쟁의 수행과 정복지역을 지키기 위한 장성과 도로망의 구축, 황제의 권위를 과시하기 위한 궁궐의 축조 등이 그 예이다. 그 비용을 동원하기 위해서 진은 백성들에게 많은 조세와 부역을 부과하였고, 백성들을 혹독한 형벌로 다스렸다. 이와 관련해 무제 때 동중서董仲舒(기원전 179-104)는 다음과 같이 말하고 있다.

> (진시황은) 또한 혹리의 등용을 좋아하였고, 세금과 부역은 끝이 없어 백성들의 재산을 고갈시켰습니다. 백성들은 흩어져 달아나고 농사나 베짜기에 종사할 수 없었습니다. 도적의 무리가 동시에 일어나니 처벌된 자들도 많았습니다. 죽은 자들은 서로 마주볼 정도로 많았지만 악행은 끊이지 않았으니 풍습이 그렇게 만들었습니다.[110]

정치권력이 확대되면서 권력은 더욱 황제에 집중되었다. 이와 관련해 사마천司馬遷(기원전 145-90)은 진시황의 권력독점을 그의 최대 문제점으로 지적했다.

> 진왕은 탐욕과 인색한 마음을 품었고, 자기의 생각만 실행했고, 공신들을 불신하고 백성들을 가까이하지 않았으며, 왕도를 저버리고 개인의 권위를 내세웠고, 책을 불사르고 형법을 혹독하게 했고, 속임수와 힘을 앞세우고 인의를 무시했다…… 진은 전국시대를 거쳐 천하의 왕이 되었지만, 그 원칙과 정책을 바꾸지 않았다. 취함과 지킴이 다르지 않았던 것이다. (또한) 혼자서 (권력을) 소유했기 때문에 쉽게 망하고 말았다.[111]

---

110 "又好用憯酷之吏, 賦斂亡度, 竭民財力, 百姓散亡, 不得從耕織之業, 群盜並起. 是以刑者甚衆, 死者相望, 而姦不息, 俗化使然也."(『漢書』 卷五十六 「董仲舒傳」)

111 "秦王懷貪鄙之心, 行自奮之智, 不信功臣, 不親士民, 廢王道, 立私權, 禁文書而酷刑法, 先詐力而後仁義…… 秦離戰國而王天下, 其道不易, 其政不改, 是其所以取之守

권력의 집중은 진이 이룩한 전쟁의 종식과 평화의 의미를 약화시킬 수밖에 없었다. 진은 과거 전시와 마찬가지로 동원과 수탈체제를 그대로 유지했다. 그것은 일반의 기대에 반하는 것이었을 뿐만 아니라 새로운 문제를 내포했다. 권력이 과도하게 집중된 상태에서 중앙에서의 권력찬탈이나 내분은 체제의 위기로 이어졌던 것이다. 그것은 위기에 처한 중앙이나 황제를 지원할 수 있는 지방권력이 약했기 때문이다.

그 후 한의 고조 유방은 진이 조기에 붕괴한 원인을 중앙의 '고립'에서 찾고, 그에 대한 대책으로 친인척을 지방에 분봉함으로써 제국의 울타리로 삼았다. 그 외에도 그는 토지세를 경감하고 대규모 사업이나 전쟁을 억제하는 등 권력자원의 동원을 절제했다. 다만 그것은 진의 과도한 권력집중에 대한 부분적 교정을 의미했을 뿐, 권력규모 확대의 메커니즘에 대한 근본적인 수정은 아니었다. 고조 이후 황제들은 다시 분권적 요소를 청산하면서 중앙집권화를 꾀했다. 다만 그들은 휴식정책을 통해서 권력자원의 동원을 자제하였다. 그것은 권력의 균형과 문경지치文景之治와 같은 제국의 부흥을 가져왔다.

그렇지만 무제 시기에 이르러 권력자원은 다시 최대한 동원되었다. 그는 국내적으로 제후의 권력을 약화시켜 자신에게 집중시키고, 대외적으로 수많은 정복전쟁을 벌였다. 무제의 그러한 정책은 백성들의 피폐와 국력의 쇠퇴를 가져왔다. 전한 선제宣帝 때 장신소부長信少府 하후승夏侯勝의 무제에 대한 다음과 같은 평가는 앞서 동중서의 진시황에 대한 평가와 크게 다르지 않다.

> 무제는 비록 사방 오랑캐를 무찌르고 영토를 확장시킨 공이 있지만, 그는

---

之者異也. 孤獨而有之, 故其亡可立而待. 借使秦王計上世之事, 并殷周之迹, 以制御其政, 後虽有淫驕之主而未有傾危之患也. 故三王之建天下, 名號顯美, 功業長久."(『史記』 卷六「秦始皇本紀」)

> 많은 병사들을 죽게 했고 백성들의 재산을 고갈시켰습니다. 지나친 사치는 정도를 벗어났고, 천하는 고갈되어 비게 되었습니다. 백성들은 사방으로 흩어졌고, 죽은 사람이 절반을 넘었습니다. 병충해가 크게 일어나 불모지가 수천 리에 이르렀고, 사람들이 서로 잡아먹는 경우도 있었습니다. 원래 저축해 두었던 수준은 지금까지도 회복하지 못하고 있습니다.[112]

그와 함께 무제에 이르러 정점에 이르게 되는 권력집중의 관성은 진과 유사한 상황, 즉 권력의 불균형과 최고 통치자의 고립을 야기했다. 황제의 고립은 왕망王莽(8-23년 재위)의 찬탈과 후한 시기 계속된 정치적 불안의 원인이 되었다. 이것은 대규모 전제국가의 내적인 딜레마를 반영한다. 다시 말해 대국에서 권력은 매우 크지만 그것은 단지 황제 1인에게 집중되었던 것이다. 이러한 모순은 후대 왕조들에서 반복되는 통일과 분열의 요인이 되었다.

### 봉건제와 조공체제

이제까지 현실에서 권력은 여러 가지 제약이 따르지만, 확대와 집중이라는 관성에 따라 전개되었음을 살펴보았다. 그럼에도 우리는 상당히 예외적이거나 아니면 그러한 흐름에 역행되는 것처럼 비치는 두 가지 제도를 보게 된다. 그것은 국내적으로 봉건제, 그리고 국제적으로 조공체제 등으로 묘사되는 분권적 질서이다. 권력규모 이론의 측면에서 그러한 현상은 어떻게 설명될 수 있을 것인가.

---

112 "武帝雖有攘四夷廣土斥境之功, 然多殺士衆, 竭民財力, 奢泰亡度, 天下虛耗, 百姓流離, 物故者過半. 蝗蟲大起, 赤地數千里, 或人民相食, 畜積至今未復."(『漢書』 卷七十五 「夏侯勝傳」) 당시 조정은 무제의 업적을 기리고자 그를 위한 묘악廟樂을 고치려고 했는데, 하후승은 그에 반대하는 입장이었다. 그로 인해 그는 투옥되었다.

먼저 봉건제이다. 봉건封建은 봉방건국封邦建國 또는 봉토건국封土建國의 약칭이다. 방邦이나 국國은 앞서 언급한 것처럼 역사 초기 단계에서 성읍을 의미한다. 봉封과 건建의 의미도 다양한데, 대표적으로 구지에강顧頡剛(1893-1980)에 의하면 전자는 토지의 획분을, 후자는 국가의 건립을 의미한다.[113] 『문헌통고』의 저자 마단림馬端臨(1254-1323)은 그것을 각각 작위의 부여와 토지의 배분으로 규정하기도 한다.[114] 따라서 봉건은 일정한 지역을 특정인에게 나누어 주고 그곳에 통치체제를 구성하게 한다는 의미이다. 역사 초기, 이를테면 하나 은의 경우에는 계획적인 분봉이 아니라 기존의 부족국가나 성읍국가들이 연맹체를 형성하면서, 그 구성단위의 존재를 승인하는 방식이었다. 주에 이르러서 동쪽의 새로운 개척지에 대해서 동족의 자제와 공신을 봉하는 방식이 관철될 수 있었다.

봉건제가 영토의 분봉과 제후에 의한 지방통치를 의미한다면, 군현제는 군현의 설치와 중앙에서 임명된 관료들에 의한 통치를 각각 핵심 내용으로 한다. 그리고 제후는 세습, 관료는 임기의 제한을 특징으로 하고, 통치 방식도 전자는 독자성이 인정되는 반면에, 후자는 중앙에서 정한 통일된 정책을 집행한다. 그 결과 권력구조에 있어서 봉건제는 지방분권적이고, 군현제는 중앙집권적이다. 역사적으로 주는 봉건제, 진은 군현제, 그리고 한에서는 혼합된 형태로서 군국제가 실시되었다.

그렇다면 권력규모 이론의 측면에서 봉건제의 근거는 무엇인가? 이와 관련하여 먼저 주목해야 할 사실은 봉건제는 광역에 대해 일종의 통합적 질서를 유지하기 위한 통치유형이라는 점이다. 봉건제는 정치체의 규모가 너무 커서 직접 통치가 어려운 상황에서 권력의 분할을 통해 느슨하게나마 통합적 질서를 유지하려는 시도이다. 권력의 지역적 분할은 통치비용

---

113 "封是分劃土地, 建是建立國家."(顾颉刚, "周室的封建及其属邦," 1988: 329)

114 "列爵曰封 分土曰建."(『文獻通考』 卷二百四十六 「封建考」)

을 줄일 수 있는데, 중앙의 기구나 제도를 간편하게 하면서도 중심에 대한 충성심을 통해 제국의 외형을 유지할 수 있다. 동시에 권력의 분할은 기존의 지방정치 세력들과 권력을 공유함으로써 정치적 질서와 균형을 이룰 수 있다. 이러한 맥락에서 봉건제에 기반을 둔 중세 유럽과 관련하여 "봉건제는 비교적 큰 규모의 정치단위를 존속시키려는 부담감이 한 사회의 경제적·심리적 역량을 웃돌 때 등장하곤 했다."는 주장이 가능하다.[115]

중국에서 역사 초기 봉건제의 등장이 무엇보다도 정치권력의 제약에 대한 대응의 하나라는 점은 분명하다. 이와 관련하여 당唐 말 유종원柳宗元(773-819)은 봉건제가 성인이 고안해 낸 아이디어가 아니라 필연적 추세였다고 하면서 봉건제를 단지 시대적 산물에 불과하다고 규정했다. 하나의 중심에서 전국을 통치할 능력이 없는 상황에서,[116] 지방 실력자들, 즉 제후들의 역할을 인정하지 않을 수 없었다는 것이다. 천자의 입장에서는 각종 제약적 요소로 말미암아 직접 통치가 불가능한 상황에서 봉건제를 통해 적은 비용으로 광역에 대한 일정한 권력을 행사할 수 있다. 제후의 입장에서도 군사적 지원이나 공물의 헌납 등 의무가 없지 않지만, 현지에서 온전한 통치권을 위임받는다는 점에서 해당 의무는 수용될 수 있을 것이다.

그렇지만 동시에 이것은 봉건제의 한계를 내포한다. 유종원도 주장하는 것처럼 통치능력의 확대에 따라 봉건제의 쇠퇴도 필연적이었다. 다시 말해 시간이 지나면서 통치에 대한 제약이 점차 약화될 수밖에 없다. 그것은 생산력의 향상과 그에 수반되는 권력자원 및 그에 대한 동원능력의 확대를 전제로 하며, 따라서 역사 초기에는 장기간에 걸쳐서 천천히 진행되었다. 이를테면 봉건제의 해체는 춘추전국시대 전체에 걸쳐서 진행되었다. 보통 진이 통일 후 군현제를 처음으로 도입했다고 하지만, 사실 그렇

115 조지프 R. 스트레이너, 『국가의 탄생–근대국가의 중세적 기원』, 2012: 29-30.

116 "鞭長莫及馬腹."(柳宗元, "封建論," 1963: 99-107)

지 않다. 명말청초의 사상가 왕부지王夫之(1619-1692)도 봉건제가 진에 의한 통일 이전에 이미 거의 사라졌다고 보았다. 그에 의하면, "군현제도는 이미 진 이전에 있었고, 진이 멸망시킨 것은 6국일 뿐이다."[117] 봉건제후국들은 춘추전국시대를 지나면서 차례로 군현체제를 구축했고, 진이 한 일은 단지 제후왕들을 없앴을 뿐이다.

물론 한의 경우에는 군국제를 통해 봉건제의 일부를 수용했다. 그것은 앞서 언급한 것처럼 진의 무리한 집중이 가져온 폐단에 대한 부분적 수정을 의미했다. 한은 정치적으로 안정되지 않은 상황에서 대봉건大封建, 즉 종실을 대대적으로 분봉하여 천하에 대한 권위를 세우고자 하였다. 그렇지만 이러한 수정은 권력의 집중과 팽창의 관성을 부정하지는 않는다. 사실 한의 봉건제는 군현의 기초 위에서 그 상부구조로서 설치되었다. 제후왕들은 대개 몇 개의 군들에 대한 통치권을 위임받았을 뿐이었다. 종법적 사회질서에 기반을 둔 주의 층차적 분봉과는 거리가 멀었다. 군에는 일부 중앙의 관리들이 파견되었고, 제후국 자체도 중앙집권적 방식으로 운영되었다. 그나마 시간이 지나면서 제후국도 사실상 군현화되었다.

중원에서 정치권력의 확대는 국가간의 관계에도 변화를 수반했다. 춘추전국의 통합 과정에서 지속적인 대외팽창이 전개되었다. 남송 시기의 학자 홍매洪邁(1123-1202)에 의하면 춘추시대 중국의 영토는 당시의 약 5분의 1에 불과했고, 나머지는 이민족의 거주지였다.[118] 춘추시대에 수많은 이민족들이 중원의 여러 국가들과 지리적으로 뒤섞여 활동한 것은 주지의 사실이다. 그 예로 『춘추좌전』에 의하면, 춘추 원년인 기원전 722년부터 진晉과 융戎이 동맹을 맺은 570년까지 152년 동안 중원의 국가들은 이민족들과 21회의 협력관계와 64회의 전쟁을 경험했다. 융적과의 접촉은 산서성·하

117 王夫之, "封建制与郡县制孰优孰劣," 1994: 1.

118 『容齋隨筆』 卷五 「周世中國地」. 자세한 것은 이 책의 3장 1절 참조.

남성·하북성·산동성 등 중원의 거의 모든 국가들에서 이루어졌다.

그렇지만 기원전 6세기에 들어와 중원과 그 주변의 이민족들은 급격히 몰락했다. 그 결과 춘추 후반기에 이민족의 수나 접촉의 수가 확연하게 감소했다. 기원전 571년부터 『춘추좌전』의 마지막 해인 465년까지 107년 동안 북방의 진晉이 7회, 남방의 초楚가 5회씩 각각 이민족과 전쟁한 것으로 기록될 뿐이다. 양자간 접촉의 감소는 이민족들이 초기에는 변경이 아니라 중원의 국가들 사이에 위치했지만, 점차 시간이 지나면서 흡수되거나 외부로 밀려났기 때문이다.

더욱이 진의 통일은 제국과 주변국들 사이에 전적으로 새로운 환경을 조성했다. 춘추전국시대에 이미 중국과 그 주변국들을 구분하는 화이구분의 관념이 있었지만, 중국 내에서 여러 국가들이 경쟁하는 한, 그 기반은 취약했다. 통일된 중국에서 그러한 관념은 비로소 실질적인 의미를 갖게 되었다. 더욱이 중원이 통일되면서 통일제국과 그 주변 사이에 권력의 비대칭성이 출현했다. 그것은 통일제국의 일부 통치자들에게 권력욕을 충족시킬 수 있는 조건을 마련했다. 이를테면 진시황과 한 무제는 그러한 힘의 우위를 바탕으로 주변의 작고 분산된 민족들에 대한 정복전쟁을 벌여 제국의 영토를 단기간에 배가시켰다. 국내에서와 마찬가지로 정복지역에 대해서도 그들은 군현적 지배를 추구했다. 다만 앞서 언급된 권력작용의 제약으로 인해 제국의 직접지배 범위는 일정한 한계에 이를 수밖에 없었다.

그리하여 한 시기 소위 조공朝貢 또는 번속藩屬 체제 등으로 불리는 새로운 국제질서가 출현했다.[119] 그것은 정복을 통한 직접지배와 완전한 독

119 중국의 역사가들은 최근 봉건제와 조공체제를 서로 연결시킴으로써 조공체제의 역사적 기원을 서주 시기로 앞당기려고 한다(黄松筠, 『中国古代藩属制度研究』, 2008: 3-17; 李大龙, 『汉唐藩属体制研究』, 2006: 3-22). 그렇지만 분권적 권력관계라는 형태적인 유사성이 있으면서도 양자의 기반은 매우 다르다. 중국의 역사가들도 강조하

립적 관계의 중간에 해당되는 일종의 분권적 질서이다. 조공국은 조공이나 인질과 같은 방식으로 복종을 보여 주고, 중심국은 그에 대해서 인수나 작위를 주어 통치권을 인정한다. 조공국의 입장에서 조공은 형식적인 수준이지만, 인수나 작위는 대외적 안전을 담보해주고 국내에서 권력자원으로 활용될 수 있다. 중심국 입장에서는 비용이 많이 들지 않으면서도 우월적 지위를 제도화할 수 있고, 변경의 안전을 확보할 수 있다. 그것은 정복과 지배, 그에 대한 저항이 가져오는 권력자원의 손실과 비교하면 분명해진다. 후한 시기 강족에 대한 직접지배 전략으로 인해 제국의 국력이 크게 약화되었던 것이 그 대표적인 예이다.[120]

조공관계가 성립되는 가장 중요한 이유는 중심부에 의한 직접지배 시도가 불가능하거나 이득보다는 손실이 발생하기 때문이다. 비록 황제의 영광과 같은 심리적인 이득이 있다고 하더라도 직접지배 시도는 현실적이지 못하다. 즉 직접지배를 시도할 경우 주변 국가들의 격렬한 저항으로 인해 감당하기 어려운 인적·물적 희생과 비용을 감수해야 한다. 이러한 상황에서 제국의 통치자는 명목적 우위를 전제로 하여 주변에게 광범위한 자치를 허용하는 것이 더 합리적이다. 그 결과 일종의 간접적 지배방식이 출현하게 된다.

그렇다고 조공체제는 전적으로 안정된 질서는 아니다. 조공체제는 중심과 주변 사이에 비대칭적 힘의 균형에 근거한다. 따라서 중심국의 권력자는 우월한 권력을 이용하여 더욱 그것을 확대하고자 하는 욕망에 빠지기 쉽다. 한 고조는 오랜 전쟁으로 제국의 힘이 약화된 상황에서 남월·조선·민월 등에 대해서 외신으로서 일종의 조공관계를 형성했다. 그에 반

는 것처럼 춘추시대 이후 공고화된 화이구분 관념에 의하면, 제후국들은 확고하게 제하의 일부이다. 그 결과 봉건제는 국내정치의 일면인 반면, 조공체제는 중원정권과 이적 국가들 사이의 관계이다.

120 강족의 편입에 관해서는 이 책 3장 3절에서 상술함.

해 무제는 비축된 힘을 이용하여 이들을 정복하여 군현적 지배로 전환시켰다. 다만 그것은 무리한 측면이 없지 않았다. 그리하여 조공체제와 군현적 지배의 중간 형태들이 대안으로 선택되었다. 도道·속방(속국)·부도위·속국도위·도호부 등이 그 예이다.[121] 권력확대의 제약적 요소가 지나치게 클 경우 조공체제가 바람직하지만, 권력의 속성상 가능한 직접지배를 지향하는 것이다.

그럼에도 제국의 대외정책으로서 조공체제는 생명력을 가질 수밖에 없다. 왜냐하면 제국이 일부 주변 국가들을 군현지배로 전환시킨다고 하더라도 그 너머에는 새로운 주변 국가들이 있고, 이들에게는 오랫동안 군현적 지배가 불가능하기 때문이다. 이러한 상황에서 특히 천하가 제국의 지배 아래에 있어야 한다는 천하관의 입장에서 본다면 조공체제는 유력한 대안이었다. 제국의 팽창과 군현적 지배를 무리하게 시도한 한무제 이후 동아시아에 조공체제가 비로소 등장한 것은 이러한 맥락에서 이해될 수 있다.[122]

121 변경지역 소수민족들에 대한 제국의 여러 가지 통치기구와 방식에 관해서는 이 책 10장 3절에서 상술함.

122 조공체제를 비롯한 제국의 국제질서에 관해서는 이 책 4장에서 상술함.

| 두 번째 |

# 대국의 역사적 형성

# 2

이 장은 대국의 역사적 형성 과정을 다룬다. 방법론적으로 기존 역사서들이 주로 시간적 변화에 주목할 뿐 크게 고려하지 않았던 공간적 측면에 초점을 둔다. 그리하여 고대사는 통일-분열-통일의 역사가 아니라 작은 정치체들이 하나의 통일국가로 통합되는 과정이었음에 주목한다. 통합은 중국의 공간적 확대로 나타났다. 그것은 춘추시대에는 과거 이적으로 간주되던 주변 국가들의 중원진출을 통해 그리고 전국시대에는 그 너머의 이민족 거주지역의 정복을 통해 이루어졌다. 그러한 외연적 확대에 상응하는 정치체제도 구축되었다. 그것은 주의 동성제후 분봉, 소국들의 병합, 영토국가의 성립, 군현의 설치와 관료제의 도입 등으로 나타나며, 동시에 중앙집권적 통치체제의 구축을 의미한다. 진의 통일은 지속적 권력확대의 연장선에서 이해될 수 있다.

## 1. 역사의 시작: 분산된 구조

고고학적 발굴에 의하면 중국 대륙에서 인간의 존재는 수백만 년 이전으로 거슬러 올라간다. 원인猿人과 같은 생물학적 진화와 더불어 구석기, 신석기, 그리고 국가의 형성을 가능하게 한 것으로 간주되는 청동기 유물들이 전해지고 있다. 그 이후 문자를 통해 역사가 기록되면서 문헌을 통해서 더 광범위한 정보를 얻게 되었다.

물론 우리가 정치체나 국가라고 부를 수 있는 공동체들의 출현 과정이나 시기에 대해서 정확히 알 수는 없다. 그것들은 수천 년에 걸쳐 지역적인 이동과 정착의 과정을 거쳤다. 또한 그것들은 갑골문과 같은 초기 문자 기록에 앞서서 이미 존재했다. 따라서 초기의 공동체들에 관한 이해는 각종 고고학적 유물에 근거하고 있다. 신석기 문화에서 집단생활 모습은 역사가들이 초기의 공동체로서 언급하는 씨족이나 촌락단위를 연상시키기에 충분하다.

고고학적 증거들에 의하면, 중국 각지에서 각기 상이한 특징들을 가진 신석기 문화들이 존재했다. 신석기 문화들은 하나의 지점에서 사방으로 전파된 것이 아니라 이미 오늘날 중국의 거의 전녁에 걸쳐 존재했던 구석

**위** 원시인의 종교 의식_광서성 화산花山 바위 그림 | **아래** 유목민족의 얼굴_영하 하란구賀蘭區 출토 바위 그림

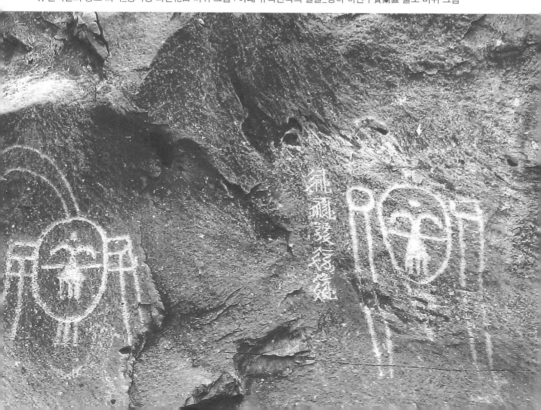

기 후기 문화와 연속성을 갖는 것으로 파악되고 있다. 그리하여 신석기 문화는 다양한 지역적 중심들로 이루어져 있다.[1] 하남성과 섬서성 부근의 앙소仰韶문화, 산동성 부근의 용산龍山문화 등 대표적 유적 이외에도 산동성의 대문구大汶口, 강소성 북부의 청련강青蓮崗, 하남성 남부의 자산磁山과 북부의 배리강裵李崗, 절강성의 하모도河姆渡, 절강성 북부와 강소성 남부에 걸친 양저良渚, 장강 중·하류의 굴가령屈家嶺·호숙湖熟 등이 있다. 중원문화는 이들이 점차 융합의 과정을 거친 결과라는 주장이 가능하다.[2]

앙소문화의 토기_섬서성 보계시寶鷄市에서 출토된 배 모양의 토기 주전자

이처럼 신석기 유물이 정도의 차이가 없는 것은 아니지만 사실상 전국적 분포를 보이고 있는데, 이것은 초기 역사의 기술에 매우 중요하다고 생각된다. 신석기 사회에서 국가형성을 말하기는 어렵지만, 사람들이 이미 대부분의 지역에 일정한 공동체를 이루고 있었던 것은 분명하다. 이들은 후에 청동기 문명에 의해 대체되면서 국가형성의 단계로 넘어가게 되었을 것이다.[3] 새로운 문명의 전파 과정에서 일부는 멸종되고 일부는 살아남았겠지만, 전국적으로 존재한 신석기 문화는 소규모 국가들이 넓은 지역에 걸쳐 산재할 수 있는 조건을 제공하였음에 틀림없다.

역사가들은 무엇보다도 청동기의 사용을 초기 권력관계 형성의 중요한 조건으로 보는 것 같다. 중국에서 청동기 문명이 외부로부터 전달되었는지 아니면 신석기 문명에서 자생적으로 발전했는지 명확하지 않다. 어

1 佟柱臣, "中国新石器时代文化的多中心发展论和发展不平衡论," 1986: 16.

2 호리 도시카즈(堀敏一) 지음, 정병준·이원석·채지혜 옮김, 『중국과 고대 동아시아 세계: 중화적 세계와 여러 민족들』, 2012: 19-26.

3 석기시대의 인종이 근대 중국인으로 이어졌다고 보는 경우도 있다(韓康信·潘其风, "古代中国人种成分研究," 1984: 245-263).

짰든 청동 무기는 전쟁과 그에 따른 넓은 지역에 대한 통합과 지배를 가능하게 했다.

전통적인 견해에 의하면, 중국에서 청동기 문물은 중원지역을 중심으로 먼저 발전해 장강 이남까지 확산되었다. 특히 중원의 국가들은 청동기의 보유를 통해서 그 통치영역을 확대했다는 견해가 지배적이다.[4] 이제까지 중국에서 발견된 최초의 청동기 문화는 이리두二里頭문화이다. 1959년 하남성 낙양의 언사시偃師市 이리두 촌에서 궁전을 포함한 고대도시 유적이 발견되었다. 중국의 고고학자들은 궁전의 규모와 더불어 황하 중류와 장강 이북의 넓은 지역에 분포하는 공통의 청동기 문물을 기원전 21-16세기의 하夏 왕조와 연결시키고 있다.[5] 그 다음은 기원전 1600-1500년의 이리강二里崗문화와 기원전 1300년경의 은허로 이어진다. 이것들은 각각 하남성 정주시 이리강과 하남성 안양安陽에서 발굴되었는데, 상(은) 중기와 말기의 유적으로 확인되었다.

양저문화의 옥그릇

일부 중국 역사가들은 청동기 문물의 지리적 유사성에 근거해 중원국가의 영향권 또는 통치범위가 광범위했음을 유추하기도 한다. 이를테면 하는 청동 원료와 소금 등 자원의 집중과 배분을 통해 주변지역에 대해 정치적 중심지로 기능했다는 주장이다.[6] 최근 중국 정부 주도로 초기 역사의 연대를 확정하면서 하는 기원전 21세기 최초의 국가로서 자리매김되고 있다.[7] 다만 하는 『사기』와 같이 후대의 일부 역사서들에서 언급되고 있지만, 상과 같이 갑골문이나 청동 금문과 같은 문자에 의해 그 존재가 직접

4 Chang, *Art, Myth, and Ritual. The Path to Political Authority in Ancient China*, 1988: 104; Chang, *Archeology of Ancient China*, 1986: 367.

5 佟柱臣, "中国新石器时代文化的多中心发展论和发展不平衡论," 1986: 26-27.

6 劉莉·陳星燦 지음, 심재훈 옮김, 『중국 고대국가의 형성』, 2006: 39-147.

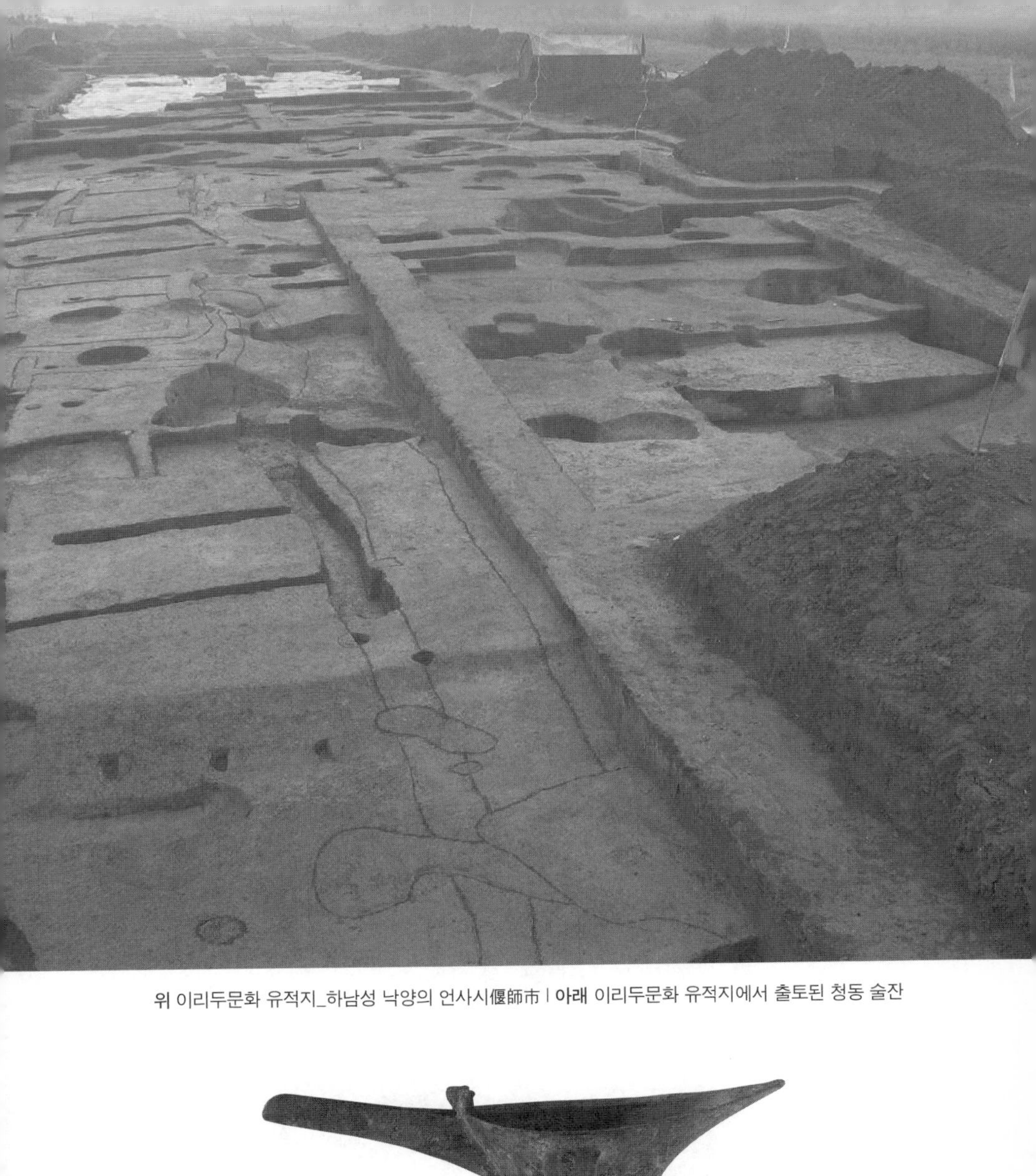

**위** 이리두문화 유적지_하남성 낙양의 언사시偃師市 | **아래** 이리두문화 유적지에서 출토된 청동 술잔

**위** 이리강문화의 방정_하남성 정주시 상성商城 유적지에서 발견된 청동 방정方鼎

**아래** 삼성퇴유적 청동 인물상

확연히 드러나지 않고 있다.

한편 중원의 몇몇 청동기 문화 이외에 다른 지역에서도 독자적인 청동기 문화들이 확인되고 있다. 이를테면 1980대에 종합적인 조사가 마무리된 사천성 성도시成都市 부근의 삼성퇴三星堆에서는 신석기 말부터 상말·주초의 청동기 시기에 이르는 문물이 다량 발견되었다. 이것은 이리두보다 더 오래된 기원전 2500년으로 추정되고 있다. 특히 기원전 1500년경 청동기가 생산되었는데, 이것은 시기적으로 상의 중후반과 일치한다.[8]

결국 기원전 13세기부터 10세기 사이 상말과 주초에는 거의 중국 전역에 청동기 문화가 확산되었다.[9] 넓은 지역에 걸쳐 유사한 유물의 발견은 일정한 문화적 교류를 말해 준다. 다만 문명의 수용이나 전파가 정치적 지배나 종속을 의미하는지는 확실하지 않다. 왜냐하면 청동 무기가 정복과 지배의 중요한 수단이 될 수는 있지만 정치권력의 작동에는 더 많은 요소들이 필요하기 때문이다. 아래에서 언급하는 것처럼 청동기가 더 보편화된 시점에서조차 중심과 주변 사이에는 다양한 방식의 분권적 지배관계

---

7 대표적으로 '하상주단대공정夏商周斷代工程'과 같은 대규모 연구 프로젝트를 들 수 있다. 이 공정은 1996년에서 2000년 사이에 중국 정부의 지원으로 진행되었는데, 그 목적은 초기 역사의 연대를 좀 더 과학적인 방법으로 찾아서 설정하기 위해서였다. 이 프로젝트에서는 인문사회과학과 함께 탄소동위원소 등 과학적인 방식을 결합해 초기 역사의 주요 연표를 확인하고자 했다. 그 결과 하 왕조는 하남 용산문화 말기인 기원전 2070년경 시작되었고, 기원전 1600년경 상에 의해 대체된 것으로 정해졌다. 그리고 반경盤庚의 은허 천도는 기원전 1300년경에 이루어졌고, 상의 주紂왕이 주의 무왕에 의해 멸망한 것은 기원전 1046년으로 확정되었다. 이러한 시도는 중화의 부흥과 같은 민족주의의 분위기를 반영하는 것으로서 국외 학계의 비판을 받기도 한다. 예를 들어 김경호 외, 『하상주단대공정-중국 고대문명 연구의 허와 실-』(2008)이 있다. 실제 『사기』에서 확증할 수 있는 최초의 연표는 공화共和 원년, 즉 기원전 841년이고, 그 이전은 알 수 없다.

8 Linduff and Ge, "Sanxingdui: A new Bronze Age site in southwestern China," 1990: 503-513.

9 李伯谦, 『中国青铜文化结构体系研究』, 1998: 2-11.

가 존재했다. 초기 인류의 역사에서 그러한 것처럼 중국에서도 상이한 지역에 거주하던 다양한 부족들이 흥망을 거듭했다. 중국사에 통합적이고 단선적인 기술을 시도하던 사마천이 최초의 지배자로서 제시하는 5제는 여러 부족들간 전쟁과 연합의 산물이다. 그 이후 국가조직으로 등장하는 하·은·주도 동일한 지역 내에서 정치세력의 교체가 아니었다. 그들은 서로 다른 지역적·종족적 기반을 갖고 있었다.

## 2. 문헌상의 초기국가들

초기국가의 형성시기 및 그 성격과 관련해 다양한 의견이 있지만 문헌상으로 사마천의 『사기』와 그보다 200여 년 앞선 전국시대의 역사서인 『죽서기년』은 하왕조부터 연대기적 기록을 시작한다.[10] 『죽서기년』에 의하면, 하왕조는 그 시조 우禹에서 마지막 왕인 걸桀까지 17대 471년 간 유지되었다.[11] 수도는 우가 양성陽城에 도읍을 정한 이후, 모두 7회의 천도가 이

10 『죽서기년』과 『사기』의 주 이전 왕조의 제왕들의 재위에 대한 기술은 매우 유사하다. 다만 몇 가지 해석에 있어서 두드러진 차이가 있는데, 전자는 중립적인 데 반해 후자는 승자를 미화하는 인상을 준다. 이를테면 순임금에서 하왕조의 시조인 우왕으로 이어진 왕위 계승을 『사기』는 선양禪讓으로 묘사하나 『죽서기년』은 일종의 강제적 탈취로 기술하며, 그의 아들 계啓의 즉위에 대해서도 전자는 형인 익益이 현명한 동생에게 양보한 것처럼 묘사하나 후자는 양자간의 권력투쟁에 의해 동생이 형을 죽인 것으로 묘사한다. 또한 은왕조 4대 태갑太甲 시기 왕위를 일시적으로 행사했던 대신 이윤伊尹에 대해서 전자는 다수의 지지에 의한 도덕적 정당성을 부여하지만 후자는 찬탈로 기술한다. 또한 서주 말의 여왕厲王 시기에 그가 부도덕해 정상적인 통치가 이루어지지 못했는데, 『사기』에서는 소공召公과 주공周公(의 직책)에 의한 대리통치 기간, 즉 공화共和로 기술하는 반면, 『죽서기년』에서는 공국共國의 우두머리였던 화

루어졌다. 그 위치와 관련해서는 역사가들 사이에 의견이 분분하지만, 대략 오늘날 산동성 서부와 하남성 북부의 황하 중하류에 해당된다.[12]

국내정치에 대한 기술은 매우 제한적인데, 『죽서기년』에는 3대 태강太康 시기에 왕이 부도덕해 일시적으로 왕권이 다른 실권자에게 넘어간 것을 기록하고 있다. 대외적으로는 구이九夷라고 불리는 각종 동이족들에 대한 접촉이 빈번하게 이루어졌다. 그 가운데 일부는 초기에는 정벌의 대상이 되었다가 종속적 관계로 바뀌고, 결국 흡수되는 과정을 거치고 있다. 이 문헌에는 권력의 상속에 대한 기록은 없다. 다만 『사기』에 의하면, 상속은 대체로 부자상속이 이루어지고 있는데, 17대 가운데 14회였다. 사실 하의 왕위계승은 후대의 상보다도 오히려 안정적인 셈인데, 『사기』의 기록에는 의문의 여지가 있다.

기원전 17세기경 하는 상에 의해 대체되었다. 구지에강顧頡剛과 같은 역사가들은 난생설화에 기초해 상의 위치를 하보다는 동북쪽으로 설정한다. 즉 상족은 발해만과 역수易水에서 시작해, 황하 하류와 제수濟水[13] 사이, 즉 산동성 북부로 내려왔고, 후에 다시 황하를 따라 서쪽으로 더욱 이동해 하남성 북부에 이른 것으로 간주된다.[14] 유목생활을 위주로 했던 상은 하를 멸하기 이전 8회 천도했다. 마침내 탕湯은 서쪽의 하를 물리친 뒤 상을 건립하고 박亳[15]에 자리 잡았다. 『죽서기년』은 하를 멸망시킨 탕에서 마지

---

和가 왕위를 찬탈했다고 기술한다. 『사기』의 관련 기술은 맹자 등 유가의 해석과 대개 일치한다(『史記』 卷二 「夏本紀」, 卷三 「殷本紀」, 卷四 「周本紀」; 『竹書紀年』 「夏紀」, 「殷紀」, 「周紀」; 『孟子』 「滕文公上」, 「萬章上」).

11 『竹書年紀』 「殷紀」.

12 구지에강의 경우 하의 백성은 초기에는 산동성 서부에서 살다가 후기에 하남성 북부로 이동한 것으로 본다(顾颉刚·史念海, 『中国疆域沿革史』, 1999(1938): 16).

13 황하의 하류는 원래 지금보다 북쪽이었는데, 후에 남쪽으로 변경되면서 제수는 오늘날 황하가 되었다.

14 顾颉刚 · 史念海, 『中国疆域沿革史』, 1999(1938): 19-21.

막 주紂에 이르기까지 30명의 왕을 기록하고 기간은 496년으로 설정하고 있다.

탕의 집권과 관련해 후에 유가는 소위 하늘의 명령, 즉 천명의 개념을 부여했다. 『상서』는 탕이 걸을 정벌할 때, 그가 제시한 당위성을 다음과 같이 전하고 있다.

> 여러분에게 고하는데, 모두 제 말을 들으시오. 제가 감히 난을 일으키려는 것이 아닙니다. 하왕의 죄가 많아 하늘이 그를 죽이라고 명했습니다. 지금 여러분들은 '우리 군주가 우리 백성을 아끼지 않고, 우리의 농사를 저버리게 하면서 하를 정벌하려고 한다.'고 말합니다. 저는 여러분의 말을 이해합니다만, 하왕이 죄가 있기 때문에 저는 상제가 두려워 정벌하지 않을 수 없습니다.[16]

여기서 탕은 걸에 대한 정벌을 천명天命으로 표현하고 있다. 한편 탕의 상 건설과 관련해 『시경』에는 다음과 같이 시가 수록되어 있다.

> 옛날 제帝가 탕에게 사방을 정복해 갖도록 명했네. 탕은 널리 제후들에게 명해 구주를 모두 점유했네.[17]

약 10대가 지난 뒤 상은 박을 떠나 그 서쪽과 북쪽으로 황하변을 따라서 수도를 이동하면서 활동했다. 특히 19대 반경盤庚이 기원전 1300년경 수도

---

15 하남성 상구商丘.

16 "格爾衆庶, 悉聽朕言, 非台小子, 敢行稱亂! 有夏多罪, 天命殛之. 今爾有衆, 汝曰: '我后不恤我衆, 舍我穡事而割正夏?' 予惟聞汝衆言, 夏氏有罪, 予畏上帝, 不敢不正."(『尙書』「商書·湯誓」) 이것은 『사기』「은본기」에 유사하게 전재되어 있다.

17 "古帝命武湯, 正域彼四方, 方命厥后, 奄有九有."(『詩經』「商頌」'玄鳥')

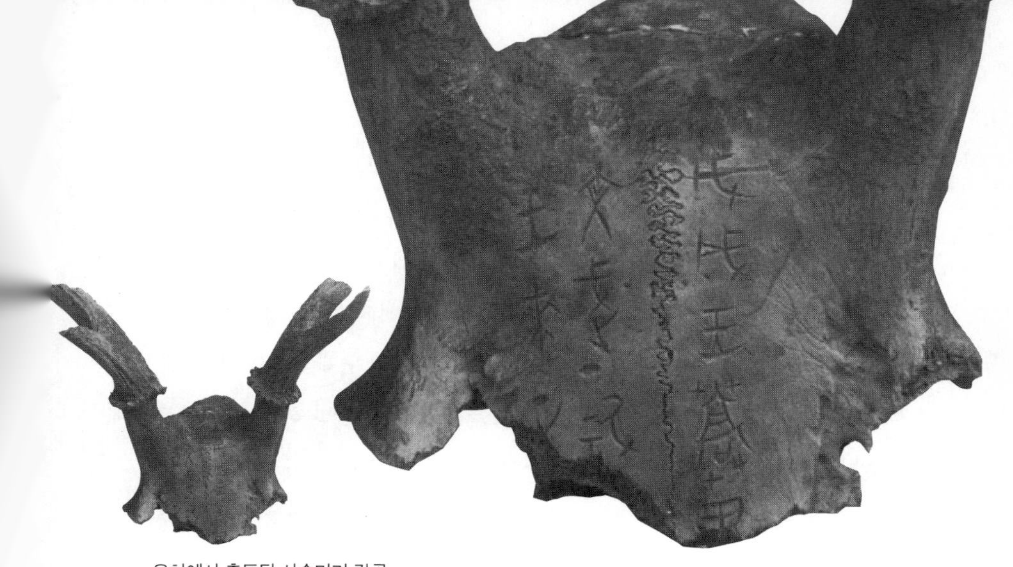

은허에서 출토된 사슴머리 갑골
_은왕이 방국을 토벌하고 돌아오는 길에 제사를 지냈던 사실을 기록했다.

로 삼은 황하 이북의 하남성 안양安陽에 위치한 은허殷墟에서는 고대국가의 면모를 잘 보여 주는 유물이 발견되었다. 청동기 유물과 함께 갑골문은 비교적 강력한 권력의 중심을 갖춘 정치체로서 상의 존재를 충분히 뒷받침해준다. 상은 왕·군대·형벌·조세와 같은 권력 구성 요소들을 갖추고 있었다. 종교적으로 상족은 자신의 독자적인 조상신과 최고신인 제帝를 공유했다.

한편 통치자는 제사나 점복을 통해서 신과의 소통을 시도했다. 발굴된 갑골문이나 청동의 금문에서 확인될 수 있는 것처럼, 통치와 관련된 크고 작은 일들은 점복을 통해 그 해답을 찾았다. 다만 왕권은 아직 제한되었는데, 『사기』에 의하면 부자상속보다는 형제상속이 주된 형태였다. 탕 이후 29명의 왕 가운데 형제상속이 14명이었다. 후반에는 점차 부자상속이 연이어 나타나지만, 적자와 서자의 구분이 없었다.[18]

상의 지리적 범위는 가장 좁게는 상 왕의 직접 통치지역, 다음으로 제

18 『史記』 卷三 「殷本紀」.

후국 지역, 그리고 가장 넓게는 방국方國이라 불리던 경쟁 국가들을 포함한다. 상의 직접 통치지역과 관련해서 상이 은허를 중심으로 반경 약 200킬로미터에 걸쳐 지배권을 행사한 것으로 추정되기도 한다.[19] 이어 제후국 지역인데, 한 연구에 의하면 갑골문에는 후侯·백伯·아亞·자子·부婦 등 5개 범주의 작위명을 가진 제후국 49개가 확인된다. 구체적으로 후 15개, 백 11개, 아 12개, 자 7개, 부 4개인데, 이들은 주로 오늘날 하남성 중북부와 산서성 중남부, 섬서성 동부, 산동성 중서부 등 황하 중류에 집중되어 있다. 제후국들은 지리적으로 대부분 방국들의 안쪽에 위치했지만, 일부는 방국들 사이에 위치했다.[20]

마지막으로는 상과 교류했던 방국들을 포함하는 최대의 범위이다. 갑골문에는 상과 다양한 방식의 친소 관계에 있던 방국들이 출현한다. 이를테면 제齊·고顧·인방人方·조曹·차방戱方·기杞·안晏·기冀·우방盂方·주周·정방井方·강羌·토방土方·무毋·무戊·환萑 등인데, 대체로 그 위치는 오늘날 산동·하남·하북·산서·섬서·내몽고 등으로 비정比定된다.[21] 구지에강은 전성기 상의 강역을 동쪽은 산동성, 서쪽은 감숙성 동북, 북쪽은 하북과 산서 북부, 동남쪽은 회수, 서북쪽은 내몽고 남부 등 수천 리에 이른다고 주장하는데, 거기에는 이러한 방국들이 포함된다. 후대의 지도들도 대개 그와 유사하게 그려진다.

---

19 니시지마 사다오(西嶋定生) 지음, 변인석 편역, 『중국고대사회경제사』, 1994: 45; 『시경』「상송」'현조'는 탕 시기 방기邦畿(수도와 그 주변 직할지)가 사방 1천 리라고 언급하고 있다.

20 李雪山, "卜辞所见商代晚期封国分布考," 2004: 14-19. 제후국은 방국들 가운데 상에 의해 정복되어 예속된 것들로 주 분봉제의 기원으로 추측된다(黄松筠, 『中国古代藩属制度研究』, 2008: 4-6). 그렇지만 자세한 것은 알 수 없다.

21 顾颉刚·史念海, 『中国疆域沿革史』, 1999(1938): 24-25. 방국의 수를 70여 개로 확인하면서, 그 지리적 범위를 섬서성 남부, 하남성 북부, 하북성 남부, 산동성 서부, 안휘성 북부, 강소성 서북으로 구지에강보다 약간 좁게 설정하는 경우도 있다(邢义田, 『天下一家: 皇帝, 官僚与社会』, 2011: 89).

물론 상의 세력범위 외부에도 융戎이나 이夷 등 명칭의 민족들이 등장한다. 『죽서기년』에는 저氐·강羌·서융西戎·단산융丹山戎·서락귀융西落鬼戎, 여무余無의 융戎, 시호始呼의 융戎, 연경燕京의 융戎, 의거義渠·구이九夷·남이藍夷·곤이昆夷·적翟 등 그 호칭에 있어서 오랑캐를 시사하는 민족들의 방문이나 정벌이 기록되어 있다. 그 외에도 귀방鬼方·시위豕韋·대팽大彭·밀密·기耆·우邘·숭崇 등에 대한 정벌이 등장한다. 전체적으로 이민족들과의 관계에서 방문은 6회, 정벌은 18회로서 적대적인 관계가 더 빈번하다. 특히 하 왕조 말기에 주周의 계력季歷이나 문왕은 권력을 구축하는 과정에서 융족 등 북방 민족에 대한 활발한 정벌활동을 벌였다.[22]

상의 통치구조에 대해서는 잘 알려지지 않고 문헌상에 간헐적으로만 언급되고 있다. 다만 비교적 상세한 묘사는 후에 주왕조의 건설에 기여하였던 주공周公에 의해 제공되고 있다. 그는 아래에서 언급하는 것처럼 상 유민의 지도자인 무경武庚의 난을 진압하고 그곳에 동생인 강숙康叔을 봉했는데, 그때 관리들이 술에 빠지지 않게 하라고 그에게 당부하는 과정에서 상의 통치구조를 언급하고 있다. 즉 왕의 직할지인 내복內服에는 요僚라 불리는 고관들, 윤尹이라 불리는 책임자들, 그 부속 관리들, 실무를 담당하는 관리들, 왕족을 담당하는 관리들과 씨족 및 기층의 책임자들이 있고, 그 주변 즉 외복外服에는 후侯·전甸·남男·위衛·방백邦伯 등 각국의 군주가 있다.[23] 이것은 상의 통치구조가 왕의 직할지와 주변 제후들의 관할지역으로 구성됨을 분명하게 보여 준다. 이러한 봉건제적 통치구조는 주周의 시대에도 유사하게 유지되고 있다.

역사 초기에 다수의 제후국이 존재한 것은 다른 지역과 마찬가지로 중국에서 초기국가가 매우 분권적 구조였음을 말해 준다. 명목상으로는 천

22 『竹書紀年』「殷紀」.

23 『尙書』「周書·酒誥」.

자나 왕과 같은 최고의 통치자가 있었다고 하더라도,[24] 그것은 결코 직접적인 통치를 의미하지는 않았다. 이를테면 상의 탕이 하를 멸망시켰을 때 3천 명의 제후가 그에게 귀순했다고 하는데, 그들은 그를 새로운 강자로 인정했던 것이고, 일부는 정복 등을 통해서 상에 복종했다. 이처럼 부족部族이나 종족宗族들의 연맹에 기반을 둔 초기 봉건체제 하에서 그들의 수장, 즉 제후들은 왕에 대한 조공과 군사적 지원을 주된 의무로 했다.[25]

사실 탕이 하왕조를 멸하고 상을 건설한 뒤에도 정치적 불안정이 계속되었다. 이를테면 형제간의 권력싸움이 극심했는데, 그 결과 왕위는 대부분 부자가 아니라 형제 사이에 상속되었고, 사촌에 의해 상속되는 경우도 있었다. 천도도 잦았는데, 탕 이후 황하의 남쪽과 북쪽을 번갈아 다섯 번이나 이동했다.[26] 그것은 황하의 범람 때문이기도 했지만 내부의 권력투쟁이 주된 원인이었다. 역사서에는 이러한 권력다툼이나 천자의 무능력과 타락 등에 의해 제후들이 조현하지 않은 시기가 빈번했다고 기록되어 있다.[27]

기원전 11세기 중반 주周의 무왕이 상의 주紂왕을 제거한 것은 연맹체의 맹주 자리를 차지한 의미를 지녔다. 주도 상 시기에 여러 제후국들 가

24 물론『상서』의 다른 부분과 마찬가지로 주공의 말도 후대의 역사가들이 지어냈을 가능성도 적지 않을 것이다.

25 葛志毅,『周代分封制度研究』(修正本), 2005: 60-61.

26 천도 횟수는『상서』「반경」의 내용과 일치하고 있다. 구체적으로『죽서기년』은 박亳(탕湯)▶효囂(10대 중정仲丁)▶상相(12대 하단갑河亶甲)▶비比(13대 조을祖乙)▶엄奄(17대 남경南庚)▶은殷(19대 반경盤庚)으로 되어 있다(李民 外『古本竹書年紀譯註』, 1989: 35-59). 한편『사기』는 약간 다른데, 박亳(탕)▶오傲(중정)▶상相(하단갑)▶형邢(조을)▶하북河北▶박亳(반경)▶하북(무을)이다(『史記』卷三「殷本紀」). 이러한 불일치에 근거하여 구지에강은 반경의 은 천도 이후에도 다시 황하 이남의 박亳으로 갔다가 또다시 황하 이북으로 돌아오는 등 2회의 천도가 있었을 것으로 추정한다(顾颉刚·史念海,『中国疆域沿革史』, 1999(1938): 23).

27『史記』卷三「殷本紀」.

운데 하나였지만 점차 실력을 길러 상을 대체했던 것이다. 하와 상의 중심지가 황하 중하류인 지금의 하남성과 산동성 일대였던 반면, 주의 근거지는 좀 더 서쪽에 위치한 섬서성 일대였다. 『사기』「주본기」나 『제왕세기』 등은 주족이 작은 공동체에서 연합국가[28]에 이르는 과정을 비교적 자세하게 기록하고 있다.

신화에 의하면, 주족의 시조는 기棄인데 요순시대에 농사를 담당하는 관리인 후직后稷으로 공을 세웠다고 한다. 순은 그를 태邰[29]의 100리 땅에 봉했다.[30] 그의 아들 불줄不窋 시기에 정치가 쇠해 농사에 힘쓰지 않자 관직을 잃고, 주족은 더 북쪽에 위치한 유목민인 융적들 사이에서 생계를 유지했다.[31] 그의 손자 공류公劉는 융적들 사이에 살면서도 다시 농사에 힘쓰고, 점차 남쪽으로 세력을 확대했다. 이때 다수의 백성들이 그에게 귀의함으로써 주족은 흥하기 시작했다. 그들은 빈豳(=邠)[32]의 성읍에서 살았고, 공류의 아들 경절慶節 시기에는 국國이 되었다. 이것은 상商으로부터 그곳을

---

28 여기서 연합국가는 역사학에서 주로 사용되는 부족연맹체와 통일국가의 중간 수준의 국가형태에 해당한다.

29 섬서성 무공현武功縣 서남쪽.

30 『사기』에서 주의 세대 수가 기棄에서 무왕까지 16대이지만, 연도로는 1천200년 이상이 되어 생물학적으로 맞지 않다. 대안적인 해석의 한 예로, 전한 초 루경婁敬은 후직과 공류 사이에 10여 대가 더 있는 것으로 언급하고 있다(『漢書』 卷四十三 「婁敬傳」). 그렇다고 하더라도 세대 수가 부족하다. 한편 역사학자 구지에강은 기棄가 요순 시대가 아니라 상商 시대의 인물이라고 추정한다. 그의 주장은 『춘추좌전』 소왕昭王 29년의 기록, 즉 "유열산씨의 아들이 주柱인데, 직책이 직稷이었다. 하夏 이후로 그를 제사 지냈다. 주周의 기棄 역시 직이었는데, 상商 이래로 그를 제사 지냈다."에 기초하고 있다(顾颉刚·史念海, 『中国疆域沿革史』, 1999(1938): 27).

31 주족은 처음 융적 사이에 살았고, 시조인 후직의 부인 강원姜嫄 이래 무왕에 이르기까지 강姜씨와 혼인관계에 있었다. 구지에강은 강姜을 곧 강羌으로 보고, 주가 원래 이민족으로 간주되는 저氐·강羌 부족의 일종이라고 간주한다(顧頡剛, "秦漢統一的由來和戰國人對於世界的想像," 2003: 2).

32 섬서성 순읍현旬邑縣.

봉지로서 인정받았고, 그와 함께 일정한 정치적인 조직을 갖춘 세력으로 성장했다는 의미이다.

7대가 지난 고공단보古公亶父 시기에 융적의 침략을 받자, 주족은 서남쪽으로 이동해 기산岐山[33]의 양지인 주周라는 곳에 자리 잡고 국의 명칭을 주周로 고쳤다. 기산 지역은 북동쪽으로 칠수漆水와 저수沮水, 남쪽으로 위수渭水가 있고 그 사이는 후에 주원周原이라 부르는 넓은 평원이었다. 그는 처음에는 사속私屬들만 데리고 왔지만, 빈의 사람들이 나중에 합류함으로써 1년 뒤에는 3천 가구, 3년 뒤에는 처음의 5배가 되었다.[34] 그 후 다른 주변의 여러 나라들이 주에 통합되었다. 그와 함께 주는 원래의 주족周族을 벗어나 더 많은 종족을 포괄하는 개념이 되었다. 또한 정착생활이 본격화되면서 좀 더 정교한 권력기구도 갖추게 되었다. 즉 수도를 중심으로 성곽을 쌓고, 종묘를 세우고 관직을 두었다.[35] 이것은 고공단보 시기에 주가 (부족)국가로서 면모를 갖추게 되었음을 말한다.

그의 아들 계력季歷과 손자 창昌의 시기에 주는 북방의 융적들을 무찌르면서 영토와 세력을 크게 확대했다. 특히 창은 후에 유가에서 대표적인 성군으로 이상화되는 문왕文王으로서, 재위 3년 만에 천하의 절반이 그에게 귀의했다고 한다. 그는 동진해 풍豊[36]이라는 곳에 수도를 정했다. 그리고 상으로부터 서쪽 지방의 우두머리 제후라는 의미로서 서백후西伯侯라는 칭호를 받았다.[37] 마침내 그의 아들 무왕은 기원전 11세기 중반에 황하를 건너 상을 멸망시켰다. 이어 그는 오늘날 섬서성 서안 부근인 호鎬에

---

33 섬서성 기산현岐山縣.

34 『帝王世紀』 第五 「周」.

35 『史記』 卷四 「周本紀」.

36 섬서성 악현鄂縣, 현 악주시鄂州市.

37 『제왕세기』는 계력이 처음 은殷의 천자 을乙에 의해 서장西長으로 봉해졌고, 아들 문왕이 그를 이어 서백이 되었다고 적고 있다(『帝王世紀』 第五 「周」).

자리 잡고 주왕조를 개국했다. 다음은 상의 수도 조가朝歌로부터 약 70리에 위치한 목야牧野에서 최후의 일전을 벌일 때, 주의 무왕이 출정 선언을 하는 내용이다.

> 먼 길을 오느라 수고했도다, 서쪽 사람들이여! 들으시오! 우리 우방의 부족장들과 대신들, 사도司徒·사마司馬·사공司空 등 장관들, 아려亞旅·사씨司氏 등 부대의 장령들, 천부장千夫長·백부장百夫長 등 군관들, 그리고 용庸·촉蜀·강羌·무髳·미微·노盧·팽彭·복濮의 부족들, 당신들이 창을 들고, 방패를 나란히 하고, 모矛(뾰족한 창)를 세우면 내가 곧 선서할 것입니다 …… 지금 상나라 왕은 부인[38] 말만 듣고, 스스로 그 선조를 배신해, 선조에게 보답하는 제사를 모시지 않고 있습니다 …… 그는 단지 사방의 죄인과 도망자를 존중, 신용하고 경卿과 대부大夫로 임명하여, 수많은 관리들에게 해를 끼치고, 은나라 전체에 간악한 행동을 자행하게 하고 있습니다. 이제 본인은 천벌을 여러분과 함께 받들어 행하고자 합니다…… ![39]

무왕의 선서는 앞서 탕이 하의 걸을 칠 때와 같이 정벌의 당위성을 강조하고 있다. 다만 탕의 경우에는 천명이 크게 부각되었던 것에 비한다면, 무왕의 경우에는 좀 더 현실적이다. 그는 탕과 같이 천벌을 언급함으로써 천명을 시사하고 있지만, 그것보다는 통치에 있어서 상 왕의 구체적인 잘

---

38 주紂의 애첩 달기妲己.

39 "逖矣, 西土之人! 嗟! 我友邦冢君, 御事, 司徒, 司馬, 司空, 亞旅, 師氏, 千夫長, 百夫長, 及庸, 蜀, 羌, 髳, 微, 盧, 彭, 濮人. 稱爾戈, 比爾干, 立爾矛, 予其誓…… 今商王受惟婦言是用, 昏棄厥肆祀弗答…… 乃惟四方之多罪逋逃, 是崇是長, 是信是使, 是以爲大夫卿士. 暴虐于百姓, 以奸宄于商邑. 今予發惟恭行天之罰."(『尙書』「周書·牧誓」) 『상서』「주본기」에도 거의 유사하게 전재하고 있다. 위 번역은 顧頡剛·劉起釪, 『尙書校釋譯論』 第三册, 2005: 1105-1106; 江灏·钱宗武 译注, 『今古文尚书全译』, 1993: 219-220; 김관식 역, 『書經』, 1967: 224-226 등을 참조함.

못을 나열하고 있다. 또한 무왕의 선서에는 정벌에 참여하는 주요 관리들과 여러 부족들의 명칭들이 등장한다. 주도 하나 상이 성립되는 과정에서와 같이 많은 제후국들의 지원을 통해서 중심세력이 될 수 있었다.[40]

따라서 주의 무왕이 은의 주왕을 목야牧野에서 물리치고 나서 다른 제후국들을 정벌하는 것은 당연해 보인다. 이와 관련해 『일주서』는 그가 사방으로 원정하여 방국方國 99개를 멸망시키고 652개를 정복했다고 기록하고 있다.[41] 이 문헌은 또한 그의 사후 무경의 난 때 은의 동쪽에 위치한 제후국들인 서국徐國, 엄국奄國, 그리고 웅영족熊盈族도 반란을 일으켰는데, 웅영족과 관련해서 17개국을 정벌했고, 7개 읍邑 사람들을 포로로 잡아 왔다고 기록하고 있다.[42] 이것은 주 초에도 수많은 부락이나 성읍들이 병립하는 구조였음을 말해 준다.

## 3. 주의 봉건제: 통합의 시작

주의 등장 과정에서 새로운 유형의 봉건체제가 나타났다. 주의 통합적 정치질서는 부족연맹이 아니라 점차 혈연적 관계에 기반을 두게 되었다. 천자는 적어도 일부의 지역에 그 일족이나 공신을 제후로 분봉하였던 것이다.[43] 왕은 자신의 친인척을 제국의 수도에서 가까운 곳에 분봉함으로써

---

40 목야에서 상을 치기 2년 전, 800명의 제후들이 무왕에게 호응해 회맹에 참여했다(『史記』 卷四 「周本紀」).

41 『逸周書』 「世俘解」. 정복 과정에서 17만여 명을 죽이고 31만여 명을 포로로 잡았다고 한다. 여기서는 黃懷信, 『逸周書校補注譯』, 1996: 217.

42 『逸周書』 「作雒解」. 여기서는 黃懷信, 『逸周書校補注譯』, 1996: 254 참조.

일종의 울타리와 같은 역할을 하게 했고, 공신이나 상왕조의 후예들은 주로 변방이나 과거 상의 지역에 분봉했다. 이것은 기존의 봉건체제가 부족들의 독자적 세력의 인정에 기초했던 것과 큰 차이가 있었다. 주의 봉건제는 비록 후대의 중앙집권적 통치체제와 비교하여 분권적 정치체제를 대표하지만, 경향적으로는 권력의 통합 과정이었던 셈이다.[44]

일종의 모델로서 주의 봉건제는 다음과 같이 설명된다. 주왕이 직접 통치하는 소위 왕기王畿 이외 지역은 동성과 이성의 제후들에게 분봉되었는데, 국國이라고 했다. 주왕과 제후들은 다시 해당 지역의 일부를 채읍采邑, 즉 관직 수행에 대한 보수로서 경卿·대부大夫·사士 등 가신들에게 분배했다. 채읍이란 통치권이 아닌 일종의 조세권만을 갖는 것으로, 가신들은 해당 지역에 대한 독자적인 통치권한이 없었다. 주왕–제후–경·대부–사의 위계는 종법제도에 기반을 두었다. 즉 주왕은 적장자로서 종가宗家의 장, 즉 대종大宗이고, 나머지 형제들은 제후로서 분가分家의 장, 즉 소종小宗이다. 물론 제후는 제후국 내에서는 적자에 의해 대종이 되고, 나머지는 소종이 된다. 소종은 경이나 대부로서 다른 이성의 귀족가문들과 더불어 주

---

43 니시지마 사다오西嶋定生 지음, 최덕경 외 역, 『중국의 역사: 진한사』, 2004: 20; 徐复观, 『两汉思想史』 1, 2001: 8-11.

44 사실 최근 중국 역사가들 사이에 주의 통합적 성격을 강조하는 분위기가 역력하다. 통합적 성격이나 범위 또는 시기 등에 따라 상당히 다양한데, 그것은 무엇보다도 주와 제후국들 사이의 관계와 관련된다. 이를테면 서주 시기는 물론 춘추 초기까지도 주는 정치·경제·문화의 중심이었고 제후국들은 주의 통치권을 위임받은 제후에 불과했으며, 춘추시대 후반이나 전국시대에 이르러 비로소 독립적인 국가가 되었다는 시각도 있다(叶自成, "中国外交的起源–试论春秋时期周王室和诸侯国的关系," 2005: 9-22). 또한 서주 시기 제후국들은 주왕과 중세 유럽과 같은 봉건적 관계가 아니라 오히려 주의 지방정부에 불과하였다는 주장도 있다(Li Feng, "'Feudalism' and Western Zhou China: A Criticism," 2003: 115-144). 더 나아가 서주는 "천자의 직할지, 제후국들 그리고 그 너머의 이민족들까지도 영유했던 광역의 통일 주권국가였다."고 주장하는 경우도 있다(周书灿 外, "西周王朝的天下格局与国家结构," 2000: 20). 다시 말해 주변 민족 지역까지도 주의 지방단위로 간주하는 것이다.

와 각각의 제후국에서 정치에 참여했다. 귀족들의 직위는 세습되었다.[45] 왕은 제후에게 일정한 지역과 백성에 대한 통치권을 위임하고, 제후는 왕에게 공납에 의한 경제적 지원과 전쟁 시 군사적 원조의 의무를 졌다.

물론 현실은 위의 모델과는 적잖게 차이가 있을 것이다. 주의 정치체제는 사실 자세히 알려져 있지 않다. 오히려 춘추시대에 관한 문헌상의 기록은 적지 않다. 춘추시대에 관한 양관楊寬의 기록은 비교적 현실적이다. 그에 의하면, 천자는 물론 제후·경·대부의 영지도 각기 개별적인 성城을 형성했다.[46] 그들은 각기 상이한 종족적宗族的 구분에 따라 조직되었다. 그리고 춘추시대 일부 경·대부들은 앞서 서주의 원칙과 달리 통치권이 수반된 영지를 분봉받기도 했다. 그들 사이에는 공물의 헌납이나 전쟁 시에 군대의 동원과 같은 느슨한 주종관계가 있었다. 제후의 영지는 국國이며, 경이나 대부의 영지는 도都라고 하였다. 천자의 직할지는 제후국들의 가

서주시기의 원정圓鼎_천자만 제작한 것이 아니라 제후들도 제작했다. 다만 천자는 구정九鼎, 제후는 칠정七鼎, 대부는 오정五鼎이라는 차이가 있었다.

운데에 있다는 의미에서 중국中國이었다. 각각의 국이나 도는 성으로 둘러싸인 도회지역이고 그 외부에는 비鄙 또는 야野라고 불리는 교외지역이 있었다. 국에는 지배종족이 살고, 비나 야에는 피지배종족이 일종의 노예로서 농사를 지어 이들을 부양했다. 지배종족은 귀족과 평민으로 구분되었는데, 귀족에는 제후·경·대부 등과 하층귀족인 사士가 속했고, 평민은 자유인으로서 국인國人이라고 불렸다.[47]

『사기』「주본기」는 무왕이 상을 멸망시킨 뒤의 분봉에 대해 자세하게 다루고 있다. 그는 장인인 태공太公 망望, 즉 강태공姜太公[48]을 제齊, 그리고 소공召公 석奭[49]을 연燕, 동생인 주공周公 단旦을 노魯, 숙선叔鮮을 관管, 숙도叔度를 채蔡, 숙진叔振을 조曹, 숙무叔武를 성成, 숙처叔處를 곽霍에 각각 봉했다.[50] 무왕은 계통적으로 전혀 다른 세력들도 제후국으로서 인정했다. 멸망시킨 주紂의 아들 녹보祿父(일명 무경武庚)를 그 수도인 은허殷墟에 봉해 상의 유민을 다스리게 했다. 물론 그는 자신의 친동생들을 삼감三監[51]이라 하

---

45 왕천유 지음, 이상천 역, 『중국고대관제』, 2006: 23-24; 尹乃鉉, "天下思想의 始原," 1988: 33-34. 한 연구에 의하면, 원칙상 제후는 세습하되 경·대부는 그렇지 않다. 천자의 경·대부는 녹봉은 세습하되 작위는 세습하지 않고, 제후의 경·대부는 두 가지 모두 세습하지 않는다. 그렇지만 실제 군주의 책명策命 절차를 거쳐서 그 세습적 특권이 허용되었다(葛志毅, 『周代分封制度研究(修订本)』, 2005: 129-138).

46 춘추시대 통치구조에 관한 부분은 楊寬, "春秋戰國間封建的軍事組織和戰爭的變化," 1954: 7-8에 주로 의거함.

47 『國語』「齊語」.

48 구지에강에 의하면, 주의 희성姬姓은 모계사회부터 강성姜姓과 혼인관계에 있었는데, 두 성이 연합해 상왕조를 무너뜨렸다. 그 결과 강성은 건국 이후 주의 중요한 정치세력이 되었다. 강성은 강태공이 제에 봉해진 것 이외에도 오늘날 산동성 내에 기紀·주州·장鄣·내萊·봉逄, 안휘성 내에 향向, 하남성 내에 신申·여呂·허許 등 작은 제후국들에 분봉되었다(顧頡剛·劉起釪, 『尙書校釋譯論』 第四册, 2005: 1899).

49 소공召公과 주왕실의 혈연관계는 잘 알 수 없다. 문왕의 다섯째 아들이라는 설도 있고, 단순히 동성, 즉 희姬씨 성의 족인族人이라는 설도 있다.

50 『史記』 卷四 「周本紀」.

51 관管의 숙선叔鮮, 채蔡의 숙도叔度, 곽霍의 숙처叔處. 이러한 통설과 달리 구지에강

여 그 주변 지역에 봉하고 무경을 감시하게 했다. 그 외에 신농·황제·요·순·우의 후예를 각각 초焦·축祝·계薊·진陳·기杞에 봉했다.[52]

한편 무왕이 은을 멸한 뒤 2년 만에 죽자 그의 어린 아들 성왕의 시기에 주공 단이 섭정하게 되었다.[53] 주공은 자신의 섭정에 불만을 품은 형 관숙 그리고 동생 채숙이 무경과 더불어 반란을 일으키자 내부의 반대를 무릅쓰고 그들을 물리적으로 진압했다. 반란에는 오늘날 주로 산동성 서부와 남부에 거주하던 회이淮夷·박고薄姑·엄奄·서융徐戎·개초蓋楚 등 동방의 여러 민족들도 참여했다.[54]

동방원정의 당위성에 대해 주공은 다음과 같이 언급한 것으로 문헌에 전해진다.

> 의외로 많은 방국의 군주들 그리고 각급 관원들 가운데 '곤란함이 매우 큽니다! 백성들도 불안해합니다. 그리고 이 반란자들이 우리 왕조의 궁정과 왕족 제후의 가문 사이에 나왔고 우리는 효도와 우애의 도리에 기반을 두고 있어 정벌해서는 안 됩니다. 왕이여 (동방을 정벌하라는) 점괘를 따르지 마십시오.' 하고 대답한다.
>
> ……
>
> 오오! 나는 결코 하늘의 명령을 따르지 않을 수 없다. 하늘이 문왕에게

---

에 의하면, 무왕은 은을 3개 지역으로 분할해, 북쪽인 패邶에는 무경, 동쪽인 동東(혹은 용鄘)에는 동생 관숙管叔, 서쪽인 위衛에는 채숙蔡叔을 봉해 삼감三監이라 했다. 여기서 감監은 제후의 의미이다. 그리고 은 지역에 대한 감시의 역할은 주변의 연·조·성成·제·노 등이 담당했다(顧頡剛·劉起釪, 『尙書校釋譯論』 第三册, 2005: 1286).

52 『史記』 卷四 「周本紀」.

53 일부에서는 주공이 실제 왕위를 계승, 7년 간 재위에 있었다고 한다. 그 주된 근거는 『상서』 「주서周書」에 주공이 왕으로 불리는 경우가 적지 않다는 것이다(郭沫若, 『中国古代社会研究』, 1954: 87).

54 顧頡剛·劉起釪, 『尙書校釋譯論』 第三册, 2005: 1286.

> 복을 내려 우리 조그마한 주나라를 흥성하게 했다. 문왕은 점복에 따라 일을 할 줄 알았기 때문에 천명을 받을 수 있었다. 이제 하늘이 다시 강림해 우리 주나라 백성에게 복을 줄 수 있으니 우리도 점복에 따라 일을 하지 않으면 안 된다. 아! 하늘이 그 뜻이 얼마나 위엄 있고 엄숙한지 보여주고 있으니, 모두 함께 내가 우리 왕조의 위대한 사업을 이룰 수 있도록 도와주기 바란다.[55]

여기서 그는 점복과 천명에 의지해 동방정벌의 당위성을 역설하고 있다. 그는 동방의 정벌을 특히 문왕에서 시작된 천명을 완성하는 조치로 제시하고 있다. 물론 그의 동방원정은 쉽지 않았다. 원정은 약 3년의 시간이 소요되었다. 어쨌든 그는 승리함으로써 동방에 대한 지배를 더욱 공고하게 했다. 구지에강은 주공의 동방정벌을 중국사의 대사건으로서 한편으로 기존의 분열과 복고 세력 그리고 다른 한편으로 새로운 통일과 진보세력 사이의 투쟁으로 묘사했다. 이것은 후자의 승리가 향후 대규모 통일국가의 중요한 기반이 되었음을 시사한다.[56]

난의 진압을 계기로 주공은 동성의 제후들을 봉해 동방에 대한 지배를 더욱 강화했다. 그는 동생인 강숙康叔을 위衛에, 성왕의 동생 숙우叔虞를 진晉에 봉했다. 그 목적은 그들을 '주 왕실의 울타리〔번병蕃(=藩)屛〕'로 삼기 위해서였다.[57] 그는 또한 상 유민 다수를 낙읍洛邑으로 이주시켜 제2의 수도를 건설하는 데 동원하거나, 노예로서 제후국들에게 분배했다. 주에 협조한 일

---

55 "爾庶邦君越庶士, 御事罔不反曰: '艱大, 民不靜, 亦惟在王宮邦君室. 越予小子考翼, 不可征, 王害不違卜?'……已! 予惟小子, 不敢替上帝命. 天休于寧王, 興我小邦周, 寧王惟卜用, 克綏受茲命. 今天其相民, 矧亦惟卜用. 嗚呼! 天明畏, 弼我丕丕基!"(『尙書』「周書·大誥」) 번역은 顧頡剛·劉起釪, 『尙書校釋譯論』 第三册, 2005: 1283.

56 顧頡剛·劉起釪, 『尙書校釋譯論』 第三册, 2005: 1288-1289.

57 『春秋左傳』 僖公二十四年(기원전 636년). 봉건이라는 개념은 이때 문헌상으로 처음 출현한다.

부의 상 주민에 대해서는 송宋을 건설하고 미자微子 계啓를 봉해 관리했다. 미자 계는 상의 귀족(주紂의 서형)으로서 무왕이 주를 정벌할 때 항복했고, 또한 삼감의 난에도 참여하지 않음으로써 유민들을 관리하는 데 적합했다. 그리고 반란에 참여했던 회이淮夷·서융徐戎 등 주변의 만이들도 다른 곳으로 이주되었다. 맹자에 의하면, 주공은 동방을 정벌하면서 50개국을 멸망시켰다.[58] 만이가 쫓겨난 지역에는 동성의 작은 제후국들이 건설되었다.

결국 무왕과 주공 시기에 여러 지역에 동성의 제후들이 분봉되었다. 이들은 수많은 성읍국가들 가운데 일부에 불과했지만, 광역에 걸친 통합적 질서를 형성했다. 순자는 주공이 '천하를 겸제兼制하고 71개 제후국을 세웠는데, (주의) 희姬성이 53명으로 압도적이었다.'고 전한다.[59] 『춘추좌전』에 의하면, '무왕이 상에 승리를 거두었을 때, 제후국에 봉해진 형제가 15명이었고, 동성의 제후국은 40명이었다.'[60] 구지에강은 『춘추좌전』에 의거해 20개의 동성 제후국들을 확인했다. 즉 무왕의 숙부 2명, 무왕의 동생 9명, 무왕의 아들 3명, 주공의 아들 6명이 봉해졌다.[61] 아래 구절은 혈연에 바탕을 둔 봉건제의 정치적 의미를 분명하게 반영하고 있다. 그것은 주 왕실에 의한 제국의 통치 강화였다.

> 옛날 문왕과 무왕이 널리 백성을 보살펴, 형벌에 치중하지 않고 덕치가 천하에 드러났습니다. 또한 곰처럼 용감한 전사와 신의 있는 신하가 함께 왕가를 보호해 상제로부터 비로소 천명을 받게 되었습니다. 상제도 자연히 천하를 주었고, 또한 제후들을 세워 병풍으로 삼도록 명해 우리

---

58 『孟子』「滕文公下」.

59 순자는 "주周의 (희씨성) 자손들 가운데 진실로 미친 사람이 아니면 모두가 천하의 제후가 되었다."고 비판하고 있다(『荀子』「儒效」). 그런데 그는 다른 곳에서는 같은 내용을 주공이 아닌 문왕의 이름으로 긍정적으로 제시하고 있다(『荀子』「君道」).

60 『春秋左傳』昭公二十八年〔기원전 514년〕.

61 顾颉刚·史念海, 『中国疆域沿革史』, 1999(1938): 30.

> 후손을 보존하게 했습니다. 이제 저는 큰 제후국들에게 바라노니, 여러분의 선조들이 우리 선왕에게 신복했던 것을 서로 유념하고, 이를 계승하십시오. 여러분은 비록 몸은 외지에 있지만 마음은 우리 왕실에 두어야 하고, 우리 왕실을 보살펴 줌으로써 제가 선조에게 부끄럽지 않게 해야 합니다.[62]

서주 말의 시로 간주되는 『시경』의 다음과 같은 노래는 천자와 제후의 관계를 어느 정도 보여 주고 있다.

> 갈참나무 가지엔 잎새가 무성하네.
> 즐겁도다 군자님들이여! 천자님의 나라를 안정시키시네.
> 즐겁도다 군자님들이여! 온갖 복이 다 모이네.
> 점잖은 신하들 모두가 따르고 있네.
> 두둥실 버드나무 배는 밧줄로 매여 있네.
> 즐겁도다 군자님들이여! 천자께서 모든 일 살펴 주시네.
> 즐겁도다 군자님들이여! 복과 녹이 두터워지네.
> 의젓하고 점잖게 모두가 당도하셨네.[63]

---

62 "昔君文武丕平, 富不務咎, 底至齊信, 用昭明于天下. 則亦有熊羆之士, 不二心之臣, 保乂王家, 用端命于上帝. 皇天用訓厥道, 付畀四方. 乃命建侯樹屏, 在我後之人. 今予一二伯父尚胥暨顧, 綏爾先公之臣服于先王. 雖爾身在外, 乃心罔不在王室, 用奉恤厥若, 無遺鞠子羞."(『尙書』「周書·顧命」) 번역은 顧頡剛·劉起釪, 『尙書校釋譯論』 第四册, 2005: 1856-1866을 참고함. 이 말은 성왕을 계승한 강왕康王이 즉위식에서 한 것으로 되어 있다. 대체로 당시의 글이 아니라 후대에 작성된 것으로 간주된다. 顧頡剛·劉起釪, 『尙書校釋譯論』 第四册, 2005: 1706.

63 "維柞之枝, 其葉蓬蓬. 樂只君子, 殿天子之邦. 樂只君子, 萬福攸同. 平平左右, 亦是率從. 汎汎楊舟, 紼纚維之. 樂只君子, 天之葵之. 樂只君子, 福祿膍之. 優哉游哉, 亦是戾矣."(『詩經』「小雅」'采菽') 여기서는 袁愈荌 译诗·唐莫尧 注诗, 『诗经全译』, 1992: 330-332; 김학주 옮김, 『새로 옮긴 시경』, 2010: 659-663을 참조함.

연후극화燕侯克盉와 그 명문_1986년 북경의 한 묘지에서 발견된 청동 그릇으로서, 소공召公 석奭의 아들 극克이 제작했고 명문에는 연燕에 분봉한 사실을 기록해 두었다.

이 시에서 제후는 천자를 지켜 주고, 천자는 제후에게 상을 준다. 물론 이러한 상호적 관계 속에서도 양자 사이에는 동상이몽의 목적과 긴장감이 있다. 특히 떡갈나무의 가지와 잎, 물에 떠 있는 목선과 그것을 묶어 주는 새끼줄과 같이 주 왕실은 제후국의 눈치를 보아야 하는 그러한 관계이다.

실제 개별 제후국들의 분봉 과정이나 목적을 보면 주 봉건제의 특징이 부분적으로 드러난다.[64] 먼저 제齊는 오늘날의 산동성 동부에 해당되는데, 여기에는 주 왕실의 인척, 즉 무왕의 장인인 태공망太公望(강태공姜太公)이 봉해졌다. 그는 주의 건국공신으로서 상에 대한 정벌전쟁에서 전공을 세웠고, 주공의 동정東征에도 참여했다. 그곳은 상의 중요한 정치세력이었던 엄奄의 군주와 더불어 삼감의 난을 획책하게 되는 포고씨蒲姑氏의 관할 지역이었다. 그곳은 또한 동이東夷의 하나인 내이萊夷의 활동 무대로서 제齊의 설치는 그에 대한 방어와 공략이 중요한 목적이었다.

64 葛志毅, 『周代分封制度研究』(修正本), 2005: 45-52

제齊 아래, 즉 산동성 서남부에는 노魯가 세워졌는데, 주공周公 단旦이 봉해졌다. 그러나 주공은 그곳에 가지 않고 왕실에 남아 중앙의 정치에 관여하였는데, 후에 자신의 아들인 백금伯禽을 제후로 봉했다. 노 지역도 은허殷墟로 천도하기 직전 수도였던 엄奄이 위치한 곳으로 오랫동안 상의 중요한 근거지였다. 이곳은 삼감의 난의 발원지이기도 했다. 또한 이곳은 오래전부터 상의 주요 동맹세력 가운데 하나인 동이족의 활동 무대였다. 이들은 무왕이 주紂를 정벌할 때나 삼감의 난에서도 상의 중요한 지원세력이었다. 따라서 그 가운데 서융徐戎과 회이淮夷에 대한 공략은 백금의 중요한 과제였다.

한편 오늘날 북경 주변에는 개국공신의 한 사람인 소공召公 석奭이 봉해졌다(북연北燕). 이 제후국은 삼감의 난 진압 이후 무경의 통치 지역을 넘겨받았다. 연의 건설은 이처럼 상의 지역에 대한 더 직접적인 통제와 함께 특히 북방의 맥족貉族 등 이민족으로부터 주를 방어하는 것이 중요한 목적이었다.

산서성 남부에는 진晉이 세워졌다. 이 지역은 원래 융적으로 대표되는 북쪽 이민족들의 활동 무대였다. 이곳은 태항산太行山을 사이에 두고 상의 중심지역과 분리되었는데, 상은 해당 지역에 제후국을 두어서 그들을 관리하기도 했다. 융적들은 주가 동쪽으로 뻗어나가는 데 상당한 장애물이었고, 주는 남쪽으로 우회하지 않을 수 없었다. 특히 주가 낙읍洛邑을 동방 진출의 전진기지로 삼고, 이어 주공이 성주成周로서 제2의 수도를 건설함에 따라 산서성 남부지역은 넓은 후방 지역으로서 전략적 중요성이 커지게 되었다. 이에 주공은 성왕의 동생이면서 전쟁에서 무공을 세운 당숙唐叔[65]을 봉해 관리하게 했다.

하남성 동북부 지역에는 위衛가 세워졌는데, 이곳은 상왕조의 수도인

65 숙우叔虞라고도 함.

은허가 위치했다. 주공은 이곳에 자신의 동생 강숙康叔과 그의 아들 강백康伯을 차례로 봉했다. 이들은 앞서 언급한 삼감의 난을 진압한 공로로 이 지역에 봉해졌다. 따라서 위衛의 성립은 상의 정치적 중심지에 대한 통제인 셈이었다. 그렇지만 위는 그 동쪽의 이민족들, 특히 동이족으로부터 주 왕실을 보호하는 데에도 중요한 의미를 가졌다.

한 관찰자에 의하면, 주 분봉은 '정교하게 설계된 구도構圖'였다. 다시 말해 수도인 호경鎬京 주위의 주 영토를 배후로 하고, 동쪽의 낙읍을 중심으로 하여 진·위·노·제 4개 제후국을 설치함으로써 주 제국의 핵심적 통치주체로 삼고, 거기에 송과 연을 남북의 날개로 두었다. 그와 함께 비교적 작은 다른 제후국들은 이들 6개 주요 제후국들 사이나 그 주변에 위치하게 했다.[66] 이러한 판단은 과장된 측면이 없지 않지만, 동성 제후의 분봉은 천하에 대한 지배의 보편적 관철은 물론 사방의 이적으로부터 제국의 방어를 목적으로 했을 것이다.

적어도 문헌상에는 이상적인 질서로서 주의 봉건제는 완결된 체제로 보인다. 공자가 말하는 것처럼 "천하에 도가 있으면 예악정벌이 천자에게서 나온다."는 점에서 천자의 의지는 제후들에게도 관철되는 것으로 기대되었다. 책봉된 제후는 통상 봄과 가을 정기적으로 천자를 조현해 천자의 지시를 받고 업무를 보고한다. 제후는 천자에게 매년 공부貢賦를 납부하고, 일정한 군대를 유지하면서 필요시에 군사적 지원을 수행하며, 각종 제사의식에 참여한다. 다만 공자의 말에서와 같이 이러한 원칙은 시간이 지나면서 지켜지지 않았다. 공자는 춘추시대에 그러한 원칙이 지켜지지 않는 현실을 개탄하였다.

더욱이 전체 제국의 구성에서 동성의 제후국은 소수였다. 앞서 무왕 시기 크고 작은 국들이 약 1천800개였다는 기록 이외에도, 『여씨춘추』는

66 張傳璽, 『从协和万邦到海内一统: 先秦的政治文明』, 2009: 69-71.

〈그림 6〉 주의 동성 제후국들과 소속 국가들

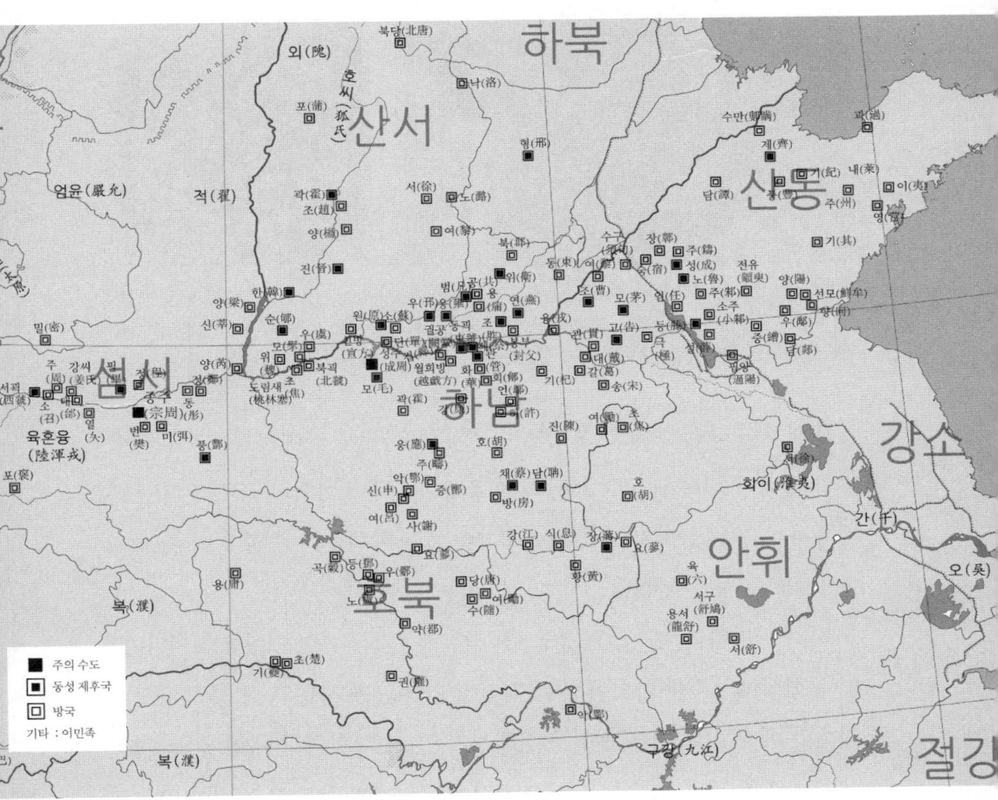


“주가 분봉한 국가는 400여 개, 복국服國은 800여 개였다.”고 언급하고 있다.[67] 주의 세계에는 주에 의해 분봉되지 않은 여러 국가들이 있었던 셈이다. 복국, 즉 복속된 국가에 관해서는 거의 알려져 있지 않지만, 이들은 주의 우월적 지위를 인정하되 사실상 독자적으로 존재했다.[68] 당시의 금문金

67 『呂氏春秋』「先識覽 觀世」.

68 복국은 주왕조의 변경 밖 민족들에 해당되고 주와 어떤 관계인지 알 수 없다. 그렇지만 최근 일부 중국연구자들은 단지 언어적 유사성에 입각해 복국을 후대의 번속체제와 연결시켜서 주에 대한 예속을 강조하기도 한다. 다시 말해 한의 국경 내 소수민족 단위인 속국屬國과 동일시하고 있다(黃松筠, 『中国古代藩属制度研究』, 2008: 24).

의후측궤宜侯夨簋와 그 명문_의宜 땅의 후侯에 봉해진 측夨이라는 사람이 기념으로 만든 제기로서, 주왕이 하사한 청동 술단지, 활과 화살, 토지와 백성 등의 구체적인 수가 명시돼 있다. 1954년 강소성 단도현丹徒縣에서 출토됐다.

文에 의하면 타방他邦으로 불리는 이 제후들은 주에 의해 분봉되지 않았을 뿐만 아니라 예속 관계도 없는 다른 종족의 군장들이었다. 이들은 왕호를 사용하는 경우가 적지 않았다.[69] 심지어 그들은 다수가 주의 왕기王畿였던 위수渭水 유역에 위치했다.[70]

사실 천자가 전국적인 분봉을 했다면 그 정치적 의미는 컸을 것이다. 다만 문헌상에서 분봉의식에 대한 직접적 기록은 거의 없고, 청동기 유물상의 금문에 관련된 기록이 일부 전해지고 있다. 그것은 "(누구를) 어느 지역에 후侯로 봉했다."는 식이다. 그 과정에서 일정한 토지와 거기에 소속된 백성과 관리, 수레와 무기·제기와 같은 예물들 그리고 정책지침서 등이 해당 인물에게 하사되고 있다.[71] 어쨌든 주공이 정했다고 하는 봉건의식의 기본적인 모습은 다음과 같다.

---

69 구지에강 등은 왕호는 제후국 내에서만 사용된 것으로 간주한다. 顧頡剛·劉起釪, 『尙書校釋譯論』 第四册, 2005: 1899. 그렇지만 당시 청동기에 새겨진 금문에 대한 포괄적인 분석에 따르면, 대외적인 칭왕도 행해졌다고 밝혀지고 있다(김정렬, "기억되지 않은 왕들—서주시대의 지역 정치체에 대한 연구," 2010: 275-309).

70 王世民, "西周春秋金文中的诸侯爵称," 1983: 3-5.

71 『春秋左傳』 定公四年(기원전 506년); 佐竹靖彦, 『殷周秦汉史学的基本问题』, 2008: 75-80.

> 제후가 주의 명을 받게 되면, 수도 한가운데에 (토지신을 모시는) 큰 사당을 세웠는데, 그 네 주변으로 동쪽에는 청색 흙, 남쪽에는 홍색 흙, 서쪽은 백색 흙, 북쪽은 흑색 흙으로 단을 쌓고, 중앙에 황토를 높게 쌓아 올렸다. 제후를 분봉할 때 제후국이 위치하는 방향의 흙을 파서 황토로 싸고 흰 띠풀로 묶어 주어 봉토의 상징으로 삼았다.[72]

그렇다면 개별 제후국들은 어떠했을까. 그들은 사실 온전한 국가형태를 갖추었다고 보기는 힘들다. 『사기』에 의하면, 주왕조 초기에 봉해진 제후국은 주공의 노魯와 강숙康叔의 위衛가 400리 정도였을 뿐, 다른 제후국들은 큰 것도 100리를 넘지 않았다. 춘추전국 시기에 강력한 제후국으로 등장하는 제齊·진晉·진秦·초楚도 처음에는 그 영역이 50-100리의 작은 나라에 불과했다.[73] 그것은 주의 시기에도 여전히 앞서 언급한 성읍국가의 형태가 지배적이었음을 의미한다.

『상서』나 『시경』 등 문헌을 종합해 보면 주의 통합적 질서를 시사하는 내용은 찾아보기 힘들다. 그것은 아래 몇 가지로 요약해 볼 수 있다.

첫째, 주와 그 주변 국가들을 포괄하는 통합적인 개념이 없다. 주는 주왕실이나 직할지만을 의미하며, 따라서 여러 국가들 가운데 하나로 묘사된다. 주를 포함해 모든 정치체에 대해서 국國, 방邦 또는 방국邦國의 개념이 사용되고 있다. 초기 문헌에서 주는 주방周邦·유주有周·종주宗周 등으로

---

72 "諸侯受命于周, 乃建大社于國中, 其壝東青土, 南赤土, 西白土, 北驪土, 中央亹以黃土, 將建諸侯, 鑿取其方一面之土, 燾以黃土, 苴以白茅, 以爲社之封."(『逸周書』「作雒解」) 여기서 번역은 黃懷信, 『逸周書校補注譯』, 1996: 255-256을 참조함.

73 『史記』 卷十四 「十二諸侯年表」, 卷十七 「漢興以來諸侯王年表」, 卷三十九 「晉世家」. 맹자는 주공의 노魯와 태공의 제齊가 모두 사방 100리였다고 전한다. 작은 제후국들로 봉해진 이유와 관련해 그는 제후의 분봉이 "천자의 사방 1천 리 땅은 제후들을 접대하고, 제후의 사방 100리는 종묘의 족보를 지키기 위한 것"이라는 원칙을 제시하고 있다(『孟子』 「告子下」).

표현되었다. 주 이외의 나머지 국가들은 통틀어서 서방庶邦·다방多邦·만방萬邦 등으로 표현된다. 은의 경우는 은방殷邦이라는 표현이 사용되기도 했다. 왕의 통치지역은 본방本邦, 제후국은 인방隣邦으로 표시하는 경우도 있다.[74] 그리고 제후들에게는 방군邦君·방백邦伯 등의 명칭이 부여된다.[75]

둘째, 분봉한 제후들과 사실상 독자적인 세력들에 대한 구분도 명확하지 않다. 제후와 유사한 표현으로서는 『시경』「소아」에서 방군제후邦君諸侯가 한 차례 사용될 뿐이다.[76] 천자 이외의 다른 군주들은 벽공辟公·벽왕辟王으로 불린다.[77] 주와 다른 정치체들의 유일한 차이는 주의 통치자만 천자라고 칭한다는 것뿐이다.

셋째, 주의 영향권 아래에 있는 정치체들과 주변 민족들의 정치체들 사이의 구분도 분명하지 않다. 주의 입장에서 그들은 모두 사국四國 또는 사방四方·만방萬邦에 해당된다. 이를테면 선왕宣王(기원전 827-782년 재위) 시기에 회수淮水 북쪽의 만이인 서徐를 정벌했는데, 이때 서가 남국南國·서국徐國·서방徐方 등으로 표기되고 있다.[78] 회이淮夷나 만형蠻荊과 같은 종족의 개념도 사용되었지만, 정치체로서는 만이도 중원의 다른 제후국들과 동일시되었던 셈이다.

이러한 모든 것은 강력한 정치세력으로서 주의 존재를 보여 주지만, 그 통합적 실체로서는 기반이 강하지 않았음을 의미한다. 역사서에서 제후들의 공주共主로서 묘사되는 주의 권위는 실제가 아니라 관념이나 형식에 그쳤을 수도 있음을 말해 준다. 더욱이 그 범위를 넘어서 오복五服 관념에서 상정되고 또 그 이후 국내외 정치적 질서로서 간주되는 천하제국은 찾

---

74 『尙書』「周書 · 康誥」.

75 『尙書』「周書 · 大誥」.

76 『詩經』「小雅」'雨無正'.

77 『詩經』「周頌」'載見'.

78 『詩經』「周頌」'常武'.

아보기 힘들다. 다시 말해 주는 중심적 정치세력이었지만 광역을 직접 통치하는 영토국가는 아니었던 것이다.[79]

마찬가지로 주의 동방경략은 확대된 제국이라기보다는 일종의 식민지 개척으로 볼 수 있다. 그것은 특히 새로 건설된 제후국 백성들에게는 외부 세력들에 의한 지배를 의미했다. 주는 이들에게 각종 노역과 재물을 부과했고, 따라서 적지 않은 물자들이 동방에서 제국의 중심으로 운송되었다. 이를 통해 주 왕실은 호화스런 생활을 했고, 이것은 제후국 신민의 고통을 가중시켰다. 결국 주에 의한 정치적·경제적 착취는 이들의 원성을 사게 되었다. 이를테면 『시경』 「소아」의 '대동'에는 다음과 같은 구절이 포함되어 있다.

> 동방 각국의 자제들은 고된 일로 위로받지 못하네.
> 그러나 서방의 자제들은 화려한 의복을 입고 다니고,
> 주나라 자제들은 곰 가죽으로 갖옷을 만들어 입고,
> 자기 집안 자제들이 각종 관리로 임용되고 있네.[80]

한편 주의 역사서인 『일주서』에 기록된 한 에피소드도 주의 통합력에 의문을 제기하기에 충분해 보인다. 서주 시기 목왕穆王(기원전 947-928년 재위)의 명령에 따라 사관이 망국의 요인 25가지를 보고했다. 그 내용을 보면, 당시 주의 질서는 서로 독립된 국가들 사이의 관계로서 설정되고 있다. 사관이 보고한 망국의 요인에는 강대국 사이에서 약소국이 분수를 모르고 불경한 경우, 기회주의적으로 행동함으로써 우호세력이 없는 경우, 전쟁

---

79 오복 관념에 관해서는 이 책 7장 2절에서 상술함.

80 "東人之子, 職勞不來. 西人之子, 粲粲衣服. 舟人之子, 熊羆是裘. 私人之子, 百僚是試." (『詩經』「小雅」'大東') 번역은 袁愈荌译诗, 唐莫尧注诗, 『诗经全译』, 1992: 291-294; 김학주 옮김, 『새로 옮긴 시경』, 2010: 597-603을 참조함.

을 지속하여 우방이 없는 경우, 문치만을 강조하여 군사적 대비에 소홀한 경우 등이 포함되어 있다. 그 외에는 국내적으로 부적절한 상벌, 간신의 등용, 권력독점, 싸움, 미신과 향락, 폭정 등이다. 이러한 모든 요인들은 주의 지도력을 상정하지 않으며, 서로 경쟁관계에 있는 나라들을 전제로 한다.[81]

주의 제한된 통치범위는 권력규모 이론의 측면에서 설명될 수 있다. 적어도 성읍국가 체제에서는 정치권력은 여전히 제한적이다. 그것은 넓은 지역을 직접 통치할 수단들, 이를테면 교통과 통신 수단, 관료적 기구와 인원, 그것을 뒷받침하는 물질적 기반 등이 여전히 결여되어 있기 때문이다. 마찬가지로 중요하게는 그러한 통치의 필요성에 대한 인식적 기반, 즉 정체성도 취약할 수밖에 없다. 여전히 씨족이나 부족 중심의 사고가 지배하였다. 은·주의 분봉제는 후에 군현론자들이 주장하는 분열의 요인이 아니라 권력규모의 측면에서 합당한 방안이었다. 문왕이 100리로 천하를 지배한 사실은 도덕적 지배의 정당성을 강조하기 위해서 과장되었지만, 매우 현실적이었다.

그럼에도 이전과 비교하여 주의 정치권력은 크게 확대되었다. 주는 한편 넓은 지역을 분봉하지 않고 직접적인 통제 아래에 두었다. 주공 시기의 주의 영토와 관련해 『일주서』는 종주와 성주를 아울러 사방 1천 리이고, 100개 현으로 구획했다고 기록하고 있다.[82] 1천 리 크기는 전국시대의 일반 제후국 규모이다. 다른 한편 주의 세력권은 상의 3배 이상이었고,[83] 그것은 오늘날 섬서 중남부, 산서 남부, 하남, 하북의 남부, 강소의 북부, 안휘와 호북의 북부 등을 포괄했다. 이곳에는 주족 그리고 그와 혈연적으로 가까운—강羌족과 같은—부족들, 이동과 정복 과정에서 동맹관계에 있던

81 『逸周書』「史記解」. 여기서는 黃懷信, 『逸周書校補注譯』, 1996: 371-382 참조.

82 『逸周書』「作雒解」. 여기서는 黃懷信, 『逸周書校補注譯』, 1996: 255-256 참조.

83 Chang, *The Rise of the Chinese Empire*, Vol. 1, 2006: 36.

부족들, 그리고 하·은과 같은 과거 왕조들의 부족들이 살고 있었다. 이 지역에 대해서 주 왕실은 비교적 강한 정치적·군사적 통제를 유지했다.

효과적인 지배를 위해서 도량형의 통일, 작위제도를 통한 사회계층과 권력의 서열화, 교통과 통신의 표준화, 사회통합을 위한 예악과 같은 제도나 상징체계가 마련되기도 했다. 그 이외에도 지역적 경제교류가 확대되면서 부족들 사이의 문화적 동화도 진행되었다. 역사가들은 하·은보다는 주 시기에 중앙에 권력이 더욱 집중된 것으로 간주한다.

앞서 본 것처럼 상 시기에 형제상속이 보편적이었던 것은 왕권이 여전히 약했음을 반영한다. 그에 반해 16대 무왕의 등장에 이르기까지 주는 모두 부자상속을 보여 주고 있다. 그 후 서주 시기에도 단 한 번을 제외하고 모두 부자상속 원칙이 지켜졌다. 부분적으로 적서의 구분이 없는 경우도 있으나, 주에는 좀 더 강력한 왕권과 그것을 뒷받침하는 종실이 존재했던 것이다.

마지막으로 서주 시기 대외관계는 상보다 훨씬 다양하다. 북방 융족이 주의 주된 상대였지만, 등장하는 이민족의 명칭도 더욱 많다. 『죽서기년』에 수록된 주 시기 융족에는 견융犬戎·서융徐戎·서융西戎·험윤玁狁·조융條戎·강융姜戎·태원지융太原之戎·육제지융六濟之戎 등이 있었다. 융족 이외에도 숙신씨肅愼氏·월상씨越裳氏·적인翟人·촉인蜀人·여인呂人·초인楚人·회이淮夷·형만荊蠻·형인荊人·월인越人·곤륜구崑崙丘·서왕모西王母·북당北唐·소백巢伯 등이 있다. 그 외에 이 문헌에는 엄奄·당唐·밀密·포고蒲姑 등 주변의 소국으로 추정되는 나라들이 출현한다.

실제 주와 이민족 사이의 갈등도 빈번했다. 이를테면 『죽서기년』에는 주나 소속 제후국이 정벌한 사례는 모두 18회, 이민족이 중원을 침략한 경우는 6회, 평화적 관계를 의미하는 '빈賓' 또는 '조朝'는 10회였다. 예물은 거의 수록되지 않았지만, 초인이 거북과 조개(구패龜貝)를, 서융과 북당北唐이 말을 헌상했다는 정도는 알려져 있다. 이것은 주가 상에 비해 넓은 세력범위를 갖고 있음을 반영할 것이다. 서주 초기의 역대 왕들이 사방의 이민족들에 대해 벌였던 대규모 대외공략의 사례들이 여러 금문에 수록되어 전해지고 있다.[84] 주변 민족들도 과거와 달리 수동적인 존재로서가 아니라 좀 더 적극적으로 중원을 공략하였다. 상 말 제후국인 주가 융족에 대한 정벌에 공을 세운 것처럼, 서주 말 주의 제후국인 진秦도 융족의 정벌에서 큰 공을 세워 입지를 크게 강화했다.

그렇지만 주의 봉건질서는 결국 해체되었다. 그 직접적 원인은 융적의 공격이었지만, 거기에는 여러 가지 요인들이 복합적으로 작용했다. 이와 관련해 당대 저명한 역사학자 쉬푸관徐復觀은 주의 봉건질서가 몰락하게 되는 구조적 요인을 네 가지로 요약했다. 그것은 첫째, 주의 봉건질서는 종법제도에 기초했고, 이것은 주 왕실과 제후들 사이의 긴밀한 혈연적 유대에 기반을 두었는데, 시간이 지나면서 그러한 유대는 약화되었다. 둘째, 봉건제는 왕실의 재정수입을 제한했다. 왕실의 물질적 기반이 강하지 못함으로써 정치·군사·경제의 측면에서 일정한 한계가 있었다. 셋째, 종법제도의 근간인 적장자 상속제가 선왕宣王 이후에 파괴되었다. 넷째, 종법제도는 '예'에 의거하는 까닭에 그 기반이 취약했다. 혈연적 유대가 약화되면서 현실적 이익 앞에서 그러한 도덕적 규범은 무시되기 쉬웠다.[85]

84 葛志毅, 『周代分封制度研究(修订本), 2005: 224-225.

85 徐复观, 『两汉思想史』 1, 2001: 39-41.

## 4. 춘추시대와 패자: 분열과 통합

### 주의 쇠락과 패자의 등장

주가 융적의 침략을 받아 기원전 770년 수도를 호鎬에서 낙읍洛邑으로 옮긴 이후, 즉 동주東周 시기에 봉건적 질서는 사실상 종말을 고했다. 주는 원래의 근거지인 종주宗周를 상실했을 뿐만 아니라, 주 왕실과 제후의 관계도 점차 약화되었다. 제후들은 조현朝見·술직述職·납공納貢·근왕勤王 등 천자에 대한 의무를 소홀히 했고, 그것은 무엇보다도 주 왕실의 재정과 그에 따른 국력의 약화로 이어졌다. 특히 강력한 제후국들은 주 왕실의 권위에도 도전했고, 각층의 제후들 사이에도 더 이상 혈연관계에 바탕을 둔 규범이 지켜지지 않았다. 제후들은 강력한 군대를 바탕으로 스스로의 권력을 강화하고자 했다. 이러한 질서의 상실과 관련해 공자는 그의 『논어』에서 다음과 같은 말로 그 핵심을 요약하고 있다.

> (서주에서와 같이) 천하에 질서가 있으면 예악과 정벌이 천자에게서 나오고, (춘추시대와 같이) 천하에 질서가 없으면 예악과 정벌이 제후에게서 나온다.[86]

춘추시대를 거치면서 주 왕실의 권위는 점차 약화되었고, 제후들은 독립적인 왕국을 건설하고 서로 겨루게 되었다. 특히 대제후국들은 주 왕실의 권력을 압도했다. 소위 패霸로 지칭되는 최고의 실력을 갖춘 제후국들

86 "天下有道, 則禮樂征伐自天子出: 天下無道, 則禮樂征伐自諸侯出."(『論語』「季氏」) 이 구절에 대한 좀 더 현실적인 해석은 이 책 5장 3절 참조.

〈그림 7〉 춘추시대 국가들의 지역분포

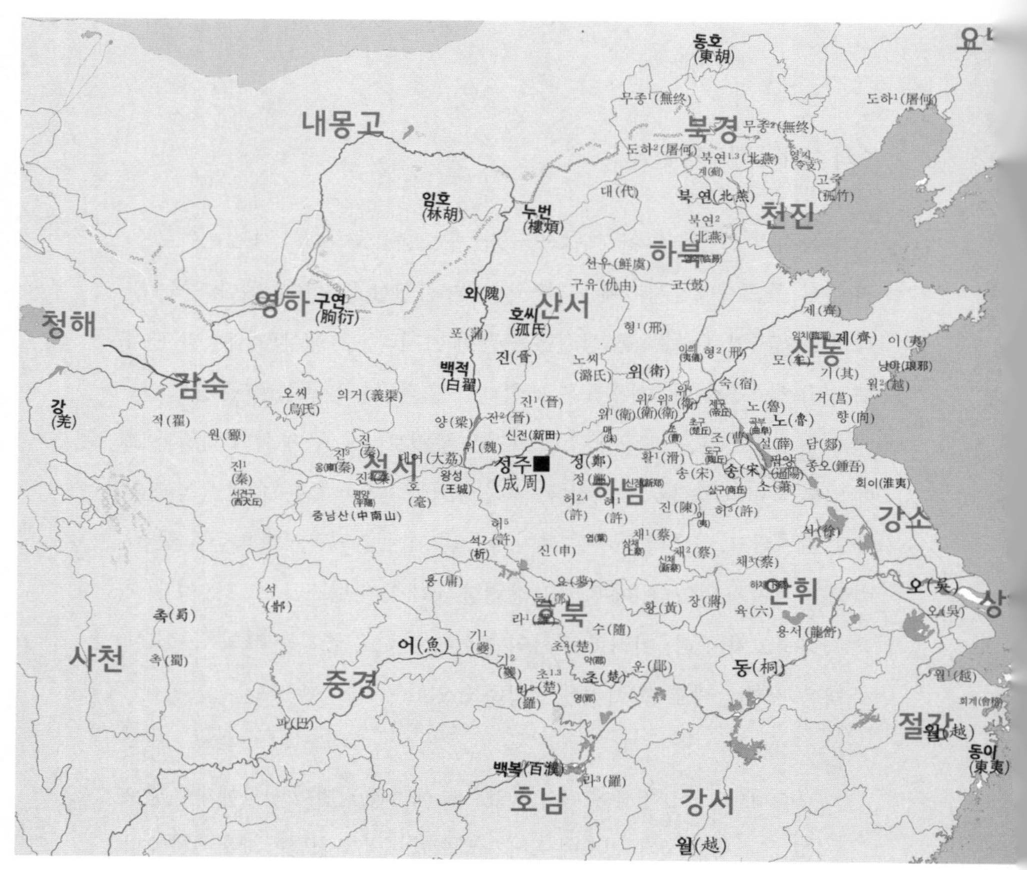


이 서로 다른 지역적 기반을 갖고 차례로 등장했다. 패는 자신의 실력을 바탕으로 주 왕실을 대신해 제국의 정치적 질서를 좌우했다. 이처럼 제후들 사이의 패권적 경쟁은 강대국에 의한 약소국의 병합으로 이어졌고, 이것은 중원의 정치지형에도 커다란 변화를 가져왔다. 무수한 약육강식의 전쟁을 거치면서 많은 제후국들이 큰 규모의 국가들로 통합되었다.

그와 관련되는 것으로서 역사가들은 또 하나의 흐름에 주목하는 것 같다. 그것은 단순히 몇 개의 국가들로 통합되는 것에 그치지 않고 통일된 제국帝國의 건설이라는 시대정신의 구현이다. 이때 제국은 대체로 강력한 왕권을 바탕으로 하는 중앙집권적 정치시스템으로 이해된다. 그리고 그러한 시대적 요구는 궁극적으로 기원전 221년 진秦에 의한 중원의 정치적 통일로 이어지게 되었다고 간주된다. 이러한 역사적 사실을 반박할 여지는 커 보이지 않는다. 그렇지만 대국의 형성과 유지라는 측면에서 보면, 새롭게 드러나는 측면도 없지 않다.

먼저 새로운 측면에 대해서 말하기 전에 권력이론의 관점에서 춘추전국시대의 역사적 특징을 살펴보자. 춘추시대에는 주 왕실의 권위가 약화되면서 일부 제후들이 중원의 질서를 어지럽히고 특히 그들 사이의 갈등이 확대되었다. 이러한 상황에서 천자는 문제해결의 주도적 역할을 담당하지 못했다. 따라서 천자는 그 일을 특정 제후에게 위임하지 않을 수 없게 되었다. 패자로 명명된 제후국은 주 왕실의 정통성을 훼손하지 않는 범위에서 정치질서를 유지하는 역할을 담당했다.

패자는 일부 제후들과 회맹하는 형식으로 세력을 규합하고, 때로는 군사를 동원해 질서를 어지럽히는 제후들을 정벌했다. 패자는 처음에는 방백方伯 또는 후주侯主라고 했고, 나중에는 전시의 군사적 우두머리로서 패주霸主라고 불렸다. 패자는 강력한 국력을 바탕으로 천자의 승인과 여러 제후국들의 지지를 받아 제국의 질서를 유지하게 되었다.[87] 대체로 제齊·진晉·초楚·진秦·오吳·월越 등의 강력한 제후국들이 번갈아 중심이 되어 패자의 역할을 담당했다. 순자가 규정한 제의 환공桓公, 진晉의 문공文公, 초楚의 장왕莊王, 오吳의 합려闔閭, 월越의 구천勾踐 등 소위 춘추오패는 일부

87 제의 환공을 도와 패자의 위치에 이르게 하는 데 중요한 역할을 담당했던 관중은 패자의 조건으로 넓은 영토와 경제적 부富, 많은 수의 인구와 강력한 군대 등 4가지를 뽑았다(『管子』「重令」). 물론 각각의 요소들은 서로 연관성이 있었고, 특히 경제력이 중요했다. 즉 경제력이 있으면 부양할 수 있는 인구가 많아 강력한 군대를 둘 수 있고, 강력한 군대는 전쟁에서 승리해 영토를 더 넓힐 수 있다(『管子』「治國」).

뛰어난 패자의 사례에 해당된다. 이들은 강력한 국력을 바탕으로 특정 시기 일정한 지역에 대한 맹주로서 활약했다.

그렇지만 『춘추좌전』과 같은 역사서를 보면 국제적 대립의 구도나 패자의 역할 등에 있어서 일정한 흐름이 확인된다. 원래 야만족으로 간주되던 진·초·오·월 등의 중원 진출에 대해서 제와 진晉을 중심으로 하는 중원 제국의 힘겨운 방어가 춘추시대의 중요한 시대적 흐름이었다. 주변의 이적들은 실력으로 중원에 합류하면서 점차 패권적 위치를 획득했다.[88] 요컨대 기원전 680년부터 645년경 사이 약 35년 간은 제가, 2-3년 간은 송이, 그리고 기원전 635년부터 510년경 사이 약 125년 동안은 진晉이 장기간 패권적 역할을 수행했다. 물론 진의 패권적 역할은 대부분 협소한 중원 제후국들에게 한정되었다. 그것은 진의 등장과 비슷한 시기에 서쪽의 진秦, 그리고 이어 서남쪽의 초가 각각 중원과 병립해 지역적 패권을 형성하기 시작했기 때문이다. 더욱이 이들은 서로 우호적인 관계를 형성하면서 점차 중원에 진출, 진晉의 중원과 다투게 되었다.

한편 동남쪽에서는 6세기 말 오吳가 등장하면서 처음에는 진晉과 연합해 초의 세력을 잠식하고, 결국 약 1세기 후에는 중원까지 진출해 진晉과 패권을 분담하게 되었다. 다만 오는 얼마 지나지 않아 남쪽의 새로운 강자인 월越에 의해 대체되었다. 이러한 전체적인 측면을 고려한다면 춘추시대 패권은 전국적이 아니라 지역적인 의미를 띠었다.

---

88 진·초·오·월이 중원의 나라들과 구분되는 이적으로 간주되었던 점은 아래에서 언급되는 것처럼 『춘추좌전』이나 『사기』에 빈번하게 나타난다. 특히 『사기』에는 춘추시대에 "진·초·오·월은 이적인데, 강력한 패자가 되었다(秦, 楚, 吳, 越, 夷狄也, 爲彊伯)."고 종합적으로 언급되어 있다(『史記』 卷二十七 「天官書」). 해당 국가들이 중원의 일부로 간주되는 과정에 관해서는 이 책 6장 2절에서 자세히 논함.

## 최초의 패자, 제齊

최초의 패자는 춘추 초기 동방의 대국으로 등장했던 제齊의 환공桓公(기원전 685-643년 재위)이었다. 그는 소금이나 어류와 같은 풍부한 자연자원의 부존과 성공적인 개혁으로 패자의 지위에 오르게 되었다. 특히 재상 관중管仲 등 유능한 관리들은 토지와 조세, 병역, 수공업 등 정책적 개혁을 성공적으로 수행했다. 이를테면 토지와 조세의 개혁에서는 면적과 생산량의 다과에 따라 등급별 조세를 부과했다. 병역제도로서는 주민조직과 군사편제를 결합하는 방식이 도입되었다. 즉 적정 연령의 남자들은 평시에 농사에 종사하게 하고 전시에 군사로 동원되었다. 그와 함께 수공업의 전문화를 위해서 업자들을 업종에 따라 따로 거주하게 하고, 직업을 세습하게 함으로써 사회안정과 생산의 연속성을 확보하고자 했다. 제의 등장과 관련해 『사기』는 다음과 같이 설명한다.

> 이때 주 왕실이 쇠퇴하고 오로지 제齊·초楚·진秦·진晉만이 강자가 되었다. 진晉은 처음에는 회맹에 참여했으나 헌공獻公이 죽자 내란이 일어났다. 진秦의 목공穆公은 멀리 떨어진 벽지에 위치해 중국의 회맹에 참여하지 않았다. 초楚는 (주의) 성왕成王 초에 형荊의 야만 지역을 차지해 스스로 이적으로 자처했다. 오지 제齊만이 중원 각국의 회맹을 주관했다.[89]

환공이 처음 패에 오른 것은 제후국 송宋의 내부 갈등을 해결하는 과정에서 한 역할 때문이었다. 즉 기원전 682년 송의 귀족들 내부에 전쟁이 발생했는데, 거기에는 조曹·진陳 등 주변국들도 연루되었다. 이듬해 환공이 제의 북행北杏에서 송·진陳·채蔡·주邾 등 주변 제후국 대표들을 불러 송

89 『史記』 卷三十二 「齊太公世家」.

문제에 대한 중재를 시도했다. 송이 제안을 거절하자 환공은 일종의 제후 연합군으로 송을 정벌할 것을 천자에게 건의했고, 승인을 받아 송을 정벌했다. 천자도 연합군의 일원으로 참여했다. 제가 이끄는 군사적 압력에 송은 굴복했고 평화가 회복되었다. 그러자 기원전 679년 환공은 제의 견읍鄄邑에서 송·진陳·위衛·정鄭 등 제후국들과 회맹했고, 『춘추좌전』과 『사기』에는 이로써 환공이 "패를 시작했다〔시패始霸〕."고 기술하고 있다.[90]

그 이후 패로서 환공의 역할은 주 종실 내부의 왕위다툼 해결 과정에서 다시 발휘되었다. 즉 기원전 675년 주의 왕자 퇴頹가 남연南燕·위衛 등 제후국과 결탁해 반란을 일으켰고, 이에 주의 혜왕惠王(기원전 676-652년 재위)은 국외로 도주했다. 2년 뒤에 혜왕이 다시 외부세력에 의지해 반격, 퇴를 살해하고 왕위에 복귀했다. 그는 환공에게 퇴의 반란을 지원했던 위衛를 정벌하도록 요청했다. 그 과정에서 그는 환공을 후백侯伯(제후의 우두머리)으로 명명했다. 그때가 기원전 667년이었다.

물론 제는 송·정·노·진陳 등을 공략해 자신의 영향권 아래에 두게 되는데, 패와 주변 국가들의 구체적인 관계는 제 환공의 왕위전쟁에서 그의 경쟁자를 지원하다가 실패했던 노魯에서 가장 전형적으로 나타나고 있다. 이를테면 노는 제의 거듭되는 회맹과 전쟁의 참여를 요구받았고, 제의 여자를 받아들여 혼인관계를 맺었다. 그리고 노는 제의 사제社祭, 즉 토지 신에 대한 제사에 예물을 보내기도 했는데, 그러한 예는 원래 천자와 제후의 관계에서만 적용되는 것이었다. 또한 제는 융적 포로를 노에 보냄으로써 위세를 자랑하고, 특히 기원전 662년 노魯 장공莊公(기원전 693-662년 재위)의 사후 국내가 혼란한 상황에서 노를 흡수할 생각도 하게 된다.

그런데 주지하는 것처럼 패자로서 제 환공의 역할은 무엇보다도 이민족에 대한 중원의 보호에 있었다고 간주된다. 그는 주 왕실을 보호하고 오

90 『史記』 卷三十二 「齊太公世家」.

랑캐를 축출한다는 의미의 소위 존왕양이尊王攘夷를 구호로 내세웠다. 패자의 역할은 '밖으로 이적夷狄을 물리치고 안으로 천자를 받들어 제하를 안전하게 하는 일'[91]로 간주되었다. 그렇다면 오랑캐는 구체적으로 누구를 지칭하는 것인가. 이와 관련해 춘추시대 천자가 약해지자 남이南夷와 북적北狄이 번갈아 가며 중국을 침략해 중국이 실과 같이 위태로웠고, 이때 제의 환공이 그들을 물리치고 중국을 구했다는 기록이 문헌에 자주 나온다.[92] 남이는 형만荊蠻으로도 표현되는데, 그것은 초를 비롯한 중원 남쪽의 이민족들을 가리켰다.

환공의 재상이었던 관중은 "융적은 승냥이와 같아서 만족할 줄 모른다. 중원의 각 국가들은 서로 친하니 버려서는 안 된다. 안일한 생각은 독약과 같으니 가져서는 안 된다."[93]는 선동적인 발언으로 제후국들의 관심을 불러일으켰다. 그렇지만 사실 동주 초기에는 융적의 위협이 크지 않았던 것 같다. 융적과의 관계와 관련해 『춘추좌전』은 기원전 722년부터 제가 패가 되는 기원전 679년까지 3차례의 동맹과 3차례의 침략을 기록하고 있을 뿐이다. 오히려 제가 패가 되고 난 이후 융적과의 갈등이 더욱 빈번해졌다. 즉 676년 융이 다시 노를 침략했고, 2년 뒤에 제가 융戎을 쳤다는 기록이 있다. 663년 환공은 산융山戎의 공격을 받은 연을 구하고, 661년과 그 이듬해에는 적狄의 공격을 받은 형邢과 위衛를 구했다.

역사서는 융적의 침입을 부각시키지만, 융적은 여러 이적들 가운데 하나에 불과했다. 어쨌든 제가 패가 되면서 양자간 갈등은 더욱 커졌다. 당시 중원 내부의 여러 나라들 사이에도 계속 전쟁이 벌어졌지만, 전선은 점

---

91 "外攘夷狄, 內尊天子, 以安諸夏."(『漢書』 卷二十三 「刑法志」)

92 "夷狄也, 而亟病中國, 南夷與北狄交. 中國不絕若線, 桓公救中國, 而攘夷狄, 卒帖荊, 以此爲王者之事也."(『春秋公羊傳』 僖公四年(기원전 656년))

93 "戎狄豺狼, 不可厭, 諸夏親暱, 不可棄, 宴安鴆毒, 不可懷."(『春秋左傳』 閔公元年(기원전 661년))

차 중원과 이적 사이로 옮겨졌다. 그 과정에서 관중과 환공은 이적에 대한 제하諸夏의 수호자라는 이미지를 통해 자신의 기반을 구축할 수 있었다. 공자도 그들이 패자로서 중원의 여러 나라들을 결집해 오랑캐로부터 보호했던 것을 크게 칭송했다.[94]

주지하는 것처럼 환공의 업적을 집약적으로 나타내는 구절은 "구합제후九合諸侯, 일광천하一匡天下"이다.[95] 해당 구절은 위의 『논어』를 포함해 역사서에서 수없이 반복되었다. 그렇지만 과장된 측면이 없지 않다. 그것을 풀어서 표현하면, "전쟁을 위한 회맹 3회, 평화를 위한 회맹 6회를 개최해 모두 9번 제후를 규합했고, 한 차례 천하의 일을 바로잡았다."이다.[96] 한 차례 천하의 일을 바로잡았다[97]는 것은 다름이 아니라 한 회맹에서 나중에 양왕襄王이 되는 주의 태자를 정한 것을 말한다.[98] 당시 주는 명목상 종주국이었으나, 그 역량과 역할에 있어서는 일반 제후국들과 별반 차이가 없었다. 따라서 이 인용문에서 천하의 일이란 주周의 내정에 불과했다.

사실 제의 국력은 천하를 좌지우지하기에는 충분해 보이지 않는다. 관중 자신에 의하면, 제의 영토는 사방 360리(또는 500리[99])였고, 훈련된 군사 3

---

94 관중에 대한 공자의 평가에 대해서는 이 책 6장 3절 참조.

95 『史記』 卷三十二 「齊太公世家」. 관중의 언행록인 『관자』에는 그보다 더욱 극적으로 환공의 치적을 묘사하는 구절도 있다. 이를테면 「소광」편에는 중원 제국들에 대한 보호와 더불어 오·월·초·적·융·진 등 이적들에 대한 정벌사업을 나열하면서, "한 번 출병해 12번의 공을 세우니 동이·서융·북적·남만·중원의 제후들이 모두 복종했다."고 결론을 짓고 있다(『管子』 「小匡」).

96 "兵車之會三, 乘車之會六, 九合諸侯 一匡天下."(『史記』 卷三十二 「齊太公世家」)

97 '일광一匡'을 '한 차례 바로잡다'로 하지 않고 '하나로 바로잡다'로 해석하는 것은 그 의미를 지나치게 확대한 예에 속한다. 또한 광匡은 '바로잡다' 외에 '구하다'로도 해석된다.

98 기원전 655년 주의 혜왕惠王이 태자 정鄭을 폐하고 자신이 총애하는 비妃의 아들인 대帶를 세우려 하자, 환공은 여덟 제후국들을 이끌고 수지首止라는 곳에서 회맹해 그것을 저지했다. 이로써 그는 패자로서 확고한 기반을 잡았다.

99 『管子』 「輕重(丁)」.

만과 군대용 수레 800승을 보유하고 있었다.[100] 그리고 패자는 그 개념이 시사하는 것과 달리 천하의 질서를 일방적으로 좌지우지할 수 있는 위치에 있었다고 보기 어렵다.[101] 그보다는 위의 공자와 『춘추』의 주석서들의 언급에도 일부 반영된 것처럼, 패자는 세력균형과 조정을 통해 중원의 질서와 대내외적 안정에 기여했다.

시간이 지나면서 중원에 대한 위협 세력은 남방의 초였다. 초는 원래 야만족으로 자처했고 중원의 여러 나라들도 그렇게 간주했지만, 점차 그 세력을 키워서 북상했다. 『사기』는 초의 선조가 화하족과 동일한 종족적 기원을 갖는 것으로 기술한다. 그 선조는 황제의 손자인 전욱顓頊의 후예라는 것이다. 중원과 남쪽의 만이들 사이에 흩어져 살게 되어 그간 기록이 없어졌으나 결국 여러 대를 지나 주의 성왕成王 때 그 후손인 웅역熊繹이 초 지방에—다섯 등급의 제후 가운데 네 번째에 해당하는—자작子爵이라는 작위에 봉해졌다.

웅역의 4대손인 웅거熊渠에 이르러 주가 약화되자 그는 주변 지역을 공략해 크게 영토를 확대했다. 그는 "나는 만이의 지방에 있으니 중원의 여러 나라와 같은 국호와 시호를 사용하지 않겠다."고 하고 왕호를 사용했다.[102] 그는 여러 자제들에게도 일시적으로나마 왕의 칭호를 부여했다. 뿐만 아니라 초는 서주 희姬씨 성의 봉국 수隋 이외에도 용庸·복濮·신申·등鄧·채蔡 등 주변 소국들을 멸망시키거나 정벌하고, 제후들과 회맹함으로써 지역적인 패자로 등장했다. 주 왕실도 그 현실을 인정해 "남방 오랑캐들의 혼란을 진정시키고, 중원을 침략하지 말라."고 하면서 초의 성왕成王에게 패覇와 같은 의미를 가지는 백伯의 칭호를 주었다. 이때 초는 영토가

---

100 『管子』「小匡」.

101 오기吳起의 『오자』에는 패자의 군대로서 제 환공은 5만 명, 진晉 문공文公은 4만, 진秦 목공穆公은 3만이었다고 한다(『吳子』「圖國」).

102 "我蠻夷也, 不與中國之號謚."(『史記』卷四十「楚世家」)

화신火神 축융祝融_인면수신의 형상이며, 초나라의 조상으로 간주된다.

사방 1천 리에 달했다. 그 시기는 기원전 671년으로서, 제 환공이 백伯이 된 것에 비해 4년이 빠르다.[103]

그러한 가운데 시간이 지나면서 존왕양이의 주요 대상은 북진하는 초가 되었다. 기원전 656년 제의 환공은 초에 대한 선제공격을 시도했다. 다만 이 원정은 군사적 대결이 아니라 '소릉召陵의 맹약'을 통해 타협으로 종료됨으로써 제로서는 별다른 성과를 거두지 못했다. 초는 그 이후에도 서주의 봉국인 허許와 황黃 그리고 고국이었던 영英을 차례로 멸하거나 복종시킴으로써 북상을 계속했다. 뿐만 아니라 초는 정·진陳·조曹·송·제 등 비교적 큰 나라들을 공격해 자신의 영향권에 두고자 했다. 특히 초의 영토는 오늘날 호북성에서 하남성 일대로 크게 확대되었다. 이것은 초의 팽창에 대해서 패자로서 환공이 상당히 수세적이었음을 말해 준다.

그렇다면 당시 제국의 질서와 제의 정책적 지향은 무엇이었을까. 이와 관련해 『맹자』에는 환공이 651년 규구葵丘에서 주도했던 제·노·송·위·정·허許·조曹 등 7개 제후국들의 맹약이 소개되어 있다. 규구의 회맹은 환공이 패자로서 중원의 여러 나라들을 이끌고 이적인 초에 공동 대응한 위업으로 간주된다. 그 맹약은 크게 다섯 가지로 되어 있다.

> 첫째, 불효자는 죽이되 태자는 바꾸지 않고, 첩은 정실로 바꾸지 않는다.
> 둘째, 현자를 존중하고, 인재를 양성하며, 덕이 있는 사람을 드러낸다.
> 셋째, 노인을 공경하며, 어린이를 사랑하며, 여행자들을 잊지 않고 대우한다.
> 넷째, 사士는 관직을 세습하지 않고, 업무는 겸하지 말며, 임용은 적절해야 하며, 대부大夫는 함부로 죽이지 않는다.

---

103 "鎭爾南方夷越之亂, 無侵中國."(『史記』 卷四十 「楚世家」) 환공이 처음 패가 된 것은 기원전 679년이고, 주 왕실에 의해 후백侯伯으로 명명된 것은 12년이 지난 기원전 667년이었다.

다섯째, 강둑을 왜곡시키지 말고, 흉년이 든 나라의 곡식구매를 막지 않고, 땅을 봉할 때에는 보고하지 않은 일이 없어야 한다.[104]

내용은 대체로 기존 종법질서를 고수함과 동시에 전체의 통합적 질서를 위한 제후국들 사이의 협조를 강조하고 있다. 이것은 통합적 질서가 와해된 현실을 반영한다고 볼 수 있다. 다시 말해 제후의 세습은 잘 지켜지지 않았고, 토지는 마음대로 분봉되었으며, 대부들은 쉽게 제거되었던 것이다. 마찬가지로 관직도 수행하지 않고, 육체노동도 하지 않으면서 봉록을 받는 유한계급인 사士가 대거 출현했다. 관리들은 능력에 따라 임용되지 않았다. 제후국들은 자국의 이익을 위해 마음대로 강이나 제방을 파서 물의 흐름을 바꿔 주변국들에 피해를 주었고, 이웃나라에 흉년이 들어도 식량 팔기를 거부하기도 했다. 이러한 현실에서 패자의 역할은 대내적으로 봉건질서를 지키고 대외적으로 안정된 질서를 유지하는 것이었다. 그럼에도 시간이 지날수록 그러한 질서는 계속 와해되었고, 따라서 맹자도 위의 원칙들은 지켜지지 않았다고 주장한다.

결국 기원전 643년 환공이 죽자 상속을 둘러싼 내분이 발생함으로써 제는 더 이상 패자의 역할을 수행할 수 없게 되었다. 그때 제와 우호적인 관계였고 지리적으로 초의 북상에 가장 큰 위협을 느꼈던 송의 양공襄公(기원전 650-637년 재위)이 일시적으로나마 나서게 되었다. 642년 그는 먼저 다른 세력들을 물리치고 효공孝公을 제의 새로운 군주로 세우는 데 성공했다. 동시에 그는 조曹·등滕·증鄫 등 소국들을 물리적 방식으로 송에 귀속시켰다. 이어 그는 639년 초·진晉 등 제후국들과의 결맹을 통해 맹주

104 "初命曰: '誅不孝, 無易樹子, 無以妾爲妻.' 再命曰: '尊賢育才, 以彰有德.' 三命曰: '敬老慈幼, 無忘賓旅.' 四命曰: '士無世官, 官事無攝, 取士必得, 無專殺大夫.' 五命曰: '無曲防, 無遏糴, 無有封而不告.'"(『孟子』「告子下」) 이 맹약의 내용은 『사기』나 『춘추좌전』 등에는 수록되어 있지 않다.

로서 선언하기도 했다. 하지만 양공의 노력도 초의 야욕을 꺾지는 못했다. 오히려 다른 제후국들은 송에 대한 경계심을 품게 되었다. 송은 기원전 637년 제와의 전쟁에서 차례로 패했고, 양공도 전쟁의 상처로 죽고 말았다.[105]

더욱이 제가 활용했던 존왕양이도 그 취약성을 드러냈다. 중원 제후국들 사이의 물리적 갈등이 날로 확대되는 가운데, 그들은 승리를 위해서 이적들과도 동맹을 맺었던 것이다. 『춘추좌전』은 관중과 환공이 죽고 난 이듬해에 적족狄族이 송의 공격을 받은 제를 구원하고, 소국인 형邢과 함께 위衛를 정벌했음을 기록하고 있다.[106]

## 진晉의 장기적 패권

이러한 상황에서 북부지역의 패자로 등장한 제후가 진晉의 문공文公(기원전 636-628년 재위)이었다. 그는 어머니가 적족狄族 계통이었는데, 아버지 헌공獻公 이후 왕위계승을 둘러싼 내분 때문에 19년 간 국외를 유랑해야 했다. 그렇지만 그는 진秦 목공穆公(기원전 659-621년 재위)의 도움으로 마침내 귀국해 왕위에 올랐다. 이때 문공의 나이 62세였다.[107]

그는 자신의 풍부한 정치적 경험을 바탕으로 유능한 인재를 등용함으로써 신속하게 국력을 회복했다. 기원전 635년 주周의 양왕襄王이 왕자 대帶에 의해 축출되었을 때, 그는 함께 요청받은 진秦보다 빨리 출병해 양왕을 구원했다. 대가로 양왕은 그에게 양번陽樊·온溫·원原·찬모欑茅 등 땅을 주었다. 기원전 632년 초가 송을 공격하자, 문공은 진晉·진秦·제·송의 군대를 이끌고 초의 동맹국인 조曹와 위衛를 공략하고 이어 초 군대를 패

105 『春秋左傳』 僖公十八-二十三年(기원전 642-637년).

106 『春秋左傳』 僖公十八年(기원전 642년).

107 『史記』 卷三十九 「晉世家」.

배시켰다(성복城濮). 이러한 성과를 기반으로 문공은 기원전 630년 천토踐土에서 대규모 회맹을 주도했는데, 노·제·송·채蔡·위·정 등 제후국과 주의 양왕이 참가했다. 여기서 양왕은 문공을 후백侯伯에 봉했다.[108]

초의 북상과 더불어 진秦의 동방 진출에 대한 방어 또한 패자로서 진晉의 중요한 임무였다. 특히 문공 사후 진秦의 동방 진출이 본격화되었다. 진秦 목공穆公은 문공이 사망하자 이듬해 동방원정을 시도했다. 당시 진秦은 정鄭의 수비를 위해서 그곳에 군대를 주둔시키고 있었는데 이러한 상황을 이용해 정을 병탄하고자 했다. 기원전 627년 진秦의 군대는 주 왕실의 수도인 낙읍을 지나 동쪽으로 진출하고자 했다. 진秦의 동방 진출에 직면해 문공의 아들 양공襄公(기원전 627-621년 재위)은 힘든 패자의 역할을 수행하지 않으면 안 되었다. 처음 진晉은 동방 공략에서 회군하는 진秦의 군대를 효산崤山에서 공격해 큰 성과를 거두었다. 이때 진晉은 융적인 강융姜戎을 끌어들이기도 했는데, 이것은 앞서 말한 것처럼 존왕양이의 취약성을 보여 준다.

그 이후에도 진秦의 동방 진출 시도는 계속되었는데, 기원전 625년 초 효산의 패배를 설욕하고자 팽아彭衙[109]를 공략했다. 그렇지만 진秦은 다시 크게 패하고 말았다. 그에 대한 보복으로 진晉도 그해 겨울 송·진陳·정 등 동맹국들을 이끌고 진秦을 공격했다. 이듬해 624년 진秦 목공은 다시 동정을 추진했다. 그는 왕관王官[110]을 점령하고, 효산까지 진출해 3년 전 전쟁

---

108 『春秋左傳』 僖公五-三十年(기원전 655-630년). 이 회맹에서 양왕이 말하기를, "천자로서 숙부에게 이르니 천자의 명을 받들어 사방의 제후들을 안무하고 천자에게 잘못을 저지르는 자들을 바로잡고 제거하도록 하라(王謂叔父, 敬服王命以綏四國, 糾逖王慝)." 그에 대해서 진의 문공은 패자로서 다음과 같이 서약했다. "중이重耳(진의 문공)는 두 번 절하고 두 번 머리를 바닥에 대며 천자의 위대한 명령을 받들어 이를 천하에 선양하도록 하겠습니다(重耳甘再拜稽首, 奉揚天子之丕顯休命)." (『春秋左傳』 僖公二十八年(기원전 632년)).

109 섬서성 백수현白水縣 동북쪽.

의 전사자들을 묻어 주고 돌아갔다. 이때—진 문공의 패권적 등장에 결정적으로 기여했던 조쇠趙衰의 건의로—진晉은 대응하지 않았다. 이듬해 목공은 "융왕을 토벌하고, 12개 나라를 병합, 천리의 땅을 개척해 마침내 서융西戎의 패자가 되었다."[111] 『춘추좌전』은 목공에 대해서 그가 맹명孟明과 같은 유덕한 재상을 중용하는 등 매우 도덕적인 정치를 했다고 높게 평가하고 있다.[112]

사실 진晉이 진秦과 초를 동시에 상대하기에는 어려움이 있었다. 앞서 기원전 624년 진秦의 진출에 응전하지 못한 중요한 원인은 초의 북상에 집중하기 위해서였다. 초가 중원의 소국들을 병탄하거나 복종시켰을 때에도 진은 그들을 구원하지 못했다. 그 결과 초의 목왕穆王(기원전 625-614년 재위)은 623년 강江을, 이듬해에는 육六과 요蓼를 차례로 흡수하고, 618년에는 진陳을 정벌함으로써 회수淮水 중상류 지역을 확보하게 되었다. 초는 북쪽뿐 아니라 동쪽으로 장강 중하류까지 진출했는데, 615년 서舒·종宗·소巢 등 소국들을 공략했다.

초의 확대는 613년에 보위에 오른 목왕의 아들 장왕莊王(기원전 613-591년 재) 때에도 계속되었다. 그는 기원전 611년 용庸을 멸망시켰고, 608년 송을 정벌했으며, 606년에는 육혼陸渾의 융족을 정벌한 뒤 군대를 주의 수도인 낙읍의 교외에까지 진출 열병함으로써 세를 과시했다. 이에 주의 정왕定王은 급히 사자를 보내 초의 군대를 환영했고, 그 자리에서 장왕은 하-은-주로 이어지는 중원권력의 상징이었던 아홉 개 보정寶鼎, 즉 구정九鼎의 무게가 얼마냐고 물음으로써 천하에 대한 권력의 야욕을 드러냈다.[113] 이로

110 산서성 문희현聞喜縣.

111 『史記』 卷五「秦本紀」.

112 『春秋左傳』 文公三年(기원전 624년)

113 당시 주의 사자로 왔던 왕손만王孫滿은 천하에 대한 통치는 무력이 아니라 덕에 의해 이루어지는 것이며, 그것은 천명에 의한 것임을 강조했다(『史記』 卷四十「楚世家」).

써 천자의 상징적 권위와 더불어 존왕양이를 기치로 하는 패권적 제후에 의한 통합적 질서까지도 부정된 셈이었다. 양이를 주도할 연합세력이 없는 상황에서 초는 기원전 601년 서舒를 멸망시키고 597년 정鄭을 굴복시킨 데 이어 이를 구원하러 온 진晉의 군대조차 황하 강변 필邲[114]에서 격파했다.

그와 함께 진晉이 오랫동안 수행했던 제후국들 사이의 조정도 제대로 이루어지지 않았다. 기원전 612년 제가 노를 침략하고, 이듬해 송에서 군주가 시해되는 정변이 발생했지만 진은 그것을 시정하지 못했다. 그와 관련해 『춘추좌전』은 어린 나이로 보위에 오른 진 영공靈公(기원전 620-607년 재위)의 타락을 지적하고 있다(그는 기원전 607년 살해되었다).

진秦과 특히 초의 부상에 의해 진晉의 패권적 지위가 약화되면서 존왕양이의 질서가 붕괴되는 순간 일시적으로나마 제1차 휴전(미병弭兵)의 분위기가 조성되었다. 필邲 전쟁 이후 적어도 5년 동안 중원 제후국들 사이에 큰 전쟁은 발생하지 않았다.

그렇다면 비록 몇 년이나마 강대국들 사이에 성립된 휴전은 어떻게 이해할 것인가. 그 원인과 관련해 혹자는 장기간의 전쟁으로 인해 평화에 대한 열망이 강해졌고, 민족의 융합이 진행되면서 동류의식이 확대된 결과라고 설명한다. 특히 수백 년 간 진행된 남북 민족들의 교류로 존왕양이의 구호가 설득력을 상실하게 되었다는 것이다. 그와 함께 잦은 전쟁으로 각국의 국력이 쇠약해지면서 절대 강자의 존재가 사라지게 된 것도 휴전의 요인이 되었다. 결국 이러한 상황에서 패자의 의의는 이민족에 대한 방어가 아니라 정치적 쟁패, 즉 평화적 공존의 주도에 있게 되었다.[115] 평화의 또 다른 요인은 초의 중원 진출이 본격화되면서 그에 대한 방어를 위해서 중원의 제후국들이 내부적으로 결속하게 되었다는 점이다. 적어도

114 하남성 형양滎陽 동북.

115 張傳璽, 『从协和万邦到海内一统: 先秦的政治文明』, 2009: 143-144.

진晉의 위상이 초에 의해 도전받은 이후 중원 제후국들 사이의 전쟁은 감소되었다.

그 이후 초는 지리적으로 가까운 중원 제후국들에 대한 공략을 다시 개시했고, 그에 따라 진晉을 중심으로 하는 제후국들의 힘겹지만 성공적인 방어가 수십 년 동안 계속되었다. 진은 유화정책을 통해 기원전 580년 진秦과, 579년 초와 동맹을 맺어 일시적으로나마 전쟁을 억제할 수 있었다. 그리고 2, 3년 지나면서 진秦과 초가 맹약을 어기고 진晉이나 그 동맹국들을 쳤을 때, 진晉은 제후국들을 동원해 공략함으로써 큰 승리를 거두기도 했다. 비록 진晉이 제후국들에게 군대를 빌리는, 소위 걸사乞師에 의존하는 경우가 적지 않았지만, 어쨌든 진과 초의 팽창은 막을 수 있었던 것이다.

나아가 573년 내분으로 인해 여공厲公(기원전 580-573년 재위)이 살해되는 등의 상황이 발생했음에도 여전히 진晉은 건재했다. 오히려 14세의 나이로 즉위한 도공悼公(기원전 572-558년 재위)은 유능한 관리의 임명, 법과 제도의 개편, 군대의 개혁, 사회적 약자에 대한 배려와 같은 도덕정치 등으로 국가의 질서를 바로잡고 백성들의 신망을 얻게 되었다. 이러한 개혁정책의 결과 『춘추좌전』은 진晉이 다시 패를 이루게 되었다고 기록하고 있다.[116]

진은 이를테면 기원전 571년, 570년 각각 2회씩 중원의 제후국들을 규합했다. 여기에는 주周·노·송·위衛·정·진陳·조曹·제 등 제후국들과 거莒·주邾·소주小邾·등滕·설薛 등의 소국들이 포함되었다. 즉 전통적으로 초의 영향권에 있던 정·진陳까지도 진에 순복하게 한 것이다. 이어 569년 진晉은 융적과도 결맹했다. 그와 함께 진은 제후국들을 동원해 초의 반복되는 공격으로부터 진陳을 구하기도 했다.

나아가 진은 기원전 6세기 전반부에 걸쳐 노·정·송·위·주邾 등 다른

116 『春秋左傳』 成公十八年(기원전 573년).

제후국들로부터 거의 매년 정기적인 조현을 받았다. 도공 시기에는 제후국 대표들의 회합을 통해 조현 시 제후국들이 지참할 예물의 수량까지도 구체적으로 지시했다.[117] 때로는 제후들의 공납 부담이 너무 커서 불만이 제기되기도 했다.[118] 그 외에도 주 왕실에 쟁송이 있었을 때 진은 사신을 보내 그것을 해결하기도 했다.[119] 결국 진 도공은 기원전 562년 12월 초의 시점에서 "융적들과 평화롭게 지내고 모든 중원을 바로잡고, 지난 8년간 아홉 번 제후들과 회맹했다."[120]고 말할 수 있었다. 그렇지만 진은 며칠 후 진秦과의 전쟁에서 대패하고 말았다.

춘추시대 진晉나라의 청동 주전자 _진나라의 도성이던 산서성 후마시侯馬市에서 출토됐다.

진秦과 초의 진출은 중원의 정치지형을 크게 변화시켰다. 당시 중원 진출을 적극 시도하던 초와 지리적으로 가깝던 정·진陳·위·송 등의 국가들은 진晉과 초 사이에서 점차 어려운 선택을 강요당하게 되었다. 즉 초의 물리적인 힘에 굴복하면, 다음에는 진晉이 그 굴복을 이유로 공격하고, 반대로 진晉에 굴복하면 다시 초가 공략하는 상황이 수없이 반복되었다. 뿐만 아니라 이들은 진과 초의 명령에 의해 다른 나라를 침략하는 대리전을 벌여야 했다. 특히 진晉과 초 사이에 위치한 정鄭의 경우 거의 매년 전쟁이 그칠 줄 몰랐다. 그들의 선택은 신의나 일관성보다는 특정 시점에서 강자에게 그저 복종하는 것뿐이었다.

117 『春秋左傳』 襄公八年(기원전 565년).

118 『春秋左傳』 襄公二十四年(기원전 549년).

119 『春秋左傳』 襄公十年(기원전 563년).

120 "和諸戎狄, 以正諸華, 八年之中, 九合諸侯."(『春秋左傳』 襄公十一年(기원전 562년))

중원 제후국들은 비록 초보다는 진과 정서적으로 더 가까운 것은 사실이었지만, 이러한 불안전한 상황은 기원전 7세기 말부터 기원전 6세기 전반부에 걸쳐서 계속되었다. 이를테면 기원전 562년 『춘추좌전』에 기록된 한 대부의 건의는 초와 진晉 사이에 놓인 정鄭의 필사적인 상황을 반영하고 있다.

> 우리가 송을 괴롭히면 제후들의 군사가 반드시 이르게 된다. 이때 우선 진晉에 복종해 결맹한다. (그에 대응해) 초의 군사가 쳐들어오면 우리는 다시 초에 복종한다. 그러면 진이 다시 매우 화가 날 것이다. 진이 제후들을 모아 오면, 초가 장차 거기에 저항하기 어렵게 될 것이다. 이때 우리는 굳게 진과 맹약을 맺는다.[121]

이러한 전략에 의해 그해 여름 정이 송을 치자, 7월 진晉이 중원의 모든 제후국들을 이끌고 정을 공략해 결맹을 맺었다. 이에 초가 정을 치려고 하자 정은 초에 순복했다. 이에 9월 제후들이 정을 공격하자 정은 진과 결맹했다. 그렇지만 위에서 언급한 것처럼 그해 12월에 초의 요청을 받은 진秦이 진晉을 대패시킴으로써 다시 균형이 이루어졌다. 그 후에도 중원의 맹주로서 평화를 유지하는 데 진晉이 그 역할을 계속 수행했지만, 초와의 지속적인 갈등 속에서 전쟁은 끊이지 않았다.

## 초의 등장

그런데 기원전 6세기 중반 진晉과 초 사이에 두 번째 정전의 분위기가 조

---

121 "子展曰, 與宋爲惡, 諸侯必至, 吾從之盟, 楚師至, 吾又從之, 則晉怒甚矣, 晉能驟來楚將不能, 吾乃固與晉."(『春秋左傳』 襄公十一年(기원전 562년))

성되었다. 진의 경우에는 기원전 559년 도공이 죽은 후 난欒씨와 범范씨 양 귀족들 사이에서 권력투쟁으로 내분이 발생했고, 집권 귀족들의 과도한 상납 요구로 인해 주변 제후국들의 지지를 상실했다. 이때 초는 강성해진 동쪽의 오吳와 전쟁으로 시달리고 있었다. 오는 느슨하게나마 진과 비교적 우호관계에 있었던 반면, 초와는 몇 년 간격으로 전쟁을 하였다.

이러한 상황에서 기원전 546년 송의 집정執政인 향융向戎의 중재에 의해 제후국들은 송의 수도인 상구商丘에 모였고, 휴전을 위한 맹약을 성립시켰다. 거기에는 진晉·초 양국 이외에도 제·진秦·노·송·정·위衛·조曹·허許·진陳·채蔡·등滕·주邾 등 14개 국가가 직접 또는 간접적으로 참가했다.[122] 오와 이적을 제외한 거의 모든 국가들이 참여한 셈이었다. 맹약의 내용은 진晉과 초楚를 공동 맹주로 인정하는 것이었다. 다시 말해 대국인 제와 진秦을 제외하고 각각의 동맹국들은 진晉·초 모두에게 조공하기로 했던 것이다.

그 뒤 약 40여 년 동안 양국 사이에는 평화가 유지되었다. 두 차례의 휴전 맹약의 승자는 물론 초였다. 초는 중원의 패자인 진晉과 동등한 지위를 확고히 인정받게 되었고, 사실상 제·진秦보다 우위에 서게 되었다. 존왕양이는 사라지고 두 나라가 형식상 권력을 공유하면서 여러 중소 제후국들로부터 조공을 받게 되었다. 그와 함께 지난 100여 년 동안 진晉의 패권에 도전했던 초의 북상은 일단 주춤하게 되었다. 그 이후 초는 오와의 쟁패에 집중하였다.

그렇지만 상구의 회맹 이후 10여 년이 지난 기원전 533년과 531년 초는

---

122 『춘추좌전』은 진秦의 동의만을 기록할 뿐 참여 여부는 명시하지 않았다. 그리고 제의 경우에도 참여는 했으나 결맹에는 참여하지 않았다. 그 외에 주邾와 등滕 2개 소국은 그 대표가 회의에 나왔으나, 제와 송이 각각 자신의 속국으로 간주해 맹약에서 제외시켜 줄 것을 요구함으로써 그들은 맹약에 참여하지 못했다(『春秋左傳』 襄公 二十七年(기원전 546년)).

진陳과 채蔡를 각각 멸망시켰다.[123] 이로써 제후국들을 지켜 주지 못한 진晉의 패권적 지위가 크게 손상을 입게 되었다. 다른 제후국들도 점차 진을 낮춰 보게 되었다. 초는 주 왕실은 물론 진을 포함한 주요 제후국들이 자신을 받들고 있다고 믿게 되었다. 530년 초는 중원의 다른 제후국들에게 분봉의 상징으로 주었던 정鼎을 주 왕실에게 요구하는 문제를 조정에서 논의하기에 이른다.[124]

다른 한편 동쪽의 제나라도 진의 결맹에 이의를 제기하거나 주위의 소국들을 공략해 결맹하는 등 작은 맹주로서 역할하며 진의 권위에 도전하기 시작했다.[125] 드디어 상구에서 회맹한 지 40년이 지난 506년 제후국들 사이에 전쟁이 다시 시작되었다. 그것은 내분에 의해 주춤해진 초를 오가 계속 공격했고, 초가 약화되면서 세력구도가 변화되었기 때문이다.

먼저 초를 공략하고자 한 것은 중원의 제후국들이었다. 그 직접적인 계기는 채蔡 소공昭公이 주 왕실을 비롯한 제후국들에게 초에 대한 공격을 요청하자 이에 제후국들이 호응했기 때문이다.[126] 특징적인 것은 초에 대한 공략이 명목상 패자였던 진晉에 의해서 주도되지 않았다는 점이다. 오히

---

123 두 국가는 일단 기원전 529년 회복되었다.

124 『春秋左傳』 昭公十二年(기원전 530년); 『史記』 卷四十 「楚世家」. 그럼에도 그것으로 초의 정치적 야욕을 과대평가할 수 없을 것 같다. 당시 초의 지향점은 천하의 제패에 있지는 않았다. 실제 70년 전에 주 왕실에게 구정九鼎의 무게를 물어본 것과 달리, 초는 제나 진과 같이 중원의 국가들이 분봉 시에 받았던 정鼎을 논의하고 있다. 그것은 정의 확보가 점차 대결하게 되는 오吳에 대한 초의 정치적 정당성을 높여줄 것으로 기대했기 때문으로 보인다. 위의 회의에서 소심하게도 영왕靈王(기원전 540-529년 재위)은 당시 정鄭이 차지하고 있지만 원래 초의 선조들이 거주했다고 하는 허許나라의 땅을 돌려달라고 하는 문제도 논의하고 있다.

125 『春秋左傳』 昭公十三年(기원전 529년), 昭公十六年(기원전 526년).

126 채 소공은 초의 평왕平王(기원전 528-516년 재위)에게 조현하면서 고구羔裘(새끼양 가죽으로 만든 갖옷)를 입고 있었는데, 초의 대부 낭와囊瓦가 그것을 탐해 달라고 했으나 주지 않아, 3년 간 그곳에 억류당하고서야 돌아올 수 있었다(『越絕書』 「吳內傳」; 『春秋公羊傳』 定公四年(기원전 506년)).

려 진晉은 이 전쟁에 대해서 반대하는 입장에 있었다. 진은 이미 다른 제후국들에 대한 지도력을 상당 부분 상실했고, 선우鮮虞로 불리던 이민족과도 갈등을 겪고 있었다. 어쨌든 초에 대한 제후국들의 직접적인 공략은 실현되지 못했다.

초에 대한 침략을 주도적으로 실행한 것은 오히려 오였다. 오왕 합려闔閭(기원전 514-496년 재위)는 오자서伍子胥(기원전 559-484)의 전략, 즉 치고 빠지는 작전으로 몇 년 동안 초를 약화시킨 다음, 채蔡·당唐 등 소국들과 더불어 마침내 전면적 공격을 단행했다. 오의 군대는 초의 도성인 영郢을 함락시켰고, 초 소왕昭王(기원전 515-489년 재위)은 다른 나라로 도주하지 않을 수 없었다. 위기에 몰린 초는 진秦에게 구원을 요청했고, 결국 진·초 연합군이 합려의 군대를 몰아내는 데 성공했다.

오와 초의 전쟁이 끝나자마자 전쟁은 중원의 제후국들 사이에서 본격화되었다. 패권국으로서 진晉과 초에 의해 유지되던 동맹관계가 와해되면서 제후국들은 소국들을 흡수하거나 패권에 접근하기 위해서 주변 국가들을 공격했다. 중원의 노·제·정·위衛 사이에 전쟁은 끊이지 않았다. 특히 제와 정 그리고 때로는 위衛까지도 진晉의 권위에 도전함으로써 진은 이들과 전쟁을 치르지 않으면 안 되었다. 제후국들 가운데 송과 부분적으로 노만 진의 동맹국으로 남게 되었다. 뿐만 아니라 진은 497년 이후 대부들 사이의 갈등으로 인하여 수년 간 내전을 겪어야 했고, 거기에 다른 제후국들이 개입함으로써 국제적 양상을 띠게 되었다. 이로써 중원의 패자로서 진晉의 시대는 완전히 막을 내리게 되었다.

### 오와 월의 경쟁

그 외에 춘추시대 패자로서 여러 문헌들에서 오의 합려와 월의 구천이 언급되고 있다. 오늘날 절강성 동북부에 위치한 오의 기원에 관한 『사기』의 기록도 다른 주변 지역에 관한 것과 유사하다. 즉 지리적으로 중원과 떨어져 있지만, 중원 출신의 인물이 현지화를 거쳐서 만이의 지배자가 되었다는 것이다.

구체적으로 그 선조는 ─주 문왕文王의 조부인─고공단보古公亶父의 장남 태백太伯과 둘째 중옹仲雍으로 기록된다. 이들은 현명한 동생 계력季歷에게 왕위를 넘겨 주기 위해서 남부의 만이 지역으로 달아났고, 그곳에서 문신단발文身斷髮과 같은 현지의 풍습에 따르고 현지인과 더불어 오늘날 강소성 소주蘇州에서 구오句吳라는 나라를 세웠다고 한다. 나중에 주 무왕이 상을 멸망시켰을 때, 무왕은 중옹의 현손인 주장周章을 오吳에 봉했다.[127] 오는 초에 예속되었으나 춘추 중기에 이르러 칭왕하면서 영토를 확대하고, 중원의 제후국들과 교류하기 시작했다. 그 후 오는 진晉의 지지를 받아서 서쪽으로 월越을 치고 장강 하류지역의 가장 강력한 국가로 성장했다.

오가 중원의 일원으로서 자리매김을 하게 된 것은 북진하는 초에 대항하기 위한 진晉의 전략이었다. 즉 진은 초에서 망명한 무신巫臣을 오의 군주 수몽壽夢(기원전 585-561년 재위)에게 사신으로 보내 양국간 교통을 하게 했다. 특히 무신은 군대를 오에 남겨 두어 "전차 모는 법과 진법의 전개 등을 가르치게 한 뒤 오에게 초를 배반하게 했다." 이에 초가 중원의 제후국들과 싸우는 사이 오는 초의 속국인 소巢·서徐 등 소국들을 차례로 침공했고, 초에 부속되었던 만이의 나라들을 차지했다. 『춘추좌전』은 그로 인해서 이제 "오가 강대한 나라가 되어 (중원의 제후국인─역자) 상국上國들과 어깨를 나란히 하여 교통하게 되었다."고 기록하고 있다.[128]

물론 오가 곧장 중원의 정치에 가담한 것 같지는 않다. 기원전 582년 진晉이 제후국들과 결맹할 때 오를 불렀으나 참여하지 않았고, 576년에야 비

127 『史記』 卷三十一 「吳太白世家」.

128 『春秋左傳』 成公七年(기원전 584년).

로소 중원의 제후국들과 결맹에 참여했다. 그 이후 오는 중원의 나라들과는 우호적인 관계를 유지한 반면, 초와 그리고 부분적으로 월과는 적대적인 관계를 지속하였다.

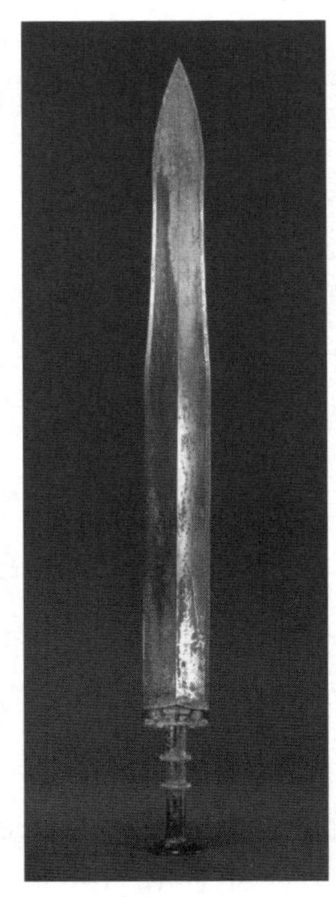
오왕부차검

오는 특히 합려 시기에 크게 흥하게 되었다. 그는 수도를 번리蕃離[129]에서 오吳[130]로 옮기고, 오자서와 손무孫武(기원전 약 545-470) 등을 등용해 국력을 크게 강화시켰다. 그는 마침내 앞서 언급한 것처럼 506년 초에 대한 전면적인 공격을 하여 크게 승리했다. 이어 2년 뒤에는 다시 초의 도성인 영郢[131]까지 공략했고, 초는 수도를 약鄀으로 옮길 수밖에 없었다. 합려는 496년 월과 치른 전쟁에서 화살에 맞은 상처로 갑자기 죽고 말았지만, 그의 아들 부차夫差(기원전 495-473년 재위)는 2년 뒤 월을 공략해 사실상 속국으로 만들었다. 이어 그는 북상해 487년 노를 대대적으로 공략해 종속시키고, 이어 내분으로 이미 취약해진 제를 484년 굴복시켰다. 그 외에도 오는 진陳·주邾·위衛 등 더 작은 나라들에 대해서 세력을 확보했다.

기원전 482년 오의 부차와 진晉의 정공定公이 주도하고 노·제·설·등의 군주들과 주 천자의 대표가 참여하는 회맹이 황지黃池[132]에서 개최되었다. 여기서 부차는 "중원의 패가 되어 주 왕실을 온존하게 하고자 한다."[133]는

129 강소성 무석無錫 동남쪽.

130 강소성 소주蘇州.

131 호북성 강릉江陵 북쪽.

132 하남성 봉구封丘 서남쪽.

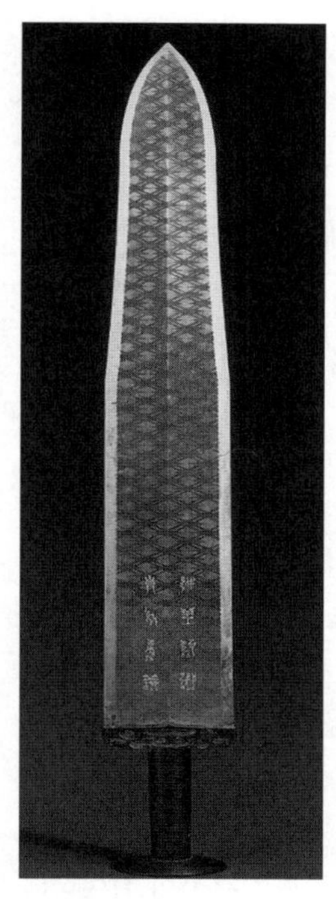
월왕 구천 검

구호를 내세웠다. 다만 오가 삽혈歃血[134]의 순서에서 진보다 앞서는 등 유리한 입장에 있었지만, 맹주의 지위는 진에게로 돌아갔다. 그것은 때마침 월왕 구천이 오의 수도를 공격했으므로 부차가 급거 귀국하지 않을 수 없었기 때문이다. 그러나 부차는 주의 천자에게서 "백부께서 그렇게 해주실 수 있다면, 짐은 진실로 큰 복을 받는 셈입니다."[135]라는 말을 들을 정도로 그 지위가 확고해졌다. 그러나 10년이 지난 473년 그는 월왕 구천句踐(기원전 496-465년 재위)에게 패함으로써 망하고 말았다.

한편 월의 경우에도 문헌상 그 선조는 중원에서 기원하고, 현지화를 통해서 만이의 지배자가 된 것으로 기술된다. 즉 월왕 구천의 선조는 하를 건국한 우禹의 후예로서 하의 6대 왕인 소강小康의 서자庶子가 오늘날 절강성 소흥紹興인 회계會稽에 봉해진 데에서 시작되었다. 선조들은 현지 야만족의 풍습에 따라 문신단발을 한 것으로 되어 있다. 그 후 20여 대가 지난 춘추시대 말 윤상允常에 이르러 월은 강력한 세력을 구축, 칭왕을 하고 오吳와 경쟁하게 되었다.

윤상의 사후 그의 아들 구천이 왕위를 계승해 기원전 496년 오의 합려와 싸워 이겼다. 그러나 앞서 언급한 것처럼 494년 구천은 합려의 아들 부차에 패하고 말았다. 그렇지만 그는 10년여의 노력으로 국력을 회복해 482

133 "欲霸中國以全周室."(『史記』卷三十一「吳太白世家」)

134 삽혈은 제후들간 약속의 표시로 동물의 피를 마시는 의식으로서, 그들의 서열에 따라 그 순서가 정해졌다.

135 "伯父若能然, 余一人兼受而介福."(『國語』「吳語」)

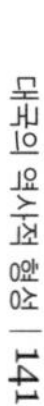

년 부차가 황지에서 쟁패할 때 오를 급습했다. 일시적으로 양국간에 휴전이 있었으나 구천은 이미 제·진과의 전쟁으로 전력이 많이 쇠진된 부차를 공략하여 기원전 473년 멸망시켰다.

오와의 경쟁에서 승리한 구천은 부차와 다른 패자들의 전철을 밟아 주 왕실을 보존시킨다는 구실로 북상해 패권에 참여했다. 즉 472년 그는 회수淮水를 건너 서주徐州[136]에서 제와 진晉·초·진秦 등 강대국들과 회맹했다. 월이 주 왕실을 받들었으므로 주도 구천에게 패자의 지위인 백伯을 내렸다. 특히 그는 오가 정복했던 회수 주변의 영토를 초·송·노 등에게 돌려주고 대신 자신은 장강과 회하의 동쪽을 장악함으로써 제후들로부터 패왕의 칭호를 얻었다. 그 후에도 월은 초와 제 등 강대국들과 경쟁했다. 그렇지만 구천의 5대손 무강無疆은 기원전 325년 초와 치른 전쟁에서 죽었고, 월도 멸망했다. 다만 그의 자손들은 절강성에 동월, 복건성 부근에 민월을 세움으로써 명맥을 유지했다.

종합컨대 주의 봉건적 질서는 왕과 제후, 제후와 제후 사이의 혈연이나 개인적 관계에 바탕을 두었다. 그에 반해 춘추시대 정치질서는 일부 강력한 제후들과 작은 제후들 사이의 후견관계에 의해 유지되었다. 패자의 역할은 분산된 국가들의 병존에 기반을 둔 주의 질서를 유지하는 것이었다. 이때 패자는 강력한 힘과 제후국들의 지지에 의거하여 질서의 수호자 역할을 담당했지만, 여전히 여러 경쟁적인 제후국들 가운에 하나일 뿐이었다. 따라서 무력에 의한 제후국들의 이합집산과 약육강식이 계속되었다.

사마천은 춘추시대에 살해된 군주가 36명, 멸망한 나라가 52개라고 말한다.[137] 그렇지만 일부 문헌들은 상황이 더욱 심각했음을 시사하고 있다. 이를테면 "제 환공은 35개국을 겸병했고,"[138] "진晉 헌공獻公(기원전 384-362년

---

136 산동성 등주滕州 동남.

137 『史記』卷一百三十「太史公自序」.

138 『荀子』「仲尼」.

재위)은 17개국을 합병하고 36개국을 복속시켰고,"[139] "초 장왕莊王은 26개국을 합병했고,"[140] "초 문왕文王은 39개국을 합병했고,"[141] "진秦 목공穆公은 20개국을 합병했다."[142] 역사학자 천한장陳漢章(1864-1938)은 춘추시대 12개 제후국들이 합병한 소국들의 수를 다음과 같이 확인했다. 즉 위衛 9개, 노 12개, 주邾 2개, 거莒 2개, 초 58개, 오 5개, 월 3개, 송 10개, 제 13개, 진晉 24개, 정 6개, 진秦 14개 등이었다.[143] 이것은 고증할 수 있는 사례에 해당되고, 더 많은 열국들이 합병의 대상이 되었다.

결국 형식적 의미의 봉건제마저 사라지고 노골적인 영토팽창 정책을 통해 작은 제후국들이 병탄되는 전국시대로 이어지게 되었다. 후에 전국칠웅으로 알려지게 되는 대형 국가들은 기원전 6세기와 5세기에 각각 수십 개의 주변 제후국들을 병합함으로써 성립되었다. 춘추전국시대에는 외형상 국가들 사이의 대결과 분열이 나타났지만, 그 저변에는 지속적인 권력의 통합이 진행되었던 것이다.

---

139 『韓非子』「難二」.

140 『韓非子』「有度」.

141 『呂氏春秋』「貴直論 · 直諫」.

142 『史記』 卷八十七 「李斯列傳」.

143 여기서는 顾颉刚 · 史念海, 『中国疆域沿革史』, 1999(1938): 44. 청 초의 고동고顧棟高는 약간 다른 숫자를 제시하는데, 노 9개, 제 10개, 진晉 18 또는 20개, 초 42개, 송 6개 등이다(顧棟高 輯, 吳樹平 · 李解民 點校, 『春秋大事表』, 1993: 495-548). 그러한 차이는 아마도 근대 이후 고증된 사례가 많이 추가되었기 때문일 것이다.

# 5. 전국시대와 중원의 통일

## 춘추에서 전국시대로

전국시대의 가장 중요한 계기는 춘추시대에 가장 오랫동안 중원의 패권을 갖고 있던 진晉의 분할이다. 그것은 일부 제후국들에서 발생한 정치구도상의 변화와 관련되었다. 진·제·노 등 중원 제후국들에서 계속되는 전쟁으로 인해 제후의 공실이 약화되는 상황에서 경·대부라 일컫는 가문들이 득세했다. 그들은 군사적·경제적 실력을 바탕으로 한편으로 서로 경쟁하면서 다른 한편으로 공실의 정치권력을 분할했다.

먼저 진晉에서는 육경六卿이라 일컫던 여러 가문들이 경쟁하면서 권력은 기원전 453년 위魏씨·한韓씨·조趙씨 등에 의해 좌우되었다. 이들은 403년 주의 위열왕威烈王에 의해 제후로 인정되었고, 그 결과 진은 공식적으로 위·한·조 3국으로 분할되었다.[144] 제에서도 국國씨·고高씨·난欒씨·전田씨 등 여러 가문들이 경쟁하다가 결국 전씨가 득세했다. 전씨는 다른 세력들을 차례로 제거하고, 2차례 군주를 살해하면서 기원전 480년 이후 사실상 정치권력을 장악했고, 386년 제후로 인정되었다. 한편 노에서도 춘추시대에 이미 여러 가문들이 득세했는데, 기원전 562년 계손季孫씨·숙손叔孫씨·맹손孟孫씨 등 삼경三卿이 군대를 나누어 장악했다.[145] 결국 하극상이

144 사마광의 『자치통감』 등은 기원전 403년을 전국시대의 시작으로 삼는다. 다만 사마천은 『사기』에서 춘추 12개 제후국 연표를 주 경왕敬王 43년(기원전 477년)까지 하고, 전국 6국에 대한 기술을 주 원왕元王 원년(기원전 476년)에서 시작했다. 그는 주 경왕 39년(기원전 481년)을 마지막 해로 하는 공자의 편년체적 역사서 『춘추』를 이어서 새로운 왕의 즉위 연도부터 기술했던 것이다(『史記』 卷十五 「六國年表」). 그의 생각과 달리, 『춘추좌전』과 『죽서기년』 등에 의하면 경왕은 재위 43년이 아니라 44년(기원전 476년)에 죽었고, 따라서 원왕 원년은 기원전 475년이었다.

계속되면서 명목상으로나마 유지되던 주의 봉건질서는 물론 패자에 의한 질서유지도 더 이상 기능하지 못하게 되었다.

한편 기원전 7세기 후반 진秦은 목공穆公 시기에 주변의 융족을 흡수해 이미 패자의 위치에 올랐지만 동방 진출은 지지부진했다. 그것은 진晉이 아직 건재했기 때문이다. 진晉은 동방의 맹주로서 다른 제후국들과 협력하여 진秦을 물리칠 수 있었다. 진晉에서 경·대부의 세력이 강해지면서 내분이 일어났지만, 앞서 언급한 것처럼 기원전 6세기 후반 진晉·초 양강체제를 통해 평화가 유지되었다. 기원전 5세기에 들어서도 진秦은 국면을 타개하지 못했다. 진은 단지 서융의 일파인 대려大荔와 의거義渠 등을 정벌할 수 있었을 뿐이었다.

게다가 기원전 5세기 중반 이후 내분과 잦은 군주의 교체로 진의 국력이 크게 약화되었다. 기원전 440년부터 385년까지 55년 간 6명의 군주가 재위했고, 그중 2명은 죽임을 당했다. 『사기』는 "(진秦에서) 왕을 자주 바꾸어 군신관계가 화애롭지 못했으므로 진晉이 다시 강대해져 진秦의 하서河西 지역을 빼앗았다."고 기술하고 있다.[146] 동방의 제후국들은 진을 이적시했고, 진도 이들과 회맹하지 않았다. 헌공獻公 때에는 서쪽의 옹雍[147]에서 지금 서안 부근의 역양櫟陽[148]으로 천도해, 동방 진출을 다시 꾀했지만 여전히 지지부진했다.

그렇지만 동방의 제후국들 사이의 갈등은 날로 심화되었다. 진晉을 삼분한 한·위·조 사이의 갈등은 계속되었고, 특히 그 가운데 가장 강력했던 위魏가 조와 한을 공략했다. 이를 위해 위 혜왕惠王(기원전 369-318년 재위)은 수도를 서쪽의 편벽진 안읍安邑[149]에서 동쪽의 평지인 대량大梁[150]으로 옮기기도

---

145 『春秋左傳』 襄公十一年(기원전 562년).

146 『史記』 卷五 「秦本紀」.

147 산서성 봉상현鳳翔縣.

148 산서성 임동현臨潼縣.

〈그림 8〉 전국시대 국가들의 분포(기원전 350년경)

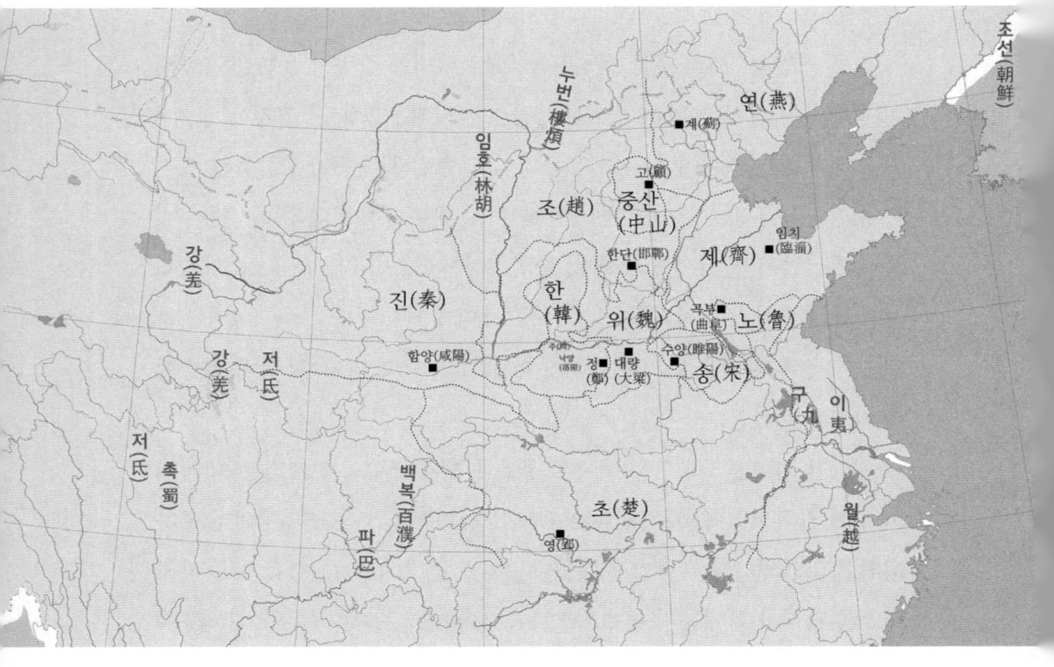


했다. 그렇지만 제齊와 초가 조와 한을 지원함으로써 위의 기세를 꺾었다.

제후국들 사이의 갈등은 한·위·조의 삼진三晉에 국한되지 않았다. 기원전 346년 위衛는 공公에서 후侯로 강등되어 조趙에 부속되었다. 325년 월越은 초를 공격했다가 대패해 멸망했다. 백적白狄의 후예였던 중산국中山國은 407년 위魏, 296년 조趙에 의해 두 차례나 멸망했다.[151] 이어서 동방에서 패권을 추구했던 인물은 송宋의 강왕康王(기원전 ?-286년 재위)이었다. 그는 참새가 성벽에 매를 낳은 것에 대해서 송이 천하의 패자가 될 거라는 점괘를

149 산서성 하현夏縣.

150 하남성 개봉開封.

151 위魏에 의해 망한 중산국의 잔존세력이 태항산으로 후퇴했다가 기원전 380년경에 다시 국가를 세웠다.

믿고서 주변의 국가들을 공략했다. 그는 기원전 286년 소국인 등滕과 설薛을 공략했을 뿐 아니라 제·초·위魏와 같은 큰 나라들과도 전쟁을 벌였다. 결국 강왕은 제 민왕湣王(기원전 ?-284년 재위)의 공격으로 몰락했고, 그 해에 송은 제·위·초 3국에 의해 분할되었다. 동방 각국들 사이의 잦은 전쟁은 그들의 국력을 크게 약화시켰다.

제의 민왕은 야심이 있어서 강왕의 제거에 머물지 않았다. 그는 진秦을 몰아내고 혼자서 제帝가 되고자 했다. 그는 기원전 286년 남으로 초, 서로 삼진, 동주와 서주 등을 공략했다. 진은 조·초 등을 자기편으로 끌어들이고 제에 대항했다. 이 기회를 이용한 것은 제의 북쪽에 위치했던 연燕이었다. 기원전 314년 제는 연의 내란을 틈타 공격해 점령한 적이 있었다. 이제 연이 제에 대한 공격을 주도했다. 연의 소왕昭王(기원전 311-283년 재위)은 진秦과 삼진三晉의 나라들과 연합군을 결성해 제수濟水의 서쪽에서 제에 맞서 싸웠다. 연합군이 승리한 뒤에 되돌아가자 소왕은 284년 제의 본토로 진격하였다. 그는 제 영토의 대부분을 점령해 자신의 군현으로 만들었다.[152] 5년 뒤인 기원전 279년 제는 국권을 회복했으나 세력을 잃었다. 일부 나라들도 차례로 사라졌다. 256년 노는 초에 의해 멸망했다.

### 진의 등장

동쪽의 국가들이 서로 치열한 전쟁을 벌이는 동안 진秦은 헌공 이후 안정을 찾았고, 특히 그를 이어 21세의 젊은 나이에 재위에 오른 효공孝公(기원전 361-338년 재위)은 상앙商鞅(기원전 약 395-338)의 개혁을 통해 국력을 크게 신장시켰다.[153] 그는 인접했던 위魏가 동쪽의 국가들과 경쟁하는 사이에 위

152 송 강왕의 등장과 제의 몰락 과정은 『資治通鑑』 赧王二十七-三十一年(기원전 288-284년)에 자세히 수록되어 있다.

153 상앙의 개혁은 형벌의 정비, 중농정책, 군공제도 등을 핵심으로 했다. 처음에는 개

의 서부를 공략해 계속 영토를 넓혀 나갔다. 그로 인해 진의 위상은 날로 높아져 천자는 그에게 백伯, 즉 패자의 칭호를 주었다.

전국시대 후반은 전쟁으로 피폐해진 동방의 6국과 날로 세력을 확대하는 진 사이의 대결을 특징으로 했다. 특히 진의 노골적 팽창정책으로 위기에 처한 동방의 나라들은 잠시나마 진에 대한 공동대처를 시도했다. 『사기』에는 두 차례의 시도가 기록되어 있다. 최초의 시도로서 효공을 계승한 혜문왕惠文王(기원전 337-311년 재위)[154] 7년(318년) 한·조·위·연·제가 연합해 진을 공격했으나 대패했다(수어修魚). 후에 소양왕昭襄王(기원전 306-251년 재위)[155] 11년(296년) 제·조·위·한·송·중산국이 다시 공동으로 진에 대처하고자 모였으나 싸우지도 못하고 철수하고 말았다(염지鹽氏). 각국은 상이한 이해관계로 말미암아 안정적인 협력관계를 유지하지 못했다.

진의 대외 공략은 무왕武王(기원전 310-307년 재위)과 소양왕에 의해서도 계속되었다. 진은 연횡連橫 전략을 통해 동방의 국가들을 각개 격파했다. 특히 진은 지리적으로 멀리 떨어진 강대국인 제와의 대립을 지양하고 주변의 약소국들을 먼저 고립시키는 원교근공遠交近攻의 전략을 구사했다. 그 결과 주변의 국가들은 쉽게 공략되고 말았다. 이들의 전략적 요충지들이

---

혁에 대한 불만도 적지 않았으나 효공은 수도를 함양咸陽으로 옮기면서까지 일신해 국가의 기강을 잡았다. 또한 그는 촌락들을 묶어 41개의 현을 설치해 관리를 중앙에서 파견하고, 토지의 균등배분을 폐지하여 면적에 따른 조세의 부과를 도입했다(『史記』 卷五 「秦本紀」). 사실 상앙과 유사한 부국강병 정책은 다른 나라들에서도 실시되었다. 이를테면 이회李悝(455?-395?)와 오기吳起(440?-381?)도 각각 위魏와 초의 재상으로서 상앙보다 앞서 왕권강화와 부국강병 정책을 실시했다. 상앙과 같이 자세한 내용은 역사서에 수록되어 있지 않으나, 대체로 군대양성, 토지사용 및 인재등용 방면에서 귀족의 특권을 줄이고 왕권을 강화하는 방식으로 부국강병을 이루었다. 이회의 정책은 『史記』 卷三十 「平準書」와 卷四十四 「魏世家」, 오기의 정책은 『史記』 卷六十五 「吳起列傳」 참조.

154 원래 혜문군惠文君이었으나 기원전 324년 칭왕稱王해 개원改元했다.

155 진소왕秦昭王으로도 불림.

병마용갱 1호에서 출토된 병마용

제거되었을 때, 진은 그 후면의 제나 초도 쉽게 공격할 수 있었다. 소양왕 52년(255년)에는 동주로부터 구정九鼎을 가져왔다.[156] 진은 이미 천하의 대부분을 장악했다. 진의 통일은 진시황(기원전 246-210년 재위)에 의해 마무리되었는데, 그는 한(230년) · 조(228년) · 위(225년) · 초(223년) · 연(222년) · 제(221년)를 차례로 흡수했다.

진의 통일은 비록 짧은 시간이지만 중요한 의미를 가졌다. 진은 수백여 년 동안 계속된 분열할거의 국면을 종식하고, 통일의 공고화를 위해서 통합적 정책을 추진했다. 진은 정치적으로 봉건제를 폐지하고, 군현을 설치하여 중앙집권적 정치체제를 구축했다. 경제적으로 진은 화폐나 도량형, 문자 등의 통일을 이루었다. 그 외에도 각지를 잇는 도로가 건설되었다. 이를테면 수도 함양을 중심으로 과거 6국을 연결하는 넓은 도로인 치도馳

156 『史記』 卷五 「秦本紀」.

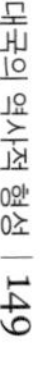

道, 수도 함양의 북쪽에 위치한 운양雲陽에서 황하 최북단 구원九原까지 직도直道, 영남嶺南의 남월(광동·광서)에 이르는 신도新道, 서남이 지역(운남·귀주)에 이르는 오척도五尺道 등이 건설되었다.

다만 이러한 통합적 시도들이 전국적인 네트워크를 위한 통합의 강화와 같은 계획에 입각했는지는 알 수 없다. 왜냐하면 그것들은 일시적이거나 상황적인 필요에 의해 건설되었기 때문이다. 이를테면 치도는 주로 황제의 순행을 위한 목적으로 이용되었고, 나머지 도로는 주로 변경지역 이민족들에 대한 개별적 공략 과정에서 건설되었다. 그것도 군대의 신속한 동원을 위한 군사적 목적이 컸다. 마찬가지로 진이 전국을 통일한 뒤 각종 운하나 도랑을 개통한 것으로 알려져 있지만 자세히 알 수는 없다. 역사초기부터 한 무제까지 수리사업을 기술한 『사기』「하거서」나 「진시황본기」 등을 포함한 사서에는 관련 기록이 나와 있지 않다. 단지 남월을 정벌하는 과정에서, "거渠를 파서 군량을 운반하게 해 남월에 깊이 들어갔다."는 기록이 유일한 사례이다.[157]

## 진의 승리와 그 의의

그렇다면 진의 승리 요인은 무엇일까? 나아가 진이 지향하는 바는 무엇이었을까? 여기에 대한 해답을 얻기 위해서는 먼저 당시 국가들의 세력분포와 국력을 알아볼 필요가 있다. 계속되는 전쟁으로 인해서 그것은 매우 가변적이었지만, 전국 말에는 일정한 구도가 형성되었다.

먼저 세력분포와 관련하여 제후국들은 크게 3개의 부류로 나뉘었다. 첫째는 최강의 세력이면서 동시에 노골적으로 주변 국가들에 대한 병탄을 시도하고 있는 진이었다. 따라서 진은 호랑이나 이리와 같은 사나운 국가

157 『史記』 卷一百十二 「平津侯主父列傳」.

〔호랑지국虎狼之國〕로 명명되었고, 제후국들에게 가장 위협적인 존재였다. 그 다음은 제·초·조와 같은 강대국들이었다. 이들은 나름대로 넓은 영토와 인구에 기반을 두어 어느 정도 진을 견제할 수 있는 위치에 있었지만, 그렇다고 독자적으로 진과 대항할 수 있는 힘을 갖춘 것도 아니었다. 세 번째 부류는 진과 이들 강대국들 사이에 끼어 있는 소국들로, 특히 한·위·연 등이 거기에 속했다.

어쨌든 전국시대 어느 시점에 이르자 진이 주도하는 통일과 그에 대한 저항이 가시화되었다. 합종연횡을 둘러싼 논의가 그 구도를 가장 잘 대변해 주고 있다. 물론 그 대표적인 주창자로 알려진 장의張儀와 소진蘇秦의 구체적인 활동 연대에 대해서는 역사가들 사이에 상당히 다른 주장들이 나오고 있다. 그렇지만 대체로 기원전 4세기 초에서 3세기 말이라는 점에서 일치하고 있다.[158]

그렇다면 좀 더 구체적으로 당시의 국가간 힘의 분포는 어떠했는가? 그와 관련해 『사기』「소진열전」,「장의열전」 등에는 비슷한 시점에서 각국의 면적·무장병력·전차·군마 등에 관한 구체적인 수치가 제시되고 있다〈표 3〉. 그것은 전한 시기 유향劉向이 정리한 전국시대의 역사서인 『전국책』에도 거의 비슷하게 전재되어 있다. 특히 동방의 6국에 대한 수치는 합종론을 주장했던 소진에 의해 제시되고 있다.[159] 그리고 진에 관련된 수치는 연횡론을 주장했던 장의에 근거하고 있다. 〈표 3〉의 수치로 보건대 진을 제외한 나머지 국가들 가운데 군사력은 대체로 초, 조, 제-연,[160] 위-한, 송-중산국 등의 순서로 설정될 수 있을 것이다.

---

158 7개국 각각의 지리적 범위에 관해서는 顾颉刚·史念海,『中国疆域沿革史』, 1999(1938): 46-47.

159 소국인 송과 중산국에 대해서만 묵자墨子와 범저范雎가 각각 인용되고 있다(『戰國策』「宋衛策」,「秦策三」).

160 〈표 3〉에서 양자의 우열은 나타나지 않으나 당시 제와 연은 서로 한 차례씩 상대국을 점령했다.

〈표 3〉 전국시대 각국의 영토와 군사력

| 나라 | 영토(리) | 병력(명) | 전차(승) | 군마(필) | 『戰國策』 |
|---|---|---|---|---|---|
| 진 | 수천[a] | 백여만[a] | 1천[a] | 1만[a] | 「秦策一」 |
| 초 | 5천[b] | 백만[b] | 1천[b] | 1만[b] | 「楚策」 |
| 제 | 2천[b] | 1백만[b](수십만*) | — | — | *「齊策一」 |
| 조 | 2천[b] | 수십만[b] | 1천[b] | 1만[b] | 「趙策二」 |
| 연 | 2천[b] | 수십만[b] | 6백[b](7백*) | 6천[b] | *「燕策一」 |
| 한 | 9백[b](1천*) | 수십만[b] | — | — | *「韓策一」 |
| 위 | 1천[b] | 70만[b](30만[a]) | 6백[b] | 5천[b] | 「魏策一」 |
| 송 | 5백* | — | — | — | *「宋·衛策」 |
| 중산국 | 5백[c] | — | — | — | — |

a:『史記』卷七十「張儀列傳」, b:『史記』卷六十九「蘇秦列傳」, c:『史記』卷七十九「范雎列傳」.
*은『전국책戰國策』에만 나오는 숫자.

한편 소진은 진과 나머지 제후국을 비교해 6개 제후국들을 합하면 국토는 진의 5배, 병졸은 10배에 해당된다고 주장한다.[161] 6국의 국력이 합쳐진다면 진의 국력을 훨씬 능가하기 때문에 합종은 필요할 뿐만 아니라 성공할 수 있다는 것이다. 그는 합종책을 강조하는 만큼 이들의 국력을 약간은 과장해서 언급할 수도 있다. 그에 반해 연횡론자인 장의張儀는 진의 국력을 더 과장해 제시한다. 즉 진이 천하의 절반을 차지하고, 병력은 4개국의 그것과 맞먹는다는 것이다.[162]

물론 한 국가의 힘은 이러한 면적이나 군대의 수만으로 측정될 수 없을 것이다. 사마천도 진이 최후에 통일에 성공한 이유는 지리적으로 풍부한 물자와 전략적으로 중요한 요충지 등을 확보했기 때문이라고 주장했다.[163] 진은 원래 동서로 천여 리에 이르는 비옥한 관중關中을 본거지로 하고 있었다. 사마천에 따르면 관중은 천하의 3분의 1, 인구는 10분 3을 넘지

161 『史記』卷六十九「蘇秦列傳」.

162 『史記』卷七十「張儀列傳」.

163 『史記』卷五「秦本紀」.

못하지만 그 부富는 10분의 6을 차지했다. 그것을 기초로 진은 나중에 남쪽으로 파巴·촉蜀, 북으로 농서隴西·북지北地·상군上郡 등 기름진 땅을 확보했다.[164] 현지의 풍부한 자원을 바탕으로 진은 주변 이민족들과 활발한 교역을 통해 풍부한 물자들을 조달할 수 있었다.

그런데 합종연횡론이 치열하게 대립하고 있는 시점에서 상당히 중요하다고 생각되는 하나의 인식이 확인된다. 즉 "합종이 이루어지면 초楚가 왕王이 되고, 연횡이 이루어지면 진秦이 제帝가 된다."는 것이다. 『전국책』에 언급되어 있고, 『사기』에도 그대로 옮겨져 있는 이 주장은 합종론자와 연횡론자의 입에서 모두 나오고 있다.[165] '제'는 적어도 '왕'보다 위계적인 정치질서를 내포하지만, 아래에서 보는 것처럼 여전히 다수 제후국들의 존속을 전제로 하는 분권적인 정치질서로 이해되고 있다.[166] 어쨌든 합종론자들의 우려는 현실화되었고, 연횡론자들의 기대는 물거품이 되고 말았다. 결국 진은 제후국들을 제거하고 중앙집권적 통일국가를 건설했던 것이다.

그렇다면 전국시대의 두 가지 대립적인 흐름에 있어서 봉건체제를 하필 초가 대표했을까? 『전국책』이나 『사기』에는 그에 대해서 별다른 언급은 하고 있지 않다. 다만 각국의 국력을 살펴보면 부분적으로 답을 얻을 수 있을 것 같다. 다시 말해 실제 진에 대항해 전국을 지도할 수 있는 실력을 갖춘 나라는 초였던 것이다. 초는 국토의 면적이나 군사력—그리고 표에서 언급되지는 않았지만 남부 지방의 높은 농업 생산성—등에 있어서 진과 대적할 실력을 유일하게 갖추고 있었다.

그렇지만 다른 시각에서 보면 초보다는 제齊가 봉건체제나 '왕'을 대표

---

164 『史記』 卷一百二十九 「貨殖列傳」.

165 "橫成則秦帝, 從成即楚王."(『戰國策』 「秦策四」); "從合則楚王, 橫成則秦帝."(『戰國策』 「楚策一」; 『史記』 卷六十九 「蘇秦列傳」)

166 '제'와 '왕'의 역사적 출현에 대해서는 이 책 8장 1절 참조.

할 수 있었는지도 모른다. 사실 초는 중원에서 멀리 떨어져 있고 문화적으로 낙후되어 오랑캐로 간주되어 왔다. 그에 반해 – 진은 물론 초가 군현제를 수용하는 상황에서도 – 제는 국내 정치체제에 있어서 봉건제를 유지했고, 사상적으로도 봉건적 정치질서가 가장 중시되었다. 다시 말해 주의 봉건제를 이상으로 하는 유가가 가장 활발하게 활동했던 공간은 바로 제였던 것이다. 제는 한때 진으로부터 함께 칭제하자고 제안받을 정도로 지도적인 세력으로 인정되기도 했다. 실제 진과 제의 역량은 우열을 가리기 힘들었다.[167] 그럼에도 제는 그러한 기회를 포착하는 데 실패했다.

제와 마찬가지로 초도 진의 노골적인 팽창정책 앞에서 속수무책이었다. 원래 초는 봉건제를 구현할 수 있는 역량과 의지를 갖고 있었다. 초는 자신을 중원의 다른 제후국들과는 달리 초기부터 주의 왕과 동등하게 칭왕했다. 비록 역사서들은 그들이 스스로를 야만족으로 간주했기 때문으로 기록하고 있지만, 칭왕은 자신의 역량에 대한 확신을 반영했다.[168] 그럼에도 오랫동안 약육강식이 벌어지는 상황에서 합의에 의한 통합적 질서를 세운다는 것은 매우 어려운 일이었다. 따라서 서주 시기와 같이 이론상 안정된 봉건제도 이제는 현실적인 대안이 되지 못했고, 단지 유가의 이상적 정치질서로 남게 되었다.

한편 한·위·조 등은 중원의 중심에 위치했지만, 대부분 소국들로서 생존 자체가 쉽지 않았다. 따라서 이들이 전국을 대상으로 자국 중심의 독자적인 방안을 구축하기란 기대하기 힘들었다. 합종론이나 연횡론 등 국가들끼리 다양한 협력이나 견제를 전제로 하는 여러 국제정치 이론이 이 나

167 雷海宗, "帝王制度之成立," 1934: 859.

168 왕부지王夫之는 초가 진에 의해 멸망하지 않았다면 진과 마찬가지로 천하를 통일했을 것이라고 주장한다. 왕부지의 주장은 통일은 각국이 서로 싸우다가 결국 강자가 승리한 것으로서, 역사의 필연적 흐름이었다는 그의 시각을 반영한다(王夫之 著, 伊力 主编, 『读通鉴论之通监: 文白对照全译读通鉴论』, 1994: 19).

라들에서 고안된 것은 우연이 아니었다. 다만 그들이 진의 노골적인 공세에 맞서 일시적으로 공동의 보조를 취한다고 하더라도 그것은 쉽게 공략될 수 있는 구조였다. 그들은 국력과 이해관계의 차이로 인해서 각기 상이한 생존전략을 모색하지 않을 수 없었다. 특히 진과 지리적으로 인접한 소국들은 진에 적대적인 정책에 참여하기란 매우 어려운 일이었다. 동방의 국가들은 성공적인 동맹의 요건인 상호신뢰가 부족했고, 제3의 국가에 대한 공략을 통한 국토의 분할과 확장 가능성과 같은 진의 유혹에 빠졌다. 그들은 또한 진에 저항할 경우 어느 때든 멸망할 수 있다는 두려움을 갖고 있었다. 따라서 동맹은 일시적으로 가능했을지라도 계속되지는 못했다.

객관적 전력은 동방의 여러 나라들이 서로 협력했다면 진을 막을 수도 있었음을 시사한다. 그럼에도 통일에 대한 진의 강력한 의지 앞에서 그들은 협력하지 못했다. 400여 년 뒤 오吳의 대신 제갈각諸葛恪(203-253)은 진의 통일 원인을 다음과 같이 요약하고 있다.

> 무릇 하늘에는 두 개의 태양이 없고, 지상에는 두 왕자가 없다. 왕자로서 천하를 겸병하는 데 힘쓰지 않고서 사직을 후세까지 오랫동안 유지하는 경우는 고금에 없었다. 옛날 전국시대에 제후들은 강한 군대와 넓은 영토를 믿고서 서로 구원했다. 그들은 (자신들의 국력이) 사직을 후세까지 전하기에 충분하며 다른 나라가 위협할 수 없다고 간주했다. 그들은 마음 내키는 대로 하면서 힘든 일은 꺼려함으로써 진이 점차 세력을 확대해 마침내 그들을 겸병할 수 있게 했으니 이것은 당연한 결과이다.[169]

제갈각은 위魏·촉蜀·오吳 삼국의 혼란 상황에서 통일정책의 필요성을

169 "夫天無二日, 土無二王, 王者不務兼并天下而欲垂祚後世, 古今未之有也. 昔戰國之時, 諸侯自恃兵彊地廣, 互有救援, 謂此足以傳世, 人莫能危. 恣情從懷, 憚於勞苦, 使秦漸得自大, 遂以并之, 此既然矣."(『三國志』 卷六十四 「諸葛滕二孫濮陽傳」)

염두에 둔 것이었지만, 그는 권력의 속성을 지적하는 듯하다. 그것은 권력에 내재하는 팽창과 집중의 관성을 의미한다. 근대 정치학의 아버지 마키아벨리N. Machiavelli(1469-1527)가 지적한 것처럼 권력은 팽창하지 않으면 몰락한다. 진은 거기에 충실했다면, 다른 주요 국가들은 일정한 권력을 유지하는 데에 안주했다.

그렇다면 다가오는 진의 통일은 어떻게 이해되었을까. 그것은 일반적인 전쟁이 그러한 것처럼 단순히 경쟁자들을 제거하고 평화를 이루는 것이었을까. 아니면 진은 수백 년 간 분열을 극복하고 광역에 대한 통합적 질서의 구축을 지향하였을까. 그리고 다른 국가들의 입장에서 통일은 무엇을 의미했을까. 사실 전국시대 말 진에 의한 지속적인 병탄이 진행되는 상황에서도 그 역사적인 의미는 물론 그 후의 질서도 분명하지는 않았다. 이를테면 전국 말의 문헌인 『한비자』에는 한비자韓非子가 진의 소양왕에게 말한 것으로, 자신의 방안으로 이룰 수 있는 미래 정치질서가 제시되어 있다. 많은 사람들이 이 글을 한비자가 직접 작성하지 않았을 것으로 생각하지만, 어쨌든 거기에 제시된 목표는 춘추오패보다 약간 더 통합된 질서를 연상시킬 뿐이다.

> 저는 여러 나라들의 합종을 깨뜨리고, 조를 점령하고, 한을 멸망시키며, 초와 위를 신복하게 하고, 제와 연을 가까이하고, 패왕의 명성을 이루며, 사방의 이웃하는 제후들을 조현하게 하는 방법을 대왕께 진언하고자 합니다.[170]

이에 따르면, 당시 진이 추구하는 목표는 주변 국가들의 국력이나 위치

---

170 "破天下之從, 擧趙, 亡韓, 臣荊魏, 親齊燕, 以成霸王之名, 朝四鄰諸侯之道."(『韓非子』「初見秦」)

에 따라 다양한 정도로 지배관계를 형성하는 일이다. 즉 조나 한과 같은 소국들은 멸망시키고, 초와 위처럼 상대적으로 강한 나라는 신복시킨다. 그에 반해 제와 연과 같이 멀고 강한 나라와는 우호적인 관계를 유지하고, 나머지 국가들은 조현하게 한다. 물론 전체적으로는 그러한 질서만으로도 이미 패왕을 이룬 것으로 간주되고 있다.

『전국책』이나 『사기』와 같은 역사서에 반영되어 있는 것처럼, 당시 진의 통일에 대해 매우 극단적인 시각차가 존재하고 있었던 것 같다.

첫째는 진의 통일이 이제까지와는 다른 정치체제의 출현을 의미한다고 보는 시각이다. 즉 제후국들의 완전한 멸망으로 이해하는 것이다. 사실 진의 우위는 춘추시대의 존왕양이와 같은 어떤 대의명분과도 결부되지 않았다. 진은 제후국들의 자발적인 귀속에 의한 왕자나 패자가 아니라 무력을 통해서 주변 국가들을 합병할 뿐이다. 물론 진의 통일이 실제 그렇게 되는 것처럼 봉건제의 해체와 중앙집권적 국가의 출현을 의미하는지도 아직 분명하지 않다. 어쨌든 이러한 우려는 주로 동방의 제후국들 사이에 합종책의 필요성과 결부되고 있다. 그 예가 전국시대 말 약소국 한韓에게 합종책의 당위성을 역설하면서 언급된 내용이 있다.

> 진이 천하를 병합해 왕이 되고자 하는 것은 옛날과는 다르다. 자식이 아비를 모시듯 진을 받들어도 장차 진은 한을 패망시킬 것이다. 백이伯夷[171]와 같이 행동해도 진에 의해 망할 것이며, 걸桀과 주紂[172]처럼 행동해도 망할 것이다. 진을 아무리 잘 섬겨도 무익하고 생존할 수 없으며, 단지 스스로 더 빨리 망하고 말 것이다. 그러므로 효산崤山의 동쪽 나라들이 합종해 서

171 은殷의 고죽국孤竹國 왕자로서 왕위를 동생에게 양보했고, 주의 무왕武王이 은의 주紂를 멸망시키자 인정하지 않고 수양산에서 굶어죽음.

172 각각 하와 은의 마지막 통치자로, 폭군으로서 왕국을 망하게 한 대표적인 경우로 간주됨.

로 굳게 하나로 단결하지 않으면 모두 반드시 망하게 될 것이다.[173]

둘째는 진의 통일을 여전히 과거의 기억에 입각해 이해하는 것이다. 즉 진의 통일을 하·상·주와 같은 제왕에 의해 통치되는 국가 정도로 수용하는 시각이다. 이와 관련해 『전국책』에는 여러 가지 사례가 있지만, 다음은 위에서 언급한 약소국 한韓이 진秦과 연합해야 할 필요성을 제기하면서 언급된 내용이다. 이것은 연횡론자들의 기대와 대략 일치한다.

> 지금 강대국, 즉 진이 제왕帝王이 되고자 하는 조짐이 있다. 다른 나라를 앞세운 것은 제齊의 환공桓公이나 허이許異[174]등이 했던 일로서 설마 좋은 방책이 아니라고 하겠는가. 먼저 강대국에게 일정한 이익을 주어 왕자王者가 될 수 있다면 우리는 반드시 패자가 되고, 강대국이 왕자가 될 수 없다고 해도 그가 일으킨 전쟁을 피하고 우리를 공격하지 않게 할 수 있다. 그러므로 강대국의 의도가 이루어지면 우리는 그 나라를 제帝로 세우고 우리 스스로는 패자가 되고, 강대국의 의도가 이루어지지 않아도 그 나라는 우리를 후하게 대하게 된다.[175]

대체로 두 번째 시각이 지배적이었던 것 같다. 그것은 진 내부에서도

---

173 "秦之欲并天下而王之也, 不與古同. 事之雖如子之事父, 猶將亡之也. 行雖如伯夷, 欲將亡之也. 行雖如桀紂, 猶將亡之也. 雖善事之無益也. 不可以爲存, 適足以自令亟亡也. 然則山東非能從親, 合而相堅如一者, 必皆亡矣."(『戰國策』「韓策三」) 번역은 王守谦 等 译注, 『战国策全译』, 1992: 868-869를 참조함.

174 환공은 주 왕실을 받들어 패자가 되었고, 허이는 한韓의 대신으로서 애후哀侯를 국왕으로 받들어 한을 위기로부터 구해 백성들로부터 존경을 받았다.

175 "今強國將有帝王之亹, 而以國先者, 此桓公 許異之類也. 豈可不謂善謀哉? 夫先與強國之利, 強國能王, 則我必爲之霸; 強國不能王, 則利用辟其兵, 使之無伐我. 然則強國事成, 則我立帝而霸; 強國之事不成, 猶之厚德我也."(『戰國策』「韓策三」) 王守谦 等 译注, 『战国策全译』, 1992: 872-874를 참조함.

봉건제가 통일 이후 유력한 대안으로 제시되었던 것에서 드러난다. 그 예가 여불위呂不韋[176]가 다수의 문인들을 동원해 편찬했던 『여씨춘추』이다. 여기에는 "천하는 한 사람의 천하가 아니라 천하의 천하이다."[177]라거나 "폭군들을 제거하고서도 (천하를) 자기 것으로 하지 않고 천하의 현자를 봉하면 왕과 패가 될 수 있다."[178]는 등 봉건제적 관념이 산재해 있다. 그렇다면 구체적으로 어떤 식의 봉건제인가? 다음 구절에서 우리는 전통적 봉건체제와 유사한 구상을 확인할 수 있다.

> 관대지국, 즉 중국은 배와 수레가 통하는 곳으로서, 언어가 다른 미개한 지역은 포함하지 않는데, 그 크기는 사방 3천 리이다. 고대의 왕자는 천하의 중앙을 선택해 나라를 세웠다…… 천하의 땅 가운데 사방 1천 리에만 나라를 세운 것은 통치의 임무를 다하기 위해서이지 나라를 크게 하지 못해서가 아니다…… 제후국을 많이 분봉하는 것은 현인을 편애하기 위해서가 아니라 상황을 이용하고 권위를 보전하기 위해서이고, 도의를 확산하기 위해서이다. 도의가 확산되면 무적이 된다. 무적이면 안전하다. 그리하여 상고시대를 보면 분봉된 제후들이 많을 때 복이 장기간 유지되고 이름이 떨쳐졌다.[179]

---

176 여불위呂不韋(기원전?-235)는 상인이었다. 그는 거액을 들여 원래 서열이 낮았던 자초子楚가 왕위를 계승하도록 공작하는 데 성공했고, 자초가 장양왕莊襄王(기원전 249-247년 재위)으로 즉위하자 승상이 되었다. 장양왕 사후 아들인 진시황이 어린 나이에 왕위를 계승했을 때에도 여불위는 상국으로서 실권을 행사했다. 그렇지만 진시황이 성인이 되자 그는 권력에서 밀려나고 말았다. 사마천은 그가 진시황의 생부인 듯 암시하고 있다. (『史記』 卷八十五 「呂不韋列傳」).

177 "天下非一人之天下也, 天下之天下也."(『呂氏春秋』「孟春紀 · 貴公」)

178 "誅暴而不私, 以封天下之賢者, 故可以爲王伯."(『呂氏春秋』「孟春紀 · 去私」)

179 "凡冠帶之國, 舟車之所通, 不用象譯狄鞮, 方三千里. 古之王者, 擇天下之中而立國 …… 天下之地, 方千里以爲國, 所以極治任也. 非不能大也, 其大不若小, 其多不若少. 衆封建, 非以私賢也, 所以便勢全威, 所以博義. 義博利則無敵. 無敵者安. 故觀於上世,

진시황릉 2호에서 나온 동거마

결국 분봉은 무엇보다도 국가의 장기적 안전에 유리하다고 판단되었다. 이 인용문에 이어 좀 더 구체적인 방안이 언급되는데, 그것은 무엇보다도 다양한 국력의 제후국들이 중심에서 먼 곳까지 층차적으로 위치함으로써 자연스럽게 정치적 질서가 유지되는 방식이다.

그렇지만 현실에서 진의 통일은 전혀 다른 방식으로 이루어졌다. 진은 동방의 나라들을 멸망시키고, 그들을 군현으로 편제하여 중앙집권적 통일제국을 건설했다. 진의 통치구조에서 제후들은 존재하지 않았고, 모든 권력은 황제에게 집중되었다. 권력이론의 측면에서 보면 권력은 팽창을 지향하며, 더 통합적인 속성을 지닌다. 적어도 그것을 제한하는 내외적 요소들이 없다면 말이다. 앞서 살펴본 것처럼 역사 초기부터 그러한 경

---

其封建衆者, 其福長, 其名彰."(『呂氏春秋』「審分覽·愼勢」) 关贤拄 外 译注, 『吕氏春秋全译』, 2002,: 615-616과 鄭英昊 解譯, 『여씨춘추 8람』, 2006: 262-265를 참조함.

향은 계속되었다. 그리하여 진에 이르러 권력의 팽창과 집중은 일단 완성된 듯했다.

그런데 권력의 외적 팽창과 내적 집중의 관성은 진의 통일에서 끝나지 않았다. 일단 외적 팽창을 보면, 진시황은 중원을 통일한 뒤에 주변 지역을 공략했다. 그는 북으로 흉노의 거점이었던 오르도스의 대부분을 장악했고, 남으로 오늘날 광동성과 광서성에 3개의 군을 설치했다. 진시황의 무리한 권력욕이 제국의 몰락을 촉진시켰기 때문에, 전한 시기 전반에는 일종의 내실이 중시되었다. 그러나 1세기가 지난 전한 중반 무제에 이르러서 팽창의 관성은 다시 한 번 발휘되어 제국의 범위는 약 340만 평방킬로미터에서 570만 평방킬로미터로 절반 이상 확대되었다.[180] 제국의 공략 앞에서 아직 사회정치적으로 낮은 단계에 있던 주변의 민족들은 쉽게 공략되었다. 다만 권력의 행사에 대한 제약 정도에 따라 군현적 지배에서 조공체제까지 다양한 방식의 통치가 이루어졌다.

제국의 영토는 그 이후에도 부분적인 변화를 거듭했지만, 일단 전한 시기의 영토는 중원의 통일제국이 달성한 최대의 범위였다. 따라서 우리는 권력의 내적 집중으로서 새로운 중앙집권적 정치체제의 구축을 살펴보기 전에 외적 팽창 과정을 살펴볼 필요가 있다. 주변 민족들은 역사 초기부터 중원의 나라들과 접촉했고, 그 가운데 일부는 춘추전국시대를 거치면서 이미 중원의 일부가 되었다.

180 谭其骧 主编,『中国历史地图集』第二册(秦·西汉·东汉时期), 1982: 3-4, 13-14.

| 세 번째 |

# 대외팽창의 과정과 패턴

# 3

이 장은 주변 민족들에 대한 공략과 영토적 팽창과정을 다룬다. 그것은 전국시대 북방의 국가들과 통일 후 진에 의해 전개되었지만, 전한 중반 무제에 의한 대대적인 정복사업으로 그 한계에 이르렀다. 여기서는 중앙아시아를 주무대로 했던 흉노匈奴, 중원 서쪽의 유목과 농경을 겸한 강족羌族, 여러 작은 소수민족 집단들이 거주하던 서남부와 남부의 파巴·촉蜀, 서남이西南夷, 무릉장사만武陵長沙蠻, 오령五嶺 이남의 남월南越과 동월東越, 동북쪽의 (고)조선(古)朝鮮, 그리고 서북쪽의 서역西域 등이 제국에 차례로 복속되거나 군현화되는 과정을 다룬다. 이때 그들의 저항과 제국에 의한 지배의 한계에 관해서도 주목한다. 광역에 대한 권력의 확대와 그것의 궁극적 종료는 일종의 다층적 지배구조와 함께 조공체제로 묘사되는 동아시아 질서의 등장으로 이어진다.

## 1. 초기의 주변 민족들

우리는 초기의 주변 민족들에 대해서 잘 알 수 없다. 그것은 초기 역사기술에서 나타나는 특징 때문이다. 어느 시점에서 정치적 중심세력이 등장하면서 역사기술은 이들을 위주로 이루어진다. 우리들에게 문자로 직접 상황을 전하는 것은 상 말의 갑골문과 금문 그리고 그 이후의 문헌들이다. 이제 역사는 상과 그 뒤를 이은 주의 입장에서 기술되고, 지리나 종족에 관한 인식에 있어서 중심과 주변의 관계가 설정된다. 그리하여 우리는 좀 더 간편하게 역사를 이해하고 가닥을 잡을 수 있게 되었지만, 주변의 종족들에 대해서는 불공정한 것도 사실이다.

어쨌든 우리가 초기 역사를 이해하는 데 의존할 수밖에 없는 문헌들에서 중원 사람들과 구분되는 종족들이 수없이 등장한다. 앞 장의 춘추시대 이전 상과 주의 역사에 관한 부분에서도 그것은 확인되었다. 다만 중원의 국가들과 구분되는 지역적 분포는 분명하지 않았다. 아마도 그것은 문헌상의 부족한 기록 때문일 수도 있겠지만, 초기국가 형태로서 성읍국가 체제에서 여러 종족들이 지리적으로 중첩되어 분포했기 때문일 것이다. 따라서 중원 종족들의 통합적 호칭으로서 '제하諸夏'의 실체도 분명하지 않았다. 다만 시간이 지나면서 종족간 통합이 진행되고, 특히 영토국가 체제로 전환되면서 중화와 이적 사이의 구분도 분명해졌다. 적어도 서주 말이나 춘추시대에 이르러 중원을 중심으로 그 주변에 여러 이적들이 위치하게 되었다.

주의 역사서인 『일주서逸周書』에서 주변 민족들은 한 곳에서는 구이九夷·팔만八蠻·육융六戎·오적五狄·구채九蔡로,[1] 다른 곳에서는 사이四夷·팔만·칠민七閩·구맥九貉·오융五戎·육적六狄으로 분류된다.[2] 또한 『일주서』에는 성왕成王(기원전 1024-1005년 재위) 시기에 각종 새나 짐승 등 조공을 가지고 조회에 참여한 북방 14개(서북 7개, 동북 7개), 남방 10개(서남 5개, 동남 5개), 서방 19개, 동방 20개 등 종족들의 이름이 나열되어 있다. 그 외에도 위의 문헌은 또한 은의 탕왕湯王이 각 종족들에게 조공물자를 지정했던 사실을 전하면서 북방 13개, 남방 6개, 서방 9개, 동방 9개를 나열하고 있다.[3] 이러한 기록은 정확성 여부에 상관 없이, 적어도 중원의 입장에서 가깝고 먼 주변에 여러 종족들이 살고 있었음을 보여 준다.

전국시대에 이르러서 사방의 주변 민족들은 적狄·만蠻·융戎·이夷 등 소위 사이四夷로 통칭되었지만, 그 내부는 다양한 종족들로 구성되었다. 사이는 엄격하게 구분되지 않을 뿐만 아니라 각각의 내부도 매우 복잡하였던 것 같다. 즉 각각의 사이는 단일한 민족으로서 공통점이 있는지도 불확실하며, 마찬가지로 세부적인 종족의 구분이나 그 관계도 정확하지 않다. 그들은 지리적으로 또는 시기적으로 그때그때 중원의 입장에서 붙여졌을 뿐이다.

역사학자 궈모뤄郭沫若(1873-1978)는 『시경』에 근거해 주의 주변 사방에는 아직 씨족사회 단계의 목축민족들이 거주했다고 주장한다. 즉 남방의 장

1 『逸周書』「明堂解」.
2 『逸周書』「職方解」.
3 『逸周書』「王會解」.

강 유역에는 형만荊蠻·회이淮夷·서융徐戎, 서방에는 견융犬戎, 북방에는 만맥蠻貊·적인狄人·험윤玁狁, 동방의 산동 일대에는 내이萊夷·우이嵎夷 등이 거주했다는 것이다.[4] 그의 언급은 서주 말 선왕宣王(기원전 827-728년 재위) 시기 주의 영토가 황하 중류에 국한되었음을 강조하기 위한 것이지만, 중화와 이적의 지리적 구분을 명확하게 설정하고 있다.

다른 예로 남송 시기 홍매洪邁에 의하면 동주, 즉 춘추시대 중국의 영토는 당시의 약 5분의 1에 불과했고, 나머지는 이민족의 거주지였다. 이와 관련해 그는 다음과 같이 언급하고 있다.

> 동주 시기에 중국의 땅은 가장 좁았다. 오늘날의 지리로 그것을 고증한다면, 오吳·월越·초·촉蜀·민閩은 모두 만蠻이었다. 회남淮南은 군서群舒 민족의 거주지였고, 진秦 지역은 융족의 거주지였다. 하북로河北路[5]의 진정眞定과 중산中山 일대는 선우鮮虞·비肥·고鼓 나라의 땅이었다. 하동로河東路에는 적적赤狄·갑씨甲氏·유우留吁·탁진鐸辰·노潞 등 나라의 땅이었다. 주의 왕성이었던 낙양 주변에도 양거楊拒·천고泉皐·만씨蠻氏·육혼陸渾·이락伊雒 등 융족이 있었다. 경동로京東路에는 내萊·모牟·개介·거莒 등 동이족이 있었다. 기杞 나라의 도읍지인 옹구雍丘는 오늘날 변경汴京의 속읍인데도 동이의 예절이 사용되었다. 주邾나라는 노魯나라에 접하면서도 동이東夷라 했다. 중국은 단지 진晉·제齊·노魯·송宋·정鄭·진陳·허許뿐이었다. 그것은 10개 주州로, 대략 천하의 5분의 1이었다.[6]

오늘날 역사가들은 문헌뿐 아니라 갑골문·금문·죽간 등을 통해서 더 많은 이민족들을 찾아내고 있고 그들의 거주지나 생활에 대해서 더 많이

---

4 郭沫若, 『中国古代社会研究』, 1954: 13-14.

5 노路는 송의 최고 지방행정단위로서 전국이 24개로 구획됨.

6 『容齋隨筆』 卷五 「周世中國地」.

〈표 4〉 서주와 춘추 시기의 만이蠻夷들

| | | | 위치 | 멸망 |
|---|---|---|---|---|
| 적狄 | 적적赤狄 | 동산고락씨東山皋落氏 | 산서 원곡垣曲 | 진晉 |
| | | 장구여廧咎如 | 산서 태원太原(또는 하남 안양安陽) | |
| | | 노씨潞氏 | 산서 노성潞城 | |
| | | 갑씨甲氏 | 산서 노성, 영년永年 | |
| | | 유우留吁 | 산서 둔류屯留 | |
| | | 탁진鐸辰 | 산서 장치長治 | |
| | 백적白狄 | 선우鮮虞 | 하북 정정正定, 신락新樂, 당唐 | |
| | | 비肥 | ? | |
| | | 고鼓 | ? | |
| | 장적長狄 | 수만鄋瞞 | 산서 남부 | |
| | 숙신肅愼·맥貊·맥貉·산융山戎 | | 하북 중부 | 진秦 |
| 융戎 | 융戎 | | 산동 서남부 | |
| | 북융北戎 | | 하북 | |
| | 윤성允姓의 융 | | 섬서 위수渭水 | |
| | 양거천고이락揚拒泉皋伊雒의 융 | | 이수伊水·낙수雒水 | |
| | 모융茅戎 | | 하남 임여臨汝, 산서 평육平陸 | |
| | 견융犬戎 | | 섬서 위수渭水, 하남 영보靈寶 | |
| | 여융驪戎 | | 섬서 임동臨潼, 산서 석성析城산, 왕옥王屋산 | |
| 만蠻 | 군만群蠻(용庸) | | 초의 서북 | 초楚 |
| | 백복百濮 | | 초의 서남 | |
| | 파巴 | | 초의 서쪽(사천 강북江北) | |
| | 노융盧戎 | | 호북 남장南漳 | |
| | 초楚 | | 호북, 하남 남부, 섬서 동남, 사천 동부, 강서, 안휘, 강소 서남 | 진秦 |
| | 오吳 | | 강소 대부분, 안휘와 강서 일부 | 월越 |
| | 월越 | | 절강 대부분, 강서 일부 | 진秦 |
| 이夷 | 회이淮夷 | | 회수淮水 유역 | 진秦 |
| | 개介 | | 산동 교현膠縣 | 제齊 |
| | 내萊 | | 산동 황현黃縣 | 제齊 |
| | 근모根牟 | | 산동 기수沂水 | 노魯 |
| | 군서群舒(서舒·서료舒蓼·서용舒庸·서구舒鳩·서포舒鮑·서공舒龔·용서龍舒·종宗·소巢 등) | | 회수淮水, 장강 유역 | 초楚 |
| | 강江·황黃·육六·요蓼 | | 회수淮水 | |

顾颉刚 · 史念海, 『中国疆域沿革史』, 1999(1938): 40-43; 史念海, "西周与春秋时期华族与非华族的杂居及其地理分布"(上,下篇), 1990: 9-40, 57-84.

이해하고 있다. 〈표 4〉는 이들의 자료에 근거해 초기 이민족들을 종합한 것이다.

먼저 북적 또는 적족이다. 그들은 하나의 민족이 아니라 중원의 입장에서 북쪽에 위치한 만이들을 통칭해 부르는 말이다. 적족은 대체로 서쪽과 동쪽의 적으로 구분된다. 서쪽, 즉 오늘날의 감숙성 동부, 섬서성, 산서성, 하북성 서부에는 험윤玁狁·견융犬戎·적狄 등이 있고, 이들은 적적赤狄·백적白狄·장적長狄 등으로 분류되기도 한다. 이들은 전국시대 이후에는 호胡와 흉노로 불리게 된다. 그들의 동쪽, 즉 오늘날의 하북성 중부 이북에는 숙신肅愼·맥貊·맥貉·산융山戎 등이 등장하는데, 이들은 전국시대 이후에는 동호東胡라 불리게 된다.

한편 융족들은 대부분 황하와 낙수洛水 사이에 거주했다. 이곳은 북으로 진晉, 남으로 초, 서로 진秦 등 강자들에 의해 포위되어 있었고, 주의 수도권에서 가까웠다. 또한 지형도 평지로서 공격하기 쉬웠다. 따라서 이들은 적족과 달리 춘추시대까지도 별다른 세력을 형성하지 못했다.

만족蠻族은 중원 중남부의 여러 종족들을 통칭한 것으로, 그들의 거주지를 상세하게 알 수 없다. 그들은 노융盧戎·군만群蠻·백복百濮·파巴 등으로 분류되는데, 춘추시대에 대부분 초의 판도에 속해 있었다. 구지에강에 의하면, 초는 원래 동방의 이족夷族이었다. 주가 그들을 서쪽으로 이주시킴으로써, 그들은 중원의 남부지역에 걸쳐 살고 있었다. 그러다가 주가 쇠약해짐에 따라 초는 중원의 소규모 제후국들과 주변의 만족 및 이족들을 병합했다. 그리하여 초는 서쪽으로 섬서성 동남부부터 동쪽으로 강소성 남부까지 대규모 정치세력을 형성했다. 초는 동으로 군서群舒와 오吳, 북으로 주의 소규모 제후국들, 서북으로 군만, 서남으로 백복, 서로 파 등과 접했다.[7]

마지막으로 이족夷族 또는 동이족은 주로 산동성 중부 사수泗水[8] 이남에

7 顾颉刚·史念海, 『中国疆域沿革史』, 1999(1938): 42.

8 오늘날 명칭은 사하泗河.

서 회수淮水[9] 유역에 살았던 여러 종족들을 지칭한다. 그들은 언어·의복·관습 등에 있어서 중원 민족과 구분되었다. 그들은 신석기 중기 대문구大汶口와 신석기 후기 용산龍山문화의 담당자로서 높은 문명적 수준을 이룩했다. 서주 시기에 이르러서도 동이는 자체의 성읍국가군을 형성해 주의 세계와 경쟁했다.[10] 춘추시대 중원의 강자로 등장하는 오·월도 그 지배층은 초의 일파였지만, 피지배층은 동남의 이족들이었다. 자생적으로 성장한 이족들은 중원의 여러 나라들과 문화적으로 교류하고, 정치적으로 접촉하면서 점차 통합되었다. 특히 진이 6국을 병합한 뒤 이들은 흩어져 진의 일반 백성으로 편입되었다.[11]

역사 초기의 만이들에 대한 단편적인 기록은 그들과 중원의 관계를 밝히는 데 한계가 있다. 그것은 지역적·종족적 범주가 고정되지 않고 상황에 따라 변화되기 때문이다. 마찬가지로 제하의 실체가 분명하게 드러나는 시점을 문헌상에서 찾기란 거의 불가능한 일이다. 하·은·주에 대한 초기의 역사 기록에도 반영된 것처럼 중원에는 여러 소규모 부족들이 산재했고, 그들의 중심지도 상당히 유동적이었다. 그와 함께 중원의 나라들과 만이들은 매우 역동적인 관계에 있었다.

『춘추좌전』에는 위에서 언급된 적적赤狄·백적白狄과 같은 적족狄族들과 산융山戎·견융犬戎·북융北戎·노융盧戎 등과 같은 융족戎族들이 등장한다. 이들은 대개 중원의 나라들과 적대관계에 있지만, 협력관계(회맹이나 전시동맹)를 형성하기도 했다. 이를테면 기원전 722년부터 진晉과 융이 동맹을 맺

9 오늘날 하남·안휘 그리고 강소 등 중부지역을 가로지르는 강.

10 『후한서』「동이전」은 이들이 주 무왕 시기 관숙과 채숙의 반란세력에 가담했다가 정벌당한 것, 강왕康王 때 왕을 참칭하고 주를 공격해 황하에 이른 것, 서언왕徐偃王 시기에는 주변의 36개국의 조현을 받을 정도로 성장한 것, 초의 문왕에 의해 나라가 망하고 북으로 이주한 것, 그 후 쇠락한 주를 다시 공격한 것, 제의 환공에 의해서 축출된 것 등이 기록되어 있다(『後漢書』 卷一百十五 「東夷傳」).

11 『後漢書』 卷一百十五 「東夷傳」.

은 570년까지 152년 동안 중원 국가들은 융족들과 21회의 협력관계[12]와 64회의 전쟁[13]을 경험한 것으로 기록되어 있다. 융적과의 접촉도 산서성·하남성·하북성·산동성 등에 위치한 거의 모든 중원 국가들에서 이루어지고 있다. 전쟁의 경우 대부분 융적이 중원 국가들을 공격한 것으로 기술되어 있다. 제의 환공이 존왕양이를 내걸고 이룬 패업의 상황에서도 중원 국가들 가운데 형邢과 위衛(기원전 660년), 그리고 온溫(기원전 650년)이 적족에 의해 멸망했다. 이러한 상황은 문헌상에 "남이와 북적이 번갈아 중국을 침략하니, 중국은 끊어질 듯한 실과 같았다."라고 기록되어 있다.[14]

그렇지만 기원전 6세기에 들어 중원 내 이민족들은 차례로 몰락했다. 진晉은 적적赤狄인 노씨潞氏·갑씨甲氏·유우留吁·비肥·고鼓 등을 차례로 멸망시켰다. 그 외에도 육혼陸渾의 융戎·수만瞍瞞·탁진鐸辰·동산고락씨東山皐落氏·장구여廧咎如 등도 진에 의해 병탄되었다. 또한 동이족인 내萊와 개介는 제齊, 근모根牟는 노魯, 노융盧戎과 만씨蠻氏는 초, 여융驪戎과 박亳은 진秦에 의해 각각 멸망했다.[15] 그 결과 춘추 후반기에 이민족과의 접촉은 확연하게 감소했다. 571년부터 『춘추좌전』이 다루는 마지막 해인 465년까지 107년 동안 진晉과 초만이 이민족과 접촉한 것으로 기록되어 있다. 접촉도 중원 국가에 의한 공격의 형태를 띠고 있다. 즉 진은 백적의 일파인 선우鮮虞를 6회, 육혼陸渾의 융戎을 1회, 초는 융만戎蠻·이호夷虎·양梁·곽霍·동이東夷를 각각 1회 공격했다. 이민족에 의한 공격은 아예 등장하지 않고 있다. 초기 이민족들은 중원 국가들 사이에 위치했지만, 점차 시간이 지나면

12 노 4회, 제 1회, 위衛 3회, 진晉 7회, 정鄭 4회, 형邢 1회, 진秦 1회 등이다.

13 노 5회, 제 12회, 조曹 2회, 형荊 1회, 괵虢 2회, 위 8회, 진晉 17회, 송 5회, 온溫 1회, 주周 6회, 정鄭 1회, 초 3회, 진秦 1회 등이다.

14 "南夷北狄, 交伐中國, 中國之不絕如線."(『淮南子』「要略」); "南夷與北夷交侵, 中國不絕如線."(『漢書』 卷七十三 「韋賢傳」)

15 顾颉刚·史念海, 『中国疆域沿革史』, 1999(1938): 45.

서 흡수되거나 외부로 밀려났던 것이다.

전국시대에도 중원의 확대는 계속되었다. 전국시대 역사서인 『전국책』은 주변 민족들에 대한 공략의 의의를 한마디로 다음과 같이 제시하고 있다. 즉, "그 땅을 취하면 나라를 넓힐 수 있고, 그 재물을 얻으면 백성들을 부유하게 할 수 있다."[16] 다시 말해 이민족 지역에 대한 공략을 통해 중원 국가들은 영토를 확대할 뿐만 아니라 현지의 물자를 이용할 수 있고, 나아가 그들을 병력으로 동원할 수 있었다. 앞으로 다루겠지만, 전국시대 진·조·연과 같은 북부의 중원 국가들은 흉노와 같은 북방 민족들을 공략하여 영토를 크게 확대했다.

대외적 팽창은 중원에 통일국가가 형성되면서 본격화되었다. 춘추전국 시기 각국은 주변 지역에 대한 부분적 공략에 그쳤다. 그것은 그들 내부의 경쟁적 관계가 주된 이슈였을 뿐만 아니라, 그들의 국력이 주변 만이를 압도할 수는 없었기 때문일 것이다. 그렇지만 이제 대국이 형성되면서 중원 정권과 주변 민족들 사이의 대립 구도가 더 분명해졌다. 더욱 중요하게는 양자 사이에는 커다란 힘의 비대칭성이 나타났다. 중원의 대국은 거대한 권력자원을 동원해 팽창전쟁을 감행할 수 있었다. 산재했던 민족들은 쉽게 공략되었다. 다만 흉노와 같은 유목민족은 고도의 유동성을 바탕으로 장기간 중원의 압력을 피할 수 있었다. 강족과 같이 일부의 민족들은 거기에 지속적으로 저항했다. 그렇지만 그들도 힘에 굴복하지 않을 수 없었다. 여기서는 진한 시기 주변 지역 및 민족에 대한 공략과 흡수, 그들의 저항에 대해서 차례로 살펴본다.

---

16 "取其地足以廣國, 得其財足以富民."(『戰國策』「秦册一」)

## 2. 흉노匈奴

### 흉노의 등장

중원의 서북부와 북부는 넓은 초원지대이다. 『사기』나 『한서』와 같은 역사서들에 의하면, 그곳에는 유목민들이 거주해 왔다. 유목민들은 여러 부족들로 구성되었다. 그들은 초원을 이동하면서 말·소·양 등 가축을 방목하고 짐승을 사냥했다. 그들은 말타기와 활쏘기에 능하고, 전쟁에 나가면 용감했다. 그들의 이러한 문명적 특징은 농업에 종사하고 정착생활을 하는 중원의 농경민족과 차이가 있었다.

그럼에도 유목과 농경문명의 지리적 경계는 분명하지 않고, 양자 사이에는 넓은 중첩된 지역이 있었다. 그곳은 유목과 농경이 동시에 가능할 뿐만 아니라, 특히 농경민족의 입장에서 개간을 통해 농지로 활용될 수도 있었다. 또한 역사 초기에는 자연에 대한 채취가 중요하며, 농경과 유목도 엄격하게 구분되지 않았을 것이다. 더욱이 각각의 지역이 하나의 정치권력에 의해 통합되지 않고 여러 부족이나 국가들로 나뉘어 있을 경우, 그들 사이의 지리적 관계는 더욱 유동적일 수밖에 없다. 유목과 농경이 중첩된 대표적인 예가 오르도스[17] 지역이었다. 이 지역은 지도상으로 황하 만곡부의 서북지역에 해당되는데, 역사적으로 흉노와 중원 국가들 사이에 일진일퇴의 공방이 벌어졌던 곳이다.

한 고고학적 연구에 의하면, 신석기시대에 오르도스는 농업과 목축이 동시에 이루어지는 혼합경제 지역이었다. 이곳 사람들은 중원의 앙소문

17 오르도스Ordos는 중국에서는 하남河南·하투河套 등으로 불린다. 서쪽과 북쪽은 황하가 북상해 내몽고자치구를 지나는 구간을 경계로 하고, 남쪽과 동쪽은 영하회족자치구 및 섬서성을 경계로 한다.

화와 용산문화의 영향을 받아 농사를 짓고 동시에 건조한 기후로 인해 수렵과 목축을 했다. 그렇지만 기원전 2000년경 한랭건조화가 진행되면서 점차 이곳은 유목지역으로 변모했다. 그 결과 기원전 1400년경까지 아예 사람들은 실종되었고, 그러한 상태는 춘추 중엽인 기원전 600년 경까지 1천 년 가량 계속되었다. 다시 말해 하·은·주 시기에 오르도스에는 사람이 거의 거주하지 않았던 것이다.[18]

기후가 이처럼 추워지면서 오르도스의 혼합경제 사람들은 그보다 동남쪽, 즉 산서성과 섬서성 북쪽, 나아가 하북성 일대까지 이동했다. 그들은 춘추시대 중원에서 적狄과 융戎으로 부르던 민족으로 추정되고 있다. 그들은 혼합경제를 여전히 유지했으며, 성을 쌓고 정착하는 등 이동성이 낮았다. 기원전 6세기 중엽 이들은 관중의 서북쪽에 위치한 위수渭水·경수涇水·낙수洛水, 그 동북쪽에 위치한 하서河西, 그리고 그것과 태항太行산맥 사이에 위치한 분수汾水의 북쪽에 자리 잡게 되었다. 다만 이들은 적적赤狄·백적白狄·면저綿諸·견융畎戎·적원狄獂·의거義渠·대려大荔·오씨烏氏·구연朐衍·임호林胡·동호東胡·누번樓煩·산융山戎 등 여러 종족으로 분열되어 있었다.[19] 오늘날 내몽고·감숙성·영하자치구·섬서북부·산서·하북 지역이 모두 융적의 거주지였다.

그에 반해 주의 영토는 주 왕실의 본거지인 섬서성 남부와 분봉된 제후국들이 위치한 하남성과 산동성 일대였다. 상을 대체한 주 무왕武王이 지금의 서안西安과 가까운 호鎬에 정도하면서 북방 민족들을 북쪽으로 내몰기도 했다. 그러나 주가 쇠퇴하자 그들은 다시 남하했고, 결국 주는 동쪽의 낙읍洛邑으로 천도하지 않을 수 없었다. 이때 진秦이 융적을 막아내고 주변 지역으로 세력을 확대하면서 서북의 강자로 등장했다. 역사서는

---

18 왕명가王明珂 지음, 이경룡 옮김, 『중국 화하 변경과 중화민족』, 2008: 185-207.

19 『史記』 卷一百十 「匈奴列傳」; 『漢書』 卷九十四 「匈奴傳」.

하·은·주 3대에 걸친 서융과 중원의 역동적인 관계를 보여 준다.

왕의 정치가 바르면 외부세력이 복종하고, 덕정이 사라지면 도적들이 어지럽히는 법이다. 옛날 하夏의 태강太康이 나라를 잃었고,[20] 사방 오랑캐들이 배반했다. 그 뒤 상相[21]이 즉위하여 견이畎夷를 정벌하자 7년이 지나 견이가 복종했다. 설泄[22]에 이르러 오랑캐들에게 작위를 처음으로 주자 이때부터 그들이 복종했다. 걸桀 시기에 정치가 혼란해지자 견이가 빈邠과 기岐 사이에 진입했고, 은의 탕왕이 홍기한 뒤 그들을 정벌해 쫓아냈다.

은왕조 중기에 쇠퇴하자 사방 오랑캐들이 모두 반기를 들었다. 무정武丁[23]시기에 서융西戎·귀방鬼方을 정벌해 3년 뒤에 승리했다. 그리하여 『시경』에 이르기를, '저들 저족氐族과 강족羌族이 감히 복종하지 않을 수 없게 되었다.'고 하였다. 무을武乙[24]이 흉포하자 견융犬戎이 변경지역을 노략질했고, 주周의 고공단보가 양산梁山을 넘어 기산岐山 아래로 피신했다. 그의 아들 계력季歷에 이르러 마침내 서락귀융西落鬼戎을 정벌했다. 태정太丁[25] 시기에 계력이 다시 연경燕京의 융족을 정벌했는데, 융족이 주의 군대를 크게 이겼다. 2년 뒤 주가 여무余無의 융족을 이기자 이때 태정은 계력을 목사牧師로 임명했다. 그 후 다시 시호始呼·예도翳徒의 융족을 정벌해 모두 이겼다. 문왕이 서백西伯이 되었을 때 서쪽에는 곤이昆夷의 우환이 있었고, 북쪽에는 험윤獫狁의 위험이 있었지만 마침내 융적을

---

20 하의 3대 왕으로 정치를 잘못해 동이족의 우두머리인 후예后羿와 한착寒浞이 차례로 권력을 찬탈하는 상황이 벌어짐.

21 하의 5대 왕.

22 하의 21대 왕.

23 은의 22대 왕. 은을 크게 부흥시키고 대외적으로 정복정책을 구사함.

24 은의 27대 왕.

25 은의 28대 왕.

몰아내고 그곳을 지켜 모두 복종하게 되었다.[26] 그는 이어 서융을 이끌고 은에 반기를 든 나라들을 정벌하고 주紂를 섬겼다.

무왕이 은을 멸망시켰을 때, 강羌족과 무髳족이 군대를 이끌고 목야牧野에서 회동했다.[27] 목왕穆王에 이르러 융족이 조공하지 않자 왕이 서쪽으로 견융犬戎을 정벌해 그들의 왕 5명을 사로잡고 또 4마리의 흰 사슴과 4마리의 흰 이리를 얻었고, 마침내 융족을 태원太原으로 이주시켰다. 이왕夷王[28] 때 나라가 쇠약해져 황복의 민족들이 조공하지 않자 괵공虢公에게 명해 6군을 이끌고 태원의 융족을 정벌하게 해, 유천兪泉에 이르러 말 1천 필을 획득했다. 여왕厲王이 무도하자 융적이 노략질을 하여 견구犬丘까지 들어와 진중秦仲의 족속을 살해했다. 왕이 융족의 정벌을 명했으나 이기지 못했다. 선왕宣王 4년 진중秦仲에게 융족을 정벌하게 했으나 그가 융족에 의해 살해되었다.[29] 그러자 왕이 그의 아들 장공莊公을 불러 7천 명의 군사를 주어 융족을 정벌, 격파해 우환이 줄게 되었다. 그 후 27년 뒤 선왕은 군대를 보내 태원의 융족을 정벌하게 했으나 이기지 못했다. 다시 5년 뒤에 왕은 조융條戎과 분융奔戎을 정벌하게 했으나 왕의 군대가 연이어 패했다. 다시 2년 뒤 진晉이 북융北戎을 분습汾隰에서 이기고, 융족이 강후姜侯의 읍을 멸망시켰다. 이듬해 왕은 신융申戎을 정벌해 격파시켰다. 10년 뒤 유왕幽王이 백사伯士에게 명해 육제六濟의 융족을 정벌하게 했으나 패배해 백사가 거기서 죽었다. 그해 융족이 견구犬丘를 포위해 진秦 양공襄

26 사실 맹자는 고공단보와 문왕이 각각 훈육과 곤이를 섬겼다고 적고 있다(『孟子』「梁惠王下」).

27 무왕이 은의 마지막 왕인 주紂를 목야의 전쟁에서 물리쳤는데, 이때 이민족들의 군대도 참여했던 것.

28 주의 9대 왕.

29 진중은 후에 진秦나라로 성장하게 되는데, 주 선왕宣王이 그를 대부로 삼아 융적을 공격하게 했다가 살해되었다. 그렇지만 그의 아들들이 융적을 무찌르자 그곳에 봉해 기반을 잡게 되었다.

公의 형 백보伯父를 포로로 잡아갔다. 그때 유왕이 무능해 사방의 오랑캐들이 번갈아 침략했다. 마침내 그가 신후申后를 폐하고 포사褒姒를 왕비로 세우자 신후申侯가 화가 나서 융족과 함께 주를 침략해 역산酈山에서 유왕을 살해했다.[30] 주는 마침내 동쪽의 낙읍으로 천도했고, 진의 양공은 융족을 공격해 주를 구했다. 2년 뒤 형후邢侯가 북융을 크게 격파했다.[31]

여기에는 중원의 국가들과 융적들 사이의 경쟁관계가 잘 나타나 있다. 거기에는 수많은 종족들 또는 국가들이 관여했다. 융족들과 중원의 여러 정치조직들은 대개 대립적이었지만, 제3의 적을 공격하기 위해 서로 협력하기도 했다.

특히 주목할 것은 초기에는 상과 주의 중원 국가들이 적극적으로 융적들을 공략하였다면, 시간이 지날수록 융적이 우위를 점하고 있다는 점이다. 이와 관련하여 역사서의 편자들은 중원 국가들의 도덕적 쇠락이나 힘의 약화가 원인을 제공한다고 보면서도, 융족들은 기회가 있을 때면 언제든 중원을 공격한 것으로 묘사하고 있다. 어쨌든 주는 말기에 이르러 싸움에서 연전연패했고, 결국 융족에게 쫓겨 동쪽으로 이동하지 않으면 안 되었다. 그 후 중원은 더욱 분열되면서 오랫동안 그러한 수세적 상황은 변화되지 않았다.

그럼에도 전국시대에 이르러 형세는 크게 변화되었다. 전국시대에 이르러 중원은 7개의 대규모 중앙집권적 국가들로 통합되었다. 그리고 중원 국가들 사이의 전쟁이 상당히 진행되어 어느 정도 힘의 균형 상태가 이루어졌을 때, 이들은 주변 지역에 대한 영토의 확대를 추진했다. 특히 북

---

30 신申은 주의 한 제후국인데, 그 우두머리인 신후의 딸이 유왕의 정비였으나, 유왕이 포사를 총애해 정비와 그녀가 낳은 태자를 폐하자, 신후가 나서서 융족과 함께 유왕을 죽였다.

31 『後漢書』 卷一百十七 「西羌傳」.

방 민족들은 조趙·진秦 등 북방 중원 국가들의 공략 대상이 되었다. 중원 국가들은 인구의 증가에 따라 필요해진 토지를 확보하기 위해서 이민족들을 축출하고 그곳에 장성을 축조했다. 북방 민족의 상당수는 장성 안쪽으로 유입되어 결국 소멸되었고, 일부는 장성 밖으로 이동하지 않을 수 없었다. 장성 밖의 오르도스 지역은 기후의 변화로 이미 농사를 짓기 어려운 상태가 되었고, 따라서 유목에 의존하지 않을 수 없게 되었다.[32]

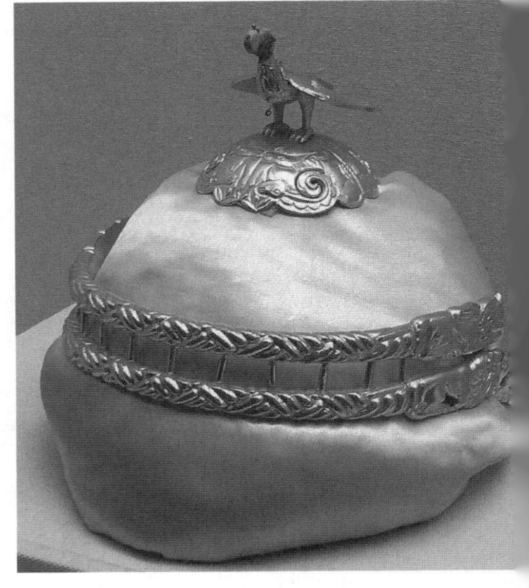

전국시대 흉노의 황금 왕관_독수리와 금줄을 꼰 장식으로 구성되어 있다. 내몽고 항금기杭 錦旗 고분에서 출토.

전국칠웅 가운데 북방의 이민족들과 접하고 있던 나라는 진秦·조趙·연燕이었다. 그 가운데 융적과 가장 많은 접촉을 한 나라는 조였다. 『전국책』은 전국시대 말 중원의 북쪽에 위치한 조의 무령왕武靈王(기원전 325-299년 재위)의 사례를 상세하게 기술하고 있다. 그는 내부의 강력한 반대를 무릅쓰고 오랑캐의 군사·의복 등을 도입해 북방을 개척했다〔호복기사胡服騎射〕. 무엇보다도 사막의 험난한 지형에서 싸우기 힘들기 때문에 무거운 갑옷과 창과 같은 중원의 장비를 버리고 기마병과 활쏘기를 적극 도입했다. 그와 더불어 기마에 적합한 의복제도를 도입하고 동시에 인의도덕과 같은 교화에 의해서는 북방 민족들을 복속시킬 수 없다고 보고, 무력에 의한 팽창 정책을 실시했다. 이러한 전략을 통해 그는 북방지역으로 영토 1천 리를 넓혔다.[33]

---

32 왕명가王明珂 지음, 이경룡 옮김, 『중국 화하 변경과 중화민족』, 2008: 217-223.

오르도스(황토고원) 전경_한과 흉노가 치열하게 공방을 벌였던 지역이다.

중원 국가들은 북방 민족들을 공략한 뒤 그곳에 군현을 설치하고 장성을 쌓았다. 『사기』「흉노열전」에 의하면, 위魏의 문후文侯(기원전 445-396년 재위)는 융족 지역을 공략해 하서河西와 상군上郡을 차지했다. 조의 무령왕도 임호林胡·누번樓煩을 무찔러 장성을 쌓고, 대代에서 음산陰山까지 운중雲中·안문雁門·대代 등 3개 군을 설치했다. 진秦도 의거義渠 융의 지역을 차츰 잠식해 마침내 소양왕昭襄王(기원전 306-251년 재위) 이후 농서隴西·북지北地·(위魏에게서 빼앗은)상군上郡 등 3개 군을 차지했다. 중원의 동북지역에 위치했던 연燕도 동호東胡를 1천여 리 밖으로 몰아내고 그곳에 상곡上谷·어양漁陽·우북평右北平·요서遼西·요동遼東 등 5개 군을 설치했다. 중원 국가들은 그 외곽에 장성을 쌓아 이적의 남하를 막았다.[34]

그렇지만 흉노와 중원의 관계는 흉노 대 중원 국가들로 단순화될 수 없

33 『戰國策』「趙册二」.

34 『史記』 卷一百十「匈奴列傳」. 전국시대 북방 3국에 의한 장성의 축조에 관해서는 이 책 10장 2절 참조.

다. 앞서 언급한 것처럼 춘추시대에도 중원의 여러 나라들은 이민족들과 서로 다른 관계를 형성했다. 중원의 나라들이 서로 대립하면서 이민족들과 동맹을 맺는 경우도 적지 않았던 것이다. 전국시대에도 마찬가지였다. 이를테면 전국시대 말인 기원전 318년 동방의 6국이 소진의 합종책에 따라 단결해서 진과 수어修魚에서 싸울 때 흉노도 거기에 가담했다.[35]

한편 진은 동쪽으로 중원 국가들과 경쟁하고 있었지만, 북쪽·서쪽·남쪽으로는 이민족들과 접하고 있었다. 진은 이들과 경쟁하면서 성장했다. 진이 작은 제후국에서 강력한 패권국이 된 것은 중원과 더불어 주변의 이민족 지역들을 흡수한 결과였다. 『사기』 「진본기」에 의하면, 춘추시대 진의 목공穆公이 서쪽으로 융적을 장악해 땅을 1천 리나 넓혔다. 전국시대에는 소양왕이 북방으로 융적의 거주지였던 오르도스의 남부지역을 공략해 농서·북지·상군 등 3개의 군을 설치하고 장성을 쌓았다. 당시 진의 장성은 대략 황하 만곡부의 맨 아래 왼쪽에서 출발해 오르도스 남쪽 경계를 돌아 동북 방향으로 가로질러 만곡부의 오른쪽 상단으로 이어졌다.

통일 이후 진시황은 전국시대에 일부 국가들이 확대시킨 영토를 계승했을 뿐만 아니라 그 주변 지역을 흡수했다. 통일의 공신인 이사李斯(기원전 약 284-208)의 반대를 무릅쓰고,[36] 기원전 215년 장군 몽염蒙恬이 30만[37]의 군사를 이끌고 북쪽의 흉노를 쳐서 북하北河[38] 너머로 몰아냈다. 이로써 진은

35 『史記』 卷五 「秦本紀」.

36 이사는 특히 흉노가 기동성이 커서 공략하기 힘들 뿐만 아니라, 승리해 그곳의 땅이나 사람들을 얻었다고 하더라도 유지하기 어렵다는 근거를 제시했다(『漢書』 卷六十四 「嚴助傳」).

37 『史記』 卷六 「秦始皇本紀」. 「흉노열전」에는 10만 명으로 되어 있다(『史記』 卷一百十 「匈奴列傳」).

38 황하가 내몽고로 흘러가 다시 동진하는 부분으로 그 너머는 음산산맥의 넓은 기슭으로 이어진다. 특히 해당 구간은 상당 부분이 두 개의 지류로 나뉘는데, 북하는 북쪽의 큰 지류를 의미한다.

오르도스 전체를 확보했다. 진은 그곳에 44개의 현성縣城을 쌓고 적수適戍들[39]을 보내 채웠다. 그곳을 진의 새로운 땅이라는 의미에서 신진新秦이라고 했는데, 그 명칭은 한에서도 사용되었다. 또한 황하의 최북단 구원九原에서 수도 함양 북쪽에 위치한 운양雲陽까지 직통도로〔직도直道〕를 열었다. 진시황은 새로 확보한 영토를 지키기 위해서 과거 진·조·연의 장성을 연결하는 소위 만리장성을 쌓았다. 그것은 농서군 서남부에 위치한 임조臨洮에서 요동遼東에 이르렀다.[40]

진은 중원의 다른 지역과 마찬가지로 점령지에 대해서 군현화 전략을 구사했다. 흉노를 오르도스에서 북하 너머로 축출한 뒤 북하변에 방어선을 구축하고 그 이남지역을 군현으로 만들어 내지인들을 이주시키는 방식으로 실지화했다. 그것은 부분적으로 승상 이사의 주장대로 흉노를 물리적으로 온전히 복속시킬 수 없기 때문이었다. 그렇지만 더 본질적으로 진은 광범위한 주변 지역에 대한 간접적 지배를 특징으로 하는 소위 제국의 관념을 갖지 않았다. 전국시대에 여러 나라들을 병탄한 것과 마찬가지로 진은 주변 지역에 대한 영토적 팽창과 군현적 지배를 추진했던 것이다.

물론 진의 통일과 북진은 북방 민족들의 단결을 가져왔다. 중국 측에서 흉노로 알려진 이 민족은 기원전 209년 묵특冒頓(기원전 약 209-174년 재위)이 최고 지도자인 선우單于에 오르면서 내부적으로 결속하고 외부적으로 영토를 크게 확대했다.[41] 이들은 동쪽의 동호東胡를 멸망시키고 그 잔여세력인

---

39 적수는 죄인·무호적자·데릴사위 등 사회 하층민들로 진한 시기에는 이들을 변방에 보내 복무하게 했다.

40 『史記』 卷一百十 「匈奴列傳」.

41 역사서에는 융적과 흉노의 개념 관계가 분명하지 않다. 다만, 진의 통일 이전에는 북방 민족들은 주로 융적의 이름으로 등장하며, 흉노는 그 이후에 가시화된다. 얼른 보아서는 융적이 흉노로 변화되는 것처럼 보이나, 일부에서는 별개로 비춰지기도 한다. 대체로 흉노는 융적들의 북쪽에 위치하였다가—또는 북쪽에 위치한 융적이—점차 실력을 키워 중국과 접하던 남쪽의 융적들을 흡수하게 되었고, 결국 전국시대 이

〈그림 9〉 초기 흉노와 유목집단 분포(기원전 3세기경)

출처: 니콜라 디코스모 지음, 이재정 옮김, 『오랑캐의 탄생』, 2005: 255.

오환烏桓과 선비鮮卑를 대흥안령까지 몰아내고, 서쪽의 서역과 월지月氏를 공략했다. 북방으로 흉노는 정령丁零·견곤堅昆 등 부족들을 정복해 바이칼호까지 그 세력을 확대했다.

뿐만 아니라 진시황 사후 내분과 제후국 후예들의 반란으로 중원에 힘의 공백이 생겨나자 흉노는 다시 남쪽으로 진출했다. 이와 관련해 『사기』와 『한서』는 "차츰 황하의 남쪽으로 넘어와 중국과 과거의 요새를 경계로 삼게 되었다."[42]고 전한다. 여기서 과거의 요새란 북방 3국이 쌓았던 장성, 특히 진의 소양왕이 쌓았던 장성으로서, 이것은 통일 후 진이 새로 흡수했던 오르도스 지역이 다시 흉노의 손에 들어가게 되었음을 의미한다. 흉노

---

후 크게 북진한 중원과 국경을 마주하게 된 것으로 보인다. 그와 함께 융적의 명칭도 사라지게 된다.

42 『史記』 卷一百十 「匈奴列傳」; 『漢書』 卷九十四 「匈奴傳」.

는 중앙아시아와 중국의 북부에 이르는 대제국을 건설했던 것이다.

흉노에 관한 기록은 다른 지역과 마찬가지로 중국 측의 자료에 의존할 수밖에 없다. 흉노의 국가조직과 지역적 분포에 관해 『사기』「흉노열전」은 다음과 같이 기술하고 있다.

> 좌우 현왕賢王(귀족의 봉호), 좌우 녹려왕谷蠡王(번왕藩王의 봉호), 좌우 대장大將, 좌우 대도위大都尉, 좌우 대당호大當戶, 좌우 골도후骨都侯(이성의 대신)를 두었다…… 좌우 현왕 이하 당호까지 많게는 기병 1만 명, 적게는 수천 명을 거느리는 24명의 장長들이 있고, 그 명칭은 만기萬騎라 한다. 모든 대신은 세습된다…… 좌왕과 대장은 모두 동쪽에 위치하는데, 상곡군上谷郡에서 동으로 예맥穢貉과 조선朝鮮에 접한다. 우왕과 대장은 모두 서쪽에 위치하는데, 상군上郡에서 서로 월지月氏·저氐·강羌과 접한다. 선우의 궁정은 대군代郡 및 운중군雲中郡과 마주하고 있다. 이들은 각자 정해진 영역이 있고 풀과 물을 따라 이동한다. 영역은 좌우 현왕과 좌우 녹려왕이 가장 크다. 좌우 골도후는 선우의 정치를 보좌한다. 24명의 장들도 천장千長·백장百長·십장什長·비소왕裨小王·상相·도위都尉·당호當戶·저거且渠 등 속관을 두고 있다. 정월에는 모든 수장들이 선우의 조정에 작은 모임을 갖고 봄 제사를 지낸다. 5월에는 농성蘢城에서 큰 모임을 갖고 선조·천지·귀신에게 제사를 지낸다. 가을철 말이 살찔 때에는 대림蹛林에 모여 큰 모임을 갖고 백성과 가축의 수를 조사한다.[43]

이러한 상황에서 중원의 통일제국인 한이 등장했을 때, 흉노와 한의 일전은 불가피하게 보였다. 흉노는 산서지방으로 남하해 기원전 201년 마읍馬邑[44]과 진양晉陽[45]을 점거했다. 산서는 한韓왕 신信의 거점이었는데, 그는

43 『史記』 卷一百十 「匈奴列傳」.

그 이듬해 고조가 이성제후인 자신을 제거하려 하자 흉노에게 항복해 흉노와 함께 한을 공격했다. 이에 한은 전군을 투입, 보병 32만 명을 증원했고, 묵특도 40만[46] 기병을 동원해 오늘날 산서성 대동大同 부근인 평성平城에서 싸웠다. 결국 고조와 그의 군대는 백등산白登山에서 7일 동안 포위되는 수난을 당한 뒤 후퇴하고 말았다. 흉노 기병이 한의 보병에 대해서 갖는 우위가 증명된 셈이었다.

묵특은 한의 영토를 점령해 지배하는 것이 목적이 아니었으므로 포위망을 풀어 주었고, 결국 기원전 198년 양자 사이에는 평화적인 관계가 성립되었다. 한이 화친和親[47]이라고 불렀던 이 새로운 외교관계에서 양국은 형식상 형제로서 서로 대등했지만, 실제 흉노가 우위에 있었다. 한은 종실의 딸을 선우의 부인으로 삼게 했고, "해마다 흉노에게 일정한 양의 솜·비단·술·쌀·음식물을 보내도록 했다." 북방 민족이 주요 생필품을 조달하기 위해서 지속적으로 요구했던 변경무역도 허용되었다. 영토에 있어서도 한은 장성 이북에 대한 흉노의 영유권을 확고하게 보장하지 않을 수 없었다. 즉 한 고조는 "장성 이북은 활 쏘는 나라, 즉 흉노로서 선우의 명령을 받고, 장성 이내는 예절의 나라로서 짐이 다스린다."[48] 고 선언했다.

---

44 산서성 삭현朔縣.

45 산서성 태원太源.

46 『한서』「흉노전」에는 30만 명으로 기록되어 있다(『漢書』 卷九十四「匈奴傳」).

47 화친和親의 사전적 의미는 통혼을 통한 우호적 국가관계의 형성이다. 실제 이것은 이전부터 국가간 외교관계의 한 형식으로서 빈번하게 활용되었다. 다만 『춘추좌전』 등 역사서를 보면, 화친은 국가간 동등한 관계의 표현은 아니었다. 즉 대개 약소국이 일방적으로 충성의 표현으로서 여성을 바치는 경우가 많았고, 아니면 강한 국가가 복종하는 약소국에게 여성을 주어 자신의 우월적 위치를 공고하게 하는 수단이었다.

48 "長城以北, 引弓之國, 受命單于; 長城以內, 冠帶之室, 朕亦制之."(『史記』 卷一百十「匈奴列傳」) 이 구절은 역사서에서 고조의 직접적 언급으로 전해지는 것이 아니라, 문제文帝가 노상老上 선우에게 보내는 편지에서 인용했다. 문제는 흉노가 한의 국경을 자주 노략질하는 상황에서, 흉노에게 화친의 약속을 지킬 것을 강조했다.

그것은 진이 확보했던 오르도스의 대부분에 대한 포기를 의미했다.

『사기』에 열거되고 있는 것처럼, 이후에도 흉노는 화친을 깨고 한의 변경지역을 지속적으로 약탈했다. 흉노는 특히 오르도스의 동남쪽 하서河西 지역을 자주 침범해 수도 장안을 위협했다. 뿐만 아니라 지리적으로 멀어서 방어가 어려운 북부와 동부의 운중雲中과 요동遼東 지역에 대한 약탈이 극심했다. 흉노의 간헐적인 침략에 대해서 한으로서는 별다른 대책을 세우지 못했다. 이러한 상황을 전한 문제文帝(기원전 176-157년 재위) 시기의 정치가 가의는 "머리(천자)가 아래에 있고, 발(오랑캐)이 위에 있어 거꾸로 매달린 꼴"로 간주해 분개했다.[49]

## 흉노의 복속

한의 수세적인 위치는 무제武帝(기원전 141-87년 재위)에 의한 대대적인 공략이 이루어질 때까지 계속되었다. 다만 약 70여 년의 휴식기간을 거치면서 한의 경제가 크게 회복되었다. 무제가 즉위한 직후의 상황과 관련해 『사기』는 다음과 같이 기술하고 있다.

> 한이 일어난 지 70여 년 동안 나라에 일이 없고 홍수나 가뭄의 재해를 만나지 않게 되자 백성들이 모두 자급자족할 수 있게 되었고, 도시와 시골의 곳간이 모두 차게 되었으며, 정부의 창고는 재화가 남아돌게 되었다. 수도의 금고에 쌓인 돈은 억만금이었는데, 돈을 꿰는 줄이 썩어서 계산을 못할 정도였다. 태창太倉의 곡식이 날로 늘어 층층이 쌓아 밖에까지 넘치고 썩어서 다 못 먹을 지경이었다.[50]

49 "足反居上, 首顧居下, 是倒縣之勢也."(『新書』「解縣」) 흉노에 대한 가의의 정책방안에 대해서는 이 책 4장 2절에서 상술함.

50 『史記』 卷三十「平準書」.

이것은 어느 정도 과장된 것이겠지만, 어쨌든 국력이 회복되자 권력욕이 강한 무제는 대외공략에 나섰다. 그는 기원전 139년 흉노의 서쪽, 즉 오늘날의 아프간 북부에 위치했던 대월지大月氏와 동맹을 맺어 흉노를 공격하기 위해서 장건張騫(기원전 164-114)을 파견하기도 하고, 기원전 133년 마읍馬邑에서 30만 명의 군대를 동원해 흉노의 선우에 대한 기습을 시도했다. 그렇지만 이러한 시도는 성과를 거두지 못했다. 그 이후 몇 년 간격으로 이루어진 한의 대규모 원정도 쌍방에 엄청난 인적·물적 피해를 가져왔을 뿐이었다.

기원전 129년 무제는 4명의 장군에게 각각 1만 명의 기병을 이끌고 네 곳의 변군에서 출격하여 흉노가 모인 변경의 교역시장을 기습하게 했다. 그렇지만 원정은 2명의 장군이 생포되는 등 별다른 성과를 거두지 못했고, 오히려 흉노를 자극했다. 흉노는 어양漁陽·요서遼西·안문雁門 등 북부 변군들에 대한 대규모 공격을 통해 한에 적지 않은 피해를 입혔다.

그럼에도 흉노와 한 사이의 전면전에서 한은 수적 우위에 있었다. 기원전 128년과 127년의 공격에서 위청衛青(?-기원전 106)이 이끈 기병 수만 명이 북방을 공격해 하남을 회복했고, 과거 진이 세웠던 구원군九原郡에 삭방군朔方郡[51]과 오원군五原郡[52]을 설치했다. 그와 함께 한은 진의 몽염이 쌓았던 북하변의 장성에 방어선을 다시 구축했는데, 특히 삭방에 10여만 명을 동원했다. 진의 직도도 회복되었다.

물론 그에 대한 흉노의 반발도 만만치 않았다. 그들은 안문·대代·정양定陽·상上·삭방 등 군현에 침입하여 수많은 관민들을 살상했다. 한도 기원전 124년 북방 변군들에서 10여만의 대규모 병력을 동시에 출격해 황하를 넘어 막남幕南[53]의 흉노 남쪽 근거지를 공격했다. 그 이후 수년 간 계속된 공

---

51 치소 삭방朔方은 내몽고 항금기杭錦旗 북부.

52 치소 구원九原은 내몽고 포두包頭 서북부.

곽거병 묘의 마답흉노馬踏匈奴 석상_ 1.6m의 높이로 활과 화살을 들고 뒤집혀 있는 수염 난 흉노를 밟고 있는 모습이다. 섬서성 함양시 서쪽 무릉茂陵 부근에 위치하고 있다.

방에서 양자 사이에는 많은 인명 피해가 발생했다. 그렇지만 결국 수적 우위에 있던 한이 승리해 북하의 경계를 지키고 흉노에도 큰 타격을 주었다.

한의 흉노에 대한 공략은 오르도스와 북하에 그치지 않고 황하의 서쪽 너머 지역으로 확대되었다.[54] 기원전 121년 곽거병霍去病(기원전 140-117) 등은 봄과 여름 2차례에 걸쳐 기병 수만 명을 이끌고 농서·북지 등에서 출발, 서쪽으로 1, 2천여 리를 행군해 5만 명의 흉노를 소멸시켰다. 한의 서정은 그해 흉노의 혼야왕渾邪王이 4만 명을 이끌고 항복하게 하는 등 큰 성공을 거두었다.[55] 한은 이들을 5개의 속국屬國으로 한의 변군들에 편입시키고, 비게 된 하서지역에 4개의 군현을 설치했다. 즉 기원전 121년 주천酒泉군, 115년 무위武威군이 설치되었고, 111년 해당 군들에서 각각 돈황敦煌군과 장액張掖군이 분리되었다.[56]

---

53 몽고 대사막을 중심으로 남쪽을 막남, 북쪽을 막북幕北이라고 함. 한 시기에 막남이 흉노의 남부 경계선이었다. '막幕'은 사막沙漠의 '막漠'과 통함.

54 하서河西 지역은 주로 오늘날 감숙성을 중심으로 영하회족자치구의 남부와 신강위구르자치구 동부의 일부가 해당된다. 이곳은 목축업에 적합한 지역으로서 월지月氏·오손烏孫·강羌 등 유목민들이 서로 경쟁하면서 거주했고, 대외적으로는 흉노의 지배하에 있었다. 많은 강의 지류들이 있어서 관개를 통해서 농업도 가능했다(Chang, *The Rise of the Chinese Empire*, Vol. 1, 2006: 3-4).

55 혼야왕의 관할 지역은 흉노의 서부지역에 위치해 한의 공략을 받았는데, 그는 자주 패배했다. 선우가 그를 죽이려고 하자 그는 함께 모의했던 휴도왕休屠王을 살해하고 한에 항복했다(『史記』 卷一百十 「匈奴列傳」).

56 『漢書』 卷六 「武帝紀」. 4군의 설치 연도에 대해서는 여러 가지 설들이 있다. 사마광의 『자치통감』은 주천군과 무위군이 기원전 115년, 장액군과 돈황군이 기원전 111년에 설치된 것으로 기술하고 있다(『資治通鑑』 武帝 元鼎二年(기원전 115년)과 元鼎六年

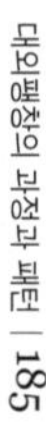

그리고 한은 다수의 범죄자들을 포함해 내지인들을 그곳으로 이주시켜서 채웠다〔사민실변徙民實邊〕.

하서 4군의 설치는 중요한 역사적 의미를 가졌다. 그것은 북방의 흉노와 남방의 강족羌族 사이의 연결을 단절시켰을 뿐만 아니라, 한은 서역에 이르는 교통로, 소위 하서주랑河西走廊을 확보했기 때문이다. 이들 하서 4군과 그 너머의 서역에 이르는 교통로를 지키기 위해서 한은 북쪽으로 1천 킬로미터가 넘는 새로운 장성을 구축했다.[57]

하남과 하서를 장악한 한은 기원전 119년 마침내 흉노의 본거지인 막북幕北에 대한 원정을 감행했다. 위청과 곽거병이 이끄는 한의 대규모 기병대는 변경에서 2천 리 이상 출격해 오늘날 울란바토르에 위치한 선우의 도읍을 공략하고, 일부는 흉노를 쫓아 바이칼 호까지 이르렀다. 그렇지만 몽고의 넓은 대초원에서 이동성이 강한 흉노를 멸절시키기란 불가능했다. 뿐만 아니라 흉노의 반격으로 한의 군대도 많은 인명 피해를 보지 않을 수 없었는데, 한은 수만 명의 병사와 10여만 필의 말을 잃었다.[58] 그 외에도 엄청난 물자와 돈이 투입되었다.

그럼에도 막북의 공략 과정에서 한은 오환烏桓을 흉노에게서 분리시키

---

(기원전 111년) 기사). 사실 『사기』나 『한서』 등 역사서는 해당 지역의 식민화 과정이나 그 실체에 대해서 자세하게 언급하지 않고 있다. 근대 이후 죽간이나 고고학적 발견을 통해서 좀 더 자세한 면모가 드러나고 있지만, 그것도 주로 한인의 이주, 병사들의 주둔·둔전·축성 등에 제한되고 있다. 이것은 하서지역이 중국에 영속적으로 귀속되었지만, 온전히 편입되기까지는 상당한 시일이 걸렸음을 시사한다. 처음에는 군인인 도위都尉의 관리 아래에 있다가 기원전 72년 장액군의 한 현으로 편성되는 거연居延 지역의 식민화 과정에 대해서는 그곳에서 발견된 죽간인 거연한간居延漢簡 자료에 의해 비교적 자세하게 전해지고 있다. 그에 관해 자세히 분석한 장춘수張春樹는 대략 장액군과 주천군은 기원전 111년 이후, 돈황군은 기원전 98년, 무위군은 기원전 72년에 설치되었다고 주장한다(Chang, *The Rise of the Chinese Empire*, Vol. 1, 2006: 202-203).

57 한의 장성에 관해서는 이 책 10장 2절 참조.

58 『漢書』 卷一百十「匈奴傳」; 『漢書』 卷六「武帝紀」.

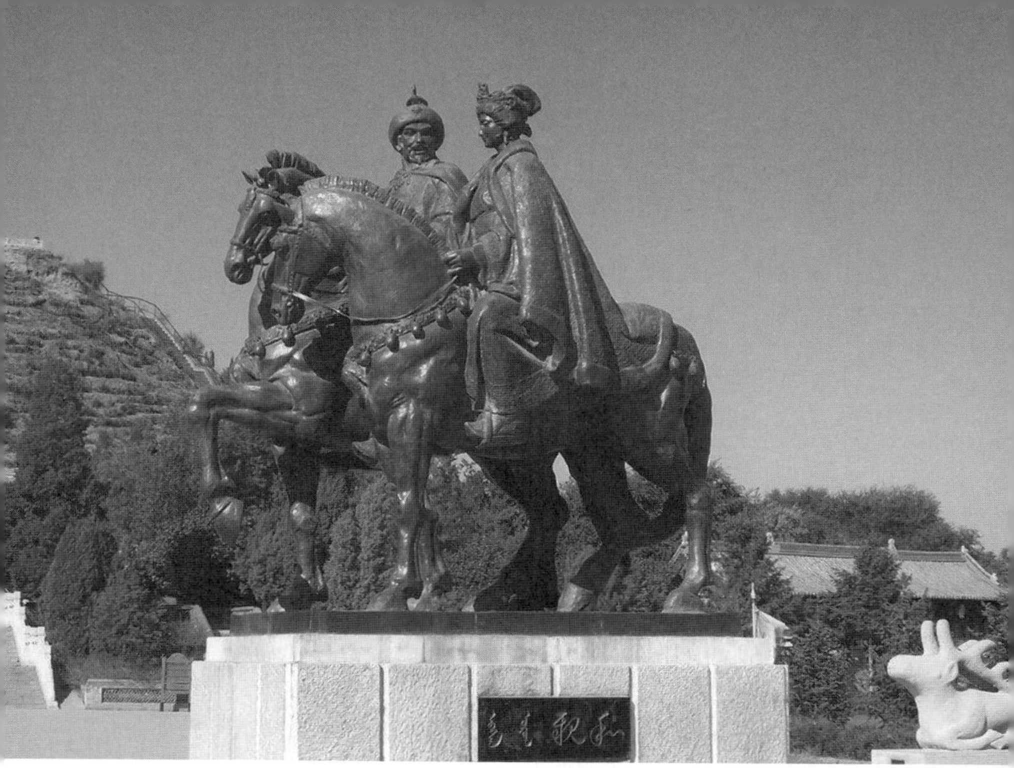

왕소군王昭君의 묘 앞 석상_내몽고의 후허하오터 남쪽에 위치해 있으며, 한나라와 흉노 간의 화친 정책을 넘어 민족화합의 상징으로 활용되고 있다.

는 데 성공했다. 원래 전한 초기 묵특이 득세한 가운데 오환은 전쟁에 패하여 흉노에게 복속하고 있었다. 이제 한이 흉노를 격파함으로써 오환은 한에 복속되었다. 한은 그들을 상곡·어양·우북풍·요동 등 북방 변경 밖으로 이주시키고, 흉노의 남하를 방어하는 데 활용했다. 오환과 흉노의 재결합을 막기 위해서 한은 상곡에 호오환교위護烏桓校尉[59]를 두어 그들을 감독하게 했다.

곽거병 등의 근거지 공략에 의해 흉노가 약화된 상황에서 한과 흉노 사

59 호오환교위는 직급이 비이천석이었고, 직급 육백석인 장사長史 1인과 사마司馬 2인을 속관으로 갖고 있었다(〔清〕孫星衍 等 輯, 周天游 點校, 『漢官六種』, 1990: 154). 오환은 왕망 시기에 단절되었다가 동한 초기인 서기 49년 다시 내지의 군으로 이주되었는데, 그 이후 차츰 중원에 동화되었다.

이에 화친의 분위기가 조성되었다. 다만 한이 선우에게 변경에 와서 황제에게 조현하도록 요구하자 선우가 반발함으로써 화친은 성립되지 않았다. 한에서도 당장 대규모 원정을 할 상황이 아니었고, 나중에는 남방의 양월에 대한 원정이 개시됨으로써 오랫동안 흉노에 대한 공략은 실행되지 않았다. 크게 약화된 흉노도 더 이상 한의 변경을 침입하지 못했다.

그렇지만 아래에서 언급하는 것처럼 한의 서역에 대한 공략은 장기적으로 흉노의 물질적 기반을 약화시키는 데 중요한 역할을 했다. 흉노는 군사적 우위를 바탕으로 서역의 작은 정주 왕국들로부터 식량·무기·조세·인력 등 여러 가지 자원을 조달해 왔다. 그리고 그것을 분배할 수 있는 권한은 최고 통치자인 선우의 권력기반이 되었다. 기원전 70년경 한의 압력으로 서역의 국가들이 흉노에게서 이반하자 흉노의 물질적 기반은 약화되었다. 중앙에서는 왕위계승을 둘러싼 싸움이 벌어지고, 원래부터 자율성이 강했던 지방의 부족들은 독립되었다. 흉노의 국력이 쇠약해지자 주변의 다른 민족들, 즉 북쪽의 정령丁零, 동쪽의 오환烏桓, 서쪽의 오손烏孫 등이 사방에서 흉노를 공격했다.

흉노가 한에 종속되는 결정적 계기는 두 형제가 이끄는 남북 세력간의 권력투쟁이었다. 선제宣帝(기원전 74-49년 재위) 때 북쪽의 세력인 질지郅支 선우에게 패배한 남쪽의 호한야呼韓邪 선우가 한에 귀의했다. 그는 한에 인질과 조공을 바치고, 결국 기원전 51년 몸소 한의 천자를 조현했다. 그에 대해 한은 식량과 금전 그리고 군사적 보호를 약속했다. 그와함께 원래 한에 아들을 인질로 보내는 등 우호적이었던 질지 선우와 관계는 악화되었다. 한의 지원에 의해 호한야 선우는 기원전 36년 질지를 물리치고 다시 막북으로 복귀하여 전국을 장악했다. 그에 대한 보답으로 그는 한과 더욱 긴밀한 관계를 요청했고, 한도 왕소군王昭君을 그에게 시집보내는 등 화친 정책을 썼다. 그 결과 호한야의 귀순 이후 흉노가 무력화된 가운데 60여 년 간 한과 흉노 사이에는 비교적 평화로운 관계가 형성되었다.

한편 왕망王莽(8-23년 재위)이 권력을 찬탈하고 공세적 대외정책을 실시하자, 흉노와의 관계는 다시 악화되었다. 『후한서』에서는 선제 이래의 평화가 한에 의해 중단되었음을 명시하고 있다. 즉 "왕망이 제위를 찬탈한 뒤에 흉노의 칭호를 바꾸고 끊임없이 흉노를 교란시키자 선우가 마침내 반란을 일으켰다."[60] 즉 흉노선우에게 주는 관인의 문자를 '새璽'에서 '장章'으로 급을 낮추기도 하고, '흉노선우'의 명칭을 '항노복우降奴服于'로 고치기도 했다.[61] 흉노는 상당上黨·부풍扶風·천수天水·상곡上谷·중산中山 등 한의 북부지역을 침략했다. 그 결과 수많은 인원과 물자가 약탈당하고, 북방의 변경지역은 편할 날이 없었다.[62]

후한 초 한이 분열되자 북방의 여러 변군들이 통제에서 벗어났다. 그곳에는 원래 갱시제更始帝가 기도위騎都尉로 임명했던 노방盧芳이 흉노의 지원을 받아 독자적 세력으로 등장했다. 그는 서기 29년 오원五原·삭방朔方·운중雲中·정양定襄·안문雁門 등 5개 군을 점유하고, 한의 변경을 침략했다. 특히 흉노는 그를 한의 황제로 세우고 자신의 영향권 아래 두었다.[63] 광무제光武帝(25-57년 재위)도 어쩔 수 없이 오르도스 지역을 다시 포기하고, 현지의 행정기구와 백성들을 내지로 이주시키지 않을 수 없었다. 후에 노방이 세운 군태수들 가운데 일부가 한에 항복하고, 노방도 결국 흉노에게로 도망하지만, 변군들에 대한 한의 통제력은 회복하지 못했다. 천수·상곡 등 변군에 대한 흉노의 침탈도 계속되었다.

그러던 중 흉노는 심한 가뭄과 병충해로 큰 피해를 입었다. 서기 46년 기록에 의하면, "수년 간 가뭄과 병충해로 수천 리가 황폐해졌고, 수목은 모두 고사하고 사람과 가축은 기아와 역병으로 절반 이상이 죽어 감소되

60 『後漢書』 卷一百十九「南匈奴傳」.

61 『漢書』 卷九十九「王莽傳」.

62 『後漢書』 卷一百十九「南匈奴傳」.

63 『後漢書』 卷四十二「盧芳傳」

었다."[64] 그와 함께 왕위계승을 둘러싼 내분이 다시 발생했다. 남부를 관장하던 호한야의 손자 비比가 선우로서 독립해 48년 한에 복속을 표명하고, 이듬해 북부흉노를 공략해 더 북방으로 축출했다. 그 후 그는 사자를 보내 한에 칭신을 청하고, 한이 사자를 보내 자신을 보호해 주도록 요청했다.

결국 50년 한도 중랑장中郎將과 부교위副校尉를 파견하고, 오원군 서부 변경에서 약 80리 떨어진 곳에 선우의 관부를 세워 주었다. 그해 가을 남선우는 아들을 한에 입조시켰다. 그에 대해서 한은 선우에게 다량의 물질적 보상을 제공했다. 즉 관대·의복·새璽·인수印綬 등 이외에도 비단 1만 필, 솜 1만 근, 쌀 2만 5천 곡斛(10말), 소와 양 3만 6천 마리를 제공했다. 그와 함께 한은 "중랑장 아래 안집연사安集掾史를 두어, 50명의 석방된 죄수를 이끌고 무장하여 선우를 수행하게 하고, 소송 처리에 참여하고 동정을 살피게 했다."[65]

그렇지만 그해 겨울 북부흉노의 압박을 받자 한은 남부흉노를 오르도스의 동남쪽 서하西河와 미직美稷으로 이주시켰다. 그와 함께 한은 중랑장[66]과 부교위를 파견해 서하에 머물면서 현지에서 선우를 '보호〔擁護〕'하게 하고, 관부를 설치하여 관리들을 두게 했다. 아울러 서하군의 장사長史[67]가 매년 2천 명의 기병과 500명의 석방된 죄수를 이끌고 중랑장을 지원하도록 했다. 한은 또한 흉노 부족들을 북지·삭방·오원·운중·정양·안문·대 등 한의 군현에 주둔하게 하여 북부흉노로부터 변방을 지키도록 했다.[68]

한과 남부흉노의 동맹에 직면해 북부흉노도 한에 지속적으로 화친을

---

64 『後漢書』 卷一百十九 「南匈奴傳」.

65 『後漢書』 卷一百十九 「南匈奴傳」.

66 사흉노중랑장使匈奴中郎將. 직급은 비이천석으로 미직美稷에 주둔했다(〔淸〕孫星衍 等 輯, 周天游 點校, 『漢官六種』, 1990: 154).

67 진한 시기 군 정부의 관리로서 군사를 담당함.

68 『後漢書』 卷一百十九 「南匈奴傳」.

한나라가 남부흉노 수령에게 하사한 관인(탁본)_'한흉노악적시축왕漢匈奴惡適尸逐王'이라고 쓰여 있다.

청했고, 한도 과거 호한야와 질지의 예를 답습해 양자 모두에 대한 기미정책을 취해 거기에 응함으로써 양자 사이에도 관계가 개선되었다. 즉 서기 55년 한이 수만 마리의 양과 소를 제공하자, 북부흉노는 사절단을 보내고 한이 다시 새서璽書로 거기에 답했다. 그렇지만 북부흉노는 한과의 교역이 제한된 상황에서 간헐적인 약탈을 계속했고, 한의 지원을 받은 남부흉노의 지속적인 공략과 함께 정령丁零·선비·서역 등 주변 민족들, 그리고 한의 군대에 의해 사방에서 공격당함으로써 크게 약화되었다.

남부선우의 권력도 크게 약화되었다. 그는 한에 의해 철저하게 통제되었고, 흉노는 군사적으로 동원하기 위한 수단으로 전락했다. 선우는 백성들의 저항을 관리하지 못했다는 질책을 받아 자살을 하거나, 한의 군사적 책임자인 중랑장에 의해 마음대로 살해되기도 했다. 선우가 자신의 백성들에 의해 죽임을 당하는 경우도 있었다. 흉노의 많은 부족들이 한에 귀의하고, 그중 상당수가 한의 영토에 진입함으로써 현지의 정주자들과 섞이게 되었다.

### 흉노의 저항

그럼에도 변경지역에 대한 북부흉노의 교란뿐 아니라 남부흉노의 저항도 적지 않았다. 중국의 역사서들은 변방 민족들의 저항을 반란이나 노략질 등으로 간주할 뿐, 그 원인에 대해서는 별로 언급하고 있지 않아 정확하게는 알 수 없다. 그럼에도 『후한서』「남부흉노전」에서 몇 가지 원인을 찾아볼 수 있다.

첫째는 경제적 원인이다. 흉노는 말·소·양 등을 농경민들의 식량·옷감 등과 교역하지 않으면 생존이 어려웠다. 특히 북부흉노의 경우에는 오랜 병란과 자연재해 등으로 물자가 크게 부족했다. 그들은 한에 대해서 지속적으로 교역을 요구했다. 한은 일시적으로 그것을 허용하기도 했지만, 매우 제한적이었다. 따라서 이들은 크고 작은 병력을 동원해 변경지역을 자주 노략질했다. 또한 한에 귀의했던 선비족의 일부도 "말들이 대부분 야위고 병이 들자 반란을 일으켜 국경 밖으로 나갔다."[69] 이것은 귀순 후 생활 조건이 맞지 않아 되돌아가고자 했음을 시사한다.

둘째, 한이 귀순한 민족들을 과도하게 군사적으로 동원한 것에 대한 반발이다. 귀순한 민족들은 그 너머의 민족들과 같이 유목민이었고 군사적으로 기마병이었다. 따라서 한의 입장에서 이들을 동원하는 것이 매우 유리했고, 실제 자주 동원되었다. 물론 귀순한 민족들, 특히 남부흉노는 거기에 저항했다. 이를테면 121년 도요장군度遼將軍 경기耿夔가 선비족의 반란을 진압하는 과정에서 귀순한 흉노를 동원했고, 또 철군 이후에도 요새를 지키게 하자 그들은 반란을 일으켰다. 124년·140년·187년 등의 반란도 대부분 그와 관련된 것으로 보인다. 특히 188년에는 중산中山군수 장순張純의 반란을 진압하기 위해 남부흉노를 징발하자, 10만 명의 흉노가 반발해 한의 동원정책을 주도한 선우를 살해하기도 했다.

셋째, 흉노 내부의 갈등이다. 남부흉노는 한의 강제에 의해서든 아니면 자신의 보호를 위한 선택에 의해서든 북부흉노와 계속 물리적으로 대결했다(73년 · 76년 · 84년 · 85년 · 89년). 이를테면 84년 북부흉노가 교역시장을 요구하고 한이 거기에 응했는데, 북부흉노가 1만여 마리의 우마를 이끌고 한의 상인과 교역하려고 하자 남부흉노가 기마병을 이끌고 북부흉노를 공격, 약탈하기도 했다. 또한 94년에는 남부흉노 내부의 권력투쟁으로 인해

---

69 『後漢書』 卷四十九 「耿弇傳」.

일부의 세력이 반란을 일으켰다.

넷째, 자립에 대한 요구이다. 107-108년에는 남부선우가 반란을 일으켰는데, 그것은 한나라 사람 한종韓琮이 관동에 수재가 발생해 사람들이 모두 아사했으므로 공격할 수 있다고 그를 꾀었던 결과였다. 자세한 원인은 알 수 없지만, 이것은 남부흉노의 경우에도 한으로부터 독립해 자립하고자 했음을 시사한다. 마찬가지로 그들은 한의 적극적인 동화정책에도 반발했다. 이를테면 140년 오원군五原郡 태수 진구陳龜가 선우의 친인척을 내지로 옮기려고 하자 흉노가 의구심을 갖고 반란을 꾀하였고, 결국 태수는 면직되었다.

흉노가 몰락했지만, 한의 입장에서 북방의 문제는 해결되지 않았다. 그것은 과거 흉노의 지배 아래 있던 오환·선비 등 다른 유목민들이 그 자리를 대신하게 되었기 때문이다.[70] 그들 가운데 동북부에 위치했던 선비족이 서쪽으로 이동해 흉노의 잔존 부족들과 함께 세력을 구축했다. 이들은 한때는 한에 신속하기도 했으나 남부흉노와 한을 공략함으로써 양자 사이에 물리적 충돌이 잦아지게 되었다. 특히 환제桓帝(146-167년 재위) 때 단석괴檀石槐(137-181)가 북부 유목지역을 다시 통일했다.

단석괴는 동으로 부여夫餘, 서로 오손烏孫 등을 공략하고, 과거 전성기 흉노의 영토 전부를 점령해 동서로 1만 4천 리, 남북으로 7천 리에 이르는 대제국을 건설했다. 그와 함께 156년부터 남으로 한의 북부지역을 여러차례 침략, 점령했다. 한은 사자를 보내 그를 왕으로 봉하는 등 화친을 추진하기도 했으나 그의 남하를 막지는 못했다. 그 결과, 『후한서』에 의하면 그는 한의 경기지역인 우북평右北平에서 동으로 요서와 요동·부여·예맥까지, 서로 상곡上谷과 그 너머의 돈황·오손까지 신속시켰다.[71] 그러면서 단

70 『後漢書』 卷一百十九 「南匈奴傳」; 『後漢書』 卷一百二十 「烏桓傳」.

71 『後漢書』 卷一百二十 「烏桓傳」.

석괴는 매년 국내적으로 혼란한 한의 변경지역을 끊임없이 노략질했다. 선비족의 한에 대한 압박은 180년경 단석괴 사후 선비족 내부의 분열에 의해서 비로소 중단되었다. 물론 이때는 후한도 내란의 소용돌이로 빠져 들었다.

한편 220년 한이 망하고 2, 3백 년 동안 여러 나라로 분열되었을 때 오래전에 한에 귀순했던 흉노는 독자적인 국가를 세우기도 했다. 남부흉노 선우의 손자 유연劉淵은 서진 말엽에 한漢을 세움으로써 북방이 이민족에 의해 장악되는 계기가 되었다. 한의 지배세력은 서진을 멸망시키고 장안長安에 수도를 정했던 전조前趙(304-329)로 이어졌다. 5호16국의 하나인 전조의 세력 범위는 산서·섬서·하남·하북 남부·산동 북부에 이르렀다. 또한 흉노의 한 지파인 노수호盧水胡 출신의 저거몽손沮渠蒙遜은 북량北涼(401-439)을 세웠다. 북량은 장액張掖을 수도로 했고, 전성기에는 오늘날 감숙성 서부와 영하·청해 일부 지역을 관할했다.[72]

## 3. 강족羌族

### 강족과의 접촉

대외적 관계에 있어서 전한 시기에 최대의 공략 대상이 흉노였다면, 후한 시기에는 강족羌族이었다. 강족은 중국사 초기에 중요한 정치적 중심지인 관중에서 서쪽 방향으로 그리 멀지 않는 지역에 거주했다. 갑골문에서 자

72 『晉書』 卷一百一 『載記第一』; 『晉書』 卷一百二十九 『載記第二十九』.

주 등장하는 강족은 그 지리적 분포가 광범하지만, 주 이후에는 오랫동안 문헌에서 사라졌다. 이것은 강족이 특정한 종족이 아니라 은 시기에 서쪽에 분포했던 이민족의 대명사였다는 점을 시사한다.[73] 실제 주 이후 서방의 이민족은 오랫동안 '융戎'으로 등장한다. 진한 이후에 등장하는 강족의 선조는 융족 또는 그 일부에 해당했던 셈이다.[74]

앞서 언급한 것처럼 하·상 시기에 중원과 '융족' 사이 대립의 흔적은 적지 않다. 비교적 분명한 기록은 기원전 11세기 주의 무왕이 관중의 호鎬에 수도를 정하면서 등장한다. 무왕은 융족들을 관중의 서북부에 위치한 "경수涇水와 낙수洛水 북쪽으로 쫓아내고, 정기적으로 조공을 바치게 하고, 황복荒服이라고 부르게 했다."[75] 그렇지만 기원전 771년 융족의 한 일파인 견융犬戎이 주의 지방세력과 함께 수도를 함락시키고 왕을 살해하자, 주는 수도를 낙읍으로 옮기게 되었다. 그와 함께 융족들은 위수渭水의 남쪽까지 진출, 동쪽의 관중을 압박했다.

그 후 약 1세기 반이 지나 진秦 목공穆公(기원전 659-621년 재위)은 기원전 623년 서북에 대한 정벌을 단행해 "천 리의 땅을 개척해 마침내 서융의 패자가 되었다."[76] 한편 기원전 408년 동쪽의 위魏가 오르도스의 융적을 공략하고 그곳에 상군上郡[77]을 설치했지만, 약 80년이 지난 뒤 그 지역을 진秦에게 빼앗겼다. 그리고 진은 서북쪽으로 세력을 확대했는데, 소왕昭王(기원전 306-251년 재위) 시기인 기원전 280년 오늘날 감숙성 동남부 임조현臨洮縣 일대에 농서군隴西郡을, 기원전 271년 감숙성 동북부에 북지군北 地郡을 각각 설치했다.[78]

---

73 왕명가王明珂지음, 이경룡 옮김, 『중국 화하 변경과 중화민족』, 2008: 324-328.

74 許愼, 『說文解字注』(上), 2007: 261.

75 『史記』 卷一百十 「匈奴列傳」.

76 『史記』 卷五 「秦本紀」.

77 현재 연안시 일대.

78 『史記』 卷一百十 「匈奴列傳」; 『後漢書』 卷一百十七 「西羌傳」.

진한 이후에는 융이나 적의 이름은 문헌에 거의 등장하지 않는다. 대신 북쪽에는 이제 통합된 정치세력으로서 흉노가, 서쪽에는 다양한 이름의 강족羌族들이 출현한다. 전한 시기에 그들은 대부분 서역의 동부부터 청해성 북부 그리고 감숙성 동남부 사이에 거주했다. 그렇지만 일부는 그보다 남쪽으로 이동해 서남이西南夷 지역, 즉 오늘날의 사천성 남부와 운남성까지 넓게 분포했다.[79] 그들은 물과 초원을 따라 이동하면서 목축을 주업으로 했지만, 중국으로부터 배운 농업도 병행했다.[80] 정치적으로는 우두머리가 없이 여러 종족들로 분열, 대립하고 있었다. 한이 통일되는 시점에 북쪽의 흉노가 통일, 득세하면서 원래 문화적으로 그와 동질적이었던 강족은 흉노의 영향권 아래에 있게 되었다.

### 강족의 복속

진 시기에 설치된 농서 등 군현은 전한에 의해 계승되었으나, 해당 지역이나 그 너머 강족 지역과 별다른 갈등은 전해지지 않는다. 그렇지만 무제 시기에 서북 지역에 대한 영토 확대는 새로운 갈등을 불러일으켰다. 앞서 언급한 것처럼 기원전 121년 한은 원래 흉노가 거주하던 곳으로서 서역으로 통하는 하서河西 지역을 공략해 돈황·주천·장액·무위 등 4개의 군을 세웠다. 이것은 흉노와 그 오른팔로 묘사되는 강족을 서로 떼어 놓아 흉노를 약화시키기 위해서였다.

한의 공격에 대해서 기원전 112년 흉노와 강족이 연합해 저항했고, 이듬해 한은 대규모 병력을 동원해 그들의 10만여 연합기병을 물리쳤다. 한은 강족을 농서의 서북에 위치한 황중湟中[81]에서 그보다 훨씬 서쪽에 위치

---

79 何耀华, "试论古代羌人的地理分布," 1988: 70-76.

80 Yü, "Chapter 6. Han Foreign Relations," 1986: 422-423.

81 청해성 서녕시西寧市 부근.

한 서해西海와 염지鹽池 부근으로 축출했다. 한은 정복지역에 지속적인 이주정책을 실시하여 그곳을 한인으로 채웠다. 그와 함께 강족에 대한 군사적 관리를 위해서 호강교위護羌校尉가 설치되었다.[82]

이어 소제昭帝(기원전 87-74년 재위) 때 한은 황중과 그 주변을 포괄하는 금성군金城郡을 설치했다. 그 이후에도 한은 계속 강족의 주요 세력을 축출해 그 경계를 서쪽으로 확대하고, 점령지역에 여러 개의 현을 두었다. 한의 계속되는 서진으로 근거지를 잃은 강족은 원래의 고향인 황중으로 복귀하고자 했고, 그들의 유입을 한의 지방정부도 통제하지 못하게 되었다. 결국 선제에 이르러 양자 사이에 대규모 물리적 충돌이 발생했다. 기원전 61년 한은 6만 명의 군대를 보내 정벌했고, 5만 명에 달하던 강족의 군대는 다수가 죽거나 항복했다. 한도 많은 인적·재정적 손실을 입었다. 한은 항복한 자들을 금성속국金城屬國으로 편입해 자신의 관할 아래에 두었다.

전한 시기 강족 거주지의 점령과 그들의 강제이주를 통한 직접적 지배 전략은 그 후 양자간 갈등의 근본적 원인이 되었다. 이와 관련해 『후한서』의 편자 범엽范曄(398-445)은 다음과 같이 논평하고 있다.

> (강족의 큰 세력 가운데 하나인) 선령先零이 변경을 침략하자 조충국趙充國이 내지로 이주시켰다. 당전當煎이 약탈하자 마문연馬文淵이 삼보三輔로 이주시켰다. 이들은 잠깐 동안의 안정을 얻기를 원했고, 강족들이 복속할 것으로 믿었다. 그들은 일시적인 계책만을 생각하고 장기적인 전략을 잊고 있었다.[83]

82 호강교위는 직급이 비이천석으로, 장사長史와 사마司馬 등 육백석의 속관을 갖고 있었다([清]孫星衍 等 輯, 周天游 點校, 『漢官六種』, 1990: 154-155; 刘国防, "西汉护羌校尉考述," 2010: 9-17).

83 『後漢書』 卷一百十七 「西羌傳」.

그에 의하면, 강제적 이주정책과 같은 흡수정책은 후한 시기 강족 문제의 근원적 요인이 되었다. 흉노가 외부의 적이었다면, 강족은 '깊은 체내의 질환'이 되었던 것이다. 그렇지만 그 이후에도 한의 서진은 계속되었다. 서기 4년 왕망 때에는 중랑장 평헌平憲을 파견해 많은 재물로 금성군의 서쪽 변경지대인 서해 일대의 강족을 회유하여 땅을 헌납하고 내속하게 했다. 그때 평헌은 속국을 두어 강족을 제어할 것을 건의했으나, 왕망은 다섯 개의 현으로 구성된 서해군을 설치하고 수만 명의 범법자들을 그곳으로 이주시켰다.[84] 후한 시기에도 적극적인 흡수정책이 실시되었다.

한의 서진과 강족의 이주정책은 적지 않은 문제를 내포했다. 그것은 무엇보다도 양자간의 잡거에 따른 문제였다. 이와 관련해 서기 33년 상소문에서 반표班彪(3-54)는 다음과 같이 언급하고 있다.

> 현재 양주涼州 지역에는 어디나 항복한 강족이 있다. 강족은 머리를 풀고 옷깃을 왼쪽으로 여미는 등 풍습이 다르지만 한인과 잡거하고 있다. 습속이 이미 다르고, 언어가 통하지 않으며, 자주 하급관리와 교활한 사람들에 의해 침탈당하고, 곤궁한데도 의지할 데가 없어 반란을 일으키고 있다.[85]

이러한 상황에 대응하기 위해 한의 조정은 호강교위를 다시 설치해 좀 더 체계적인 관리를 시도했다. 그럼에도 강족의 저항과 한에 의한 물리적 대응의 악순환이 반복되었다. 관방의 보고에서만 후한 시기 3만 8천 명의 강족들이 살해되었다.[86] 그렇지 않다면 그들은 대부분 내륙지역으로 이주되었다. 이를테면 34년과 35년 선령강先零羌이 다른 강족과 함께 금성과 농

84 『漢書』 卷九十九 「王莽傳」.

85 『資治通鑑』 光武帝 建武九年(33년).

86 余尧, "东汉羌人起义," 1981: 93.

서를 침략했을 때, 한은 이들을 물리치고 1만여 명을 천수군·농서군·부풍군 등지로 이주시켰다.

그 이후에도 전쟁에서 항복한 강족에 대한 이주는 역사서에 계속 나타난다. 한 조사에 의하면, 강족의 내지 이주는 전한 시기 4회, 후한 시기 30회가 확인되었다.[87] 대규모 이주의 예로서 이를테면 58년 7천 명이 삼보에, 100년 6천여 명이 한양漢陽·안정安定·농서 등에 이주되었다. 그 외에도 다수의 강족이 한에 귀부한 사례들이 기록되어 있다. 즉 36년 광한군 변경에 거주하는 백마강白馬羌 5천 호, 89년 촉군 변경의 대장이종강大牂夷種羌 50여만 명, 107년 촉군의 변경 밖 강족 용교龍橋 등 6개 부족 1만 7천 280명, 이듬해 촉군 변경 밖 강족 부신薄申 등 8개 부락 3만 6천900명, 그해 겨울 광한군 변경의 참랑종강參狼種羌 2천400명 등이다.[88] 내지로 이주한 강족의 통제를 위해서 수도권인 경조京兆와 부풍扶風에도 호강교위護羌校尉가 설치되었다.

## 강족의 저항

한의 지속적인 서진과 강족의 내지 이주와 같은 직접적 지배전략은 외견상 한의 영토를 확대시킨 것처럼 보인다. 복속된 강족은 속국과 같이 별도의 행정구역이나 자치적 공동체로 편성되기도 했다. 한은 귀부한 부락의 수령을 군장으로 임명, 인수를 하사했다. 즉 귀부한 강족들은 일종의 자치적 방식인 속국에 편입되었던 것이다. 다수의 강족이 편입되면서 후한 시기 속국의 수는 계속 증가했다. 『후한서』「서강전」에는 상군·장액·안정·광한·건위 등의 군에 속국이 있음이 기록되어 있다. 그렇지만 후한 시기

87 王力, "两汉时期西羌内迁浅析," 2004: 70-73.

88 『後漢書』 卷一百十七 「西羌傳」.

에 이르러 속국의 성격도 변화하고 있었다. 원칙상 속국은 '고유한 풍습에 따라 통치하는 방식'으로서 대개 조세를 부과하지 않고, 또한 현지의 지배층에 의한 세습적 통치가 허용되었다.[89] 그렇지만 실제 그러한 자치는 제한적이었다. 다수의 강족은 한인들과 잡거했고, 한의 관리나 한인들의 착취 대상이 되었다. 따라서 양자간 갈등은 필연적이었다. 범엽은 당시의 상황을 다음과 같이 기록하고 있다.

> 광무제가 일어난 뒤 변경에 대한 위해가 날로 심각해졌다. 조정의 정책은 강온의 조화를 잃었다. 장수들도 약속과 신의를 위배했다. 내속한 강족은 때로는 난폭한 무리들의 손에 떨어져 고난을 당하고, 때로는 노예의 고역을 당하는 신분이 되었다. 그들은 변경에 별일이 없으면 분노를 품고 난을 일으킬 계획을 하고, 일단 전쟁이라도 잠시 일어나면 화살을 걸치자마자 새처럼 놀라 달아난다. 그리하여 영초永初연간(107-113년)에 강족의 각 부족들이 벌떼처럼 들고일어났다.[90]

『후한서』「서강전」은 강족의 여러 부족들과 한 사이에 충돌이 끊이지 않았음을 보여 준다. 특히 후한 시기에 이르러 지속적으로 벌어지는 크고 작은 전쟁은 양자 사이에 엄청난 물적·인적 피해를 수반했다. 그 예는 수없이 많은데, 대표적 예를 들자면 77년 변경 내 소당강燒當羌 등 여러 강족들이 연합해 한의 지배를 거부하고 금성과 농서 등을 공략했다. 그들은 한인에 의한 침탈에 저항했던 것으로, 한때 5만 명이 참가하기도 했다. 변경 내외를 오가며 계속되었던 강족들의 저항은 101년 결국 한의 군대에 의해 패배할 때까지 25년 동안 계속되었다.

---

89 除兴祥,『中国古代民族思想与羈縻政策研究』, 1999: 12.

90『後漢書』卷一百十七「西羌傳」.

〈그림 10〉 후한 시기 강족의 주요 반기

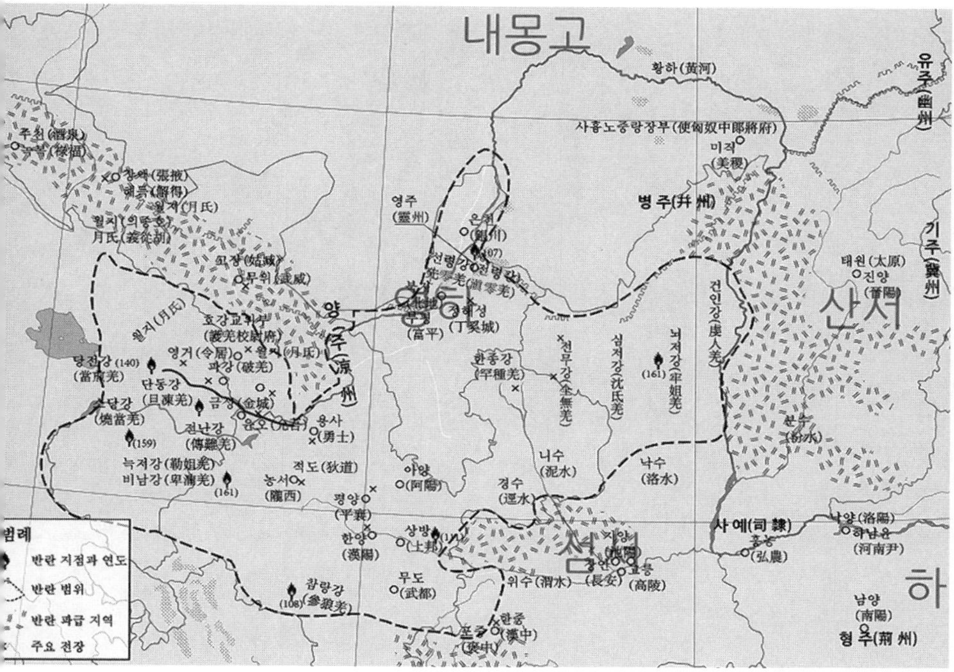

출처: 辽宁大学历史系,『中国古代史地图』编绘组 编,『中国古代史地图』(上册), 1981: 20.

그렇지만 107년 이후 강족의 반란은 다시 크게 전개되었다. 반란은 처음에는 금성과 농서 등에서 서역정벌을 위한 군대동원에 대한 반발로 시작되었다. 후에 반란은 안정군·북지군 등으로 확대되었다. 그들은 '대나무가지로 창을 대신하고, 판자로 방패를 삼고 있었지만' 한의 5만 병력에 승리를 거두기도 했다. 그때 선령강先零羌의 일파인 전령滇零은 북지北地에 천자를 칭하는 독자적인 정권을 세우고, 나아가 한의 수도 낙양과 관중지역까지도 위협했다.[91] 농서·안정·북지·상 등 한의 변군들은 다른 곳으

91 『후한서』「서강전」에 의하면, 그들은 "동쪽으로 조국趙國과 위군魏郡을 침범하고, 남쪽으로 익주益州에 진입해 한중漢中태수 동병董炳을 살해하고, 이어 삼보三輔를 약탈했다."(『後漢書』 卷一百十七「西羌傳」)

강족의 후예들이 사는 마을_사천성 서부 이현理縣의 도평강채桃坪羌寨

로 이전되었다.

조정에서는 병주幷州와 양주涼州를 포기하고 북방의 변경에 역량을 집중하는 방안을 논의했다.[92] 결국 한은 20여만 명의 군대를 동원했으나 그 후 118년까지 계속된 반란은 한에 큰 타격을 주었다. 이와 관련해 『후한서』「서강전」은 다음과 같이 언급하고 있다.

> 10여 년 간 전쟁은 끊이지 않았고, 군대는 잠시도 쉴 수 없었다. 군대에

92 이때 우후虞詡는 병주와 양주를 포기하면 삼보, 즉 수도권이 위험해질 뿐만 아니라 현지인들이 내지로 몰려올 경우 통제할 수 없다는 것을 이유로 포기해서는 안되며, 오히려 현지 출신 관리들의 자제들에게 관직을 주고 동원해 막게 해야 한다고 주장했다. 그의 방안은 받아들여졌고, 그도 얼마 지나지 않아 무도군武都郡 태수로 임명되어 강족을 막는 역할을 담당했다(『後漢書』 卷八十八「虞詡傳」; 嚴耕望, 『兩漢太守刺史表』, 1947: 243).

사용된 비용은 운송비를 합해 240여억이었고, 정부의 창고는 완전히 비었다. 내지의 군현도 영향을 받아서 변군의 백성들 가운데 죽은 자는 셀 수 없었고, 병주와 양주는 마침내 불모지가 되었다.[93]

그렇다면 한이 행정적 편입과 적극적 이주정책을 통해서 직접지배를 추구한 이유는 무엇일까. 중국의 초기 역사에서부터 보편적 지배에 대한 요구는 쉽게 생각해 볼 수 있다. 현대의 일부 연구자들 가운데 강족의 인구증가, 전한 초 온도저하에 따른 기근, 선비족 등 후방의 다른 소수민족들에 의한 위협 등에 따른 강족 자신의 의식적인 내지이주를 강조하기도 한다. 한의 입장에서도 인구감소로 노동력과 군대가 부족해 강족을 포함한 변경의 소수민족을 내지로 이전시킬 필요가 있었다고 지적된다.[94]

그렇지만 앞서 언급한 것처럼 강족과 한의 대결은 흉노와의 전쟁에서 시작되었다. 뿐만 아니라 그 이후 강족의 지역에 대한 한의 지속적인 공략에는 좀 더 전략적인 목적이 작용했다고 보는 것이 현실적이다. 한 연구자는 그것을 몇 가지로 요약하고 있다. 즉 강족 지역이 목축뿐 아니라 농업이 가능한 지역으로서 경제적 가치가 있다는 것, 중원을 서남에서 동북까지 둘러싸고 있는 반월형의 유목지대를 통제하기 위해서는 그 중간지역을 확보해야 한다는 것, 삼보를 지킴으로써 궁극적으로 수도인 낙양을 방어한다는 것, 변경의 한족 지방세력이 이민족들에 의탁해 득세하지 못하도록 방지한다는 것 등이다.[95] 『한서』나 『후한서』의 관련 문헌을 보면, 그들은 대부분 강제로 이주되었음을 알 수 있다.

---

93 『後漢書』 卷一百十七 「西羌傳」. 그 예로 서기 2년에서 140년 사이에 서북변군 5개군, 농서·한양·금성·안정·북지의 인구는 약 100만 명에서 23만 명으로 감소했다(『漢書』 卷二十八 「地理志」; 『後漢書』 卷三十三 「郡國五」).

94 王力·王希隆, "东汉时期羌族内迁探析," 2007: 50-52.

95 王勖, "东汉羌汉战争动因新探," 2008: 15-21.

사실 변경 내외 이민족의 저항에 대한 대응에는 크게 두 가지 방법이 있다. 하나는 그들의 독자성을 인정하고 공존을 모색하는 것과, 다른 하나는 상대를 근원적으로 제거하는 방법이다. 후한 시기에는 후자의 방법이 선택되었고, 따라서 그에 대한 저항과 군사적 탄압이 반복되었다. 한의 잔인한 말살정책에 대해서 송나라 때 사마광司馬光(1019-1086)은 『자치통감』에서 다음과 같이 비판하고 있다.

> 강족이 반란을 일으킨 원인은 지방정부의 침탈이었다. 반란을 일으켰을 때 완전히 토벌하지 못한 것은 장수들이 적당한 인물이 아니었기 때문이다. 그저 훌륭한 장수를 시키면 반란자들을 변경 밖으로 몰아낼 것이고, 훌륭한 관리들을 선택하면 그들을 달랠 것이니, 곧 전장에서 필요한 신하이다. 어찌 오로지 다수를 죽여서 즐거움으로 삼을 수 있겠는가? 제어하는 방법이 옳지 않다면, 중국인이라도 장차 봉기해 적이 될 것인데 어찌 완전히 토벌할 수 있겠는가? 따라서 단경段熲이 장군이 되어서 신속하게 공을 세웠지만 군자로서는 찬성할 수 없다.[96]

강족과 후한 사이의 크고 작은 갈등은 후한 말까지 계속되었다. 범엽은 "애석하다. 도적이 대략 평정되었는데, 한도 마찬가지로 쇠하고 말았다."[97]고 함으로써 강족과의 끊임없는 전쟁이 한을 쇠망시킨 중요한 원인이었음을 시사하고 있다. 더욱이 강족의 우환은 제거되지 않았다. 앞서 언급한 것처럼 북방에서 흉노를 대체한 새로운 세력인 선비는 강족에게도 강력한 동맹세력이었다. 따라서 선비가 한을 공략했을 때 여러 강족들도 가세하여 무위·장액 등 한의 변군을 공격했다. 5호16국시대에 강족들은 후진後秦(384-417)을 세우기도 했다.

96 『資治通鑑』 桓帝 建寧二年(169년).

97 『後漢書』 卷一百十七 「西羌傳」.

## 4. 파巴·촉蜀, 서남이西南夷, 무릉장사만武陵長沙蠻

### 파·촉

파巴와 촉蜀은 오늘날 사천성 동북부에 거주하는 여러 민족들 가운데 가장 세력이 강했다. 상商 시기에 그들과 전쟁을 하거나 조공을 한 기록이 갑골문에서도 확인된다고 한다. 다만 그들은 언어나 풍속 등에 있어서 중원 지역과 달랐고, 특히 삼성퇴三星堆의 신석기부터 청동기 시기까지 유물에서 확인될 수 있는 것처럼 높은 수준의 고유한 문명을 이룩했다. 그들은 풍요로운 자연조건에 의해서 춘추시대와 전국시대 초반에 걸쳐서 독자적인 정치체제를 구축하고 있었다. 양국은 그곳의 여러 민족들 가운데 지배적인 위치에 있었지만, 서로는 적대적인 관계였고, 그것이 결국 북쪽의 진秦에 의해 멸망되는 중요한 원인이 되었다. 다른 지역과 마찬가지로 여러 민족들이나 정치체들이 있었음에도 역사서들은 대개 중원정권이 직접 접촉한 것들에 집중하는 경향이 있다. 여기서도 이 점은 고려되어야 할 것이다.

파와 촉의 초기 역사는 중국 서남부지역에 대한 지방 역사서로서 동진東晋 시기 상거常璩(291-361)가 편찬한 『화양국지華陽國志』에 소개되어 있다. 해당 문헌은 파와 촉이 태초에 중원과 별개 나라로서 존재했음을 언급하면서도, 오래전부터 중원과 관련짓고 있다. 즉 황제黃帝와 그의 손자 고양씨高陽氏의 방계 지파가 대대로 파와 촉 지역의 제후가 되었다는 것이다. 그리고 우禹왕이 치수 이후에 전국을 구주로 획정했을 때, 파와 촉 지역은 양주梁州[98]에 속했으며, 그가 회계會稽에서 1만 명의 제후들과 회동했을 때에도 파와 촉은 거기에 참여했다. 또한 주의 무武왕이 은의 주紂왕을 정벌

98 한대의 익주益州.

했을 때 파·촉의 군대도 동원되었으며, 그 결과 자작子爵으로 봉해졌다.[99]

『화양국지』에 의하면, 파는 지리적으로는 동으로 어복魚復[100]에 이르고, 서로는 북도僰道[101]에 이르며, 북으로 한중漢中에 접하며, 남으로 검黔[102]과 부涪[103]에 이른다. 현지의 산물로는 5곡과 6축이 있고, 뽕·누에·마·모시·물고기·소금·구리·철·단사丹砂·칠·차·꿀·거북·코뿔소·야생닭·삼베·생선가루 등이 있다. 사람들의 기질은 질박하고 의협심이 강하며, 풍토는 온후하고, 옛사람의 기풍이 있다. 단점은 동작이 느리고 노둔하며, 소박하고, 민첩하지 못하다는 것이다. 그곳에 소속된 소수민족들은 복濮·종賨·저苴·공共·노奴·양獽·이단夷蜑 등이다.[104] 한편 촉은 파의 서쪽에 위치하는데, 북으로 진秦, 남으로 백월百越과 접했다. 마찬가지로 물자가 매우 풍부해 백옥·금·은·진주·구리·철·아연·비단·코뿔소·뽕·칠·모시 등이 생산되었다. 그와 함께 촉에서는 전滇·요僚·종賨·북僰 등 지역 출신의 노예들이 매매되었다.[105]

초기 정치사와 관련해서 파는 주나라 중반기에 주 왕실을 받들었고, 진·초·오와 같이 야만족으로 간주되었다. 춘추시대에는 주로 초·등鄧 국가들과 대결 또는 협조 관계를 유지했다. 아래 구절은 파와 초의 지속적인 관계를 보여 준다.

파의 제후가 한복韓服을 사신으로 보내 초에게 등鄧과 우호적 관계를 맺

99 『華陽國志』 卷一 「巴志」, 〔晋〕常璩 撰, 刘琳 校注, 『华阳国志校注』, 1984: 20-21.

100 사천성 봉절奉節.

101 사천성 의빈宜賓.

102 진의 검중군黔中郡으로, 오늘날 호남 북서부·호북·사천·귀주가 이웃하는 지역.

103 한대의 부릉군涪陵郡.

104 『華陽國志』 卷一 「巴志」.

105 『華陽國志』 卷三 「蜀志」. 진한 시기에 촉 지역 소수민족들을 붙잡아 와 노예로 파는 일이 많았다.

고자 요청했다. 초의 제후가 대부인 도삭道朔을 시켜 파의 빈객들을 이끌고 등에 갔는데, 등이 남쪽의 지방에서 이들을 공격해 폐물을 빼앗아 갔다. 파의 제후가 화가 나서 등을 정벌해 패주시켰다. 그 후 파의 군대와 초의 군대가 함께 신申을 정벌했는데, 초의 제후가 파의 군대를 두렵게 했다. 노 장공 18년(기원전 676년) 파가 초를 공격해 이겼다. 노 문공 16년(기원전 644년) 파가 진秦과 초와 함께 (이민족 국가인) 용庸을 멸망시켰다.[106] 노 애공 18년(기원전 477년) 파가 초를 공격했으나 우鄾에서 패했다. 그 이후 초는 중원의 패자가 되었고, 진은 서쪽 지역을 마음대로 했다. 파는 멀리 분리되어 있어서 제후들과의 회맹에 참여하는 일이 드물었다.

전국시대에 파는 일찍이 초와 혼인관계를 맺었다. 7개 국가가 칭왕하게 되었을 때, 파도 칭왕했다. 주 말기에 파에 난리가 나서 장군 만자蔓子가 초에게 군대를 요청했는데, 초는 3개 성을 받기로 하고 이를 승낙했다…… 주나라 현왕顯王 때 초가 쇠약해지자 진秦 혜왕惠王과 파·촉이 우호관계를 맺었다.[107]

한편 『화양국지』는 촉과 중원의 혈연적 관계에 대해서도 자세하게 언급하고 있다. 즉 황제黃帝가 그 아들 창의昌意에게 촉의 여자를 얻어 주어 고양씨를 낳게 했고, 그가 5제의 세 번째인 곡嚳이며, 그의 방계를 대대로 촉의 제후로 봉했다는 것이다. 앞서 언급한 것처럼 하·상을 거쳐 주의 무왕이 주紂를 정벌할 때 촉도 거기에 참여했다.[108] 그렇지만 촉은 주 왕실을

106 『춘추좌전』에 의하면 지금의 호북성 서쪽과 사천성 동쪽 지역의 용庸·늠廩·백복百濮·어魚 등 원래 초의 통치 아래 있던 이민족들이 반기를 들자, 초는 진秦 그리고 파와 연합해 용을 멸망시켰다(『春秋左傳』 文公十六年(기원전 611년)).

107 『華陽國志』 卷一 「巴志」.

108 『華陽國志』 卷三 「蜀志」, 〔晋〕常璩 撰, 刘琳 校注, 『华阳国志校注』, 1984: 175. 『사기』 등 다른 문헌들은 고양씨는 2대인 전욱顓頊이고, 곡嚳은 고신씨高辛氏라고 한다(『史記』 卷一 「五帝本紀」).

받들기는 했으나 동쪽으로 파, 북쪽으로 진에 막혀서 춘추시대 제후들의 회맹에는 참여하지 못했다.

촉은 생산되는 물자나 풍습은 파와 비슷했다. 촉은 문자는 물론 여러 제도들에 있어서 중원과 달랐는데, 상당한 정치세력을 구축했다. 주가 쇠퇴했을 때 앞서서 칭왕했던 것, 석곽묘를 처음으로 만들었던 것, 진이 여러 명의 여자들을 촉왕에게 시집보내는 등 일종의 외교적인 관계를 유지했던 것 등이 그 예이다. 그럼에도 촉은 전국시대 중원의 전쟁에서 벗어나 있었던 만큼 시대의 변화에는 둔감했다. 『화양국지』에 소개된 한 에피소드는 노회한 문명의 진과 그렇지 않은 촉의 관계에 관한 일면을 보여 준다.

> 곡중谷中이라는 곳에서 촉왕이 사냥을 하다가 진의 혜왕惠王을 만났다. 혜왕이 촉왕에게 금 한 상자를 선물했다. 촉왕도 진귀한 물건으로 보답했는데, 그것이 흙으로 변했다. 혜왕이 화를 내자 신하들이 오히려 축하하면서, '하늘이 우리를 편들고 있습니다. 왕께서는 장차 촉 땅을 얻게 될 것입니다.'고 말했다.[109] 진왕이 즐거워서 돌소 다섯 개를 만들어 아침에 꽁무니에 금을 부어 놓고 '소가 금을 배설해' 병사 100명을 먹일 수 있다고 말했다. 촉인이 기뻐해 사신을 보내 돌소를 달라고 청했다. 혜왕이 그것을 허락하자, 촉은 5명의 장정을 보내 돌소를 찾아갔다. 그렇지만 소가 금을 배설하지 않자 화가 나서 촉은 그것을 다시 돌려보냈다. 그러고는 진나라 사람을 조소해서 '동쪽의 소치기 녀석'이라고 말했다. 진 사람들이 웃으면서 '우리는 소치기지만 촉 땅을 얻게 될 것이다.'고 말했다.[110]

---

109 흙은 영토에 비유되는 것으로 이것은 중국사의 다른 장면에서도 확인된다. 이를테면 춘추의 패자가 된 진晉 문공文公이 국외로 떠돌던 중 위衛의 오록五鹿에서 한 농부에게 밥을 구걸했다. 농부가 먹지도 못할 흙을 한 사발 뿌리자 그는 화가 났지만, 한 신하는 '하늘이 준 선물'로서 흙덩이를 잘 받도록 했다. 5년 뒤에 문공은 그 땅을 정복했다(『春秋左傳』 僖公二十三年-二十八年(기원전 637-632년)).

돌소의 에피소드는 진이 촉에 이르는 길을 뚫기 위한 전략으로 해석된다. 즉 촉은 돌소를 찾아가기 위해서 길을 냈고, 결국 진은 이 길로 촉에 진입할 수 있게 되었다는 것이다. 다만 파·촉이 진 혜왕惠王(기원전 337-311년 재위)에 의해 멸망하는 과정에 관해서 『화양국지』는 다음과 같이 전하고 있다.

> 촉왕의 동생 저후苴侯[111]가 개인적으로 파와 친교를 맺었고, 파와 촉은 대대로 전쟁을 했다. 주 신왕愼王 5년 촉왕이 저후를 벌하자 그가 파로 도망갔고, 파는 진에게 도움을 요청했다. 진의 혜왕은 장의張儀와 사마착司馬錯을 보내 저후와 파를 구하고 마침내 촉을 공격해 멸망시켰다. 장의는 파와 저후의 재물이 탐나서 파왕을 잡아 돌아갔고, 그곳에 파군·촉군·한중漢中군을 설치하여, 그 땅을 31개 현으로 나누었다.[112]

진은 기원전 316년 촉을 멸망시키고 나서, 동쪽으로 이동해 구원을 요청했던 파와 저苴까지도 손에 넣었던 것이다. 촉의 공략과 관련해 진 혜왕 시기에 논쟁이 있었는데, 2가지 약간 다른 서술이 전해진다.

하나는 『전국책』「진책」의 서술로 이것은 『사기』에도 전재되어 있다. 여기에 의하면, 당시 저苴(또는 파巴)가 촉과 전쟁하는 상황에서 진의 도움을 청하자, 진은 촉을 벌하고자 했으나 그 틈을 타서 한韓이 자신을 공격해 올 것이 우려되었다. 따라서 촉과 한 가운데 누구를 먼저 공략할 것인지 논의되었다. 승상 장의張儀는 초·위魏와 연합해 중원의 핵심 지역인 한韓의 삼

110 『華陽國志』 卷三 「蜀志」. 여기서는 〔晋〕常璩 撰, 刘琳 校注, 『华阳国志校注』, 1984: 187-188 참조.

111 촉왕은 동생에게 저苴 땅을 주어 제후로 봉했다.

112 『華陽國志』 卷一 「巴志」, 〔晋〕常璩 撰, 刘琳 校注, 『华阳国志校注』, 1984: 33. 유사한 내용이 『華陽國志』 卷三 「蜀志」에도 있음.

천三川을 공략할 것을 주장했다. 그에 의하면, 지리적으로 주周에 근접하여 주 왕실을 끼고 천하의 제후들을 호령하는 것이 궁벽진 오랑캐의 땅을 얻는 것보다 패업을 이루는 데 이로웠다. 이에 대해서 대부 사마착司馬錯은 촉의 공략을 건의했다. 그에 의하면, 패업을 위해서는 영토의 확대와 부국강병 같은 기본적이면서 쉬운 일부터 추진해야 하며, 한과 주를 직접 공략할 경우 다른 나라들의 연합을 가져와 진이 위험에 처하게 될 것임을 강조했다. 특히 촉과 관련해 그는 다음과 같이 언급하고 있다.

> 촉은 서쪽의 궁벽진 나라이지만 오랑캐의 우두머리입니다. 그러나 촉은 걸桀이나 주紂의 시기와 같이 혼란스럽습니다. 진이 그 나라를 공격한다는 것은 이리가 양의 무리를 쫓는 것과 같습니다. 그 땅을 취하면 나라를 넓힐 수 있고, 그 재물을 얻으면 백성을 부유하게 하고 병력을 보충할 수 있습니다. 또한 백성들에게 피해를 주지 않고도 촉은 굴복할 것입니다. 촉을 멸망시켜도 천하는 그것을 폭거로 생각하지 않고, 촉의 재물을 빼앗아도 천하는 진을 탐욕스럽다고 여기지 않을 것입니다.[113]

다른 서술은 『화양국지』「촉지」에 소개되어 있다. 여기에 의하면, 위에서 언급한 파와 저·촉 사이의 내분과 진에 대한 지원요청의 상황에서, 일부의 사람들이 "촉은 서쪽의 궁벽진 나라이고 오랑캐와 이웃하고 있으니(내버려두고), 초를 공격하는 것이 낫다."고 주장했다.[114] 그에 대해서 사마착과 중위中尉 전진황田眞黃은 다음과 같이 촉을 공격할 것을 주장했다.

> 촉은 걸桀이나 주紂의 시기와 같이 혼란스럽습니다. 그 나라는 풍요로워

113 『戰國策』「秦策一」; 『史記』 卷七十 『張儀列傳』.

114 『전국책』「진책」에 의하면, 장의는 한韓에 대한 공격을 주장한 것으로 되어 있다.

> 옷감과 금은을 얻어 군용으로 사용할 수 있습니다. 수로로는 초楚로 통합니다. 파의 날쌘 병사로 큰 배를 띄워 동쪽으로 향하면 초 지역을 얻을 수 있습니다. 촉을 얻으면 초를 얻을 수 있고, 초가 없으면 천하를 합병할 수 있을 것입니다.[115]

두 가지 서술 모두 진이 파와 촉을 공략한 것은 그곳에 자원이 풍부했기 때문임을 밝히고 있다. 거기에는 위에서 언급한 옷감과 각종 귀금속이 포함되었고, 이것들은 특히 그 동쪽의 초를 공격하기 위한 군사적 전략에 필요했다. 파·촉의 물자와 자원은 진이 초나라를 정복하고, 나아가 전국을 통일하는 기반이 되었다.

그렇다면 파와 촉을 멸망시킨 진은 그곳을 어떻게 통치했을까? 위에서 언급한 것처럼 진은 그곳에 파군·촉군·한중군 3개 군을 설치했다. 그렇지만 현지에 대한 진의 지배 정도나 방식에 대해서는 잘 알려져 있지 않다. 그것은 『후한서』에 다음과 같이 간단하게 제시되고 있을 뿐이다.

> 진 혜왕이 파중을 병합하고, 파씨巴氏를 만이의 군장으로 삼아 대대로 진의 여자를 그에게 시집보냈다. 그 백성의 작위는 불경不更과 같았고, 죄를 지으면 작위를 해지할 수 있었다. 그 군장은 매년 2천16전의 부세와 3년에 1천800전의 공납을 냈고, 그 백성들은 가구당 종포賨布 8장 2척, 닭 깃털 30개씩 냈다.[116]

이 글에서 보건대 점령한 뒤 진은 현지의 족장들을 통해서 이전처럼 통치하게 했음을 알 수 있다. 대신 그들에게는 일정한 조세와 공납을 부과

115 『華陽國志』 卷三 「蜀志」. 〔晋〕常璩 撰, 刘琳 校注, 『华阳国志校注』, 1984: 191-193.

116 『後漢書』 卷一百十六 「南蠻傳」.

했다. 그리고 현지인들에게는 군역이 면제되었다. 위의 인용문에서 불경은 진·한의 20등급 작위 가운데 아래에서 4번째에 해당한다. 불경이란 경졸更卒을 하지 않는다는 의미이며, 해당 작위를 보유하면 군역을 면제받는다.

한 시기에도 군현은 그대로 유지되었다. 『후한서』는 한이 흥하자 남군南郡태수 근강靳强이 진의 옛 방식에 따를 것을 청했다고 덧붙이고 있다. 이것은 위의 자치적 통치가 한의 등장 이후에도 계속되었음을 시사한다. 실제 한 이후 이 지역의 통치방식에 대해서는 잘 알려져 있지 않다.[117] 다만 한의 지배에 대한 저항이 적지 않았던 것 같다. 특히 후한 시기 파군과 남군의 만이, 그리고 파 만이의 일파인 판순만板楯蠻이 자주 반란을 일으켰다.

먼저 파군과 남군 만이의 반란과 관련하여 역사서는 매우 자세하게 전하고 있다. 즉 서기 47년 남군의 도산만溇山蠻, 101년 무만巫蠻, 169년과 180년 강하만江夏蠻 등 4개의 사례이다.

> 건무建武 23년(47년) 남군南郡의 도산만溇山蠻 뇌천雷遷 등이 반란을 시작해 백성들을 약탈했다. (한은) 무위武威장군 유상劉尚을 파견해 만여 명을 이끌고 그들을 토벌하게 하여, 해당 종족 7천여 명을 강하군江夏郡으로 이주시켰는데, 지금의 면중만沔中蠻이 그들이다.
>
> 화제和帝 영원永元 13년(101년) 무만巫蠻 허성許聖 등이 군의 세수가 불공평하다고 원한을 품고 모여 반란을 일으켰다. 이듬해 여름 (한은) 사자를 보내 형주荊州의 여러 군에서 징발된 병사 1만여 명으로 그들을 토벌했다. 허성 등은 험한 지형에 의지해 오랫동안 진압되지 않았다. 이에 여

117 이 글에는 반영되지 않았으나 파와 촉에 대한 지배방식 차이, 즉 전자는 현지 군장을 통한 지배, 후자는 한의 군현적 지배에 주목하고 그 문화적 원인을 분석한 예로는 金秉駿,『中國古代 地域文化와 郡縣支配』, 1997 참조.

러 군대가 길을 나누어 진격해…… 허성 등을 대파시켰다. 허성 등이 항복하자 모두 강하군으로 이주시켰다.

영제靈帝 건녕建寧 2년(169년) 강하군의 만이가 반란을 일으키자 주군州郡이 그들을 평정했다.

광화光和 3년(180년) 강하군의 만이가 다시 반란을 일으켜, 여강군廬江郡의 도적 황양黃穰과 서로 연결해 10만여 명이 되어 4개의 현을 함락시키고 수년 동안 우환이 되었다. 여강태수 육강陸康이 토벌해 나머지도 모두 항복, 해산했다.[118]

몇 가지 특징을 보면, 후한 초까지는 중앙에서 장군이나 사자를 보내 주변의 군사들을 모아 진압하지만, 후한 말기에는 지방에서 처리할 수밖에 없었다. 더욱이 반란이 수년 간 계속될 정도로 한은 평정에 어려움을 겪었다. 그리고 진압 이후에는 주로 강하군으로 이주시키는 정책을 쓰지만, 결국 그곳에서 다시 반란이 발생했다. 반란의 이유와 관련해서 무만巫蠻의 경우 조세가 불균등한 것에 대한 불만이 명시되었다.

그 외에도 『후한서』는 파군 판순만板楯蠻의 반란에 대해서도 별도로 언급하고 있다. 원래 판순만은 상당히 용감한 민족으로서, 진秦 시기부터 조세의 감면 등 혜택을 받고 있었다.[119] 특히 유방이 한왕으로서 진秦 지역을 공략할 때에도 판순은 군사지원을 제공함으로써 조세의 혜택을 받는 등 우대되었다.[120] 그 이후에도 그들은 강족과 같은 변경 민족들의 침략을 방

118 『後漢書』 卷一百十六「南蠻傳」.

119 판순만에 대한 진의 조세감면과 관련하여 『후한서』는 신화적인 일을 전한다. 즉 진의 소양왕 때 백호가 진·촉·파·한 등의 경계에 나타나 천여 명을 살상했는데, 한 만이가 흰 대로 만든 활을 쏘아 백호를 죽이자, 그에 대한 대가로 조세를 감면하고 살인에 대해 속전을 적용하는 등의 맹약을 맺었다고 한다(『後漢書』 卷一百十六「南蠻傳」).

120 『후한서』에 의하면, "진 지역이 평정되자, 파중巴中으로 귀환시켜 나羅·박朴·독

그 원류가 판순만으로 알려진 토가족土家族_이들은 호남성과 호북성 등에 걸쳐 최대의 소수 민족을 형성하고 있다

어하고 남부지역에 대한 여러 차례 정벌의 선봉대로서 한의 국방에 크게 기여했다.

그렇지만 후한에 이르러 판순은 자주 반란을 일으켜 한을 괴롭혔다. 이를테면 그들은 환제桓帝(146-167년 재위) 시기에 반란을 일으켰고, 이때에는 파군 태수가 '은덕과 신의'로 항복하게 했다. 그렇지만 영제 광화 2년(179년), 그들은 다시 반란을 일으켜 삼촉三蜀[121]과 한중군漢中郡을 약탈했다. 한은 어사중승御史中丞 소원蕭瑗을 보내 익주益州의 군대로 그들을 토벌하게 했지만 수년 간 이기지 못했다. 이에 대해서 한중군의 상계上計[122]인 정포程包라는 인물은 판순만이 한에게 수차례 군사적 지원을 했음에도, 한의 관리들이 그들에게 경제적 착취와 폭정을 일삼고 있음을 지적했다.

> 군현 관리와 향정鄕亭의 하급 관리들이 병역을 대신하는 부역을 과도하게 부과시키고 판순 만이를 부리는 것이 노예와 포로보다 지나칩니다. 어떤 만이는 처자를 남에게 팔고 심지어 자살하는 지경에 이르고 있습니다. 비록 그들이 주군州郡에 문제를 제기해도 주목州牧이나 군수郡守는 상부에 보고해 처리하지 않습니다. 황제는 멀리 있어 그들은 자신들의 상황을 알리지 못하고 있습니다…… 조세와 요역 때문에 걱정과 고통이 클 뿐만 아니라 혹독한 형벌을 당하고 있습니다. 그래서 도시와 촌락의 만이들이 서로 모여 반란을 일으키고 있습니다. 그들의 주모자들은 천자를 참칭하는 것도 아니고 분리를 꾀하는 것도 아닙니다.[123]

督·악鄂·도度·석夕·공龔 7개 성씨의 우두머리들을 회복시키고, 그들에게 조세를 면제하고, 일반 백성은 매년 1인당 40전의 종전賨錢을 납부하게 했다."(『後漢書』 卷一百十六「南蠻傳」)

121 전한 초기에 촉군을 떼어 광한군廣漢郡을 설치하고, 무제 때 다시 떼어 건위군犍爲郡을 설치했는데, 3개 군을 통칭해 삼촉三蜀이라 한다.

122 일종의 회계 담당자.

123 『後漢書』 卷一百十六「南蠻傳」.

따라서 그는 물리적인 진압이 아니라 현명한 지방관을 임명해, 일종의 유화적인 방식으로 해결할 것을 건의했다. 그의 건의에 따라 한은 태수 조겸曹謙을 보내 그들을 사면해 해산하게 했다. 중평中平 5년(188년)에 황건적의 난이 발생하자 그들은 다시 반란을 일으켜 성읍을 약탈했다. 조정에서는 천자의 직속부대인 서원군西園軍의 별부사마別部司馬[124] 조근趙瑾을 파견해 평정했다.

## 서남이西南夷

서남이 지역은 주로 오늘날의 사천성 서남부, 운남성, 귀주성 등을 포괄한다. 이곳에는 원래 수많은 이민족들이 거주하고 있었다. 이들은 파·촉의 서쪽과 남쪽에 거주하며 독자적인 문화를 가지고 있었다. 서남이에 대해서 『사기』 「서남이열전」은 다음과 같이 전하고 있다.

> 서남이의 군장은 수십이고, 야랑夜郎이 가장 크다. 그 서쪽은 미막靡莫의 무리로서 군장이 수십이고, 전滇이 가장 크다. 전의 북쪽으로 군장이 수십이고, 공도邛都가 가장 크다. 이들은 모두 상투를 묶고, 밭을 갈고, 촌락에 모여 산다. 그 밖에 서쪽으로 동사同師의 동쪽과 북쪽으로 엽유楪榆에 이르기까지는 이름이 수巂·곤명昆明이다. 이들은 모두 변발하고, 가축을 따라 옮겨 다니며, 한 곳에 머물지 않고, 군장도 없으며, 땅은 수천리가 된다. 수巂의 동북쪽으로 군장이 수십이고, 사徙와 작도筰都가 가장 크다. 작의 동북쪽으로 군장이 수십이고, 염冉·방駹이 가장 크다. 그 풍속은 한 곳에 머물거나 옮겨 다니는데, 촉의 서쪽에 있다. 염·방의 동북쪽으로 군장이 수십인데, 백마白馬가 가장 크다. 이들은 저氐족의 부류에

124 별부사마는 대장군大將軍의 속관으로 직급은 비이천석에 해당함.

속한다. 그들은 모두 파·촉 서남쪽 밖의 만이이다.[125]

서남이는 다양한 민족들로 되어 있어서 내부의 차별성이 컸다. 그들은 유목이나 농경 또는 양자를 결합하는 생활을 했다. 우두머리가 있어서 정치적 질서를 가지고 있는 민족들도 있었고, 그렇지 않는 민족들도 있었다. 이들은 비교적 소수의 집단들로서 넓은 지역에 걸쳐서 흩어져 살고 있었다. 그와 더불어 일정한 지역에 다수의 인구가 거주하는 특징이 있었다. 따라서 한의 입장에서 이들은 군사적으로 자신과 대적할 만한 역량을 갖추고 있지 않았지만, 그렇다고 직접적인 통치를 강제하기란 쉽지 않았다. 하지만 서남이 지역은 전국시대를 거치면서 중원에 편입된 파·촉과 인접했기 때문에 점차 중원 국가들의 공략 대상이 되었다.

『사기』는 서남이 지역이 전국시대 초의 위왕威王(기원전 339-329년 재위) 시기에 처음 공략된 것으로 기록하고 있다. 그곳에 진출한 주인공은 초의 장군 장교莊蹻였다. 그는 위왕의 명령으로 그곳을 평정했으나, 초가 진秦에 의해 공략을 당하자 거기에 잔류해 전滇의 왕이 되었다고 한다. 그 과정에서 그는 현지 오랑캐의 복장으로 바꾸고 그곳 백성들의 풍속을 따랐다고 전해진다. 이 고사는 비슷한 시기에 조선에서 위만이 내려와 현지의 우두머리가 된 것과 유사하다. 『사기』의 기록은 모순된 면이 적지 않지만,[126]

---

125 『史記』 卷一百十六 「西南夷列傳」.

126 위의 에피소드는 정확한 사료에 바탕을 두기보다는 사마천이 현지에서 전해들었던 이야기일 가능성이 높다. 사마천은 약 2세기가 지나 무제가 기원전 111년 그곳을 공략하는 과정에서 낭중郎中의 신분으로 사절로 간 적이 있다.(쓰루마 기즈유키鶴間和幸 지음, 김용천 옮김, 『秦漢帝國 어프로치』, 2007: 44-46) 이러한 추측은 다음 몇 가지 이유에서이다. 무엇보다도 일의 중요성에 비추어 『사기』 이전 문헌에서 언급되지 않고 있다. 장교도 초장왕楚莊王의 후예이자 장군으로 되어 있으나 『사기』 「초세가」를 포함하여 다른 곳에서는 언급이 없고, 오히려 「예서禮書」편에 봉기를 일으킴으로써 초를 분열시킨 인물로 등장한다. 또한 장교의 귀국을 막았던 진의 (초의 파군과 검중군에 대한) 공략도 반세기 이후에야 이루어졌다는 점에서 시간적으

어쨌든 제국에서 온 이 인물들은 현지화를 통해서 이민족과 결합되었고, 그와 함께 중원 국가의 일부가 아니라 독자적인 국가를 수립했다. 그렇지만 서남이 지역은 지리적으로 매우 광범위했으며 전滇은 그 가운데 하나에 불과했다. 춘추전국시대 시기에 서남이 지역은 중원 지역과 거의 관계가 없었던 것이다. 물론 민간 차원에서 물자의 교류는 있었던 것으로 기록되어 있다.

전滇 민족의 조개화폐를 담는 청동 그릇_운남성 진녕晉寧 석채산石寨山에서 발굴된 것으로 남방문화를 잘 보여준다.

진은 통일 이후 이 지역을 다시 공략했으나 실제 확고한 지배하에 두지는 못한 것 같다. 『사기』는 "상알常頞이 다섯 자 폭의 길〔오척도五尺道〕을 만들고, 그곳의 여러 나라에 상당수 관리들을 두었는데 10여 년 만에 진이 망했다."[127]고 전하고 있다. 더욱이 진이 망하고 한이 등장하는 시점에서 서남이 지역은 다시 단절되었다. 그 결과 전한 초반 각각의 민족들은 독자적인 세력을 형성하고 있었다. 한은 "그 나라들을 포기하고 촉蜀의 예전 요새를 부활시켰다. 다만 파·촉의 주민들은 몰래 경계 밖으로 나가서 현지의 말·소·노예 등을 가져와 팔았는데, 이로 인해서 파·촉이 점차 부유해졌다."[128] 한 초기에 서남이 지역은 민간 수준에서 일부 교류하는 상태였던 셈이다.

---

로 모순된다. 마지막으로 전滇은 지금의 운남성 곤명昆明 부근으로 간주되는데, 전국시기 혼란의 와중에 초의 군대가 험한 지역을 수천리나 가서 쉽게 공략했다는 것은 생각하기 힘들다.

127 무제 때 서남이 지역을 공략한 사마상여司馬相如는 공邛·작筰·염冉·방駹 등 지역이 진 시기에 이미 군현이 된 적이 있다고 언급하고 있다(『史記』 卷一百十七 「司馬相如列傳」).

128 『史記』 卷一百十六 「西南夷列傳」.

전왕滇王의 순금 인장_뱀 모양의 손잡이를 하고 있다. 운남성 진녕晉寧 석채산石寨山에서 발굴됐으며, 한 변의 길이는 2.4cm이다.

하지만 다른 주변 지역과 마찬가지로 무제 시기에 이르러 서남이 지역도 공략의 대상이 되었다. 특히 남월 공략을 위한 일종의 전진기지로서 이 지역의 중요성이 부각되었다.[129] 적어도 초기의 공략은 군사적 정벌이 아니라 물질적인 회유와 설득에 의한 방식이었다.

무제 시기 서남이, 특히 남이 지역을 공략한 인물은 중랑장 당몽唐蒙이었다. 그는 기원전 135년 파·촉의 병사 1천 명과 짐꾼 1만 명을 징발해 야랑夜郎에 들어갔다. 그만큼 많은 선물을 가지고 갔던 것이다. 그곳에서 그는 현지 우두머리인 다동多同에게 "후한 선물을 주고 천자의 위세와 덕을 알렸다." 그러한 방식으로 그는 그곳을 한의 현으로 만들어 관리를 두고 다동의 아들을 현령으로 임명할 수 있었다. 그 주변의 다른 민족들도 마찬가지로 한에 복속했다. 그것은 한편으로 한이 보상으로 주는 비단을 얻고, 다른 한

129 기원전 135년 남월에 사신으로 갔던 당몽이 촉의 구장枸醬(구기자를 원료로 해서 만든 장)이 서남이의 야랑夜郎에 위치한 장가강牂柯江을 거쳐서 남월로 온다는 것을 알고, 그곳의 병사를 동원, 장가강을 통해 남월을 공략할 것을 제안했다(『史記』 卷一百十六 「西南夷列傳」).

편으로 이 지역에 접근하는 길이 험난해 한이 그곳을 차지하지 못할 것이라는 판단에서였다. 어쨌든 다수의 남이가 복속하자 한은 그곳에 건위군犍爲郡을 설치했다.

당몽에 이어서 서남이 가운데 서이西夷, 즉 공邛·작筰 등 지역을 공략하고자 시도한 사람이 사마상여司馬相如(기원전 약 179-118)였다. 공략에 필요한 인원과 물자를 동원해야 했던 촉의 원로들과 다수의 대신들은 서남이 공략에 반대하는 입장이었다. 그럼에도 그는 그곳이 촉군에 가깝고 길을 개척하기 쉬우며 진秦이 이미 그곳에 군현을 설치하였던 일을 들어 무제를 설득했다. 그리하여 그는 기원전 129년 중랑장으로 임명되어 대규모 사절단을 구성해 파·촉에서 많은 선물을 갖고 들어갔다. 서이들도 남이와 같은 물질적 보상을 기대했다. 그 결과 한은 그곳에 1명의 도위都尉와 10여 개의 현을 설치해 촉군에 귀속시켰다.

그렇지만 서남이 지역에 대한 한의 지배는 현지인의 저항과 지리적 어려움 그리고 흉노와의 전쟁 등에 의해 순조롭게 진행되지는 않았다.[130] 기원전 111년 서남이의 병사를 동원해 남월을 공격하려 하자 현지 왕은 그것을 거부하고 군사를 일으켜 한의 사자와 건위군 태수를 죽였다. 이에 한은 이 기회를 이용해 군대를 동원해 서남이 지역을 공략하고, 일부는 무력으로 일부는 항복을 받아 그곳에 군현을 설치했다. 그 결과 앞서 야랑夜郎의 건위군犍爲郡 이외에 두란頭蘭에 장가군牂柯郡, 공도邛都에 월수군越(=粵)嶲郡, 작도筰都에 침려군沈犁(=黎)郡, 염冄(=冉)·방駹에 문산군汶(=文)山郡, 백마白馬에 무도군武都郡, 전滇에 익주군益州郡을 각각 설치했다. 침려군과 문산군

130 그간 서남이의 전략적 중요성이 다시 부각되는 일이 있었다. 기원전 122년 대하大夏에 사신으로 갔던 장건張騫이 촉의 옷감과 공邛의 죽장竹杖이 인도로부터 대하에 들어온다는 것을 알게 되었다. 이로써 그는 흉노에 의해 서역이 막힌 상황에서 서남이 지역에서 우회해 인도를 거쳐 대하와 연계할 수 있다고 생각하게 되었다(『史記』 卷一百十六 「西南夷列傳」).

은 얼마 지나지 않아 촉군蜀郡에 편입되었다.[131]

군현의 설치는 서남이 지역에 대한 한의 직접적인 통치 의지를 반영한다. 다만 그 과정에서 한에 협조적이었던 야랑과 전滇의 왕에게는 왕의 인장을 주고 명목상의 권위를 인정했다. 한의 직접적인 지배에 대해서 서남이 민족들의 저항이 있었으나 한은 그들을 무력으로 진압했다.

전한 시기 서남이의 저항에 관한 일부 사례들이 『한서』에 수록되어 있다. 전滇에 익주군이 설치된 뒤 23년이 지난 기원전 86년 그곳의 염두廉頭·고증姑繒의 백성들이 반란을 일으켜 현지 우두머리들과 한의 관리들을 죽였다. 여기에는 장가牂柯·담지談指·동병同並 등 24개 읍의 백성 3만 명이 참여했다. 한 조정은 수형도위水衡都尉를 시켜 촉군과 건위군에서 1만여 명을 동원해 그들을 진압했다. 그렇지만 3년 후에 고증과 엽유葉(=楪)榆 지역에서 다시 반란이 일어났다. 한 조정은 수형도위 여벽호呂辟胡를 파견해 익주군의 병사를 이끌고 공격하게 했다. 만이들은 한의 군대가 도착하기 전에 익주군수를 죽이고 대항했다. 이때 한의 병사 가운데 4천여 명이 전사 또는 익사했다.

이듬해 군정軍正 왕평王平과 대홍려大鴻臚 전광명田廣明 등이 반란을 진압하고 5만 명을 목 베었다. 가축도 10여만 마리를 획득했다. 1년 후에 무도군武都郡에서 저氐족이 반기를 들었지만 한의 군대에 의해 격퇴되었다. 그렇지만 전한 말 성제成帝 하평河平(기원전 28-25년) 연간에 서남이 지역에서 야랑왕과 소수민족 우두머리들 사이에 갈등이 벌어지고 한이 상황을 통제할 수 없게 되었다. 그때 한의 조정에서는 그곳의 "불모의 땅과 쓸모없는 사람들로 인해서 중국을 피곤하게 하지 말고 마땅히 군을 폐지해 그 사람들을 포기하고 그곳 우두머리들과 관계를 끊어 더 이상 왕래하지 않아야

131 『史記』 卷一百十六「西南夷列傳」. 괄호 안은 『漢書』 卷九十五「西南夷傳」. 침려군과 문산군의 촉군 편입은 각각 기원전 97년과 67년.

한다."는 주장도 제기되었다.[132]

후한 시기 서남이의 각종 저항과 그에 대한 진압은 더욱 격렬하게 전개되었다. 익주군 전滇에서는 왕망의 정변 당시와 서기 42년과 176년, 애뢰哀牢에서는 76년, 공도에서는 24년, 58년, 118년과 그 이듬해의 반란이 기록되고 있다. 촉군에서는 107년, 123년, 156년, 160년과 그 이듬해에 주변 만이의 반란이 발생했다. 그 이외에 무도군에서는 백마의 저氐족이 자주 반란을 일으켰다. 위의 기록은 일부 중요한 사례들에 국한되며, 『후한서』는 일부 지역에서 거의 일상적으로 반란이 일어났다고 기록하고 있다.[133]

## 무릉장사만

만이의 개념은 시기적으로 달라진다. 남만은 원래 사이四夷 가운데 중원의 남쪽에 살던 여러 이민족들을 통칭하는 개념이었다. 그렇지만 중원의 팽창과정에서 다양한 정도의 접촉과 이해가 이루어지면서 그들은 세분화되기 시작했다. 그와 함께 차례로 중원에 흡수되면서 남만의 핵심도 변화하게 되었다. 이를테면 전한 시기 파·촉이 중원의 일부가 되면서 남만은 그보다 아래인 무릉군과 장사국에 거주하는 만이, 그리고 그 남쪽에 위치한 백월(남월과 동월)을 지칭하게 되었다. 파군과 남군에 거주하는 일부 소규모 만이들이 별도로 남만으로 다뤄지지만, 그 중요성은 현저하게 감소되었다. 따라서 후한 시기 남만은 주로 무릉장사만武陵長沙蠻과 남월이었다.

먼저 장강 중류의 대표적인 만이가 무릉장사만이다. 그들은 무릉만武陵蠻이 중심이기 때문에 그냥 무릉만으로 불리기도 하는데, 지리적 기반에 따라 그 내부에 장사만長沙蠻·풍중만澧中蠻·영양만零陽蠻·누중만漊中蠻·영

132 『漢書』 卷九十五 「西南夷傳」.

133 『後漢書』 卷一百十六 「西南夷傳」.

릉만零陵蠻·충중오리만充中五里蠻 등이 등장한다. 그들은 오늘날 호남성 북부와 귀주성 서북부, 호북성 서부, 사천성 동남부 등 장강 중류 지역에 산재하는 만이를 지칭한다. 한 시기에 그들은 주로 무릉군 그리고 그 상위 단위로서 형주荊州에 소속되었다.

무릉만의 기원과 관련해 『후한서』에는 파·촉과 마찬가지로 5제와 연결되어 있으나 좀 더 신화적이다. 즉 제3대인 고신씨 곡嚳의 딸이 개와 결혼해 12명의 자녀를 낳았고,[134] 그들을 그곳에 가서 살게 하여 남만南蠻이 되었다는 것이다. 중원과의 관계에서 그들은 부모의 덕에 의해 "관문의 통행증과 조세의 부과가 없었고, 읍군의 군장들이 있어 (중원의 정권은) 그들 모두에게 인수를 하사했다."고 한다. 중원과의 실질적인 관계는 신화적이지만, 적어도 그들은 일정한 정치조직으로서 독자적인 공동체를 형성하고 있었다. 『후한서』는 "읍의 군장들이 있고, 그들은 (한으로부터) 인수를 하사받고, 수달피로 만든 갓을 쓰며, 그 우두머리는 정부精夫라 불렀다."고 전한다.[135]

역사서는 또한 무릉만이 요순 시기에 요복要服[136]에 속했고, 하·상을 거치면서 점차 변경의 우환이 되었으며, 주에 이르러서는 그 수가 늘고 세력이 강해졌다고 전한다. 춘추시대 이후 그들은 중원을 자주 침략했고, 패자인 진晉이 그들을 막았다. 그들은 한때 초도 공격했으나 결국 초에 복속되었다. 후에 진秦 소왕昭王이 초를 공략해 만이의 지역을 빼앗고 그곳에 검중군黔中郡을 설치했다.[137] 검중군은 한에서는 무릉군武陵郡으로 바뀌었다.

---

134 곡의 딸이 개에게 시집간 연고는 다음과 같다. 즉 곡이 융적 장수의 머리를 가져오는 자에게는 딸을 시집보내겠다고 상을 내걸었는데, 개 한 마리가 그의 머리를 물고 왔다고 한다(『後漢書』 卷一百十六 「南蠻傳」).

135 『後漢書』 卷一百十六 「南蠻傳」.

136 요복은 상대적으로 가까운 이민족의 거주지를 나타낸다. 관련 개념에 대해서는 이 책 7장 2절 참조.

137 사실은 초가 원래 검중군을 설치했는데, 진이 그것을 빼앗았다. 두 군이 지리적으

무릉만에 기원하는 것으로 알려진 동족侗族의 화려한 의상_그들은 주로 호남성과 귀주성에 거주한다.

그럼에도 군현의 설치가 만이에 대한 직접지배를 의미하지는 않았다. 한은 단지 종포賨布라 하여 세금으로 성인은 4필, 어린이는 2장丈의 베를 매년 납입하게 했을 뿐이다. 역사서는 이들이 가끔 약탈을 했으나 국가의 우환이 될 정도는 아니었다고 한다.[138] 그렇지만 후한 시기 국내가 혼란해지자 그들은 다른 군현 지역을 약탈했다.

후한 시기 한의 지배에 대한 남만의 저항은 끊임없이 계속되었다. 반기를 든 민족들은 무릉만·영릉만·풍중만·누중만·장사만 등이다. 그 가운데 특히 풍중만과 누중만이 자주 반란을 일으켰다. 『후한서』에는 모두 10회에 걸친 대규모 사례가 수록되어 있다(〈표 5〉). 반란의 규모와 관련해 적게는 수천 명, 많게는 수만 명이 참여하고 있다. 그렇지만 이것은 1회적인 것이고, 적지 않은 반란이 몇 년 간 계속되기 때문에 더 많은 사람들이 참여했던 셈이다. 더욱이 그 숫자는 한의 시각이므로 축소되었을 가능성도 있다.

반란의 원인에 대해서는 거의 언급하지 않고, 단지 군현을 약탈한 것으로만 기록하고 있다. 부분적으로 그 이유가 알려진 사례로는 독립의 시도, 만이들 사이의 불화, 그리고 조세와 부역에 대한 저항 등이다. 특히 서기 115년 풍중만의 반란과 관련해서 "군현의 요역과 부세가 공평하지 못한 것에 불만을 품었다."고 기록되었다.[139] 마찬가지로 136년 풍중만과 누중만의 반란도 조세의 인상에 대한 저항이었다. 그 외 원인들로는 다른 지역에서 나타나는 것처럼 대개 한인들의 착취와 그에 따른 자치에 대한 요구일 가능성이 크다. 반란의 대부분은 만이의 우두머리들에 의해 주도되었다. 그리고 여러 만이들이 동시에 반란을 일으킨 경우도 적지 않았다.

---

로 정확하게 일치하는지는 알 수 없다. 진의 검중군 치소는 오늘날 호남성 서북부에 위치한 원릉현沅陵縣이다.

138 『後漢書』 卷一百十六 「南蠻傳」.

139 『後漢書』 卷一百十六 「南蠻傳」.

〈표 5〉 후한 시기 무릉만의 반란과 한의 대응

| | 연도 | 민족 | 내용 | 진압 | 원인 |
|---|---|---|---|---|---|
| 1 | 광무제 건무建武 23-24년 (47-48년) | 무릉만 | 군현 약탈 | 중앙 파견 장군 | — |
| 2 | 장제 건초建初 원년 (76년) | 풍중만 | 영릉만 침략 | 영릉만 | — |
| 3 | 장제 건초建初 3-5년 (78-80년) | 누중만 | 주변 만이 지역 공격 | 주군 범죄자와 우호적 만이 동원 | — |
| 4 | 화제 영원永元 4년 (92년) | 누중만·풍중만 | 관리와 민간인 약탈 | 군의 군대 | — |
| 5 | 안제 원초元初 2년 (115년) | 풍중만 2천여 명 | 관청공격, 관리 살해 | 만이 | 요역·조세 불공평 |
| 6 | 안제 원초元初 3년 (116년) | 누중만·풍중만 4천 명, 영릉만 1천여 명 | 도적, 관청과 백성 약탈 | 만이 | — |
| 7 | 순제 영화永和 원년-2년 (136-137년) | 풍중만·누중만 2만 8천 명 | 향리의 살해 | 군의 군대 | 부세의 증액 |
| 8 | 환제 원가元嘉 원년 —영흥永興 원년(151-153년) | 무릉만 4천여 명 | 현령의 구금 | 태수의 설득 | — |
| 9 | 환제 영수永壽 3년 —연희延熹 3년(157-160년) | 장사만 1만여 명, 영릉만·무릉만 6천여 명 | 군계약탈, 관리 살상, 군현공격 | 형주자사 군대, 중앙 파견 장군, 군태수 | — |
| 10 | 영제 중평中平 3년 (186년) | 무릉만 | 군계 약탈 | 주와 군의 군대 | — |

반란의 진압 방법에는 그 규모에 따라 여러 가지 방식이 활용되었다. 규모가 클 경우에는 중앙정부가 장군을 파견, 주변 군들의 병력을 동원하여 대응했다. 규모가 작을 경우에는 익주군이나 형주荊州 등 상위의 지방단위가 해결하거나 우호적인 다른 만이들이 동원되기도 했다. 다른 만이의 동원은 통상적인 이이제이以夷制夷의 일환이지만, 그들이 다른 만이의 공격을 받았을 경우였거나, 그렇지 않으면 한으로부터 보상이 주어졌다.

## 5. 남월南越과 동월東越[140]

### 남월의 출현

무릉만 이남은 월 또는 다수의 월족을 의미하는 백월百越로 불리는 지역이다. 양자 사이에는 중국의 중부와 남부를 지리적·문화적·경제적으로 분리하는 거대한 산맥인 오령五嶺[141]이 놓여 있다. 월은 그 남쪽의 영남嶺南 또는 육량陸梁이라고 불리는 지역으로, 지금의 귀주성 일부, 광서자치구, 광동성 서부, 베트남 북부 등이 포함된다. 무릉만이 전국시대 초의 영역에 속했고, 거기에 이미 군현이 설치되었던 것과는 달리 월은 당시까지 중원 왕조와 직접적인 관계가 없었다.

조선과 마찬가지로 진 이전의 여러 월족에 대해서 중국의 역사서들은 거의 언급하고 있지 않다. 이것은 해당 지역들이 중원과 별다른 연관성이 없었기 때문일 것이다. 『사기』는 진의 군현 설치부터 언급하고 있고, 『한서』의 경우에도 마찬가지이다. 다만 『후한서』에는 주공周公 시기에 남쪽의 월상국越裳國이 3번의 통역을 거쳐 흰 꿩을 바쳐 종묘에 보존했지만, 그 이후 주가 쇠해 관계가 끊어졌고, 초가 득세했을 때 백월로부터 조공을 받았다고 되어 있다. 중국의 문헌에서 언급하지 않는 남월의 역사는 15세기 후반 월남 왕조가 편찬한 『대월사기전서』[142]에 전해지고 있다.

---

140 越과 粵은 통용되는데, 『사기』와 『후한서』는 越, 『한서』는 粵로 표기하고 있다.

141 오령은 중국의 중부 장강유역과 남부 주강유역을 분리하는 산맥이다. 즉, 중부의 호남성 및 강서성과 그 아래 광서자치구·광동성·복건성을 분리하는 다섯 개의 고개로 여기에는 대유령大庾嶺·기전령騎田嶺·도방령都龐嶺·맹저령萌渚嶺·월성령越城嶺이 포함된다. 역사적으로 중원과 영남의 교통과 경제적·문화적 교류를 막았던 요소이기도 하다.

142 『大越史記全書( Đại Việt sử ký toàn thư)』.

이 문헌에 의하면, 염제 신농씨와 결부되는 신화적인 요소를 제외한다면,[143] 주왕조 이전에 남월에는 문랑국文郎國이 자리하고 있었다. 문랑국의 범위는 동으로 남해南海를 끼고, 서로 파촉巴蜀, 북으로 동정호洞庭湖, 남으로 호손국胡孫國(또는 점성국占城國)에 이르렀다고 한다. 이것은 오늘날의 광동, 광서, 그리고 월남 북부는 물론 오령 이북의 일부를 포괄하는 지역이다. 수도는 봉주峰州[144]이고, 지방은 15개의 부部로 되어 있고, 왕 이외에 문무의 관리들을 두고 있었다. 웅雄(Hùng)왕 6세 때 중국과 접촉하게 되는데, 주공 시기에 주에 조빙했다는 것이다. 이것은 앞서 언급했던 월상국이 흰 꿩을 바친 것에 해당되는데, 다만 주공이 "군자는 (중국의) 통치가 행해지지 않는 곳은 신하로 삼지 않는다."고 하면서 되돌려 보냈다고 한다.[145]

그 이후 오랜 기간 동안 기록이 없다. 단지 중원에 가까운 이민족 국가인 촉국蜀國의 왕이 미인이었던 문랑국 왕의 공주를 달라고 했다가 거절당해 화가 났다는 것이 전부이다. 어쨌든 전국시대 촉의 왕자인 촉반蜀泮[146]이 남쪽으로 내려와 기원전 257년 문랑국을 멸망시키고, 구맥국甌貉國[147]을 세워 스스로는 안양왕安陽王[148]이라 칭했다. 구맥국은 지금의 하노이시 북쪽

143 다른 역사와 마찬가지로 남월도 신화에서 출발하는데, 그것은 중국사와 연결된다. 즉 염제 신농씨의 3세손인 제명帝明이 남쪽에 순행해 오령에서 신선족의 여자 무선녀婺仙女(Vu Tien Nu)를 만나 둘째 아들 왕王을 낳았다. 그는 기원전 2879년 남쪽 지역에 봉해져 나라를 다스렸다. 그가 경양왕涇陽王(Kinh Dương Vương)으로 왕조로는 홍방鴻厖(Hông Bàng)이라고 한다. 경양왕은 동정군洞庭君(Động Đình Quân)의 딸 신룡神龍(Thân Long)과 혼인해 맥룡군貉龍君(Lạc Long Quân)을 낳았고, 그는 구희嫗姬(Âu Cơ)를 얻어 100명의 아들을 낳았는데, 그중 50명은 어머니를 따라 산으로 가고, 나머지 50명은 아버지와 함께 남쪽(또는 남해)에 살게 되었다. 큰아들이 왕위를 이었는데, 그가 웅雄(Hùng)왕으로 국호를 문랑국文郎國(Văn Lang)으로 했다.

144 Phong Châu, 하노이의 서북쪽 산간지방.

145 『大越史記全書』「鴻厖氏紀」; 『後漢書』 卷一百十六 「南蠻傳」.

146 Thục Phán.

147 Âu Lạc. 구락국甌雒國으로 불리기도 함.

에 위치한 고라성古螺(Cổ Loa)城을 수도로 정했다. 사실 기원전 316년 진이 이미 촉국을 멸망시켰다는 점을 고려한다면, 그 잔존 귀족세력들이 남하한 것으로 이해될 수 있다. 여기서 한 가지 중요한 것은 당시 영남과 월남이 하나의 권역이었고, 위의 왕조들이 위치한 월남 북부가 그 중심지였다는 점이다. 아래에서 살펴보는 것처럼 후에 전한에 편입된 뒤 설치된 7개 군 가운데 월남 북부에 위치한 교지군이 인구의 절반 이상을 차지했다.

### 진의 3군과 남월국

진은 통일 이후 오령을 넘어 그 남쪽으로 진출했다. 즉 기원전 214년 그곳에 계림桂林·상象·남해南海 등 3개 군을 설치했던 것이다.[149] 이 지역은 외형적으로 군현에 편입되었으나, 실제 통치의 기반은 매우 취약했던 것 같다. 지방행정구역이라기보다는 일종의 군사적 전진기지와 유사하다는 느낌을 준다. 그것은 『사기』「진시황본기」의 기록에 그대로 반영되어 있다. 남월 지역의 군현 설치에 대해서 다음과 같이 짤막한 내용만 전해지고 있다.

> 진시황 33년, 병역이나 노역을 피해서 도망간 사람, 집이 가난해 몸을 팔아 노예가 된 사람, 장사하는 사람 등을 동원해 육량陸梁을 공략하여 계림桂林·상象·남해南海 등 군을 세우고, 죄를 지어 유배된 사람들을 보내 지키게 했다…… 34년 부정을 행한 간수들을 보내 장성을 쌓고 남월南越을 지키게 했다.[150]

148 An Dương Vương.

149 『史記』 卷六 「秦始皇本紀」. 진이 세운 3개의 군 가운데 상군의 위치와 그에 따른 월남 지역의 포함 여부에 대해서는 논쟁이 있다. 계림과 남해는 각각 오늘날의 광서와 광동에 위치한 것으로 되어 있으나, 상의 위치에 대해서는 다양한 의견이 있다.

150 "三十三年, 發諸嘗逋亡人, 贅婿, 賈人略取陸梁地, 爲桂林, 象郡, 南海, 以適遣戍…… 三十四年, 適治獄吏不直者, 築長城及南越地."(『史記』 卷六 「秦始皇本紀」)

『사기』「남월열전」에도 그 이상의 언급은 없다. 다만 전한 초기에 쓰인 『회남자』에는 진의 군대가 진출하는 과정에 대해 좀 더 상세하게 기술하고 있다.

> (진시황은) 월의 무소뿔·상아·비취·진주를 취하기 위해서 위尉 도수屠睢에게 병사 50만 명을 징발하여 5개 군軍으로 나누었다. 1군은 심성鐔城의 고개를 막고, 1군은 구의九疑의 요새를 지키며, 1군은 번우番禺의 도성에 주둔하며, 1군은 남야南野의 경계를 지키며, 1군은 여간강餘幹江을 방어했다. 3년 간 갑옷을 벗거나 활을 내려놓지 못했고, 급여가 와도 식량으로 바꿀 수도 없었다. 그렇지만 병졸들은 도랑[151]을 파 식량을 운송할 길을 열면서, 동시에 월인과 싸워 서구西嘔의 군장 역유송譯籲宋을 죽였다. 그런데도 월인은 수풀 사이로 들어가 짐승들과 함께 살면서 진의 포로가 되려고 하지 않았다. 그들은 뛰어난 인물을 차례로 장수로 삼아 밤에 진나라 사람을 공격해 대파시키고 도수를 죽였다. 죽은 자들이 수십만 명이었고, 이에 적수謫戍들을 징발해 그곳을 지키게 했다.[152]

이 글은 무모한 전쟁을 비판하기 위한 것이지만, 진의 군현 설치가 정상적으로 이루어지지 못했음을 반영하고 있다. 일부의 관리 이외에는 주로 비정상적인 부류의 사람들이 강제로 배치되었고, 그것도 포괄적인 통

151 이것이 유명한 영거靈渠이다. 영거는 장강의 지류인 상수湘水의 발원지 해양하海洋河와 주강珠江의 지류인 계강桂江의 발원지 이강漓江을 연결하는 약 30킬로미터의 인공수로로서, 광서자치구 흥안현興安縣에 위치한다. 영거는 장강과 주강을 연결한 셈이었다. 영거가 개통된 기원전 214년 진은 이 수로를 통해서 오령을 넘어 남월을 정복했다(정창원, "秦帝國의 남방공략과 靈渠개착—개착년도 문제를 중심으로," 2008: 185-193).

152 『淮南子』「人間訓」. 번역은 许匡一 译注, 『淮南子』, 1993: 1105-1108; 안길환 편역, 『新完譯 淮南子』(下), 2013: 196-198을 참조함.

치보다는 방어를 위한 것이었다.

한편 중국의 문헌에는 다루어지고 있지 않지만, 『대월사기전서』에 의하면 진의 세력은 계속 남하했다. 즉 남해군 도위 임효任囂와 — 기원전 210년 그가 병사한 뒤 득세한 — 조타趙佗[153]가 오늘날 월남 북부까지 남진했던 것이다. 그들은 진이 망하고 천하가 혼란한 틈을 타서 이곳에 독자적인 정권을 세우고자 했다. 침략은 기원전 210년과 208년에 계속되었고, 처음에는 위에서 언급된 구맥국의 안양왕이 성공적으로 방어했다. 그렇지만 기원전 207년 조타는 그를 멸망시키고, 진의 군현과 월남 북부에 이르는 넓은 지역에 남월南越[154]을 세웠다.[155] 남월의 수도는 지금의 광동성 광주廣州 부근인 번우番禺였고, 한의 제후국인 장사국長沙國과 접경했다. 『대월사기전서』는 조타의 남월국을 중국의 왕조가 아니라 문랑국과 구맥국을 계승한 월남의 왕조로 간주하고, "우리 월이 제왕의 기업을 창시한 것으로 그 공은 위대하다고 할 수 있다."고 기술하고 있다.[156]

한편 전한 초기 한이 평화적인 관계를 모색하는 상황에서 역사서는 조타가 "군사적 위엄과 물질적 회유를 통해서 민월閩越과 서구맥西甌貉(즉 교지交阯와 구진九眞)을 초무招撫하고 종속시켜 동서 1만 리에 이르러 한과 어깨를 나란히 했다."[157]고 기록하고 있다. 논쟁의 여지가 있지만, 여기서 초무나 종속은 국가간의 형식적인 종속관계일 가능성이 크다. 다시 말해 월남 북부지역은 표면상으로만 조타에 복속했고, 현지인들에 의한 실질적인 통치가 계속된 것으로 보인다. 그것은 여러 가지 사실들에 반영되고 있다.

---

153 그는 남해군 용천현龍川縣의 현령이었다. 베트남어로 Triệu Đà.

154 베트남어로 Nam Việt.

155 조타의 건국 연도에 대해서 『사기』 등 중국의 초기 역사서들에는 기록되어 있지 않지만 후대의 기록은 대개 기원전 203년으로 되어 있다. 그러나 『대월사기전서』는 207년으로 기록하고 있다.

156 『大越史記全書』「趙氏紀」.

157 『大越史記全書』「趙氏紀」; 『史記』 卷一百十三 「南越列傳」.

앞서 언급한 것처럼 당시 영남과 월남을 통틀어서 그 중심지는 월남에 위치한 교지였다. 그런데도 조타는 원래 자신의 기반이었던 곳으로서 인구가 적고 가장 중원에 치우친 남해에 수도를 정했다. 또한 고조 때 조타를 방문한 육가陸賈(기원전 약 270-170)가 한은 인구가 억만, 사방 1만 리인 데 반해, 남월은 인구 10만으로서, 산간 사이에 잡처해 한의 한 개 군과 비슷하다고 했을 때, 조타는 육가의 말을 부정하지 않았다. 그는 단지 자신이 한에서 일어나지 않은 것이 한스럽고, 또 어찌 영원히 한보다 못하겠는가 하고 반문했을 뿐이다.[158] 위의 인용문에서도 월남 지역은 당시 독자적인 세력으로 남아 있던 민월과 동등하게 간주되고 있다. 실제 후에 무제 때 남월이 망하자 월남 지역은 스스로 사신을 보내 선물과 호적을 갖고 항복해 과거의 관습에 따른 통치를 허용받았다.

남월의 등장에 대해서 고조는 정벌을 고려하기도 했으나 건국 초기 내부적으로 휴식이 필요해 실행에 옮기지 않았다. 다만 남월에 대한 제국의 우위를 과시하기 위해서 기원전 196년 육가를 보내 그를 남월왕으로 인정해 인수와 부절을 주고 사신을 통하게 했다. 남월이 요구한 국경무역도 허용되었다. 그리고 위만조선과 했던 약조와 같이 주변의 여러 월족들을 평화롭게 이끌고, 한의 변경을 노략질하지 말도록 했다.

그렇지만 여후 시기에는 양국간 갈등이 발생했다. 그 원인은 한이 변경에서 철과 가축의 무역을 제한했기 때문이다. 조타는 그것을 남월을 취하고자 하는 장사왕長沙王의 책략으로 간주하고, 기원전 183년 스스로를 무제武帝로 칭제하고 장사국에 대한 공격을 감행했다. 한은 남월을 정벌하려고 했으나 날씨·전염병 등으로 성공하지 못했고, 여후의 사후 정벌은 중단되었다. 그 후 문제文帝와 경제景帝 시기는 전반적으로 선정이 베풀어졌다. 따라서 대외관계에서도 유화적인 정책이 취해졌다. 문제 때인 기

158 『大越史記全書』「趙氏紀」.

원전 179년에 한은 육가를 다시 보내 화해를 모색했는데, 조타도 번신藩臣으로서 조공을 바치는 등 한과 관계를 개선했다. 내부적으로 그는 제왕의 칭호를 쓰는 등 계속 독자적으로 행동했지만, 양국 사이에는 평화가 유지되었다.

### 한의 남월정복

70여 년 동안 남월을 지배했던 조타는 기원전 137년에 죽었다. 그의 사후 2년 뒤 남월은 민월의 침략을 받았는데, 이에 남월은 사신을 한에 파견하여 자신이 한의 번신임을 강조하고 한이 나서서 민월을 막아 줄 것을 요청했다. 당시 무제는 일부에서 강하게 반대했는데도, 그것을 계기로 민월을 공격하도록 지시했다. 다만, 한의 군대가 현지에 도착하기 전에 민월 내부의 화친세력이 민월왕을 살해하고 화해를 청하자 한은 철군했다. 그렇지만 위기를 넘긴 남월의 문왕文王 조호趙胡는 태자를 한 조정에 보내 숙위宿衛하게 했을 뿐, 입조를 거부했던 조타의 선례 그리고 억류될지 모른다는 불안 등으로 인해 병을 핑계로 자신은 한에 입조하지 않았다. 한 조정에 숙위를 했던 그의 아들 명왕明王(영제嬰齊) 때에도 입조 시 다른 중국 내 제후와 같은 대우를 받을 것을 꺼려 입조하지 않았다. 그럼에도 한의 지속적인 입조 요구에 대한 대응을 둘러싸고 내부적 갈등이 나타났다.

이러한 상황에서 무제는 장강과 회수 이남의 수군 10만 명과 파·촉을 비롯한 각지의 죄인들을 모아 남월을 토벌했다. 기원전 111년 마침내 한의 군대는 내부적으로 분열된 남월의 수도를 함락시키고 그 이듬해까지 그 주변 지역을 평정했다. 이로써 조타의 등장으로 독립왕조를 건설한 남월은 5대 97년 만에 망하고 말았다.[159] 한은 그곳에 해남南海·창오蒼梧·욱

---

159 『사기』「남월열전」에 의하면 조타의 칭왕부터 멸망까지 5대 93년이다.

림郁林·합포合浦·교지交趾·구진九眞·일남日南·주애珠崖·담이儋耳 등 9개 군을 설치했다. 기원전 106년 일종의 감찰구로서 13개의 자사부刺史部가 편성되었을 때, 남월에는 교지자사부交趾刺史部를 두어 교지자사가 관리하게 했다.[160] 이곳은 지리적으로 동서로 1천 리, 남북으로 500리의 넓은 땅이었다.[161]

남월 왕의 황금 인장(탁본)_조타의 손자 조말趙眛 남월왕의 묘에서 출토된 것이다. '문제행새文帝行璽'라는 제호가 새겨져 있다. 광주廣州 상강산象崗山에서 출토된 것으로 한 변의 길이는 3cm이다.

그렇지만 조선과 마찬가지로 남월 지역에 대한 군현적 통치가 제대로 이루어졌는지는 의문이 있다. 먼저 군 가운데 교지·구진·일남 3개 군은 오늘날 베트남 북부에 위치했는데, 태수는 현지인이 임명되었고, 과거의 방식에 따라 다스리도록 했다. 한의 군대가 남월을 멸망시키는 과정에서 "월은 3명의 사신에게 소 300마리를 끌고 술 1천 종鍾을 들고, 교지·구진·일남 3군의 호적을 가지고 나아가 항복했다. (한의 복파장군伏波將軍) 노박덕路博德이 3명의 사자를 3군의 태수로 삼고, 고속故俗에 따라 백성을 통치하게 했다."[162]

중국의 역사서에도 서강西羌을 토벌하고 남월을 멸망시킨 뒤, "번우의 서쪽과 촉군 이남에 새로운 군 17개를 설치했고, 그곳을 옛날의 관습에 따라 다스리고 조세를 부과하지 않았다."[163]고 언급하고 있다. 이것은 그 이후에도 베트남 북부지역은 낙장雒長과 같은 현지의 족장들에 의해 통치되

160 나중에 후한 초 교주자사부交州刺史部로 개칭되었고(35년), 후한 말 지방의 혼란에 대응하기 위해서 감찰기능의 부部가 군과 행정 등 포괄적인 지방행정기구인 주州(책임자는 주목州牧)로 개편되면서 교주자사부도 교주交州가 되었다(203년).

161 『後漢書』 卷一百十六 「南蠻傳」.

162 『大越史記全書』 「趙氏紀」.

163 『史記』 卷三十 「平準書」; 『漢書』 卷二十四 「食貨志」.

었다는 의미이다. 한 말의 통계로 교주 전체 인구의 71.6%, 면적의 40.4%가 위 3개 군에 소속되었다.[164] 다만 어느 시점인지 확실하지 않지만, 나중에는 이들 지역에도 한인 태수들이 문헌에 등장하게 된다.

## 남월의 저항

『후한서』도 남월에 대해서 "교지가 통괄하는 지역은 비록 군현이 설치되었으나 언어가 각기 달라 여러 번 통역해야 말이 통했다. 사람들은 짐승과 같고 어른과 아이의 구분이 없다. 상투머리에 맨발을 하고, 천에 구멍을 뚫어 그곳으로 머리를 내어 옷으로 입는다."고 언급하고 있다. 이것은 언어와 풍습이 너무 다르기 때문에 중국 식으로 통치하기란 어려움을 시사하고 있다. 다만 후에, "중국의 죄인들을 이주시켜 그들 사이에 잡거하게 해, 조금씩 그 언어를 알게 되어 점차 교화가 이루어졌다."[165]

또한 오늘날 해남도에 설치된 두 개 군, 즉 담이와 주애는 얼마 지나지 않아 현지인의 저항으로 기원전 82년과 46년 각각 폐지되었다.[166] 해당 2개 군에서는 기원전 111년 무제 때 처음 설치된 이후 20여 년 동안 6차례의 대규모 반란이 발생했다.[167]

주애군의 경우, 무제 때 주애태수 손행孫幸이 현지의 폭이 넓은 방직물을 조정에 공납했는데, 현지인들이 그 노역을 견디지 못해 군을 공격해 그를 죽였다. 그러자 그의 아들 손표孫豹가 솔선率善 사람들과 함께 그들을 쳐부수고, 스스로 군의 일을 이끌었다. 그는 현지 족장들의 인수를 회수하여 조정에 반환하고, 황제에게 글을 올려 상황을 보고했다. 이에 조정은 그를

164 勞榦, "兩漢郡國面積之估計及口數增感之推測," 1976: 38-45에서 계산됨.

165 『後漢書』 卷一百十六「南蠻傳」.

166 『後漢書』 卷一百十六「南蠻傳」.

167 『漢書』 卷六十四「賈捐之傳」.

태수로 임명했다. 그렇지만 중원 사람들이 그곳의 진귀한 재물을 탐해 그들을 침탈하고 속임으로써 몇 년에 한 번씩 반란이 일어났다.[168] 결국 주애군은 설치된 지 65년 만에 철폐되었다. 이것은 군의 기반이 취약하고, 현지 족장들에 의한 실질적인 통치에 의존했으며, 나아가 태수 개인적 차원에서 유지되었음을 보여 준다. 더욱이 군의 설치는 일종의 식민지와 같이 한인들의 현지인들에 대한 경제적 침탈로 이어졌고, 이것은 아래에서 보는 것처럼 이들의 저항을 불러일으켰다.

기원전 82년 한은 담이군을 주애군에 병합했지만, 그 이후에도 주애군에서는 반란이 계속되었다. 한은 무력으로 대응했으나 진정시키는 것이 어렵게 되었다. 결국 원제 때 한은 1만여 명의 희생과 3억 전의 군비를 허비하면서도 반란의 진압에 실패하고, 흉년으로 어려움에 직면하자 기원전 46년 주애군을 폐지했다.[169]

그렇다면 다른 군들은 어떻게 통치되었을까? 여기에 관해서 『사기』 「남월열전」에는 남월 지역의 군현 설치 사실만 전해질 뿐 관리임명이나 그 활동에 대한 언급은 없다. 각각 전한 후반과 후한 시기를 다루는 『한서』와 『후한서』도 마찬가지다. 다만 왕망 시기에 태수들이 중앙의 명령을 따르지 않고 독자적으로 통치했다는 것, 후한 시기에 부분적으로 군현의 기능을 회복했다는 것 정도가 언급될 뿐이다. 후자와 관련하여 이를테면 후한 광무제 때 교지태수 석광錫光과 구진태수 임연任延이 현지인들에게 농사를 가르쳤고, 갓을 쓰고 신을 신도록 했으며, 중매를 두어 혼인제도를 알게 했고, 학교를 세워 예의를 가르쳤다고 한다. 그 결과 변경 밖의 만이들이 한에 귀의하기도 했다.[170]

---

168 『後漢書』 卷一百十六 「南蠻傳」.

169 『漢書』 卷六十四 「賈捐之傳」.

170 『後漢書』 卷一百十六 「南蠻傳」. 『대월사기전서』에서도 두 사람의 유사한 업적이 언급되고 있다(『大越史記全書』 「屬西漢紀」).

징(베트남어 Trung, 쯩) 자매를 기념하는 퍼레이드(사이공, 1957년)_그녀들은 여전히 베트남의 민족 영웅으로 간주되고 있다.

사실 중원에서 멀리 떨어진 남월 지역에 대한 군현적 통치는 상당히 제한적이었을 것이다. 그 예로 군현의 인구 수가 매우 적었다는 점을 들 수 있다. 이를테면 전한 말 평제平帝 때의 인구밀도(1km²당 인구 수)는 남해 0.9명, 울림 0.6명, 창오 2.5명, 합포 2.9명에 불과했다.[171] 그것은 다른 내륙의 군들에 비교하면 수십분의 1에 불과하다. 이곳의 군들은 통상적인 행정단위라기보다 식민지의 전초기지에 가까웠던 셈이다. 교지태수 주창周敞은 교주交州가 중국 밖에 있고 백월의 바깥쪽에 있다는 이유를 들어 강력한 힘을 가진 제후의 우두머리인 방백方伯을 둘 것을 제안하기도 했다.[172]

물론 한의 지배에 대한 남월의 저항은 거셌던 것 같다. 『후한서』는 후한 시기 남월 지역의 반기를 여러 차례 기록하고 있다. 대표적인 예가 광무제 때인 서기 40년 발생한 대규모 반란이다. 그것은 교지태수 소정蘇定의 폭정에 대해서 현지 군장의 딸 징측徵側·징이徵貳[173] 자매가 일으킨 것

171 勞榦, "兩漢郡國面積之估計及口數增感之推測," 1976: 38-45. 한 군현의 인구분포에 관해서는 이 책 9장 3절에서 상술함.

172 『大越史記全書』「屬東漢紀」.

으로, 주변의 남해·구진·일남·합포 지역이 모두 거기에 호응했다. 그들은 결국 영남의 56개 성을 평정해 독립된 왕국을 건설했다. 한은 장사長沙·합포·교주에 명해 수레와 선박을 준비하고, 교량과 도로를 열며, 식량을 비축하도록 하고, 중앙의 복파伏波장군과 누선樓船장군을 파견, 장사·계양桂陽·영릉零陵·창오 등 군의 병력 1만여 명으로 토벌하게 했다. 결국 43년 한의 군대는 중과부적의 반란세력을 평정할 수 있었다.[174]

그 외에도 115년 창오군에서 만이와 한족 사이의 물리적 충돌, 그리고 137년, 144년, 157년 등의 대규모 반란 사례들이 있다. 『대월사기전서』는 137년과 144년 등 일부 반란에 대해서 좀 더 자세하게 기술하고 있다. 즉 137년에는 남월 가운데 가장 먼 곳인 일남군의 상림만象林蠻(옛 월상국의 경계)이 군현을 공격해 관리들을 살해했다. 한은 진압에 어려움을 겪다가 결국 대장군종사중랑大將軍從事中郎 이고李固(94-147)의 제안에 따라 구진태수와 교주자사를 교체하고 유화적인 정책을 통해서 사태를 진정시킬 수 있었다. 이어 서기 144년, 일남의 만이 천여 명이 현읍을 불지르고 구진과 서로 결탁했다. 이에 교지자사 하방夏方이 달래서 항복시켰다.

사실 한이 남월 지역을 방어하기란 상당히 어려웠다. 이를테면 위의 137년 반란에서 일남군 상림현象林縣이 변경의 만이로부터 공격을 당하자 조정은 형주·양주·연주·예주 등 병력 4만 명을 징발해 정벌하는 문제를 논의했다. 이때 위의 대장군 이고는 다음과 같은 7가지 이유에서 정벌의 불가함을 주장했다. 그것은 첫째 형주나 양주 등은 지역 자체가 늘 불안정해 군대를 빼낼 수 없다는 것, 둘째 해당지역 사람들이 원거리 지역으로의 동원을 기피할 수 있다는 것, 셋째 남방의 습한 열대기후와 전염병에 의해 병사의 다수가 죽을 수 있다는 것, 넷째 거리가 멀어 피곤해

173 교지군에 소속된 미령현麊泠縣 낙장雒將의 딸들로서, 베트남어로 각각 Trưng Trắc, Trưng Nhị.

174 『大越史記全書』「徵女王紀」; 『後漢書』 卷一百十六 「南蠻傳」.

도착해도 전투력을 유지하기 어렵다는 것, 다섯째 장거리에 사람과 말의 식량을 운송하기 어렵다는 것, 여섯째 결손되는 인원에 대한 보충 병력을 확보하기 어렵다는 것, 일곱째 거리가 멀어서 병사들이 힘들고 위험하다는 것 등이었다. 특히 식량의 보급과 관련해 그는 다음과 같이 상세하게 분석하고 있다.

> 군대는 하루에 30리를 갈 수 있는데, 일남까지는 9천 리이므로 300일이 걸려야 비로소 도달할 수 있습니다. 매일 한 명이 5승升의 식량을 먹는다고 계산하면 60만 곡斛이 필요합니다.[175] 거기에는 장교나 관리들이 타는 나귀나 말이 먹는 식량은 포함되지 않습니다. 단지 몸에 갑옷만 지고 스스로 그곳에 도달하는 것만으로도 이렇게 힘이 듭니다.[176]

그 이후에도 『대월사기전서』에는 몇 차례 저항이 수록되어 있다. 이를테면 152년 구진군 사람들이 일남을 일시 점거하기도 했고, 156년 폭정을 하던 거풍현居風縣의 현령이 살해되기도 했다. 특히 거풍현에서 반란에 참여한 만이의 수가 4, 5천 명에 이르렀고, 이들을 막고자 했던 구진태수가 전사하기도 했다. 한의 조정은 구진군 도위를 보내 그들을 물리치고 2천 명을 목베었지만, 반란의 주모자들이 일남에 주둔해 강력한 세력을 구축했다. 조정은 160년 현지에서 선정으로 명성이 있던 하방을 교지자사로 임명하여 거기에 대응했다. 170년에는 교지·합포의 오호만烏滸蠻 10만여 명이 욱림태수에게 귀부해 7개의 현으로 편성되었다. 그렇지만 178년 그들이 반란을 일으켰는데, 구진·일남 사람들과 함께 수만 명이 군현을 공격해 함락시켰다. 180년에야 교지자사 주준硃俊이 그들을 격파할 수 있었다.

175 5승×300(일)×4만(명) = 6천만 승 = 60만 곡 (1곡=100승)

176 『後漢書』 卷一百十六 「南蠻傳」.

마지막으로 184년 둔병이 자사 주우周喁를 죽이고 사람을 보내 그의 죄상을 고했다. 황제는 덕망이 있는 종초琮初를 자사로 파견했다. 이전에는 자사가 되면 그곳에 보석·상아·바다거북 등 진기한 물건들이 있어서 부정한 회계로 재물을 모아 다른 직책으로 옮겨 갈 궁리만 했기 때문에 사람들이 모두 그들에게 반감을 가졌다. 종초가 부임해 상황을 물으니, 사람들은 "전임자들은 부세가 너무 가혹해 백성들은 모두가 궁핍합니다. 수도는 멀리 떨어져 있어 고할 데도 없으니 백성들은 살 수가 없습니다. 서로 모여 거기에 저항하는 것이지 진정으로 반기를 들려는 것이 아닙니다."고 말했다.[177] 그리하여 종초는 부세를 줄이는 등 그들을 달래어 사태를 해결했다. 이러한 모든 것은 한의 통치에 대한 남월의 저항이 끊이지 않았고, 한도 적지 않은 어려움이 있었음을 보여 준다.

### 동월

진이 통일 이후 공략한 또 다른 곳은 동월東越이다. 동월은 월족 가운데 동쪽, 즉 오늘날의 복건성·절강성 일대에 분포하고 있었다. 특히 동월은 전국시대의 월越과 무관하지 않다. 월은 초와 마찬가지로 주나라 초기에 이적으로 간주되었지만, 일찍부터 중원의 국가들과 관계를 가졌고, 월왕 구천句踐은 춘추시대 패자가 되기도 했다. 월이 초에 의해 멸망한 뒤 동남부 민족들은 월 또는 백월百越로 불리었다. 그 가운데 앞서 언급한 남쪽의 남월에 대해서 동쪽에 위치한 월을 동월이라고 했다. 동월은 다시 복건성 일대의 민월閩越과 절강성 일대의 동구東甌로 구분되었다. 지리적으로 보아 전국시대 월은 주로 동월과 연관성이 있다. 『사기』도 한나라 초기 그곳의 민월과 동구의 왕들이 춘추 말 월왕 구천의 후예라고 기록하고 있다.

177 『大越史記全書』「屬東漢紀」; 『後漢書』 卷六十一 「賈琮傳」.

민월의 유물_속이 비고 옥으로 만들어진 대형 벽돌(大型璧紋空心磚)로 복건성 무이산시 武夷山市 남쪽 유적지에서 발굴됐다. 정교하게 조각된 모형이 매우 인상적이다.

『사기』「동월열전」에 의하면, "진이 천하를 통일하고 (현지의) 왕들을 폐위하여 군장으로 만들고, 그 땅을 민중군閩中郡으로 했다."고 전한다. 그렇지만 이 사실은 『사기』「진시황본기」에도 나와 있지 않으며, 위의 기록이 유일하다. 『사기』「동월열전」도 "(동)월은 진 시기부터 내버려둔 채 군이 귀속시키려 하지 않았다."고 함으로써 관리의 파견을 통한 실제적인 통치가 미치지 않았음을 시사하고 있다.

어쨌든 진이 혼란에 빠졌을 때, 이전의 왕들은 다시 백성들을 규합해 유방을 도와 한을 건국하는 데 기여했다고 한다. 그 결과 통일 이후 그들은 한에 의해 다시 왕으로 책봉되었다. 한 고조는 진에 의해 폐위된 무제亡諸를 월왕粵王으로 회복해 민중閩中 지역을 다스리게 했다.[178] 수도는 동야東冶(복건성 복주福州)였다. 그리고 혜제 때에는 고조 때의 공을 인정해 요搖를 동해왕으로 봉했고, 수도는 동구東甌(절강성 온주溫州)로 했다. 그는 동구

178 무제는 진 말에 번양鄱陽 현령 오예吳芮에 귀부해 반란에 참여했으나, 항우가 그를 왕으로 인정하지 않자 한에 가담했다(『史記』 卷一百十四「東越列傳」).

동구東甌 시기의 유물_진흙을 구워 만든 순우錞于라는 악기로서, 절강성 온령시溫岭市 대계大溪 고성에서 발굴됐다.

왕으로도 불렸다.

그렇지만 동구와 민월은 차례로 한에 귀속되었다. 원래 기원전 154년 오초칠국의 난 때 동구는 민월과 달리 오왕 비濞의 반란세력에 가담했다. 난이 실패하자 그는 동구로 망명했는데, 한은 동구로 하여금 그를 살해하는 대신 한의 공격을 면할 수 있게 했다. 그런데 그의 아들 구駒가 민월로 망명하여 부친을 살해한 동구를 공격하도록 교사했다. 결국 무제 초기인 기원전 138년 민월은 동구를 침략했고, 이에 동구의 지원 요청을 받은 한은 대행大行 왕회王恢가 예장군豫章郡에서, 대사농 한안국韓安國이 회계군會稽郡에서 군사를 이끌고 출병했다. 다만 한의 군대가 도착하기 전에 여선餘善 등 내부의 화친세력들이 민월왕 영郢을 죽여 그의 머리를 바침으로써 한의 공격을 피했다. 동구는 불안한 나머지 그 해 나라 전체를 들어 한에 귀의함으로써 근거지를 떠나 장강과 회수 사이로 이주되었다.

20여년이 지나 남월과 더불어 민월도 무제의 침략을 피하지 못했다. 기원전 111년 남월을 멸망시킨 한은 이듬해 사방에서 대규모 병력을 동원하여 민월왕 여선을 중심으로 하는 저항세력을 공략했다. 몇 년 후 조선에서와 유사하게 일부 투항세력들이 그를 죽이고 항복함으로써 민월은 멸망하고 말았다. 정복 이후 해당지역에 대한 한의 통치는 추진되지 않았다. 『사기』는 "동월은 토지가 좁고 험난한 곳이 많으며, 민월의 백성들은 모질고 사나워서 자주 변덕을 부린다."는 천자의 조서를 인용하고 있을 뿐이다. 그와 함께 이 역사서는 그곳의 백성들을 동구와 마찬가지로 장강과 회수 사이로 이주시킨 결과, 사람이 살지 않게 되었다고 전한다.[179]

## 6. 조선朝鮮과 한사군漢四郡

### 전사

고고학적 측면에서 보면, 한반도와 그 북부는 청동기 시기에 이르기까지 중원과는 다른 북방 계통에 속한다고 한다. 『춘추좌전』과 같은 춘추시대에 대한 역사서에도—후대에 한반도에 거주하는 민족을 지칭하는—동이족에 대한 언급은 있지만, 대개 중원의 동부, 즉 오늘날의 산동반도와 회수淮水 지역에 거주하던 여러 민족들로 한정된다. 그렇지만 한반도와 중원은 지리적으로 그리 멀지 않아 육지와 바다를 통해 부분적으로 교류했을 것이다. 특히 춘추전국시대에 중원에서 가까운 만이들이 흡수되거나 축출되면서 일부가 동쪽으로 이주해 왔을 가능성은 국내 역사가들도 인정하고 있다.[180] 기원전 4, 3세기경 중국으로부터 철기문화가 한반도에 들어왔다.

179 『史記』 卷一百十四 「東越列傳」.

180 李基白·李基東, 『韓國史講座』I(古代篇), 1982: 46-48.

문헌적으로 한반도와 그 이북에 대한 최초의 통사적 기록은 전한 중반에 편찬된 『사기』의 「조선열전」 부분이다. 여기에서 역사기술은 위만조선과 한의 접촉에서 시작된다. 다른 주변 민족들과 마찬가지로 『사기』는 아래에서 언급하는 것처럼 한의 조선정복 과정을 놀라울 정도로 자세하게 묘사하고 있지만, 그 이전의 역사에 대해서는 매우 간략하게 언급하고 있다.

그런데 『사기』의 다른 곳에서 약 10세기 전 기자箕子의 조선책봉을 언급함으로써 조선이 주의 봉건체제 내에 있었다는 해석을 유발했다. 즉 주의 무왕이 상을 멸망시켰을 때, 당시 상의 귀족이었던 기자를 조선에 책봉했다는 것이다. 기자는 하늘이 하의 우왕에게 주었다고 하는 통치규범인 홍범구등鴻範九等을 무왕에게 전했는데, 그에 대한 보답으로서 조선에 책봉되었다는 것이다. 기자조선이 후에 중국의 역사서에서 기정사실화된 것처럼 한반도의 조선에 해당되는지에 대해서는 의문이 제기되어 왔다. 그것은 기자조선의 지리적 위치가 명시되지 않고, 정작 「조선열전」에는 언급되어 있지 않기 때문이다. 또한 한반도가 지리적으로 멀고, 기자 이후 위만 시기까지 거의 1천 년의 시간적 공백이 있다는 점도 기자의 책봉과 한반도의 관계를 의심하게 한다.[181]

『사기』의 빈 부분은 금세 후대의 다른 역사서들에 의해 채워졌다. 이를테면 『한서』 「지리지」는 한사군에 관한 부분에서 "은왕조의 도가 쇠퇴하자 기자가 조선에 가서 사람들에게 예의·농사·양잠·직조를 가르쳤

---

181 기자의 책봉은 후에 조선왕조에서도 수용되었다. 즉 모화사상慕華思想이 강하게 대두되면서 기자조선설이 등장했던 것이다. 그것은 기자를 통해 명과 조선 사이의 혈연적·사상적 연결이 확고해질 수 있기 때문이었다. 그렇다고 그간 한민족 최초의 왕조로 간주되었던 단군조선의 존재가 부정된 것은 아니며, 단지 "단군檀君은 동방에서 처음으로 천명을 받은 임금이고, 기자는 처음으로 교화를 일으킨 임금"으로 정리되었을 뿐이다(『조선왕조실록』, 태조 1년 임신(1392, 홍무 25) 8월11일 (경신)).

다."[182]고 한반도와 관련해 구체적으로 언급했다. 나아가 『후한서』「동이열전」은 예濊에 관한 부분에서 기자 이후 40대가 지나 조선후朝鮮侯 준準에 이르러 왕을 칭했고, 한 초에 위만이 그를 쳤다고 함으로써 기자 이후 위만까지 역사적 연속성을 제시하고 있다.[183]

『사기』「조선열전」은 전국시대 연의 조선에 대한 공략부터 한사군 설치에 이르는 시기를 포괄하고 있다. 그것은 다음과 같이 시작된다.

> 조선왕 위만衛滿은 원래 연燕 사람이었다. (전국시대) 연은 그 전성기에 일찍이 진번眞番과 조선을 공략해 복속시키고, 관리를 두고 요새를 쌓았다. 진秦이 연을 멸망시켰을 때, (조선을) 요동군遼東郡의 바깥쪽 변경[184]에 부속시켰다. 한漢이 일어난 후 그 지역을 지키기 어려워 요동의 옛 요새를 수리하고, 패수浿水를 경계로 하여 (한의 제후국) 연燕에 부속시켰다. 연왕 노관盧綰이 한을 배반하고 흉노에게 부속하자, 위만도 도망해 1천여 명의 무리를 모아 상투를 틀고 오랑캐 복장을 한 뒤 동쪽으로 요새를 나와 패수를 건너 진의 옛 빈터 위아래의 요새에 거주했다.[185] 그리고 점차 진

182 『漢書』 卷二十八 「地理志」.

183 『後漢書』 卷一百十五 「東夷傳」.

184 원어는 외요外徼. 당시 국가들 사이에는 넓은 변경지역이 있었는데, 요새 너머는 외요에 해당된다. 그리고 중국의 입장에서 다른 나라와의 경계는 외요의 바깥쪽 경계선을 의미한다.

185 진秦의 공터가 패수 건너에 있었음을 시사하는 「조선열전」의 기록에 따라 역사가들은 진의 영토가 한반도의 일부까지 이르렀다고 간주한다. 그것은 당시의 패수가 대개 압록강이나 청천강으로 해석되고 있기 때문이다(李基白·李基東, 『韓國史講座』 I(古代篇), 1982: 60-61; 周振鹤, 『秦汉政区地理』, 1987: 220-225; 國史編纂委員會 編, 『中國正史 朝鮮傳』 譯註 一, 2007: 25-26). 어쨌든 위의 문헌에 나타난 것처럼, 한 이후 동방진출은 시도되지 않았을 뿐만 아니라, 조선과의 국경은 다시 전국시대 연의 국경으로 되돌아갔다. 그 결과 한과 조선은 패수를 경계로 했고, 진의 공터는 조선에 귀속되었다.

번과 조선의 만이와 옛 연과 제齊의 망명자들을 부하로 삼아 그들의 왕이 되어 왕검王儉에 도읍했다.[186]

춘추전국시대 조선의 역사에 관해서 『삼국지』「위서」에 인용된 『위략魏略』은 좀더 세부적인 내용을 전하고 있다.[187] 여기에 따르면, 춘추시대에 주가 쇠퇴하고 연이 왕을 칭하며 동진하는 시점에서, 조선도 스스로 왕을 칭하고는 이어 병사를 일으켜 연을 공략하고 주 왕실을 받들고자 했다. 그 계획은 예禮라는 대부의 간언으로 실행에 옮겨지지 않았다. 연은 후에 장군 진개秦開를 보내 조선의 서쪽 땅 2천 리를 빼앗았고, 조선은 쇠약해졌다. 진이 통일 이후 요동까지 장성을 쌓는 등 팽창정책을 시작하자, 조선왕 부否는 진에 신속했으나 조회를 하지는 않았다.

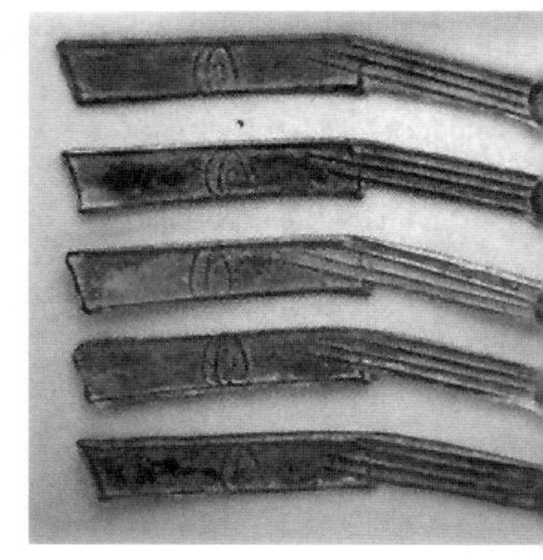
전국시대 연燕나라에서 제작된 화폐인 명도전明刀錢_내몽고 동남부에서 요동 그리고 한반도 대동강 이북에 걸쳐 대량으로 발견됐다. 지역 간의 활발한 경제적·문화적 교류를 암시하는 증거다.

그가 죽은 뒤 아들 준準이 즉위했는데, 진의 패망과 혼란의 상황에서 그는 후侯에서 다시 왕을 '참칭僭稱'했다. 그리고 그는 당시 중원의 연燕·제齊·조趙 등의 사람들이 수만 명이나 난을 피해 귀의하자 그들을 조선의 서쪽 변경에 살게 했다. 한의 통일 직후 제후국 연과 조선은 패수를 사이로 서로 경계했다. 후에 유방이 이성제후들을 제거하는 과정에서 연왕 노관이 흉노에 항복하자 위만도 패수를 건너 준왕에게 항복했고, 서쪽 경계에

186 『史記』 卷一百十五「朝鮮列傳」.

187 『三國志』 卷三十「魏書·東夷傳」.

살게 해 달라고 요청했다. 이것을 위의 문헌은 "중국의 망명자를 받아들여 조선의 번병藩屛으로 삼았다."고 표현하고 있다. 그렇지만 결국 위만은 다른 망명자들을 모아서 준왕을 몰아내고 말았다.

조선의 왕이 된 위만은 넓은 지역에 걸쳐 세력을 확보하고 한과 대립했다. 이와 관련해 『사기』「조선열전」에는 다음과 같이 기록되어 있다.

> 마침 혜제와 고후 시기에 천하가 처음 안정되자, 요동군 태수는 위만과 다음과 같이 약정했다. 즉 조선은 한의 외신外臣이 되어 요새 밖의 오랑캐를 지켜 변경을 약탈하지 못하게 하고, 만이의 군장君長들이 한에 입조入朝해 천자께 알현하기를 원할 때에는 이것을 막아서는 안 된다. 태수가 이를 보고하니 천자가 허락했다. 그 대가로 위만은 병력과 재물을 확보해, 부근의 소국들을 침략해 항복시켰다. 진번眞番과 임둔臨屯이 모두 복속하니 마침내 그 영토가 사방 수천 리에 미쳤다. 그 후 왕위가 아들을 거쳐 손자 우거右渠에 이르자, 유혹을 받아 한에서 망명해 오는 자들이 더욱 많아졌다. 또한 조선의 왕은 한 번도 입조해 천자를 알현한 적이 없었다. 진번 부근의 여러 나라가 글을 올려 천자에게 알현하기를 바랐지만 (조선은) 막고 통하지 못하게 했다.[188]

전한 초기 위만조선과 한의 관계는 위에서 언급된 남월과 유사하다. 『사기』는 한·조선 관계를 위에서 인용된 것처럼 '외신外臣'으로 표현하기도 하고, 또 다른 곳에서 조선이 '진의 통일 이후 내속해 신하가 되었다.'는 문제 시기 장군 진무陳武 등의 말을 인용하고 있다.[189] 다만 당시 조선이

188 『史記』 卷一百十五 「朝鮮列傳」.

189 『史記』 卷二十五 「律書」. 위의 기록들과 더불어 위만이 한의 군사력과 재물을 받아 세력을 구축한 것을 근거로 중국의 연구자들은 조선이 한의 지방정권이었다고 주장한다. 그 예로 赵红梅, "西汉经略朝鲜半岛北部政策嬗变," 2010: 242-243 참조.

실제 독자적 국가였음은 위의 문헌에도 반영된다. 그것은 중국으로부터 망명자의 수용, 한에 대한 입조 거부, 소국들의 한에 대한 접근 방해 등이다. 따라서 사마천도 고조 시기 한의 대외정책을 다음과 같이 요약했다.

> 고조가 천하를 갖게 되었을 때 세 방향의 변경 밖에서 반란이 일어났다. 큰 나라의 왕들은 비록 천자의 번국이라 칭했으나 신하의 예는 충분히 유지하지 않았다. 마침 고조는 전쟁에 싫증이 났고, 소하蕭何와 장량張良의 계책도 있고 하여 일시 군사행동을 중단하고 쉬자, 통제〔기미羈縻〕가 철저하지 못했다.[190]

어쨌든 위만의 등장 이후 약 7, 80년은 전한 초기로서 다른 주변 지역과 마찬가지로 조선과도 평화로운 관계가 유지되었다. 다만 그의 손자 우거 시기에 한은 팽창정책으로 전환했다. 무제는 북으로 흉노를 구축하고 남으로 남월을 멸망시킨 뒤 조선에 대한 군사적 원정을 단행했다.[191]

## 한사군의 설치

위의 인용문에서는 조선의 입조 거부, 주변 지역과 한의 교류 방해 등이 정벌의 근거로 제시되었다. 그렇지만 한의 정벌은 무제가 추진한 전반적

---

190 『史記』 卷二十五 「律書」.

191 한이 조선을 침략해 낙랑군을 설치하기 20년 전, 즉 기원전 128년에 한반도와 요동군 사이에 위치하면서 위만조선에 신속하고 있던 예濊의 군장 남려南閭가 반기를 들고 28만 명을 이끌고 한의 요동군에 내속하자, 무제는 그곳에 창해군滄海郡을 설치했다. 다만 지리적으로 먼 창해군은 재정적 부담이 되어 2년 만에 폐지되었고, 요동군 동부도위로 편입되었다. 어쨌든 창해군은 한이 만주와 조선으로 그 세력을 확대하는 과정의 산물이었다. 후에 그곳에는 한사군 가운데 하나인 현도군이 설치되었다(『漢書』 卷六 「武帝紀」; 『後漢書』 卷一百十五 「東夷傳」).

인 영토팽창 정책의 연장선에서 이해될 수 있다. 한은 기원전 108년 조선을 정복한 뒤 외신 지위의 회복이 아니라 군현제적 방식의 통치를 적용해 낙랑·임둔·현도·진번 등 4개의 군을 설치했다. 조선의 공략은 한의 최대 적대국이었던 흉노를 약화시키는 전략적 의미도 포함되었다. 그것은 당시 조선이 흉노의 세력권 아래에 있었기 때문이다. 『한서』에 의하면, 서북 지역 공략이 흉노의 오른팔을 자르는 것이라면, 조선의 군현화는 흉노의 왼팔을 자르는 것이었다.[192]

물론 다른 지역에서와 마찬가지로 한의 조선에 대한 공략은 쉽지 않았다. 『사기』「조선열전」과 『한서』「조선전」은 그 과정을 자세하게 전하고 있다. 그것을 약간 축약해  중요한 내용을 재구성하면 다음과 같다.

> 기원전 109년 한은 섭하涉何를 사신으로 보내 우거를 회유하고자 했으나 듣지 않았다. 섭하가 귀국 중에 조선의 장수를 죽이고 돌아가 요동군 동부도위東部都尉에 임명되었다. 이어 조선이 기습공격해 섭하를 죽이자 천자는 조선을 치게 했다. 즉 한편으로 누선장군 양복楊僕이 제齊의 병력 7천 명을 이끌고 해로로 진격하고, 다른 한편으로 요동의 육로를 통해서 좌장군左將軍 순체荀彘가 5만 명을 이끌고 왔다. 그렇지만 우거는 험준한 곳에서 저항해 승리했다.
>
> 전쟁에 진척이 없자 천자는 위산衛山을 사자로 보내어 우거를 회유했고, 이에 우거도 항복을 청하여 태자를 보내 사죄하고, 말 5천 필을 바치며 또 군량을 내주기로 했다. 그런데 태자가 1만 명의 무리를 이끌고 패수를 건너가는 시점에서 무장해제를 요구당하자 조선으로 되돌아가 버렸다. 이 일로 화해의 약속이 그르치게 되자 천자는 위산을 처형했다. 다만 좌장군이 패수에서 조선군을 격파하면서 한군이 왕검성을 포위하게

192 『漢書』卷七十三「韋賢傳」.

되었다. 그렇지만 전쟁은 오랫동안 결말이 나지 않았다. 그것은 특히 두 군대 책임자들 사이의 불신과 반목 때문이었다. 좌장군은 강력한 병력으로 싸움에 이긴 기세를 몰아 적극 공격하고자 했으나, 누선장군은 소수의 병력으로 인해 조선의 집중적인 공격을 받아 수차례 패함으로써 화해를 지향했다. 조선의 대신들 가운데에서도 몰래 누선장군과 내통해 항복을 청하는 일도 있었다.

상황이 지체되자 황제는 전 제남濟南태수 공손수公孫遂를 보내 상황을 타개하고자 했다. 공손수는 좌장군과 결탁해 누선장군을 체포해 군대를 통합시켰다. 이 일을 보고받은 천자는 공손수를 처형했으나, 한군은 좌장군으로 지휘권이 통일되자 조선에 대한 전면적인 공격을 감행했다. 이때 조선 내에서도 투항세력이 득세해 기원전 108년 항복을 거부하는 우거를 죽이고 한에 항복했다. 그에 대해 대신 성이成已를 중심으로 하는 저항도 있었으나 결국 평정되어 조선에 네 개의 군郡이 설치되었다. 투항세력들 가운데 5명이 한의 몇몇 군현에 속한 크고 작은 후侯에 봉해졌다.[193] 정복 과정에서 서로 협력하지 못했던 한의 장군들은 귀국 후 처벌되었다. 좌장군은 기시棄市, 즉 사형후 시체를 내거는 형벌을 받았고, 누선장군은 속전을 내고 평민으로 강등되었다.[194]

결국 한은 기원전 108년 조선을 멸망시키고 낙랑樂浪·임둔臨屯·진번眞番·현도玄菟 등 4개의 군을 설치했다. 그 위치에 대해서는 역사학자들 사이에 의견이 매우 분분한데, 대체로 한반도 중북부와 만주 일대이다. 즉 낙랑군은 대동강 하류와 황해도, 임둔군은 그 동쪽의 강원도와 함경남도, 현도군은 평안도와 함경북도 및 만주 일대에 위치했다. 다만 진번군의 위

---

193 후에 봉해진 5명 가운데 3명은 후사가 없이 죽었고, 2명은 조선 망명자의 은닉과 모반죄로 죽임을 당했다(『漢書』 卷十七「景武昭宣元成功臣表」).

194 번역은 國史編纂委員會 編, 『中國正史 朝鮮傳』 譯註 一, 2007: 7-11 참조함.

〈그림 11〉 한사군 설치 직후의 위치

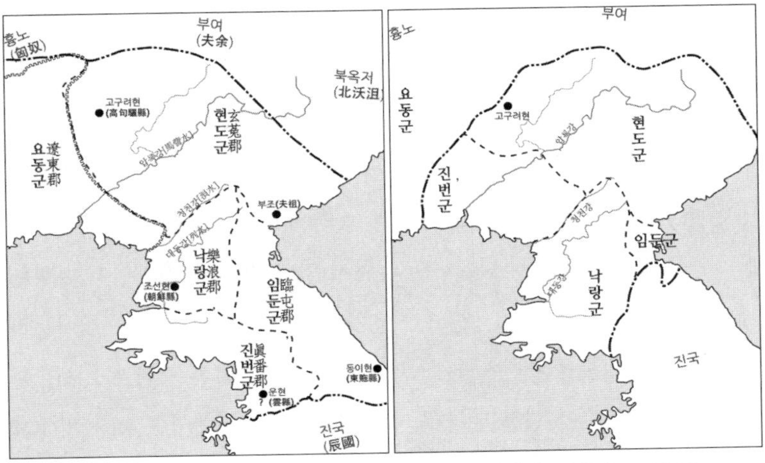

(1) 周振鹤,『西汉政区地理』, 1987: 208.

(2) 안주섭 외,『영토한국사』, 2006: 31.

치와 관련해 황해도 남부에 있다는 설과 만주에 있었다는 설로 나뉘었다. 최근 중국에서는 4개 군을 모두 대동강 하류에서 경기·강원·함경도까지 한반도 중부로 국한시키고, 반대로 한국에서는 중국의 요동에서 찾기도 한다.[195]

한의 군현은 순수하게 조선의 땅에만 설치된 것은 아니며, 그 주변 지역들도 거기에 해당되었다. 주변 지역에는 고구려와 예맥 등이 포함되었다.[196] 낙랑에는 11개, 임둔과 진번에는 각기 15개의 현을 두었다. 이것은 여타 다른 지역을 공략해 직접 통치하에 두었던 한의 전략과 일치했다.

195 赵红梅, "西汉经略朝鲜半岛北部政策嬗变," 2010; 김종서,『한사군의 실제 위치 연구』, 2005.

196『한서』「지리지」에 의하면, "현도·낙랑은 무제 때 설치되었는데, 모두 조선朝鮮·예맥濊貉·구려句驪의 만이들이다."(『漢書』卷二十八「地理志」)

## 한사군의 운영과 폐지

그렇지만 시간이 지나면서 한사군에는 변화가 적지 않았다. 그것은 특히 원주민의 저항이 심하고 관리하기 어려웠기 때문이다. 한사군 가운데 임둔군과 진번군은 20여 년이 지난 기원전 82년 해체되었다. 그 관할 아래 있던 현은 일부는 아예 폐지되고 일부는 군사적 지배에 국한된 부도위部都尉가 설치되어 낙랑군에 맡겨졌다. 다시 얼마 지나지 않아 압록강 방면에서 고구려가 흥기하자 기원전 75년 현도군이 요동의 북쪽으로 이동하면서 한반도에는 낙랑군만 남게 되었다. 낙랑군은 다른 군현으로부터 관할 지역을 이어받아 전한 말 25개 현과 40여만 명의 인구를 보유하게 되었다.[197]

그 후 낙랑군은 3세기가 지난 후한 말 한이 내부적으로 혼란에 빠지면서 새로운 변화를 겪게 되었다. 요동에는 토착 한인漢人 공손씨公孫氏 일가가 약 50년 간 독자적 세력을 구축함으로써 낙랑군은 사실상 한의 관할에서 벗어나게 되었다. 그와 함께 한의 변군에서 토착세력이 강화되는 상황에서 204년 공손씨는 원래 진번군 지역으로서 낙랑군 남부도위의 관할 아래 있던 자비령慈悲嶺 이남, 즉 오늘날 황해도 지역을 분리, 대방군帶方郡을 설치했다. 그 뒤 낙랑군과 대방군은 중국의 삼국시대에 차례로 238년 위魏와 265년 이를 대체한 진晉에게 이관되었지만, 결국 313년 고구려에 의해 점령되었다.

그렇다면 왜 한은 조선이 지리적으로 먼 곳에 위치하는데도 직접 지배를 추진했을까. 사실 당시까지 한이 주변 지역에 대한 관리를 위해서 취해 온 방법은 크게 세 가지였다. 하나는 외신外臣으로서 한에 대한 복종을 전제로 현지의 지방 지도자들에게 스스로 통치하게 하는 방법이다. 전한

197 『漢書』 卷二十八 「地理志」.

초기 위만조선이나 남월 등이 거기에 해당되었다. 두 번째는 속국屬國과 그것을 관리하는 속국도위를 두는 방법이다. 이것은 기원전 121년 흉노의 혼야왕이 항복해 왔을 때 취했던 방식이다. 나머지는 정복지역을 한의 일반 행정체제, 즉 군현으로 전환하는 것으로 한은 조선에 대해서 이 방식을 취했다.

조선에 대한 한의 군현화 원인에 대해서 위잉스余英時는 두 가지 서로 연관된 이유를 들었다. 즉 그에 의하면, 조선은 속국도위와 같은 군사적 기구를 두어 관리해야 할 만큼 강한 잠재적 적이 되지 못했고, 스스로 통치할 만한 정치적 조직체계를 갖고 있지 않았다.[198] 그렇지만 그의 주장을 반증할 만한 사실들도 적지 않다. 가장 직접적으로는 위에서 본 것처럼 위만조선은 독자적 국가로서 주변 지역에 위세를 떨치고 있었다. 따라서 한의 정벌은 조선의 강력한 저항에 직면했고, 2년여의 시간이 걸려야 했다. 이것은 조선이 비록 흉노와 같이 한을 위협하지는 않았지만, 이미 동북의 중요한 정치세력으로서 힘과 조직적 역량을 갖추고 있음을 의미한다.

그렇다면 조선의 군현화의 다른 원인은 무엇인가. 그것은 정복지에 대한 군현화가 무제 이후 한의 일관된 전략일 뿐이라고 할 수 있다. 이미 살펴본 것처럼 그 시점에 이르러서 국내적으로는 봉건제의 실질적 의미는 사라졌고 군현제가 확고하게 자리 잡았다. 이념적으로 분권적 통치의 사고는 매우 약화되었다. 대일통의 이념은 과거와 같이 간접적 통치를 바탕으로 하는 통합적 질서가 아니라 황제의 직접적 지배를 지향하게 되었던 것이다. 그와 함께 대외적으로는 피정복민의 독자적 정치질서에 바탕을 둔 상하관계도 수용하지 않게 되었다. 실제 강족·서남이·남월·조선 등 주변 지역은 정복 후 예외 없이 군현으로 전환되었다. 흉노와 관련해 내속

198 Yü, "Chapter 6. Han Foreign Relations," 1986: 449.

한 남부세력에 대해서는 속국체제, 그리고 그렇지 않은 북부세력에 대해서는 조공관계를 허용한 것이 오히려 예외에 속했다.

흉노에 대한 예외적 대응을 설명하는 것은 어렵지 않다. 사실 흉노는 유목민으로서 그 배후지가 중앙아시아로 이어지는 광활한 사막과 초원을 터전으로 삼고 있어서 그들을 직접 지배하기란 거의 불가능했다. 또한 한의 입장에서 그들의 토지는 농경에 부적합했고, 따라서 해당 지역에 대한 영토적 확대는 별다른 의미를 갖지 못했다. 오히려 기동력을 갖춘 흉노의 변경 침략을 방어하는 것이 주된 목적이 될 수밖에 없었다.

그에 비한다면 다른 지역들은 대개 농경지대로서 정착민들의 거주지였다. 따라서 이들 지역은 경제적으로 가치가 있었고, 동시에 정착민들에 대한 지배는 어려울지언정 불가능하지는 않았다. 이러한 이유에서 무제 때 흉노의 족장 혼야왕이 4만 명에 불과한 인원으로 귀부해 오자 한은 그에 대해 자치적 성격이 강한 속국을 두면서도, 예濊의 군장 남려南閭가 28만 명으로 항복해 왔을 때에는 그곳에 창해군滄海郡을 설치해 직접 관리했다. 물론 군현화는 당시로서는 무리하게 추진된 측면이 없지 않았고, 그 결과 제대로 유지되지 못했다. 한의 직접적인 지배에 대해 현지인들이 저항했고, 대개는 이들의 자치를 확대하는 방향으로 수정되지 않을 수 없었다.

낙랑군 관리의 인장_평양 부근의 한 묘지에서 발견된 목인. 위면은 '신광臣光', 아래면은 '낙랑태수연왕광지인樂浪太守掾王光之印'. 태수의 보좌인 왕광王光의 도장이라는 의미이다.

그렇다면 실제 한사군은 어떻게 운영되었을까. 그와 관련해서 자세한 문헌적 자료는 없지만, 변군의 상부조직은 중앙에서 파견된 한의 관료들로 채워졌다. 이를테면 낙랑군에는 군태수와 더불어, 수승守丞·장사長史·오관연五官掾과 같은 관리들, 경비부대 그리고 상인들이 거주했다. 낙랑군의 치소인 오늘날 평양 서남쪽 대동강변의 토성리土城里를 비롯해 그 부근에서는 당시의 많은 유물들이 발견되었다.[199]

그렇지만 하부조직은 토착세력이 담당했다. 군과 현은 넓은 지역을 통괄하는 기구가 아니라 성城, 즉 점點의 형태로 존재했다. 따라서 그 사이의 넓은 지역은 원주민에 의해 자체적으로 통치되었다. 변군지역의 주민에 대해서는 조세와 요역·병역 등의 의무를 부과하지 못했고, 사회질서에서도 한의 법률이 아니라 현지의 관습〔고속故俗〕이 적용되었다. 군과 현은 정치적·군사적 성격이 강했고 행정적 기능은 제한적이었다고 하겠다. 더욱이 후한 초의 불안정한 국내 정국으로 인해 서기 30년 낙랑군 동부도위를 포함해 여러 변군에서 도위가 모두 철폐되었다. 대신 해당 관할 지역에 토착부족 단위로 7개의 현縣을 설치하되, 부족의 군장을 현후縣侯로 임명함으로써 현후국縣侯國으로서 봉건적 지배체제를 허용했다. 결국 이들은 낙랑군에 대해서 '조공'하는 관계만을 유지하게 됨으로써 사실상 직접적 관계는 종료되었다.[200]

사실 조선의 주변에는 부여夫餘와 그 일파인 고구려,[201] 읍루挹婁·동옥저東沃沮·예濊·삼한三韓·왜倭〔일본日本〕와 같은 종족들이 있었다. 그들은 서남이와 마찬가지로 여러 부족들로 나뉘어 각종 군장들에 의해 통치되고 있었다. 무제가 조선을 멸망시키고 한사군을 설치한 후에도 마찬가지였다. 다만『사기』「식화지」에 한의 제후국 연燕이 북쪽으로 오환烏桓과 함께 부여와 경제적으로 교류하고 있음을 전하고 있을 뿐 자세한 것은 알 수 없다.

그 외에는 고구려가 한의 현으로 등장하는데, 그 시점은 정확하지 않다.『사기』에는 고구려의 명칭은 없고, 후한 중반에 편찬된『한서』「지리지」에

---

199 李基白·李基東,『韓國史講座』I(古代篇), 1982: 70-72.

200 김한규,『한중관계사』I, 1999: 123-129.

201 고구려高句麗는 초기 중국 사서에서 句驪·高句驪 등으로도 표기된다.

현도군의 3개 현 가운데 하나로서 등장한다.[202] 그리고 『후한서』에 의하면, "무제는 조선을 멸망시킨 후 고구려를 현으로 만들어 현도군에 속하게 하고, 악공樂工을 하사했다."[203] 또한 『삼국지』「위서·동이전」은 거기에 덧붙여 고구려인들이 "늘 현도군에서 조복朝服과 의책衣幘을 받아 갔고, 고구려 현령이 그 명부를 주관했다. 나중에 약간 교만해져서 군에 오지 않고, 동쪽 경계에 작은 성을 지어 그곳에 조복과 의책을 두고 매년 그것을 찾아갔다." 고 언급하고 있다.[204] 이 구절은 고구려인 또는 그 일부가 한의 군현체제로 편성되었지만, 책봉에 의한 현지인의 통치를 시사한다. 더욱이 고구려는 고대국가로 성장하면서 중원의 국가들과 경쟁하게 되었다.

어쨌든 조선 주변의 여러 나라들도 제국의 질서에 들어오게 되었는데, 후한 시기에는 대부분 한과 조공관계를 형성했다. 한은 이들에게 각종 왕·후·읍장 등의 호칭과 상응하는 인수를 하사함으로써 위계적 질서를 구축했다. 다만 이들 지역은 대부분 현지인에 의해 자체적으로 통치되었다. 여기에 관해서는 국제질서의 측면에서 별도로 다룬다.

---

202 『漢書』 卷二十八 「地理志」.

203 "武帝滅朝鮮, 以高句驪爲縣, 使屬玄菟, 賜鼓吹伎人."(『後漢書』 卷一百十五 「東夷傳」) 이를 근거로 중국의 학자들은 고구려가 한의 지방정부였다고 주장한다. 한국에서는 현도군의 고구려현과 후에 발흥하는 고대국가 고구려는 별개라고 보는 입장이 강하다(기수연, "中國 正史 속의 高句麗—중국의 고구려 귀속 논리에 대한 문헌사적 검토," 2004: 16-20).

204 "常從玄菟郡受朝服衣幘, 高句麗令主其名籍. 後稍驕恣, 不復詣郡, 於東界築小城, 置朝服衣幘其中, 歲時來取之."(『三國志』 卷三十 「魏書·東夷傳」)

## 7. 서역西域

### 서역의 등장

오늘날 위구르 자치구와 중앙아시아 일부에 해당하는 소위 서역西域이 하나의 지리적 통합체로서 중국에 알려진 것은 한 이후이다. 『한서』「서역전」에 의하면, 서역은 동북으로 흉노, 서북으로 오손烏孫, 동남으로 한의 국경 관문인 옥문관玉門關과 양관陽關, 남서로 파미르 고원과 접하며, 그 크기는 동서 6천여 리, 남북 1천여 리이다. 한과 교통하게 될 당시 서역에는 원래 36개 국國이 있었다.[205] 서역의 여러 세력들은 국國으로 지칭되고 있지만, 실제 크고 작은 집단들로 구성되었다. 일부는 일정한 지역에 정주해 농사를 짓는 일종의 도시국가 또는 성곽국가였고, 일부는 거처가 일정하지 않는 유목민 집단이었다.

한 초기에 이미 대제국을 건설한 흉노는 서역도 자신의 세력 아래에 두었다. 한과 화친을 통해 우위를 점한 흉노는 기원전 177년 장액張掖의 월지月氏를 완전히 복속시키고, 이어 로푸노르[206] 호수의 서북쪽 누란樓蘭에서 타림분지의 북쪽 이리伊犁 계곡의 오손에 이르기까지 서역의 소국들을 공략했다.[207] 그와 함께 흉노는 당시 지리적으로 서역의 중앙에 위치했던 언기焉耆·위수危須·위리尉犁 사이에 동복도위僮僕都尉를 설치해 조세와 노역을 부과했다. 그 외에도 왕자들을 인질로 삼아 흉노의 궁정에 거주시키거나 일부 국가들에는 감국監國 등 감독관을 상주시켰다. 특히 흉노의 입장에서 서역은 군사적인 세력기반이었을 뿐만 아니라, 농업과 수공업이 상

205 『漢書』卷九十六「西域傳」.

206 Lop Nur, 羅布泊, 염택鹽澤 등으로 표기됨.

207 Yü, "Chapter 6. Han Foreign Relations," 1986: 405.

장건張騫의 서역행_돈황벽화의 일부이다.

대적으로 발달했기 때문에 경제적으로도 중요한 가치를 갖고 있었다.

한의 서역에 대한 관심은 무제 시기 흉노에 대한 공략과 관련되었다.[208] 기원전 138년 장건張騫이 이끄는 최초의 사절단이 서역의 너머에 위치했던 대월지大月氏로 출발했다. 그것은 흉노에 공동으로 대항하기 위한 동맹국을 찾기 위해서였다. 그의 사절은 군사적인 원정이 아니라 많은 재물을 선물로 줌으로써 한과의 동맹을 회유하는 방식이었다. 그렇지만 제1차 사절은 장건이 흉노에게 붙잡혀 10년 간 억류되었고, 처음 100여 명이 출발했으나 13년 후 단 2명만이 귀환할 수 있을 정도로 험난했다. 물론 대월지국의 군사적 협조는 얻지 못했다.

그렇지만 그가 직접 방문했던 대원大宛·대월지大月氏·대하大夏·강거康居 등 서역과 오손烏孫·안식安息(페르시아)·조기條枝(시리아) 등 그 주변의 여러 나라들에 대한 정보는 황제의 새로운 관심을 끌기에 충분했다. 서역은 제국의 위엄을 떨칠 대상이 되었던 것이다. 이와 관련해 『사기』는 황제가

208 서역에 대한 관념은 무제 시기에도 확립된 것 같지 않다. 『사기』에는 서역이라는 말이 4차례 등장하지만, 후대와 같이 특정 지역의 통합적인 실체로서 등장하지는 않는다. 따라서 『한서』에 비로소 「서역전」이 따로 포함되어 있고, 서역에 대한 체계적인 기술이 이루어지고 있다.

들었던 이야기를 다음과 같이 요약하고 있다.

> 대원·대하·안식 등 나라는 모두 대국에 속하며, 진기한 물자가 많고, 정주생활을 하며, 생업도 거의 중국과 비슷하지만 군사력이 약하고, 한의 재물을 귀하게 여깁니다. 그 북쪽에는 대월지·강거 등 나라가 있는데 군사력이 강합니다. (따라서 이들에게) 재물을 보내고 이로움을 주겠다고 설득함으로써 한에 입조시킬 수 있습니다. 또한 진실로 의리로서 그들을 복속시킨다면 영토를 만 리나 넓히고, 여러 통역을 거쳐 풍속이 다른 지역들까지 (황제의) 위엄과 덕망이 천하에 두루 미치게 될 것입니다.[209]

장건의 이러한 보고는 서역의 몇몇 국가들에 대해 외교적 교섭을 시작할 계기를 마련했다. 다만 당시 북쪽으로 흉노와 남쪽으로 강족羌族이 막고 있어서 직접 서역에 접근할 수 없었다. 이에 대해 장건은 다른 길을 통해서 대하 등 서역에 이를 수 있다고 주장했다. 그는 대하에 갔을 때 촉蜀의 물자가 대하의 동남쪽에 위치한 신독국身毒國(오늘날 인도와 파키스탄)을 거쳐 대하에 들어온 것을 확인하고, 한의 서남쪽을 통해서 서역에 이를 수 있다고 보았다. 즉 오늘날 사천성에서 운남성을 거치고, 동남아시아와 인도를 지나 다시 북쪽으로 대하에 이르는 길을 상정했던 것이다.[210] 따라서 무제는 비슷한 시기에 서남이 지역에 개척된 건위군犍爲郡을 통해 사자를 보냈으나, 저氐·작筰·수嶲·곤명昆明 등 현지 부족들에게 모두 막힘으로써 실패하고 말았다. 서남 방향에서의 접근은 그 후에도 시도되었으나 성공을 거두지 못했다.

---

209 『史記』卷一百二十三「大宛列傳」.

210 각주 130 참조.

## 한의 서역 공략

이러한 상황에서 서역과의 접근은 흉노에 대한 공략이 성공을 거두게 되면서 비로소 가능해졌다. 즉 서역의 길을 막고 있던 혼야왕渾邪王이 앞서 언급한 것처럼 기원전 121년 한에 항복하고 선우도 북방으로 후퇴하면서, 서역에 이르는 길이 거의 무인지경이 되었던 것이다. 그리하여 기원전 119년 장건의 제2차 원정이 이루어졌다. 그는 서역의 서북부에 위치한 오손烏孫에 도착했고, 그 후 다른 사절들도 대원·강거·대월지·안식 등에 파견되었다.

특히 오손은 인구 63만 명, 군대 19만 명으로 대국이었다. 오손은 원래 흉노에게 복속하고 있었기 때문에 한은 흉노를 축출하기 위한 중요한 동맹세력으로 간주하고 적극적인 관계를 모색했다. 장건은 많은 재화를 가지고 접근했고, 오손에게 그들의 원래 고향인 오늘날의 돈황 일대로 옮기도록 제안했다. 비록 그 제안은 수용되지 않았고 한은 오손을 흉노와의 전쟁에 끌어들이지 못했으나 종실의 공주들을 오손의 왕 곤막昆莫에게 출가시켜 양국 사이에 좀 더 긴밀한 관계를 형성할 수 있었다. 서북쪽을 통한 서역과의 접촉에 성공함으로써 한은 매년 적게는 5, 6회 많게는 10여 회씩, 1회에 100여 명에서 수백 명으로 구성된 사절단들을 서역에 파견했다.

그렇지만 초기의 접촉은 별로 체계적이거나 성공적인 것 같지 않다. 『사기』에 의하면, 조정은 적임자가 없어서 관리나 백성들 가운데 자질과 상관없이 수만 채워서 사절로 보냈다고 한다. 또한 한 조정 자체가 현지 사정에 어두웠기 때문에 이들은 자신들이 본 것을 과장해 관직을 받아내기도 했다. 사절들의 질이 낮아 행실이 올바르지 못하거나 조정이 준 폐물이나 하사품을 횡령하는 경우도 많았다. 서역 국가들의 입장에서도 한의 사절들이 전하는 말이 각기 달라 문제가 적지 않았다. 서역 국가들은 흉노

투르판吐魯番 부근에 위치한 교하성지交河城址_거사전왕국車師前王國의 도읍지였다.

가 두려워 한의 사절들을 제대로 대우하지 않았을 뿐만 아니라 때로는 한의 사절을 억류하거나 약탈했다. 한의 사절단은 그들에게 충분한 돈을 주지 않으면 음식이나 운송 수단을 얻을 수가 없었다. 특히 길이 험난해 안전하지 못했고 식량이나 주거 등도 조달하기 어려웠다. 사절단은 가까운 곳은 몇 년, 먼 곳은 8, 9년 만에 돌아왔다.

그럼에도 비단길을 통한 서역과 한 사이의 경제적 교류는 지속적으로 확대되었다. 모집된 사절단 일행은 서역과의 접촉에서 재산을 모으려는 상업적 목적이 강했다. 그들은 한의 비단이나 칠기 등을 가져다 팔아 축재하고자 했다.[211] 한의 상인들은 정부의 사절뿐 아니라 정벌군을 따라 서역

211 林甘泉 主编,『中国经济通史: 秦汉经济卷』(上,下), 1999: 554-555.

으로 가서 상업활동을 했다. 한은 서역의 서쪽에 위치했던 오손과 대원의 명마에 관심을 갖고 있었다. 그것들은 각각 서극西極과 천리마라고 불리었다. 서역의 일부 국가들도 한의 높은 문물을 알게 되면서 교류를 원했다.

상인들에 의한 경제적 교류가 확대되면서 정부 차원의 대응이 요구되었다. 서역에 대한 최초의 군사적 조치는 기원전 108년 누란樓蘭과 거사車師[212]에 대한 원정이었다. 누란은 인구 14만 명의 소국이었으나 제국에서 돈황을 떠나 남쪽으로 실크로드를 지나는 최초의 주요 경유지였다. 거사는 흉노가 서역으로 통하는 남쪽의 주요 관문이었다. 한의 입장에서 거사는 이리 계곡의 오손이나 대원으로 통하는 길을 막고 있었다.[213] 당시 서역에는 인구가 수백 명, 많아야 수천 명인 소국들이 대부분이었다. 이들은 한의 사신들을 괴롭힐 수 있었지만, 한의 군사적인 적수는 되지 못했다. 한에 어느 정도 대항할 수 있는 나라는 통혼을 통해 한과 우호적인 관계에 있던 오손 이외에는 대원뿐이었다.

대원은 서역의 맨 서쪽에 위치해 중앙아시아 국가들로 이어지는 중요한 통로에 위치했다. 대원은 한이 지리적으로 멀리 있기 때문에 직접 공략하지 못할 것으로 보고 한과의 협조적 관계를 거부했다. 그들은 한의 사절이 원하는 명마를 내놓지 않았을 뿐만 아니라 사절을 살해하기도 했다. 장안에서 대원까지 1만 2천 리 이상의 거리인데도 무제는 기원전 104년 이광리李廣利(기원전 ? - 89)에게 '속국의 기병 6천 명과 불량배 수만 명'을 동원해 정벌하게 했다. 그렇지만 식량보급에 실패해 2년 뒤 돈황으로 후퇴했을 때 생환한 병사는 10분의 1, 2에 불과했다. 더욱이 같은 시기 흉노의 공략에서 많은 병사를 잃는 등 어려움에 봉착하자 정벌의 중단이 논의되었다.

그럼에도 한은 대원을 항복시킬 수 없다면 다른 나라들도 자신을 가볍

---

212 신강 위구르 투르판吐魯番 분지

213 Yü, "Chapter 6. Han Foreign Relations," 1986: 409.

게 여기고, 또 흉노의 정벌에 필요한 양마를 조달할 수 없을 것으로 판단해 대규모의 원정을 준비했다. 1년 후 한은 사면된 범법자, 불량배, 그리고 변경의 기병들을 모아 병사 6만 명, 소 10만 마리, 말 3만 필, 수만 마리의 나귀, 노새, 낙타, 그리고 다량의 식량을 구비해 제2차 원정을 단행했다. 한의 군대가 지나가는 소국들은 식량을 공급하지 않을 수 없었고, 윤대輪臺와 같이 항복하지 않는 나라들은 도륙되기도 했다. 그 이후 대원까지 한의 군대는 어려움 없이 도달했고, 결국 40여 일의 싸움 끝에 승리했다. 다만 강거 등 다른 국가들이 피로한 한의 군대를 공격할 우려가 있어서 한은 대원에 새로운 왕을 세우고 철수했다.

물론 한의 피해도 적지 않았다. 제2차 원정에서 되돌아온 병사는 1만여 명, 군마는 1천여 필에 불과했다. 더욱이 한이 교체해 세웠던 대원의 왕은 1년 남짓해 원래의 세력에 의해 다시 제거되고 말았다. 다만 대원의 공략은 적어도 한의 위세를 서역에 알리는 계기가 되었다. 대원에 대한 공략에 의해 주변의 소국들이 한에 왕자를 볼모로 보내고, 한도 사신을 파견해 재물을 보내는 등 양자 사이에는 우호적인 관계가 형성되었다.[214]

### 서역도호부

서역과의 교류가 확대되는 과정에서 기원전 101년 한은 서역의 중심에 위치한 윤대와 거리渠犁 부근에 수백 명의 군사를 통솔하는 사자교위使者校尉를 두었다. 이것은 한이 서역과 관련해 설치한 최초의 관리였다. 그 임무는 '둔전을 감독하고 외국으로 가는 사절에게 물자를 공급하는 것'이었다.

그렇지만 무제는 서역에 대한 공략을 중단하지 않을 수 없었다. 그것은 계속되는 출정으로 국력의 소모가 심각했기 때문이다. 정화征和(기원전 92-

214 『史記』 卷一百二十三 「大宛列傳」; 『漢書』 卷六十一 「張騫傳」.

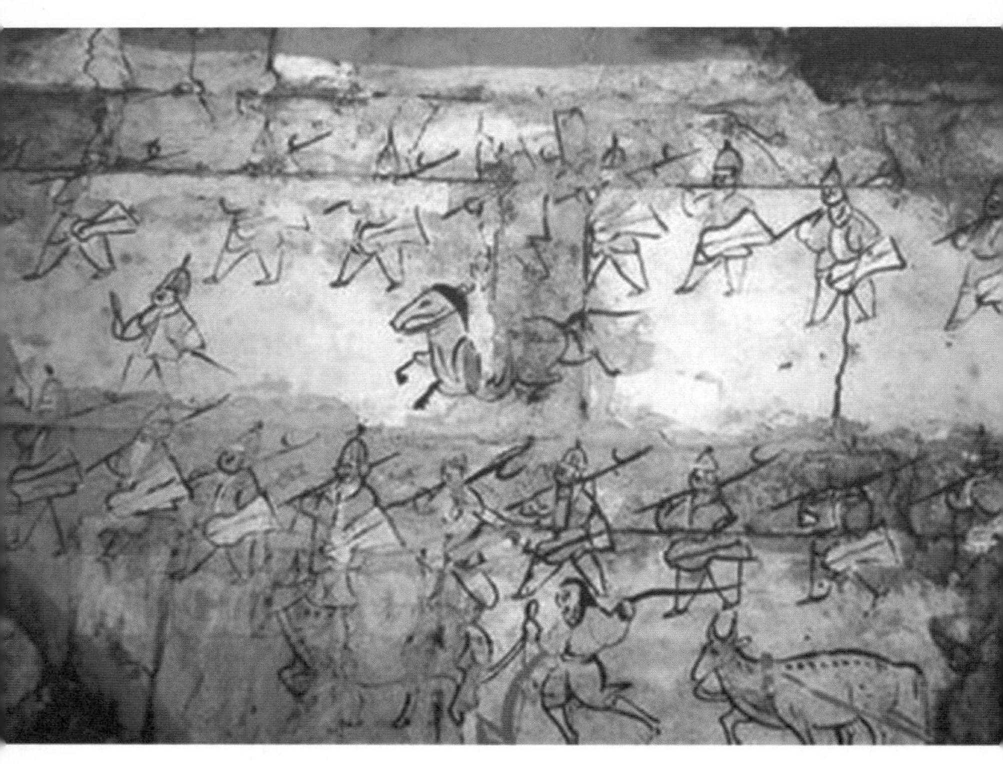

둔간도屯墾圖_감숙성 가욕관嘉峪關 고비사막에서 발굴된 무덤내 벽화(위진시기)

89년) 연간의 원정에서는 이광리가 이끄는 군대가 흉노에 항복하는 사태가 벌어지기도 했다. 특히 장거리 원정의 과정에서 수많은 사람들이 굶주려 죽거나 대오를 이탈했다. 상홍양桑弘羊(기원전 ?-80) 등 일부 대신들은 윤대의 동쪽이 땅이 넓고 자원이 풍부하며 농토가 비옥하기 때문에 둔전을 실시해 서방의 국가들에게 제국의 위엄을 떨칠 것을 제안했지만, 무제는 수용하지 않았다.[215] 처음 서역 원정의 중요한 목적의 하나였던 말의 조달도 국내에서 체계적으로 하고, 그 수량도 변경에서의 수요를 충족시키는 정도로 그치게 했다.

그러나 기원전 68년 한은 서역의 중심지를 기준으로 더 동북쪽인 거사

215 『漢書』 卷九十六 「西域傳」.

에도 군대를 파견해 둔전을 하는 등 천산天山 서남지역의 교통로를 확보했다. 더욱이 60년 선제宣帝 때에는 선우의 종형 일축왕日逐王이 왕위계승에 불만을 품고 선우에게 반기를 들어 1만 2천 명을 이끌고 한에 귀의했다. 이 사건은 서역을 둘러싼 흉노와 한의 관계에 중대한 전환을 가져왔다. 흉노의 서쪽에 위치한 일축왕은 서역에서 조세징수와 군량 및 사료를 조달하는 동복도위를 관할하고 있었다. 그 결과 그의 항복으로 흉노는 서역에서 그 세력을 상실했고, 이제까지 그곳을 관할했던 동복도위도 폐지되었다. 서역의 여러 나라들은 이제 한에 복종했다. 그와 함께 한은 누란에서 거사에 이르는 천산북로를 장악했다.

그런데 서역의 경우에는 거리가 너무 멀어 군郡은 물론 소수민족의 자치적 행정단위로서 도道나 속국을 설치할 수도 없었다. 이를 위해서는 상당히 많은 관리와 군대 그리고 필요한 물자를 보내야 하고, 교통이나 운수 또한 어려웠다. 이러한 상황에서 선택된 것이 도호都護였다. 일축왕이 항복한 이듬해, 즉 기원전 59년 한은 서역으로 가는 교통로를 지키고 서역 국가들을 '총령總領'[216] 또는 '영호領護'[217]하기 위해서 정길鄭吉(기원전 ?-49)을 최초의 도호로 임명, 배치했다.[218]

도호의 치소인 도호부都護府는 사자교위의 둔전에서 멀지 않은 오루성烏壘城[219]에 두었는데, 이곳은 한의 수도 장안에서 약 7천리, 서쪽 변경인 양관陽關에서 2천700여 리에 위치했다. 도호의 직급은 군수와 같은 이천석이었다. 도호는 부교위副校尉·승丞 각각 1명과 사마司馬·후候·천인千人 각

216 『漢書』 卷九十六 「西域傳」.

217 『後漢書』 卷一百十八 「西域傳」.

218 서역도호부의 구체적 기능은 서역 국가들의 동태 관찰, 사절의 파견과 접대, 서역 국가들이 한에 파견하는 인질의 관리, 서역에 파견되는 한의 사신에 대한 관리, 항복의 접수, 서역 국가들에 대한 외교적 제어, 흉노의 견제, 관련 정책의 제안 등이 포함되었다(黎虎, 『汉唐外交制度史』, 1998: 103-115).

219 지금의 윤대輪臺 동북.

〈그림 12〉 전한 시기 서역 지배와 비단길

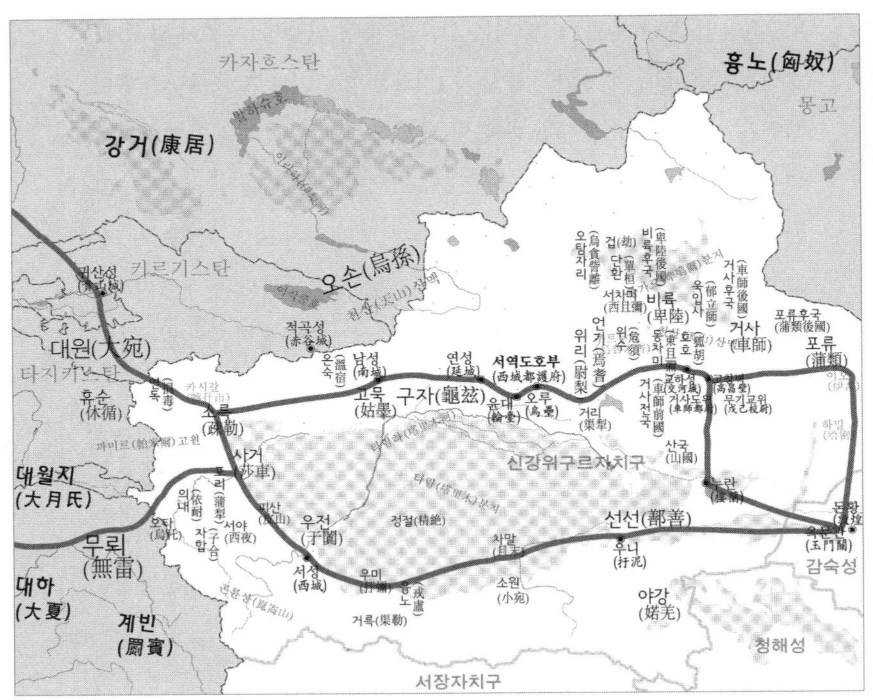


각 2명을 속관으로 두었다. 전한 말 폐지되기까지 모두 18명의 도호가 차례로 파견되었다. 도호부의 설치에 이어 기원전 48년에는 거사에 서역도호가 관할하는 무기교위戊己校尉[220]를 별도로 두어, 둔전에 의한 주둔군의 식량공급·후근·전투 등을 감독하게 했다.[221]

그렇다면 도호부와 서역 국가들은 실제 어떤 관계에 있었을까? 우선 객관적인 조건들을 살펴볼 필요가 있다. 『한서』 「서역전」에 의하면, 서역도

220 무기교위는 원제元帝 때인 기원전 48년에 설치되었고, 직급은 비이천석이며, 속관으로 승丞과 사마司馬 각 1명, 후候 5명이 있었는데, 이들의 직급은 비육백석이었다(『漢書』 卷十九 「百官公卿表」; 马智全, "戊己校尉的设立及其属吏秩次论考," 2012: 10).

221 『漢書』 卷十九 「百官公卿表」; Yü, "Chapter 6. Han Foreign Relations," 1986: 412.

호부에 신속臣屬한 나라들은 처음에는 36개국이었으나 가장 많을 때에는 50개국이었다. 이 문헌에는 53개의 국가들이 수록되어 있는데, 도호에 신속하지 않은 8개 국가들도 포함되어 있다.[222] 도호에 신속한 나라들은 도호의 치소인 오루성의 서남쪽과 동북쪽에 각각 집중되어 있는데, 서남쪽의 국가들은 도호부에서 가깝게는 약 2천여 리에서 멀게는 5천여 리 정도 떨어져 있었고, 동북쪽의 국가들은 가깝게는 300여 리에서 1천여 리 정도 떨어져 있었다. 치소에서 500리 이내에 있던 국가들은 4개 정도에 불과했다. 동북쪽의 국가들은 상대적으로 가깝고 또 흉노와도 접했기 때문에 서역도호부의 주된 활동이 이루어졌다. 멀리 떨어져 있는 유목민 집단들을 통제하기란 쉽지 않았을 것이다.

또한 실제로 서역의 국가들은 대부분 인구가 적은 소국에 불과했다. 도호부 관할하의 45개 국가들 가운데 오손과 대원이 각각 63만 명과 30만 명의 대국이었을 뿐이다. 인구 2천 명 이하의 소국이 19개, 2천 명에서 1만 명 사이가 16개, 1만 명 이상 10만 명 이하가 8개였다. 이처럼 작은 나라들이 넓은 지역에 분포해 있었기 때문에 개별적으로는 한에 대한 위협이 되지는 못했으나 한으로서도 통제하기란 용이하지 않았다. 흉노와 비교해서도 한의 서역에 대한 지배는 제한되었다. 그것은 흉노와는 달리 조세를 부과하지 않고, 둔전을 통해서 한의 관리와 군사들에 대한 식량을 공급해야 했던 것에서도 나타난다.

한의 서역 지배에 대한 가장 직접적인 기록은 『한서』「서역전」의 "역장譯長·성장城長·군君·감監·이吏·대록大祿·백장百長·천장千長·도위都尉·차

222 『漢書』卷九十六「西域傳」. 신속하지 않은 국가들은 안식국安息國·계빈국罽賓國, 대월지국大月氏國·대하大夏·강거국康居國·오익산리국烏弋山離國·엄채국奄蔡國·난두국難兜國 등 서역의 서쪽에 위치했다. 이들 가운데 계빈국이나 강거국 등 일부는 한과 상당한 정도로 교류했다. 후한 시기에는 서북의 대국인 오손도 내속하지 않음으로써 서역에서 벗어났다.

거且渠·당호當戶·장將·상지후相至侯·왕王 등이 모두 한의 인수印綬를 찼는데 그 수가 376명이었다."는 부분이다. 그런데 인수의 제공을 책봉에 의한 통치로 보기는 어려운 측면도 있다. 무엇보다도 『한서』「서역전」에는 인수가 주어진 기록이 없는 국가들이 10개 이상 등장한다. 특히 지리적으로 먼 서남쪽의 국가들이 거기에 해당되었다. 반대로 중앙의 치소에서 500리 이내의 가까운 왕국에게는 다수의 인수가 주어졌는데, 구자龜茲 29개, 위리尉犁 9개, 위수危須 10개, 언기焉耆 18개였다. 제공되는 인수의 수는 나라의 크기와도 별 상관이 없었다. 인구 30만의 대원에는 겨우 2개, 인구가 2천 명도 되지 않는 동북의 국가들에게는 평균 3-5개의 인수가 제공되었다.

인수는 앞서 언급한 남월 등 다른 주변 민족들에게도 하사되었는데, 그것은 일종의 기미정책 차원에서 현지의 엘리트들에게 제공되었을 뿐, 통치와는 무관했다. 인수를 패용하고 관직을 수행하는 것에 대한 기록은 많지 않다. 다만 『한서』「서역전」에 의하면, 한이 우미扜彌의 태자 뢰단賴丹에게 인수를 주어 윤대에서 둔전을 하게 하자 이에 위협을 느낀 구자龜茲왕이 그를 살해했지만 한이 구자왕을 징계하지 못한 일이 있었다. 그리고 서역도호 한선韓宣이 선제에게 상주해 오손의 관리들에게 금인자수金印紫綬을 주어 오손왕 대곤미大昆彌를 보좌하게 했다가 나중에 그가 피살되자 책임을 물어서 동인흑수銅印黑綬로 바꾸었다.

그외에는 한이 개별 왕국의 정치에 간여한 사례를 거의 찾아보기 힘들다. 『한서』나 『후한서』 등 중국의 사서에서 서역은 직접적인 지배가 아니라 내속한 외신으로 설정하였다. 서역의 각국은 왕을 중심으로 독자적인 국가를 유지했고, 단지 한의 권위에 복종하는 정도였다. 그들은 한에 자식을 인질로 보내거나 사신을 통해 조공을 바치고, 때로는 왕이 직접 조현하기도 했다. 도호의 역할은 왕위계승이나 국가간 분쟁에 간여함으로써 질서를 유지하고, 신속된 상태를 유지하는 데 국한되었다. 더욱이 한의 권위는 자주 부정되었고 개별 국가들마다 신속의 정도는 가변적이었다.

사실 서역 국가들의 입장에서 한에 대한 신속은 장점이 없지 않았다. 그들이 한의 도움으로 흉노의 침탈에서 벗어날 수 있었던 것은 분명하다. 또한 다양한 세력들이 경쟁하는 상황에서 작은 나라들은 불안하지 않을 수 없었고, 한의 힘으로 질서를 보전할 수 있었다. 그리고 서역의 국가들은 한과 경제적인 교류를 통해서 필요한 물자를 공급받을 수 있었다. 이들이 집단적으로 도호부의 설치를 요청하거나 신속을 원했다는 기록이 적지 않다.

더욱이 도호는 왕망 시기에 이르러 폐지되었으니 약 반세기 동안 유지된 셈이었다. 도호가 폐지된 원인과 관련해 『한서』「서역전」은 "왕망이 권력을 찬탈한 뒤 서역의 왕과 귀족들을 핍박하고 교체해 원성을 샀고, 그때부터 서역이 원한을 품고 반기를 들어 중국과 관계를 단절하고 다시 흉노에게 복속했기 때문이다."[223]고 언급하고 있다. 다만 흉노도 그들에게 과도한 조세를 부과했기 때문에 이들은 한에 다시 귀의하고자 했다. 그러나 새로 건립된 후한도 국내의 불안으로 인해 거기에 부응하지 못했다.

광무제 때 사거莎車·우전于闐 등 일부 서역 국가들이 도호에 대한 귀속을 요청했으나, 황제가 "고금을 헤아리고 시대적 상황에 근거해 기미정책을 채택하고, 그것을 허락하지 않았다."[224] 『한서』의 편자 반고班固(32-92)는 이러한 소극적인 정책이 과거 주변 민족들에 대해 거리를 두었던 우왕禹王, 주공周公, 한 문제文帝의 어떤 정책보다도 현명한 선택이었다고 극찬하지만, 사실 한이 국내적 혼란으로 말미암아 서역을 직접 관리할 능력이 없었을 뿐이다. 그 이후에도 오랫동안 상황은 크게 변화되지 않았다.

한이 후퇴하면서 그 자리는 흉노와 사거국莎車國이 차지했다. 물론 흉노도 내부적으로 약화되어 서역에 대한 온전한 통제가 이루어지지 못했다.

---

223 『漢書』卷九十六「西域傳」.

224 "聖上遠覽古今, 因時之宜, 羈縻不絕, 辭而未許."(『漢書』卷九十六「西域傳」)

그 결과 서역 국가들 사이에 병탄이 이루어지고 혼란이 계속되었다.[225] 단지 상대적으로 큰 나라였던 사거국이 일정 기간 패권적 역할을 수행했다. 사거국은 처음에는 한에 신속했으나 후한 초반 주변의 여러 나라들을 지배했다. 후한 광무제도 그러한 정치적 현실을 인정하여 사거왕에게 서역대도위西域大都尉·서역도호西域都護·한대장군漢大將軍 등의 칭호와 인수를 하사했다.[226] 나중에 서역에 대한 포기를 반대하는 의견이 대두해 한이 인수를 다시 환수하자, 사거왕은 대도호를 사칭해 패권적 역할을 계속했다. 그럼에도 한은 어떻게 하지 못했다.

서역과 단절된 뒤 65년이 지난 서기 74년에 다시 도호가 설치되었다. 그것은 무엇보다도 북부흉노가 하서의 군현을 침공하는 상황에서 서역의 전략적 중요성이 커졌기 때문이다.[227] 한은 73년 북부흉노에 대한 공략을 개시하면서 전략적 요충지인 이오伊吾를 탈취하고, 이듬해 언기焉耆에 도호를 설치했다. 그렇지만 현지 국가들과 흉노의 공격으로 1년 만에 도호는 폐지되었다. 그 이후 도호의 존폐가 여러 차례 반복되었다. 일시적으로 한의 지배가 관철되기도 했지만, 도호가 살해되거나 억류되는 일이 적지 않았다. 그 과정에서 북부흉노는 때때로 서역에 대한 지배력을 강화했을 뿐만 아니라 한의 서북 군현에도 군사적인 압력을 가했다. 한은 서역 전체는 물론 한과 가장 가까운 거사車師에 대한 관할권 조차도 제대로 확보하지 못했다.

후한 중반 반초班超(33-102) 등이 한때 서역을 다시 공략했다. 서기 123년에는 서역의 책임자로 서역장사西域長史가 배치되었다. 다만 그 직급은 도호보다 낮은 부도위部都尉에 해당되었고, 일정한 치소를 갖지 못했다. 후한 말에는 한이 국내적으로 혼란해지면서 서역에 대한 영향력도 상실되었

---

225 『後漢書』 卷一百十八 「西域傳」.

226 Yü, "Chapter 6. Han Foreign Relations," 1986: 414.

227 김한규, 『古代中國的世界秩序研究』, 1992: 299.

다. 부분적으로 돈황 태수가 서역을 상대하는 정도였다. 그 후 위진 시기에도 후한의 전례에 따라 수세기 동안 서역장사가 유지되었으나, 그것은 서역의 중심이 아니라 한의 변경에서 가까운 누란에 자리했다. 이 기구는 서역을 통괄하기보다는 일종의 군사적 전진기지로서 기능했던 셈이다.

| 네 번째 |

# 대외정책과 동아시아 국제질서

# 4

이 장은 대국의 대외정책에 관해 다룬다. 먼저 특정 시점에서 구체적인 문제와 결부되어 제기되었던 대외정책에 관한 논의들이 소개된다. 그것은 주로 융적戎狄·흉노匈奴·서남이西南夷·월越·강羌·선비鮮卑 등 주변 민족들에 대한 정책적 방안들이다. 이어 대외정책에 대한 개념상의 체계화가 시도되는데, 상이한 목표들과 수단들을 지배 정도와 비용의 관계에 따라 분류하고, 그들 사이에 다양한 조합 가능성을 제시한다. 이를 바탕으로 정복지역에 대한 상이한 지배형태인 변군邊郡·도道·부도위部都尉·속국도위屬國都尉·서역도호西域都護 등을 소개한다. 마지막으로 제국의 지배 밖에 있으면서 단지 조공관계만 유지하는 방식, 즉 조공체제를 살펴본다. 특히 제국과 한반도 주변 국가들 사이에 가시화되는 동아시아 국제질서의 등장이 다루어진다.

## 1. 비대칭적 균형

진한 시기의 대외관계에 대한 역사학의 주요 관점은 제국과 주변 민족들 사이에 조공체제가 형성되었고, 그 골격이 그 후 2천여 년 동안 유지되었다는 것이다.[1] 그리고 조공체제는 일종의 간접적 통치방식으로서 주변 민족들의 자주성이 충분히 인정되는 국제관계로 이해되었다. 그럼에도 왜 조공체제가 그 시점에서 등장하게 되었는지에 대해서는 충분히 설명되는 것 같지 않다.

쉽게 생각해 볼 수 있는 설명은 이런 것이다. 진한의 통일제국은 중화민족에 의한 단일한 국가이고, 이제 주변 민족들과 접하게 되면서 이념적이든 또는 힘의 역학관계에 의해서든 그러한 대외관계가 형성되었다는 것이다. 그렇지만 이러한 시각은 기존의 권력통합 과정을 살펴본다면 근대의 민족국가적 시각에 근거한 편견에 기인함이 금세 드러난다. 왜냐하면 초기 권력의 통합과정을 보면 거기에는 종족이나 민족적 요소는 본질적이지 않기 때문이다.

1 Yü, *Trade and Expansion in Han China*, 1967: 36; Yü, "Chapter 6. Han Foreign Relations," 1986: 381-385.

앞서 살펴본 것처럼 역사 초기 하·은·주 시기에는 여러 정치체들이 분산된 상태에 있었다. 그것은 후에 봉건제라는 통합적 틀로 연계성이 부여되지만, 분권적 통치구조가 존재했고, 그것은 권력의 제약 때문이었다. 광역에 대한 통합적인 통치를 구사하기 위해 특정 국가(또는 정치체)가 동원될 수 있는 권력자원은 제한적이었다. 단지 시간이 지나면서 그러한 권력의 제약이 부분적으로 극복되었고, 그 과정에서 권력의 확대, 즉 정치체들의 통합이 이루어졌다. 춘추전국시대에 여러 나라들이 생존을 위해 각축하는 상황도 그 연장선에 불과했다. 이러한 권력통합의 과정에서 종족이나 민족들 사이의 유대나 공동의식은 별다른 의미가 없었다. 그들은 각기 개별 정치체나 국가로서 서로 경쟁하였을 뿐이다.

진이 중원을 통일한 뒤에 대외팽창을 벌인 것은 중원의 다른 나라들에 대한 지배의지와 다르지 않았다. 진시황은 단지 확대와 집중을 지향하는 권력의 논리에 충실했을 뿐이었다. 그는 주변의 민족이나 지역을 정복하여 군현적 지배를 시도했다. 한 시기에 대규모 영토확대를 이룩한 무제의 경우에도 정복지의 문화적·인종적 차이를 불문하고 군현의 설치를 통한 직접통치를 지향했다. 다만 현실적 지배 정도는 권력자원 동원의 한계라는 요소적 제약과 더불어 특히 관계적 제약, 즉 현지인의 저항에 따라 달랐을 뿐이다. 여기서 민족의 구분은 사실상 존재하지 않았다. 그들은 통치의 대상이거나 권력자원에 불과했다.

그럼에도 대외팽창의 정점에 이르는 순간, 비로소 앞서 언급된 조공체제가 등장했다. 제국의 질서를 해당 개념만으로 포괄하는 것은 적절하지 않지만, 적어도 대외적 지배의 한 가지 유형으로서 조공체제의 출현은 그때까지 계속되던 권력의 외적·지역적 확대가 한계에 이르렀음을 의미한다. 다시 말해 권력관계에 있어서 일정한 질서나 균형이 이루어지게 되었던 것이다. 그것을 오늘날 우리는 일반적으로 동아시아 국제질서라고 부른다. 물론 그러한 국제질서는 완성된 것은 아니었다. 제국적 질서에는 중심국의 직접적인 통치, 즉 군현제적 통치와 국가간의 관계로 볼 수 있는 조공체제 사이에 다양한 통치형태들이 여전히 존재했기 때문이다.

조공체제의 등장은 이 글에서 비대칭적 균형이라고 표현하는 권력관계의 산물이었다. 동아시아 국제질서에 있어서 중요한 특징들 가운데 하나는 기원전 3세기 말 적어도 진에 의한 중원의 통일 이후 대부분의 시기에 있어서 중원 지역에 대국이 존재해 왔다는 점이다. 그 대국은 다른 주변 지역에 비해서 비교가 되지 않을 정도의 강력한 힘을 갖추고 있었다. 따라서 국가들 사이의 관계는 매우 비대칭적이었다. 중원과 주변 지역은 중심과 주변의 관계가 되었다. 중원이 분열되거나 때로는 외부의 세력에 의해서 대체되는 경우가 없지는 않지만, 그러한 구조는 다시 회복되는 관성을 갖고 있었다.

그럼에도 그러한 비대칭성은 권력관계의 불균형이 아니라 균형에 바탕을 두었다. 여기서 균형이란 중원의 대국은 일방적으로 주변 민족이나 국가를 임의로 제거하거나 직접 지배할 수 있는 위치에 있지 않으며, 우위는 일정한 범위 안에서만 관철된다는 것이다. 비록 보유하는 권력자원의 수량에 있어서 대국은 주변 국가들에 대해 절대적 우위에 있지만, 양자는 상호적 관계에 놓여 있다. 이러한 균형은 앞서 언급된 무제의 대외정복과 군현적 지배전략이 그 정점에 다다름으로써 비로소 가시화되었다. 다시 말해 대외적 팽창은 그에 따른 비용을 더 이상 감당할 수 없는 시점에서 종료되지 않을 수 없었던 것이며, 그것은 대국과 그 주변 국가들 사이에 일정한 균형의 성립을 의미했다. 그러한 비대칭적 균형은 무제 이후 흉노로 대표되는 북방 유목민과의 관계에서 전형적으로 나타났다.

먼저 유목민들이 거주하는 초원지대는 넓고 척박하다. 그들은 광활한 지역에 걸쳐 유목을 위해 자주 이동할 수밖에 없다. 그들은 말을 주된 교통과 운수의 수단으로 하고, 척박한 자연조건으로 인해 생활도 단순하여 높은 기동력을 가지고 있다. 광대하고 인구가 희소한 유목의 속성상 가족이 생활의 중요한 단위가 되고, 종족에 의한 집단적 생활이 주된 방식이 된다. 국가는 다수의 종족들이 경쟁하는 분권적 체제를 가지고 있기 때문에 영토적 개념의 중심은 종족이다. 그리하여 가족, 종족 그리고 국가의 공간적 구분이 불분명하다. 그리고 국가의 정당성은 무엇보다도 정복을 통한 목초지의 확대와 전리품의 분배에 있다. 이러한 모든 것들이 유목민들의 공간감각을 확대시키고, 그들을 좀 더 외향적이게 한다.

그에 비해 한족은 기본적으로 농경에 바탕을 둔 정착민족이다. 농경에서는 화전민과 같이 예외적인 경우를 제외한다면, 동일한 지역에서 반복된 생산활동이 이루어진다. 농업생산은 또한 연중 일정한 시기의 재배와 수확, 그에 따른 집약된 노동력의 투입을 요구한다. 그리고 농업에는 거기에 적합한 기후나 물, 토양적 조건 등이 필요하다. 그 결과 농업생산은 일정한 곳에 밀집된 거주와 정착을 요구한다. 농촌의 촌락들은 자급자족에 바탕을 두고 넓은 지역에 걸쳐 산재하지만 교역을 통해서 외부와 연결되어 있다. 상대적으로 높은 농업생산력과 정주는 국가가 동원할 수 있는 물적·인적 기반이 되고, 넓은 영토와 결합해 강력한 정치권력이 형성되는데 기여한다.

이러한 자연적 조건의 차이로 인해 두 경제는 서로 구분되었지만, 동시에 상호의존적이었다. 유목경제는 단순해 말·유제품·고기·가죽 등의 생산에 국한되었고, 중국으로부터 식량·옷감·금속제품·비단과 같은 사치품 등을 필요로 했다.[2] 중국의 농업경제는 주로 운송이나 전쟁의 수단으로 말이나 가죽 등을 필요로 했다. 두 경제는 조공·교환 등 정교한 무역제도를 만들어 내기도 하고, 국경 지역에서는 자연스럽게 시장이 형성되기도 했다. 그렇지만 효과적인 교역제도를 형성하기란 어려웠다. 제국의 입

---

2 Barfield, “The Shadow Empires: Imperial State Formation along the Chinese-Nomad Frontier,” 2001: 18-19.

장에서 수도에서 멀리 떨어진 변경의 개방은 그 지역에 대한 유목민의 영향력 강화와 자신의 통제력 상실 가능성을 내포했다. 따라서 제국은 무역에 소극적이었고, 때로는 변경의 안정을 위해서 그것을 제한하거나 금지했다.[3] 이것은 유목민들로 하여금 필요한 물자의 확보를 위한 약탈을 야기시켰다.

중원의 제국은 그 자체로서 유목민에 비해서 힘의 우위에 있었다. 그렇지만 유목민과의 전쟁에서는 기술적으로 매우 불리한 측면이 있었다. 제국은 변방의 먼 곳까지 대규모 병력을 이동하고 주둔시켜야 하기 때문에 경제적 부담이 매우 컸다. 그 부담은 주민들에 대한 조세와 부역의 증가를 의미했고, 그것은 다시 국내의 저항을 가져올 수 있었다. 또한 일시적으로 승리해 어떤 지역을 점령했다고 하더라도 그곳을 오랫동안 지키기란 어려웠다. 변방지역은 지리적으로 광활하고 멀기 때문에 군인들을 위한 병참도 쉬운 일이 아니었다.

물론 변경지역이라고 하더라도 제국의 입장에서 차이가 적지 않았다. 이를테면 몽고의 유목지역과 서부의 사막지역은 상당한 차이가 있다. 유목지역은 일시적으로 전쟁에 이길 수는 있지만 계속 통제하기란 어려웠다. 광활한 초원에서 이동성이 강한 유목민을 제거하기란 거의 불가능했다. 그에 반해 서부의 크고 작은 오아시스에는 중국과 같이 농업에 바탕을 둔 정주생활이 이루어지고 있었다. 흉노와 같은 유목민의 입장에서 서부의 사막지역은 직접 거주할 수 있는 공간은 아니었다. 그렇지만 한의 입장에서는 전혀 달랐다. 사막의 도시들은 자급자족하므로 중국의 다른 도시들과 다를 바가 없어 지속적인 통제도 가능했다.[4]

---

3 그 예로 기원전 121년 흉노의 혼야왕이 한에 귀부해 부족을 이끌고 수도 장안에 왔을 때, 그들은 토산물을 주고 한의 상인으로부터 철제 공구와 무기를 다량 구입했다. 그로 인해 한의 상인 500여 명이 흉노와 교역을 금하는 규정을 위반한 죄로 죽임을 당했다(『漢書』 卷五十 「汲黯傳」).

결국 흉노는 전한 전반까지도 한과 대등한 관계를 유지할 수 있었다. 다만 인적·물적 측면에서 크게 우위에 있던 한은 무제 이후 지속적으로 흉노를 공략했고, 흉노 스스로도 정치적으로 분열되었다. 이로써 흉노는 크게 약화되어 결국 한에 복속되었다. 항복한 세력들은 속국과 같은 한의 준군현적 지배 아래 있었지만, 선우는 한에 대해서 조공관계를 형성하게 되었다.

사실 통일제국의 초기 대외관계는 매우 역동적으로 전개되었다. 그 과정에서 다양한 정책적 논의가 이루어졌고, 그 가운데 일부는 문헌을 통해 오늘날까지 전해지고 있다. 이러한 논의는 대외정책이란 객관적 상황과 더불어 그에 대한 정책결정자의 인식에 근거한다는 점에서 매우 중요하다. 그와 함께 관련 논의들은 통일제국의 대외정책에서 일관되게 제기되는 구조적 측면들을 보여준다. 아래에서는 대외질서를 종합적으로 다루기 전에 관련 논의들을 검토한다.

## 2. 대외정책 논의

### 초기의 논의

그 기원을 알 수 없지만 북방 민족과의 관계에 있어서 전쟁과 평화는 오래전부터 중요한 정책적 선택이었다. 문헌상으로는 춘추시대의 역사서인 『춘추좌전』에서 처음으로 상당히 체계적인 논의가 발견된다. 기원전 569

4 Man, *The Great Wall: The Extraordinary History of China's Wonder of the World*, 2008: 88.

년, 춘추시대 북방 산융山戎의 한 종족이 당시 중원에서 패권적 지위에 있던 진晉에게 일종의 평화협정을 제기했을 때 논쟁이 발생했다. 당시 진의 제후는 "융적은 화목하지 않고 탐욕스럽기 때문에 벌하는 것이 좋겠다."[5]는 의견이었다. 다시 말해 야만족들은 법과 도덕, 의리를 모르기 때문에 정벌이 최상의 방법이라는 주장이다.

그에 대해서 강직한 인물로 알려진 위강魏絳은 몇 가지 현실적 근거를 제시하며 화친을 주장했다. 그의 가장 중요한 근거는 국제정치적인 실리였다. 그에 의하면 진晉이 융을 치면서 군사력을 소모하게 되면 남부의 강자로서 중원 진출을 노리고 있는 초楚가 진陳을 공격해도 도와줄 수 없게 된다. 이처럼 패권적 국가로서 진이 위기에 처한 소속 제후국을 지원하지 못하게 되면 다른 제후국들도 자신을 따르지 않게 될 것이다. 그와 함께 위강은 진이 융과 화친할 경우 얻을 수 있는 이점을 다음과 같이 다섯 가지로 제시했다.

> 첫째, 융적은 물과 풀을 따라 거주하고, 재화를 중시하고 토지를 경시하기 때문에 그 토지를 사들일 수 있다.
> 둘째, 변경에 걱정이 없어져 백성들이 안심하고 논밭에서 경작하고 거둘 수 있다.
> 셋째, 융적이 진에 복종하면 이웃 나라들도 진을 두려워하고 제후들도 따르게 된다.
> 넷째, 군사들을 쓸데없이 수고스럽게 하지 않고, 무기도 손실되지 않는다.
> 다섯째, (사냥에 열중하고 국사를 돌보지 않아 신하에게 죽임을 당했던) 예羿를 거울삼아 '덕'으로 교화함으로써 먼 나라는 순복하고 가까운 나라는 안정된다.[6]

---

5 "戎狄無親而貪, 不如伐之."(『春秋左傳』 襄公四年(기원전 569년))

요컨대 화친을 통해 변경지역의 안전과 농사가 가능하고, 전쟁에 따른 소모를 줄일 수 있으며, 도덕적 우위를 통해서 다른 제후국들과 관계에서 유리한 위치를 점할 수 있다는 것이다. 그의 의견에 따라 진은 융적과 결맹했다.

전국시대에도 북방 민족들과 대결은 계속되었다. 진·조·연 등 북부지역에 위치한 국가들은 그들을 축출하고 영토를 확대, 군현을 설치하기도 했다. 다만 역사서에서는 그와 관련된 구체적인 논의가 전해지지 않고 있다. 그렇지만 진이 전국을 통일한 뒤 다시 주변지역에 대한 대대적인 팽창 정책을 실시했다. 이때 흉노에 대한 공략 문제가 제기되었다. 승상 이사李斯는 다음과 같은 이유에서 흉노 정벌에 대한 반대의견을 제시했던 것으로 전해진다.

> 흉노는 성곽에서 거주하거나 군량을 쌓아 놓고 지키는 법이 없고, 이리저리 옮겨 다니고 새처럼 일어나니 붙들어 통제하기 어렵다. 경무장한 군대로 깊이 들어가면 반드시 식량이 떨어지고, 양식을 가지고 가면 무거워서 일을 할 수가 없다. 흉노의 땅을 얻었다고 해도 이용하기에 충분하지 않다. 흉노의 백성을 얻었다고 해도 옮겨 지킬 수 없으니, 승리하면 그들을 반드시 죽여야 하는데 이것은 백성의 부모인 황제가 할 일이 아니다. (정벌은) 중국을 소모시키고 흉노를 기쁘게 할 뿐 좋은 대책이 아니다.[7]

---

6 "戎狄荐居, 貴貨易土, 土可賈焉, 一也. 邊鄙不聳, 民狎其野, 穡人成功, 二也. 戎狄事晋, 四鄰振動, 諸侯威懷, 三也. 以德綏戎, 師徒不動, 甲兵不頓, 四也. 鑒于后羿, 而用德度, 遠至邇安, 五也."(『春秋左傳』 襄公四年(기원전 569년)). 이와 거의 동일한 구절이 『國語』「晉語七」에도 있다.

7 "夫匈奴無城郭之居, 委積之守, 遷徙鳥擧, 難得而制也. 輕兵深入, 糧食必絕; 踵糧以行, 重不及事. 得其地不足以爲利也, 遇其民不可役而守也. 勝必殺之, 非民父母也. 靡獘中國, 快心匈奴, 非長策也."(『史記』 卷一百十二 「主父偃傳」) 그의 말은 흉노에 대한 공략이 한창 진행되고 있던 기원전 128년에 주보언主父偃이라는 인물이 무제에게 흉노공략의 문제점을 지적하면서 인용한 것이다.

당시 조정에서 구체적인 논의가 있었는지는 알 수 없지만, 야망에 찬 진시황에게 영토개척은 논쟁의 여지가 없었을 것이다. 그는 장군 몽염蒙恬을 시켜 대규모 병력을 동원, 흉노를 쳐서 오르도스 전체를 흡수하고, 수십 개의 성을 쌓고 수십만 명의 죄인들을 보내 수비하게 했다. 그렇지만 진이 단명하고 특히 초·한 쟁패기의 혼란 상황에서 정복된 지역들에 대한 통제력은 크게 약화되거나 상실되고 말았다.

### 전한 초기

제국을 재통일한 한의 고조는 진시황과 마찬가지로 주변 지역에 대한 공략에 착수했다. 그는 일부 대신들의 반대가 있음에도[8] 32만 대군을 동원해 북정을 단행했다. 그렇지만 그는 그간 내부적 통일로 강력한 세력을 구축한 흉노에게 평성平城에서 포위되었다가 간신히 도망 나오는 수모를 겪고 말았다. 게다가 강력한 제후들의 존재로 인한 국내정치적 불안과 계속되는 전쟁에 따른 휴식의 필요성 등에 의해 "잠시 무력 사용을 멈추고 기미羈縻를 할 뿐 방비는 하지 않았다."[9]

후에 흉노가 자주 북부 변경을 침입하자 루경婁敬[10]은 흉노와 화친정책을 주장했다. 즉 흉노에게 후한 선물을 주고 또한 공주를 선우에게 시집보내어 화친을 맺어야 한다는 것이다.

---

8 『자치통감』에 의하면, 어사御史인 성成이 다음과 같이 간했다. "불가합니다. 흉노는 짐승처럼 모이고 새처럼 흩어지니 그들을 좇는 것은 그림자를 잡으려 하는 것과 같습니다."(『資治通鑑』 武帝 元朔元年(기원전 128년)) 또한 흉노에 사신으로 갔다 돌아온 루경도 흉노의 복병 가능성을 제기하면서 한의 출격을 반대했다(『漢書』 卷九十九 「劉敬傳」).

9 『史記』 卷二十五 「律書」.

10 유경劉敬이라고도 하는데, 장안 천도의 방안을 고조에게 제시한 공로로 유劉씨가 하사되었다.

천하가 방금 평정되어 병사들이 여전히 전쟁으로 지쳐 있기 때문에 무력으로 흉노를 굴복시킬 수 없고, 묵특도 아버지를 살해하고 제위에 올라 여러 모친들을 아내로 삼고 힘으로써 권위를 삼고 있으니 인의로써도 설득할 수 없습니다. 오로지 장기적인 계책으로 흉노의 자손들을 한에 칭신하게 할 수 있습니다.[11]

그에 의하면, 흉노에게 한의 공주를 주게 되면 그의 자손이 선우 지위에 오르게 되어 한이 선우의 외가가 됨으로써 한에 복종은 하지 않더라도 괴롭히지는 않을 것이다. 또한 흉노는 한이 주는 예물을 탐하기 때문에 쉽사리 맹약을 저버리지는 않을 것이다. 고조는 전에 평성의 공략을 반대해 투옥되었던 그의 의견을 수용해 궁녀를 선우에게 시집보내고, 유경을 사신으로 파견하여 화친을 맺었다.

그 후 고조의 아들 혜제惠帝(기원전 195-188년 재위)시기에 선우가 여태후呂太后를 희롱하는 편지를 보내오자 다시 한 번 흉노에 대한 정벌의 필요성이 논의되었다. 상장군 번쾌樊噲 등이 흉노 정벌을 주장하자, 중랑장 계포季布가 반대 의견을 제시했다. 계포에 의하면, 한은 아직 그럴 만한 여력을 갖추고 있지 않다. 고조가 평성에서 곤욕을 당한 지가 얼마 되지 않아 상처가 아물지도 않았고, 진과 같이 무리하게 오랑캐를 정벌하려다 내란이 일어날 수도 있다. 또한 이적은 원래 금수와 같으니 나쁜 말을 들어도 분개할 이유도 없다.[12] 따라서 흉노에 대한 정벌은 더 이상 논의되지 않았다. 한이 흉노에게 매년 막대한 물자를 공급함으로써 상당 기간 평화가 유지되었다. 간헐적으로 흉노의 침입이 있었지만, 한으로서는 달리 방법이 없었다.

---

11 "天下初定, 士卒罷於兵, 未可以武服也. 冒頓殺父代立, 妻群母, 以力爲威, 未可以仁義說也. 獨可以計久遠子孫爲臣耳."(『史記』卷九十九「劉敬傳」)

12 『漢書』卷三十七「季布傳」; 『漢書』卷九十四「匈奴傳」.

다만 일정한 휴식기를 지나 한의 경제가 상당히 회복되자 다시 흉노에 대한 정벌이 논의되기 시작했다. 특히 3대 황제인 문제文帝(기원전 180-157년 재위) 시기 일부 유가적 소양을 가진 논객들이 흉노에 대한 적극적인 공략을 제기했다. 그 대표적인 예가 가의賈誼와 조조晁錯(기원전 200-154)이다.

젊고 패기 넘치는 가의는 강렬한 대국의식에서 출발한다. 대외정책 전반과 관련해 그는 『시경』의 "넓은 하늘 밑은 왕의 땅 아닌 곳이 없으며, 바다안, 땅 위의 모든 사람들은 왕의 신하이다."는 구절을 인용하면서, "단지 수레와 배가 이르고 사람이 이르는 곳이면 오랑캐라도 천자의 통치범위가 아니겠는가?"고 주장한다. 그는 흉노의 백성들은 천자의 백성들이며, 지금 흉노의 지배자들이 그들을 이끌고 천자의 명을 듣지 않는 것은 대죄에 해당한다고 덧붙인다.[13] 그렇지만 이처럼 천자가 천하를 지배한다는 원칙이 있어도 그 통치범위는 장성 이북을 넘지 못하고 있다. 가의의 이러한 판단은 한 고조나 문제가 장성을 한과 흉노의 국경으로 삼았던 것과 큰 차이가 있다. 그는 황제의 보편적 지배, 즉 대일통에 대한 생각을 보여 준다.

그의 관점에서 흉노는 백성의 수가 30만 명 정도로서, 한의 큰 현縣에 불과하다.[14] 그런데도 중국과 흉노의 관계는 거꾸로 되어 있다. 천자는 위에 있으니 머리와 같고 흉노는 아래에 있으니 다리와 같다. 원래 명령을 내리는 것은 황제의 권한이고, 조공을 바치는 것은 신하의 예이다. 그런데 지금은 다리가 위에 있고, 머리가 아래에 있는 형국이다. 변경지역에서 황제의 권위가 미치지 못하고 흉노가 좌지우지해도, 황제는 어떻게 하지 못

13 《詩》曰: 普天之下, 莫非王土. 率土之濱, 莫非王臣. 王者天子也, 苟舟車之所至, 人跡之所及, 雖蠻夷戎狄, 孰非天子之所哉? 『新書』「匈奴」. 번역은 于智榮 译注, 『新书』, 2002: 122-123을 참고함.

14 흉노의 크기에 대해서 명확한 이해가 있었는지는 불확실하다. 가의의 30만 명은 흉노의 기병 수가 6만 명 정도이고, 5명씩의 한 가구에서 1명이 군에 참여했다는 전제하에서 계산된 것이다.

하고 있다. 그에 의하면,

> 지금 천하의 형세는 거꾸로 되어 있다…… 무릇 천자는 천하의 머리와 같은데, 그 이유는 위에 있기 때문이다. 오랑캐는 천하의 발과 같은데, 그 이유는 아래에 있기 때문이다. 오랑캐에 대한 정벌과 명령은 천자의 권한이다. 천자에게 공물을 바치는 것은 신하의 예이다. (그렇지만 지금은) 발이 위에 있고, 머리가 오히려 아래에 있다. 이것은 거꾸로 된 형세이다.[15]

뿐만 아니라 현재와 같은 화친정책의 비용도 적지 않다. 한은 매년 적지 않은 물자를 흉노에게 제공해야 할 뿐 아니라, 여전히 국방을 위해서 많은 비용을 치러야한다. 먼 변경지역까지 국방을 위해 물자를 공급하기 어렵고, 변경의 수비를 위해 동원되는 백성들은 휴식을 취하지 못하고 있다. 그의 표현대로 흉노의 문제는 원래 국부적인 병임에도 실제 중국 전체의 병이 되고 있다.

따라서 가의는 좀 더 근본적인 방안을 제시하는데, 그것은 다름 아니라 정신적·물질적 유인을 통한 일종의 동화정책이었다. 그것은 각각 세 가지 표현〔삼표三表〕과 다섯 가지 먹이〔오이五餌〕로 요약된다. 세 가지 표현이란 첫째, 말이나 약속에 대한 신의, 둘째, 흉노에 대한 애정, 셋째, 애정의 실제적인 구현으로서 흉노가 가진 장점의 인정이다. 이 세 가지는 일종의 심리적 설득이다. 그리고 다섯 가지 먹이는 물질적 유인책이다. 그것은 옷과 수레, 음식, 음악과 여자, 건물과 창고 그리고 노예와 항복한 자들에 대한 환대 등 다섯 가지 미끼를 제공함으로써 각각 눈·입·귀·배·마음 등 다섯

15 "天下之勢, 方倒縣, 竊願陛下省之也. 凡天子者, 天下之首也, 何也? 上也. 蠻夷者, 天下之足也, 何也? 下也. 蠻夷徵令, 是主上之操也, 天子共貢, 是臣下之禮也. 足反居上, 首顧居下, 是倒縣之勢也."(『新書』「解縣」) 번역은 于智榮 译注, 『新书』, 2002: 105-107을 참고함.

가지 감각을 타락시켜 점차 한에 의존하게 하는 방법이다.[16]

궁극적으로 그는 독자적인 국가로서 흉노를 해체하여 한의 신민臣民으로 전환시킬 것을 주장한다. 그의 주장은 무제 시기에 흉노의 일부가 항복하자 그들을 속국으로 분할, 편제해 변군에서 통제하던 속국화 전략[17]과 유사하다.

> 장차 반드시 흉노의 무리를 한의 신민臣民으로 삼고, 1천개 가구를 단위로 하나의 (속)국으로 조직해서 통제해야 한다. 이들을 변경밖에 위치시켜 농서隴西에서 요동遼東까지 각기 지역을 나누어 변경을 방위하고 (북방의 이민족인) 월지月氏와 관유灌窳의 변고에 대비하게 하고, 그들을 (한의) 직속 군에 귀속시켜야 한다.[18]

가의의 전략은 변방의 일부 흉노를 흡인하는 것에 멈추지 않고, 흉노 전체의 제거를 포함하고 있다. 다만 그는 전쟁이 아닌 경제적 수단을 통해서 가능하다고 주장한다. 이를 위해 무엇보다도 변경지역에 시장을 허용해야 한다. 그의 논리는 이렇다. 변경에 시장을 열어 교역을 활성화하고 그 과정에서 흉노에게 한의 맛있는 음식과 술을 팔아 거기에 익숙해지게 만든다. 그러면 흉노는 점차 많은 재원을 이러한 음식의 구입에 사용하게 된다. 그 결과 재정은 부족하게 되고 더욱 곤궁해질 수밖에 없다. 이 상황에서 한이 귀의한 일부 세력들에게만 물질적 혜택을 주어도 다수의 흉노가 한에 항복하고자 할 것이다.

---

16 『新書』「匈奴」. 여기서는 于智榮 译注, 『新书』, 2002: 113-115; 『漢書』 卷四十八 「賈誼傳」 顏師古 注.

17 귀부한 소수민족에 대한 정책으로서 속국에 관해서는 이 책 10장 3절에서 상세히 기술됨.

18 "將必以匈奴之衆, 爲漢臣民, 制之令千家而爲一國, 列處之塞外, 自隴西延至遼東, 各有分地以衛邊, 使備月氏灌窳之變, 皆屬之直郡."(『新書』「匈奴」) 번역은 于智榮 译注, 『新书』, 2002: 110-112를 참고함.

일단 군사적 공략이 아니라 물질적 회유를 수단으로 한다는 점에서 가의의 전략은 넓은 범위에서 일종의 화친정책으로 볼 수 있다. 그렇지만 그것은 고조 이후 당시까지 약탈을 일삼는 흉노를 달래기 위한 소극적인 방법과는 달리 적극적인 흡수를 지향한다.

문제 때 한은 가의의 방안과 유사하게 유화정책을 계속해 많은 물자를 공급하고 종실의 여자까지 공주라고 하여 선우에게 제공했다. 물론 한의 그러한 의도는 가의와 동시대의 인물로서 흉노에게 항복했던 중항열中行說의 입을 통해서 흉노에게 전해졌다. 그것은 흉노가 한의 문물에 중독되면 자신의 독자성을 상실하고 궁극적으로 한에 흡수될 수 있다는 것이었다. 그는 선우에게 다음과 같이 말하였다.

> 흉노의 인구는 한나라의 한 개 군郡[19]에도 미치지 못합니다. 그런데도 흉노가 강한 것은 의식衣食이 달라 한에 의존하지 않기 때문입니다. 지금 선우께서 풍습을 바꾸어 한의 물건을 좋아하시는데, 한의 물자 10분의 2만으로도 흉노는 모두 한에 귀속할 것입니다. 한의 비단과 무명을 얻으면 풀과 가시 속으로 말을 달려 옷과 바지가 모두 헤지게 하여 (흉노의) 털과 가죽 옷이 더 튼튼하다는 것을 (사람들에게) 보여 주십시오. 한의 음식을 얻으면 모두 버려서 그것이 흉노의 우유보다 못하다는 것을 보여 주십시오.[20]

그 외에도 중항열은 흉노의 고유한 풍습이나 제도가 중국의 예법에 대해서 갖는 장점을 강조했다. 이를테면 흉노가 노인을 천대하고 젊은이를

19 이것은 앞서 흉노의 인구가 한의 1개 현에 불과하다는 가의의 주장과 차이가 있다.

20 "匈奴人衆不能當漢之一郡, 然所以彊者, 以衣食異, 無仰於漢也. 今單于變俗好漢物, 漢物不過什二, 則匈奴盡歸於漢矣. 其得漢繒絮, 以馳草棘中, 衣袴皆裂敝, 以示不如旃裘之完善也. 得漢食物皆去之, 以示不如湩酪之便美也."(『史記』 卷一百十 「匈奴列傳」)

대접하는 것은 나라를 지키는데 불가피하며, 아버지나 형의 사후 계모나 형수를 아내로 삼는 것은 종족을 보존하기 위해서이다. 흉노는 사회제도가 단순하고 사치하지 않기 때문에 단결할 수 있고 싸움에도 강하다. 이로써 그는 한편으로 흉노의 자부심을 일깨우고 다른 한편으로 한에 일정한 거리를 두게 했다. 그리하여 흉노에 대한 한의 물질적 회유나 문화적 동화정책은 오랫 동안 효과를 발휘하지 못했다.

한편 가의와 비슷한 시기의 정치가로서 조조는 흉노에 대한 군사적 정벌을 주장한다. 그는 먼저 흉노와 한의 강점들을 비교한다. 그에 따르면, 산이나 계곡과 같은 험한 지형에서 기동력, 말 위에서 기마병이 활을 쏠 수 있는 능력, 날씨나 피로를 견디는 군사들의 인내력 등에 있어서 흉노가 중국에 앞선다. 그렇지만 중국의 군대는 평지에서 경전차와 빠른 기병에 의한 전투능력, 강한 쇠뇌〔弩〕와 장창 및 활의 사정거리, 견고한 갑옷과 예리한 병기 그리고 궁수와 보병을 이용한 작전, 특수한 훈련을 받은 궁수들의 활용, 말을 타지 않은 지상의 접근전에서 신속함 등에 있어서 강점이 있다. 특히 한은 군대의 수적인 우위를 이용하여〔중과지계 衆寡之計〕 흉노를 공격하면 이길 수 있다.

다만 전쟁은 그의 표현대로 흉기이며 따라서 위험을 내포한다. 적어도 한이 더 많은 장점이 있기는 하지만, 작전을 잘하지 않으면 발휘될 수 없고, 특히 다수의 인명을 희생하는 승리는 바람직하지 않다. 따라서 그는 귀의한 오랑캐로서 흉노와 비슷한 관습과 전쟁능력을 가진 의거義渠 만이의 활용을 건의하고 있다.[21]

조조의 의견에 대해서 문제는 화친을 주장했는데, 그 근거로서 아직도 그 지위가 공고하지 않은 황제로서의 임무에 충실해야 할 필요성, 전쟁 수행 시 물자의 낭비와 백성들의 요역에 따른 인력의 낭비 등을 들었다. 그

21 『漢書』 卷四十九 「晁錯傳」.

외에도 당시의 화친논쟁에서 흉노의 땅은 얻는다고 하더라도 소택과 불모지여서 거주할 수도 없다는 점이 제시되었다.[22]

문제 당시 일부에서는 흉노뿐 아니라 남월과 조선에 대한 정벌의 필요성을 제기하기도 했다. 이와 관련해 『사기』는 장군 진무陳武 등이 황제에게 건의한 내용을 다음과 같이 전하고 있다.

> 남월과 조선은 진의 통일 이후 신하로 복속했습니다. 후에는 군대에 의존해 험난한 요새를 방패 삼아 꿈틀꿈틀 기회를 엿보고 관망하고 있습니다. 고조께서 천하를 새로 평정하시고 백성들이 안정되었으므로 다시 전쟁을 일으키기 어려웠습니다. 지금 폐하께서는 인자함과 은혜로 백성들을 어루만지시고 은혜를 천하에 더하셨으므로, 사민士民이 기꺼이 명령을 따를 때이니 반역의 무리들을 토벌하고 변방의 강토를 통일해야 할 것입니다.[23]

그에 대해서 문제는 대외정책상의 현상유지와 백성들의 휴식의 중요성을 강조했다.

> 전쟁은 흉기와 같은 것으로 목적을 이룬다고 해도 손실이 있게 마련이다. 어찌 백성들이 먼 곳에 원정 가는 것을 피할 수 있겠는가?…… 지금 흉노가 내침하고 있지만, 군대와 관리들은 공을 세우지 못하고, 변방의 백성들은 대를 이어 군복무를 한 지 오래되었다. 짐은 마음이 쓰이고 아파 잊을 날이 없다. 지금 무기를 버릴 수도 없으니 차라리 잠시 변방을

---

22 『史記』 卷一百十 「匈奴列傳」.

23 "南越, 朝鮮自全秦時內屬爲臣子, 後且擁兵阻阸, 選蠕觀望. 高祖時天下新定, 人民小安, 未可復興兵. 今陛下仁惠撫百姓, 恩澤加海內, 宜及士民樂用, 征討逆黨, 以一封疆."(『史記』 卷二十五 「律書」)

> 굳게 하고 척후를 두며, 서로 화친을 맺어 사절을 보내어 북방 변경을 휴식, 안녕하게 하는 것이 더 효과적이다.[24]

사마천도 나중에 문제의 화친정책이 물자의 풍요와 백성들의 안식과 평화를 가져왔다고 높게 평가하고 있다.[25] 문제와 그의 아들 경제景帝는 국내의 안정에 힘씀으로써 소위 문경지치文景之治라는 성세를 이루었다. 이것은 무제 시기 대대적인 대외팽창 정책의 물질적 기반이 되었다.

### 무제 시기

문제의 손자 무제武帝(기원전 141-87년 재위)의 즉위 초까지만 하더라도 화친론은 이어졌다. 다만 좀 더 안정된 한-흉노 관계를 위한 방안이 필요했다. 유가가 한의 국가이념으로 채택되는 데 중요한 역할을 담당했던 동중서가 그 대표적 예이다. 그는 한 초기부터 몇 대에 걸쳐 이어 왔던 흉노와 대결을 종합하면서 다음과 같이 유화책을 제기했다.

> 인의는 군자를 움직이고, 이익은 탐욕스런 자를 움직인다. 흉노와 같은 자는 인의로 설복할 수 없고 단지 후한 이익으로 설복해 하늘에 맹약할 수 있을 뿐이다. 그러므로 그들에게는 후한 이익으로 흉포한 의지를 누그러뜨리고, 함께 하늘에 맹세해 그 맹약을 견고히 하고, 사랑하는 아들을 한에 인질로 삼아 그 마음을 구속해야 한다. 그러면 흉노는 마음을 바꾸려 해도, 어찌 후한 이익을 버리고 하늘을 속이며 사랑하는 아들을 죽

24 "且兵凶器, 雖克所願, 動亦秏病, 謂百姓遠方何?…… 今匈奴內侵, 軍吏無功, 邊民父子荷兵日久, 朕常爲動心傷痛, 無日忘之. 今未能銷距, 願且堅邊設候, 結和通使, 休寧北陲, 爲功多矣."(『史記』 卷二十五 「律書」)

25 『史記』 卷二十五 「律書」.

게 할 수 있겠는가. 흉노에게 뇌물로 주는 부세는 3군의 군비보다는 적고, 성곽의 공고함은 지조 있는 선비를 보내 맺은 맹약과 차이가 없다. 변경을 수비하는 성인들은 휴식하고, 어린이들은 양육되고, 오랑캐의 기병은 장성을 살피지 않고, 중국에서는 군사문서가 돌지 않게 하니, 천하의 백성들에게도 이롭지 않겠는가?[26]

그에 의하면 물질적 유인, 하늘에 대한 맹세, 인질 등 3가지를 통해서 흉노와의 관계를 안정시켜야 한다. 다만 그의 이상주의적 제안은 흉노와 한 모두에게 실현 가능성이 적었다. 흉노의 입장에서 아들을 인질로 맡길 이유가 없었을 뿐만 아니라, 한의 입장에서도 흉노와의 맹약을 강제할 수단이 마땅하지 않았다. 오히려 후에 반고는 "백성들을 착취해 도적을 받드는 격이었다."고 지적하였다.[27] 특히 동중서의 주장은 한의 정치적 분위기를 반영하지 못한 셈이었다. 무제는 점차 대대적인 대외팽창 정책으로 전환했다.

그런데 당시 한의 가장 중요한 문제는 북방의 흉노였지만, 새로운 정책적 선택의 요구는 다른 곳에서 제기되었다. 그것은 오늘날 복건성 일대 민월閩越에 대한 공략이었다. 민월이 같은 동월의 일파인—절강성 일대—동구東甌를 공격하자, 기원전 138년 동구가 한의 구원을 요청했던 것이다.

먼저 군사를 담당하는 태위太尉 전분田蚡(?-130)은 정벌에 반대 의견을 제기했다. 그에 의하면, 싸움은 월인들 내부의 일상적인 일로서 중국이 번거

---

26 "義動君子, 利動貪人, 如匈奴者, 非可以仁義說也. 獨可說以厚利, 結之於天耳. 故與之厚利以沒其意, 與盟於天以堅其約, 質其愛子以累其心, 匈奴雖欲展轉, 奈失重利何, 奈欺上天何, 奈殺愛子何. 夫賦斂行賂不足以當三軍之費, 城郭之固無以異於貞士之約, 而使邊城守境之民父兄緩帶, 稚子咽哺, 胡馬不窺於長城, 而羽檄不行於中國, 不亦便於天下乎!"(『漢書』 卷九十四 「匈奴傳」)

27 『漢書』 卷九十四 「匈奴傳」.

롭게 가서 정리할 필요가 없으며, 실제 진 이후로 월을 내버려두고 복속시키지 않았다. 일종의 불간섭 원칙을 제시한 셈이었다. 그렇지만 현량 출신의 중대부 엄조嚴助(기원전 ?-122)는 다음과 같은 이유에서 정벌의 타당성을 제시한다.

> 단지 능력을 걱정해 구원하지 않으면 (황제의) 덕이 미치지 못할 것이고, 능력이 있다면 왜 그것을 버리는가. 진은 (망해서 수도인) 함양咸陽도 다 잃어버렸는데 어찌 월만 지켰겠는가! 지금 소국이 어려움이 있어 위급함을 고하는데 천자가 나서지 않으면 어디에 호소하며 (황제는) 어떻게 만국을 자식으로 삼을 수 있겠는가.[28]

아마도 그는 일종의 제국적 이상을 염두에 두고 있었던 것 같다. 즉 한은 국제 질서의 수호자로서 일정한 역할을 담당해야 한다는 것이다. 엄조 등의 정벌론에 대해서 아직 20세가 되지 않아 권력기반이 약했던 무제는 정식으로 군사를 동원하지 못하고, 엄조를 회계군에 보내 비공식적으로 그곳의 군대를 동원시켰다. 다만 한의 군대가 도달하기 전에 민월이 철수함으로써 정벌은 이루어지지 않았다.

그 뒤 3년이 지난 기원전 135년 민월은 이제 남월을 공격했다. 이에 남월이 한과의 약조에 따라 직접 군대를 동원하지 않고 한에 지원을 요청하자, 무제는 민월을 공격하도록 지시했다. 이에 『회남자』의 편자 회남왕 유안劉安[29](기원전 179-122)이 사신을 보내 반대 의견을 피력했다. 그는 민월의 정벌이 타당하지 않은 이유에 대해서 매우 상세하게 적시했다. 다음은 그

28 "特患力不能救, 德不能覆, 誠能, 何故棄之? 且秦舉咸陽而棄之, 何但越也! 今小國以窮困來告急, 天子不振, 尚安所愬, 又何以子萬國乎?"(『漢書』 卷六十四「嚴助傳」)

29 그는 후에 제후국들에 대한 봉지의 축소를 내용으로 하는 소위 삭번정책이 진행되는 가운데 내부의 모함을 받아 무제의 명에 의해 죽었다.

가 전달한 내용의 일부이다.

> 월은 변경 밖의 땅이고 단발문신을 하는 사람이라 예의의 나라, 즉 중국의 법도로 다스릴 수 없습니다. 하·은·주 3대 이래로 북방의 오랑캐와 월은 (중국의) 명령을 받지 않았습니다. 그것은 힘으로 복종시킬 수 없거나 위엄으로 통제할 수 없어서가 아니었습니다. 그것은 사람이 살지도 않는 땅과 통치되지도 않는 사람들 때문에 중국을 번거롭게 할 가치가 없었기 때문입니다. 그리하여 옛날에 나라 안쪽은 전복, 나라 밖은 후복이라 했고, 후복의 경계는 빈복賓服, 만이蠻夷는 요복要服, 융적戎狄은 황복荒服이었습니다. 멀고 가까움에 따라 형세가 달랐던 것입니다. 한이 처음 안정된 이래 72년 간 남월과 민월이 서로 수없이 싸웠지만, 천자가 병사를 일으켜 그 지역에 들어간 일이 없습니다.
>
> 신이 듣건대 월은 성곽이나 마을이 없고, 사람들은 계곡 사이나 숲과 대나무 가운데에 삽니다. (사람들은) 수전에 숙달되고, (지형은) 배를 사용하기 편리합니다. 지세는 초목이 많고 위험한 물이 많아 중국인이 그 험한 지세를 모르고 그 땅에 들어간다면 100명이라도 1명을 당할 수 없습니다. 그 땅을 얻는다고 하더라도 군현을 둘 수 없고, 공격을 한다 해도 단번에 취할 수 없습니다…… 천하가 종묘의 신령을 입어서 바야흐로 국내적으로 매우 평안하고 머리가 흰 노인들은 전쟁을 겪지 않고, 백성들의 입장에서 부부가 서로 자리를 지키고, 부자가 서로 도울 수 있으니 이것은 폐하의 은덕입니다.[30]

---

30 "越, 方外之地, 劗髮文身之民也. 不可以冠帶之國法度理也. 自三代之盛, 胡越不與受正朔, 非彊弗能服, 威弗能制也, 以爲不居之地, 不牧之民, 不足以煩中國也. 故古者封內甸服, 封外侯服, 侯衛賓服, 蠻夷要服, 戎狄荒服, 遠近勢異也. 自漢初定已來七十二年, 吳越人相攻擊者不可勝數, 然天子未嘗擧兵而入其地也. 臣聞越非有城郭邑里也, 處谿谷之間, 篁竹之中, 習於水鬪, 便於用舟, 地深昧而多水險, 中國之人不知其勢阻而

이 장문의 상서에는 당시 변경지역 공략이 야기할 수 있는 여러 가지 문제점들이 들어 있다. 그것은 단순히 지리나 지형 그리고 그와 관련된 전술적인 문제에 국한되지 않는다. 거기에는 역사와 문화, 국내외 정치 등 각종 측면에 대한 고려가 포함된다.

가장 중요하게는 천하의 질서에 대한 인식이다. 천하의 질서는 원근에 따라 설정되었고, 오랑캐는 중국의 외부에 위치하는 것으로 이해된다. 그것은 일정한 위계질서를 내포하지만, 동시에 지리적 원근에 따른 관계의 친소나 통치의 정도를 반영한다. 다시 말해 중국 내 봉건적 질서의 연장선에서 지리적으로 더 멀리 있는 오랑캐의 독자성을 시사한다. 특히 위 인용문의 위첨자가 있는 구절에서 그러한 인식을 볼 수 있다.[31]

다음으로 지리적 요소와 그에 따른 전술적인 측면이다. 넓은 지역에 걸친 숲, 물 등 험한 지형적 환경으로 인해 거기에 익숙한 현지인을 상대로 전쟁에서 이기기란 어렵다. 설사 이기더라도 피로나 식량 조달, 월족의 저항 등의 문제로 그곳을 지키기 어렵다. 덥고 습한 자연적 조건 때문에 질병이나 뱀 등으로 인한 많은 인명 피해가 발생하게 될 것이다. 따라서 전술적으로 승산이 적다. 위의 인용문에는 포함되지 않았으나, 유안은 원정의 현실적 어려움에 대해서 매우 자세하게 언급하고 있다.

다음 국내정치 측면에서도 월의 공략은 문제를 내포했다. 한의 백성들이 생활이 힘든 상황에서 전쟁은 여러 가지 어려움을 야기할 것이다. 더욱이 백성들의 불만으로 국내에서 반란이 일어날 수 있다. 월은 역사적으로 명의상의 번신일 뿐, 조공이나 요역 등 별다른 관계 없이 독자적으로 살아

---

入其地, 雖百不當其一. 得其地, 不可郡縣也; 攻之, 不可暴取也…… 天下賴宗廟之靈, 方內大寧, 戴白之老不見兵革, 民得夫婦相守, 父子相保, 陛下之德也."(『漢書』 卷六十四 「嚴助傳」) 이 글은 『회남자』에는 수록되어 있지 않다.

31 『자치통감』이 유안의 상소문 전체를 전사하면서도 이 구절은 수록하고 있지 않다(『資治通鑑』 武帝 建元六年(기원전 135년)). 이 구절은 주 시기의 천하질서로서 『국어』 「주어」와 『사기』 「주본기」에도 수록되어 있다. 관련된 내용은 이 책 7장 참조.

왔다. 문화적으로 중국과 달라서 중국 식으로 통치하는 것도 불가능하다. 이러한 상황에서 해당 지역은 많은 것을 희생하면서 얻어야 할 만큼 가치가 없다.

마찬가지로 국제정치적 시각도 제시되고 있다. 월인 내부의 싸움에 중국이 낄 필요가 없으며, 주변국들의 내정에 일일이 간여한다면 전쟁이 끊이지 않을 것이다. 또한 월이 스스로 중국을 위협할 수 있는 능력이 없다. 약소국과 싸워서 작은 패전이라도 한다면 한의 위신은 큰 상처를 입을 수 있다. 오히려 군사적 공략이 아닌 화친을 통해서도 월을 복종시킬 수 있다. 유화적인 정책은 다른 주변 민족들의 한에 대한 복종으로 이어질 수 있다. 유안은 마침 내분으로 인해 의지할 곳이 없는 민월의 백성들에게 덕을 베풀고 상을 내려 이들을 중국 안쪽으로 안치할 것을 주장한다.

그렇지만 회남왕의 상서가 수도 장안에 전달되기 전에 이미 한의 군대는 민월로 출발했다. 다만 한의 군대가 도착하기 전에 민월 내부의 화친세력이 민월 왕을 살해하고 화해를 청함으로써 한은 철군했다. 사건이 종료되자 무제는 엄조를 유안에게 보내서 예의를 갖추어 정벌에 대한 해명을 했다. 엄조는 민월의 상황에 대해서 자세하게 설명하면서도, 다음과 같이 정벌의 당위성을 역설했다.

> 전쟁은 본디 흉기여서 훌륭한 군주는 신중하게 사용하는 법입니다. 그러나 5제와 3왕 이래 난폭한 짓을 단속하고 난리를 막는 데 전쟁을 이용하지 않았다는 것은 듣지 못했습니다. 한은 천하의 종주국으로서, 살생의 권한을 쥐고 천하의 생명을 제어하고 있습니다. 위급함에 처해 있는 사람들은 안정을 얻기 바라고, 난리를 겪고 있는 사람들은 평화를 고대하고 있습니다…… 관리들은 민월 왕이 호랑이와 승냥이의 마음을 갖고 백월의 이익을 점유하고자 탐하며, 여차하면 반역을 꾀하려고 하며, 천자의 명을 받들지 않으니 (한의) 회계會稽군과 예장豫章군이 장기적인 우

환을 갖게 되지 않을까 의심하고 있습니다.[32]

당시 무제의 목적이 앞서 엄조가 상정했던 것과 같이 천자로서 소국을 보호하는데 있었는지 의문의 여지가 있다. 무제의 전반적인 전략은 군현화를 통한 직접지배를 지향했다는 점에서 유안은 물론 엄조와도 매우 달랐다.[33] 무제는 20여년이 지난 기원전 111년 남월을 정복하여 군현화하고, 이듬해에는 민월까지 완전히 멸망시키고 그 주민들을 내지로 이주시켰다.[34]

민월에 이어 기원전 134년 흉노와 관계에 대한 논의가 조정에서 이루어졌다. 그것은 흉노가 한에 화친을 청해 오는 상황에서였다. 먼저 주변 민족들의 업무를 주관하는 대행령大行令[35]의 직책을 맡고 있던 왕회王恢(기원전 ?-133)가 화친에 응하지 않고 흉노를 공격해야 한다는 의견을 제시했다. 『한서』에 의하면, 그는 연燕나라 사람으로서 변경관리로 일했고 따라서 흉노에 대해서 매우 잘 알고 있었다. 그는 화친을 한다고 하더라도 몇 년 지나지 않아 흉노가 조약을 자주 위반해 침략한다는 과거의 경험적 사실을 들었다. 즉, 승리 가능성 등의 현실적 판단보다는 당위성에 입각한 논리인 셈이다. 그에 대해서 어사대부 한안국韓安國(기원전 ?-127)은 완전한 승리가 불가능한 현실을 지적하면서, 화친을 주장했다.

군대를 천리밖으로 보내 싸운다면 좋은 전과를 거둘 수가 없습니다. 지

32 "夫兵固凶器, 明主之所重出也, 然自五帝三王禁暴止亂, 非兵, 未之聞也. 漢爲天下宗, 操殺生之柄, 以制海內之命, 危者望安, 亂者卬治…有司疑其以虎狼之心, 貪據百越之利, 或於逆順, 不奉明詔, 則會稽, 豫章必有長患."(『漢書』 卷六十四 「嚴助傳」)

33 후에 유안의 모반에 연루되어 엄조도 처형되었다.

34 관련 내용에 대해서는 이 책 3장 5절 참조.

35 진과 전한 초기 주변 민족 문제를 담당한 중앙의 부서는 전객典客이었는데, 경제 때(기원전 144년) 대행령으로 개칭하고, 무제 때(기원전 104년)에는 대홍려大鴻臚로 다시 바뀌었다. 이 책 8장 2절 참조.

금 흉노는 융마戎馬의 빠른 발에 의지하고, 금수와 같은 마음을 품고, 나는 새처럼 옮겨 다니기 때문에 통제하기 매우 어렵습니다. 그들의 땅을 일시적으로 얻는다고 하더라도 영토의 확장이라고 할 수 없고, 그 백성들을 얻게 되더라도 부강하다고 할 수 없습니다. 그들은 옛날부터 우리들에게 복속한 적이 없습니다. 한의 군대가 수천리를 가서 전과를 올리더라도, 사람과 말은 지치고, 흉노는 그것을 기다린다면 상황은 반드시 위태롭게 될 것입니다.[36]

당시 다수의 신하들도 한안국과 같은 의견이었기 때문에 일단 무제도 흉노와 화친을 결정했다. 그렇지만 그 이듬해 마읍馬邑의 한 호족이 왕회를 통해 황제에게 음모를 꾸몄다. 이 호족에 의하면, 흉노가 한과 방금 화친을 했기 때문에 변경의 주민들을 믿고 있으니 그들을 유인해 복병으로 격파할 수 있다. 이를 계기로 다시 한번 흉노에 대한 전략이 논의되었다.

무제도 이번에는 흉노에 대한 공격을 관철시키고 싶었던 것 같다. 이 호족의 음모를 전하면서, 그는 흉노에게 자녀를 시집보내고 많은 선물을 주었는데도 변경을 계속 침략하니 그것이 매우 걱정스럽다는 말로써 분위기를 조성했다. 거기에 왕회가 무제의 권위를 들어 다시 맞장구를 침으로써 상황을 이끌어 나갔다. 즉 전국시대 혼란스런 상황에서도 중원지역은 흉노가 가볍게 침범하지 못해 편히 살 수 있었는데, 지금은 그렇지 못하다는 것이다. 그에 의하면

현재 폐하의 위엄에 의해 천하가 통일되고 모두 한을 받들고, 또한 아들과 형제들을 변방에 보내 지키게 하고 식량과 거마를 보내 방비하고 있

36 "千里而戰, 即兵不獲利. 今匈奴負戎馬足, 懷鳥獸心, 遷徙鳥集, 難得而制. 得其地不足爲廣, 有其衆不足爲彊, 自上古弗屬. 漢數千里爭利, 則人馬罷, 虜以全制其敝, 勢必危殆."(『漢書』 卷五十二 「韓安國傳」)

> 습니다. 그럼에도 흉노의 침략은 끊이지 않으니 그것은 다른 원인이 있는 것이 아니라 한에 대한 두려움이 없기 때문일 뿐입니다.[37]

그렇지만 한안국은 고조 유방이 평성에서 크게 패했던 것, 문제 때 광무廣武와 상계常谿에 대규모 병력을 동원했으나 성과가 없었던 것, 그리고 화친으로 오랫동안 이로움을 얻었다는 것 등을 예로 들면서 공격만이 좋은 정책이 아님을 주장한다. 그에 의하면 흉노는 힘으로 제압할 수 있는 민족이 아니었다. 그에 대해서 왕회는 과거의 경험보다는 현재의 상황에 따라서 정책을 펴는 것이 옳다고 주장한다. 그와 함께 고조가 평성에서의 패배에 보복하지 않은 것은 힘이 없어서가 아니라 백성들을 쉬게 하기 위해서였고, 국경을 자주 침략당하고 많은 병사들이 살상되는 상황에서 이제는 한이 흉노를 공략할 시점이 되었다는 점을 강조한다. 그에 대해서 한안국은 다시 선왕의 가르침을 강조하면서 흉노는 한 제국의 일부가 될 수 없음을 주장한다.

> 하·은·주 3대가 강성한 이래 이적은 결코 (중국의) 정삭과 복색을 받지 않았습니다. 그것은 (중국이) 그들을 제어할 수 있는 위엄이 부족하거나 그들을 복종시킬 수 있는 힘이 부족하기 때문이 아닙니다. 그것은 멀리 떨어져 있는 지역의 길들여지지 않는 사람들로 인해 중국을 번거롭게 할 필요가 없기 때문입니다. 하물며 흉노의 군대는 빨라 질풍처럼 오고 번개처럼 가고 있습니다. 그들은 목축을 생업으로 하고 있고, 활을 사용해 사냥하며, 짐승을 쫓고, 풀과 물을 따라 이동해 거주지가 고정되어 있지 않아 통제하기 매우 어렵습니다. 이제 변경의 백성들에게 농사와 베짜

37 "今以陛下之威, 海內爲一, 天下同任, 又遣子弟乘邊守塞, 轉粟輓輸, 以爲之備, 然匈奴侵盜不已者, 無它, 以不恐之故耳."(『漢書』 卷五十二「韓安國傳」)

> 기를 오랫동안 그만두게 하고, 흉노가 일상적으로 익혀서 하는 일(즉 전쟁)을 지원하게 하면 득보다 손실이 더 많을 것입니다.[38]

한안국에 의하면 흉노의 기동력과 유목민으로서의 이동성 등으로 인해서 그들을 공략하기란 매우 어렵다. 그 외에도 변경 주민들의 생업을 오랫동안 방해하면서 흉노에게는 일상적인 일인 전쟁을 지원하게 하는 것은 합리적이지도 않다. 그에 대해서 왕회는 과거 진이 흉노를 공격해 영토를 크게 넓히고 장성을 쌓아 성공적으로 막았던 것을 지적하면서, 흉노는 도덕으로 설득시킬 수 없고 오로지 위압을 통해 복종시킬 수 있다고 반박한다. 그에 의하면 현재 한의 국력은 흉노에 비해서 훨씬 강하니 일부의 힘을 들이기만 하면 흉노를 제압할 수 있고, 흉노가 신복하게 된다면 더 북쪽의 월지까지도 정벌해 신복시킬 수 있다.

왕회의 반론에 대해서 한안국은 다시 앞서 언급한 현실적인 이유를 반복해 제시한다. 흉노는 여전히 강력한 세력으로서 한이 쉽게 공략할 대상이 아니고, 특히 강대국들이 서로 싸울 경우에는 양자 모두에게 큰 타격을 줄 수 있다. 그에 의하면 한의 세력이 지금 강하다고 하지만 언제 쇠퇴할지도 모를 일이다. 가볍게 보고 멀리 진격했다가는 앞뒤나 좌우에서 공격을 당할 수도 있다. 마찬가지로 빨리 진격했다가는 군량의 부족으로 포로가 될 가능성이 있다. 이에 대해서 왕회는 자신의 전략은 적국으로 깊이 쳐들어가는 것이 아니라 흉노를 변경으로 유인해 공략하는 것으로서, 그렇게 하면 흉노의 군주를 잡을 수 있다고 강변한다.[39]

---

38 "且自三代之盛, 夷狄不與正朔服色, 非威不能制, 彊弗能服也, 以爲遠方絕地不牧之民, 不足煩中國也. 且匈奴, 輕疾悍亟之兵也, 至如猋風, 去如收電, 畜牧爲業, 弧弓射獵, 逐獸隨草, 居處無常, 難得而制. 今使邊郡久廢耕織, 以支胡之常事, 其勢不相權也." (『漢書』 卷五十二「韓安國傳」)

39 『漢書』 卷五十二「韓安國傳」.

결국 무제는 왕회의 건의를 좇아 기원전 133년 흉노를 공략했다. 그것은 앞서의 음모대로 마읍으로 선우를 유인해 복병으로 그를 공격하는 방식이었다. 이에 마읍의 호족은 자신이 마읍의 현령 등 관리들을 죽이고 항복해 선우에게 많은 재물을 얻게 하겠다고 꾀었다. 그리고 한은 30여만 명을 마읍 주변에 매복시켜 기다리도록 했다. 선우도 거기에 응해 10만 명을 이끌고 변경으로 들어왔다. 그렇지만 마읍에 들어오기 전에 그는 음모를 알아채고 철병함으로써 한의 계획은 수포로 돌아가고 말았다.

그럼에도 몇 년 지나지 않아 무제는 북방에 대한 전면적인 공격을 감행하기로 했다. 기원전 129년 이후 위청衛青·곽거병霍去病 등은 대규모 병력으로 흉노에 대한 공격을 계속했고, 그 전략은 성공했다. 정복한 지역은 한의 행정구역으로 편입되었다. 그 과정에서도 대외정복에 대한 찬반 논의가 계속되었다.

무제의 적극적인 대외공략에 대해서 신하들은 대체로 부정적인 입장이었다. 특히 어사대부 공손홍公孫弘(기원전 200-121)이 대표적이었다. 그는 서남이에 대한 개척, 삭방군과 창해군의 설치에 대해서 반대 의견을 강하게 제시했다. 그 근거는 그곳이 한에게 낭비를 초래할 뿐 아무런 쓸모가 없는 땅이라는 것이었다.

그렇지만 일부에서는 무제의 의도에 부합하는 주장도 제기되었다. 이를테면 주보언主父偃(기원전 ?-126)은 삭방은 땅이 비옥하다는 것, 흉노를 공략하는 데 전략적으로 활용할 수 있다는 것, 물자의 운송이나 방비에 필요한 경비를 줄일 수 있다는 것 등을 주장했다. 즉 중원의 땅을 넓히고 흉노의 근거지를 소멸시킬 수 있다는 것이다.[40] 그에 대해서 신하들은 대부분 부정적이었고, 공손홍도 진의 실패를 들어 반대했다. 그럼에도 무제는 삭

40 『史記』 卷一百十二 「主父偃傳」. 사실 그는 원래 흉노 정벌에 부정적인 상소를 올려 무제에게 발탁되었다.

방군의 설치를 강행했다. 다만 공손홍의 의견은 부분적으로 수용되어 서남이 개척과 창해군의 설치는 중지되었다.[41]

한편 서남이의 공략 과정에서 제기된 논의의 일부도 문헌에 알려지고 있다. 그것은 기원전 129년 사마상여가 중랑장으로서 촉에 파견되어 그곳의 인원과 물자를 동원하여 서남이를 개척하는 과정에서였다. 그때 촉 지역의 원로들과 일부 대신들이 서남이 개척을 반대했다. 대신들은 북방의 흉노에 전념해야 한다는 입장이었다. 그리고 촉의 원로들의 입장에서 당시 촉은 서남이와 가깝기 때문에 군대의 동원, 도로의 개통, 그리고 거기에 필요한 재원을 담당해야 하는 데서 오는 부담과 피해가 적지 않았다. 그들은 다음과 같은 이유를 들어 서남이 개척의 무용론을 제기했다.[42]

> 무릇 천자의 이적에 대한 태도는 소나 말의 굴레나 고삐가 끊어지지 않는 정도에서 그치는 것이라고 합니다. 지금 3개 군郡[43]의 병사를 수고롭게 해서 야랑夜郎의 도로를 개척한 지 3년이나 되었지만 아직 완성하지 못하고 있습니다. 병사들은 지치고 백성들은 궁핍한데도 지금 계속하여 서이를 개척하고자 하니 백성들의 힘이 이미 소진되어 아마도 일을 끝내지 못할까 우려됩니다…… 공邛·작筰·서북西僰이 중국과 병존한 지 그 햇수가 오래되어 기억할 수 없을 정도입니다. 인덕 있는 군주도 덕으로써 그들을 귀부하게 하지 못했고, 강한 군주도 힘으로써 합병하지 못했으니, 아마도 그런 방법으로는 불가능하기 때문입니다. 이제 백성들의 재물을 떼어 이적에게 더해 주는 것은 한이 의거하고 있는 인민을 피폐시키면서 무용지물인 이적을 받는 일이니…….[44]

---

41 『漢書』卷五十八「公孫弘傳」.

42 정확하게는 원로들이 직접 쓴 것은 아니고, 사마상여가 천자를 설득하기 위해서 그들의 의견을 가탁해 자신의 문장에 포함시킨 것이다.

43 파군, 촉군, 광한군廣漢郡.

그들의 논리는 이적에 대해서 기미가 제국의 올바른 대외정책이라는 명분과 더불어 과다한 비용과 같은 현실적인 제약에 근거하고 있다. 그에 대해 사마상여는 서남이 정복의 필요성을 다음과 같이 제시한다.

> 『시경』에서도 '넓은 하늘 밑은 왕의 땅 아닌 곳이 없으며, 바다안, 땅 위의 모든 사람들은 왕의 신하이다.'고 하지 않았습니까? 그러므로 천자의 덕화는 천지사방의 안과 팔방八方의 밖에서 스며들고 넘치는 것인데, 그 혜택을 입지 못하는 경우가 있다면 현군은 그것을 부끄럽게 여깁니다. 오늘날 나라 안에서 의관속대衣冠束帶를 하는 사람들은 모두 복을 얻어서 빠지는 일이 없습니다. 그렇지만 풍속이 다른 이적의 나라와 종족이 다른 먼 곳은 선박과 수레가 통하지 않고, 인적도 드물어 다스림과 가르침이 이르지 못하며, 문화도 미미합니다. 그들은 받아들이면 변경에서 무례를 범하고, 외면하면 횡포한 짓을 하여 마침내 그 군주를 살해합니다…… 장차 은덕을 널리 베풀고, 먼 곳까지 달래어 폐쇄되지 않게 하고, 어두운 곳이 빛을 얻게 해야 합니다. 그리하면 우리 쪽은 전쟁을 중단하고 상대는 주벌誅罰을 그치게 해, 멀고 가까운 곳이 하나가 되고, 안과 밖이 행복하게 되니 즐거운 일 아닙니까?[45]

---

44 "蓋聞天子之於夷狄也, 其義羈縻勿絕而已. 今罷三郡之士, 通夜郎之涂, 三年於茲, 而功不竟, 士卒勞倦, 萬民不贍, 今又接以西夷, 百姓力屈, 恐不能卒業, 此亦使者之累也. 竊爲左右患之. 且夫邛筰西僰之與中國并也, 歷年茲多, 不可記已. 仁者不以德來, 彊者不以力并, 意者其殆不可乎! 今割齊民以附夷狄, 弊所恃以事無用……."(『史記』卷一百十七「司馬相如列傳」;『漢書』卷五十七「司馬相如傳」)

45 "且詩不云乎: '普天之下, 莫非王土; 率土之濱, 莫非王臣.' 是以六合之內, 八方之外, 浸潯衍溢, 懷生之物有不浸潤於澤者, 賢君恥之. 今封疆之內, 冠帶之倫, 咸獲嘉祉, 靡有闕遺矣. 而夷狄殊俗之國, 遼絕異黨之地, 舟輿不通, 人跡罕至, 政教未加, 流風猶微. 內之則犯義侵禮於邊境, 外之則邪行橫作, 放弑其上…… 將博恩廣施, 遠撫長駕, 使疏逖不閉, 阻深闇昧得耀乎光明, 以偃甲兵於此, 而息誅伐於彼. 遐邇一體, 中外提福, 不亦康乎?"(『史記』卷一百十七「司馬相如列傳」;『漢書』卷五十七「司馬相如傳」)

여기에는 영토팽창의 필요성에 대한 근거로서, 천하에 대한 황제의 보편적 지배에 대한 이념적 요구〔왕자불외王者不外〕, 주변 민족의 개화, 제국의 안전 등이 제시되고 있다. 방법에 있어서도 그는 이민족을 변경지역에 안치하여 자치를 허용하는 것이 아니라 군현화를 통해 제국의 통치체제로 굳건하게 편입할 것을 주장하고 있다. 서남이 개척은 순조롭지 않았지만, 약 20년이 지난 기원전 111년에 무제는 그곳을 공략하여 7개의 군을 설치했다.[46]

무제의 팽창전략은 제국의 영토를 크게 확대시켰지만, 국가재정을 급속하게 고갈시킴으로써 한을 파산으로 이끌게 되었다.[47] 이에 적지 않은 사람들이 무분별한 영토팽창 정책을 비판했다. 이를테면 『사기』의 편자로서 무제 시기를 살았던 사마천은, "장수들은 중국 땅의 넓고 큰 것만을 믿고 기세를 올렸고, 천자는 그들의 영향을 받아 방침을 결정했다."고 비판할 정도였다.[48] 기원전 89년 무제는 소위 '윤대輪臺의 조詔'를 통해 스스로 과도한 조세부과를 금지하고 농업에 힘쓰며 방비에 힘써야 한다는 정책을 선언했고, 더 이상 정복전쟁을 벌이지 않았다.[49] 2년 뒤에는 무제도 죽고 말았다.

## 무제 이후

무제 이후 대외정책상의 변화는 불가피했다. 그것은 무제를 승계한 소제昭帝(기원전 87-74년 재위) 때 이미 가시화되었다. 즉 소제 6년(기원전 81년) 염철회의에서 국가의 정책방향을 둘러싼 대규모의 논의가 벌어졌는데, 거기

46 서남이 개척과정에 대해서는 이 책 3장 4절 참조.

47 『史記』 卷三十「平準書」; 『漢書』 卷二十四「食貨志」

48 『史記』 卷一百十「匈奴列傳」.

49 『漢書』 卷九十六「西域傳」.

에는 대외정책도 중요한 의제로 포함되었다. 이번에는 당연히 유화론의 공세가 우위를 차지하는 분위기였다.

먼저 당면 문제였던 흉노에 대한 대응과 관련해 주전론자와 유화론자의 논쟁을 보자. 아래는 그들의 용어로 재구성한 것이다. 전자는 대부에 의해, 후자는 현량(및 문학)으로 지칭되는 유생들에 의해 각각 대표된다.

**대부** 속되게 말해서 '현자는 모욕을 용납하지 않는다.'고 한다. 오늘날 천자가 위에 있는데도 흉노가 공공연하게 침략해 변경에서 소란을 피우고 있다. 이로써 인의가 침범되고 있다. 군대와 장비를 동원해 어질지 못한 자들을 토벌, 방비해야 한다.

**현량** 흉노는 사막에 살고 불모의 땅에서 살고 있는데, 그것은 하늘이 그들을 천하게 여겨 버렸기 때문이다. 그들은 제대로 집도 짓지 않고 간단한 천막에서 살며, 가죽과 털로 옷을 해 입으며, 날 것을 그대로 먹는다. 마치 중국의 짐승과도 같다. 그런데도 일을 꾸미기 좋아하는 신하들이 흉노에게서 어떤 의로움을 기대하고 예의를 탓하면서, 병사들을 여태껏 쉬지 못하게 하고 만 리에 걸쳐 수비하게 하고 있다.

**대부** 천자는 천하의 부모이다. 세상의 사람들이 도의상 천자의 신하가 되기를 원하지 않는 자가 없다. 그럼에도 성곽을 수리하고 교량을 설치하며 군대를 독려해 궁실을 지키는 것은 멀리 환난을 막고 빈틈없이 대비하기 위해서이다. 지금 흉노는 신복하지 않고 있는데, 비록 아무 일이 없다고 하더라도 방비를 풀게 되면 어떻게 되겠는가?

**현량** 진이 망한 이유는 밖으로 흉노나 백월과 전쟁을 준비하면서 내정을 제대로 하지 못했기 때문이다. 대외적 방비에 군대를 사용하고 내부적으로 정치가 실패하면 방비를 위한 군대가 군주의 걱정거리가 되고 만다. 군주가 제대로 정치를 하면 멀리 있는 사람들도 귀의한다. 그렇지만 군주가 제대로 하지 않으면 가까운 신하도 군주의 적으로 변한다. 결국 문치가 쇠퇴하면 무력이 득세하게 되고, 덕이 흥성하면 방비가 적어도 된다.

**대부** 옛날 사방의 오랑캐들이 모두 강성해 중국을 노략질한 적이 있다. 지금은 세 변방은 이미 평화로우나 북방의 흉노만이 진정되지 못하고 있다. 한이 한 번만 공격해도 흉노는 두려워할 것이고 방비가 적어도 되고 말고 할 것이 있는가.

**현량** 흉노는 안으로 지켜야 할 집도 없고, 밖으로 농사지어 쌓아 놓을 곡식도 없다. 그들은 좋은 풀과 물을 따라서 가축을 몰고 다닌다. 흉노가 생업을 바꾸지 않은 한 중국은 소란스러울 수밖에 없다. 그들은 바람처럼 모였다가 구름처럼 흩어지고, 잡고자 하면 도망하고, 공격하면 흩어진다. 단기간 내에 처부술 수 없는 것이다.

**대부** 옛날 현명한 왕은 포악한 나라를 정벌해 약한 나라를 보호해 주었다. 그 결과 작은 나라의 군주들이 기뻐했고, 무고한 사람들이 귀부했다. 지금은 정벌하지 않으니 포악함이 그치지 않고, 방비를 하지 않으니 뭇 백성을 적에게 넘겨 주고 있다. 정벌과 병역은 옛날부터 있었고, 비단 오늘만의 일이 아니다.

**현량** 흉노는 지역이 넓고 말이 빨라 소동을 일으키기 쉽다. 그들은 우리의 군대가 강하고 날카로우면 피해 달아나고, 군대가 지쳐 약해지면 되돌아 달려든다. 병사를 적게 징발하면 수자리의 교대가 부족하고, 많이 징발하면 백성들이 병역을 감당하지 못한다. 병역이 번거로우면 백성들은 원망하게 된다. 전에는 나라가 작아서 변방의 병역이 별로 문제가 되지 않았다. 지금은 먼 지역까지 수자리를 가야 하니 백성들의 고충이 너무 크고 불만도 많다.[50]

유화론자들은 다양한 근거를 가지고 영토팽창에 반대하는 입장을 분명하게 보이고 있다. 가장 핵심적인 근거는 변방의 땅은 쓸모가 없는 곳이 많고, 그것을 확대하고 유지하기 위해서는 많은 인적·물적 낭비가 수반된다는 점이다. 이민족의 지역은 끝없이 넓기 때문에 군사적인 힘으로 그것을 장악하는 일은 거의 불가능하고 그곳을 유지하기도 매우 어렵다. 그곳을 정복하기 위한 전쟁의 수행, 그리고 그곳을 유지하기 위한 재원(세금)과 인력(요역)으로 인해 국내 백성들의 희생이 뒤따르게 된다. 더욱이 유가의 입장에서 중국은 천지의 중심이고 음양의 기운이 합치하는 곳으로서 살기 좋은 곳이지만, 변방은 산간이나 계곡에 위치해 음양의 조화가 이루어지지 않아 살기에 적합하지 않다. 따라서 이곳을 개척하는 것은 합리적이지 못하다.[51]

이러한 시각에서 본다면, 무제의 팽창과 군현화 정책은 잘못된 것이었다. 그것은 일을 꾸미기 좋아하는 일부 신하들이 상황을 고의로 과장하고 무제를 속여 전쟁을 일으키게 한 결과로서, 제국을 더욱 쇠약하게 만들었다. 그렇다면 어떠한 정책이 올바른 것이었을까. 유생들은 무력보다는 유화정책을 주장한다. 즉 흉노의 잦은 침범에 대해서 교화와 더불어 침범의 주된 원인이 되는 물자를 공급해 주어야 한다. 유화정책은 인적인 희생뿐 아니라 전쟁비용을 줄임으로써 백성들의 부담도 감소시킬 수 있다.

그렇지만 주전론도 만만치 않았다. 이들의 출발은 변방의 중요성이며, 그것은 제국에 대한 일종의 유기체적 이해에서 출발한다.

> 중국과 변경은 마치 몸의 지체肢體와 복심腹心의 관계와 같다. 무릇 피부가 몸 밖에서 추우면 복심은 몸 안에서 병드는 것이니, 안과 밖이 피로하

50 『鹽鐵論』「備胡」,「世務」,「和親」,「徭役」. 번역은 王利器 校注, 『鹽鐵論校注』(全二册), 1992 관련 부분과 김한규·이철호 역, 『염철론』, 2002: 276-283, 326-340을 참조함.

51 『鹽鐵論』「輕重」.

면 서로 영향을 미칠 수 없다. 입술이 없으면 이빨이 시리고, 지체가 상하면 마음이 쓰리고 아프다. 따라서 손발이 없으면 사지와 몸통이 못쓰게 되고, 변경이 없으면 내국內國이 해를 입는다.[52]

주전론의 입장에서 중국은 인구가 많지만 경지가 충분하지 않다. 변방의 개척을 통해 경지를 확대할 수 있을 뿐만 아니라, 중국에서 생산되지 않는 물자들, 이를테면 명마·귤·유자와 같은 각종 진기한 것들을 공급받을 수 있다.[53] 또한 변경의 확대는 기존의 변경에서 가까운 곳을 지키는 데 도움이 될 수 있다. 무제의 팽창정책과 관련해 약간 궁색하지만, 그들은 다음과 같이 주장한다.

성왕인 무제께서는 사방의 변경 백성들만 혼자 고통받는 것을 생각하시고, 군사를 일으켜 흉노와 월을 물리쳐 적을 멀리 내쫓고 재난을 평정했으며, 중국 내지의 풍족한 재화의 여분을 흩어서 변경에 공급했다. 변경이 강해져서 중국 내지는 안정되었고, 내지가 안정되니 (세상이) 평온해 무사하게 되었다.[54]

그들은 방법적으로 강제를 통한 적극적인 무력 복속을 제시한다. 그것은 흉노와 같은 이민족은 야만적이어서 덕으로 교화할 수 없기 때문이다.

---

52 "中國與邊境, 猶支體與腹心也. 夫肌膚寒於外, 腹心疾於內, 內外之相勞, 非相爲賜也! 唇亡則齒寒, 支體傷而心憯怛. 故無手足則支體廢, 無邊境則內國害."(『鹽鐵論』「誅秦」) 번역은 王利器 校注, 『鹽鐵論校注』(全二册), 1992: 488; 김한규·이철호 역, 『염철론』, 2002: 312.

53 『鹽鐵論』「未通」.

54 "聖王懷四方獨苦, 興師推卻胡越, 遠寇安災, 散中國肥饒之餘, 以調邊境, 邊境強, 則中國安, 中國安則晏然無事."(『鹽鐵論』「地廣」) 번역은 王利器 校注, 『鹽鐵論校注』(全二册), 1992: 207; 김한규·이철호 역, 『염철론』, 2002: 137.

마찬가지로 이들은 신의가 없기 때문에 일시적으로 복종한다고 하더라도 언제든 배신할 수 있어 미리 공격해 막지 않으면 안 된다.

그에 반해 유화론자의 입장에서 제국의 올바른 통치방법은 덕치에 의한 교화와 자발적 귀속이다. 좋은 마부가 말을 괴롭히면서 적정한 거리의 두 배를 억지로 가지 않는 것과 마찬가지로 올바른 통치는 백성을 괴롭히면서 다른 나라를 겸병하려고 하지 않는 것이다. 주나라가 실제 점유하는 영토는 작았지만 천 년이나 유지된 것은 그러한 통치방식을 취했기 때문이다. 반면 진은 폭력적인 방법으로 통치하려고 했기 때문에 몇 년 만에 멸망하고 말았다.

> 진秦은 튼튼한 고삐를 잡아 우내宇內(천지사방의 안)를 부렸고 긴 채찍을 휘둘러서 팔극八極[55]을 몰아쳤지만, 수레를 이끄는 참마驂馬와 복마服馬[56]가 피로에 지쳤는데도 채찍을 더욱 세게 쳤기 때문에, 수레 채 끝에 댄 횡목橫木이 기울어지고 채찍을 놓쳐 버리는 변고가 있게 되었다. 사민士民의 수가 많지 않았던 것도 아니고 국력이 작았던 것도 아닌데, 모두 속으로는 배반하면서 겉으로만 따르는 듯이 보였기 때문에 실제 아무런 도움이 되지 못했다.[57]

무제의 정책에 대한 비판은 선제宣帝(기원전 74-49년 재위) 시기 대외정책에도 반영되었다. 흉노 내부의 분열에 의해 남쪽의 호한야呼韓邪 선우(기원전 58-31년 재위)가 기원전 51년 천자의 조현을 제안했다. 이때 한의 조정에서

55 8방의 먼 곳으로서 전 세계를 의미함.

56 복마는 수레를 끌 때 멍에를 매는 가운데의 2마리 말이고, 참마는 복마의 양옆에 따라가는 곁말이다.

57 "秦攝利銜以御宇內, 執脩箠以笞八極, 驂服以罷, 而鞭策愈加, 故有傾銜遺箠之變. 士民非不衆, 力勤非不多也, 皆內倍外附而莫爲用."(『鹽鐵論』「結和」) 번역은 王利器 校注, 『鹽鐵論校注』(全二册), 1992: 276; 김한규·이철호 역, 『염철론』, 2002: 305-306.

는 그를 어떻게 대우해야 하는지에 대해 논의가 이루어졌다. 그것은 한과 흉노의 관계를 어떻게 설정할 것인가 하는 문제와도 관련되었다. 이와 관련해 두 가지 상이한 의견이 제시되었다.[58]

첫 번째 의견은 승상 황패黃覇(기원전 130-51)와 어사대부 우정국于定國(기원전 ?-40)이 제시한 것으로, 이들은 선우를 신하로 간주해 대우는 제후왕과 같게 하고, 위치는 제후왕보다 뒤에 해야 한다고 했다. 다시 말해 이제까지 조현한 적이 없던 흉노가 귀의한 것은 황제의 덕이 사방에 미친 결과로서, 흉노를 한의 지배 범위에 포함시켜야 한다는 것이다. 그것은 무엇보다도 황제의 보편적 지배의 이상과도 부응하기 때문이다. 그리고 "천자의 수도는 제하諸夏에 우선하고, 제하는 이적夷狄에 우선하는 것"[59]이 성왕의 제도이므로, 선우는 제후왕보다 뒤에 위치하게 해야 한다. 물론 이 의견은 선우에게는 수용될 수 없는 방안이었다.

두 번째는 대신 소망지蕭望之(기원전 약114-47)의 의견으로서, 흉노를 신하가 아닌 손님으로 제후보다 높게 예우해야 한다는 것이다. 그는 흉노가 한의 역법을 사용하지 않고, 한도 흉노를 적국으로 칭하기 때문에 하나의 개별적인 나라로 간주해야 한다는 점을 지적한다. 그는 또한 외이外夷가 머리를 조아려 칭번稱藩하면 그들을 신하라 하지 않고 겸손하게 높여 주는 것이 기미羈縻의 도리라는 점도 강조한다. "융적은 황복에 해당된다."는 점에서 과거 흉노의 조현은 정기적이지 않았다. 흉노와의 관계는 또한 가변적일 수밖에 없는데, 나중에 흉노의 후예들이 한에 조공을 거부하고 반기를 들어도, 한은 그들을 반신叛臣으로 간주해 다스릴 수도 없는 일이다. 그에 의하면, 장기적 관점에서도 흉노를 중국과 다른 개별 국가로 인정하

---

58 『漢書』 卷七十八 「蕭望之傳」. 『한서』 「선제본기」에는 약간 다른 내용으로 기술되어 있는데, 여러 주장들을 하나로 혼합함으로써 오해의 소지가 없지 않다. 그에 반해 「소망지전」에는 각각의 주장이 그대로 제시되고 있다(『漢書』 卷八 「宣帝本紀」).

59 "先京師而後諸夏, 先諸夏而後夷狄."(『漢書』 卷七十八 「蕭望之傳」)

는 정책이 바람직하다.

위의 논의에서 조정은 흉노가 제국의 일부가 될 수 없다는 결론에 도달했다. 즉 조정은 두 번째 의견을 채택하여 흉노를 제후왕보다 높게 대우하기로 했다. 그 근거를 황제는 다음과 같이 종합하고 있다.

> 듣건대 5제와 3왕 시기에 교화를 실행할 수 없는 곳은 정령政令이 미치지 않았다. 현재 흉노의 선우가 북쪽에서 번국으로 칭하고 정기적으로 조현을 오기로 했으나, 짐(의 통치)가 닿지 않고 덕정이 두루 미칠 수 없다. 따라서 (신하가 아닌) 손님의 예로 그를 대우하고, 선우의 위치를 제후왕보다 높게 하며, 알현의 예를 행할 때는 칭신하되 이름은 부르지 않는다.[60]

이러한 결정에 따라 호한야 선우는 독립된 실체로서 인정되었고, 그해 그도 아들을 한의 수도 장안에 인질로 보내고,[61] 2년 뒤에는 스스로 천자에게 조현했다. 결국 한이 천하에 대한 군현제적 지배를 포기함으로써 드디어 주변 국가들도 한의 우위를 인정하게 되었던 셈이다. 그 결과 이른바 조공책봉 체제가 성립하게 되었다. 이것은 단순히 한의 대외정책상의 변화에 그치지 않고 동아시아에서 전혀 새로운 질서의 형성을 내포했다. 조공체제에서 제국은 주변 국가들의 독립성을 인정하는 기반 위에서 비로소 자신의 우위를 관철시킬 수 있었다.

그러한 변화는 원제元帝(기원전 49-33년 재위) 때 남월 지역에 대한 정책적 논의에서도 반영되었다. 그것은 기원전 48년, 무제가 기원전 111년 남월을 멸망시키고 설치했던 주애군의 폐지와 관련된다. 별도로 설치되었던

60 "蓋聞五帝三王教化所不施, 不及以政. 今匈奴單于稱北藩, 朝正朔, 朕之不逮, 德不能弘覆. 其以客禮待之, 令單于位在諸侯王上, 贊謁稱臣而不名."(『漢書』 卷七十八 「蕭望之傳」)

61 같은 해에 북부의 질지郅支 선우도 아들을 한에 입조하게 했다(『漢書』 卷九十四 「匈奴傳」).

담이군은 현지인들의 저항이 심해 기원전 82년 주애군에 합병되었는데, 그 이후에도 그들은 한의 관리들과 충돌했고, 한은 군대를 보내 진압했다. 결국 원제 때에 큰 반란이 일어나 많은 손실을 입으면서도 진압하지 못하자 군의 폐지 여부에 대한 논의가 제기되었다. 폐지의 필요성과 관련해 역사서는 가의의 증손자인 대조待詔 가연지賈捐之(기원전 ?-43)[62]의 견해를 소개하고 있다. 그 핵심은 몇 가지로 요약될 수 있다.[63]

첫째, 역사적으로 이적이 중국의 "교화를 받아들이면 통치하되, 그렇지 않으면 억지로 통치하지는 않는다."[64]는 성인의 사례이다. 그에 의하면, 요순 이래 중원의 통치가 적정한 범위에 머물러 있을 때 천하는 잘 다스려졌고, 주周의 소왕昭王, 진시황, 한무제 등은 무리하게 정복전쟁을 함으로써 국력이 크게 쇠퇴하고 대외적 영향력도 약화되었다.

둘째, 현재 한의 국내적 어려움이다. 강족 등 주변 민족들의 반란에 의해 적지 않은 피해를 입고 있다. 백성들의 생활은 '길거리에 나앉고…… 처자를 시집보내거나 파는 정도'로 기아가 만연해 있다. 정부는 재정적 어려움에 처해 있다.

셋째, 군현 유지의 이득보다는 손실이 많다. 남월의 종족은 문화적으로 낙후되어 짐승과도 같고, 그곳의 진주나 코뿔소 등과 같은 특산물은 아까울 것도 없으며, 그곳을 포기해도 한의 권위에 손상을 주지 않을 것이다. 원정을 위해서는 엄청난 재원이 소요될 뿐만 아니라 독초·벌레·뱀 등과 기후로 인해 병사들이 다수 죽고 말 것이다.

승상 우정국于定國도 막대한 재정적 손실과 더불어 당시 관동지역의 경제적 궁핍을 들어 주애군에 대한 군사적 통제를 반대했다. 일부에서는 원

62 대조待詔는 황제의 부름을 상시 대기하고 있다가 자문에 응하는 관직으로 여러 전문 분야의 재능을 갖춘 선비들로 구성됨.

63 『漢書』 卷六十四「賈捐之傳」.

64 "欲與聲教則治之, 不欲與者不彊治也."(『漢書』 卷六十四「賈捐之傳」)

정을 통해 반란을 진압해야 한다는 의견을 제시했지만, 결국 제국의 권위라는 명분과 현실적 어려움 사이의 선택에 직면해, 황제는 주애군을 포기하기로 결정했다.

무제 이후 대외정책상의 도전은 흉노에서도 제기되었다. 기원전 36년 한의 군사적 힘을 빌어 질지 선우를 물리친 호한야 선우는 33년 천자를 조현해 왕소군王昭君을 처로 얻는 등 한과 우호적 관계를 형성했다. 이에 그는 자신감을 얻어 상곡上谷[65]에서 돈황敦煌까지 변경지역을 자신이 지킬 테니 한이 변경의 군대와 관리를 철수해 줄 것을 요청했다. 한의 조정에서는 거기에 응할지 여부에 대한 논의가 있었다. 한의 대신들은 대부분 변경에서의 철수에 찬성했다. 하지만 낭중郎中 후응侯應은 변경을 포기할 경우 발생할 수도 있을 사태를 나열하면서 불가함을 주장했다.

첫째, 지형적으로 변경지역은 요새로서 한의 국방에 중요하다.

둘째, 상황이 변화하여 흉노가 한에 반기를 들 수 있다.

셋째, 선우가 약속을 어겨도 한은 막을 길이 없다.

넷째, 속국민이나 항복한 종족들이 변경 밖으로 도주할 수 있다.

다섯째, 변경지역에서 흉노와 한인 사이에 다툼이 커질 수 있다.

여섯째, 한인 자식들이 전시에 실종된 부모를 찾아 흉노로 넘어갈 수 있다.

일곱째, 변경의 노비들이 도망갈 수 있다.

여덟째, 도적들이 범법하고 도주할 수 있다.

아홉째, 애써 쌓은 군사시설이 훼손되어 비상시 복구할 수 없다.

열째, 흉노는 또 다른 요구를 계속 제기할 것이다.[66]

65 상곡上谷은 하북성 장가구시張家口市에 위치하는데, 전국시대 말 연燕이 동호東胡를 몰아내고 군을 설치했고, 진한 시기에도 이어졌다. 여기서 상곡·돈황은 동서로 이어지는 한·흉노의 최북단 경계선을 의미한다.

66 『漢書』 卷九十四 「匈奴傳」.

원제는 그의 말을 따라 변경철수의 논의를 중지시켰다. 그리고 선우에게는 사신을 보내 변경의 존재가 요새 밖을 방비하기 위해서뿐만 아니라, 국내의 강도나 도적이 창궐하고 이들이 요새를 나가 흉노를 해치는 것을 막기 위해서라고 해명했다. 그에 대해서 선우는 어떻게 하지 못했다. 그렇지만 이번 사건은 한이 흉노를 전쟁에서 이길 수는 있지만 그 지역을 통치하기는 매우 어려운 딜레마를 노출시켰다.

전한 초반 한은 흉노에게 많은 물자를 매년 공급함으로써 평화를 확보하였다. 무제 시기와 그 이후에는 무력을 통해 흉노를 제압하였다. 그렇지만 넓은 변경지역에 대한 통제를 위해서 장성을 쌓고 많은 군대를 배치하지 않을 수 없었다. 분명히 그 비용은 전한 초반의 유화정책에 비해서 적지 않았다. 단지 차이가 있다면 이제 한의 황제가 상황에 대한 주도권을 쥐었다는 점이지만, 그것은 명목적일 뿐이었다. 선우가 아들들을 계속 한에 인질로 보내는 것 이외에는 흉노는 엄연한 독자적인 정치조직으로서 존속하였다. 그리하여 60여 년이 지난 후한 시기에 흉노가 다시 동일한 요구를 제기했을 때 한은 수용하지 않을 수 없었다.

선우와 한의 관계 설정에 대한 문제는 전한 말에도 다시 제기되었다. 이번에는 호한야 선우가 조현한 뒤 30년이 지난 기원전 3년 오주류烏珠留 선우가 다시 한에 조현하겠다고 타진해 왔을 때였다. 조정의 대신들은 과거 선우가 조현할 때마다 한에 상서롭지 못한 일이 일어났다는 미신과 함께 거기에 수반되는 비용을 이유로 그의 요청을 거절해야 한다는 의견이었다. 그런데 대신들의 의견과 달리 황제는 결국 선우의 조현을 수용하였다. 그 근거로서 『한서』에는 황문시랑黃門侍郎 양웅揚雄(기원전 53-서기 18)[67]이 올린 장문의 상소가 소개되어 있다.

---

67 황문시랑은 상서대에 소속된 관원으로 궁궐의 출입이 자유로운 황제의 근시이며, 양웅은 한대 문학 장르의 하나인 사부辭賦의 대가였다. 국내의 관련 서적으로는 이연승의 『양웅: 어느 한대 지식인의 고민』(2007)이 있다.

양웅은 상소에서 선우의 조현을 옹호하면서, 그것을 앞의 소망지나 가연지와 유사하게 기미羈縻의 개념으로 뒷받침했다. 다만 그는 기미의 잘 언급되지 않은 측면, 즉 흉노에 대한 제어를 전제로 했고, 선우의 자발적 조현이라는 특수한 상황에서 그것을 활용할 것을 주장했다. 그에 의하면, 5제나 3왕도 흉노를 통제하지 못했지만, 진시황·고조·한무제 등이 많은 희생과 비용으로 흉노를 크게 약화시켰다. 마침내 흉노의 분열로 호한야 선우가 한에 신속했다. 그리하여 이제 기미의 전제조건이 충족되었고, 그것을 지키는 것이 중요했다. 그는 기미정책의 역사적 근거를 다음과 같이 제시한다.

> 호한야 선우가 무리를 이끌고 귀화하여 엎드려 칭신하자, (한 조정은) 여전히 그들에게 기미정책으로 대하였을 뿐, 전적으로 통제하지 않았다. 그 이후 선우가 조현하면 거절하지 않고, 조현하지 않으려고 해도 강요하지 않았다. 왜 그랬는가? 흉노는 천성이 사납고, 외모가 건장하고, 기질이 강하고, 인의로 교화하기 어렵고, 쉽게 악습에 빠지고, 그들의 힘을 굴복시키기 어렵고, 조화하기 힘들다. 그러므로 그들이 복종하지 않을 때에는 군대를 수고롭게 하여 멀리 공략했고, 나라가 기울어질 정도로 물자를 다 쓰고 인명 피해를 감수하며 적을 공략했으니 얼마나 어려운 일이었던가? 그들이 일단 복종한 뒤에는 달래고, 사신이 왕래하고 물자가 제공되었으니, 강온정책이 이와 같이 완비되었다.[68]

양웅의 입장에서 한은 어떻게든 흉노를 일정한 통제의 범위에 두어야 한다. 특히 지금처럼 흉노가 스스로 조현한다고 할 때는 당연히 수용해야

68 "呼韓邪攜國歸死, 扶伏稱臣, 然尚羈縻之, 計不顓制. 自此之後, 欲朝者不距, 不欲者不彊. 何者? 外國天性忿鷙, 形容魁健, 負力怙氣, 難化以善, 易譬以惡, 其彊難詘, 其和難得. 故未服之時, 勞師遠攻, 傾國殫貨, 伏尸流血, 破堅拔敵, 如彼之難也: 既服之後, 慰薦撫循, 交接賂遺, 威儀俯仰, 如此之備也."(『漢書』 卷九十四 「匈奴傳」)

한다. 그렇지 않는다면 흉노는 나중에 다시 한의 통제에서 멀어질 수 있다. 그러면 한의 공략은 불가피해지고 많은 비용과 희생이 발생할 것이다. 일부 서역 국가들과 조선, 남월 등은 단기간에 정복되어 한의 군현이 됨으로써 후환이 없어졌다. 흉노는 아직 그렇지 못하다. 그는 선우의 조현이 흉노를 복속시키기 위해 지난 백 년 동안 했던 노력과 동일한 효과를 낼 수 있음을 강조한다. 결국 황제는 양웅의 제안을 수용하였고, 선우의 조현은 2년 뒤인 기원전 1년에 이루어졌다.[69]

한편 제위를 찬탈해 신新을 건국한 왕망은 무제 사후 시대적 변화에 역행했고, 따라서 실패할 운명에 있었다. 왕망의 복고적 대외정책은 다음의 칙서에서 분명하게 드러난다.

> 하늘에 두 개의 해가 없고, 땅에는 두 명의 왕이 없다는 것은 역대 제왕도 바꿀 수 없었던 진리이다. 그러나 한의 제후가 왕을 칭하기도 하고, 사방 오랑캐까지도 왕을 칭하기도 하는데, 이것은 고전古典에 위배될 뿐만 아니라 일통一統에도 어긋난다. 따라서 제후왕의 호칭은 모두 공公으로 하고, 사방 오랑캐가 왕을 참칭한 경우 모두 후侯로 바꾸도록 정한다.[70]

왕망의 조치는 국내외 통치자들의 지위를 낮춤으로써 황제의 권위를 높이는 것이었다. 그는 특히 대외적으로 한이 각국에 준 인수印綬의 등급을 낮추었다. 그와 함께 흉노에 대한 공략이 다시 논의되었다. 왕망은 자신의 권위를 세우기 위해서 전국의 인원과 물자를 동원해 선우를 제거하고 흉노의 땅을 15개의 부部로 분할시키고자 했다. 이를 위해 그는 30만의

---

69 『漢書』 卷九十四 「匈奴傳」.

70 "天無二日, 土無二王, 百王不易之道也. 漢氏諸侯或稱王, 至于四夷亦如之, 違於古典, 繆於一統. 其定諸侯王之號皆稱公, 及四夷僭號稱王者皆更爲侯."(『漢書』 卷九十九 「王莽傳」)

군대를 징발하여 300일 분의 식량을 갖춰 10개 길로 나눠 흉노를 공격하기로 했다. 이에 대해서 장군 엄우嚴尤가 반대하는 의견을 제시했다.

엄우는 장군으로서 실제 경험에 바탕을 두어서 당시 흉노 정벌은 전략적으로 옳지 않음을 강조했다. 그것은 무엇보다도 대규모 군대를 먼 곳까지 보내 전쟁을 수행하는 데에서 오는 문제점들 때문이었다. 여기에는 군대 징집의 시간적 제약, 물자보급의 한계, 황량한 지리적 조건과 추운 날씨, 대규모 보급부대에 따른 기동력의 제약 등 다섯 가지가 포함되었다.

> 지금 중원의 각지에 큰 가뭄이 들어 몇 해 동안 기근이 있는데 서북의 변경이 더 심합니다. 30만 대군을 동원하고 300일의 양식을 모으려면 동쪽으로 해대海代에서 요청하고, 남으로 장강과 회수 지역에서 징발해야 비로소 갖춰질 수 있습니다. 그 거리를 계산하면 1년에도 다 모을 수 없고, 먼저 도착한 병사들은 야외에 주둔해야 하는데, 군대는 피로하고 장비는 고장나 전투에 쓸 수 없게 됩니다. 이것이 첫 번째 어려움입니다.
>
> 변경지역은 이미 비어 있어 군량을 마련할 수 없고, 군국에서 조달해도 다 대지 못합니다. 이것이 두 번째 어려움입니다.
>
> 병사 1인당 300일의 식량을 계산하면 18곡斛이 필요한데 (운반을 위해서는) 소가 없으면 안 됩니다. 소도 먹어야 하므로 20곡이 더해져 더욱 무거워집니다. 흉노 땅은 모래라서 물과 풀이 크게 부족합니다. 옛일로 보면, 군대가 출발해 100일이 못 되어 소들은 꼭 죽어 버리고 식량은 아직 사람이 질 수 없을 만큼 많이 남습니다. 이것이 세 번째 어려움입니다.
>
> 흉노 땅은 가을과 겨울에는 매우 춥고, 봄과 여름에는 바람이 심해 큰 솥과 땔감이 많아야 하는데, 너무 무거워 어떻게 하지 못합니다. 말린 밥을 먹고 맹물을 마시면서 1년이 지나면 군사들은 전염병의 위험이 있습니다. 그래서 옛날 흉노를 정벌할 때 100일을 넘지 않았는데, 그것은 오래 하고 싶지 않아서가 아니라 상황이 어쩔 수 없었기 때문입니다. 이것

이 네 번째 어려움입니다.

보급부대가 따라가야 하니 정예군의 수를 줄여야 하고 빨리 행군할 수 없어, 흉노가 천천히 달아나도 추격할 수 없습니다. 요행히 흉노와 마주쳐도 보급부대가 부담됩니다. 만일 험한 곳을 만나면, 말의 머리와 꼬리를 연이어 행군하는데, 이때 흉노가 대오의 앞뒤를 차단하면 위험은 예측할 수 없게 됩니다. 이것이 다섯 번째 어려움입니다.[71]

『한서』의 편자에 의하면, 왕망은 엄우의 건의를 듣지 않고 원래 계획대로 군대와 식량을 조달하게 하니 전국이 혼란에 빠졌다. 왕망의 정책은 무제의 실패를 재현한 셈이었다.

## 후한 시기

한을 다시 일으킨 광무제의 대외정책은 왕망 이전 질서로 회복을 요구했다. 최초의 중요한 논의는 한·흉노 관계와 관련되었다. 서기 31년 남부흉노의 욱건일축왕薁鞬日逐王 비比가 스스로 호한야 선우라 칭하고, 한의 번신으로서 북방의 방어를 담당하게 허락할 것을 요청하자, 60여 년 전 원제 때와 유사한 상황이 나타났다. 논의 끝에 광무제는 비의 요청을 받아들여

71 "今天下遭陽九之阨, 比年饑饉, 西北邊尤甚. 發三十萬衆, 具三百日糧, 東援海代, 南取江淮, 然後乃備. 計其道里, 一年尚未集合, 兵先至者聚居暴露, 師老械弊, 勢不可用, 此一難也. 邊既空虛, 不能奉軍糧, 內調郡國, 不相及屬, 此二難也. 計一人三百日食, 用糒十八斛, 非牛力不能勝; 牛又當自齎食, 加二十斛, 重矣. 胡地沙鹵, 多乏水草以往事揆之, 軍出未滿百日, 牛必物故且盡, 餘糧尚多, 人不能負, 此三難也. 胡地秋冬甚寒, 春夏甚風, 多齎釜鍑薪炭, 重不可勝, 食糒飲水, 以歷四時, 師有疾疫之憂, 是故前世伐胡, 不過百日, 非不欲久, 勢力不能, 此四難也. 輜重自隨, 則輕銳者少, 不得疾行, 虜徐遁逃, 勢不能及, 幸而逢虜, 又累輜重, 如遇險阻, 銜尾相隨, 虜要遮前後, 危殆不測, 此五難也."(『漢書』 卷九十四 「匈奴傳」)

동한 시기 오환의 한 추장에게 하사한 무관 관인_낙타 손잡이의 동인으로 '한보새오환솔중장漢保塞烏桓率衆長'이라 적혀 있다.

그를 남선우로 책봉했다. 당시 북방의 오환과 선비가 자주 한의 변경을 침략하는 상황에서 한도 흉노의 실체를 인정하지 않을 수 없었던 것이다.

이와 관련해 역사서는 논의의 구체적인 내용을 전하고 있다. 먼저 대신들의 다수는 흉노의 제안을 거부했다. 그들은 국내적으로 아직 불안정하고 이적의 상황을 알 수 없기 때문이라고 했지만, 근본적으로 대외질서에서 흉노의 독자적인 역할을 인정하지 않았다. 그에 대해서 오관중랑장五官中郎將 경국耿國만이 선우의 제안을 수용해야 한다는 의견이었다. 그는 선제宣帝 시기의 정책과 같이 남부흉노에게 동쪽으로 선비족, 북쪽으로 북부흉노를 막아 변군을 지키게 해야 한다고 주장했다. 결국 한은 남선우에게 호한야 선우의 칭호를 잇게 하고 관계를 개선했다.

그 후 20년이 지난 서기 51년 북부흉노의 선우도 한과 관계개선을 요청했는데, 처음에는 남부흉노와의 관계를 고려해 일단 그의 요청을 거절했다. 그렇지만 이듬해 그가 다시 말과 가죽옷을 바치면서 관계개선을 요청했을 때, 광무제는 사도연司徒掾 반표班彪(3-54)의 건의에 따라 황제의 조서를 내려 거기에 회답했다. 이것은 흉노 내부의 경쟁을 이용한 이이제이의 측면이 없지 않지만, 전한 후반 이래의 다층적인 국제질서에 대한 수용을

의미했다.

물론 그 후에도 북부흉노와 한의 관계는 안정적이지 못했다. 적지 않은 신하들은 여전히 북부흉노와 직접적 관계에 반대했다. 그들의 관점에서 속임수가 많은 북부흉노는 단지 한의 권위를 이용해 국내적 안정을 얻고자 할 뿐이며, 이들과의 접촉은 이미 귀부한 남부흉노를 실망시키는 일이었다. 그렇지만 일부에서는 북부흉노에 대한 관계개선을 주장했다. 그 대표적인 예가 반표의 아들이며 『한서』의 편자인 반고班固(32-92)였다. 장제章帝(75-88년 재위) 때 그는 다음과 같이 전한 후반 이래의 기미정책을 이어 가야 한다고 주장했다.

> 지금 오환烏桓이 내조하여 역관에게 머리를 숙이고, 강거康居·월지月氏가 먼 곳에서 찾아오고, 흉노가 사분오열해 각 왕이 항복해 왔습니다. 세 나라의 귀복은 무력에 의한 것이 아닙니다. 이것은 진실로 국가가 신명 그리고 자연과 통하는 징조입니다. 어리석은 신이 생각건대, 마땅히 옛일에 의거해 다시 사신을 보내어 위로는 오봉五鳳과 감로甘露(선제 시기의 연호) 때 먼 곳의 사람들을 조회하게 했던 것을 잇고, 아래로는 건무建武와 영평永平(광무제와 명제明帝 때의 연호) 때 기미의 대의를 잃지 말아야 합니다.[72]

반고의 기미론은 나중에 『한서』「흉노전」 말미의 찬贊에서 체계적으로 정리되었다. 그에 의하면, 종래의 대외정책은 대규모 물자의 제공을 바탕으로 하는 화친과 무력에 의한 정벌로 나눌 수 있는데, 양자 모두 효과를 거두지 못했다. 즉 기존의 정책들은 특정 상황에 대한 미봉책으로서 장기

---

72 "今烏桓就闕, 稽首譯官, 康居, 月氏, 自遠而至, 匈奴離析, 名王來降, 三方歸服, 不以兵威, 此誠國家通於神明自然之徵也. 臣愚以爲宜依故事, 復遣使者, 上可繼五鳳, 甘露至遠人之會, 下不失建武, 永平羈縻之義."(『後漢書』 卷七十 「班固傳」)

적인 대안이 되지 못했다. 따라서 그에 대한 대안으로서 그는 기미정책을 제기한다. 그는 공자의 『춘추』에서 말하는 것으로서, "제하를 안으로 하고, 이적은 밖으로 한다〔內諸夏而外夷狄〕."는 구절을 인용하면서 다음과 같이 그 근거를 제시한다.

> 이적은 탐욕스러워 이익을 좋아하고, 머리카락을 풀어헤치고 옷깃을 왼쪽으로 여미며, 사람의 얼굴에 짐승의 마음을 갖고 있다. 그들은 중국과 복장에 차이가 있고 풍습도 다르며 음식도 같지 않고 말도 통하지 않는다. 그들은 북방의 춥고 이슬이 많은 들판에 치우쳐 산다. 그들은 풀을 따라 방목하며 수렵을 생계로 한다. 산과 골짜기로 격절되어 있고 사막으로 막혀 있다. 이것은 천하가 안과 밖으로 단절되었기 때문이다. 그래서 성왕은 그들을 금수처럼 대하고, 그들과 맹약하지 않으며, 공략하지도 않는다. 그들과 맹약하면 회유를 위한 재물을 쓰면서도 사기당하고, 그들을 공략하면 군대를 피곤하게 하고 약탈을 초래한다. 그들의 땅은 경작해 먹을 수 없고, 그 백성들도 신민으로 삼아 부양할 수도 없다. 그러므로 그들을 밖에 두고 들이지 않으며, 거리를 두어 가까이하지 않는다. 그들에게는 정교가 미치지 않고, 한의 정삭이 사용되지 않는다. 그들이 다가오면 경계하여 제어하고, 떠나가면 방비해 지킨다. 그들이 의리를 사모해 조공하면 예절로써 받아들이고, 고삐가 끊어지지 않게 하여, 정책의 변화가 그들에게 달려 있게 한다. 이것이 성왕이 만이를 제어하는 상도이다.[73]

73 "夷狄之人貪而好利, 被髮左衽, 人面獸心. 其與中國殊章服, 異習俗, 飲食不同, 言語不通, 辟居北垂寒露之野, 逐草隨畜, 射獵爲生, 隔以山谷, 雍以沙幕, 天地所以絕外內也. 是故聖王禽獸畜之, 不與約誓, 不就攻伐; 約之則費賂而見欺, 攻之則勞師而詔寇. 其地不可耕而食也, 其民不可臣而畜也, 是以外而不內, 疏而不戚, 政教不及其人, 正朔不加其國; 來則懲而御之, 去則備而守之. 其慕義而貢獻, 則接之以禮讓, 羈靡不絕, 使曲在彼, 蓋聖王制御蠻夷之常道也."(『漢書』 卷九十四「匈奴傳」)

반고는 앞에서 언급된 양웅 등과 유사하게 흉노가 근본적으로 한과 합치될 수 없다는 점에서 출발한다. 흉노와는 일정한 거리를 두는 것이 좋다. 다만 고삐가 끊어지지 않을 정도에서 통제를 유지할 뿐이다. 그들이 순복하면 수용하되, 그러지 않아도 무력으로 공략하지 않고 그저 방어에 힘써야 한다. 반고에 이르러 기미론은 후한 시기 실제 주변 민족들을 통제하지 못하는 상황을 합리화하는 측면이 없지 않지만, 조공체제와 같은 유연한 국제질서 의식을 내포한다.

이어 화제和帝(88-105년 재위) 시기에 북부흉노가 흉년이 드는 등 어려움에 처하자 남부흉노가 한과 함께 그들을 공격할 것을 제안했다. 89년 한의 조정에서는 이를 호기로 간주해 북부흉노에 대한 정벌을 논의했다. 이때 다수의 고위 관리들은 전쟁이 수반하는 백성들에 대한 고충과 함께 북방 민족에 대한 일정한 판단에 근거해 반대 의사를 제시했다. 그 예로서 시어사侍御史 노공魯恭의 다음과 같은 주장을 들 수 있다.

> 저 융적들은 사방의 괴상한 기운입니다. 그들은 늘 오만무례해 짐승과 다르지 않습니다. 만약 그들과 중국인이 잡거하면 하늘의 기운을 해치고 선한 사람을 오염시킬 것입니다. 그래서 그들을 대하는 성왕의 방법은 기미, 즉 소나 말의 고삐가 끊어지지 않는 정도일 뿐입니다. 현재 변경지역에 무슨 일이 없으면, 마땅히 인정을 실행하고 무위無爲를 숭상해야 합니다.[74]

그의 논의는 북방 민족에 대한 일정한 관념에 근거하고 있다. 그는 북방 민족을 금수로 간주하는 전형적인 화이관에서 출발하지만 그러한 논

---

74 "夫戎狄者, 四方之異氣也. 蹲夷踞肆, 與鳥獸無別. 若雜居中國, 則錯亂天氣, 汙辱善人, 是以聖王之制, 羈縻不絕而已. 今邊境無事, 宜當脩仁行義, 尚於無爲."(『後漢書』 卷五十五 「魯恭傳」).

거는 부차적인지 모른다. 노공은 단지 유화정책의 필요성을 강조하기 위해 당시 널리 공유된 인식을 활용했을 것이다. 그의 주장은 무엇보다도 백성들의 삶을 안정시키기 위해 국가가 전쟁을 벌이지 말아야 한다는 것이었다. 약간 다른 각도에서 의랑 낙회樂恢는 북부흉노의 정벌을 반대했다.

> 『춘추』의 정의에 의하면, 왕자는 이적을 다스리지 않습니다. 그 땅을 얻어도 개발할 수 없고, 그 백성을 얻어도 통치에 유익하지 않습니다. 그러므로 훌륭한 군주은 이적에 대해서 기미羈縻할 뿐입니다. 공자는 '먼 곳 사람이 신복하지 않으면 문덕을 닦아 오게 한다.'고 했습니다. 한이 융성하고 나서 순舜·우禹·주공周公의 덕을 닦는 데 힘쓰지 않고, 까닭 없이 무력을 일으키고 전쟁을 하여 무용지물을 얻고자 했으니, 신은 진실로 그것을 이해할 수 없습니다.[75]

상소문의 후반에 인용된 공자의 말처럼, 이상적인 방법은 한이 문덕을 닦음으로써 이적이 자발적으로 귀의하게 하는 것이었다. 결국 노공과 낙회의 입장에서 이적은 인종이나 환경에 있어서 이질적이기 때문에 그들에 대한 적극적인 흡수 정책은 바람직하지 않다. 그렇지만 이처럼 기미정책을 통한 평화적 관계가 당시의 지배적인 요구였음에도,[76] 외척 두竇씨 정권은 군사적 원정으로 전공을 쌓고 이를 통해서 정치적 기반을 구축하고자 북부흉노에 대한 남부흉노의 공략을 지원했다.

한편 앞서 다루어진 것처럼 후한 시기 대외정책에서 가장 중요한 문제

---

75 "春秋之義, 王者不理夷狄. 得其地不可墾發, 得其人無益於政, 故明王之於夷狄, 羈縻而已. 孔子曰: '遠人不服, 則修文德以來之.' 以漢之盛, 不務修舜禹周公之德, 而無故興干戈, 動兵革, 以求無用之物, 臣誠惑之."(『東觀漢記』傳十一「樂恢傳」)

76 흉노에 대한 전쟁을 반대하는 다른 대신들의 입장은 『資治通鑑』 章帝 章和二年(88년)과 和帝 永元元年(89년) 참조.

한나라가 귀의한 강족의 한 추장에게 준 동인_양 모양의 손잡이에 한 변의 길이는 2.3cm 로, 신강 자치구 사아현沙雅縣에서 출토되었다. '한귀의강장漢歸義羌長'이라 쓰여 있다.

들 가운데 하나가 강족에 대한 처리였다. 강족은 오늘날 청해성 북부, 감숙성 동부에 거주하는 반농반목의 민족인데, 한이 그곳을 군현화시키고 행정적으로 양주凉州를 설치했다. 그와 함께 한은 대규모 이주를 통한 적극적 동화정책을 실시했고, 이에 강족은 격렬하게 저항했다. 그 결과 강족 문제는 후한의 계속된 난제가 되었다.[77] 따라서 그에 관한 논의도 적지 않았다.

최초의 중요한 논의는 안제安帝 때인 서기 110년, 강족이 반란을 일으켜 병주幷州와 양주凉州 등을 공략함으로써 제기되었다. 대장군 등즐鄧騭이 군사적 비용 등을 이유로 양주를 포기하고 흉노에 전력하자고 주장했다. 논의에 참여한 다수가 거기에 찬성했다. 하지만 낭중 우후虞詡(?-137)가 태위 이수李脩에게 두 가지 이유에서 양주를 포기하지 말도록 권유 했다. 첫째는 양주를 포기하면 변경이 내부로 옮겨짐으로써 지형적으로 방비가 더 어렵다. 둘째는 백성들을 내지로 옮기고 그곳을 강족들이 차지하게 하면, 이들은 자리를 잡은 뒤 중원으로 더욱 확장하고자 할 것이다. 이수는 다시 회의를 소집해 양주를 지키기로 결정했다.

77 후한 시기 강족 문제에 관해서는 이 책 3장 3절에서 자세히 서술함.

그렇지만 그 후에도 강족의 저항은 더욱 거세게 일어났고, 삭방·서하·상군 등 서북 변군들은 회복되지 않았다. 이에 순제順帝(126-144년 재위) 때인 129년 우후는 상서복야尙書僕射로서 이 지역들에 대한 적극적인 공략을 주장했다. 그는 20년 전과 유사하게 해당 지역의 경제적 그리고 특히 전략적 가치를 강조한다.

> 옹주雍州 지역의 토지는 상등에 속하고, 또한 비옥한 토지는 수천 리에 이릅니다…… 초목은 무성하고 토지는 목축에 적합해 소와 말이 무리를 이루어 꼬리가 서로 닿고, 양떼는 도로를 막을 정도입니다. 북쪽은 높은 산과 황하가 막아 지형이 험준합니다. 수로로 물을 대고, 물레방아로 쌀을 찧어 황하로 조운을 하면, 수고를 적게 하면서도 군량은 풍족할 수 있습니다. 무제와 광무제가 삭방군을 축성하고 서하군을 개척하고 상군을 설치한 것은 그 때문입니다. 그런데 백성들이 피할 수 없는 재난을 당하고 많은 강족들이 국경 안으로 몰려들면서 군현은 20여 년 간 전쟁으로 황폐해졌습니다. 무릇 옥토의 풍요로움을 버리고 천연적 이점을 잃는 것은 합리적이라고 할 수 없습니다. 황하와 높은 산의 험준함을 버리고, 험하지 않는 곳에서 방어하기는 어렵습니다.[78]

그렇지만 일부에서는 군현의 재건을 위한 비용이 너무 많다는 이유로 주저했다. 결국 우후의 의견에 따라 한은 3개 군을 재건하기 위한 조치들을 취했다. 여기에는 군현을 떠난 사람들의 복귀, 성곽의 수리, 적정을 정

78 "雍州之域, 厥田惟上. 且沃野千里, 穀稼殷積…… 水草豐美, 土宜產牧, 牛馬銜尾, 群羊塞道. 北阻山河, 乘阨據險. 因渠以溉, 水舂河漕. 用功省少, 而軍糧饒足. 故孝武皇帝及光武築朔方, 開西河, 置上郡, 皆爲此也. 而遭元元無妄之災, 衆羌內潰, 郡縣兵荒二十餘年. 夫棄沃壤之饒, 損自然之財, 不可謂利; 離河山之阻, 守無險之處, 難以爲固."(『後漢書』 卷一百十七 「西羌傳」).

찰하기 위한 역참의 설치, 둔전의 실시를 통한 식량 생산의 증가 등이 포함되었다. 물론 위협을 느낀 강족의 저항도 끊이지 않았고, 그들은 삼보지역까지 진격해 왔다.

비슷한 시기에 강족 지역에 대한 적극적인 공략과 개발을 주장한 예가 왕부王符(82-167년경)이다. 그는 유명한 『잠부론潛夫論』에서, 앞서 양주를 포기하고 수도지역인 삼보三輔를 지키자는 조정 대신들의 주장에 대해서 다음과 같이 반박했다.

> 국토에는 변방이 없을 수 없다. 변방이 없으면 나라는 망한다. 그러므로 양주涼州를 잃으면 삼보가 변방이 되고, 삼보가 내지로 들어오면 홍농군弘農郡이 변방이 되고, 홍농군이 내지로 들어오면 낙양이 변방이 된다. 그렇게 상황을 추론하면 동해군이라도 오히려 변방이 될 것이다. 지금 (대신들은) 강력한 무력으로 오랑캐들을 주멸하지 않고 인재를 뽑아 변경을 온전하게 하지 않으면서, 단지 변경은 지킬 수 없다고 말하면서 스스로 땅을 떼어 주려 하고 적에게 나약함을 보여 주니, 이 어찌 미혹된 일이 아니겠는가?[79]

그는 다른 곳에서도 '입술이 없으면 이가 시리다〔순망치한脣亡齒寒〕.'거나, '몸이 상하면 마음이 아프다〔체상심통體傷心痛〕.'고 하면서 강족 지역에 대한 적극적인 방어정책을 주장한다.[80] 그와 함께 그는 장기적인 방안으로서 사람들을 변경지역에 이주시켜 채우는 이민실변移民實邊을 강조한다. 변경

---

79 "地無邊, 無邊亡國. 是故失涼州, 則三輔爲邊; 三輔內入, 則弘農爲邊; 弘農內入, 則洛陽爲邊. 推此以相況, 雖盡東海猶有邊也. 今不厲武以誅虜, 選材以全境, 而云邊不可守, 欲先自割, 偎寇敵, 不亦惑乎!"(『潛夫論』「救邊」) 번역은 〔清〕汪繼培 箋, 彭鐸 校正, 『潛夫論箋校正』, 1985: 258-259; 林東錫 譯註, 『잠부론』, 2009: 498-499를 참조함.

80 『潛夫論』「救邊」.

에 대한 기존의 이주정책은 주로 범죄자들의 형벌적 이주와 같이 강제로 이루어졌다. 그에 반해 왕부는 적극적인 지원이 수반되는 일반 백성들의 이주를 제기하고 있다. 구체적으로 변경지역에 대한 관리임용의 확대, 조세의 감면, 작위의 수여, 식량제공과 같은 장려정책을 실시해야 한다는 것이다.[81]

환제桓帝(146-167년 재위) 때에도 강족 문제의 처리와 관련해 강경파와 온건파 사이에 정책적인 차이가 드러났다. 강족에 대한 진압이 사실상 종료되는 시점인 영제靈帝(168-189년 재위) 건녕建寧 원년(168년) 구체적인 논쟁이 역사서를 통해서 전해지고 있다. 먼저 호강교위 등훈鄧訓(40-92), 중랑장 장환張奐(104-181), 그리고 장군 황보규黃甫規(104-174) 등이 온건한 입장에 속했다.[82] 그들은 대부분 현지에서 강족 문제를 오랫동안 처리한 경험이 있었다.[83] 그들은 군대를 통한 진압 일변도가 아니라 그 원인에 대한 해결과 같은 무마정책의 필요성을 강조한다. 이를테면 『후한서』 「서강전」에는 장환의 다음과 같은 견해가 인용되고 있다.

> 융적은 (우리와) 같은 기운으로 생겨났으니, 그들을 모두 죽여 버려서는 안 된다. 그들의 피로 들판을 더럽히면 음양의 조화가 파괴되어 변괴를 일으킬 것이다.[84]

장환은 금성속국 도위와 무위군 태수 등 직위를 지냈고 매우 청렴한 관리로 알려져 있었다. 따라서 그는 강족 문제에 대한 현실적 감각을 가졌을

81 『潛夫論』「實邊」.

82 余尧, "东汉羌人起义," 1981: 92-93.

83 『後漢書』 卷四十六 「鄧訓傳」, 卷九十五 「皇甫規傳」, 「張奐傳」.

84 "戎狄一氣所生, 不宜誅盡, 流血汙野, 傷和致妖."(『後漢書』 卷一百十七 「西羌傳」; 『後漢書』 卷九十五 「張奐傳」)

것이다. 사실 오랫동안 잡거해 온 만이를 제거하는 것은 비현실적인 대안이었음에 틀림없다. 장환의 입장에서 '은덕으로 항복하게 하는 것'이 바람직했다.[85]

거기에 대해서 군사적 진압을 주장한 예는 호강교위護羌校尉, 파강장군破羌將軍으로서 강족의 반란을 진압하는 데 가장 앞장선 단경段熲(?-179)이라는 인물이다. 『후한서』에는 다음과 같은 그의 말이 전해지고 있다.

> 지금 변방 군현의 한인 호구가 적어 자주 강羌의 해독을 입고 있습니다. 그런데도 오히려 항복한 무리들을 그들과 함께 살게 하는 것은 좋은 논에 가시나무를 심고 방안에 독사를 키우는 것과 같습니다. 그래서 신은 대한大漢의 위엄을 받들어 장구지책을 세워 적들의 근본을 잘라 번식하지 못하게 하고자 합니다.[86]

장환과 달리 단경에 따르면 변경 지역에 이민족의 독자적 거주를 허용하면 장기적으로 우환이 될 것이기 때문에 미리 그들을 제거하지 않으면 안 되었다. 결국 강경론이 우세해 단경 등에 의한 강족의 섬멸 작전은 계속되었고, 이듬해에 종료되었다.

한편 한의 대외관계에서 흉노와 강족에 이어 시기적으로 최후의 주요 상대는 선비족이었다. 선비족은 흉노의 세력이 크게 약화되자 그 자리를 대신했다. 특히 후한 말 환제 때 단석괴檀石槐는 동서 1만 4천 리, 남북 7천 리의 통일제국을 건설하고, 이미 약화된 한의 변경을 공략했다. 이러한 상황에서 그에 대한 대응정책이 한의 중요한 외교적 과제로 등장했다. 구체

85 『資治通鑑』 靈帝 建寧元年(168년).

86 "今傍郡戶口單少, 數爲羌所創毒, 而欲令降徒與之雜居, 是猶種枳棘於良田, 養虺蛇於室內也. 故臣奉大漢之威, 建長久之策, 欲絕其本根, 不使能殖."(『後漢書』 卷九十五 「段熲傳」); 『資治通鑑』 靈帝 建寧元年(168년).

적으로는 선비족이 북방의 변경지역을 침략하자, 영제靈帝 희평熹平 6년인 177년에 대규모 군사를 동원, 국경을 넘어 2년의 단기간에 그들을 공격하는 방안이 제기되었다. 처음에는 그 제안이 채택되지 않았으나, 호오환교위護烏桓校尉 하육夏育과 전 호강교위護羌校尉 전안田晏, 중상시中常侍 왕포王甫 등이 획책해 그것을 실행하고자 했다. 이에 다수 대신들이 반대했는데, 『후한서』는 대표적인 예로서 의랑議郎 채옹蔡邕(133-192)의 주장을 길게 전하고 있다.

그에 의하면 주변 오랑캐들에 대한 공략은 오랜 역사를 갖고 있는데, 시기나 상황에 따라 다른 전략이 채택될 수밖에 없다. 그는 무제 시기에 많은 자원을 소모하며 벌인 영토팽창 정책이 결국 잘못되었음을 강조한다. 더욱이 지금의 사정은 무제 시기보다 더욱 불리하다. 선비족은 강한 군사력을 갖고 있지만, 한의 장수들은 과거와 같이 유능하지 못할 뿐만 아니라 국내적으로도 더욱 큰 어려움을 갖고 있다. 따라서 그들과의 공존이 불가피하다. 채옹은 다음과 같이 주장한다.

> 흉노가 패주한 뒤 선비가 흥성해 과거 흉노 지역을 점거했습니다. 그들은 10만 명의 군대를 보유하고, 재원이 튼튼해 야심이 더 커지고 있습니다. 더욱이 변경 관문의 단속이 철저하지 않고 법령이 잘 지켜지지 않아 양질의 동과 철이 모두 적들의 손에 들어갔습니다. 체포를 피해 달아난 한인들은 그들을 위해 계획을 꾸미는 데 앞장서고 있습니다. 선비의 날카로운 무기와 날쌘 말은 모두 흉노를 능가합니다.
>
> 과거 단경段熲은 뛰어난 장군이었습니다. 그는 군사를 잘 이해했고, 작전에 능했으며, 서강西羌과 10여 년을 싸웠습니다. 현재 하육夏育과 전안田晏의 재능과 전략은 반드시 단경을 능가한다고 할 수 없고, 선비족은 과거에 비해 약소하지 않습니다. 그런데도 그들은 2년이면 성공할 수 있다고 허망된 계획을 하고 있습니다. 만약 전쟁이 계속 이어진다면 어떻

게 그칠 수 있겠습니까. 만일 다수의 인원을 동원하고 (전쟁물자의) 운송이 끊이지 않는다면, 이는 중국을 궁핍하게 하고 동시에 만이를 더욱 강하게 할 것입니다.

변경의 재난은 팔과 다리의 옴과 같지만, 중국의 궁핍은 가슴과 등의 부스럼과 같습니다. 지금 국내 지방의 도적도 아직 막지 못하고 있는데, 하물며 선비와 같은 적을 어떻게 굴복시킬 수 있겠습니까…… 하늘이 만든 산과 강, 진이 쌓은 장성, 한이 세운 변경의 담장은 모두 국내와 국외를 구분하고, 풍속은 다른 사람들을 구분하기 위한 것입니다. 단지 영토의 상실과 모독과 같은 우환만 없으면 되는데, 벌레나 교활한 도적과 서로 다투거나 상대할 필요가 있겠습니까. 비록 그들을 격파한다고 해도 그들을 완전히 없애 버릴 수 있겠습니까.[87]

이러한 반대 의견은 채택되지 않았다. 한은 3만여 명의 기병을 동원, 2천여 리를 가서 세 방향에서 선비를 공략했다. 그렇지만 죽은 자가 10에 7, 8일 정도로 한의 군대는 완전히 대패하고 말았다.

결국 후한 말에 이르러 한이 내부적으로 분열되면서 기미정책조차도 유지할 수 없게 되었다. 특히 흉노·선비·고구려 등 주변 민족들이 중국에 진출해 그 일부를 차지했다. 북방 민족들의 내천으로 중국의 중심부는 점차 강남으로 이동하지 않을 수 없었다. 한이 망하고 위魏·촉蜀·오吳로 삼

---

87 "自匈奴遁跳, 鮮卑強盛, 據其故地, 稱兵十萬, 才力勁健, 意智益生. 加以關塞不嚴, 禁網多漏, 精金良鐵, 皆爲賊有. 漢人逋逃, 爲之謀主, 兵利馬疾, 過於匈奴. 昔段熲良將, 習兵善戰, 有事西羌, 猶十餘年. 今育晏才策, 未必過熲, 鮮卑種衆, 不弱于曩時. 而虛計二載, 自許有成, 若禍結兵連, 豈得中休? 當復徵發衆人, 轉運無已, 是爲耗竭諸夏, 并力蠻夷. 夫邊垂之患, 手足之蚧搔; 中國之困, 胸背之瘭疽. 方今郡縣盜賊尚不能禁, 況此醜虜而可伏乎!…… 天設山河, 秦築長城, 漢起塞垣, 所以別內外, 異殊俗也. 苟無矚國內侮之患則可矣, 豈與蟲螘校寇計爭往來哉! 雖或破之, 豈可殄盡……."(『後漢書』 卷九十「鮮卑傳」)

분되어 중국 내에 복수의 중심이 등장함으로써 무제 사후 300여 년 동안 유지되었던 조공체제도 변질되지 않을 수 없게 되었다.

## 3. 대외정책의 개념적 분석

### 배경

역사가들은 한 시기에 동아시아 국제질서가 태동했다고 본다. 중원의 통일국가 형성과 더불어 그 주변의 여러 지역에서도 상당한 권력을 가진 국가들이 등장했다. 그들 사이에 권력상의 균형이 이루어지면서, 일정한 질서가 구축되었던 것이다. 그것을 일각에서는 조공(책봉)체제라고 하는데, 이것은 글자 그대로 양자간의 조공과 책봉 관계에 기반을 두었다. 조공은 천자에 대한 알현을 의미하는 조朝와 물품의 헌상을 의미하는 공貢으로 구성된다. 책봉은 천자가 주변 국가들의 수장에게 일정한 작위나 인수 등 상징물의 하사를 통해 현지에서의 통치를 인정하는 것이다.

그런데 조공체제는 제국적 질서의 개념으로서는 적절하지 않은 측면이 있다. 사실 국가간 관계에서 온전한 조공체제는 아니더라도 그와 유사한 방식들이 사용되어 왔다. 주변국으로부터 황제를 조현하거나 공물이 헌상되는 경우가 적지 않았다. 책봉은 제후의 분봉과 유사하게 오래전부터 존재했다. 그러한 절차는 정해진 질서나 정책으로서 추진된 것은 아니었고, 다양한 대외정책상의 목표들을 구현하기 위해 부가적으로 활용된 수단에 불과했다. 그럼에도 전한 후반 이후 순수하게 조공책봉을 통해서만 중원제국과 관계하는 국가들이 나타났다. 다만 조공책봉은 제국이 주변 민족들에게 취한 여러 가지 지배방식들 가운데 하나였을 뿐이다.

그와 달리 대외정책상의 다층적 지배구조에 주목하는 시각도 있다. 그것은 황제의 통치력이 미치는 정도에 있어서 차이를 말한다. 먼저 황제와 그가 임명한 관리들에 의해 직접 통치되는 군현이 있고, 이어 공신이나 왕족에게 분봉해 원칙상 독자적으로 통치하게 하는 내신內臣 또는 내번內蕃으로서 제후국이 있다. 그 밖에는 제국에 내속한 이민족 지역으로서 제국의 행정체제 일부이거나 일정한 감독하에서 자치가 허용된다. 그 다음은 제국의 외신外臣 또는 외번外蕃이라 불리는 곳으로서, 위에서 언급한 조공책봉을 통해서만 제국과 관계하는 나라들이다. 그들은 신하로서 예를 갖추되 사실상 독립적인 국가들이다. 마지막으로는 제국과 대립적 관계에 있는 나라들, 소위 인적국隣敵國이 있다.

사실 그러한 다층적인 지배구조를 부정할 수는 없지만 이에 대한 분석이 충분하지는 않다. 관련 연구에서는 현상에 대한 기술에 그치고 있다. 그 구조가 형성되는 요인에 대해서는 체계적인 설명이 이루어지지 않고 있다. 단지 중국과의 지리적 거리, 중국에 대한 정치적 저항, 독립된 국가체제의 존재 유무 등이 추측되는 정도이다.[88] 더욱이 다층적인 지배구조의 틀에서는 조공책봉이 다른 지배형태들과 질적인 차이가 나타나지 않으며, 따라서 그것의 국제정치적 중요성이 충분히 인정되지 않는다는 점에서 여전히 중국 중심적이다.

최근 중국의 여러 연구자들은 제국의 국제질서를 번속체제藩屬體制로 표현하는 경우가 많다. 번속체제에서 주변 국가들은 군대나 관리의 주둔과 같은 직접지배가 아니더라도 분명한 예속상태에 있었다는 것이다. 이를테면 제국은 '번신藩臣'이나 '외신外臣'으로서 통치구역과 의무에 대한 약정, 사신의 파견을 통한 정책적 지시, 거부 시 군사적 징벌 등 수단들을

88 김한규, 『천하국가: 전통 시대 동아시아 세계 질서』, 2005: 35-43.

사용했다.[89] 그 외형은 앞선 다층적 지배구조와 유사하나 구체적인 내용은 적잖게 차이가 있다. 특히 천하는 중국과 그 주변이라는 이원구조로 단순화되고 있다. 뿐만 아니라 제국과 주변 국가들의 관계도 종속과 지배의 관계로 설정되며, 주변 국가들은 무엇보다도 제국의 방어를 위한 번병藩屛, 즉 '울타리'로 간주된다는 점에서 매우 중국 중심적이다.

위에서 우리는 제국의 팽창정책과 그에 대한 정책적 논의에 관해 살펴보았다. 각각의 정책과 논의는 특정한 맥락에서 제기되었지만, 이제 우리는 일반화된 종합이 가능한 위치에 있다. 문헌상에 출현하는 여러 개념들을 정치학적 시각에서 재구성할 단계에 와 있는 것이다. 재구성은 먼저 해당 개념들을 대외정책의 목표와 수단의 범주로 분류하는 데에서 출발한다. 범주화에는 여러 가지 접근이 가능하겠지만, 본 연구에서 기반하고 있는 권력규모 이론의 측면에서 시도해 볼 수 있다. 그것은 정치권력의 작용에 대한 각종 제약적 요소들에 주목하는 방법이다. 즉 인간은 기본적으로 권력을 더 많이 갖고자 하지만, 그것은 특히 권력자원의 투입(비용)과 산출(수익)의 관계에 의해 제약된다.

### 목표와 수단

제국의 영토를 거의 최대로 넓혔던 무제는 태산에서 봉선의식을 행하고 돌을 세웠는데, 거기에는 다음과 같은 내용이 포함되어 있다. 즉 정치를 잘해 "사해 안이 모두 군현이 되고, 각각의 만이들이 모두 조공을 바친다."[90] 초기 문헌에서 사해 안은 중국을, 그 바깥은 만이의 지역으로 간주된다. 따라서 이 구절에는 천하 전체에 대한 군현화가 아니라, 제국적 질

89 李大龙, 『汉唐藩属体制研究』, 2006: 45-50.

90 "四守之內, 莫不爲郡縣, 四夷八蠻, 咸來貢職."(『風俗通義』 卷二 「正失」. 여기서는 王利器 校注, 『風俗通義校注』, 1981: 68) '守'는 '海'의 의미이다.

서가 상정되고 있다.

그렇다면 제국적 질서는 구체적으로 어떤 모습인가. 앞서 언급한 것처럼 그것은 제국에 의한 지배정도의 지역적·종족적 차이를 특징으로 한다. 제국의 입장에서 이러한 상황은 대외정책 목표와 그것을 실현하는 정책의 다양한 조합 가능성을 내포한다. 그리고 특정 시점에서 정책적 선택은 목표와 수단에 대한 고려에서 이루어질 수밖에 없다. 이상으로서 황제의 보편적 지배와 그것의 현실적 한계 사이에서 제국은 언제나 그러한 선택에 직면했다. 제국의 다양한 정책적 선택을 체계적으로 설명하기 위해서는 목표와 수단에 대한 구분이 필요하다.

먼저 대외정책상의 목표는 특정 지역이나 집단에 대해서 얼마만큼 지배의 정도를 확대 또는 유지할 것인가와 관련된다. 그것은 새로운 지역이나 집단의 권력자원에 대한 접근의 정도를 말한다. 제국의 대외정책에서 확인되는 목표는 군현화, 군사적 지배, 조공책봉, 그리고 수평관계까지 다양하다.

첫째, 군현적 지배는 특정 지역의 권력자원에 직접적이고 전면적으로 접근하는 방식이다. 새로운 지역에 군현이 설치된다면, 기존의 통치지역과 같거나 비슷한 수준에서 권력자원의 확보와 행사가 이루어진다. 그 결

〈그림 13〉 제국의 대외정책 목표와 수단

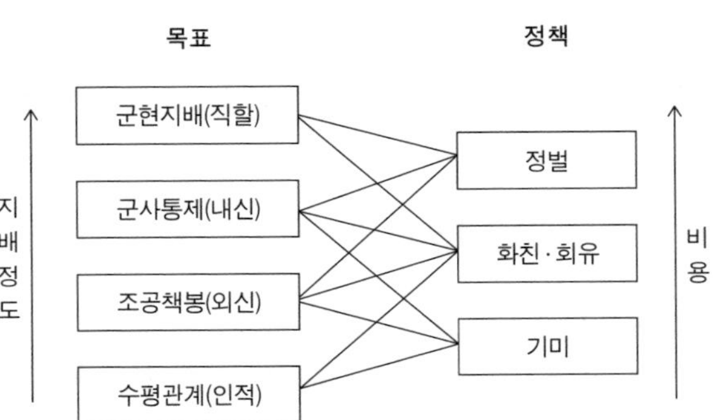

과 새로운 군현지역에 대해서 권력자원의 정합성이 확보된다.[91] 진한 시기 대외정복 전쟁을 대대적으로 벌였던 진시황이나 무제의 목표는 다름 아닌 군현적 지배의 구축이었다.

군현적 지배하에서 현지인들은 제국의 행정체계에 편제된다. 따라서 내국인과 유사하게 조세나 요역 등 의무가 부과된다. 그중 일부는 중심으로 운송되지만, 상응하는 권력자원의 지출이 현지에서 이루어진다. 군대나 통치기구는 중심으로부터 파견되는 상급 관리들과 현지인으로 충원되는 하급 관리로 구성된다. 현지 정권을 멸망시키고 세운 변군邊郡, 군현 내 소수민족 행정단위인 도道 등이 거기에 해당된다. 물론 현지인의 독립이나 자치에 대한 요구는 본질적이기 때문에 그러한 정합성은 중심으로부터 강력한 통제(정벌)나 현지인에 대한 물질적 제공을 전제로 한다. 따라서 군현적 지배에는 내적인 불안정성이 존재한다.

두 번째로, 군현적 지배보다 한 단계 낮은 수준은 군사적 지배방식이다. 여기서 내정은 현지인들에게 남겨 둔다. 진한 시기 전면적 통치가 아닌 군사적 지배는 속국도위·부도위 등이 그 예이다. 이들은 제국의 군사적 감독기구로서 제한적으로 기능했고, 현지의 통치기구나 조세와 같은 권력자원을 중앙으로 흡수하지 않고 현지에 남겨 둔다. 군사적 지배는 제국의 입장에서 비용을 줄이면서 변경의 안정을 유지할 수 있는 방안이다. 반대로 주변 민족의 입장에서는 군사적 자주권을 포기하는 대신 제국의 전면적 지배를 피할 수 있는 방법이다. 이때 군대의 비용은 제국이 부담하거나 둔전 또는 징세를 통해 현지에서 조달할 수도 있다. 다만 전자는 제국에게, 후자는 주변 민족에게 국내 권력자원의 정합성을 왜곡시키는 것으로서 오래 유지되기 어렵다.

91 권력자원의 정합성은 그 구성요소들 내부의 일정한 균형과 수익-비용의 양면성을 의미한다. 자세한 설명은 이 책 1장 1절 참조.

셋째, 조공책봉은 국가간 힘의 우열에 따라 하위의 단위가 일정한 예물을 바침으로써 복종을 표시하고, 상위의 단위가 답례함으로써 보호를 약속하는 방식이다(사대자소事大字小). 따라서 이것은 독립적인 국가들 사이 외교관계의 한 형식이다. 조공국은 제국에게 조공이나 인질과 같은 형식을 통해 복종의 예를 표시하고, 제국은 현지 통치자에게 인수나 작위를 주어 통치권을 인정한다.

조공책봉 체제에서는 제국과 주변국 사이의 권력자원 이동이 매우 제한적이다. 조공은 그 자체로서는 제국에게 중요한 권력자원이 되지 못하는 형식적인 수준이며, 오히려 그에 대한 반대급부가 더 커 손실이 발생할 수도 있다. 조공국의 입장에서도 조공은 일방적으로 보이지만, 국내 권력자원에 거의 영향을 주지 않는다. 권력자원의 공급과 소비는 대부분 내부적으로 이루어진다. 중심국에 의한 책봉도 마찬가지이다. 책봉은 현지인의 입장에서 통치의 정당성을 높여 줄 수 있다는 점에서 유력한 권력자원이 될 수 있다. 그렇지만 책봉은 대개 현지인들의 요청에 대한 승인의 방식을 취하며, 따라서 그것은 이미 형성된 권력관계의 파생물에 가깝다. 제국과 조공국 사이에 권력자원의 이동이 거의 없기 때문에, 각각에서는 거의 완결된 정합성이 존재한다. 따라서 양자의 관계는 상대적으로 안정적일 수 있다.

마지막으로 수평관계는 글자 그대로 양국이 병존하는 관계이다. 다른 방식들이 위계질서를 전제로 했다면, 수평관계는 서로 대등한 관계를 상정한다. 진한제국이 성립된 이후 수평적 관계는 이념적으로는 거의 인정되지 않았지만 현실적으로는 어쩔 수 없었다. 앞서 언급한 것처럼, 한 고조는 기원전 200년 흉노에게 패한 뒤, "장성 이북은 활 쏘는 나라, 즉 흉노로서 선우의 명령을 받고, 장성 이내는 예절의 나라로서 짐이 다스린다."고 선언했다. 또 다른 예로서 서역 너머의 강거康居·대월지大月氏·대하大夏 등이 있다. 그들은 황제의 규범적 질서 밖에 있는 나라들로 간주되었을 뿐이지만 사실상 수평적 관계였다.

결국 대외정책상의 목표는 상이한 정도의 지배를 주된 내용으로 하며, 그것은 수반되는 비용과 수익의 관계 또는 그에 대한 판단에 의해 설정된다. 따라서 구체적인 상대에 따라서 정책상의 목표도 달라질 수밖에 없다. 마찬가지로 그러한 목표를 달성하기 위한 방법들도 다양한데, 크게 군사적 정벌, 회유, 화친, 기미 등 몇 가지로 구분될 수 있다. 각각의 방법들은 특히 정책에 수반되는 비용과 관련된다.

먼저 정벌은 군사적 동원을 통하는 방식이다. 그것은 적대세력을 근원적으로 제거함으로써 제국을 방어한다는 목적도 있지만, 제국의 질서에 편입시키는 적극적인 목적으로도 사용된다. 물론 경우에 따라서는 일회적 정복을 통해서 조공관계에 편입시키는 것만으로 그치기도 한다. 어쨌든 전쟁과 정복의 수행을 위해서는 제국은 많은 비용을 쓸 수밖에 없다. 그것은 앞서 자주 언급한 것처럼 제국의 백성들에게도 커다란 고통을 가져온다. 실제 대규모 전쟁 동원은 백성의 저항으로 이어져 진처럼 멸망하거나, 무제 이후 한이 내적인 활기를 잃게 된 중요한 요인이 되었다.

물론 정복은 단기적으로 많은 비용이 들 수 있지만, 장기적 관점에서 본다면 반드시 그렇지 않다고 생각될 수 있다. 그것은 넓은 변경지역에 대한 불안정을 근원적으로 해소할 수도 있고, 나아가 현지의 자원을 확보함으로써 제국의 권력을 확대할 수도 있기 때문이다. 전쟁의 비용과 정복 이후의 통치비용은 무엇보다도 지리적 요소나 현지인의 저항에 달려 있다. 그럼에도 정복은 실패의 가능성이 적지 않을 뿐만 아니라 성공의 경우에도 대규모 자원의 투입과 이동에 따른 기회비용이 크다는 것은 분명하다. 군사적 정복은 대개 비용의 측면에서 합리적이지 못하며, 실제 소수의 야심적인 권력자들에 국한되었다.

화친和親은 중심국이 일방적으로 주변국에 상당한 자원을 제공하는 방식이다. 이것은 물질적 양보라는 점에서 회유와 같지만, 대개 상대에 의해 강요된다는 점에서 제국 주도의 회유와는 다르다. 전한 전기 흉노에 대해서 실시되었던 화친정책이 대표적이다. 한은 매년 대규모 물자의 공급을 통해 흉노로부터 침입을 억제할 수 있었다. 당시 흉노는 기동성을 갖고 넓은 지역을 관할하고 있었기 때문에 한의 입장에서 통제하기 매우 어려웠다. 대대적인 정벌은 일시적으로 성공을 거둘 수 있을지 모르지만, 대규모 군사를 국경에 두지 않으면 현상을 유지할 수도 없었다. 따라서 전한 시기 화친정책을 주장한 인물들이 제시한 근거에 반영되는 것처럼, 화친은 군사적인 정벌보다는 훨씬 비용이 덜 드는 정책이었다. 결국 한은 화친을 통해서 흉노와 수평관계를 유지했다.

선우와의 화친을 기념하는 기와 탁본_ '單于和親 千秋萬歲 長樂未央'라는 전서篆書 12 자로 되어 있다.

다만 화친의 비용이 그 자체로서 중심국 내부에서 자원의 정합성을 해치는 정도였는지는 알 수 없다. 그럼에도 문헌상으로 보면 상당한 부담이 되었던 것이 분명하다. 그것은 황제의 보편적 지배 원칙과 상충되었을 뿐만 아니라, 흉노의 국경침략이 계속되면서 비용에 비해 효과적이지도 못했다. 결국 화친정책은 장기적으로 유지될 수 있는 정책은 되지 못했다. 따라서 역량이 갖추어진다면 그에 대한 수정이 요구될 수밖에 없었다.

셋째, 회유懷柔는 약소 민족들에게 물질적 유인을 통해 황제의 지배나 권위를 인정받는 방식이다. 회유는 전한 시기 서남이와 남월 그리고 무제 시기 서역을 개척할 때 주로 사용되었다. 이것은 때로는 정벌과 같은 군사적 방식과 결합될 수 있고, 가의의 주장과 같이 군현제적 지배를 지향할 수도 있다. 회유는 화친에 비해 비용이 적지만 대개 단기적으로 활용되며, 대외정책상의 목표가 달성되면 폐기되는 것이 일반적이다.

넷째, 기미羈縻는 말의 굴레와 소의 고삐를 의미하는데, 주변국을 제국의 일정한 통제범위 안에 묶어 두는 방식이다. 그것은 여러 가지로 해석되지만 기본적으로 제국이 주변국에 대해서 직접적인 지배나 개입을 추구하지 않고, 다만 자신의 우월적 질서의 범위 안에 두는 정책이다. 제국은 관리를 별도로 파견할 수도 있지만 조세나 요역을 요구하지 않고 권력도 현지 지배층에 의해 행사된다.[92] 제국이 기미 전략을 취하는 데에는 여러 가지 원인이 있을 것이다. 기미는 만이에 대한 직접지배가 현실적으로 어렵거나 또는 많은 비용을 수반하는 상황에서 채택되었다. 기미는 제국에 의한 보편적 지배의 지향과 실제 통치가 미치지 않는 상황 사이의 괴리를 이념적으로 합리화하기 위한 개념으로 사용되기도 한다. 어쨌든 제국으로서는 비용이 거의 들지 않는 정책이었다.

대외정책상의 다양한 방식의 존재는 권력규모 이론을 통해 좀 더 일관되게 설명될 수 있다. 특정 지역이나 종족에 대한 지배의 수익과 비용 양자 사이에는 일정한 연관성이 확인되는 것이다. 즉 고수익의 목표에는 고비용의 정책도 선택되며, 저수익의 목표는 저비용의 정책이 시도된다. 이를테면 정벌은 많은 인적·물적 자원이 드는 만큼, 대개 직접적 지배나 군사적 지배라는 목표를 위해서 선택된다. 진시황이나 무제가 정복지역을 군현화시킨 것이 대표적이며, 후한 시기 강족의 흡수도 그러하다. 그에 비해 중심국의 입장에서 조공체제와 같이 수익이 적은 목표를 위해서는 대개 비용도 적은 기미정책이 쓰이게 된다.

화친이나 회유에서도 그러한 수익과 비용의 관계가 성립한다. 화친은 전한 전반 흉노와 같이 힘이 강한 적에게 큰 비용을 지불해 제국의 대외적 안전을 보장받는 방식이다. 다만 이때 대규모 자원이 중심국에서 주변국으로 이동한다는 점에서 화친은 장기간 유지되기 어렵다. 회유는 상대적으로 적은 비용으로 직접지배나 군사적 지배와 같은 높은 수익에 대한 기

92 徐兴祥,『中国古代民族思想与羁縻政策研究』, 1999: 12.

대와 결부된다. 정벌이나 회유는 비용과 그것의 보전 사이에 시간적인 간극이 존재하고, 특히 전자의 경우 거기에 수반되는 위험으로 인해 불확실성이 크다.

정책적 선택에 있어서 수익과 비용의 관계는 주변국들의 입장에서도 고려된다. 이를테면 제국의 군현적 또는 군사적 지배는 이들에게는 권력의 상실을 의미하며, 따라서 그들은 적극적으로 저항할 수밖에 없다. 그에 반해 조공체제는 그들에게 단지 명목상의 권력상실이기 때문에, 어느 정도 수익이 보장된다면 수용될 여지가 상대적으로 크다. 화친은 중심국에 대한 권력상의 우위에 따른 수익이다. 힘의 우위를 상실하면, 언제든 화친은 깨질 수밖에 없음을 각오해야 한다. 마지막으로 회유정책에서는 힘이 약한 국가는 상당한 물질적 수익을 얻는 반면, 거기에 수반되거나 또 장기적으로 추구되는 군현이나 군사적 지배에 따른 권력상실의 가능성이 클 수밖에 없다. 회유를 통해 한의 군현으로 편제되었던 서남이나 무릉장사만이 시간이 지나면서 상당한 저항을 했던 것은 그 예이다.

### 현실적 지배형태

개별 목표와 정책 사이에 반드시 일대일의 관계가 성립하는 것은 아니다. 그것은 상황에 따라서 다양한 목표와 그에 따른 수단이 선택될 수 있기 때문이다. 그와 함께 동일한 목적을 위해서도 일정한 범위 내에서 다른 수단이 선택될 수 있다. 이를테면 군사통제의 목표를 위해서 정벌이나 회유, 조공책봉을 위해서 회유나 기미정책, 수평관계의 유지를 위해서 기미나 화친 모두 가능하다. 그 결과 현실에서는 황제의 통치가 미치는 정도에 따라 다양한 형태의 정치질서가 나타났다(그림 14). 물론 각각의 지배형태는 앞서 언급한 것처럼 지역이나 종족들의 속성과 그에 따른 수익-비용의 함수와 긴밀한 관계가 있다.

〈그림 14〉 제국의 층차적 지배방식

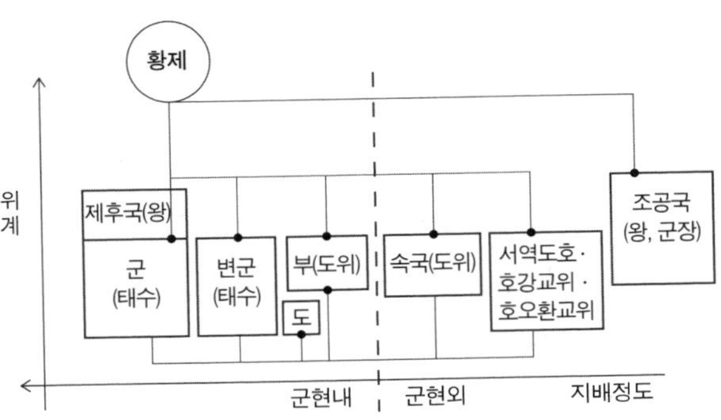


첫째는 군현지배 방식이다. 남월이나 조선과 같은 부족국가 단계의 농경민족이 대표적이다. 한의 입장에서 이들의 토지와 노동력의 가치는 적지 않았다. 그렇지만 이들은 지리적으로 중원과는 거리가 멀었고, 그에 따라 경제적·정치적으로 독자성을 유지했고 그에 따른 저항능력도 컸다. 이들은 통합적인 부족연맹 조직을 갖추었고, 주변 지역이나 민족들에 대해서도 강한 영향력을 행사했다. 따라서 전한 초반 그들에 대한 조공체제가 한의 대외정책 목표가 되었다. 그렇지만 무제 시기 전쟁에 승리하자 한은 그곳에 군현(변군)을 설치했다. 다만 저항이 심하여 일부 지역은 군현이 폐지되거나 부도위와 같이 군사적 지배로 전환되었다. 그럼에도 설치된 군현은 최대한 유지하려 했고, 한은 상당한 성공을 거두었다.

또 다른 군현지배 대상으로서 강족, 서남이와 무릉장사만 등이 있다. 그렇지만 그 방식과 결과는 남월이나 조선과는 달랐다. 그들은 여전히 부족사회 단계에 있었고, 여러 부족으로 나뉘어 있었다. 경제는 유목과 농업이 혼합되었지만 정착하는 경우가 많았다. 그들은 물질적으로 중원과의 교류에 크게 의존하지 않았고, 중원에 대한 위협도 거의 되지 않았다. 반면 중원의 입장에서 그들은 지리적으로 가까웠고, 농업에 유리한 토지와 풍부한 토산물로 인해 경제적 가치가 컸다. 이러한 상황에서 한은 군현지배를 지향했고, 물질적 회유와 함께 군사적 정복이 병행되었다. 일부에 대해서 도나 속국과 같은 자치적 방식도 실시되었다. 그렇지만 시간이 지나면서 군현적 지배가 강화되었고, 그에 대한 저항은 물리적으로 진압되었다.

둘째는 속국도위나 부도위를 통한 통치이다. 이것은 군사적 통제에 국한되는 방식이다. 다만 속국도위는 군현의 외곽, 부도위는 군현 내에 설치된다는 점에서 차이가 있다. 전자는 귀부하거나 정복된 변경 밖의 독자적인 민족들에 대해서, 후자는 변경의 군현에 편입된 이민족들에 대해서 실시되었다. 그 대상은 주로 서부와 북부의 유목민들이었다.[93] 변경 지역은 사막과 초원의 기후 등의 요인에 의해 인구가 적었다. 토지나 노동력 활용 가능성은 낮고, 말 이외에는 토산물도 많지 않아 경제적 가치가 작았다. 그럼에도 그들은 소금이나 철 등 주요 생필품을 중원에 의존하기 때문에 적절한 교역이 없다면 늘 변경을 약탈하는 경향이 있었다. 중원제국의 입장에서 해당 지역은 경제적 가치가 적었을 뿐만 아니라 직접지배 자체도 매우 어려웠다. 따라서 최소한의 군사적 통제가 유력한 대안이었다.

셋째는 도호나 교위에 의한 통제이다. 이것은 군현 밖에 있는 민족들에게 일종의 사절을 파견하여 통제하는 방식이다. 그들은 황제의 부절을 가지고 해당 지역이나 부족들에 파견되어 일종의 외교적 업무를 담당했다. 그들의 직급은 대개 이천석 또는 비이천석으로 군의 도위에 상응했다. 속국도위가 정식의 관직인 반면, 그들은 처음에는 일정한 직책에 있는 사람들 중에서 선발하여 부가적인 임무를 수행하는 의미에서 소위 가관加官에 해당되었다. 그렇지만 점차 시간이 지나면서 정식의 상주사절로 확대되기도 했다.

도호나 교위의 파견을 통한 통치방식은 제국에 대해서 복종과 반란을 반복하여 통제하기 어려운 서역·남부흉노·강족·오환·선비와 같은 군현

93 속국도위와 부도위에 관해서는 이 책 10장 3절에서 자세하게 다루어짐.

밖 민족들에게 실시되었다.[94] 이를테면 서역은 지리적으로 접근이 어려웠고, 토지와 같은 경제적 가치는 많지 않았다. 서역은 또한 여러 부족들로 나뉘어 있었다. 따라서 이들은 위협이 되지도 못하지만 동시에 한이 직접 지배하는 것도 쉽지 않았다. 한의 입장에서 서역은 무엇보다도 흉노의 견제와 비단길을 통한 교역을 위한 전략적 가치가 있었다. 서역 각국들의 입장에서 한의 존재는 높은 문물의 제공과 서역 부족들 사이의 정치적 중재에 있었다. 이러한 상황에서 한은 도호를 통해서 군사적·정치적 질서를 유지했고, 조공관계를 병행했다.

마지막으로는 조공국이다. 조공관계는 자체로서보다는 대개 속국이나 부도위, 도호, 교위 등 다른 지배방식에 수반되었다. 따라서 어떤 지배기구나 인원을 설치하지 않고, 단지 조공과 인수의 하사만에 의거한 순수한 조공관계는 적어도 전한 시기에는 드물었다. 무제 이전 흉노는 조공이나 인수의 하사와는 무관한 대등한 관계에 있었다. 그 외에 조선·남월·민월 등이 소위 '외신外臣'의 관계에 있었지만, 단 한 차례의 입조는 물론 정기적인 조공이나 인수의 하사도 이루어지지 않았다. 더욱이 그들은 무제 시기를 거치면서 대부분 군현이나 속국도위, 부도위과 같은 방식으로 한의 직접적인 지배하에 있게 되었다.

다만 전한 후반에 순수한 조공국들이 나타났다. 그것은 무제가 흡수하여 군현화를 시도한 지역 너머에서 새롭게 마주하게 되는 흉노·부여·고구려·삼한·왜 등이었다. 이때는 중국의 대외적 팽창이 종결된 시점이기도 했다. 역사가들은 적어도 무제의 영토팽창에 의해 중국에는 오늘날과 유사한 영토가 형성되었다고 한다.[95] 권력규모 이론의 시각에서 본다면, 이것은 무제 시기 한의 영역은 고대 중국제국의 최대 범위에 해당하며, 권

94 黎虎, 『汉唐外交制度史』, 1998: 101-122.
95 거지엔슝葛劍雄 지음, 이성희 옮김, 『천추흥망: 한나라—세계 최대의 강국』, 2009: 246.

력의 외형적 팽창이 멈추게 되었음을 의미한다. 제국에 의한 팽창의 종료와 조공체제를 기반으로 하는 동아시아 국제질서의 등장이 시기적으로 일치한 점은 주목할 필요가 있다. 그것은 중국과 그 주변 국가들 사이에 성립된 권력관계에 있어서 균형을 시사한다. 여기에 대해서는 다음 절에서 별도로 다루기로 한다.

이제까지 살펴본 바 대외정책상 여러 가지 방식의 공존은 권력확대와 집중이 얼마만큼 강력한 관성을 갖는지 보여 준다. 제국은 가능한 광역에 그 권력을 확대하고자 했다. 그것은 단지 제국이 동원할 수 있는 권력자원의 한계, 지리적 원근, 현지의 전략적·경제적 가치, 그리고 수반되는 비용 등에 의해 제한되었을 뿐이다. 비용은 지리적 원근에 의해서뿐만 아니라 현지인들의 저항능력 등에 의해서도 결정되었다. 그 결과 한이 채택한 지배방식은 시기적으로뿐만 아니라 지역이나 민족들에 따라 차이가 있었다.

전한 초기와 같이 내부적으로 권력자원 동원능력이 약했을 때에는 비용이 덜 드는 간접적인 방식이 선택되었다. 그렇지만 그러한 능력이 확보되었을 때 대대적인 정복사업을 통해 주변 지역들에 대한 군현화가 이루어졌다. 그리고 그것이 국력을 피폐하게 했을 때에는 다시 간접적인 방식으로 전환되었다. 물론 개별 지역이나 민족들에 따라 수반되는 비용도 달랐기 때문에 지배방식도 달랐다. 상대적으로 통제하기 어렵고 경제적 가치가 적은 유목민들에 대해서는 간접적인 지배가 선택된 반면, 통제하기 쉽고 경제적 가치가 큰 정착민들에 대해서는 직접적인 지배가 시도되었다.

## 4. 조공체제의 등장

### 역사적 기원

중국의 일부 역사가들은 조공체제의 연원을 역사적으로 주 시기의 종법적 질서에서 찾는 것 같다. 즉 조공체제는 천자와 제후의 봉건적 관계가 국제적으로 확장된 결과라는 주장이다. 그런데 역사 초기 성읍국가 체제 하에서 각 정치체는 씨족적 지배형태였고, 중심국가도 광역에 대한 지배능력을 갖지 못했다. 일시적으로 정벌을 통해서 이민족을 복속시켰더라도 간접지배 방식이 취해지지 않을 수 없었다.[96] 봉건제는 이러한 상황적 산물이었다. 그리고 서주의 동성제후 분봉은 사실상 천자의 지배를 강화하는 목적으로 시도된 것으로 국가간의 질서로 보기는 힘들다.

그렇다면 고대 중원과 이민족들의 관계는 어떠했을까. 『죽서기년竹書紀年』과 같은 초기 문헌들에는 융戎과 이夷 등 여러 주변 민족들과 일정한 방식의 접촉이 수록되어 있다. 이를테면 이민족이 천자를 찾아오는 것은 대개 '빈賓'으로 표기되고, 부분적으로만 '조朝'로 표기되었다. 다만, 제후에 의한 천자 방문은 모두 '조朝'라 했다. 이것은 왕과 제후의 관계는 형식상 위계적이었지만, 이민족은 대등한 입장에 있는 일종의 손님으로 간주되었음을 시사한다. 천자의 사신이 이민족을 방문하는 경우도 있는데, 이것은 '빙聘'이라 했다. 『설문해자』에 의하면, '빈賓' 자에는 패貝가 포함되는데, 이것은 예물을 의미한다. 따라서 『죽서기년』에서 '빈'할 때 예물을 바친('獻', '貢') 기록은 드물지만, 대개 예물이 있었을 것이다. 『죽서기년』에 출현하는 이민족에 의한 '빈'(16회)과 '조'(3회)의 기사는 각기 하 4회, 상 5회,

96 李春植, "朝貢의 起源과 그 意味—先秦時代를 中心으로—," 1969: 18.

서주 10회였다.[97]

이러한 개념들은 중원의 중심국가와 그 주변 국가들 사이에 일정한 정치적 질서의 존재를 시사하지만, 제도화된 관계를 명시하지는 않는다. 어떤 민족이 반복해서 중원국가에 '빈'을 행하는 경우는 거의 없다. 또한 '빈'을 하는 민족도 비슷한 시점에서 천자에 의해 정벌되기도 한다. 이것은 중원과 주변 민족들 사이의 조공은 제도화되어 있지 않았음을 말해 준다. 지리적으로 멀고 문화적으로 다른 이민족은 본디 의미의 조공책봉과 같은 제도적 방식으로 통제하기가 쉽지 않았을 것이다.

중원에 강력한 중앙집권적 영토국가가 형성되면서 비로소 주변의 이적에 대한 정책도 본격화되었다. 특히 진한과 같이 중원의 통일제국은 현격한 힘의 격차를 이용해 주변 민족들을 비교적 쉽게 공략했다. 그렇지만 전한 중반까지도 조공체제는 그 기반이 취약했다. 이를테면 위에서 언급한 것처럼 『회남자』의 저자 유안劉安에 의하면, 하·은·주 3대 이래로 남과 북의 이민족들이 천자의 명령을 받지 않았다. 마찬가지로 위에서 소개되었던 것처럼, 기원전 51년 한에 귀의한 흉노 선우의 대우에 관한 논의에서도 이적이 진귀한 예물을 가지고 조공한 일은 자고이래 없었다고 전제하고 있다.

더욱이 대표적인 정복자로서 진시황과 한무제는 이적의 지역을 대대적으로 공략한 뒤, 조공관계를 구축하지 않고 그곳에 군현을 세워 직접지배를 지향했다. 조공관계는 특히 황제의 절대적 지배체제하에서 용납될 수 없었을 것이지만,[98] 사실 조공체제에 대한 인식이 부족했을 뿐만 아니라

97 각각의 숫자는 中國哲學書電子化計劃의 『竹書紀年』을 검색한 결과임(http://ctext.org/zhushu-jinian/zh). 서주 시기 제후가 천자를 찾는 것은 내조來朝, 이민족이 찾는 것은 내빈來賓으로 구분된다는 지적은 김한규, 『古代中國的世界秩序研究』, 1992: 120-121 참조.

98 방향숙, "古代 동아시아 冊封朝貢體制의 원형과 변용," 2005: 27.

권력적 기반도 취약했다. 왜냐하면 조공관계는 제국이 광역에 대한 지배를 지향하되, 주변 국가들도 제국에 의한 직접지배가 불가능할 정도로 일정한 저항능력을 갖추고 있을 때 비로소 가능하기 때문이다. 조공관계는 앞서 언급한 것처럼 일종의 비대칭적 균형을 전제로 한다. 그러한 균형이 이루어질 때까지는 권력의 팽창과 집중의 관성은 제어되지 않았다.

### 제국의 조공체제

오늘날 중국의 지리적 범위는 대략 전한 중반 무제 시기에 정해졌다고 간주된다. 권력규모 이론의 시각에서 본다면, 이것은 무제 시기 한의 영역이 고대 중국제국의 최대 범위에 해당하며, 권력의 외부적 팽창이 멈추게 되었음을 의미한다. 다시 말해 중원과 그 주변 사이 권력이 일정한 균형에 이르게 되었던 것이다.

전해종에 의하면, 전한 100여 년을 다룬 『사기』에는 한나라 우위의 제도화된 조공에 관한 기사가 거의 없다.[99] 물론 그는 후한 초반에 작성된 『한서』에서 그보다 훨씬 많은 관련 기사가 있다는 점에 의거하여 조공관계가 점차 제도화되어 가는 과정에 있다고 보았다. 어쨌든 전한시대 조공의 내용은 공물의 헌상, 칭신, 입시入侍, 인질, 숙위, 인수 하사 등 단편적인 사례들로 되어 있다. 특히 제도화된 조공관계가 갖춰야 할 형식, 즉 사행의 규칙성, 그 구성과 절차 등을 포함하는 기사는 많지 않다. 여기에 변화를 가져온 계기는 무제 시기에 추진된 흉노·서남이·조선·남월 등 사방에 대한 대대적인 정복사업이다.

앞서 상술한 것처럼 무제 시기에 흉노는 물론 남월·조선·서남이 등

99 그는 『사기』와 『한서』의 본기와 외국열전을 분석해, 전자에서는 20여 개, 후자에서는 새롭게 100여 개의 대외적 조공과 관련된 개념들의 용례를 확인했다(全海宗, "漢代의 朝貢制度에 대한 一考察—〈史記〉·〈漢書〉를 통해—," 1973: 4-12).

사방에 대한 정복이 대규모로 행해졌다. 즉 사해의 군현화를 통한 일원적 지배질서가 추진되면서 중국과 이적의 이원적 구조는 부정되었다. 과거 해외로 인식되었던 이적들이 대거 해내, 즉 중국에 편입되거나 그 밖으로 축출되었다. 편입은 단순히 정복지에 대한 군현의 설치에 그치지 않았다. 실제 내지와 유사한 방식의 중앙집권적 통치가 시도되었다. 이를 위해 무엇보다도 대규모 이주를 통해 변경을 강화시키는 소위 사민실변 정책이 시도되었다.

사민실변 정책은 주로 서북부지역에서 실시되었는데, 기원전 127-128년 오르도스에서 흉노를 몰아낸 뒤 삭방군과 오원군를 설치하고 10만여 명을 동원해 방어선을 구축했고, 120년 가을 관동지역의 수재를 계기로 그곳의 주민 70여만 명을 관서로 옮겨 삭방 이남과 신진新秦으로 명명되는 오르도스 지역을 채웠다. 한은 이주자의 옷과 음식을 모두 정부가 제공하는 등 적극적인 이민정책을 벌였다. 그 이후에도 이주는 계속되었다. 역사서에 의하면, 기원전 111년 "상군·삭방·서하·하서에 전관田官을 열어 척졸 60만 명이 그곳에 둔전을 했다."[100]

한은 오르도스에 이어 하서지역도 공략했는데, 혼야왕渾邪王이 기원전 121년 4만 명을 이끌고 항복했을 때 그들을 다른 곳으로 옮겨 속국으로 편제했다.[101] 대신 현지에는 기원전 111년까지 주천酒泉·무위武威·돈황敦煌·장액張掖 등 4군이 차례로 설치되었다. 역사서는 자세한 수치를 제시하지 않지만 정부의 지원에 의한 대규모 이주정책이 수반되었다는 점을 명시하고 있다.[102] 그 후 하서지역을 너머 서역에 대한 공략이 계속되었는데, 대규모 이주정책은 아니지만 둔전이 실시되면서 해당 지역에 한인들이 배치되었다. 즉 "돈황에서 염택까지 도처에 정亭을 세웠고, 윤대輪臺와 거리

---

100 『漢書』 卷二十四 「食貨志」; 『史記』 卷三十 「平準書」.

101 혼야왕의 항복과 속국의 설치에 대해서는 이 책 3장 2절과 10장 3절 참조.

102 『漢書』 卷六 「武帝紀」, 卷二十四 「食貨志」; 『史記』 卷三十 「平準書」.

渠犁에 모두 수백 명의 전졸田卒이 있었다. 사자교위使者校尉를 두어 보호하고, 외국에 사절로 가는 자들에게 숙식을 제공했다."[103]

강족·서남이·월·요동 지역도 마찬가지였다. 거기에는 다수 원주민들이 거주하고 있었다. 한은 그곳을 공략해 군현을 세우고 처음에는 과세하지 않고 현지 지배층에 의한 통치를 인정하기도 했다. 그러나 그곳에는 중앙과 특히 주변 군현의 재정적 지원을 통해서 한인들이 대거 이주했다. 정부에서는 범죄자 등 사회 하층민들을 모집해 그곳의 토지를 개간하는 등 적극적인 이주정책을 실시했다. 한의 지배와 외지인의 이주에 현지인이 저항했지만, 차례로 진압되었다.[104]

물론 현실에서 내신과 일부 외신의 군현화가 어느 정도 구현되었는지는 의문의 여지가 있을 것이다. 일부 군현은 적어도 초기에는 이전의 관습에 따라서 현지인 지배자에 의해 통치되었고, 정상적으로 세금이 징수되지 못했다. 일부의 군현은 설치된 지 얼마 지나지 않아 철폐되거나 통합되지 않을 수 없었다. 또한 도호부·속국도위·부도위·도 등 이민족 지역에 대한 다양한 통치형태는 현실적 타협과 군현화의 한계를 말해 준다.

더욱이 무제의 천하에 대한 지배전략은 적지 않은 인적 희생과 물적 비용을 야기했다. 그와 관련된 기록은 수없이 많다. 이를테면 『사기』「평준서」에 의하면, 처음 무제가 집권했을 때 경제적 상황은 매우 양호했다. 정부의 창고에는 많은 재화가 보관되어 있었다. 그리고 수도는 물론 지방의 곡식창고에 곡식이 넘쳐나서 노천에 쌓아 두어 썩을 정도였다. 경제적으로 여유가 생기자 사회적으로도 질서가 잡혔다. 그렇지만 무제 시기에 대대적으로 벌린 대외적 팽창은 높은 비용을 치르지 않을 수 없었고, 그것은 무엇보다도 백성들의 경제적 파탄으로 이어졌다. 위 문헌은 그 상황을 다

103 『漢書』 卷九十六「西域傳」.

104 『史記』 卷三十「平準書」; 『漢書』 卷二十四「食貨志」.

음과 같이 전하고 있다.

> 엄조嚴助와 주매신朱買臣은 동구東甌를 불러들여 양월兩越을 평정했으나 장강과 회수淮水 사이가 늘 소란스러워 힘을 거기에 소비했다. 당몽唐蒙과 사마상여司馬相如가 길을 열어 천여 리의 산을 깎고 길을 놓아서 파촉巴蜀 지방을 개척하니 그곳 백성들은 피폐함을 감당하지 못했다. 팽오彭吳는 예맥濊貊과 조선을 중국과 통하게 하고 거기에 창해군滄海郡을 설치하니, 연燕과 제齊의 백성들에게 바람에 초목이 쓰러지듯 난리가 닥치기 시작했다…… 날이 갈수록 전쟁이 많아지자 출정하는 사람들은 옷과 먹을 것을 휴대했고, 출정하지 않는 사람들은 군수품을 보내야 했다. 중앙과 지방이 소요로 인해 불안을 겪고 그 정도가 심해짐에 따라 백성들은 매우 빈곤하게 되어, 마침내 교묘한 방법으로 조정의 법령을 피해 나가자 정부의 재정은 날로 어려워졌다.[105]

문제는 단지 국가의 재정적 파탄 자체에 있지 않았다. 정부는 부족한 재원을 조달하기 위해서 변칙적인 방법을 사용했고, 이것은 다시 사회질서의 이완은 물론 백성들의 저항으로 이어졌다. 이와 관련해 원제元帝 때 어사대부를 지낸 공우貢禹(기원전 127-44)는 다음과 같은 글을 올렸다.

> 무제는 즉위 초에 인재들을 등용해 수천 리의 영토를 개척했습니다. 그가 자신의 업적이 크고 위엄이 행해지고 있다고 생각해 마침내 사치와 욕망을 좇자 그 비용이 부족하게 되었고, 이에 (그 비용을 조달하기 위해) 각종 제도들을 고쳤습니다. 즉 범법자들을 속죄하게 하고 곡물을 내면 관리로 충원했습니다. 그로 인해 온 천하가 사치에 빠지고 관리의 기강이

105 『史記』 卷三十 「平準書」; 『漢書』 卷二十四 「食貨志」.

> 어지러워지고 백성은 가난해졌습니다. 도적은 도처에서 일어나고, 호적을 버리고 다른 지역으로 도망가는 자들이 많아졌습니다.[106]

더욱이 무제 시기의 대외전략은 한의 대외인식의 폭을 크게 확대시켰다. 서역의 너머에는 오늘날 인도와 파키스탄에 해당되는 신독국身毒國과 같은 국가들이 있었다. 서남으로 파·촉과 서남이를 넘어 오늘날 베트남 북부지역까지 군현화했지만, 여전히 그 너머에는 영향권 밖의 종족들이 있었다. 동북으로 요동지역과 한반도 북부에 이르렀으나 그 너머에는 또 다른 종족들이 확인되었다.

이러한 의식의 확대는 대외정책에 새로운 변화를 요구했다. 이제 천하는 황제의 직접적 지배 아래 두기에는 너무 크다는 것이 분명해졌다. 적어도 '보천지하 막비왕토溥天之下莫非王土'는 정복이나 군현의 설치와 같은 직접적인 방식으로 도달할 수 없는 이상에 불과했다. 천자의 보편적 지배에 변화가 있지 않으면 안 되었다. 권력이론의 측면에서 본다면, 무제 이후 팽창정책의 중단은 그의 대외팽창, 특히 그 과정에서 간접지배가 아닌 직접지배 전략의 실패에 대한 학습효과에 가깝다.

당시의 국제정치적 상황에서도 조공체제는 수용될 수 있는 대안이었다. 현격한 힘의 차이를 특징으로 하는 비대칭적 구조하에서 중국이 내적으로 혼란하거나 분열되지 않는 한, 주변 국가들이 중국을 정복할 가능성은 매우 낮았다. 그렇지만 그들도 일정한 저항능력을 갖추었기 때문에, 제국의 입장에서 정복과 지배에 드는 비용이 수익에 비해 훨씬 컸다. 그렇다고 천하에 대한 지배자로서 황제의 덕이 미치지 않는 지역의 존재는 이념적으로 불안정했다. 또한 주변 국가들이 제국의 넓고 긴 국경지대를

106 "武帝始臨天下, 尊賢用士, 闢地廣境數千里, 自見功大威行, 遂從耆欲, 用度不足, 乃行壹切之變, 使犯法者贖罪, 入穀者補吏, 是以天下奢侈, 官亂民貧, 盜賊並起, 亡命者衆."(『漢書』 卷七十二 「貢禹傳」)

국지적으로 침략할 소지는 있었다. 이러한 복잡한 요구를 충족할 수 있는 유력한 대안의 하나가 조공체제였다. 그것은 조공체제만이 황제에게 명목상 우위를, 주변 국가들에게 실제적 자주성을 인정하는 방식이었기 때문이다.

결국 무제 이후 한의 지배이념을 제공하는 유가들은 황제의 지배범위를 가급적 해내, 즉 중국에 국한시키고자 했다. 그들은 명목상 이적이 금수와 같아서 황제의 덕으로 교화할 가치가 없다고 전제하면서도, 한의 능력으로 천하를 지배하기란 불가능하다는 점도 분명히 지적했다. 염철회의 이후 물리적 강제보다는 도덕적 교화를 강조하는 그들의 주장이 대외정책 이념으로 자리 잡게 된 것은 당연했다.[107] 선제 때 흉노의 호한야 선우가 한에 내신으로 신복하고자 했을 때, 한의 조정에서는 그를 외신外臣으로 정했다. 즉 신속하겠다는 이적조차도 제국의 직접적 지배 밖에 두었던 것이다. 왕망 시기에 일시적으로 이상주의가 제기되기는 했으나 그것을 실천에 옮길 여지는 없었다. 따라서 후한 시기에 이르러 전한 후반의 정책으로 복귀했다.

## 동아시아의 사례

한편 한국 그리고 일본을 포괄하는 소위 동아시아의 국제질서는 어떻게 등장했는가. 기원전 2세기 초에 쓰여진 『사기』에는 지금의 만주와 한반도 북부에 위치했던 조선에 대한 기록만이 등장한다. 조선 주변이나 한반도 남부, 그리고 일본에 대한 기록은 없다. 물론 이것은 이 지역에 사람이 살지 않았다거나 정치조직이 없었다는 것을 의미하지는 않는다. 다만 이들은 한과 접촉하지 않았을 뿐이다. 그들과 한의 관계는 후한 시기에 이르러

107 傅斯年, "評'秦漢統一之由來和戰國人對於世界的想像'," 2003: 7-9.

점차 가시화되었고, 특히 그들이 중국의 남북조와 수당 시기 통일된 (고대) 국가로 성장하면서 그들과 중원의 제국 사이에는 복잡한 국제정치가 전개되었다.

고대 동아시아에서 한의 질서에 들어온 최초의 나라는 조선이었다. 그런데 한의 조선정복을 자세하게 기술한 『사기』는 위만衛滿부터 시작할 뿐이고, 『한서』도 그것을 그대로 옮겨놓고 있다. 그 이전 조선의 역사는 『후한서』「동이전」의 예濊에 관한 부분에서 비로소 언급된다. 여기서 조선의 최고 통치자는 후侯로서 춘추시대 제후의 작위명으로 등장한다. 그것은 위 문헌에 사실상 처음으로 명시되고 있는 것으로, 조선이 주의 무왕이 봉했다고 하는 기자箕子의 후예로 간주된 결과일 것이다. 어쨌든 전국시대 중원의 국가들이 왕의 칭호를 사용하자 조선후 준準도 왕을 칭했다.[108] 그것은 조선과 인접한 연燕이 기원전 323년 칭왕했던 시점과 비슷했다.[109]

기원전 221년 진이 중국을 통일하자 조선의 왕 부否가 시황제에게 사신을 보냈다고 한다. 조선은 이미 연燕의 장군 진개秦開에 의해 서쪽 영토 2천 리를 상실한 상황에서 진秦의 공격을 두려워해 진에 신속했다. 그렇지만 조선은 왕이 직접 황제를 조회하는 것은 거부했다. 한의 건국 후 제후국 연 출신인 위만이 부의 아들 준準에게서 왕위를 빼앗았다. 그는 왕호를 자칭했고, 나중에 요동군 태수와 약정해 한의 외신外臣이자 조선의 왕으로서 인정받았다. 그렇지만 앞서 언급한 것처럼 그의 손자 우거右渠 시기에 한 무제는 조선을 멸망시키고 한의 군현체제에 편입시켰다.

그렇지만 조선 이외에도 동아시아에서는 부여夫餘, 그 일파인 고구려高句驪(麗), 그리고 그 외에도 읍루挹婁·동옥저東沃沮·예濊·삼한三韓·왜倭〔일본

108 『後漢書』 卷一百十五 「東夷傳」.

109 李基白, 李基東, 『韓國史講座』I (古代篇), 1982: 58.

日本〕 등과 같은 세력들이 있었다. 그들도 다른 지역과 마찬가지로 오랜 시간을 거치면서 정치세력으로 성장했다. 다만 중원이나 조선보다 늦었을 뿐이다. 그들은 서남이와 마찬가지로 여러 부족들로 나뉘어 군장들에 의해 통치되었다. 그들은 후한 이후 본격적으로 한과 관계했다. 그들에 대한 체계적인 기술은 『후한서』「동이전」에 등장한다.

그 가운데 일부 부족들이 먼저 고대국가 체제를 갖추어 나갔다. 한국사와 관련해서는 부여와 고구려가 대표적이다. 먼저 부여는 오늘날 길림성의 중앙에 흐르는 송화강松花江 유역을 중심으로 했다. 즉 "부여국은 현도의 북쪽 천 리에 있고, 남으로 고구려, 동으로 읍루, 서로 선비鮮卑와 접하며, 북으로 약수弱水가 있다. 땅은 2천 리로 원래 예濊의 땅이다." 한편 "고구려는 요동의 동쪽 천 리에 있고, 남으로 조선·예맥濊貊, 동으로 옥저, 북으로 부여와 접하고 있고, 땅은 2천 리이다."고 전한다.[110]

부여는 조선 다음으로 부상한 나라였다. 후에 한국사의 중요한 고대국가로 성장하는 고구려나 백제는 모두 자신들을 부여의 별종으로 간주했다. 백제의 왕족은 부여씨라 했고, 한때 국호를 남부여라고 했다. 고구려의 건국신화는 부여의 일파가 남하해 건국했음을 보여 준다. 부여의 등장과정은 별로 알려지고 있지 않은데, 『사기』는 한의 제후국 연燕이 북쪽으로 오환烏桓과 함께 부여와 경제적으로 교류했다는 것만 한 차례 기록하고 있다.[111] 『한서』에서는 전한 말 왕망 시기에 부여가 고구려·예맥 등 다른 동이세력과 더불어 한의 국방에 불안정 요소로서 등장한다. 따라서 부여도 전한 초기, 즉 기원전 3세기경 이미 존재했고, 어느 시점에서 왕의 칭호를 갖게 되었다고 할 수 있다.[112]

다섯 개 부족들의 연맹체였던 고구려는 부족의 장은 대가大加, 연맹체

---

110 『後漢書』 卷一百十五「東夷傳」.

111 『史記』 卷一百二十九「貨殖列傳」.

112 국사편찬위원회, 『韓國史 4: 初期國家 古朝鮮·夫餘·三韓』, 2003: 63.

의 장은 왕이라 불렀다. 부여에 비해 시기적으로 늦은 고구려의 건국 과정은 중국의 문헌에 나오지 않고 고려때 편찬된 『삼국사기』에 등장한다. 여기에 따르면, 고구려의 시조 주몽朱蒙, 즉 동명성왕東明聖王은 기원전 37년 부여로부터 남하해 압록강 중류지방에 건국했다. 그렇지만 전한 말까지 고구려와 부여는 왕국으로서 한으로부터 왕의 인수를 받는 단계가 되었다. 고구려는 유리왕琉璃王 33년, 즉 왕망 집권 초인 서기 14년에 현도군의 고구려현을 습격해 취했다.[113] 왕망이 신新을 건설하고 주변 민족들의 왕王을 후侯로 낮추기 위해 사신을 보내 한의 인수를 바꾸었는데, 거기에는 고구려와 부여도 포함되었다.[114]

후한 초 부여와 고구려는 사신을 보내 왕호를 회복하고, 한과 일종의 조공책봉 관계를 형성했다. 『후한서』에는 부여왕이 사신을 보내 봉헌한 것(49년, 161년, 174년), 왕자 위구태尉仇台를 낙양까지 보내 공물을 바치자 황제가 그에게 인수와 금채金綵를 하사한 것(120년), 부여왕 자신이 내조해 큰 대접을 받은 것(136년)이 기록되어 있다. 또한 한과 군사적인 협력도 있었는데, 부여는 왕자를 보내 한의 지방정부와 함께 현도성玄菟城을 포위한 고구려·마한 등의 군사를 격파한 경우도 있었다(121년). 적대적 행위도 없지 않았는데, 부여가 현도군을 포함한 한의 변경지역을 노략질한 사례들도 있었다(107년, 166년).

고구려와 관련해 『후한서』에는 사신을 보내 조공을 바치고 왕의 인수를 받은 것(32년)과 사신을 보내 조공을 바친 것(109년) 등 2차례 기록이 있다. 그렇지만 고구려는 여러 차례 한의 변경지역을 침범했는데, 후한 광무제 때 한의 군현인 우북평右北平·어양漁陽·상곡上谷·태원太原을 침범했다(49년). 그 이후에도 고구려는 한의 변경지역을 자주 침범했는데, 요동군의

---

113 『三國史記』 卷十三 「高句麗本紀」(一).

114 『漢書』 卷九十九 「王莽傳」.

6개 현을 약탈하거나(105년), 예맥 및 마한 등과 함께 현도·요동 등 한의 변군을 공격했다(118년, 121년). 특히 121년 전쟁에는 앞서 언급한 것처럼 부여의 왕자 위구태가 2만 명을 이끌고 한의 지방군을 지원했다.

그런데 역사서들은 부여와 고구려 양국이 후한 시기 때때로 현도군이나 요동군과 같은 한의 변군에 '속해 있음〔屬〕'을 명시하고 있다. 그것이 서남이와 같이 형식상으로나마 군현체제의 귀속을 의미하는지, 아니면 요동군과 조선의 관계에서처럼 외신으로서 단지 관리의 대상이었음을 의미하는지 분명하지 않다. 어쨌든 그들은 한으로부터 왕의 칭호를 공식적으로 인정받았을 뿐 아니라, 국내적으로 국가형태를 갖추고 국제정치의 독자적인 세력으로 등장했다. 그들은 한에 조공도 했지만, 양자 사이에는 자주 물리적 충돌이 발생했다.

한사군이 한반도의 북부지역에 한정되었다면, 그 주변의 민족들은 어떤 관계에 있었을까. 먼저 조선의 주변에는 작은 나라들이 있었다. 이를테면 동옥저나 읍루는 대군왕이 없고 각 마을에 장수長帥나 대인大人이라는 지도자들이 있었다. 그들은 주로 부여 그리고 나중에는 고구려에 신속되었다.

한편 한반도 남부에는 수십 개의 부족들이 마한馬韓·진한辰韓·변한弁韓, 즉 삼한三韓의 연합체를 구성하는 방식으로 존재했다. 이들에 대해서 후한은 낙랑군을 통해서 칭호와 인수를 줌으로써 위계적인 제국의 질서를 형성했다.[115] 『후한서』「동이전」은 건무建武 20년(서기 44년) 한인韓人·염사인廉斯人·소마시蘇馬諟 등이 낙랑군에 가서 공헌貢獻하니, 광무제가 소마시를 한염사읍군漢廉斯邑君에 봉하고 낙랑군에 소속시켜 사시에 조알朝謁하게 했다고 전한다.[116] 유사하게 『삼국지』「동이전」에도 다음과 같이 언

---

115 『後漢書』 卷一百十五 「東夷傳」; 김한규, 『한중관계사』 I, 1999: 143.

116 『後漢書』 卷一百十五 「東夷傳」.

급되고 있다. 즉 제한국諸韓國의 신지臣智에게 읍군邑君의 인수印綬를 가사加賜하고 그 다음의 (군장들에게는) 읍장邑長의 인수를 주었다. 그 풍속에 의책衣幘을 좋아해, 하호下戶들이 군에 가서 조알朝謁하고 모두 의책을 가수假授받으니, 스스로 인수와 의책을 착용한 자가 1천여 명이나 되었다.[117] 읍군은 한이 주변 소국의 우두머리들에게 부여하는 작위였다.

삼한의 소국들이 백제와 신라 등 고대국가로 발전해 왕의 칭호를 갖게 된 것은 몇 세기 지난 5, 6세기경이었다. 원래 마한의 최고 책임자는 목지국왕目支國王으로 알려져 있으나, 거기에 부속되었던 백제 등 소국의 지도자들은 신지臣智 · 읍차邑借 등으로 불리었다. 후에 백제가 마한의 중심국가가 되어 한강 유역을 장악하면서 왕호를 사용했는데, 정확한 연도는 알 수 없다. 다만 2009년 발견된 백제 무왕武王의 비석문인 미륵사금제사리봉안기彌勒寺金制舍利奉安記에는 대왕폐하大王陛下라는 칭호가 나온다. 따라서 538년 백제가 사비성泗沘城에 도읍할 당시에 칭왕했던 것으로 추론된다. 또한 『남제서南齊書』에는 백제 개로왕蓋鹵王(455-475년 재위)이 일부 귀족들에게 왕이나 후의 작위를 주고 사후에 그것을 황제에게 인가받고자 청하는 글이 있다.[118]

한편 신라에서는 거서간居西干 · 차차웅次次雄 · 이사금尼師今 · 마립간麻立干 등의 명칭이 사용되었다. 왕호는 22대인 지증왕智證王 4년(503년)에 처음 사용했다고 한다.[119] 왕호의 사용이 왕권의 강화와 관련되는 점은 지증왕의 관련 기록에서 나타난다. 고려시대 김부식의 『삼국사기』에 다음과 같은 기록이 있다.

117 『三國志』 卷三十 「魏書 · 東夷傳」; 김한규, 『한중관계사』 I, 1999: 128-129.

118 『南齊書』 卷五十八 「蠻東南夷列傳」.

119 『三國史記』 「新羅本紀」 (四). 최근 발견된 유물에 의하면, 지증왕 시기에도 왕호는 한 사람이 아니라 여러 사람이 사용했다.

예부터 나라를 가진 자들은 모두 제帝나 왕을 칭했습니다. 우리 시조가 나라를 세운 지 지금까지 22대가 되었으나, 단지 방언方言으로 칭하고 아직 존호를 바로잡지 못했습니다. 이에 군신이 뜻을 합쳐 신라 국왕의 존호를 삼가 올립니다.[120]

한편 일본 지역은 고대에도 왜倭라고 불리었다. 『사기』에는 왜가 보이지 않는다. 왜는 『한서』에 비로소 등장하는데, 이것은 왜가 무제 이후에 한과 접촉하게 되었음을 시사한다. 『한서』 외국전에는 나오지 않고, 「지리지」의 조선 부분에 다음과 같이 짧게 덧붙이고 있다. "낙랑의 바다 가운데에 왜인이 있어서, 100여 국으로 나뉘어 있었고, 해마다 조공을 바치러 왔다."[121]

왜는 『후한서』의 「동이전」 맨 끝부분에 좀 더 자세하게 언급된다. 즉 "(삼)한의 동남 대해 가운데에 있고, 산과 섬에 의거하고 있으며, 대략 100여 나라이다. 무제가 조선을 멸망시킨 이후 통역을 써서 한과 교류한 나라는 30여 개 국으로 모두 왕을 칭하고 대대로 계승된다. 그중에서 가장 큰 왕은 야마타이국邪馬臺國인데, 낙랑의 국경에서 그 나라까지는 1만 2천 리이다."[122] 그 외에는 광무제(57년)와 안제(107년) 시기에 두 차례 사신을 파견해 조공했다는 기록이 있다. 특히 광무제는 왜의 노국奴國이 조공을 바치고 조현하자, 사절에게 인수印綬를 주었다고 한다.[123]

후한 초에 삼한의 여러 소국 군장들에게는 읍군의 칭호를, 왜의 한 소

---

120 "又觀自古有國家者, 皆稱帝稱王, 自我始祖立國, 至今二十二世, 但稱方言, 未正尊號, 今群臣一意, 謹上號新羅國王."(『三國史記』「新羅本紀」四)

121 『漢書』 卷二十八 「地理志」.

122 "倭在韓東南大海中, 依山島爲居, 凡百餘國. 自武帝滅朝鮮, 使驛通於漢者三十許國, 國皆稱王, 世世傳統. 其大倭王居邪馬臺國. 樂浪郡徼, 去其國萬二千里."(『後漢書』 卷一百十五 「東夷傳」)

123 『後漢書』 卷一 「光武帝紀」, 卷五 「安帝紀」; 『後漢書』 卷一百十五 「東夷傳」.

국 군장에게 그보다 높은 왕의 칭호를 부여한 것과 관련하여 역사학자들 사이에 논쟁이 있는 듯하다.[124] 위의 인용문에서처럼 어떤 이유에서이든 왜의 소국들 스스로가 모두 왕을 칭했다. 또한 왜 지역에 대한 이해가 충분하지 않은 상황에서 한은 자신에게 적극적으로 접근했던 노국왕의 칭호를 굳이 부정할 이유는 없을 듯하다.[125]

왜 노국왕의 황금인장(탁본)_'한위노국왕漢委奴國王'이라 쓰여 있다. 서기 57년 광무제가 노국의 사절단에게 준 것으로 추정된다. 일본 남부 규슈九州에서 발견된 것으로 한 변의 길이는 약 2.3cm이다.

일본의 경우 분열된 상황에서 일부의 국가들이 3세기경부터 중국에 대한 충성을 맹세했는데, 그것은 국내의 통일전쟁에서 라이벌에 대한 우위를 확보하기 위해서였다.[126] 이를테면 중국의 삼국시대인 239년 왜의 여왕 히미코卑彌呼가 삼국의 위魏에 사신을 보내 조현했을 때, 위의 황제는 그녀에게 외신으로 신속한 것처럼 조서를 전달했다. 그 내용인즉, "그대가 먼 곳에 있으면서도 사

124 왕의 칭호는 노국에게는 물론 한에게도 자신의 권위를 높이는데 도움이 되었을 것이다. 왜와 마찬가지로 100여 나라들이 있었던 서남이의 경우에도 한은 그 가운데 전滇이나 야랑夜郎과 같이 자신과 친교한 군장들에게 왕의 인수를 하사하여, 현지 지배의 교두보로 삼았다.

125 한과 교류한 왜의 소국들이 30여 개였다고 하나, 문헌상으로는 위의 두 차례 조공이 전부이다. 또한 한이 왜에 대해 잘 알지 못했던 것은 분명하다. 300여년이 지난 5세기 중반에 작성된 『후한서』조차도 왜가 "(지금의 해남도에 위치한) 주애朱崖·담이儋耳와 서로 가까워 그 풍속이 크게 비슷하다."고 기록하고 있다(『後漢書』 卷一百十五「東夷傳」).

126 Wang Zhengping, "2 Speaking with a forked tongue: diplomatic correspondence between China and Japan, 238-608 A.D.," 2011: 35.

신을 보내 조공하니 이것은 그대의 충효이다. 나는 그대를 매우 아껴 이제 친위왜왕親魏倭王으로 삼고, 금인과 자수를 하사한다."[127] 그는 사신들에게도 작위와 인수를 내리고 왜왕에게 여러 가지 선물을 하사했다.

이로써 왜는 위와 조공책봉의 관계에 있게 되었다. 이것은 히미코의 국내외적 지위를 강화시켰음에 틀림없다. 그녀는 그 후 240년부터 247년 사이에 4차례 사신을 위에 보냄으로써 그러한 관계를 유지시켰다. 그런 관계는 서진西晉 시기(265-316)까지 계속되었지만, 그 후 200년 가까이 단절되었다. 왜는 5세기 후반 남조南朝의 국가들과 외교적 관계를 다시 갖게 되었다.

## 종합

고대 동아시아 국제질서의 특징은 대국인 중국을 중심으로 그 주변에 작은 나라들이 있었고, 양자 사이에는 힘의 비대칭성이 있었다는 점이다. 중국 황제의 통치범위는 중국은 물론 그 주변의 나라들까지도 포괄해야 한다고 간주되었다. 황제가 실제 중국만을 통치한다고 하더라도 그의 권위나 영향력은 전체에 미친다는 생각이다. 따라서 황제는 특정한 국가의 통치자가 아니라 글자 그대로 천하의 통치자였다. 근대 이전에 제국帝國의 개념이 사용되지 않았던 것은 그러한 이유 때문일 것이다.

다만 앞서 언급한 것처럼 황제는 중앙집권적 통일국가와 긴밀한 관계가 있었다. 황제는 광역에 대한 직접적인 통치자인 것이다. 따라서 중국의 황제가 주변 국가들을 직접 통치하지 않는 상황에서 천하의 지배자로서 황제의 개념은 적합하지 않다고 볼 수 있다. 주변의 국가들에 대해서 명목상의 통치를 나타내는 데에는 주의 봉건제에서 최고 통치자였던 천자가

127 "汝所在踰遠, 乃遣使貢獻, 是汝之忠孝, 我甚哀汝. 今以汝爲親魏倭王, 假金印紫綬." (『三國志』 卷三十 「魏書 · 東夷傳」)

더 적합했을 것이다. 이러한 개념적 괴리에 대한 대응책은 황제와 천자의 칭호를 모두 사용하는 것이었고, 실제 일부에서는 그러했다. 이를테면 『예기』에서는 "천하의 군주가 천자이다."[128]라고 했는데, 여기에 대해서 후한의 문인 정현鄭玄(127-200)은 "천자는 (그 덕이) 사해까지 미치는 것을 말하고, 오늘날 한은 만이에서는 천자라 하고, 제후국에서는 황제라 칭한다."[129]는 주석을 달고 있다.

한편 동아시아 국제질서의 등장은 중국의 주변에서도 독자적인 국가들의 출현을 전제로 한다. 특히 고대국가의 형성은 왕호의 사용에서 드러나는 왕권의 강화와 관련된다. 조선·남월 등 전한 시기에 이미 왕의 칭호를 사용했던 국가들에서는 상당히 체계적인 국가조직이나 관직, 광역의 세력범위, 주변의 더 작은 국가들에 대한 영향력 등이 확인되고 있다. 다만 그들은 중국 황제의 신하로 자리매김을 함으로써 점차 중국적 질서에 들어가게 된다.

중국의 황제는 신속하는 왕이나 귀족들에게 인수를 주는 방식으로 그들과 군신관계를 제도화하고자 했다. 이미 한 시기에 그와 관련해 상당히 엄격한 규정이 있었다. 인수는 원래 중국 내에서 왕이나 황제의 관리를 증명하는 관인官印이었는데, 후에 주변 민족들의 수장들에게도 주었던 것이다. 인수는 인印, 즉 도장과 그 손잡이에 붙여 놓은 끈인 수綬로 되어 있는데, 그것들은 관직이나 작위에 따라 새긴 문자나 손잡이 모양, 색깔 등이 달랐다. 새긴 문자에 있어서는 중국 내 제후국의 왕, 즉 내신內臣에게 주는 인장은 '○○王(之)璽', 외신의 왕에게는 '漢○○王(之)章(또는 印)'이었다. 다만 앞서 언급된 왜의 노국왕 인수는 '漢委(=倭)奴國王'이라 하여 '국國'을 더하고 있는데, 외신보다 더 바깥쪽에 위치한 나라로서 해석되기도

128 "君天下曰天子."(『禮記』「曲禮下」)

129 "天子, 謂外及四海也. 今漢於蠻夷稱天子, 於王侯稱皇帝."(『禮記正義』卷四, 여기서는 〔淸〕阮元 校刻, 『十三經注疏』六, 1980: 1260)

한다.[130] 그렇지만 다른 비슷한 사례가 없어서 확실하게 말할 수 없는 듯하다.

역사가들은 이적의 수장들이 황제에게 조공하고, 황제가 이들에게 인수를 주어 책봉하는 질서를 소위 조공책봉 체제라고 한다. 황제는 명목상 우위에 있지만, 실제 주변의 국가들은 독자적인 정치세력으로 인정된다. 황제의 입장에서 직접적 지배가 불가능한 현실에서 자신의 보편적 지배이념을 관철할 수 있었다. 또한 중국이 분열된 상태에서는 각기 조공책봉을 통해 동맹이나 지지를 확보함으로써 국내의 다른 경쟁국들에 대해서 자신의 위상을 높여 줄 수 있었다. 나아가 조공책봉은 주변국들 사이의 갈등을 이용한 일종의 이이제이의 수단으로 활용되었다.

주변 국가들의 입장에서는 그들과 한 사이의 비대칭적 권력구조하에서, 황제의 권위를 인정함으로써 대외적 안전과 일정한 자주권이 허용되었다. 그와 함께 경제적으로는 교역이나 사여 등의 방식으로 한의 높은 문명을 활용할 수 있었다. 나아가 지배층의 입장에서 황제의 권위를 통해 국내 통치의 정당성을 공고히 할 수 있었다. 결국 동아시아 국제질서는 제국의 지역적 팽창이 한계에 도달하고 주변 지역에서 고대국가들이 형성되면서 양자 사이에 비대칭적 균형을 이룬 상황에서 등장했다.

---



130 요시노 마코토 지음, 한철호 옮김, 『동아시아 속의 한일 2천년사』, 2005: 36.

제 2 부

# 대국화의 이념

| 다섯 번째 |

# 대국화의 정치이론

# 5

이 장은 정치권력의 형성과 통합 과정을 뒷받침하는 정치이론을 살펴본다. 특히 춘추전국시대 제자백가 사상에 반영된 다양한 입장들이 검토된다. 주요 테마는 두 가지인데, 첫째는 자연상태와 국가의 기원, 둘째는 통합적 정치질서의 구상이다. 자연상태와 국가의 기원과 관련하여, 유가는 각기 문명적 낙후와 성인에 의한 계몽, 묵가는 무질서와 성인에 의한 조정, 법가는 갈등과 법·제도에 의한 해결, 도가는 평화와 무위의 정치를 강조했다. 한편 통합적 질서의 구상과 관련하여 유가는 봉건적 천하를 강조한다면, 법가는 패권적 천하에 기반을 둔다. 묵가는 전체적 사고가 강한 반면, 도가는 소국과민小國寡民의 자연적 천하를 지향한다. 통일제국 이후에는 통합적·절충적 입장이 두드러지나 점차 유가가 우위를 점한다.

## 1. 국가권력의 기능

최근 중국에서 국가통합의 요구가 커지면서 '대일통大一統'의 시각에서 선진 시기 정치사상을 해석하는 글들이 적지 않게 나오고 있다.[1] 주지하는 것처럼 춘추 말 공자孔子나 노자老子 등은 '도道'나 '인仁'과 같은 단일한 개념들을 통해 모든 인간과 사회에 보편적으로 관철되는 원리를 설명하고자 했다. 그와 함께 '천하', '사해', '사방' 등과 같이 광역을 포괄하는 공간적 개념들도 등장했다. 그러한 시도들이 이제 '대일통'의 사상으로 표현되고, 통일제국의 형성을 위한 이념적 기반을 제공한 것으로 간주된다.

그렇지만 어떤 정치적 아이디어든 그것이 형성되는 역사적 맥락을 벗어나서 이해할 수는 없다. 문헌을 통해서 정치에 관한 체계적인 아이디어가 전해지는 시기는 춘추전국과 그 이후이다. 특히 춘추전국시대는 각종 정치사상이 서로 경쟁해 크게 꽃 피운 백가쟁명·백화제방의 시기로 간주된다. 유가·법가·도가·묵가·잡가·음양오행가 등의 범주로 분류되는 각종 정치사상이 제기되었던 것이다. 그것들은 진한의 통일제국을 거쳐

1 丁德科, "老子的大一统思想," 2001: 76-81; 尹砥廷, "论孔子的大一统," 2002: 92-94.

공자 사구상. 공자는 노魯의 사구司寇로서 형벌과 사법을 담당한 적이 있다.

오늘날까지 중국 정치사상의 원류를 형성하고 있다.

그렇다면 춘추전국시대의 정치사상은 이 글의 주요 관심사인 대국화 과정을 어떻게 반영하는 것일까. 앞서 언급한 것처럼 초기의 정치질서는 소규모 성읍국가들이 산재하는 형태였다. 그들은 시간이 지나면서 서로 통합됨으로써 차츰 큰 정치체들로 변모했다. 특히 춘추전국시대에는 그러한 통합이 정치권력의 적나라한 작동, 즉 약육강식에 의해 매우 역동적으로 진행되었다. 정치사상은 이러한 시대적 요구에 대한 지적 대응이었다. 따라서 정치사상의 일차적 관심은 개별 국가들의 생존과 그것을 위한 전체적 질서와 관련되었다. 다만 통합이 진행되면서 천하의 통일적 질서에 대한 관심도 점차 커지게 되었다. 이러한 맥락에서 초기 정치사상에 대한 이해는 무엇보다도 정치권력의 기원과 그것의 통합에 관한 논의를 검토하는 데에서 출발하지 않을 수 없다. 실제 이 두 가지 주제는 대부분의 정치사상에서 찾아볼 수 있다.

먼저 역사적으로 국가권력의 기원과 그 정당성에 대한 이론적 근거는 몇 가지로 구분될 수 있다. 서양에서는 그리스의 자연국가론,[2] 신의 섭리에 기반을 둔 중세의 왕권신수설, 그리고 근대 이후 사회계약론 등이 대표적이다. 이 가운데 초기 중국사상과 가장 논리적 유사성을 갖는 이론은 사회계약론이다. 권력의 근원을 신이나 하늘과 같은 초월적 존재에서 찾는 왕권신수설은 중국의 천명사상과 유사하다. 그렇지만 중국에서 천명사상은 초기에 정치적으로 일부 활용되거나 제기되었을 뿐, 정치이념으

---

2 자연국가론의 대표적인 예가 아리스토텔레스이다. 그는 인간의 자연적 본성에서 국가의 기원을 설명하고자 했다. 그에 의하면, 인간을 정치적 동물로 만드는 것은 재생산 본능과 자기보존 본능이다. 재생산 본능에 의해서 가족이 탄생하며, 가족이 확대됨으로써 씨족과 같은 공동체가 등장한다. 그들은 자신을 보존하는 데 필요한 생필품의 조달을 위해서 일정한 공동체를 유지하게 된다. 이 관점은 국가의 형성을 단지 관습에 의한 것으로 간주했던 그리스 소피스트들과 차이가 있었다(Zarri, "Aristotle's Theory of the Origin of the State," 1948: 1-2).

로 공고화되지는 못했다.

국가의 기원에 관한 초기 중국의 정치사상은 17-18세기 서양의 사회계약론과 비교될 수 있는 측면이 강하다. 특히 사회계약론에서 제기하는 자연상태에 대한 인식은 국가권력의 존재 이유나 기능과 직접 연관되었다. 주지하는 바와 같이 홉스·로크·루소 등은 시민권 개념을 주장하기 위해서 국가형성 이전의 단계로서 자연상태를 가정했다. 그들에 의하면, 인간은 자유·평등·생명·재산과 같은 자연권을 가지고 있다. 다만 그러한 권리는 인간의 이기심과 한정된 자원을 둘러싼 경쟁 등에 의해 유지되지 못하고 혼란과 갈등이 발생한다. 그에 대한 대안으로서 사람들은 사회계약을 통해서 국가권력을 창출하고, 국가권력은 개인의 권리, 즉 생명과 재산 그리고 자유와 평등을 보호한다. 물론 자연상태의 역사적 실재 여부는 별로 중요하지 않다. 그것은 이론적으로 단지 정치나 국가가 없는 상태로서 상정되었을 뿐이다.[3]

초기 중국사상에서도 국가의 기원 또는 정치의 출발로서 자연상태에 대한 논의가 매우 풍부하게 발견된다. 유가·도가·법가·묵가 등 각종 정치사상에서 예외 없이 그에 관한 논의가 있다. 자연상태의 모습, 자연상태를 극복하는 계기나 주체, 그리고 방법 등을 둘러싸고 각기 상이한 논의들이 전개되었다. 다만 춘추전국시대 정치사상의 공통된 과제는 분열과 전쟁을 극복하고 질서와 평화를 구축하는 일이었다. 이것은 17-18세기 서양의 사회계약론에서 제시된 국가의 기능과는 달랐다. 사회계약론은 국가권력의 제한과 시민적 참여를 염두에 두고, 국가의 기능을 자연상태의 인간의 권리, 즉 자연권의 보호에 국한시키고자 했다. 그에 반해 중국의 사상가들은 무엇보다도 무질서와 전쟁의 와중에서 정치권력의 강화와 질서의 수립이 일차적인 관심사였다.

---

3 조긍호·강정인, 『사회계약론 연구』, 2012: 17-36.

다음으로 중요한 과제는 천하질서에 대한 구상이다. 그 시점은 정확히 알 수 없지만, 어느 단계에서 통합적 질서에 대한 요구가 제기되었다. 물론 앞서 언급한 것처럼 전국시대 말 진에 의한 전국의 통일을 앞둔 상황에서도 그 질서의 실체는 분명하지 않았다. 거의 모든 논의는 천하보다는 여전히 개별 국가의 생존과 이를 위한 통치전략에 집중되었다. 그럼에도 우리는 그 연장선에서나마 통합에 이르는 방법과 그 이후의 이상적 정치질서에 대한 아이디어를 찾아볼 수 있다.

## 2. 자연상태와 국가의 기원

### 유가와 계몽의 정치

유가에서 국가의 출발은 소위 성왕聖王·성인聖人 등으로 표현되는 인물들이다. 그들에 의해서 국가적 기능이 시작된 만큼, 자연상태는 그들이 등장하기 이전이다. 물론 유가에서 성왕은 구체적으로 지칭되는 경우가 많은데, 한 사람이 아니라 3황, 5제, 하의 우, 은의 탕, 주의 문왕과 무왕 등 시기적으로 다양하게 설정된다. 각기 그 목적이 다르지만, 『예기』·『상서』·『주역』·『맹자』·『순자』 등 유가의 경전이나 문헌에는 관련 논의가 포함되어 있다. 특히 자연상태에 대한 비교적 분명한 모습은 『예기』에서 찾아볼 수 있다.

> 옛날에는 집이 없어 겨울에는 동굴에서, 여름에는 나무 위에서 살았다. 익힐 불이 없어서 풀이나 나무의 열매, 새나 짐승의 고기를 날로 먹으며

그 피를 마시고 그 털을 통째로 먹었다. 옷감이 없어서 새의 깃털과 짐승의 가죽을 입었다. 후에 성인이 나타나서야 비로소 불의 이점을 이용하고, 쇠를 주조하고 흙을 개어 집과 창문을 만들고⋯⋯ 옷감을 짜서 옷을 만들었다. 산 사람을 부양하고 죽은 사람을 장사 지내며, 귀신과 하느님〔上帝〕을 모신 것이 이때부터이다⋯⋯ 임금과 신하의 관계를 바로잡고, 부자를 돈독하게 하고, 형제를 화목하게 하고, 상하의 질서를 가지런히 하고 부부를 구별하니, 이는 하늘의 복을 받았음을 말한다.[4]

이 글에서 성인의 출현 이전 자연상태는 문명적으로 낙후된 모습이다. 사람들은 의식주를 제대로 갖추지 못했다. 성인의 역할은 이들에게 의식주에 필요한 지식을 제공함으로써 물질적 여건을 개선하는 일이었다. 그와 함께 장례·제사·윤리 등 사회적 규범도 도입되었다. 여기서 정치의 주체는 성인이며, 그의 역할은 계몽의 의미가 강하다.

유가의 많은 문헌에서 역사의 시작은 비록 신화에 가깝지만 소위 3황이나 5제 시기이다. 이를테면 『주역』에 의하면, 포희씨包犧氏가 만물의 이치를 파악해 팔괘를 만들었다고 한다. 그 이후 해당 괘의 원리에 따라 신농씨·황제·요순 등이 차례로 그물·농기구·의복·수레·배·방아·절구·무기·집·관棺·문서 등 생활에 필요한 각종 도구나 일을 정했다.[5]

유가의 또 다른 경전인 『상서』에도 『주역』과 약간 상이한 방식으로 최초 정치의 시작을 보여 주는 장면이 포함되어 있다. 그것은 고대의 성왕

4 "昔者先王, 未有宮室, 冬則居營窟, 夏則居橧巢. 未有火化, 食草木之實, 鳥獸之肉, 飲其血, 茹其毛. 未有痲絲, 衣其羽皮. 後聖有作, 然後修火之利, 范金合土, 以爲臺榭宮室牖戶⋯⋯ 治其痲絲, 以爲布帛, 以養生送死, 以事鬼神上帝, 皆從其朔⋯⋯ 以正君臣, 以篤父子, 以睦兄弟, 以齊上下, 夫婦有所. 是謂承天之祜."(『禮記』「禮運」) 번역은 이상옥 역, 『新完譯 禮記』 中, 2003: 625-627; 吕友仁·吕咏梅 译注, 『礼记全译·孝经全译』, 1998: 428-432를 참조함.

5 『周易』「繫辭下」.

우禹의 치수도(한대 화상석)_삿갓을 쓰고 흙을 뒤집는 가래를 들었다. 옆에는 夏禹長於地理, 脈泉知陰, 隨時設防, 退爲肉刑(하우가 지리에 뛰어나고, 우물의 맥을 잘 짚고, 습한 곳을 알며, 수시로 방비시설을 설치하고, 체형을 폐지시켰다)라고 쓰여 있다.

으로 간주되는 순舜의 조치이다.

> 제帝가 말했다. 우禹여! 그대는 물과 땅을 다스리는 데 공이 있으니 그 일을 잘 힘써야 한다…… 기棄여! 백성이 오랫동안 기아에 허덕이고 있다. 그대는 농정을 담당하는 후직后稷으로서 백가지 곡식의 파종을 지도하라…… 설契이여! 백성이 서로 화목하지 못하고 오륜五倫을 지키지 않고 있으니 그대는 사도司徒가 되어 삼가 오교五教를 펴라…… 고요皐陶여! 밖으로 오랑캐가 중원을 침범하고 안으로 도둑이 끊이지 않으니 그대가 사士가 되어 오형五刑으로 단속하라.[6]

그 외에도 순은 수공업, 제사, 산과 택지, 음악, 납언納言 그리고 지방행정 등을 담당하는 관직을 두었다고 전한다. 『사기』「오제본기」에도 전사되고 있는 순의 언급은 초기 국가형성을 시사하는 신화적 내용이다. 강조점에서 볼 수 있는 것처럼 관직의 수행은 가난·불화·무질서·도적·전쟁 등과 결부되고 있다. 공자도 순의 관리임용과 관련해 "순이 다섯 신하가 있어서 천하가 잘 다스려졌다."고 언급한다.[7] 『상서』의 내용은 『맹자』에

6 "禹, 汝平水土, 惟時懋哉…… 棄, 黎民阻飢, 汝后稷, 播時百穀…… 契, 百姓不親, 五品不遜. 汝作司徒, 敬敷五教…… 皐陶, 蠻夷猾夏, 寇賊姦宄. 汝作士, 五刑有服."(『尙書』「虞夏書·舜傳」; 『史記』 卷一 「五帝本紀」) 번역은 李基奭·韓百愚 역, 『신역 서경』, 1979: 66-67; 顧頡剛·劉起釪, 『尙書校釋譯論』 第一册, 2005: 355-356을 참조함.

서 좀 더 분명하게 정리되고 있다.

맹자

요堯 시기에 천하가 아직 정리되지 못하고 홍수가 일어 천하에 범람했다. 초목은 무성하고 짐승들이 무리를 이루어 번식했다. 오곡은 아직 수확되지 않았고, 짐승들이 사람을 해쳤다. 짐승과 새의 발자국이 중국의 도처에 어지럽게 나 있었다. 이에 요가 홀로 걱정해 순舜을 뽑아 치리사업을 총괄하게 했다. 순은 익益에게 불을 관장하게 했고, 익이 산과 늪을 태우니 짐승들이 도망가고 숨었다. 우禹가 9개 하천을 통하게 하니…… 그 후에 중국에 곡식을 심을 수 있게 되었다…… 후직后稷은 백성들에게 농사를 가르쳐 오곡을 심게 했고, 오곡이 익자 백성들을 양육할 수 있게 되었다. 사람이란 배부르고, 옷이 따뜻하고 편안한 집이 있어도 가르침이 없으면 짐승과 가깝다. 성인은 그것을 근심해 설契을 사도로 삼아 교육을 주관하게 하니 부자유친·군신유의·부부유별·장유유서·붕우유신이 있게 되었다.[8]

위 구절은 원래 맹자孟子가 통치자와 피치자의 서로 다른 사회적 역할

---

7 『論語』「顔淵」.

8 "當堯之時, 天下猶未平, 洪水橫流, 氾濫於天下. 草木暢茂, 禽獸繁殖, 五穀不登, 禽獸偪人. 獸蹄鳥跡之道, 交於中國. 堯獨憂之, 舉舜而敷治焉. 舜使益掌火, 益烈山澤而焚之, 禽獸逃匿. 禹疏九河…… 然後中國可得而食也…… 后稷教民稼穡. 樹藝五穀, 五穀熟而民人育. 人之有道也, 飽食, 煖衣, 逸居而無教, 則近於禽獸. 聖人有憂之, 使契爲司徒, 教以人倫: 父子有親, 君臣有義, 夫婦有別, 長幼有序, 朋友有信."(『孟子』「滕文公上」) 번역은 楊伯峻, 『孟子譯注』, 1960: 123-134와 우재호 역, 『맹자』, 2007: 350-365를 참조함.

의 구분을 강조하기 위해서 말한 것이다. 특히 군자는 보다 중요한 정신노동을 담당하고, 육체노동은 피치자의 임무에 해당된다. 어쨌든 유가에서 예禮는 정치사회적 규범이나 질서를 의미한다. 요·순이나 하·은·주 3대 성인들의 역사적 역할은 그러한 정치질서를 도입한 것으로 부각된다.

물론 성인이 세운 질서는 종종 무너졌다. 시간이 지나면서 도덕정치가 사라지고 사회는 혼란스럽게 되었다. 역사적으로 하와 상에는 마지막 왕들인 걸桀과 주紂가 있었고, 서주말 이후에 그러한 예가 아예 무너지고 말았다. 따라서 유가의 입장에서 새로운 국가권력의 역할은 선왕, 즉 옛 성왕의 예법을 회복하는 데 있다. 『예기』의 다른 곳에는 "예란 그 근본으로 되돌아가 옛것을 닦고 처음을 잊지 않는 것이다."[9]라고 기록되어 있다. 공자는 요순 시기에 이상적인 정치가 이루어진 것으로 명시하고 있다.[10] 그는 상고시대 예의 회복, 이를테면 극기복례克己復禮를 주장했다.

한편 순자荀子는 맹자 등 주류의 유가와 약간 다른 생각을 보여 주고 있다. 『사기』에 전해지는 그의 생애를 보면, 순자는 당시 다른 사상가들과 유사하게 여러 나라를 떠돌아다녔다. 그는 조趙나라에서 출생하여 당시 학문을 장려하던 제의 직하稷下에서 유학을 비롯한 여러 학문을 익혔고, 한때 초나라에서 지방의 수령으로서 벼슬에 오르기도 했다. 그가 활동했던 전국 말에는 이미 법가사상이 성립되었으며, 순자도 그 영향을 받았을 것이다. 그는 인생의 대부분을 학문과 교육에 종사했는데, 그의 제자에는 법가사상을 집대성한 한비자와 진시황의 승상으로 활약한 이사가 포함

---

9 "禮也者, 反本修古, 不忘其初者也."(『禮記』「禮器」)

10 요에 대해 공자는 다음과 같이 언급하고 있다. "군주로서 요는 위대하고 숭고해 하늘과 비교될 수 있고, 그의 은덕은 형용할 수 없으며, 천고의 모범이 되고, 그가 만든 제도는 휘황찬란하다(大哉, 堯之爲君也! 巍巍乎! 唯天爲大, 唯堯則之. 蕩蕩乎! 民無能名焉. 巍巍乎! 其有成功也; 煥乎, 其有文章)."(『論語』「泰伯」) 번역은 楊伯峻 譯注, 『論語譯注』, 1980: 83-84; 李基東 譯解, 『논어강설』, 2005: 305를 참조함.

되었다.[11] 그의 학문은 유가의 도덕과 법가의 현실주의가 결합되어 있다.

자연상태에 대한 순자의 인식은 아래에서 언급되는 법가사상가들과 유사하다. 순자의 「예론」은 다음과 같이 시작하고 있다.

순자

> 예는 어디서 생겨났는가? 사람은 나면서부터 욕망이 있는데, 욕망을 채우지 못하면 추구하지 않을 수 없다. 욕망을 추구하는 데 그 기준이나 한계가 없다면 다툴 수밖에 없고, 다투면 혼란스럽고, 혼란스러우면 곤궁해진다. 옛 성왕은 그러한 혼란을 싫어해 예를 제정하고 분별함으로써 사람들의 욕망을 충족시켰다. 그리하여 사람들의 욕망이 물자의 부족으로 충족되지 않는 일이 없게 하고, 물자가 사람들의 욕망에 의해 다 소진되지 않게 함으로써 양자가 서로 균형이 있게 커지게 했다. 이것이 예의 기원이다.[12]

순자도 맹자와 같이 성왕에 의한 예의 정립을 정치의 기원으로 간주한다. 그렇지만 맹자가 자연상태에서 주로 문명적 낙후를 강조하는 것과 달리, 순자는 사람들의 무한한 욕망에 초점을 두고 있다. 순자에게 정치의 기능은 무엇보다도 욕망에 대한 조정에 있다. 그리고 순자의 입장에서 인

---

11 『史記』 卷七十四 「荀卿列傳」.

12 "禮起於何也 曰: 人生而有欲, 欲而不得, 則不能無求. 求而無度量分界, 則不能不爭; 爭則亂, 亂則窮. 先王惡其亂也, 故制禮義以分之, 以養人之欲, 給人之求. 使欲必不窮乎物, 物必不屈於欲. 兩者相持而長, 是禮之所起也."(『荀子』 「禮論」) 번역은 蔣南华等 译注, 『荀子全译』, 1995: 392-394; 김학주 옮김, 『순자』, 2008: 630-631을 참조함.

간은 태생적으로 집단적 존재이다. 집단 내에서 사람들 사이에 일정한 구분이 없으면 다투게 된다. 정치의 기능은 그것을 잘 조절하는 일이다.

> 사람은 태어나 집단을 이루지 않을 수 없다. 집단을 이루면서도 분별이 없으면 다투게 되고, 다투면 혼란해지며, 혼란해지면 궁핍해진다. 그러므로 분별이 없으면 사람들에게 크게 해롭고, 분별이 있으면 세상에 근원적으로 이롭다. 군주는 분별을 관리하는 핵심이다.[13]

예법의 기원에 대한 순자의 또 다른 설명으로서 잘 알려진 것은 그의 성악설과 관련된다. 그는 먼저 사람의 본성이 선하지 않고 악하며, 그 결과 다툼과 혼란이 발생한다는 점을 강조한다. 거기에서 그는 다음과 같이 성왕의 역할을 이끌어 낸다.

> 옛 성왕은 인간의 본성이 악하기 때문에 그들이 삐뚤어져 올바르지 않고, 무질서해 제대로 다스려지지 않는다고 생각했다. 그리하여 성왕은 예의를 일으키고 법도를 제정해 사람들의 마음을 올바로 교정하고, 사람들의 마음을 길들여 인도했다. 비로소 사람들이 다스려졌고, 이치에도 부합하게 되었다.[14]

순자에 의하면, 자연상태는 사람들의 욕망이 서로 충돌하는 것, 즉 갈

13 "人之生不能無群, 群而無分則爭, 爭則亂, 亂則窮矣. 故無分者, 人之大害也; 有分者, 天下之本利也; 而人君者, 所以管分之樞要也."(『荀子』「富國」) 번역은 蔣南华 等 译注, 『荀子全译』, 1995: 177-182; 김학주 옮김, 『순자』, 2008: 324-325를 참조함.

14 "古者聖王以人性惡, 以爲偏險而不正, 悖亂而不治, 是以爲之起禮義, 制法度, 以矯飾人之情性而正之, 以擾化人之情性而導之也, 始皆出於治, 合於道者也."(『荀子』「性惡」) 번역은 蔣南华 等 译注, 『荀子全译』, 1995: 488-492; 김학주 옮김, 『순자』, 2008: 775-777을 참조함.

등을 특징으로 한다. 그러므로 정치의 필요성이 제기되는데, 정치는 성인이 예를 통해서 거기에 일정한 질서를 부여함으로써 시작되었다. 물론 이때 예의 개념은 매우 포괄적이어서 가축과 농사, 미술과 음악, 건축, 수레의 사용과 같은 문화를 포괄한다. 이를 통해 한편으로는 문명적 수준을 높임으로써 재화를 많게 하여 욕구의 충족에 부족함이 없게 한다. 다른 한편으로는 사람들 사이의 이익을 조정함으로써 다툼을 제거한다.

그렇다면 사람들 사이에 존재하는 갈등의 조정은 어떻게 이루어질 수 있는가? 이것은 법가사상가들에 의해서도 제기되었다. 이와 관련해 순자에게서 그것은 다름 아니라 인간의 기본적 욕구의 충족을 전제로, 사람들 사이에 일정한 차이를 분별하는 일이다.

> 무릇 귀하기로는 천자가 되고, 재산으로는 천하를 소유하는 것이 사람들의 본성이 욕망하는 바이다. 그러나 사람의 그러한 욕망은 권력관계에서 용납될 수 없고, 물자 자체도 충분하지 않다. 그래서 선왕은 생각 끝에 예의를 제정해 분별했다. 즉 신분의 귀천, 연령, 지혜, 능력의 차이에 따라 각각 자신의 업무를 맡고, 합당한 몫을 얻게 하여 녹으로 받는 곡식의 많고 적음이 균형 있게 했다. 이것이 여러 사람이 모여 살면서 조화를 이루는 방법이었다.[15]

순자가 주장하는 개인의 자질에 따른 분배의 정의는 아리스토텔레스와 같은 고전적 정의와 매우 유사하다. 다만 아리스토텔레스가 개인의 정

---

15 "夫貴爲天子, 富有天下, 是人情之所同欲也; 然則從人之欲, 則執不能容, 物不能贍也. 故先王案爲之制禮義以分之, 使有貴賤之等, 長幼之差, 知愚能不能之分, 皆使人載其事, 而各得其宜. 然後使穀祿多少厚薄之稱, 是夫群居和一之道也.(『荀子』「榮辱」) 번역은 蔣南华 等 译注, 『荀子全译』, 1995: 66-67; 김학주 옮김, 『순자』, 2008: 140-141을 참조함.

의로운 행동에 초점을 두었다면, 순자는 개인뿐 아니라 사회에서 재화의 합리적인 배분 문제도 직접 다루고 있다는 점에서 차이가 있다. 개인적 정의와 관련해 순자는 자신의 능력이나 사회적 위치에 따라 분수를 지켜야 한다고 강조한다. 그와 함께 신분·연령·재산·권력 등에 따라 욕구 충족의 차등화가 이루어져야만 사회는 조화나 질서가 가능하다. 그러한 차등적 질서를 통해서 각자의 역량이 발휘됨으로써 사회는 발전할 수 있다.

결국 사상가들에 따라 그 세부적인 주장은 다르지만, 유가의 입장에서 국가의 기원이나 정치의 의의는 성인에 의한 교화로 요약될 수 있다. 그것은 다음의 법가나 묵가 등과 비교해 강한 인치주의와 계몽주의를 내포하고 있다. 정치사회의 질서는 성인에 의해 시작되었고, 그 이후 군주에 의해서 계승되었다. 따라서 유가에서 정치적 결정의 중심은 군주이다.

## 갈등의 조정: 묵가·법가

묵자墨子는 출신지나 생존 연대가 불확실할 뿐만 아니라, 그의 사상을 담은 『묵자』 또한 제작 연대나 진위 여부와 관련해 논의가 분분하다. 다만 그가 공자와 같은 노나라 출신이고, 공자보다 약간 늦은 기원전 5세기 후반부터 4세기 전반에 살았던 것으로 대략 의견이 모아진다.[16] 시기적으로 묵자는 공자와 맹자 중간쯤에 살았던 것이다. 그런데 우리는 『묵자』에서 정치학의 핵심 개념인 갈등에 근거하여 자연상태를 가장 일관되게 설명하는 예를 보게 된다.

묵자의 논집인 『묵자』는 유가와 마찬가지로 일단 성인의 역할을 명시하고 있다. 그 내용도 유가적 의미의 문명과 계몽을 담고 있다. 성인은 특히 원시적으로 살던 사람들에게 제대로 된 주거, 의복, 음식의 요리, 농사,

16 胡适, 『中国哲学史大纲』, 2005: 133-135; 萧公权, 『中国政治思想史』, 1998: 115-116.

배나 수레와 같은 운송수단 등 문명적 생활을 깨우쳐 주었다.[17]

그렇지만 묵자의 관점에서 본다면, 성인이 한 일은 엄격한 의미에서 정치가 아니었다. 그들은 문명적 생활을 도입했을 뿐이다. 더욱이 원래 그들이 가르쳐 준 문명적 생활은 실용과 절제의 원칙에 바탕을 두었으나 후에 사람들은 사치에 빠지고 부패하게 되었다. 그와 함께 재화의 배분을 둘러싼 사회적 갈등은 더욱 심해졌다. 따라서 묵자는 정치의 실질적 출발은 성인에 의한 문명적 계몽이 아니라 사회적 갈등의 해소에 있었다. 그러한 갈등적 상태를 그는 다음과 같이 언급하고 있다.

> 옛날 사람들이 살기 시작해 아직 형정刑政이 없었을 때, 그들의 말은 각기 주장이 달랐다. 한 사람이면 하나의 주장, 두 사람이면 두 개의 주장이 있었고, 열 사람이면 열 개의 주장이 있었다. 사람의 수가 많아질수록 그 주장도 더 많아졌다. 사람들은 자신의 주장이 옳다고 하고, 다른 사람의 주장을 그르다고 하여 서로 비난했다. 가정에서는 부자형제가 서로 원망하고 흩어져 화합하지 못했다. 천하의 백성들은 모두 물·불·독약으로 서로 해를 가했다. 힘이 남아도 남을 돕지 않았고, 재물이 남아 썩어도 다른 사람에게 나누어 주지 않았으며, 좋은 지식도 숨기고 가르쳐 주려 하지 않았다. 천하의 혼란은 마치 짐승과도 같았다.[18]
>
> 천하가 혼란한 이유는 우두머리(정장政長)가 없기 때문임이 분명해졌다. 따라서 천하의 현능한 사람을 골라 천자로 세웠다.[19] 천자가 세워져

---

17 『墨子』「辭過」.

18 "古者民始生, 未有刑政之時, 蓋其語'人異義'. 是以一人則一義, 二人則二義, 十人則十義, 其人茲衆, 其所謂義者亦茲衆. 是以人是其義, 以非人之義, 故文相非也. 是以內者父子兄弟作怨惡, 離散不能相和合. 天下之百姓, 皆以水火毒藥相虧害, 至有餘力不能以相勞, 腐死餘財不以相分, 隱匿良道不以相教, 天下之亂, 若禽獸然."(『墨子』「尚同上」) 번역은 周才珠·齐瑞端 译注, 『墨子全译』, 1995: 86-87; 김학주 역저, 『新完譯 墨子』(上), 2003: 148-149를 참조함. 유사한 내용이 『墨子』「尚同中」, 「尚同下」에도 나온다.

> 도 그 힘이 부족하므로 다시 천하의 현능한 사람들을 선택해 삼공三公으로 삼았다. 천자와 삼공이 세워진 뒤에도 천하는 넓고 크기 때문에 먼 나라 다른 지방 백성들의 시비와 이해를 하나하나 분별할 수 없었다. 그러므로 여러 나라로 나눠 제후왕들을 세웠다. 제후왕들이 선 다음에도 그들의 힘만으로는 부족하기 때문에 다시 제후국의 현능한 사람을 (지방의) 장으로 삼았다.[20]

묵자는 원시상태의 무질서로부터 정치질서의 근거를 제시한다. 그는 원시상태를 서로 다른 의견들이 대립하는 상황으로 인식한다. 정치학적 측면에서 본다면 묵자는 정치의 핵심을 이야기하는 듯하다. 그에 의하면, 자연상태의 혼란은 법가사상가들이 상정하는 이기심이나 재화의 부족에 있는 것이 아니다. 그것은 사람들의 대립된 의견을 조정하지 못한 데에 있었다. 따라서 성인의 역할은 이익의 조정에 있다. 『묵자』의 정치론은 근대 유럽의 사회계약론자들, 특히 토마스 홉스Thomas Hobbes(1588-1679)와 자주 비교되기도 한다. 그와 함께 위 인용문의 후반부에 나타난 것처럼 묵자는 정치의 출발로서 공공의 복리에도 주목하고 있다.

자연상태를 묵자와 같이 갈등의 측면에서 접근한 학파는 법가이다. 법가사상은 시기적으로 유가·도가·묵가 등에 뒤지지만 파급력은 컸다. 상

---

19 여기서 천자와 그 아래 여러 위정자들을 둔 그 주체는 분명하게 드러나지 않지만, 그것은 하늘〔天〕이다. 묵자는 다른 곳에서 '하늘이 천자보다 귀하고 지혜롭다.'는 사실을 강조하면서, '하늘은 천자가 선정을 하면 상을 주고, 폭정을 하면 벌을 준다.'고 말한다(『墨子』「天志中」).

20 "夫明虖天下之所以亂者, 生於無政長. 是故選天下之賢可者, 立以爲天子. 天子立, 以其力爲未足, 又選擇天下之賢可者, 置立之以爲三公. 天子三公既以立, 以天下爲博大, 遠國異土之民, 是非利害之辯, 不可一二而明知, 故畫分萬國, 立諸侯國君, 諸侯國君既已立, 以其力爲未足, 又選擇其國之賢可者, 置立之以爲正長."(『墨子』「尙同上」) 번역은 周才珠·齐瑞端 译注, 『墨子全译』, 1995: 87-89; 김학주 역저, 『新完譯 墨子』(上), 2003: 149-150를 참조함. 유사한 내용이 「尙同中」, 「尙同下」에도 나온다.

앙商鞅은 전국시대 중반 진秦 효공孝公(기원전 361-338년 재위)을 도와 법가적 정책을 통해서 부국강병을 이룸으로써 통일의 기반을 마련한 것으로 알려져 있다.

상앙의 『상군서』에 국가의 기원과 존재 이유에 관한 관념이 제시되어 있다. 그는 초기 역사의 전개를 상세上世, 중세中世, 하세下世의 3단계로 설정해 다음과 같이 언급하고 있다.

> 하늘과 땅이 만들어지자 사람들이 거기에 생겨났다. 그때는 사람들은 그 어미만 알고 아비는 몰랐다. 그들의 원칙은 친속을 가까이하고 사적 이익을 아끼는 것이었다. 친속만 가까이하니 친소를 구분하게 되고, 사적 이익을 아끼니 사람들은 사악해졌다. 사람들이 많아지고 친소의 구분과 사악함에 애쓰자 혼란해졌다. 이때 사람들은 다른 사람을 굴복시켜 재물을 빼앗는 데 힘쓰게 되었다. 굴복시키려 하자 다툼이 나타났고, 빼앗으려 하자 쟁송하게 되었다. 쟁송했지만 제대로 바로잡지 못하니 만족할 수 없었다.
>
> 이에 현자가 가운데에 서서 공정한 기준을 세우니, 백성들이 어짊을 즐겨했다. 이때 친소의 구분이 폐지되고, 현자가 숭상되었다. 무릇 어진 사람들은 서로 아끼고 도움을 주는 것에 힘쓰고, 현자는 서로 추천함을 도의로 삼았다. (그렇지만) 사람 수가 많아지면서도 제도가 없었기 때문에, 장기적으로 현자 추천 방식은 다시 혼란스럽게 되었다.
>
> 그래서 성인이 이어받아 토지·재화·남녀의 구분을 정했는데, 구분이 정해져도 제도가 없어 행해지지 않기 때문에 법령을 세웠다. 법령을 세워도 관리할 사람이 없으면 안 되기 때문에 관직을 두었다. 관직을 두어도 총괄하지 않으면 안 되기 때문에 군주를 세웠다. 군주가 세워지고 나자 현자의 숭상이 폐지되었고, 권력이 높은 자를 중시하게 되었다.[21]

여기에서 자연상태는 원시 모계사회의 모습과 유사하다. 다만 인간생활에는 개별적이고 이기적인 원리가 지배했다. 인간은 자신과 친속만 생각했고, 그 결과 다른 사람과 협력하려 하지 않았다. 더욱이 사람의 수가 많아지면서 재물을 둘러싼 갈등도 증폭되었다. 인간들은 욕망을 넘어서 서로 재물을 다투는 상황이 되었다. 그러자 현자들이 차례로 등장해 인의의 원칙에 따라 공정한 중재를 시작했다. 그 결과 두 번째 단계에서 어느 정도 갈등이 해소되었다. 그렇지만 인구수가 증가하면서 제도가 아닌 '인간'으로서 현자들에게 의존하는 방식은 장기적인 대책이 되지 못했다.

그래서 세 번째 단계로서 법·조직·군주 등을 갖춘 제도화된 방식이 등장했다. 그것은 토지·재화·남녀의 귀속을 나누고 그것을 강제하기 위해 법, 그것을 집행할 관리들 그리고 이들을 통괄할 군주를 세우는 것이었다. 이로써 법과 조직에 기반을 둔 군주의 권력이 현자를 대체했다. 유가에서 말하는 인정이나 계몽의 정치는 더 이상 유효하지 못했다. 위의 글은 여전히 세 번째 제도적 단계의 진입을 성인에 의한 것으로 명시하고 있지만, 이 단계가 시작되는 순간, 유가적 의미의 성인에 의한 중재가 아니라 정치제도가 작동하게 된다. 그리고 그 정치제도는 위계적이고 배타적인 권력관계를 특징으로 한다. 결국 『상군서』의 저자는 시대적 상황에 따라서 세상의 운영원리는 다를 수밖에 없다는 점을 강조하면서, 현재의 시점에서 유가의 인치人治가 아닌 법치가 현실적인 대안임을 시사하고 있다.

---

21 "天地設, 而民生之. 當此之時也, 民知其母而不知其父, 其道親親而愛私. 親親則別, 愛私則險, 民衆而以別險爲務, 則民亂. 當此時也, 民務勝而力征. 務勝則爭, 力征則訟, 訟而無正, 則莫得其性也. 故賢者立中正, 設無私, 而民說仁. 當此時也, 親親廢, 上賢立矣. 夫仁者以愛利爲務, 而賢者以相出爲道. 民衆而無制, 久而相出爲道, 則有亂. 故聖人承之, 作爲土地貨財男女之分. 分定而無制, 不可, 故立禁. 禁立而莫之司, 不可, 故立官. 官設而莫之一, 不可, 故立君. 既立君, 則上賢廢, 而貴貴立矣."(『商君書』「開塞」) 번역은 石磊 译注, 『商君书』, 2009: 78-80; 우재호 역, 『상군서』, 2005: 172-175를 참조함.

한편 전국 말 법가사상을 대표하는 인물은 한비자韓非子이다. 한비자는 법가사상을 집대성한 인물로 알려져 있고 진시황과 동시대의 인물이다. 그의 사상은 전국칠웅 가운데 가장 약소국으로서 그가 살았던 한韓을 위한 부국강병책이었으나 후에 제국을 통일한 진시황도 그의 글을 읽고 감명을 받았다고 한다. 진시황은 그를 등용하고자 했으나, 한비자는 순자에게서 함께 수학했던 이사李斯의 모함으로 죽임을 당했다.[22] 그의 저술은 상앙 이래 법가사상의 연장선에서 강력한 군주의 권력과 법치를 주장하고 있다. 즉 유가의 덕치에 대한 대안으로서 엄격한 상벌제도에 입각한 통치가 강조되는 것이다. 법의 효능과 관련해, 그는 참새가 여러 마리 있을 때 활보다는 망網이 효과적이라고 비유했다. 그것은 군주 개인의 지혜는 제한적이지만 법은 보편적 구속력을 갖기 때문이다.[23]

국가의 기원에 관한 그의 견해는 역사의 전개 방향에 대한 비교적 정교한 인식에서 출발한다. 그것은 시간의 진행에 따른 인구의 증가와 재화의 부족, 그로 인한 사회적 갈등의 심화로 요약된다. 따라서 그는 유가에서 강조하는 성인의 역할을 직접 부정하기보다는 시대적 변화에 따른 법가적 접근의 필요성을 주장한다.

> 상고 시대에는 사람은 적고 짐승은 많아 사람들은 짐승·곤충·뱀을 이기지 못했다. 이에 성인이 나타나 나무를 엮어 집을 만들어 여러 가지 위험을 피하게 했다. 사람들은 기뻐해 그를 천하의 왕으로 삼고 유소씨有巢氏라 불렀다. 사람들은 과일·열매·조개를 먹었는데, (익히지 않아) 비린내가 나고 위장을 해쳐 병이 많았다. 이에 성인이 나타나 부싯돌을 뚫어 불을 얻어 비린내를 제거했다. 사람들은 기뻐해 그를 천하의 왕으로

22 『史記』 卷六十三 「韓非列傳」.

23 『韓非子』 「難三」.

삼고 수인씨燧人氏라 불렀다. 중고 시대에 천하에 홍수가 있어서 곤鯀과 우禹가 물길을 열었다. 근고 시대에는 걸桀·주紂의 폭력이 난무하자 탕湯과 무武가 그들을 각각 정벌했다…….

옛날에는 남자는 농사를 짓지 않아도 초목의 과실이 먹기에 충분했다. 부인들이 김쌈을 하지 않아도 짐승의 가죽이 입기에 충분했다. 사람들은 애쓰지 않아도 먹고 살 수 있었고, 사람의 수는 적고 재화는 여유가 있어 서로 싸우지 않았다. 따라서 후한 상이 행해지지 않고 무거운 형벌이 가해지지 않아도 사람들은 저절로 다스려졌다.

지금 사람들은 자식이 다섯이어도 많다고 하지 않고 자식은 또 다섯의 자식을 가져 할아버지가 죽지 않으면 25명의 손자가 있게 되었다. 사람의 수가 많아져 재화는 적게 되었으니 애를 써도 먹고 살기에 부족하다. 그래서 사람들은 서로 싸운다. 비록 상을 두 배로 하고 벌을 중과해도 혼란을 면하지 못하고 있다. 요堯가 천하의 왕이 되었을 때 (지붕을 엮는) 띠풀은 자르지 않았고 대들보는 깎지 않았다. 밥은 기장, 국은 명아주와 콩잎을 먹었다. 겨울에는 사슴가죽, 여름에는 거친 베옷을 입었다. 문지기라도 그의 의식주는 이보다 못하지 않았다…….

이처럼 옛날에 재물을 가볍게 여긴 것은 인자해서가 아니라 재물이 많았기 때문이며, 오늘날 다투어 빼앗는 것은 탐욕스러워서가 아니라 재물이 적기 때문이다. 천자의 자리를 쉽게 버린 것은 고상해서가 아니라 권세가 약했기 때문이고, 벼슬을 놓고 심하게 다투는 것은 비천해서가 아니라 그 직책의 권세가 무겁기 때문이다. 그래서 성인은 물자의 적고 많음, 얕음과 두터움을 따져 정치를 한다. 따라서 형벌이 가볍다고 해서 자애로운 것이 아니고, 형벌이 엄하다고 해서 잔혹한 것이 아니며, 그 사회의 습속에 따라 일을 처리한다. 그러므로 일은 시대의 변화에 따르므로 대처하는 방책도 일에 맞춰야 한다.[24]

한비자에게 초기 자연상태는 문명적 낙후를 특징으로 한다. 짐승과 곤충의 침해, 날것을 먹는 데서 오는 질병, 홍수 등 자연재해가 그것이다. 성인이 나타나 문명을 전파함으로써 그러한 문제는 해결되었다. 충분한 과일과 가죽 등 재화가 충분해졌다. 다만 당시에는 자연의 풍부한 자원에 비해 인구가 적었다. 사람들은 재산을 둘러싸고 서로 싸울 일이 없었다. 통치하는 데 상벌과 같은 방식이 없어도 저절로 다스려졌다. 권력이 가지는 의미도 크지 않아 통치자는 덕이나 지혜로 다스릴 수 있었다. 여기까지는 유가의 인식과 매우 유사하다.

그럼에도 다시 무질서가 나타났다. 인구가 증가하고 재화가 부족하게 되면서, 사람들은 재화를 둘러싸고 서로 싸우게 되었다. 그와 함께 재화 배분의 수단으로서 권력의 중요성도 더욱 커지게 되었다. 한비자의 이러한 인식은 상앙의 주장과 상통한다. 즉 과거의 인간은 착한 심성을 가졌다면, 이제는 인지의 발달로 인해 간사해졌다. 그에게 인간은 매우 이기적인 존재로 간주되는데, 따라서 그는 군주의 역할이 '이익과 손해를 정해서 천하에 제시하는 것일 뿐'[25]이라고 단언한다. 이러한 상황에서 필요한 것은 유가의 인의보다는 상벌과 같은 법치이다.

---

24 "上古之世, 人民少而禽獸衆, 人民不勝禽獸蟲蛇, 有聖人作, 木爲巢以避群害, 而民悅之, 使王天下, 號曰有巢氏. 民食果蓏蚌蛤, 腥臊惡臭而傷害腹胃, 民多疾病, 有聖人作, 鑽燧取火以化腥臊, 而民說之, 使王天下, 號之曰燧人氏. 中古之世, 天下大水, 而鯀, 禹決瀆. 近古之世, 桀紂暴亂, 而湯武征伐…… 古者丈夫不耕, 草木之實足食也; 婦人不織, 禽獸之皮足衣也. 不事力而養足, 人民少而財有餘, 故民不爭. 是以厚賞不行, 重罰不用而民自治. 今人有五子不爲多, 子又有五子, 大父未死而有二十五孫, 是以人民衆而貨財寡, 事力勞而供養薄, 故民爭, 雖倍賞累罰而不免於亂. 堯之王天下也, 茅茨不翦, 采椽不斲, 糲粢之食, 藜藿之羹, 冬日麑裘, 夏日葛衣, 雖監門之服養, 不虧於此矣…… 是以古之易財, 非仁也, 財多也; 今之爭奪, 非鄙也, 財寡也; 輕辭天子, 非高也, 勢薄也; 爭土橐, 非下也, 權重也. 故聖人議多少, 論薄厚爲之政, 故罰薄不爲慈, 誅嚴不爲戾, 稱俗而行也. 故事因於世, 而備適於事."(『韓非子』「五蠹」) 번역은 张觉 译注, 『韩非子全译』, 1992: 1025-1032; 김원중 옮김, 『한비자』, 2010: 562-565를 참조함.

25 "設利害之道以示天下而已矣."(『韓非子』「姦劫弑臣」)

마찬가지로 오늘날 정치권력은 과거보다도 훨씬 강하고, 그 중요성은 비교할 수 없을 정도로 크다. 고대의 성왕이 천자의 자리를 선양할 수 있었던 것은 천자의 자리가 권력과 혜택이 적었기 때문이다. 지금은 현령만 되어도 엄청난 부와 권력이 있어서 그 자리를 버릴 수 없다. 이러한 새로운 상황에서 성인의 복귀나 그가 바탕으로 하는 인·의에 의한 통치는 마치 수주대토守株待兎의 비유와 같이 시대착오적이다. 앞서 상앙과 마찬가지로 한비자도 시대에 따라 국가의 운영원리가 달라야 함을 강조한다.

그 외에도 『관자』와 같이 유가와 법가의 입장이 혼합된 경우도 있다. 이 책은 원래 춘추 초기 정치가 관중管仲의 말을 전하지만, 실제 전국시대 이후에 편집된 것으로 알려져 있다. 어쨌든 자연상태와 관련해 『관자』에는 다음과 같은 구절이 수록되어 있다.

> 옛날에 군주와 신하의 구분이 없었고, 부부의 배필도 없었으며, 짐승처럼 무리지어 살았고, 힘으로 서로 공격했다. 당시 머리 좋은 자가 어리석은 자를 속이고, 강자가 약자를 범했다. 노약자들은 설 자리가 없었다. 이에 지혜로운 자가 다수의 힘을 빌어 포악한 행동을 막으니 난폭한 자들이 저지되었다. 백성을 위해서 이로움을 꾀하고 해악을 제거하고, 백성의 덕을 바로잡자 백성들이 그를 스승으로 삼았다. 도술과 덕행이 현자로부터 나오고 도덕의 의리가 백성의 마음 깊이 형성되니 그들은 정도正道를 회복했다. 사물의 시비가 구분되고 상벌이 행해졌다. 상하 관계가 성립되고 백성의 근본이 생겨나니 국도國都가 세워졌다.[26]

26 "古者未有君臣上下之別, 未有夫婦妃匹之合, 獸處群居, 以力相征, 於是智者詐愚, 彊者凌弱, 老幼孤獨, 不得其所. 故智者假衆力以禁強虐, 而暴人止. 爲民興利除害, 正民之德. 而民師之. 是故道術德行, 出於賢人. 其從義理, 兆形於民心, 則民反道矣. 名物處違是非之分, 則賞罰行矣. 上下設, 民生體, 而國都立矣."(『管子』「君臣下」) 번역은 谢浩范·朱迎平 译注, 『管子全译』, 1996: 417-418과 김필수외 옮김, 『관자』, 2006: 434-435를 참조함.

여기에는 자연상태에 관한 유가와 법가의 관점이 모두 포함되고 있다. 특히 순자와 유사하게 그것은 무질서를 특징으로 했다. 질서의 구축 방법에 있어서도 한편으로는 유가와 같이 성인에 의한 예법이 다른 한편으로 법가와 같이 엄격한 등급과 상벌 등이 모두 포함되어 있다.

유가·법가·묵가의 자연상태에 대한 인식에는 실상 적지 않은 차이가 있다. 유가는 낮은 문명적 수준에 초점을 둔다면, 법가와 묵가는 이익의 충돌과 갈등에 초점을 두고 있다. 무질서의 원인에 대해서 양자는 분명한 차이가 있다. 유가는 걸·주와 같은 일부 폭군의 등장이나 춘추 이후의 분열 현상에 주목한다. 그에 반해 법가에서는 상황적 변화에 주목한다. 즉 인구의 증가와 재화의 부족이 그것이다. 따라서 유가에게 정치의 기능은 주로 문명적 측면의 계도나 교화에 있다면, 법가나 묵가에서 그것은 무엇보다도 규칙과 조직화를 통한 사회적 질서의 형성에 있다.

자연상태에 대한 묘사에 있어서 유가와 법가·묵가 등은 모두 부정적이다. 자연상태에 대한 부정적 인식은 국가 또는 군주의 필요성과 결부된다. 다만 유가는 자연상태와 현재의 혼란한 정치현실 사이에 성인들에 의한 질서의 시기를 설정함으로써 국가권력의 기능에 대한 일정한 (보수적인) 기준을 마련했다. 그에 비한다면, 특히 법가나 묵가의 경우에는 질서의 창출과 유지를 국가의 최대 과제로 설정함으로써 권력에 대한 제약은 부차적이었다. 단지 법의 보편성이나 공정성의 차원에서만 권력은 제약을 받아야 할 뿐이었다.

### 도가와 무위자연

이제까지 살펴본 것처럼 유가·법가·묵가는 사회질서가 없는 자연상태에 대한 부정적인 인식을 공유했다. 그들은 그에 대한 대안으로서 질서의 구축에 관심을 가졌다. 그와 달리 사회질서를 구축하려는 시도 자체가 문제의 발단이라고 보는 무정부주의적 시각도 존재했다. 그것은 특히 노자老子나 장자莊子(기원전 약 370-280)로 대표되는 도가에 의해 대변되었다.

앞서 살펴본 것처럼 초기 중국의 주류 사상은 국가의 필요성과 그 기능에 집중되어 있다. 그들은 국가가 없는 상태, 즉 자연상태의 무질서를 제시함으로써 국가의 필요성을 합리화했다. 그에 비한다면 도가 사상가들은 근본적으로 국가의 존재에 대해서 부정적이다. 따라서 자연상태는 그 자체로서 매우 이상적인 질서로 간주된다. 그와 관련해 『노자』의 다음 구절이 자주 인용되고 있다.

> 나라는 작게 하고 백성은 적게 한다. 편리한 기계가 있어도 사용하지 않게 한다. 백성들이 죽음을 중시해 멀리 옮겨 다니지 않게 하고, 배와 수레가 있어도 타지 않고, 무기가 있지만 배치할 일이 없게 한다. 백성들에게 다시 새끼줄을 묶어 기호로 사용하게 하고, 주어진 의식주와 풍습에 만족하며, 이웃 나라와 서로 바라다보이고 닭이나 개의 소리가 서로 들려도 백성들은 죽을 때까지 서로 왕래하지 않게 한다.[27]

소위 소국과민小國寡民으로 집약되는 이 사회상은 통상적으로 노자의 이상향으로 간주된다. 이러한 사회가 역사적 자연상태인지 아니면 단지 이상적 사회인지 분명하지 않다. 중국어 문법에서 과거형은 맥락을 통해서만 전달되는 경우가 많은데 여기에서는 알기 어렵다. 그런데 위의 구절에서 '새끼줄' 이하 부분이 약간 변형되어 『장자』에서도 인용된다.[28] 『장

27 "小國寡民, 使有什伯之器而不用, 使民重死而不遠徙. 雖有舟輿, 無所乘之, 雖有甲兵, 無所陣之. 使人復結繩而用之, 甘其食, 美其服, 安其居, 樂其俗, 鄰國相望, 鷄犬之聲相聞, 民至老死不相往來."(『老子』 第八十章) 여기서는 김학주 역, 『노자』, 2011: 318-319; 沙少海·徐子宏 译注, 『老子全译』, 2002: 160-162를 참조함.

28 『노자』의 인용문을 과거형으로 해석할 수 없게 하는 유일한 표현은 '백성들에게 다시

자』는 그것을 역사적인 사실로서 과거형으로 기술한다. 최선의 정치인 지덕至德의 시대를 소개하면서, 그는 다음과 같이 언급한다.

> 옛날 용성씨·대정씨·백황씨·중앙씨·율육씨·여축씨·헌원씨·혁서씨·존로씨·축융씨·복희씨·신농씨 당시에는 백성들은 새끼줄을 묶어 (기호로) 사용했고, 주어진 의식주와 풍습에 만족했으며, 이웃 나라와 서로 바라다보이고 닭이나 개의 소리가 서로 들려도 백성들은 죽을 때까지 서로 왕래하지 않았다. 이러한 시대와 같다면 지극히 잘 이루어진 통치〔至治〕일 뿐이다.[29]

장자

여기서 장자는 그러한 자연상태를 역사 초기의 시점으로, 즉 역사적 사실로서 설정하고 있다. 장자의 관점에서 본다면 노자의 위 구절은 과거형으로서 번역되어야 한다. 문장의 구성에 있어서도 『노자』와 달리 '백성들을 ~하게 한다.'라는 사역형이 아니라 '백성들이 ~을 한다.'는 능동형이 쓰이고 있다. 그 결과 장자에게서 자연상태의 무위적 질서가 좀 더 부각된다.

노자는 무위자연을 내세우고 있지만, 그것이 문명으로 변질되는 역사적 과정에 대해서는 언급하지 않고 있다. 그럼에도 노자는 유가에서 국가

---

새끼줄을 묶어 (기호로) 사용하게 한다(使人復結繩而用之).'에서 '다시〔復〕'이다. 그렇지만 이 단어는 『장자』에는 없는데, 마찬가지로 전한 시기 노자를 연구했던 인물인 엄준嚴遵의 판본에도 없다고 한다(沙少海·徐子宏 译注, 『老子全译』, 2002: 161 참조).

29 "昔者容成氏, 大庭氏, 伯皇氏, 中央氏, 栗陸氏, 驪畜氏, 軒轅氏, 赫胥氏, 尊盧氏, 祝融氏, 伏羲氏, 神農氏, 當是時也, 民結繩而用之, 甘其食, 美其服, 樂其俗, 安其居, 鄰國相望, 雞狗之音相聞, 民至老死而不相往來. 若此之時, 則至治已."(『莊子』「胠篋」) 번역은 张耿光 译注, 『庄子全译』, 1993: 164-167; 김학주 옮김, 『장자』, 2010: 254-257을 참조함.

의 기원으로 제시하는 성인의 계몽에 대해서 매우 부정적이다. 『노자』에는 "성인을 단절시키고 지혜를 버리면 백성들의 이익은 백 배가 되고, 어짊을 끊고 의로움을 버리면 백성들은 다시 효성스럽고 자애롭게 될 것이며, 기교와 사리를 버리면 도적이 없게 될 것이다."[30]라고 하며, "가장 좋은 정치는 백성들이 그 존재를 모르는 것"이라고 설명한다.[31]

그런데 우리는 자연상태에서 문명으로의 역사적 퇴보에 관한 좀 더 분명한 인식을 『장자』에서 확인할 수 있다.

> 지덕의 시대에 (사람들은) 짐승들과 더불어 살았고, 만물과 무리를 이루어 함께 어울렸다. (이 상태에서) 어찌 군자와 소인을 알았겠는가? 모두 무지했기 때문에 타고난 덕성을 버리지 않았고, 모두 무욕했으니 이를 소박함이라고 했다. 소박함으로써 사람들은 그 본성이 보존되었다. (그러나) 성인이 나타나 억지로 인仁을 만들고 애써 의義를 만드니 모든 사람들이 미혹되기 시작했다. 그들이 무절제하게 음악을 만들고, 번거롭게 예禮를 만드니 사람들은 분열되기 시작했다.[32]

장자는 원래의 상태로 내버려 두는 것〔천방天放〕을 최선이라고 했다. 그것은 그래야만 인간을 포함해 만물의 천성이 최고의 상태〔지덕至德〕로 보존될 수 있기 때문이다. 이상적인 통치〔지치至治〕란 다름 아닌 그러한 상태이다. 자연상태에서 만물은 조화를 이루고 본성이 유지되었으나, 성인들

30 "絕聖棄智, 民利百倍; 絕仁棄義, 民復孝慈; 絕巧棄利, 盜賊無有."(『老子』) 여기서는 沙小海·除子宏 译注, 『老子全译』, 2002: 33.

31 "太上, 不知有之."(『老子』 十七章)

32 "夫至德之世, 同與禽獸居, 族與萬物並, 惡乎知君子小人哉! 同乎無知, 其德不離; 同乎無欲, 是謂素樸. 素樸而民性得矣. 及至聖人, 蹩躠爲仁, 踶跂爲義, 而天下始疑矣; 澶漫爲樂, 摘僻爲禮, 而天下始分矣."(『莊子』「馬蹄」) 번역은 张耿光 译注, 『庄子全译』, 1993: 153-154와 김학주 옮김, 『장자』, 2010: 238-240을 참조함.

이 도덕이나 정치의 기준을 제시함으로써 혼란이 시작되었다.

> 천하를 있는 그대로 내버려 둔다는 말은 들었어도, 천하를 다스린다는 말은 들은 적이 없다. 천하를 있는 그대로 두는 것은 사람들이 그 본성을 넘을까 우려되기 때문이다. 천하를 내버려 두는 것은 사람들이 그의 자연적 상태를 바꿀까 우려되기 때문이다. 사람들이 그 본성을 넘지 않고 그들의 타고난 덕을 바꾸지 않는데도 천하를 다스릴 필요가 있겠는가?[33]

장자에게 유가의 성인들은 그 의도와는 상관없이 천하를 다스리는 데 실패한 사례로 등장한다.[34] 이를테면 황제黃帝는 인의仁義를 내세움으로써 사람들의 마음을 교란시켰다. 요와 순은 천하를 부양하느라 몸을 혹사했지만, 결국 실패했다. 그들은 환두讙兜·삼묘三苗·공공共工 등을 먼 곳으로 추방했는데, 환두와 공공은 순의 신하이고 삼묘는 남부의 제후국이라는 점에서 그들의 추방은 이미 요와 순의 정책적 실패를 의미했다.[35] 그 이후 유가에서 3왕으로 칭송되는 하·은·주 시기에도 천하는 더욱 어지러워졌다. 유가나 묵가와 같은 규범이 생겨나고 나중에는 형벌에 의해 통치되면서 천하에 대란이 일어났다.

천하의 무질서에 대한 장자의 대안도 급진적 무정부주의이다. 장자에

---

33 "聞在宥天下, 不聞治天下也. 在之也者, 恐天下之淫其性也; 宥之也者, 恐天下之遷其德也. 天下不淫其性, 不遷其德, 有治天下者哉."(『莊子』「在宥」) 번역은 张耿光 译注, 『庄子全译』, 1993: 168-171; 김학주 옮김, 『장자』, 2010: 259-261을 참조함.

34 앞서 지덕의 시대에 관한 인용문에서 나타나는 것처럼, 장자가 이상적 통치로 간주하는 시기도 용성씨 등 12명 성인의 시대로 기술된다. 따라서 슈워츠(B. Schwartz)는 장자가 자연상태에서조차 성인(또는 성왕)의 중재를 상정함으로써 강렬한 인본주의적 경향을 띠고 있다고 지적한다(벤자민 슈워츠 지음, 나성 옮김, 『중국 고대 사상의 세계』, 2004: 326-327). 그렇지만 장자는 역사 초기에 대한 일반의 이해에 부합하는 시기를 그렇게 설정했을 뿐, 자연상태가 성인들에 의해 만들어졌다고 하지는 않는다.

35 악인의 추방과 그에 대한 이념적 해석에 대해서는 이 책 6장 4절에서 상술됨.

의하면 "성인이 생기고 나니 (국가권력을 가진 자들을 의미하는) 큰 도적이 일어났다…… 성인이 죽어 버리면 큰 도적이 일어나지 않을 것이고 천하는 태평무사할 것이다."[36] 노자와 마찬가지로 그는 성인이 정한 법도를 제거하고 지혜를 버리는 것이 천하를 잘 다스리는 길이라고 주장한다.

## 절충주의

이제까지 살펴본 것처럼 춘추전국시대에는 자연상태와 정치의 기원 및 역할에 대한 상당히 다양한 관념이 병존했다. 그렇다면 통일제국이 등장하면서 그와 관련된 논의는 어떻게 종합되는 것인가. 진시황의 통일 직전 편집된 『여씨춘추』[37]에는 자연상태에 대해 다음과 같이 언급되어 있다.

> 태고에는 군주가 없었다. 사람들은 무리를 지어 살았다. 그들은 어미는 알았으나 아비는 몰랐다. 부모·형제·부부·남녀의 분별이 없었고, 윗사람과 아랫사람, 어른과 아이의 도의도 없었으며, 진퇴와 겸양의 예절도 없었다. 의복·신발·관대·궁실·저축 등 편리한 물건들도 없었고, 기계·수레와 선박·성곽·궁궐·요새 등 설비도 없었다. 그것은 군주가 없는 데서 오는 환란이었다. 이에 군신의 도의를 밝히지 않을 수 없었다…… 성인은 그 환란을 깊이 통찰해 천하를 위한 장기적 방안으로 천자를 두고, 한 나라를 위한 장기적 방안으로 군주를 두는 것이 낫다고 생각하게 되었다.[38]

---

36 "聖人生而大盜起…… 聖人已死, 則大盜不起, 天下平而無故矣."(『莊子』「胠篋」)

37 『여씨춘추』는 「십이기十二紀」·「팔람八覽」·「육론六論」 등 세 부분으로 구성되어 있다. 그중 「십이기」는 여불위가 어린 진시황의 승상으로 있던 기원전 241년경에 편집되었고, 나머지 두 부분은 235년 그가 쫓겨나 자살한 이후에 그의 문하에 있던 사람들이 편집한 것으로 추정되고 있다(鄭英昊 解譯, 『여씨춘추 12기』, 2006: 6-7).

이 구절은 『여씨춘추』의 '잡가적' 성격을 반영하고 있다. 즉 앞서 인용된 법가인 『상군서』, 유가의 경전인 『예기』와 『상서』, 그리고 『관자』, 『묵자』 등 문헌들의 사고가 혼재되어 있다. 즉 자연상태는 군주의 부재, 집단생활, 금수와 같이 예의범절에 대한 무지, 물질적 낙후 등을 특징으로 하고, 그에 대한 대안으로서 국가나 천하의 수준에서 일정한 정치적 질서를 구축해야 한다.

그럼에도 『여씨춘추』에는 기존의 사상들과 다른 새로운 요소들도 찾아볼 수 있다. 먼저 인간은 일종의 사회적 존재라는 인식이다. 인간은 혼자서 짐승이나 자연재해 등 외부의 각종 위험에 대처할 수 없기 때문에 무리를 형성한다. 다시 말해 인간은 무리를 지음으로써 서로 이로움을 얻고자 한다. 이러한 관념은 앞서 순자가 '짐승과 같은 무리'라는 의미에서 상정한 인간의 집단성과는 다르다. 그와 함께 『여씨춘추』에서는 일종의 공리주의적 입장이 확인된다. 즉 군주는 어디까지나 그 구성원의 이익을 위해서 존재한다는 것이다.

> 사람이 타고난 바로는 손톱과 이빨은 자신을 지키기에 부족하고, 피부는 추위와 더위를 막기에 부족하며, 근육과 뼈는 이로운 것은 취하고 해로운 것을 피하기에는 부족하며, 용기는 사나운 것들을 막기에는 부족하다. 그렇지만 인간은 만물을 주재하고, 금수를 통제하며, 해충을 극복하고, 추위·더위·건조함·습함의 피해를 입지 않는다. 그것은 사람들이 미리 방비하기 때문만은 아니며 사람들이 무리를 지어 살기 때문이다.

---

38 "昔太古嘗無君矣, 其民聚生群處, 知母不知父, 無親戚兄弟夫妻男女之別, 無上下長幼之道, 無進退揖讓之禮, 無衣服履帶宮室畜積之便, 無器械舟車城郭險阻之備, 此無君之患. 故君臣之義, 不可不明…… 聖人深見此患也, 故爲天下長慮, 莫如置天子也; 爲一國長慮, 莫如置君."(『呂氏春秋』「恃君覽·恃君」) 번역은 关贤柱 等 译注, 『吕氏春秋全译』, 1997: 741-744; 鄭英昊 解譯, 『여씨춘추 8람』, 2006: 390-393을 참조함.

무리 지음은 서로에게 이로움을 주기 때문이다. 무리에서 이로움이 생기니 군주의 도리가 세워졌다. 군주의 도리가 일단 세워지니 무리에서 이로움이 생기게 되었고, 사람들의 방비도 더욱 완전해졌다.[39]

그럼에도 어느 시점에서 나라는 망하고 새로운 나라에 의해 대체되었다. 이와 관련해 『여씨춘추』의 편자는 위정자가 공공의 이익을 추구하지 않고 사적인 이익을 추구하기 때문임을 반복해 강조한다.

덕德이 쇠하여 세상이 어지러워지고 난 뒤, 천자는 천하에서 사적인 이익을 취하고, 군주는 나라에서 사적인 이익을 취하고, 고관은 관직에서 사적인 이익을 취했다. 이것이 국가들의 반복된 흥망성쇠의 원인이 되었다.[40]

그렇다면 통일제국의 건설 이후 자연상태나 국가의 기원에 대한 논의는 어떻게 전개되는가? 관련 논의는 유가가 점차 지배적인 이념이 되고 있음을 보여 준다. 다시 말해 자연상태의 문명적 낙후와 성인의 계몽적 역할이 강조된다. 그것은 대표적으로 전한 초기 육가陸賈의 『신어』와 회남왕 유안劉安의 『회남자』 등에서 확인된다.

먼저 전한 초기 인물인 육가를 보자. 그에 의하면 정치사회는 유가에

39 "凡人之性, 爪牙不足以自守衛, 肌膚不足以扞寒暑, 筋骨不足以從利辟害, 勇敢不足以卻猛禁悍, 然且猶裁萬物, 制禽獸, 服狡蟲, 寒暑燥溼弗能害, 不唯先有其備, 而以群聚邪. 群之可聚也, 相與利之也. 利之出於群也, 君道立也. 故君道立則利出於群, 而人備可完矣."(『呂氏春秋』「恃君覽·恃君」) 번역은 关贤柱 等 译注, 『吕氏春秋全译』, 1997: 740-741; 鄭英昊 解譯, 『여씨춘추 8람』, 2006: 390-391을 참조함.

40 "德衰世亂, 然後天子利天下, 國君利國, 官長利官, 此國所以遞興遞廢也, 亂難之所以時作也."(『呂氏春秋』「恃君覽·恃君」) 번역은 关贤柱 等 译注, 『吕氏春秋全译』, 1997: 743-745; 鄭英昊 解譯. 『여씨춘추 8람』, 2006: 392-393을 참조함.

서와 같이 성인으로부터 시작된다. 그의 저서 『신어』는 "하늘이 만물을 낳고, 땅이 그것들을 기르고, 성인이 그것들을 완성한다."[41]는 순자의 말로 시작된다. 이것은 앞서 언급한 것처럼 성인의 정치는 사회적 분별에 기초하며, 그것은 다름 아닌 천지의 원리에 상응해야 한다. 좀 더 구체적으로 『신어』는 성인의 역할을 다음과 같이 요약해 보인다.

> 이에 선성先聖이 천문과 지리를 관찰해 음양을 나누고, 사람의 도리를 정하니 사람들이 비로소 계몽되어 부자유친·군신유의·부부유별·장유유서가 있음을 알게 되었고, 이에 백관이 세워지니 왕도가 생겨났다.[42]

『신어』는 구체적으로 오곡의 재배를 가르친 신농씨, 집을 지어 비바람을 피한 황제, 토지의 특성에 따라 곡식의 종류를 나누고 특히 뽕과 마를 재배해 옷감을 제작한 후직后稷, 수리사업으로 평지생활을 가능하게 한 우禹, 수레와 배를 제작해 소통을 넓힌 해중奚中, 인지능력이 높아진 사람들의 사행심을 통제하고자 사법과 상벌을 정한 고요皐陶, 학교를 세워 예법을 가르친 문왕과 주공, 오경과 육예 등 경전을 종합한 공자 등을 차례로 나열하고 있다.[43] 이것은 앞서 언급된 유가의 문헌과 매우 유사하다. 다만 공자가 5경과 같은 문헌을 정리함으로써 그간 쇠퇴해 가던 제도를 바로잡은 일이 상세하게 추가되어 있다.

전한 초기 제후국의 입장에서 기존의 학문을 집대성해 한의 새로운 국가이념을 제시하고자 했던 『회남자』에는 자연상태와 정치사회의 출현 문

---

41 "天生萬物, 以地養之, 聖人成之."(『新語』「道基」) 다만 『순자』에는 '天地生之, 聖人成之' 로 되어 있다(『荀子』「富國」, 「大略」).

42 "於是先聖乃仰觀天文, 俯察地理, 圖畫乾坤, 以定人道, 民始開悟, 知有父子之親, 君臣之義, 夫婦之道, 長幼之序. 於是百官立, 王道乃生."(『新語』「道基」)

43 『新語』「道基」.

제에 대해서도 언급되어 있다. 당시에는 오랜 전쟁에 대한 상처로 인해서 황로사상이 사회전반적 분위기를 지배했다. 따라서 『회남자』에는 전체적으로는 도가사상의 색채가 강하지만 유가나 묵가의 요소들을 포괄하는 부분도 적지 않다.

일단 『회남자』에서 자연상태는 도가의 주장과 유사하다. 그것은 문명적 요소에 의해 변질되지 않은 인간의 본성이 발현되었다는 점을 특징으로 한다. 이를테면 「본경훈」에서는 다음과 같이 말한다.

> 옛날 사람들은 천지의 기운과 하나가 되고, 온 세상과 함께 자유자적했다. 당시에는 포상의 이익이나 형벌의 협박도 없었고, 예의와 염치의 규범도 제시되지 않았으며, 어짊에 대한 칭송이나 인색함에 대한 비난도 없었으며, 모두가 서로 침해하거나 포악하지 않았다. 마치 혼돈의 한 가운데에 있는 것과 같았다.[44]

「숙진훈」에는 이와 비슷하면서도 좀 더 자세한 설명이 있다.

> 옛날 사람들은 혼돈의 상태에 있었고, 그 정신이 바깥으로 흩어지지 않았다. 모든 것들이 고요하고 정숙했다…… 이때 사람들은 마음대로 살았고, 방향을 구별할 줄도 몰랐고, 음식을 머금고 돌아다니며, 배를 두드리며 놀았다. 하늘이 주는 기운을 받고, 대지가 주는 은택을 누렸다. 시비곡직으로 인해 서로 사이가 멀어지는 일이 없어 천하가 큰물이 흐르듯 홍성했으니, 일러 '위대한 질서〔대치大治〕'였다. 이때 윗사람이 사람들을 다스리고 부리면서도 그들의 본성을 교란시키지 않았고, 백성들을 안

44 "古之人同氣於天地, 與一世而優遊. 當此之時, 無慶賀之利, 刑罰之威, 禮義廉恥不設, 毀譽仁鄙不立, 而萬民莫相侵欺暴虐, 猶在於混冥之中."(『淮南子』「本經訓」) 번역은 许匡一 译注, 『淮南子』, 1993: 415-417; 안길환 편역, 『新完譯 淮南子』(上), 2013: 351-352를 참조함.

정시키고 점유하면서도 그들의 덕성을 바꾸지 않았다. 인의를 실행하지 않아도 만물이 번성했고, 상벌을 행하지 않아도 천하가 귀순했다.[45]

위 구절들은 앞서 인용한 『장자』와 매우 유사하다. 인간은 자연상태에서 가장 본성에 맞게 살았다. 그와 함께 이상적인 통치도 그러한 본성을 어지럽히지 않고 그것을 발현할 수 있게 하는 것이다. "몸을 천지와 통하게 하고, 정신은 음양에 동화시키는"[46] 그러한 상태였다. 그러한 인간의 질서가 자연의 원리와 조화를 이룸으로써 일종의 무위의 통치가 이루어지는 상태를 『회남자』는 태청太淸이라고 불렀다.

그렇지만 후에 문명적 요소가 도입되면서 그러한 질서는 쇠퇴했다. 그것은 유가를 포함해 여러 사상에서 초기 성인들에 의한 계몽적 활동의 의도하지 않은 결과였다. 즉 「숙진훈」에 의하면, 복희씨伏羲氏·신농·황제 등을 거치면서 어린애의 몽매함에서 벗어나 점차 지혜를 습득하고 사물의 원리를 이해하기 시작했다. 이들은 덕치나 자연적 원리에 대한 이해에 근거해 훌륭한 통치를 했음에도 (좀 더 정확하게는 그렇게 했기 때문에), 궁극적으로 사람들은 점차 자신의 본성에서 멀어지게 되었다. 나아가 하와 주 시기에 이르러 사람들은 욕망에 유혹당하고, 재물을 위해 속임수를 쓰고 다투게 되었다.[47] 다시 「본경훈」을 보자.

쇠락한 시대에 이르게 되자 인구는 많아지고 재물은 적어졌다. 애써 일

---

45 "古之人有處混冥之中, 神氣不蕩於外, 萬物恬漠以愉靜…… 當此之時, 萬民猖狂, 不知東西, 含哺而遊, 鼓腹而熙, 交被天和, 食於地德, 不以曲故是非相尤, 茫茫沈沈, 是謂大治. 於是在上位者, 左右而使之, 毋淫其性; 鎮撫而有之, 毋遷其德. 是故仁義不布而萬物蕃殖, 賞罰不施而天下賓服."(『淮南子』「俶眞訓」) 번역은 许匡一 译注, 『淮南子』, 1993: 62-63; 안길환 편역, 『新完譯 淮南子』(上), 2013: 75-77을 참조함.

46 "通體於天地, 同靜於陰陽."(『淮南子』「本經訓」)

47 『淮南子』「俶眞訓」.

> 해도 생계는 충분하지 않게 되었다. 그리하여 원망과 다툼이 생겨났다. 이에 어짊〔인仁〕이 강조되었다. 그렇지만 어진 이와 인색한 자들이 서로 합치되지 못해 각각 파벌을 만들고 거짓을 꾸미고 속임수를 품었고, 천성까지도 잃게 되었다. 이에 의로움〔의義〕이 강조되었다. (한편) 남녀의 정은 늘 혈기의 욕망이 있다. 남녀가 집단으로 살면서 구분이 없게 되었다. 이에 예의〔예禮〕가 강조되었다. 사람의 감정은 억제하지 않으면 서로 위협하게 된다. 그러므로 통제하지 않으면 균형을 잃게 되니 이에 음악〔악樂〕을 강조하게 되었다.[48]

물론 이 구절은 인·의·예·악과 같은 유가의 방법은 각기 다툼의 해소, 믿음의 회복, 음란의 방지, 감정의 조절 등 일부 문명적 폐단을 해결할 수 있지만, 이상적인 통치는 아니라는 지적으로 이어지고 있다. 즉 이상적 통치는 위에서 언급한 것처럼 인간이 가졌던 원래의 본성을 회복하는 방식이어야 한다.

> 도에 의거해 천하를 안정시키면 인심은 처음으로 되돌아가고, 인심이 처음으로 되돌아가면 사람의 심성이 선해지며, 사람의 심성이 선해지면, 천지음양이 그에 따라서 그것을 품게 되고, 그리하면 재물이 풍부해지고 생계는 충족된다. 그에 따라 탐냄과 인색함, 원망과 다툼이 생겨나지 않는다.[49]

---

48 "古之人同氣於天地, 與一世而優遊. 當此之時, 無慶賀之利, 刑罰之威, 禮義廉恥不設, 毁譽仁鄙不立, 而萬民莫相侵欺暴虐, 猶在於混冥之中. 逮至衰世, 人衆財寡, 事力勞而養不足, 於是忿爭生, 是以貴仁. 仁鄙不齊, 比周朋黨, 設詐諝, 懷機械巧故之心, 而性失矣, 是以貴義. 陰陽之情, 莫不有血氣之感, 男女群居雜處而無別, 是以貴禮. 性命之情, 淫而相脅, 以不得已則不和, 是以貴樂."(『淮南子』「本經訓」) 번역은 许匡一 译注, 『淮南子』, 1993: 414-417; 안길환 편역, 『新完譯 淮南子』(上), 2013: 351을 참조함.

49 "神明定於天下, 而心反其初; 心反其初, 而民心善; 民心善而天地陰陽從而包之, 則財

그렇지만 잡가적인 문헌답게 『회남자』에는 위의 입장과 함께 다른 시각도 소개되어 있다. 대표적으로 「수무훈」에는 묵가와 유사한 자연상태 관념이 확인된다. 여기에서는 도가의 무정부주의적 자연관과 정치질서에 대한 비판에서 출발한다. 그와 함께 유가와 묵가가 각각 강조했던 성인들의 문명적 역할과 이익의 조정 및 공동체의 복리가 서로 결합되어 있다. 성인의 이러한 역할은 무위가 아닌 의식적 노력에 의해서만 정치사회 질서가 구축될 수 있음을 보여 준다.

> 세상에는 강한 자가 약자를 억누르고, 다수가 소수를 괴롭히며, 교활한 자가 우둔한 자를 속이고, 용감한 자가 겁 많은 자를 침해했다. 지혜가 있어도 그것을 속에 품고 다른 사람은 가르치지 않았다. 재물을 쌓아 두고도 남에게 나누어 주려 하지 않았다. 이에 천자를 세워 하나로 바로잡았다. 천자 한 사람의 지혜는 온 세상에 두루 미칠 수 없기 때문에 삼공三公과 구경九卿을 세워 그를 보좌하게 했다. 풍속이 다르고 먼 지역은 천자의 은혜를 입지 못하기 때문에 제후를 두어 교화하게 했다.[50]

이 구절 앞에는 역사적으로 알려진 5명의 성인들에 의한 문명사적 역할이 나열되어 있다. 예컨대 신농은 농업, 요는 예의범절, 순은 주거, 우는 치수와 토목, 탕은 백성의 후생 등에 힘씀으로써 야만의 상태를 벗어나 문명적 기반을 구축했다. 농업이 도입되기 전에 사람들은 야생의 독초를 잘못 먹음으로써 질병에 걸리기 쉬웠다. 집을 짓기 전에는 혈거생활을 했

---

足而人澹矣; 貪鄙忿爭不得生焉."(『淮南子』「本經訓」) 번역은 许匡一 译注, 『淮南子』, 1993: 417-419; 안길환 편역, 『新完譯 淮南子』(上), 2013: 351-353을 참조함.

50 "爲天下強掩弱, 衆暴寡, 詐欺愚, 勇侵怯, 懷知而不以相教, 積財而不以相分, 故立天子以齊一之. 爲一人聰明而不足以遍照海內, 故立三公九卿以輔翼之. 絕國殊俗, 僻遠幽間之處, 不能被德承澤, 故立諸侯以教誨之."(『淮南子』「脩務訓」) 번역은 许匡一 译注, 『淮南子』, 1993: 1135-1137; 안길환 편역, 『新完譯 淮南子』(下), 2013: 232-237을 참조함.

고, 치수 이전에는 홍수가 빈발했다. 특히 그들은 목표에 있어서 사적 이익보다는 공공의 이익에서 출발했고, 방법에 있어서는 자연의 원리를 역행하지 않고 거기에 충실했다.

『회남자』는 유가가 제시하는 성인시대로의 복귀에 대해서는 매우 부정적인데, 이에 대해 상앙과 한비자의 법가적 근거를 제시한다. 즉 성인의 방법은 그간 변화된 인간으로 말미암아 더 이상 유효하지 않다. 『회남자』에 의하면, 옛날 신농씨나 요순 시기 사람들은 순박해 교화하기 쉬웠고, 법령에 순종했다. 그렇지만 시간이 지나면서 풍습은 경박해지고, 사람들은 수치를 모르고 이익을 탐하게 되었다. 그러므로 과거 성인의 방식으로 다스리고자 한다면 반드시 혼란을 가중시킬 수밖에 없다. 『회남자』는 악폐에 물든 사람들을 질박한 방식으로 다스리려는 것은 마치 '재갈과 채찍이 없이 야생마를 제어하려는 것'과 같다며[51] 변화된 시세에 따라야 함을 말하고 있다.

## 3. 통합적 정치질서 구상

정치사상이 단순히 주어진 상황의 반영인지, 아니면 그것을 초월하고자 하는 의식적 노력인지에 관한 논쟁이 끊이지 않는다. 그렇지만 어떤 경우라도 정치사상은 현실적 문제나 요구와 긴밀한 관계를 갖는다는 점은 부인할 수 없다. 이 점은 초기 중국의 정치사상에 관한 연구에서도 동일하게 해당된다.[52] 그렇다면 초기 정치사상이 전개되는 춘추전국시대의 가장 중요한 현

51 『淮南子』「氾論訓」.

실적 문제는 무엇이었을까. 이와 관련해 유가·도가·묵가 등 주요 사상은 모두 국가가 아닌 천하를 논의의 대상으로 했다는 점이 부각된다. 그것은 당시 제기된 것으로 간주되는 소위 대일통大一統에 대한 요구와 결부된다.[53]

그런데 춘추전국시대 정치사상에서 가장 현실적인 문제가 과연 통일에 의한 무질서와 혼란의 극복에 있었는지 재고해 볼 필요가 있다. 전체적으로 보면 그것은 중요한 과제였음이 틀림없다. 그렇지만 개별 국가들의 입장에서 중요한 과제는 천하의 질서가 아니라 각자의 생존이나 부강함이었다. 그리고 주지하는 것처럼 각각의 정치사상도 대개 특정 국가의 군주에게 유세하는 방식으로 제시되었다. 그 결과 각 학파에 따라서 목표나 방법에 차이가 있지만, 그들은 국내적으로 어떤 정치질서를 구축할 것인가에 집중했다.[54] 천하의 통일이나 질서의 수립은 그 자체로서 추구되기보다는 개별 국가들에서 성공적인 통치의 결과물로 이해될 뿐이었다. 어떤 나라를 어떻게 잘 다스리면 결국 천하의 왕자나 패자가 될 수 있다는 식이었다.

물론 어떤 세계관이 없는 정치사상은 생각하기 힘들다. 특히 그것이 지리적인 의미에서 세계가 아닌 일반적인 정치질서라고 할 경우에는 더욱 그렇다. 초기 중국의 정치사상도 마찬가지다. 다만 앞서 언급한 것처럼 정치사상이 현실과 긴밀한 관계를 갖는다면, 그에 대한 해석에 있어서도 현실의 문제에 대한 해답의 추구라는 측면에서 접근해야 한다. 그리고

52 벤자민 슈워츠 저, 나성 옮김, 『중국 고대 사상의 세계』, 2004: 7-27.

53 그 예로서 梁啓超 原著, 賈馥茗 標點, 『先秦政治思想史』, 1980: 179-183; 蕭公权, 『中國政治思想史』, 1998: 12.

54 량치차오의 경우에도 그의 의도와는 달리 정치의 주체가 개별 국가임이 확인된다. 그에 의하면, 천하질서의 수립과 관련해 유가와 묵가는 분권적이고 평화적인 방식을, 법가는 무력에 의한 통일을 지향했다. 그렇지만 그들은 모든 국가들이 공동으로 구축하는 천하질서가 아니라 개별 국가들이 각기 일정한 방식으로 추구하는 천하질서를 제시하고 있다.

초기 정치사상에서 그 중심은 개별 국가들이었다. 이러한 사실은 국가권력의 단계적 확대에 관한 권력이론 그리고 실제 역사의 전개와도 일치한다. 정치사상에 대한 연구에서 이 점은 자주 간과되어 왔다. 초기 정치사상이 후대의 상황, 무엇보다도 통일제국의 건설에 대한 요구와 억지로 결부되었던 것이다.

초기 정치사상에서 개별 국가(또는 군주)의 주체적 위치는 전국시대 중반까지도 변함이 없다고 생각된다. 그것은 학파와 무관하게 공통적으로 나타나는 현상이다. 이 점은 특히 공자·노자·묵자와 같은 시기적으로 이른 사상가들과 관련해서는 충분히 고려되지 않으면 안 된다. 다만 전국시대 후반에 통일의 가능성이 보이면서 점차 통합적 질서에 대한 논의가 활발하게 전개된다.

통합적 질서의 구축은 여러 가지 측면에서 제기되었지만, 특히 왕(천자)·패·제 등 최고 통치자의 칭호를 통해 가장 전형적으로 드러나고 있다. 해당 개념들은 주로 통치의 기본원리로서 제시되지만, 그것들은 천하질서와도 결부되었다. 이들은 단순히 일국의 군주가 아니라 천하 또는 광역의 통치자들이었다. 천하질서의 원리로서 왕도와 패도는 진의 통일 이전은 물론 이후까지도 중요한 유형이었다. 그리고 그 담지자는 각각 왕자와 패자로 불리었다. 물론 양자는 역사적 경험에서 기원했다. 왕자는 3왕으로, 하의 우왕, 은의 탕왕, 주의 문왕·무왕을 의미했다. 패자는 춘추시대 천자를 대신하여 실력으로 천하의 질서를 유지한 소위 5패가 대표적이다. 그렇다면 통합적 질서의 구축과 관련하여 양자는 어떤 특징을 갖고 있었는가.

먼저 왕자로서 3왕은 새로운 왕조의 건설자라는 점에서 공통점을 갖는다. 우왕은 그의 현능함에 의해 순으로부터 왕위를 선양받았을 뿐만 아니라, 탕왕과 문왕 및 무왕은 천명을 얻어 다수 제후들의 지지하에 폭군을 제거했다. 그것만으로도 그들은 훌륭한 통치자로 평가받을 수 있다.

그럼에도 그들의 정치는 후대 유가에서 이상화된 측면이 없지 않다. 전국시대 말 맹자와 순자가 왕자의 정치를 개념화했을 때, 그것은 "덕으로써 인을 행하는 것"[55]이거나 "싸우지 않아도 승리하고, 공격하지 않아도 이기며, 병사들의 노고가 없이도 천하가 복종하는 것"[56]이었다. 어쨌든 3왕은 왕도정치의 역사적 구현자로서 끊임없이 재현되었다. 그 결과 3왕의 정치는 그 진실성과 무관하게 하나의 이상적 통치유형으로 자리 잡게 되었다.

한편 앞서 언급한 것처럼 패(자)는 춘추시대의 천하질서를 대변했다. 주 왕실의 명목적인 권위가 유지되는 상황에서 중원의 질서는 일부 패자에 의해서 주도되었던 것이다. 그들은 존왕양이의 기치 아래 중원의 국가들을 이끌고 주변 '이적' 국가들의 침략을 막는 데 주력했으나, 동시에 중원 국가들 내부의 일에도 관여했다. 거기에는 각국 신임 군주의 승인, 분쟁의 조정 그리고 심지어 재난시의 공동 구원까지도 포함되었다. 특히 패자는 정기적인 조빙이나 회맹을 통해 중원 국가들을 통제했다.

왕과 패를 천하의 통치원리로서 처음 이론화한 인물은 맹자이다. 그는 왕과 패가 각각 인의와 힘에 기반을 둔 것으로 규정했는데, 그 후에도 그러한 개념 규정은 거의 수정 없이 수용되었다. 맹자 이전, 이를테면 춘추시대 공자나 노자는 물론 전국 초의 묵자에서도 천하의 통치원리로서 왕자와 패자에 대한 언급은 없다. 다만 역사적 실체로서 탕왕이나 무왕과 같은 왕자, 진의 문공이나 제의 환공 등 개별 인물들에 대한 평가가 있을 뿐이다.

55 "以德行仁者王."(『孟子』「公孫丑上」)

56 "不戰而勝, 不攻而得, 甲兵不勞而天下服."(『荀子』「王制」, 「王霸」)

## 유가와 일국의 확대

공자에게서 통치의 주체는 누구일까? 천자(왕)인가 제후인가? 대개 공자는 서주 시기와 같이 천자를 중심으로 하거나, 그와 제후 사이에 일정한 위계가 있는 분권적 방식의 질서를 상정했다고 간주된다. 그렇지만 그러한 질서는 이미 종말을 고했을 뿐만 아니라 그 후 수백 년 간 회복되지 못했다. 그에 대해서 공자의 복고적 관념을 지적함으로써 해결될 것 같지 않다.

사실 유가를 포함하여 사상가들은 현실정치와 긴밀한 관련을 가졌다. 그리고 공자 시기에 정치의 주체는 각국의 제후였다. 따라서 결론부터 말하자면, 공자도 천하질서보다는 제후와 그가 다스리는 나라를 통치의 중심에 두었고, 그것은 그의 정치사상에 관한 해석에서도 인정되어야 한다. 그 이후 맹자나 순자도 크게 차이가 없다. 그들이 천하질서를 언급하는 경우에도 그것은 다만 한 나라에 대한 통치의 연장선에서 이해했던 것이다. 제후 중심의 통치는 유가의 경전인 『예기』의 "소위 천하를 평안하게 하는 것은 그 나라(國)을 잘 다스리는 데 있다."거나 "나라가 잘 다스려진 이후에 천하가 평안하게 된다."는 구절로 집약되고 있다.[57]

먼저 통치자에 대한 공자의 관련 논의를 보자. 통치자들 내부의 위계적 관계에 관해 『논어』「계씨」의 다음 구절이 대표적으로 인용된다.

> 공자가 말하기를, 천하에 질서가 있으면 예악과 출정의 결정이 천자에게서 나오고, 천하에 질서가 없으면 예악과 출정의 결정이 제후에게서 나온다. 제후에게서 나오면 대개 10대가 되어 망하지 않는 경우가 드물고, 대부에게서 나오면 5대가 되어 망하지 않는 경우가 드물며, 만약 대부의 가신이 나라(국國)의 운명을 쥐면 3대에 망하지 않는 경우가 드물

57 "所謂平天下在治其國," "國治而後天下平."(『禮記』「大學」)

> 다. 천하에 질서가 있으면 정치〔정政〕가 대부에 있지 않고, 천하에 질서가 있으면 백성들이 (정치에 대해) 왈가왈부하지 않는다.[58]

이 구절은 공자가 동경했던 주의 봉건적 정치질서, 즉 천자를 중심으로 하는 통합적인 정치질서로서 자주 인용된다. 나아가 해당 구절은 제후가 정치를 좌지우지하는, '도'가 없는 춘추시대의 현실을 개탄한 것으로 인용된다. 그렇지만 그러한 해석은 위 문장의 전반부에 치중한 결과이다. 위 글의 후반부는 '정치〔정政〕'는 제후에게 있어야 한다는 점을 분명히 하고 있다. 문제는 제후가 천자의 권한인 예악정벌을 침해하는 것이 아니라 대부가 제후의 권한을 침해하는 데에 있다. 이와 관련해 위의 구절은 다음으로 이어지고 있다.

> 공자가 말하기를, 작록爵祿(의 권한)이 (노나라의) 공실을 떠난 지 5대가 되었고, '정치〔정政〕'가 대부에 의해 장악된 것이 4대가 되었다. 그러므로 삼환三桓의 자손들도 쇠퇴하게 될 것이다.[59]

당시 노나라에서는 대부인 계손씨季孫氏가 사실상 권력을 장악하고 있었고, 크게는 맹손씨孟孫氏·숙손씨叔孫氏 등 삼환이 득세했다. 앞의 구절에서 명시된 것처럼 대부가 나라를 좌지우지하면 몇 년 안에 나라가 망한다. 사실 『논어』에는 실제 제후가 천자의 권한을 침탈한 사례는 언급되어

58 "孔子曰: 天下有道, 則禮樂征伐自天子出. 天下無道, 則禮樂征伐自諸侯出. 自諸侯出, 蓋十世希不失矣. 自大夫出, 五世希不失矣. 陪臣執國命, 三世希不失矣. 天下有道, 則政不在大夫. 天下有道, 則庶人不議."(『論語』「季氏」) 번역은 楊伯峻 譯注, 『論語譯注』, 1980: 174-175; 李基東 譯解, 『논어강설』, 2005: 540-541을 참조함.

59 "孔子曰: 祿之去公室, 五世矣. 政逮於大夫, 四世矣; 故夫三桓之子孫, 微矣."(『論語』「季氏」) 번역은 楊伯峻 譯注, 『論語譯注』, 1980: 175; 李基東 譯解, 『논어강설』, 2005: 543을 참조함.

있지 않다. 그에 반해 각국 대부들의 월권행위가 주된 비판의 대상이 되고 있다. 이를테면 노의 계씨가 제사에서 여러 차례 군주, 심지어 천자의 예를 침범하고[60] 과도한 세금의 부과로 축재한 것,[61] 제의 재상 관중이 군주처럼 살고 제후들의 회합 의식에서 군주처럼 행세해 예를 벗어난 것,[62] 제齊의 대부 최자崔子가 군주인 장공莊公을 시해한 것, 제의 대부 진성자陳成子가 군주인 간공簡公을 살해한 것[63] 등을 비판적으로 언급하고 있다.

공자의 논의가 엄밀한 의미에서 천하가 아니라 당시 국國이나 방邦, 즉 제후국에 초점이 주어지고 있다는 것은 다른 측면에서도 확인된다. 『논어』에는 나라를 의미하는 국과 방이 각각 10회, 48회나 등장한다. 그에 대한 수식어도 다양해 본국〔是邦〕, 나라의 군주〔邦君〕, 위급한 나라〔危邦〕, 혼란한 나라〔亂邦〕, 외국〔他邦·異邦〕, 이방인〔異邦人〕, 오랑캐의 나라〔蠻貊之邦〕, 나라의 영역〔邦域〕, 나라 안〔邦內〕, 나라의 백성〔邦人〕, 부모의 나라〔父母之邦〕, 나라를 다스림〔爲邦·爲國〕, 나라를 흥하게 함〔興國〕, 나라를 잃음〔喪國〕, 나라를 현혹시킴〔迷邦〕, 나라를 전복시킴〔覆邦〕, 나라를 얻음〔得邦〕, 천승의 나라〔千乘之國〕, 만승의 나라〔萬乘之國〕, 대국〔大國〕, 나라의 실권〔國命〕, 멸망한 나라〔滅國〕 등이 확인된다.

그 외에도 『논어』에는 "나라에 도가 있다〔邦有道〕"는 구절이 일곱 차례나 나온다.[64] 이를테면 "나라에 도가 있으면 벼슬을 하되, 나라에 도가 없는데 벼슬하는 것은 수치이다."는 식이다.[65] 물론 '천하에 도가 있다〔天下有道〕'도 5회나 출현한다. 그렇지만 공자에게서 천하는 천자가 통치하는 세계라는 정치적 의미를 갖지 않으며, 막연한 '세상'이나 '나라〔邦〕'와 혼

60 『論語』「八佾」.

61 『論語』「先進」.

62 『論語』「八佾」.

63 『論語』「憲問」.

64 『論語』「公冶長」, 「泰伯」, 「憲問」, 「衛靈公」.

65 "邦有道, 穀; 邦無道, 穀, 恥也."(『論語』「憲問」)

용되고 있다. 주지하는 것처럼 공자가 정치적 논의를 한 통치자들은 각국의 군주나 대부들이었다. 공자가 편찬한 『춘추』도 노魯를 기년으로 하고, 다만 정월에 대해서 주 천자를 의미하는 왕을 명시하고 있을 뿐이다.

한편 공자의 말 중에 "하늘에는 두 개의 태양이 없고, 지상에는 두 명의 왕이 없다."는 구절이 있다. 이것은 종종 공자가 최고 주권자인 천자(왕)의 권위하에 하나로 통일된 천하를 지향한 것으로 이해된다. 그렇지만 반드시 그렇지 않다. 먼저 해당 구절이 인용되는 『예기』를 보자.

> 공자는 '하늘에는 두개의 태양이 없고, 지상에는 두명의 왕이 없으며, 가家에는 두명의 가장이 없다. 존귀한 자리에는 두명의 윗사람이 없으니, 이것은 백성에게 군주〔君〕과 신하〔臣〕의 구분을 보여준다.'고 말했다. 『춘추』는 초와 월 왕의 죽음을 기록하지 않았다. 예에 의하면, 군주〔君〕는 (천자와 같이) 하늘을 참칭하지 않고 대부는 (제후와 같이) 군주〔君〕를 참칭하지 않으니, 이것은 상하관계에 대한 백성들의 의혹을 우려하기 때문이다…… 공자가 말하기를, '군주〔君〕는 동성과 수레를 함께 타지 않고, 이성과는 수레는 함께 타되 같은 옷을 입지 않는데 이것은 백성들의 의혹을 피하기 위해서이다. 이런 방식으로 막아도 어떤 백성은 동성을 추대해 그 군주〔君〕를 시해하는 경우가 있다.'[66]

이 구절에서도 일단 앞부분은 왕, 즉 천자의 질서가 상정된다. 주지하는 것처럼 공자가 생존했던 춘추시대에 왕은 주의 천자에만 해당되었고,

---

66 "子云: '天無二日, 土無二王, 家無二主, 尊無二上, 示民有君臣之別也.' 《春秋》不稱楚越之王喪, 禮君不稱天, 大夫不稱君, 恐民之惑也.…… 子云: '君不與同姓同車, 與異姓同車不同服, 示民不嫌也.' 以此坊民, 民猶得同姓以弑其君."(『禮記』「坊記」) 번역은 이상옥 역, 『新完譯 禮記』(下), 2003: 1307-1308; 吕友仁·吕咏梅 译注, 『礼记全译·孝经全译』, 1998: 922-923을 참조함.

제후는 공이나 후 등 귀족의 작위로만 호칭되었다. 따라서 『춘추』에서도 왕을 참칭한 초와 월을 비판해 그 통치자의 죽음을 기록하지 않았다. 어쨌든 위 구절의 앞부분에 의하면 두 명의 천자 또는 왕이 있지 않아야 한다. 그렇지만 앞서 인용된 『논어』에서와 같이 곧이어 제후의 지위는 대부들이 침해해서는 안 된다고 명시하고 있다. 특히 제후는 '군주〔君〕'로 표기되고 있는데, 이것은 통상적으로 한 나라의 최고 통치자를 의미한다.[67] 그리하여 전체적으로 위 글은 천자가 아니라 군주로서 제후와 그의 권력 침해에 초점을 두고 있다. 『예기』의 다른 부분에는 위의 인용문에서 빠진 군주〔君〕가 좀 더 분명하게 설정된다.

> 하늘에는 두 개의 태양이 없고, 지상에는 두 명의 왕이 없으며, 나라〔國〕에는 두 명의 군주〔君〕가 없고, 가家에는 두 명의 가장이 없으니, 하나로서 다스리는 것이다.[68]

사실 공자가 천하의 통합적 권위로서 천자를 심각하게 간주했는지는 의심스럽다. 전체적으로 『논어』에서 '천자'는 단지 2회 출현한다. 당시 천자에게 배타적으로 사용되었던 '왕'도 3회 등장할 뿐이다. 그것도 역사 초기의 선왕先王 2회, 왕자王者 1회로 되어 있다.[69] '천하'는 모두 23회 등장하는데 그것은 대부분 수식어로서 막연하게 '세상에서'의 의미로 사용된다. 천하를 통괄하는 경우는 '천하를 갖다〔有天下〕'와 '천하를 바로잡다〔一匡天

---

67 군君은 여러가지 의미로 사용되지만 여기서는 신하와 상대되는 것으로서 일국의 군주를 지칭한다.

68 "天無二日, 土無二王, 國無二君, 家無二尊, 以一治之也."(『禮記』「喪服四制」) 이것은 한시기의 문헌인 『대대례기』나 『공자가어』 등 다른 공자의 어록에서도 마찬가지다(『大戴禮記』「本命」, 『孔子家語』「本命解」).

69 왕자와 관련해 『논어』에는 "왕자가 있다면 반드시 한 세대는 지나야 인정이 실현될 수 있다(如有王者, 必世而後仁)."는 구절이 있다(『論語』「子路」).

下〕'가 한 번씩 사용될 뿐이다.

그에 반해 『논어』에 52회나 출현하는 군君은 단일한 주어로 사용될 뿐 아니라 여러 가지 수식어와 결합되어 사용된다. 즉 '군주를 모심〔事君〕', '군주가 있음〔有君〕', '군주 노릇을 함〔爲君〕', '군주가 신하를 부림〔君使臣〕', '나라의 군주〔邦君〕', '제나라의 군주〔齊君〕', '위나라의 군주〔衛君〕', '군주의 시해〔弑君〕', '군주의 명령〔君命〕', '군주의 부인〔君夫人〕', '군주와 신하〔君臣〕' 등 수십여 차례가 등장한다. 그 이외에 적지 않은 군주들이 직접 거명되는데, 이를테면 노의 애공哀公·소공昭公·정공定公, 제齊 경공景公·환공桓公, 위衛 영공靈公, 진晉 문공文公 등이다.

실제 춘추시대 상황은 당시 정치적 현실이 천하를 아우르는 뜻을 펼치기에는 얼마나 척박한지를 보여 준다. 그것은 공자의 정치적 행위에도 반영된다. 그는 존왕을 주장하고 각국을 유세하면서도, 정작 천자의 나라 동주는 가 보지도 않았다. 더욱이 대부나 그 가신에 의한 하극상에 동참하려고까지 했다. 이를테면 노魯 대부 계환자季桓子의 가신 공산불요公山弗擾와 진晉 대부 범范씨의 가신 필힐佛肸이 각각 기원전 502년과 490년 반란을 일으켜 공자를 초빙했다. 공자는 그들에게 응하려 했고, 이에 옳지 않은 일에 가담한다고 제자 자로子路의 비판을 받았다.[70] 공자는 천자는 물론 제후나 대부도 아닌 가신 수준의 정치에 관여하려던 셈이었다. 그러한 공자에 대해서 후한의 왕충王充은 도를 펴기 위한 것이 아니라 그저 먹고 살기 위한 속인의 행동이라고 신랄하게 비판했지만,[71] 공자의 선택은 천하적 사고가 그 기반이 매우 취약했음을 보여 준다.

주지하는 것처럼 공자가 살았던 춘추 말은 각 나라들이 각축을 벌이던 시기였다. 후대에서 강조하는 것과 달리 당시 천하를 포괄하는 통합적 질

---

70 『論語』「陽貨」.

71 『論衡』「問孔」.

서의 구축은 여전히 요원했고, 현실적 논의의 대상이 되지 못했다. 공자의 정치이론은 그러한 시대적 상황과 결부되었다. 따라서 공자에게서 천하의 질서는 상당히 막연할 수밖에 없다.

공자 이후 대표적인 유가인 맹자는 왕도를 통한 천하의 통합질서 구축에 이념적 기반을 제공한 것으로 해석되는 경우가 많다. 그렇지만 그의 저술을 엄밀하게 검토해 보면, 그도 역시 철저하게 개별 국가의 정치에서 출발하고 있음이 드러난다. 전국시대 제후들은 칭왕하게 되었고, 천자는 전적으로 그 실체를 잃게 되었다. 그 결과 『맹자』에서 천자는 어떤 의미도 갖지 않는다. 이론적으로 맹자는 공자와 마찬가지로 천자(천하)-군(국)-대부(가)의 위계적 정치질서를 상정한다.[72] 그럼에도 논의의 핵심은 국가와 그것을 통치하는 군주였다. 『맹자』는 그가 여러 군주들과 나눈 대화로 구성되어 있다. 그는 "천하의 근본은 국國에 있다."[73] "군주가 바르면 국은 안정된다."[74]고 말하고 있다.

오히려 맹자에게 군주의 권력은 더 공고하게 나타난다. 공자에게 대부가 군주의 경쟁자, 즉 최대의 정치적 불안요소로 등장하지만, 맹자에게는 그렇지 않다. 공자에게서 군주권의 강화가 중요한 과제였다면, 맹자에 이르러 그것은 거의 완성되었던 셈이다. 따라서 『맹자』에서 대부는 거의 언급되지 않는다. 실제 전국시대에 이르러 대부는 봉건제적 가家의 우두머리가 아니라 읍邑과 같은 군현제적 행정단위의 지방관리가 되었다.[75]

다음 구절은 『맹자』에서 군주에 관한 가장 직접적인 언급으로 생각된다.

> 백성이 (가장) 귀하고, 사직社稷이 그 다음이며, 군주〔君〕는 가볍다. 그러

72 『孟子』「梁惠王上」, 「離婁上」, 「萬章上」.

73 "天下之本在國."(『孟子』「離婁上」)

74 "一正君而定國矣."(『孟子』「離婁上」)

75 전국시대 왕권의 강화와 지방행정의 변화에 대해서는 이 책 9장 1절 참조.

> 므로 백성(의 마음)을 얻으면 천자가 되고, 천자(의 마음)을 얻으면 제후가 되며, 제후(의 마음)을 얻으면 대부가 된다. 제후가 사직을 위태롭게 하면, (천자는 제후를) 교체한다.[76]

위의 구절은 백성에 비해 군주가 덜 중요하다는 주장으로서 소위 혁명의 근거로 자주 인용된다. 여기서 천하질서는 천자·제후·대부 등 춘추시대의 구도와 가깝다. 논의의 주된 대상은 군(주)이고, 그는 곧 사직을 담당하는 제후이다. 제후가 나라를 제대로 통치하지 못하면 교체되어야 한다. 여기서 교체의 가능성은 분명하다. 그렇지만 그 주체는 백성이 아니라 천자이다. 왜냐하면 위의 구절에 명시된 것처럼 제후의 정당성은 천자의 마음에 있기 때문이다. 그 중요성에 있어서 백성–사직–제후의 순서는 백성이 아닌 천자의 입장에서이다. 물론 천자는 백성의 마음을 얻어야 한다.

맹자는 두 차례 역사적 사례에서 역성혁명의 가능성을 보여 준다. 그리고 흥미롭게도 그것은 제후국이 아니라 천자가 통치하던 하·은·주의 경우이다. 상의 탕왕과 주의 무왕이 각각 하의 걸과 상의 주를 축출했던 것이다. 위의 사례들은 역사적 사실로서 알려졌을 뿐만 아니라 공자를 비롯한 문헌들에서 충분히 인정되었다는 점에서 새로울 것은 없다. 혁명의 주체는 일반 백성이 아니라 탕왕이나 무왕과 같은 천명을 받은 성인에게 국한된다. 다만 맹자는 걸이나 주와 같이 통치자가 그 정당성을 상실할 경우 더 이상 천자로 간주될 수 없다는 점을 분명히 했다. 걸과 주가 천하를 잃어버린 것은 그 백성, 특히 그들의 마음을 잃었기 때문이다.[77]

그렇다면 그가 대안으로서 추구했던 천하질서는 어떠했을까. 맹자가

---

76 "民爲貴, 社稷次之, 君爲輕. 是故得乎丘民而爲天子, 得乎天子爲諸侯, 得乎諸侯爲大夫. 諸侯危社稷, 則變置."(『孟子』「盡心下」) 번역은 楊伯峻 譯注, 『孟子譯注』, 1960: 328; 우재호 역, 『맹자』, 2007: 900-901을 참조함.

77 『孟子』「離婁上」.

공자보다 더 천하질서에 관심이 컸던 것은 분명하다. 그간 정치권력의 통합이 진행되었으니 그것은 당연한 일일 것이다. 『논어』에 천하가 23회 출현한다면, 『맹자』에는 모두 174회가 등장한다. 그중에서 천하에 대한 지배를 나타내는 경우는 30회 정도이고,[78] 나머지는 『논어』에서와 같이 수식어로 사용된다. 천하에 대한 지배를 나타내는 표현은 '치천하治天下〔천하를 잘 다스림〕', '왕천하王天下〔천하의 왕 노릇함 또는 천하를 왕도로 다스림〕', '보천하保天下〔천하를 보존함〕', '위천하威天下〔천하에 위세를 떨침〕', '득천하得天下〔천하를 얻음〕', '유천하有天下〔천하를 보유함〕' 등이다. 다만 『순자』와는 달리 천하의 통일이나 통합을 직접 나타내는 개념은 『맹자』에는 등장하지 않는다. 동시에 맹자가 천하를 언급할 때에는 그 통치체제보다는 주로 통치원리를 제시하는 데 그치고 있다.

사실 맹자에서 천하에 관한 언급은 공자보다도 훨씬 많지만 그 정치적 질서는 여전히 분명하지 않다. 그것은 아마도 당시 전국칠웅이 끊임없이 다투었고, 통합적인 천하질서의 구축은 아직 생각하기 힘들었기 때문일 것이다. 그가 말하는 것처럼 당시 각국의 영토와 세력이 서로 비슷해 한 나라가 압도할 수 없는 상황이었다.[79] 그들은 대부분 힘에 기반을 둔 일종의 패권적 질서를 추구했다. 맹자는 그와 자주 접촉했던 제齊 선왕宣王에게, 당시 제후의 포부를 "영토를 넓히고, 진秦과 초楚를 조회하게 하며, 중원에 자리 잡아 사이四夷를 통제하고자 하는 것"[80]으로 규정해 그의 동의를 얻고 있다.

---

78 확장된 표현들에 대해서 정확한 수치를 말하기는 어렵다. 왜냐하면 '천하를 잘 다스리다〔治天下〕'나 '천하를 왕으로서 다스리다〔王天下〕'의 경우, '천하가 잘 다스려지다〔天下治〕'나 '천하에서 왕으로 다스리다〔王於天下〕'와 같은 변형된 표현들이 있기 때문이다. 이것은 『맹자』뿐 아니라 다른 문헌에도 마찬가지다.

79 "今天下地醜德齊, 莫能相尙."(『孟子』「公孫丑下」)

80 "欲辟土地, 朝秦楚, 莅中國而撫四夷也."(『孟子』「梁惠王上」)

이러한 상황에서 어떻게 분열과 갈등을 극복하고 안정된 천하질서를 창출할 것인가. 이와 관련해 자주 인용되는 구절이 있다. 소위 '안정은 하나(됨)에 있다.'는 것이다. 아래는 맹자가 전하는 양梁의 양왕襄王과 자신의 대화이다.

'천하는 어떻게 안정될 수 있는가?'
'안정은 하나됨(또는 하나)에 있습니다.'
'누가 하나되게 할 수 있는가?'
'살인을 좋아하지 않으면 하나되게 할 수 있습니다.'[81]

'하나(됨)'에 대해서는 해석이 분분하다.[82] 그것은 오랫동안 유가적 시각에서 '하나의 원칙', 구체적으로는 '인정仁政'으로 해석되었다.[83] '인정'은 마찬가지로 '하나〔一〕'로 표현되기도 하는 도가의 '도道'에 해당하는 유가적 개념이다. 그렇지만 송대 주희朱熹(1130-1200)는 맹자가 서로 싸우고 있는 여러 나라들을 하나로 합한 연후에 비로소 안정된다고 말한 것으로 보았다.[84] 나아가 근대의 량치차오梁啓超(1873-1929)나 양보쥔楊伯峻(1909-1992) 등은 글자 그대로 천하의 통일로 해석했다.[85] 주희나 량치차오 등의 해석은 당시의 시대적 요구에 부응하기 위해서 맹자를 재해석한 것으로 원래

81 "(梁襄王)卒然問曰天下惡乎定? 吾對曰定於一. 孰能一之? 對曰不嗜殺人者能一之." (『孟子』「梁惠王上」)

82 吴昕春, "定于一命题与孟子的政治思想," 1995: 29-32.

83 〔淸〕阮元 校刻, 『十三經注疏』(上) 十三「孟子注疏」, 1980: 2670.

84 〔宋〕朱熹, 『四書集注』「孟子一」八, 1978.

85 "第十七章 統一運動", 梁啓超 原著, 賈馥茗 標點, 『先秦政治思想史』, 1980: 179-180. 楊伯峻, 『孟子譯注』, 1960: 13. 여기서 천하의 범위에 대한 의견이 다른데, 양보쥔은 제후천하, 즉 중원 제국들만을 포괄하는 협의의 개념으로 사용하는 반면, 량치차오는 이적을 포함하는 광의의 개념으로 사용한다.

의 의미에서 벗어난 것은 분명하다.

'인정'은 맹자의 전반적인 사상과 일치된다. 다만 '인정'은 도가의 '도'와 달리 '하나(一)'의 개념 자체와 언어적 연관성을 찾기 힘들다. 그리고 '대일통'으로 해석하는 경우는 언어적 연관성 차원에서 설득력이 있어 보이지만, 그것도 역사적 근거는 약하다.[86] 조그마한 국가인 양梁의 왕이 천하를 통일한다는 것은 생각하기 힘들고, 맹자도 그렇게 생각하지 않고 있다. 양왕이 지칭하는 천하는 중원의 세계가 아니라 양梁나라이다. 그에게 문제는 어떻게 양나라에서 올바른 정치적 질서를 구축할 것인가이다. 맹자와 비슷한 시대의 인물로서 합종책을 내세웠던 소진蘇秦도 천하가 하나가 된다는 구절을 사용하고 있다. 그는 연燕의 문공文公에게 진이 아니라 조趙와 친교하기를 제안했다. 그러면서 그는 "원컨대 대왕께서 조와 친교해 천하가 하나가 되면, 연은 근심이 없게 될 것입니다."라고 말했다.[87] 여기서도 '천하'는 온 세상이 아니라 연과 조를 포괄하며, '하나가 된다.'는 일치된 행동을 의미한다.

그렇다면 맹자가 말하는 방법으로서 '하나됨(一)'은 무엇을 의미하는가? '하나됨'은 맹자가 독자적으로 만들어 낸 개념은 아니다. 앞서 공자도 해당 개념을 사용했다. 공자에 의하면 그것은 권위를 군주 한 사람에게 집중시키는 것이다. 즉 일국 내에서는 군주 일인에게 권력이 인정되고, 대부와 같은 다른 세력들이 그것을 침탈하게 해서는 안 된다.

사실 '하나됨'은 『장자』는 물론 『순자』·『상군서』·『묵자』·『관자』·『여씨춘추』 등 전국시대 여러 문헌들에서 빈번하게 등장한다. 그리고 여기서 일일이 나열할 수는 없지만 그것은 통일이나 통합이라기보다는 대체로 천자와 제후들 사이, 백성들과 위정자 사이, 또는 백성들 사이의 단결

86 주희 이후의 해석을 그대로 따른 예로 粟劲 主编, 『《白话四书五经 上册》之四: 孟子』, 1992: 108; 우재호 역, 『맹자』, 2007: 7.

87 『資治通鑑』 顯王三十六年(기원전 333년).

이나 조화로운 관계를 의미한다. 일부의 번역서나 주석서에서 여러 나라들의 통일로 이해한 것은 진한의 통일제국 형성 이후의 상황을 소급시킨 결과일 뿐이다.

맹자의 입장에서 하나됨이 무엇을 의미하는지 정확하게 알 수는 없지만, 분명한 것은 '하나됨'은 천하가 아니라 한 국가 내에서 이루어져야 한다는 사실이다. 앞의 구절은 인정의 정치에 대한 강조로 이어진다. 즉 백성들을 '죽이지 않는' 정치를 한다면 모든 백성들의 지지를 받는다. 그리고 이러한 의미에서 본다면 '하나됨'은 무엇보다도 백성들의 마음을 얻어 이들과 하나가 되는 일이다. 또한 공자와 마찬가지로 맹자의 입장에서도 이상적인 질서를 위해서는 천자와 군주들이 각자의 본분에 충실해야 한다. 한 나라의 군주가 천하통일 운운하는 것은 천하를 탐하는 것이고, 이것은 양과 같은 소국에게는 불가능할 뿐만 아니라 하극상에 해당된다.

맹자가 상정한 천하의 질서는 여전히 봉건적 질서이다. 그는 "천자의 영토는 사방 천 리가 되어야 한다. 천 리가 되지 못하면 제후를 접대하기에 부족하다. 제후의 영토는 사방 백 리는 되어야 한다. 백 리가 되지 못하면 종묘의 전적典籍을 지켜 내기에 부족하다."[88]고 말한다. 다시 말해 영토의 크기는, 천자는 제후를 접대하고 제후는 종묘의 전적을 지키는 정도면 충분하다. 그는 주공周公이 노魯에, 그리고 태공太公이 제齊에 봉해졌을 때 각각의 크기는 백 리로 제한되었던 예를 들면서 영토의 확장을 위한 제후들의 전쟁을 강력하게 비판한다. 그에게 있어서 영토를 넓히고 백성을 늘리는 일(광토중민廣土衆民)은 군자가 바랄 수는 있지만 즐겨할 일이 아니다.[89]

---

88 "天子之地方千里; 不千里, 不足以待諸侯. 諸侯之地方百里; 不百里, 不足以守宗廟之典籍."(『孟子』「告子下」) 번역은 楊伯峻, 『孟子譯注』, 1960: 290-291; 우재호 역, 『맹자』, 2007: 806-807을 참조함.

89 『孟子』「盡心上」.

그렇다고 맹자가 제후국들의 경쟁을 특징으로 하는 현상의 유지를 주장한 것은 결코 아니다. 그 반대이다. 앞서 언급한 것처럼 그의 이론적 출발은 개별 국가들이었지만, 그 궁극적인 목표는 천하였다. 주희는 『맹자』에서 '왕(자)'를 '천하를 가진 자'로 해석했다.[90]

그렇다면 천하의 통치원리는 무엇이어야 하는가? 주지하는 것처럼 그것은 왕도王道였다. 그런데 왕도를 강조하기 위해서, 맹자는 소위 패도霸道에 관해서도 언급했다. 양자는 3왕·5패와 같이 역사적으로 존재했지만, 그것을 처음 이론적 모델로서 제시한 사람은 맹자였던 셈이다. 구체적으로 그는 왕도와 패도를 각각 인의와 강제력을 특징으로 한다고 규정했는데, 그러한 규정은 후대에도 그대로 수용되었다. 이를테면 『맹자』에 다음과 같은 구절이 있다.

> 힘으로써 인仁을 빌리는 것을 패霸인데, 패는 반드시 대국이어야 한다. 덕으로써 인을 행하는 것은 왕王인데, 왕은 대국일 필요가 없다. 은의 탕은 70리로, 주의 문왕은 100리로 (천하의 왕을) 했다. 힘으로 남을 복종시키면 마음에서 우러나와 복종하는 것이 아니라 힘이 부족하기 때문이다. 덕으로 남을 복종시키면 마음 한가운데서 즐거워 진심으로 복종하게 된다.[91]

여기에서 왕도는 인정에 바탕을 둠으로써 힘에 바탕을 둔 패도와 구분된다. 무엇보다도 왕도는 다른 나라들의 내면적이고 진정성이 있는 복종에 의해 안정될 수 있지만, 패도는 강력한 군대나 넓은 영토와 같은 힘에

---

90 朱熹, 『四書集注』「孟子一」五, 1978.

91 "以力假仁者霸, 霸必有大國, 以德行仁者王, 王不待大. 湯以七十里, 文王以百里. 以力服人者也非心服也, 以德服人者中心悅而誠服也."(『孟子』「公孫丑上」) 번역은 楊伯峻, 『孟子譯注』, 1960: 74; 우재호 역, 『맹자』, 2007: 224-226을 참조함.

의해 강요된 복종으로서 불안정하다.

이어 다른 곳에서 맹자는 “패자의 백성은 매우 즐거워하고, 왕자의 백성은 편안하여 죽여도 원망하지 않고 이롭게 해 주어도 보답하지 않는다.”고 말한다.[92] 그 의미는 명확하지 않지만, 대체로 패자의 백성이 즐거워하는 것은 타국에 대한 우위에 있는 만큼 적어도 백성들에게 일정한 이익과 자부심을 주기 때문일 것이다. 그에 반해 왕자의 백성은 권력이나 이익에 연연하지 않는다.

왕자와 패자에 관한 세 번째 언급은 그들의 역사적 존재를 비교하는 방식이다. 이와 관련해 맹자는 “5패는 3왕의 죄인이다.”고 선언한다. 그것은 5패가 3왕의 통치원리를 위배했기 때문이다. 특히 3왕은 반드시 정당한 정벌만을 행했지만, 5패는 정당하지 않은 전쟁을 일삼았다. 그럼에도 5패는 3왕에 미치지 못하지만 중요한 원칙들을 정해 춘추시대에 천하의 질서를 유지했다. 이를테면 제의 환공은 규구葵丘에서 제후들과 다섯 가지 조목을 정했는데, 그것은 가족윤리, 현자의 존중, 사회적 약자에 대한 배려, 인재등용, 개방적 국제관계 등이었다.[93] 그런데 전국시대에 이르러 각 제후국들은 그조차 지키지 못했다. 따라서 맹자는 당시의 제후들이 5패의 죄인이라고 했다. 이러한 의미에서 본다면, 맹자는 패도에 대해서 전혀 부정적으로만 본 것은 아니다.

이러한 현실에서 왕도의 실현 가능성은 높지 않게 보였을 것이다. 그것은 여전히 이상적 모델의 의미가 강하다. 사실 『맹자』에서 왕천하王天下가

92 “霸者之民, 驩虞如也; 王者之民, 皞皞如也. 殺之而不怨, 利之而不庸.”(『孟子』「盡心上」) 양보쥔과 우재호를 포함해 대부분의 해석에서는 패자와 왕자를 구분하지 않는다. 그리하여 “패자의 백성은 매우 즐거워하고, 왕자의 백성은 편안한다. 이들은 죽여도 원망하지 않고 이롭게 해 주어도 보답하지 않는다.”고 번역된다(楊伯峻, 『孟子譯注』, 1960: 74; 우재호 역, 『맹자』, 2007: 840-841). 그렇지만 맹자는 전체적으로 왕자와 패자의 성격을 확실하게 구분하고 있다고 생각된다.

93 규구의 회맹과 5개 조목에 관해서는 이 책 2장 4절 참조.

한 번 등장하는데, 아이러니컬하게도 그는 그것이 군자의 세 가지 즐거움에 포함되지 않는다는 점을 강조하고 있다.[94]

그러면서도 맹자는 요와 순, 은의 탕왕이나 주의 무왕과 같은 왕자의 출현을 크게 기대했다. 그것은 무엇보다도 500년 주기에 의한 성군과 그를 보좌해 천하를 통합하는 현신의 출현을 말한다. 그에 의하면 숫자상으로는 시기가 이미 지났고, "지금 내가 아니면 누구이겠는가?"라는 자신감까지 표출하고 있다.[95] 구체적으로 맹자는 요순부터 탕왕까지 500년, 탕왕에서 문왕까지 500년, 문왕에서 공자까지 500년의 주기를 설정한다. 그러면서 그는 공자로부터 단지 100여 년이 지났고, 공자가 살던 곳과 지리적으로 멀지 않은데 그를 계승할 사람이 없다고 함으로써 자신의 역사적 역할을 에둘러 표현한다.[96]

그렇다면 어떻게 할 것인가. 사실 맹자에 의하면 왕자는 인의를 특징으로 한다. 앞서 인용문에도 나타난 것처럼 그는 왕자가 되기 위한 조건으로서 나라의 크기가 중요하지 않다는 점을 여러 차례 강조한다.[97] 여기서 나라의 크기는 국력을 대변하는 개념임에 분명하다. 그가 국력에 상관없이 오로지 인정을 통해 천하의 왕자가 될 수 있다고 주장한 것은 그가 이상주의자로 간주되는 이유 가운데 하나이다. 그렇지만 무질서한 현실

---

94 『孟子』「盡心上」. 맹자의 세 가지 즐거움은 첫째, 부모가 모두 살아계시고 형제가 무고한 것, 둘째, 하늘과 사람에게 부끄럼이 없는 것, 셋째, 뛰어난 인재를 얻어 가르치는 것이다.

95 『孟子』「公孫丑下」.

96 『孟子』「盡心下」. 사실 태평시대의 도래와 이를 위한 자신의 역할에 대한 기대는 공자에게서도 확인된다. 그는 "봉황이 오지 않고, 황하에서 팔괘의 그림이 나오지 않는다. 내 인생도 이렇게 끝이 나는구나(鳳鳥不至, 河不出圖, 吾已矣夫)."라고 한탄했다(『論語』「子罕」).

97 "地方百里而可以王."(『孟子』「梁惠王上」); "七十里爲政於天下者, 湯是也."(『孟子』「梁惠王下」); "文王猶方百里起."(『孟子』「公孫丑上」); "湯以七十里, 文王以百里."(『孟子』「公孫丑上」)

에서 국력은 국제정치 행위에도 반영되지 않을 수 없다.

> 대국이면서 소국을 받드는 자는 하늘을 즐기는 자이고, 소국이면서 대국을 받드는 자는 하늘을 두려워하는 자이다. 하늘을 즐기는 자는 천하를 보존하고, 하늘을 두려워하는 자는 그 나라를 보존한다.[98]

여기서 하늘이 무엇인지 명확하지 않지만, 그것은 천명과 결부시켜 이해될 수 있다. 천하를 보존할 수 있는 나라는 일단 대국이며, 다만 이를 위해서는 천명을 따르고 소국을 존중해야 한다. 소국은 상황을 마음대로 할 수 없기 때문에 대국을 받들어야 자신을 보존할 수 있다. 위의 인용문에 이어 맹자는 대국으로서 천리에 따랐던 역사적인 예로서 은의 탕이 갈葛을, 주의 문왕이 서융의 일족인 곤이昆夷를 받들었던 것을 언급한다.

그렇지만 맹자의 언행에는 현실적 고민도 적지 않게 보인다. 이를테면 그는 주를 세운 문왕과 같이 인정을 펼칠 경우 소국은 7년 정도의 기간에, 대국은 5년 정도의 기간에 천하를 얻을 수 있다고 주장한다.[99] 그도 소국보다 대국에서 왕도정치의 실행이 더 용이함을 인정한 셈이다. 그것은 아마도 대국일수록 인정을 펼치는 데 방해세력이 없기 때문일 것이다. 실제 맹자는 천 리 길을 가서 제齊에 유세했으나 선왕宣王이 받아들이지 않았는데, 차마 떠나지 못할 정도로 매우 아쉬워했다.[100]

맹자의 입장에서 제의 국가적 규모는 왕자가 되기에 충분한 조건을 갖추고 있었다. 제자인 공손추公孫丑가 만일 맹자 자신이 제에서 권력을 담

---

98 "以大事小者, 樂天者也 ; 以小事大者, 畏天者也. 樂天者保天下, 畏天者保其國."(『孟子』「梁惠王上」) 번역은 楊伯峻, 『孟子譯注』, 1960: 30-32; 우재호 역, 『맹자』, 2007: 122-123을 참조함.

99 『孟子』「離婁上」.

100 『孟子』「公孫丑下」

당한다면, 제의 환공을 도와 패자로 만든 관중과 같은 공을 세울 수 있는가 물었다. 그때 맹자는 자신을 관중과 비교하는 것에 불만을 가지면서, 자신이라면 제를 패자의 정도가 아니라 천하의 왕으로 만들 수 있다고 주장한다. 그에 의하면, 제가 왕자가 되는 것은 손바닥을 뒤집는 것처럼 쉬울 뿐만 아니라 적절한 시기였다. 그것은 일반적으로 인정과 도덕성이 없을 때 그것을 내세운다면 천하를 따르게 할 수 있기 때문이었다. 그는 특히 제와 같이 넓은 영토와 백성을 갖고 있는 상황에서 누구도 막을 수 없을 것으로 생각했다.[101]

그렇다면 소국의 생존과 관련해서 맹자는 어떤 방안을 갖고 있었을까. 그 예가 현군賢君으로 알려진 등滕의 문공文公에 대한 맹자의 대안이다. 그는 태자 시절부터 맹자에게 정치적 조언을 구했는데, 맹자는 등이 사방 50리의 작은 나라지만 순이나 문왕과 같이 인정仁政을 통해 잘 다스릴 수 있다고 대답한다.[102] 나중에 그가 나라를 계승한 뒤 주변의 대국인 제와 초楚 중 어느 나라를 섬기는 것이 좋은가 물었을 때, 맹자는 자신이 대답할 수 있는 문제가 아니라고 하면서도, 유일한 방법으로서 일종의 자립적 방안을 제시한다. 즉 "(성을 지키는) 연못을 깊이 파고 성을 쌓아 백성들과 더불어 지키고, (군주가) 목숨을 걸고 백성들이 떠나가지 않으면 해볼 만하다."[103]는 것이다.

실제 제가 등을 압박했을 때에도 자립적 방안은 그대로 유지되었다. 즉 맹자는 등의 대응 방안으로서 두 가지를 제시한다. 첫째는 주가 통일하기 이전 문왕이 그랬던 것처럼 좀 더 안전한 곳으로 가서 후일을 도모하는 것이다. 등도 후손 가운데 왕자가 출현할지 모를 일이었다. 둘째 방안은 조상 대대로 살았던 만큼 죽을 때까지 싸우는 것이다. 물론 후자는 당위적

---

101 『孟子』「公孫丑上」.

102 『孟子』「滕文公上」.

103 "鑿斯池也, 築斯城也, 與民守之, 效死而民弗去, 則是可爲也."(『孟子』「梁惠王下」)

인 것으로 생존을 위한 전략은 아니었다. 이처럼 맹자는 얼마간의 조언을 주는 것에 그칠 뿐, 적극 나서지는 않는다. 그는 소국의 현실적 한계를 인정하지 않을 수 없었던 것이다. 이와 관련해 조선시대 연암 박지원(1737-1805)은 "성인도 역시 작은 것을 상대로 일을 착수하려 하지 않는 것이 고금에 다르지 않다."고 비판하고 있다.[104]

정치질서에 대한 분석 틀이 맹자로부터 약 두 세대가 지난 순자에게서 어떻게 변화되는가. 순자가 맹자의 유가적 전통에 법가적 요소를 더함으로써 좀 더 현실주의적 입장을 보이는 것은 사실이다. 그럼에도 방법론상의 공통점은 적지 않다. 먼저 맹자와 마찬가지로 순자에서도 가장 중요한 정치적 주체는 천하와 천자가 아니라 국가와 군주이다. 오히려 순자에게서 국가와 군주의 중요성은 더욱 강조된다. 국가권력에 대한 순자의 기술은 맹자보다 더 극적이다.

> 국가(國)는 천하의 가장 중요한 도구이고, 군주는 천하의 가장 높은 권위를 갖는다. 원칙에 따라 그것들을 유지하면 크게 안정될 것이고…… 원칙에 따라 그것들을 유지하지 못하면 크게 위험하다.[105]

> 국가는 천하의 중요한 도구이고, 막중한 임무이다. (국가는) 잘 다스릴 수 있는 사람을 택해 맡기지 않을 수 없으니, 위험한 사람에게 맡기면 위험해진다.[106]

---

104 朴趾源 著, 李家源 譯, 『熱河日記』(中), 1973: 212.

105 "國者, 天下之制利用也; 人主者, 天下之利埶也. 得道以持之, 則大安也…… 不得道以持之, 則大危也."(『荀子』「王霸」) 번역은 蒋南华 等 译注, 『荀子全译』, 1995: 203-206; 김학주 옮김, 『순자』, 2008: 366-367을 참조함.

106 "國者, 天下之大器也, 重任也, 不可不善爲擇所而後錯之, 錯險則危."(『荀子』「王霸」) 번역은 蒋南华 等 译注, 『荀子全译』, 1995: 210-212; 김학주 옮김, 『순자』, 2008: 375-377을 참조함.

한 국가로 천하를 취하고자 할 경우, 직접 (다른 나라에) 가서 취하는 것이 아니다. 자기 국가에서 정치를 바로잡으면 천하가 원하지 않을 수 없게 된다.[107]

전국시대 백성들의 삶이 국가와 군주의 권력에 의해 좌지우지되었음은 분명하다. 국가권력의 확대는 여러 가지 현상으로 나타나지만, 이 책의 1장에서 언급한 권력의 요소적·관계적 측면 모두에 해당되었다. 먼저 요소적 측면에서 국가권력은 농업 생산성의 제고, 토지와 인구의 증가 등에 의해 더 많은 권력자원을 갖게 되었고, 교통과 운송의 발달에 의해 그것들을 더 효과적으로 동원할 수 있게 되었다. 과거 소규모의 국가들이 통합되면서 전국시대 각국은 수천 리의 영토와 수백만 명의 인구를 보유하는 대규모 국가가 되었다.

그와 함께 관계적 측면에서도 권력은 군주의 손에 집중되었다. 권력은 춘추시대와 같이 귀족들에게 분할되기보다는 왕에 직속된 관리들에 의해 직접 행사되었다. 관리들의 임용은 신분적 세습 원칙에서 벗어나 점차 여러 가지 행정적 능력과 결부되었다. 그와 함께 군주는 정교한 법과 제도, 관료적 조직을 바탕으로 점차 인신을 직접 지배하는 정도가 되었다. 과거 신분이나 혈연, 종족 등 특수한 조직체들이 해체되거나 약화되면서, 개인은 더 직접적으로 국가권력에 노출되었다.

그렇다면 진의 통일이 멀지 않은 시점에서 천하질서의 구축에 대해 순자는 어떤 생각을 하고 있었을까. 실제 맹자와 달리 순자의 글에는 '천하를 하나로 만든다'는 표현이 빈번하게 출현한다. 그것은 '일천하一天下(천하를 하나로 만든다)', '조일천하調一天下(천하를 하나로 조화롭게 한다)', '제일천하齊

107 "有以一國取天下者, 非往行之也, 脩政其所, 天下莫不願."(『荀子』「王制」) 번역은 蒋南华 等 译注, 『荀子全译』, 1995: 164-170; 김학주 옮김, 『순자』, 2008: 304-305를 참조함.

一天下(천하를 하나로 바로잡는다)', '합천하合天下(천하를 하나로 합한다)', '현천하縣天下(천하를 바르게 한다)', '겸제천하兼制天下(천하를 통제한다)' 등의 표현으로 나타나고 있다.[108] 그에 비해 맹자에서 자주 사용되는 중립적인 개념인 '왕천하'나 '치천하'는 별로 사용되지 않는다.[109] 사실 구체적인 방법이나 내용은 여전히 모호하지만, 이것은 순자에 이르러 지속적인 국가들의 병합에 상응해 천하질서의 수립에 대한 가능성과 요구가 점차 더 커졌음을 반영한다.

『순자』에서 '천하'는 모두 370회 등장하는데 이것은 앞서 언급된 맹자에 비해 훨씬 많다. 그 가운데 약 80회 정도가 '천하'를 목적어로서 삼고 있으며, 그중 약 60회는 앞서 언급한 '천하의 통일'을 나타내는 표현이다. 아래의 구절에서 볼 수 있는 것처럼 이제 천하를 하나로 만드는 것은 단지 개인적인 욕망에 그치지 않고 시대적 요구가 된 셈이다.

> 천하를 합해 그곳의 임금 노릇 하고…… 제후들을 신하로 부리면서 천하를 하나로 만드는 것은 역시 사람의 감정이 다 같이 바라는 일이다.[110]

순자는 맹자보다도 천하질서의 수립에 더 낙관적이다. 앞서 언급한 것처럼, 맹자는 인정을 통하면 소국은 7년, 대국은 5년 정도에 천하를 얻을 수 있다고 주장했다. 순자에 의하면 소국은 3년, 대국은 하루아침에도 가능하다.[111] 그렇다면 순자에게 통합 내지는 통일된 천하질서는 어떤 것이

---

108 해당 표현들은 『순자』의 여러 편에 나오지만, 특히 「儒效」와 「王制」 편에 집중되어 있다.

109 『순자』에서 '왕천하'는 1회 사용되고, '치천하'는 6회 사용되지만 6회 중 3회는 요순에 의한 역사적 사실의 기술에 사용되고 있다.

110 "合天下而君之…… 臣使諸侯, 一天下, 是又人情之所同欲也."(『荀子』「王覇」) 번역은 蔣南华 等 译注, 『荀子全译』, 1995: 225-229; 김학주 옮김, 『순자』, 2008: 391-394를 참조함.

었을까. 그것은 분명히 후에 진이 이룩한 질서, 즉 중앙집권적 통일국가는 아니었다. 그것은 국가들이 영토적 독립성을 유지하면서 단지 마음으로 하나의 중심국가를 따르는 질서였다. 이와 관련하여 순자는 다음과 같이 명시하고 있다.

> 100리의 땅으로 천하를 취할 수 있다는 것은 거짓이 아니다. 문제는 군주가 그 방법을 알아야 한다는 것이다. 천하를 취한다는 것은 다른 나라들이 그들의 땅을 지고 와서 복종한다는 의미가 아니라 통치방법이 인심을 하나로 합하기에 충분할 뿐이다.[112]

이상적인 천하질서와 관련하여 순자와 맹자 사이에 별다른 차이를 발견할 수 없다. 두 사람은 모두 전혀 새로운 질서를 구상한 것은 아니었고, 초기 역사의 경험을 상기시킬 뿐이었다. 역사적 경험이란 다름 아닌 왕(자)과 패(자) 두 가지 방식이었다. 당연히 두 사람에게 전자가 후자보다 이상적이었다.

먼저 왕자는, 순자의 용어로 말한다면 의로움〔義〕의 원리에 바탕을 둔다. 의義는 예의禮義나 덕德 등으로도 표현되는데, 맹자의 인仁과 유사하다. 다만 올바른 통치원리로서 의로움은 욕구 충족의 차등화에 바탕을 둔 사회적 조화와 질서를 의미한다. 어쨌든 천하의 왕자는 먼저 국내적으로 다수의 백성들에 대한 조화로운 질서를 갖추고, 이를 기초로 천하의 모범이 되어 따르게 함으로써 비로소 가능하다. 왕자와 제후의 관계는 덕에 기초한 자발적 귀속이었고, 따라서 그 질서는 분권적이다. 대표적으로 은

111 『荀子』「儒效」.

112 "百里之地, 可以取天下. 是不虛; 其難者在人主之知之也. 取天下者, 非負其土地而從之之謂也, 道足以壹人而已矣."(『荀子』「王霸」) 번역은 蔣南华 等 译注, 『荀子全译』, 1995: 219-221; 김학주 옮김, 『순자』, 2008: 387-389를 참조함.

의 탕왕과 주의 문왕·무왕·주공이 거기에 해당되었다.

> 한 국가에서 의로움을 실현하면, 그 국가의 명성이 하루아침에 드러난다. 탕왕과 무왕이 그러했다…… 이들은 모두 100리의 땅이었으나 천하는 하나가 되었고, 제후는 신하가 되었으며, 교통이 통하는 곳은 모두 복종했다. 이것은 다른 이유가 있어서가 아니라 의로움을 실현했기 때문이다. 이것을 '의로움이 세워져서 (천하의) 왕자가 된다.' 고 말한다.[113]

그렇지만 왕자는 현실적으로 쉽지 않다. 따라서 순자는 두 번째인 패도 하나의 가능한 방법으로 간주한다. 이것은 맹자가 힘에 바탕을 둔 패에 대해서 강한 부정적 인식을 가졌던 것과 다르다. 순자는 패를 하나의 현실적 질서형태로 간주하고 있다. 뿐만 아니라 그 내용에서도 맹자와 약간 차이가 있다. 맹자에게서 패는 힘에 바탕을 두었으나, 순자는 믿음〔信〕에 바탕을 둔다. 믿음은 심리적 지지를 내포하는 것으로 정치학적으로 본다면 권위權威에 가깝다. 패와 관련해 순자는 다음과 같이 언급하고 있다.

> 덕은 비록 완전하지 못하고 의로움은 비록 충분하지 못하지만 천하에 통용되는 원칙이 거의 갖춰져 있다. 형벌과 포상, 금지와 허용의 기준은 천하의 믿음을 얻어, 백성들은 그것들이 믿을 만하다고 분명히 안다. 정령이 이미 공포되면 비록 손해가 생기더라도 그 백성들을 속이지 않고, 제후들과 맹약이 이미 맺어지면 비록 손해가 생기더라도 그 동맹국을 속이지 않는다. 이렇게 하면 병력은 강해지고 국방은 튼튼해져서 적국들

113 "以國齊義, 一日而白, 湯武是也. 湯以亳, 武王以鄗, 皆百里之地也, 天下爲一, 諸侯爲臣, 通達之屬, 莫不從服, 無它故焉, 以義濟矣. 是所謂義立而王也."(『荀子』「王霸」) 번역은 蔣南华 等 译注, 『荀子全译』, 1995: 203-206; 김학주 옮김, 『순자』, 2008: 367-370을 참조함.

> 이 그 나라를 두려워한다. 나라(의 상하)가 하나가 되고 그 원칙이 분명하다. 맹약이 분명해 동맹국이 그 나라를 믿는다. 비록 후미진 곳에 위치한 나라라도 그 위세가 천하에 진동하니 5패가 이와 같았다.[114]

패는 체계적인 국가전략, 물자의 비축, 군비의 확충, 군신간의 결속 등의 방법으로 천하의 믿음을 확보한다. 대외적으로 패자는 "망한 나라를 존속시키고 대가 끊어진 나라를 이어 주며, 약한 나라를 보호하고 폭력적인 나라를 방지하며, 겸병하는 마음을 갖지 않아서 제후들이 그를 따른다."[115]

결국 왕자는 인의, 패자는 신의에 의한 통치이지만, 『순자』에는 왕자와 패자를 직접 비교하는 경우도 적지 않다. 다음과 같은 구절들에서 이를 알 수 있다.

> 왕자는 사람을 빼앗고, 패자는 동맹국을 빼앗으며, 강자는 영토를 빼앗는다. 사람을 빼앗는 자는 제후를 신하로 두고, 동맹국을 얻는 자는 제후와 벗하며, 땅을 빼앗는 자는 제후를 적으로 만든다. 제후를 신하로 두면 왕자가 되고, 제후와 벗하면 패자가 되며, 제후를 적으로 만들면 위험해진다.[116]

---

114 "德雖未至也, 義雖未濟也, 然而天下之理略奏矣, 刑賞已諾信乎天下矣, 臣下曉然皆知其可要也. 政令已陳, 雖睹利敗, 不欺其民; 約結已定, 雖睹利敗, 不欺其與. 如是, 則兵勁城固, 敵國畏之; 國一綦明, 與國信之; 雖在僻陋之國, 威動天下, 五伯是也."(『荀子』「王霸」) 번역은 蔣南华 等 译注, 『荀子全译』, 1995: 206-208; 김학주 옮김, 『순자』, 2008: 370-374를 참조함.

115 "存亡繼絕, 衛弱禁暴, 而無兼并之心, 則諸侯親之矣."(『荀子』「王制」)

116 "王奪之人, 霸奪之與, 彊奪之地. 奪之人者臣諸侯, 奪之與者友諸侯, 奪之地者敵諸侯. 臣諸侯者王, 友諸侯者霸, 敵諸侯者危."(『荀子』「王制」) 번역은 蔣南华 等 译注, 『荀子全译』, 1995: 146-149; 김학주 옮김, 『순자』, 2008: 267-268을 참조함.

왕자는 백성을 부유하게 하고, 패자는 병사(士)를 부유하게 한다. 겨우 유지되는 나라는 대부大夫를 부유하게 하며, 장차 망할 나라는 (군주의) 개인금고를 부유하게 하고 정부의 창고를 채운다.[117]

나라를 다스리는 데 있어서 의로움이 서면 왕이 되고, 신의가 서면 패가 되며, 권모술수가 서면 망한다.[118]

군주가 예의를 숭상하고 현자를 존중하면 왕자가 되고, 법을 중히 여기고 백성을 아끼면 패자가 되며, 이익을 좋아하고 속임이 많으면 위험해진다.[119]

성인을 존중하면 왕자가 되고, 현자를 존귀하게 하면 패자가 되며, 현자를 존경하면 (나라를) 보존하고, 현자를 업신여기면 망한다.[120]

순자의 이러한 시각에서 볼 때 당시 천하의 질서는 어떠했는가. 순자 시기에 가장 강력한 국가는 진秦이었다. 진은 이미 4대에 걸쳐서 국력을 지속적으로 신장시켜 이제는 제후국들을 위협하는 존재가 되었다. 진의 득세를 순자도 주목했다. 그에 의하면, 진의 힘은 무엇보다도 지형의 유

117 "王者富民, 霸者富士, 僅存之國富大夫, 亡國富筐篋, 實府庫."(『荀子』「王制」) 번역은 蒋南华 等 译注, 『荀子全译』, 1995: 143-145; 김학주 옮김, 『순자』, 2008: 265-267을 참조함.

118 "故用國者, 義立而王, 信立而霸, 權謀立而亡."(『荀子』「王霸」) 번역은 蒋南华 等 译注, 『荀子全译』, 1995: 203-206; 김학주 옮김, 『순자』, 2008: 366-367을 참조함.

119 "人君者, 隆禮尊賢而王, 重法愛民而霸, 好利多詐而危."(『荀子』「疆國」) 번역은 蒋南华 等 译注, 『荀子全译』, 1995: 324-326; 김학주 옮김, 『순자』, 2008: 533-534를 참조함.

120 "尊聖者王, 貴賢者霸, 敬賢者存, 慢賢者亡."(『荀子』「君子」) 번역은 蒋南华 等 译注, 『荀子全译』, 1995: 512-514; 김학주 옮김, 『순자』, 2008: 812-815를 참조함.

리함, 백성의 소박함, 관리의 청렴, 조정에서 정사의 순조로움 등에 근거했다. 그의 표현대로 진은 "편안하면서도 잘 다스려지고, 간략하면서도 세밀하고, 번거롭지 않으면서도 공적이 많은 정치의 지극한 수준"[121]에 속했다.

그럼에도 순자의 입장에서 진은 왕자에는 크게 미치지 못했다. 진의 득세 요인과 관련해 — 후에 진의 승상이 되는 — 이사李斯가 비록 진이 인의에 의한 방식은 아니지만 유리한 형세에 따랐기 때문이라고 주장하자, 그에 대해 순자는 인의야말로 오히려 유리한 형세임을 강조하면서 진의 방식에 대해서 비판적인 태도를 취한다. 그에게 진은 왕자나 패자가 아니며 그보다 낮은 일종의 강자에 해당되었다. 국내적으로 진은 엄격한 상벌에 의해 국민들을 동원하는 방식을 취한다. 그것은 이를테면 군사적 기술이나 금전적 동기에 바탕을 둔 제齊나 위衛보다는 낫지만 인의에 의한 왕자나 기율에 바탕을 둔 패자보다는 못하다.[122] 진은 인의를 통한 자발적 귀순이 아니라 힘을 통해서 강제로 다른 나라를 흡수하고자 하는 나라일 뿐이다. 따라서 진은 각국이 연합해 자신을 뒤엎을까 걱정하지 않을 수 없다.

결국 순자에게 진은 왕자나 패자가 아니라 일종의 강자에 속한다. 앞서 언급한 것처럼, 왕자는 사람의 마음을, 패자는 동맹국을, 강자는 땅을 빼앗고자 한다. 이러한 의미에서 왕자는 제후들을 신복시키고 패자는 이들을 벗으로 삼지만, 진과 같은 강자는 제후들을 원수로 삼음으로써 스스로 위기를 자초한다.[123]

---

121 "佚而治, 約而詳, 不煩而功, 治之至也."(『荀子』「强國」)

122 『荀子』「論兵」.

123 『荀子』「王制」.

## 묵자의 전체적 사고

앞서 살펴본 것처럼 유가는 일국의 정치에서 출발했다. 유가에게 천하는 일국 통치의 확대일 뿐이었다. 권력이론의 측면에서 본다면, 유가는 가家에서 국國, 그리고 천하天下로 이어지는 권력의 자기복제와 그에 따른 분권적 사고에 기반을 두고 있는 것이다. 그와 비교해서 묵자는 상당히 전체적holist 사고를 보여 준다.

먼저 묵자의 세계관과 관련하여, 『묵자』에는 '천하'가 무려 524회가 쓰인다. 『묵자』에서 '천하'는 공자나 맹자와 마찬가지로 국제정치적 개념이 아니라 대개 '세상'과 같이 막연하게 사용되지만, 그럼에도 '천하'를 목적어로서 단일한 질서의 범주로 사용하는 경우도 적지 않다. 이를테면 그것은 맹자와도 비슷하게 '치천하治天下'·'왕천하王天下'·'유천하有天下' 등이다. 그것들은 각각 44회·8회·7회씩이다. 물론 『묵자』에는 순자와 같이 적극적인 통일이나 통합화의 개념은 없다. 당시로서는 천하의 통일이란 묵자가 비판하는 대국에 의한 소국의 병탄을 의미했을 것이다.

묵자의 세계관은 당시 국가간 질서에 대한 그의 인식에도 반영된다. 그는 천하의 폐해를 "대국이 소국을 공격하고, 큰 가문이 작은 가문을 침탈하고, 힘센 자가 약한 자를 겁탈하고, 교활한 자가 우둔한 자를 속이려 하고, 존귀한 자가 비천한 자를 천시하는 것"[124]으로 규정했다. 특히 각 국가들은 천하를 지향하지 않고 자국의 권력과 이익만을 생각한 나머지 전쟁을 일삼음으로써 파멸의 길을 가고 있었다. 결국 문제는 다름 아닌 힘이 지배하는 현실에 있었다(역정力正).

그러므로 묵자의 입장에서 올바른 정치는 힘이 아닌 의로움을 구현하

124 "今有大國即攻小國, 有大家即伐小家, 強劫弱, 衆暴寡, 詐欺愚, 貴傲賤." 그와 유사한 표현이 최소 4번 등장한다(『墨子』「兼愛下」, 「天志中」, 「非樂上」).

는 데 있다(의정義正). 다시 말해 "대국이 소국을 공격하지 않고, 강자가 약자를 업신여기지 않으며, 큰 무리가 소수를 해치지 않고, 존귀한 자가 비천한 자를 천시하지 않고, 부자가 가난한 자에게 교만하지 않고, 젊은이가 노인을 약탈하지 않는 것"[125]이다. 국제적으로는 "천하의 여러 나라들이 물이나 불, 독약과 무기로 서로 해치지 않는 것"이었다.[126]

묵자는 문제의 해결을 위해서 독특한 방법을 제시한다. 그것은 묵가 사상의 핵심이라고 할 수 있는 '아우르는 것(겸兼)'이다. 이것은 앞서 말한 유가의 '분별(별別)'과 대비된다. 유가의 분별이 등급화를 통한 문제의 해결이었다면, 묵자의 방식은 일종의 평준화나 획일화였다. 묵자는 겸애와 같은 인정에 호소할 뿐만 아니라, 정치적으로도 관철하고자 하는 의지를 갖고 있었다. 겸애를 정치적으로 구현하기 위해서 그는 무엇보다도 백성들의 서로 다른 주장과 의견을 하나로 모으는 것(일동기의一同其義), 즉 소위 상동尙同을 특히 강조했다. 그만큼 일사불란한 정치조직과 동원이 요구되었던 셈이다.

각급 지도자의 존재 이유도 거기에 있었다. 사실 묵자에서 상동의 주체는 각급 지도자들이다. 천하의 의견을 모을 수 있는 자는 오로지 천자이고, 한 나라에서 그러한 일을 하는 자는 군주이다. 이들이 유일한 통합적 권위를 갖는다.[127] 한 국가 내에는 중앙에 공公·경卿·대부大夫 등을 두고, 지방의 향리에는 각각 이장里長과 향장鄕長을 둔다. 이들은 자신이 관할하는 범위에서는 각기 권력의 중심이 된다. 이처럼 지도자들을 두는 목

---

125 "大不攻小也, 強不侮弱也, 衆不賊寡也, 詐不欺愚也, 貴不傲賤也, 富不驕貧也, 壯不奪老也."(『墨子』「天志下」)

126 "是以天下之庶國, 莫以水火毒藥兵刃以相害也."(『墨子』「天志下」)

127 "故天子者, 天下之窮貴也, 天下之窮富也, 故於富且貴者, 當天意而不可不順, 順天意者, 兼相愛, 交相利, 必得賞."(『墨子』「天志上」); "國君唯能壹同國之義, 是以國治也."(『墨子』「尙同上」)

적은 그들의 부귀를 위해서가 아니다. 그것은 "백성들을 유익하게 하고 해로움을 제거하며, 가난한 자와 약한 자를 부귀롭게 해 주고, 위험을 안정시키고 혼란을 다스리기 위한 것"[128]이다.

어쨌든 상급의 지도자는 소속 지역 전체의 주장과 이해를 하나로 할 수 있어야 하고, 이로써 질서가 구축될 수 있다. 가장 낮은 단계인 이里에서는 상급 지도자인 향장의 판단이, 향에서는 상급 지도자인 제후의 판단이, 그리고 제후국에는 천자의 판단이 관철되어야 한다. 상동尙同의 '상'은 '상하'의 '상'으로서, '상부'의 지시에 대한 일방적 동조나 복종으로 해석되기도 한다.[129] 그렇지만 아래에서도 상부의 지시에 대해서 잘못을 제기하고 의견을 제시할 수 있다.

> 선행이든 악행이든 들으면 모두 위에 보고한다. 위가 옳다 하면 반드시 모두 옳게 여기고, 그르다 하면 그르게 여겨야 한다. 위에 잘못이 있으면 그것을 간언하고, 아래에 선행이 있다면 그것을 추천한다. 옳고 그름에 대한 판단에 있어서 위와 일치하고 아래와 결탁하지 않으면, 위가 칭찬하고 아래가 칭송하게 된다.[130]

---

128 "立正長也, 非高其爵, 厚其祿, 富貴佚而錯之也, 將以爲萬民興利除害, 富貴貧寡, 安危治亂也."(『墨子』「尙同中」)

129 胡适, 『中国哲学史大纲』, 2005: 155; 何炳棣, "国史上的'大事因缘'解谜—从重建秦墨史实入手," 2010: 第10版; 미조구치 유조 외 지음, 조영렬 옮김, 『중국제국을 움직인 네 가지 힘』, 2012: 82-84.

130 "聞善而不善, 皆以告其上. 上之所是, 必皆是之, 所非必皆非之, 上有過則規諫之, 下有善則傍薦之. 上同而不下比者, 此上之所賞, 而下之所譽也."(『墨子』「尙同上」) 번역은 周才珠·齐瑞端 译注, 『墨子全译』, 1993: 87-89; 김학주 譯著, 『新完譯 墨子』(上), 2003: 150-153을 참조함. 이 역자들은 '위[上]'를 각기 상사上司와 임금으로 번역하고 있다. 그렇지만 아래 인용된 것처럼 최고의 '위'는 하늘이라는 점도 고려되어야 할 것 같다.

상동이란 궁극적으로 일반의 뜻을 하나로 모으는 것이다. 이를 위해서는 공통된 의지나 이익에 따라 정책이 이루어져야 한다. 사상이나 조직에 있어서도 통합적인 통치질서가 상정된다. 그것은 '천하의 나라들을 한 집안처럼 통치하고, 천하의 백성들을 한 사람처럼 부리는'[131] 방식이다. 상동사상은 국가권력이 기층 수준까지 미치는 소위 전체주의 사회를 연상시킨다.

> 옛날 성왕은 오직 상동으로 살펴서 지도자들을 두었다. 그리하여 상하의 마음이 서로 통했다. 위에서 이로움이 은폐되어 놓친다면 아래에서 이롭게 했고, 아래에서 원망과 해로움이 쌓이면 위에서 해소했다. 그래서 수천만 리 밖에서 누군가 좋은 일을 하면, 그 집안사람이 모두 알지 않고 동네에 두루 소문나기 전에 천자는 이미 알고 상을 주었다. 또한 수천만 리 밖에서 누군가 나쁜 짓을 하면, 그 집안사람이 모두 알지 않고 동네에 두루 소문나기 전에 천자는 이미 알고 벌했다. 그러므로 천하의 모든 사람들이 두려움에 떨어 감히 무도한 짓을 못했고, '천자의 보고 들음이 귀신 같다.'고 말했다.[132]

다만 그러한 위계적 질서는 각급 지도자들에게 요구되는 현능함의 수준에 따르는 것으로〔상현尙賢〕, 묵자는 봉건제와 같은 전통적인 혈연 중심의 정치조직과 다른 접근을 보여 준다. 그 목적도 군주의 권력행사 자체

---

131 "故曰治天下之國若治一家, 使天下之民若使一夫."(『墨子』「尙同下」)

132 "故古者聖王唯而審以尙同, 以爲正長, 是故上下情請爲通. 上有隱事遺利, 下得而利之; 下有蓄怨積害, 上得而除之. 是以數千萬里之外, 有爲善者, 其室人未遍知, 鄕里未遍聞, 天子得而賞之. 數千萬里之外, 有爲不善者, 其室人未遍知, 鄕里未遍聞, 天子得而罰之. 是以擧天下之人皆恐懼振動惕慄, 不敢爲淫暴, 曰: '天子之視聽也神'."(『墨子』「尙同中」) 번역은 周才珠·齐瑞端 译注, 『墨子全译』, 1993: 101-104; 김학주 역저, 『新完譯 墨子』(上), 2003: 169-173을 참조함.

가 아니라 앞서 언급한 것처럼 당시의 불평등한 구조를 타파함으로써 백성들의 이익을 위한 것이다.[133]

뿐만 아니라 묵자는 통치는 하늘의 뜻을 따라야 한다고 함으로써 통치자의 자의성에 제약을 두고 있다. 그에 의하면 세상 전체를 지배하는 궁극적 실체는 하늘이고, 하늘은 자신의 백성을 사랑한다. 따라서 그 일부만을 다스리는 통치자는 하늘의 뜻을 거역해서는 안 된다. 하늘은 통치자에 대해서 엄격한 상벌의 원칙을 적용한다. 하늘의 뜻은 다름 아니라 앞서 언급한 힘의 지배를 극복하고 의로움을 구현하는 것이다. 통치자들이 하늘의 뜻에 따르면 천하든 한 나라든 잘 다스려질 것이고, 하늘은 그 결과를 보고 그들에게 상과 벌을 준다.

> 이미 천자에게 상동하면서도 하늘에 상동하지 않으면, 하늘의 재앙이 끊이지 않게 된다. 비유컨대 하늘이 내리는 추위와 더위가 절기에 맞지 않고 눈·서리·비·이슬이 시기에 맞지 않으면, 각종 곡식이 익지 않고 각종 가축이 번성하지 않으며 질병과 전염병이 유행하게 된다…… 이것은 하늘이 내리는 벌이며 아랫사람이 하늘에 상동하지 않으면 벌주려는 것이다.[134]

이러한 구절에 근거해 근대 사상가인 후스胡適(1891-1962)는 묵자가 중세 유럽의 교회 조직과 같이 종교적인 통일천하를 기대했다고 주장한다.[135]

---

133 蕭公权,『中国政治思想史』, 1998: 127-131.

134 "夫既尚同乎天子, 而未上同乎天者, 則天菑將猶未止也. 故當若天降寒熱不節, 雪霜雨露不時, 五穀不孰, 六畜不遂, 疾菑戾疫…… 此天之降罰也, 將以罰下人之不尚同乎天者也."(『墨子』「尙同中」) 번역은 周才珠·齐瑞端 译注,『墨子全译』, 1993: 97-99; 김학주 譯著,『新完譯 墨子』(上), 2003: 161-162를 참조함.

135 胡适,『中国哲学史大纲』, 2005: 155-156.

그렇지만 하늘의 작용에 대해 묵자는 단지 통치의 정당성과 관련된 세속적 의미를 부여한다는 점에서 유가의 천명사상과 유사하다. 다만 유가가 하늘로부터 통치의 권위를 정당화했던 것과 달리 묵자는 통치자의 권력에 대한 제한을 강조한다. 특히 묵자는 통치자의 폭정에 대한 하늘의 반응으로서 여러 가지 자연적 재앙과 이변을 주장하고 있다. 이것은 전한시대 천명사상을 각색해 만들어진 소위 재이설災異說과 유사하다. 재이설에 의하면, 나라가 그 도리를 잃게 되면 하늘이 재해와 이변을 차례로 보여 경고하고, 그래도 개선되지 않으면 망하게 만든다. 양자는 모두 초월적인 존재에 근거하여 올바른 정치의 필요성을 강조한다는 점에서 일치한다.[136]

사실 묵자에게 중요한 것은 통일이나 통합이 아니라 질서나 평화였다. 이것은 묵자 자신이 제기하는 질문에서도 드러난다. 즉 "오늘날 천하의 지도자들이 천하에서 퇴출되지 않았는데도 천하가 혼란한 이유가 무엇인가?"[137] 이 질문은 묵자가 천하를 이미 일정하게 조직화된 정치체제로 이해했고, 따라서 그에게 통일과 통합 자체가 목표가 아님을 의미한다. 문제는 천하의 무질서에 있고, 그 원인에 대한 묵자의 답변도 명확하다.

---

136 대표적인 예가 전한시대 유가사상을 집대성한 동중서이다. 그는 말하기를, "나라에 장차 도덕에 위배되는 폐단이 있게 되면 하늘이 곧 재해를 내려 (군주에게) 견책하고 경고합니다. 만일 (군주가) 깨닫지 못하면 하늘은 다시 괴이한 일을 일으켜 일깨우고 두려움을 줍니다. 그래도 (군주가) 회개할 줄 모르면 마침내 상해와 패망이 이르게 됩니다. 이로써 알 수 있듯이, 하늘의 마음이 군주를 아껴서 그가 잘못되는 것을 막고자 합니다(國家將有失道之敗, 而天乃先出災害以譴告之, 不知自省, 又出怪異以警懼之, 尚不知變, 而傷敗乃至. 以此見天心之仁愛人君而欲止其亂也)." (『漢書』卷五十六「董仲舒傳」) 다만 원문의 마지막 문장에 드러나는 것처럼, 동중서는 하늘이 그렇게 하는 것은, 묵자가 말하는 것처럼 백성을 위해서가 아니라 군주를 위한 대책으로서 제시하고 있다.

137 "方今之時, 天下之正長猶未廢乎天下也, 而天下之所以亂者, 何故之以也."(『墨子』「尙同中」)

첫째는 올바른 지도자들이 선택되지 않으며, 둘째는 통치가 제대로 이루어지지 않는다는 점이다. 올바른 지도자는 과거처럼 현능함을 기준으로 선발되어야 하는데, 오늘날에는 혈연이나 개인적인 관계에 의거하고 있다. 그리고 올바른 통치는 백성들을 위한 통치여야 하는데, 지도자들은 자신의 권력과 부귀만을 목적으로 한다. 그가 강조하는 상하의 일치, 즉 상동은 올바른 통치의 여러 가지 요건들 가운데 하나인 셈이다.

## 도가의 자연적 천하

『장자』에 비해 『노자』에서는 상대적으로 정치에 대한 언급이 많은 편이다. 그것은 정치의 담당자로서 군주의 이상적인 상像은 무엇인가와 관련된다. 『노자』는 판본이 많고, 그에 따라 사용되는 어휘들도 차이가 적지 않아서 언어적 분석에 어려움이 있다. 그럼에도 대강의 내용은 정리될 수 있을 것이다.[138]

먼저 『노자』에는 군주는 '왕王'과 '후侯'(즉 제후諸侯)로 불리는데, 대개 판본에 따라 '왕후王侯' 또는 '후왕侯王'으로 통칭된다. 다만 주 왕의 별칭인 '천자'나 초기 통치자인 '제帝'는 등장하지 않는다. 한편 '천하'는 62회 등장하고, '국國'은 28회 등장한다. 한 곳뿐이지만 '천하'와 '국'이 대비되어 사용되기도 한다. 『노자』의 분량에 비해 '천하'가 많이 사용되는 편이지만, 전국시대 문헌들과 달리 천하가 통일이나 통합을 시사하거나 목적어로 사용되는 경우는 거의 없다. 전체적으로 노자가 공자처럼 주의 봉건적 질서를 대변하는 것은 아니지만, 그의 정치적 언어는 주의 질서에 기반하고 있는 셈이다.

주지하는 것처럼 노자 정치철학의 중심 개념은 무위이다. 이와 관련해

---

138 여기에서는 中國哲學書電子化計劃상의 원전에 의거함.

다음 구절은 매우 잘 알려져 있다.

> 최고의 통치자는 백성들이 그의 존재를 모르며, 그 다음은 백성들이 친근하게 느끼며, 그 다음은 백성들이 칭찬하고, 그 다음은 백성들이 무서워하며, 가장 나쁜 통치자는 백성들이 업신여긴다.[139]

이 구절에는 통치방식과 관련해 도가의 입장에서 도가·유가·법가의 차이가 분명하게 제시되어 있다. 먼저 도가가 주장하는 것으로 통치자의 존재조차 모르는 정도가 최상의 정치이다. 백성들이 다정함으로 느끼고 칭찬하는 것은 유가가 지향하는 방식으로서 그 다음이다. 백성들을 무섭게 하는 방식의 통치는 법가적 방식으로 더욱 좋지 않다. 노자는 특히 "대국의 통치는 작은 생선을 요리할 때 자주 뒤집어 부서지게 하지 않는 것처럼"[140] 무위無爲의 도道로써 할 것을 강조한다.

사실『노자』에서 왕은 지상의 중요한 존재로 등장한다. 다음과 같은 구절이 있다.

> 그러므로 도가 크고, 하늘이 크며, 땅이 크고, 왕 또한 크다. 세상에는 네 가지 큰 것이 있으니 왕이 그중 하나이다. 왕은 땅을 본받고, 땅은 하늘

---

139 "太上, 不知有之; 其次, 親之; 其次, 譽之; 其次, 畏之; 其次, 侮之."(『老子』十七章) 판본에 따라 '존재를 모름〔不知有之〕'이 아니라 '백성들이 그 존재만을 앎〔下知有之〕'으로 되어 있는 경우도 있다. 沙小海·除子宏 译注,『老子全译』, 2002: 30-31 참조.

140 "治大國者若烹小鮮."(『老子』六十章) 沙小海·除子宏 译注,『老子全译』, 2002: 121-122. 이와 유사하게 도가 문헌의 하나인『열자』에는 천하를 다스리는 것은 어린이가 양떼를 몰듯이 해야 한다고 되어 있다. 마치 양을 한 마리씩 억지로 끌어당겨서는 양떼를 제대로 이끌 수 없는 것처럼 나라를 다스리는 데 세세한 일들에 신경을 써서는 곤란하다. 나라가 클수록 더욱 그래야 한다. 즉 대국적인 구상과 방식에 따라 다스려야 한다다(『列子』「楊朱」).

을 본받고, 하늘은 도를 본받고, 도는 자연을 본받는다.[141]

여기에는 크게 두 가지 의미가 있다고 생각된다. 첫째, 통치자의 권위이다. 그는 도와 인간 사이에 존재하면서, 도의 원리를 깨달아 인간을 통치하는 유일한 존재이다. 그렇지만 위의 인용문 이외에도 빈번하게 나타나는 것처럼, 군주는 도의 원리를 준수해야 한다.[142] 이것이 둘째이다.

그렇다면 구체적으로 군주가 통치에 있어서 도의 원리를 지킨다는 것은 무슨 의미인가. 한마디로 말한다면 군주는 겸허해야 한다. 군주는 권세가 높은 존재인 만큼 행동은 낮춰야 한다. 그것은 사물에 내재된 일종의 변증법적 속성으로 설명된다.

> 만약 군주가 높고 귀하지 않으면 망하게 될 것이다. (그런데) 존귀함은 반드시 천함을, 높음은 낮음을 기반으로 한다. 그래서 군주들은 스스로를 '고孤', '과寡', '불곡不穀'이라고 부른다.[143]

천하의 질서와 관련해서 노자는 유가나 법가와 다른 접근법을 보여 주고 있다. 노자에게 그러한 이상적 질서는 자신보다 열등한 집단에 대한 도덕적 교화나 설복 또는 물리적 방식에 의한 통일이 아니라, 역설적으로

---

141 "故道大, 天大, 地大, 王亦大. 域中有四大, 而王居其一焉. 人法地, 地法天, 天法道, 道法自然."(『老子』 第二十五章)

142 "道常無名. 天下莫能臣也. 侯王若能守之, 萬物將自賓."(『老子』 三十二章); "道常無爲而無不爲. 侯王若能守之, 萬物將自化."(『老子』 三十七章); "萬物得一以生; 侯王得一以爲天下貞."(『老子』 三十九章)

143 "侯王無以貴高將恐蹶. 故貴以賤爲本, 高以下爲基. 是以侯王自稱孤寡不穀."(『老子』 三十九章) 여기서 '고孤'는 '고아'나 '외롭다', '과寡'는 '덕이 적다', '불곡不穀'은 '통치능력이나 인격의 부족'을 의미한다. 번역은 沙小海·除子宏 译注, 『老子全译』, 2002: 76-79; 李耳·宋志英 譯解, 『老子』, 1979: 225-231을 참조함.

스스로를 '낮춤'으로써 도달할 수 있다. "강이나 바다가 수많은 골짜기의 왕인 것은 그들보다 확실히 낮기 때문이다."[144] 국가간 관계에서 대국은 소국에 스스로를 낮추어야 비로소 천하를 얻을 수 있다. 노자는 다음과 같이 언급하고 있다.

> 대국은 강의 하류와 같고,
> 천하를 품는 여성과도 같으며,
> 천하가 모두 모여드는 곳이다.
> 여성은 늘 고요함으로써 남성을 이기고, 고요함으로써 스스로를 낮춘다.
> 대국은 소국에 낮춤으로서 소국의 신임을 받고,
> 소국은 대국에 낮춤으로써 대국의 신임을 얻는다.
> 그리하여 낮춤으로써 신임을 받고 낮춤으로써 신임을 얻는 것이다.
> 대국은 단지 소국을 아울러 이끌고자 할 뿐이고,
> 소국은 단지 대국을 섬기고자 할 뿐이다.
> 모두가 그 목적을 이룬즉, 대국이 스스로를 낮추어야 한다.[145]

사실 앞서 국가형태로서 노자에게 소국지향이 나타나지만, 국제정치의 현실은 그러한 이상과는 달랐다. 춘추 시기 대국과 소국 사이 힘의 불균형과 그에 따른 전자의 후자에 대한 침탈이 보편적 현상이었다. 노자도 그러한 현실은 부인하기 어려웠을 것이다. 다만 유가와 법가의 입장에서

---

144 "江海所以能爲百谷王者, 以其善下之."(『老子』 六十六章)

145 "大邦者下流, 天下之牝, 天下之交也. 牝恒以靜勝牡, 爲其靜也, 故宜爲下. 大邦以下小邦則取小邦, 小邦以下大邦則取於大邦. 故或下以取, 或下而取. 故大邦者不過欲兼畜人, 小邦者不過欲入事人. 夫皆得其欲, 則大者宜爲下."(『老子』 第六一十章) 이 구절은 판본들이 많고 번역도 다양하지만, 여기서는 沙少海 · 徐子宏 译注, 『老子全译』, 2002: 122-125; 李耳 · 宋志英 譯解, 『老子』, 1979: 317-320을 참조함.

는 각기 도덕적 설득과 물질적 강제를 통해 국가간 위계적 질서를 공고화함으로써 평화와 안정에 이를 수 있었다. 그에 반해 노자는 그러한 인위적인 시도가 평화와 안정을 해치는 요인이라고 주장했다. 평화나 안정을 위해서는 대국과 소국의 자연스런 병존, 특히 대국에 의한 힘의 절제가 요구되었다. 그가 무위의 정치를 강조하는 것은 이러한 맥락에서이다.

> 장차 천하를 취하고자 인위적으로 하면 성공할 수 없다고 나는 생각한다. 천하는 신성한 물건이라 인위적으로 할 수 없다. 인위적으로 하면 망치고, 잡으려고 하면 잃는다.[146]

그에 의하면 국제정치에서도 질서와 조화는 오로지 무위의 원리에 의해서만 가능하다. 이러한 의미에서 그가 제국의 건설을 꿈꾸는 것이라든가 아니면 중국통일의 원리를 제공한다고 볼 수는 없을 것이다.[147] 또한 위의 인용문에서 천하는 반드시 글자 그대로 모든 국가를 포괄하는 세계를 지칭하는 것은 아니다.

노자의 사상은 상당히 시간이 지나서야 장자에 의해 계승되었다. 장자는 개인의 실존적 자유를 강조하고 통치를 포함한 문명적 질서 자체를 부정하는 급진적인 입장에 있다. 그는 공동체나 권력에 대해서는 매우 냉소적이다. 그의 시각에서 본다면 통치대상으로서 땅과 인간은 작을 뿐이며, 따라서 권력도 사소한 일에 불과하다. 다음 구절은 그의 이러한 세계관을 단적으로 보여 준다.

---

146 "將欲取天下而爲之, 吾見其不得已. 天下神器, 不可爲也, 爲者敗之, 執者失之."(『老子』 二十九章) 번역은 沙少海·徐子宏 译注, 『老子全译』, 2002: 56-57; 李耳·宋志英 譯解, 1979: 177-179를 참조함.

147 노자에서 제국건설의 구상을 주장하는 예로는 강신주, 『노자老子: 국가의 발견과 제국의 형이상학』, 2004: 149-151.

우주에서 사해四海를 계산하면, 큰 연못의 돌멩이들 사이에 난 틈과 비슷하지 않는가. 사해에서 중국(즉 중원)을 계산하면 큰 창고 안의 좁쌀과 비슷하지 않는가. 사물의 명칭은 만으로 헤아리는데, 사람은 그중 하나일 뿐이다. 사람들이 구주九州에 모여 살고 곡식이 자라고 수레로 통하는데, 한 사람은 그들 중 하나일 뿐이다. 인간은 만물과 비교한다면 말의 몸에 난 털끝과 비슷하지 않는가. 5제가 이어 갔던 것, 3왕이 다투었던 것, 어진 이가 근심했던 것, 일을 맡은 자가 애를 썼던 것은 모두 이처럼 사소한 일이었다.[148]

따라서 통합적 질서의 구축과 같은 시도는 무의미하다. 장자는 특히 국가의 인위적 확대를 위한 전쟁의 무용성을 분명하게 언급하고 있다. 그에게 영토전쟁은 일종의 '달팽이 뿔 위의 다툼〔蝸牛角上爭〕'에 불과하다. 특히 무한한 우주 공간에 비한다면 한 국가의 크기는 달팽이 뿔 위와 같이 협소할 뿐이다. 좁은 땅을 넓히기 위해 목숨을 희생시키는 전쟁은 무의미하다.[149]

그렇다면 정치질서의 중요한 범주라고 할 수 있는 천하나 국가의 개념은 어떻게 나타나는가. 『장자』에는 '천하'가 292회, '국國'이 104회 출현한다. 다른 사상가들에서와 마찬가지로 『장자』에서도 천하는 반드시 국들의 통합적 개념으로 사용되는 것은 아니다. 따라서 해당 개념이 빈번하게 사용된다고 하더라고, 거기에 상응해 그가 통합적 천하를 지향함을 의미

148 "計四海之在天地之間也, 不似礨空之在大澤乎? 計中國之在海內, 不似稊米之在大倉乎? 號物之數謂之萬, 人處一焉; 人卒九州, 穀食之所生, 舟車之所通, 人處一焉. 此其比萬物也, 不似豪末之在於馬體乎? 五帝之所連, 三王之所爭, 仁人之所憂, 任士之所勞, 盡此矣."(『莊子』「秋水」) 번역은 张耿光 译注, 『庄子全译』, 1993: 276-279; 김학주 옮김, 『장자』, 2010: 392-394를 참조함.

149 『莊子』「則陽」.

하지는 않는다. 『맹자』에서와 같이 '천하를 다스린다(治天下)'는 표현은 자주 등장하지만 순자와 같이 통합을 시사하는 언급은 없다. 전국시대 통치의 단위는 국이었던 것처럼, 『장자』에서 정치적 논의의 기본단위는 국인 것이다. 그렇다고 그의 논의가 국에 갇혀 있는 것은 아니며, 보편적 통치원리로서 국의 경계선을 초월해 제시되고 있다.

한편 정치질서의 또 다른 범주인 최고 통치자의 칭호는 어떤가. 『노자』에서 이상적인 통치자는 왕이었던 것과 달리 『장자』에서는 주로 제왕으로 표현된다. 전체적으로 『장자』에는 '제帝'와 '왕王'의 통칭으로서 '제왕帝王'이 11회나 등장한다.[150] 제왕의 빈번한 사용은 전국시대 후반 최고 통치자의 칭호로서 '제帝'가 등장하는 과도기적 상황을 반영한다.[151] '제帝'만 따로 사용되는 경우는 한 차례인데, 도에 관한 공자의 질문에 노자가 다음과 같이 답변하는 형식으로 인용되고 있다.

> 그것(즉 자연의 원리)에 조화해 순응하는 것이 덕이며, 무심하지만 적응하는 것이 도이다. (그에 따라) 제帝가 발흥하고, 왕王이 일어난다.[152]

장자에게서 도와 덕은 구분이 되고, 전자가 좀 더 본질적인 의미로 간주되기도 한다. 그렇지만 위의 글에서는 명확하게 구분되지 않는다. 제든 왕이든 모두 자연의 원리에 순응함으로써 이룰 수 있는 통치방식이다.

---

150 제왕帝王은 「天道」편에 집중되지만(7회), 「天地」·「天運」·「秋水」·「讓王」에도 각각 1회씩 등장한다.

151 관련 내용은 이 책 8장 1절 참조.

152 "調而應之, 德也; 偶而應之, 道也. 帝之所興, 王之所起也."(『莊子』「知北遊」) 번역은 张耿光 译注, 『庄子全译』, 1993: 387-390; 김학주 옮김, 『장자』, 2010: 529-531을 참조함.

## 법가의 국가주의와 패권적 천하

유가와 강한 대척점을 형성하는 사조는 법가이다. 주지하는 것처럼 법가는 경제적·군사적 힘을 키우는 것, 즉 부국강병富國强兵을 가장 중요한 정치적 목표로 설정한다. 대표적인 인물은 앞서 언급한 것처럼 상앙이다. 그의 정책이 진의 부국강병을 위한 것인 만큼, 거기에서 모든 정책적 단위는 확고하게 개별 국가이다. 그의 『상군서』에는 '국國'이 303회, '천하'는 59회 등장한다. '국'은 '국력國力'·'국법國法'·'국난國難'·'강국强國'·'국부國富'·'안국安國'·'치국治國'·'흥국興國'·'망국亡國'·'대국大國'·'빈국貧國'·'적국敵國' 등 오늘날에도 익숙한 수많은 개념들로 사용된다.

물론 『상군서』에는 천하의 통합적 질서를 상기하는 구절이 없지 않다. 이 문헌에도 천하나 해내海內 등 전체와 관련된 몇 가지 표현들이 있다. 이를테면 천하와 관련해 '천하를 제어함〔制天下〕', '천하의 왕이 됨〔王天下〕', '천하를 겸병함〔兼天下〕', '천하를 잘 다스림〔治天下〕', '천하를 얻음〔得天下〕' 등의 표현이 등장한다.[153] 그럼에도 앞서 언급한 것처럼 그의 정책은 개별 국가에 그 초점이 맞춰져 있고, 천하질서는 그 연장선에서 부가적 결과로 간주되고 있을 뿐이다. 또한 지금 전해지는 『상군서』 판본의 작성 시점이 상앙이 생존하던 시기와 일치하는 것은 아니라는 점도 고려되어야 한다.

그의 문제의식은 당시 약육강식을 특징으로 하는 냉엄한 현실에 기반을 두고 있다. 즉 당시의 국제정세는 "강국은 (다른 나라들의) 겸병을 일삼고, 약소국은 방어에 애쓰고 있었다."[154] 이러한 상황에서 군주는 내부적으로 백성들을 잘 조직해 외부에 대응해야만 우환이 제거될 수 있다. 더

153 『商君書』「畫策」 외.

154 "今世疆國事兼幷, 弱國務力守."(『商君書』「開塞」)

나아간다면 '이름이 높아지고 땅이 넓혀지는 것〔名尊地廣〕', '천하가 크게 안정되는 것〔天下大定〕', '천하에 적수가 없을 정도로 강한 것〔無敵於海內〕', '제후들을 정벌하고 그 힘을 복종시키는 것〔征諸侯 服其力〕' 등이 가시적인 목표로 제시된다. 그러한 역사적 사례로서 그는 은의 탕왕과 주의 무왕을 들고 있다.[155] 당시로서 천하의 통합적 질서는 과거의 기억으로 존재할 뿐 현실적 관심이 되지 못했던 셈이다.

마찬가지로 『상군서』에서는 맹자의 '하나됨'과 유사한 표현이 적지 않다. 그와 유사한 표현으로 '상常'이나 '일壹'이 자주 등장한다. 다만 그는 '상'을 주로 관리의 임용과 관련해 일관성이나 원칙의 준수라는 의미로, '일'은 농사와 전쟁에 전일專一, 즉 집중한다는 의미로 사용한다. 그것은 동시에 정책적 통일성, 백성들의 순박함이나 불변성도 포함하며 따라서 혼란·가변성·국론분열 등과 대조되는 개념으로 사용된다.[156] 상앙은 그것을 부국강병을 위해 가장 필요한 조건으로 간주한다. 그러한 의미에서 본다면 상앙도 맹자와 같이 한 사회의 내적 통합성을 중시하고 있다고 하겠다.

> 무릇 백성들이 임금을 가까이하고 그 명령을 위해 목숨을 바치는 것은 그들이 아침저녁으로 농사에 종사하고 있기 때문이다. 백성들을 부릴 수 없는 이유는 빈말로 유세하는 자들이 임금을 받들어 중용되고, 상인들이 부자가 되고, 수공업자들이 충분히 먹고살 수 있음을 보기 때문이다. 백성들이 이 세 가지 직업이 편하고도 이익이 됨을 보면 반드시 농사짓는 것을 회피한다…… 나라를 다스리는 자는 백성들이 흩어져 집중시키지 못함을 우려한다. 따라서 성인은 백성들을 (농업과 전쟁에) 집중시킨다.[157]

---

155 『商君書』「算地」, 「開塞」, 「賞刑」.

156 『商君書』「農戰」, 「賞刑」.

그렇다면 이상적 정치질서는 어떤 모습인가? 상앙이 제시하는 이상적 정치의 범주는 '왕(자)'과 '강强'[158]이다. '왕'은 더 우월한 것으로 표현되지만, '강'과 질적으로 다른 것이 아니라 좀 더 완벽한 '강'에 해당된다. 따라서 '왕'은 유가의 도덕적 권위가 아니라 철저한 법제에 기반을 둔 이상적 통치자이다. 물론 현실적으로 각국이 추구하는 것은 '강'에 해당되며, 상앙의 부국강병 정책은 거기에 초점이 맞춰져 있다.

한편 전국 말의 법가를 대표하는 한비자는 어떤가. 그의 사상도 여러 나라들이 벌이고 있던 권력투쟁에서 국가의 존립을 위한 방책으로 제기되었다. 그렇지만 통합적 질서에 대한 관심은 상대적으로 확대된다. 앞서 언급한 것처럼 법가가 기본적으로 부국강병을 추구함에도 『한비자』에는 '천하'가 259회나 사용되고 있다. 다시 말해 위의 『상군서』에 나오는 표현들 이외에도 '천하를 바로잡음〔匡天下〕', '천하의 패자가 됨〔霸天下〕', '제왕에 이름〔至於帝王〕' 등의 표현이 있다.

그렇다면 천하적 정치질서와 관련해 한비자는 어떤 견해를 보이는가. 앞서 언급한 것처럼 그의 스승 순자는 패와 왕의 범주를 제시하고, 후자를 좀 더 이상적인 것으로 간주했다. 이제 한비자는 양자를 결합해 패왕의 개념을 사용할 뿐만 아니라, 실질적으로 양자의 함의는 별다른 차이가 없다. 법가의 입장에서 천하에 대한 패의 수립은 그 자체로서 추구할 만한 목표였다. 그는 법치의 중요성을 강조하면서 다음과 같이 언급하고 있다.

> 이윤伊尹이 그것(법술)을 터득해 탕湯은 왕자가 되었고, 관중이 그것을 터

---

157 "夫民之親上死制也, 以其旦暮從事於農. 夫民之不可用也, 見言談游士事君之可以尊身也, 商賈之可以富家也, 技藝之足以餬口也…… 凡治國者, 患民之散而不可摶也, 是以聖人作壹, 摶之也."(『商君書』「農戰」) 번역은 石磊 译注, 『商君书』, 2009: 35-37; 우재호 역, 『상군서』, 2005: 102-104를 참조함. 여기서도 '作壹'은 '응집시키다' 또는 '농사에 전념하게 한다'로 해석된다.

158 판본에 따라서 '강疆'이 사용되기도 하는데, 양자는 동일한 의미이다.

> 득해 제가 패자가 되었고, 상앙이 그것을 터득해 진이 강자가 되었다. 이 세 사람은 패왕覇王과 치강治强의 술수術數에 밝았다…… 그들은 나라를 다스리는 지위에 있게 되자 임금의 권위를 높이고 영토를 확장하는 성과를 올렸으니…… 탕은 이윤을 얻어 100리의 영토로 천자가 되었고, 제의 환공은 관중을 얻어 5패의 하나가 되어 제후를 규합해 천하를 하나로 바로잡았고, 진의 효공은 상앙을 얻어 영토가 넓어지고 병력이 강화되었다.[159]

은의 탕은 왕 또는 천자였고, 제의 환공은 춘추오패 가운데 하나였다. 그리고 진의 효공은 부강한 나라를 건설해 통일제국의 기반을 마련했다. 한비자에게 세 사람은 위계가 분명하지 않으며, 적어도 최고의 권력을 행사한다는 점에서 차이가 없다.

그와 함께 한비자는 이상적 정치질서의 한 형태로서 제帝에도 주목하고 있다. 제의 성격은 유가에서 말하는 인의에 기반을 둔 왕도와 다르다.

> 무릇 상고시대에 관한 전설이나 노래는 흥미는 있으나 확실하지 않고, 선왕의 인의는 받들 수는 있지만 그것으로 나라를 바로잡을 수 없다. 왜냐하면 그러한 것은 놀이 삼아 할 수는 있지만 나라를 다스리는 수단으로 삼을 수는 없기 때문이다. 인의를 추구해 나라가 약화되고 혼란해진 경우는 삼진三晉이고, 인의를 흠모하지 않으면서도 나라를 안정되고 강성하게 만든 경우는 진秦이다. 다만 진이 아직 제帝가 되지 못한 것은 통

---

159 "伊尹得之湯以王, 管仲得之齊以霸, 商君得之秦以強. 此三人者, 皆明於霸王之術, 察於治強之數…… 處位治國, 則有尊主廣地之實…… 湯得伊尹, 以百里之地立爲天子; 桓公得管仲, 立爲五爲主, 九合諸侯, 一匡天下; 孝公得商君, 地以廣, 兵以強."(『韓非子』「姦劫弑臣」) 번역은 张觉 译注, 『韩非子全译』, 1992: 204-208; 김원중 옮김, 『한비자』, 2010: 161을 참조함.

치방법이 완벽하지 못하기 때문이다.[160]

전국 후반 진은 당시 여러 나라들이 사용하는 '왕'보다 권위가 있는 '제'를 사용하고자 시도했다. 한비자의 언급은 위의 장자에서와 같이 그러한 변화를 반영한다. 다만 '제'가 법가적 의미의 통치를 내포했던 것은 분명하다. 그것은 유가의 인의를 통해서는 이를 수 없다. 한비자에 의하면, 진이 강력한 권력을 갖고 있으면서도 아직 '제'가 되지 못하고 있는 것은 법치와 술수가 제대로 발휘되지 못하기 때문이다.[161] 다만 '제'는 아직 막연한 이상에 불과했고, 구현되지 않았다. 따라서 왕도와 패도의 개념이 좀 더 보편적이었고, 한비자도 마찬가지이다. 더욱이 법가에서는 양자의 구분이 약화되면서 최고 통치질서로서 '패왕'이 빈번히 사용되었다. 『한비자』에서 그것은 모두 24회 등장한다.

### 통일제국의 통치원리: 제帝 · 왕王 · 패覇

주지하는 것처럼 전국을 통일한 진시황은 최고 통치자의 칭호로서 황제를 선택했다.[162] 그것은 약 70년 전 소양왕이 이미 자신을 서제西帝로 칭하고자 시도했던 것에 비춰 본다면 전혀 새로운 일은 아니었다. 이것은 당시 제·왕·패 또는 제·왕의 서열이 거의 일반화되었음을 반영하기 때문이다. 이러한 개념들은 통치자의 위상뿐 아니라 통치원리와도 결부되었다.

---

160 "夫稱上古之傳頌, 辯而不愨, 道先王仁義而不能正國者, 此亦可以戲而不可以爲治也. 夫慕仁義而弱亂者, 三晉也; 不慕而治強者, 秦也; 然而未帝者, 治未畢也."(『韓非子』「外儲說左上」) 번역은 张觉 译注, 『韩非子全译』, 1992: 610-611; 김원중 옮김, 『한비자』, 2010: 439를 참조함.

161 "故乘強秦之資, 數十年而不至於帝王者, 法不勤飾於官, 主無術於上之患也."(『韓非子』「定法」)

162 여기에 관해서는 이 책 8장 1절 참조.

전국 말의 문헌들은 학파에 상관없이 그러한 개념들을 적지 않게 공유하였다.

앞서 맹자나 순자는 물론 법가에서도 통치원리로서 왕도와 패도는 분명하게 구분되었다. 현실적인 목표로서 그 중요성은 각기 다르지만, 전자가 인의, 후자가 힘에 입각한다는 인식은 공통적이었다. 나중에 등장한 '제'의 개념은 소양왕의 시도에서 나타난 것처럼 적어도 처음에는 기존의 왕과 차별화하기 위한 것이었다. 그렇지만 시간이 지나면서 점차 새로운 의미를 획득해 간 것으로 볼 수 있다. 전국 말의 여러 문헌에는 제·왕·패가 병렬되는 경우가 많고, 일부에서는 서열화나 내용상의 구분이 시도되기도 한다.

『전국책』, 『여씨춘추』, 연대가 불확실하지만 도가에 해당되는 『문자文子』, 병법서인 『오자吳子』, 역사책인 『일주서』 등에서도 제·왕·패가 병렬되어 사용된다. 그와 함께 각 개념들의 의미도 좀 더 분명하게 제시되었다. 이를테면 『여씨춘추』에서 '제'는 '기氣', '왕'은 '의義', '패'는 '힘〔力〕'을 각각 핵심으로 했고, 이상적 통치자 또는 통치원리로서 제·왕·패의 서열이 매겨지고 있다.[163] 『문자』의 경우 한 곳에서 '제'는 '덕德', '왕'은 '의義', '패'는 '이理'를 각각의 원리로 제시하며, 다른 곳에서는 '제'는 '태일太一', '왕'은 '음양陰陽', '패'는 '사시四時'를 각각 본받는다고 한다.[164] 각각의 개념들은 여전히 모호한 측면이 적지 않다. 그럼에도 가장 구체적인 의미를 전달하는 문헌은 『관자』인 것 같다.[165]

무위로 다스리는 것은 제帝이고, 인위로 하되 스스로 애쓸 필요가 없는

163 『呂氏春秋』「有始覽·應同」.

164 『文子』「下德」.

165 사실 『관자』는 춘추 초기 정치가 관중의 저술로 되어 있지만, 실제로는 후대에 편집된 것으로 간주된다. 인용문의 내용이나 개념 사용도 그것을 반영한다.

것은 왕王이며, 인위로 하지만 스스로 존귀하게 여기지 않는 것이 패覇이다.[166]

자연의 이치를 밝히는 것이 황皇이고, 도를 살피는 것이 제帝이며, 덕을 통하는 것이 왕王이며, 모략을 이루고 군대로 이기는 것은 패覇이다."[167]

여기서는 '제'가 '왕'이나 '패'보다 상위 개념일 뿐만 아니라 초월적 존재로 기술된다. '제'는 주로 초자연적인 원리에 대한 통찰에 기반을 두고, '왕'은 백성들에게 인정을 베풀며, '패'는 강제적 방식으로 각각 질서를 유지한다.

해당 개념들을 종합해 보면, '제'는 '왕'보다는 통치자의 위상이 더 절대적이고 동시에 강력한 권력이 개인에게 집중되는 것으로 간주된다. '제'는 5제와 같은 역사 초기의 통치자에 대한 칭호로서 존재했다. 물론 그것은 신화적인 요소가 강하다. 권력이론의 측면에서 본다면 초기의 '제'가 후대의 '왕'보다 더 강력한 권력을 가졌다고 볼 수는 없을 것이다. 그럼에도 신화의 구축과정에서 '제'는 통치자의 절대적 권력과 결부되었다. '제'에는 왕도의 분권적 질서나 인정仁政의 요소는 없다. 마찬가지로 '제'의 절대적 성격은 '패'와 차원이 달랐다. '제'와 비교한다면 '패'는 단지 물리적 강제력에 의존하는 불안전한 통치일 뿐이다. '제'는 그 구체적인 방법은 여전히 불분명하지만 완벽한 통치로 간주된다.

각각의 통치원리는 통치의 지리적 범위에 있어서도 차이를 내포하고 있다. 대략 왕이나 천자 등은 중국만을 지배범위로 한다면, '제'는 이적을

166 "無爲者帝, 爲而無以爲者王, 爲而不貴者覇."(『管子』「乘馬」) 번역은 谢浩范·朱迎平 译注, 『管子全译』, 1996: 54; 김필수 외 옮김, 『관자』, 2006: 72-73을 참조함.

167 "明一者皇, 察道者帝, 通德者王, 謀得兵勝者覇."(『管子』「兵法」) 번역은 谢浩范·朱迎平 译注, 『管子全译』, 1996: 249-250; 김필수 외 옮김, 『관자』, 2006: 253을 참조함.

포함한 천하를 대상으로 한다. 이를테면 『일주서』에는 다음과 같이 설명되어 있다.

> 후侯로서 다수의 백성을 모으면 군君, 덕이 커서 제후를 분봉하고 믿음이 두터우면 여일인予一人, 선을 베풀어 사해四海에 이르면 천자, 그 너머의 사황四荒에 이르면 천왕, 그리고 사황이 조회에 오고, 원망하거나 비방하는 사람이 없으면 곧 제帝에 오른다.[168]

여기서 천자는 사해 안을 통치범위로 한다. 그리고 '제'는 그 너머의 지역까지 영향권 아래 두는 것으로 상정된다. 한편 『여씨춘추』에도 '제'와 '왕(천자)'의 상이한 통치범위를 설정하는 구절이 있다.

> 옛날에 순舜은 사해 밖을 복속시키고자 했다가 이루지 못했지만, 이미 제帝가 되기에 충분했다. 우禹는 제가 되고자 했다가 이루지 못했지만, 이미 사해 안의 왕王이 되기에 충분했다. 탕湯과 무武가 우를 잇고자 했다가 이루지 못했지만, 교통이 통하는 모든 곳의 왕이 되었다. 5패가 탕·무를 잇고자 했다가 이루지 못했지만, 이미 제후의 우두머리가 되기에 충분했다.[169]

『일주서』와 『여씨춘추』가 정확히 일치하는 것은 아니지만, 후자에서

---

168 "侯能成群, 謂之君. 君有廣德, 分任諸侯而敦信, 曰予一人. 善至于四海, 曰天子. 達于四荒, 曰天王. 四荒至, 莫有怨訾, 乃登爲帝."(『逸周書』「太子晉解」) 번역은 黃懷信, 『逸周書校補注譯』, 1996: 403-405를 참조함.

169 "昔有舜欲服海外而不成, 既足以成帝矣. 禹欲帝而不成, 既足以王海內矣. 湯武欲繼禹而不成, 既足以王通達矣. 五伯欲繼湯, 武而不成, 既足以爲諸侯長矣."(『呂氏春秋』「士容論·務大」) 번역은 关贤拄 等 译注, 『吕氏春秋全译』, 2002: 960-961; 鄭英昊 解譯, 『여씨춘추 6론』, 2006: 199-200을 참조함.

도 '왕(천자)'과 '제'는 그 통치범위에 있어서 차이가 있다. 대체로 '왕(천자)'의 통치는 '사해 안', '제'의 통치는 '사해 밖'에 이른다. 물론 '사해 밖'에 대한 제의 통치는 복속에 의한 직접적 방식이 아니라 조공체제와 유사한 간접적 방식이다. 패는 제나 왕보다 그 지배범위가 더 협소하다. 그러한 '제'의 통치 범위에 대한 관념이 제국의 통일 이후 '(황)제'가 등장하면서 추진되는 대외정복의 인식적 근거가 되었는지는 알 수 없다. 그럼에도 앞서 언급한 것처럼 진시황은 칭제의 근거의 하나로 이적에 대한 영토적 확대를 들고 있다.

전국시대를 거치면서 정리된 제·왕·패의 의미와 그 서열은 진한 이후 황제의 칭호가 채택됨으로써 그 이후 정치사상에서 확고하게 자리를 잡은 듯하다.[170] 그렇지만 아래에서 살펴보는 것처럼 현실에서 반드시 그런 것은 아니었다.

전한 초기의 대표적인 논객 육가陸賈의 『신어』에는 적어도 한 곳에서 제-왕-패-강의 서열로 통치자를 자리매김하고 있다. 그는 통치자들의 행태와 그에 따른 결과를 다음과 같이 나열한다.

> 성스러운 자를 의지하면 제가 되고, 현명한 자를 의지하면 왕이 되고, 인자한 자를 의지하면 패가 되고, 의로운 자를 의지하면 강자가 되며, 아첨꾼에 의지하면 대가 끊어지고, 위해한 자에 의지하면 망한다.[171]

그보다 약간 후대, 즉 문제 때 가의賈誼에게서도 유사한 언급이 확인된다. 그의 저서 『신서』에는 다음과 같은 구절이 있다.

> 스승과 함께 통치하면 제가 되고, 벗과 함께 통치하면 왕이 되며, 측근과

170 장현근, 『성왕: 동양 리더십의 원형』, 2012: 119.

171 "故杖聖者帝, 杖賢者王, 杖仁者霸, 杖義者強, 杖讒者滅, 杖賊者亡."(『新語』「輔政」)

함께 통치하면 강이 되며, 시종과 함께 통치하면 존망이 위태롭고, 노복과 함께 통치하면 망한다.[172]

다른 곳에서 그는 "강疆은 지혜를 다투고, 왕은 의로움을 다투고, 제는 덕을 다툰다."[173]고 하면서 의와 덕을 발휘하기 위해서 흉노에 대한 적극적인 복속정책을 제기하기도 했다. 무제 시기의 저술인 『회남자』에도 제-왕-패 또는 왕-패 등의 서열이 확인된다.

> 제자帝者는 태일太一을 따르고, 왕자王者는 음양陰陽을 본받으며, 패자霸者는 사계절을 본받고, 군자君者는 육률六律을 사용한다. 태일을 따르면 천지의 성정性情을 잘 알고 도덕의 이치를 통달해…… 그의 은택은 사방 밖의 지역까지 미치고 명성은 후세까지 전해진다. 음양을 본받으면 그 덕행이 천지와 조화를 이루고…… 명령을 내리면 천하가 모두 바람과 같이 따른다. 사계절을 본받으면 유순하면서도 나약하지 않아…… 만물을 양육한다…… 육률을 사용하면 난을 토벌하고 포악함을 막아…… 잘못을 바로잡고…… 시세에 따라 인심을 조종한다.[174]

『회남자』에는 다른 곳에서 왕자와 패자만 비교되기도 있는데, 기존의 관념과 마찬가지로 왕자는 덕치와 백성들에 대한 인정에, 패자는 의리와

---

172 "故與師爲國者, 帝; 與友爲國者, 王; 與大臣爲國者, 伯; 與左右爲國者, 彊; 與侍御爲國者, 若存若亡; 與廝役爲國者, 亡可立待也."(『新書』「官人」)

173 "彊國戰智, 王者戰義, 帝者戰德."(『新書』「匈奴」)

174 "帝者, 體太一; 王者, 法陰陽; 霸者, 則四時, 君者, 用六律…… 是故體太一者, 明於天地之情, 通于道德之倫…… 德澤施于方外, 名聲傳於後世. 法陰陽者, 德與天地參…… 發號施令, 天下莫不從風. 則四時者, 柔而不脆…… 以養群類…… 用六律者, 伐亂禁暴…… 乘時因勢, 以服役人心也."(『淮南子』「本經訓」) 번역은 许匡一译注, 『淮南子』, 1993: 428-432; 안길환 편역, 『신완역 회남자』(상), 2013: 362-364를 참조함.

무력에 기반을 둔다.[175] 물론 '패왕'을 합성어로 사용하는 경우도 적지 않아서 잡가적 성격을 반영하기도 한다. 비슷한 시기 유학자 동중서董仲舒는 "왕자는 덕이 사이四夷에 미치고, 패자는 덕이 제후에 미친다."고 함으로써, '왕자'로서 중원 통치자의 이적 지역에 대한 지배를 합리화하고 있다.[176]

그 외에 참위설에 대한 비판으로 유명한 후한 초 문인 겸 정치가 환담桓譚(기원전 23-서기 56)의 『신론』에서는 역사상 통치자들의 칭호에 입각해 상이한 통치형태를 주장한다. 이를테면 3황은 도道, 5제는 덕德, 3왕은 인의, 5패는 권지權智에 입각했다. 그는 5제와 그 이전은 시기적으로 멀어 현실적으로 의미가 있는 것은 왕과 패라고 덧붙이고 있다. 구체적으로 그는 다음과 같이 분류하고 있다.

> 제령制令과 형벌이 없는 것은 황, 제령은 있으나 형벌이 없는 것은 제, 선은 상을 주고 악은 벌을 주며 제후가 조현해 받드는 것은 왕, 많은 군대를 일으켜 맹약을 맺고 신의로 세상을 바로잡는 것은 패라 한다.[177]

'제'가 '왕'보다 개념상 우위에 있지만, 사실 전한 시기에는 역사상 존재했던 '왕'과 그 변형된 형태인 '패왕'·'제왕' 등이 늘 사용되었다. 특히 유가가 통치이념으로 등장하면서 이상적인 통치원리로서 '왕도王道'는 '제도帝道'보다 널리 사용되었다. 그 결과 '왕'은 적어도 이론적 차원에서 바람직한 통치자로서 자리 잡았다. 육가의 『신어』에는 '제'보다는 '왕'·'왕자'·'성왕'·'제왕' 등의 개념들이 빈번히 사용된다. 후에 가의의 『신서新

175 『淮南子』「繆稱訓」, 「人間訓」.

176 "王者愛及四夷, 覇者愛及諸侯."(『春秋繁露』「仁義法」)

177 "無制令刑罰謂之皇, 有制令而無刑罰謂之帝, 賞善誅惡諸侯朝事謂之王, 興兵衆約盟誓以信義矯世謂之覇."(『新論』「王覇」)

書』나 유향劉向의 『신서新序』 등에서는 '왕도'·'왕자'·'왕천하' 등이 수없이 등장한다. 그에 비한다면 통치원리로서 '제'는 드물게 나타난다. 추측건대 거기에는 '(황)제'의 칭호를 창출한 진의 통치에 대한 부정적인 인식이 작용했을 것이다. 그로 인해 통치형태의 이념형으로서 '제'는 제외되고, 진한 이전과 같이 단지 '왕'과 '패'만 나열하는 경우도 적지 않다.

그와 함께 한 시기에 '왕'과 '패'의 구분도 모호해졌다. 이를테면 『예기』에 의하면, "지극한 효〔至孝〕는 왕에 가깝고, 지극한 형제애〔至弟〕는 패에 가깝다."거나 "지극한 도〔至道〕로는 왕이 되고, 의로운 도〔義道〕로는 패가 된다."는 식이다.[178] 그와 함께 『예기』나 『신서』 등에도 법가에서와 유사하게 '패'와 '왕'을 결합해 '패왕'으로 통칭하는 경우도 많다. 한편 잡가류에 포함되는 『회남자』에는 '왕'·'왕도'·'제왕' 이외에도 '패왕'이 자주 사용되고 있다.[179]

왕자와 패자의 질적인 차이가 부정되기도 한다. 무제 시기 동중서가 편집한 『춘추번로』에는 "『춘추』의 도를 크게 깨달으면 왕이 되고, 적게 깨달으면 패가 된다…… 패와 왕의 도는 모두 어짊에 근본을 둔다."[180]는 구절이 있다. 왕충王充의 『논형』에도 "왕자를 시도했다가 이루어지지 않아 잘못되더라도 패는 될 수 있다…… 왕과 패는 동일한 일인데, 우열에 따라 이름이 다를 뿐이다."[181]고 했는데, 여기서 '왕'과 '패'는 정도의 차이만 있을 뿐이다. 물론 양자의 질적인 차이에 대한 부정은 일부 유가에 국한된다.[182]

---

178 『禮記』「表記」, 「祭義」.

179 한 연구에 의하면, 패자에 대한 승인, 즉 패자의 '왕자화'는 전한의 정치이념에서 주도적 위치를 차지하였던 『춘추공양전』에 의해서 체계적으로 뒷받침되었다. 히하라 도시쿠니 지음, 김동민 옮김, 『국가와 백성 사이의 漢』, 2013: 228-243을 참고함.

180 "『春秋』之道, 大得之則以王, 小得之則以霸…… 霸王之道, 皆本於仁."(『春秋繁露』「俞序」)

181 "圖王不成, 其弊可以霸…… 王霸同一業, 優劣異名."(『論衡』「氣壽」)

전한 말 선제宣帝(기원전 74-49년 재위)는 '한의 고유한 통치제도는 패도와 왕도를 혼합한 것'으로 규정했다. 여기서 그가 강조한 것은 패도에 대한 정당성이었다. 그의 말은 그 자신이 형벌과 같은 패도적 통치방식에 지나치게 의존한다는 태자의 비판에 대한 대응이었다. 그는 어떻게 주나라와 같이 순전히 덕교에만 의거할 수 있겠느냐고 반문하고 있다.[183] 이것은 패권적 방식에 의한 한의 건국에 기인하기도 하겠지만, 밖으로는 유가적 예법이 강조되면서도 안으로는 법가의 술수가 지배하는 '외유내법外儒內法'의 정치현실을 반영한다. 그로 인해 왕자라고 하더라도 덕치만이 아니라 형벌과 같은 수단들도 허용되는 것이다.

전한 말의 경학자인 유향劉向(기원전 77-6)은 통치유형에 대한 유가적 해석을 통해서 이러한 현실을 비판한다. 그는 우선 정치유형을 왕자·패자·강자로 구분하고, 그것들을 각각 덕화〔化〕·위엄〔威〕·위협〔脅〕과 같은 고유한 원리와 결부시켰다. 그에 의하면, 왕자라고 한다면 당연히 덕화를 가장 중시해야 한다. 다만 덕화를 해서 안 되는 경우 비로소 위엄으로 통치하고, 위엄으로 고치지 못할 경우에만 위협이나 형벌을 구사해야 한다. 그는 형벌은 왕자가 귀하게 여기는 방식이 아님을 강조한다.[184]

주지하는 것처럼 시간이 지나면서 유가는 지배이데올로기로서 그 위치를 확보해 갔다. 그와 함께 다른 영역과 마찬가지로 최고 통치자의 다양한 칭호나 성격 규정도 유가적 입장에서 정리되었다. 그 예로 후한 중반인 서기 79년 정부는 유학자들을 불러 유교 경전의 상이한 개념들을 논

---

182 이를테면 "왕자를 시도했다가 이루어지지 않아 잘못되더라도 패는 될 수 있다."는 구절은 환담桓譚의 『신론』에서도 인용되고 있다. 다만 그는 그것을 일부 유가의 말로서 전하면서, 원래 유가는 5패를 숭상하지 않는다며, 비판적으로 사용하고 있다(『新論』「王覇」).

183 『漢書』 卷九 「元帝紀」.

184 『說苑』「政理」.

의했다. 회의의 목적은 유교 이론을 통일함으로써 황제의 절대적 권위를 확립하는 데 있었다. 소위 백호관白虎觀 회의의 결과로서 반고班固에 의해 편집된 『백호통의白虎通義』는 제왕의 칭호에 대한 해석으로 시작된다.

'제왕'을 '천자'로 호칭하는 것과 관련하여 『백호통의』에 의하면, '천자'는 하늘의 아들, 또는 하늘을 섬기는 것, 하늘에서 명을 받는 것으로서 하늘과 연계성이 강조된다.[185] 반면에 '제왕'은 '천자'임과 동시에 신하들을 호령하는 지상 최고의 정치권력자로서 극존칭에 해당된다.[186] 그와 함께 '제'와 '왕'의 개념적 특징들은 다음과 같이 제시된다.

> 제왕이란 무엇인가?…… 덕이 천지와 합치되면 제라 하고, 인의가 합치되면 왕이라 칭해 그 우열이 나뉜다. 『예기』의 「시법諡法」에 말하기를 '덕이 천지를 닮을 때 제라 하고, 인의가 생겨나는 곳을 왕이라 한다.' 제는 하늘의 칭호이고, 왕은 오행의 칭호이다. 황皇은 뭐라 하는가? 역시 칭호이다. 황은 군주, 아름다움, 큼이다…… 황이라 칭하는 것은 빛이 반짝여서 누구도 피할 수 없기 때문이다…… 제라 호칭하는 이유는 무엇인가? 제는 '살피다〔諦〕'는 의미이고, (하늘을) 받들 수 있음을 상징한다. 왕은 왕往이며 천하가 귀의하는 곳이다.[187]

185 "天子者, 爵稱也. 爵所以稱天子者何? 王者父天母地, 爲天之子也…… 所以俱稱天子者何? 以其俱命於天, 而王治五千里內也."(『白虎通義』「爵」)

186 "或稱天子, 或稱帝王何? 以爲接上稱天子者, 明以爵事天也; 接下稱帝王者, 得號天下至尊言稱, 以號令臣下也."(『白虎通義』「號」)

187 "帝王者何…… 德合天地者稱帝, 仁義合者稱王, 別優劣也. 『禮記諡法』曰: '德象天地稱帝, 仁義所在稱王.' 帝者天號, 王者五行之稱也. 皇者何謂也? 亦號也. 皇, 君也, 美也, 大也…… 號之爲皇者, 煌煌人莫違也…… 號言爲帝者何? 帝者, 諦也, 像可承也; 王者, 往也, 天下所歸往."(『白虎通義』「號」). 번역은 〔淸〕陳立 撰, 吳則虞 點校, 『白虎通疏證』, 1994: 43-45를 참조함.)

여기에서 '제'는 확고하게 초월적 의미를 갖고, 왕은 세속의 통치와 연관된다. 왕은 유가의 원칙인 인의에 바탕을 두며, 동시에 권력의 근원으로 자리매김을 하게 된다. 또한 황제의 '황'은 수식어로서 천하를 비추는 빛과 같이 '제'의 권위를 더 높여 준다. 결국 최고 통치자로서 '황제'의 칭호는 계속되었지만, 이론적으로는 왕도와 결합해 '제왕'으로 정리되었다. 그 결과 '제왕'은 하늘과 연계된 초월적 존재이면서, 동시에 현실에서 최고의 정치권력을 행사하는 존재로 정립되었다.

그와 함께 『백호통의』는 '패'에 대해서도 하나의 통치원리로서 일정한 위치를 배정하고 있다. 위의 인용문 아래에는 '패'의 일반적 성격이 다음과 같이 설정된다.

> 패자는 백伯이고, 방백方伯의 직책을 수행해 제후를 회맹하고, 천자에게 조현하며, 신하의 도리를 잃지 않기 때문에 성인도 거기에 동참한다. (그러나) 훌륭한 왕자가 크게 본받을 것이 아니다. 패는 다그침〔迫〕이나 통제〔把〕를 뜻한다. 즉 제후를 협박해 그 정치적 질서를 유지한다.[188]

'패'는 훌륭한 왕자가 크게 본받을 것은 아니지만 전적으로 부정되지는 않는다. '패'는 제후들을 힘으로 눌러 통제하는 방식으로 정치질서를 유지하지만 신하의 도리를 잃지 않는 것으로서 성인도 동참한다.

---

188 "霸者, 伯也, 行方伯之職, 會諸侯, 朝天子, 不失人臣之義, 故聖人與之. 非明王之張法. 霸猶迫也, 把也, 迫脅諸侯, 把持其政."(『白虎通義』「號」). 번역은 〔淸〕陳立 撰, 吳則虞 點校, 『白虎通疏證』, 1994: 62-63을 참조함.

| 여섯 번째 |

# 대외질서 관념의 변천 : 천하관과 화이구분

6

이 장은 국내적 통합과 대외팽창 과정에서 나타나는 천하질서와 피아彼我에 관한 관념을 살펴본다. 그것은 크게 천하관天下觀과 화이구분華夷區分으로 나뉠 수 있는데, 각기 공간적·종족적 질서를 내포한다. 천하관과 관련해서는 천하의 공간적 확대에 주목하고, 특히 유가적 천하관을 대표하는 '보천지하溥天之下 막비왕토莫非王土'의 해석에 있어서 시기적 변화를 살펴본다. 화이구분과 관련해서는 공자와 그 이후 유가들의 이적관, 『상서』「순전」에 보이는 네 죄인의 추방에 대한 해석상의 변화, 그리고 무제 시기 『춘추번로』와 『사기』의 역사기술에 반영된 이적의 중화적 기원과 연계성에 관해 살펴본다. 이때 관련 개념들에 대한 해석상의 시기적 변화에 주목한다. 아울러 유가의 화이관이 문화적 차이가 아니라 종족적 차이에 바탕을 두고 있다는 점이 강조된다.

## 1. 정치질서와 외부관념

공동체의 구성과 유지는 구성원들 사이에 몇가지 공통 요소들의 공유를 전제로 한다. 공통 요소들이란 대개 지리·종족·문화·정치질서 등과 관련된다. 그것들은 해당 공동체와 외부세계의 분리 또는 양자간 질서를 내포하며, 일정한 관념체계에 의해 뒷받침된다. 따라서 주변 세계에 대한 관념은 거의 모든 공동체에서 확인된다. 다만 초기 단계에서는 외부에 대한 정보가 제한되어 있어 그러한 관념은 단편적이고 개별적이다. 시간이 지남에 따라 교류가 확대되면서 해당 관념은 복합적이고 추상적이 된다.

초기 공동체의 외부에 대한 관념은 두 가지 측면, 즉 인적 측면과 공간적 측면으로 나눌 수 있다. 인적 측면은 '이적'으로 통칭될 수 있는 주변 민족에 대한 인식을, 공간적 측면은 '천하'로 표현되는 세계질서에 대한 인식을 의미한다. 초기 중국의 외부관념을 대표하는 화이관과 천하관은 그러한 두 가지 인식이 시간이 지나면서 체계화된 결과이다. 해당 관념들에 대한 해석은 매우 다양하다. 다만 정치적 측면에서 본다면 화이관은 중화와 이적이 본질적으로 구분되며 중화가 우월하다는 의식이다. 천하관은 세계는 하나의 위계적 질서이며 그 중심에 천자(또는 중국)가 위치한다는 사고이다.[1] 양자는 서로 결합되어 있으며, 다양한 국가들의 구성체로서 세계가 아닌 중화 중심적 질서를 상정한다는 데에 공통점이 있다.

물론 다른 문제들과 마찬가지로 역사 초기에 그러한 관념의 실체를 포착하기란 매우 어렵다. 그것은 그러한 관념은 오늘날까지 전해지는 문자나 문헌의 등장 이전에 있었을 것이기 때문이다. 뿐만 아니라 특정 시점에 등장한 개념의 의미나 대상은 후대와는 다를 가능성이 매우 크다. 이를테면 역사 초기의 공간 개념으로서 중국이나 천하는 실제 그 범위가 다를 수 있으며, 종족 개념인 중화와 이적의 구성도 후대와 다를 수 있다. 초기의 문헌들은 기술하고 있는 시점보다 후대에 기록되는 경우가 대부분이며, 따라서 사용되는 개념은 후대의 현실 인식을 반영하지 않을 수 없다. 마찬가지로 관념은 사실이라기보다는 하나의 이상으로서 현실과는 크게 괴리될 수 있다.

그러한 한계가 있음에도 중국의 초기 문헌에는 공간적·종족적 질서 관념들이 적지 않게 들어 있다. 다만 그것들에 대한 분석은 가능한 역사적 현실과 연결해 동태적으로 이루어져야 한다. 역사 초기에는 소규모 정치체들이 산재했고, 하·은·주와 같은 주요 정치체들도 황하 유역의 협소한 곳에 한정되었다. 그러한 역사적 사실은 천하관이나 화이관과 같은 관념체계와 상치되는 것처럼 보인다. 왜냐하면 그러한 관념체계는 광역에 걸친 지배구조를 상정하기 때문이다.

사실 의미 있는 수준에서 화이관은 이적에 대한 통합적 이해를 전제로 한다. 공동체적 인식의 초보 단계에서 보이는 개별 종족들에 대한 부정적 칭호는 화이관으로 간주될 수 없다. 그것은 '사이四夷'·'만이蠻夷'·'이적夷狄' 등 좀 더 통합적인 칭호에서 비로소 가시화되는 것이다. 이를테면 은

1 이때 중심은 지리적이기보다는 관념적이다. 전한 중반에 작성된 『사기』는 진에 의해 통일된 영토와 관련해 "중국은 사해 가운데에서 동남쪽에 위치한다(中國於四海內則在東南)."고 명시하고 있다(『史記』 卷二十七 「天官書」).

의 갑골문에는 '융戎'과 '이夷'만 확인되며, 서주 시기 청동기에는 '적狄'과 '만蠻' 이외에도 '만이蠻夷'·'이적夷狄'이 출현한다. 그렇지만 서주의 청동기에는 통합적인 개념으로서 '사이四夷'는 아직 등장하지 않는다. 그것은 『시경』이나 『일주서』 등 초기 문헌에서도 마찬가지다.[2] 이 점은 고대 화이관의 출현과 관련해서 주목해야 할 부분이라고 생각된다.[3]

동시에 중화와 이적의 구분은 분명한 '중화'의 실체를 전제로 한다. 다시 말해 광역에 걸친 종족적 공동체의식이 있어야 한다. 이것은 초기에는 수많은 공동체들이 산재해 있었다는 점을 고려한다면, 공간을 초월하여 그들 사이의 일정한 연대의식이 있어야 함을 의미한다. 그러한 의식은 화하華夏·제하諸夏·중화中華 등의 개념에서 반영된다. 그들은 중원 또는 중국에 거주하는 종족을 포괄한다. 그렇지만 중원이나 중국의 범위는 고정된 것이 아니라 시간적으로 확장하는 모습을 보이고 있다. 그와 함께 일부 이적이 중화에 흡수되는데, 그 결과 특정 시점에서 중화에 대립되는 이적의 실체도 변화된다.

한편 천하관에서는 단순히 피아의 구분을 넘어 전체에 대해 일원적 구조가 상정된다. 화이관이 이적의 분리와 대립 의식에 바탕을 둔다면, 천하관에서 천하는 이적을 포괄하는 세계이다. 비록 그 이적이란 열등한 존재로서 지배의 대상이 되지만 천하의 일부로서 간주된다. 이러한 맥락에서 천하관은 화이관보다 진화된 인식인 셈이다. 다만 화이와 마찬가지

---

2 『시경』에서는 '험윤玁狁'·'융戎'·'적狄'과 같은 개별 만이만 출현한다. 『일주서』에 "사이四夷·팔만八蠻·칠민七閩·구맥九貉·오융五戎·육적六狄의 인민"과 같은 구절이 있지만(『逸周書』「職方解」), 단지 4부터 9까지 나열할 뿐이어서 통합적 사고라고 하기는 힘들다. 한편 『상서』에는 '사이四夷'와 '만이蠻夷'의 개념이 각각 2회와 1회 출현하지만(『尙書』「虞夏書·大禹謨」, 「周書·畢命」; 『尙書』「虞夏書·舜典」), 『상서』가 전국시대 이후에 작성되었다는 것이 일반적인 평가이다.

3 대략 서주 말기부터 '사이'의 개념이 형성되어 춘추전국시대에 성립된 것으로 간주된다. 金翰圭, "'四夷' 概念을 통해서 본 古代中國人의 世界觀," 1981: 244-248.

로 천하의 범위도 시기적으로 다를 수 있다. 중원 또는 중국의 공간적 변화와 더불어 천하의 범위와 구성도 변화되는 것이다. 이것은 초기의 관념체계의 구체적 대상과 범위가 역사적 맥락에서 이해되어야 함을 의미한다.

특히 초기의 관념체계는 중원의 정치질서와 매우 밀접한 관련이 있다. 그것은 성읍국가·영토국가·통일제국과 같은 정치권력의 통합과 확대의 과정을 반영한다. 성읍국가 체제에서 이적들은 여러 성읍들 사이를 떠돌면서 유목생활을 하거나, 일부는 자체의 성읍을 형성했다. 춘추시대 중반까지도 그들의 공동체들이 화하족의 공동체들과 지역적으로 뒤섞여 있었다. 종족들 사이에 갈등이 없지 않았으나 그것은 매우 개별적이었다.

그 이후 영토국가가 형성되면서 크고 작은 종족들이 강한 국가들에 의해 흡수되거나 아니면 주변으로 축출되었다. 특히 진한의 통일제국이 중원에 등장하면서, 중원과 그 주변 사이에는 상당한 힘의 비대칭이 형성되었다. 중원의 통일이 주변 민족들을 자극해 그들의 통합을 가져왔지만, 이러한 비대칭적 구조는 중국 중심의 동아시아 국제질서로 이어졌다. 그와 함께 광역을 단위로 하는 화이의 구분이 고착되었다.

이 장에서는 초기 정치사상에서 각각 천하관과 화이구분으로 대표되는 공간과 종족에 관한 관념들을 역사적 맥락에서 살펴보고자 한다. 양자는 서로 긴밀하게 관련되고 또 문헌상으로도 혼재되어 나타난다. 다만 여기서는 논의의 편의를 위해서 구분해 보고자 한다. 이를 통해 위에서 제기한 문제, 즉 초기 정치체들의 분권적 존재와 통합적 관념체계의 존재 사이의 괴리에 대한 답을 구할 수 있을 것이다. 특히 기존의 관념체계가 중국 및 천하의 지속적인 확장에 상응해 재해석되는 과정에 주목하고자 한다. 그러한 동태적 변화를 통해서 초기 정치체의 존재양식과 관념체계의 연계성이 좀 더 일관되게 해석될 수 있을 것이다.

## 2. 천하관天下觀의 형성과 변화

### 천하관의 등장

인간의 인식이 미치는 최대의 범위로서 우주적 질서에 대한 관념은 비교적 초기에 출현한다. 그것은 넓게는 우주적 질서, 좁게는 공동체의 삶을 주관하는 신과 인간의 관계에서 드러난다. 신석기 용산龍山문화 단계에서 뼈를 이용한 주술이 이루어진 것으로 알려지고 있고, 상商 이후에는 상당히 자세한 내용이 전해지고 있다. 특히 상의 마지막 중심지였던 은허殷墟에서는 점복을 위해 제작된 갑골문이 대거 발굴되었다. 상족은 점복을 통해 자신의 최고신인 제帝에게 공동체의 여러 가지 일들에 관한 해답을 구했다. 여기에는 농사·출정·사냥·천도·축성 등과 같은 공동체의 업무에서부터 비·가뭄·질병·기아·홍수 등 자연현상에 대한 예측까지 크고 작은 일들이 포함되었다. 이를테면 이런 식이다.

> 무자일에 점을 쳐서 (주술 담당자인) 정貞이 묻습니다. "제께서는 나흘째 밤까지 비를 내려주시겠습니까?"[4]

> 경오일에 점을 쳐서 (주술 담당자인) 병이 묻습니다. "왕이 성읍을 건설하는데, 제께서는 승낙하십니까?"[5]

위의 문장에서처럼 점복행사를 주관하는 전문적인 무술인을 정인貞人

4 "戊子 占卜, 貞: 帝及四夕令雨?"(李圃, 『甲骨文選注』, 1989: 34-40)
5 "庚午 卜占, 丙貞: 王乍(作)邑, 帝諾?"(李圃, 『甲骨文選注』, 1989: 121-123)

이라고 했다. 상의 각 부족에는 그러한 정인들이 있었고, 이들은 해당 부족을 대표해 상의 연맹체를 구성했다. 신과의 소통, 즉 주술의 권한은 초기 정치권력의 중요한 원천이 되었고, 이것은 지배의 정당성과 연결되었다. 다만 후대 주의 천天과 달리 상의 제帝에는 아직 제하帝下와 같은 어떤 공간적인 의미가 부여되지 않았다. 왕의 통치는 점복으로 제에게 물음으로써 그 정당성을 인정받았지만, 그것은 개별적 사안에 해당되었고, 제로부터 보편적 수권受權 내지는 수명受命을 내포하지는 않았다.

다만 갑골문에서는 광역에 대한 초보적 형태의 공간관념이 확인된다. 이를테면 사방의 신이나 적국들을 동서남북으로 구분하여 부르는 것이 그 예이다. 후자의 예로서 방향을 의미하는 '방方'은 '토방土方'·'인방人方' 등 주변의 적국들을 나타냈는데, 후에 이들이 다수 상의 세력권에 들어오면서 '사방四方'의 개념이 등장하게 되었다. 그와 함께 상 스스로는 자신을 그 중간에 위치한 나라로서 중토中土라고 불렀다.[6]

주周에 이르러 세계는 보다 강한 정치질서의 의미를 가졌다. 무엇보다도 주의 최고신인 천天은 천하와 같은 공간적 의미를 획득했다. 천하는 천이 주관하는 세계를 나타내는 말로서 널리 사용되었다. 뿐만 아니라 왕의 통치는 천명에 의해서 포괄적으로 뒷받침되었다. 천·천하·천명과 같은 개념들은 현실에서 광역에 대한 지배의 요구와 결부되었을 것이다. 그러한 이념적 요구는 일정한 통합적 질서를 구축한 집단이 자신의 권력을 더욱 확대하기 위해 제시했을 가능성이 높다. 물론 이념적 당위와 현실 사이의 간극도 적지 않았을 것이다.

천하 개념은 초기 문헌에서 적지 않게 등장한다. 그 대표적인 예가 서주와 춘추 시기 중원지방의 시를 모은 『시경』과 최초의 역사서라고 할 수

6 가이즈카 시게키·이토 미치하루 지음, 배진영·임대희 옮김, 『중국의 역사: 선진시대』, 2011: 140-142.

있는 『상서』이다. 특히 초기 공간질서의 인식과 관련해 『시경』의 다음 두 개의 구절이 가장 자주 인용된다.

> 넓은 하늘 밑은 왕의 땅 아닌 곳이 없으며,
> 바다 안, 땅 위의 모든 사람들은 왕의 신하인데
> 대부들의 노역은 불공평해
> 나만 일하느라 홀로 수고하네.[7]

> 백성들이 매우 수고로우니
> 좀 더 편안하게 해 주셔야 하네.
> 이 중국에 은혜를 베풀어,
> 사방을 안정시키시네.
> 교활하고 속이는 자들의 말을 따르지 말고
> 불량한 자들을 경계하셔야 하네.[8]

하늘과 땅은 물론 '중국'이나 '사방'과 같은 개념들의 구체적인 대상이 무엇인지 분명하지는 않다. 두 번째 시의 경우 그 시의 다른 구절에서는 중국과 사방은 각각 경사京師와 사국四國으로 표현되고 있다.[9] 어쨌든 위의

---

7 "溥天之下, 莫非王土, 率土之濱, 莫非王臣, 大夫不均, 我從事獨賢."(『詩經』「小雅」'北山') 번역은 袁愈荌 译诗, 唐莫尧 注诗, 『诗经全译』, 1992: 297-298; 김학주 옮김, 『새로 옮긴 시경』, 2010: 767-771을 참조함.

8 "民亦勞止, 汔可小康. 惠此中國, 以綏四方. 無縱詭隨, 以謹無良."(『詩經』「大雅」'民勞') 번역은 袁愈荌 译诗, 唐莫尧 注诗, 『诗经全译』, 1992: 396-398; 김학주 옮김, 『새로 옮긴 시경』, 2010: 607-609를 참조함.

9 각 개념들이 지칭하는 대상과 범위 그리고 그들 사이의 관계들에 대해서 다양한 의견들이 제시되고 있다. 이를테면 구지에강顧頡剛은 『시경』과 『상서』에 나오는 관련 개념들을 분석했는데, 그는 고문학자 우성오于省吾에 근거해 중심으로부터 경사京師·사국四國·사방四方의 층차적 질서를 주장한다. 경사는 국중國中으로 천자의 직할

구절은 천하에 대한 보편적 지배라는 제국적 이상으로 자주 인용되어 왔다. 중원지역에 대한 계몽적 정치의 실현을 통해서 주변 민족들을 포함한 보편적 질서를 확립해야 한다는 것이다. 위 구절에는 주왕의 은덕이 광역에 미친다는 의미에서 일정한 위계적 질서를 상정할 수 있다. 그렇지만 앞서 살펴본 것처럼 당시 천하의 지리적 범위는 중원의 일부에 국한되었을 뿐만 아니라, 이 시에서도 그것은 현실이 아니라 관철되지 못하는 이상으로 표현된다.

시의 주제도 천하적 지배와는 관계가 없다. 첫 번째 시의 전체적인 주제는 사회적 불평등에 대한 고발이다. 즉 작가는 다 같이 왕의 신민인데도 일부는 편안히 놀고먹고, 일부는 힘들게 노역해야 하는 부조리함을 제기하고 있다. 이 시의 앞 구절은 수식어에 가깝다. 두 번째 시도 마찬가지이다. 시인은 백성들의 수고로움을 덜어 주어야 하고, 이를 위해 왕이 소인들을 멀리하고 현신들을 가까이해야 한다고 노래하고 있다. 실제 천하가 불평등하고 소인들이 판치는 것은 천하에 대한 천자의 지배가 온전히 관철되지 않은 현실을 반영할 뿐이다.

이 시에서는 전체의 질서에서 이적의 존재는 드러나지 않고 있다. 그것은 화이의 구별의식이 없었다기보다는 중심으로부터 주변에 이르는 위

---

지, 사국은 경사 밖의 경기지역으로 은이나 주의 왕국을 구성하는 나라들, 그리고 사방은 그 바깥에 있는 다른 종족들의 공동체를 의미한다. 후자에는 토방土方·공방邛方·귀방鬼方·강방羌方·여방黎方·인방人方·우방盂方 등이 해당되는데, 이들은 은·주와는 다른 종족들이다. 반면, 김한규 교수에 의하면 사국과 사방은 동일한 범주로서 은·주와 대립적인 관계에 있는 미복속 국가들이고, 은과 주는 여러 성읍국가들 가운데 하나였다(顧頡剛·劉起釪, 『尙書校釋譯論』 第四册, 2005: 1613-1616; 김한규, 『古代中國的世界秩序硏究』, 1992: 10-16). 그렇지만 '사방'을 반드시 광역의 지리적인 개념으로 볼 수는 없을 듯하다. 『시경』에서 '사방'은 140차례나 등장하는데, 다양한 함의를 갖는다. 이를테면 춘추시기 소국에 불과했던 송宋의 수도 상읍商邑도 '사방의 중심(四方之極)'으로 묘사된다(『詩經』「商頌」'殷武'). '사방'은 '천하'와 유사하게 화자話者가 막연하게 설정하는 세상의 의미로 해석해야 할 듯 하다.

계적 공간질서 관념이 아직 약했기 때문일 것이다. 사실 『상서』나 『시경』에는 화이구분과 관련된 구절이 적지는 않다. 다만 중원에서 여전히 여러 제후국들이 경쟁하는 상황에서, 정치질서는 일차적으로 그들 내부에서 구축되지 않으면 안 되었다. 춘추 말 신무우申無宇라는 관리가 '보천지하 막비왕토溥天之下 莫非王土'를 인용했는데, 그의 취지는 초楚 영왕靈王이 제후로서 영지에 대해 갖는 배타적 통치권을 상기하기 위해서였다.[10]

전국시대에 이르러 위의 구절들에 대한 해석이나 의미도 차츰 달라진다. 이를테면 『시경』의 '보천지하 막비왕토' 구절은 『맹자』에 다시 인용된다. 제자 함구몽咸丘蒙이 해당 구절을 모든 사람은 예외없이 왕의 신하라는 원칙으로서 원용했다. 그에 의하면 순임금은 아버지 고수瞽瞍를 (자식된 도리로서) 신하로 삼지 않았는데, 이것은 위의 원칙에 어긋난 셈이었다. 그의 문제제기에 대해서 맹자는 해당 구절의 초점은 뒷부분, 즉 "나만 일하느라 홀로 수고하네."에 있음을 강조한다. 즉 맹자는 국사에 수고스러워 부모를 봉양할 수 없음을 한탄하고 있다고 함으로써,[11] 효의 중요성을 지적했던 것이다. 위 구절의 해석에 있어서 함구몽이 군신과 부자 관계의 상충 가능성과 보편적 지배자로서 천자의 관념을 새롭게 제기했다면, 맹자는 원래의 의미에 충실했던 셈이다.

다른 곳에서도 맹자는 왕토의 개념이 명목에 불과했음을 보여 주고 있다. 즉 주 문왕의 덕이 천하에 충분히 미치지 못했다는 공손추公孫丑의 지적에 대해서, 맹자는 "모든 땅이 그의 소유였고, 모든 백성이 그의 신하였지만, 문왕은 사방 100리로 일어났기 때문에 어려웠다."고 해명했다.[12] 다시 말해 문왕은 실제 작은 땅만 가지고 있어서 왕업에 어려움을 겪었다.

그럼에도 『순자』에 이르러서 위의 구절은 천자의 존귀함을 강조하기

10 『春秋左傳』 昭王七年(기원전 535년).

11 "勞於王事, 而不得養父母也."(『孟子』「萬章上」)

12 "尺地莫非其有也, 一民莫非其臣也, 然而文王猶方百里起, 是以難也."(『孟子』「公孫丑上」)

위해서 인용된다.

> 천자는 권세가 가장 크고, 형체는 가장 안일하고, 마음은 가장 유쾌하며, 의지는 굽힐 수 없고, 신체는 수고로움이 없으니, 그보다 존귀한 것은 없다. 『시경』에 "넓은 하늘 밑은 주왕의 땅 아닌 곳이 없으며, 바다 안 땅 위의 모든 사람들은 주왕의 신하인데."라고 한 것은 그러한 상태를 두고 한 말이다.[13]

그와 함께 『순자』에는 위의 "이 중국에 은혜를 베풀어 사방을 안정시키시네."라는 구절도 등장한다. 그 의미는 천자의 의로운 정치가 중심에서 이루어짐으로써 그 은혜가 광역에 미치게 한다는 것이다.[14] 순자는 맹자보다 더 강력한 통합적 정치질서를 구상하였던 셈이다.

물론 천자의 보편적 지배는 유가의 이상에 불과했다. 전국시대 '보천지하 막비왕토'는 추락한 천자의 현실을 놀리는 방식으로 인용되기도 한다. 『한비자』와 『전국책』에 실린 한 에피소드가 그 예이다. 위魏에 소속된 온溫 사람이 동주東周에 들어가려다가 저지당하고 감옥에 갇히게 되자, 위 구절을 인용하여 천자의 백성인 자신은 외국인이 아니라 본국인이라고 주장해 석방되었다는 일화이다.[15] 이 일화의 목적이나 맥락은 분명하지 않지만, 전국시대 각국들이 다른 나라 백성들의 입국을 엄격하게 통제했던 것은 확실하게 드러난다. 천자의 천하적 지배는 역사적 기억일뿐 현실과는 거리가 멀었다.[16]

---

13 "天子也者, 埶至重, 形至佚, 心至愈, 志無所詘, 形無所勞, 尊無上矣. 『詩』曰: '普天之下, 莫非王土; 率土之濱, 莫非王臣.' 此之謂也."(『荀子』「君子」) 번역은 蒋南华 等 译注, 『荀子全译』, 1995: 508-509; 김학주 옮김, 『순자』, 2008: 807-808을 참조함.

14 『荀子』「致士」.

15 『韓非子』「說林上」; 『戰國策』「東周策」.

한편 한비자는 다른 곳에서 '보천지하 막비왕토'를 군주의 무제한 권력을 뒷받침하는 유가의 관념으로 비판한다. 그에 의하면 이 관념은 전임 군주나 군주 자신의 부친을 포함해 모든 사람을 신하로 간주한다. 이것은 현능함에 기반을 둔 지도자의 선택과 결합되어 사회질서와 법도를 어지럽혔다. 이를테면 원래 신하였던 순舜은 현능함에 의거해 요堯로부터 권력을 빼앗아 그를 신하로 만들고, 부친 고수瞽叟을 추방하고 동생 상象을 죽였다.[17] 다른 역사적 사례로서 은의 탕왕이나 주의 무왕도 자신의 현능함을 핑계로 군주를 추방시켰다. 뿐만 아니라 다른 사람들도 그러한 선례를 따를 가능성은 언제나 존재한다.[18] 결국 위 시에서 주장하는 현능한 군주의 절대적 지위가 충효와 같은 기본적인 법도를 훼손시켰던 셈이다. 유가의 인간적 권력관에 대한 한비자의 비판은, 정치는 인간의 현능함보다 충효와 같은 법도에 기반을 두어야 한다는 그의 주장과 일치한다.

어쨌든 통일의 분위기가 확산되는 전국 말까지 '보천지하 막비왕토'는 글자 그대로 최고 통치자에 의한 보편적 지배라는 의미를 획득한 것으로 보인다. 이를테면 『여씨춘추』에서 위의 구절은 순임금이 그야말로 천하를 소유한 의미로 인용된다. 즉 그가 천자가 되자 현사賢士들이 그에게 귀의했고, 그를 칭송하고 받들며 기뻐하지 않는 자가 없었다.[19] 『여씨춘추』에 의하면, 순임금 스스로 이 시를 지어 읊었다.

---

16 일부에서는 이 일화를 전국 말에 새롭게 제기된 천하적 관념, 즉 국경을 초월한 통합의 전개로 해석하지만, 그 근거는 매우 희박하다. 遊逸飛, "四方, 天下, 郡國–周秦漢天下觀的變革與發展," 2009: 61-62.

17 한비자가 전하는 고수에 대한 순의 행동은 앞서 『맹자』나 『사기』와 차이가 있다. 이 문헌들에 의하면, 의붓아버지 고수는 친자인 상을 편애하여 순을 수차례 죽이려고 했지만, 결국 순은 천자가 된 후 자식된 도리로서 그에게 조회하고, 동생 상을 제후에 봉했다(『孟子』「萬章上」; 『史記』 卷一 「五帝本紀」).

18 『韓非子』「忠孝」.

19 『呂氏春秋』「孝行覽·愼人」.

진한의 통일국가에서 중국의 범위와 외부와의 집합적 관계도 더 분명해졌다. 그와 함께 보편적 지배에 관한 이상은 쉽게 이적에 대한 공략으로 확장될 수 있었다. 더욱이 피아의 구분의식은 현상의 인정과 유지만을 내포하지 않는다. 적의 이미지가 가시화되면서 적극적인 공략도 가능해졌다. 그것은 단지 현실적인 역학관계에 의해서만 제약될 수 있을 뿐이었다. 이러한 상황에서 천하가 왕의 땅이라는 왕토사상은 적극적인 대외공략의 논리로 기능한다. 이를테면 전한 초 문제 때 가의賈誼는 흉노에 대한 신민화臣民化의 당위성을 주장하면서 '보천지하 막비왕토' 구절을 인용한다. 거기에 그는 "왕은 천자이며, 배와 수레가 닿는 곳, 인적이 닿는 곳은 비록 만이융적이라고 하더라도 천자의 것이 아니겠는가?"라고 덧붙인다.[20] 무제 때 사마상여도 서남이에 대한 적극적인 공략을 주장하면서 이 구절을 인용한다.[21]

한편 '혜차중국 이수사방惠此中國 以綏四方'은 초기 문헌에서 '보천지하 막비왕토'만큼 빈번하게 활용되지는 않는다. 앞서 언급된 『순자』 이외에는 『춘추좌전』·『회남자』·『염철론』 등에서 등장하는 정도이다.

전국시대의 『춘추좌전』에는 '혜차중국 이수사방'이 두 차례 인용된다. 첫 번째는 춘추시대 패자였던 진晉 문공文公이 잘못한 신하들을 확실하게 처벌함으로써 제후들과 백성들을 순복하게 한 것으로서, 이것은 『순자』에서와 마찬가지로 이적과 관련이 없다.[22] 두 번째는 춘추시대 정鄭의 집정이었던 자태숙子太叔이 관대한 정치와 엄정한 정치를 번갈아 함으로써 조화를 이루자, 공자가 그 관대한 정치의 측면을 칭송하기 위해서 인용했다. 이것은 통치 대상으로 백성보다는 은혜를 베풀고 안정시켜 주는 통치자의 행위에 중점을 둔 셈이다. 어쨌든 이것은 정나라의 국내 문제였을

---

20 "王者天子也, 苟舟車之所至, 人跡之所及, 雖蠻夷戎狄, 孰非天子之所哉."(『新書』「匈奴」)
21 사마상여에 의한 서남이 공략에 관해서는 이 책 3장 4절에서 상술함.
22 『春秋左傳』 僖公二十八年(기원전 632년).

뿐이다.

그런데 '혜차중국 이수사방'은 전한시기에 이르러 외연이 확대된다. 이를테면 『회남자』에 이르러서는 이적들의 내조를 포함하는 천하 통치를 비유하는 데 인용된다.[23] 마지막으로 『염철론』에서는 확고하게 사방四方은 서융·만蠻·맥貉·저氐·강羌과 같은 주변 이적들을 구체적으로 지칭하게 된다. 다만 이 구절은 당시 대외 정복전쟁에 대한 반대의 입장을 견지하는 재야의 유생들에 의해 인용되는 만큼, 위의 공자와 유사하게 무력이 아니라 덕에 의해 이적들을 따르게 해야 한다는 점이 강조된다.[24] 어쨌든 여기에서도 어떤 개념이 원래의 맥락을 벗어나 시대적 상황에 따라 어떻게 변용되는지 분명히 드러난다.

### 천하의 공간적 확대

문헌적으로 공간과 종족의 범위에 대해서 더 분명하게 논의될 수 있는 것은 춘추 이후이다. 초기 중화세계의 구체적 경계는 논란의 여지가 있지

23 "성주聖主가 위에 있으면…… 사해 안에서 모두가 그의 덕을 우러러보고 그의 뜻을 따르지 않음이 없고, 이적의 나라들이 통역을 하여 이른다…… 『시경』에 말하기를 '이 중국에 은혜를 베풀어 사방을 안정시키시네.' 안으로 순조로우면 밖으로 평화로워진다(聖主在上…… 四海之內, 莫不仰上之德, 象主之指, 夷狄之國, 重譯而至…… 『詩』曰:「惠此中國, 以綏四方」. 內順而外寧矣)."(『淮南子』「泰族訓」)

24 "현자를 얻어 만맥蠻貊을 조공하러 오게 했다는 말은 들었어도 다른 나라 군주를 겁주고 죽여서 먼 곳에 사는 사람들을 회유했다는 말은 들어보지 못했다. 『시경』에 이르기를, '이 중국에 은혜를 베풀어 사방을 안정시키시네.' 그리하여 '저들 저氐·강羌이 모두 천자를 섬겼네.' (이적이 귀의한 것은) 천자의 위세가 아니라 그 덕을 두려워했기 때문이다. 그러므로 의로움으로써 의로움이 없는 자를 복속시킴이 좋은 말이나 좋은 활보다 더 빠르고, 의로움으로써 먼 곳에 사는 사람들을 불러옴이 전령이나 역마보다 빠르다(聞得賢聖而蠻貊來享, 未聞劫殺人主以懷遠也. 『詩』云:「惠此中國, 以綏四方」. 故「自彼氐羌, 莫不來王」非畏其威, 畏其德也. 故義之服無義, 疾於原馬良弓, 以之召遠, 疾於馳傳重驛)."(『鹽鐵論』「論勇」)

만, 적어도 그 지리적 범위는 지속적으로 확대되었다. 이를테면 춘추 초기에 제하의 관념이 등장했을 때까지도 그 세계는 (서)주 왕의 통치영역과 거기에 참여한 중원 국가들만을 포괄했다. 당시 초·진·월·오 등 주변의 이민족 지역들은 아직 이적으로 간주되었다.[25] 그렇지만 춘추시대에 그들이 중원에 진입하면서 중화의 일부가 되었다. 그와 함께 이적은 그 너머 지역과 종족으로 재설정되었다. 이러한 제하의 확장 과정은 일부 문헌들에 대한 분석에서 드러난다.

먼저 지금의 사천성 동부와 호북성 일대에 위치했던 초이다. 서주 후기 주가 쇠한 상황에서 초의 군주 웅거熊渠는 자신이 만이의 땅에 있으니 제하의 국가들과 달리 칭왕한다고 했다.[26] 춘추 초기 무왕武王 역시 혼란한 중원의 정치에 관여할 의지를 밝히고 칭왕을 요구하면서도 자신을 여전히 만이로 규정했다.

> 과인은 만이이다. 지금 제후들이 모두 서로 침략하거나 죽이고 있다. 과인은 군대로 중국의 정치에 관여하고자 하며, 주 왕실이 나의 칭호를 높여 주길 바란다.[27]

제하諸夏의 입장에서도 초가 만이라는 의식을 갖고 있었고, 춘추시대 동맹관계의 설정에 있어서 초를 중원의 제후국들과 다르게 취급하기도 했다. 춘추시기 각국의 역사서인 『국어國語』에 다음과 같은 구절이 있다.

---

25 『史記』 卷二十七 「天官書」.

26 웅거는 자신의 세 아들을 왕으로 봉했는데, 나중에 주의 여왕厲王이 무자비해 초를 침략할 것을 우려해 왕호를 폐지했다.

27 "我蠻夷也. 今諸侯皆爲叛相侵, 或相殺. 我有敝甲, 欲以觀中國之政, 請王室尊吾號." (『史記』 卷四十 「楚世家」)

전에 주 성왕이 기양岐陽에서 제후들과 회맹했을 때 초는 형荊 땅의 만이였다. (술을 거르는 데 사용되는) 모초茅草 다발을 진열하고, (산천 제사에 사용되는 신주인) 망표望表를 세우고, 선비족과 함께 궁정에 피워 두는 화톳불을 지키는 책임을 떠맡았지만, 회맹에 참가할 자격은 없었다.[28]

초도 진晉이 주도하는 중원을 제하로 표현하면서 제하에 대한 진출을 중요한 목표로 설정했다.[29] 기원전 569년 진陳이 초의 공격을 받자, 이듬해 진晉은 당시 전쟁 중이던 융족과는 화친하고 송宋·위衛·정鄭·조曹·제齊 등 여러 나라들과 함께 진陳을 구했다. 위 정책을 주장했던 위강魏絳은 진陳을 포함한 중원의 나라들을 제화諸華로 표현함으로써 '금수'인 융족은 물론 초와도 구분했다.[30] 다만 초는 만이융적의 다른 사이四夷에 대해서는 자신이 중국中國에 속하며, 사이는 중국문명 밖에 있는 것으로 간주했다.[31] 시간이 지남에 따라 초는 주변의 작은 나라들을 병합했고, 결국 기원전 546년 진晉과 나란히 중원의 패자에 올랐다.

장강 이남의 월越의 경우에도 초와 유사하게 야만족에서 출발해 중원에 합류한 예이다. 아래는 월왕 구천句踐을 도와 패자에 이르게 했던 대부 범려范蠡(기원전 약 536-408) 의 말이다.

우리 월越의 선군先君은 원래 주 왕실로부터 정식으로 책봉된 제후가 아니었고, 한 나라를 가지지 않은 자작子爵이었다. 그래서 중원의 제후국

---

28 "昔成王盟諸侯于岐陽, 楚爲荊蠻, 置茅蕝, 設望表, 與鮮卑守燎, 故不與盟."(『國語』「晉語八」) 여기서는 黄永堂 译注, 『国语全译』, 1995: 529-530을 참고함.

29 『國語』「楚語上」.

30 『春秋左傳』 襄公四年-五年(기원전 569-568년).

31 초의 대부 사미士亹는 장왕莊王(기원전 613-591년 재위)과의 대화에서 "만·이·융·적은 신복하지 않은 지 오래여서 중국은 그들을 쓸 수 없습니다(蠻夷戎狄, 其不賓也久矣, 中國所不能用也)."고 말한다(『國語』「楚語上」).

들로부터 배척을 받아 동해 연안에 기거했고, 자라·악어·물고기를 이웃으로 하고 개구리·두꺼비와 더불어 물가에 살았다. 우리는 비록 수줍게나마 사람의 형상을 하고 있지만 아직도 중원의 제후들은 우리를 금수로 대우한다.[32]

공자의 저술로 알려진 『춘추』에서는 이적의 국가는 낮추고 중원의 국가들은 높이는 표현법을 사용하는 것이 원칙이었다. 『춘추』의 역사기술에 대한 『춘추공양전』의 유가적 해석에도 초가 이적에서 중원의 일원으로 변화되는 과정이 반영되어 있다. 즉 장공莊公 10년(기원전 684년) 기사에서 초의 군주는 나라가 아닌 지역 명칭인 '형荊'으로 낮추어 호칭되었고, 장공 23년 기사에는 '형인荊人'으로 '사람'이 덧붙여져 약간 높여졌다. 이어서 희공僖公 원년(기원전 659년)에는 '초인楚人'으로서 나라의 명칭이 부가되었으며, 마침내 문공文公 9년(기원전 618년) 기사에서는 '초자楚子'로서 '자'의 작위가 인정되었다.[33]

뿐만 아니라 초가 중원의 나라보다 더 높게 평가받는 경우도 생겼다. 이를테면 기원전 597년 초가 진晉을 이겼을 때, "진晉의 순림보荀林父가 군대를 이끌고 초자楚子[34]와 필邲[35]에서 싸워 진의 군대가 크게 졌다."[36]고 했다. 여기에는 진의 장수는 이름을 쓰고 초는 작위 명칭으로 표현되어 있

32 "昔吾先君固周室之不成子也, 故濱于東海之陂, 黿鼉魚鱉之與處, 而蛙黽之與同渚. 余雖靦然而人面哉, 吾猶禽獸也."(『國語』「越語下」) 여기서는 黄永堂 译注, 『国语全译』, 1995: 737을 참조함.

33 『春秋公羊傳』 莊公十年(기원전 684년), 莊公二十三年(기원전 671년), 僖公元年(기원전 659년), 文公九年(618년).

34 초의 자작子爵이라는 의미. 제후국의 크기나 중요성에 따라 공·후·백·자·남 등의 작위를 주어 분봉된 것으로 해석된다. 대개 공과 후는 중원과 혈연관계에 있는 제후에게 주어졌고, 그렇지 않은 경우 자·남 등 낮은 작위가 부여되었다.

35 오늘날 하남성 정주鄭州 동쪽 지명.

36 『春秋公羊傳』 宣公二十七年(기원전 582년).

다. 동중서에 의하면, 이것은 공자가 그 전쟁의 정당성에 근거해 진보다는 초를 지지했기 때문이다.[37] 원래 이적이었던 초가 점차 중원의 중심 국가로 전환되었던 것이다.

『순자』에 이르러서는 초와 월이 원래부터 중국의 일부였다는 논리로 비약하게 된다. 그는 초와 월이 원래 은과 주 천자의 영향이 미치지 않았던 곳이라는 주장을 직접 반박한다.

> 초와 월이 (탕왕과 무왕의) 통제를 받지 않았다고 하는데, 그렇지 않다. 탕왕과 무왕은 천하에서 지극히 금령을 잘 썼던 분들이다. 탕왕은 박亳, 무왕은 호鄗에 자리 잡고 있었는데 모두 100리의 땅이었지만, 천하를 통일하고 제후들이 신하가 되어 사람이 도달할 수 있는 곳은 모두 놀라 복종해 따르지 않는 자가 없었다. 어찌 초와 월만이 통제를 받지 않았다고 할 수 있겠는가.[38]

물론 초나 월은 중원에서 멀리 떨어져 있었기 때문에 중원의 다른 제후국들에 비해 천자와 관련되는 정도는 낮았다. 그에 의하면 초와 월은 5복체제에서 빈복賓服 밖의 지역으로서, 그보다 가까운 중원의 제후국들에 비해 좀 더 느슨한 관계에 있었고 사회제도도 차이가 있었다. 그럼에도 그것은 정도의 차이를 말하는 것으로서, 순자는 해당 지역도 천자의 지배 아래에 있었다고 강조한다. 사실 초는 서주 시기부터 주 왕실과 대립해 칭왕하

---

37 『春秋繁露』「竹林」. 여기서는 신정근 옮김, 『동중서의 春秋繁露: 춘추-역사해석학』, 2006: 103-104.

38 "曰: 楚越不受制, 是不然. 湯武者, 至天下之善禁令者也. 湯居亳, 武王居鄗, 皆百里之地也, 天下爲一, 諸侯爲臣, 通達之屬, 莫不振動從服以化順之, 曷爲楚越獨不受制也." (『荀子』「正論」) 번역은 蔣南华 等 译注, 『荀子全译』, 1995: 372-374; 김학주 옮김, 『순자』, 2008: 601-604를 참조함.

는 상황이었고, 월도 여러 변방의 이민족들이 중원지역과 별개로 존재하다가 춘추 말에야 하나의 국가로 통합되었으니 주의 직접적인 영향권하에 있었다고 할 수 없다.

월의 동쪽에 위치했던 오吳의 경우도 마찬가지이다. 『사기』에서 오는 혈연적으로 중원과 연계되지만, 실제 중원 국가들과 처음으로 교류한 인물은 19대가 지난 수몽壽夢이었다.[39] 오는 초에 비해 약 100년 뒤에 등장했는데, 수몽의 오도 초와 같이 칭왕했다. 기원전 585년 그는 주의 천자를 조현하고 초·노 등 제후국들을 방문해 중원의 문물을 참관했다. 그는 노의 성공成公한테 예법에 대한 이야기를 듣고서, "나는 만이에 살면서 단지 상투하는 것을 습속으로 하고 있으니, 어디에 그런 예법이 있겠는가?" 하며 만이로서의 자부심을 보였다.[40] 이듬해에 오가 소국인 담郯을 공격했을 때, 노의 한 대부는 그것을 만이가 중원을 침략한 것으로 규정하였다.[41] 이것은 중원에서도 오를 만이로 간주하고 있음을 말한다. 그 후 오와 중원 국가들 사이의 교류는 점차 확대되었다. 특히 진晉은 북진하는 초를 견제하기 위해서 오에게 군사기술 등 문물을 제공했다.[42]

『춘추』의 역사기술에서도 오의 변화 과정이 반영된다. 성공成公 7년(기원전 584년) 기사에서 오의 군주는 단순히 '오吳'로 칭해졌고, 성공 15년 기사에서도 오는 진·제 등 제하에 대해서 '이적'으로 구분되었다. 그렇지만 양공襄公 5년(기원전 568년) 기사에서 오의 군주는 '오인吳人'으로 사람의 칭호가 더해졌으며, 마침내 양공 12년에는 '오자吳子'로서 '자子'의 작위가 인정되었다.[43] 오의 군주에게 '자'의 작위 칭호를 붙여준 것에 대해서 『춘추

---

39 『春秋左傳』 成公七年(기원전 584년).

40 "孤在夷蠻, 徒以椎髻爲俗, 豈有斯之服哉."(『吳越春秋』 卷二 「吳王壽夢傳」)

41 『春秋左傳』 成公七年(기원전 584년).

42 진晉의 오에 대한 군사기술 지원에 관해서는 이 책 2장 4절 참조.

43 『春秋公羊傳』 成公七年(기원전 584년), 成公十五年(기원전 576년), 襄公五年(기원전 568년), 襄公十二年(기원전 561년).

공양전』은 그가 '이적이면서도 중국을 걱정했다.'는 근거를 제시한다.[44]

서북에 위치한 진秦의 경우도 원래 오랑캐로 취급되었다. 역사서에서는 "진과 융적은 풍습이 같고, 호랑이나 승냥이의 마음을 갖고 있다. 탐욕스럽고 이익을 좋아해 신용이 없고, 예의규범을 모른다. 이익만 된다면 친척과 형제를 돌아보지 않고 금수와 같을 따름이다."[45]라거나 "진은 처음에는 작은 나라였고 (중원에서) 멀리 떨어져 있어서 제하諸夏는 배척해 융적과 동일시했다."[46]는 언급이 있다. 그렇지만 춘추 초기에 진은 이미 중원의 일원으로 활약했다. 이를테면 목공穆公(기원전 659-621년 재위) 이후 진의 군주는 백伯의 작위를 가진 제후로서 중원의 나라들과 교류했다. 거기에는 회맹도 포함되었다. 『춘추』에는 기원전 645년 기사에서 패자를 의미하는 '진백秦伯'의 호칭이 사용되었다.[47]

전국시대 제하의 공간적 확대는 계속되었다. 앞서 살펴본 것처럼 춘추시대 제하의 확대는 한편으로 중원 국가들 사이나 그 주변에 위치했던 이민족들이 흡수 또는 축출되는 방식이었다. 다른 한편으로 주의 세계 밖에 있으면서 만이로 간주되던 진·초·오·월 등이 중원에 진출했다. 전국시대에는 몇몇 강대국들이 출현했다. 특히 진·조·연과 같이 중원의 외곽에 위치한 나라들은 북방 민족을 축출하고 군현화하여 중원 사람들로 채웠다. 전국시대에 각국에 설치된 22개 군 가운데 절반 이상이 이적의 거주지를 탈취한 뒤 그곳에 설치되었다. 이적이 축출된 북쪽 외곽에는 수천 리의 장성이 건설되었다.[48]

---

44 "夷狄也而憂中國."(『春秋公羊傳』 定公四年(기원전 506년))

45 "秦與戎翟同俗, 有虎狼之心, 貪戾好利而無信, 不識禮義德行. 苟有利焉, 不顧親戚兄弟, 若禽獸耳."(『戰國策』「魏策三」)

46 "秦始小國僻遠, 諸夏賓之, 比於戎翟."(『史記』 卷十五 「六國年表」)

47 『春秋公羊傳』 僖公十五年(기원전 645년).

48 전국시대 북방 민족의 축출과 군현의 설치, 그리고 장성의 구축에 관해서는 각각 이 책 3장 2절과 10장 2절에서 상술됨.

전국시대 중원의 확대는 개별 국가들에 의해서 이루어졌고, 따라서 집합체로서 중원과 이적의 대결구도가 아직 형성되지는 않았다. 특히 중원의 국가들이 서로 분열되어 싸우는 상황에서 그 너머의 이적에 대한 통합적 관념은 덜 중요했다. 전국시대 문헌에서 '천하'는 대개 중원의 국가들만을 포괄하는 범위였다(천하 I).[49] 중원의 통합에 대한 요구인 대일통 관념이 부분적으로 등장한 것이 이때이다. 전국시대의 시대정신은 중원의 질서를 바로잡는 것에 있었고, 이적에 대한 지배는 부차적이었다.

중원 국가들 사이 통합질서의 구축이 요구되면서 중화의 이적의 집합적 구분, 즉 화이구분도 점차 가시화되었다. 화이구분은 특히 춘추시대 역사를 기술한 『춘추좌전』·『 춘추공양전』과 같은 문헌들에서 확인된다. '중국'은 이제 천자의 직할지가 아니라 중원의 여러 나라들을, '사방'은 그 너머의 이적들을 각각 지칭하게 되었다. 막연하게 세계를 나타내던 '사해四海'는 각각 중원과 이적을 지칭하는 '해내海內'와 '해외海外'로 구분되었다. 이처럼 중원과 이적이 명확하게 이분화되면서 양자를 새롭게 포괄하는 것도 가능해졌다. 즉, '천하'는 중원과 이적을 모두 포괄하는 개념으로서 새로운 의미를 갖게 되었다.(천하 II) 그와 함께 오복五服과 같이 천하에 대한 정교한 관념체계도 등장했다. 여기에 관해서는 아래 7장에서 별도로 다루기로 한다.

---

49 전국시대 『묵자』·『맹자』·『관자』·『국어』·『전국책』 등 문헌에서는 천하와 같은 개념으로서 '제후천하'가 자주 사용되고 있다. 전국시대 천하가 중국과 일치한다는 의견의 예로는 이성규, "戰國時代 統一論의 形成과 그 背景," 1975: 89-92; 김한규, 『古代中國的世界秩序硏究』, 1992: 41-55 참조.

## 3. 화이구분華夷區分의 형성과 변화

### 화이구분의 등장

이제까지 살펴본 공간질서에 대한 관념은 그것을 채우고 있는 종족들에 대한 관념과 긴밀한 관계가 있다. 다만 분석의 편의를 위해서 구분해 살펴볼 필요가 있다. 초기 종족들이 혼재하는 상황에서 그들의 관계와 상대에 대한 관념은 매우 개별적이었을 것이다. 상당히 광역에 걸친 종족적 구분은 일정한 종족들 사이의 동류의식을 전제로 한다. 따라서 이적들에 대한 집합적인 관념은 시기적으로 상당히 후대에 가능했을 것이다.

초기 중원의 부족들은 '제하諸夏', '화하華夏' 등으로 통칭되었다. '제하'는 종족으로서 '하夏'에, 다수를 나타내는 '제諸'를 더한 것이다. '화하'는 '하夏'와 '화華'를 결합한 것으로 '하夏'는 언어학적으로 '크다'·'가운데' 등을 의미하며, '화華'는 높은 문화적 수준을 나타낸다. 그것은 특히 머리를 기르고〔축발蓄髮〕, 모자와 혁대를 하는 나라, 소위 '관대지국冠帶之國'으로 표현된다. 그에 반에 주변의 낙후된 민족들은 머리를 짧게 깎거나〔단발斷髮〕 풀어헤치고〔피발被髮〕, 모자를 쓰지 않는다. 그 외에도 중원의 민족은 오른쪽으로 여민 것과 달리 오랑캐들은 왼쪽으로 여미는 것으로 서로 구분된다.[50]

그런데 중원 사람들이 '화하'나 '제하'를 자칭한 것은 상이나 주 시기가 아니라 춘추시대이다. 주지하는 것처럼 서쪽의 위수渭水 지역에서 흥기한 주가 동진해 기원전 11세기경 상을 멸망시켰다. 당시에도 그렇게 자칭하는

50 신체구조상 오른손잡이에게는 왼쪽으로 여미는 것이 편리하지만, 상복의 의미가 있다(『禮記』「喪服大記」).

부족들은 없었을 뿐만 아니라, 당시 주의 중요한 동맹세력은 다름 아닌 서쪽의 융족이었다. 다만 산동에 혈족들을 분봉했던 주가 점차 동방화되면서 양자의 사이가 벌어지게 되었고, 융족은 기원전 771년 주의 위수 지역을 빼앗았다. 주는 결국 중원의 제후들에 의탁해 존속하게 되었다. 중원 국가들은 스스로를 '화하'로 부르면서 공동으로 대응하였다.[51] 물론 융족뿐 아니라, 머지않아 이들을 대체한 진, 남부의 초, 동남부의 오·월 등도 중원을 압박했다. 화하의 정체성은 이러한 배경하에 형성되었다.

화하는 뒤에 지리적인 어감이 강한 개념으로서 '중국中國'과도 통용되었다. '중국'은 원래 왕기王畿, 즉 왕의 직접 통치지역, 또는 여러 나라들의 한가운데에 위치한 나라, 또는 큰 나라라는 의미로 사용되었다. 그렇지만 춘추 이후에는 사방의 오랑캐와 구분되는 중원의 공동체라는 의미로 확대되었다.

중원지역 사람들의 주변 민족에 대한 인식은 몇 가지 개념으로 전해지고 있다. 이를테면 사이四夷, 즉 서융西戎·남만南蠻·동이東夷·북적北狄이 그 예이다. 중원을 기준으로 동서남북의 이적들을 집합적으로 표현하고 있는 것이다. 글자의 모양에 있어서 벌레 충(虫), 개 견(犭) 등이 포함되어 있어서 부정적인 의미로 해석되기도 한다. 후한 시기 사전의 일종인 허신許愼의 『설문해자』에서 이夷는 '동쪽 사람〔동방지인東方之人〕', 융戎은 '무기〔병兵〕', 만蠻은 '뱀의 일종〔사종蛇種〕', 적狄은 '개의 일종〔견종犬種〕', '사악하다〔음벽淫辟〕' 등의 의미로 해석되고 있다.[52] 초기 이민족의 호칭이 반드시 야만성을 나타내는 것만은 아닌 셈이다. 현대의 연구에 의하면, 이夷는 중국인과 달리 무릎을 세우고 웅크리고 앉은 모습, 적狄은 유목에서 개의 사용, 만蠻은 원래 '䜌'로서, 이해하기 어려운 언어의 사용 등 중국과 다

51 왕명가王明珂 지음, 이경룡 옮김, 『중국 화하 변경과 중화민족』, 2008: 273.

52 許愼, 『說文解字注』(上,下), 2007: 832, 862, 1095, 1170.

고대 중국의 지리서 『산해경』에 묘사된 일부 주변 종족들의 형상들

른 생활습관을 나타낸다고 한다.[53]

그런데 정치적으로 일종의 인종주의적 관점을 최초로 분명하게 제시한 사람은 춘추 초기의 관중管仲일 것이다. 그는 최초의 패자인 제 환공의 재상으로서 기원전 661년 다음과 같이 주장했다고 역사서에 인용된다.

> 융적戎狄은 승냥이나 이리와 같아 만족시킬 수 없습니다. 제하諸夏의 여러 나라들은 서로 친밀하기 때문에 포기해서는 안 됩니다. 안일함은 독약과 같으니 품어서는 안 됩니다.[54]

53 홍승현, 『중국과 주변: 중국의 확대와 고대 중국인의 세계 인식』, 2009: 46-48.

54 "戎狄豺狼 不可厭, 諸夏親暱 不可棄, 宴安鴆毒 不可懷."(『春秋左傳』 閔公元年(기원전 661년)) 다만 이 주장은 그의 저서인 『관자』에는 나타나지 않는다. 번역은 王守谦 等 译注, 『左传全译』, 1990: 175를 참조함.

관중의 주장은 중원의 소국인 형邢을 융적의 침입으로부터 방어해 주어야 한다는 맥락에서 제기되었던 것으로서, 제후국들 사이에 일정한 연대와 이민족과의 구분을 보여 주는 예이다. 특히 그의 주장은 춘추시대 패자의 핵심적 기치로서 주 왕실을 보존하고 오랑캐를 몰아낸다는 소위 존왕양이尊王攘夷를 대변하였다. 환공의 업적은 후에 공양학파에 의해 다음과 같이 확장되었다. 여기에서는 환공의 업적이 통상적으로 해석되는 패자가 아니라 유가의 최고 통치자인 왕자로 묘사된다.

> 이적이 중국을 자주 침범하고, 남이南夷와 북적北狄이 번갈아 침략하니 중국이 끊어질 것 같은 실처럼 위태로웠는데, 환공이 중국을 구원해 이적을 몰아내고 마침내 형荊(즉, 초)을 제어했다. 이로써 왕자의 위업을 이루었다.[55]

또한 춘추시대 화이관념으로서 자주 인용되는 구절이 있다. 즉 "중원은 덕행으로써 안무하고 사방의 이적은 형벌로써 위압한다."[56] 이 구절은 다른 패자인 진晉 문공文公이 양번陽樊을 포위하자 그에 대해서 양번 사람 창갈蒼葛이 한 말이다. 문공의 조치는 그 땅을 주의 양왕襄王으로부터 받았으나, 그곳 사람들이 복종하지 않았기 때문이다. 창갈의 논지는 중원의 모든 나라들은 천자와 혈연적 관계가 있기 때문에 이적과 같이 폭력으로 대해서는 안 된다는 것이었다. 어쨌든 여기서도 중원과 이적의 구분이나 대립이 강하게 부각되고 있다.

---

55 "夷狄也, 而亟病中國, 南夷與北狄交. 中國不絕若線, 桓公救中國, 而攘夷狄, 卒帖荊, 以此爲王者之事也."(『春秋公羊傳』 僖公四年(기원전 656년)) 번역은 梅桐生 译注, 『春秋公羊传全译』, 1998: 162-164를 참조함.

56 "德以柔中國, 刑以威四夷."(『春秋左傳』 僖公二十五年(기원전 635년)) 번역은 王守谦 等 译注, 『左传全译』, 1990: 317-318을 참조함.

사실 춘추 초기 화이구분은 후대와 달랐을 뿐만 아니라 정치현실에서 화이의 관계도 결코 일관적이지 않았다. 위에서 인용된 공양학파의 주장에 나타난 것처럼 남쪽의 이적은 통상적인 의미의 남만南蠻이 아니라 형荊, 즉 초였다. 북방 융적의 경우에도 일부 국가나 정치세력들은 융적과 연합해 다른 중원 국가들과 전쟁을 하거나, 이들의 침략을 피해 융적으로 망명하는 경우도 많았다. 이것은 중원 국가들 사이의 공동체의식이 없었던 것은 아니지만 약육강식의 (국제)정치적 현실에서 그 기반이 매우 취약했음을 보여 준다. 실제 존왕양이의 명분으로 이용되었던 형邢도 융적이 아니라 다른 제후국인 위衛에 의해 정복되었다.

물론 춘추 초기 이적에 대한 일종의 상대주의적 입장도 확인된다. 그것은 유여由余라는 인물에 의해서 가장 분명하게 표명되었다. 그는 진晉 사람으로서 융족 지역에 들어갔다가, 융왕의 사신으로서 진秦의 목공穆公을 방문했는데, 그의 말이 사마천의 『사기』에 인용되고 있다. 목공이 중원 지역에서는 예법으로 다스려도 난리가 나는데 그것이 없는 융족은 다스리기 어렵지 않겠느냐고 하자, 유여는 예법에 의한 통치 자체가 난리의 원인이라고 말한다.

> 상고시대의 성왕이신 황제黃帝가 예법을 만들었을 때 몸소 솔선수범하시고 작은 정치[소치小治]만으로 했습니다. 후세에 이르러 날로 교만해져서 법도의 권위에 의지해 백성들을 다그치게 되었습니다. 백성들의 고달픔이 지나치게 되자, 그들은 윗사람이 의롭지 못하다고 원망하게 되었습니다. 위아래가 서로 원망하고 서로 죽임으로써 나라가 멸망하기에 이르게 된 것도 이러한 이유에서입니다. 융족은 그렇지 않습니다. 윗사람은 두터운 덕으로써 아랫사람을 대우하고, 아랫사람은 충성스런 믿음을 품고 윗사람을 섬깁니다. 한 나라의 정치가 마치 한 몸을 다스리는 것과 같으니 자기도 모르게 다스려집니다. 이것이 진정으로 성인의 정치입니다.[57]

그의 말을 들은 목공은 융왕에게 미인을 선물해 그의 기강을 해이하게 만들어 이를 비판한 유여와의 관계를 소원하게 했다. 결국 유여는 진에 항복했고, 목공은 유여의 계책에 따라 융왕을 토벌해 천 리의 땅을 개척하고 서융의 패자가 되었다. 이 일화는 이적의 고유한 특징들에 대한 인식은 대체로 예외적이었을 뿐만 아니라 그나마 중원 국가들의 지속적인 파괴의 대상이 되었음을 시사한다. 동시에 그것은 앞서 언급했던 전한 초기 가의賈誼가 제시했던 흉노에 대한 물질적 유인을 통한 신민화 전략을 연상시킨다. 그렇다면 초기 정치사상에서 드러나는 이적관은 어떠한가?

### 초기 정치사상과 화이관

춘추 말 공자의 이적에 대한 관념은 위에서 언급한 관중을 인용하는 방식에서 일단 드러난다. 그는 150여 년 전 제하의 수호자로서 관중의 역할을 극적으로 표현하고 있다.[58] 『논어』에는 다음과 같은 구절이 있다.

> 환공이 여러 번 제후들을 규합하고 전쟁을 중지시켰는데, 이것은 모두 관중의 힘이었다…… 관중이 환공을 도와 제후의 패자가 되게 하여 천하의 모든 것을 바로잡았으니, 백성들이 지금까지도 그 혜택을 받고 있

---

57 "夫自上聖黃帝作爲禮樂法度, 身以先之, 僅以小治. 及其後世, 日以驕淫. 阻法度之威, 以責督於下, 下罷極則以仁義怨望於上, 上下交爭怨而相簒弑, 至於滅宗, 皆以此類也. 夫戎夷不然. 上含淳德以遇其下, 下懷忠信以事其上, 一國之政猶一身之治, 不知所以治, 此眞聖人之治也."(『史記』 卷五 「秦本紀」) 번역은 杨钟贤·郝志达 主编, 『全校全注全评全评史记』 第一卷, 1997: 160; 丁範鎭 외 옮김, 『사기본기』, 1994: 124-125를 참조함.

58 『논어』 등에서 나오는 관중에 대한 공자의 전체적인 평가는 상당히 모순적이다. 공자는 관중이 검약하지 않고 예의가 부족하다는 점에서 그의 그릇이 작다고 하기도 했다(『論語』 「八佾」). 공자가 관중을 소인이라고 한 것에 대해서 사마천은 환공이 원래 현인賢人이었음에도 관중은 그를 왕자王者가 아니라 겨우 패자霸者에 머물게 했기 때문이라고 해석하고 있다(『史記』 卷六十二 「管仲列傳」).

다. 관중이 없었다면 우리는 머리를 풀어헤치고 옷깃을 왼쪽으로 했을 것이다.[59]

공자의 말은 제자인 자로子路가 관중의 의롭지 못한 행동을 비판한 것에 대한 반박이었다. 관중은 자신이 받들던 공자 규糾가 환공과 권력다툼에서 져서 환공에 의해 죽임을 당했으나 함께 죽지 않고 오히려 환공의 재상이 되었다. 자로의 관점에서 관중의 행동은 결코 의롭지 않았다. 그렇지만 공자는 관중이 작은 신의보다는 대의를 선택한 것으로 높게 평가하고 있다.

구체적으로 공자는 관중이 환공을 도와 전쟁이 아닌 평화로운 방식으로 제후들을 규합하고, 또 중원을 이적으로부터 지키게 했다는 점을 높게 평가하고 있다. 앞서 서술된 것처럼 춘추 초기 존왕양이의 주된 대상은 초·진·오·월 등이었다.[60] 공자의 이적에 관한 견해도 그 맥락에서 이해되어야 할 것이다. 물론 위의 인용문에는 관중이 몰아낸 이적의 실체가 분명하게 드러나지 않는다. 그렇지만 그 이적의 중심은 남쪽의 신흥세력인 초였다. 이와 관련해 『춘추공양전』에는 다음과 같은 구절이 있다.

> 초는 (중원에) 왕자가 있을 때는 맨 나중에 복종하고, 왕자가 없으면 먼저 배반했다. (초는) 이적이면서 자주 중국을 침범했다. (이처럼) 남쪽 오랑캐가 북적과 함께 번갈아 침략하니, 중원의 각국은 마치 끊어질 듯한 실처럼 위태로웠다. 환공이 중원 각국을 구하고 이적을 물리쳐 마침내 초를 복종시켰는데, 이로써 왕자의 업적을 이루었다.[61]

59 "桓公九合諸侯, 不以兵車, 管仲之力也…… 管仲相桓公, 霸諸侯, 一匡天下, 民到于今授其賜, 微管仲, 吾其被髮左衽矣."(『論語』「憲問」) 여기서는 楊伯峻 譯注, 『論語譯注』, 1980: 151-152; 李基東 譯解, 『논어강설』, 2005: 475-477을 참조함.

60 이 책 1장 4절에서 상술됨.

61 "楚有王者則後服, 無王者則先叛. 夷狄也, 而亟病中國, 南夷與北狄交. 中國不絕若線,

이적과 관련하여 그 외에도 『논어』에는 다음과 같은 구절들이 더 있다.

> 이적에게 군주 있는 것이 제하諸夏에 없는 것만 못하다.[62]

> 공자께서 구이九夷에 살려고 하시자 어떤 사람이 말하기를, '누추한 곳이니 어떻게 하시렵니까?' 공자께서 말씀하셨다. '군자들이 살고 있으니 무슨 누추함이 있겠는가?'[63]

> 번지樊遲가 인仁을 묻자 공자께서 말씀하셨다. '거처할 때 공손히 하며, 일을 집행할 때 경건하게 하며, 남에게 대할 때 진심으로 하는 것이니, 이러한 품덕은 비록 이적의 땅에 가더라도 버려서는 안 된다.'[64]

> 이렇게 해서라도 먼 지방 사람들이 복종하지 아니하면, 문덕文德을 닦아서 그들을 오게 한다.[65]

『논어』는 전국시대 말에 작성된 것으로 추측되기 때문에 춘추시대 공자의 표현을 그대로 전달하지 않을 수도 있다. 어쨌든 공자는 주로 예의

---

桓公救中國, 而攘夷狄, 卒帖荊, 以此爲王者之事也."(『春秋公羊傳』 僖公四年(기원전 655년)) 梅桐生 译注, 『春秋公羊传全译』, 1998: 161-165를 참조함.

62 "夷狄之有君, 不如諸夏之亡也."(『論語』「八佾」) 여기서는 楊伯峻 譯注, 『論語譯注』, 1980: 24; 李基東 譯解, 『논어강설』, 2005: 119. 아래 다른 해석도 있지만, 이 번역은 대부분의 주석서에서 확인된다(『十三經注疏』 十「論語注疏」 卷三: 2466; 『論衡』「問孔」).

63 "子欲居九夷, 或曰陋, 如之何? 子曰: 君子居之, 何陋之有?"(『論語』「子罕」) 번역은 楊伯峻 譯注, 『論語譯注』, 1980: 91; 李基東 譯解, 『논어강설』, 2005: 326-327을 참조함.

64 "樊遲問仁, 子曰: 居處恭, 執事敬, 與人忠, 雖之夷狄, 不可棄."(『論語』「子路」) 번역은 楊伯峻 譯注, 『論語譯注』, 1980: 141; 李基東 譯解, 『논어강설』, 2005: 447을 참조함.

65 "夫如是, 故遠人不服, 則修文德以來之."(『論語』「季氏」) 楊伯峻 譯注, 『論語譯注』, 1980: 172-173; 李基東 譯解, 『논어강설』, 2005: 538을 참조함.

중요성을 설명하는 과정에서 이적을 언급하고 있다.

첫 번째 구절은 당시 노魯의 정치를 좌지우지하던 맹손씨·숙손씨·계손씨 등이 대부이면서도 제사를 지낼 때 천자나 제후의 예를 참칭한 데에 대한 비판이다. 공자는 정치적 권위, 즉 군주보다도 예, 즉 사회적 질서를 강조하고 있다. 물론 이 구절은 "이적에게도 군주가 있으니, 제하에 없는 것과 같지 않다."로 해석되기도 한다.[66] 제하의 혼란은 군주가 없는 상태로서 오히려 이적만도 못하다는 것이다. 어떻게 해석하든 공자가 이적이 제하보다 낫다고 말하는 것은 아니다. 공자는 무엇보다도 중원에서 파괴된 정치질서를 한탄하면서 이적을 언급했을 뿐이다.[67]

유사한 맥락에서 두 번째와 세 번째 구절도 이해될 수 있다. 그는 중국을 떠나 이적의 땅에서 살고 싶다고 말하고 있다. 그것은 중국에서 도가 쇠퇴했으니 이적에게서 구해야 한다는 의미로 해석될 수 있다. 그렇지만 공자가 이적의 우수성을 말하는 것은 아니며 단지 예나 인의가 사라진 중국의 현실을 개탄한다고 볼 수 있다. 아니면 공자가 말하는 이적은 중원의 군자에 의해 개화된 이적이었다.[68] 어쨌든 공자와 그의 제자들은 이적이 원래 누추하고 살기 어려운 곳임을 전제로 하고 있다. 공자가 사회적 등급의 차별성에 기반한 질서를 강조한다는 점에서 중국과 오랑캐의 차별 의식은 이상할 것도 없다.

한편 공자의 화이구분은 종족이 아니라 문화에 바탕을 둔 화이관으로 해석되는 경향이 있다. 다시 말해 공자가 인종적·종족적 편견을 갖는 것

66 성백효 역주, 『논어집주』, 1990: 53; 楊樹達, 『論語疏證』, 1955: 47-49; 蕭公权, 『中國政治思想史』, 1998: 75.

67 『十三經注疏』 十 「論語注疏」 卷三: 2466.

68 李基東은 군자(들)을 구이에 사는 현지 군자들로 해석하기도 하지만, 대부분의 주석서들은 '군자의 도를 가지고 살면서 그곳을 교화시키는' 공자 자신으로 해석한다(李基東 譯解, 『논어강설』, 2005: 447. 후자의 예로는 『十三經注疏』 十 「論語注疏」 卷九: 2491; 『論衡』 「問孔」).

은 아니며, 단지 문화적 수준에 따라 양자를 구분했고, 이것은 공자의 개방성을 보여 준다는 것이다.[69] 그렇지만 『논어』나 『춘추』 등 공자의 관련 문헌에서 이적의 주된 대상은 이미 중원에 참여한 초·진·오 등 국가들을 의미했고, 그 너머의 이민족이 아니었다.[70] 공자는 그 너머의 이민족과 중화의 상호전환 가능성을 보여주는 사례를 제시하지 않는다.[71] 다만 그러한 도식이 확장될 여지가 있음으로 인해서 후대 화이구분 의식에 상당한 영향을 주었다. 또한 "사해 안이 형제이다."는 구절도 그러한 맥락에서 해석해야 할 것이다. 왜냐하면 문맥상으로 '사해'는 지리적 의미의 천하를 지칭하는 것은 아니기 때문이다.[72]

한편 맹자에게서는 좀 더 분명하게 공간적 범위를 나타내는 개념들이 등장한다. 이를테면 가장 넓은 개념은 '천하' 또는 '사해'이다. 이것은 '온 세상'이나 '전 세계'로 간주될 수 있다. 물론 그 내부에는 여러 가지 상이한 범위의 지리적 또는 정치적 실체들이 존재한다. 이를테면 '중국'은 상당히 좁은 의미로서 황하 유역의 문명세계를 가리키는데, 중원지역에 해당된다. 중국은 천자의 직·간접적 통치가 미치는 지역이라고 할 수 있다. 중국 내부는 천자의 직할지역와 그 주변에 크고 작은 제후국들로 구성되어 있

---

69 Creel, *The Origins of Statecraft in China*, Vol. I, The Western Chou Empire, 1970: 197; 楊樹達, 『論語疏證』, 1955: 49; 萧公权, 『中国政治思想史』, 1998: 74-75.

70 구체적으로 양수다楊樹達(1885-1956년)는 『춘추』에 근거해 이적의 군주로서 춘추시대 패자의 역할을 수행했던 초의 장왕莊王, 오왕 합려闔閭와 부차夫差를 들고 있다(楊樹達, 『論語疏證』, 1955: 49).

71 일례로 공자가 노의 정공定公을 도운 적이 있는데, 제의 경공景公이 회동하면서 이적인 내인萊人을 동원하여 그를 위협했다. 이에 공자는 "오랑캐는 제하를 도모하거나 중화를 어지럽게 해서는 안된다(裔不謀夏, 夷不亂華)."고 함으로써 중화와 이적의 정치적 구분을 주장했다(『春秋左傳』 定公十年(기원전 500년)).

72 "四海之內, 皆兄弟也."(『論語』 「顔淵」) 그것은 공자의 제자인 사마우司馬牛가 남들은 형제가 있는데 자기만 없다고 한탄하자, 자하가 군자로서 다른 사람과 잘 지내면 된다는 식으로 그를 위로하여 한 말에 불과하다.

다. 제후국들 가운데에는 다른 국가들보나 우월한 위치에 있는 패권적 국가가 있다. 그리고 중국의 외부에는 오랑캐로 묘사되는 후진지역이 있다.

공자에 비한다면 맹자에게서 중화와 이적의 관계는 더욱 긴밀하다. 전국시대에 중원은 물론 주변 지역에서도 각종 사상이 발전했음은 두말할 나위가 없다. 지역간 학문적 교류도 활발하게 이루어졌다. 따라서 상호 대립의 여지뿐 아니라 교화나 지배의 가능성도 더욱 커졌다. 먼저 맹자의 다음 구절은 그의 이적관을 잘 보여 주는 것으로 자주 인용된다.

> 나는 중국이 오랑캐를 변화시켰다는 말은 들었어도, (중국이) 오랑캐에 의해 변화되었다는 것은 들어본 적이 없다.[73]

사실 공자와 마찬가지로 맹자에게도 오랑캐는 일반적 의미, 즉 사이四夷보다는 초·진과 같은 중원 주변의 신흥국가들을 지칭한다. 그것은 다음과 같은 구체적인 사례에서도 확인되고 있다. 초나라 사람 허행許行이 중국인 등滕나라로 와서 신농씨의 학설에 입각해 몸소 농사를 실천하자 중원 국가들의 제자들이 모여들었다. 이에 맹자는 육체노동은 피치자의 일이고 또한 사물은 본래 차별적이라고 그를 비판한다. 그와 함께 맹자는 매우 인종주의적 관점을 보이는데, 그는 "융적은 공격하고, 형荊과 서舒는 응징하라."는 『시경』의 「노송魯頌」을 인용하면서 허행에게서 배우지 말도록 주장한다.[74]

동시에 맹자는 오랑캐가 중국을 배운 예로서 진량陳良을 부각시킨다. 맹자에 의하면 진량은 당시 오랑캐로 간주되던 초나라 사람이면서도 주공과 공자의 도를 좋아해 중국에 와서 공부했고, 뛰어난 선비가 되었다.

---

73 "吾聞用夏變夷者, 未聞變於夷者也."(『孟子』「滕文公上」) 번역은 楊伯峻 譯注, 『孟子譯註』, 1960: 129; 우재호 옮김, 『맹자』, 2007: 369를 참조함.

74 "戎狄是膺, 荊舒是懲."(『孟子』「滕文公上」) 楊伯峻 譯注, 『孟子譯註』, 1960: 129; 우재호 옮김, 『맹자』, 2007: 374를 참조함.

따라서 맹자는 5제의 한 사람인 순舜과 주를 건설한 문왕이 각각 동이東夷와 서이西夷 출신으로서 중원에 와서 뜻을 펼쳤음을 자연스럽게 명시하고 있다.[75] 성인이 이적 출신이라는 사실은 종족에 대한 개방적인 사고를 일깨워 준다. 다만 맹자에게 여전히 순과 문왕은 이적이 중국을 배워서 변화된, 즉 중국화된 사례에 속한다.

맹자의 중화중심적 사고는 이적의 문화적 낙후성에 대한 다음과 같은 인식과 맥락을 같이한다.

> (위魏의 재상) 백규白圭가 '나는 (세율을) 20분의 1로 하고자 하는데 어떻습니까?' 하고 물었다. 맹자가 말하기를 '당신의 방법은 (북방의 이적인) 맥貉의 방법입니다…… 맥에는 오곡이 나지 않고 오직 기장만 자라고, 성곽·궁실·종묘 그리고 제사 지내는 예가 없으며, 제후의 예물이나 향응이 없고, 각종 관직도 없기 때문에 20분의 1로 해도 충분합니다. (그렇지만) 오늘날 중국 지역에 살면서 인륜을 버리고 관리를 없애면 되겠습니까?'[76]

그리고 맹자의 천하질서에 대한 관점은 앞서 언급한 것처럼 그가 제 선왕宣王에게 한 말에서 잘 나타난다. 즉 그에 의하면 당시 중원 강대국의 현실적 목적은 "영토를 넓히고, 진秦과 초楚을 조회하게 하며, 중원에 자리잡아 사이四夷를 어루만지려는 것"[77]이었다. 그것은 여전히 춘추시대의

---

75 『孟子』「離婁下」. 맹자는 구체적으로 순이 제풍諸馮, 문왕이 기주岐周에서 태어났다고 기술한다. 전자는 명확하게 고증되지 않으나 오늘날 산동성에 위치하는 것으로 추정되고, 후자는 주의 초기 근거지로서 맹자의 시점에서 보면 이미 오래 전에 중원의 일부가 되었다.

76 "白圭曰: '吾欲二十而取一, 何如?' 孟子曰: '子之道, 貉道也…… 夫貉, 五穀不生, 惟黍生之. 無城郭宮室宗廟祭祀之禮, 無諸侯幣帛饔飧, 無百官有司, 故二十取一而足也. 今居中國, 去人倫, 無君子, 如之何其可也.'"(『孟子』「告子下」) 번역은 楊伯峻 譯注, 『孟子譯註』, 1960: 293-295; 우재호 옮김, 『맹자』, 2007: 810-813을 참조함.

질서와 유사한 봉건적 질서였고, 이적의 침략을 억제하는 정도였다. 이적이 신하로서 위계적 질서에 포함되는 제국적 천하관은 분명하지 않다. 그의 관점에서 이적의 중심은 초나 진이었고, 천하는 대개 그들을 포괄하는 정도였다. 그 너머의 사이를 포괄하는 넓은 의미의 천하는 단일한 질서 개념으로 포착되지 않고 있다. 다만 가까운 이적들이 점차 중국의 확고한 일부가 되면서, 이적의 개념이 그 너머의 새로운 이적들로 쉽게 확장될 여지는 있었다.

전국시대 중화와 이적 사이의 문화적 차이와 그에 따른 교화에 적극적인 의미를 부여한 사람은 아마 순자일 것이다. 다만 이적의 문화적 낙후성에 대한 관념은 순자에서도 계속된다. 순자의 다음과 같은 언급이 그 예이다.

> 몸가짐은 공손하고 마음은 신실하며, 행동은 예의에 맞고 마음으로 인애한다면, 천하를 돌아다녀 사이四夷의 땅에서 곤경에 빠져도 (그를) 존중하지 않는 사람이 없을 것이다.[78]

그렇지만 그의 정치적 현실주의는 중화와 이적의 관계에도 반영된다. 즉 그에 따르면 양자의 차이는 본성이 서로 달라서가 아니라 학습이나 습속에 의해서 생겼을 뿐이다. 사람들은 자신이 사는 곳의 풍습을 따르게 마련이다.

> 간干(오吳)·월越·이夷·맥貉의 (오랑캐) 자식들도 태어났을 때는 (중원의 어린애와) 같은 소리를 내지만 자랄수록 풍습이 달라지는 것은 가르침이 다르기 때문이다.[79]

---

77 "欲辟土地, 朝秦楚, 莅中國而撫四夷也."(『孟子』「梁惠王上」)

78 "體恭敬而心忠信, 術禮意而情愛人, 横行天下, 雖困四夷, 人莫不貴."(『荀子』「修身」) 번역은 蔣南华 等 译注, 『荀子全译』, 1995: 22-23; 김학주 옮김, 『순자』, 2008: 73-75를 참조함.

비유컨대 월 사람은 월에 편히 살고, 초 사람은 초에 편히 살며, 군자는 미덕美德에 편히 사는 것과 같으니, 이것은 지능과 자질이 그렇게 만드는 것이 아니라 행동거지와 풍속의 차이에 의해 만들어진 것이다.[80]

그럼에도 두 번째 문단에서처럼 이미 문화나 습속의 차이가 존재하며, 중원은 이적에 비해 높은 수준을 갖고 있다는 인식이 드러나고 있다. 비록 그것이 지능과 자질이 아닌 후천적 학습의 결과이지만, 그 차이가 부정되지는 않는다. 더욱이 여기서 인용되는 오랑캐들은 순자 시기에는 이미 확고하게 중원화된 부류에 속한다.

순자에서 문화적 차이는 중원에 의한 이적의 지배 가능성으로 이어진다. 즉 앞서 언급한 것처럼 그는 초·월을 오복 체제에 위치시키면서 천자의 지배체제 아래로 끌어들였던 것이다. 사실 순자는 초보적이지만 맹자보다 더욱 분명한 제국적 천하관을 보여 준다. 그것은 당시의 세계에 대한 다음과 같은 그의 도식에 반영되어 있다.

북방에는 잘 달리는 말과 잘 짖는 개가 있는데 중국에서는 이들을 길러서 사용할 수 있다. 남방에는 깃털·상아·외뿔소가죽·증청曾青[81]·단사丹砂가 나는데 중국에서도 그것들을 구해 재물로 삼을 수 있다. 동방에는 가는 마포, 굵은 마포, 물고기, 소금이 나는데 중국에서도 그것들을 입고 먹을 수 있다. 서방에는 피혁과 들소 꼬리가 나는데 중국에서도 이

79 "干越夷貉之子, 生而同聲, 長而異俗, 教使之然也."(『荀子』「勸學」) 번역은 蒋南华 等 译注, 『荀子全译』, 1995: 1-2; 김학주 옮김, 『순자』, 2008: 40-41을 참조함.

80 "譬之越人安越, 楚人安楚, 君子安雅, 是非知能材性然也, 是注錯習俗之節異也."(『荀子』, 「榮辱」) 번역은 蒋南华 等 译注, 『荀子全译』, 1995: 57-59; 김학주 옮김, 『순자』, 2008: 126-127을 참조함.

81 구리에서 추출하며 푸른 물감으로 쓰인다.

것들을 사용할 수 있다…… 그러므로 천지의 만물이 그 특기를 다하고 기능을 충분히 발휘한다.[82]

위의 구절에서 천하는 동서남북에 각각의 이적들이 있고, 중앙에 중국이 있는 소위 '5방方'으로 기술된다. 순자의 천하질서에서 물자의 교류와 문명의 발전은 중국을 중심으로 전개된다. 한편 위의 구절과 유사한 것으로 다음과 같은 사례가 있다. 전국시대 역사서 『전국책』은 조趙의 귀족인 공자 성成의 다음과 같은 주장을 전하고 있다.

중국은 총명하고 예지 있는 사람들이 사는 곳이고, 만물과 재화가 모이는 곳이며, 성현이 교화를 행한 곳이고, 인의가 베풀어진 곳이며, 『시詩』·『서書』와 예악이 쓰이는 곳이고, 특이하고 정교한 기능이 시험되는 곳이며, 먼 나라들이 보러 오는 곳이고, 만이가 본받는 곳이다.[83]

『사기』[84]에도 전사되고 있는 이 구절은 단지 몇몇 물자뿐 아니라 포괄적인 문명 수준에 있어서 중국은 천하의 중심으로 설정된다. 다만 위의 『순자』나 『전국책』의 구절에서 천하적 범위의 정치질서를 찾아보기는 힘들다. 그것들은 단지 중화와 이민족의 경제적 또는 문화적 차이와 교류를 전할 뿐이다.

사실 『순자』에는 천하·사해와 같은 개념이 수없이 등장한다. 그는 "사

---

82 『荀子』「王制」. 번역은 蔣南 华 等 译注, 『荀子全译』, 1995: 153-154; 김학주 옮김, 『순자』, 2008: 281-282를 참조함.

83 "中國者, 聰明睿知之所居也, 萬物財用之所聚也, 賢聖之所教也, 仁義之所施也, 詩書禮樂之所用也, 異敏技藝之所試也, 遠方之所觀赴也, 蠻夷之所義行也."(『戰國策』「趙册二」) 번역은 王守谦 等 译注, 『战国策全译』, 1992: 548-549; 丁範鎭 외 옮김, 『사기세가(하)』, 1994: 333을 참조함.

84 『史記』 卷四十三 「趙世家」.

해 안이 한 집과 같다."[85]고 주장한다. 그렇지만 『논어』나 『맹자』와 유사하게 『순자』에서도 천하나 사해는 전국시대에 경쟁했던 국가들(천하 I)로 구성되었고, 사이를 포함한 천하(천하 II)는 심각하게 고려되지 않는다. 전국시대에는 일차적으로 중원의 통일이 주된 관심사였다.

춘추시대와 마찬가지로 전국시대 중화 중심의 관념과 현실은 상당히 괴리되었다. 제한적이기는 하지만 이적의 우위를 인정하는 경우도 없지 않다. 이를테면 전국시대 중반 조趙의 무령왕武靈王이 중국의 제도를 버리고 주변 이민족의 제도에 따라서 나라를 재정비해 강화하는 정책을 폈다. 위에서 인용된 성成의 주장은 무령왕의 정책에 비판하는 입장에서 제시된 것이었다. 무령왕의 정책은 앞서 유여와 유사하게 일종의 문화적 상대주의에 기반을 두었고, 당시 화이관념과는 배치되었다. 이러한 상황에서 32세의 젊은 무령왕은 그 필요성을 다음과 같이 역설하고 있다.

> 무릇 의복은 입기 편해서이다. 예법은 일의 편의를 위한 것이다. 따라서 성인이 그 지역을 살펴 마땅한 법도를 따르고, 일에 따라 예법을 제정하는 것은 그 백성들을 이롭게 하고 그 나라를 부강하게 하기 위해서였다. 단발·문신·좌임은 구월甌越 백성의 풍습이고, 이빨을 검게 칠하고 이마에 문양을 새기며, 메기가죽으로 모자를 만들고 큰 바늘로 옷을 깁는 나라는 오吳의 풍습이다. 예법이나 복장은 다르지만 그 편리함을 구하는 데에서는 같다. 그러므로 지역이 다르면 용법도 변하고, 일이 다르면 방법도 바뀐다. 그러므로 성인은 단지 그 백성을 이롭게 할 수 있다면 하나의 용법만을 고수하지 않았다. 또한 일을 편리하게 할 수 있다면 하나의 예법만으로 하지 않았다.[86]

85 "四海之內若一家."(『荀子』「儒效」,「王制」)

86 "夫服者, 所以便用也; 禮者, 所以便事也. 是以聖人觀其鄉而順宜, 因其事而制禮, 所以利其民而厚其國也. 被髮文身, 錯臂左衽, 甌越之民也. 黑齒雕題, 鯷冠秫縫, 大吳之

그의 정책은 현실적 판단에 근거했다. 즉 가까이는 중산국中山國이 복심의 우환으로 존재했고, 주변에 동호東胡·임호林胡·누번樓煩 등 이민족과 연燕·진秦·한韓과 국경을 마주해 국운이 위태로웠던 것이다. 따라서 강력한 군대를 양성할 필요가 있었고, 특히 북방 민족들과 같이 기동력이 강한 기마병이 요구되었다.

## 4. 통일제국에서 중화와 이적

### 진의 통일과 화이질서

서주와 같은 분권적 질서하에서 천하 공동의 군주, 즉 공주共主로서 천자의 지위는 상징적인 측면이 강했다. 제후들은 사실상 독자적인 정치세력으로 존재했다. 그리고 주의 질서 밖에는 이적을 포함해 여러 조직체들이 있었다. 이러한 상황에서 문헌상에 등장하는 천하적 지배는 그 기반이 매우 취약했다. 세계질서의 이상적인 모델에서조차 중심으로부터 멀수록 천자의 지배력이 약화되는 것으로 인정되었다. 따라서 이적이 천자를 드러내 놓고 공격하지 않는 한에서는 실제 통제되지 않는 이적들의 존재는 이념적 갈등으로 이어지지 않았다.

춘추전국시대는 중원 국가들 사이의 사활을 건 전쟁을 특징으로 한다.

---

國也. 禮服不同, 其便一也. 是以鄕異而用變, 事異而處易. 是故聖人苟可以利其民, 不一其用; 果可以便其事, 不同其禮."(『戰國策』「趙册二」; 『史記』 卷四十三 「趙世家」) 번역은 王守谦 等 译注, 『战国策全译』, 1992: 549-552; 丁範鎭 외 옮김, 『사기세가』(하), 1994: 333을 참고함.

대성전大成殿_전통 중국의 사상적 중심인 공자를 모신 곳이다. 산동성 곡부曲阜에 있다.

물론 그 과정에서 중국의 지리적 범위가 확장되고, 이적과의 경계도 더 분명해졌다. 중화와 이적의 본질적 구분, 소위 화이관도 점차 가시화되었다. 그러나 여전히 중원 국가들 사이의 적대적 관계가 지배적이었고, 이적의 문제는 주변적이거나 개별 국가들에 한정되었다. 진·조·연 등 북방 국가들은 이적과 갈등이 적지 않았지만, 그것은 중원 국가들간 갈등에 미치지 못했다. 일각에서는 대일통의 이념에 따라 중원의 통합을 위한 이념이 제기되었지만, 그것은 모호했을 뿐만 아니라 그 현실적 기반도 매우 취약했다. 하·은·주 시기 제하의 통합은 문헌상의 기억에 불과했다.

그렇지만 중원에서 통합이 진행되면서 중원 국가들과 주변 민족들 사이의 구분도 점차 가시화되었다. 중원과 그 주변에 살던 적지 않은 민족들이 중원 국가들에 의해 흡수되거나 그 외곽으로 축출되었다. 일부 중원 국가들은 이민족 지역을 정복함으로써 대국으로 성장했다. 진은 융적을 축출하고, 초는 장강과 회하 유역의 작은 이민족들을 흡수함으로써 중원의 강국이 되었다.

마침내 진이 중원을 통일하면서 이적과의 관계도 변화되지 않을 수 없었다. 과거에는 제하의 국가들이 여러 이적들과 다양한 방식으로 접촉했다. 이제 중앙집권적 통일국가가 형성되면서 개별 이적들과의 관계도 분명하게 설정해야 했다.

그렇다면 통일제국의 건설과 함께 이적에 대한 관념은 어떻게 변화되었는가. 여기서는 『여씨춘추』·『예기』·『회남자』·『춘추번로』·『백호통의』 등 대표적인 문헌들에 나타나는 내용을 차례로 살펴보고자 한다. 먼저 진의 통일을 전후로 편찬된 것으로 알려진 『여씨춘추』를 보자.

> 간사함과 그릇됨, 도적과 혼란, 욕심과 흉포함의 풍습이 나타나 오래되면 사람들의 습성이 된다. 융戎·이夷·호胡·맥貉·파巴·월越의 백성은 후한 상이나 엄벌을 내려도 막을 수 없다…… 저氐·강羌의 백성은 적에게 포로가 되면 속박되는 것을 걱정하지 않고 죽어서 화장으로 장례를 치르지 못하게 될 것을 근심한다. 모든 것이 잘못된 버릇이 되었으니 상벌을 가할 때에도 신중하지 않을 수 없다.[87]

먼저 이적의 실체는 더욱 분명해졌다. 전국 말의 이적은 앞서 언급한 춘추시대의 이적, 즉 초·진·오·월 등이 아니다. 춘추전국시대를 지나면

87 "姦僞賊亂貪戾之道興, 久興而不息, 民之讎之若性, 戎夷胡貉巴越之民是以, 雖有厚賞嚴罰弗能禁…… 氐羌之民, 其虜也, 不憂其係纍, 而憂其死不焚也; 皆成乎邪也. 故賞罰之所加, 不可不愼."(『呂氏春秋』「孝行覽·義賞」) 번역은 关贤柱等 译注, 『吕氏春秋全译』, 1997: 437-439; 鄭英昊 解譯, 『여씨춘추 8람』, 2006: 79-81을 참조함.

서 해당 지역들이 중국화되면서 이적은 그 너머로 설정되었다. 새로운 이적은 융戎·이夷·호胡와 같은 복합적인 종족집단이나 맥貉·파巴·저氐·강羌과 같은 구체적인 종족들을 지칭하게 되었다. 그들 가운데 일부는 이미 이전부터 알려져 있었으나 중원의 가까운 이적들과 달리 중원 제국들 전체를 위협하지 않았고, 제한된 범위에서 일부 변경국가들과 접촉했다.

그와 함께 중화와 이적의 관계도 더 분명하게 설정되고 있다. 무엇보다도 이적에 대한 강한 구별의식이 확인된다. 『여씨춘추』의 저자에 의하면 중화와 이적은 크게 다르다. 이적은 습성이 사납고 흉포하다. 그리고 문화적으로 예의를 모르고 오로지 힘만이 관철된다. 그것은 종족적, 즉 생물학적 차이 때문이며, 그렇지 않더라도[88] 오랜 관습이 되어 고치기를 기대하기란 힘들다. 여기에서 중화와 화이 사이에는 단순한 문화 차이를 넘어 본질적인 차이가 있다는 인식이 깔려 있다. 따라서 중화와 이적의 결합에 대해서도 매우 회의적이다.

『여씨춘추』의 편자는 또한 동으로 이夷·예穢, 남으로 백월百越, 서로 저氐·강羌, 북으로 안문雁門 이북의 종족들을 사방 이적으로 설정한다. 그리고 그들에 대해서 분명한 인종주의적 입장을 드러낸다. 즉 이적들의 특징으로서 군주가 없음으로 인해 '금수'와 같다는 점을 강조한다.

> 이들 사방 오랑캐들은 군주가 없어 그 백성은 사슴[미록麋鹿]이나 금수와 같다. 연소자가 연장자를 부리고, 연장자는 젊은 사람을 두려워하며, 힘 있는 자가 현덕한 자로 간주되고, 포악하고 거만한 자가 존중되며, 밤낮으로 서로 싸워 쉴 틈이 없이 그 동족을 멸종시킨다.[89]

---

88 『여씨춘추』는 철저한 인종주의적 입장을 가진 것은 아니다. 다른 곳에서는 융인戎人이라도 초에 태어나면 자연스럽게 초의 말을 사용하는 것처럼, 후천적 학습과 환경이 중요하다고 강조한다(『呂氏春秋』「孟夏紀·用衆」).

89 "此四方之無君者也. 其民麋鹿禽獸, 少者使長, 長者畏壯, 有力者賢, 暴傲者尊, 日夜相

진은 통일 이후 그 여세를 몰아 『여씨춘추』에서 제시된 사방 이적의 땅을 정복하거나 그곳의 종족들을 축출했다. 진의 조치는 나중에 다음과 같이 요약적으로 제시된다.

> 진은 이미 천하를 병합한 뒤, 동으로 (요동에 위치한) 패수沛水를 끊어 조선을 멸하고, 남으로 육량陸梁을 취하고, 북으로 호胡와 적狄을 축출하고, 서로 저氐·강羌을 공략했다. 황제의 칭호를 세우고 사방 오랑캐를 입조하게 했다. 배와 수레가 이르는 곳이나 발자취가 이르는 곳으로 이르지 않는 곳이 없었다. (그렇지만 사이의 입조는) 진의 덕에 순복해서가 아니라 그 위세를 두려워했기 때문이었다. 힘이 많으면 남이 입조하고, 힘이 적으면 남에게 입조하는 법이다.[90]

여기서 진의 세계는 유가에서 제시했던 천하질서는 아니다. 즉 이적을 교화함으로써 황제의 은덕을 천하에 펼친 것은 아니었다. 이적에 대한 지배는 힘에 의해 유지되었다. 위 글에서는 나타나 있지 않지만, 진은 정복지의 이적을 쫓아내고 그 지역을 진의 백성으로 채우고자 했다. 중화와 이적 사이에는 장성을 쌓아 양자를 근본적으로 구분하고자 했다. 이러한 의미에서 진은 천하국가나 ― 본디 의미의 ― 제국을 지향하지 않았다. 진은 중원 통일의 연장선에서 광역의 중앙집권적 국가를 지향했던 것이다.

---

殘, 無時休息, 以盡其類."(『呂氏春秋』「恃君覽·恃君」) 번역은 关贤柱 等 译注, 1997: 743-744; 鄭英昊 解譯, 『여씨춘추 8람』, 2006: 392-393을 참조함.

90 "秦既并天下, 東絕沛水, 並滅朝鮮, 南取陸梁, 北卻胡狄, 西略氐羌, 立帝號, 朝四夷. 舟車所通, 足跡所及, 靡不畢至. 非服其德, 畏其威也. 力多則人朝, 力寡則朝於人矣."(『鹽鐵論』「誅秦」) 번역은 王利器 校注, 『鹽鐵論校注』(全二册), 1992: 488; 김한규·이철호 역, 『염철론』, 2002: 310-311을 참조함.

### 한의 화이구분

한의 경우에도 일단 이적에 대한 구별의식은 매우 분명하다. 유가의 경전인 『예기』에는 다음과 같은 이민족에 대한 내용이 포함되어 있다. 『예기』는 전국시대를 거쳐 진한 시기에 완성되었는데, 전한 시기 유가에서 매우 중요한 위치를 차지했다.

> 중국과 사방 오랑캐 5방이 모두 각기 그 특성이 있어 옮겨 변화시키려고 해서는 안 된다. 동방은 이夷라 하는데, 머리를 풀고 문신을 하고 날음식을 먹는 자도 있다. 남방은 만蠻이라 하는데, 이마에 먹물을 넣어 새기고 양쪽 발을 서로 향해 걸으며, 날음식을 먹는 자도 있다. 서방은 융戎이라 하는데, 머리를 풀고 가죽옷을 입으며 곡식을 먹지 않는 자도 있다. 북방은 적狄이라 하는데, 짐승의 깃이나 털로 옷을 만들어 입고 굴속에서 살며 곡식을 먹지 않는 자도 있다. 중국·동이·남만·서융·북적이 각기 편안한 집, 맛있는 음식, 적합한 의복, 편리한 도구와 완비된 기물을 갖고 있다. 5방의 사람들이 언어가 통하지 않고, 취향이 다르다.[91]

여기에서 이적들은 동서남북에 위치하고 그 특징들도 더욱 정형화되어 있다. 이러한 화이구분 의식의 정책적 의미를 속단할 수는 없지만, 이적의 '차이'에 대한 인식을 분명하게 보여 준다. 그러한 인식은 전한 시기 전반 국내의 휴식과 이를 위한 평화정책의 요구와 무관하지 않을 것이다.

---

91 "中國戎夷, 五方之民, 皆有其性也, 不可推移. 東方曰夷, 被髮文身, 有不火食者矣. 南方曰蠻, 雕題交趾, 有不火食者矣. 西方曰戎, 被髮衣皮, 有不粒食者矣. 北方曰狄, 衣羽毛穴居, 有不粒食者矣. 中國夷蠻戎狄, 皆有安居和味宜服利用備器, 五方之民, 言語不通, 嗜欲不同."(『禮記』「王制」) 번역은 吕友仁·吕咏梅 译注, 『礼记全译·孝经全译』, 1998: 270-271; 李相玉 譯著, 『新完譯 禮記』(上), 2003: 418-419를 참조함.

아니면 황제의 보편적 지배에 대한 이상과 그것이 관철되지 않는 현실 사이의 괴리에 대한 인식론적 합리화일 수도 있다.

게다가 나중에 동중서와 같은 공양학파에 의해 분명하게 나타나는 것으로서, 종족이 아니라 문화나 예법에 의거한 화이구분은 유화정책의 필요성을 강조하기 위한 방편일 뿐, 별다른 의미를 갖지 못했다. 왜냐하면 대외적 강경노선일지라도 결코 화이일치에 기반을 두지 않으며, 오히려 강한 인종적 구분을 내포하기 때문이다. 앞서 지적한 것처럼 통일 후 진의 대외정복 정책은 이적이 포함된 국제질서 또는 제국이 아니라 광역의 대국을 지향했다. 전한 중반 팽창전쟁을 통해 광역에 대한 군현제적 지배를 지향했던 무제도 마찬가지였다. 해당 정책에서 이적은 통치統治가 아니라 구축驅逐의 대상일 뿐이었다. 그러한 의미에서 통일국가에서 화이구분은 유화와 강경 정책 모두에서 강조될 수 있었다.

한편 『회남자』는 전한 초기 황로사상이 지배하는 가운데 주로 제후의 입장에서 제국의 운영에 관한 방안을 제시하고 있다. 따라서 통치 일반에 있어서 무위를 강조하는 것처럼 이적에 대해서도 상당히 방임적이다. 다음 구절은 사방 이적에 대한 기본적인 관념은 보여 준다.

> 흉노에는 거친 가죽옷이 나고, 오와 월에는 (바람이 잘 통하는) 갈포葛布가 난다. 이것은 각기 긴요한 것을 만들어 건조하고 습한 기후를 방비하기 위한 것이다. 각기 사는 곳에 따라 추위와 더위를 막는다…… 모든 것이 저절로 그렇게 되는 것이니 성인이라도 거기에 간여할 일이 있겠는가?
>
> 구의九疑 이남은 육지활동이 적고 수상활동이 많다. 그래서 이곳 사람들은 단발과 문신을 하여 비늘이 있는 물고기를 흉내낸다. 그들은 긴 바지를 입지 않고 짧은 치마를 둘러 물에서 잘 걷고 헤엄치는 데 편리하게 한다. 그들은 짧은 옷소매를 입거나 소매를 걷어올리는데 이것은 노를 잘 젓기 위해서이다. 주어진 조건에 따랐던 것이다.

> 안문雁門 이북의 적인狄人은 곡식을 주식으로 하지 않는다. 그들은 노인을 경시하고 장년을 중시하며 기력을 숭상한다. 사람들은 화살을 손에서 내려놓지 않고 말의 굴레를 풀어놓지 않는다. 이러한 모든 것들은 (유목생활에) 편리하기 때문이다.[92]

여기서는 이적의 풍습은 현지의 지리적·기후적 조건에 따라 다르다는 것, 각각의 풍습은 현지의 조건에 맞는 편리함을 위해서 생겨났고 따라서 문명적 수준에 의해 판단할 수 없다는 것, 중원의 입장에서 변화시키려고 해서는 안 된다는 것 등이 강조되고 있다. 특히 중원의 입장에서 흉노의 가죽옷, 남방의 문신단발, 적인의 노인경시와 같은 비문명적 요소들도 자체로서 인정된다. 『회남자』의 입장은 위에서 인용된 『예기』와 크게 다르지 않지만 좀 더 개방적이다.

이적의 고유성에 대한 인정이 이적과의 단절로 이어질 이유는 없다. 실제 위의 구절에 이어서 순舜이 "삼묘三苗를 길들이고, 우민羽民을 조회하게 하고, 나국裸國을 복종하게 하고, 숙신肅愼에게 공납을 바치게 할 수 있었는데, 그것은 명령을 내려서 풍속을 바꾸는 방식이 아니라 오로지 마음으로 일을 행했기 때문이다."라고 하면서, "법도와 형벌에 의거했다면 어찌 그렇게 할 수 있었겠는가?"라고 반문한다.[93]

그렇다면 이러한 이적관의 정책적 함의는 무엇일까? 적어도 그것은 무

---

92 "匈奴出穢裘, 干越生葛絺. 各生所急, 以備燥濕; 各因所處, 以禦寒暑; 並得其宜, 物便其所. 由此觀之, 萬物固以自然, 聖人又何事焉? 九疑之南, 陸事寡而水事衆, 於是民人被發文身, 以像鱗蟲; 短綣不絝, 以便涉遊; 短袂攘卷, 以便刺舟; 因之也. 雁門之北, 北狄不穀食, 賤長貴壯, 俗尚氣力; 人不馳弓, 馬不解勒; 便之也."(『淮南子』「原道訓」) 번역은 许匡一 译注, 『淮南子』, 1993: 16-18; 안길환 편역, 『新完譯 淮南子』(上), 2013: 31-34를 참조함.

93 "夫能理三苗, 朝羽民, 徒裸國, 納肅愼, 未發號施令而移風易俗者, 其唯心行者乎? 法度刑罰, 何足以致之也."(『淮南子』「原道訓」)

력의 사용을 반대한다는 점이다. 『회남자』의 편자인 회남왕 유안劉安은 기원전 135년 무제에 의한 민월의 정벌을 반대하는 상소로 매우 유명하다. 그는 전통적으로 북방의 오랑캐와 월은 (중국의) 명령을 받지 않았다는 역사적 사실과 더불어 위에서 언급한 것처럼 종족적·문화적 차이로 인해 지배가 불가능하다는 점 등을 강조한다.[94]

그런데 앞서 언급한 것처럼 한이 국력을 회복하면서 공세적인 입장이 강하게 대두되었다. 이것은 중화와 화이의 관계에 대한 이론적 변화를 요구했는데, 중화중심주의에 입각한 화이질서의 구축이었다. 특히 전한 시기 공양학파는 『춘추공양전』[95]에 대한 독특한 해석을 통해 제국의 통치이념을 구축하고자 했다. 거기에는 화이질서가 포함되었는데, 그 대표적인 문헌은 무제 전기에 활동했던 동중서의 『춘추번로』였다.

동중서는 『춘추번로』에서 공자의 화이관에 대한 문화적 해석을 제기했고, 그의 해석은 지금까지도 공자나 유가의 화이관에 대한 해석에 큰 영향을 미치고 있다. 그에 의하면, 『춘추』의 이적과 중화에 대한 기술에 있어서 "모든 상황에 똑같이 적용되는 표현법〔통사通辭〕은 없고, 사태의 변화에 따라 바뀐다."[96] 그 예가 기원전 597년 필邲 전쟁과 관련해 중화인 진晉[97]을 이적으로, 당시 이적으로 간주되던 초楚를 '군자'로 기술했던 경우이다. 정鄭이 초의 경쟁국 진晉과 동맹을 맺자 초가 정을 정벌했고, 이에 진이 구원을 하러 왔다. 그렇지만 진의 군대가 도착했을 때에는 이미 정

94 관련 논의에 대한 소개는 이 책 4장 2절에서 상세하게 다룸.

95 공자가 편집했다는 『춘추』에 대해서 전국시대에 『춘추공양전春秋公羊傳』·『춘추곡량전春秋穀梁傳』·『춘추좌전春秋左傳』 등 3가지 해석서들이 나왔다. 특히 『춘추공양전』은 전한 시기 이념적 우위에 있던 금문학파의 대표적인 문헌이 되었다.

96 "『春秋』 無通辭, 從變而移."(『春秋繁露』「竹林」) 번역은 신정근 옮김, 『동중서의 春秋繁露: 춘추 — 역사해석학』, 2006: 103을 참조함.

97 진은 원래 주 성왕의 동생 당숙唐叔이 분봉되어 세워진 동성제후국이었다. 여기에 대해서는 이 책 2장 3절 참조.

의 항복으로 초가 포위를 풀었기 때문에 전쟁의 명분이 없었다. 그럼에도 진은 초를 공격했으나 필에서 패하고 말았다. 동중서에 의하면, 『춘추』는 초가 정벌을 중단해 백성들을 전쟁에서 벗어나게 했으나, 진은 오히려 전쟁을 벌임으로써 그러한 요구에 부응하지 못했다.

『춘추』는 다른 곳에서도 진晉을 이적으로 취급했는데, 진이 기원전 530년 선우鮮虞를 침략했기 때문이다. 동중서의 해석에 의하면, 선우가 진을 동성제후로서 따랐는데, 진은 예우하지 않고 침략했다.[98] 여기에서 무엇보다도 선우가 자신과 동성임에도 진이 선우를 적대시한 점이 부각되고 있다. 『춘추』에서 중원의 국가가 이적으로 취급당한 두 번째 예는 기원전 588년 허許를 공격한 정鄭이다. 동중서에 의하면, 당시 허는 상중에 있었기 때문에 정의 공격은 정당하지 않았고, 따라서 정은 이적으로 취급되었다.[99]

반대로 『춘추』에서 초 이외에 이적이 중화로 취급되는 예도 없지 않다. 이를테면 노潞가 이적을 떠나 중원의 질서에 부합하려 했다가 실패하고 망하자, 『춘추』는 그 뜻을 기려서 자子의 작위로 기록했다. 또한 주루邾婁·등滕·형荊·개介 등도 각종 우호적 칭호가 부여되었는데, 그것은 이들이 노魯에 조회했기 때문이었고, 이를 통해 노魯가 왕자로서 부각되었다. 여하튼 이들은 대부분 주변의 소국들이었다. 그들이 중화의 일원으로 인정된 것은 무엇보다도 그들이 정치적으로 중원에 귀의했기 때문이다.

화이의 문화적 구분과 그에 따른 화이의 상호전환 가능성이 있는데도 동중서는 여전히 중화 중심의 사고가 확고하다. 그는 "『춘추』의 고정된 표현법〔상사常辭〕으로 이적을 예우하지 않고 중국을 예우한다."[100]고 전제

---

98 『春秋繁露』「楚莊王」.

99 『春秋繁露』「竹林」.

100 "『春秋』之常辭也, 不予夷狄而予中國爲禮."(『春秋繁露』「竹林」) 다른 곳에서 동중서는 그 예를 제공하는데, 이를테면 전쟁과 관련해 천자는 집執, 중원의 제후는 획獲,

하고 있다. 그리고 위에서 언급된 중화가 이적화된 예는 합당하지 못한 전쟁을 벌인 경우로서 일회적으로 한정되며, 마찬가지로 이적이 중화로 표현되는 경우에도 특정한 행위에 국한된다. 화이의 전환이 본질적인 변화를 의미하지는 않는다. 또한 중화로 설정되는 일부 이적들도 『춘추』가 작성된 시점에서는 이미 중국화된 상태였다. 융戎이나 적狄 등 아직 적대적 관계에 있던 종족들이 중화로 취급되는 예는 찾을 수 없다. 그것은 중원의 문화적 우위에 대한 확고한 신념에서 나올 수는 있지만, 그럼에도 그러한 상황이 변화될 가능성은 배제되고 있다. 『춘추번로』의 다른 곳에서도 역사발전의 주체는 어디까지나 중원지역임을 분명히 하고 있다.

> 3통統[101]의 변화에는 가까운 이적이나 먼 나라가 끼어들 여지가 없으며, 살생의 주체는 오직 중국일 뿐이다. 하·은·주 3대가 변혁할 때, 3통에 입각해 천하를 주관했다. 말하자면 3통과 5단端[102]은 사방을 교화시키는 근본이다. 하늘이 옛것을 폐지하고 새것을 시작할 때, 지역적으로 중심에 있어야 한다. 따라서 3대는 반드시 중국에 자리 잡았다.[103]

---

강대한 이적은 전戰, 약소한 이적은 벌伐의 용어만을 사용할 수 있다(『春秋繁露』「精華」). 그 외에도 조회시 천자, 제후, 대부와 사士, 가까운 이적, 먼 나라는 각기 다른 의복 차림으로 참여한다(『春秋繁露』「三代改制質文」).

101 하·은·주 3대의 정통성을 나타내는 것으로서, 각각 흑통黑統·백통白統·적통赤統을 말한다. 이들은 각기 고유한 달력·복장·제사 등 의례나 통치원리를 갖는 것으로 이해된다.

102 5단五端은 『춘추』에서 새로운 군주가 시작될 때 '원년元年·봄〔春〕·왕·정월〔正月〕·공즉위公卽位'의 틀에 따라 기술하는 방식을 말한다.

103 "三統之變, 近夷遐方無有, 生煞者獨中國. 而三代改正, 必以三統天下. 曰 : 三統五端, 化四方之本也. 天始廢始施, 地必待中, 是故三代必居中國."(『春秋繁露』「三代改制質文」) 번역은 蘇輿 撰, 鍾哲 點校, 『春秋繁露義證』, 1992: 195-196; 신정근 옮김, 『동중서의 春秋繁露: 춘추 — 역사해석학』, 2006: 360을 참조함.

공양학파에 있어서 화이관은 중화와 이적의 구분으로 그치지 않는다. 공양학파는 "제하를 안으로 하고, 이적을 밖으로 한다."는 『춘추』의 구절을 단지 양자의 구분에 그치는 것이 아니라 제하에서 시작해 궁극적으로 이적에 대한 지배를 지향한 것으로 해석한다. 그렇지만 사실 춘추시대에는 진晉·제齊와 같은 중원의 전통세력이 진秦·초·오 등 이적들에 의해 위협을 당하고 있었다. 따라서 맹자가 나중에 제기한 중화에 의한 이적의 교화〔용하변이用夏變夷〕는 생각하기 어려웠을 것이다. 다만 후대 지식인들은 공자의 화이관에 근거해 이민족에 의한 중국 지배를 내면적으로 합리화시켰다. 당의 한유韓愈(768-824)는 위의 구절을 "공자가 『춘추』를 쓸 때 제후(즉 중국)가 이적의 예禮를 사용하면 이적으로 간주하고, 이적이라도 중국에 들어오면 중국으로 간주했다."로 확대 해석했다.[104]

한편 앞서 언급한 것처럼, 후한 시기 유가의 이념적 통일을 논의했던 백호관白虎觀 회의에서도 화이의 관계에 대한 논의는 포함되지 않을 수 없었다. 그 결과물인 『백호통의』에는 사이四夷에 대한 관념이 비교적 분명하게 나타나고 있는데, 여기에는 불간섭주의가 지배하고 있다. '성인은 원래 외국을 통치하지 않는다.'[105]는 원칙이 천명되고 있다. 그럼에도 『백호통의』에는 인식론적으로 사이에 대한 배타적인 입장이 강하게 드러나고 있다.

먼저 『백호통의』도 위에서 인용된 『예기』「왕제」의 사이에 관한 부분을 전사하고 있다. 즉 동이는 단발과 문신, 남만은 문신과 다리꼬기, 서융은 피발과 가죽옷, 북적은 깃털옷과 혈거 등이다. 그렇지만 해당 문단의 전후에 각기 고유한 특징을 존중하는 입장에서 서로 변화시키려고 해서

---

104 "孔子之作『春秋』也, 諸侯用夷禮則夷之, 夷而進于中國則中國之."(『五百家注昌黎文集』卷十一「原道」)여기서는 樊文礼, "中国古代儒家 '用夏变夷'思想与理论变迁," 2005: 340에서 인용.

105 "聖人本不治外國."(『白虎通義』「禮樂」)

는 안 된다는 『예기』의 구절은 빠져 있다(앞 496쪽의 인용문에서 방점부분). 단지 사이에 대한 부정적 이미지를 통해서 불간섭주의가 합리화된다.

『백호통의』에 의하면, 과거 성인이 제시한 불간섭주의는 사이에 대한 언어적 표현에도 반영되어 있다. 첫째, 사이에 대해서 성인 자신이 이름을 지어 주지 않고 그들의 이름을 그대로 불렀다. 이를테면 흉노·월지·오손 등의 명칭은 그들의 원래 명칭을 한자음으로 전환하는 방식으로 생겨났다. 두 번째는 성인이 이적의 단점을 반영해 그 명칭을 만들었다는 설이다.

> 예컨대 이夷는 '웅크리다 앉다'로 예의가 없음을 뜻한다…… 만蠻은 '마음가짐이 엉큼하고 사악하다.'는 뜻이다. 융戎은 '흉악하다'는 뜻이다. 적狄은 '치우치고 인륜의 구별이 없다'는 뜻이다.[106]

이러한 특징들은 이적의 성정性情을 규정하는 것으로서, 단지 문화적 차이라기보다는 유가에서 말하는 '금수'와 가깝다. 그러한 특징들이 생겨나는 원인과 관련해 『백호통의』는 음양오행의 자연원리를 제시함으로써 그것들이 본질적임을 시사한다. 이를테면 동이의 지역인 동방은 소양少陽에 해당되어 동이는 변화시키기 쉽지만, 북적의 북방은 태음太陰으로 변화시키기 어렵다는 식이다.

이적에 대한 불간섭주의는 음악의 예에서도 분명하게 드러난다. 『백호통의』의 편자에 의하면, 제국의 통치에 중요한 수단으로 간주되는 것이 음악인데, 그것은 이적들에 대해서도 마찬가지이다. 이적의 음악도 일단 중원의 통치자인 성왕들이 만들어 준 것으로 간주된다. 즉 이적들에 비해

---

106 "夷者, 僔夷無禮義. …… 蠻者, 執心違邪. 戎者, 強惡也. 狄者, 易也, 辟易無別也."(『白虎通義』「禮樂」) 번역은 陳立 撰, 吳則虞 點校, 『白虎通疏證』, 1994: 114-115; 신정근 역주, 『백호통의』, 2005: 113을 참조함.

유교경전을 가르치는 모습_한대 무덤 돌에 새겨진 화상석 그림이다. 유교적 소양은 후한 시기 관리 채용에 있어서 중요한 기준이었다.

압도적인 문명적 성취를 이루었고, 이적들은 중원의 국가에 복종해 찾아왔다. 이에 성왕들은 이적을 위해 음악을 제작해 그들을 기쁘게 했다. 즉 사이의 음악을 만들어 줌으로써 그들의 덕이 그들에게까지 미쳤다.

그럼에도 그는 왜 성왕이 이적의 음악을 제정하면서도 그들의 예를 만들지 않았는가 하고 자문한다. 동시에 그는 이적은 아무리 교화해도 근본적으로 예를 실행할 수 없음을 지적한다. 다시 말해 중원의 통치자는 음악으로 이적에게 일정한 정서적 순화를 이룰 수 있지만 근원적으로 교화할 수 없다.

> 이적은 중국과 지역이 떨어져 있고 풍속이 다르다. 그곳은 중화中和의 기운이 생겨나는 곳이 아니며, 예의로 교화할 수 있는 곳이 아니므로 신

> 하로 취급하지 않는다. 『춘추전』은 '이적이 서로 속이더라도 군자는 문제삼지 않는다.'고 한다. 『상서대전』은 '정삭正朔[107]이 미치지 않는 곳은 군자가 신하로 취급하지 않는 곳이다.'라고 한다.[108]

여기서 이적은 천자의 신하가 되지 못한다. 이것은 이적에 대한 관념이 통상적인 해석과 달리 문화나 문명보다는 종족이나 인종의 차이에 기반을 두고 있음을 의미한다. 또한 『백호통의』 편자의 해석에 의하면, 사이의 명칭은 중원의 통치자가 만든 것으로 매우 부정적인 의미를 내포하고 있는데, 이것은 교화를 통해 이들을 중원의 문명적 세계로 포함시킬 계획이 없었다는 것을 의미한다. 또한 사이를 각각 독립된 단위로 부르는 것도 "성인은 원래 외국을 다스리지 않는다."[109]는 것을 말한다.

### 『사기』의 역사기술

제국의 화이구분은 특히 고대 중국의 역사를 체계적으로 기술한 『사기』에 그대로 반영되고 있다. 그것은 통합적 질서의 구축을 지향하는 소위 '대일통大一統' 사상의 중요한 일부로서 제시되었다. 『사기』는 초기 역사에 대한 후대의 인식에 큰 영향을 주었다.

춘추전국의 무질서 상태를 대신하여 진한에 의한 통일이 이루어졌고, 특히 무제 시기 대대적인 대외정복 사업이 진행되고 있었다. 다만 흉노와

---

107 천자가 매년 정월 초에 제후에게 나눠 주는 달력으로, 여기에서는 천자가 명하는 정책을 의미함.

108 "夷狄者, 與中國絕域異俗, 非中和氣所生, 非禮義所能化, 故不臣也. 『春秋傳』曰: '夷狄相誘, 君子不疾.' 『尚書大傳』曰: '正朔所不加, 即君子所不臣也.'(『白虎通義』「王者不臣」) 번역은 陳立 撰, 吳則虞 點校, 『白虎通疏證』, 1994: 318; 신정근 역주, 『백호통의』, 2005: 253을 참조함.

109 "聖人本不治外國."(『白虎通義』「禮樂」)

같은 적대적 세력이 존재함으로써 그 질서는 여전히 불완전했다. 이러한 상황에서 '대일통', 즉 정치적 통합이 요구되었고, 그것은 『사기』의 역사 기술에도 반영되었다. 『사기』에서 확인되는 대일통의 역사기술은 다음 몇 가지로 요약될 수 있다. 물론 그것들은 당시 널리 공유된 관념들을 반영했을 것이다.

첫째는 역사기술의 중심에 「본기」를 둠으로써 역대 제왕들의 계보를 마련했다. 즉 시조인 황제黃帝로부터 한 무제에 이르기까지 약 2천 년의 역사가 12개의 「본기」로 정리되었는데, 그 결과 다양한 정치세력들 가운데 특정 제왕과 왕조에 대해서 역사적 정통성이 부여되었다. 그와 함께 다른 정치세력이나 제후국들은 그 하위단위로 설정되었다. 특히 「10표」에는 제왕을 기준으로 그들의 계보가 통합적으로 기술되고 있다.

둘째는 황제黃帝 헌원씨軒轅氏가 공동의 조상으로 설정되었다. 그 이전의 역사서로서 『상서』는 요순에서 시작되는 반면, 『사기』에서는 황제로 앞당기면서 신화적 요소가 가미되었다.[110] 특히 황제는 염제炎帝·치우蚩尤와 같은 경쟁자들을 물리치고 제후들을 규합함으로써 최초로 일종의 통합적 질서를 구축한 것으로 묘사되고 있다. 이러한 역사기술은 오늘날 중국인들이 염황지손炎黃之孫, 즉 염제와 황제의 자손이라는 인식으로 이어지고 있다. 특히 중원 국가들의 선조들은 황제를 정점으로 서로 혈연적 관계에 있는 것으로 기술된다.[111] 사실 5제의 다섯 황제는 초기 문헌에는 등장하지 않고, 춘추 시기 문헌인 『논어』에 요·순의 명칭이 처음 등장한다는 점에서 5제는 지극히 신화적이다.[112]

---

110 사실 전한 시기에 황로사상黃老思想이 지배하는 가운데, 황제黃帝는 고대 정치사의 중심에 위치했다. 『회남자』에서 황제는 천문의 중앙에 위치해 사방을 통괄한다고 상정되고 있으며, 고대의 이상적인 통치자로서 그의 업적이 빈번하게 단독으로 언급되고 있다. 『淮南子』「天文訓」, 「覽冥訓」, 「兵略訓」, 「說林訓」, 「泰族訓」 등.

111 이성규, "戰國時代 統一論의 形成과 그 背景," 1975: 80-82.

112 물론 5제의 신화는 갑자가 만들어진 것은 아니며 점진적으로 체계화되었다. 『사기』

셋째는 초기 제왕들이 모두 혈연적으로 서로 연계된 것으로 기술된다. 사마천에 의하면, "황제부터 순, 우에 이르기까지 모두 같은 성에서 나왔고, 그 국호가 달랐다." 구체적으로 5제의 경우 시조 황제黃帝에 이어 2대 전욱顓頊은 그의 손자, 3대 제곡帝嚳은 황제의 장남 현효玄囂의 손자, 즉 황제의 증손, 4대 요는 제곡의 차남, 즉 황제의 4대손, 그리고 요가 제위를 선양한 것으로 알려진 순은 전욱의 6대손으로 기록되고 있다. 하의 시조인 우禹는 전욱의 손자이자 황제의 4대손이다. 그리고 상의 시조 설契은 제곡의 둘째 부인 간적簡狄의 소생, 주의 시조 후직后稷은 제곡의 첫째 부인 강원姜原의 소생이다.[113] 이것은 상과 주의 시조 그리고 5제의 네번째인 요가 모두 이복 형제임을 의미하는데, 그다지 현실적이지 않다. 그와 유사하게 전국을 통일한 진의 경우 시조 대업大業이 전욱의 후예로 기록되지만, 진이 서쪽의 이민족이었다는 설이 유력하다.

넷째로 원래 중원의 외부에 위치했다가 그 일부가 된 국가들은 그 시조가 중원의 제왕들과 혈연적 관계가 있거나 천자에 의해서 현지에 분봉된 것으로 묘사된다. 춘추시대의 초·오·월·진 등이 여기에 해당된다. 진은 앞서 언급한 것처럼 그 선조가 5제의 한 사람인 전욱의 후예라는 것, 월은 하왕조의 6대 왕인 소강少康의 서자가 그곳에 봉해진 것, 초는 전욱의 후예인 웅역熊繹이 주의 성왕 때 자작의 작위를 얻어 봉해진 것, 오는 주의

---

의 5제의 이름이 병렬되는 최초 문헌은 전국 말의 『여씨춘추』인데, 여기에는 신농神農·황제黃帝·전욱顓頊·곡嚳·요·순 등이 나열되고 있다. 전한 초에 작성된 『주역周易』에는 포희씨包犧氏·신농·황제·요·순의 순서로 되어 있다. 하나의 용어로서 '오제五帝'가 등장하는 것은 전한 초기 『회남자』인데, 여기에는 황제·염제炎帝·전욱·요·순 등이다. 어쨌든 무제 시기에 이르러 황제·전욱·곡·요·순으로 구성된 오제의 관념은 널리 공유되었다. 당시의 문헌으로서 동중서의 『춘추번로』, 한영韓嬰의 『한시외전』 등에는 집단으로서 5제와 그 인물들이 등장한다. 『呂氏春秋』「孟夏紀·尊師」; 『周易』「繫辭(上)」; 『淮南子』「兵略訓」; 『春秋繁露』「三代改制質文」; 『韓詩外傳』「卷五」 참조.

113 『史記』 卷一 「五帝本紀」.

염황이제상炎黃二帝像_하남성 정주鄭州에 2006년 완성된 것으로 높이 106m의 석상이다.

태왕太王 때 왕위를 동생 계력季歷에게 양보하기 위해서 형만荊蠻으로 가서 현지의 우두머리가 된 중옹仲雍의 손자 주장周章을 무왕이 그곳에 봉한 것으로 설명한다.[114] 그 진위에 대해서 논쟁이 적지 않지만, 역사가들은 대부분 회의적이다.[115]

마지막으로 남월·동월(민월·동구)·서남이·흉노·조선 등 진한 시기에 정복된 민족들에 관한 기술도 비슷하다. 그들은 선조가 혈연적으로 중원과 연결되거나 아니면 중원의 인물에 의해 국가가 건설되는 방식으로 중국과 연계된다. 흉노는 그 선조가 하후씨夏后氏의 후예, 전한 시기 동월의 지배자들은 춘추시대 월왕 구천의 후예로 되어 있다. 서남이·조선·남월은 중원 출신의 장교莊蹻·위만衛滿·조타趙佗가 각각 현지의 군장이 되는 시기에 비로소 제국의 역사에 들어온다.[116] 중국의 역사가들도 중원과 이적들 사이의 혈연적 동일성에 관한 기록은 믿기 어렵다고 볼 뿐만 아니라, 장교의 서남이 진출 등 일부 정치적 연계성에 대해서도 의문을 제기하고 있다.[117]

중화와 이적의 관계에 관한 역사기술에 있어서 하나의 사건이 변형되거나 달리 해석되는 경우도 있다. 그 대표적인 사례는 아마도 네 죄인의 추방에 관한 일화일 것이다. 이 일화는 비록 신화적이지만 중화와 이적을 연결하는 최초의 사건으로서 상징성이 크다. 그에 관한 최초의 언급은 『상서』에 나오는데 순舜이 천하를 평정한 사실과 관련해 다음과 같은 기

114 『史記』 卷五 「秦本紀」, 卷三十一 「吳太伯世家」, 卷四十 「楚世家」, 卷四十一 「越王句踐世家」.

115 于逢春, "华夷衍变与大一统思想框架的构筑——以《史记》有关记述为中心," 2007: 26-29.

116 『史記』 卷一百十 「匈奴列傳」, 卷一百一十三 「南越列傳」, 卷一百一十四 「東越列傳」, 卷一百一十五 「朝鮮列傳」, 卷一百一十六 「西南夷列傳」.

117 顾颉刚·史念海, 『中国疆域沿革史』, 1999(1938): 42; 于逢春, "华夷衍变与大一统思想框架的构筑—以《史记》有关记述为中心," 2007: 28 참조.

록하고 있다.

(순이) 공공共工을 유주幽州에 유배시키고, 환두驩兜를 숭산崇山에 추방하고, 삼묘三苗를 삼위三危로 쫓아내고, 곤鯀을 우산羽山에서 죽였다. 네 죄인을 징벌하니 천하가 모두 복종했다.[118]

각각의 지명이나 관직 또는 인명·종족명 등이 불확실하면서도 이 구절은 중원과 그 외부 사이에 일정한 질서를 설정하고 있다. 그 질서는 중원정권의 죄인들이 그 밖으로 추방되는 방식에서 드러난다. 죄인들은 맡은 바 임무를 제대로 수행하지 못한 관리 또는 야만족(및 그 수령)으로서, 추방되거나 죽임을 당했다. 위 네 곳은 후대에 여러 곳으로 비정되고 있지만,[119] 당시 중원의 입장에서 이 지역들은 중화의 통치가 미치지 않는 곳이었다. 그렇다고 이 구절에서, 후에 일반적으로 해석되는 것처럼, 추방지역이 이적의 지역으로 명시된 것은 아니다.

그런데 『상서』에는 죄인의 추방과 이적의 관계로서 자주 인용되는 요堯[120]의 말로 다음과 같은 구절도 있다. 이 구절은 중화와 이적의 관계를 좀 더 직접적으로 표현하고 있다.

고요皐陶여, 만이가 제하를 어지럽히고 도적들이 간악한 짓을 하고 있다.

---

118 "流共工于幽洲, 放驩兜于崇山, 竄三苗于三危, 殛鯀于羽山, 四罪而天下咸服."(『尙書』「虞夏書·堯典」) 해석은 顧頡剛·劉起釪, 『尙書校釋譯論』 第一冊, 2005: 163-191; 江灝·钱宗武 译注, 『今古文尚书全译』, 1993: 27-28; 金冠植 譯, 『書經』, 1967: 45-46 등을 참조함.

119 각 지역의 위치는 다양하게 제시되지만, 유주는 하북성 동북, 숭산은 호남성 서부, 삼위는 감숙성 둔황, 우산은 강소성과 산동성 경계 등으로 추정된다(顧頡剛·劉起釪, 『尙書校釋譯論』 第一冊, 2005: 176-185).

120 『사기』는 그 구절을 거의 유사하게 인용하고 있는데, 다만 요가 아닌 순舜의 말로 되어 있다(『史記』 卷一 「五帝本紀」).

그대가 사법관이 되어라. 각각의 죄에는 다섯 가지 형벌[121]이 있다. 다섯 가지 형벌은 죄의 경중에 따라서 (들판·시장·관가) 3곳에서 집행한다. 각종 추방도 죄의 경중에 따라 (사방 국경의 바깥, 구주九州의 바깥, 국도의 바깥) 세 곳[122]으로 한다. 기준이 공정해야 사람들이 따를 것이다.[123]

여기에서는 중화와 이적 사이에 어떤 일방적 질서를 찾는 것은 무리로 여겨진다. 중원이 이적의 약탈 대상이 되고 있으며, 국내적으로도 단죄나 추방이 중요한 대응책이었다. 권력의 관점에서 보면 추방은 보편적 지배를 위한 질서의 구축과는 거리가 있으며, 온전한 질서가 구축되기 전 단계에서 피아를 분리하는 행위이다.

한편 네 죄인의 추방에 관한 기사는 전국시대 『맹자』에도 그대로 전사되고 있다. 다만 『맹자』에서는 네 죄인에 대한 처벌이 이복동생 상象에 대한 관대한 처분과 대비되고 있다. 순은 자신을 죽이려 하는 등 못되게 굴었던 이복동생 상을 처벌하지 않고 오히려 땅을 주어 분봉했다. 맹자의 시각에서 순이 친속인 상을 남인 네 명의 죄인과 다르게 대하는 것은 인지상정에 해당되었다.[124] 『맹자』에서 네 부류는 죄인으로서 순에 의해 처벌되었을 뿐만 아니라, 혈연적 관계에 따른 피아의 구분이 좀 더 명백해

---

121 구지에강은 형벌을 무력이나 군사를 포함하는 넓은 개념으로 보아서 이적에 대한 징벌도 포함하는 것으로 간주한다(顧頡剛·劉起釪, 『尙書校釋譯論』 第一册, 2005: 243-245, 356). 다만 『상서』「대우모」에서 고요의 역할에 관한 유사한 글귀가 있는데, 거기에는 만이를 시사하는 어떤 내용도 찾아볼 수 없다(『尙書』「虞夏書·大禹謨」).

122 세 곳에 대한 해석은 매우 다양하다(顧頡剛·劉起釪, 『尙書校釋譯論』 第一册, 2005: 247-248). 여기서는 杨钟贤·郝志达 主编, 『全校全注全译全评史记』 第一卷, 1997: 11.

123 "皋陶, 蠻夷猾夏, 寇賊姦宄. 汝作士, 五刑有服, 五服三就. 五流有宅, 五宅三居. 惟明克允."(『尙書』「虞夏書·舜典」) 번역은 顧頡剛·劉起釪, 『尙書校釋譯論』 第一册, 2005: 230-250; 江灏·钱宗武 译注, 『今古文尚书全译』, 1993: 29-31; 杨钟贤·郝志达 主编, 『全校全注全译全评史记』 第一卷, 1997: 11; 金冠植 譯, 『書經』, 1967: 48-49 등을 참조함.

124 『孟子』「萬章上」.

진 셈이다.

그런데 전한 중기 사마천은 『사기』의 「오제본기」에서 위의 구절을 아래와 같이 상당히 다른 방식으로 전달한다.

> 이때 순이 (순수巡狩를 마치고) 돌아와 제(즉 요)에게 공공을 유릉에 유배시켜 북적을 변화시키고, 환두를 숭산에 추방해 남만을 변화시키고, 삼묘를 삼위로 쫓아내 서융을 변화시키고, 곤을 우산에서 죽여 동이를 변화시킬 것을 청했다. 네 죄인을 징벌하니 천하가 모두 복종했다.[125]

먼저 사마천은 위 네 죄인들이 각각 사이四夷를 변화시켰다는 내용을 삽입하고 있다.[126] 이로써 추방은 다른 방식으로 중원과 오랑캐 지역을 연결하게 되었다. 그리고 '변화시키다'의 '변變'을 '풍속을 변화시키다', '교화시키다' 등으로 해석해, 중원이 이적을 개조시켰다는 증거로 등장한다.[127] 사실 위의 죄인들은 주어진 임무를 제대로 수행하지 못하거나 반란을 자주 일으켜 추방되었다는 점에서 그들이 사이四夷를 교화한다는 것은 생각하기 힘들다. 그리고 우산에서 죽은 곤鯤이 어떻게 동이를 교화시키고, 이적인 삼묘가 또 다른 이적인 서융을 어떻게 교화시킬 수 있을 것인가?

이러한 왜곡은 후에 더욱 극단적인 형태로 나타난다. 북송의 소식蘇軾(1037-1101)은 위의 네 부류 죄인들은 죽임을 당하거나 폐기된 것이 아니라

125 "於是舜歸而言於帝, 請流共工於幽陵, 以變北狄; 放讙兜於崇山, 以變南蠻; 遷三苗於三危, 以變西戎; 殛鯀於羽山, 以變東夷: 四罪而天下咸服."(『史記』 卷一 「五帝本紀」) 번역은 杨钟贤·郝志达 主编, 『全校全注全译全评史记』 第一卷, 1997: 11; 丁範鎭 외 옮김, 『사기본기』, 1994: 17-18을 참조함.

126 물론 그것은 사마천 자신이 지어낸 것은 아니며, 공자의 어록이지만 당시 유가의 정통 경전으로 간주되지 않았던 『대대례기』의 「오제덕」 편에 수록된 내용에 의거했다(『史記』 卷一 「五帝本紀」; 『大戴禮記』 「五帝德」).

127 杨钟贤·郝志达 主编, 『全校全注全译全评史记』 第一卷, 1997: 7-8.

사이四夷의 군장이 되도록 했다고 주장한다. 그 근거는 만일 네 사람이 그렇게 잘못했다면 그들은 순 시기까지 기다리지 않고 ― 그들이 활동했던 ― 요 시기에 이미 죽임을 당했어야 마땅하다는 것, 그리고 그들이 진짜 죄인이라면 사이를 개화하는 임무를 맡길 수는 없다는 것, 또한 요 시기에 그러한 간신들이 조정에 있었다면 이상적인 군주로서 요임금은 있을 수 없다는 것이었다.[128] 소식의 주장은 네 사람이 죄인으로 추방되었다는 사실까지도 부인하는 셈이다.

경전의 내용을 좀 더 객관적으로 파악하기 위해서는 특정 글귀가 아니라 전체적인 맥락을 살펴보지 않으면 안 된다. 이와 관련해 특히 맨 뒷부분의 '네 죄인들을 징벌하자 천하가 모두 복종했다.'는 점에도 주목할 필요가 있다. 이것은 네 죄인들을 벌함으로써 천하가 순의 권위에 복종하게 되었다는 의미일 것이다. 그렇다면 순이 그들을 벌해 이적의 땅에 추방한 것은 그들에게 자신의 권위를 보여 주는 방법이었던 셈이다. 결국 『사기』에서 '변화시키다'는 것은 이적의 풍습을 변화시키는 것이 아니라 주변 이적들이 순에게 복종하도록 변화시켰다는 의미이다.

그런데 사마천은 순이 제위에 오르기 전에 혼돈渾沌·궁기窮奇·도올檮杌·도철饕餮 등 네 흉악한 종족들을 사방의 변방으로 추방해 요괴를 통제하고 악인을 제거한 사실도 기록하고 있다.[129] 이것은 역대 제왕의 후손들로서 순과의 권력투쟁에서 패배한 종족들이 중원 지역으로부터 축출된 것을 시사하지만, 죄인의 추방은 중원 내의 질서를 잡는 데 일차적인 목적이 있었다. 앞서 네 죄인 가운데 환두·공공·곤은 원래 모두 순의 신하였고, 다만 주어진 업무를 제대로 처리하지 못해 추방되었을 뿐이다. 이

128 『蘇軾集』 卷九十二 「評史四十六首·堯不誅四凶」. http://www.cidianwang.com /wenxue /guoxue/jibu/187308.htm

129 "舜賓於四門, 乃流四凶族, 遷于四裔, 以御螭魅, 於是四門辟, 言毋凶人也."(『史記』 卷一 「五帝本紀」)

러한 맥락에서 본다면, 네 죄인들의 추방을 이적의 교화로 연결시키는 데에 따른 문제는 사마천의 의도가 아니라, 그에 대한 후대의 해석에 있을 수 있다. 위의 인용문에서 천하는 이적을 포함하는 것이 아니라 요순이 직접 통치하던 범위만을 지칭할 수도 있다(천하 I).

그 외에도 '변變'은 보통 타동사로 보아서 '이적의 풍속을 변화시키다' 또는 '교화시키다'로 번역된다. 그렇지 않고 자동사로 간주해 이적으로 변화되었다고 번역할 수도 있다. 이를테면 공공을 유릉에 유배시키자 그가 북적(또는 북적의 일원)이 되었다는 것이다. 이것은 중화가 이적으로 전환되는 사례가 된다. 물론 소극적으로 해석해서 중화가 잘못해 이적이 된 경우로 보거나, 아니면 적극적으로 해석해 이적이 중원에 기원한다고 볼 수 있다. 따라서 앞서 언급한 것처럼 『사기』는 이적들이 생물학적 또는 정치적으로 중원에 그 뿌리를 둔 것으로 기술하고 있다.

『사기』에서 중원과 주변 민족들의 인적 연계성이 설정됨으로써, 그 신빙성 여부와 무관하게 전한 중반 무제 시기까지 전개된 중화의 팽창과 이적의 흡수가 합리화되었다. 물론 그것은 다른 한편으로 후에 위진남북조 시대에 가시화되는 것처럼 변방 민족의 중국 진출에 대한 인식론적 근거를 제공했다. 즉 중화와 이적의 근원적 연계는 이민족에게는 자신들의 중국 지배를 정당화하고, 한족에게는 피지배의 굴욕을 심리적으로 완화하는 근거가 되었다.

### 문화민족주의

여기서 유가의 화이의식은 문화 수준의 차이에 기반을 둔다는 관점, 소위 문화민족주의를 좀 더 검토할 필요가 있다. 문화 수준의 차이는 무엇보다도 도의나 예의범절의 유무와 관련된다. 이러한 화이의식은 공자나 맹자와 같은 초기 사상가들뿐 아니라 한 시기까지 경전화된 『예기』나 『주례』 등 문헌의 해석에도 해당된다. 문화 수준의 차이는 종족적 차이와 대비되는 말이다. 이로써 유가는 기본적으로 이적에 대해서 인종적 편견이나 인식을 갖지 않았다고 간주된다. 하지만 그에 대한 논증은 문헌상의 개념적 분석에 한정되고 있다. 따라서 몇 가지 측면에서 보완될 필요가 있다.

먼저 중화와 이적의 명확한 지리적·인적 구분이다. 앞서 언급한 것처럼 중화의 범위가 확장되면서 이적의 실체도 변화되었다. 중원을 중심으로 하는 최초의 인적 공동체는 제하·화하·중화 등으로 불리었다. 그 범위는 황하 중류 지역에 한정되었다. 춘추시대 초반까지도 이적은 북방의 융적 이외에는 진·초·월·오 등 중원 주변의 국가들(또는 민족들)이었다. 중원과 이들 사이에는 종족적 차이는 거의 없었다. 더욱이 춘추 중반을 거쳐서 이들은 정치적으로 중화의 일원이 되었다. 『논어』나 『춘추』 등 경전들은 이미 주변 국가들이 거의 중화와 결합된 상황에서 작성되었다. 따라서 중화와 이들 사이에 문화적 요소 이외에 종족적 구별은 생각하기 힘들었을 것이다.

역사기술에 있어서 현재의 입장에서 임의로 과거를 이해하는 경향의 문제점은 종종 지적되어 왔다. 그렇지만 그와 반대로 현재를 과거의 개념으로 포착하거나 표현하는 데에도 문제는 발생한다. 즉 천하나 화이의 범위나 그 구성이 크게 변화되었는데도 여전히 해당 개념들이 그대로 사용되는 것이다. 우리는 중국의 문헌에서 과거의 개념으로 현재를 언급하는 경우를 수없이 보게 된다. 그것을 개념적 확장으로 볼 수 있겠지만, 엄밀하게 말한다면 후대의 자의적 해석에 불과할 수도 있다. 한의 천하를 주의 천하로 소급시킬 수 없는 것과 마찬가지로 주의 천하 개념으로 한의 천하를 포착할 수 없다. 각각의 개념들이 지칭하는 대상과 범위는 서로 다를 수 있다.

사실 전국시대의 이적은 춘추 초기와 그 실체가 크게 달랐다. 앞서 언급한 것처럼 중원 주변의 초·월·오·진 등 이적이 중원의 일원이 되면서, 이적은 북방의 융적과 같이 그 너머의 민족들이었다. 이를테면 앞서 언급한 것처럼 『여씨춘추』에서 이적은 동쪽의 조선, 남쪽의 육량陸梁, 북쪽의 호胡·적狄, 서쪽의 저氐·강羌 등이었다. 이들과는 오랫동안 접촉이 제한되었던 상황에서 문화적 차이보다는 종족적 구별의식이 강할 수밖에 없다. 이것은 『사기』에서 사마천의 역사기술에도 반영된다. 『사기』에서는 전국시대까지 중화에 편입된 지역이나 종족들은 황제를 정점으로 모두 혈연관계에 있는 것으로 설정된다. 그에 반해 진한 시기를 거쳐 중원에 새로 편입된 일부 지역이나 종족에 대해서는 중원세력에 의한 정권 형성을 언급할 뿐이다. 이들은 중화와 다른 이적으로 분명하게 설정된다. 물론 『사기』의 방식은 사마천의 새로운 시도라기보다는 그간 변화된 중국과 천하의 구조와 범위를 반영한 결과일 것이다.

다음으로 문화적 차이와 종족적 구별에 대한 언어상의 표현이 엄격하게 구분되기 힘들다는 점이다. 혹자는 유가의 화이구분이 문화 수준에서의 차이에 있을 뿐, 종족적 구별에 있지 않다는 예로서 『춘추공양전』과 같은 문헌에서 이적에 대해 '금수禽獸'라는 표현이 사용되지 않는다는 점을 들고 있다.[130]

그렇지만 그러한 주장의 현실적 근거는 공고하지 않다. 유가에서 누군가가 금수와 같다고 말할 때, 가장 중요한 근거는 인간으로서 갖추어야 할 예의범절의 결여이다. 그러한 논리는 이적이든 제하의 백성이든 모두 해당된다. 누구라도 예의범절이 없다면 곧 금수와 같다고 표현될 수 있을 뿐이며, 그를 글자 그대로 이적으로 간주하는 것은 아니다. 마찬가지로 금수는 예의범절의 결여만으로 규정되지 않는다. 한 시기에 북방 흉노의 일파인 훈육葷粥과 관련해 "효행이 없어 금수의 마음을 갖는다."[131]고 했

130 히하라 도시쿠니 지음, 김동민 옮김, 『국가와 백성 사이의 漢』, 2013: 249-251.

는데, 훈육이 금수인 것은 단지 효행이 없기 때문만은 아니다. 문화적 차이는 종족적 차이의 일부일 뿐이다. 『논어』를 포함해 수많은 유가의 문헌에서 이적의 문화나 풍습으로 등장하는 단발·문신·좌임 등과 같은 문화적 개념들은 실제 중화와 이적 사이의 종족적 차이에 대한 관념으로 보아야 한다.

더욱이 유가는 비록 한대에 국가의 통치이념으로 채택되었지만 현실을 좌우했던 것은 아니었다. 정치 일반에서 외유내법의 비유와 같이 법가적 견해가 정책에 미치는 영향이 작지 않았다. 통치이념으로서 유가는 그러한 현실을 분식하기 위한 수사修辭로 활용되었다고 할 수도 있다.[132] 사실 역사적으로 어떤 집단을 중화의 일원으로 포함시킬지 여부를 그의 문화적 수준을 기준으로 했던 적은 없었다. 그것은 힘에 의해 결정되었을 뿐이다.

또한 황제의 보편적 지배를 고려한다면, 중화와 이적 사이의 본질적 차이를 강조할 수는 없는 일이다. 종족적 차이보다는 문화나 문명의 낙후성을 강조함으로써 교화의 가능성과 필요성은 커질 수 있다. 특히 황제의 직접적 통치가 불가능한 곳에 대해서 '교화'와 같은 설득은 최소 비용으로 황제의 권위를 인정받을 수 있는 유력한 방법이다. 자신과 근본적으로 다른 종족들에 대한 인식은 경계의 설정과 그에 따른 행동의 절제를 내포한다. 그렇지만 그러한 근본적인 차이에 대한 인식이 문화수준 상의 차이, 즉 가변적 차이에 대한 인식에 의해 대체될 때, 경계의 설정과 행동의 절제는 약화된다. 즉 이적이 교화와 지배의 대상으로 변화될 수 있는 여지가 생겨난다. 물론 반대로 이적이 문화 수준의 제고를 바탕으로 중원을

131 "葷粥氏無有孝行而禽獸心."(『史記』 卷六十 「三王世家」)

132 법가의 노골적 절대주의에 대해서 유가의 성왕론聖王論은 도덕적 가치로 윤색된 절대주의에 불과하다고 보는 시각은 Hsiao, K. C., "Legalism and Autocracy in Traditional China," 1977: 125-143.

지배하는 것도 인식적으로 합리화될 수 있다.

끝으로 천하의 범위 문제이다. 일반적으로 초기 지리적 개념으로서 천하는 사람들의 최대 인식범위를 나타내는 것으로 간주되어 왔다. 천하는 적어도 이상적으로는 무한한 범위를 지칭한다는 것이다.[133] 그렇지만 앞서 언급한 것처럼 천하는 중원의 세계만을 가리키는 경우(천하 I)가 대부분이고, 부분적으로만 중화와 관련된 주변 민족들을 포괄한다(천하 II). 다만 우리들은 오늘날에도 세계 또는 인류 전체를 지칭하는 개념들로서 천하·사해 등을 사용하고 있다. 이러한 개념적 확장은 초기 관념들에 대한 왜곡된 해석으로 이어지고 있다.

사실 중국에서와 마찬가지로 중동·아프리카·남미·유럽 등에 위치했던 크고 작은 고대 제국들은 자신들이 인식하는 범위가 곧 세계이고 스스로 그 중심에 위치한다고 생각했다. 오늘날의 시각에서 본다면, 그러한 사고는 한편으로는 문명적 우위에 대한 자부심과 더불어 다른 한편으로 세계에 대한 제한된 이해에서 기인한다. 그런데 대체로 중국과 다른 제국들 사이에는 약간의 차이가 있다. 중국에서 천하는 어디까지나 중화와 연관된 천하이며, 추상적이고 보편적인 인류 전체는 아니다. 이것은 다른 제국들이 어떤 신의 섭리나 특정 정치적 가치를 전 인류에게 확대하려고 한 것과 차이가 있다. 이들 제국들이 종교적 또는 이념적 목적을 위해서 대규모 정복사업을 벌였다면, 중국은 단지 제국의 안전을 지키는 데 주의를 기울였다.

초기 중국의 정치사상에서 보편적 인류나 세계 관념의 결여는 국제적으로 고립된 중국의 현실을 반영한다. 물론 진시황과 한 무제는 대규모의 대외팽창 전쟁을 수행했다. 그렇지만 그것은 기본적으로 제국의 위협 세력을 제거함으로써 국방을 강화하거나, 제국의 권력확대에 있었다. 즉 정

133 萧公权, 『中国政治思想史』, 1998: 12.

복은 주변 민족들을 일정한 방식으로 통치하기 위해서가 아니라, 그들을 구축하고 제국 백성의 활동공간을 넓히기 위해서였던 것이다. 아니면 정복활동은 통치자의 권력욕을 충족시키기 위해서였다. 이러한 의미에서 제국의 국제정치는 국내정치의 확장으로서 의미가 강했다.

제국의 내향적 성격은 그 대국적 특성과 무관하지 않다. 대국의 지리적 광대함과 다수의 인구는 내부 문제의 복잡성과 국방의 어려움을 내포한다. 권력이론의 측면에서 국내 통치에 많은 비용을 집중하지 않으면 안 되는 것이다. 그와 함께 지리적인 장애가 적지 않은 상황에서 중앙으로부터 멀수록 통치비용은 증가한다. 앞서 언급한 것처럼 다른 비경제적인 목적이 중시되는 상황에서 대외정복은 감행될 수 있지만, 그렇지 않다면 통치비용은 제국의 대외활동에 있어서 심각하게 고려되지 않으면 안 된다.

| 일곱 번째 |

# 천하의 지리적 구획과 크기

# 7

이 장은 '구주九州'·'오복五服'·'구복九服' 등 초기 문헌에 나타나는 천하와 중국에 대한 지리적 관념체계를 다룬다. 구주는 하夏의 시조 우禹가 치수 이후 전국을 9개의 지방으로 구획했던 것에 기원한다. 오복과 구복은 중심부터 주변, 즉 왕과 제후 그리고 중원과 이민족 사이의 위계적 구조를 나타낸다. 구복은 천하의 크기와 구조에 있어서 오복이 크게 확장되고 세분화된 형태이다. 여기서는 특히 세 관념들 사이의 연관성에 주목함으로써 천하와 중국(및 이민족)의 크기와 그 내부구조를 드러낸다. 그와 함께 그러한 관념들이 정치권력의 통합과 확대를 반영함과 더불어 대외정책상의 논거로 제기되는 점에도 주목한다. 마지막으로 그러한 관념들이 후대 중국과 한반도의 관계 규정에 어떻게 반영되는지 살펴본다.

## 1. 공간구획의 정치학

지리적 구획은 정치권력의 형성과 통합 과정에서 중요한 요소이다. 그것은 한편으로 해당 정치체를 외부와 구분하고, 다른 한편으로 그 자체를 세부적 단위로 구분하는 일이다. 중국 초기의 문헌에서도 상당히 분명한 지리적 관념체계가 발견된다. 초기 중국에 대한 지리적·공간적 규정과 관련해 대표적인 것은 '구주九州'와 '오복五服' 및 그 변형된 형태로서 '구복九服'이다. 양자는 대개 별도로 언급되지만 서로 관련이 없지 않다. 그것들은 앞서 다룬 천하관이나 화이구분과 긴밀한 관계가 있지만, 매우 정교하고 체계적인 형태를 띠고 있다는 점에서 특징적이다.

중국의 가장 오래된 역사서의 하나인 『상서』「우공」은 하夏의 시조인 우禹가 홍수를 다스리기 위해서 치수사업을 하고 전국을 9개의 큰 지역으로 나누었다고 기록하고 있다.[1] 이것이 소위 구주이론이다. 이러한 구분에 의거해 각각의 지역은 그 지리적·인문적 특성에 따라 통치되었다고 한다. 마찬가지로 위의 문헌에 의하면, 우는 중앙을 중심으로 지리적 원근

1 『尙書』「虞夏書·禹貢」.

황하黃河_초기 인간은 자연을 변화시키기보다는 거기에 순응하지 않을 수 없었을 것이다.

에 따라 500리씩 단계적으로 5개의 구역을 설정하고 상이한 방식으로 통치적 관계를 유지했다. 소위 오복으로 불리는 이러한 관념은 주변의 이민족들을 포괄하는 좀 더 넓은 지역에 대해서 위계적 질서를 상정한다.

우왕이 이처럼 땅을 구획하고 조공관계를 구분한 것〔획토분공劃土分貢〕은 신화적 성격이 강하지만 하나의 이상적 정치질서로서 후대에 큰 영향을 주었다. 위의 개념들은 『예기』·『주례』 등 다른 문헌에도 출현하고, 『사기』나 『한서』와 같은 역사서에 그대로 전사되어 후세에 전해지고 있다. 뿐만 아니라 그러한 지리적 관념들은 때로는 변형된 형태로서 후대, 이를테면 서주西周(기원전 11-8세기)에 대해서도 적용되고 있다. 위의 「우공」이 천하를 5단계로 구분했다면(오복), 주의 통치체제에 관한 기록인 『주례』 「직방씨」는 9단계로 확대, 세분화했다(구복).

관련 문헌들은 단순히 지리적 구획에 멈추지 않고 그 내부에 일정한 질서를 정하고 나아가 크기에 대해서도 구체적인 수치를 명시하고 있다. 내부 질서는 왕을 중심으로 각급 제후들과 이민족들이 위계적 관계를 형성하는 일종의 동심원적 구조이다. 그리고 그 공간적 범위는 시간이 지날수록 더 확장되는 경향이 있다. 「우공」은 이민족이 포함된 천하를 사방 5천 리, 중국을 사방 3천 리로 설정했지만, 「직방씨」는 천하를 사방 1만 리, 중국을 사방 7천 리로 크게 확장하고 있다. 이러한 외형적 크기의 변화에 상응해 그 구조도 차이가 있다.

역사 초기에 이처럼 정교한 관념상의 공간구성과 관련하여 역사적 사실 여부를 둘러싸고 많은 논쟁이 제기되어 왔다. 그러한 관념들은 무엇보다도 지역을 과도하게 기계적으로 구분하거나 지리적 범위를 지나치게 넓게 설정하는 등 현실성이 부족하다고 간주된다. 실제 이러한 문헌들은 고증하기 매우 어렵다. 그것은 해당 문헌들이 특정 시점이 아니라 오랜 시기를 거치면서 작성되었을 뿐만 아니라 다양한 방식으로 편집되었고, 그 과정에서 첨삭되었기 때문이다. 『상서』나 『예기』의 각 편과 『주례』 등에 대해서 학자들은 작성 연대를 서주·춘추·전국·전한 등 다양한 시기로 설정하고 있다.[2] 더욱이 진시황의 분서와 그에 따른 금문과 고문 등 부분적으로 서로 상충되는 문헌의 존재는 고증을 더욱 어렵게 한다. 특히 20세기 초반 근대의 실증적 역사학의 도입과 더불어 초기 지리적 관념은

2 이 문헌들은 과거에 전해 내려오던 기존의 경전들을 바탕으로 제작되었다. 따라서 공식적인 제작 연도가 해당 관념의 출현 시기를 의미하는 것은 결코 아니다. 대체로 『상서』「우공」은 전국시대 중반, 『예기』「왕제」는 전한 문제文帝(기원전 180-157년 재위), 그리고 『주례』는 전한 말 성제成帝(기원전 33-37년 재위) 때 제작되었다고 한다. 「왕제」와 관련해서는 문제 때 "박사와 여러 유생들에게 6경 가운데 찾아서 「왕제」를 제작하도록 했다."고(『史記』 卷二十八 「封禪書」), 『주례』에 대해서는 성제 때 "(유)흠이 『주관周官』 16편으로 『주례』를 만들었다."고(『前漢紀』 卷二十五 「孝成皇帝紀二」) 전해진다.

의문시되었다.

그럼에도 최근 중국 내에서 역사가들이 초기 관념체계의 진실성을 주장하는 경우가 늘고 있다. 일부에서는 고고학적 증거를 바탕으로 넓은 영역에 걸쳐 존재했던 문화적 동질성이나 경제적 교류에 입각해 광범위한 지역의 통합적인 정치질서를 상정하기도 한다. 이를테면 기원전 3천 년전 신석기 문화인 용산龍山문화와 기원전 17-18세기 청동기시대로 이어지는 이리두二里頭문화 등이 황하의 중류에 국한되지 않고 그 하류나 장강 지역까지 퍼져 있었다는 것이다.[3] 그리고 일부 연구자들은 문헌상의 몇몇 개념들을 재해석하여 초기의 관념체계에 역사적 근거를 부여하고 있다. 이러한 모든 것은 최근 중국에서 이루어지는 역사 연구와 기술에 있어서 민족주의적 흐름을 반영한다.

그러한 관념체계는 앞 장에서 언급된 천하관이나 화이관의 파생물이지만 동시에 그것들을 뒷받침해 주는 강력한 이론적 근거가 될 수 있다. 그것은 단순히 피아에 대한 일정한 인식뿐 아니라 지리적 크기와 그에 따른 권력구조를 보여 주는 초보적인 세계지도와도 같다. 물론 그 내용은 지나치게 도식적이며 따라서 역사적 사실이라기보다는 후대에 고안된 상상의 세계일 수도 있다. 그럼에도 그러한 관념체계는 현실의 정책적 근거로 활용되었고, 지금도 마찬가지다. 주지하는 것처럼 최근 중국은 국민통합이나 중국을 중심으로 하는 동아시아 질서의 재편과 같은 국내외적 목적을 위해서 초기 역사를 재구성하고 있다.

이제까지 초기 지리적 관념체계에 대한 연구는 그것의 역사적 사실 여부나 개념적 해석에 초점을 두었다. 그와 달리 이 글은 권력규모 이론과 결부시켜 그러한 관념체계의 정치적 의미를 파악하고자 한다. 이와 관련

---

3 劉莉·陳星燦 저, 심재훈 역,『중국 고대국가의 형성』, 2006: 39-147; 陈剩勇, "'九州'新解," 1995: 13-17; 赵春青, "《禹贡》五服的考古学观察," 2006: 14-19.

해 해당 관념은 몇 가지 흥미로운 내용들을 포함하고 있다. 그것은 첫째, 중앙(왕)과 지방(제후)의 관계, 둘째, 중국과 주변 민족의 관계, 그리고 셋째, 중국과 천하의 크기이다. 이러한 맥락에서 아래에서는 구주와 오복 그리고 구복 등 초기 지리적 관념체계에 관한 문헌적 분석을 바탕으로, 그에 대한 기존의 평가 그리고 그후 그것이 한중관계에 투영되는 양상을 차례로 살펴본다. 이를 위해서는 일단 텍스트를 가능한 정확하게 분석할 필요가 있다.

이를 통해 그러한 지리적 구획이 분명한 정치적 의미를 갖는다는 점을 밝히고자 한다. 이 책의 서론 부분에서 제기한 것처럼, 권력은 팽창과 집중을 속성으로 하지만 여러 가지 요소적·관계적 제약을 받는다. 그 제약은 대체로 중심으로부터 거리에 따라 다르며, 멀면 멀수록 크다. 이러한 제약은 보편적 지배의 요구와는 배치될 수밖에 없다. 여기서 지리적 구획과 그에 따른 층차적 지배는 현실적으로 불가피하다. 뿐만 아니라 천하의 보편적 지배에 대한 관념을 포기하지 않는 한 그것을 내면적으로 합리화할 필요가 있다. 동시에 층차적 구획은 특정 권력자가 상황적 판단을 제대로 하지 않고 단지 권력의 확대만 추구할 경우에 그에 대한 유력한 반대의 논리가 될 수 있다. 그와 반대로 상황이 변하여 제약이 약화되는 경우 그러한 관념체계는 지배의 회복이나 확대를 합리화하는 논리로서도 기능하게 된다.

## 2. 구주九州와 오복五服·구복九服

### 오복

신화적 성격이 적지 않지만 가장 초기의 지리적 구획에 대한 문헌은 『상서』의 「우공」 편이다. 『상서』는 중국사의 초기 단계에서 등장하는 전설적인 인물로서 요와 순, 그리고 초기의 왕조들인 하·상·주의 최고 통치자들의 행적을 다루고 있다. 그 가운데 「우공」 편은 순을 도와 천하를 다스리고, 나중에 그로부터 권력을 선양받아 하를 건설하였다는 우禹에 관한 것이다. 그의 최대 치적은 수리와 토목공사로 기술되고 있다. 특히 이 문헌은 우에 의해 국가형성에 필요한 일정한 지리적 기반이 완성되었음을 시사하고 있다. 즉 그가 치수공사 이후에 그 지리적 특징에 따라 전국을 아홉 개의 주州로 나누었고, 천하를 다섯 개의 복服으로 구분했다는 것이다.

먼저 구주九州이다.[4] 이와 관련하고 『상서』 「우공」은 아래와 같이 시작한다.[5] 이 구절은 『사기』 「하본기」에서 우의 치수와 관련된 행적에 반영된다.

---

4 그 외에 『상서』 「순전舜典」에 순이 "12주를 시작했다〔肇十有二州〕."는 기록에 기초해 12개 주의 존재가 제기되었다. 그렇지만 거기에는 더 이상의 구체적인 내용은 없고, 다른 초기 문헌에도 언급되지 않고 있다. 다만 전한 말 평제平帝 때 왕망王莽의 제안에 따라 「순전」의 12주설을 반영해 원래의 13개 주를 12개 주로 수정했다(『漢書』 卷九十九 「王莽傳」). 후한 시기의 『백호통의』도 12주설을 따르고 있다(『白虎通義』 「封公侯」). 또한 명 말 고염무顧炎武를 포함해 12주설의 지지자들은 『주례』 「직방씨」 등 문헌에서 유주幽州·병주幷州·영주營州가 새로 추가된 점에 착안해 하의 영토가 우의 구주보다 더 넓었다고 주장했다. 즉 아직 신하였던 우가 구주를 개척한 뒤에도 순이 3개의 주를 더 확대시켰다는 것이다(顧炎武 著, 黃汝成 集釋, 『日知錄集釋』, 2006: 1232-1237 참조). 그렇지만 근대 역사학자 구지에강은 12주설을 후대에서 지어낸 이야기로 간주한다(顧頡剛·劉起釪, 『尙書校釋譯論』 第一册, 2005: 155-159 참조).

5 사실 '구九'는 일종의 허수인 측면도 없지 않다. 이를테면 『춘추좌전』에는 "우왕의 업

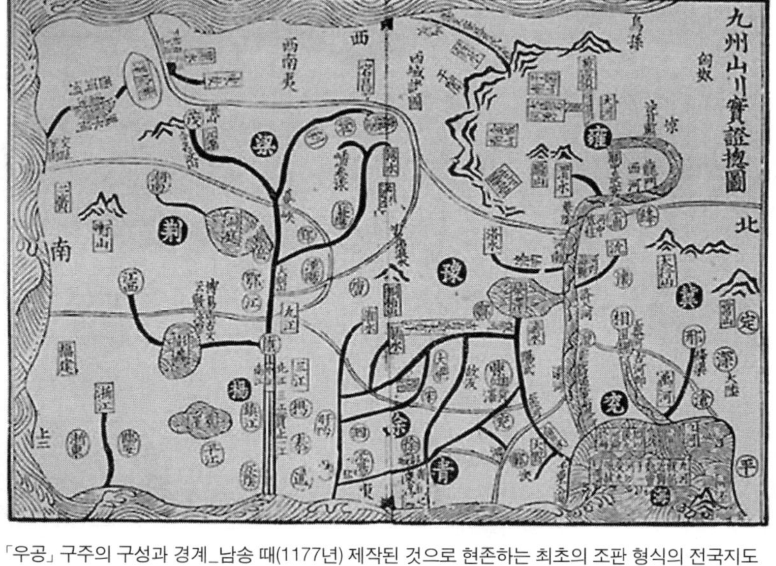


「우공」 구주의 구성과 경계_남송 때(1177년) 제작된 것으로 현존하는 최초의 조판 형식의 전국지도이다. 북쪽을 제외하고는 사방이 바다로 둘러싸여 있다.

> 우는 구주의 지리적 경계를 나누었고, 산세에 따라서 수목을 잘라 길의 표지로 삼았으며, 물줄기를 소통시켰고, 토지의 비옥도에 따라 조세의 등급을 제정했다.[6]

「우공」은 구체적으로 구주를 기冀·연兗·청青·서徐·양揚·형荊·예豫·

---

적은 매우 많아 (중국을) 구주로 구획하고, 아홉 개의 길을 새로 열었다."고 말하고 있다(『春秋左傳』 襄公四年(기원전 569년)). 『국어』에도 우왕의 치수사업과 관련해 "토석을 쌓아 9개의 산을 높이고, 9개의 하천을 서로 연결하고, 9개 소택의 둑을 막고, 9개의 저지대에 곡식을 심고, 9개의 수원을 통하게 하고, 9개의 거처에 주택을 지어 사해를 통합했다."라는 기록이 있다(『國語』「周語下」). 『사기』「하본기」는 우왕이 "9개의 주州를 열고, 9개의 길을 소통시키고, 9개의 소택을 쌓고, 9개의 산에 길을 뚫었다."고 언급하고 있다(『史記』 卷二 「夏本紀」).

6 "禹別九州, 隨山濬川, 任土作貢."(『尚書』「虞夏書·禹貢」) 번역은 江灝·钱宗武 译注, 『今古文尚书全译』, 1993: 69-70을 참고함.

양梁·옹雍으로 설정하고, 각각의 지역에 대한 우의 사업을 나열하고 있다. 구주는 『상서』나 『주례』 등에서 그 명칭은 다르지만 화하華夏의 거주지역이었고, 진한 시기에 군국이 설치된 지역이다.[7] 우의 사업에는 치리나 지리적 구획과 더불어 몇 가지 행정적 사업도 포함된다. 즉 지리적 조건에 따른 농업이나 목축의 장려, 주민들의 이주, 토지의 질에 따른 조세의 부과, 물자의 유통, 이민족의 통제와 공물의 상납이 행해졌다는 것이다.[8]

〈그림 15〉 오복체제

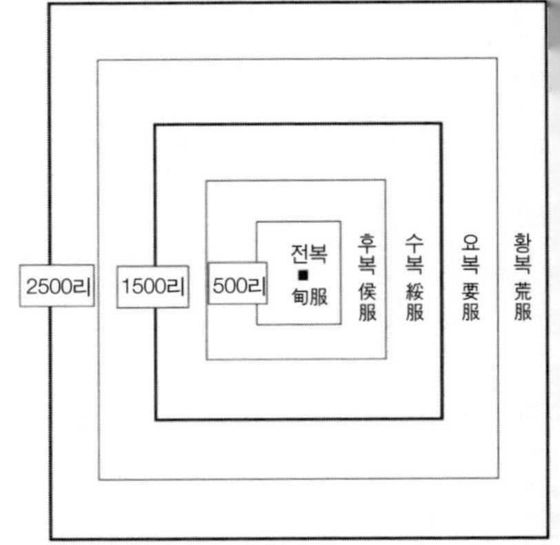


또한 「우공」에는 일부 주에서 그 경내의 이민족들도 적지 않게 등장한다. 이를테면 왕의 도읍지가 위치한 기주에서는 도이島夷가 피복을 공물로 바친 것, 청주에서는 내산萊山의 이족夷族에게 목축을 하게 하자 이들이 공물을 바친 것, 서주에서는 회수淮水의 이족, 즉 회이淮夷가 진주와 물고기를 바친 것, 양주揚州에서는 도이島夷가 과일을 바친 것, 양주梁州에서는 화수和水의 이족, 즉 화이和夷를 다스린 것, 옹주에서는 삼묘족三苗族과 서융西戎의 질서가 잡힌 것 등이 포함되어 있다.[9]

다음은 오복 개념이다. 오복과 관련해 「우공」은 다음과 같이 기술하고 있다. 이것은 『사기』 「하본기」에도 거의 그대로 전사되어 있다.

---

7 중국의 역사가들도 주가 상을 이긴 뒤 9개 주의 내용을 조정한 것과 특히 한무제 시기 그것을 고쳐 13개 주를 설치하고 자사를 두었다는 『한서』 「지리지」의 기록을 근거로 구주가 군현지역(더 정확하게는 군국지역)에 국한됨을 인정한다(『漢書』 卷二十八 「地理志」; 李大龙, 『汉唐藩属体制研究』, 2006: 51-52).

8 『尙書』 「虞夏書·禹貢」; 『史記』 卷二 「夏本紀」.

9 「우공」의 구주 부분은 『사기』 「하본기」와 『한서』 「지리지」에 전사되어 있다.

500리는 전복甸服[10]인데, (제후들은) 100리 이내는 볏단을 부세로 바치고, 200리 이내는 곡식의 이삭을 바치며, 300리 이내는 곡식의 낟알을 바치며, 400리 이내는 정미하지 않은 쌀을 바치며, 500리 이내는 정미한 쌀을 바친다. (다음) 500리는 후복侯服인데, 그중 100리는 경대부의 채읍이고, 200리는 남방男邦이며, 그 바깥의 300리는 제후국이다. (다음) 500리는 수복綏服인데, 그중 300리는 문치로서 백성을 교화하고, 그 바깥의 200리는 무력에 의해 방위한다. (다음) 500리는 요복要服인데, 그중 300리는 이족夷族이 거주하고, 그 바깥의 200리는 경범죄자의 추방지역이며, (다음) 500리는 황복荒服인데, 그중 300리는 만족蠻族이 거주하고, 그 바깥의 200리는 중범죄자의 추방지역이다. (그 범위는) 동으로는 바다에 닿았고, 서로는 사막까지 미쳤으며, 북에서 남까지 이르렀고, 명성과 교화가 사해까지 다다랐다.[11]

100개 남짓의 글자로 구성된 이 글은 매우 많은 내용을 담고 있다. 중앙의 전복은 천자의 직할 지역으로 다양한 방식의 조세가 직접 부과된

10 복服은 사事, 즉 관직 임무의 수행을 의미한다. 구지에강에 의하면, 전복의 전甸은 논밭의 의미로서 왕실이 식량을 조달하는 곳, 후복은 제후의 의미로서 왕이 책봉해 스스로를 지키는 곳, 빈복은 손님의 의미로서 신 왕조에 협조한 전 왕조 귀족들의 통치가 허용되는 곳, 요복의 요要는 약속의 의미로서 오랫동안 중원에 거주해 문화적 수준이 높지만 왕실과 관계가 소원해 제후국들 사이에 끼지 못하면서 복종을 약속한 곳, 황복의 황荒은 멀다는 의미로서 중원의 문명에 의해 교화되지 않은 융적의 거주지이다(顧頡剛, "畿服," 1963: 1-2). 그에 대한 사전·주석 등 근거들에 관해서는 刘逖, "论《禹贡》畿服制—中国最古的边疆学说试探," 『中国边疆史地研究』, 1991: 44-45 참조.

11 "五百里甸服: 百里賦納總, 二百里納銍, 三百里納秸服, 四百里粟, 五百里米. 五百里侯服: 百里采, 二百里男邦, 三百里諸侯. 五百里綏服: 三百里揆文教, 二百里奮武衛. 五百里要服: 三百里夷, 二百里蔡. 五百里荒服: 三百里蠻, 二百里流. 東漸于海, 西被于流沙, 朔南暨聲教訖于四海."(『尙書』「虞夏書·禹貢」) 번역은 顧頡剛·劉起釪, 『尙書校釋譯論』 第二册, 2005: 831; 金冠植 譯, 『書經』, 1967: 99; 丁範鎭 외 옮김, 『사기본기』, 1994: 41-42 등을 참조함.

다.[12] 다음은 후복으로서 각급의 제후들을 봉해 다스리는 지역이다. 수복은 나라를 평안히 하는 데 필요한 일종의 완충 지역으로서 여기에는 교화 정책과 무력을 통한 식민화 정책이 실시된다. 그것은 이 지역이 왕과 제후의 통치 지역과 이민족 거주지 사이에 위치하기 때문이다. 마찬가지의 이유에서 수복의 안쪽은 문교에 의해 교화하고, 바깥쪽은 무력에 의해 다스려진다. 수복까지가 사방[13] 3천 리로서 중국으로 간주된다. 그 너머는 이민족 지역으로서 중국과 더불어 사방 5천 리 천하를 구성한다.[14] 다만 중국과의 친소관계에 따라 이족의 요복과 만족의 황복으로 구분된다. 이들은 각각 경범죄자와 중범죄자의 유형지이기도 하다.

그런데 「우공」의 제목이 말하는 것처럼 시기적으로 보면 오복은 우가 순을 도와 만든 것으로서 하왕조 이전에 해당되지만, 주왕조에 관한 문헌들에도 그와 유사하게 반복되고 있다. 다만 그것은 우의 오복에 비해 좀 더 많은 내용을 포함하고 있다. 이를테면 주의 역사를 기록한 『국어』「주어」와 이를 전사한 『사기』「주본기」는 다음과 같이 기록하고 있다.

---

12 물론 중앙의 전복이 왕의 직할지, 즉 왕기王畿에 해당되는지는 의문의 여지가 없지 않다. 이를테면 오복에서는 구복과 달리 왕기를 두고 있지 않지만, 구주의 분봉과 관련해 『예기』「왕제」는 왕기가 사방 1천 리라는 점을 명시하고 있다. 다만 왕기에도 여러 제후국들이 분봉된다는 점에서, 엄격한 의미의 천자의 직할지라고 할 수는 없다. 이러한 개념적 불일치는 천하의 크기에 관한 논쟁으로 이어지고 있다.

13 '사방'은 '방方'으로 네모라는 뜻이며, 원의 지름이 아니다. 이것은 세상을 네모난 것으로 이해했던 고대 중국의 세계관을 반영한다.

14 후한 시기의 마융馬融·가규賈逵 등은 전복의 5개 세부 지역을 전복과 별개로 보고, 천하를 사방 6천 리라고 주장했다. 또한 사마천은 『사기』「하본기」에서 위의 인용문 앞부분에 '천자의 나라 밖(令天子之國以外)'이라는 구절을 삽입함으로써 전복 안쪽에 왕기王畿가 별도로 있을 수 있고, 「왕제」에서 언급된 것처럼 왕기는 통상 사방 1천 리이므로 천하는 6천 리라는 후대의 해석을 야기했다. 그렇지만 『한서』「지리지」 등에 '천자의 나라 밖'은 삽입되지 않았다. 사마천도 「오제본기」에서 천하의 크기를 사방 5천 리라고 명시했다. 후한 시기 정현鄭玄도 '천자의 나라'는 '성중城中'으로서 독자적인 지리범위를 갖지 않는 것으로 보았다(皮錫瑞, 『今文尙書考證』, 1989: 185-188).

선왕[15]의 제도에 나라 안쪽은 전복, 나라 밖은 후복, 후복의 경계는 빈복賓服, 이만夷蠻의 지역은 요복, 융적戎翟의 지역은 황복이다. 전복(의 제후들)은 제祭[16]에, 후복은 사祀[17]에 참여하며, 빈복은 향享[18]을 하고, 요복은 공물을 바치고, 황복은 (천자를) 왕으로 받든다. 제祭는 매일, 사祀는 매월, 향享은 매계절, 공물은 매년, 왕으로 받드는 일은 평생에 한 번 한다.

선왕이 제사를 거행할 때, (제후가) 제祭에 불참하면 선왕은 자신의 마음을 수양하고, 사祀에 불참하면 말을 수양하며, 향享을 하지 않으면 행실을 수양하고, 공물을 바치지 않으면 명분을 바로잡고, 왕으로 섬기지 않으면 덕을 닦는다. 질서가 정해져 있는데 따르지 않으면 처벌하여 바로잡는다. 이에 제祭에 불참하면 형벌을 주고, 사祀에 불참하면 공격하고, 향享을 하지 않으면 정벌한다. 조공하지 않으면 꾸짖고, 왕으로 섬기지 않으면 경고한다. 그러므로 형벌을 내리는 법이 있고, 공격하는 군대가 있으며, 정벌하는 조치가 있고, 꾸짖는 명령이 있고, 경고하는 글이 있다. 명령하고 경고해서 따르지 않더라도 더욱 덕을 닦고 백성들을 원정에 동원하지 않는다. 그리하여 가까운 곳은 따르지 않는 자가 없고, 먼 곳은 복종하지 않는 자가 없었다.[19]

---

15 선왕은 은을 멸하고 주왕조를 연 문왕과 무왕을 의미한다.

16 천자의 조부모와 부모 제사.

17 천자의 고조와 증조 제사.

18 제사에 필요한 제수를 바치는 행위.

19 "夫先王之制, 邦內甸服, 邦外侯服, 侯衛賓服, 蠻夷要服, 戎狄荒服. 甸服者祭, 侯服者祀, 賓服者享, 要服者貢, 荒服者王. 日祭 月祀 時享 歲貢 終王. 先王之訓(順祀)也, 有不祭則修意, 有不祀則修言, 有不享則修文, 有不貢則修名, 有不王則修德, 序成而有不至則修刑. 於是乎有刑不祭, 伐不祀, 征不享, 讓不貢, 告不王. 於是乎有刑罰之辟, 有攻伐之兵, 有征討之備, 有威讓之令, 有文告之辭. 布令陳辭而又(有)不至, 則增修于德而無勤民于遠, 是以近無不聽, 遠無不服."(『國語』「周語上」; 『史記』 卷四 「周本紀」; 괄호 안은 『사기』) 번역은 黃永堂 译注, 『国语全译』, 1995: 1-7; 丁範鎮 외 옮김, 『사기본기』, 1994: 85-87을 참조함.

여기에서는 「우공」과는 달리 지리적 범위가 정확한 수치로 제시되어 있지 않다. 그렇지만 오복 개념을 포함해 관련 내용은 「우공」과 같은 맥락에서 이해할 수 있다.[20] 각각의 제후들과 주변 민족들은 제사에 대한 참여와 공물, 조현 등의 의식을 통해서 다양한 방식으로 중심에 위치한 왕과 연계된다. 마찬가지로 통치에 있어서도 중심에 가까울수록 더 직접적이고 적극적인 방식이 취해지며, 먼 곳일수록 간접적이고 소극적이다. 특히 주변 민족들은 명목상으로만 주의 지배 아래에 있을 뿐, 실제 통치 영역밖에 있다. 이 점은 매우 중요한데, 위의 구절은 주의 목왕穆王(기원전 947-928년 재위)이 견융을 정벌하려고 했을 때 그것을 반대하는 입장에서 대신 모보謀父가 말한 것이었다.

위 구절의 첫 단락은 전국시대 사상가 순자의 『순자』에서도 그대로 반복되고 있다. 그렇지만 그의 인용은 모보와는 다른 취지에서였다. 그는 당시 초나 월이 은의 탕왕, 주의 무왕 시기에 제대로 통제되지 않았다는 통념을 비판하기 위해서 위 구절을 인용한다. 그에 의하면 중원과 주변 지역은 모두 제왕에 종속되었고, 단지 지리적인 원근에 따라서 방식이 달랐을 뿐이다. 중원의 가까운 제후국들이 제사와 같은 통일적인 방식을 따랐다면, 초나 월 등 주변 민족들은 공물의 헌납이나 조현과 같은 상이한 형태로 천자에게 복속했다.[21] 모보와 순자의 예는 동일한 관념이 전혀 다른 목적으로 이용될 수 있음을 보여 준다.

구주와 오복에 관한 문헌상의 내용을 보면, 구주는 치수사업과 자연적·인문적 특성에 따른 지리적 획정에 초점이 있고, 오복은 거기에 정치적 구조를 부여한다고 볼 수 있다.[22] 구주 관념에서 각 지역은 서로 수평

---

20 구지에강은 지리적 수치를 명시하지 않은 『국어』「주어」가 현실에 가깝고, 『상서』「우공」의 오복 부분은 후대의 사람이 편찬 과정에서 임의로 끼워 넣은 것에 불과하다고 주장한다(顧頡剛·劉起釪, 『尙書校釋譯論』 第二册, 2005: 821).

21 『荀子』「正論」.

적인 관계로서 등장하고, 각 지역의 고유한 특성에 따른 관리가 강조되고 있다. 그에 반해 오복에서는 중심과 주변 지역들 사이에 위계적 질서가 설정된다. 즉 중심에 가까울수록 천자의 지배는 직접적이고 포괄적인 반면, 멀수록 간접적이고 제한적이다. 이것은 먼 곳에 대해서는 중앙의 통제 정도가 약할 수밖에 없음을 의미한다. 오복은 영향력이 없거나 적대적인 관계에 있는 지역까지도 관념적으로나마 중심의 지배 아래에 설정하려는 데서 오는 불가피한 논리적 선택이었던 셈이다.

그렇다면 구주의 관념에서 중국과 천하의 지리적 크기는 어떻게 설정되는가. 오복을 다루는 문헌들은 그것을 직접 구주와 연계시키지는 않는다. 그리고 구주에 관한 문헌들도 그것의 크기와 관련해서는 어떤 언급도 없다. 이를테면 「우공」에서 오복의 범위를 사방 5천 리로 설정하고 있을 뿐, 구주의 크기는 언급되지 않는다. 이로 인해 구주를 오복의 전체 범위, 즉 천하와 일치시키는 경우도 적지 않다.

그런데 관련 문헌을 좀 더 자세히 보면, 구주는 천하가 아니라 그 일부인 중국과 일치한다는 점을 어렵지 않게 확인할 수 있다. 『예기』「왕제」는 "무릇 사해의 안이 구주이고, 한 개의 주는 사방 천 리이다."[23]고 명시하고, 동시에 구체적인 지명을 제시하면서 "사해 안의 긴 곳을 떼어 짧은 곳에 보태면 사방 3천 리이다."[24]고 밝히고 있다. 이것은 전국시대 말에 편찬

---

22 「우공」은 물론 『사기』「하본기」, 『주례』「직방씨」 등 모든 문헌들은 구주를 먼저, 오복을 나중에 다루고 있다.

23 "凡四海之內九州, 州方千里."(『禮記』「王制」)

24 "凡四海之內, 斷長補短, 方三千里."(『禮記』「王制」) 물론 거기에는 일정한 근거가 제시된다. 즉 "항산에서 남하까지 천 리에 조금 못 미치고, 남하에서 장강까지 천 리에 조금 못 미친다. 장강에서 형산까지는 천 리를 넘고, 동하에서 서하까지는 천 리에 조금 못 미친다. 서하에서 유사까지는 천 리를 넘고, 동하에서 동해까지는 천 리를 넘는다. 동하에서 서하까지는 천 리에 조금 못 미치고, 서하에서 유사까지는 천 리를 넘는다…… 대체로 사해 안에서 긴 곳을 떼어 짧은 곳에 보태면 사방 3천 리가 된다(自恒山至於南河, 千里而近; 自南河至於江, 千里而近. 自江至於衡山, 千里而遙; 自東河至

된『여씨춘추』에서도 확인되는데,[25] 일단 구주는 사방 3천 리로 볼 수 있다. 이것은 오복에서 중심부터 수복까지에 해당된다. 이민족들의 거주지인 요복과 황복은 구주에 포함되지 않는다. 이러한 맥락에서 보면,「우공」에서 우의 "명성과 교화가 사해까지 다다랐다."라고 할 때의 사해[26]는 오복의 요복과 황복에 해당한다. 결국 구주와 오복의 범위는 서로 다르며, 전자의 크기는 사방 3천 리, 이민족 지역이 포함되는 천하의 크기는 사방 5천 리가 된다.[27] 따라서 양자를 결합하면 〈그림 16〉이 그려지게 된다.

---

於東海, 千里而遙. 自東河至於西河, 千里而近; 自西河至於流沙, 千里而遙.…… 凡四海之內, 斷長補短, 方三千里).

25 "관대의 나라는 배와 수레가 통하는 곳으로 이적들의 언어를 통역할 필요가 없으며, 사방 3천 리이다. 옛날 왕은 천하의 중심을 택해 나라를 세웠다…… 천자의 땅은 사방 1천 리로 했는데 이것은 잘 다스리기 위해서였다(凡冠帶之國, 舟車之所通, 不用象譯狄鞮, 方三千里. 古之王者, 擇天下之中而立國……. 天下之地, 方千里以爲國, 所以極治任也)."(『呂氏春秋』「審分覽·愼勢」)

26 고대 사전의 일종인『이아爾雅』에는 이렇게 쓰여 있다. "구이九夷·팔적八狄·칠융七戎·육만六蠻을 가리켜 사해四海라고 한다(九夷八狄七戎六蠻, 謂之四海)."(『爾雅』「釋地」) '해海'와 관련해 옛날 사람들은 중국의 사면이 물이라는 관념을 가졌고, 따라서 그것은 중국의 경계를 의미했다. 또 다른 해석에 따르면 '해海'는 '바다' 이외에도 '어둡다', '희미하다' 등의 의미를 가지는 '회晦'와 통하며, 나아가 그 자체로서 변경의 이민족을 뜻하기도 한다(와카바야시 미키오 저, 정선태 역,『지도의 상상력』, 2007: 115-116).『춘추좌전』에도 내륙에 위치하면서 야만으로 간주되던 초의 성왕成王이 제의 환공桓公에게 "당신은 북해에 위치하고, 과인은 남해에 위치한다."고 말하는 구절이 있다(『春秋左傳』僖公四年(기원전 656年)).

27 후한 때 반고班固가 정리한『백호통의』는「왕제」의 구주 3천 리와 오복의 5천 리 사이의 차이를 다른 방식으로 설명하고 있다. 즉 구주 3천 리는 분봉된 토지를 합한 것이고, 분봉되지 않은 명산대택을 합하면 5천 리가 된다(『白虎通義』「封公侯」). 다만 그 경우 구주가 각기 명산대택 사이에 흩어져 있는 셈이 되어 통상적인 구주의 모습과는 전혀 다르게 된다.『백호통의』도 따르고 있는「왕제」의 설명과 같이, 각각의 주는 크고 작은 제후국들로 거의 촘촘히 채워져 있다. 어쨌든『백호통의』에서 천하는 사방 5천 리이다. 그 외에 송나라 때 임지기林之奇(1112-1176)도 오복은 5천 리인데, 전복에서 수복까지 3천 리가 구주의 안이고, 요복과 황복 2천 리가 구주 밖에 있음으로써 중화와 이적이 구분된다고 명시하고 있다. 다만 오복은 우의 시기로 설정되고 있다(『尙

〈그림 16〉 오복에서 천하와 중국의 크기

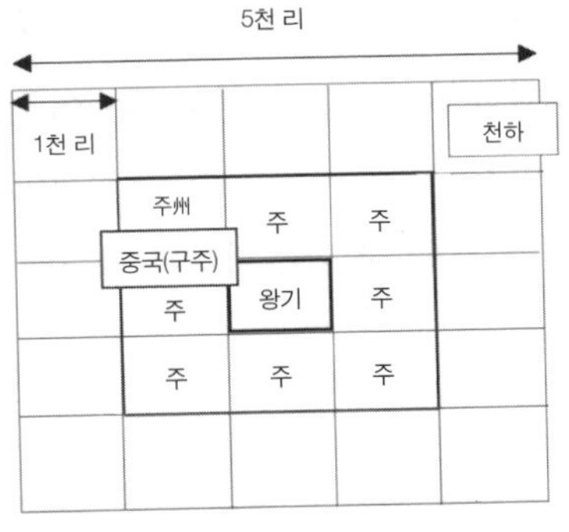


그럼 사방 3천 리 구주 지역은 어떻게 채워지는 것인가. 위에서 언급한 것처럼 『상서』 「우공」이나 『국어』 「주어」는 왕의 직할지로서 왕기王畿와 그 외부에 다수의 제후국들을 상정하고 있지만 구체적인 내용은 없다. 다만 『예기』 「왕제」에는 제후국의 수·크기 등에 대해서 정확한 수치가 제시되고 있다. 여기에는 천자의 땅은 사방 1천 리이고, 봉토는 3등급으로서 공公과 후侯는 사방 100리, 백伯은 70리, 자子와 남男은 50리씩 각각 봉한다.

먼저 왕기에는 100리의 제후국이 9개, 70리의 제후국이 21개, 50리의 제후국이 63개 등 모두 93개 나라가 분봉된다. 마찬가지로 각각 1천 리 크기의 주에는 100리의 제후국 30개, 70리의 제후국 60개, 50리의 제후국 120개 등 210개 제후국이 세워진다. 8개의 주를 합산하면 100리의 크기 240개, 70리의 크기 480개, 50리의 크기 960개 등 1천680개의 제후국이 분봉된다. 그 결과 왕기와 8개의 주에 있는 제후국들은 모두 1천773개가 된다.[28] 『한서』 「지리지」도 「왕제」와 동일한 기준의 작위와 각 작위별 제후국의 크기를 제시하고, 주나라 초기에 약 1천800개의 제후국이 있었다고 기록하고 있다.[29]

---

書全解』 卷八. 여기서는 李大龙, 『汉唐藩属体制研究』, 2006: 10에서 재인용).

28 『禮記』 「王制」. 각각의 주에서 제후가 봉해진 땅의 면적은 89만 4천 제곱리로, 10만 6천 제곱리가 남고, 왕기에도 65만 제곱리가 남게 되는데 이 지역은 택지나 산지와 같은 공유지로 유지되거나, 제후에 복속하는 부용附庸(공직에 임하거나 덕망이 있는 제후에게 부가적으로 주어지는 지역)이나 간전間田(제후의 영지나 부용에 속하지 않은 기타 지역)으로서 존속된다.

29 『漢書』 卷二十八 「地理志」.

그렇다면 구주와 봉건제는 어떻게 결합될 수 있을까. 『상서』 등 문헌상에 나타나는 구주 관념에서 주州는 단지 지리적 경계에 불과할 뿐이다. 봉건제에서도 각각의 제후국들은 천자와 직접 관계되고, 그 중간을 이어주는 조직은 없다. 다시 말해 후대 한漢의 지방행정 단위로서 주와는 성격이 달랐던 셈이다. 그런데 『예기』 「왕제」는 거기에 배치되는 다음과 같은 구절이 있다.

> 천 리 밖에는 각 주마다 1명의 방백方伯을 둔다. 각 주에는 5개 제후국을 1개 속屬으로 하여 속장屬長을 두고, 10개 제후국을 1개 연連으로 하여 1명의 연수連帥를 두며, 30개 제후국을 1개 졸卒로 하여 1명의 졸정卒正을 둔다. 210개 제후국들이 각각 1개 주州가 되고, 주에는 1명의 방백方伯을 둔다. 왕기 이외의 8개 주에는 모두 방백 8명, 졸정 56명, 연수 168명, 속장 336명을 두게 된다. 8명의 방백은 각각 소속된 제후국들을 이끌고 천자의 두 노인老人[30]에게 복종하고, 두 노인은 각각 좌우 4개씩 주를 관할하니 이백二伯이라 한다.[31]

사실 역사적으로 이백二伯의 존재는 확인되지만, 다른 중간 단계의 통합적 실체에 관한 기록은 없다. 위의 인용문에 나타난 지방구획의 구조도 다소 기계적이다.[32] 「왕제」의 언급은 기존의 구주 관념에 후대 중앙집권

---

30 그것은 서주 시기의 인물이 아닌 제도나 직책으로서 주공周公과 소공召公 2인을 의미한다.

31 "千里之外, 設方伯. 五國以爲屬, 屬有長. 十國以爲連, 連有帥. 三十國以爲卒, 卒有正. 二百一十國以爲州, 州有伯. 八州八伯, 五十六正, 百六十八帥, 三百三十六長. 八伯各以其屬, 屬於天子之老二人, 分天下以爲左右, 曰二伯."(『禮記』「王制」) 번역은 吕友仁·吕咏梅 译注, 『礼记全译·孝经全译』, 1998: 252-253; 李相玉 譯著, 『新完譯 禮記』(上), 2003: 393을 참조함.

32 초기의 지방구획과 관련된 여러 가지 아이디어에 관해서는 이 책 9장 1절 참조.

화가 진행된 상황이 반영된 결과일 것이다.

### 구복

그런데 유가의 주요 경전들 가운데 하나이면서 서주의 제도를 기술하고 있는 『주례』[33]에는 천하가 오복이 아니라 구복으로 구획된다. 구복은 『일주서』와 같이 주나라를 기술하는 다른 문헌에서도 일부 확인된다.[34] 다만 구복은 『사기』나 『한서』 등 주요 역사서에는 언급되지 않는다. 특히 『한서』는 『주례』 「직방씨」의 구주 부분을 그대로 전사하면서도 구복은 언급하지 않고 있다.[35]

『주례』는 두 곳에서 구복을 다루는데 그 내용은 약간 다르다. 먼저 「직방씨」에 의하면, 천자의 직할지인 왕기王畿는 사방 1천 리이고, 그밖의 지역은 500리씩 구획되어 차례로 후복侯服·전복甸服·남복男服·채복采服·위복衛服·만복蠻服·이복夷服·진복鎭服·번복藩服이 된다. 「우공」의 오복과 다르게 여기에서는 천자 직할지가 왕기로서 별도로 명시되고, 나머지 지역은 9개의 복服으로 구분된다.[36] 그와 함께 천하의 크기도 사방 1만 리가 된다.

그런데 「직방씨」가 단순히 구복의 외형만을 제시했다면, 『주례』의 「대행인」은 내부의 상이한 관계를 좀 더 구체적으로 제시하고 있다.

---

33 앞서 언급한 것처럼 『주례』는 기존에 있던 문헌들을 바탕으로 전한 말 성제成帝 때 유향劉向과 그의 아들 유흠劉歆이 정리했다. 유향과 거기에 주석을 달았던 정현鄭玄 등은 주공周公 단旦의 저작이라고 주장했고, 오랫동안 그렇게 여겨져 왔다. 그렇지만 근대 이후에는 이 글이 한대 이전의 문헌에는 전혀 나오지 않고, 또 글의 내용으로 보아서 전국시대나 한 시기에 저술된 것으로 간주된다.

34 『逸周書』「職方解」.

35 『漢書』 卷二十八 「地理志」.

36 『周禮』「職方氏」. 『주례』「대사마」에는 왕기와 마찬가지로 제후국에 대해서도 복服 대신 기畿를 사용해 10기로 서술되어 있다(『周禮』「大司馬).

방기〔수도〕는 1천 리이다. 그 바깥 500리는 후복이라고 하는데, 매년 한 번씩 천자를 조현하고 제사용 물자를 바친다. 그 바깥 500리는 전복이라고 하는데, 2년마다 조현하며 손님접대용 물자를 바친다. 그 바깥 500리는 남복이라고 하는데, 3년마다 조현하며 제기류를 바친다. 그 바깥 500리는 채복이라고 하는데, 4년마다 조현하며 의복류를 바친다. 그 바깥 500리는 위복이라고 하는데, 5년마다 조현하며 구슬과 진주류를 바친다. 그 바깥 500리는 요복이라고 하는데, 6년마다 조현하며 거북껍질류를 바친다. 구주 바깥은 번국蕃國이라고 하는데, 새로운 군주가 즉위할 때 한번만 조현하고 각기 귀중한 보물을 예물로 삼는다.[37]

앞의 오복과 비교해 『주례』의 구복은 그 크기나 구조 이외에도 몇 가지 개념상의 차이가 있다. 이를테면 오복에서는 이족夷族과 만족蠻族은 각각 요복과 황복에 위치해 전자가 후자보다 교화된 것으로 설정되었다. 그렇지만 『주례』「대행인」의 구복에서는 이적들이 세분화되고 진복鎭服이나 번복藩服 등 새로운 개념이 등장하고 있다.

〈그림 17〉 구복체제

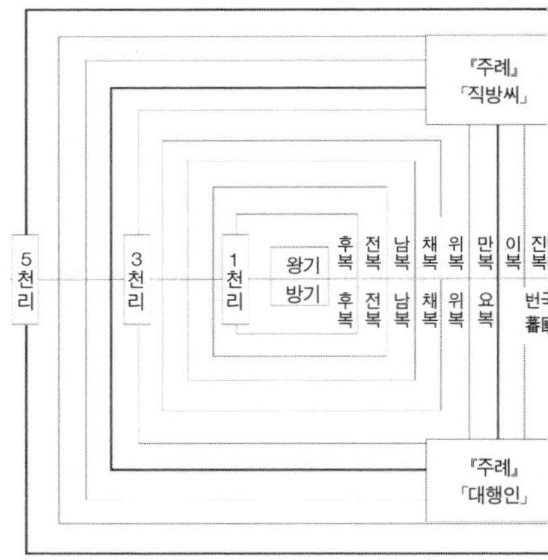


37 "邦畿方千里. 其外方五百里謂之侯服, 歲壹見, 其貢祀物. 又其外方五百里謂之甸服, 二歲壹見, 其貢嬪物. 又其外方五百里謂之男服, 三歲壹見, 其貢器物. 又其外方五百里謂之采服, 四歲壹見, 其貢服物. 又其外方五百里謂之衛服, 五歲壹見, 其貢材物. 又其外方五百里謂之要服, 六歲壹見, 其貢貨物. 九州之外謂之蕃國, 世壹見, 各以其所貴寶爲摯.(『周禮』「大行人」) 번역은 吕友仁 译注, 『周礼译注』, 2004: 514; 池載熙·李俊寧 解譯, 『주례』, 2002: 458을 참조함.

한편 「대행인」에서는 원래 만이를 나타내는 지역의 일부가 중국으로 편입되고, 나머지는 통합적으로 번국蕃國으로서, 중국(구주)의 바깥에 위치한다. 번藩은 번蕃과 같이 쓰이는데, 지리적으로 천하의 가장 바깥 경계를 의미한다. 번국은 원래 번리藩蓠 또는 번병藩屛으로서 울타리나 병풍의 의미를 갖고 있으며, 따라서 중국의 안전이라는 측면에서 자리매김을 하고 있다. 그리고 만이의 지역이 번국으로서 국國의 명칭을 갖는데, 이것은 만이가 '국가'로서 독자적인 실체로 간주됨을 시사한다. 만이의 일부 지역이 중국에 포함되었지만, 만이와 중국의 구분도 더 분명해진 셈이다.

다만 천자와 제후 그리고 만이들의 기본적인 관계는 오복과 유사하다. 구주 내의 제후들은 각각 매 1년부터 6년 간격으로 천자를 직접 조회하고 각종 공물을 바친다. 번국의 만이들도 평생에 한 번 조현한다는 점에서 오복의 황복과 동일하다.

천하의 크기와 관련해서도 오복과 구복은 분명한 차이가 있다. 앞서 「우공」과 「왕제」에서 천하는 사방 5천 리, 구주(중국)는 사방 3천 리였다. 그렇지만 『주례』에서 천하는 사방 1만 리로 확대되고, 그 가운데 사방 7천 리가 구주로 설정된다.[38] 그 결과 천하와 구주는 각각 그 면적이 4배와 5.4배로 확대된다. 마찬가지로 천하에서 구주가 차지하는 비중도 36%에서 49%로 크게 증가한다. 그와 함께 이민족의 지역은 중심부로부터 1천500리에서 3천500리 밖으로 밀려 나가게 되고, 천하에서 차지하는 비중도

38 구지에강은 위복까지를 중국, 즉 구주로, 만복부터 이민족 지역으로 간주한다. 따라서 중국의 크기도 6천 리로 해석한다(顧頡剛, "畿服," 1963: 11-12). 그 근거를 분명하게 밝히지는 않지만, 만복蠻服이나 만기蠻畿의 어감에서 보거나, 아니면 구복을 수학적으로 오복의 2배 확장으로 본다면 그의 주장이 맞는 것 같다. 그렇지만 위에서 인용된 것처럼 「대행인」은 만복을 요복으로 표시하면서 거기까지만 구주로 명시하고, 그 바깥을 번국으로 설정하고 있다. 정현은 주注에서 중국(구주)은 사방 7천 리이고, 번국이 「직방씨」의 이복·진복·번복에 해당된다고 봄으로써, 천하를 사방 1만 리로 해석하고 있다(『十三經注疏』 四 「周禮注疏」 卷三十七: 892).

64%에서 51%로 감소된다.

구복에서 구주 자체의 크기와 관념에 대한 변화도 확인된다. 무엇보다도 개별 주州의 규모가 크게 확대된다. 앞서 살펴본 것처럼 『예기』의 「왕제」에서는 왕기와 나머지 8개의 주는 각각 사방 1천 리의 크기로 상정되었다. 그에 반해 『주례』에서 왕기는 여전히 사방 1천 리이지만, 나머지 8개의 주에는 각각 사방 1천 리의 땅이 6개씩 있는 것으로 설정되어 그 면적이 6배씩 늘어난다. 그 결과 구복에서는 구주의 범위도 확장되면서 〈그림 18〉과 같이 양자는 다른 방식으로 결합된다. 다만 명칭에 있어서 「우공」과 『주례』 「직방씨」에 나열된 구주는 크게 다르지 않다. 「직방씨」에서는 양주梁州와 서주徐州 대신 각각 유주幽州와 병주幷州가 등장할 뿐이다.[39]

〈그림 18〉 구복에서 천하와 중국의 크기

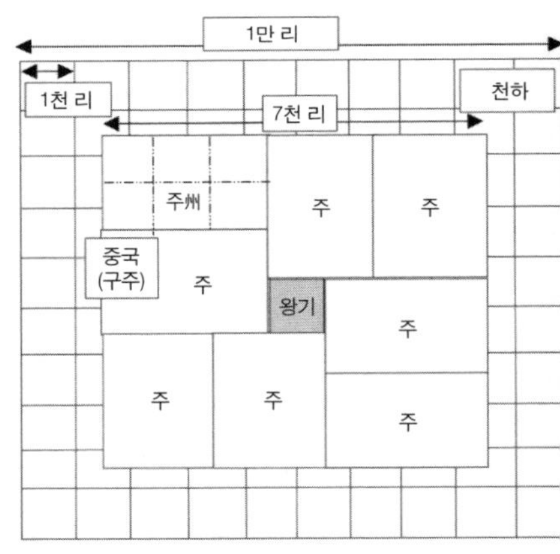


그렇다면 지리적 확대가 구주의 구체적인 구성에 어떻게 반영되었을까? 특히 구주의 지리적 확대는 구체적으로 영토의 분봉에 어떻게 반영되었을까? 이와 관련해 「직방씨」는 다음과 같이 언급하고 있다.

> 무릇 1천 리의 땅은, 500리씩 4명의 공公에게 분봉할 수 있고, 400리씩 6명의 후侯에게 분봉할 수 있으며, 300리씩 7명의 백伯에게 분봉할 수 있

---

39 『한서』 「지리지」는 서주徐州와 양주梁州가 주변의 주에 합병되고, 기주冀州의 일부가 유주幽州와 병주幷州로 분리되었다고 기록하고 있다(『漢書』 卷二十八 「地理志」). 초기 문헌들에서 구주에 대한 다양한 명칭과 위치에 관한 논의는 魏建震, "先秦两汉文献中的九州," 2009: 74-79 참조.

다. 또한 200리씩 25명의 자子에게 분봉할 수 있고, 100리씩 100명의 남男에게 분봉할 수 있다. 이렇게 하면 천하 방국의 수를 두루 알 수 있다.[40]

이 내용을 해석하기란 어렵지 않다. 후한 말의 정현鄭玄에 의하면, 천리 땅에는 각각 500리씩 4명의 공公, 또는 400리씩 6명의 후侯, 또는 300리씩 11명[41]의 백伯, 또는 200리씩 25명의 자子, 또는 100리씩 100명의 남男을 봉할 수 있다. 따라서 (각각 같은 비율로 봉할 경우) 5개의 사방 천 리 땅에는 5등급의 크고 작은 146개 제후국이 설립될 수 있다. 그리고 나머지 1개의 사방 1천 리의 땅 가운데 일부에는 규모가 작은 국가들을 추가로 두고, 그 외는 부용附庸이나 간전間田으로 한다. 그에 따라 위에서 언급된 『예기』「왕제」와 같이 각각의 주에는 모두 210개 국가가 있게 된다. 구복에서 구주의 영역이 크게 확대되면서도 제후국의 수는 오복과 동일하게 상정되는 셈이다. 그 결과 개별 제후국의 규모가 상응해 커지게 된다. 즉 『예기』「왕제」에서는 제후국이 최고 100리로 설정되지만, 『주례』에서는 최저 100리, 최고 500리로 설정된다. 다만 천자의 직할지는 구주의 9분의 1에서 49분의 1로 크게 감소된다. 이처럼 구복에서 제후국의 크기가 커지고 천자의 직할지가 작아진 것은 시대적 변화를 반영하는 것으로 이해될 수 있다. 즉 춘추전국시대를 지나면서 제후국들 사이에 지속적인 겸병이 이루어지고, 주 왕실의 위상도 크게 하락했던 것이다.

그와 함께 구복에서 구주는 좀 더 통합적인 형태로 등장한다. 구주의 구획 목적과 관련해 「직방씨」는 "구주의 나라들을 구별해 이익이 되는 일

40 "凡邦國千里, 封公以方五百里, 則四公; 方四百里, 則六侯; 方三百里, 則十一伯; 方二百里, 則二十五子; 方百里, 則百男. 以周知天下."(『周禮』「職方氏」) 번역은 吕友仁 译注, 『周礼译注』, 2004: 439와 池載熙·李俊寧 解譯, 『주례(周禮)』,2002: 390 참조.

41 위의 인용문에서는 7명으로 되어 있으나 정현에 따르면 11명이어야 한다(『十三經注疏』 四「周禮注疏」卷三十三: 863).

을 똑같이 실행한다."[42]고 함으로써 통합적 의미를 강하게 내포하고 있다. 『주례』에는 중앙은 물론 지방행정체계에 대해서도 상세한 내용이 있는데, 거기에는 군현제를 포함해 중앙집권적 요소가 강하게 나타나고 있다. 이를테면 5개의 가구를 포괄하는 가장 낮은 층차의 비比로부터 여閭·족族·당黨·주州를 거쳐서 1만 2천 500개의 가구를 포괄하는 향鄕에 이르는 6단계의 행정단위가 언급되고 있다. 거기에는 각각 책임자를 두고 있다. 그 외에도 군사와 치안, 토지관리 등 다른 목적을 위해서는 별도의 방식으로 백성들을 조직화하고 있다.[43]

『주례』에서는 이처럼 전국적으로 수직적인 행정체계가 구축되면서 본디 의미의 봉건제도 약화된다. 왕의 직할지에 대한 내부 통치구조는 관료조직을 갖고 있다. 조직의 운영에 있어서 혈연적 관계는 최소화되고, 통일적이고 세부적인 규칙과 절차가 있으며, 업무에 따른 광범위하고 체계적인 조직과 인원편제, 상하의 위계질서 등이 나타난다. 전국을 군현으로 나눈 것은 아니지만, 통치질서는 왕 중심의 중앙집권적 관료체제를 연상시킨다. 각각의 제후는 통치권한을 상실한 채 단지 식읍에 대해서 일정한 세금을 거둘 수 있는 권한을 갖는 것으로 묘사된다.[44] 이것은 전한 말 통치 권한을 모두 상실하고 영지에 대한 조세권만 인정받은 제후들의 위상과 유사하다.

그 외에도 『주례』에서는 중심성이 강조된다. 이를테면 개별 주의 위치도 중국 전체와 황하를 기준으로 동서남북으로 설정되고 있다. 동남은 양주, 정남은 형주, 하남은 예주, 정동은 청주, 하동은 연주, 정서는 옹주, 동북은 유주, 하내는 기주, 정북은 병주라는 식이다. 또한 구주는 좀 더 순수한 중국적인 의미를 갖게 된다. 앞서 언급한 것처럼 「우공」에는 많은 주에

42 "辨九州之國, 使同貫利."(『周禮』「職方氏」)

43 『周禮』「大司徒」, 「小司徒」. 여기에 관해서는 이 책 9장 1절에서 상술됨.

44 『周禮』「大司徒」.

서 이민족들에 의한 조공과 그들에 대한 통제 사실이 기록되어 있지만, 『주례』에는 그러한 내용이 없다. 이것은 시대적 상황의 변화를 반영한다. 즉 초기에는 이민족들이 개별 제후국들의 변경 지역에 있으면서 중국 전체적으로 보면 잡거했다. 그렇지만 나중에는 중국의 제후국들이 서로 통합되면서 이민족들은 흡수되거나 아니면 중국의 변경 지역으로 밀려나게 되었다. 물론 그것은 역으로 중국과 이민족을 더 분명하게 구분했고, 나아가 이민족의 독자적 존립도 인정되지 않을 수 없음을 말해 준다.

## 3. 역사적 의미와 평가

초기의 지리적 관념은 여러 역사서들에도 반영되고 있다. 이를테면 오복과 관련해 『춘추좌전』 노魯 환공桓公 2년(기원전 708년)의 기사에 진晉이 전복甸服의 제후국이었다는 점이 언급되고 있다.[45] 춘추시대의 역사서 『국어』에는 주周 목왕穆王의 견융에 대한 정벌을 오복에 근거해 비판하는 대목이 있다. 즉 견융은 황복에 속해 있어서 종왕終王, 즉 재위 이후 한 번 천자를 조회하는 의무만 있었다. 그런데도 목왕은 견융이 계절마다 제사의 제수를 바치는 향享의 예를 하지 않았다고 정벌하고자 했다. 더욱이 정벌이 실패함으로써 견융은 아예 종왕조차 하지 않게 되었다.[46]

그 외에도 역사서에는 정鄭나라가 남복男服에 위치하고 있다는 것과 주周의 기내畿內에 위치한 양번陽樊의 사람들이 전복甸服의 의무를 이행하지

45 『春秋左傳』 桓公二年(기원전 710년).

46 『國語』「周語上」.

않은 것,[47] 그리고 원래 만이로 간주되던 초의 여러 귀족들이 주 시기에 채복采服과 위복衛服에 위치한 것 등이 언급되고 있다.[48] 또한 주의 무왕한테 내쫓긴 융이戎夷가 황복에 거주하면서 조공을 바쳤다는 『사기』의 기록도 있다.[49] 『사기』는 또 "양주楊州는 변방을 지키고 있는데, 하·은·주 3대에는 요복으로서 정교가 미치지 못했다."는 한무제의 말을 인용하고 있다.[50] 『후한서』는 전한 시기 장강 중류 지역, 오늘날 호남성과 귀주성 북부 등지에 위치하던 만이인 무릉만武陵蠻이 요순 시기에는 요복에 속했다고 기록한다.[51]

그러면 이러한 지리적 개념들이 통일제국의 건설에 어떤 의미를 가질 것인가? 부분적으로 한의 통치구조는 오복이나 구복에 반영된 층차적 지배 관념을 연상시킨다.[52] 한은 중앙의 직할지로서 내사內史를 두었고, 그 밖에는 군현과 제후국을 두었다. 내속한 이민족에 대해서는 변경에 일종의 자치지역으로서 속방屬邦이나 도道를 설치하고, 그 너머의 독립적인 국가들에 대해서는 속번屬藩이나 외신外臣 명의의 조공체제를 구축했다. 그렇지만 그러한 통치구조가 오복이나 구복과 같은 체계화된 개념에 바탕을 두었다고 하기는 어렵다. 오히려 한은 앞서 언급한 것처럼 제국이 아니라 군현화를 통한 직접 지배를 지향했다. 그것은 통상적인 권력의 속성과 일치한다.

물론 지리적 관념들이 현실적인 의미를 갖는 경우도 있다. 이를테면 고대 중국에서 최대의 영토를 확대한 무제는 지방에 대한 통제를 강화하

47 『國語』「周語中」.
48 『國語』「鄭語」.
49 『史記』 卷一百十 「匈奴列傳」.
50 "楊州保疆, 三代要服, 不及以政."(『史記』 卷六十 「三王世家」)
51 『後漢書』 卷八十六 「南蠻傳」.
52 물론 얼마 지나지 않아 제후국이 군현으로 전환되고, 특히 무제 시기에 주변 민족에 대한 직접적 지배가 추진되었다.

기 위해 전국을 13개 주로 나눠 각각 자사刺史를 파견해 관리들을 감찰하게 했는데, 그때 구주이론에 입각했다. 즉 그는 『상서』「우공」과 『주례』「직방씨」에서 언급된 11개의 주에 새로 개척된 남방의 교지交趾와 북방의 삭방朔方을 더하는 방식을 취했다.[53] 그 외에도 전한 말 제위를 찬탈한 왕망王莽은 구주와 오복을 언급하면서 제후들에게 형식상의 분봉의식을 거행하기도 했다.[54]

다음은 해당 관념들의 국제정치적 의미이다. 오복이나 구복과 같은 천하에 대한 층차적 규정은 이민족들까지도 포함하는 천하에 대한 황제의 보편적 지배를 내포한다. 그렇지만 이 관념은 중국 지역에 대한 봉건적 지배의 근거를 제시할 뿐 아니라, 이적의 지역에 대해서는 자율성을 인정하고 제국이 직접 지배하지 않는다는 점도 분명하게 명시하고 있다. 그리하여 소망지가 선우에 대한 예우의 필요성에 대한 근거로서, 그리고 회남왕 유안도 민월에 대한 정벌을 반대하는 근거로서 오복 관념을 제시하였다.[55] 물론 시각에 따라서 이 관념은 군현화를 시도했음에도, 이민족 지역은 여전히 황제의 통치가 미치지 못하는 현실을 이론적으로 합리화하는 데에도 기여할 수 있었다.

물론 고대 중국의 중요한 지리적 개념으로서 구주나 오복 및 구복은 그 자체로서 수용하기는 어려운 측면이 너무 많다. 따라서 그 진위에 대한 평가에 있어서는 적지 않은 시각차가 존재한다. 다만 구주의 관념은 역사적으로 크게 논쟁이 된 것 같지 않다. 「우공」의 구주 개념은 『사기』「하본기」나 『한서』「지리지」 등에 그대로 전사되고 있다. 주 시기의 구주와 관련해서 『사기』는 별도로 언급하지 않지만, 『한서』「지리지」는 『주

53 다만 양주梁州를 익주益州로, 옹주雍州를 양주凉州로 개칭했다(『漢書』 卷二十八 「地理志」).

54 「漢書」 卷九十九 「王莽傳」.

55 이 책 4장 2절 참조.

례』「직방씨」의 변형된 구주 관념을 주 시기의 것으로서 그대로 전사하고 있다. 『상서』에 대한 광범위한 고증을 시도한 구지에강도 구주의 존재에 대해서는 의문을 제기하지 않는다. 그는 오히려 「우공」은 오복 부분을 제외한다면 전 편이 자연지리 상황을 과학적으로 서술하고 있다고 주장한다.

초기의 지리적 관념에 관한 비판은 구주보다는 오복 및 구복에 더 집중되고 있다. 구지에강은 「우공」 가운데 오복 부분은 '허구적인 종이 위의 구획'으로서 후대에 끼워 넣은 것에 불과하다고 본다. 그 근거로서 각각의 복服이 기계적으로 500리씩 구분되고 있다는 것, 경대부의 채읍이 원래 중앙의 전복에 있는 법인데 멀리 떨어진 후복에 위치하고 있다는 것, 만이가 2개의 복服으로 나뉘고 융적이 포함되지 않고 있다는 것, 구주이론에서 천하의 중심인 왕기가 기주冀州에 위치하고 기주 자체는 북쪽에 치우쳐 있어 이민족 지역을 사방에 정방형으로 둘 수 없다는 것 등이 제시된다.[56] 결국 그는 지리적 크기나 위치를 명시하지 않는 『국어』「주어」의 오복이 사실에 더 근접한다고 본다.

마찬가지로 구지에강에 의하면 「우공」의 오복 관념이 논리적이지 못한 것처럼 『주례』의 구복 관념은 더욱 사리에 맞지 않다. 그것은 원래 왕기王畿는 전복에 해당되었으나 구복에서는 분리되는데 양자가 어떤 관계에 있는지 불분명하다는 것, 원래 남복은 제후의 부용附庸인데 구복에서는 후복 밖에 위치하고 그것도 전복에 의해 공간적으로 분리되고 있다는 것, 원래 중앙의 관리인 경대부의 채읍은 왕기 및 전복에 위치하는데 구복에서는 중앙에서 2천500리 떨어진 남복 밖에 위치한다는 것, 이夷와 만蠻은 원래 교화의 정도에 따라 각각 요복과 황복에 위치했는데, 구복에서는 그 위치가 바뀌었을 뿐만 아니라 그 외부에 진복과 번복 등이 있어서

56 顧頡剛, "畿服," 1963: 5-7; 顧頡剛 · 劉起釪, 『尚書校釋譯論』 第二册, 2005: 820-821.

이 지역과 어떤 차이가 있는지 불분명하다는 것 등이다.[57]

그러나 그는 오복이 황당하기는 하지만 전혀 근거가 없는 것은 아니며, 하·은 시기에 내內·외外의 2복[58]이나 전복甸服·후복侯服·이복夷服의 3복[59]과 같이 지리적으로 단순한 형태로 존재했다가 주를 거치면서 점차 확대, 체계화되었다고 본다. 그에 의하면 오복은 서주 시기에 시행되었다가 전국시대에 사라졌다.[60] 오복이 시대적으로 진화되어 왔다는 그의 시각은 다수의 역사가들이 공유하고 있다.[61]

구지에강의 비판적 분석은 오복의 내적 구조에 집중되어 있고 지리적 크기에 있지는 않다. 그와 달리 유물론적 입장에 있는 궈모뤄郭沫若는 하의 범위가 위의 지리적 관념에 비해서 훨씬 협소하다고 주장한다. 우왕 시기의 통치범위는 지리적으로 그렇게 넓지도 않았고, 또한 그렇게 정교할 수도 없었다. 그에 따르면 하의 범위는 황하의 중류에 국한되었고, 그 상류는 서융이나 북적, 하류나 회하는 다양한 명칭의 이족, 장강은 남만 등이 자리 잡고 있었다. 즉 이민족 지역이 획토분공劃土分貢될 수는 없다. 오복의 경우 500리씩 반듯하게 그어서 경계를 삼는다는 것도 있을 수 없는 일이다. 위의 관념은 전국시대나 진한의 통일 국가의 현실을 특히 과거의 역사에 소급 또는 가탁假託한 것에 불과한 것이다.[62] 마찬가지로 그

57 顧頡剛, "畿服," 1963: 8-11.

58 그 근거의 예는 『상서』「주고」에서 은 왕의 통치지역으로서 내복內服과 제후의 외복外服을 언급한 것이다.

59 그 근거로 "옛날 5제五帝는 땅이 사방 1천 리였는데, 그 외부에 위치한 후복과 이복의 제후들은 조회에 오거나 오지 않아도 천자는 그들을 통제할 수 없었습니다(昔者五帝地方千里, 其外侯服夷服諸侯或朝或否, 天子不能制)."라는 『사기』「진시황본기」의 내용을 들 수 있다.

60 顧頡剛·劉起釪, 『尚書校釋譯論』 第二冊, 2005: 816; 顧頡剛, "畿服," 1963: 4.

61 葛志毅, 『周代分封制度研究』(修订本), 2005: 60-62; 周书灿, "服制看商代四土的藩属体制与主权形态," 2010: 1-8.

62 郭沫若, 『中国古代社会研究』, 1954: 78.

러한 지리적 구획은 현실이 아니라 통합적인 정치질서에 대한 당시의 이상을 반영하는 관념에 불과한 것으로 간주되기도 한다.[63]

그렇다면 오복에서 구복으로의 전환, 특히 지리적 팽창을 역사적으로 어떻게 볼 것인가. 먼저 정현은 천하 5천 리(구주 3천 리)는 요순 시기에 해당되고, 천하 1만 리(구주 7천 리)는 우왕이 영토를 크게 넓힌 결과라고 한다. 그의 주장은 『상서』「익직」에 근거하고 있다. 즉 우가 순에게 말하기를, "(치수사업이 끝난 뒤) 저는 오복을 보강해 5천(리)에 이르렀습니다."[64] 다시 말해 순 시기에 이미 사방 5천 리의 오복이 있었기 때문에 우왕이 5천 리를 보완함으로써 결국 1만 리가 되었다는 것이다. 다만 하가 쇠퇴하여 이적이 침략하고 제후가 서로 싸움으로써 구주(중국)는 3천 리로 축소되었고, 이것은 은 시기에도 마찬가지였다. 그렇지만 주가 다시 우의 상황을 회복하여 천하 1만 리(구주 7천 리)가 회복되었다. 정현의 우공 시기 천하 1만 리 이론은 고문상서 계열의 입장으로서, 금문상서 계열의 천하 5천 리설에 비해 소수의 의견이었다.[65]

한편 당의 경학자 가공언賈公彦은 오복에서 구복 관념으로의 변화는 시대적 상황에 따라 천하와 중국의 크기가 달라졌기 때문이라고 한다. 즉 『예기』의 「왕제」는 하와 은 시기를 나타낸 것이고, 『주례』는 주 시기를 반영한다는 것이다. 무엇보다도 주의 무왕武王을 거치면서 영토가 크게 확대되었다.[66] 일부의 문헌들도 이러한 주장을 뒷받침한다. 이를테면 『진서』「지리지」는 오복을 하의 우로부터 은의 시조 탕湯의 시대와, 구복을 주 무왕의 전성기와 대강 결부시키고 있다. 또한 송宋 때인 1319년에 발행된 『문헌통고』도 오복은 하에, 구복은 주에 해당한다고 보고 있다.[67] 다만

63 갈검웅 저, 숙사연구회 역, 『중국통일 중국분열』, 1996: 22.

64 "弼成五服至於五千."(『尙書』「虞夏書·益稷」)

65 皮錫瑞, 『今文尙書考證』, 1989: 120-121; 吕思勉, 『中国通史』, 2008: 65.

66 『十三經注疏』 四 「周禮注疏」 卷三十三: 863.

이러한 판단은 초기의 역사서들, 이를테면 『국어』 「주어」와 이를 전사한 『사기』 「주본기」, 그리고 『한서』 「지리지」의 내용과 다르다. 초기의 역사서들은 기본적으로 주 초기를 오복으로 기술하고 있다.[68]

근대 이후의 역사가로서 구지에강은 오복과 구복의 크기는 각각 전국시대와 전한 시기에 해당한다고 주장한다. 그 근거로서 그는 맹자의 주장을 원용하고 있다. 즉 맹자에 의하면 '탕왕은 100리, 문왕은 70리'로서 하·은·주의 전성시기에도 사방 1천 리 땅은 없었다. 그렇지만 전국시대에는 1천 리의 땅이 9개가 되었고, 제齊도 사방 1천 리의 땅을 갖게 되었다.[69] 이것은 중원이 사방 3천 리임을 의미한다. 그와 더불어 구지에강은 전국시대 진秦의 변경에 이민족이 거주하는 지역인 호胡와 강羌, 초의 백월百越을 합해 2천 리 정도라는 점을 고려해, 당시 천하는 5천 리라고 주장한다. 그는 또한 천하 1만 리 크기는 전한 시기에 해당한다고 주장한다. 즉 진시황과 한 무제 때 패수浿水·서역西域·서남이西南夷 등에 대해 대대적인 영토팽창이 진행된 결과 중국과 천하가 크게 확대되었고, 마침내 『한서』 「지리지」에서 한의 영토로 제시된 남북 9천 리, 동서 1만 3천 리, 즉

---

67 『文獻通考』 卷二百六十 「封建考一」.

68 사마천은 오복과 구주에 관한 「우공」의 내용을 그대로 수용해 그것을 우의 시기로 결부시키고 있다. 또한 그는 주周에 대해서도 오복으로 설명하고, 구복에 대해서는 전혀 언급하고 있지 않다. 『한서』도 『사기』와 마찬가지로 주周와 관련해 구복을 언급하지 않을 뿐만 아니라, 오히려 오복에 상응하는 구주의 내적 구성으로서 「왕제」의 주장, 즉 "공公과 후侯는 100리, 백伯은 70리, 자子와 남男은 50리씩 봉함."을 주의 제도로서 전하고 있다.

69 『孟子』 「公孫丑上」; 顧頡剛, "秦漢統一的由來和戰國人對於世界的想像," 2003: 3. 부스넨傅斯年(1896-1950)은 맹자 당시 9개의 땅이 있었는지 의문을 제기한다. 즉 진과 초가 각각 3천 리, 연·조·제가 1천 리 이상, 한·위魏가 1천 리 이하, 주·위衛·송·중산 등은 소국이라는 점에서 9개의 땅을 확인할 수 없다는 것이다(傅斯年, "評 '秦漢統一之由來和戰國人對於世界的想像'," 2003: 8). 사실 9개의 땅을 실제의 개별 국가가 아니라 추상적인 구획으로 볼 수도 있다. 그러나 이 경우에는 앞에서 인용된 "하·은·주 시기에 1천 리 땅이 없었다."는 맹자의 말이 상정하는 개별 국가의 크기에 부합하지 않는다.

대략 사방 1만 리가 되었다는 것이다.[70]

사실 한의 천하가 1만 리로 크게 확대되었다는 인식은 한 시기에 이미 일반화된 것으로 보인다. 『사기』나 『한서』에서는 사방 5천 리의 오복이 주 시기의 천하로 소개되고, 한 시기 천하의 크기는 1만 리로 명시되어 있다.[71] 또한 후한 시기 왕충王充도 천하의 크기는 요순부터 주 시기까지 5천 리이며, 한 시기에 1만 리로 확대되었다고 주장한다.[72] 주지하는 것처럼 전한 시기에는 금·고문학파가 서로 경쟁하는 가운데 유가 내에서도 각종 문제들에 대한 상이한 관점들이 제기되었다.[73] '고대' 천하의 크기와 관련해 『예기』「왕제」를 신봉하는 금문학파는 5천 리로 설정한 반면, 『주례』를 따르는 고문학파는 1만 리로 설정했다. 그에 따라 『상서』「우공」에 관한 해석도 달랐다.

한 연구자에 의하면,[74] '고대' 천하의 크기에 대한 금문학과 고문학의 상이한 주장은 다음과 같은 근거에서이다. 즉 전자가 구주(중국)를 곧 천하로 보고 그 크기를 5천 리로 설정한 반면, 후자는 구주와 이적 지역을 합해 천하로 규정하고 양자를 각각 5천 리와 1만 리로 설정했다는 것이다. 전자가 천자가 지배하는 천하에는 이적이 포함되지 않는다고 본 반면, 후자는 천하에 이적을 포함시킴으로써 좀 더 제국적인 세계관을 반영한다

70 顧頡剛, "畿服," 1963: 15.

71 『史記』 卷九十七 「陸賈傳」, 卷一百二十三 「大宛列傳」; 『漢書』 卷六十一 「張騫傳」, 卷六十四 「終軍傳」, 卷八十三 「朱博傳」.

72 『論衡』 「談天」, 「別通」.

73 『상서』는 진시황의 분서로 사라졌는데, 한 초기 문제文帝 때 거기에 정통한—진의 박사를 지냈던—복생伏生의 구술에 의해 다시 회복되었다(금문상서). 그것은 당시 통용되던 예서체로 모두 29편이었다. 그런데 무제 말년에 공자의 구택에서 분서를 피했다고 믿어진—전국시대 글자로 작성된—원본이 발견되었는데, 금문상서보다 16편이 더 많았다(고문상서). 그렇지만 고문상서가 위작이라는 논란이 계속되었다. 한 시기 관방의 학문은 주로 금문상서에 따랐다.

74 渡辺信一郎, 『中国古代的王权与天下秩序』, 2008: 43-76.

고 해석된다. 그와 함께 『예기』 「왕제」 등에 등장하는 3천 리 관념[75]도 위의 두 관념과 구분되는 독자적인 것으로 이해한다. 그에 의하면, 천하 3천 리, 5천 리(오복), 1만 리(구복)의 관념은 각각 전국시대 전기와 중기 그리고 진의 통일 이후에 출현했지만, 특히 오복과 구복의 관념은 한 이후 각각 금문학과 고문학으로 대표되는 상이한 세계관으로 자리 잡게 되었다. 물론 시간이 지남에 따라 고문학이 점차 정치적 우위를 점하게 되었다.

결국 후한 시기 천하의 구조에 대한 관념은 이전과는 달랐다. 앞서 인용한 왕충이 대표적인 예이다. 그에게 한의 천하는 중국 자체였고, 독자적인 이적의 영역은 존재하지 않았다. 그것은 한이 이민족의 지역, 즉 사해까지지도 직접 통치하게 되었다고 보기 때문이다.

> 은과 주의 땅은 5천 리에 이르렀고, 요복과 황복은 겨우 다스릴 수 있었을 뿐이었다. 한은 영토를 넓히고 만 리 밖까지 다스리게 되었다. 요복과 황복의 지역도 (중원과 마찬가지로) 긴 도포를 입고 넓은 혁대를 맨다.[76]

> 이제 황제가 명령만 하면 널리 받들어지고 사해가 하나가 되어 천하는 안정됐다…… 주 시기에는 5천 리 이내만 다스렸지만, 한이 영토를 넓혀 황복 바깥까지 흡수했다…… 옛날 융적의 지역은 이제 중국이 되었다.

75 『예기』 「왕제」에는 "사해 안은 구주九州(즉 9개 주)이고, (각각의) 주는 사방 1천 리이다(四海之內九州 州方千里)."라는 구절이 있다. 여기서 천하 3천 리 관념이 도출된다. 그렇지만 3천 리의 독자적 관념은 문헌적으로 근거가 희박해 보인다. 『예기』 「왕제」에서 구주에 대한 설명을 보면, 거기에는 이적 지역은 없고 모두 제후국들로만 채워져 있을 뿐이다. 그와 함께 이 문헌이 천하 5천 리 설을 주장하는 금문학파의 중심 문헌이었다는 점을 고려한다면, 3천 리 관념은 독자적인 것으로 보기보다는 오복의 일부인 구주에 관한 설명으로 보아야 할 듯하다.

76 "殷周之地, 極五千里, 要服荒服, 勤能牧之. 漢氏廓土, 牧萬里外, 要荒之地, 褒衣博帶." (『論衡』 「別通」. 번역은 이주행 옮김, 『論衡』, 1996: 545-546을 참조함.)

> 옛날 나체였던 사람들이 이제 조복을 입고, 옛날 맨머리였던 사람들이 이제 장포章甫를 쓰게 되었다.[77]

그에게 있어서 천하는 중국과 그 주변의 부속된 이민족으로 구성된 일종의 제국이 아니라 정치적으로나 문화적으로 통합된 단일국가로 이해된다.[78] 그러한 인식은 한 무제 시기를 거치면서 한의 영토가 확대되고 해당 지역이 군현화된 결과일 것이다.

하나의 관념에 대해 끊임없이 시도되는 각종 상이한 주석이나 해석은 그러한 관념이 일단 형성되면 기정사실화되려는 경향이 있음을 보여 준다. 후대의 사실을 그 이전의 시점으로 소급시켜 새로운 역사의 기억을 형성해 내는 것이다. 이를테면『한서』「지리지」와 같은 역사서들은 천하의 크기 1만 리와 주州의 구획을 역사의 초기 단계로까지 소급하고 있다. 즉 "전에 황제黃帝 시대에 배와 수레를 만들어 막힌 지역들에 이를 수 있게 했고, 그로 인해 황제는 천하를 두루 돌아다니며 사방 1만 리의 강역을 규획하고 땅을 주州로 나누었는데, 100리 크기의 국가 1만 개를 얻었다."고 언급하고 있다.[79] 명 말 청 초의 문인 고염무顧炎武(1613-1682)도 이러한 구절에 입각해 중국의 영토가 원래 넓었는데, 통치가 제대로 이루어지지 못해 우왕의 구주에 머물고 있음을 아쉬워했다.[80]

---

77 "今上即命, 奉成持滿, 四海混一, 天下定寧…… 周時僅治五千里內, 漢氏廓土, 收荒服之…… 古之戎狄, 今爲中國, 古之躶人, 今被朝服; 古之露首, 今冠章甫."(『論衡』「宣漢」)

78 왕충에 대한 이러한 해석은 渡辺信一郎,『中国古代的王权与天下秩序』, 2008: 64-66 참조.

79 "昔在黃帝, 作舟車以濟不通, 旁行天下, 方制萬里, 畫野分州, 得百里之國萬區."(『漢書』卷二十八「地理志」) 아울러『晉書』卷十四「地理志」에도 유사한 표현이 보인다.

80 각주 4 참조.

## 4. 오복·구복과 한반도

그렇다면 구주와 오복 및 구복의 관념은 후에 중국과 한반도 관계의 규정에 어떻게 반영되는 것인가.[81] 앞서 오복이나 구복에 대한 문헌에서 후대 한반도를 지칭하게 되는 이夷라는 개념이 나온다. 그렇지만 그것은 중원 지역의 동부, 회수淮水와 오늘날 산동 지역에 거주하는 여러 민족들을 의미했다. 또한 『상서』에서 중국이 "동으로는 바다에 닿았다."는 인식에도 한반도는 포함되지 않았다고 볼 수 있다. 그것은 한반도는 중국의 관점에서 본다면 바다 건너서 존재했기 때문이다. 한반도가 동이東夷로 인식되는 것은 상당히 시간이 오래 지난 뒤였다.

먼저 중국의 입장을 보자. 서진西晉(266-316년) 시기에 쓰인 『삼국지三國志』 「위서魏書·동이전東夷傳」은 한반도와 관련해 다음과 같이 언급하고 있다.

> 『서경』에 (우왕의 통치범위가) '동으로는 바다에 닿았다……'고 했으니, 구복九服의 제도 이내에 있는 것은 말할 수 있다. 그렇지만 황역荒域 밖은 여러 번의 통역을 거쳐야 이르게 되고, 중국인의 발걸음이나 수레가 닿지 않아 그 나라의 고유한 풍속을 알 수가 없었다. 서융은 백환白環을 바치고, 동이는 숙신肅愼의 공물이 있었으나 모두 여러 해 지나서야 도착했으니, 그것은 그곳이 매우 멀리 있기 때문이다.[82]

여기서 한반도는 구복의 일부로서 간주되지만, 실제 중국과는 제한적인 관계에 있음이 분명하다. 한반도는 지리적으로 멀리 떨어져 있을 뿐만

81 아래의 내용은 필자가 접한 제한된 자료에 근거한 만큼 더 많은 자료 분석을 통해서 보완될 필요가 있다.

82 『三國志』 卷三十 「魏書·東夷傳」.

아니라 언어적으로 통하지 않아 중국과 접촉이 매우 적었던 것이다.

그 외에 후위後魏의 효문제孝文帝(471-499년 재위)가 백제의 개로왕蓋鹵王(455-475년 재위)에게 내린 조서에는 백제가 오복 밖에 위치하는 것으로 되어 있다.[83] 남송南宋의 사신 서긍徐兢(1091-1153)도 『고려도경高麗圖經』에서 고려가 구복 밖에 있다는 점을 분명하게 언급하고 있다.[84] 한반도와 긴밀한 관계가 있던 명明도 관련 개념을 통해서 양국 관계를 규정했다. 명 태조太祖(1368-1398년 재위)가 고려 공민왕恭愍王(1351-1374년 재위)에게 보낸 다음의 글을 예로 들 수 있다.

> 옛날에 중국에서는 제후가 천자에게 해마다 한 번 소빙小聘을 하고, 3년에 한 번 대빙大聘을 하며, 구주九州 이외의 지역은 한 세대 만에 한 번 조현朝見했는데, 지금 고려는 중국과의 거리가 조금 가깝고 문물과 예악이 중국과 서로 같으므로 다른 번국蕃國과 같이 하기는 어려우니, 지금부터는 3년 만에 한 번 조빙하는 예에 의거할 것이며, 혹시 한 세대 만에 조현하고자 해도 가하다.[85]

위의 내용은 당시 남경에 갓 건국한 명과 조선의 외교적 관계 설정에 대한 명의 입장을 보여 준다. 여기에는 황제와의 관계에 있어서 구주(중국)와 다른 이민족 국가들의 구분이 명확하다는 것, 고려가 『주례』「대행인」의 개념인 번국蕃國에 속한다는 것, 다만 고려는 지리적으로나 문명적으로 다른 이민족 국가들에 비해 중국에 가깝다는 것, 따라서 황제와의 관

83 『해동역사海東繹史』 제54권 「예문지藝文志」 13 '중국' 문文 1 조詔·제制·칙勅. 출처: 한국고전번역원 종합DB(아래 국내 원문 자료의 출처는 모두 여기에 해당됨).

84 서긍徐兢, 『고려도경』 제40권, 1977.

85 『역대요람歷代要覽』 홍무洪武 명明 태조, 공민왕恭愍王 17년(1368); 『고려사절요高麗史節要』 제29권 공민왕 4(恭愍王四) 계축 22년(1373).

계에서도 중국의 제후국 또는 이민족 국가의 예 가운데 선택할 수 있다는 것 등이 분명히 나타난다.

다만 조선에 대해서 간섭이 심했던 청淸의 경우 조선을 중국 내의 제후국처럼 표현하는 경우도 있다. 이를테면 아래는 강희제康熙帝(1661-1722년 재위)가 조선의 국왕 경종景宗(1720-1724년 재위)에게 보낸 서한인데, 여기에는 조선이 후복侯服으로서 천자호위의 의무가 있음이 명시되어 있다.

> 그대는 마땅히 길이 정공靖共을 맹세해 후복侯服에서 찬승纘承할 것을 힘쓰고 충순忠順을 다해 천가天家에 병한屛翰을 이루어야 할 것이다. 그대는 삼가서 짐朕의 명을 어기지 말라. 그러므로 유시諭示한다.[86]

그렇다면 한반도에서는 오복 및 구복과 관련해 자신을 어떻게 설정했을까? 주지하는 것처럼 초기 지리적 관념이 반영된 『상서』와 『주례』 등은 고려나 조선에도 전해져서 유가의 경전으로 읽히게 되었고, 그에 대한 주석서들도 나오게 되었다. 그 결과 오복·구복·구주 등 개념들은 중국의 지리나 역사에 대한 이들의 학문적 이해와 논의의 대상이 되었을 뿐만 아니라 중국과 한반도의 관계를 묘사하는 데에도 사용되었다.

먼저 관련 개념에 대한 이해를 보자. 조선 중기 윤휴尹鑴(1617-1680)는 "선왕이 천하의 토지를 정리해 구복九服을 만들고 기주冀州에 왕도王都를 정해 사방 5천 리에 이르게 했다."면서 『주례』의 구복과 「우공」의 사방 5천 리 크기를 혼합하는 방식으로 전하고 있다. 때로는 구복이 오복으로 변형되었다고 보고 그 이유를 문장의 생략으로 오해하기도 한다.[87] 어쨌든 한반도의 유학자들에게도 경전의 주장 사이에 모순은 분명했다. 따라

86 『조선왕조실록朝鮮王朝實錄』 경종 1년 신축(1721, 강희 60) 2월 11일 (임인) '청나라 사신이 가지고 온 조서'.

87 『홍재전서弘齋全書』 제94권 경사강의經史講義 31 「서경書經」 2 '주고酒誥'.

서 조정의 경사經史에 대한 강의 등에서 그와 관련된 문제가 종종 제기되었다.[88]

나아가 일부의 유학자들은 그 진위에 대한 주장을 적극적으로 제기하기도 했다. 이를테면 이덕무李德懋(1741-1793)는 『예기』 「왕제」의 내용을 믿을 수 없다고 주장한다. 왕기와 각각의 주에 일정한 수의 제후국을 두어 전국에 모두 1천773개로 한다는 것을 예로 들 수 있다. 그에 의하면 아홉 개 주의 크기나 조건들이 다르기 때문에 동일한 수의 제후국을 둘 수 없다. 더욱이 위의 내용은 구복에 입각하고 있는 『주례』의 「대사마」와 「직방씨」의 내용과도 모순된다. 따라서 「왕제」는 후대의 유가가 지어낸 것에 불과하다.[89] 마찬가지로 정약용丁若鏞(1762-1836)도 구주와 오복 및 구복에 대해 자신의 입장을 간략하게 언급하고 있다. 구주와 관련해 그는 각각의 명칭에 반영된 크기가 시대적으로 크게 차이가 날 뿐만 아니라 그 위치나 경계를 고증할 수 없다는 입장이다. 오복과 구복의 차이에 대해서도 주목했는데, 그는 정현과 유사하게 주 이후 그 영토가 넓어졌기 때문이라고 설명하고 있다.[90]

오복 등 관념에 대한 학문적 의혹이 있는데도 실제 한반도의 왕조들은 그것에 입각해 자신의 위치를 설정해 왔다. 그들은 대개 중국을 지리적으로 구주로 칭하고, 자신을 구주 밖의 존재, 즉 번복藩服으로 표현했다.[91] 다

---

88 『홍재전서弘齋全書』 제94권 경사강의經史講義 31 「서경書經」 2 '주고酒誥'; 『홍재전서弘齋全書』 제95권 경사강의經史講義 32 「서경書經」 3 '우공禹貢'; 『조선왕조실록』 정조 2년 무술(1778, 건륭 43) 2월 14일(을사) '승문원 정자 이가환을 불러 여러 경서의 내용을 질의하다'; 『백호전서白湖全書』 제28권 잡저雜著 제진製進 「공고직장도설公孤職掌圖說」 상(上).

89 『청장관전서青莊館全書』 제7권 「왕제王制」.

90 『다산시문집茶山詩文集』 제8권 대책對策 「지리책地理策」.

91 그 외에도 고려와 조선은 자신을 외번外藩·번방藩邦·소방小邦·속방屬邦으로, 중국을 중화中華·중조中朝·황조皇朝 등으로 호칭했다.

만 그들은 자신이 문명적 수준에 있어서 다른 주변 민족보다는 중국 내부의 제후국과 유사하다고 보는 경우가 적지 않았다.

예를 들어 통일신라 때 당에 오랫동안 머물렀고, 귀국 후 양국 외교에 있어서 중요한 위치를 차지했던 최치원崔致遠(857-?)이 "대력大曆 연간(766-779년)에는 천어天語를 내리사 이르기를, '구주九州 밖에 있으면서도 제후諸侯에 비할 만하며 만국 중에 진실로 군자君子이다.'고 했으니"[92] 라고 한 것, 고려시대 정치가 이곡李穀(1298-1351)이 "「우공禹貢」에 구주九州의 밖에 성교聲敎의 미친 바는 동해에까지 흘러 들어갔다고 했으나 삼한의 이름은 나타나지 아니했다. 주周나라가 은태사殷太師, 즉 기자箕子를 봉한 뒤로부터 점차 중국과 상통했고, 수隋·당唐은 이 땅을 정벌해 왔으나 이기지 못했다."[93] 고 한 것 등이 그 예이다.

이러한 관점은 조선에 이르러 정점에 이르게 되는데, 이를테면 이기李墍(1522-1600)에게서 가장 전형적으로 볼 수 있다.

> 중국은 문명한 지역이다. 구주九州 밖의 사해 모퉁이에 있는 나라는 각각 호칭이 있으니, 남쪽을 만蠻이라 하는데, 만이란 벌레 같고, 서쪽을 강羌이라 하는데, 강은 양羊과 같고, 북쪽은 적狄이라 하는데, 적은 개와 같다. 우리 동방만은 이夷라 하는데 이는 궁弓에다 대大가 있는 것으로 이것은 큰 활이니, 활을 잘 쏘는 것을 말한다. 기자箕子가 봉封해진 지역으로서 민속民俗이 어질고 오래 사는데 '이적夷狄에 임금 있는 것이 중국에 임금 없는 것보다 낫다.'는 말이 있고, 공자가 여기에서 살고 싶다고 한 곳도 여기다.[94]

92 『동문선東文選』 제33권 표전表箋 「조서 두 함을 하사하심을 사례하는 표(謝賜詔書兩函表)」.

93 『동문선東文選』 제85권 서序 「송 정부령 입조서送鄭副令入朝序」.

94 『대동야승大東野乘』 「송와잡설松窩雜說」(이기李墍 찬).

그렇다면 구체적으로 한반도는 오복의 어느 부분에 위치하는가. 고려나 조선의 문헌들은 한반도를 대개 오복의 가장 먼 곳, 즉 황복荒服으로 표현한다.[95] 물론 위에서 살펴본 것처럼 오복의 내용상 한반도는 이복夷服으로 간주될 것이고 또 실제 그렇게 사용되는 경우도 적지 않다.[96] 다만 이복은 관방의 문헌에는 잘 나타나지 않는다. 어쨌든 한반도의 왕조에서는 자신이 황복에 속하지만 중국과의 외교적 관례는 기내畿內 또는 내복內服과 다르지 않다고 보는 경향이 강하다. "우리나라가 황복荒服에 해당되기도 하나 조빙朝聘하는 예는 기내畿內와 다를 것이 없으니"[97]나 "우리나라는 원복遠服에 있으므로 조고詔告하는 줄에 끼지는 않았으나, 본디 문헌文獻의 나라라 일컬어 중국에 허여되는데"[98] 등이 그 예이다.

---

95 『동문선東文選』 제112권 소疏 「대원황제축수재소大元皇帝祝壽齋疏 석복암釋宓菴」; 『해동역사海東繹史』 제54권 「예문지藝文志」13 중국 '문文' 1 조詔 · 제制 · 칙勅; 『조선왕조실록』 세조 1년 을해(1455, 경태 6) 7월 5일(무인) 「민심 수습 · 제도 정비 · 강명 · 예법 등에 관한 집현전 직제학 양성지의 상소문」; 『조선왕조실록』 성종 7년 병신(1476, 성화 12) 3월 2일(을사) 「명나라 황제와 황태자에게 은혜에 감사하는 글을 올리고 여러 물건을 바치다」; 『조선왕조실록』 성종 12년 신축(1481, 성화 17) 5월 25일(기해) 「좌의정 윤필상과 동지중추부사 한한에게 전문을 받들고 북경에 가서 사은하게 하다」; 『조선왕조실록』 성종 18년 정미(1487, 성화 23) 9월 28일(갑자) 「이조 참판 이칙이 거애와 강무에 대해 상소하다」; 『동사강목東史綱目』 제1상 무술년 조선 연대, 기년 미상(주 현왕顯王 46, 기원전 323), 『청음집淸陰集』 제9권 「조천록시朝天錄詩」 136수 문 14수(一百三十六首 文 十四首) '예부禮部와 병부兵部에 올린 정문呈文'.

96 예를 들어 조선 후기의 문인인 백호白湖 윤휴尹鑴의 문집인 『백호전서白湖全書』 제1권 부賦 「조기자부弔箕子賦」에 "동쪽 끝에 위치한 동이의 나라라네(極東陬之夷服)."라는 표현이 들어 있다. 또 우암尤庵 송시열宋時烈(1607-1689)의 문집인 『송자대전宋子大全』 卷一百五十四 비碑 「포은 정선생 신도비명 병서圃隱鄭先生神道碑銘 幷序」에 "우리는 동쪽의 편벽진 이복 가운데에 위치하고 있다(我東僻處夷服中)."는 표현이 있다.

97 『조선왕조실록』 성종 18년 정미(1487, 성화 23) 9월 28일(갑자) 「이조참판 이칙이 거애와 강무에 대해 상소하다」.

98 『조선왕조실록』 중종 32년 정유(1537, 가정 16) 1월 24일(갑진) 「삼공이 손호를 올린 일에 진하사를 보낼지에 대해 의논하다」.

이것은 앞서 언급한 것처럼 한반도의 여러 왕조들은 자신을 비록 구주 밖의 존재로 보면서도 구주 내부의 여타 지방과 같이 긴밀한 관계가 있다고 한 것과 같은 맥락에서 이해될 수 있다. 이러한 의미에서 적어도 조선에서 황복은 『상서』나 『주례』와 같은 중국의 문헌에 기술된 오복 및 구복의 구조, 즉 만족蠻族이 거주하고 중범죄가 추방되는 지역으로 간주되지 않은 셈이다. 그것은 단순히 중국에서 지리적으로 먼 곳을 지칭했다. 나아가 다른 민족들에 비해 높은 문화적 성취는 원거리에 의해 더 부각될 수 있었는지도 모른다.

뿐만 아니라 조선을 아예 오복 밖의 나라, 즉 해외로 표현하는 경우도 적지 않다. 원래 유가의 관련 문헌은 천하를 오복이나 구복까지 상정하면서 그 너머의 지역에 대한 관념은 존재하지 않는다. 다시 말해 천하에서 천자의 직·간접적 지배를 받지 않는 지역은 없다고 간주되었다.[99] 어쨌든 한반도의 사람들은 개념적으로 더 넓은 지역을 상정할 수 있는 위치에 있었고, 여러 문헌들에서 한반도가 오복 또는 구복 너머의 해외에 있는 것으로 표현하고 있다.[100] 예를 들어 조선 중종 때 조정에서 다음과 같은 내

---

99 물론 그 너머의 세계에 대한 관념이 전혀 없었던 것은 아니다. 중국의 오랜 지리서인 『산해경』은 세계를 해내와 해외로 구분하면서, 해외의 지역에 대한 부분을 상세히 언급하고 있다. 다만 그 내용은 신화적인 성격이 매우 강하고, 해당 지역은 대개 비문명적으로 묘사되고 있다. 또한 전국시대 말 음양오행가 추연鄒衍은 우禹의 구주는 더 큰 주, 즉 대륙의 9분의 1이고 천하에는 그러한 대륙이 9개 있어서, 결국 중국(구주)은 천하의 81분의 1에 불과하다고 주장하기도 했다(『史記』「孟子荀卿列傳」). 마찬가지로 전국 말의 문헌인 『여씨춘추』에는 '사해 안〔四海之內〕', 즉 천하는 동서 2만 8천 리, 남북 2만 6천 리, 사극四極(천지의 끝)은 동서와 남북 모두 59만 7천 리로 설정되어 있다(『呂氏春秋』「有始覽·有始」).

100 『해동역사』 제39권 「교빙지交聘志」 7, '정삭正朔', 『조선왕조실록』 명종 12년 정사(1557, 가정 36) 10월 5일(갑신) 「헌부가 이원의 품계를 높이고, 김귀수를 면천하는 것이 부당하다고 아뢰다」; 『선조수정실록宣祖修正實錄』 7년 갑술(1574, 만력 2) 11월 1일(신미) 「질정관 조헌이 경사에서 돌아와 올린 시무에 절실한 8조의 상소문①」; 『조선왕조실록』 정조 2년 무술(1778, 건륭 43) 2월 14일(을사) 「승문원 정자 이가환을 불러 여

용의 논의가 있었다.

> 황제가 오복五服 안의 여러 나라에는 숨기지 못하고 자기를 죄책하는 조서를 내려 유시諭示를 한 것입니다만 그것이 해외 여러 나라에까지 다 알게 하고자 한 것인지는 모르겠습니다. 대체로 사체事體로 본다면 국내와 국외가 서로 다르니 외국의 입장으로서 위안을 하는 것은 아마도 합당한 일이 아닌가 합니다.[101]

이것은 중국에서 종묘宗廟에 신주神主를 모시는 차례인 소목昭穆이 화재로 불탄 것에 대한 위문을 해야 하는지에 관한 논의이다. 여기에서는 앞서 검토한 초기의 문헌과는 달리 중국이 오복과 일치되고, 조선은 외국으로 간주되고 있다. 물론 이때 외국은 오늘날과 같이 민족국가의 엄격한 영토적 주권 개념을 전제로 하는 것은 아니며 지리적인 개념으로 이해되어야 할 것이다.

## 5. 종합

오복(구복)과 구주는 그 자체로서 현실성이 부족해 보이지만 천하와 중국에 대한 관념적 지도로서 일종의 통합적 세계관을 형성한다. 어떤 지리학자에 의하면 지도는 “세계 자체인 것이 아니라 인간에 의해 포착된 세계

---

러 경서의 내용을 질의하다」.

101 『조선왕조실록』 중종 36년 신축(1541, 가정 20) 6월 19일(갑술) 「윤은보·윤인경 등이 성절사의 장계에 대해 의논하다」.

의 '개념'이며 '상image'이다."[102] 그것은 인간이 신체적으로 직접 경험할 수 없는 넓은 공간에 대한 형상화이다. 지도에는 어떤 특정한 시점視點이 없다는 점에서, 그러한 형상화는 불특정 다수가 공유하고 전달할 수 있다.

이러한 시각에서 본다면 직·간접적으로 경험하는 세계 전체에 대한 모델화는 쉽게 상상해 볼 수 있다. 특히 중원을 중심으로 지리적으로 넓게 펼쳐진 평원과 그 주변에서의 활발한 인적 교류는 좀 더 큰 인식의 세계를 형성하는 데 기여했을 것이다. 초기 지리적 개념은 그러한 인식의 세계에 대한 형상화와 그것의 공유를 목적으로 한다. 그리고 이러한 인식의 공유는 해당 공동체가 추구하는 목표를 제공하는 중요한 수단이다. 그와 함께 초기의 지리적 관념은 앞서 제기한 권력의 메커니즘, 특히 지리적 거리에 따른 제약과 그에 따른 상이한 지배 정도를 반영한다.

먼저 중앙(왕)과 지방(제후)의 관계이다. 오복은 중앙에서 지방으로 일종의 위계구조로 되어 있다. 중앙에 왕의 직할 지역이 있고, 그 외부에 제후국들이 있는 것이다. 먼저 왕의 직할지에 있어서 그 내부에도 지리적 위치에 따라 상이한 방식의 조세가 납부된다. 이를테면 지리적으로 멀수록 운송이 가볍도록 가공의 정도가 커진다. 가까운 곳은 곡식은 물론 동물의 사료로 쓰이는 볏단까지 보내도록 하고, 먼 곳은 정미만 보내도록 한다. 또한 각각 제후국들과 이민족들이 경중의 제사 참여와 조공, 어겼을 때의 상이한 징벌의 원칙들이 제시되고 있다.

마찬가지로 제후국들의 성격도 그 지리적 원근에 따라 다르다. 중앙과 가까운 곳에는 왕의 직접적인 행정을 담당하는 경이나 대부의 식읍을 두고, 일반 제후국들은 그 바깥에 위치한다. 그리고 해당 제후국들도 다시 원근에 따라 다르다. 이를테면 중앙과 가까운 곳에는 상대적으로 작은 제후국을, 먼 곳은 큰 제후국을 두는 것이다. 가까운 곳에 작은 제후국을 둔

102 와카바야시 미키오 저, 정선태 역. 『지도의 상상력』, 2007: 71.

것은 제후국이 작을수록 쉽게 중앙에 내부內附하게 할 수 있기 때문이고, 먼 곳에 큰 제후국을 둔 것은 외부의 침략을 막기 위해서이다.[103] 결국 지리적으로 먼 곳일수록 책임이 적고 또 해당 책임을 이행하지 않을 경우에도 물리적인 방식보다는 덕과 같은 간접적인 방식으로 회유해야 한다.

다음은 중국과 주변 이민족 지역에 대한 관계이다. 분명하게 오복에서는 제후국 지역 너머 이민족의 거주지역으로서 요복과 황복이 있고, 구복에서는 이복·진복·번복 또는 그것을 통합해 번국이 설정된다. 이 지역의 국가들은 황제와의 관계에 있어서 일반 중국 내 지방이나 제후국과는 다르다. 이를테면 제후국들에게 다양한 형태의 제사 참여 의무 또는 권리가 주어지는 반면, 이민족 지역은 해당되지 않는다. 이들은 한 해에 한 번 조공을 바치거나 아니면 한 대에 한 번 조현을 하면 되는 것으로 설정된다.

구주와 특히 오복(구복) 관념에는 중심과 주변의 이분법적 이해와 중화의 우월감을 내포한다. 그러한 관념은 소수의 내향적인 공동체를 제외하고는 거의 모든 국가들에서 나타나지만, 중국에서 그것은 매우 강하고 지속적이다. 그렇지만 그러한 관념이 현실에서 구현되는 정책적 의미를 따져본다면 글자 그대로 이해할 수 없는 측면이 있다. 왜냐하면 그것은 한대에 주변 지역에 대한 직접적인 지배가 아니라 대개 불간섭정책의 논리적 근거로 활용되기 때문이다. 다시 말해 제국의 층차적 지배를 주된 내용으로 하는 오복과 구복의 관념은 황제에 의한 보편적 지배가 아니라 반대로 제한된 지배의 논거였던 것이다.

한편 한반도의 왕조들도 예외 없이 오복의 개념으로 자신을 규정했다. 시각에 따라서는 중국적 세계의 공고한 일부로서 자신을 설정한 것처럼 보인다. 그렇지만 현실적으로 그러한 규정은 그들이 중국과 거리가 있는 독자적 존재라는 점을 부각시키기 위한 것임은 분명하다. 그와 함께 그들

---

103 『文獻通考』卷二百六十「封建考一」.

은 다른 변방 민족들보다 문화적 수준이 높고 중국의 수준과 유사하다는 의식으로 인해서, 황복과 같은 주변적 개념의 실질적인 내용이 부정되기도 했다. 나아가 조선 후기에 이르러서는 아예 해외 또는 외국으로서 표현되었다.

마지막으로 천하의 지리적 크기이다. 이와 관련해 오복에서 중국은 사방 3천 리, 천하는 사방 5천 리로 설정된다. 사방 3천 리에서 5천 리 사이는 이민족의 거주지역이다. 구복에서는 중국과 천하는 각각 사방 7천 리와 1만 리로 확대된다. 넓은 지리적 범위의 설정은 한편으로 중국의 영토적 팽창과 다른 한편으로 천하의 많은 지역에 대한 접근 및 교류와 관련된다. 그와 함께 미시적으로는 중심과의 연계성도 강조된다. 이것은 중국에서 중앙집권적 통일제국의 출현과 맥락을 같이한다.

그럼에도 천하의 절반 정도가 각종 이적에 의해 채워져 있다는 점에 대한 인식은 매우 중요하다. 그것은 중국과 주변 지역이 소위 조공체제로 일정한 질서를 갖게 되는 기반이 되었다. 그러한 천하관념은 오늘날의 시각에서 여러 나라들이 동등하게 참여하는 국제질서를 부정한다는 점은 분명하지만, 그러한 비판은 현재적 관점에서 의미가 있을 뿐이다. 특히 고대 세계는 국제적 규범이나 평화에 대한 인식보다는 적대적 관계가 지배적이었다. 따라서 동등한 관계란 언제든 파괴될 수 있는 불안한 경쟁관계에 불과했다.

일정한 지리적 구획에 바탕을 둔 천하관은 권력의 균형, 즉 수익과 비용의 관계를 반영한 측면도 있다. 동아시아에서 중국에 성립된 강력한 국가권력과 주변 지역 사이에는 명백한 힘의 비대칭이 존재했다. 중원제국은 특정 주변국을 전쟁으로 멸망시킬 능력을 갖고 있었다. 그럼에도 중원제국이 그 주변국들을 직접 지배하기는 어려웠다. 그들은 제국의 중심에서 멀리 떨어져 있을 뿐만 아니라 상당한 저항능력을 갖고 있기 때문에, 정복은 물론 지속적인 지배에는 제국에게 너무 큰 비용이 야기되었다. 그렇다고 아예 내버려두면 황제의 보편적 지배의 이념이 손상될 뿐만 아니라, 이들은 제국의 변경 지역을 괴롭혔다. 따라서 천하의 이중적 구조하에서 중국은 최소의 비용으로 최대의 범위에서 권력을 행사할 수 있다. 마찬가지로 그것은 주변국의 입장에서도 최소의 비용으로 평화를 확보할 수 있는 방안이었다.

물론 현실은 앞서 살펴본 것처럼 훨씬 복잡하다. 중원제국은 끊임없이 통치의 범위를 확대하려 했고, 주변 민족 또한 변경을 약탈하거나 중원진출을 꾀하였다. 그리하여 중원제국은 조공 이외에도 다양한 방식의 직·간접적 지배 관계를 형성했을 뿐만 아니라 그 과정에서 크고 작은 전쟁이나 갈등이 계속되었다. 그럼에도 적나라한 물리적 힘의 관계만이 작용했던 전통적 국제질서에서 조공체제는 중국과 주변국 그리고 주변국들 사이에서 발생할 수 있는 전쟁의 규모나 빈도를 줄임으로써 평화에 기여했음은 분명하다.

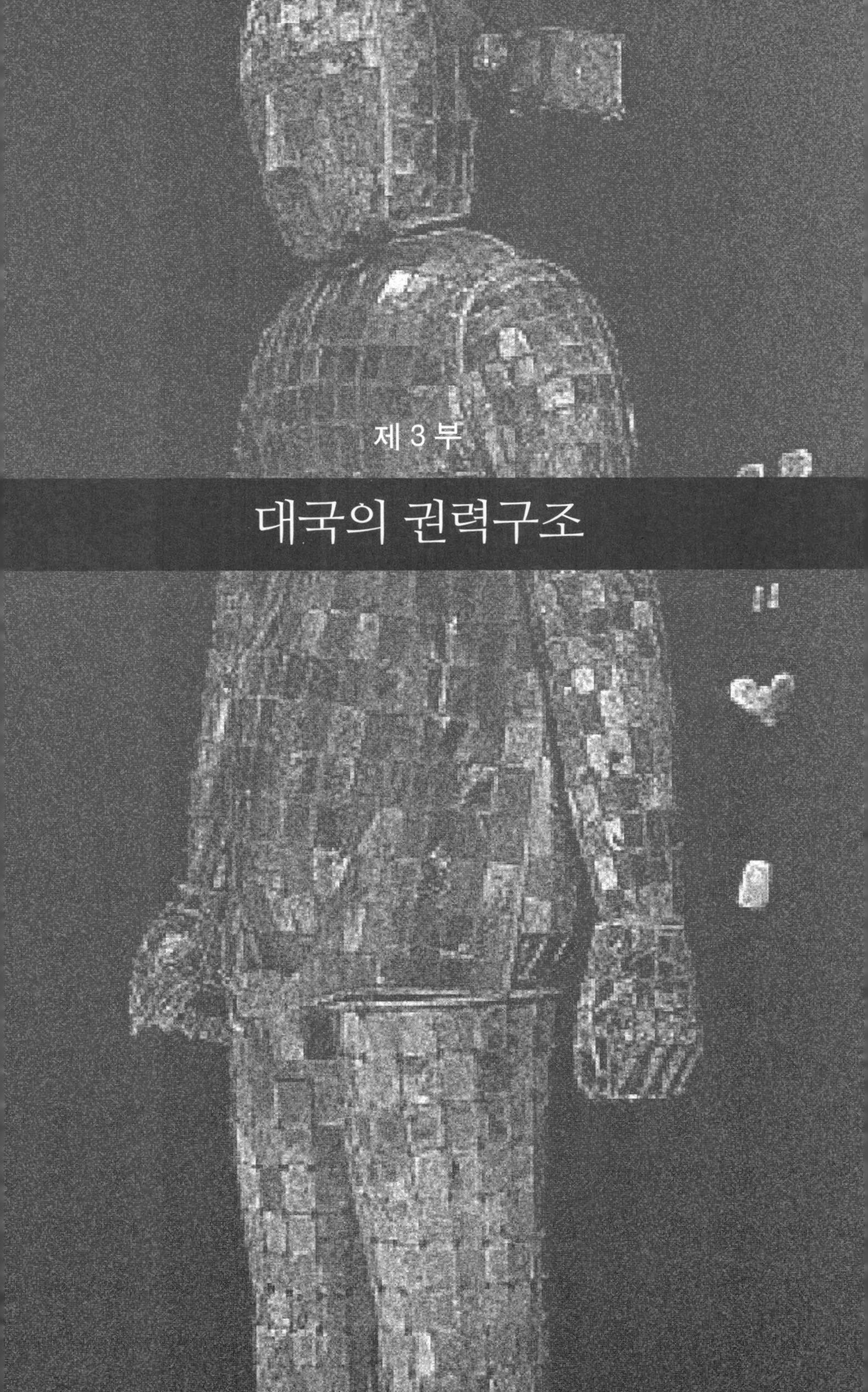

제 3 부

# 대국의 권력구조

| 여덟 번째 |

# 중앙권력

8

이 장에서는 중앙권력 기구와 그 권력자원에 대해서 다룬다. 중앙의 권력기구에는 최고통치자로서 황제와 그 측근들, 승상과 관료기구, 군대 등이 해당된다. 대국의 통치에는 권력구성요소들의 복합적 성격으로 인해 근본적인 갈등이 존재했다. 황제로의 권력집중은 외척이나 환관의 득세를 가져왔고, 승상 등 관료기구를 약화시켰다. 군대와 장수에 대한 통제의 요구와 군사적 전문성 사이에도 내재적 긴장이 있었다. 토지·농업·상업·재정 등은 권력의 사회경제적 기반이지만 이들을 둘러싼 정부와 사회세력들의 대립이 두드러졌다. 지역간의 차이는 상업적 이익을 확대하여 중농억상 정책을 무력화시켰다. 화폐는 대국경제의 관리에 유용했지만, 불법주조 문제뿐 아니라 자급자족적 농업경제와는 모순되는 면이 있었다.

이제까지 살펴본 것처럼 기원전 221년까지 중원에서는 오랜 분열을 거쳐서 마침내 통일국가가 형성되었다. 통일 과정에서 그리고 그 이후에도 주변 지역에 대한 영토의 확대는 계속되었다. 적어도 기원전 1세기 초반까지 중국은 최대 범위에 이르렀다. 그러한 과정은 권력에 내재된 팽창의 관성 그리고 그에 대한 제약의 측면에서 이해될 수 있었다. 영토의 확대와 더불어 그것을 이념적으로 뒷받침하기 위한 천하관과 화이관이 형성되었고, 중국과 천하의 공간과 그 구조에 대한 정교한 관념체계도 구축되었다.

영토의 확대에 상응하여 정교하고 거대한 통치조직이 구축되지 않으면 안 되었다. 역사적으로 권력의 외연적 확대는 권력의 집중을 수반하였다. 권력의 집중은 중국적 용어로 봉건제에서 군현제로의 전환을 의미한다. 그리고 군현제는 정치학적 용어로 말한다면 통치구조에 있어서의 중앙집권화와 관료화로 표현된다. 그러한 집중화 과정은 정치권력의 외연적 확대만큼이나 오랜 기간에 걸쳐서 점진적으로 진행될 수밖에 없다. 어쨌든 대내외적 권력의 확대가 정점에 이른 진한 시기에 이르러 그러한 통치구조는 외형상 완결된 형태를 갖게 되었다.

제국은 황제를 정점으로 하는 거대한 관료집단에 의해 유지되었다. 효과적인 정책집행을 위해서 업무에 따라 분업화된 조직체계가 구축되었고, 그것은 엄격한 규정과 규범에 따라 운영되었다. 거기에는 물리적인 힘으로 제국을 국내외의 도전세력으로부터 지킬 군대도 포함되었다. 그와 함께 제국은 관료조직의 운영에 필요한 자원을 조달하기 위해서 조세와 재정, 요역, 전매, 화폐 등 여러 가지 경제제도를 마련했다. 이러한 통치구조는 중앙에서 지방까지 구축되었고, 따라서 양자는 긴밀하게 연결되었다.

그럼에도 적나라한 권력정치가 작용하는 제국의 통치에는 적잖은 문제점들이 나타났다. 이를테면 광역에 대한 통치는 황제로의 권력집중을 수반했고, 이것은 공식적인 관료기구의 기능을 왜곡시켰다. 황제로의 권력집중은 황제 개인의 능력상 한계와 결합하여 외척이나 환관 등에 의한 비공식적 정치와 그에따른 정치불안으로 이어졌다. 또한 권력의 물리적 기반이자 도전세력인 군대에 대해서는 엄격한 통제가 요구되었고, 이것은 군대의 전문성과 전투력의 저하로 이어졌다. 더욱이 교통이 발달하지 않은 상황에서 국내외 광역에 대한 방어의 요구는 대규모 군대조직의 비효율성을 노출시켰다.

한편 자급자족적 경제구조와 교통 및 운송의 제약하에서 교환의 필요성은 적었다. 그럼에도 제국은 중앙집권적 통치의 편의를 위해서 화폐의 유통에 크게 의존했고, 이것은 화폐의 불법주조와 결합하여 경제질서를 어지럽혔다. 또한 중앙집권적 통치가 요구하는 광범위한 물자의 재분배는 높은 운송비용에 따른 낭비를 수반했다. 동시에 높은 소작료를 특징으로 하는 지주-소작의 농업생산 관계에서 국가는 다수의 농민들에 대한 조세의 부과에 한계가 있었고, 특히 전매와 같이 정부에 의한 직접적 상업행위는 상인이나 지방세력들의 저항에 부딪혔다. 이러한 모든 것은 대국의 중앙정부가 권력자원을 동원하는 데 상당한 한계가 있었음을 보여준다. 아래에서는 제국의 정치·군사·경제 등의 문제에 관해서 차례로 살펴본다.

# 1. 황제

## 초기 통치자의 칭호

제국의 통치자로서 황제는 진시황이 중원을 통일하면서 비로소 채택한 명칭이다. 황제 칭호의 선택 과정에서 드러난 것처럼, 황제는 지상에서 최고의 권력을 상징했다. 권력의 언어적 상징으로서 통치자의 칭호는 매우 중요하다. 전제정치하에서 권력은 그에 의해 독점되고, 그는 신하들과는 근본적으로 구분되는 칭호를 가진다. 칭호는 그가 행사하는 권력의 속성이나 형태를 반영하지 않을 수 없다. 초기 통치자의 칭호는 불확실하지만, 적어도 기원전 17세기에 시작된 상부터 서주와 춘추전국시대를 거쳐 진한의 통일국가에 이르는 역사적 과정에서 통치자의 칭호도 변화되었다. 그리고 그러한 역사적 경험은 조공책봉체제로 축약되는 동아시아 국제질서의 중요한 전제가 되었다.

중국사에서 최초의 통치자로서 3황5제가 있다. 그것은 일단 '황皇'과 '제帝'가 통치자의 칭호일 수 있음을 시사한다.[1] 다만 사마천도 『사기』를 5제부터 시작함으로써 3황은 신화적임을 시사하고 있다. 또한 저작 연대나 진위 여부에 대해서 논란이 적지 않지만, 초기의 중요 문헌들에서는 제와 왕이 비교적 일관되게 사용된다. 이를테면 『상서』는 요堯와 순舜에 대해서는 제의 칭호를, 하의 수장은 본명 또는 왕의 칭호를, 상 이후에는 일관되게 왕의 칭호를 사용하고 있다. 한편 『사기』와 『죽서기년』은 시조 황제黃帝부터 하의 마지막 통치자까지 제의 칭호를 사용한다. 그 이후는 약

---

1 그 예로 후한 시기 채옹蔡邕(133-192)은 3황에 속하는 포희씨庖犧氏와 신농씨神農氏의 칭호는 황皇이었고, 요·순은 제帝였다고 한다(〔漢〕蔡邕 撰, 「獨斷(卷上)」, 『欽定四庫全書』 子部十: 850-876).

간 다른데, 상에 대해서 『죽서기년』은 각기 본명을 사용하고 왕으로 통칭하는 데 반해, 『사기』는 시조인 탕은 본명을, 그 이후 통치자들은 제의 칭호를 사용한다.

다른 예로 『논어』에서는 주 이전의 모든 통치자에 대해서 제나 왕의 칭호가 아니라 본명만 사용되고 있다. 『맹자』에는 요와 순에 대해서 제의 칭호가 붙여지지만, 하와 상의 건국자인 우禹와 탕湯은 본명만 사용하고 있다.[2] 한편 『순자』에서는 요와 순뿐 아니라 우와 탕도 제로 통칭된다.[3] 다만 위의 모든 문헌에서 주왕조부터는 왕의 칭호가 사용된다.

사실 다른 곳에서 언급한 것처럼 초기 공동체는 분산된 구조였다. 따라서 통치자의 명칭도 그러한 초기국가의 출현 과정과 결부되어 설명되어야 할 것이다. 한 연구에 의하면, 국가형성 이전의 원시사회에서 그 우두머리는 후后나 백伯이었다고 한다.[4] 원시사회의 기본단위는 씨족이었고, 몇 개의 씨족들이 부락을 구성했으며, 부락이 모여 부락연맹체를 이루었다. 이때 씨족의 수장이 후后였고, 그것은 '생육하다'의 의미를 가졌다.[5] 그리고 부락과 부락연맹체의 수장은 백伯이라 했는데, 이는 '맏형'을 뜻했고, 선거를 통해서 선출되었다.

문헌상으로 중국사에서 최초의 국가로 간주되는 하의 시조는 우이다. 그의 아버지는 곤鯀이었는데, 곤과 우는 숭崇이라는 부락의 수장이었다.

---

2 『孟子』「公孫丑上」, 「萬章上」.

3 『荀子』「議兵」.

4 左言东, 『中国古代官本位体制解析』, 2013: 369.

5 궈모뤄郭沫若 등에 의하면, 초기 씨족사회는 모계사회로서, 그 족장인 후后는 여성이었다. 이것은 서주시기 왕의 정부인으로서 후后, 진 이후에는 황제의 정부인으로서 황후皇后로 이어졌다(左言东, 『中国古代官本位体制解析』, 2013: 200). 어원에 있어서 후后는 복사卜辭에서 [illegible]로 표기되었는데, '여女' 와 거꾸로 된 '자子' 로 구성되어 있어 모계 씨족의 추장이나 일족의 시조모에 대한 존칭에서 시작되었음을 시사한다. 은 나중에 '기르다' 는 의미의 '육毓' 과 '육育' 으로 진화했다(徐中舒 主編, 『甲骨文字典』, 1989: 997, 1581-1582).

초기의 문헌에서 그들은 백곤伯鯀·백우伯禹 등으로 호칭되었고,[6] 동시에 부락연맹체의 수장으로서 치수를 관장했다. 그렇지만 우의 계승자 백익伯益에게서 왕위를 탈취한 우의 아들 계啓 이후 백伯 대신 원래 씨족장이었던 후后의 칭호가 사용되었다. 즉 하후夏后 또는 하후씨夏后氏라고 불리었던 것이다. 이때 하후는 혈연조직인 씨족의 장으로서 후와 달리 통치자로서 간주되었다. 더욱이 계啓가 그러한 것처럼 하후는 더 이상 선거가 아니라 사실상 상속에 의해 결정됨으로써 권력적 성격이 강했다.

그렇다면 위에서 언급한 초기 역사서에서 5제 그리고 하와 부분적으로 상의 통치자에게 제의 칭호가 사용된 것은 어떻게 볼 것인가. 사실 하·상의 통치자가 실제 제를 자칭하기보다는 후대에 붙여졌을 가능성이 크다.[7] 주지하는 것처럼 최초의 문자로서 전해지는 상의 갑골문에서 통치자는 왕으로 호칭되었다. 그리고 갑골문에서 제는 만물을 주관하는 신이었다. 상은 조상들과 강·산·호랑이 등 각종 자연신들 이외에 최고신으로서 제를 신봉했던 것이다. 역사 초기 각각의 씨족이나 부족들은 각기 다른 신을 믿었는데, 상의 제도 그 가운데 하나였다. 왕은 각종 문제들에 대해서 점복을 통해 제의 의사를 물었다.

갑골문에서 제帝는 [illegible]·[illegible]·[illegible] 등으로 표시되는데, 나무를 세우고 불로 태워 하늘에 제사 지내는 모습이라고 한다. 왕王은 [illegible]·[illegible]·[illegible]·[illegible] 등으로 표시되는데, 도끼의 날이 아래를 향하는 모습이다. 그것은 형벌을 주관함으로써 통치자의 권위를 상징한다고 해석되는데,[8] 여기에는 원시적 힘이 반영될 뿐, 후대에 부여하는 천명과 같은 초월적인 의미는 없다. 물론 언

6 이를테면『竹書紀年』,『逸周書』,『史記』,『國語』등.

7 한 연구에 의하면, 3황 5제의 신화는 전국시기 중후기 이후에야 출현하였던 것으로, 그것은 전반적인 시대적 흐름, 즉 통일의 과정 및 군주권의 강화를 반영한 결과였다(左言东,『中国古代官本位体制解析』, 2013: 198).

8 叙中舒 主编,『甲骨文字典』, 1989: 7, 32.

어학적 측면에서 왕은 다양한 의미로 해석된다. 그 예로 청 말 민국 초의 고증학자 왕궈웨이王國維(1877-1927)에 의하면, 王의 최초 의미는 햇빛으로서, 대지를 비추는 태양을 상징한다. 상의 건국자인 탕湯은 고대에는 양陽과 동음으로서 태양을 가리키며, 상의 왕들은 천간天干인 갑甲·을乙·병丙·정丁 등의 이름을 가졌다.[9]

그런데 상을 대체한 주는 제 대신 하늘〔천天〕을 수호신으로 믿었다. 뿐만 아니라 왕도 '하늘의 아들', 즉 천자天子로서 그와 연계했다. 즉 천명의 관념에 입각한 통치의 정당성이 제기되었던 것이다.[10] 주에 이르러서는 통치자의 일반적인 칭호는 확실하게 왕으로 자리 잡았다.[11] 그 이후 춘추시대에는 천자는 왕이라 불리었고, 제후국의 우두머리는 그 정치적 위상에 따라 공公·백伯·자子 등 상이한 작위명이 사용되었다. 주에서 제는 완전히 사라지지 않았다. 제는 천과 인간의 중간에 위치하게 되었는데, 시조신始祖神의 지위를 갖게 되었던 것이다. 따라서 앞서 언급된 것처럼 역사서에서 상고시대 통치자들에게 제의 칭호가 붙게 되었다. 이처럼 제가 인격화되면서 나중에 전국시대를 거치면서 현세의 통치자에게 사용될 여지가 생기게 되었다.

춘추시대 여러 제후국들은 명목상으로나마 주를 공동의 군주〔공주共主〕로 받아들였고, 따라서 왕의 칭호는 주의 천자에만 해당되었다. 단지, 중원에서 멀리 떨어져 있던 초, 오, 월 그리고 서徐[12]와 같은 만이들만 스스

---

9 左言东, 『中国古代官本位体制解析』, 2013: 370.

10 冯友兰, 『中国哲学史新编』(上), 2003: 70-82.

11 초기 통치자들에게 제의 칭호를 사용했던 사마천은 제에서 왕으로 호칭 변화를 설명해야 할 필요가 있었던 것 같다. 이와 관련해 그는 "이에 주 무왕이 천자가 되자, 후대 사람들이 제의 칭호를 낮춰 왕이라 했다(於是周武王爲天子, 其後世貶帝號, 號爲王)."고 기록한다(『史記』 卷三 「殷本紀」). 사람들은 무왕에 의한 상의 멸망을 부정적으로 보았던 것이다.

12 서는 춘추시대 동이 가운데 가장 강력한 국가로서, 오늘날 산동성 남부에서 안휘성·

로 왕의 칭호를 사용했다.[13] 나머지 제후국 통치자들은 공·후·자 등의 작위를 사용했다. 물론 춘추시대에 주 왕실은 크게 약화되었고, 실질적인 권력을 행사하는 강력한 제후가 등장했다. 그는 패覇로 불리었다. 패는 비록 힘에 의한 것이지만 천자의 권위에 의거하여 제후국들의 우두머리로서 천하를 통합시키는 실체로 인정되었고, 그와 함께 천하의 통치자로서 왕은 형식적인 존재가 되었다. 다만 왕과 패는 명분에 있어서 상하관계에 있었다. 이러한 상황은 전국시대 초반까지 계속되었다.

그런데 전국시대에 들어서면서 통치자의 칭호로서 왕의 권위는 더욱 약화되었다. 여러 강대국들이 경쟁함으로써 특정한 패를 중심으로 하는 존왕양이의 질서조차도 점차 유지되기 힘들게 되었다. 특히 전국시대 초반 진秦이 중원의 강국인 위魏를 여러 차례 패배시키면서 득세했다. 그러면서도 진은 여전히 주의 질서를 활용했다. 진은 과거 패자였던 제의 환공이나 진晉의 문공과 같이 기원전 343년 백伯의 칭호를 하고, 이듬해에는 일부 제후국을 회맹해 주왕에게 조현하기도 했다. 진이 주왕을 활용하면서 득세하자, 위는 그것을 견제하기 위해서 기원전 334년 동방의 대국인 제齊와 동맹을 맺고 서로를 왕으로 인정했다. 이러한 상황에서 진도 주 왕실의 권위를 빌어 세력을 확대하는 것이 무익하다고 보고 기원전 324년 칭왕했다. 그러자 다른 제후국들도 거기에 따르게 되었다.[14]

---

강소성 북부 사이를 주된 활동무대로 했다. 무경의 난에도 참여하는 등 주와 대립했지만 기원전 6세기 초반 오에 의해 멸망했다.

13 중원의 문헌에서 그들은 '자子', 즉 자작으로 불리었다(王世民, "西周春秋金文中的诸侯爵称," 『历史研究』, 1983: 5).

14 기원전 323년 한韓과 연燕이, 318년 송宋이 각각 칭왕했다(『史記』 卷五 「秦本紀」; 雷海宗, "皇帝制度的成立," 1934: 855-856).

## 칭제의 시작

다만 칭왕이 보편화되면서 왕과 패 모두 본디 의미를 상실하게 되었다. 그것들은 각각 예(교화)와 법(강제력)에 기반을 둔 통치의 일반 유형으로 개념화되었을 뿐이었다. 제후국들이 모두 왕의 칭호를 사용함으로써 그것은 단지 통치자의 일반적인 칭호에 불과하게 되었고, 주와 같은 통치의 정당성이나 천하의 통합적 권위는 사라졌다. 이러한 상황에서 제帝의 칭호를 사용함으로써 자신을 다른 제후국들과 차별화하려는 시도들이 나타났다.

그것은 처음에는 진秦에 의해 주도되었다. 앞서 언급한 것처럼 소양왕昭襄王 때 진은 초·한·위魏 등 동방 국가들과 치른 전쟁에서 연승함으로써 영토를 크게 확장했다. 전국의 주도권을 장악한 소양왕은 기원전 288년 자신은 서제西帝, 제齊의 민왕湣王은 동제東帝로 칭하자고 제안했다. 당시 제는 위왕威王(기원전 355-320년 재위) 때 위의 군대를 수차례 물리치고, 선왕宣王과 민왕閔王을 거쳐 진과 동서로 대치하는 양강체제를 구축했다. 진의 제안은 제가 거부함으로써 결국 성립되지 못했다.[15]

2년 뒤에는 연燕에서 진을 서제西帝, 조趙를 중제中帝, 자신을 북제北帝로 하자는 안이 제시되었다.[16] 그것은 연과 남쪽으로 접해 있으면서 적대관계를 유지해 온 제를 서로 연합해 공략하려는 의도였다. 자세한 내용은 전해지지 않고 있지만, 이 방안도 실현되지 않았다. 마지막으로 기원전 257년

15 진의 제의는 혼자서 칭제할 경우 제후들의 반대가 분명하기 때문이기도 했지만, 또 다른 목적은 원교근공遠交近攻의 전략에 따라 제와 동맹해 조趙 등 주변 국가들을 공략하기 위해서였다. 그러나 제의 입장에서 칭제는 오히려 진의 위상만 높여줄 뿐이었고, 거부할 경우 오히려 자신의 도덕성을 확보할 수 있었다. 제의 민왕은 이러한 소진蘇秦의 판단을 좇아 칭제를 포기했다(『史記』 卷五 「秦本紀」; 『戰國策』 「齊策四」).

16 그것은 연횡론자 소진의 동생 소대蘇代가 연의 소왕昭王에게 제안한 내용이다(『戰國策』 「燕策一」).

진이 조趙를 포위하고 칭제를 요구했다. 그렇지만 위魏의 공자 신릉군信陵君 무기無忌가 조를 지원함으로써 실패했다. 어쨌든 이러한 시도들은 전국말 통치자의 칭호로서 제가 왕보다 높은 권위를 갖게 되었음을 보여 준다.

당시 칭제가 갖는 역사적 의미는 분명하지 않았다. 그럼에도 칭제는 주의 봉건제 하에서 천자의 위치와는 다른 의미를 획득해 간 것으로 보인다. 진이 조를 포위하고 칭제를 요구하던 상황에서 제의 명사인 노중련魯仲連은 위의 장군 신원연辛垣衍에게 칭제의 부정적인 의미를 강변했다. 신원연은 진의 칭제 요구를 들어주도록 설득하기 위해서 조에 파견된 상태였다. 요컨대 제帝가 원래 그 자체로서 권위 있는 위치일 뿐만 아니라 진의 국력에 의해 강력한 권한을 행사하게 될 것, 과거 은의 마지막 천자 주紂의 예에서 보는 것처럼 권력을 악용할 수 있다는 것, 일단 제후들의 지지를 받아 제의 위치에 오르면 자의적인 관리임명이나 처첩 제공 등 방식으로 제후들의 권력을 약화시킬 수 있다는 것 등이다.[17]

노중련의 입장에서 제는 왕과 달리 더 중앙집권적이고 전제적인 통치체제를 의미했다. 실제 전국시대 후반 "합종이 이루어지면 초가 왕王이 되고, 연횡이 이루어지면 진이 제帝가 된다."는 인식이 보편화되었다.[18] 문헌상으로 양자의 의미에 대한 설명은 명시되지 않고 있다. 그렇지만 대체로 초가 왕이 되면 왕으로서 다른 제후들과 수평적 관계를 형성할 것이지만, 진의 제는 — 앞서 칭제의 요구에서 드러난 것처럼 — 그들보다 높은 새로운 권위의 창출을 의미했던 것 같다.

기원전 221년 진시황은 천하를 통일하자마자 조정에서 통치자의 칭호를 논의하게 했다. 그것은 무엇보다도 자신의 지위는 기존의 왕과는 질적으로 다르다는 인식에 기반을 두었다. 『사기』「진시황본기」는 그 과정을

---

17 『戰國策』「趙策三」; 『史記』 卷八十三「魯仲連列傳」.

18 관련 논의에 대해서는 이 책 2장 5절 참조.

상세하게 소개하고 있다.

> 과인이 혈혈단신 군대를 일으켜 난폭한 자들을 제거했다. (이것은) 선조들의 신령에 의지한 것으로서, 6국이 그들의 잘못에 따라 처벌을 받게 되었고 천하가 안정되었다. 지금 (통치자의) 칭호를 바꾸지 않으면 내 업적을 드러내 후세에 전할 수 없다. 마땅히 제帝의 칭호를 의논해야 할 것이다.[19]

그는 이미 제의 칭호를 기정사실로서 사용하고 있다. 그것은 제가 67년 전 시도되었던 칭호로서 여전히 유효했거나 아니면 왕보다 상위의 개념으로 보편화된 결과였을 것이다.[20] 어쨌든 그의 요구에 대해 대신들은 이구동성으로 다음과 같이 말했다.

> 옛날 5제는 땅이 사방 1천 리였는데, 그 외부에 위치한 후복侯服과 이복夷服의 제후들은 조회하거나 하지 않아도 천자는 그들을 통제할 수 없었습니다. 이제 폐하께서 의로운 전쟁을 일으켜 남은 적들을 제거하고 천하를 평정했고, 전국을 군현으로 만들고 법령을 통일시켰으니, 이는 상고 이래로 없었던 일로서 5제도 미치지 못했습니다.[21]

---

19 "寡人以眇眇之身, 興兵誅暴亂, 賴宗廟之靈, 六王咸伏其辜, 天下大定. 今名號不更, 無以稱成功, 傳後世. 其議帝號."(『史記』 卷六 「秦始皇本紀」) 번역은 安平秋 主編, 『二十四史全譯: 史記』 第一冊, 2004 참조. 『사기』의 관련 번역은 별도의 언급이 없는 한 이하 동일함.

20 雷海宗, "帝王制度之成立," 1934: 860-861.

21 "昔者五帝地方千里, 其外侯服夷服諸侯或朝或否, 天子不能制. 今陛下興義兵, 誅殘賊, 平定天下, 海內爲郡縣, 法令由一統, 自上古以來未嘗有, 五帝所不及."(『史記』 卷六 「秦始皇本紀」)

진시황의 전국옥새傳國玉璽_천명을 받아 왕조가 영속될거라는 의미에서 '수명어천 기수영창受命於天 既壽永昌'이라 새겨졌다. 각 왕조에 전해지다가 936년 후당後唐이 망할 때 실종되었다. 사진은 나중에 위조된 것이다

그들은 박사들과 논의한 결과 고대의 가장 존귀한 칭호로서 초월적 개념인 태황泰皇을 주청했다. 그러나 진시황은 전적으로 따르지는 않고, 거기에서 '태'는 버리고 대신 상고시대 통치자의 칭호인 제를 선택해 '황제皇帝'로 부르게 했다.

『사기』는 황제의 의미에 대해서 분명한 설명을 제공하지 않는다. 따라서 몇 가지 상이한 해석이 있다. 예를 들어 중국 고대사에 등장하는 3황5제에서 따왔다는 해석이다. 예를 들면 『자치통감』 등은 진왕이 천하를 평정하고 "스스로 덕은 3황을 합하고, 업적은 5제를 능가한다고 생각해 칭호를 황제로 바꿨다."고 기록하고 있다.[22] 또 다른 해석에 의하면, '빛나다' 또는 '위대하다'는 의미의 '황'에 천하를 주재하는 신의 개념으로서 '제'를 더했다.[23] 『논어』에도 '위대한 하느님'의 의미로 해석되는 '황황후제皇皇后帝'가 있다.[24] 어쨌든 전국시대에 진이 이미 제를 사용하고자 했다

22 『资治通鉴』 卷二 始皇帝二十六年(기원전 221년); 〔漢〕蔡邕 撰, 『獨斷(卷上)』, 『欽定四庫全書』 子部 十: 850-876.

23 西嶋定生, "中國古代統一國家的特質_皇帝統治之出現," 1978: 732-733; 邢义田, 『天下一家: 皇帝, 官僚与社会』, 2011: 2-3.

24 『論語』「堯曰」.

는 점에서 그 연장선에서 이해되어야 할 것이다.

다만 앞서 언급된 제 개념의 역사적 전개 과정을 본다면, '위대한 제'로서 황제는 단지 왕보다 상위의 존재에 그치지 않는다. 거기에는 통치방식의 변화가 내포되어 있다. 앞서 노중련의 주장이나 제호를 논의하던 대신들의 언급에서 나타난 것처럼, 제의 칭호는 중앙집권적인 전제주의와 긴밀한 관계를 갖는다. 주의 천자가 형식적인 의미에서 천하의 통치자였지만, 이제 황제는 직접적인 통치자였다. 특히 황제는 주의 천자와 같은 존귀함과 더불어 춘추전국시대 패자의 힘을 겸비한 존재였다.[25]

진이 단명하고 전국이 분열되면서 통합적인 최고 권력자로서 제는 다시 사라졌다. 사실 진이 패망하면서 일시 전국시대의 상황이 재현되었기 때문에 반란세력들도 그때와 마찬가지로 왕의 칭호를 사용했다. 진에 처음 반기를 들었던 농민지도자 진승陳勝은 과거 초의 진현陳縣에 도읍해 초왕楚王에 올랐다. 그러자 그 후에 득세한 세력들도 각 지역 명칭을 반영해 모두 칭왕했다. 뒤에 패권적 위치에 오른 항우項羽가 초의 회왕懷王을 의제義帝로 세웠지만, 그것은 명목상에 불과했고 기간도 짧았다. 항우는 유방을 한왕漢王으로 세우는 등 다른 지역의 실력자 18명을 왕으로 인정하면서, 자신은 서초패왕西楚霸王으로서 그들과 구분했다.[26]

항우와 경쟁에서 승리한 한왕 유방은 다른 정치제도와 마찬가지로 진의 황제 칭호를 회복시켰다. 그는 항우에게 승리하고 이성의 제후왕들을 봉한 이듬해인 기원전 201년 황제의 이름으로 제위에 올랐다. 황제의 존호는 그의 심복인 초왕 한신韓信(기원전 약231-196) 등 제후왕들이 상소를 올리는 방식으로 실현되었다. 상소문은 그 취지를 다음과 같이 제시했다.

---

25 易中天,『帝国的终结: 中国古代政治体制制度批判』, 2008: 100-102.

26 『史記』 卷七 「項羽本紀」, 卷四十八 「陳涉世家」 참조.

대왕께서 먼저 진왕을 사로잡아 관중을 안정시켜 천하에 공이 가장 컸습니다. 망한 나라를 살리고 위기에 처한 나라를 안정시켰고, 패배한 나라를 구하고 끊어진 대를 이어 줌으로써 만백성을 편안케 했으니, 공이 크고 덕이 두텁습니다. 또한 공이 있는 제후왕들에게 은혜를 베푸시어 각기 나라를 세울 수 있게 해 주셨습니다. 국토의 구분이 이루어졌는데도 (대왕과 제후왕의) 지위와 칭호가 비슷해 상하의 구분이 없어 대왕의 두드러진 덕이 후세에 공표되지 않고 있습니다. 삼가 황제의 존호를 바칩니다.[27]

이에 유방은 처음에는 제호는 현자만이 가질 수 있다면서 일단 사양했다. 그에 대해서 제후왕들은 진을 멸망시키고 천하를 평정한 그의 공적, 사방에 미치는 덕망과 위세 등을 칭송하면서 존호의 마땅함을 재차 언급했다. 이에 유방은 '천하의 백성에게 이롭다'는 점을 부각시키면서 그들의 제안을 수용했다. 한왕이 황제로 격상되면서 그와 제후왕들 사이에는 근본적인 차별화가 이루어졌다. 더욱이 제후왕들은 유방의 중요한 업적으로 제후국의 회복을 크게 부각시켰지만, 그들은 얼마 안 가서 모두 제거되고 유방의 자제들로 교체되고 말았다.[28] 그와 함께 진한 시기에는 황제와 더불어 천자도 보편적으로 사용되었는데, 이것은 천하에 대한 보편적 지배와 천명에 의거한 통치의 정당성을 내포했다.

---

27 "先時秦爲亡道, 天下誅之. 大王先得秦王, 定關中, 於天下功最多. 存亡定危, 救敗繼絕, 以安萬民, 功盛德厚. 又加惠於諸侯王有功者, 使得立社稷. 地分已定, 而位號比儗, 亡上下之分, 大王功德之著, 於後世不宣. 昧死再拜上皇帝尊號."(『漢書』 卷一 「高帝紀」) 『사기』 「고조본기」에서는 황제 칭호의 채택 과정이 간략하게 기술되어 있다.

28 한 초기 분봉과 제후왕의 운명에 관해서는 이 책 9장 2절 참조.

## 제국의 황제

국가권력의 확대와 그에 따른 집중은 무엇보다도 통치자의 권력에 그대로 반영된다. 다시 말해 초기국가의 통합 과정은 그 권력의 담지자로서 통치자의 권력을 지속적으로 증대시켰다. 앞서 언급한 것처럼 정치체들의 통합 과정은 지속적으로 새롭고 강한 중앙의 권력을 창출했다. 더욱이 각각의 제후국들에서 군·현과 같은 지방단위들이 일단 구축되고 난 뒤, 통일은 권력자원을 중앙에 대거 집중시켰다. 결국 진에 의해 천하가 통일되면서 중앙에 권력이 집중되었고, 그와 함께 황제의 권력도 최고의 정점에 이르게 되었다. 그리고 일단 집중된 권력이 다시 분산될 여지는 거의 없었다.

문제는 권력은 행사하는 사람의 능력이나 성향에 의존할 수밖에 없다는 점이다. 그리하여 황제의 권력은 제도로서 초법적 지위와 현실에서 황제 개인의 능력이나 성향 사이에 커다란 간극을 내포했다. 황제가 나이가 매우 어리거나 무능력할 경우, 외척이나 측근이 황제의 권위를 이용하거나 그것을 행사했다. 더욱이 황제의 초법적인 지위로 인해 일상적인 정치 과정이나 규칙은 쉽게 훼손될 수 있었다. 각급 관료들의 지위나 역할은 제도적으로 뒷받침되지 않고 황제의 의지에 크게 좌우되었다.[29] 이러한 상황은 통치 과정의 구조적인 불안정 요인이 되었다.

사실 황제로의 권력집중은 단지 개인의 권력욕에 기인한 것만은 아니었다. 다양한 정치집단들 사이의 경쟁도 황제에게 권력을 더욱 집중시켰다. 그들은 상대의 권력을 견제하거나 약화시키기 위해서 황제의 권력을 이용하고자 했다. 특히 황제의 측근이나 친인척들은 오로지 황제와의 인적·혈연적 관계를 권력의 기반으로 했다. 이들에게 황제는 권력에 접근

29 邢义田, 『天下一家: 皇帝, 官僚与社会』, 2011: 21.

한 고조의 원묘原廟_한의 제후국들은 고조의 원묘를 두었는데, 혜제 때 고향인 패현沛縣의 사수정泗水亭에도 세워졌다. 이 원묘는 송 이후 파괴되어 없어졌다가 1996년 재건됐다.

하는 유일한 경로였다. 뿐만 아니라 서로 경쟁관계에 있는 관료들도 황제의 권력을 전체적으로 제한하기보다는 그것을 개별적으로 이용하는 편이 더 수월했다. 권력에 가담하지 않은 지식인들도 크게 다르지 않았다. 그들은 황제의 권력에 대한 적절한 대안을 찾지 못했다. 따라서 그들은 황제의 권력을 제한하기보다는 올바른 권력의 행사, 즉 자비에 호소할 수밖에 없었고, 이것은 다시 황권의 신비화와 절대화에 기여했다.

한대에 황제의 신격화와 권력강화는 여러 가지 방면에서 전개되었다. 이를테면 전대의 황제와 황후에 대해서 전국에 종묘를 세우고 제사를 지낸 것이 그 예이다. 전한 말기에는 68개 군국에 167개의 종묘가 세워졌다. 각각의 종묘에는 매년 수십 차례의 제사가 행해졌는데, 거기에는 1만 2천여 명의 축제악인祝祭樂人과 4만 5천여 명의 위사衛士가 동원되었다. 황제는 또한 죽은 전대의 황제뿐 아니라 살아 있을 때 스스로를 위해서도 각기 별도의 종묘를 세워 사람들이 자신을 숭배하게 했다.[30] 황제는 각종 명칭의 궁녀들을 두고 있었는데, 그 수는 ― 고조에서 경제까지 ― 초기에는 십여 명에 불과했으나 무제 시기에 이르러서는 수천 명에 이르렀다. 가장 많게는 후한 환제桓帝(146-167년 재위) 시기에 궁녀의 한 부류인 채녀采女[31]만 대략 5, 6천 명에 이르렀다.[32]

황제는 초법적인 존재로서 무소불위의 권력을 가졌다. 다만 그러한 권력이 늘 행사되는 것은 아니었다. 실제 진시황이 말하는 것처럼 "우주를 아우르고, 만사를 총괄하며, 모든 멀고 가까운 일들을 분명히 하는" 황제란 극히 드물었다.[33] 더욱이 그러한 모습은 일부의 시각에서 본다면 훌륭한 자질이라기보다는 탐욕스런 권력자에 불과했다. 진시황과 관련해 역사서는 "천하의 크고 작은 일들 할 것 없이 모두 황제에 의해서 결정되었고, 황제가 보아야 할 문서는 심지어 큰 저울로 그 수량을 잴 정도로 많았으며[형석량서衡石量書], 밤낮으로 정해진 양이 있어 다하지 않으면 쉴 수 없었다. 그의 권력에 대한 탐욕은 이 정도에 이르렀다."는 비판을 가하고 있다.[34] 오히려 일상에서 황제는 각종 상황적·개인적·규범적 제약을 받았다. 황제는 외부에 대한 정보나 지식에 있어서 한계가 있다. 그는 성격에 따라서 권력지향적일 수도 있지만 그렇지 않을 수도 있다. 그는 현명할 수도 있으나 어리거나 상대적으로 아둔할 수도 있다. 이를테면 후한의 경우 13명의 황제가 있었는데, 그 가운데 11명은 성년이 되기 전에 즉위했

30 『漢書』 卷七十 「韋玄成傳」; 雷海宗, "皇帝制度之成立," 1934: 866-867.

31 다른 부류로서는 황후皇后·귀인貴人·미인美人·궁인宮人 등이 있었다.

32 邢义田, 『天下一家: 皇帝, 官僚与社会』, 2011: 24.

33 "皇帝幷宇, 兼聽萬事, 遠近畢淸."(『史記』 卷六 「秦始皇本紀」)

34 "天下之事無小大皆決於上, 上至以衡石量書, 日夜有呈, 不中呈不得休息. 貪於權勢至如此."(『史記』 卷六 「秦始皇本紀」)

고, 게다가 4명은 10세가 되기 전에 사망했다. 이것은 적지 않은 황제가 허수아비에 불과했음을 의미한다. 또한 황제는 각종 교육을 통해서 순화된 절차와 행동을 요구받았다.

그렇다면 실제 황제는 어떤 인물인가. 여기서는 제위의 계승, 즉위 연령, 재위기간, 종료의 방식 등 특징들을 차례로 살펴보고자 한다.[35]

먼저 제위의 상속이다. 통상적으로 적장자 상속은 왕권강화의 지표로 간주된다. 이미 선진 시기부터 그것은 하나의 제도로서 수용되었다. 진한 시기에도 적장자 상속, 형제 상속 또는 자질 등 여러 가지 기준들에 대한 논쟁이 있었지만, 적장자 상속은 제위 계승의 중요한 기준이었다. 태자제도는 안정적인 권력의 승계를 안정시키기 위한 유효한 방식으로 간주되었지만, 그럼에도 태자를 세우지 않거나 나중에 교체하는 경우도 적지 않았다. 그리고 후계는 대개 황제의 개인적 의지나 그 이면의 후비, 외척 또는 환관 등에 의해 좌우되었다.[36]

진시황은 자신의 불로장생을 믿고 장자(부소扶蘇)를 태자로 세우지 않아 음모에 희생되게 하는 빌미를 주었고, 이것은 진의 멸망을 재촉했다. 이를 교훈 삼아 한 고조는 일찌감치 태자 영盈을 두었지만, 만년에 척戚부인 소생의 여의如意로 교체하려다 대신들의 반대로 포기했다. 그 이후 양한 시기 태자의 지정과 폐위를 둘러싼 갈등은 계속되었다. 경제 때 영榮, 무제 때 거據, 광무제 때 강疆, 장제 때 경慶, 안제 때 보保 등 5명의 태자가 폐위되었다. 장자가 아닌 아들이 승계하는 경우에는 대부분 황제의 의지가 반영되었다. 황제는 그 기준으로 아들의 자질을 보기도 하지만, 대개 자신이 총애하는 후궁의 아들을 선택하는 경향이 강했다. 때로는 부인들

---

35 관련 자료는 李雪慧 等, 『中国皇帝全传』, 2008; 邹元初 主编, 『中国皇帝要录』, 1991; 晏振宇 主编, 『中国皇帝传』, 2003 등을 참고함.

36 邢义田, 『天下一家: 皇帝, 官僚与社会』, 2011: 24-25; 孟祥才, 『中国政治制度通史: 第三卷 秦汉』, 1996: 67-76.

〈표 6〉 양한 시기의 황제들

| | 시호 | 이름 | 신분 | 재위년도 | 즉위시 연령 | 재위기간(년) | 최후(연령) |
|---|---|---|---|---|---|---|---|
| 전한 | 고조 | 유방邦 | (-) | 기원전 202-195 | 54 | 8 | 사망(61) |
| | 혜제 | 유영盈 | 고조의 적장자 | 195-188 | 15 | 7 | 사망(22) |
| | 전소제 | 유공恭 | 혜제의 후궁자 | 188-184 | 갓난애 | 4 | 살해(?) |
| | 후소제 | 유홍弘 | 혜제의 후궁자 | 184-180 | 갓난애 | 4 | 살해(?) |
| | 문제 | 유항恒 | 고조의 4자 | 180-157 | 22 | 23 | 사망(45) |
| | 경제 | 유계啓 | 문제의 적장자 | 157-141 | 31 | 16 | 사망(47) |
| | 무제 | 유철徹 | 경제의 9자 | 141-87 | 15 | 54 | 사망(69) |
| | 소제 | 유불능弗陵 | 무제의 6자 | 87-74 | 7 | 13 | 사망(20) |
| | 폐제 | 유하賀 | 무제 5자 유박髆의 자 | 74-74 | 18 | 27일 | 폐위(18) |
| | 선제 | 유순詢 | 무제 장자 유거據의 손 | 74-49 | 17 | 25 | 사망(42) |
| | 원제 | 유석奭 | 선제의 적장자 | 49-33 | 26 | 16 | 사망(42) |
| | 성제 | 유오驁 | 원제의 적장자 | 33-7 | 18 | 27 | 사망(44) |
| | 애제 | 유흔欣 | 성제의 조카 | 7-1 | 19 | 6 | 사망(25) |
| | 평제 | 유간衎 | 성제의 조카 | 서기 1-5 | 8 | 5 | 살해(13) |
| | 유자(孺子) | 유영嬰 | 성제의 현손 | 6-8 | 1 | 2 | 폐위(3) |
| 신 | | 왕망王莽 | 외척 | 8-23 | 52 | 15 | 살해(67) |
| 갱시제 | | 유현玄 | 황족 | 23-25 | 성인 | 2 | 살해(?) |
| 건세제 | | 유분자盆子 | 황족 | 25-27 | 15 | 2 | 폐위(17) |
| 후한 | 광무제 | 유수秀 | 유방 9대손 | 25-57 | 30 | 32 | 사망(62) |
| | 명제 | 유장莊 | 광무제의 4자 | 57-75 | 29 | 18 | 사망(47) |
| | 장제 | 유달炟 | 명제의 5자 | 75-88 | 17 | 13 | 사망(30) |
| | 화제 | 유계肇 | 장제의 4자 | 88-105 | 9 | 17 | 사망(26) |
| | 상제 | 유융隆 | 화제의 2자 | 105-106 | 갓난애 | 8월 | 사망(1) |
| | 안제 | 유호祜 | 장제 장자 유경慶의 자 | 106-125 | 12 | 19 | 사망(31) |
| | 북향후 | 유의懿 | 제북왕 유수壽의 자 | 125-125 | 미성년 | 7월 | 사망(?) |
| | 순제 | 유보保 | 안제의 적장자 | 125-144 | 10 | 19 | 사망(29) |
| | 충제 | 유병柄 | 순제의 적장자 | 144-145 | 1 | 1 | 사망(2) |
| | 질제 | 유찬纘 | 장제의 현손 | 145-146 | 7 | 1 | 살해(8) |
| | 환제 | 유지志 | 장제의 증손 | 146-167 | 14 | 21 | 사망(35) |
| | 영제 | 유굉宏 | 장제의 현손 | 168-189 | 12 | 21 | 사망(33) |
| | 소제 | 유변辯 | 영제의 적장자 | 189-189 | 13 | 5월 | 살해(14) |
| | 헌제 | 유협協 | 영제의 2자 | 189-220 | 8 | 31 | 폐위(39) |

사이의 역학관계에 의해 태자가 선택되기도 했다.

황제가 자식이 없는 경우도 있는데, 신체적 결함 때문이기도 하지만 적지 않은 황제가 어린 나이에 죽거나 죽임을 당하는 상황과도 관련되었다. 이 경우 제위는 조카나 사촌에게 계승되는데, 연령이나 능력이 크게 고려되지 않고 정치적인 목적으로 선택되는 경우가 대부분이었다. 전한 시기에는 그래도 황제와 가까운 인물들이 선택되었지만, 후한 때에는 권신·외척·환관 등 실력자들이 혈연적으로 소원한 자들을 임의로 선택했다. 결국 양한 시기에는 모두 27명이 제위를 상속했는데,[37] 그 가운데 전한 시기에는 적장자가 6명, 후한 시기에는 3명뿐이었다. 나머지는 적장자가 아닌 아들, 형제, 사촌, 조카, 숙부 등으로 다양했다.(표 6)

한대 권력승계에 있어서 제도화의 한계는 두 번째 특징에서도 나타난다. 즉 미성년의 황제들이 적지 않았다. 스스로 제위에 오른 고조·왕망·광무제를 제외한 29명의 황제 가운데, 20세 이상은 전한의 문제·경제·원제, 신의 갱시제(추측), 그리고 후한의 명제 등 4-5명에 불과했다. 대략 3명 가운데 1명은 10세 미만의 어린 황제였는데, 그중 생후 2년이 안 된 갓난아이로 제위에 오른 경우도 5명이었다. 즉위 시 나이가 알려지고 있는 26명 황제들은 평균 14세 정도였다.

어린 황제의 즉위는 부분적으로 당시 인간의 수명이 상대적으로 짧아 빨리 세대교체가 이루어졌던 원인도 있지만, 그렇다고 적장자 상속 원칙이 고수된 것도 아니었다. 그것은 다분히 정치적인 측면이 강했다. 실력자들은 전임 황제의 직계 또는 방계의 자제들 가운데 임의로 어린 황제를 선택했고, 그를 통해 권력을 좌지우지하고자 했다. 전한 초반에는 여태후, 중반 이후에는 외척 곽광霍光(기원전 ?-68)과 왕망이 섭정을 하기 위해서

37 즉 황제 가운데 전한과 후한의 건설자 고조와 광무제, 신의 왕망, 그리고 각각 녹림군과 적미군에 의해 세워졌던 갱시제와 건세제 등 5명은 제외된다.

그런 방식을 취했다. 후한 시기에는 두竇·등鄧·염閻·양梁씨 등 외척들이 대부분 어린 황제들을 끼고 권력을 좌우했다. 어린 황제는 외척의 섭정을 받다가 성년이 되면 환관의 힘을 빌려 그들을 제거하려 했고, 그것이 반복되면서 정치는 불안정했다.

세 번째, 황제의 재위기간이 그리 길지 않다. 전체 32명 가운데 20년 이상 재임자는 8명, 6-19년 재임자는 12명이었다. 그에 반해 5년 이하 재임한 황제는 12명이었고, 그 가운데 1년 이하 재임한 황제도 6명이나 되었다. 황제마다 편차가 심하지만 대체로 약 13년 간 재임한 것으로 계산된다. 결국 한의 황제는 평균적으로 14세에 제위에 올라 27세까지 직위를 유지했던 셈이다. 황제는 자연적 사망 이외의 다른 요인에 의해서 물러나는 경우가 적지 않았다. 즉 그들은 살해되거나 폐위되는 경우가 적지 않았는데, 전체 32명의 황제 가운데 11명이 거기에 해당되었다.

그럼에도 제도로서 황제는 확실히 막강한 권력을 행사했다. 특히 나이가 든 황제가 제위에 있을 경우 외척이나 권신, 환관에 의해 좌지우지되는 경우는 거의 없었다. 그들은 전체의 국면을 장악하고 치적을 많이 쌓았다. 다만 그것은 전한과 후한의 초기 몇몇 황제들에게 국한되었다.

그렇다면 개인적 능력에 한계가 있는데도 황제에게 모든 권력이 집중된 원인은 무엇인가. 이를테면 레이하이종雷海宗은 중국에서 신격화된 황제의 존재를 사회적 응집력 내지는 결속이라는 측면에서 해석한다. 주지하는 것처럼 춘추전국시대를 지나면서 계급적 신분질서가 붕괴되었다. 계급구분이 없게 되자 백성들은 흩어진 모래알과 같이 결집력이 날로 약화되거나 소멸될 수밖에 없게 되었다. 그와 함께 집단이나 공동체에 대한 귀속의식도 약화되고, 무관심과 이기심이 강화되었다. 이처럼 백성들 내부의 원심력이 날로 커지는 상황에서 그들을 서로 연결할 수 있는 유일한 구심력은 황제였다. 앞서 언급한 것처럼 전국 각지에 사당을 지어 죽은 황제는 물론 살아 있는 황제까지 제사를 지내게 한 것은 이러한 맥락에서

였다. 그러한 훈련이 오랫동안 계속되면서 황제에 대한 종교적 심성은 더욱 깊어졌다.[38]

한편 마키아벨리에 의하면 로마에서는 종교, 즉 신의 권위를 통해 국가의 권위가 유지되었고 시민의 동원이 이루어졌다. 그러지 못할 경우에는 오로지 '군주의 권위'만이 유일한 대안이었다. 그러나 그것은 국가의 파멸을 의미했다. 왜냐하면 권위를 가진 군주가 죽는다면 그 권위는 사라지고 국가는 망하게 될 것이기 때문이다. 다시 말해 군주제하에서는 유능한 왕이 계속해서 출현하지 않으면 국가는 몰락할 가능성이 높다. 그런데 현실에서 유능한 왕의 지속적인 출현은 매우 어려운 일이다. 이것은 군주제가 매우 불안정한 정치체제임을 의미한다. 반면, 마키아벨리에 따르면, 잘 조직된 공화국은 영속적으로 안정을 유지하고 국력이 신장될 가능성이 높다. 그것은 선거를 통해서 유능한 지도자가 계속 집권할 수 있기 때문이다.[39]

그런데 중국은 군주제를 기반으로 하는 대제국의 유지에 상당한 성공을 거두었다. 위에서 살펴본 것처럼 유능한 황제가 지속적으로 배출될 수 있는 구조도 아니었다. 이것은 제국을 유지하는 데 있어서 군주의 유능함이 중요하지만, 제국의 존망을 결정할 정도는 아니라는 점을 보여 준다. 그 원인은 로마보다 훨씬 발달된 관료조직과 더불어 황제권이 황제 일인이 아닌 여러 사람들에 의해서 행사되었다는 점을 들 수 있다. 후자와 관련해서 황제의 친인척 그리고 환관과 같은 측근들을 들 수 있다. 그들은 한편으로 황제의 권력행사를 왜곡시켰지만, 다른 한편으로 다른 경쟁자들로부터 그를 보호하는 역할을 담당했다.

---

38 雷海宗, "皇帝制度之成立," 1934: 867-868.

39 니콜로 마키아벨리 저, 강정인·안선재 역, 『로마사 논고』, 2003: 146-149.

## 외척정치

전제정치에서 중요한 집단의 하나는 외척이다. 양한 시기에 외척정치가 두드러지게 나타났다. 외척은 대개 황제의 외가, 즉 태후나 황후의 아버지, 남자 형제들, 그리고 조카들이 해당된다. 거기에 공주의 시가 측 남자들도 포함된다. 그렇지만 정치적으로 가장 중요한 집단은 황제의 외가이다. 외척의 존재와 관련해 『사기』의 「외척세가」와 『한서』 「외척전」은 다음과 같이 시작된다.

> 옛부터 천명을 받아 개국한 제왕과 그 후계를 잇고 법도를 지키는 군주는 모두 자신의 덕성이 훌륭해서만 아니라 외척의 도움이 있었다. 하는 도산씨塗山氏 덕택으로 홍기했으나, 걸桀이 쫓겨난 것은 부인 말희末喜 때문이었다. 은은 유융씨有娀氏로 홍기했으나, 주紂는 달기妲己를 총애해 죽임을 당했다. 주는 강원羌原[40]과 대임大任[41]으로 인해 홍기했으나, 포사褒姒로 인해 포로가 되었다.[42]

이 신화적인 내용에 의하면, 외척은 크게 이중적인 의미를 가진다. 한편으로 외척은 황제의 권력 창출과 유지를 도와줄 수 있지만, 다른 한편으로 그들은 부패한 집단으로서 나라를 망칠 수도 있다. 사실 황후와 그 친척의 권력참여와 황제의 호색방탕은 구분되어야 할 것이지만, 위의 문헌은 외척의 존재가 궁극적으로 만물의 근본원리인 음양, 즉 남녀관계와 관련되어, 황제정치의 내재적인 문제임을 덧붙이고 있다.

외척은 황제의 정상적인 권력행사를 왜곡하는 화근으로 간주되는 경

40 유태씨有邰氏의 여성으로 시조 후직后稷의 모친.

41 지국摯國의 임任씨 성으로 문왕의 모친. 태임太任이라고도 함.

42 『史記』 卷四十九 「外戚世家」; 『漢書』 卷九十七 「外戚傳」.

향이 있지만, 현실은 더욱 복잡하다. 권력이론의 측면에서 보면 그것은 권력이 황제에게로 집중되는 현상이자 그 결과이다. 특히 황제는 자신의 권력을 강화하기 위해서 부단히 노력했다. 전한의 건설 과정에서 고조는 이성제후들을 통해 권력을 장악했지만, 그들을 제거하고 아들들로 제국의 울타리를 삼았다. 그럼에도 오초칠국의 난에서 나타난 것처럼 세대가 지난 동성제후들도 황제의 경쟁자가 되었다. 무제는 자신의 권력강화를 위해서 참모였던 승상과 그가 이끄는 관료집단의 권력조차 약화시켰다. 결국 황제의 주변에는 힘의 공백이 있게 되었고, 그것을 외가의 인척과 환관이 채우게 되었다. 특히 어린 황제가 즉위해 황제의 권력을 감당하지 못할 경우에는 더욱 그러했다.

군주의 외가에 의한 권력행사 사례는 전국시대 후반에 이미 등장하게 되는데, 거기에는 왕권을 보호하기 위한 목적이 강했다. 특히 왕실 주변의 친인척이나 대신에 의한 권력의 찬탈이 빈번한 상황에서 어린 군주가 즉위할 경우 그 모친이 친정을 담당해 그들로부터 왕권을 보호했다. 그 예로서 진秦의 소양왕昭襄王(기원전 306-251년 재위) 때 선태후宣太后,[43] 조趙의 효성왕孝成王(기원전 266-245년 재위) 때 조위후趙威后,[44] 제齊의 건왕建王(기원전 264-221년 재위) 때 군왕후君王后[45]에 의한 섭정이 확인되고 있다. 태후로서 모친의 친정은 외척의 전횡이라기보다는 왕권강화의 과정에서 나타난 임시적 조치였던 것이다. 그렇지만 한과 같이 대규모 중앙집권적 정치체제에서 외척정치는 점차 일상화되었다.

고조의 생전에 외척은 별다른 역할을 하지 못했다. 그는 유씨가 아니고서는 어떤 공이 없이 왕이나 후를 봉하는 것을 금지했다.[46] 그는 황후 여

43 『後漢書』 卷十 「后紀」.

44 『史記』 卷十三 「趙世家」; 『戰國策』 「齊策四」.

45 『戰國策』 「齊策六」.

46 고조의 동성제후 분봉에 대해서는 이 책 9장 2절 참조.

황후옥새_호랑이 모양의 옥새로, 한 고조의 황후 여씨의 것이다. 두 사람의 합장묘인 장릉長陵에서 출토됐다. 뿔이 없는 용 모양의 손잡이가 달렸다.

후呂后의 부친 여문呂文, 권력을 장악하는 과정에서 그의 군대에 참여한 오빠 여택呂澤, 그리고 남동생 여석지呂釋之 등 3명만 후로 봉했다. 그렇지만 유방이 죽자 상황은 크게 변화되었다. 여후는 17세의 아들 혜제惠帝(기원전 195-188년 재위)가 고조를 이어 제위에 오르자, 황권의 안정을 위해서 적극 국정을 담당했다. 그와 함께 일부 여씨들이 직책에 오르게 되었다. 이를테면 여택의 아들 여산呂産과 여대呂臺가 장군으로서 궁정의 방어를 담당했다. 다만 국사 전반은 고조 때의 공신들에 의해서 별다른 문제 없이 운영되었다. 대립은 주로 여씨와 고조의 자손들 사이에 형성되었다.

그런데 혜제 사후 2명의 어린 황제를 섭정하는 과정에서 여후는 다수의 여씨들을 등용했고, 궁극적으로 9명의 조카들을 왕이나 후로 봉했다. 그들 가운데에는 상국相國과 상장군에 봉해지는 경우도 있었다. 여씨 여자들은 유씨 제후왕들에게 출가했다. 그러자 권력을 둘러싸고 여씨세력과 대신들 사이의 갈등은 점차 가시화되었다. 기원전 180년 여후가 죽자 조정의 대신들은 그간 여후와 그 일가에 의해 핍박을 당하고 지방에서 절치부심하던 유씨 세력과 다시 연합해 여씨들을 제거하고 권력을 회복했다. 그들은 심지어 소제뿐 아니라 혜제의 나머지 어린 세 아들까지도 그의 친자가 아니라면서 모두 죽였다. 그들은 동성제후들 가운데 고조의 서자인 대왕代王 유항劉恒을 황제로 선택했는데, 그것도 그의 모친 박薄태후의 집안은 미약했고, 오빠도 한 명뿐이기 때문이었다.[47]

그 이후에는 오랫동안 외척에 대한 철저한 관리가 이루어졌다. 문제文帝(기원전 179-157년 재위) 때에는 박태후의 동생 박소薄昭만이 장군으로서 후에 봉해졌을 뿐이다. 이어 경제景帝(기원전 157-141년 재위) 때에는 태후의 동생 및 조카 3명과 황후의 오빠 1명만 후에 봉해졌는데, 그들은 비천한 출신으로 별다른 직책을 갖지 못했다.

외척이 중용된 것은 아이러니하게도 다름 아니라 강력한 황권을 행사한 무제 시기였다. 앞서 언급한 것처럼 고조 이후 오랫동안 권력의 기반은 건국 과정에서 군사적 승리에 기여한 공신들과 유씨 종실이었다. 그렇지만 무제 시기에 이르러 외척은 이들 양대 귀족집단을 대신해 황제의 권력을 지탱하는 중요한 세력으로 등장했다.

무제는 우선 두 사람의 외척, 즉 조모 두태후의 종질 두영竇嬰과 모친 왕태후의 오빠 전분田蚡을 승상과 태위에 각각 등용했다. 그는 또한 위衛황후의 동생 위청衛青, 위황후의 조카 곽거병霍去病, 이李부인의 오빠 이광리李廣利 등을 장군으로 삼아 흉노와 서역을 정벌하게 했다. 그들은 정벌에서 전공을 세움으로써 후에 봉해지거나 대사마대장군大司馬大將軍으로 임명되었다. 특히 무제는 승상이 수장인 외조를 대신해 상서尙書를 권력의 중추기구가 되게 했는데, 곽광은 대사마대장군으로서 상서를 이끌었다(영상서사領尙書事). 상서로의 권력이동은 황제의 권력 강화를 위한 방편이었지만, 그의 사후 외척정치가 제도화되는 데 영향을 끼쳤다.[48] 이것은 황제가 환관을 이용해 외조의 대신들을 견제했던 것과 비슷하다.

특히 무제 시기 외척의 등용은 제후왕의 거세와도 무관하지 않았다. 앞

---

47 『史記』卷九「呂太后本紀」.

48 栾保群, "由西汉外戚专政谈外戚与皇权的关系," 1981: 42-43.

서 언급한 것처럼 한 초기 제후국의 설치는 지방에 동성제후를 둠으로써 제국의 안전을 도모하기 위해서였다. 경제와 무제 이후에는 삭번에 의해 제후의 통치 영역이 크게 축소되었지만, 그럼에도 그들은 영지와 작위의 세습에 의해 공고한 권력의 기반을 갖고 있었다. 더욱이 시간이 지나면서 양자 사이에는 혈연적으로 거리가 생겨났다. 그에 비한다면 외척은 비록 모계지만 황제의 성장 과정이나 일상에서 접촉이 많았다. 외척의 권력은 또한 황제의 총애에 크게 의존했기 때문에, 황제의 입장에서 권력에 대한 도전 가능성은 크지 않았다.[49]

무제는 죽음에 임박해 대사마대장군 곽광, 거기장군車騎將軍 김일제金日磾, 좌장군 상관걸上官桀, 어사대부 상홍양桑弘羊 등 네 명의 심복에게 8세의 어린 아들 소제昭帝(기원전 86-74년 재위)를 보좌하게 했다. 승상 전천추田千秋는 거기에 포함되지 않았다. 앞의 세 사람은 모두 영상서사領尙書事로서 중조관에 속했다. 결국 곽거병의 동생이자 위衛황후의 사촌이었던 곽광이 권력투쟁에서 승리했다. 그는 다른 외척세력인 (소제의) 황후의 조부 상관걸과 그의 아들 거기장군 상관안上官安 일파를 제거했다.

그 이후 곽광은 대사마대장군으로서 소제와 선제宣帝(기원전 74-49년 재위) 시기를 걸쳐 20년 동안 정치를 좌지우지했다. 그의 보정輔政하에서 황제가 3명이나 교체되었다. 소제는 21세의 젊은 나이에 원인 모르게 죽었고, 그를 이은 무제의 손자 창읍왕昌邑王 유하劉賀는 27일 만에 제위에서 축출되었다. 특히 유하를 따라온 200여 명의 수행인원도 모두 살해되었다. 그 이후 곽광은 무제의 증손인 18세 유순劉詢을 선제로 즉위시켜 집정을 계속했다. 유순은 민간에서 자라 친인척이 없었다. 그와 함께 곽광은 자신의 친인척들을 중앙의 요직에 앉혔다.[50] 그의 세력은 다음과 같은 『한서』

---

49 물론 태후가 황권을 침해할 가능성에 대한 인식은 적지 않았다. 무제는 자신의 사후에 어린 황제 소제昭帝를 세우고자 했는데, 여후의 선례를 막기 위해서 그의 모친인 황후 조첩여趙婕妤를 미리 죽여 후환을 제거했다(『資治通鑑』 武帝 後元元年(기원전 88년)).

의 기록에 축약되어 있다.

> 소제 때부터 곽광의 아들 우禹와 형의 손자 운雲이 모두 중랑장이었다. 운의 동생 산山은 봉거도위奉車都尉와 시중侍中을 역임했고, 오랑캐들로 구성된 군대를 지휘했다. 곽광의 두 사위는 각각 동궁과 서궁의 위위衛尉였고, 형과 동생의 사위들도 모두 조회에 참여할 권리가 주어졌다. 그들은 제조대부諸曹大夫·기도위騎都尉·급사중給事中의 관직을 담당했다.[51]

물론 곽광은 적지 않은 치적을 남긴 것으로 평가된다. 무제는 자신이 벌였던 장기간의 전쟁과 그에 따른 사회적 피폐를 후회하고 백성들이 평안하게 농사에 힘쓰게 해야 한다는 유훈을 남겼는데, 곽광은 거기에 충실했다. 그는 흉노와의 전쟁을 중지했고, 군국의 염철관영을 부분적으로 그만두었으며, 백성들에 대한 요역과 부세를 경감시켰다.[52] 이렇듯 곽광이 업적을 남겼음에도 기원전 68년 그가 죽자 선제는 독자적인 세력을 구축하기 시작했고, 결국 남아 있던 곽씨 세력들을 제거했다.

곽광 이후에도 후한 말까지 외척들에 의해 공식적인 보정輔政이 반복되었는데, 그들은 영상서사로서 중조(내조)의 최고 실권을 장악했고, 대장군·거기장군 등 장군으로서 상당수 속료들을 갖춘 막부幕府를 별도로 두어 사실상 황제의 권력을 대행했다.

전한 시기 외척의 득세는 왕망王莽에 이르러 권력을 찬탈함으로써 극에 달했다. 그것을 꼭 외척정치의 결과로만 볼 수는 없지만 그와 무관하

---

50 한대의 관리임용은 찰거察擧라 하여 황제뿐 아니라 중앙과 지방의 고관들에 의한 다양한 명목의 추천에 의거했다. 따라서 엄격한 평가에 의거할 수 없었고, 외척들이 쉽게 관직에 진출하는 요인이 되었다(朱子彦, "汉代外戚集团的形成与擅权," 1996: 8-9).

51 『漢書』卷六十八「霍光傳」

52 그러한 정책적 변화와 관련된 논의는 그가 기원전 81년에 주도했던 염철회의에서 유생들의 입을 통해 분명하게 제기되었다.

지는 않다. 그것은 특히 성제成帝(기원전 33-7년 재위) 이후 태후 왕정군王政君을 매개로 왕씨들이 차례로 집정한 결과였다. 왕정군은 원제元帝(기원전 49-33년 재위)의 황후였다가 아들 성제가 즉위하면서 본격적으로 득세했다. 오빠 왕봉王鳳이 내조의 실권자인 대장군대사마 겸 영상서사로 임명되었고, 4명의 남자형제들이 차례로 그 직책을 이어받으면서 왕씨의 권력은 점차 공고해졌다. 왕씨는 10명의 열후, 5명의 대사마를 배출했다.[53] 그중의 한 사람이 왕망이었다.

그런데 성제가 아들이 없어 방계의 애제哀帝(기원전 7-1년 재위)가 즉위했다. 그 결과 애제의 할머니 부傅태후와 어머니 정丁태후의 집안이 갑자기 득세했고, 왕씨는 일시 퇴조했다. 두 외가는 열후 8명, 대사마 3명, 장군·구경·이천석(태수) 12명을 배출했고, 시중이 20-30명에 이르렀다.[54] 다만 2명의 태후가 죽고 난 뒤, 애제가 25세의 젊은 나이로 후사 없이 죽자 상황은 다시 변했다. 아직 살아 있던 왕정군은 태황태후의 신분으로 조카인 왕망을 불러 병력을 장악하게 하고, 부씨와 정씨 세력을 제거했다. 왕망은 9세의 평제平帝(서기 1-5년 재위)를 내세우고, 자신의 딸을 황후로 삼았다. 그와 함께 왕망은 다른 외척의 득세를 막기 위해서 성제와 애제의 황후들을 죽게 하고, 평제의 외가까지 멸족시켰다. 그는 이어 14세의 평제마저 독살시키고, 나이 2세의 유영劉嬰을 세웠다가 2년 뒤인 서기 8년 제위를 빼앗아 신新을 건국했다.

사실 왕망의 정권탈취는 외척정치에 뿌리를 두고 있었지만, 거기에는 복잡한 요인들이 작용했다. 이를테면 토지집중과 자경농의 해체, 자연재해, 농민반란 등과 같은 각종 사회문제들에 대해서 유씨 정권은 무기력했다. 그에 비한다면 왕망은 정치적 수완과 능력을 발휘해 관리들과 백성들

53 『漢書』 卷九十七 「外戚傳: 孝宣王皇后」.

54 『漢書』 卷九十七 「外戚傳: 孝元傅昭儀 - 定陶丁姬」.

의 인심을 얻을 수 있었다. 왕망은 황제의 총애에만 의존하는 외척으로서가 아니라 이미 황제의 권력을 능가하고 있었다.[55]

왕망이 권력을 찬탈했음에도 불구하고 전반적으로 전한 시기 외척정치는 매우 불안했다. 그것은 『한서』의 편자 반고班固의 외척정치에 대한 종합적 평가에도 반영되어 있다.

> 한이 일어난 처음부터 평제平帝 시기에 망할 때까지 외척과 후궁 및 총희로 이름을 날린 사람은 20여 명이었다. 그런데 그중 가문을 온전히 보전한 경우는 단지 문제·경제·무제의 태후와 공성邛成태후[56] 4명뿐이었다. 사양제史良娣,[57] 왕도후王悼后,[58] 허공애후許恭哀后[59]는 모두 무고하게 젊은 나이에 죽었지만, 그 가문은 과거의 은혜에 의탁해 방종하지 않아 보전할 수 있었다. 그 나머지는 크게는 멸족되었고, 작게는 유배되었다.[60]

물론 외척정치는 반고가 언급하고 있는 황후나 태후만이 아니라 황제 외가 전체의 득세를 의미한다. 그렇지만 외척 전반에 있어서도 그 불안정성은 확인된다. 『한서』「외척은택후표」에는 전한 시기 황제의 외가로서

---

55 『漢書』 卷九十九 「王莽傳」. 중국사 전체에서 왕망 이외에 외척으로서 권력을 찬탈한 사례는 후한 헌제獻帝 때 황후의 오빠인 조비曹丕(187-226), 북주北周 선제宣帝의 장인으로 제위를 획득해 수隋를 세운 양견楊堅(541-604)이 있다. 그렇지만 그들은 모두 선친 때부터 실권이 있는 가문이었으며, 외척으로서 권력을 장악한 것은 아니었다.

56 선제의 세 번째 황후皇后로, 원제 때 태후太后로, 성제 때 태황태후太皇太后로 40여 년 간 각종 후后의 자리에 있었다.

57 무제의 아들인 여태자戾太子 유거劉據의 부인으로, 무고巫蠱 사건으로 여태자와 함께 죽임을 당했다.

58 유거와 사양제 사이의 아들 유진劉進의 부인 왕옹수王翁須로, 무고巫蠱 사건으로 죽임을 당했다. 두 사람 사이에 태어난 아들이 선제宣帝이다.

59 원제元帝의 모친으로 대장군 곽광의 부인에 의해 독살되었다.

60 『漢書』 卷九十七 「外戚傳」.

후의 작위를 직접 받거나 승계받은 인물로서 그 최후가 전해지는 사람들이 모두 109명이었는데, 그중 37명은 죽임을 당했고 18명은 각종 부정에 연루되어 작위를 박탈당했다. 정상적으로 죽을 때까지 작위를 유지한 경우는 54명뿐이었다.[61] 대표적으로 혜제와 여후 때 여씨, 문제 때 두영竇嬰, 무제 때 위청衛青과 이광리李廣利, 소제 때 상관걸과 상관안 부자, 소제와 선제 때 곽광의 가문 등이 한때 외척으로서 권력의 핵심에 있었지만 결국 황제의 명에 의해 멸족되었다.

외척의 운명은 복잡한 권력싸움의 결과이기도 하지만, 그들의 권력은 특정 황제의 총애에 의거했고, 따라서 그 기반이 취약했다. 고조의 부인 여씨가 그러했던 것처럼 전한 시기에는 황후의 사회적 배경도 대개 평범했다. 『한서』「외척전」에는 전한 시기 11명 황제의 22개 외척 가문 가운데 11개가 비천한 것으로 명시되고 있다.[62] 이것은 후한 시기 토지와 학문을 갖춘 족벌이 외척으로 진출하는 상황과 대조된다.

왕망의 경험을 통해 후한의 광무제는 외척의 정치개입을 제도적으로 제한하고자 했다. 그는 황제를 보정하는 외척이 영상서사와 같은 중조, 즉 상서대의 우두머리가 되는 제도를 폐지했다. 그와 함께 그 구성원을 외척이 아닌 유학적 소양을 가진 대신으로 교체하고 친정체제를 구축했다. 외척의 정치적 간여는 명제明帝(57-75년 재위), 장제章帝(75-88년 재위) 시기에도 제한되었다. 특히 명제의 마馬황후는 광무제 시기 대외정벌에 공을 세운 장군 마원馬援의 딸이었다. 그녀는 17세에 제위에 오른 장제의 태후가 되어 정치에 간여했는데, 이로써 외척정치의 가능성이 다시 열렸다. 다만 그녀가 전한 시기 폐해를 거울삼아 외척의 등용에 대한 요구를 강력히 거절함으로써 외척정치는 제한되었다.[63]

---

61 『漢書』 卷十八 「外戚恩澤侯表」에서 계산됨.

62 陈恩虎, "两汉外戚特点比较研究," 1997: 42.

63 『後漢書』 卷十 「后紀: 明德馬皇后」.

그렇지만 외척정치는 장제에 이어 10세의 어린 화제和帝(88-105년 재위)가 즉위하고 두竇태후가 집정하면서 재개되었다.[64] 장제의 황후 두태후는 후한의 건국공신으로 대사공 등을 지낸 두융竇融의 증손녀였다. 황후 시절 그녀의 오빠 두헌竇憲은 시중侍中, 동생 두독竇篤은 호분중랑장虎賁中郎將, 동생 두영竇景과 두괴竇瑰는 중상시中常侍가 되었는데, 이로써 형제들이 모두 요직에 있게 되었다. 특히 정치적 수완이 뛰어났던 두헌은 거기장군으로서 흉노 정벌에 큰 공을 세운 뒤 대장군이 되어 실권을 갖게 되었다. 후에 두경은 집금오執金吾, 두괴는 광록훈光祿勛이 됨으로써 두씨의 권력은 정점에 이르렀다. 그 외에도 숙부 두패竇霸는 성문교위城門校尉, 그의 동생 두포竇褒는 장작대장將作大匠, 동생 두가竇嘉는 소부少府였고, 시중·장將·대부大夫·낭리郎吏가 10여 명이었다.[65] 결국 그들의 전횡에 위협을 느낀 화제는 성인이 되자 환관인 중상시中常侍 정중鄭衆 등의 힘을 빌려 두씨 세력을 제거했다.

화제가 죽자 등鄧황후와 그녀의 일가가 득세했다. 등씨는 이미 귀족가문으로서 그녀의 조부는 후한 건국의 공신인 등우鄧禹였다. 등황후는 이제 태후로서 갓난아이로 요절한 상제殤帝와 12세의 안제安帝(106-125년 재위)를 차례로 영입한 뒤 섭정했다. 그녀는 섭정을 통해 수년 간의 홍수와 가뭄 등 자연재해, 외적의 침략과 지방에서 도적의 출몰 등으로 외우내환에 시달리던 상황을 극복했다. 그 과정에서 일부 외척들이 득세했다. 즉 그녀의 오빠 등즐鄧騭이 거기장군으로 삼사三司와 동급이 되었고, 동생 등회鄧悝가 호분중랑장, 등홍鄧弘과 등창鄧昌이 시중이 되었다. 그들은 절제있는 행동으로 사회적 명망이 있었으나, 다른 정치세력들과 권력투쟁을 벌이지 않을 수 없었다. 결국 등태후가 죽자, 등씨들은 모두 주살되고 말았다.[66]

---

64 사실 화제和帝는 두태후의 아들이 아니었지만, 그녀는 음모를 꾸며 원래의 태자를 폐하고 그의 모친을 죽게 했고, 화제의 생모마저 죽이고 그를 양자로 삼아 태후가 되었다.

65 『後漢書』 卷十 「后紀: 章德竇皇后」, 卷五十三 「竇融傳」.

그 이후에는 안제의 염閻황후가 총애를 받아 그녀의 형제들이 점차 득세하게 되었다. 그녀는 명제 때 상서를 지낸 염장閻章의 손녀였다. 안제가 죽자 염씨 형제들은 국정을 전단하기 위해서 환관 강경江京 등과 모의해 태자 유보劉保를 폐하고, 대신 제북왕 유수劉壽의 아들로 나이가 어린 북향후北鄕侯 유의劉懿를 즉위시켰다. 염황후는 이제 태후로서 조정을 주관했다. 그와 함께 염씨 형제들과 그 자제들도 점차 높은 직책을 갖게 되었다. 특히 태후의 오빠 염현閻顯은 거기장군으로 삼사와 같은 대우를 받게 되었고, 그의 동생 염경閻景은 위위衛尉, 염요閻耀는 성문교위城門校尉, 염안閻晏은 집금오執金吾로서 요직을 갖게 되었다. 그 과정에서 대장군 경보耿寶 등이 차례로 제거되었다. 그렇지만 황제가 7개월도 못 되어 죽자, 그들은 새로운 황제를 세우고자 했다. 이에 대응해 환관 손정孫程 등이 정변을 일으켜 제위를 빼앗아 전에 폐위되었던 10세의 순제順帝(125-144년 재위)를 세우고, 염현과 그 형제들을 모두 주살했다.[67]

순제 시기에는 황후 양납梁妠을 배출한 양씨 외척이 득세했고, 그것은 충제·질제·환제 등 4명의 황제가 재위하던 40여 년 간 계속되었다. 양씨는 후한의 개국공신 양통梁統의 후계로 고위 관직과 후의 작위를 이어 왔다. 양납의 부친 양상梁商은 대장군으로서 권력의 실세가 되었다. 그가 죽자 아들 양기梁冀가 그를 이어 대장군으로서 전횡했고, 그의 동생 양불의梁不疑는 광록훈과 하남윤을 지냈다.

순제가 29세에 죽자, 자식이 없던 양납은 우미인虞美人 소생의 2세 유병劉炳을 충제冲帝로 세우고 태후로서 조정을 주관했다. 그렇지만 그가 5개월 만에 죽자 장제의 현손인 7세 유찬劉纘을 황제(질제質帝)로 내세우고 양태후가 계속 섭정했다. 이때 양기梁冀는 (전한 시기 영상서사에 해당하는) 녹상서

66 『後漢書』 卷十 「后紀: 和熹鄧皇后」.

67 『後漢書』 卷十 「后紀: 安思閻皇后」, 卷一百六 「宦子傳: 孫程」.

사祿尙書事로서 실권을 행사했고, 그의 전횡에 '발호장군跋扈將軍'이라 비난했던 어린 황제는 재위 1년 만에 독살되었다. 이어 양태후는 장제의 증손인 14세 유지劉志를 환제桓帝(146-167년 재위)로 내세우고 자신의 동생을 그의 황후로 삼았다. 이로써 양씨는 더욱 기세를 떨치게 되었다. 양씨는 7명의 열후, 3명의 황후, 6명의 귀인, 2명의 대장군을 배출했고, 부인이나 딸로서 식읍이 주어지고 군君에 봉해진 사람이 7명, 공주를 부인으로 삼은 사람은 3명, 그 외에 경卿·장將·윤尹·교校가 57명이었다. 양기의 아들 양윤梁胤은 16세에 하남윤에 임명되기도 했다.[68]

양씨 가문은 후한 시기 가장 오랫동안 실력을 행사했다. 그렇지만 양태후와 양황후가 차례로 죽으면서 양씨 세력은 의지할 곳을 잃게 되었고, 이를 기회로 환제는 단초單超 등 5명의 환관들과 모의, 7천여 명의 군사를 동원해 양씨 일가와 그들의 추종세력을 대규모로 주살했다. 최대 외척이 멸족된 후 환제 시기는 물론 영제靈帝(168-189년 재위)와 헌제獻帝(189-220년 재위) 시기에는 외척정치가 크게 약화되었다. 그렇지만 권력은 이제 환관의 손으로 넘어가게 되었다.[69] 영제 때는 하何황후의 오빠들인 하진何進과 하묘何苗 형제가 각각 대장군과 거기장군으로서 득세했다. 그렇지만 그때 이미 지방에는 군벌들이 할거하게 되었고, 중앙정부는 통제를 상실하는 상황이 되었다.

전한에 비한다면 후한 시기 외척정치는 훨씬 정교한 형태를 띠었다. 무엇보다도 황후는 전한과는 달리 권문세족에서 선택되었다. 후한의 시조 광무제의 장인은 대지주이면서 지방의 고급관직인 군공조郡功曹[70]였고, 장모는 한의 제후국인 진정국眞定國의 공왕恭王 유진劉普의 딸이었다. 『후한서』「황후기」에는 모두 17명의 황후에 관한 기사가 수록되어 있는데,

---

68 『後漢書』 卷十「后紀: 順烈梁皇后」, 卷六十四「梁冀傳」.

69 『後漢書』 卷一百六「宦子傳: 單超」.

70 군郡의 인사와 상벌의 책임자.

그 가운데 7명이 마馬·두竇·등鄧·양梁의 4대 가문 출신이었고, 특히 앞의 세 가문은 2명의 황후를 배출했다. 그들은 이미 후한 건국의 공신으로서, 광무제는 자신의 자녀들로 이들과 통혼관계를 형성했다. 또한 전기에는 경耿·음陰·풍馮, 후기에는 복伏 등 세족들이 대대로 황족과 통혼했다.

또한 외척의 득세는 중조의 권한 강화에 의해 제도적으로 뒷받침되었다. 후한 시기에는 외조의 권한이 더욱 약화되고, 상서대로 대표되는 중조의 권한과 조직이 크게 확대되었다. 중조의 강화로 외척들은 수적으로나 권력에 있어서 더욱 득세하게 되었다. 『후한서』의 편자는 후한 시기 외척정치를 다음과 같이 요약하고 있다.

> 동한 황제의 혈통은 자주 단절되고 권력은 여주女主에게 돌아갔다. (황가) 외부로부터 들여와 세워진 황제가 4명이었고, 정치를 직접 담당한 태후는 6명이었다. 태후들은 누구나 막후에서 정치를 행했고, 일을 자신의 부친이나 형제에게 위임했으며, 어린 황제를 애써 구해 정권을 장기간 유지하고 현명한 신하는 눌러 권력을 독점했다. 막중한 임무를 가진 만큼 그 이익은 컸지만 불행도 빨랐다…… 죽임이 끊이지 않았고, 넘어진 수레가 길을 이었다. 그렇지만 그 발길은 멈출 수 없어 재난이 닥치고 마침내 국운을 소진해 사직을 망하게 했다.[71]

이 인용문은 외척정치가 제국의 권력구조와 관련됨을 시사한다. 제도적으로 권력은 황제 일인에게 집중되고, 정치는 그를 둘러싸고 움직인다. 그런데 여러 가지 이유에서 대개 황후가 황제보다 장수한다. 황후는 이제 황제의 모친, 즉 태후로서 나이 어린 아들을 끼고 정치에 관여하게 된다. 그녀는 그 과정에서 자신의 친인척, 즉 황제의 외가 사람들을 활용한다.

71 『後漢書』 卷十 「后紀」.

그렇지만 경쟁세력들도 적지 않다. 거기에는 성인이 된 황제, 환관과 같은 그 측근, 황후와 그 친인척, 귀족가문, 관료 등이다. 그런데 태후와 그 친인척이 경쟁에서 생존하더라도, 그들의 권력은 영속적일 수는 없다. 왜냐하면 현재의 황후는 언젠가 태후를 대신하여 자신의 아들을 내세워 권력을 장악하게 될 것이기 때문이다. 그리고 권력의 상실은 대개 멸족으로 이어진다. 제국의 정치가 구조적으로 불안정하고 그로 인해 국력이 쇠진하게 된 이유이다.

### 환관정치

황제의 권력을 보완하는 또 다른 집단은 환관宦官이다. 환관은 궁정 내에서 군주와 그 가족들의 각종 업무를 수행하는 관원으로서 대개 거세된 남자로 구성되었다. 따라서 환관은 역사적으로 군주권의 강화 및 그에 따른 축첩제의 등장과 긴밀한 관련을 갖는다. 군주 자신뿐 아니라 많은 후궁들의 생활과 호위를 위해서는 적지 않은 인력이 필요했고, 동시에 그들에 대한 군주의 독점과 혈통의 보호가 이루어지지 않으면 안 되었다.[72] 환관은 이러한 목적에 적합했다. 사실 이 제도는 로마나 비잔틴 제국 등 여러 나라들에서 발견되지만, 중국에서 가장 발달한 것으로 알려져 있다. 환관은 초기에는 대개 궁형宮刑, 즉 거세의 형벌을 당한 피정복민이나 죄수 등이었으나, 제도화되면서 자원하는 경우도 많아졌다.

환관은 하·상과 같은 역사 초기부터 그 존재가 추정되지만, 서주나 춘

---

72 천자의 부인으로 5제의 곡嚳은 4명, 하는 12명, 은은 39명, 주는 120명 등으로 기록되어 있고(〔漢〕蔡邕 撰, 「獨斷(卷上)」, 『欽定四庫全書』 子部十: 850-880), 전국시대에 궁녀가 대국에는 1천 명, 소국에는 100명(『墨子』 「辭過」), 통일 후 진시황 시기에는 1만여 명으로 전한다(『史記』 卷六 「秦始皇本紀」 注). 전한 중반 무제 때에는 3천 명, 후한 환제 시기에는 채녀采女만 5, 6천 명이었다(『後漢書』 卷十 「后紀」).

추시대의 문헌에서 적지 않게 확인된다. 초기 문헌상에는 사인寺人·엄인閹人·환자宦者 등 다양한 명칭으로 등장한다. 그와 함께 환관이 정치적으로 중요한 역할을 하는 사례도 있었다. 이를테면 춘추시대 제 환공의 총애를 받던 환관 초貂(수도竪刁)가 환공의 사후 정변을 일으켜 태자를 쫓아내고 공자 무휴武虧를 군주로 세우는 데 관여했다.[73] 진 시기 환관 출신으로서 득세한 대표적인 사례는 조고趙高(기원전 ?-207)이다. 그는 진시황 사후 강력한 권력을 행사했다. 그는 승상 이사李斯와 함께 진시황의 맏아들 부소扶蘇를 죽게 하고 대신 2세인 호해胡亥를 옹립했다. 그는 승상으로서 나중에는 이사와 호해마저 제거하고, 자영子嬰을 황제로 내세우기도 했다. 자영은 또 다른 환관 한담韓談의 도움을 받아서 조고를 제거할 수 있었다.[74]

중앙집권적 통일제국이 등장하면서 환관은 그 수가 크게 증가했을 뿐만 아니라 그 역할에 있어서 질적인 변화를 경험하게 되었다. 진 시기에 환관을 관리하는 전문기구가 설치되고, 그들의 선발·임용·직급·상벌 등에 관한 제도가 정립되었다. 특히 후한 시기에는 공이 있는 환관에게 관직과 작위를 주는 일이 널리 행해졌다. 비록 환관은 그 성격상 외척과 같이 특정 가문의 다수에 의해 장기간 실권을 행사할 위치에 있지 않았지만, 그럼에도 간헐적으로 궁중정치의 중요한 일부를 차지했다.

양한 시기 환관의 수는 알려져 있지 않다. 당·명과 같이 그 규모가 대략 알려진 경우 초기에는 100명이 되지 않았지만 나중에는 각각 수천, 수만 명에 이르렀다. 한의 경우에도 전한 중반, 특히 무제 시기를 지나면서 그 활동 정도가 두드러지고, 후한 시기에는 매우 광범했다. 대다수는 여전히 궁정의 일상적 업무를 담당하는 인력에 불과했지만, 일부는 군주의 신임을 바탕으로 권력에 깊숙이 개입했다. 후한 시기 이천석 이상 직급의

73 『春秋左傳』 僖公十七年(기원전 643년); 『史紀』 卷三十二 「齊太公世家」.

74 『史記』 卷八十七 「李斯列傳」.

환관은 평상시 10-20명 정도였다. 구체적으로는 황제의 일상 업무와 정책 자문을 담당하는 중상시 4-10여 명, 황후의 처소인 대장궁大長宮을 관할하는 대장추大長秋 1명, 태후의 처소인 장락궁長樂宮과 — 장락궁 안의 가장 중심된 궁전인 — 장신궁長信宮을 관할하는 장락위위長樂衛尉·장락태복長樂太僕·장신소부長信少府 등이었다.[75]

그렇다면 진한 시기에 정치적으로 환관은 어떤 역할을 했을까. 역사서에는 환관에 대한 기록도 포함되어 있는데, 『사기』「영행열전佞幸列傳」, 『한서』「영행전佞幸傳」, 『후한서』「환자전宦者傳」 등은 득세한 환관들을 자세히 다루고 있다. 아래에서는 해당 자료들을 토대로 양한 시기 환관정치를 정리해 본다.

전한 초기에는 환관의 정치적인 역할이 거의 나타나지 않았다. 진의 제도에 따라 황제의 명령을 전달하는 중상시中常侍가 설치되었고, 거기에는 환관뿐 아니라 사인士人도 선발되었다. 그 가운데 일부가 황제의 총애를 받는 경우도 있었지만, 정치권력의 실세가 된 경우는 거의 없었다. 그것은 무엇보다도 왕조 초기에 나타나는 도덕성과 그에 따른 제도적 안정 및 균형에 기인할 것이다. 제국의 건설자들은 새로운 시대에 부응해 절제할 줄 알았다. 고조는 진의 후궁제도를 그대로 유지했으나 그 수를 크게 간소화했다. 이를테면 전한 초기 환관의 가장 큰 존재 근거가 되는 후궁들의 수는 10여 명에 불과했다.[76] 또한 제국 건설에 기여한 건국의 공신들이 여전히 권력의 핵심을 이루고 있었다.

전한 초기 환관으로서 역사서에서 언급되는 사례는 다음과 같다. 이를테면 고조는 병이 나서 환관 1명만 곁에 두고 대신들을 만나지 않다가, 대신들이 간하자 그만두었다.[77] 여후 시기에는 환관 장경張卿이 대알자大謁者

75 余华青, 『中国宦官制度史』, 1993: 11.

76 『漢書』 卷七十二 「貢禹傳」.

77 『漢書』 卷四十一 「樊噲傳」.

로서 내실에 출입하고 왕명을 전달했을 뿐만 아니라, 여씨 형제들을 왕으로 세우도록 건의해 상을 받기도 했다.[78] 그럼에도 대알자는 직급이 육백석으로 지위가 높지 않았다. 한편 문제는 환관 조담趙談을 수레에 동승시켰다가 고조와 마찬가지로 대신들이 간하자 그만두었다.[79]

그렇지만 황제의 정치권력이 크게 강화된 무제 이후 점차 상황이 바뀌었다. 무제는 건장궁建章宮을 짓게 하여 궁궐을 크게 확대했다. 궁녀의 수도 크게 증가했다. 『후한서』는 당시 후궁의 수를 3천 명으로 전하고 있다.[80] 이에 환관의 업무와 그 수도 상응해 증가했다. 뿐만 아니라 무제는 자신의 권력을 강화해 승상이 이끄는 관료세력, 즉 외조와 외가의 친인척들을 견제하고자 환관을 이용했다. 그는 승상이 이끄는 외조와 별개로 측근으로 구성된 내조를 구성했는데, 내조의 중요한 일부는 다름 아닌 환관이었다.[81]

무제는 환관이 담당하는 중서알자령中書謁者令, 즉 중서령中書令을 두어 상서尙書의 업무를 주관하게 했다. 중서령은 공식적으로는 천석으로서 그리 높지 않은 직급이었으나 그 직권은 매우 컸다. 그 결과 환관의 업무가 과거 궁정 내의 잡무를 벗어나 국가의 주요 업무를 담당하게 되었다. 더욱이 무제는 말년에는 정사에 태만하고 신비주의에 빠졌다. 그는 특히 환관 이연년李延年을 총애했는데, 국가의 중대사들이 적지 않게 그에게 맡겨져 처리되었다.[82] 비록 무제 자신이 유능한 정치인으로서 권력을 유지했기 때문에 환관의 전횡은 크지 않았지만, 후에 환관이 득세하게 되는 중요한 제도적 기반이 형성되었다.

78 『漢書』 卷三十五 「燕王劉澤傳」; 『後漢書』 卷一百八 「宦者傳」.

79 『漢書』 卷四十九 「爰盎傳」.

80 『後漢書』 卷十 「后紀」.

81 당시 내조는 환관 이외에도 일반 관료들인 사인士人이 많았다.

82 『後漢書』 卷一百八 「宦者傳」.

무제 직후에는 앞서 언급한 것처럼 외척 곽광이 권력을 장악했으나, 선제 때 외척이 제거된 뒤에는 환관세력이 다시 등장하기 시작했다. 특히 원제元帝 때 중서령 석현石顯이 대표적이었다. 그는 득세한 환관이 대개 그러했던 것처럼 범법으로 궁형을 받아 궁정에 들어왔다. 처음 그는 궁정의 숙위와 황제의 행차를 담당하는 중황문中黃門과 문서전달을 담당하는 중상서 등에 소속되었다가 중서의 2인자인 중서복야中書僕射를 거쳐 중서령에 이르렀다. 그는 병약하고 음악에 심취한 황제의 신임을 바탕으로 크고 작은 일들을 결정했다. 그를 위시한 환관들이 사실상 내조의 권력을 장악했다. 그의 전횡에 대해서 이의를 제기한 영상서사 소망지蕭望之, 광록대부 주감周堪 등 다수 외조의 대신들이 제거되었다.

그렇지만 원제 사후 성제가 즉위하자 석현과 그의 추종자들은 의지할 곳을 잃고 권력에서 축출되었다.[83] 특히 성제 이후에는 외척 왕씨가 득세했는데, 이들은 환관의 권력을 근본적으로 약화시키고자 했다. 이를테면 환관이 상서를 주관하는 제도가 폐지되었는데, 그 결과 환관이 정치에 간여할 여지는 축소되었다. 그와 함께 성제 이후 전한 말까지 외척 왕씨가 계속 득세했다. 외척으로서 결국 권력을 찬탈한 왕망은 대신들을 견제하기 위해서 환관을 일부 등용했지만, 그가 세운 신왕조는 단명했다.

후한의 광무제는 왕망에 의한 권력찬탈을 교훈 삼아 외척을 억제하고 권력을 집중했다. 개국공신들의 등용도 제한적이었다. 그는 삼공 등 외조의 권한을 크게 약화시키고 그 대신 내조(상서)의 권력을 강화했다. 다만 앞서 성제 때 환관이 상서를 주관하는 제도가 폐지되었고, 후한 초기에도 회복되지 않았다. 따라서 상서의 일은 사인士人이 주관했고, 환관이 끼어들 여지는 없었다. 그와 함께 광무제·명제明帝·장제章帝 3대 시기에는 유능한 황제가 계속 즉위하면서 환관의 활동도 궁중 안에 국한되었고, 그들

83 『漢書』 卷九十三 「佞幸傳: 石顯」.

은 정치적 세력을 구축하지 못했다.

그럼에도 후한 중반 이후 환관의 역할이 다시 두드러졌다. 전한 시기 궁중의 업무가 사인과 환관에 의해 분담되었다면, 후한 초부터 궁중의 관원은 모두 환관으로만 충원되었다. 그 결과 환관의 수가 크게 증가했다. 또한 이제까지 주로 사인이 임명되던 중상시·대장추 등 요직을 환관만이 담당하게 되었다. 중상시의 경우 전한 시기에는 가관加冠이었고, 후한 초기에도 그 직급이 천석이었으나 후에 비이천석으로 높아졌다. 더욱이 어린 황제의 즉위가 계속되면서 황후들이 집정했는데, 이들은 외부와 소통하기 위해서 환관에게 의존하지 않을 수 없었다. 또한 어린 황제들은 성인이 되면 외척의 전횡을 제거하고자 했는데, 이때 환관은 그들이 은밀하게 의지할 수 있는 거의 유일한 세력이었다.

후한 시기 환관의 대두는 화제和帝 시기에 시작되었다. 그는 9세에 즉위해 외척 두씨의 전횡을 경험했는데, 성인이 되자 중상시 정중鄭衆의 힘을 빌려 그들을 제거했다(92년). 정중은 대장추로 임명되고 후侯에 봉해져 국사에 관여했다. 이것은 환관이 정치적으로 세력을 얻게 된 계기가 되었다. 그 이후에는 외척과 환관이 번갈아 득세하게 되었다. 화제 사후에는 등씨 황후 가문이 권력을 장악했고, 그것은 상제·안제 시기에 계속되었다. 등황후 사후 28세의 안제가 친정하게 되자 그는 환관 이윤李閏 등과 모의해 외척 등씨를 제거했다. 이후 안제의 황후인 염씨 가문이 차츰 득세하면서 이들과 환관들 사이에 협조적 관계가 형성되었다. 특히 그들은 염씨 소생이 아닌 태자 유보劉保를 폐위시키고 어린 북향후北鄕侯를 소제로 세웠다.

그러나 소제가 1년이 못 되어 사망하자, 새로운 황제의 옹립을 둘러싸고 외척과 환관 사이에 갈등이 나타났다. 결국 손정孫程 등 중황문中黃門 환관들이 정변을 일으켜 염씨를 제거하고 폐위되었던 유보를 순제順帝로 옹립했다(125년). 그 공로로 그를 포함한 19명이 후侯에 봉해지는 등 환관들이 다시 득세했다. 손정은 기도위騎都尉에 임명되었다. 순제부터 3명의 황후를 배출한 외척 양梁씨가 충제·질제를 거쳐 환제 시기까지 득세했는데, 일부 환관들과 갈등이 나타나기도 했다. 이를테면 순제 때 중상시 장규張逵와 거정蘧政 등 환관들이 양씨를 제거하려다 실패해 죽임을 당하기도 했다. 일부 환관은 외척세력과 결탁했는데, 이를테면 중상시 조등曹騰은 외척 양기梁冀와 결탁해 환제를 옹립하기도 했다.

그렇지만 환제는 황후가 죽자 중상시 단초單超 등 5명의 환관들의 힘을 빌어 159년 양씨 세력을 제거했다. 5명의 환관들은 모두 후侯에 봉해졌고, 다른 8명의 환관들은 향후鄕侯에 봉해졌다. 그 결과 환관들이 권력을 좌지우지했다. 단초는 거기車騎장군에 배수되기도 했다. 뿐만 아니라 환관들의 여러 형제나 그 자제들도 지방의 태수나 국상·현령 등 관직에 진출했다. 환관의 득세는 환제 사후 영제 때에도 계속되었다. 영제 때에는 황후 두씨竇氏가 환관을 제거하려다가 실패했다. 특히 두씨의 제거에 앞장 선 조절曹節 등 환관들이 장기간 득세했다.

환관들의 전횡에 대한 사회적 비판이 일었는데, 그들은 거기에 대응해 166년, 169년 2차례에 걸쳐 소위 당고黨錮의 화禍를 일으켰다. 즉 관리들과 유학자들이 사당私黨을 꾸민다는 이유로 1차에서는 약 200명이, 2차에서는 600-700명이 유형과 금고에 처해져 관직의 진출이 막히거나, 투옥 또는 살해되었다.[84] 특히 영제 때에는 장양張讓과 조충趙忠을 우두머리로 하는 십상시十常侍, 즉 10여 명의 환관이 어린 황제를 이용해 권력을 좌지우지했다.

후한 말에는 외척 하何씨 세력과 환관 사이에 갈등이 커지는 가운데, 하씨 세력의 우두머리인 대장군 하진何進이 환관에 의해 피살되자, 사예교위 원소袁紹와 하진의 남은 군대에 의해 환관세력이 제거되었다. 특히 원

84 『後漢書』 卷九十七 「黨錮傳」.

소의 군대는 황궁을 포위해 환관을 모두 살해했는데, 그 과정에서 2천여 명이 죽임을 당했다. 결국 환관은 크게 타격을 받아 마지막 황제인 헌제 시기까지 거의 남지 않았고, 환관의 업무도 대부분 사인에 의해 수행되었다. 환관의 몰락과 더불어 황제의 권력은 통제력을 잃고 지방군벌이 할거하는 혼란에 빠져들고 말았다.

환관의 역할을 어떻게 평가할 것인가. 사실 한 시기에 『사기』의 편자 사마천司馬遷, 종이의 발명자 채륜蔡倫, 수차의 제작자 필남畢嵐 등은 환관으로서 큰 업적을 남기기도 했다. 그렇지만 환관의 정치적 역할에 대해서는 매우 부정적인 평가가 내려지고 있다. 『후한서』의 편자는 전한이 외척에게 사직을 잃었다면, 후한은 환관에 의해 나라가 기울었다고 표현하고 있다.[85] 명 말 황종희黃宗羲(1610-1695)가 그들을 '독약과 맹수'로 평한 것은 잘 알려져 있다.[86]

결국 환관의 역사적 등장은 왕권이 강화된 결과였다. 호화로운 궁정생활과 수천 명의 궁녀들은 전제권력을 상징했다. 황제가 궁녀들을 독점하기 위해서 궁정에는 환관들이 배치되었다. 그렇지만 환관들의 활동은 해당 업무에 국한되지 않았다. 군주는 자신의 권력을 확보하기 위한 방편으로 그들을 정치적으로 이용했고, 그들도 그러한 군주를 통해서 득세하고자 했다. 특히 관료나 외척 집단으로 둘러싸인 상황에서 군주는 환관과 같은 측근들을 중용했다. 황제는 환관이 "다른 패거리가 없고 업무에 전념해 신임할 수 있어서 정치를 위임했다."[87] 태후가 집정할 경우에도 그녀는 남자 관료대신들을 직접 접촉하는 일이 불편해 환관에 의존했다. 환관의 권력은 기본적으로 황제의 총애라는 매우 취약한 기반을 갖고

85 "西京自外戚失祚, 東都緣閹尹傾國."(『後漢書』 卷一百八 「宦者傳」)

86 黃宗羲, 『明夷待訪錄』 「奄宦(下)」. 여기서는 黃宗羲 著, 全海宗 譯, 『明夷待訪錄』, 1971: 135.

87 『漢書』 卷九十三 「佞幸傳: 石顯」.

있었으나, 때로는 독자적인 세력을 구축하는 정도에 이르기도 했다. 결국 관료·외척·환관 사이의 권력투쟁이 전제군주 정치의 중요한 양상이 되었다.

## 종합

진한 시기의 정치는 일종의 소용돌이 형태를 띠고 있다. 소용돌이에서 각각의 부분들은 가만히 있지 않고, 하나의 중심이나 핵의 흡인력에 의해 그 주위를 끊임없이 돌고 있다. 다만 그 흡인력은 중심과 각 구성원 사이의 거리에 반비례한다. 이러한 의미에서 소용돌이 정치는 크게 네 가지 특징을 갖는다. 첫째, 권력이 하나의 중심에 집중되는 경향을 갖는다. 둘째, 중심을 둘러싼 부분들은 고유한 내적 조직이나 구조를 이루기보다는 각기 개별적으로 중심을 지향한다. 셋째, 각각의 부분들은 그 거리에 따라 중심과 상이한 정도로 관계되지만, 권력의 작용에서 벗어나 있지 않다. 넷째, 마찬가지로 중심도 자신을 둘러싼 각 부분들의 요구나 도전에 직접 노출되어 있다. 진한 시기 소용돌이 현상은 정치체제의 중요한 특징이다.[88]

먼저 권력의 핵심은 황제이다. 황제는 친인척·환관·관료 등 여러 부류의 사람들로 둘러싸여 있다. 권력이 명목상으로나마 황제에 집중되어 있고 정책결정도 그러하기 때문에, 사람들은 어떤 식으로든 황제에 직접 접근하고자 하는 관성을 갖는다. 그때 그들은 일정한 조직이나 집단으로서가 아니라 개별적으로 황제와 관계한다. 친인척이나 환관은 물론 관료들도 엄격한 조직 원칙에 따르지 않는다. 진한은 상당히 발전된 관료조직을 구축했지만, 그 기능은 정책집행에 국한되었다. 황제 자신도 끊임

88 '소용돌이 정치politics of vortex'는 G. 헨더슨이 원래 한국정치의 특징을 지칭하여 사용했다. 그는 중국을 포함한 아시아 국가들에서도 해당될 것으로 보았다.(Henderson, Korea: The Politics of the Vortex, 1968)

없이 주변의 요구와 도전에 직면했다. 황제로의 권력집중은 각 구성원들이 자신의 고유한 역할을 담당하는 정치적 제도화의 수준이 낮은 상황을 반영하지만, 동시에 제도화를 지연시켰다. 일종의 악순환이 반복되었던 셈이다.

많은 역사서들은 후한의 몰락을 대개 외척이나 환관에 의한 전횡에서 찾는다. 그렇지만 본질적으로 그것은 황제로의 권력집중에 있다는 점은 분명하다. 후한의 몰락을 목격한 중장통仲長統(179-220)은 그 점을 분명하게 지적하고 있다. 그는 후한이 쇠망한 근본적인 원인을 다름 아닌 그 건국자 광무제에서 찾았다. 중장통에 의하면, 광무제는 왕망과 같은 권신의 권력찬탈을 거울삼아 삼공을 무력화시켰고, 그 결과 모든 권력을 황제 자신에게 집중시켰다. 그렇지만 그 권력을 행사하기 위해서 후대의 황제들은 외척과 환관에 의존하지 않을 수 없었다. 이들이 중앙과 지방의 각 부문에 진출하여 유능한 관리들을 대체하면서 제국의 정치질서는 차츰 와해되어 갔다.[89]

사실 제도로서 황제로의 권력집중은 단지 황제의 권력욕에 기인하는 것만은 아니다. 거기에는 각 집단의 이해관계가 작용한다. 이를테면 친인척이나 환관은 오로지 황제를 통해서만 자신들의 이익을 관철시킬 수 있다. 황제 권력의 강화는 그들에게는 매우 절실하다. 그렇다면 관료들은 어떠한가. 관료의 존재는 정책결정과 집행에 있다. 그들의 입장에서 권력이 황제에 집중되기보다는 일정한 범위에서 권력의 분할이 바람직할 것이다. 그런데 그들 또한 중앙집권체제를 지향한다. 지방에 대한 관료적 통제를 위해서 권력은 중앙에 집중되어야 한다. 특히 제국 초기 제후왕과 같은 봉건제적 요소가 잔존하는 상황에서 더욱 그렇다. 중앙집권이 반드시 황제로의 권력집중 방식이어야 할 필요는 없지만, 그것은 하나의 유력

89 『後漢書』 卷七十九 「仲長統傳」; 孫啓治 校注, 『政論校注 昌言校注』, 2012: 308-320.

한 대안인 것은 분명하다. 그들은 황제의 권위를 빌어 스스로의 권력을 강화할 수 있다.

지방에서는 어떤가. 먼저 일반 백성들이 직접 대면하는 것은 지방의 관료나 토호세력들이다. 따라서 백성들이 정치에 대해서 불만을 가질 때, 그 대상은 주로 지방세력들이다. 이때 백성들의 시각에서 문제는 황제의 정책 자체에 있지 않고, 그것이 지방세력들에 의해 좌절되는 데에 있다. 지방의 관료들은 황제의 명령을 제대로 집행하지 않고, 토호세력들에게는 황제의 명령이 미치지 못한다. 백성에게 황제는 지방세력들의 전횡으로부터 자신들을 보호해 줄 수 있는 거의 유일한 존재이다. 따라서 다수의 백성들은 황제로부터 직접적인 조치를 기대하게 되고, 이때 황제는 전지전능한 존재로서 상정된다.

한편 지방 행정이나 통치에 있어서는 자율성과 분권성에 대한 요구가 있을 수 있다. 즉 지방의 통치자들은 더 많은 권한을 갖고자 할 것이다. 그렇지만 거기에는 일정한 전제가 있다. 그것은 한의 제후국과 같이 분봉, 즉 신분적 요소에 의하거나 아니면 아래로부터 선거에 의해 통치의 정당성이 주어져야 한다. 그러나 실제 진한의 지방 통치자들은 중앙에 의해 임명되었다. 지방관이 중앙에 의해 외부로부터 임명되는 한, 그는 강력한 중앙권력에 의존하지 않을 수 없다. 진한 시기 각 지방의 관리들은 외부에서 파견된 소수였다. 더욱이 부패를 막기 위해서 정부는 소위 회피제에 의거해 지방의 책임자들을 연고가 없는 지역에 파견했다. 이러한 상황에서 그들의 주된 관심은 효과적인 업무 수행이었고, 이것은 강한 중앙권력에 의해 뒷받침되어야 했다. 이러한 맥락에서 제국의 정치체제에서 중앙집권은 다수의 이해와 일치했다.

분권적 세력은 아마 지방의 토호나 호족들에 국한될 것이다. 그들은 지방에 자신의 사회경제적 기반을 갖고 있다는 점에서 그렇다. 그럼에도 정책결정이 중앙에 집중되는 한, 이들의 관심도 중앙에 집중된다. 그들은 지방에 자신의 세력을 구축하는 데 만족하지 않고, 자제에 대한 교육, 개인적 관계, 뇌물 등의 수단을 통해서 중앙정치에 진출하고자 한다. 지방의 이익을 위한 그들 사이의 연대는 찾아볼 수 없다. 이로써 황제의 친인척이나 관료들 그리고 제한적이기는 하지만 환관들도 중앙뿐 아니라 수도와 지방에도 자신의 세력들을 갖고 있다. 그 결과 지방세력도 중앙의 정치적 변화로부터 결코 자유로울 수 없게 된다.

## 2. 중앙의 통치기구

대국은 무엇보다도 대규모의 권력조직과 인원 그리고 거기에 상응하여 복잡한 권력관계를 특징으로 한다. 그것은 기존의 정치체제와 비교하면 분명하게 드러난다. 역사 초기 나라는 작고 인구도 적었다. 성읍체제에서 인구·군사력·조세 등 권력자원 자체가 크지 않았다. 통치의 업무도 단순하고, 그것을 담당할 조직이나 인원도 많지 않았다. 특히 혈연적 유대 속에서 공동체의 존재가 최대의 관심이었던 만큼 통치자의 상대적 권력도 차이가 크지 않았다.[90] 그와 함께 치자와 피치자의 관계도 구체적이고 직접적이었다. 통치집단 내에서도 신분과 혈연관계가 부각되었고 따라서 군주와 귀족의 지위도 큰 차이가 없었다.

국가의 규모가 커지면서 권력관계는 질적으로 변화되었다. 무엇보다도 권력자원이 크게 증가하였다. 통치의 업무도 복잡해지고, 그것을 담당할 조직이나 인원도 많아졌다. 권력 조직은 더욱 커지고, 내부의 관계도

90 乔健, "从'重礼义'到'尚功利'—中国君主专制体制形成的一条重要线索," 2007: 149-150.

상응하여 복잡해졌다. 군주는 절대적으로 더 많은 권력자원을 갖게 되었을 뿐만 아니라 권력은 그에게 더욱 집중되었다. 그와 함께 군주는 권력을 마음대로 통제하기 어려운 상황에 처하게 되었다. 권력은 다수의 관료들을 통해서 행사되지 않으면 안 되었다. 역사적으로 사인士人이라 불리는 관료집단이 귀족계급을 대체하면서 정치의 규칙이나 규범도 변화되었다. 혈연적 유대는 더 이상 유효하지 않았다. 통치집단 내에서 공동체의 존립보다는 군주나 신하 모두 각각의 이해관계에 따르게 되었다.[91] 국가 규모의 확대와 권력관계의 복잡화는 이미 전국시대에 나타났지만, 통일제국에 이르러 더 극적인 정도에 이르게 되었다.

통일제국의 관제를 체계적으로 기술하고 있는 문헌들은 『한서』「백관공경표」와 『후한서』「백관」 이외에 후한 말 응소應劭의 『한관의漢官儀』 등이 있다. 특히 『후한서』「백관」에는 각 직책에 대해 자세하게 주석을 달고 있다. 그 외에 후대에 좀 더 체계적으로 정리된 것으로는 당唐 시기 두우杜佑(735-812)의 『통전』「관직」, 원元 시기 마단림馬端臨(1254-1323)의 『문헌통고』「관직」 등이 있다. 물론 근대 이후 더 많은 문헌이나 죽간·묘비 등 고고학적 자료들을 바탕으로 하는 연구들도 적지 않다. 한대는 정치조직 전반에 관해 문헌상으로 기록이 전해지는 최초의 왕조라고 할 수 있다. 그 이전의 관련 기록은 매우 단편적일 뿐이다. 『주례』와 같은 체계적인 기술도 없지 않으나 그것은 실존했던 것이 아니라 전국시대에 작성된 하나의 이상적 모델에 가깝다.

한의 관제는 대부분 진의 것을 따랐으며 매우 정교한 관료체제를 구축했다. 전한 말의 상황을 보여 주는 『한서』「백관공경표」에 의하면, 관리의 수는 가장 낮은 좌사佐史(월 급여 8곡斛)에서 승상(월 급여 350곡)까지 모두 12만 285명이었다.[92] 이것은 인구 600여 명당 관리 1명으로서 그리 많은 편은

91 薛小林, "秦汉时期君臣关系中的'壅蔽'," 2013: 134-135.

아니다. 동일한 시점에서 수도 장안의 중앙정부에 소속된 관리들의 수는 약 3만 명으로 추산되었다.[93] 그러나 그 외에도 지방이나 군대에서 자체적으로 동원된 인원들이 있었다.

관리들은 엄격한 등급에 따라 편제되었다. 그것은 위로부터 아래로 만석·중中이천석·이천석·비比이천석·천석·비천석·육백석·비육백석·사백석·비사백석·삼백석·비삼백석·이백석·비이백석·백석·두식斗食까지 모두 16등급이었다.[94] 만석은 승상과 삼공, 중이천석은 중앙의 열경, 이천석은 군태수가 대표적이었다. 비이천석에는 군의 군사책임자 도위, 천석은 열경의 속관 승丞, 육백석은 군태수의 속관 승과 중간 규모 현의 현령이 속했다. 하지만 직급의 명칭이 곧 급여를 의미하는 것은 아니었다. 이를테면 후한 시기 만석은 매월 350곡斛, 중이천석은 180곡, 이천석은 120곡, 비이천석은 100곡, 천석은 80곡, 육백석은 70곡, 비육백석은 50곡, 사백석은 45곡, 비사백석은 40곡,[95] 삼백석은 40곡, 비삼백석은 37곡, 이백석은 30곡, 비이백석은 27곡, 백석은 16곡, 두식은 11곡의 곡식에 해당하는 급여를 각각 지급받았다.[96]

지방의 통치체제에 관해서는 다음 장에서 별도로 다루기로 하고, 여기에서는 중앙의 통치체제를 살펴본다. 중앙의 통치체제는 〈그림 19〉와 같이 황제를 정점으로 각기 행정·군사·감찰을 담당하는 삼공, 즉 승상·태위·어사대부가 있다. 삼공 가운데 직급이 가장 높은 승상이 국가행정을 총괄한다. 그의 관할 아래 10여 명의 열경列卿(또는 구경九卿)이 각기 국가의

---

92 『漢書』 卷十九 「百官公卿表」. 후한 시기 관리의 수는 모두 15만 2천986명이라는 통계가 있다(『通典』 卷十九 「職官一」).

93 Loewe, *The Government of the Qin and Han Empires 221BCE-220CE*, 2006: 34-35.

94 俞鹿年 编著, 『中国管制大辞典』, 1992: 1246-1247.

95 앞뒤 맥락으로 보면 42곡 또는 43곡에 해당될 듯함.

96 『後漢書』 卷三十八 「百官五」. 전한과 전한과 후한의 급여 지급 방식에 대해서는 각주 315 참조.

〈그림 19〉 통일제국의 중앙권력 구조

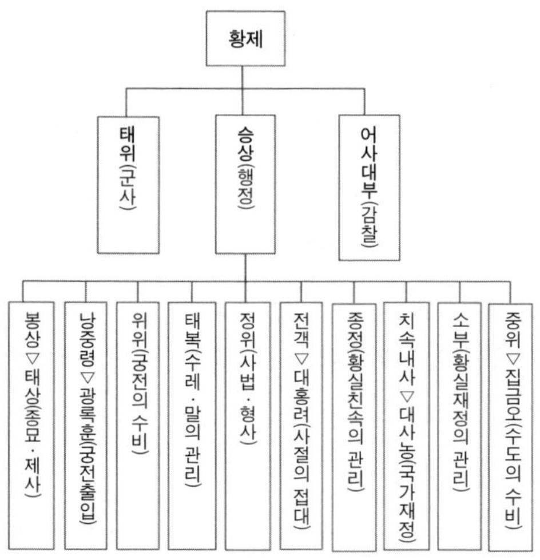


의례·사법·치안·군사 등 영역을 담당한다. 물론 한의 400년 역사에서 각 기구의 명칭이나 역할은 상당한 변화가 있었다. 〈그림 19〉는 주로 전한 시기를 중심으로 제국의 관제에 대해서 정리한 것이다.

### 승상 丞相

진한 시기에 군주를 도와서 국가의 내정을 총괄하는 최고의 관직은 승상丞相이었다. 승상제도의 성립은 관료제와 중앙집권체제의 등장과 맥락을 같이한다. 그것은 춘추시대의 세습적인 경·대부와 같은 귀족들에 의한 국가운영 방식과 달리, 군주에게 속한 독자적인 관료체제를 전제로 하기 때문이다. 귀족제하에서 관직은 세습되었고, 따라서 종신제였다. 그와 달리 승상은 세습되지 않고 언제든 면직될 수 있었다. 이러한 측면에서 승상제도는 군주권의 강화와 이를 위한 중앙집권적 통치구조의 구축에 중요한 의미를 가졌다.[97] 물론 승상은 초기에는 작위를 가진 귀족들이 담당했다.

역사적으로 승상과 유사한 직책은 상相이었다. 이것은 춘추전국시대의 문헌상에 많이 나타난다. 『춘추좌전』에는 '누구를 상으로 두었다'든가 '누가 어느 제후나 제후국의 상이 되었다'는 표현이 적지 않다. 상은 의전이나 외교와 같이 특별한 지식으로 군주를 돕는 것 또는 돕는 사람의 의미로 쓰였다. 전자의 사례로 노의 정공定公이 제의 제후와 회맹할 때, 공자가 '상相'했다, 즉 모임의 의식을 담당했다.[98] 후자의 사례로 전국시대 진의 침략에 대응하여 6국의 합종을 주장했던 소진蘇秦은 6개 상의 인수를 차고 다녔고, 연횡책을 내세운 장의張儀가 진秦의 상이면서도 위魏에 가서 상 노릇을 했다.[99] 당시의 상은 정식 관직이 아니라 군주를 도와서 중요한 일을 수행한다는 의미였다.[100]

그렇지만 전국시대 후반 백관의 장으로서 상이 등장하는데, 상방相邦 또는 상국相國과 같은 일종의 보통명사로 사용되었다.[101] 그것은 초에서 영윤令尹, 진에서 승상丞相이라고 불리었다. 특히 진의 승상제도는 후에 한이 계승함으로써 후대 승상제도에 크게 기여했다.

진이 처음 좌·우 승상丞相을 둔 것은 기원전 309년 무왕 2년이었다. 서열에서는 전자가 상위였다. 상相은 '돕다〔助〕', 승丞은 '받들다〔승承〕'의 뜻이었다.[102] 이것은 승상의 독자적인 역할보다는 군주의 보좌로서 역할을 내포하고 있다. 그와 함께 다른 제후국들에서는 주로 내국인들이 승상을 담당했던 반면, 진은 여러 유능한 인물들을 외국에서 초빙했다. 대표적으로 장의·위염魏冉·범저范雎는 위魏, 여불위呂不韋는 한韓, 이사李斯는 초楚 출신

97 孟祥才, 『中国政治制度通史: 第三卷 秦汉』, 1996: 156.

98 『春秋左傳』 定公十年(기원전 500년).

99 『史記』 卷六十九 「蘇秦列傳」.

100 安作璋·熊铁基, 『秦汉官制史稿: 第一編 中央官制』, 2007: 13-16.

101 당시에는 상방이 널리 쓰였지만, 한 시기에 문헌들이 정리되면서 고조 유방의 이름을 피하기 위해 상국으로 수정되어 오늘날까지 전해지는 경우가 많다.

102 『史記』 卷五 「秦本紀」 集解.

이었다.[103]

승상의 권위는 해당 개인에 따라서 상당한 차이가 있었다. 특히 승상이 열후의 작위를 가진 경우와 그렇지 않은 경우가 있었는데, 그 차이는 적지 않았다. 통일 이전 장양왕莊襄王과 진시황 초기에 걸쳐 승상을 지냈던 문신후文信侯 여불위는 그 영향력이 매우 컸다. 그렇지만 진시황은 통일 이후 작위가 없는 대신들을 승상으로 임명했다. 통일의 공신이었던 이사가 그 예이다. 사실 작위가 없는 승상은 열후들과 비교해 서열이 낮았다.

다른 여러 가지 정치제도와 마찬가지로 한도 진의 승상제도를 계승했다. 승상의 역할과 관련해 『한서』는 "천자를 도와 만사를 해결하는 것"[104]으로 요약하고 있다. 고조 유방은 1명의 승상을 두었고, 고조 11년에는 상국相國으로 개칭했다. 혜제와 여후 시기에는 좌·우 승상을 두었다가 문제 때에 다시 1명의 승상으로 복귀했다. 전한 초반 승상은 열후들 가운데에서 선발됨으로써 그 지위가 높았다.

그렇지만 무제는 열후가 아닌 평민 출신의 유학자인 공손홍公孫弘을 승상으로 임명했다. 이러한 전통은 그 이후에도 계속되었다. 이것은 승상의 위치가 귀족계층의 기득권보다는 황제의 권위에 절대적으로 의존하게 되었음을 의미한다.[105] 무제 시기 모두 12명의 승상이 교체되었는데, 그 가운데 5명이 자살이나 옥사로 승상직을 마감했다. 무제는 또한 황제의 권한 강화를 위해서 자신의 근신에게 정책결정 권한을 집중시켰다. 그는 대장군이나 시중 등 자신의 근신으로 구성된 중조中朝(또는 내조內朝)가 국정 전반을 운영하게 했다. 특히 승상부를 대신해 상서대尙書臺가 점차 결책과 행정의 중추기관이 되었다. 대표적인 예로서 앞서 언급한 것처럼 그의 사후 소제 때 외척 곽광이 대사마대장군 겸 영상서사로서 보정하면서 승상

103 『容齋隨筆』, 卷二 「秦用他國人」.

104 "掌丞天子, 助理萬機."(『漢書』 卷十九 「百官公卿表」)

105 李孔怀, 『中国古代行政制度史』, 2006: 72.

은 유명무실하게 되었다. 그와 함께 승상과 구경 등 외조의 권한은 점차 약화되었다.

무제 사후에도 승상의 권력은 계속 약화되었다. 이번에는 소위 삼공三公제도가 도입되면서 권력이 분할된 결과였다. 사실 진과 한은 승상 이외에도 어사대부와 태위를 최고의 관직으로 두어서 각각 관리들에 대한 감찰과 군사 업무를 담당하게 했다. 이들은 삼공으로 통칭하기도 했다. 그렇지만 승상의 직급은 만석, 어사대부는 구경과 같은 중이천석으로, 그 직급에 차이가 있었다. 또한 승상은 금색의 직인과 자색의 인끈〔綬〕이 주어진 반면, 어사대부는 은색의 직인과 청색의 인끈이 주어졌다.

그런데 전한 말 성제 때 주박朱博은 승상에 대한 과도한 업무 집중의 폐해를 지적하고 업무의 분담을 제안했다.[106] 구체적으로는 그간 태위를 대신해 설치했던 대사마에게 인수와 속관을 주어 정무기구화하고,[107] 어사대부를 대사공大司空으로 임명해 모두 승상과 같은 직급으로 승격시키는 것이었다. 결국 애제 때(서기 1년)에는 승상을 대사도大司徒로 개칭하고, 어사대부를 대사공으로 정식화함으로써 대사마와 더불어 삼공제도가 구축되었다. 1인체제가 3인체제로 분할되면서 승상의 권한은 더욱 약화되었다.

승상의 권력약화는 후한 시기에도 계속되었다. 광무제는 삼공제도를 유지하면서도 그들의 권한을 더욱 축소시켰다. 대사도와 대사공에서 '대大'를 떼어 각각 사도와 사공으로 낮추고, 대사마를 태위太尉로 개칭했다. 일단 진과 전한 시기와 같이 행정·감찰·군사로 업무분담 구조가 유지되었지만, 이제 삼공은 정책결정권을 상실하고 일종의 집행기구로 변화되었다. 특히 무제 때 시작되었던 내조의 국정운영이 후한에서는 공식화되

106 『漢書』 卷八十三 「薛宣朱博傳」.

107 무제 때 태위를 폐지하고 대사마를 두었는데, 그는 속관을 갖추어 정무를 담당하는 것이 아니라 일종의 가관加官, 즉 겸직으로서 자문 역할만을 담당했다.

어 상서가 국정운영의 중심에 서게 되면서, 외조인 삼공의 권한은 크게 약화되었다. 그들은 형식상 구경을 분담해 감독하고,[108] 조정회의에 참여했지만 정책결정보다는 자문이나 간언의 수준에 머물렀다. 그들에게는 단지 과거 승상과 같이 금색의 직인, 자색의 인끈, 열후의 작위, 만석의 직급이 주어졌을 뿐이다.[109]

후한 말 헌제 시기에 삼공이 폐지되고 승상제도가 다시 부활하였다. 실권자였던 조조曹操는 승상제도를 통해서 전권을 장악했다. 그 결과 승상은 전한 초기보다도 더 강력한 권한을 갖게 되었다. 물론 그것은 승상제도의 부활이라기보다는 실권자가 승상이라는 명칭을 채택했다고 보는 것이 현실적이다.

승상의 지위가 시기적으로 다르지만, 적어도 전한 중반, 즉 무제 이전까지 승상은 행정체제 전반에 있어서 매우 중요한 역할을 담당했다. 그들은 황제 집권의 공신이면서 열후, 즉 귀족들 가운데에서 선발되었고, 그 권위도 비교적 높았다. 여러 가지 문헌적 근거를 통해서 역사가들은 승상의 역할로서 주요 관직에 대한 인사, 탄핵과 처벌의 요청, 지방 군현에 대한 감독과 평가, 주요 국사가 논의되는 백관회의의 총괄, 정책의 오류에 대한 논박과 간쟁 등을 들고 있다.[110] 그들의 정치적 지위도 높아서 칼을 차고 궁정을 드나들 수 있었다. 또한 황제가 승상을 보면, 일어나 예를 표하고 나서 앉아야 했다. 길거리에서 승상을 만났을 경우에도 황제는 수레에서 내려 예를 표한 후 올라야 했다. 승상이 병들었을 때에는 황제가 친

108 태위는 태상·위위·광록훈을, 사도는 태복·대홍려·정위를, 사공은 종정·소부·대사농을 각각 주관했다.

109 물론 시각에 따라서 삼공은 완전히 유명무실화된 것은 아니며 여전히 일정한 역할을 담당했다. 安作璋·熊铁基,『秦汉官制史稿: 第一編 中央官制』, 2007: 9-10; 黄宛峰, “东汉三公, 尚书职权辨析,” 1991: 1-9.

110 安作璋·熊铁基,『秦汉官制史稿: 第一編 中央官制』, 2007: 30-34; 王连旗, “试论西汉丞相制度的演变,” 2010: 23-24.

히 문병을 했다.[111]

승상부는 또한 군현의 행정에 대한 총괄적 감독기구였다. 각각의 군현은 승상부에 상계上計라고 하는 각종 정기적·비정기적 정책 및 업무보고를 수행하고, 승상부는 그에 대한 평가를 주관했다. 뿐만 아니라 지방정부에 대한 조서도 승상이 태수에게 직접 내렸으며, 반대로 황제에 대한 군현의 보고도 승상부를 통해서 이루어졌다. 지방관에 대한 감찰을 위해서 어사대부를 별도로 설치했다가 폐지되면서 승상부의 속관인 동조연東曹掾이 지방에 파견되어 그 역할을 담당하기도 했다.

승상부가 제국의 행정을 총괄하는 만큼 거기에는 많은 속관들이 있었다. 시기적으로 변화가 적지 않지만, 직급 비이천석의 사직司直과 천석의 장사長史 등 고급 부관에서부터 승상이 직접 임명하는 조연曹掾·사史·소사少史·속屬 등 다양한 직급의 행정 인원들이 있었다. 이를테면 『한구의漢舊儀』에 의하면, 무제 원수元守 6년(기원전 117년)에는 승상부의 속관들이 382명이었는데, 그중 직급 사백석의 사史 20명, 직급 삼백석의 소사 80명, 직급 이백석의 속屬 100명, 직급 백석의 속사屬史 162명이었다.[112] 그들 각각의 업무는 잘 알려져 있지 않지만, 군국으로부터 업무보고와 관련해 많은 인원이 배치되었다.[113]

그렇다면 실제 승상의 직책은 어떻게 수행되었을까. 이와 관련해 한 연구는 『한서』「백관공경표」 등 문헌에 의거해 전한 시기 승상의 재임기간과 전직 그리고 퇴직사유에 대한 자료를 제공하고 있다.[114]

먼저 승상의 전임 직책에 있어서, 전체 45명 가운데 21명이 어사대부에

---

111 李孔怀, 『中国古代行政制度史』, 2006: 68-70; 安作璋·熊铁基, 『秦汉官制史稿: 第一編 中央官制』, 2007: 42.

112 〔清〕孫星衍 等 輯, 周天游 點校, 『漢官六種』, 1990: 37.

113 安作璋·熊铁基, 『秦汉官制史稿: 第一編 中央官制』, 2007: 13-16.

114 安作璋·熊铁基, 『秦汉官制史稿: 第一編 中央官制』, 2007: 26-29, 附表二: 西汉丞相简表.

서 승상으로 승진했다. 이것은 앞서 언급한 것처럼 어사대부가 부승상과 같은 위치에 있었던 것과 무관하지 않을 것이다. 승상 및 어사대부와 함께 삼공을 구성하는 태위 출신이 4명이었고, 전한 초기에 국한되는 현상으로서 4명의 열후가 승상에 임명되었다. 그 외에 중앙의 각종 열경 11명, 장군 3명 그리고 지방 군국의 책임자(군의 태수와 제후국의 국상) 2명이었다.

다음 그들의 재임기간은 어떤가. 45명 가운데 1년 이하는 9명, 2-4년은 19명, 5-7년은 9명, 8년 이상은 8명이었다. 평균은 4.5년이었다. 장기간 재직자도 많지만, 초단기간만 재직하는 경우도 적지 않았던 것이다. 그와 관련되는 문제가 승상의 임기 종료 사유이다. 45명 가운데 사망에 따른 종료가 18명이었다. 이것은 승상의 임기가 종신제적 성격이 강했음을 의미한다. 다른 직책으로 옮겨 가는 경우는 드물었고, 잘못이 없는 한 그 직책을 유지했던 것이다. 그렇지만 각종 범죄나 정치적 사건에 연루되어 그만두는 경우도 적지 않았다. 실제 자살이나 옥사가 7명,[115] 돈을 내고 처벌을 면제받는 속전贖錢도 3명이었다. 그냥 면직된 경우는 8명이었고, 다른 직책으로 옮겨 가는 경우에는 황제의 보좌직이었던 태부太傅 2명에 국한되었다.

한편 전한 시기 승상은 어떤 출신 배경을 갖고 있었을까. 그것은 예상할 수 있는 것처럼 정치적 상황과 긴밀한 관계를 갖는다. 건국 초기 승상들은 유방과 함께 권력을 창출한 인물들이었다. 따라서 문제 시기까지 9명의 승상 가운데 8명이 유방과 비슷하게 지방의 하급관리나 빈한한 가정을 그 배경으로 했다. 단지 혜제 때 우승상을 지낸 왕릉王陵만이 패현沛縣의 호족 출신이었다. 그 다음, 즉 경제 이후에는 공신들의 자제나 외척이

115 승상의 존귀한 위치에 상응해 높은 도덕성이 요구되었다. 죄의 혐의가 있어서 심문의 대상이 되는 것은 이미 욕된 일이었다. 따라서 그들은 황제의 조서를 받는 즉시 자결하는 관습이 생겼다. 물론 모든 승상이 그런 것은 아니며, 위의 7명 가운데 4명은 옥사했다.

승상에 오르게 되는데, 점차 권력이 안정되고 엘리트의 순환이 내부적으로 이루어진 결과일 것이다. 이러한 상황은 무제 시기까지 계속되었는데, 그 배경이 알려진 14명 가운데 10명이 공신이나 고관의 자제였고, 2명이 외척, 1명이 종실이었다. 초기 승상은 모두 귀족의 작위 보유를 전제조건으로 했으나, 무제 때 공손홍 이후 승상은 모두 평민출신이었다.

소제 이후 승상은 그 지위가 더욱 낮아졌는데, 따라서 출신배경도 달라졌다. 그들은 주로 중앙과 지방의 옥리와 같은 하급관직과 경학과 같은 학문적 소양을 통해서 중앙의 알자謁者나 의랑議郎 등 소위 낭관을 거친 인물들이었다. 선제 이후 후한 말까지 그 배경이 알려진 17명의 승상 가운데 외척 출신의 왕상王商 이외에는 모든 승상이 거기에 해당되었다. 이것은 유가가 국정철학으로 자리 잡고 관리의 임용이 좀 더 개방된 결과이기도 하지만, 다른 한편으로 승상의 정치적 지위가 낮아졌기 때문이다.

마지막으로 지역적인 분포를 보면, 45명 가운데 38명이 그 출신지가 문헌상에 전해지고 있다. 예상되는 대로 초기에는 고조의 동향인 패군沛郡 출신자들이 많았다. 출신지가 알려진 최초 11명의 승상 가운데 7명이 패군 출신이었다. 그 이후에는 좀 더 다양해지지만 그럼에도 대체로 패군 주변 군현과 수도지역, 그리고 중원의 핵심 지역에 집중되고 있다. 즉 경조윤京兆尹·노국魯國·동해東海가 각각 4명 그리고 하내河內 3명, 양국梁國 3명, 하남河南 2명 등이었다. 나머지는 대代·청하清河·치천淄川·북지北地·제남濟南·위남渭南·제음濟陰·회양淮陽·위魏·여남汝南·탕碭이 각각 1명이었다. 대체로 인구가 밀집한 중원과 그 주변에서 다수의 승상을 배출했고, 변경 지역과 강남 출신은 매우 드물었다.

권력관계에 있어서 승상은 매우 애매한 위치에 있었다. 승상은 '(황제) 한 사람 아래 있고, 모든 사람 위에 있는'[116] 존재로 묘사되기도 한다. 황

116 一人之下, 萬人之上.

제는 원래 자신의 권력을 강화하기 위해서 승상을 두었지만, 그렇다고 그가 언제 자신에게 도전할지도 모르기 때문에 늘 견제하지 않을 수 없었다. 제국의 적절한 운영을 위해서 승상에게는 일정한 지위와 권한이 주어져야 했지만 정서적으로 그가 황제를 능가하는 권력이나 명성을 가져서는 안 되었다. 따라서 가장 바람직한 승상은 드러나지 않게 능력을 발휘하되, 그 공은 황제에게 돌아가게 하는 사람이었다. 물론 이러한 미묘한 역할이란 현실에서 기대되기는 어려웠다.

승상의 지위와 관련해 가장 체계적으로 제시한 인물은 문제 시기 좌승상 진평陳平일 것이다. 회의 중 사법판결과 재정에 관한 황제의 질문에 대해서 그가 답변을 하지 못하는 상황에서 황제가 도대체 승상의 책임이 뭐냐고 힐문하자, 그는 다음과 같이 대응했다.

> 재상은 위로는 천자를 보좌해 음양을 잘 관리하고, 사계절을 따르며, 아래로는 만물의 고유한 가치를 육성합니다. 대외적으로는 사방의 오랑캐와 제후들을 진무하고, 대내적으로는 백성들을 가까이하고 백관들이 각각의 직책에 임하도록 합니다.[117]

여기에서 그는 승상이 국가운영 전반에 대한 책임이 있는 것으로 묘사하고 있다. 그의 입장에서 사법판결이나 재정과 같은 행정적인 일은 정위廷尉나 치속내사治粟內史와 같은 부서의 책임자들이 관할하는 일이었다. 사실 진평은 여후 사후에 유씨 권력의 회복과 문제의 즉위에 크게 공헌한 인물이었기 때문에, 그는 자신의 생각을 충분히 개진할 수 있는 위치에 있었다. 사마천도 진평의 답변을 황제가 칭찬하지 않을 수 없었다고 덧붙이

117 "宰相者, 上佐天子理陰陽, 順四時, 下育萬物之宜, 外鎭撫四夷諸侯, 內親附百姓, 使卿大夫各得任其職焉."(『史記』 卷五十六 「陳丞相世家」)

전한 시기 승상과 어사대부의 인장_문서를 봉할 때 쓰는 봉니封泥에 새겨진 승상의 인장印章(좌)과 어사대부의 장章(우)

듯이, 그는 승상의 지위에 대한 일종의 기준을 제시한 셈이었다. 물론 이러한 기준이 지켜질 토대는 매우 취약했다.

황제와 승상의 미묘한 관계는 전한 초기부터 가시화되었다. 대표적으로는 고조와 명승상 소하蕭何의 관계이다. 고조는 전쟁 중에 소하에게 사신을 보내 근황을 캐거나 작록을 높여 주는 등의 방법으로 소하가 행여 권력의 야심을 가지는지 끊임없이 확인하고자 했다. 이러한 고조의 의심을 불식시키기 위해서, 소하는 자신의 친속을 고조의 진영에 보내 사실상 인질로 삼게 했고, 고조가 늘려준 봉록을 거절하고 오히려 가재를 털어 군비로 쓰기도 했다. 나아가 그는 백성들을 돌보거나 군대를 지원하는 대신 논밭을 많이 구입해 수입을 챙김으로써 의도적으로 자신의 명예를 더럽히고 인심을 잃기조차 했다.[118]

그 이후 혜제 때 조참曹參, 여후와 문제 때 진평陳平·주발周勃 등도 모두 공신으로서 업적이 많았지만, 황제의 질투심을 자극하지 않으려고 애썼다. 이를 위해 그들은 일을 나서서 하지 않았고, 그 직위를 다른 사람에게 넘겨 주고자 했다. 또한 그들은 술과 여자를 즐김으로써 스스로 야심이 없다는 것을 보여 주었다. 역사서도 그들의 이러한 모습에 황제가 안심했다는 것을 명시적으로 언급하고 있다.[119]

그럼에도 공식적이고 제도적인 과정과 절차는 황제의 임의적 권력행

---

118 『史記』 卷五十三 「蕭相國世家」.

119 『史記』 卷五十四 「曹相國世家」, 卷五十六 「陳丞相世家」, 卷五十七 「絳侯周勃世家」.

사와 배치되었다. 그리하여 무제 이후에는 권력이 점차 황제의 측근으로 구성된 내조로 이동했다. 내조로의 권력이동은 군주권의 강화를 위한 중앙관제의 개편을 의미했다. 이것은 제도로서 황제의 권력이 절대화되면서 인간으로서 황제의 제한된 능력 사이에 괴리를 반영했다. 이러한 괴리는 점차 환관이나 외척 등 측근들에 의해 보충되지 않을 수 없었다. 전한 말 외척 왕망에 의한 권력의 찬탈은 그 결과였다. 후한 시기에도 그러한 과정은 반복되었다. 왕망 이후 권력을 장악한 후한의 광무제는 마찬가지로 측근정치를 통해서 권력을 집중시켰다. 외척들은 특히 어린 황제를 끼고 차례로 제국의 권력을 좌지우지했다.

### 어사대부御史大夫와 태위太尉

제국의 관리들에 대한 감찰을 담당하는 어사대부御史大夫는 어사御史에서 기원했다. 어사는 주와 전국 시기 진秦·조趙 등 국가들의 하급관리로서 주로 군주의 문서기록을 담당했다. 후에 진시황은 대부大夫의 칭호를 더해 그 지위를 높였다.[120] 진한 시기 어사대부는 승상에 이어 제2인자였다. 은색 직인과 청색 인수가 주어진 그는 부승상으로 간주되기도 하지만, 실제 황제의 비서장으로서 정책결정에 영향력을 행사했다. 황제가 조서를 내릴 때에도 어사대부를 통해서 승상에게 전해졌다.

어사대부는 직급은 중앙의 열경과 같은 중이천석이었으나, 직책은 이들보다 높았다. 어사대부는 중앙과 지방의 관료들에 대한 감찰과 탄핵의 권한을 가진 만큼 이들에게는 매우 두려운 존재였다. 더욱이 황제는 중앙과 지방의 특정 업무를 처리하기 위해 어사대부를 파견해 처리하게 했고, 때로는 병력을 이끌고 전쟁을 수행하게 했다. 업무의 수행을 위해서 산하

---

120 安作璋·熊铁基,『秦汉官制史稿: 第一編 中央官制』, 2007: 48.

에는 직급 천석의 어사중승御史中丞, 육백석의 시어사侍御史 등 각종 명칭의 속관들을 두었다. 특히 어사중승은 서류와 기밀문서의 관리, 각 주州의 자사刺史에 대한 감독, 열경의 보고서 접수, 위법에 대한 탄핵 등을 담당했다.[121] 이들로 구성된 어사부御史府는 승상부와 더불어 양부兩府라 불리었다. 제국의 중요한 정책이 승상과 어사대부에 의해 공동으로 관장되었던 것이다.

다만 어사대부의 그러한 기능은 전한 초기에만 제대로 발휘되었다. 앞서 언급한 것처럼 특히 무제 이후 내조인 상서尙書의 권력이 강화되면서 승상과 더불어 어사대부의 권한도 상서로 이전되었다. 즉 상서가 황제의 비서장으로서 어사대부의 역할을 수행하게 되었던 것이다. 그후 어사대부는 삼공으로서 대사공大司空으로 불리었고, 직급도 승상과 동일한 1만석으로 금색 직인과 자색 인끈이 주어졌지만, 유명무실화되었다. 후한 시기에는 사공司空으로 개칭되면서 아예 담당 업무도 전혀 달라졌다. 즉 주된 업무는 성城의 관리, 도시건설 그리고 수로나 제방의 수리 등이었다.[122]

어사대부가 폐지되면서 그 속관이었던 어사중승이 궁중에 남아 감찰기구로서 어사대를 맡게 되었고, 후에 소부에 귀속되었다. 어사중승의 속관으로는 직급 육백석의 치서시어사治書侍御史 2명이 있었는데, 이들은 각 지방의 미결 안건에 대해서 법률에 근거해 판결하는 일을 담당했다. 그와 함께 직급 육백석의 시어사 15명을 두었는데, 그들은 관리의 위법을 감찰하고, 중앙과 지방의 상소를 접수해 위법 시 탄핵하는 일을 담당했다.[123] 결국 후한 시기 어사대는 직급은 낮은 관원으로 구성되었으나 황제 직속의 감찰기구로서 기능했다. 어사중승은 조정에서 상서령 다음이었다.

---

121 『漢書』 卷十九 「百官公卿表」.

122 安作璋·熊铁基, 『秦汉官制史稿: 第一編 中央官制』, 2007: 53.

123 『後漢書』 卷三十六 「百官三」.

태위太尉는 그 명칭이 시사하듯이 삼공 가운데 군사업무를 담당했다. 진 시기에는 국위國尉로 알려져 있으나, 당시에는 장군보다 직급이 낮은 무관이었다. 또한 상설된 것이 아니라 유사시에 일시적으로 설치되었다가 종료 후 폐지되었다. 병력의 동원은 황제의 고유한 권한에 속했기 때문에, 태위는 고급 참모와 같은 역할을 담당했다.

한 시기에 태위의 직위는 높아졌는데, 승상과 같이 금색 직인과 자색 인수가 주어졌을 뿐 아니라 장군과 같이 최고 무관의 칭호나 명예 직무 가운데 하나였다. 따라서 여러 사람이 동시에 태위가 될 수도 있었다. 다만 전한 시기에는 노관盧綰·주발周勃·주아부周亞夫·전분田蚡 등 아주 소수만이 태위의 칭호를 얻었다. 그들은 황제의 군사고문으로서 기능하고, 유사시 황제의 부절을 갖고서 병력을 동원, 통솔할 수 있었다. 따라서 기구로서 태위는 승상부나 어사대부와 같이 상설되는 것이 아니라 간헐적으로 설치되었다. 무제때에는 태위가 폐지되고, 대신 대사마大司馬를 두었다. 그 이후에는 외척으로서 황제를 보정하는 실권자가 대개 대사마에 거기장군·대장군 등 각종 장군의 칭호를 부가하여 해당직책을 담당하게 되었다. 동시에 그는 그 사이 승상부를 대신하여 권력의 중심에 있게 된 내조의 책임자인 영상서사領尙書事로서 국정 전반을 장악했다.

사실 권력정치의 시각에서 보면 황제는 병권을 특정인에게 제도적으로 위임할 수는 없었다. 군사력은 제국을 지탱하는 가장 중요한 수단이었기 때문이다. 따라서 내란의 진압이나 대외전쟁의 수행과 같은 필요에 의해 관련 직책이 설치되었다고 하더라도, 일이 종료되면 해당 직책도 폐지되지 않으면 안 되었다. 결국 전한 시기에 태위는 실제 군사업무를 담당하기보다는 황제의 군사고문 역할을 담당했고, 따라서 속관도 적었다.

그렇지만 후한 시기에 대사마를 다시 태위로 개칭했는데, 그 지위는 다른 삼공에 비해 여전히 높았다. 물론 그것은 해당 제도의 정비 결과가 아니라, 앞서 언급했던 내조인 상서대의 권한 강화와 전반적인 군사화에 기인했다. 즉 태위가 때로 상서대를 통괄하는 직책인 — 영상서사領尙書事가 개칭된 — 녹상서사錄尙書事를 겸함으로써 삼공 가운데 유일하게 실권을 가지게 되었던 것이다. 태위가 사실상 각종 민정업무까지 총괄하는 전한 시기 승상의 업무를 담당하게 된 셈이었다. 기능이 확대된 태위부에는 직급 천석의 장사 1명과 각 분야별로 직급 비삼백석 또는 사백석의 조연曹掾을 두었다.[124]

### 구경九卿

한편 승상 등 삼공 아래에는 각각 다른 업무를 담당하는 열경列卿이 있었다. 그들은 구경九卿으로도 통칭되며, 대부분 진이 설치했고 한에 의해 계승되었다. 구체적으로는 봉상奉常(후에 태상太常)·종정宗正·낭중령郎中令(후에 광록훈光祿勛)·위위衛尉·태복太僕·정위廷尉·전객典客(후에 대홍려大鴻臚)·치속내사治粟內史(후에 대사농大司農)·소부少府·중위中尉(후에 집금오執金吾) 등이었다. 각 부서의 명칭과 책임자는 서로 일치했으나, 책임자를 ○○경卿으로 부르기도 했다. 그들의 직급은 모두 중이천석이었다. 구경은 그 업무의 성격에 따라 형식상 삼공에 예속되지만, 그들의 지시를 받는 것은 아니었다. 정책은 황제의 조령詔令으로 그들에게 전달되며, 삼공은 직무수행에 대한 의견을 황제에게 주청할 수 있었다.

각각의 구경은 부관으로서 직급 천석의 승丞을 비롯해 여러 명의 속관들을 두었다. 물론 시간이 지나면서 관직들은 존폐나 개명이 이루어졌다. 그럼에도 관직의 등급과 업무에 있어서는 상당한 일관성이 유지되었다. 아래에서는 『후한서』「백관」의 주석을 중심으로 후한 시기 각각의 업무에

---

124 『後漢書』卷三十六「百官一」; 安作璋·熊铁基, 『秦汉官制史稿: 第一編 中央官制』, 2007: 74-79.

관해서 살펴본다.

먼저 태상太常은 종묘와 제사가 주요 직무였다.

> 제사의식을 주관한다. 제사 이전에는 먼저 제사의식에 관해서 상주하고, 제사의식을 거행할 때에는 황제를 인도해 예를 행한다. 박사를 선발할 때 그 재능의 높고 낮음을 상주한다. 대사례大射禮, 양로례養老禮, 황제·황후·황세자 상례喪禮의 의식을 상주한다. 매월 초와 말에 각 능묘陵墓와 사묘祠廟를 순시한다.[125]

고대국가에서 조상신과 천지에 대한 제사는 국가의 대사였다. 따라서 그 책임자는 열후 가운데 덕망이 있는 인물이 임명되었고, 구경 가운데 그 권위가 가장 높았다. 제사에는 여러 가지 부가적인 업무가 있을 수밖에 없는데, 이를 위해서 천문과 역법을 담당하는 태사령太史令, 각종 경전마다 두는 박사들, 제사를 총괄하는 좨주祭酒, 제사에서 축문을 읽고 귀신을 맞이하는 태축太祝, 제사의 기물을 준비하는 태재太宰, 제사음악을 담당하는 대여악영大予樂令 등이 있었다. 그들은 직급이 육백석이었다. 그 외에 전·후한의 시조인 고조와 광무제의 사묘, 각 역대 황제의 능묘들에 대해서도 육백석 직급의 책임자가 있었다.

다음으로 종정宗正은 황제의 종친과 외척의 관리를 담당했다.

> 각 제후왕과 제후국의 적서 계보의 등록, 각 종실친속 사이의 친소관계, 각 군국이 매년 조사해 보고하는 종실의 명부를 관장한다. 종실 가운데 '머리카락을 자르는 벌' 이상의 형에 해당하는 범법을 행한 자는 먼저 종정에게 보고하고, 종정은 황제에게 보고해 의견을 들은 후 비로소 판

125 『後漢書』卷三十五「百官二」.

결을 내려 집행할 수 있다.[126]

한 시기에 종친과 외척은 각각 명부가 있었고, 그것은 종정부에서 보관, 관리되었다. 특히 외척이 죄를 범할 경우 종정의 주관하에 해당 명부에서 삭제되었고, 종친이 죄를 범하면 일반적으로 사법기관이 심문하지 않고 먼저 종정과 황제에게 보고한 뒤 처리되었다. 종정이 이처럼 황제의 친인척에 대한 업무를 관장하는 까닭에 그 책임자는 언제나 황족으로 임명되었다. 전한 말 평제 때의 실권자인 왕망은 전국에 종사宗師를 설치했다. 종실의 자제들은 그 수가 10만여 명에 이르렀고, 수도는 물론 지방에 널리 퍼져 있었기 때문에 체계적으로 관리, 통제할 필요가 있었던 것이다.[127]

한편 궁궐의 치안을 담당하는 기구는 광록훈光祿勛(무제 이전 낭중령郎中令)과 위위衛尉이다. 광록훈이 궁내 각종 궁전 출입문의 숙위와 궁중업무를 담당했다면, 위위의 임무는 궁문의 수위와 궁성 안의 치안이었다. 궁성 밖은 집금오(중위)의 소관 이었다.[128] 먼저 광록훈과 관련해서는 다음과 같이 기록되어 있다.

> 궁전 출입문의 숙위, 알자와 서랑署郎의 교대근무와 궁전 출입문 숙위 안배, 그들의 품행에 대한 고찰과 승진 및 강등을 담당한다. 교외의 제사에서는 (제사 때 신위神位에 술잔을 세 차례 올리는 의식인) 삼헌三獻을 주재한다.[129]

광록훈은 크게 3개 부문으로 나뉘었는데, 첫째는 궁중의 숙위, 둘째는

---

126 『後漢書』 卷三十六 「百官三」.

127 安作璋·熊铁基, 『秦汉官制史稿: 第一編 中央官制』, 2007: 102-103.

128 궁과 수도권의 군사에 대해서는 아래 군대제도에서 상술함.

129 『後漢書』 卷三十五 「百官二」.

황제의 정책고문, 셋째는 문서의 전달이나 빈례였다. 궁중의 숙위를 담당하는 무관들은 낭관郎官으로 불리었는데, 많을 경우 1천 명에 달하는 그들은 오관서五官署·좌서左署·우서右署 등 3개로 나뉘어 여러 궁문의 숙위뿐 아니라 황제의 출행과 의식의 경호 등을 담당했다. 그 책임자들은 중랑장中郎將으로서 직급은 비이천석이었다. 한편 황제의 정책고문은 태중대부太中大夫·중대부中大夫(광록대부)·간대부諫大夫 등 각종 대부들이 수십 명, 그보다 낮은 의랑議郎들이 있었다. 마지막으로 문서의 전달이나 빈례를 담당하는 알자謁者가 70여 명이었고, 그 책임자는 알자복야謁者僕射였다.[130]

사실 광록훈 산하의 낭관이나 대부, 알자들은 관리 배출의 중요한 경로가 되었다.[131] 그들은 중앙과 지방 고급관료들의 자제나 그들의 추천 또는 매직을 통해 선발되어 궁정에서 일정한 기간 근무한 뒤 각급의 관원으로 임명되었다. 각종 대부는 태수에, 낭관이나 알자는 현령에 임명되는 경우가 적지 않았다. 한대의 유명한 대신들 가운데 장석지張釋之·상홍양·곽광·장안세張安世·왕길王吉 등이 낭관 출신이었다.[132]

위위衛尉는 궁문과 궁성 안을 지키는 업무를 담당했다.

> 궁문의 위사衛士와 궁중 순찰을 담당한다.[133]

장락長樂·미앙未央·건장建章·감천甘泉 등 궁에는 별도의 위위를 두기도 했다. 각각의 궁문은 ○○사마司馬라는 직급 비천석의 무관이 숙위를 담당했다.

한편 태복太僕은 궁궐에서 사용하는 수레와 말을 관리했다.

---

130 俞鹿年 编著, 『中国管制大辞典』, 1992: 989-991.

131 이를테면 현급 책임자의 다수가 낭관 출신이었다. 여기에 관해서는 이 책 9장 3절 참조.

132 安作璋·熊铁基, 『秦汉官制史稿: 第一編 中央官制』, 2007: 120.

133 『後漢書』 卷三十五 「百官二」.

황제의 수레와 말을 관리한다. 황제가 출행할 때 수행인원과 의식을 주청하고, 황제가 대가大駕에 오르면 (태복이) 직접 수레를 몬다.[134]

태복은 황제의 수레를 직접 모는 일도 담당함으로써 그를 근거리에서 접했고, 또 제국 전체의 마정을 담당했기 때문에 그 직책은 구경의 하나로서 중시되었다. 낭중령·위위·태복은 장군으로서 군대를 이끌고 출정하는 경우도 적지 않았다.

집금오執金吾(무제 이전 중위中尉)는 수도의 방범과 치안을 담당하는 기구이다.

궁 바깥의 경계警戒와 홍수나 화재를 처리하는 일을 담당한다. 매월 궁 바깥을 세 바퀴씩 돌며 무기를 주관한다. 집금오의 '오吾'는 '막는다〔어禦〕'의 의미이다.[135]

집금오의 주된 업무는 궁성 바깥과 경성 안을 지키는 일이었다. 뿐만 아니라 황제의 출행을 호위하는 일도 그 업무에 포함되었다.

정위廷尉는 형법과 감옥을 담당하는 최고 사법관이다. 구체적으로는 다음과 같은 일을 한다.

사건에 대한 심리, 징벌에 대한 주청, 군국이 요청하는 사건의 판정을 책임진다.[136]

정위의 산하에는 범인의 체포, 사건에 대한 재판, 감옥 등 각종 업무를

134 『後漢書』 卷三十五 「百官二」.

135 『後漢書』 卷三十七 「百官四」.

136 『後漢書』 卷三十五 「百官二」.

담당하는 인원들이 있었다. 뿐만 아니라 전한 시기 소부·광록훈·집금오·위위 등 중앙의 여러 부서들은 중도관옥中都官獄이라 하여 자체의 감옥을 운영했는데, 무제 시기에는 26개소나 되었다.[137]

사실 법과 정치는 구분이 쉽지 않다. 따라서 중대한 사안에 대한 판결은 정위 이외에도 황제가 지명하는 다른 부서의 고위관리들이 참여하기도 하는데, 이를 잡치雜治라 했다.[138] 그리고 무제 이후에는 유술을 숭상해 유생이 사법기구에 관여했다. 물론 중대사에 대해서 정위는 의견을 상주할 뿐, 황제가 최종적으로 결정했다. 문제 시기에 정위 장석지張釋之가 황제에게 공정한 법 적용을 관철시킨 것으로 유명하다.[139]

물론 장석지와 같은 사례는 드문 일이었다. 무제 시기 정위였던 두주杜周는 그 반대의 사례를 보여 준다. 즉 황제의 명에 의해서 고위관리들이 다수 처벌되었는데, 그때 기존의 정해진 법에 따르지 않고 황제의 의사에만 따른다는 지적에 대해서 두주는 다음과 같이 대답하고 있다.

> 법령은 어떻게 생기는가. 전대의 황제가 옳다고 여기는 것은 법률로 제정되고, 후대의 황제가 옳다고 여기는 것은 법령으로 제정된다. 당시의 상황에 적합한 법이 옳은 것이지 과거의 법을 이용할 필요가 있겠는가?[140]

그에 따르면 천자는 최고의 입법자에 해당되었다.

---

137 宋杰, "西汉的中都官狱," 2008: 88.

138 孟祥才, 『中国政治制度通史: 第三卷 秦汉』, 1996: 172.

139 첫째 사례로 황제의 행차에 길을 제대로 비키지 못한 자에게 황제가 자신을 다치게 할 뻔했다고 하면서 사형을 제기했으나, 장석지는 당시의 규정에 따라 벌금형을 관철시켰다. 둘째 사례로, 종묘의 기물을 훔친 자에 대해서 황제가 족멸族滅을 제기했으나, 장석지는 죄의 경중에 따라 그보다 낮은 기시棄市를 주청해 황제의 허락을 받았다(『漢書』 卷五十 「張釋之傳」).

140 "三尺安出哉? 前主所是著爲律, 後主所是疏爲令; 當時爲是, 何古之法乎!"(『漢書』 卷六十 「杜周傳」)

대홍려大鴻臚(무제 이전 전객典客)는 손님에 대한 접대를 담당하는 기구이다. 손님은 주로 황제를 찾아오는 국내의 제후들과 귀부한 만이들로 구분되었다. 그렇지만 실제 업무는 그보다 더 많았다.

> 제후와 사방의 귀부한 만이의 업무를 담당한다. 교외에서 제사의식을 거행할 때 손님들을 접대·인도하고, 의식을 황제에게 주청해 허락이 나오면 각 부서에 전달한다. 제후왕이 입조하면 교외에서 영접하고 그 의식을 주관한다. 각 군국의 관리들이 업무를 보고하러 오는 경우에 그들을 접대한다. 황자를 배수할 때 인수의 수여를 보좌한다. 제후나 그 후계자 그리고 사방 만이들에게 그 직책을 배수하는 경우에 대하홍려臺下鴻臚가 그들을 불러 배수한다. 제후왕이 죽으면 사절을 보내 조문하고, 그 후계자를 배수한다.[141]

대홍려는 귀부한 만이의 관리 이외에도 교외 종묘의 예식, 제후왕의 입조 시에 교외에서 맞이하는 의식, 군국에서 상계하러 오는 관리들의 접대, 각종 책봉 의식 등을 담당하다. 전한 중반까지 만이와 관련되는 업무는 전속국典屬國이 별도로 담당했다. 성제 때 전속국이 대홍려에 합병됨으로써 대외정책을 전담하는 별도의 기구는 없게 되었다. 그 이후 역대 왕조는 대개 그러한 전통에 따랐고, 특히 중앙관제를 이·호·예·병·형·공의 6부체제로 정착했을 때, 예부에서 관련 업무를 담당했다.

다음은 재정과 관련 정책을 담당하는 대사농大司農(경제 이전 치속내사治粟內史)과 소부少府이다. 전자는 국가의 조세·화폐주조·재정을, 후자는 황실의 사적인 재산과 수입, 그리고 물자의 조달을 담당했다.[142] 무제 이후

---

141 『後漢書』卷三十五「百官二」.

142 국가와 황실의 재정에 관해서는 이 책 8장 4절 참조.

에는 수형도위水衡都尉를 두어서 황제의 사냥터인 상림원上林園과 화폐주조에 따른 수입을 관장했으나 후한의 광무제는 다시 소부에 합병시켰다. 대사농의 구체적인 기능은 다음과 같다.

> 금전·곡식 등 재정과 여러 화폐를 관리한다. 각 군국이 각 계절마다 매월 1일 현재 회계장부 상태를 보고하는데, 아직 지급하지 않은 부세는 별도의 장부를 두어 구분한다. 변군의 각 관청에서 청구한 재정은 모두 조달해 준다. 많으면 줄이고 적으면 보충해 주어 서로 충족시킨다.[143]

국가의 재원을 관리하기 위해서 대사농의 산하에는 국고의 관리, 각 군국으로부터 수도로 운송되는 양곡의 접수를 위한 관직 이외에도, 물가의 관리나 천의 표백과 염색, 곡식의 도정과 건조 등을 담당하는 직책들이 있었다.

한편, 소부와 관련해서 『후한서』「백관」은 다음과 같이 언급한다.

> 궁중에서 사용되는 각종 물품, 이를테면 의복·보물·음식 등을 관리한다.[144]

초기에는 소부가 관리하는 황실의 재정이 국가의 재정보다 더 많았고, 산하의 관직들도 더 많았다. 일반 열경들의 속관인 승丞이 1-2명인 데 반해 전한 시기 소부에는 6명의 승이 있었다.[145] 거기에 상응하여 소부의 지위도 열경들 가운데 높았다. 황실의 재정은 모자라는 국가재정을 보충하기도 했다. 물론 전제정치 하에서 국가와 황제의 재정적 구분은 커다란

---

143 『後漢書』 卷三十六「百官三」.

144 『後漢書』 卷三十六「百官三」.

145 『漢書』 卷十九「百官公卿表」.

의미가 없었다. 후한 시기에 소부는 재정수입에는 관여하지 않고, 위의 인용문에서와 같이 황실의 지출만을 담당했다. 승도 1명뿐이었다. 다만, 환관의 기능이 확대되면서 시중을 비롯한 관련 기구들도 증가했는데, 그 결과 그들이 속한 소부도 그 위상이 높아졌다. 특히 환관들은 궁중 업무의 대부분을 관장했을 뿐만 아니라, 앞서 살펴본 것처럼 정치적으로 중요한 위치에 오르게 되었다.

구경 이외에도 중앙에는 별도의 크고 작은 부서들이 있었다. 이를테면 태자의 교육을 담당하는 태자태부(중이천석), 종묘·궁실·능원을 관리하는 장작소부將作少府(후에 장작대장將作大匠, 이천석), 황후의 거처를 관리하는 장행將行(후에 대장추大長秋, 이천석), 그리고 위에서 언급한 것처럼 항복한 만이의 문제를 담당하는 전속국, 전한 후반 일정 기간 동안 상림원의 관리와 화폐의 주조를 위해 설치된 수형도위 등이 있었다.

한편 수도를 둘러싼 소위 경기京畿지방에는 진 시기에 내사內史를 두어 일반 군현과 구분했다. 전한은 그것을 이어받아 경제 때 좌·우 내사로 분리했다. 무제 때에는 각각 좌풍익左馮翊과 경조윤京兆尹으로 개칭되었다. 그와 함께 무제는 원래 열후들을 관리하던 주작도위主爵都尉를 우부풍右扶風으로 개명함과 동시에 그 직무를 전적으로 바꿔 경기지방 책임자의 하나로 전환했다.[146] 그리하여 좌풍익·경조윤·우부풍을 합쳐 삼보三輔라고 했다. 삼보의 치소는 모두 장안에 있었고, 그 책임자들의 직급은 중앙의 구경과 동일한 중이천석이었다.[147] 후한은 하남군의 낙양에 수도를 정했기 때문에 하남군수를 중이천석의 하남윤으로 승격했다. 대신 삼보의 윤

---

146 열후의 관리 업무는 대홍려로 이관됨.

147 『後漢書』 卷三十七 「百官四」. 그에 반해 『한서』 「백관공경표」는 삼보 책임자의 직급을 군수와 동일한 이천석이라고 기술하는데, 그들이 열경과 같은 지위에 있다는 점에서 『후한서』의 서술이 적절하다고 간주된다(『漢書』 卷十九 「百官公卿表」; 安作璋·熊铁基, 『秦汉官制史稿: 第二編 地方官制』, 2007: 39-41).

은 황제의 능묘가 위치한 이유로 그 명칭은 유지했지만, 일반 군의 태수와 같은 이천석으로 그 직급이 낮춰졌다.

열경은 정교한 관료기구로 보이지만, 오늘날과 같이 전문적인 업무를 가진 관료기구라고 하기는 어렵다. 왜냐하면 그들은 황제의 가신으로서 정책적 자문역할이 강했기 때문이다. 즉 당시 법적으로 독립된 국가조직이 존재하지 않은 상황에서 대부분의 부서들은 황제의 통치업무를 보조할 뿐이었다. 단지 대사농이나 정위와 같은 일부 재정과 사법 관련 부서들만이 상대적으로 고유한 국가의 업무를 담당했다고 간주되는데,[148] 그것은 다른 부서들에 비해서 전국적으로 대규모 관리체계를 갖추지 않으면 안 되었기 때문일 것이다.

국가의 중대사는 각 부서에서 전담하기보다는 여러 가지 형태의 조정회의에서 통괄적으로 논의되었다. 주요 사안에 대해서는 황제의 명에 의해 대개 승상이나 어사대부가 주재하고 삼공과 구경이 참가하는 일종의 백관회의에서 논의해 그 결과를 황제에게 주청했다. 그러면 황제는 재가 여부를 결정해 황제의 명의로 조서를 내려 집행하게 했다. 물론 황제가 회의를 직접 주재하거나 아니면 측근을 보내 대리로 감독하게 하는 경우도 있었다. 그 외에도 황제가 어린 경우 섭정하는 태후가 주재하거나 황제의 궐위와 같은 특수한 상황하에서는 권신이나 외척, 환관 등이 주재하기도 했다.[149] 행정적 절차에 있어서도 각 부분별 수직적 관계는 존재하지 않았다. 지방에서 올라오는 각종 보고서는 각 부서에 전달되는 것이 아니라 모두 승상부에 직접 전달되었다.[150]

---

148 勞榦, "漢代政治組織的特質及功能," 1976: 1242; 方香宿, "漢代의 政策決定過程," 2001: 15.

149 刘太祥, "秦汉中央行政决策体制研究," 1999: 24-25.

150 任仲爀, "漢代의 文書行政," 1989: 49.

## 내조內朝(중조中朝)

황제는 중앙부서 이외에도 적지 않은 측근들이 있었다. 특히 한 무제는 승상을 중심으로 하는 행정기구와 별도로 황제의 직속기구를 설치해 유능한 관리들을 배치했다. 그들은 승상이 이끄는 중앙부서인 외조관外朝官과 비교해 중조관中朝官 또는 내조관內朝官이라 불리었다. 다만 역사서에는 중앙의 공식적인 기구인 삼공이나 열경이 비교적 자세하게 소개되는 반면, 내조의 구체적인 조직과 기능은 별로 다루어지지 않고 있다.[151] 이를테면 『한서』「백관공경표」는 내조에 대해서 아래와 같이 짧게 언급하고 있을 뿐이다.

> 시중侍中·좌우의 조曹·제리諸吏·산기散騎·중상시中常侍는 모두 가관加官[152]이다. 가관의 대상은 열후列侯·경卿·대부大夫·장將·도위都尉·상서尙書·태의太醫·태관太官·낭중郎中이다. 정원은 없으며, 그 수는 많을 때에는 수십 명에 이른다. 시중은 궁중에 (자유롭게) 출입할 수 있고, 각각의 조曹는 상서의 일을 접수·처리하며, 제리는 법을 집행하고, 산기는 (황제의) 거마에 동승한다. 급사중給事中도 가관인데, 그 대상은 대부·박사·의랑으로 이들은 황제의 자문 역할을 하며, 그 지위는 중상시 다음이다. 모두 진의 제도이다.[153]

---

151 그리하여 내조의 범위와 그 실체에 대해서 이견이 존재한다. 일부에서는 그 범위를 좁게 설정함으로써 환관이나 외척 그리고 상서(대)를 내조와 구분되는 별개의 정치조직으로 간주하기도 한다. 특히 상서대가 정책결정기구로서 제도화되는 후한시기 내조의 실체가 의문시되기도 한다(卜宪群, 『秦汉官僚制度』, 2002: 177-201). 그렇지만 이러한 의견은 소수라고 생각된다.

152 원래의 관직에 별도로 부가되는 관직.

153 『漢書』 卷十九「百官公卿表」.

초기 내조는 외조처럼 분명한 조직체계가 있지 않았고, 황제의 일상적인 업무를 담당하는 각종 인원으로 구성되었다. 그들은 황실의 살림을 담당하는 소부에 소속되었다. 그렇지만 황제는 정책결정 과정에서 내조의 기능을 활용함으로써 자신의 권력을 강화하고, 외조를 이끌고 있던 승상의 권력을 삭감시키고자 했다. 내조 가운데 황제의 문서의 수발을 담당하던 상서尙書 조직은 후한 시기 중앙의 정책결정 기구로 변모했다.

무제 시기에 승상의 권한을 약화시키고 황제의 권한을 강화하기 위해서 상서의 관련 조직이 이용되었다. 무제는 스스로 권력을 행사했기 때문에 그것은 별다른 변화를 수반하지 않았으나, 그의 사후 어린 황제들이 등장하면서 상서의 권한은 더욱 확대되었다. 앞서 언급한 것처럼 원제 때 환관 석현이 황제의 신임을 받아 상서의 업무를 주관하는 중서령中書令으로서 크고 작은 일들을 스스로 결정했다.

그후 성제 때 승상의 권한이 사도·사마·사공 등 소위 삼공으로 분할·약화된 뒤로 권력은 황제에게 더욱 집중되었다. 이처럼 천하의 중요한 일들은 제도적으로 황제가 결정하게 되었지만, 그렇다고 황제가 모든 일들을 직접 나서서 처리할 수는 없었다. 황제는 그 권력을 측근에게 맡기지 않을 수 없었다. 처음 무제는 중서中書라 하여 환관에게 그 일을 맡겼으나, 성제는 그것을 폐지하고 5명의 상서를 두었다. 그것은 1명의 상서복야尙書僕射와 각 영역별 4개의 조曹를 주관하는 상서로서, 이들은 상서대尙書臺를 구성했다.

상서대가 승상부를 대체하는 중앙의 권력기구가 된 것은 후한 때였다. 특히 광무제는 외척 왕망의 권력찬탈을 거울삼아 권력을 독점했는데, 그것은 상서대로의 권력집중을 의미했다. 이와 관련해 『통전通典』은 다음과 같이 언급하고 있다.

후한 시기 (상서는) 더욱 그 권력이 강화되어 (그 임무는) 왕명의 출납, 주요 국사에 관한 보고, 정령의 선포, 관리의 천거, 상과 벌을 바로잡는 일 등이었다. 그 문건은 엄청났고, 업무가 집중되었으며, 내외가 바로잡혔고, 원근에서 모두가 받들어 따랐다.[154]

후한 시기 상서대는 명목상 중앙정부의 소부에 속해 있으나 실제 거기서 분리되어 황제에게 직속되었다. 그와 함께 국가의 기밀, 왕명의 출납뿐 아니라 점차 중앙정부의 각종 기능을 넘겨받았다. 고위관리의 천거, 임용, 평가와 같은 인사는 원래 승상과 어사대부가 관할했으나 점차 상서에게로 넘어갔다. 거기에는 승상과 어사대부를 포함한 대신들의 탄핵 등 사법도 포함되었다. 그와 함께 승상과 외조의 권한은 더욱 약화되었고, 거의 집행기구로 전락했다.[155] 결국 내조는 황권을 뒷받침하기 위한 사적 기구로서 출발했으나 공식적인 권력기구로 진화되었던 것이다.

상서대가 각종 정책결정의 핵심에 있게 되면서 그 기구도 방대해졌다. 삼공의 기능은 물론 열경의 각종 업무도 점차 상서대에 소속된 여러 부서인 조曹들이 관할하게 되었다. 이러한 여러 업무를 담당하기 위해서 상서대에는 매우 체계적인 조직이 구축되었다.

상서대의 책임자는 상서령尙書令이었다. 환관이 해당 직무를 담당할 경우 중서알자령中書謁者令, 즉 중서령中書令이라고 불리었다. 그들은 직급이 천석에 불과했으나[156] 황제의 측근으로서 막강한 권력을 행사했다. 그들은 지방의 태수나 중앙의 열경과 동급으로 간주되었다. 그 결과 이들 사이에는 잦은 수평이동이 있었다.

상서령 아래에는 직급 육백석의 상서복야가 있었다. 상서복야 아래에는 전한에는 4명, 후한에는 6명의 상서가 있었는데, 이들은 직급상 상서

154 『通典』 卷二十二 「职官四」.

155 李孔怀, 『中国古代行政制度史』, 2006: 72-76.

156 초기에는 육백석이었고, 무제 이후에는 천석이 되었다.

복야와 동급으로서 조曹라는 각 부서를 이끌었다. 처음 성제 때 상서는 네 개의 조로 나뉘었는데, 상시조常侍曹는 중앙의 삼공과 구경의 일을, 이천석조는 군국의 태수와 상을, 민조民曹는 일반 관리들이 올리는 문건을, 객조客曹는 외국과 이적의 일을 주관했다.[157] 물론 당시까지도 각종 상서는 황제의 문서와 기밀을 전달하는 데에 그 기능이 제한되었다. 광무제 이후 상시조를 이조吏曹로 개칭하고, 이천석조를 두 개로 나누고, 객조를 남주객조南主客曹와 북주객조北主客曹로 분리했다. 이로써 육조六曹가 형성되었다.[158] 각각의 조에는 직급 사백석의 좌·우 승丞 2명과 낭郎(또는 시랑侍郎이라 칭함) 6명, 그리고 그 아래 직급 이백석의 영사令史 3명을 두었다.

그렇다면 상서령은 어떤 사람들일까. 그들은 대부분 대대로 관직을 가졌던 가문 출신이었다. 한 조사에 의하면, 그 배경이 확인되는 36명의 상서령 가운데 26명이 부친이나 조부가 중앙과 지방의 고관을 지냈다. 그에 비해 황제의 종실이나 외척은 3명에 불과했다.[159] 그것은 전한 시기 외척의 전횡과 특히 왕망에 의한 권력의 찬탈을 경험한 뒤, 후한 초반 그들의 관직 진출이 제한되었기 때문이다. 후한 시기 전체로는 외척의 관직 진출이 확대되었는데, 그때에도 상서령 진출이 적었던 것은 그들이 좀 더 강력한 직책인 대사마대장군 겸 녹상서사錄尙書事가 되는 길을 선택했기 때문이다. 후한 때 녹상서사는 전한의 영상서사를 계승한 것이지만 상서령보다 높은 가관으로서 상서대를 직접 이끌었다.

---

157 『後漢書』 卷三十六 「百官三」.

158 『後漢書』 卷三十六 「百官三」. 육조·상서체제는 문헌에 따라 차이가 있는데, 『진서』는 후한 광무제 이후 상황을 다음과 같이 요약하고 있다. 즉 삼공조는 관리의 연말고과와 지방사무, 상시조를 개조한 이부조吏部曹는 관리의 천거와 제사, 민조는 토목과 염지 그리고 공원관리, 객조는 황제 수레의 호위와 주변 민족의 조현, 이천석조는 송사, 중도관조中都官曹는 홍수와 화재 그리고 도적의 임무를 담당했다(『晉書』 卷二十四 「職官」).

159 孙永春, "东汉尚书令考述," 2008: 11-19.

그 외에 선대에 관직에 진출하지 않거나 하급에 불과했던 소위 사인士人 출신도 7명이었다. 이들은 대개 효렴孝廉·명경明經 등의 방식, 즉 문장이나 경학에 밝아서 추천된 뒤에 황제의 정책자문 직책인 의랑 등의 경력을 쌓아 상서령으로 승진했다.

다음은 상서령의 지역적인 분포이다. 『후한서』에 그 출신지가 확인되는 상서령은 모두 44명이다. 그 가운데 남양군(5명) 그리고 그와 이웃하는 영천군(5명)과 여남군(2명)에서 다수가 배출되었다. 그것은 남양군이 광무제의 고향으로서 세력을 기른 곳이었기 때문이다. 그와 함께 전통적인 중원지역인 하북(5명), 수도 낙양과 경기, 즉 하남지역(4명), 그리고 연주 남부(5명)와 예주 북부(3명) 등에도 상당수가 분포되어 있다. 그 외에는 회계·강하·노강·남군 등 강남지역(7명)이 뒤를 이었다. 이것은 위에서 언급된 것처럼 전한의 승상은 강남 출신이 거의 없었던 것과 대조적인데, 그간 강남이 더 개발된 결과이다. 그 외에 전한의 중심지였던 삼보 출신자는 5명이었다. 그곳에는 과거의 수도로서 경학經學과 유학적 소양을 가진 인물들이 많았고, 일부 전통 있는 가문들의 존재함으로써 상서령을 포함해 관직에 진출할 수 있는 토대가 있었다. 나머지는 익주(2명)와 병주(1명)로, 변경지역 출신자는 매우 드물었다.[160]

마지막으로 상서령의 임기종료 이후는 어떠했을까. 앞서 전한의 승상은 종신제적 성격이 강했다. 관직의 종료는 상당수가 늙어서 사망하거나 정치적 사건에 연루되어 자살하는 방식이었다. 다른 직으로 이동하는 경우는 거의 없었다. 그와 달리 상서령은 그보다 낮은 직급이었기 때문에 임기종료 이후에는 다른 직책으로 이동했다. 대개는 군의 태수나 중앙의 열경으로 승진했다. 44명 가운데 태수 이동이 16명, 중앙의 열경 이동이 8명 확인되었다. 그 외에는 사예교위 3명, 대사도 1명, 기도위 1명, 시중

160 孙永春, "东汉尚书令考述," 2008: 6-9.

1명이었다.[161]

내조에는 정책을 총괄하는 기구인 상서대 이외에도 여러 인원들이 있었다. 일부는 어떤 공식적인 직책 없이 시중侍中·급사중給事中 등의 이름으로 정책회의에 참여했다. 그와 함께 정부의 무관이나 문관 가운데 차출된 경우도 있었다. 원래 무제 시기만 하더라도 무관은 군대의 지휘만 담당하고 조정의 정책논의에는 참여하지 않았다. 그렇지만 그 이후 대사마대장군의 명의로 무관이 실제 승상보다 높은 최고의 권력을 갖게 되고, 또한 전·후·좌·우의 장군들을 내조에 두고 정책논의에 참여하게 함으로써 무관들도 거기에 속하게 되었다. 문관은 태중대부太中大夫·광록대부光祿大夫·상서 등이 해당되었는데, 그들도 시중이나 급사중 등의 직책을 더해 가관으로서 내조의 일에 참여했다. 후한 시기에는 가관으로서 급사중은 사라지고 시중만 남았다. 장군에 대해서는 별도로 다루기로 하고 여기에서는 시중에 대해서 살펴본다.

시중은 글자 그대로 궁중에 들어와 황제를 모시는 인원으로 처음에는 공식적인 관직이 아니었다. 관련 기록에는 황제의 수레나 의복, 소변기, 타액을 받는 그릇 등을 관리하고, 외출시 옥새와 참사검斬蛇劍[162] 등을 갖고 동행하는 일을 맡았다. 그렇지만 후한에 이르러서 시중은 하나의 관직으로 변모하고, 그 직급도 비이천석이었다.

> 황제의 주변에서 시중을 들고, 각종 업무를 보좌·인도하며, 황제의 질문에 자문한다. 황제가 어가를 타고 나가면, 학식이 많은 한 사람을 선택해 배승하고, 다른 시중들은 모두 말을 타고 수레 뒤에서 수행한다.[163]

---

161 孙永春, "东汉尚书令考述," 2008: 21-22.

162 고조가 반기를 들었을 때 길을 막던 큰 뱀을 베어 죽였던 검. 뱀은 자신이 백제白帝의 아들인데 적제赤帝의 아들, 즉 고조가 자신을 죽였다고 하여 고조가 황제가 될 것을 예견했다고 한다(『史記』 卷八 「高祖本紀」).

시중은 황제와 사적으로 가까운 인물이 선택되었다. 후한 시기에는 공신의 후예이면서 외척인 경우와 유가적 배경의 중신들이 거기에 해당되었다. 특히 후한 말에는 외척들이 주로 시중으로서 득세했다.

내조는 무제 시기 황제의 권력을 뒷받침하기 위해서 활용된 이후 점차 그 조직과 기능이 확대되었다. 내조의 강화는 외척이나 환관 등을 중심으로 하는 비공식적 정치와 긴밀하게 연결되었다. 그들은 내조의 주요 직책들을 장악함으로써 권력을 행사했던 것이다. 물론 후한 시기 상서대와 같은 내조의 일부는 사실상 공식적 정책결정기구로서 자리 잡게 되었다. 그리하여 시각에 따라서는 내조와 외조의 구분이 사라지게 되었다. 그럼에도 그것은 공식적 관료기구로서 외조의 회복이나 정상화를 의미하지는 않았다. 오히려 관료기구조차 황제와 그의 대리인에 의해 직접 장악되었고, 각 부문의 균형과 견제가 없는 전제정치가 고착화되었다.

## 3. 군사력과 군대

### 고대의 전쟁과 군대

국가권력의 중요한 물리적 기반은 조직화된 무장 역량인 군대이다. 군대의 조직은 사회나 국가형태와 긴밀한 관련을 갖는다. 통일제국은 군대조직에 있어서도 고유한 특징을 갖는다. 따라서 초기부터 통일제국에 이르는 과정에서 군대조직이 어떻게 변화했는지 알아볼 필요가 있다.

---

163 『後漢書』 三十六 「百官三」.

은허에서 발견된 전차_은나라 사람들은 이것을 타고 상당히 먼 곳까지 정복활동을 벌였을 것이다.

서주 시기까지 중국은 여전히 성읍국가 체제로서 통치에 있어서 봉건제와 혈연에 따른 신분제에 바탕을 두었다. 그와 함께 춘추 이전의 전쟁은 전차전의 형태로서 귀족들이 그 주력이었다. 주의 귀족들은 원래 예禮·악樂·사射·어御·서書·수數 등 소위 육예六藝를 교양교육으로 삼고 있었다. 여기서 사와 어는 각각 활과 말(전차)을 다루는 기술을 의미한다. 전쟁은 때나 장소, 전투대형, 참가인원 등 일정한 규범과 규칙에 따라 이루어지는 일종의 예禮였다.

그렇다면 이들은 어떻게 조직되었을까. 그 예로서 제의 군대조직과 관련하여 환공에게 관중이 건의한 방식이 『국어』와 『관자』에 소개되어 있다. 그것은 지나치게 도식적이고 현실성이 커 보이지 않지만, 유력한 권력자원의 하나로서 병력의 확보와 동원을 위한 하나의 모델로서 이해될 수 있다.

위의 문헌들에 따르면, 군대조직은 지방행정조직과 긴밀하게 연결되어 있다. 당시 행정조직은 도회지역인 국國(및 도都)과 주변의 농촌지역인 야野로 구분되는데, 군대의 핵심은 국에 사는 평민, 즉 국인國人이다. 국에는 지방행정조직으로서 5개 가구로 하나의 궤軌, 10궤로 1리里, 4리로 1연連, 10연으로 1향鄕을 차례로 구성해 전국에 모두 21개 향을 둔다. 그 가운데 15개는 하층귀족인 사士와 자유인인 국인이 거주하는 소위 사향士鄕이고, 나머지 6개는 (군인이 될 수 없는) 상공인이 거주하는 공상향工商鄕이다. 위의 각 행정단위에는 각각 궤장·유사·연장·양인이라는 책임자들을 두어 통치한다. 사향도 5개씩 묶어서 하나는 환공이 직접, 나머지 둘은 각각 국자國子와 고자高子가 통치한다.

이러한 행정조직에 따라서 군대가 편성된다. 즉 5개 가구에서 1명씩 차출해 1개의 오伍, 10개의 오伍(50명)로 소융小戎, 4개의 소융(200명)으로 졸卒, 10개의 졸(2000명)로 여旅, 5개의 여(1만 명)로 군軍을 구성한다. 각각의 군대조직은 위에서 언급한 지방행정조직의 장이 직접 통솔한다. 결국 전국에 3군, 즉 3만 명이 편성되는데, 그것은 주의 봉건제 하에서 제와 같이 대국大國에게 허용된 군대의 수와도 일치한다. 봄과 가을에는 각 단위의 군대를 모아 사냥 등을 통해 훈련을 실시한다. 특히 관중은 오伍 단위 구성원들 사이의 결속을 매우 강조한다. 평상시 제사·구휼·놀이 등 여러 가지 방식으로 친숙하게 함으로써 전쟁에서 서로 도와 용감하게 싸울 수 있게 해야 한다는 것이다.

당시 군대의 주력부대인 갑사甲士는 지배 부족의 구성원인 국인國人만이 담당했고, 야野나 비鄙로 불리는 교외지역에 거주하는 피지배 부족의 구성원은 거기에 해당되지 않았다. 공상계층이나 야인은 갑사로서가 아니라 일종의 보병이나 노역병으로서 갑사들을 지원하는 역할만 담당했다. 갑옷을 입은 갑사로서 사직을 지키는 것은 국인만의 의무이자 권리이

〈표 7〉 제나라의 행정과 군대 조직

| 구성단위 | 행정단위 | 가구수(개) | 병사 | 군대단위 | 우두머리 |
|---|---|---|---|---|---|
| 5가家 | 궤軌 | 5 | 5 | 오伍 | 궤장軌長 |
| 10궤軌 | 리里 | 50 | 50 | 소융小戎 | 유사有司 |
| 4리里 | 연連 | 200 | 200 | 졸卒 | 연장連長 |
| 10연連 | 향鄕 | 2,000 | 2,000 | 여旅 | 양인良人 |
| 5향鄕 | | | 10,000 | 군軍 | 환공·국자國子·고자高子 |

출처: 『國語』「齊語」; 『管子』「小匡」.

기도 했던 것이다. 국인도 귀족과 평민의 구별이 있었는데, 전자는 귀족 가문 출신자로서 군대에서 지위가 더 높았다. 당시 전쟁은 전차전이 주된 형태였는데, 주력군인 갑사는 각각의 전차를 단위로 편성되었다. 군대의 동원과 관련해 천자나 제후는 필요시 경卿이나 대부大夫 등 소속 귀족들로부터 군대를 징발할 수 있었지만, 군대의 지휘에 대한 권한은 경·대부가 가지고 있었다. 다시 말해 병사는 사병의 형태를 띠고 있었던 것이다.[164]

고대 군대의 편성은 일정한 사회적 기반 위에서 이루어졌다. 군대의 주요 부분이 오늘날과 같이 상비군이 아니라 국민개병제 및 병농일치제의 형태를 취했다. 그것은 인구가 적고 생산력 수준이 낮았기 때문이다. 인구가 적기 때문에 가급적 다수의 사람들을 군대로 편성할 필요가 있었다. 그와 함께 생산력 수준이 낮기 때문에 다수의 인원을 생산에서 벗어나게 할 수 없었다. 따라서 성인 남자들을 일정한 방식으로 군제로 편성해 평상시 훈련과 생산을 겸하게 하고, 그중 일부만 중앙과 변방의 수비에 참여하게 했다. 상비군은 최소의 인원에 그쳤다. 물론 전쟁시에는 군대로 편성된 인원들뿐 아니라 다수의 일반 백성들도 징발되었다.

164 李玉福, 『秦汉制度史论』, 2001: 207-210; 楊寬, "春秋戰國間封建的軍事組織和戰爭的變化," 1954: 7-9.

병농일치는 또한 앞서 언급된 제의 경우와 같이 군대의 편성과 지방행정 단위의 결합을 의미했다. 지방행정단위와 군조직이 결합되면서 군대가 치안이나 사회통제 등 다른 기능을 동시에 수행하고, 그에 따라 통치의 효율성이 제고될 수 있었다. 그 외에 군대편성을 지방행정조직에 숨김으로써 다른 나라들이 군대양성에 대해서 눈치채지 못하게 하는 효과도 있었다.

춘추시대 철제 투구

다만 당시는 군현제가 아니라 봉건제가 지배적이었다. 즉 각급 행정단위의 통치는 봉건귀족들에 의해 독자적으로 이루어졌고, 군사적인 업무도 마찬가지였다. 상하 각급의 군사적 위계나 질서는 엄격하게 지켜질 수가 없었다.

그렇지만 성읍국가들이 영토국가로 변모하면서 전쟁이 빈발하고 그 규모도 커졌다. 그와 함께 군대제도도 변화되었다. 성읍국가 체제에서는 국가권력 자체의 제한에 의해 전쟁은 그 규모가 상대적으로 작거나 덜 지속적이었다. 영토국가는 성읍국가에 비해 권력자원의 동원능력이 훨씬 크기 때문에 전쟁의 규모가 크고 또 지속적이었다. 영토국가 체제의 등장은 각 국가들이 국경을 서로 마주하게 함으로써 새로운 차원의 갈등을 내포했다. 성읍국가 체제에서는 영토의 확대를 위한 전쟁이 많지 않은 반면, 영토국가 체제에서 전쟁의 가장 큰 원인은 영토의 확장이었다. 한 연구자는 춘추 초기(기원전 770-546년) 410회 전쟁 가운데 53회, 춘추 후기(기원전 546-419년) 173회 가운데 29회, 전국시대(기원전 419-221년) 260회 가운데 174회를 각각 영토전쟁으로 분류했다. 그에 의하면, 춘추시대 전쟁의 목적은 절반 이상이 지역적 우위나 세력균형을 위한 것이었지만, 전국시대에는

대부분 영토를 둘러싸고 벌어졌다.[165]

전쟁 규모의 확대가 가져온 가장 큰 변화는 평민들이 전쟁의 주력으로 참여하게 되었다는 점이다. 병사에 대한 수요가 증가하면서 징병의 범위가 크게 확대되었다. 이전에는 병사는 국인으로서 일종의 지배계층에 의해 구성되었으나 이제는 대부분의 일반 백성이 충원의 대상이 되었다. 나아가 죄인이나 천민들도 병사로 충원되었다. 그와 더불어 용병도 병력을 조달하는 중요한 방식의 하나가 되었다. 전쟁은 신분질서에도 변화를 가져왔다. 국과 야의 구분에 입각한 신분질서가 해체되면서 야인도 병사가 될 권리를 갖게 되었다. 군복무는 더 이상 과거와 같이 명예나 권력과 결부되지 않았다. 군인의 지위가 낮아지면서 진한 시기에는 일정한 등급 이상의 작위를 받을 경우 군역이 면제되었다. 전쟁 방식도 전차전에서 보병전으로 전환되었다.

징집의 보편적 확대에 따라 인구의 수는 전쟁에 매우 중요하게 되었고, 인구는 다시 식민지와 경작지의 확대에 대한 수요로 이어졌다. 이를 위해서 식민지의 개척은 물론 수로나 운하와 같은 대규모 관개시설의 건설이 요구되었고, 물자와 인원, 식량의 운반을 위해서 도로의 건설이 필요했다. 그리고 이러한 국가의 사업에는 대규모 노동력의 동원이 필요했다. 이러한 모든 것들은 군대뿐 아니라 인구나 식량의 등록이나 통계·재정·법률 등 행정시스템의 강화를 의미했고, 다수의 관료집단이 형성되는 배경이 되었다.[166]

전국시대 여러 국가들에서 중앙집권적 행정조직으로서 군현의 출현은 보편적인 징병제도를 뒷받침했다. 과거에는 군대의 지휘나 동원이 각급 귀족세력에 있었고, 군대가 그들의 사병이었다면, 이제 군대는 관료적

---

165 赵鼎新, "古代中国的国际关系和中国的统一: 对国际关系理论的启示," 2008: 4-5.

166 Hardy and Kinney, *The Establishment of the Han Empire and Imperial China*, 2005: 8-9.

계통에 의해 중앙에서 통제되었다. 백성들은 편호제민編戶齊民을 통한 국가의 직접적 지배하에 있게 되었다. 그와 함께 군대는 중앙의 지휘 아래 군주와 수도 부근을 지키는 숙위군, 지방의 군현에 소속된 지방수비군, 그리고 국경을 수비하는 군대 등 세분화된 상비군으로 편성되었다.

군대의 관리체계도 변화되었다. 춘추시대만 하더라도 경이나 대부 등 귀족들이 문文과 무武를 모두 담당했다. 하지만 국가의 지리적·인적 규모가 커지고 복잡해지면서 문·무가 구분되었다. 후에 무관의 일반적 호칭이 되는 장將은 춘추시대 말에 출현해 전국시대에는 대부분의 나라에서 나타나게 되었다. 즉 장군·대장·대장군·대량조大良造·국위國尉 등 고위 무관들이 등장하게 되었던 것이다. 그와 함께 지방의 군사행정단위로서 군郡이 설치되면서, 거기에도 군위郡尉 등 무관들을 두게 되었다.

전국시대의 사례로서 『상군서』는 진의 군대조직에 대해서 단편적으로나마 소개하고 있다. 춘추시대의 제와 유사한 점이 없지 않지만 그 내용은 새로운 시대상황을 반영하고 있다. 이를테면 거기에는 전 국민에 대한 호적등록 의무, 작위 20등급[167]에 따른 군대의 장교 및 병사의 편성, 오伍 단위로 도망에 대한 연좌와 전쟁에서의 공과에 대한 보상과 처벌 등이 엄격하게 규정되었다. 또한 일정한 인원수를 단위로 하는 조직화와 지휘관의 설치, 지방행정 책임자인 현령들에 배속되는 군인 수, 국위國尉나 대장과 같은 전국적 군사책임자에 배속된 군인 수 등이 포함되었다. 이를테면 병사 5명으로 오伍를 구성하여 둔장屯長을, 100명을 단위로 장將을 두었다. 병사의 수에 따라 지휘관에게 최소 50명에서 최대 4천 명의 (궁수가 아닌) 단

167 진의 작위 20등급은 아래로부터 공사公士, 상조上造, 잠뇨簪裊, 불경不更, 대부大夫, 관대부官大夫, 공대부公大夫, 공승公乘, 오대부五大夫, 좌서장左庶長, 우서장右庶長, 좌경左更, 중경中更, 우경右更, 소상조少上造, 대상조大上造, 사거서장駟車庶長, 대서장大庶長, 관내후關內侯, 철후徹侯였다. 이것은 한에서도 답습되었다(『漢書』 卷十九「百官公卿表」).

병短兵을 배속하고, 현령의 경우에도 직급에 따라서 최소 60명에서 100명의 단병을 두도록 했다.

특히 위의 문헌에는 상벌에 대해서 상세한 내용이 기록되어 있는데, 전쟁에서 벤 적의 수급에 따라서 작위나 직급의 승진이 규정되어 있다. 이를테면 도성을 포위하는 전쟁에서 8천 명 이상, 또는 야전에서 2천 명 이상 적의 목을 베었을 때, 해당 전쟁에 참여한 사람들에 대해서 한 단계의 작위 승급 또는 관직의 승진이 주어졌다. 그 외에도 지휘관의 목을 베었을 경우에도 작위의 승급, 전답의 제공, 관직의 임명 등 다양한 방식의 보상이 이루어졌다.[168]

### 통일제국의 군사제도

그렇다면 통일제국의 형성은 군대 편제에 어떤 영향을 미쳤을까. 통일제국의 건설은 여러 가지 측면에서 과거 소국들로 분산되어 있을 때와는 다른 군사조직을 요구했다. 먼저 대외적인 측면에 있어서 제국은 넓은 영토와 다수의 인구를 토대로 강력한 국력을 갖게 되면서 외부의 위협은 크게 감소되었다. 그렇다고 군사력의 대외적 중요성이 사라진 것은 아니었다. 그것은 주변에서도 흉노·남월·조선 등과 같이 지역적으로 강한 경쟁자들이 출현했을 뿐만 아니라, 제국의 지배자들은 대외적 팽창을 지향했기 때문이다.

또한 제국의 물리적 규모로 말미암아 대외적인 요소와 더불어 대내적인 안정이 중요한 과제로 등장하게 되었다. 진에 의해서 멸망당한 구세력뿐 아니라, 시간이 지나면서 득세하게 되는 지방의 토호들, 관리의 혹정에 반기를 든 농민들, 그리고 제국에 편입된 소수민족들은 제국의 안정을

168 『商君書』「境內」.

위협할 수 있었다. 제국의 넓은 영토로 말미암아 상대적으로 중심의 비중이 낮을 수밖에 없고, 지방의 원심력이 강한 관성으로 등장하게 되었다. 이것은 황제를 정점으로 하는 중앙집권적 통치체제와 모순되는 일이었다. 권력이 황제에 집중된 상황에서 황제 1인의 안위는 제국의 안정과 직결되었다. 그 결과 제국은 각각의 지역에 적지 않은 상비군을 두면서도, 동시에 최고의 정예병력으로 수도와 황실을 겹겹이 방어하지 않으면 안 되었다.

그렇다면 여기서 몇 가지 문제가 제기될 수 있다. 우선 필요한 군사의 적정한 수준이 어느 정도이고, 그들을 어떻게 모집할 것인가. 제국의 방어를 위해서는 최대한의 병력이 필요하겠지만, 거기에 수반되는 비용도 고려되어야 한다. 그것은 무엇보다도 군사가 되는 성인 남자들은 중요한 노동력일 뿐만 아니라, 군대의 유지를 위해서는 무장에 필요한 무기와 생계를 위한 생필품이 보급되어야 하기 때문이다. 또한 병역을 담당하는 개개인의 입장도 고려되어야 한다. 징병은 장거리 여행에 따른 비용은 물론 남아 있는 가족의 부양과 같은 문제를 발생시킬 수 있다. 과도한 동원은 백성들의 병역기피는 물론 직접적인 저항으로 이어질 수 있다.

또한 군대의 조직이나 관리도 중요한 문제이다. 정치권력과 관련하여 군대는 이중적인 기능을 갖는다. 군대는 국방, 사회질서, 그리고 통치자의 안전과 같은 기능을 담당하는데, 이를 위해서는 거기에 상응하는 조직과 지휘체계를 갖추어야 한다. 그렇지만 이처럼 군대가 한 사회내에서 가장 강력한 물리적 수단을 갖춘 조직이라는 점에서 그에 대한 통제도 중요하다. 특히 대규모 무장병력을 지휘하는 장수들이 황제의 권력에 도전하지 못하게 하는 문제이다. 문관을 장수로 임명하여 군을 관료적 통제하에 둘 경우 그것은 무관으로서 전문성과 배치될 수 있다. 마찬가지로 병력동원이나 작전의 수행에 있어서 장수의 권한을 적정 수준에서 제한할 필요가 있지만, 효과적인 전쟁의 수행을 저해할 수도 있다.

그 외에도 대국이 갖는 지리적 규모에 따른 조직화의 문제이다. 이와 관련하여 청 시기의 문인 운경惲敬(1757-1817)은 다음과 같이 언급하고 있다.

> 옛날에 대국은 불과 수백 리에 불과하고, 소국은 수십 리에 불과했다. 영토에 대한 싸움이 많았지만 국경을 넘는 침입자는 그 수가 적어 농민만으로 지킬 수 있었다. 그러므로 농민군대로 국가의 우두머리를 지키고, 우두머리는 농민을 길러 사태에 대비했다. 춘추시대에 이르러 산과 바다를 넘어 원정을 하고, 제후들을 모아 전쟁을 하게 되었다. 전국시대에는 그 정도가 더욱 심해졌다. 진한 이후 만 리에 이르는 통일국가가 되면서 한 차례 또는 계속해서 수십 차례 전쟁이 있게 되어 군郡에서 병사를 동원하면 수천 리를 가야 했다.[169]

특히 변경이나 수도를 경비하는 상비군 그리고 비상시에 동원될 수 있는 군대의 징집이나 훈련은 전국적 범위에서 정교하게 조직화되지 않으면 안 된다. 그것은 각 지역으로부터 수도와 변경까지 이동하는 거리가 매우 멀고, 차이도 크기 때문이다. 그와 함께 대국적 성격으로 인해 지방군의 유지도 중요한 문제이다. 지방 군현은 치안이나 관부의 수비를 위해서 상당한 군대가 필요하다. 병력을 조달하고 유지하기 위해서 병역과 조세제도가 필요한데, 이때에도 광역적 특징이 고려되어야 한다.

그렇다면 한은 이러한 복합적인 문제에 어떻게 대응하였는가. 아래에서는 병력과 군사비, 병역제도, 군대조직 등을 차례로 살펴본다.

---

169 여기서는 屈建军, "秦国兵役徭役制度试探," 1994: 45에서 재인용.

## 병력과 군사비 규모

한 나라의 병력 규모를 결정하는 요소들은 매우 많다. 그것은 국방을 위한 수요와 더불어 공급의 측면에서 그것을 충원하고 유지할 수 있는 인적·물적 기반에 의존한다. 수요는 방어나 공격과 같은 국가적 목표, 적의 규모 등이 고려되어야 하겠지만, 권력자의 입장에서는 일단 공급, 즉 동원 가능성이 중요하다. 그와 함께 무기의 종류나—기마병·보병·수군 등—군대의 성격에 따라서 요구되는 병력 규모는 달라질 수 있다. 무기가 상대적으로 발달되지 않은 전통사회에서 군대의 양적 규모는 군사력을 결정하는 중요한 요소일 수밖에 없다. 다만 다수 군대의 양성과 유지에 소요되는 비용은 사회적으로 적정 수준에서 유지하지 않으면 안 된다. 그것은 정부가 지나치게 병역과 과세를 부과할 때 백성들의 저항을 불러일으킬 수도 있기 때문이다. 그 결과 군대는 적절한 규모로 제한되는 것이 바람직하다.

서주 시기는 물론 춘추시대만 하더라도 각국의 병력 규모는 크지 않았다. 그에 대한 체계적인 증거는 없지만 일부 사례에서 확인된다. 후대의 기록에서 주의 무왕은 용사 300명과 전사 3만여 명으로 은왕 주紂의 병력 10만 명을 물리쳤고,[170] 최초의 패자로 알려진 환공 시기에 제는 3군, 즉 3만 명의 상비군만을 보유했다.[171] 기원전 678년 곡옥백曲沃伯이 진晉을 병탄하여 진후晉侯로서 제후가 되었을 때, 그는 1군, 즉 1만 명만 두기로 했다.[172] 그후 진晉의 문공文公(기원전 636-628년 재위) 시기 패자의 군대는 6군,

170 『尉繚子』「武議」. 여기서는 刘春生 译注, 『尉繚子全译』, 1993: 47. 한편 『사기』는 무왕이 전차 300승, 용사〔虎賁〕 3천 명, 갑사甲士 4만 5천 명으로 공격했고, 주紂는 70만 명을 동원했다고 기록하고 있다(『史記』 卷四 「周本紀」).

171 『管子』「小匡」. 다른 자료에 의하면, 제의 환공은 10만의 군대를 통솔했다고 한다(『尉繚子』「制談」, 刘春生 译注, 『尉繚子全译』, 193: 16). 거기에는 다른 추종 국가들의 병력이 포함되어 있는지도 모른다.

즉 6만 명으로 확대되었지만 실제 전쟁에 동원된 인원은 2-3만 명 정도였다.[173]

문헌상으로 확인되는 바, 춘추시대 실제 동원되는 군사는 대부분 수천 명에 불과했다. 이를테면 제 환공이 아들 무휴無虧에게 3천 명을 주어 조曹를 지키게 한 것,[174] 진秦 목공穆公이 3천 명을 보내 진晉 문공文公의 귀국을 도운 것,[175] 초의 자중子重이 전차병 300명과 보병 3천 명으로 오를 친 것,[176] 오의 장수 부개夫槩가 초의 자상子常을 군사 5천 명으로 공격한 것,[177] 오왕 부차夫差가 기원전 482년 황지黃池에서 회맹하는 사이 월의 장수 미용彌庸이 5천 명을 이끌고 오를 급습한 것,[178] 등이 그 예이다. 다만 오왕 부차는 진晉을 압박하여 황지의 회맹을 할 때 3만 명을 동원했다.[179]

전국시대에 이르러 제후국들이 병합되어 영토국가 체제로 전환되면서 면적과 인구에 있어서 대국들이 등장했다. 생산력도 발전해 다량의 철제 무기들이 생산되었다. 전쟁의 규모, 즉 참여하는 병력도 더욱 커지고 또 장기화되었다. 대규모 동원의 예를 들면, 제齊는 기원전 341년 마릉馬陵 전쟁에서 위魏의 군대 10여만 명을 섬멸했고,[180] 진은 기원전 318년 한·조 등 6개 연합국 군대와 수어修魚에서 싸워 8만 2천 명을 참수했고, 기원전 292년 이궐伊厥 전쟁에서 한韓과 위魏의 연합군 24만 명을 죽였다. 기원전 260년 장평長平 전쟁에서 진은 조趙의 군대 40여만 명을 잡아 생매장했다.[181]

---

172 『春秋左傳』 莊公十六年(기원전 678년).
173 黄今言, 『秦汉军制度史论』, 1993: 217.
174 『春秋左傳』 閔公二年(기원전 660년).
175 『春秋左傳』 僖公二十四年(기원전 636년)
176 『春秋左傳』 襄公三年(기원전 570년).
177 『春秋左傳』 定公四年(기원전 506년).
178 『春秋左傳』 哀公十三年(기원전 482년).
179 『國語』 「吳語」.
180 『戰國策』 「魏策二」.
181 『史記』 卷五 「秦本紀」.

전국시대 각국의 병력에 대해서 잘 알 수는 없지만, 전국 말 대개 수십만 명에 이른 것은 분명하다. 『위료자』는 전국 말에 각국은 모두 20만 명 이상의 군대를 보유하고 있다고 언급한다.[182] 앞서 언급한 것처럼 『전국책』이나 『사기』와 같은 역사서들에서는 진과 초의 병력을 각각 100만 명, 다른 나라들의 병력은 대략 수십만 명으로 기록하고 있다. 분명한 근거는 제시하고 있지 않으나 장춘수張春樹는 기원전 3세기경 진은 60-100만, 제는 40만, 연은 31만, 초는 80-100만, 위는 40만, 조는 45만, 한은 30만 이상의 병력을 보유했다고 적고 있다.[183]

물론 통일이 진행되면서 진의 군사적 동원능력도 더욱 확대되었다. 대표적인 예로서 기원전 215년 몽염이 30만 명을 이끌고 오르도스 지역을 탈취한 일,[184] 기원전 214년 진시황이 국위國尉 도휴屠睢를 시켜 50만 명을 5개 군軍으로 나누어 한과 남월의 경계인 오령五嶺을 지키게 한 일이 있다.[185] 초한쟁패기인 기원전 206년 유방이 50만 명을 이끌고 동진해 초를 공격하자, 항우가 30만 명을 동원해 거기에 대응했다.[186]

한 시기에는 성립 직후인 기원전 200년 고조가 32만 명을 직접 이끌고 흉노를 원정하다 평성에서 패했던 것,[187] 무제 시기인 기원전 133년 30만 명으로 마읍에서 흉노를 기습하려 했던 것,[188] 기원전 122년 수병 20여만 명으로 남월을 공격한 것,[189] 기원전 97년 '천하의 칠과적七科謫[190]과 용사'

182 『尉繚子』「制談」. 여기서는 刘春生 译注, 『尉缭子全译』, 1993: 16.

183 Chang, *The Rise of the Chinese Empire*, Vol. 1, 2006: 47.

184 『史記』 卷六 「秦始皇本紀」, 卷八十八 「蒙恬列傳」.

185 『淮南子』 「人間訓」.

186 『史記』 卷七 「項羽本紀」.

187 『史記』 卷一百十 「匈奴列傳」

188 『漢書』 卷六 「武帝紀」.

189 『漢書』 卷二十四 「食貨志」.

190 칠과적七科謫(또는 讁, 適)은 전한 시기에 전쟁이 나면 변방에서 병역을 해야 하는 7가지 부류로서, 칠과는 죄지은 관리, 호적이 없이 떠돌다 잡힌 자, 데릴사위, 상인,

를 징발해 기병 7만 명과 보병 14만 명 등 총 21만 명으로 흉노를 여러 방향에서 공격한 것,[191] 선제宣帝 때인 기원전 72년 한의 군사 15만과 오손의 군사 20여만 명으로 흉노를 공격한 것이 대표적인 예이다.[192] 왕망 시기인 서기 10년 죄수들과 병사 30만 명이 흉노의 공격에 동원되었다.[193] 그 외에 몇만에서 10여만이 동원된 예는 수없이 많다. 이를테면 기원전 109년 한이 조선을 공략할 때 해로와 육로로 각각 7천 명과 5만 명이 동원되었다.[194]

사실 위의 기록에는 대개 1회성의 특정한 원정이거나 죄수들까지 포함된 숫자이다. 따라서 전국적인 군대의 수는 잘 알 수 없고, 몇 가지 자료에 근거해 추측할 수 있을 뿐이다. 우선 진의 경우, 위에서 언급한 것처럼 기원전 215년 북부의 흉노 정벌에 30만 명, 그리고 이듬해 50만 명이 남월의 공략에 동원되었다. 당시에는 지리적인 이유로 군대는 대개 변군에 집중되었다. 흉노의 정벌에는 북부 변군의 군대가 동원되었고, 남월의 공략에는 주로 남부 변군의 군대가 동원되었을 것이다. 물론 일회적 원정을 위해서 내지의 군에서도 병력이 차출되었다.

반대로 국경이 매우 긴 상황에서 평시에도 일상적인 방어를 위해서 그곳에는 적지 않은 인원이 남아 있다. 그것은 주로 평상시 훈련과 치안을 담당하는 내지의 지방군에도 해당된다. 통일 후 진은 지방행정단위로서 40여 개의 군을 갖고 있었는데, 그 크기에 따라 다르겠지만 각 군에 수천

---

과거 상인의 호적을 가졌던 자, 부모가 상인 호적을 가진 자, 조부모가 상인 호적을 가졌던 자이다. 적讁은 적수讁戍로서, 변방에 수자리를 간다는 의미이다. 진한 시기에는 데릴사위贅壻가 노비와 동일시되었고, 상인 부류의 포함은 중농억상 정책의 일환으로 취해졌다.

191 『漢書』 卷六 「武帝紀」.

192 『漢書』 卷八 「宣帝紀」.

193 『漢書』 卷九十九 「王莽傳」.

194 『史記』 卷一百十五 「朝鮮列傳」.

명의 군대가 있었다. 그 외에도 수도와 그 주변을 방어하는 중앙군이 있는데, 시기적으로는 다르지만 진시황 사후인 2세 때 "진시황의 계획에 따라 보병 5만 명을 징발해 수도 함양에 주둔시켰다."는 기록이 있다.[195] 이로써 본다면 진의 군대는 100만 명을 넘는다고 추론할 수 있다.[196] 통일 당시 진의 인구가 2천만 명 정도로 추산된다는 점에서 본다면, 군대의 수는 적지 않은 셈이다.

진한은 전국시대 여러 나라들이 싸우던 상황에서 정착된 국민개병제를 유지했다. 사실 이 제도는 인구가 많아 모든 국민들을 징집할 필요가 없는 대국에서는 적합하지 않을 수 있다. 다만 그것은 생산력 수준이 낮고 화폐경제가 덜 발전한 상황에서 상대적으로 유용했고, 백성들에 대한 조직화나 통제와 같은 다른 목적에도 부합했다. 전한 시기에는 임의적 징집과 금전에 의한 대역 등 모병제적 방식이 부가되었고, 후한 시기 변방의 수비는 아예 적수謫戍라 하여 사회 특수집단이 동원되는 등 모병제가 주된 방식이 되었다.

그렇다면 한 시기의 군대 규모는 어느 정도였을까. 그에 관한 직접적인 내용은 문헌자료에서 찾을 수 없다. 따라서 주어진 몇 가지 다른 자료들을 이용해 우회적으로 계산하지 않으면 안 된다. 이와 관련해 몇몇 역사가들의 시도가 확인되는데, 그 예로 마다잉馬大英과 황진옌黃今言의 연구를 들 수 있다. 그들의 계산방식은 서로 다르지 않으며, 단지 양자는 한대 병역제도를 약간 다르게 보고 있을 뿐이다.

먼저 마다잉은 한대의 병역이 22-23세 2년 간 지방에서 하는 각종 군사훈련, 그 후 징집 가능 연령 24-56세 사이에 군사軍士로서 매년 1개월의 중앙상비군 복무, 3일 간의 변방수비 등 세 가지로 구성되었다고 본다.[197] 그

195 『史記』 卷六 「秦始皇本紀」.

196 黃今言, 『秦汉军制度史论』, 1993: 221-222.

197 그는 삼국시대 위魏의 여순如淳이 『한서』 「소제기」에 붙인 주석에 나오는 한의 병역

는 5인 가구에서 1.5인, 즉 국민의 30%가 병역의무에 해당하고, 그 가운데 다시 10%는 불구나 질병 등에 의해 제외된다고 가정한다. 이러한 가정에 의하면 전체 인구의 1.6%가 매년 지방군으로서 훈련하는데, 평제 시기 인구수가 5천959만 명인 점을 고려하면 94만 6천 명이 해당된다. 그리고 중앙상비군도 지방에서 훈련과 동일한 가정하에 126만 3천 명으로 계산된다. 다만 그에 의하면, 한대의 중앙상비군은 그중 일부만 징집되었고, 따라서 그처럼 많지 않았다고 한다. 동일한 방식으로 변방수비 병력은 약 12만 명으로 계산된다.[198]

동일하게 전한 말의 시점에 대해 황진옌은 다음과 같이 산정한다. 그는 서기 2년 현재 호구 수가 약 1천223만이라는 『한서』「지리지」의 기록과 "5인 식구 농가에서 복역자가 2명보다 적지 않다."는 『한서』「식화지」에 인용된 조조晁錯의 언급, 그리고 당시 징집 가능 연령 23-56세, 복무기간 2년 등 몇 가지 사실들을 고려해 매년 평균 140만 명이 복역의무를 가진다고 본다. 그중 일부 군복무에서 면제되거나 금전으로 대납하는 경우를 제외하면, 실제 병력은 80만에서 100만 사이로 추정된다.[199] 다만 조조의 언급에 대한 정확한 해석의 문제,[200] 군복무의 면제자나 대납자의 범위 등 불확실한 사실들이 남아 있다.

황진옌은 다른 문헌 자료를 통해서도 위의 숫자를 뒷받침한다. 즉 고조가 "100만의 무리를 모아서 싸우면 반드시 이기고, 공격하면 반드시 취하는 데에는 (나는) 한신韓信만 못하다."고 한 것,[201] 문제文帝 때 장군 강후絳侯가 옥살이를 하다가 사면된 뒤, "내가 전에 백만 대군을 이끌었는데, 옥

제도에 의거하고 있다.

198 马大英,『汉代财政史』, 1983: 47-52.

199 黄今言,『秦汉军制度史论』, 1993: 222.

200 사실 '농가당 2명보다 적지 않은 복역'에서 복역이란 군역뿐 아니라 각종 노역도 포함된다.

201『漢書』卷一「高帝紀」.

리의 권력이 센 줄 어찌 알았겠는가."고 말한 것[202] 등을 예로 든다. 비록 그 숫자가 정확하지는 않지만 당시 한의 군대 전체를 대략 말해 주고 있다는 것이다. 그렇지만 앞서 언급한 것처럼 전국시대 진이나 초가 모두 100만의 군대를 보유했고, 초한쟁패기에도 항우의 "병사는 40만 명이었는데 100만이라고 (과장해) 불렀다."고 한다.[203] 왕망 시기에 42만 명의 군사를 이끌던 왕읍도 자신의 군대를 '백만 군사〔百萬之師〕'라 부르고 있다.[204] 이후 중국사에서도 백만 대군이 계속 출현한다. 백만 대군은 많은 수의 군대라는 의미인 것이다.

물론 다른 방식의 추정도 가능하다. 『한서』「지리지」의 인구에 의거하고, 남녀의 비율이 동일하고 각종 면제자들을 전체 남성의 20-30%라고 가정한다면, 병역의무자는 2천100만 명에서 2천400만 명 사이이다. 당시 병역의무는 23세에서 56세 사이, 즉 34년 간 2년임을 고려한다면, 연간 평균 병역종사자는 최저 약 120만 명에서 최대 140만 명이 된다.[205] 이것은 앞서 황진옌의 추산과 유사하다. 병역의무가 지방 1년, 중앙 및 변방 1년인 점을 엄격하게 적용할 경우 지방과 중앙 및 변방의 병력이 동일하게 60-70만이 된다. 다만 변군의 병역종사자는 해당 지역에만 근무한다.[206] 이것을 고려한다면, 내지의 지방군은 50-60만 명, 중앙과 변군의 병력은 70-80만 명이 된다.

사실 위의 숫자는 병역제도상의 병력에 불과하다. 매년 수요에 따라서 실제 징집된 인원은 달랐다고 보는 것이 현실적이다. 특히 비상시에는 많

---

202 『史記』 卷五十七「絳侯周勃世家」.

203 『漢書』 卷一「高帝紀」.

204 『漢書』 卷九十九「王莽傳」.

205 $5{,}959\text{만 명} \times \frac{1}{2} \times \left(1 - \frac{20\text{(또는 30)}}{100}\right) \times \frac{2\text{년(복역기간)}}{34\text{년(징집 가능 연령)}} = 140.2\text{만(또는 122.7만 명)}$

206 전한 말기 변군은 103개 군국 가운데 35개로, 인구는 전체의 약 15%를 차지했다(『漢書』 卷二十八「地理志」에서 계산됨).

은 수가 집중적으로 징집되었을 것이다. 또한 징집병 이외에도 여러 종류의 병사들이 있었다. 즉 필요에 의해 별도로 모집하는 현역병인 소위 장둔병將屯兵, 변경에 정착하는 둔전병, 속국의 소수민족 병사 등이 있었다. 그리고 중앙에는 귀족들의 자제들로만 구성된 황제의 근위병도 있었다. 유사시에는 죄수들이나 칠과적과 같은 사회 특수집단들이 대거 동원되는 사례가 매우 많았다.

제국의 군사적 동원과 관련해 『한서』「왕망전」은 왕망 말년에 상당히 흥미로운 사례를 제공하고 있다.[207] 서기 23년, 후에 광무제가 되는 유수劉秀의 반란세력이 영천군潁川郡에 진입해 3개 현을 함락시켰다. 왕망은 놀라 대사공大司空 왕읍王邑 등에게 전국 지방의 병사 100만을 수도에 모아 출병하게 했는데, 실제 제때에 도달한 군대의 수는 42만여 명이었다. 그 수는 당시 중앙정부가 비상시 동원할 수 있는 최대 병력에 가까웠던 것 같다.

군대의 지휘도 그리 체계적인 것 같지 않다. 왕읍에게는 전공에 따른 작위의 부여나 군수물자의 공급 등 군대의 동원에 필요한 각종 재량권이 주어졌고, 실제 지방의 군사책임자가 아니라 주목과 태수 등 행정책임자들이 직접 군대를 인솔했다. 위의 문헌도 "(행렬이) 길에 끊임없이 이어졌고, 수레·갑옷·병사·말이 성황을 이루어 그와 같은 출정은 이제까지 없었다."고 전한다. 다만 아이러니하게도 위의 대군은 현성 하나도 함락시키지 못하고 유수의 얼마 안 되는 병력에 패했고, 병사들은 다시 고향으로 되돌아가고 말았다.

전체적으로 보면 인구 수에 비해 제국의 병력은 그리 많지 않은 편이다. 그렇다면 병력이 최대의 권력자원이면서도 그것을 억제하는 요인은 무엇인가. 그것은 크게 공급과 수요의 측면으로 나누어 설명될 수 있다.

먼저 공급의 측면에서 상비군의 수를 제한시키는 요인들이 적지 않다.

207 『漢書』卷九十九「王莽傳」.

대규모 상비군은 사회적으로 적지 않은 비용을 야기시킨다. 이를테면 생산력이 상대적으로 낮은 상황에서 상비군에 비례해 사회적 가용노동력은 그만큼 줄어들 수밖에 없다. 조조의 말에서 알 수 있듯이 진한 시기 백성들은 군역과 각종 노역에 시달렸다. 또 국방비는 대부분 군대의 의식주에 주로 쓰였기 때문에, 군대의 수적 증가는 유지비용과 그에 따른 조세부과의 증가로 이어질 수밖에 없었다. 전통사회에서 국방비는 국가재정의 과반을 차지했다. 그것은 낮은 생산성으로 인해서 조세와 같은 국가의 수취에는 한계가 있고, 제한된 수입은 제국의 안위에 가장 중요한 국방에 집중될 수밖에 없었기 때문이다. 과도한 군대는 사회적 부담의 증대와 그에 따른 저항을 야기해 나라를 위태롭게 했다(경국지병傾國之兵).

그렇다면 수요의 측면에서 대국의 군사 규모는 어떻게 볼 것인가. 우선 고려해 볼 점은 상대해야 하는 적의 병력과 관련될 것이다. 주지하는 것처럼 전한 시기 제국의 최대 적은 흉노였다. 흉노의 병력에 대해서 한이 정확하게 파악하고 있는지는 알 수 없다. 다만 『사기』「흉노열전」과 그것을 전사한 『한서』「흉노전」은 초한쟁패기 묵특冒頓 선우의 궁사를 30여만으로 기록하고, 문제文帝 시기에 가의賈誼는 6만이라고 추측하고 있다. 그들은 강한 기동력을 특징으로 하였다. 제국은 군대 이동이나 보급이 어려운 먼 변경지역에서 그들을 상대하지 않으면 안 되었다. 한의 수적 우위가 충분히 발휘되기 어려운 구조였던 셈이다.

또한 제국의 군대는 그 기능이 외부의 방어나 공략에 국한된 것은 아니었다. 내부로부터 위협이 상존하는 상황에서 적지 않은 병력을 지방군으로 편성하지 않으면 안 된다. 특히 전제국가에서 군대와 같은 물리력은 통치의 중요한 기반이며 수단이다. 이것은 주변의 국가들이 제국에 대해 군사적인 위협이 되지 않는 상황에서도 다수의 군대를 유지하지 않으면 안 되는 이유이다. 교통수단이나 무기체계가 발전하지 않은 만큼 지방군의 중요성은 크다. 다만 그들도 제국의 방어뿐 아니라 때로는 지방권력

탄생의 기반이 될 수 있다. 이것은 지방의 군대에 대한 통제는 물론 수적으로 적정 수준으로 제한해야 할 이유가 된다.

중앙에 있는 황제의 입장에서도 병력은 일정한 수준에 그쳐야 한다. 그것은 앞서 언급한 것처럼 군대는 황제의 권력을 지켜 주지만, 거기에 도전할 수 있는 수단이 될 수 있기 때문이다. 전시에는 대규모 군대와 그것을 이끄는 장수가 반드시 필요하지만 평상시에는 그럴 위험성을 감수할 필요가 없다. 실제 황제는 흉노나 남월에 대한 대대적인 원정 등 특정한 목적을 위해서만 각 지방에서 대규모 군대를 징집했다. 그리고 일이 종료되면 군대는 해산되어 고향으로 돌아갔고, 그들을 이끌었던 장군도 해임되었다. 평상시 관직에 장군의 칭호가 있다고 하더라도 군사와 관련이 없는 관직에 덧붙여지는 호칭에 불과했다.

마지막으로 병력의 수요와 관련하여 고려되어야 할 문제가 있다. 진한 시기에 군대의 구성에 변화가 있었는데, 특히 기병의 비중이 크게 증가했다는 점이다. 그것은 넓은 국경과 그에 따른 기동성과 장거리 이동의 필요성에 따른 것이었다. 특히 한의 최대 적국인 기마민족 흉노를 상대하는 과정에서 그것은 분명하게 드러났다. 앞서 언급한 것처럼 전국시대 최대의 군사력을 가졌던 진은 보병 100만 명, 전차 1천 승, 기마 1만 필이었다. 전체 군사력에서 기병의 중요성은 크지 않다. 전국시대 다른 나라들에서도 마찬가지였다. 그렇지만 기원전 119년 무제 시기에 위청과 곽거병이 흉노를 정벌할 당시, 1회에 10만 명의 기병이 동원되었다. 물론 보병도 수십만 명이 동원됨으로써 그 중요성이 크지만, 기병은 한의 핵심 군사력으로 자리 잡은 셈이었다.

결국 한 나라의 군사력은 대체로 방어나 공격의 수행에 대한 수요와 함께 그에 따른 비용의 관계에 의해서 결정된다. 외부세력과의 관계, 내부적으로 인적·물적 비용의 수용 정도, 그리고 그와 관련된 정책결정자의 의지 등 결정 요소들이 매우 유동적이다.

## 병역제도

그렇다면 제국은 어떻게 병사들을 조달했는가? 병역제도에 대한 문헌적 근거로는 『한서』「식화지」에 수록된 동중서의 언급과 후한 시기의 위굉衛宏이 편찬한 전한의 관제에 대한 설명서인 『한구의漢舊儀』가 대표적이다.

먼저 동중서는 진의 병역제도와 —그 자신에 의하면— 그것을 고치지 않고 계승한 한의 제도에 대해서 "1개월 경졸更卒,을 하고, 그것을 마치면 다시 1년은 정졸正卒, 1년은 수졸戍卒이 된다."[208]고 언급했다. 한편 『한구의』에서는 "백성들은 23세가 되면 정졸로서 1년 간 위사衛士, 1년은 재관材官·기사騎士가 되어 활쏘기·말타기·전차몰기·진치기 등을 익힌다…… 물이 있는 곳은 누선樓船이 되어 활쏘기·배젓기를 익힌다…… 재관과 누선은 56세가 되어 쇠하면 병역이 면제되어 일반인이 된다."[209]는 내용이 있다. 위사는 중앙수비병을 의미하고, 재관은 보병, 누선은 수병을 뜻하는데, 대개는 보병이었으나 지역에 따라 기병이나 수병으로서 복무했다.

그 외에도 삼국시대 위魏나라 사람인 여순如淳의 『한서』「소제기」에 대한 주석이 있다. 여기서 그는 일정 기간 지방에서 기본 군사훈련을 받은 뒤 매년 1개월의 경졸更卒과 3일 간의 요수徭戍, 즉 변방수비를 언급하고 있다.[210] 다만 그는 경졸과 요수가 주로 매년 2천 전과 300전의 대역전 납부에 의한 방식으로 각기 처리되고 있음을 언급하고 있다.

위의 문헌들에 대한 해석은 일치하지는 않는다. 이를테면 중국의 저명

---

208 "又加月爲更卒, 已, 復爲正一歲, 屯戍一歲."(『漢書』 卷二十四 「食貨志」) 문헌이나 연구자에 따라 "又加月爲更卒, 已, 復爲正, 一歲屯戍, 一歲力役."로 다르게 구두점을 두기도 한다. 그에따라 해석에도 차이가 있다.

209 "民年二十三爲正, 一歲而以爲衛士一歲爲材官騎士, 習射御騎馳戰陣…… 水處爲樓船, 亦習戰射行船…… 材官, 樓船年五十六老衰, 乃得免爲庶民."(〔清〕孫星衍 等輯, 周天游 點校, 『漢官六種』, 1990: 48)

210 여기서는 马大英, 『汉代财政史』, 1983: 50.

한 역사학자 첸무錢穆에 의하면, 남자가 23세에 도달하면 중앙근무 1년, 변경수비 3일(원래 고대의 수십 리의 소국일 때 전통으로서 대국인 한의 시기에는 대역전 300전으로 대체), 매년 1개월씩 지방에서 실시하는 군사훈련(도시都試), 그리고 노동력 동원으로서 역역力役을 20세부터 매년 1개월씩(대역전 300전으로 대체 가능) 담당했다.[211] 반면 마다잉馬大英에 의하면 성인 남자는 23-24세에 지방에서 2년 간 기본 군사훈련을 받고, 그후 56세까지 군사軍士의 신분으로 매년 1개월 중앙상비군 근무와 3일 간 변경 수비의 의무를 졌다. 다만 먼 곳까지 왕래가 번거롭고, 또 훈련과 전투에 불리하기 때문에 일부 사람들만 징병해 1년을 단위로 실제 근무하게 하고, 나머지 사람들은 대역금을 내게 했다. 대역금은 매년 1개월의 중앙상비군 복무는 2천 전, 3일 간 변경 수비는 300전이었다.[212]

문제는 문헌상의 개념들에 대한 해석, 병역과 노역勞役의 구분, 대역전의 범위 등이 불확실한 데 있다. 최근 진한 시기의 죽간과 같은 새로운 자료들에 의해서 보완되고 있지만, 여전히 전체적인 수는 명확하게 정리되지 않고 있다. 다만 대체적인 견해는 23세에서 56세 사이에 지방근무와 변방 또는 중앙근무가 각각 1년이라고 한다.[213] 즉 1년은 정졸正卒로서 해당 지방에서 병역을 수행하고, 1년은 중앙관부의 경비(위사衛士) 또는 변방의 수비(수졸戍卒)를 담당하는 것이었다.[214] 복역 이후에도 전쟁이나 대규모 원정과 같은 유사시에는 언제든 징발의 대상이 되었다. 물론 일정한 작위를 가진 귀족이나 관료들과 그 가족들은 대개 병역에서 제외되었고, 지주들과 같이 돈을 내고 면제받는 경우도 적지 않았다.[215]

---

211 钱穆, 『中国历代政治得失』, 2001: 23-26.

212 马大英, 『汉代财政史』, 1983: 46-58.

213 李玉福, 『秦汉制度史论』, 2001: 215-229.

214 黄今言, 『秦汉军制度史论』, 1993: 58-66.

215 전한 시기의 면역자는 한 종실의 자제, 외척이나 공신으로 후侯에 봉해진 자의 자손, 작위가 ― 진한 시기 20개 작위 서열 중 아래에서 아홉 번째인 ― 오대부五大夫 이상

더욱이 위의 규정은 원칙적인 것이었고, 실제 변방의 근무기간이 1년이 아니라 수년이 되어도 교대되지 않고, 또한 연령을 낮춰서 14-15세도 전쟁에 동원되기도 했다.[216] 또한 현대에 출토된 죽간 등 자료들은 평생 동안 복무횟수도 많았고 복무기간도 길었다는 경험적 사실을 보여 주기도 한다.[217] 『한서』「식화지」는 문제 때가 평화 시기인데도 "지금 5인의 농가에는 복역자가 2명보다 적지 않다."는 조조晁錯의 말을 인용하고 있다.[218] 위에서 인용된 동중서도 진한 시기 백성들의 요역이 통일 이전보다 30배나 된다고 덧붙이고 있다. 여기에는 노동력으로 동원되는 요역도 포함되지만 어쨌든 일반 농민들은 생업에 지장을 받을 정도로 국가에 의해 동원되었던 것이다.

그 외에도 지역적으로 차이가 있었던 것 같다. 이를테면 지방 1년, 중앙 또는 변방 1년의 병역은 내지의 일반 군현에 해당되었다. 변방의 군현에서는 2년 모두 변방의 수비를 했고, 제후국에서는 본국에서 근무하는데 1년은 지방의 군대로 활동하고, 1년은 제후왕 관부의 경비를 담당했다. 다른 곳에서 언급한 것처럼 전한 후반 제후국들이 차츰 군현화되면서 일반 군현과 제후국 거주자의 병역의무 차이는 사라지게 되었다.[219]

제국은 군역을 관리하기 위해서 해당 인원에 대한 장부기록(부적傅籍)을 실시했다. 그런데 전국시대 말까지만 하더라도 처음 장부에 기록해 군역을 부과하는 기준은 연령이 아니라 키였다. 그것은 여러 문헌에서 확인되

---

인 자, 봉록이 육백석 이상인 자, 현과 향의 삼로, 효제역전孝弟力田과 박사제자博士弟子에 뽑힌 자, 하나의 경서에 능통한 자 등이었다. 그 외에도 돈·곡식·노비 등을 상납하거나 작위를 매입해 면제되는 경우도 있었다(庄春波, "中国历代军事制度概述: (三)两汉军事制度概述," 1989: 13).

216 黄今言, "西汉徭役制度简论," 1982: 60-61.

217 屈建军, "秦国兵役徭役制度试探," 1994: 45; 李玉福, 『秦汉制度史论』, 2001: 228.

218 『漢書』 卷二十四 「食貨志」.

219 李玉福, 『秦汉制度史论』, 2001: 216-218.

고 있는데, 대개 5척을 기준으로 했다. 엄격한 호적등기 제도를 실시하기 이전에는 모든 농민들의 실제 연령을 파악하기가 매우 어렵기 때문에, 방법적으로 쉬운 키를 기준으로 징병을 시작하지 않을 수 없었을 것이다. 어쨌든 전국 후반부터 진을 포함한 일부 국가들에서 호적이 가능해지면서 군역 개시의 기준도 키에서 연령으로 바뀌었다.

또한 복무 개시와 종료 연령에 차이가 있었다. 그것은 징집이 전쟁 등 수요에 부응할 필요가 있었기 때문이다. 전쟁이 많았던 전국시대에는 15세에서 65세 사이, 진과 전한 초기에는 15세에서 60세(작위 보유자는 56세) 사이였다. 그후 정치적 안정이 이루어지면서 소제昭帝 시기에 위에서 언급한 것처럼 23세-56세로 징집연령의 범위가 축소되었고, 이것은 후한 시기까지 변화되지 않았다. 그 외에도 질병이 있거나 과도하게 키가 작을 경우 징병에서 제외되었다. 후한 이후 삼국시대에 다시 전쟁이 빈번해지면서 소집연령은 16-17세로 낮아지고 또 면제연령도 65-66세로 높아졌다.[220]

그런데 첸무에 의하면, 나라가 크고 인구가 많은 상황에서 국민개병제는 문제점이 없지 않았다. 그것은 몇 가지로 나눠 볼 수 있는데, 무엇보다도 부대를 장거리 이동해야 하는 데서 오는 불편함과 비용이었다. 그와 더불어 인구 대국에서 국민 모두에게 병역의 의무를 부과할 경우 병사들의 수가 필요 이상으로 많아질 수밖에 없다. 제국의 국방을 위해서는 일정한 수 이상의 군사가 필요하지만, 인구와 정비례로 많은 수가 필요하지는 않을 것이다. 오히려 군대의 수가 너무 많으면 규율이나 훈련이 엄격하지 못해, 문제가 발생했을 경우 대응능력도 부족했을 것이다.[221]

진한 시기에는 일반 백성들을 대상으로 하는 징병제를 기본으로 했다. 그렇지만 무제 시기에는 죄수나 상인 신분, 소수민족 등 특수집단과 실업

220 李玉福, 『秦汉制度史论』, 2001: 218-229; 黄今言, 『秦汉军制度史论』, 1993: 52-57.
221 钱穆, 『中国历代政治得失』, 2001: 25.

자, 떠돌이 등을 중심으로 하는 지원병을 다수 징집했다. 이는 모병제의 확대를 의미하는데, 대규모 원정과 변경지역의 확대에 따라 더 많은 병사들이 필요했기 때문이다. 그와 함께 병역제도는 사회경제적 변화를 반영했다. 즉 원래 징병제는 국가가 호적을 통해 통제하는 다수의 자경농에 기초했는데, 토지의 집중이 진행되면서 자경농이 수적으로 크게 감소함으로써 지탱하기 힘들게 되었다. 그 외에도 상품경제가 발달하면서 국가가 세금을 통해서 군비를 조달하는 모병제의 비중이 커지게 되었다. 실제 후한 시기에는 모병제 위주의 군사제도가 성립되었다.[222]

### 군대조직

제국에서 군대가 중요한 권력자원인 것처럼 그 조직체계도 복잡했다. 한 시기의 군사체제는 크게 3개의 계통으로 구분되었다. 그것은 수도와 그 주변에 주둔하는 황제 직속의 중앙군, 변경을 포함한 전국의 지방군, 그리고 대내외 유사시에 임시로 설치되는 장군과 장군부(막부)이다. 그러한 체제는 진 시기에 이미 완성되었고 한이 이를 계승했지만, 그 이후에도 상당한 제도적 변화가 있었다.

중앙에는 전국적인 군사행정의 책임자가 있었는데, 진은 국위國尉라 했고, 한은 태위太尉라 했다. 태위는 직급이 1만석으로 승상·어사대부와 더불어 삼공의 하나였다. 태위는 상설되지 않고 자주 존폐되었는데, 승상이 겸직하는 경우도 적지 않았다. 고조 때 주발周勃이나 경제 때 그의 아들 주아부周亞夫가 태위의 신분으로 지방의 반란세력들을 직접 진압하는 경우도 있었지만, 제도로서 태위의 역할은 군사에 관한 황제의 자문에 국한되었다. 그것은 군대동원이나 인사권은 황제의 배타적 관할이었기 때문

222 黄今言,『秦汉军制度史论』, 1993: 12-13.

전한 초기의 기마 병마용_고위 무관의 능에서 발견된 것으로, 50~60센티미터 정도의 소형 채색 기마 병마용이다. 1965년 함양시 양가만楊家灣 출토.

〈그림 20〉 한의 군사지휘 계통

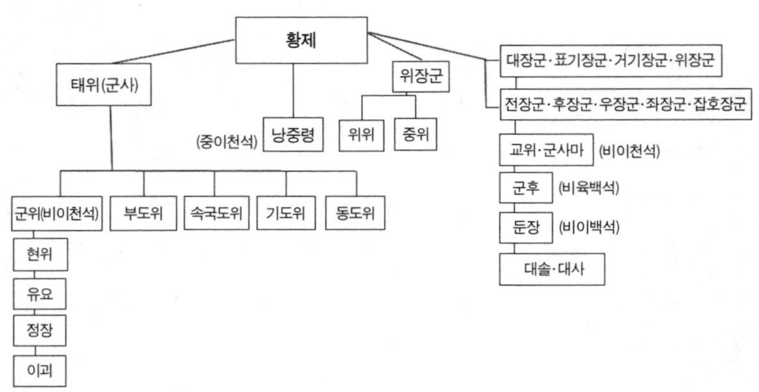


이다. 한편 태위는 무제 때 대사마大司馬로 개칭했는데, 대사마는 대개 장군에 대한 부가적인 호칭이 되었다. 앞서 언급한 것처럼 외척이 주로 대사마대장군으로서 황제의 보정을 맡게 되면서, 그가 정무 전반에 대한 실권을 장악하는 경우도 빈번했다.

후한 서기 51년에 태위가 회복되었는데 그 직무와 권한, 그리고 거기에 필요한 부서와 속관의 수도 크게 확대되었다. 태위는 삼공 가운데 가장 중요한 위치에 있게 되었고, 사실상 승상을 대신해 국정 전반을 관리하였다.[223] 일종의 정치의 군사화가 진행된 셈이었는데, 그것은 황제의 권력을 뒷받침하고 대내외적 안정에 기여했다. 그렇지만 그런 군사화는 후한 말에 이르러서 지방할거의 원인이 되었다. 장군들이 지방의 군현을 장악했던 것이다.[224]

군사적 정책결정이나 지휘계통 이외에 중앙행정기구의 임무에는 군대에 대한 후근이 포함되었다. 이를테면 치속내사는 군대의 재정, 태복太

223 黄今言, 『秦汉军制度史论』, 1993: 22-25.

224 安作璋·熊铁基, 『秦汉官制史稿: 第一編 中央官制』, 2007: 233-260.

僕은 병마, 소부는 무기제작 등의 업무를 담당했다.

한의 군대는 크게 중앙군과 지방군으로 구분되었다. 중앙군은 금위군禁衛軍으로 지칭되었는데, 금위군은 글자 그대로 황제를 지키는 군대를 의미했다. 중앙군은 궁전의 문호와 궁전 내부의 경비를 담당하는 궁정금군宮庭禁軍(또는 관정금군官庭禁軍), 궁성의 문과 궁성 내부를 경비하는 궁성근위군宮城近衛軍, 수도와 경기지역을 경비하는 경사둔병京師屯兵 3개 조직으로 세분화되었다. 이 세 군대는 각각 낭중령郞中令·위위衛尉·중위中尉에 의해 통솔되었는데, 이들의 직급은 중이천석으로, 구경과 같았다. 중앙군의 병력은 시기마다 다르지만, 무제 시기에는 10만 명 이상으로 추정되었다.[225]

먼저 황제의 시위군으로서 궁정금군의 정원은 없었는데, 다만 진 시기에는 700명 정도로 많지 않았다.[226] 한 시기에도 1천 명을 넘지 않았고, 후에 무제에 이르러서 2천 명을 넘는 정도였다.[227] 낭중부의 군인, 즉 낭위郞衛는 일반 사병과는 달리 모두 관직을 가지고 있거나 수도의 고관 자제들 가운데 선발되었다. 후한 시기에는 세습되었다.

다음으로 수도 주변의 무장병력으로서 중요한 조직은 각각 남군과 북군으로 통칭되는 궁성근위군과 경사둔병이다. 위위가 이끄는 남군은 장안성 남쪽에 주둔하면서 장락궁長樂宮과 미앙궁未央宮 등 궁성들의 숙위를 담당하였는데, 남군의 병사인 위사衛士는 전한 초기에는 2만 명, 무제 때 1만 명, 선제 때 4만으로 추정되었다. 북군은 장안성 북쪽에 주둔하면서 수도 장안과 ─ 초기에는 내사內史, 나중에는 삼보三輔로 불리던[228] ─ 그 주변 경

225 胡宏起, "汉代兵力论考," 1996: 30.

226 陈连庆, "汉代兵制述略," 1983: 23-24.

227 胡宏起, "汉代兵力论考," 1996: 29.

228 내사는 수도 장안과 그 주변의 약 50여 개 현으로 구성된 황제 직할지이다. 경제와 무제 시기를 거치면서 결국 3개의 지역으로 분할되었다.

기지역의 경비를 담당했다. 이처럼 넓은 지역의 위수를 담당했기 때문에 군대의 수도 적지 않아 무제 때 최소 4, 5만 명으로 추정되었다.[229] 경사에 남군과 북군을 따로 둔 것은 양자를 서로 견제시켜 황실의 안전을 도모하기 위한 것으로 해석된다. 군대의 충원에서도 궁궐의 경비를 담당하는 남군은 한의 일반 군현 출신이었고, 북군은 주로 수도와 그 주변인 삼보지역에서 충원되었다.[230] 남군과 북군의 병사들은 모두 1년씩 교대로 근무했다. 한은 위장군衛將軍 등을 두어 남군과 북군을 통괄하게 했다.

주지하는 것처럼 전한 시기에 국가의 면모가 크게 달라진 것은 무제 시기였다. 그는 왕권을 강화시키고 대외적 팽창정책을 구사했는데, 이를 위해 군사제도를 개혁했다. 먼저 궁정 내부의 안전을 담당하는 낭중령은 광록훈光綠勛으로 개칭되었고, 그 산하에 별도로 기문期門과 우림羽林을 조직했다. 이 군대는 농서·천수·안정·북지·상·서하 등 서북지역 6개 군의 말 잘 타는 세력가문 자제들로 구성되었는데, 전자는 주로 황제의 민간사찰 호위, 후자는 무제 때 장안성 밖에 새로 지은 건장궁建章宮의 수비를 담당했다. 소속된 군사의 수도 수천 명 수준으로 확대되었다.

무제는 또한 북군을 크게 확대, 세분화시켰다. 즉 경기지역을 3개의 군급 단위인 삼보로 나누고, 3명의 도위들에게 맡겼다.[231] 동시에 북군 안에 8교위가 설치되었는데,[232] 중루中壘·둔기屯騎·보병步兵·월기越騎·장수長

229 胡宏起, "汉代兵力论考," 1996: 29-30.

230 陈连庆, "汉代兵制述略," 1983: 23-24.

231 삼보, 즉 경조윤·좌풍익·우부풍에는 군대의 책임자로서 각각 경보도위京輔都尉·좌보도위左輔都尉·우보도위右輔都尉가 임명되었다(『漢書』 卷十九 「百官公卿表」, 卷二十八 「地理志」; 张坪, "西汉三辅建置考述," 『历史教学』, 1986: 41-43; 庄春波, "中国历代军事制度概述: (三)两汉军事制度概述," 1989: 13).

232 대개의 문헌에는 8교위가 북군의 일부로 설치되었다고 한다. 다만 내사가 삼보로 나뉘면서 사실상 북군이 해체되고 이를 대신해 8교위가 설치되었다는 의견도 있다(臧知非, "试论汉代中尉, 执金吾和北军的演变," 1989: 43-49).

水·호기胡騎·사성射聲·호분虎賁 등 다양한 병종의 정예부대로 구성되었고, 중루교위가 통령했다.[233] 교위의 직급은 이천석으로 군태수와 동일했다. 그와 함께 과거 경사 지역의 최고 군사책임자로서 중위의 권한은 축소되었다. 그의 역할은 주로 치안이나 황제의 순행 시 의장과 통행정리에 한정되었고, 명칭도 집금오執金吾로 바뀌었다. 그 외에도 무제는 기원전 91년 태자 여戾의 반란을 계기로 수도의 방비를 강화하기 위해서 장안의 12개 성문에 군대를 주둔시키고 성문교위城門校尉에게 통령하게 했다.

다음은 지방군이다. 변경은 물론 내지의 각 지역에도 현지에서 징발된 군대가 편제되었다. 다만 초기 제후국의 군대는 제후왕의 사병으로서 제국의 군대와 별개로 존재했다. 그렇지만 경제 이후 제후왕의 정치적 실권이 제거되면서 제후국의 군대도 일반 군현과 같이 책임자의 임명을 포함해 중앙에 의해 통괄되었다. 각 군현들은 전차병·보병·기병·수병 등 지방군을 두고 군사훈련을 실시했다. 병사들은 훈련이 끝나면 변방이나 수도의 방위에 동원되었다. 지방군은 평시에는 훈련과 더불어 현지의 치안과 관부의 수비를 담당하고, 전시에는 중앙에서 통일적으로 조직해 전쟁에 동원되었다.

군에는 군사업무를 담당하는 군위郡尉(후에 도위都尉)가 있었다. 그는 직급이 비이천석으로 군의 책임자인 태수보다 한 단계 낮았다. 군위는 별도의 관부를 두었고, 그 부관으로서 육백석 급의 승丞이 있었다.[234] 제후국에

233 각각의 업무는 명칭에 반영된 것처럼 다음과 같다. 중루교위는 누문壘門과 서역, 둔기교위는 기마병, 보병교위는 상림원 정문의 주둔병을 각각 관장했다. 한편 월기교위는 월越에서 귀의한 기마병 또는 재주가 뛰어난 기마병으로 구성되었다는 설로 나뉜다. 장수교위는 각각—하천 이름인—장수長水와 선곡宣曲의 오환烏桓 사람으로 구성된 기마병을, 호기교위는 지양池陽 지역의 북방민족 기마병을 각각 관장한다. 사성교위는 궁사, 호분교위는 날쌘 전차병으로 구성되었다(黃今言, 『秦汉军制度史论』, 1993: 31).

234 『漢書』 卷十九 「百官公卿表」.

는 행정책임자인 상相과 별개로 군대의 책임자로서 비이천석의 중위中尉가 있었다.[235] 군위와 중위는 징병, 군대의 훈련, 식량의 조달, 무기의 제작과 보관, 군내의 치안 등 업무를 담당했고, 중앙의 태위로부터 지시를 받았다. 그들은 독자적인 군대동원의 권한은 없었다. 일부의 군에서는 태수가 없고 도위만 있어 도위가 태수를 겸직하는 경우도 있었다. 다만 후한 건무建武 6년, 즉 서기 30년 일부 변군들을 제외하고 도위가 폐지되고, 태수가 일종의 군정장관으로서 군사까지 담당했다. 유사시에만 도위가 설치되었다.

대외 전쟁의 수행에 있어서 중요한 위치에 있는 변경지역의 군, 즉 변군邊郡의 군사편제는 일반 군현과 상당한 차이가 있었다. 여기에는 병마만을 담당하는 직급 육백석의 장사長史를 중앙에서 임명하기도 했다. 한편 대외팽창을 통해 중앙이 통제하는 변군이 크게 확대된 무제 이후에는 내군처럼 1명의 도위를 두거나 변군을 2-3개로 구분해 각각 부도위部都尉를 두었다. 이를테면 낙랑군에는 남부도위와 북부도위가 설치되었다. 도위나 부도위 이외에도 변군에는 기도위騎都尉·농도위農都尉·관도위關都尉·속국도위屬國都尉 등이 설치되었다. 기도위는 기마병의 양성, 농도위는 둔전, 관도위는 주요 관문지역의 수비, 속국도위는 귀순한 이민족 지역에 대한 군사적 관리 등을 각각 담당했다.[236]

현급에도 마찬가지로 군사책임자로 현위縣尉가 있었는데, 큰 현에는 좌·우 현위 2명, 작은 현에는 1명이 있었다. 그 아래 기층조직으로서 향鄕에는 유요遊徼, 정亭에는 정장, 그리고 이里에는 이괴里魁, 십什에는 십장, 오

235 제후국들은 일종의 독립된 국가로서 다른 영역과 마찬가지로 작은 규모지만 자체의 완비된 군사체제를 갖고 있었다. 한에서와 마찬가지로 제후왕의 숙위를 위한 낭중령, 병마를 관장하는 복僕, 그리고 주요 관문에 관도위關都尉 등을 두었던 것이다(李德源, "汉代的军事机构及其主官," 1987: 35).

236 『後漢書』 卷三十八 「百官五」 부도위·속국도위 등에 관해서는 이 책 10장 3절 참조.

伍에는 오장 등 층차별로 책임자들이 있었다. 이들은 일정 수의 병사들을 이끌고 주로 치안을 담당했다.[237] 일례로 동해군東海郡에는 정亭이 688개, 소속된 병사가 2천972명으로 1개 정에 평균 4, 5명의 병사가 배속되었다.[238] 변경지역에는 장鄣·정亭·수燧·척후斥候 등이 있어 각각 보루·초소·봉화·정찰과 같은 임무를 담당했다.

이러한 상설 군사조직 이외에 유사시 황제는 장군을 임명하여 대응했다. 장군과 관련해서 『후한서』「백관」은 다음과 같이 요약하고 있다.

> 장군은 늘 두지는 않는다. 원래의 주석에 의하면 장군은 반란의 정벌을 담당한다. 삼공에 비견되는 장군은 네 가지인데, 첫째는 대장군, 다음은 표기驃騎장군, 다음은 거기車騎장군, 다음은 위衛장군이다. 그 외에도 전·후·좌·우 장군이 있다.[239]

위 문헌은 흉노나 서강西羌 등에 대한 정벌 과정에서 대장군·표기장군·거기장군 등을 두었던 10여 차례 사례들을 나열하고 있다. 대장군은 그 지위가 삼공과 동급이거나 더 높았고, 표기장군이나 거기장군은 대개 그보다 낮았다. 그 아래에는 전·후·좌·우 장군과 수병·보병·전차·궁수 등 특수부대의 장군들, 그리고 발호장군拔胡將軍·파강장군破羌將軍 등 특정 임무를 맡은 장군들이 있었다. 『사기』나 『한서』 등에는 수십 명의 각종 장군 칭호가 등장하며, 대규모 원정이 있을 때에는 4, 5명의 장군들이 참가했다. 장군 아래의 중급무관에는 각종 교위校尉와 도위都尉 등이 있었다. 한 시기에는 앞서 언급한 8교위가 대표적이다. 도위도 명칭이 다양한데, 효기驍騎도위·거기車騎도위 등 수십 가지 명칭이 역사서에 등장한다. 이

---

237 『後漢書』 卷三十八 「百官五」.

238 동해군의 지방행정 기구와 인원에 대해서는 이 책 9장 3절 참조.

239 『後漢書』 卷三十四 「百官一」.

진시황의 호부虎符_진시황은 장군들을 통제하기 위해서 호부를 하사했는데, 장군들은 호부의 다른 반쪽을 지니고 있어야만 부하들을 복종시킬 수 있었다.

들은 군사작전을 할 때 자체의 병사를 이끌고 참여했다.[240]

장군들은 출정할 때면 각기 장군부將軍府 혹은 막부幕府라고 불리는 지휘본부를 구성했다. 위 문헌에 의하면 후한 시기에는 직급 천석인 장사長史와 사마司馬 각각 1인, 육백석의 종사중랑從事中郎 2인을 부관으로 두었다. 장사는 병마, 사마는 병사를 담당하고, 종사중랑은 전략을 담당했다. 그 외에도 각종 행정업무를 담당하는 속관 60명, 관부의 기병 30명과 군악대 등이 주어졌다. 물론 전쟁이 끝나고 나면 군대와 막부는 해산되고 장군의 직위도 해제되었다. 다만 대장군은 무제 시기의 위청과 같이 공을 세운 사람들에게 내리기도 하고, 후한 말기에는 국내가 불안한 상황에서 친인척을 수도에 상시로 둔 경우도 적지 않았다.

장군들은 중앙의 군대나 군국에서 징집된 군대에 대한 지휘권을 황제로부터 위임받아 출정했다. 그들에게는 전술상의 변화나 상벌 등에 있어서 어느 정도 자율성이 부여되었지만 운신의 폭은 상당히 좁았다. 황제가 세부적인 작전까지도 지시하는 경우가 적지 않았다. 앞의 승상과 마찬가

240 黄今言, 『秦汉军制度史论』, 1993: 31-32

지로 장군은 미묘한 위치에 있었다. 전국시대 말 명장 왕전王翦이 진시황으로부터 60만의 대군을 받아 초나라를 공격하러 갈 때, 일부러 자손들을 위해 전답과 주택 등을 챙기는 소박한 모습을 보여 줌으로써 그를 안심시킨 일화는 잘 알려져 있다.[241] 반대로 한의 건국에 가장 큰 군사적 공을 세운 한신韓信은 유방의 의심을 해소하지 못해 결국 제거되고 말았다.[242]

그렇다면 장군이 이끄는 군대의 하부조직은 어떻게 되었을까. 그것은 부部·곡曲·둔屯 등 층차적으로 되어 있었고, 각각 일정한 직급의 군관들에 의해 관리되었다. 이와 관련해 『후한서』「백관」은 다음과 같이 요약하고 있다.

> 장군이 이끄는 군軍은 모두 부部와 곡曲이 있다. 대장군 군영은 다섯 개 부가 있는데, 각 부에는 직급이 비이천석인 교위校尉 1인과 비천석인 군사마軍司馬 1인이 있다. 부 아래에는 곡曲이 있는데, 곡은 비육백석인 군후軍候 1인이 있다. 곡 아래에는 둔屯이 있고, 비이백석인 둔장屯長이 있다.[243]

이 구절에 의하면 장군이 통솔하는 가장 큰 군대조직은 군軍이었고, 차례로 부–곡–둔으로 세분화되었다. 군의 수는 정해져 있지 않으며, 출정 시에는 대개 몇 개의 군이 동시에 참여하게 되는데, 위에서 언급한 대장군·표기장군·거기장군 등이 통괄해 지휘하게 된다. 원칙상 5개 부가 1개 군을 형성했으나 상황에 따라 달랐다. 교위의 부는 하나의 군영으로서 상당히 독자적인 임무를 수행하는데, 그 인원은 고정되어 있지 않지만, 역사적 사례로는 적게는 1, 2천 명에서 많게는 6, 7천 명이었다.[244] 그리고 위

241 『史記』 卷七十三 「王翦列傳」.

242 『史記』 卷九十二 「淮陰侯列傳」.

243 『後漢書』 卷三十四 「百官一」.

244 『漢書』 卷六十九 「趙忠國傳」, 卷七十 「陳湯傳」.

의 문헌에 나와 있지 않으나 『거연한간』 등 죽간 자료에 의하면, 둔 아래에는 몇 개의 대隊가 있고, 대 아래에는 몇 개의 십什, 그 아래에는 몇 개의 오伍 등 더 작은 단위들이 있다. 이들은 직급 백석의 대졸隊卒·대사隊史·십장什長·오장伍長에 의해 각각 지휘되었다.[245]

## 4. 권력의 사회경제적 기반

### 제국과 재분배

국가권력은 일종의 상부구조로서 그것을 뒷받침할 수 있는 사회경제적 토대를 갖추고 있어야 한다. 앞서 우리는 성읍국가에서 영토국가, 그리고 권력의 밀도가 높아진 영토국가로서 중앙집권적 통일국가로 이어지는 대국화의 과정을 살펴보았다. 그렇다면 그러한 진화 과정의 사회경제적 기초는 무엇일까. 우리는 그 연장선에서 통일제국의 관련 문제를 파악할 수 있을 것이다.

각 단계의 생산관계와 거기에 기반을 둔 사회 성격의 규명은 일부 역사학의 중요한 관심 대상이었다. 이를테면 1936년 궈모뤄郭沫若는 『중국고대사회연구』에서 마르크스의 유물사관에 입각하여 상 이전을 원시공사公社사회, 주를 노예사회, 그리고 춘추시대 이후를 지주와 농부의 대립

245 黄今言, 『秦汉军制度史论』, 1993: 226-233.

246 郭沫若, 『中国古代社会研究』, 1954: 3-19. 후에 그의 의견은 비판되어 주가 노예사회가 아니라 이미 봉건사회로 진입한 것으로 수정되었다. 동시에 진의 전제적 성격도 더 분명하게 제시되었다.

을 특징으로 하는 봉건사회로 규정하였다.[246] 이러한 시각에서 본다면, 춘추전국이나 진한 시기 모두 지주—소작의 생산관계가 지배적인 봉건사회이며, 진의 통일은 봉건사회의 완성으로서 그 의미를 갖는다. 그 이후의 관련 연구들도 그러한 개념적 틀에서 크게 벗어나지 않는다.[247]

앞서 언급한 것처럼 국가권력은 일정한 요소들을 기반으로 하는데, 초기 역사에서 토지(자연)와 노동력(인구)이 대표적이었다. 나머지는 대개 그것들에서 파생되었다. 따라서 광범위한 의미의 농업을 둘러싼 생산관계를 통한 사회 성격의 규정은 설득력을 갖는다. 초기 국가권력의 통합과 확대 과정은 궈모뤄와 그 이후의 시기구분 개념들에도 반영되고 있다. 물론 해당 개념들은 현실을 지나치게 단순화하고 도식화하는 측면이 없지 않다. 그럼에도 생산력 수준이 높아지면서 한 사회를 구성하는 인구와 그들이 경작하는 토지의 면적이 증가했고, 그와 더불어 권력자원과 그것을 바탕으로 하는 정치조직으로서 국가도 커졌다는 점은 분명하다.

대국화의 완성 이후 국가의 사회경제적 기초와 관련해서도 기존의 시각에서는 봉건경제와 중앙집권적 전제주의의 독특한 연계성이 강조된다. 이를테면 중국에서 봉건지주는 전제국가의 초경제적 강제를 통해 자신의 이익을 지켰다. 이것은 중세 유럽의 봉건영주가 조세 이외에도 사법·행정·군사 등 통치권을 직접 행사했던 것과 대비되었다.[248] 물론 전제국가도 봉건경제를 자신의 물질적 기반으로 삼았다. 즉 거대한 관료기구

247 예를 들어 1961년 중국 정부가 대학교재로 편찬한 젠보짠翦伯贊의 『중국사강요』는 하와 상을 노예사회, 주를 봉건사회로 규정하고, 춘추전국시대의 과도기를 거쳐 진에 의해 전제주의 중앙집권사회가 성립된 것으로 보았다(翦伯赞 主编, 『中国史纲要』, 1962: 第三章, 第四章). 그와 유사하게 천장치陳長琦는 하와 상을 노예제, 주를 영주봉건제, 진한을 국가봉건제로 명명하였다. 주 시기에 토지와 농노가 귀족들에게 귀속되었다면, 진한에는 국가가 대부분의 토지와 농노를 소유함으로써 봉건지주의 역할을 담당하였다는 것이다(陈长琦, 『中国古代国家与政治』, 2002: 1-10).

248 胡如雷, 『中国封建社会形态研究』, 1979: 142-156.

의 유지, 국방, 치안, 대규모 사업 등에 필요한 경제적 자원을 집중할 수 있었던 것이다.[249]

한편 경제인류학자 칼 폴라니K. Polanyi(1886-1964)는 경제 유형을 호혜reciprocity, 재분배redistribution, 교환exchange으로 구분하고, 초기 제국들에서는 재분배가 지배적이었다고 주장했다. 이를테면 고대 이집트·바빌로니아·인도·중국 등 중앙집권적 대제국들은 거대한 저장설비를 갖추고 각 지방으로부터 물자를 중앙에 집중해 필요시에 재분배했다.[250] 재분배는 토양과 기후의 계절적·지역적 차이, 수확과 소비 사이의 시간적 간극으로 인해 필요했다.

고대 중국에서 재분배와 이를 위한 자원의 집중은 문헌상으로도 적지 않게 확인된다. 전국시대 문헌인 『예기』 「왕제」는 "나라에 9년분의 식량 비축이 없으면 부족하다 하고, 나라에 6년분의 식량이 없으면 위기 상황이라 한다. 3년의 비축이 없으면 나라라고 할 수 없다."[251]고 말하고 있다. 그와 유사하게 전한 초기 가의賈誼는 다음과 같이 말하고 있다.

> 불행히도 사방 2, 3천 리에 걸쳐서 가뭄이 있게 되면 나라가 어떻게 서로 도울 수 있겠습니까? 갑자기 변경지역에 급한 상태가 발생해 수십, 수백만 명의 병사가 동원될 때, 나라가 어떻게 이들을 먹일 수 있겠습니까. 전쟁과 가뭄이 겹쳐 천하에 물자가 크게 고갈되면 용맹하고 힘 있는 자들이 무리를 모아 폭력을 휘두를 것이니…… 저축은 천하의 대명입니다.[252]

---

249 王亞南, 『中國地主經濟封建制度論綱』, 1955: 10-15.

250 Polanyi, *The Great Transformation: the Political and Economic Origins of Our Time*, 1944: 51-52.

251 "國無九年之蓄曰不足, 無六年之蓄曰急, 無三年之蓄曰國非其國也."(『禮記』 「王制」)

252 "即不幸有方二三千里之旱, 國胡以相恤? 卒然邊境有急, 數十百萬之衆, 國胡以餽之?

그럼에도 다른 초기 제국들과 비교하여 중국에서 국가에 의한 재분배는 훨씬 복잡했다. 그것은 중국에서는 재분배가 물자의 직접적인 집중과 공급이 아니라, 많은 경우 화폐를 매개로 하는 교환 과정을 통해 이루어졌기 때문이다. 다시 말해 재분배는 토지와 농업생산 이외에도 화폐를 통한 각종 조세의 부과, 소금과 철에 대한 전매, 그리고 균수법이나 평준법과 같은 유통 과정에 대한 참여 등 복합적인 방식으로 진행되었다. 물론 부분적이고 개별적인 교환행위를 수요와 공급에 따른 가격결정을 특징으로 하는 시장기제와 동일시할 수는 없다. 당시에는 자급자족에 기반을 둔 자연경제가 주도적 위치에 있었기 때문이다.[253]

특히 이 글에서 취하고 있는 정치학적 시각에서 본다면, 제국의 경제정책은 재화의 배분을 둘러싼 사회적 관계를 반영했다. 한편으로 전제국가는 가용 권력자원을 지속적으로 확대하려고 시도했다. 그에 반해 지주나 지방호족과 같은 주요 사회세력들은 그러한 권력자원의 집중에 저항했다. 양자는 노동력, 토지, 조세, 화폐주조, 소금이나 철과 같은 주요 물자들에 대한 개발과 판매 등을 둘러싸고 서로 경쟁했다. 물론 그들 사이에는 공생관계도 존재했다. 위에서 언급한 것처럼 봉건지주들은 무엇보다도 국가권력을 통해서 재산권을 보호받았고, 전제국가는 이들을 통해 재원의 조달과 더불어 지역사회의 안정을 확보했다. 초기 제국은 자원배분을 둘러싼 국가와 사회세력 사이의 역동적인 관계를 보여 준다.

---

兵旱相乘, 天下大屈, 有勇力者聚徒而衡擊…… 夫積貯者, 天下之大命也."(『漢書』卷二十四「食貨志」)

253 진한 시기 경제체제 성격에 대한 종합적 논의는 林甘泉, "秦汉的自然经济与商品经济," 1997 第1期: 71-85 참조.

## 토지와 농업생산

인간은 생물학적 진화를 거쳐서 어느 시점에는 지구의 대부분 지역에 살게 되었다. 그렇지만 그 시점에서도 문명적 수준은 낮았다. 중국에서 발굴된 최초의 인간으로서 약 170만 년 전의 원모인元謀人부터 소위 신석기 문화가 출현하는 기원전 7천 년까지 중국 전역에서 다양한 이름의 구석기 문화가 발견된다. 구석기 문화유적은 각기 시기적으로 차이가 있고 서로 연계성이 없어 보이지만, 운남·섬서·북경·광동·산서·호북·내몽고·광서 등 전역에서 확인된다. 신석기는 앙소仰韶문화나 용산龍山문화와 같이 일정한 지역에 걸쳐서 공통된 문화로 등장한다. 이러한 원시문명에서 황하 유역을 중심으로 많은 유물이 발견되지만, 장강 중하류는 물론 광동이나 복건·절강 등 남부 연해지방에서도 확인되고 있다.[254]

자연조건에 있어서 인간이 살기 어려운 서부의 사막이나 고원지대에서는 당연히 드물게 나타나지만, 농경에 필요한 물이 공급되는 대부분의 지역에서 공동체들이 확인된다. 황하나 장강과 같은 대규모 강과 그 주변의 평원지대는 물론 내몽고의 초원지대에서도 신석기 공동체들은 매우 조밀한 분포를 보여 준다. 지역별로 상당한 차이가 나타나기도 하는데, 신석기 문화에는 다양한 하위문화가 있었던 셈이다.

그럼에도 역사학자들은 갑골문자 그리고 청동기에 새겨진 문자 등에 의해 초보적 형태의 권력이 확인되는 상 후기[255]나 서주 시기까지도 원시적 농업에 기반을 두었다는 데에 동의한다. 당시 청동기는 무기와 제기의 제작에 국한되었고, 농기구는 목재나 석재였다. 목재나 석재로 경작할 수 있는 땅은 제한되었는데, 어느 정도 물에 접근할 수 있으면서도 범람이 이

---

254 朱伯康·施正康,『中国经济通史』(上), 1995: 1-12.

255 은허殷墟에 수도를 둔 기원전 13, 14세기 이후.

루어지지 않는 곳이어야 했다. 고고학적 증거로는 은 시기만 하더라도 조·기장·보리 등 밭농사만 있었고, 벼와 같은 논농사는 주 이후에야 알려졌다.[256] 따라서 『상서』「우공」과 같이 후대의 문헌에 기술되고 있는 인공관개는 대개 농사를 위한 물의 공급보다는 홍수를 막기 위한 것이었다고 하겠다.

당시 사회의 기본단위는 혈연공동체였다. 이것은 국國이나 읍邑으로 불리는 씨족 또는 그 하위단위로서 분족分族의 집단적 거주지였다. 각각의 공동체에서는 생산과 더불어 종교, 군사적 방어 등 활동이 집단적으로 이루어졌다. 성읍은 도시지역과 그 외곽의 농촌지역으로 구분되어 있었는데, 성읍 내에서는 생필품의 대부분을 자급자족했다. 이러한 상황은 일부 문헌에서도 확인된다.

> 옛날 천호가 모여 사는 읍이나 전차 100승을 보유한 가家에는 도공·목공·상인이 있어서 사농공상의 백성들이 각기 필요로 하는 것을 서로 바꿀 수 있었다. 그리하여 농민은 경작지를 떠나지 않아도 농기구를 충분히 얻을 수 있었고…… 백성들은 각자 편의를 얻을 수 있었다.[257]

물론 자연적 조건과 그에 따른 생산물자들이 지역마다 다르기 때문에 성읍들 사이에도 일정한 교역이 불가피했다. 이외에도 외부의 적에 대한 공동의 대응, 농경에 필요한 관개나 강의 범람을 막기 위한 대규모 수리시설의 건설 등 필요에 의해 자발적인 연대나 동맹이 이루어졌다. 그리고 시간이 지나면서 외부와의 교류는 더 확대되었다. 그럼에도 성읍들은 경제나 정치의 가장 중요한 단위로 존재했다.

---

256 니시지마 사다오西嶋定生 지음, 변인석 편역, 『중국고대사회경제사』, 1994: 38-42.

257 "古者, 千室之邑, 百乘之家, 陶冶工商, 四民之求, 足以相更. 故農民不離畦畝, 而足乎田器, 工人不斬伐而足乎材木, 陶冶不耕田而足乎粟米, 百姓各得其便, 而上無事焉."

농업생산과 관련해 역사학자들은 역사 초기일수록 토지의 공동소유와 집단적 생산이 지배적이었다는 데 동의한다. 그것은 초기에는 채취와 수렵 그리고 원시적 농업이 주된 생산방식이었던 사실과 관련된다. 이러한 생산방식에서는 개인이나 가족보다는 다수가 공동으로 참여하지 않으면 안 되었다. 그럼에도 공동체 내의 사회적 관계에 관해서는 잘 알 수 없다. 다만 앞의 궈모뤄가 주장한 것처럼, 문명의 초기단계에서 존재하던 구성원들 사이의 평등이 시간이 지나면서 지배와 피지배 관계로 변모했다고 볼 수도 있다.

그런데 생산활동이 구체적으로 묘사되는 최초의 문헌은 서주와 춘추시대 중원의 시를 모은 『시경』일 것이다. 여기에는 초기 사회의 농업생산과 관련된 내용이 적지 않다. 대규모의 노동력에 의한 집단적 노동의 예로, 1천 명, 1만 명 등이 2인조로 밭을 갈고, 관리(또는 노예주)가 그것을 감독하는 장면이 있다.[258] 그 외에도 "국가邦와 가문家이 모두 빛난다."[259] 거나 "우리 공전公田에 비를 내리고, 마침내 우리 사전私田에 미친다."[260] 등의 공권력을 시사하는 표현도 있다. 이러한 구절들은 몇 가지 사실을 시사한다. 이를테면 공사의 구분이 명확하지 않은 상황에서 권력을 장악하고 있는 지배층은 공전公田의 이름하에 토지의 대부분을 소유했고, 노예주로서 다수의 피지배계층을 농업에 동원했다. 공전에서 경작은 지배층의 감독 아래 이루어졌다. 피지배 계급에게는 일부의 토지를 사전私田으로 제공해 생계를 삼도록 했다.

그런데 기원전 6, 7세기에 철기가 도입되면서 중요한 변화가 나타났다. 철기가 등장하면서 철제 농기구가 주조되었다.[261] 철제 농기구는 흙

(『鹽鐵論』「水旱」) 번역은 김한규·이철호 역, 『염철론』, 2002: 270을 참조함.

258 『詩經』「周頌」'噫嘻'.

259 "邦家之光."(『詩經』「周頌」'載芟')

260 "雨我公田, 遂及我私."(『詩經』「小雅」'大田')

을 일구는 것 이외에도 호미나 낫 등 제초나 수확에도 사용되었고, 후에는 우경용 쟁기가 등장했다. 철제 농기구의 사용과 우경은 농업생산력을 획기적으로 증가시켰다. 그것은 흙덩어리를 깨거나 땅을 깊게 팔 수 있어 단위당 생산량을 높일 수 있었을 뿐만 아니라 개인이 경작할 수 있는 면적을 크게 넓혔기 때문이다. 그 외에도 다른 철제기구들도 개발되어 황무지 개간, 산림개발, 수리시설 건설, 광산채굴 등에 응용됨으로써 장기적으로 농업을 더욱 발전시킬 수 있는 가능성을 열게 되었다.

경지면적과 농업생산성의 증가는 생산방식뿐 아니라 가족·토지소유 등 사회제도에도 커다란 변화를 내포했다. 그것은 무엇보다도 씨족공동체를 해체시켰다. 경지면적의 증가는 공동체 영역 밖에 새로운 토지가 출현함을 의미했다. 또한 농기구의 발전은 씨족에 의한 집단적 경영이 아니라 가족단위의 소규모 생산을 가능하게 했다. 즉 생산과 소유 등 혈연에 바탕을 둔 농촌공동체가 해체되면서 대략 5인 정도로 구성된 가구가 전형적인 생산단위로 등장하게 되었다.[262] 이러한 과정이 비록 혈연적 공동체를 완전히 해체시키지는 않았지만, 지주와 소작농에 기반을 둔 봉건적 생산양식의 토대가 되었다. 사적소유, 가족경영 그리고 토지의 집중은 정치적으로 중앙집권적 전제정치의 중요한 기반이기도 했다. 물론 이러한 과정은 오랜 시간에 걸쳐서 천천히 진행되었다.

농업생산량이 증가하면서 사회적 잉여생산물도 증가했다. 국가는 다양한 방식의 토지제도를 통해 그중 상당 부분을 차지했다. 초기 토지제도와 관련한 가장 체계적인 분류는 『맹자』에서 찾아볼 수 있다. 그에 의하면 역사적으로 존재해 온 토지제도는 2-3가지로 요약될 수 있다. 즉 하夏는 '공貢'이라 하여 일정한 토지에 대해서 — 몇 년의 수확량을 기초로 — 미리

261 병기는 여전히 청동기가 사용되었고, 철제 병기는 한 시기에 시작되었다.

262 林甘泉 主编, 『中国经济通史: 秦汉经济卷』(上卷), 1999: 24-26.

정해진 조세를 부과하는 방식이 사용되었다. 은殷은 '조助'라 하여 조세를 납부하지 않고, 각각의 사전私田 이외에 공전公田을 두어, 이를 경작해 그 수확물을 조세로 납부하는 방법을 썼다. 이것은 노동력을 국가에게 제공하는 방법으로서, 소위 정전제井田制라고 한다. 주의 제도는 '철徹'이라 불렸지만 기본적으로 '조'에 해당되었다. 각각의 제도는 일정한 크기의 토지를 정부가 각 가구에게 분배하는 수전제授田制에 기초했는데, 하는 가구당 50무, 은은 70무, 주는 100무였고, 세율은 대략 10분의 1이었다.[263]

통상적으로 맹자의 정전제는 공동체적 토지소유, 즉 토지의 공유제로 이해되고 있다.[264] 그렇지만 정전제는 대부분의 토지에 대한 가구 단위의 사적 경작 및 사용을 전제로 하며, 공전은 조세의 납부를 위한 소규모 토지에 국한된다. 정전제는 토지의 균등한 배분을 통해서 토지의 집중과 봉건적 착취에 대한 대안을 제공한다는 점에서 의미를 갖는다. 앞서 언급한 것처럼 노예제 사회에서 대부분의 토지는 공전으로서 국가(즉 지배층)의 소유였다면, 맹자의 주장에는 춘추전국시대에 널리 행해진 국가수전제와 함께 가족 단위의 농업생산, 그리고 토지의 겸병과 집중이 확대된 현실이 반영된 셈이다. 물론 현실에서는 맹자의 이상과는 달리 토지의 광범위한 사적소유가 진행됨으로써 차츰 소작제에 바탕을 둔 봉건적 생산관계가 도입, 확대되었다.

---

263 『孟子』「滕文公上」.

264 맹자의 정전제와 관련해 한 가지 주목할 것이 있다. 사실 그가 소국인 등滕에 제안했던 이상적인 토지제도는 순수한 형태의 정전제는 아니었다. 그는 앞서 말한 '공'과 '조' 2가지 조세제도의 병행을 주장한다. 즉 교외〔野〕 지역은 분전제(정전제)와 '조'를 실시하고, 도회〔國中〕에는 관리들의 봉록으로 제공되는 토지로서 '공'을 실시하는 것이다. 그 외에 관리들에게는 제사를 모시도록 하기 위해서 가장 1인에게 50무, 나머지 성인 남자에게는 각각 25무가 제공된다. 등에서 '조'는 사방 1리里, 즉 900무로 8개 가구를 정井으로 묶어, 가구당 100무씩의 사전을 지정하고, 공전 100무를 경작하여 조세로 내는 방식이었다.

농업생산의 증가와 조세를 통한 물질적 기반이 마련되면서 국가권력에도 질적인 변화가 나타났다. 무엇보다도 국가는 더 많은 생산의 확대와 이를 통한 권력자원의 증대를 꾀할 수 있게 되었다. 『상서』나 『춘추좌전』과 같은 고대의 역사서에는 대규모 관개사업의 사례들이 자주 등장한다. 관개사업은 그 전까지 농사를 지을 수 없던 땅을 경작할 수 있게 함으로써 경지면적을 크게 확대시켰다. 물론 토지의 확보는 주로 공동체 밖에서 이루어졌다. 각국은 성읍국가 체제에서 비어 있던 공터를 차례로 차지하고, 나아가 주변 국가들을 점령함으로써 영토국가로 변모했다. 국가는 광대한 영토를 보유하게 되었고, 농민들에게 일정한 규모의 토지를 분배했다. 농민들도 그 과정에서 토지를 얻을 수 있었으니, 국가와 농민의 이해가 일치했던 셈이다. 이것은 춘추전국시대에 지속되었던 전쟁의 원인 중 하나였다.

그 과정에서 국가에 의한 토지분배, 즉 수전제가 진秦과 위魏 등 일부 국가에서 널리 실시되었다. 진의 상앙商鞅은 사방 100리의 땅에서 도시·산지·하천 등을 제외하면 경지면적이 전체의 10분의 6이고, 그중 10분의 2는 악전惡田, 10분의 4는 양전良田이라고 가정해 농부 5만 명에게 경작시키는 제도를 언급하고 있다.[265] 그리고 위魏의 이회李悝도 그와 유사하게 사방 100리의 땅에서 경지면적 3분의 2를 가정해 6만 명의 농부에 대한 토지배분을 언급하고 있다.[266] 이것은 두 나라 모두 농부 1인당 약 100무를 지급했음을 의미한다.[267] 물론 수전제는 앞서 언급된 정전제와는 다른 농업조직 방식으로서 공동체적 특징을 갖지 않는다. 수전제는 당시 국가권력이 다수의 소규모 자경농에 기반을 두고 있음을 뜻한다. 농민들은 소위 조직화된 편호제민編戶齊民으로서 당시 가장 중요한 산업인 농업과 더

265 『商君書』「徠民」.

266 『漢書』卷二十四「食貨志」.

267 杨宽, 『战国史』(增订本), 1998: 176-177.

불어 군대의 인적 기반을 제공했다. 부국강병을 위해 농업과 전쟁에 전념해야 한다는 소위 농전農戰 사상이 생겨난 것도 이러한 배경에서였다.

그런데 문헌에 의하면 새로운 토지제도가 통일 전 진에 의해 시도되었다. 상앙의 개혁 조치들 가운데 하나는 '천맥을 여는 것'이었다.[268] '천맥' 그리고 '열었다'는 표현에 대한 해석이 다양하지만,[269] 대체적인 의견에 의하면, 기존의 토지에 대한 경계가 넓어지거나 제거되었고, 이것은 토지매매의 허용과 결합해 대토지소유를 가능하게 했다. 이러한 의견은 한의 동중서나 반고 등에 의해 제기되었다.[270] 그렇지만 진을 포함해 전국시대 국가들은 토지의 국가소유제를 실시하고 있었기 때문에 토지 경계의 확대가 토지의 집중을 의미하지는 않았을 것이다. 특히 진의 경우 농지의 확대와 노동력의 동원을 통한 생산의 증대와 그에 따른 국가의 재원 마련이 토지개혁의 주요 목적이었다. 진은 농민들의 토지점유와 가축 등 일부 사적 소유를 허용했지만, 각종 고율의 과세를 통해 흡수했다.

다만 전국시대를 지나면서 일부 국가들에서 수전제의 기반은 약화되

---

268 그 예로서 『전국책』은 "천맥을 텄다(决裂阡陌)"(『战国策』「秦策三」)로, 『사기』는 "천맥을 열었다(開阡陌)"로 표현하고 있다(『史記』 卷五 「秦本紀」, 卷六 「秦始皇本紀」, 卷六十八 「商君列傳」). 『한서』에서는 "정전제를 폐지하고 천맥을 열었다(壞井田, 開阡陌)."고 기록하고 있다(『漢書』 卷二十四 「食貨志」).

269 대표적으로 하나의 해석은 천맥을 토지의 경계로 보고 그것을 열어 정전제보다 무畝의 수가 많은 새로운 경계를 설치했다는 것이고, 다른 해석은 천맥을 정전제하에서 사용되지 않던—주희朱熹에 의하면 토지 경계의 다툼 제거, 물의 저장을 통한 수해와 가뭄의 해소 등 역할을 했던—정전 사이의 길이나 도랑 등으로 보고, 그것들을 농지로 개발했다는 것이다. 전자는 당의 두우杜佑가 편찬한 『통전通典』의 「식화食貨」, 후자는 주희의 「개견천맥변開开阡陌辯」에 의해 대표된다. 현대에 발견된 진 시기의 한 죽간에는 "'봉封'은 곧 토지 천맥이다. 경頃의 경계가 '봉'이다(封即田千佰. 頃半〔=畔〕封也)."라 하여 천맥을 토지의 경계로 사용하고 있다(『睡虎地秦墓竹简』「法律答问」). 관련 논의에 대한 국내 연구의 예는 李裕成, "戰國 秦의 鄕村支配定策에 대한 一考察," 1993: 233-237.

270 『漢書』 卷二十四 「食貨志」.

한대의 각종 농기구_우경의 보급으로 생산성이 크게 향상되었다.

었다. 지속적인 전쟁에 필요한 인원과 물자를 조달하기 위해서 농가들에게 과중한 조세와 부역이 부과되었다. 그로 인해 파산한 농민들은 노비로 전락하거나 도망했다. 그들은 지주의 머슴이나 소작농이 되거나 도시의 상점, 건축업, 개인수공업 등에서 일자리를 찾았다. 더욱이 전쟁으로 권력의 기반이 약화된 일부 국가에서는 수전제가 유지되지 못했고, 토지는 점차 사유화되었다.

토지의 사유화는 다시 토지의 겸병과 집중을 가져왔고, 그에 따라 소규모 자영농 중심의 사회경제적 기반도 와해되었다. 동중서는 이러한 상황을 다음과 같이 서술한다.

> 진은 상앙의 법으로 제왕의 제도를 바꾸어 정전井田을 폐지하고 백성들이 토지를 매매할 수 있게 하니 부자들의 토지는 넓게 논두렁을 잇고, 빈

자들은 송곳을 세울 땅도 없게 되었습니다…… 국가의 토지세와 인두세, 그리고 염철수입은 옛날의 20배가 되었습니다. 부호들의 토지를 경작하는 사람의 세稅는 생산물의 절반이었습니다. 그리하여 빈민은 늘 소나 말의 옷을 입고, 개나 돼지의 음식을 먹었습니다…… 한이 흥기했으나 그대로 답습해 고쳐지지 않고 있습니다.[271]

결국 통일제국이 형성되는 시점에서 토지제도는 매우 복잡한 양상을 띠게 되었다. 다만 경향적으로 토지의 집중화가 이루어지면서, 지주경제가 지배적인 방식이 되었다. 그럼에도 초기 대국의 형성, 즉 광범위한 영역과 인구에 대한 정치적 통일은 일정한 경제적 토대를 요구했다. 무엇보다도 중앙집권적 대국은 자신의 인적·물질적 자원을 확보하지 않으면 안 되었다. 이를 위해 토지의 집중화를 제한하는 한편, 지주의 경제 외적 권력을 제한하였다.[272] 뿐만 아니라 농업기술은 여전히 이전과 질적인 차이가 없었기 때문에 생산방식으로서 기존의 소농경제가 유지되었다.

사실 중앙집권적인 정치권력의 안정과 지속은 소농경제와 긴밀한 관계가 있다. 소농경제에서 생산은 개별 농가단위로 이루어졌다. 국가는 공유지를 농가단위로 배분했고, 지주들도 노예나 고용농을 통해 직접 경작하기보다는 주로 소작농을 통해서 생산하게 했다. 그리하여 농민들은 봉건

---

271 “用商鞅之法, 改帝王之制, 除井田, 民得賣買, 富者田連仟伯, 貧者亡立錐之地…… 田租口賦, 鹽鐵之利, 二十倍於古. 或耕豪民之田, 見稅什五. 故貧民常衣牛馬之衣, 而食犬彘之食…… 漢興, 循而未改.”(『漢書』 卷二十三 「食貨志」)

272 중국에서 지주와 전제정치의 연계와 관련해 후루레이胡如雷는 유럽의 영주체제와 대비시키고 있다. 즉 영주체제에서 영주는 엄격한 신분제를 기반으로 농노에 대해서 행정·사법·군사 등 온전한 권력을 행사했다. 그에 반해 중국의 지주-소작체제에서는 신분이나 토지소유가 불안정하고, 지주는 소작농에 대해서 철저한 권력을 행사하지 못했다. 따라서 그들은 전제적 국가권력을 통해서 자신들의 이익을 지키고자 했다(胡如雷, 『中国封建社会形态研究』, 1979: 151-154).

적인 정치권력에 의해 비교적 쉽게 통제될 수 있었다. 그와 함께 국가는 중농억상重農抑商 정책을 통해 유동성이 강하고 통제하기 어려운 상인계급의 성장을 억제하고자 했다. 이것은 진한 제국의 사회계급 구성과 그와 관련된 토지소유 및 생산방식에서 나타난다. 농민은 물론이거니와 거의 모든 지배계층이 토지와 거기서 생산되는 농업생산물에 직접 의존했다.[273]

먼저 권력의 장악이 가져오는 정치적 그리고 사회경제적 혜택은 무엇보다도 황제와 그 친인척에게 돌아갈 수밖에 없었다. 진은 군현제를 실시해 권력을 황제에게 집중했기 때문에 그 가족에게는 영토가 주어지지 않았지만 작위와 많은 토지가 주어졌다. 그에 반해 한 고조는 자신의 자제들을 모두 제후국의 왕으로 봉함으로써 특정 지방에 대한 정치적·경제적 지배권을 부여했다. 다른 친인척들에게도 친소에 따라 각종 작위와 식읍이 주어졌다. 그들은 각종 조세나 요역이 면제되고, 작위나 토지가 세습되는 특권계급이었다.

그 다음은 건국 과정에서 군사적 공헌을 한 부류이다.[274] 그들은 주로 고조와 같이 하층 출신이지만 군사적 공로로 출세한 사람들이다. 그들에게는 군공에 대한 대가로서 작위와 관직 그리고 대규모의 토지가 지급되었다. 그들은 황제의 친인척과는 달리 국가경영에 직접 참여했지만 정치적 지위는 불안정했다. 어쨌든 이들은 왕실귀족과 마찬가지로 국가로부터 일정한 토지를 식읍食邑으로 받았다. 식읍은 명목상 국가의 토지였고 그것은 수전농에 의해 경작되었지만, 거기에는 지주와 소작의 관계가 존재했다. 그들보다 직급이 낮은 군관이나 병졸들에게도 거기에 상응하는 관직과 토지가 주어졌다.

---

273 아래 한대의 사회계층에 대한 분석은 孟祥才,『中国政治制度通史: 第三卷 秦汉』, 1996: 19-34에 주로 의거함.

274 진에서는 이사·왕관王綰·조고趙高·몽괄蒙恬 등이 대표적이다. 전한에서는 소하蕭何·조참曹參·주발周勃·진평陳平·왕릉王陵·번쾌樊噲·하우영夏侯嬰 등이 있다.

또한 문헌상으로는 정확하게 알 수 없지만, 과거부터 내려오던 다수의 중소 지주들이 있었다. 그들은 정치적 상황의 변동에 크게 영향을 받지 않으면서 새로운 통일국가에서도 존속될 여지가 크다. 그들이야말로 향촌의 실질적인 지배세력이었을 것이다. 토지에 기반을 둔 중소 지주들과 더불어 상인들은 도시에서 상업이나 광산과 같은 채굴업을 통해 부를 축적했다. 그들 가운데는 『사기』「화식열전」에 소개된 인물들과 같이 전국적으로 알려진 경우도 있지만, 지방적 수준에서도 유사한 사례는 적지 않았을 것이다.

이들 경제적 지배계층에게는 각종 통로를 통해서 정치권력에 참여할 기회가 주어졌다. 그들은 신분·금전·학문 등 권력에 접근할 수 있는 자원을 갖고 있었다. 한 시기에 관직은 일정한 등급의 관리들 자제에 대한 추천, 매매, 그리고 학문적 소양에 기반을 둔 천거나 시험 등에 의해 결정되었다. 자제의 추천이나 관직의 매매는 지배층에게 직접 관직을 배분하는 것으로 이해될 수 있다. 학문적 소양에 따른 추천도 그 기준의 엄밀성 여부와 무관하게 교육 자체가 대부분 생계를 위한 노동에서 자유로운 부류에 한정되었다. 따라서 관직의 진출은 사실상 지배층에게만 가능했다.

이러한 소수의 정치적·경제적 지배계층에 대해 다수의 피지배계층이 존재했다. 이들은 각종 사회적 재화의 생산과 서비스에 종사했다. 물론 그들 가운데 대다수는 농민이었다. 제국 초기 농민계층은 그 비중에 있어서 수전농受田農·자경농·소작농·고용농 순이었다.

농민 가운데 가장 큰 집단은 국가로부터 일정한 토지를 받은 수전농이었다. 그들은 조직적으로 편제되었고, 황제는 토지와 더불어 귀족이나 고위관리에게 하사하거나 회수했다. 또한 이들은 각종 명목의 조세와 부역을 담당했다. 그들은 국가의 농노(소작인)라고 할 수 있지만, 사적 농노에 비해서 상당히 안정적이었다. 그들은 농기구나 일소와 같은 생산수단을 소유했지만 토지에 묶여 있었다. 전한 전기에는 수전농의 비중이 많았으나 토지사유화가 진행되면서 자경농과 구분이 사라져 갔다.

다음으로 자신의 농기구로 자신의 토지를 직접 경작하는 자경농이 있었다. 그들은 수전농보다 생산이나 사회생활에 있어서 더 자유로웠지만, 그들과 마찬가지로 각종 조세와 부역에 시달렸다. 그와 함께 대지주에 의한 토지겸병으로 파산하는 경우도 적지 않았다.

그 외에 일반 지주로부터 토지를 빌려 자신의 생산수단을 가지고 경작하는 소작농이 있었다. 그들은 대개 수확량의 절반 이상을 지주들에게 소작료로 내지 않으면 안 되었다. 그들은 때때로 수전농보다도 안정되지 못했고, 자경농처럼 자유롭지 못했다. 마지막으로 고용농이 있었는데, 그들은 자신의 농기구도 없이 지주나 부유한 자경농의 직접적인 감독 아래 저렴한 임금을 받고 일했다. 그들은 조세나 부역과 같은 공적인 의무에서 면제되었지만 일종의 노예와 같이 신체적 구속을 받았다.

농민 이외에는 관영이나 민간 상공업 그리고 귀족이나 지주의 가내업무를 담당하는 노비들도 있었다. 그 수에 대해서는 정확하게 알 수 없지만, 진한 시기에 노예는 보편적인 제도로서 존재했다. 전한 후기 노비의 수는 10만여 명,[275] 최소 230만 명,[276] 인구 10여 명 당 1명(약 600만 명),[277] 전체 인구의 1%인 50만 명[278] 등으로 다양하게 제시되고 있지만, 매우 불확실한 자료에 의거할 뿐이다. 다만 중앙과 지방의 지배층들이 수백 명에서 천여 명의 노비들을 집에 두고 있었다는『한서』등 역사서의 기록은 적지 않다.[279] 그럼에도 유럽 등 다른 지역에 비해 양한 시기 노비의 수가 많지 않았다는 견해가 지배적이다.

---

275 관노비의 수.『漢書』卷七十二「貢禹」; 翦伯贊, "關於兩漢的官私奴婢問題," 1954: 4.

276 胡寄窗,『中国经济思想史』(中), 1996: 150.

277 赵树贵, "试论两汉奴婢问题与奴婢政策," 1985: 26-27.

278 Hardy and Kinney, *The Establishment of the Han Empire and Imperial China*, 2005: 84.

279 孟祥才,『中国政治制度通史: 第三卷 秦汉』, 1996: 26-27.

한대의 노비_화상석에 새겨진 노비들로, 한나라는 자주 공적 의무가 면제된 노비들을 해방시켜 평민으로 전환하고자 했다.

노비들은 일부 변경에서 잡아 온 소수민족들도 없지 않았으나, 범법에 의해 가족들이 노비가 되거나 채무불이행에 의해 노비로 전락한 경우가 대부분이었다. 따라서 노비의 거래가 없지는 않았으나 로마나 아테네와 같이 무역에 의해 외부로부터 노예가 지속적으로 공급되는 상황은 아니었다. 국가의 입장에서도 노비는 각종 부역이나 조세 등이 면제된다는 점에서 수적인 확대는 바람직하지 않았다. 따라서 보유 가능한 노비 수의 제한, 노비의 평민 전환 등 정책들이 간헐적으로 반복되었다.

이처럼 노비의 규모 자체가 작았을 뿐만 아니라, 특히 농업생산과 관련해 노비의 역할은 매우 제한적이었다. 그것은 관노비의 경우 주로 관청의 일을 했고, 사노비의 경우 귀족들의 가사에 동원되었기 때문이다. 그와 관련해 전한의 애제哀帝 시기에 보유할 수 있는 노비의 수를 제한하는 정책이 제안되었는데, 이때 상한선은 제후왕은 200명, 열후와 공주는 100명, 관내후와 관리는 30명이었다.[280] 이것은 노비가 농사일보다는 귀족들의 가사에 주로 동원되었음을 시사한다. 일부의 지주나 대상인들은 수백 명의 사노비를 부려 상업에서 축재한 경우도 문헌에서 확인되지만,[281] 그러한 사례는 많지 않았다. 따라서 중국의 역사가들은 비슷한 시기의 유럽과 달리 진한을 노예사회로 규정하기를 주저한다.[282]

제국은 결국 소농경제에 기반을 두었다. 즉 농업생산은 남의 토지를 빌려 농사를 짓는 소작농과 자신의 토지에 농사를 짓는 자영농이 주로 담당했다. 이들은 소위 편호제민編戶齊民으로서 국가에 의한 조직과 관리의 핵심을 이루었다. 이들은 국가에게 토지세·인두세 등 조세를 납부하고, 군역과 노역 등 노동력을 제공했다. 국가의 많은 정책들은 생산의 주체로서 이들 소규모 생산자들을 바탕으로 했다. 따라서 국가는 자신의 존립을 위해서 그들을 보호하지 않으면 안 되었다. 동중서를 포함한 많은 사람들이 소규모 경작면적, 과도한 조세와 부역, 생산량의 절반에 이르는 소작료 등 문제점들을 지적했다. 그에 대한 치유책으로서 지주의 토지소유 제한, 노비의 제거, 조세와 소작세의 경감, 요역의 축소 등 방안이 제기되었다.

그렇다면 농업생산 정도는 구체적으로 어떠했을까. 그것은 가구당 경작면적이나 수확량 등을 통해 밝혀질 수 있을 것이다. 경작지와 관련해 『한서』「지리지」에 의하면 전한 말 전국의 토지는 약 1억 4천514만 경頃이

---

280 『漢書』卷二十四「食貨志」.

281 노비를 물고기·소금 등 매매에 동원해 수천만 전을 모은 조한刁閒이 그 예이다(『史記』卷一百二十九「貨殖列傳」).

282 아테네나 로마의 경우에는 대토지소유제하에서 노예 노동력을 통한 직영과 자유민을 통한 소작이 병존했다. 직영은 토지의 사적소유 이외에도 외부로부터 노예의 지속적인 공급에 기초한 노예제, 그리고 수공업은 물론 채소나 과일과 같은 상업적 농업의 발전을 전제로 했다. 아테네는 인구의 약 4배에 해당하는 노예가 있었고, 1세기경 로마제국에는 인구의 약 30%가 노예인 것으로 추산되고 있다( http://www.britannica.com/blackhistory/article-24157).

었고, 그 가운데 경작지는 5.7%인 827만 5천 경이었다. 나머지는 주거지·하천·도로 등으로서 70% 정도는 농사를 지을 수 없었고, 일부는 황무지와 같이 아직 개간되지 않은 곳이었다.[283] 그 결과 경작면적은 가구당 67.7무, 일인당 13.9무에 해당되었다. 후한 시기에도 상황은 크게 다르지 않았다.[284] 물론 인구 전체가 농사에 종사하는 것은 아니기 때문에 농가당 그리고 농민 일인당 평균 경작면적은 그보다 많았을 것이다.

한편 문제 시기 조조에 의하면, 당시 5인 가구의 경작면적은 100무를 넘지 못하고, 전체 수확량도 100석을 넘지 않는다. 한 연구자는 몇몇 자료들에 근거해서 수확량 100석은 근거가 희박하며, 당시 무畝(여기서는 가로 1.8미터 세로 180미터 크기의 소무小畝)당 1.25-2석이 생산된다고 주장한다. 다만 그는 조조가 제기한 경작지 100무는 현실적이라고 보는데, 그에 따라 가구당 수확량은 125-200석(1석=27근=13.5킬로그램)으로 산정된다.[285] 오늘날의 단위로 계산한다면 1무당 수확량은 16.8-27킬로그램으로 당시 최대 100무를 가진 농가 가구당 생산량은 1천680-2천700킬로그램인 셈이다. 이것은 가구당 수확량이 많지 않았음을 말해 준다. 뿐만 아니라 농민들은 개인적 지출은 물론 자연재해나 각종 조세 등에 시달리고 있다. 조조의 묘사는 매우 직접적이다.

> 현재 (성인) 5인의 농가는 그 복역자服役者가 2명보다 적지 않습니다. 농가당 경작할 수 있는 토지도 100무를 넘지 못하고, 100무의 수확량은 100석을 넘지 못합니다. 봄에 논갈고, 여름에 김매고, 가을에 추수하고, 겨울에 저장하고, 땔감을 베고, 관청을 수리하며, 요역을 합니다…… 사시사철 쉴 날이 없습니다. 그러면서 개인적 왕래, 조문과 문병, 고아나 노

283 『漢書』 卷二十八「地理志」.

284 马大英, 『汉代财政史』, 1983: 28.

285 林甘泉 主编, 『中国经济通史: 秦汉经济卷』(上), 1999: 240-243.

인 및 유아의 양육도 해야 합니다. 이처럼 힘든데 거기에다 자주 수해와 가뭄의 재난 그리고 관리들의 폭정을 당합니다. 세금은 불시에 부과되고 법령은 자주 바뀝니다. (세금을 내기 위해서) 있는 자는 곡식을 반값에 팔고, 없는 자는 두 배의 이자를 주고 돈을 빌려야 합니다. 그리하여 토지와 집을 팔고, 아이들을 팔아서 빚을 갚아야 하는 경우도 있습니다.[286]

조조의 말은 전한 시기 자경농이 몰락하고 있는 상황을 말해 준다. 그에 의하면 이들은 요역·세금·고리대금 등에 의해 그 기반을 잃고 있었다. 농민들은 떠돌이가 되면서 남아 있는 자경농에게 조세와 요역이 집중되기 때문에 상황은 더욱 악화되었다. 그들은 군역 이외에도 각종 노역에 동원되었다. 거기에는 황릉의 건축, 황제가 순행할 때 필요한 각종 물자와 서비스의 제공, 축성, 도로나 하천과 같은 공공시설의 수리, 토지개간, 변경지역으로의 식량운송, 군용물자의 운송, 관부의 수리 등이 포함되었다.

자경농의 몰락은 소작농의 증가를 의미한다. 그렇지만 소작농의 사정도 좋지 않았다. 그들은 토지세는 면제되었지만 인두세와 정부의 각종 요역 이외에도 고율의 소작료를 내지 않으면 안 되었다. 농민들이 부호들에게 토지를 빌려 농사를 지으면서 수확량의 절반을 소작료로 낸다는 기록은 수없이 많다. 이러한 사회적 문제에 대해 무제 때 동중서는 정전제의 이상에 입각해 개인의 토지소유 제한을 건의하기도 했으나 실시되지 못했다(한민명전限民名田). 앞서 언급한 것처럼 애제 때 토지와 노예소유의 상

286 "今農夫五口之家, 其服役者不下二人, 其能耕者不過百畝, 百畝之收不過百石. 春耕夏耘, 秋穫冬臧, 伐薪樵, 治官府, 給繇役; 春不得避風塵, 夏不得避暑熱, 秋不得避陰雨, 冬不得避寒凍, 四時之間亡日休息; 又私自送往迎來, 弔死問疾, 養孤長幼在其中. 勤苦如此, 尙復被水旱之災, 急政暴虐, 賦斂不時, 朝令而暮改. 當具有者半賈而賣, 亡者取倍稱之息, 於是有賣田宅鬻子孫以償責者矣."(『漢書』 卷二十四 「食貨志」)

한을 정했고, 특히 왕망 정권은 왕전제王田制를 통해 토지사유를 폐지하려는 급진적 시도를 했으나 모두 실패했다.

국가권력의 중요한 기반인 자경농과 소작농을 보호하기 위한 여러 가지 방안이 제시되었음에도 그 성과는 크지 않았다. 오히려 국가권력 스스로 그들의 기반을 약화시키기도 했다. 즉 무제 시기 대외정복에 과도하게 물자와 자원을 징발했고, 이것은 수전농과 자경농의 기반을 해체시켰다. 무제는 제후왕의 권력과 토지도 크게 축소시켰는데, 제후왕의 약화는 의도하지 않게 지방에서 권력의 공백을 가져왔다. 중앙에서 외척과 환관, 관료 집단들 사이의 대립이 계속되는 가운데 지방에 대한 통제도 약화되었다.

그러한 상황에서 지방에서는 상인들에 의한 토지겸병이 이루어지고, 이들은 정치적으로도 점차 세력을 키워 갔다. 다른 한편으로 소비풍조에 의해 상업적 이익이 커지면서 귀족이나 지주 등도 상업에 가세했다. 그 결과 전한 초기의 다양했던 지배계급이 점차 단일화되어 지역사회를 지배하는 호족으로 발전했다. 그러한 추세는 후한 시기에 더욱 가속화되었다. 호족세력은 자신의 종족·빈객·고용농·노비 등 대규모 노동력을 거느린 장원을 형성했다. 후에 그들은 소속된 인원들을 사병으로 조직화하면서 결국 후한 후기에는 지방을 할거하는 군벌로 전환되었다.[287]

### 상업과 중농정책의 한계

초기사회에서 채취나 사냥 그리고 이어 농업이 가장 중요한 생산의 원천이었다. 그렇지만 어느 단계에서 인간의 활동 반경이 넓어지면서 국내외적 교역, 즉 상업도 점차 발전하게 된다. 특히 개인적 그리고 지역적 생산

287 孟祥才, 『中国政治制度通史: 第三卷 秦汉』, 1996: 27-34

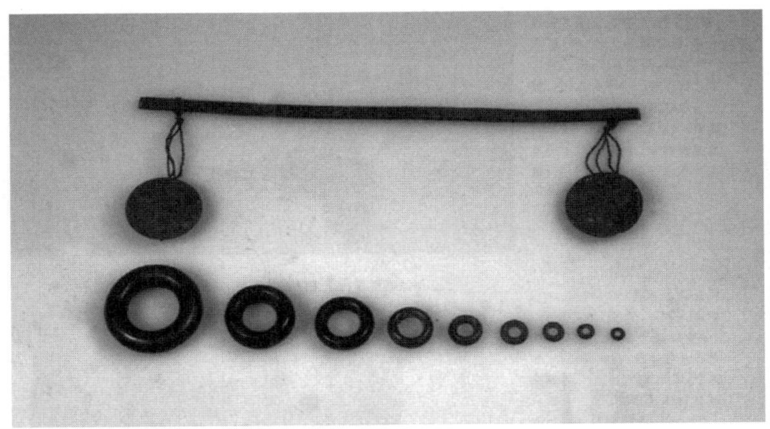

전국시대의 저울_초楚나라에서 사용되던 것으로, 둥근 가락지 모양의 9개 천칭은 상업의 발전을 의미한다. 호남성 장사長沙에서 출토되었다.

능력이나 조건의 차이와 그에 따른 분업이 형성되면서 교역의 중요성이 커질 수밖에 없다. 실제 중국사에서 춘추전국시대에 이르러서는 상품경제가 크게 발달되었다. 교역은 국내뿐 아니라 국제적으로도 활발했다. 국가간 정치적인 단절과 대립이 있어도 민간 영역에서 광범위한 교역이 이루어졌던 것이다.

교역의 불가피성과 관련하여 일부의 생필품은 가정에서 생산될 수 없는데, 대표적인 것으로 소금이나 철을 들 수 있다. 소금은 모든 음식에 들어가고, 철은 농사에 필요한 농기구의 재료이다. 그런데 소금과 철은 그 소재가 지리적으로 한정될 뿐만 아니라 적지 않은 설비투자를 필요로 한다. 일반 백성들은 그것들을 집에서 만들 수 없고 시장에서 구입하지 않으면 안 된다. 그리하여 농민들은 자신이 생산한 농부산물을 시장에 팔아서 소금이나 철 제품을 구입했다. 그와 달리 전국시대부터 상인들은 대부분의 소금이나 철을 생산, 매매함으로써 많은 부를 축적했다.

그럼에도 농업 위주의 사회에서 상업은 몇 가지 이유에서 쉽게 부정되었다. 이를테면 공자의 경우에도 상업에 대한 부정적 시각을 분명히 드러내고 있다. 농업을 본업으로, 상업은 말업末業으로 확고하게 규정하였던 것이다. 그것은 군자는 상업의 근거인 이익을 추구하지 않아야 한다는 그의 도덕적 관념과 무관하지 않지만, 사회 전체적으로도 상업은 일종의 필요악으로 간주되었다. 상인들은 지역간·계절간 가격차를 이용해 폭리를 취했고, 또한 상업은 자급자족하는 다수 백성들의 생활과 무관한 일부 계층의 사치와 연결되었다.

상업에 대한 부정적 시각은 유가뿐 아니라 법가도 마찬가지였다. 이를테면 진나라 상앙의 부국강병 정책에는 다름 아닌 중농억상 정책이 중요한 일부가 되었다. 물론 그 근거는 유가와 상당히 달랐다. 그에 의하면 국가는 전쟁의 수행을 위해서 많은 물자를 생산하고 인력을 동원할 필요가 있다. 전쟁에 필요한 물자의 공급을 위해서는 생산은 기본 생필품에 집중되어야 한다. 이를 위해서 백성들은 농사와 베짜기에 동원되어야 하고, 상인의 수는 최대한 줄여야 한다. 그와 함께 상업에 의해 뒷받침되고 있는 사치는 억제되어야 한다. 소위 농전農戰으로 요약되는 것처럼 모든 것은 가능한 농업과 전쟁에 집중되어야 한다.[288]

통일 이후에도 진은 억상정책을 실시했다. 상인들은 평민들의 호적과 분리시켜 시적市籍이라고 하는 천민의 신분을 부여해 그 권리를 제한시켰다. 뿐만 아니라 해당 호적을 손자까지 적용시켜 죄지은 관리, 망명자, 데릴사위 등과 더불어 변방을 지키는 이른바 적수謫戍의 의무를 부과시켰다. 그와 함께 진은 전국의 부호 12만 호를 수도 함양으로 강제 이주시켰다. 이것은 한편으로 6국 후예들의 근거를 제거함과 더불어 다른 한편으로 그들이 주로 상업에 기반을 두고 있었다는 점에서 억상정책을 효과적으로 실시하기 위한 조치였다.

그럼에도 통일제국의 형성은 지역간 교역을 더욱 활성화시킬 수 있는

---

288 『商君書』「農戰」; 孙家洲, 『中国古代思想史: 秦汉卷』, 2006: 86-87.

조건을 제공했다. 무엇보다도 각국의 국경선이 제거되면서 지방간 정치적 장애물이 사라졌다. 뿐만 아니라 제국은 화폐·도량형·문자·법제 등을 통일하여 거래의 조건을 개선했고, 물자의 운송을 위해 도로와 수로 등 인프라를 마련했다. 또한 아래에서 언급하는 것처럼 한은 실물이 아닌 화폐 형태의 조세 납부를 실시했다. 이것도 교환을 확대하는 결과를 가져왔다.

> 한이 일어나서 천하를 통일하자 관소와 다리의 통행제한을 폐지하고, 산림과 소택沼澤에서 나무를 하거나 고기를 잡지 못하게 한 영令을 늦추었다. 그리하여 부상富商과 대상인大商人들은 천하를 두루 돌아다니게 되어 교역하는 물자가 유통되지 않는 것이 없었고, 원하는 물건은 무엇이든 수중에 넣을 수 있었다.[289]

제국의 지리적 확장도 상업을 확대시키는 데 기여했다. 지역적 조건에 따라 생산되는 물자가 다르기 때문에 상업활동은 상당한 수익을 가져다주었다.

지역적 확장과 더불어 인구의 증가도 상업의 중요성을 크게 했다. 한 자료에 의하면, 한 고조가 즉위한 기원전 206년부터 무제 초기인 기원전 120년 전후 사이에 전국의 인구가 약 1천400만 명에서 4천만 명으로 크게 증가했다. 그 이후에도 인구는 계속 증가해 왕망 시기에는 5천800만 명에 이르렀다.[290] 인구의 증가는 자연인구의 증가와 더불어 그간 혼란으로 인해 통치 밖에 있던 사람들이 제국의 안정에 따라 흡수된 결과일 것이

---

289 "漢興, 海內爲一, 開關梁, 弛山澤之禁, 是以富商大賈周流天下, 交易之物莫不通, 得其所欲."(『史記』 卷一百二十九 「貨殖列傳」); "重裝富賈, 周流天下, 道無不通, 故交易之道行."(『史記』 卷一百十八 「淮南王劉安列傳」)

290 赵文林·谢淑君, 『中国人口史』, 1988: 42.

다. 그리고 주변 지역에 대한 영토팽창도 인구의 증가에 기여했다. 인구의 증가는 상대적으로 토지의 부족을 가져왔고, 그 결과 상업을 포함한 비농업활동 종사자의 증가로 이어졌다.

국가의 거대한 관료기구와 그 인원 그리고 귀족계급의 존재도 적지 않은 상업활동을 필요로 했다. 특히 제국의 군현제적 조직은 상업의 활성화에 기여했다. 정치적 중심지가 정해지면 사람들이 모이게 되고, 그러면 그곳은 토지에 비해서 인구가 많아지고, 그렇게 되면 상업에 종사하는 사람도 많아지게 된다.[291] 봉건제하에서도 정치적 중심지가 없지 않았으나 제국에 의해 더 체계적이고 광범하게 구획되고 그리고 층차적으로 서로 연결된 행정도시가 형성되면서 상업적 연계성도 강화되었다. 한 시기에는 100여 개 군과 2천여 개 현의 행정소재지가 전국적으로 네트워크를 형성하였다. 그곳에는 중앙에서 파견된 훈련된 관리들이 다수의 하급관리들과 더불어 제국을 통치했다.

교역의 중요성은 이론적으로도 충분히 인식되었다. 이를테면 사마천은 정치의 요체가 백성들의 물질적 욕구를 충족시키는 데에 있다고 말했다. 그의 『사기』「화식열전」은 욕구의 절제에 바탕을 둔 자급자족의 소규모 공동체를 주장하는 노자老子에 대한 비판으로 시작된다. 그에 의하면, 인간의 신체적 욕구는 막을 수 없다. 그는 "창고가 차야 예절을 알고, 의식이 족해야 영욕을 안다."[292]는 관중의 주장을 인용하고 있다. 정치도 그러한 백성들의 욕구를 충족하는 방향에서 이루어져야 한다.[293] 그런데 인간의 욕구를 충족할 수 있는 물자들은 어디에서나 생산되는 것은 아니며, 자

291 『史記』 卷一百二十九 「貨殖列傳」.

292 "倉廩實而知禮節, 衣食足而知榮辱."(『史記』 卷一百二十九 「貨殖列傳」)

293 『한서』「식화지」에도 유사한 입장이 확인된다. "먹을 것이 풍족하고 쓰는 재화(의복과 같은 용품과 화폐를 포함)가 소통된 연후에 국가는 충실해지고 백성은 부유해지며 교화가 이루어진다(食足貨通, 然後國實民富, 而教化成)."(『漢書』 卷二十四 「食貨志」)

연적 조건에 따라 여러 곳에 분포하고 있다. 따라서 상업은 불가피하다.

사실 사람들은 자신의 욕구를 충족시키기 위해 주어진 조건에 따라 다양한 경제활동에 종사한다. 즉 생산과 가공 그리고 유통을 사회구성원들이 담당하는데 각자의 업무는 자신의 능력이나 이익에 의해 자연스럽게 정해진다. 따라서 사마천은 그러한 분업이 "어찌 정책적 가르침, 대대적인 모집, 정기적인 회합이 있어서겠는가?" 하고 반문한다.[294] 수요와 공급 그리고 그에 따른 가격의 변화에 의해 사람들이 각각 본업에 힘씀으로써 "마치 물이 아래로 흐르듯"[295] 자연스럽게 재화의 배분이 이루어질 수 있다. 사마천의 이러한 주장은 아담 스미스A. Smith(1723-1790)의 '보이지 않는 손'을 연상시키기에 충분하다. 물론 정부는 자연적 조건에 따른 특정 물자의 생산과 유통의 장려, 시기에 따른 가격의 조절 등 일정한 역할을 수행해야 한다.

이러한 전체적인 맥락에서 「화식열전」에는 물자의 유통과 그에 따른 상업의 중요성이 명백하게 강조되고 있다. 이를테면 "농업으로 부를 얻는 것이 최상책이고 상업에 의한 것이 다음이다."[296]고 하면서도, 개개인의 입장에서는 "가난으로부터 부를 얻는 데에는 농업은 공업만 못하고, 공업은 상업만 못하다."[297]는 속담이 인용된다. 어쨌든 축재의 방식은 매우 다양했다. 위의 문헌은 제철, 상업, 물자의 매점매석, 고리대금업 등에서 재물을 축적한 사례들을 나열하고 있다. 나아가 도굴·도박·행상·물장수·위포胃脯[298]장수 등 당시 사회적으로 낮은 평가를 받을 수 있는 방식

294 "故待農而食之, 虞而出之, 工而成之, 商而通之. 此寧有政教發徵期會哉."(『史記』 卷一百二十九 「貨殖列傳」)

295 "若水之趨下."(『史記』 卷一百二十九 「貨殖列傳」)

296 "本富爲上, 末富次之."(『史記』 卷一百二十九 「貨殖列傳」)

297 "夫用貧求富, 農不如工, 工不如商."(『史記』 卷一百二十九 「貨殖列傳」)

298 양의 위를 삶아 말린 것.

도 정당한 것으로 평가되고 있다. 즉 "부를 얻는 데에는 일정한 직업이 없고, 재물에는 일정한 주인이 없다."[299]

사마천은 재산축적을 땅을 분배받는 봉건에 비유해 소봉素封이라고 불렀다. 그것은 재산은 일단 축적하면 이자·소작세 등 지속적인 수입이 있고, 따라서 그것은 마치 작위나 영지에 의한 조세수입과 마찬가지이기 때문이다. 재물이 단순히 경제적 부에 그치지 않고 정치적 권력에 필적하는 것으로 간주되었던 것이다.[300] 그가 상업을 통해 부를 획득한 인물들을 모아서 「화식열전」을 쓴 것, 그리고 이들을 "필부로서 정치에 손해를 끼치지 않고 백성들을 방해하지 않으면서도 시세에 따라 매매해 재산을 증식했으니 지식인들도 배울 만한 것이 있다."고 말한 것은 당연하다고 하겠다.[301] 한의 정치가 조조도 "법률상 상인은 천시되지만 이미 부귀해졌고, 농민은 우대되지만 빈천해졌다."[302]고 함으로써 그 현실을 인정하지 않을 수 없었다.

---

299 "富無經業, 則貨無常主."(『史記』 卷一百二十九 「貨殖列傳」)

300 "역사서에 의하면 진한 시기에 1천 호 봉지의 연간 수입은 20만 전이었다. 따라서 일반 백성도 재산을 100만 전 모아 연 2부 이자로 증식한다면 20만 전이 되어서 1천 호의 봉지를 갖는 것과 같다. 재산 100만 전은 각각 말 50필, 소 167마리, 양 250마리, 돼지 250마리, 연간 1천 석의 물고기를 기르는 양어장, 각 지역의 목재용 나무나 대추·밤 등 1천 그루, 또는 뽕·대 등 밭 1천 무, 도시 근교의 양전 1천 무 등에 해당되었다. 그러한 가구는 각종 조세를 납부하고 의식주를 충분히 충족시킬 수 있다. 이는 엄청난 액수는 아니지만, 하나의 가구가 생활에 안정을 이룰 수 있음을 의미한다. 당시 어떤 부자들은 1억 전을 모으는 경우도 있었다(『史記』 卷一百二十九 「貨殖列傳」; 『漢書』 卷九十一 「貨殖傳」). 번역은 박기수 외 역주, 『사료로 읽는 중국 고대 사회경제사』, 2005: 253-255를 참조함.

301 "布衣匹夫之人, 不害於政, 不妨百姓, 取與以時而息財富, 智者有采焉."(『史記』 卷一百三十 「太史公自序」) 다만 『한서』를 편찬한 반고는 사마천의 「화식열전」 서술에 대해서 "권력과 이익〔勢利〕을 숭상하고 빈천함을 수치로 여겼다."고 비판했다(『漢書』 卷六十二 「司馬遷傳」).

302 "今法律賤商人, 商人已富貴矣; 尊農夫, 農夫已貧賤矣."(『漢書』 卷二十四 「食貨志」)

위에서 언급한 것처럼 나라가 크면 클수록 지역적 다양성도 커진다. 그에 따라 각 지역에서 생산되는 물자의 종류도 차이가 있다. 이것은 물자 유통의 중요성이 커짐을 의미한다. 특히 지역간 각기 다른 물자들의 생산과 그에 따른 가격의 차이는 상업이 발전할 수 있는 토대가 된다. 상업은 풍작과 흉작 등 생산량의 시간적인 차이와 결합되면서 더욱 활발해졌을 것이다. 실제「화식열전」에서 나열되고 있는 것처럼, 축재는 대부분 특정 물자에 대한 독점적 생산이나 물가의 지역적·시기적 차이를 이용한 상업 활동을 통해 이루어졌다.

물론 상업의 중요성을 지나치게 과장할 필요는 없다. 위에서 언급한 것처럼 한 시기에는 여전히 소농생산에 기반을 둔 자급자족이 지배적이었기 때문이다. 또한 지리적인 제약도 상품의 유통을 제한시켰다. 사마천이 언급한 속담에 "백 리에는 땔감을 팔지 않고, 천 리에는 식량을 팔지 않는다."[303]는 말이 있다. 경제학적으로 설명하자면, 무게와 그에 따른 운송비를 고려하면 가치가 높지 않는 물건은 장거리 교역에 적합하지 않다는 것이다. 당시 전국적으로 유통된 물자는 사치품이나 희소성이 강한 지방의 특산물이었다. 거기에는 주로 가볍고 상품 가치가 높은 물건으로서, 관료·귀족 등 부유층의 전유물들이 많았다. 유통이 제약을 받았음은 문헌적으로 확인된다.

> 지금 오吳·월越에는 대나무가, 수隋·당唐에는 목재가 다 쓰지 못할 정도로 많지만, 조曹·위衛·양梁·송宋에서는 관을 땔감으로 쓰고 시체를 방치하고 있다. 강호江湖에 물고기가, 채菜·황黃에 복어가 먹을 수 없을 만큼 많지만, 추鄒·노魯·주周·한韓에서는 명아주나 콩 등 푸성귀를 먹는다. 천지의 이로움이 모자라지 않고, 산과 바다의 재화가 부족하지 않다.

303 "百里不販樵, 千里不販粟."(『史記』 卷一百二十九「貨殖列傳」)

> 그런데도 백성들이 궁핍하고 쓰임이 충분하지 못해 많고 적음이 고르지 않은 것은 천하의 재화가 유통되지 않기 때문이다.[304]

사실 사마천이 인용한 축재의 사례들은 많은 경우 정상적이지 않았다. 그들은 주로 지역적·시간적인 물가의 차이를 이용한 매점매석, 소금과 철과 같은 특정한 물자들에 대한 독점적 생산과 유통, 그리고 고리대금업 등과 같은 방식에 의존하였다. 뿐만 아니라 그들은 축재를 위해서 권력을 이용하기도 했고, 벌어들인 돈으로 토지를 겸병했다. 앞서 농민의 곤경을 지적한 조조는 그와 대비되는 현상으로서 상인계층의 축재를 다음과 같이 기술하고 있다.

> 대상인들은 물건을 쌓아 두었다가 두 배의 이익을 보고, 소상인은 열을 지어 물건을 팔고, 남은 물건을 갖고 날마다 도시를 돌아다니다가 국가의 수납 독촉을 틈타 값을 두 배로 하여 팝니다. 그러므로 상인 남자들은 농사도 짓지 않고, 여자들은 양잠과 베짜기를 하지 않아도 반드시 화려한 옷을 입고 좋은 곡식과 고기를 먹습니다…… 그들은 많은 재산을 갖고 있어 왕이나 후와 같은 권력자들과 교제하고, 그 권력은 관리를 능가합니다.[305]

사실 왕권 또는 국가권력의 강화와 억상정책은 앞서 언급한 것처럼 유

---

304 "今吳越之竹, 隋唐之材, 不可勝用, 而曹衛梁宋, 采棺轉尸; 江湖之魚, 萊黃之鮐, 不可勝食, 而鄒魯周韓, 藜藿蔬食. 天地之利無不贍, 而山海之貨無不富也; 然百姓匱乏, 財用不足, 多寡不調, 而天下財不散也."(『鹽鐵論』「通有」)

305 "商賈大者積貯倍息, 小者坐列販賣, 操其奇贏, 日游都市, 乘上之急, 所賣必倍. 故其男不耕耘, 女不蠶織, 衣必文采, 食必粱肉…… 因其富厚, 交通王侯, 力過吏勢."(『漢書』卷二十四「食貨志」)

가와 이론적인 친화성이 있었다. 전한 시기 왕권강화의 대표적인 인물인 가의나 조조과 같은 인물들이 억상정책을 적극 제기한 것은 우연이 아니었다. 다만 억상정책은 진과 같이 억압적인 정치체제에서는 관철될 수 있을지 모르지만, 한에서는 현실적으로 실행되기 어려웠다. 그것은 상업이 실제 많은 이익을 내포하였고, 또한 대다수 백성들의 경제적 이익과도 관련되었기 때문이다.

결국 효과적인 억상정책은 국가가 적극 상업활동에 참여하는 것이었다. 무제는 대외팽창 정책에 필요한 비용을 조달하기 위해서 국가가 상업적 이익을 직접 취하는 방식을 택했다. 그것은 무엇보다도 소금과 철 등 일부 생필품에 대한 전매, 균수나 평준 제도와 같은 물자유통에 대한 국가의 장악으로 나타났다. 그와 함께 그는 특별세인 산민전算緡錢을 부과하여 상인들의 재산을 직접 흡수했다. 국가는 상인에 대한 억압정책을 구사하면서도, 스스로는 상업활동을 적극 활용하여 재원을 확보했던 것이다. 그러한 의미에서 일종의 중상정책이 실시되었던 셈이다.

그러한 정책은 그의 사후 염철논쟁에서 나타나는 것처럼 상업적 이익을 둘러싸고 다시 사회세력과 갈등을 야기시켰다. 뿐만 아니라 국가권력이 약화된 후한 시기에는 정부가 경제적 이익을 취할 수 있는 여지는 더욱 축소되었다. 그 결과 지방호족 세력들의 토지겸병과 상업적 이익의 독점은 더욱 가속화되었다. 황실의 귀족세력이나 고관들도 정치적 특권을 이용해 대규모 토지를 소유하게 되었다. 상인들도 매점매석을 통해 축재한 뒤, 안전한 투자처로서 토지를 매입했다. 결국 토지의 집중화가 진행되면서 그 이후 호족들의 장원들이 형성되었다.

**화폐**

한편 통일제국에서 지역간 교환의 가능성과 그 중요성이 커짐에 따라 그것을 매개하거나 촉진할 수 있는 정책적 수단이 요구되었다. 도로의 개통, 수레의 제작, 도량형의 통일, 조세 등을 통해 상업이 촉진됨으로써 화폐가 더 중요해지지 않을 수 없었다. 특히 화폐의 주조와 사용 문제는 통일제국의 경제정책에 있어서 중요한 일부가 되었다.

진이 전국을 통일했을 때 화폐경제는 이미 상당한 수준으로 발전한 상태였다. 전국시대에 이미 여러 나라에서 몇 가지 형태의 청동기 화폐가 등장했다. 이를테면 한·위·조에서는 괭이 모양의 화폐인 포전布錢, 제와 연에서는 칼 모양의 도전刀錢, 초에서는 거북 모양의 의비전蟻鼻錢, 그리고 주周·진秦에서는 중간에 네모 또는 동그란 구멍이 있는 원형의 화폐, 즉 원전圓錢 등이 사용되었다.[306] 그 결과 통일 이후 화폐의 단일화가 중요한 과제로 대두되었다. 실제 진은 자신의 문자인 소전小篆을 통일국가의 법정문자로 만든 것처럼, 자신의 원전을 전국에 확대하는 방식으로 통일적인 화폐제도를 도입했다. 『한서』「식화지」는 다음과 같이 요약하고 있다.

> 진이 천하를 겸병하고 화폐를 두 가지로 했다. 황금은 일溢(20냥兩에 해당)을 단위로 하는 상폐上幣(고액화폐)이다. 동전銅錢은 바탕이 주周의 화폐와 같았고, 표면에는 반량半兩이라 표기하고, 그 무게도 표면의 표기와 같았다. 그리고 (화폐로 사용되던) 진주·옥·거북갑·조개·은·주석 등은…… 화폐로 삼지 않았다.[307]

황금은 주로 귀족들의 예물이나 하사품 또는 대량거래에 국한되어 사

306 린간취엔林甘泉은 진이 함양에 도읍을 정하고 상앙의 변법을 실시한 시점(기원전 350년)에 위의 화폐를 주조했을 것으로 추측한다(林甘泉 主编, 『中国经济通史: 秦汉经济卷』(上卷), 1999: 591-593).

307 『漢書』 卷二十四 「食貨志」. 그렇지만 법정 규격의 베〔布〕는 일정한 비율로 화폐와 구분 없이 통용되었다.

진의 반량전半兩錢

용되었고, 민간의 소액거래에는 동전이 사용되었다. 반량의 동전은 무게가 12수銖로 가운데 네모난 구멍이 있는 원형이었다. 화폐를 황금과 동전으로 국한시킴으로써 단일한 화폐제도가 만들어졌다. 이 제도는 문제가 적지 않았으나, 적어도 제국 전체에 단일한 화폐를 통용시켰다는 점에서 역사적인 의미를 가졌다. 특히 원형에 네모난 구멍의 동전 형태는 그 이후 근대 직전까지 2천여 년 동안 사용되었다.

그렇다면 진의 화폐제도는 어떤 문제가 있었을까. 그것은 무엇보다도 민간에서 대량의 불법적인 화폐주조를 막지 못했다는 것이다. 진은 법적으로 민간의 화폐주조를 금지하고 주조권을 국가가 독점했다. 그럼에도 불구하고 위반하는 사례가 적지 않았다. 그것은 액면가와 실제가치의 차이에 의해 화폐의 주조가 적지 않은 이익을 가져다주었기 때문이다. 민간의 주조는 화폐의 크기·무게·품질 등에 있어서 차이를 가져왔을 뿐만 아니라 표준에 미치지 못하는 화폐를 대량 유통시킴으로써 통화질서를 어지럽혔다.

그렇다고 화폐유통을 위해서는 악화와 양화의 선택권을 용인할 수도 없었다.[308] 따라서 일반 백성들의 화폐 사용에 대한 저항과 정부의 강제 사이에 마찰이 발생했다. 뿐만 아니라 민간의 화폐 주조를 금지했지만, 승상 여불위를 비롯한 권신들에게는 화폐를 주조할 권한이 주어졌다. 이처럼 지방적 성격의 화폐들이 존재함으로써 화폐제도상의 통일이 실질적으로 이루어지지 못했다. 뿐만 아니라 반량전 자체도 문제였다. 화폐는 오래 사용되면 겉에 표시된 반량과는 달리 계속 가벼워졌을 뿐만 아니라,

308 이를테면 진의 한 법규는 "백성들이 시장에서 돈을 사용할 때 좋은 것과 나쁜 것을 함께 사용하고 함부로 선택하지 말 것(百姓市用錢, 美惡雜之, 勿敢異)"을 규정했다(『睡虎地秦墓竹簡』「秦律十八种·金布律」).

한 고조 유방의 무덤인 장릉長陵_높이 약33m, 동서로 153m, 남북으로 135m로, 섬서성 함양시 동쪽 20km 지점에 위치해 있다.

한의 5수전五銖錢. 1수는 약 0.67g.

주조나 재주조 과정에서 그 차이를 통해 이익을 보기 위해서 액면가치보다 가벼운 화폐가 생산되었다. 이것은 시간이 지나면서 화폐제도의 안정성을 크게 훼손하지 않을 수 없었다.

한은 기본적으로 진의 화폐제도를 이어받았다. 즉 황금을 상폐로, 반량전을 하폐로 했던 것이다. 전한 초기 반량전은 가운데에 큰 구멍이 있고 주변은 4개의 느릅나무 잎으로 구성된 모양으로서 협전莢錢이라 불렀다. 협전은 반량전의 경량화 추세를 반영하는 것으로써 진의 반량전보다 더욱 작고 얇았다. 진의 반량은 원래 12수銖였지만 협전은 3수 정도에 불과했다. 화폐의 소액화는 거래를 활성화시키는 데 기여할 것으로 기대되었다.

그런데 한은 전쟁으로 인한 경제난, 제후국의 병립에 따른 중앙권력의 제약 등의 원인으로 민간 주전을 허용하지 않을 수 없었다. 그리하여 일부 대상인들은 무거운 반량전을 협전으로 재주조하고, 때로는 거기에 납이나 철을 섞음으로써 큰 이익을 취했다. 그들은 제조한 협전으로 많은 물자를 사재기하기도 했다. 그 결과 다량의 협전이 발행되면서 사용하는 화폐의 규격도 지역마다 달랐다. 뿐만 아니라 화폐 수량의 증가는 물가를 상승시켜 경제적 혼란을 가중시켰다.[309] 물가의 급격한 상승은 화폐에 기반을 두었던 국가재정은 물론 고정된 급여를 받는 관료들의 경제적 이익과도 배치되었다. 거기에 일부 제후왕들도 주전을 통해 부를 축적하여 정치적으로 중앙의 권위를 위협했다.[310]

상인과 지방세력의 도전에 대해서 황제도 일련의 조치를 통해서 맞섰다. 혜제와 고후高后 시기에는 민간 주전을 금지했다. 그와 함께 8수전을 도입하여 화폐의 중량화 시도가 이루어졌다. 또한 문제 시기에는 민간 주전을 허용하되 그 규격을 4수전으로 통일시켰다. 오초칠국의 난 이후 경제는 다시 민간 주전을 금지시키고 군국에게만 그것을 허용했다. 이어 무제 때 취해진 전매 등 중앙집권화 조치들은 화폐정책에도 그대로 반영되었다. 기원전 118년 5수전을 도입한 이후 화폐에 대한 통제, 특히 민간의 불법주조를 막기 위한 각종 정책이 실시되었다.[311] 이를테면 정부는 화폐의 재료인 청동을 자신이 통합적으로 관리했고, 화폐의 명의상 중량과 실제 중량을 일치시켰다. 또한 동전 가장자리에 띠를 두르게 하여 화폐제작의 난이도를 높였다. 아울러 제후국에 의한 주조를 금지시키고 중앙이 화폐주조권을 독점했다. 이러한 일련의 제도적 장치는 효과를 발휘해 5수전은 수隋 시기에 이르기까지 700여 년 동안 역대 왕조의 표준화폐가 되었다.[312]

---

309 『漢書』 卷二十四 「食貨志」.

310 『漢書』 卷三十五 「吳王劉濞傳」.

311 역사서들은 5수전을 도입한 후 처음 몇 년 동안 몰래 주조한 죄로 사형선고를 받은 관리와 백성 수십만 명이 사면되었다거나, 범법자가 너무 많아서 모두 체포해 죽일 수 없게 되었다고 기록하고 있다.

312 林甘泉 主编, 『中国经济通史: 秦汉经济卷』(上卷), 1999: 609-618. 물론 그후에도 화폐질서는 안정되지 않았다. 후한은 재원 마련을 위해서 각종 경량화된 5수전을 주조했고, 이것은 화폐질서를 어지럽혔다.

국가에 의한 화폐의 독점적 주조는 몇 가지 이점이 있었다. 대체로 문양이나 모양, 재질 등 화폐의 품질이 통일되고 개선되었다. 또한 화폐를 쉽게 변형하거나 위조할 수 있는 가능성이 낮아졌다. 더욱 중요하게는 이를 통해 국가는 재정수입을 늘릴 수 있었고, 화폐유통을 조절하여 경제안정을 기할 수 있었다. 다만 5수전 도입 이후 화폐의 주조비용을 높여 액면가와 차이를 크게 줄임으로써 비로소 민간의 불법주전을 막을 수 있었다. 따라서 국가도 주전의 수익을 상당부분 포기해야 했다.

광범위한 영토에 걸쳐서 구축된 통합적 정치질서는 상업, 즉 상품유통의 범위를 크게 확대시켰다. 그리고 상품유통의 확대는 그것을 매개하는 수단으로서 화폐의 중요성을 더욱 크게 했다.[313] 그렇지만 화폐 사용의 위력은 무엇보다도 한 시기에 화폐 형태의 조세징수에서 가장 강력하게 발휘되었다. 한은 토지세·인두세·재산세·요역 등을 부과했는데, 그 가운데 실물로 납부하는 토지세와 요역을 제외하고 조세는 모두 화폐로 납입하게 했다.[314] 또한 국가의 재정운영도 대개 화폐를 매개로 이루어졌다. 예를 들면 관리들이나 군인들의 급여도 마찬가지였다.[315] 한 시기의 관련

---

313 "金刀龜貝, 所以分財布利通有無者也."(『漢書』 卷二十四 「食貨志」)

314 니시지마 사다오西嶋定生 지음, 변인석 편역, 『중국고대사회경제사』, 1994: 162-165. 실제 한대에는 조세가 대부분 화폐로 징수되었다. 그렇지만 전적으로 실물 납부가 없었던 것은 아니었다. 민두기 교수는 토지세나 인두세 등 화폐로 부담하는 조세 이외에도 현지 특산물을 상납하는 '공부貢賦' 형태의 조세가 있었다고 본다. 그는 '공부'가 새로 도입된 것이 아니라 고조 때 헌비獻費(63전), 즉 화폐로 징수했던 것이 그간 실물로 전환된 것으로 추론한다(閔斗基, "前漢의 「貢賦」에 對한 一考—獻費·口賦와 關聯하여—," 1960: 109-122). 사실 무제 시기 균수법은 광범위한 실물 납부를 전제로 한다.

315 전한 시기에는 급여가 대부분 화폐로 지급되었고, 소량의 식품이 추가로 제공되었다. 군인들의 급여도 마찬가지였다. 물자의 공급이 어려워 둔전과 외부의 공급에 의존해야 했던 변방에서도 그러했다. 그렇지만 후한 시기에는 절반을 화폐로, 나머지 절반을 식량으로 지급하였다. 후한 시기에는 정치와 마찬가지로 화폐질서도 전한

문헌에는 사업경비, 이를테면 특정한 대외원정에 들어간 비용이 구체적인 액수로 명시되는 경우가 적지 않다.

이러한 모든 것은 화폐가 매우 다량으로 사용될 것을 요구했고, 실제 『한서』 「식화지」에 의하면, 무제 시기인 기원전 118년부터 평제平帝 시기인 서기 5년 사이에 주조된 동전이 연평균 22만 관貫이었다. 이것은 당唐의 전성기인 천보天寶연간, 즉 742-756년 연평균 32만 7천 관이었던 것에 비한다면 크게 적지 않으며, 기원전 1세기에 그러한 현상은 세계사에서도 드문 것으로 평가된다.[316]

다량의 화폐 사용은 상업적 활동의 번창을 의미하기도 하지만, 시각에 따라서는 모순된 측면이 없지 않다. 사실 당시에는 충분한 상업적 유통이 가능한 것은 아니었다. 따라서 조세에 대한 현물 징수가 오히려 적절했을 것이다. 그것은 후한 말 조조曹操 시기에 호조제戶調制,[317] 그리고 당唐 시기에 조租·용庸·조調[318]에 의한 현물 납세가 도입되었던 것에 비추어 보면 분명해진다. 뿐만 아니라 앞서 언급한 것처럼 진한 시기의 화폐제도는 매우 불안정했다. 조세가 대부분 화폐로 납부되는 상황에서 화폐가치의 시기적 변화는 국가의 재정수지에도 상당한 혼란을 의미했다.

그럼에도 한은 통일국가로서 전국적인 범위에서 단일한 지배를 지향했고, 화폐가 그 중요한 수단이 되었다. 현물 형태의 조세는 통합적인 지배에 적합하지 않았다. 특히 교통과 운수가 충분히 발달하지 못한 상황에서 지방의 물자를 중앙에 모이게 하는 것도 매우 곤란했다. 그에 반해 화

---

시기보다 불안정했던 것이다(Chang, *The Rise of the Chinese Empire*, Vol. 1, 2006: 30).

316 니시지마 사다오西嶋定生 지음, 변인석 편역, 『중국고대사회경제사』, 1994: 141.

317 매년 토지 1무畝마다 곡식 4승升을, 가구마다 명주 2필匹과 무명 2근斤을 내도록 하는 제도.

318 조租는 수확한 곡물, 용庸은 부역을 대신해 베나 무명, 조調는 지방 특산물로 납부하도록 했다.

폐는 광대한 영토에 따른 지리적 어려움에 대해 전국적으로 통일적인 정책을 실시하는 데 유용한 수단이었다. 이러한 의미에서 화폐 형태의 조세 부과는 통상적인 경우와 같이 화폐경제가 발달한 상황에서 이루어진 것이 아니었다. 그것은 오히려 교통과 운수 등 지리적 장애가 큰 상황에서 운송비용을 줄이고 통합적인 지배를 위한 의도적 정책이었다.

물론 그러한 화폐를 위주로 하는 조세정책의 직접적 희생자는 다수의 농민들이었다. 왜냐하면 도시에서 가까운 농민들은 시장에서 곡물을 팔아 화폐를 확보할 수 있었지만, 일반 농민들은 그렇지 못했기 때문이다. 그들은 지방의 상인이나 부호 등 중간업자들에게 현물을 제공하고 화폐를 구입하여 조세를 납부할 수밖에 없었다. 그 과정에서 중간업자들은 상당한 이윤을 챙길 수 있었다. 한은 정책적으로 상인들에게 불이익을 주기도 했지만, 실제 화폐 형태의 조세납부와 경제운영은 이들에게 거액의 이윤을 획득할 기회를 준 셈이었다. 이러한 상업적 이익은 토지에 투하됨으로써 대토지소유와 그에 따른 지방호족의 성장을 가져왔다.

### 조세와 국가재정

관료화의 진행은 국가재정의 중요성을 크게 확대시켰다. 봉건체제에서 관리들에게는 급여로서 식읍食邑이라는 토지, 정확하게는 그에 대한 일종의 조세징수권이 제공되었다. 그렇지만 춘추시대 이후 점차 관리들에게 일정량의 실물을 지급하는 방식이 확대되었고, 군현화가 완성된 진에서 보편화되었다. 뿐만 아니라 춘추시대 군사체제는 전시에만 농민을 징집하는 병농일치〔우어병농寓兵於農〕였다. 그렇지만 전국시대를 지나면서 상비군체제가 일반화되었다. 이처럼 새로운 방식의 관료와 군대의 조직은 그 자체로서 조세에 대한 수요를 크게 확대시켰다.

사실 조세는 국가의 중요한 재원이지만, 반대로 조세의 징수를 위해서는 상당한 국가권력을 전제로 한다. 그것은 국가가 제정한 법률이 거의 모든 사람들에게 구속력을 가질 것을 요구한다. 이러한 의미에서 중앙 집권적 군현체제의 구축은 광범위한 조세의 징수와 관리를 위한 필요조건이기도 하다. 중국에서는 적어도 전국시대의 여러 나라에서 그러한 상황에 도달하였다.

그렇다면 대국의 형성은 국가의 재정정책에 어떤 변화를 가져왔을까. 무엇보다도 황실과 크고 작은 귀족들의 소비나 제사와 같은 각종 행사는 물론 군대와 거대한 관료기구의 유지를 위해서 거액의 재원이 필요했다. 또한 정부는 수리·도로·개간과 같은 인프라의 구축, 운수나 양식의 저장, 물가 관리 등 경제적 지출에도 거액을 투입하지 않을 수 없었고, 때로는 홍수나 가뭄와 같은 자연재해, 고아나 독거노인과 같은 취약계층에 대한 구제사업이나 교육에도 재원이 필요했다. 경우에 따라서는 대규모 전쟁의 수행과 정복지의 수비를 위해서도 많은 인적·물적 자원이 필요했다.

특히 대국의 중앙집권적 성격은 그 자체로서 추가적인 비용을 발생시켰다. 그것은 무엇보다도 광역에 대한 지배에 따른 많은 운송비용이었다. 대국의 수도에는 황제의 친인척, 관료, 군대 등 적지 않은 인원들이 집중되었다. 그만큼 지방으로부터 많은 소비물자의 운송이 요구되었다. 더욱이 자급자족적 경제구조와 화폐경제의 미발전 등의 요인에 의해 대규모 물자운송이 불가피했고, 그것은 교통수단의 제약에 의해 그 자체로서 상당한 낭비를 수반했다. 진한 시기와 관련해서는 명확한 통계가 없지만, 명 시기에 지방의 군현에서 조세로 거두어들인 식량의 10분의 9는 수도에 운송되었고, 1석 5, 6두斗의 비용으로 1석을 운송했다고 한다.[319] 운송비가 물자보다 더 많이 소요되었던 셈이다.

319 胡如雷,『中国封建社会形态研究』, 1979: 160.

시각에 따라서는 대국이 소국들의 병존에 비해서 개개인의 조세부담을 줄일 수 있다.[320] 그것은 인구의 수가 많을수록 일인당 통치비용은 더 감소할 수 있기 때문이다. 다만 그것은 일정한 조건하에서 합리적 선택의 결과일 수 있을 뿐이며, 현실은 반드시 그렇지 않다. 전제적 정치체제에서 재정적 수요는 권력자의 사업이나 전쟁과 같은 욕구에 의해 결정되며, 거기에는 어떤 제약이 있는 것도 아니다. 그들은 오히려 확보할 수 있는 자원을 최대한 동원하여 일을 벌이고자 유혹받을 가능성이 있다. 그리하여 주지하는 것처럼 진시황이나 한무제 시기에 조세의 부담은 매우 컸다.

그렇다면 실제 통일제국의 상황은 어떠했는가. 마다잉馬大英은 그의 『한대재정사』에서 국가의 재정수입을 조세·전매수입·영업수입·재산수입·상납·매관매작·대출이자·화폐주조 등으로 구분했다.[321] 각 항목의 세율이나 액수는 시기적으로 크게 차이가 나지만 대체로 다음과 같이 요약될 수 있다.

가장 중요한 항목은 조세이다. 조세는 첫째, 토지소유자에게 면적당 수확량의 30분의 1 비율로 현물로써 납부되는 전조田租(토지세)와 교역액의 2%를 세율로 하여 시장의 상인에게 부과되는 시세市稅 그리고 도축세와 고리대금업세 등 각종 수익세, 둘째, 교역액의 1%로 추산되는 관세 그리고 화폐주조와 전매실시 이전 제염·제철·양조 등에 대해 생산량의 일정 비율로 부과되는 소비세, 셋째 각종 인두세, 그리고 마지막으로 재산세 등으로 구성되었다.

인두세에는 매년 15-56세의 성인에게 1인당 120전씩 부과되는 산부算賦, 3세(후에는 7세)부터 14세 아동에게 1인당 20전씩 부과되는 구부口賦, 그리고 23-56세 남자가 지는 요역 1개월을 타인에게 대신하게 하고 내는 대

---

320 전목 著, 김준권 譯, 『강좌 중국정치 제도사』, 2005: 37.

321 马大英, 『汉代财政史』, 1983: 12-13.

역금 2천 전, 중앙관부나 변방의 요역 3일에 대한 대역금 300전 등이 있었다.[322] 인두세는 제국의 최대 조세수입원이었다.

그리고 재산세는 무제 때 상인의 보유 현금에 대한 임시 과세인 산민전算緡錢에서 시작되었으나, 뒤에 화물·수레·선박·전택·축산·노비 등 각종 재산에 대해 부과되었다. 이를테면 무제 시기에 상인에게는 2천 전, 수공업자에게는 4천 전에 대해서 1산算, 즉 120전을 부과하고, 일반인들에게는 산자算訾라 하여 재산 1만 전마다 120전으로 추정되는 세금이 부과되었다. 당시 관직을 얻기 위해서는 일정 액수의 재산을 보유해야 했기 때문에, 산자는 일종의 신분 증명이었다. 산민전을 납부하지 않고 재산을 은닉할 경우에는 재산을 몰수하고 신고자에게 포상을 주는 소위 고민령告緡令을 실시했다.[323]

조세 이외에도 국가는 몇 가지 중요한 재정수입을 가지고 있었다. 아래에서 별도로 언급하는 것처럼 무제 이후 염철전매나 균수사업 등을 통해 영업수익을 취했고, 황실 소유의 산이나 택지·연못·과수원 임대를 통한 현금수입이나 직접 영업을 통한 실물수익도 적지 않았다. 또한 지방의 제후들이나 관리들은 지역특산 공납물자의 구입과 보관, 운송을 위해서 화폐 일정액을 부과시켰는데, 개인의 입장에서 일종의 인두세였다.[324] 시

322 요역은 매년 1개월 간의 지방 요역과 3일 간의 변경 또는 중앙 각 관부의 요역으로 구성되었다. 다만 스스로 하지 않고 다른 사람들에게 대역하게 할 수도 있었는데, 대역금은 1개월의 지방 요역에 대해서는 2천 전, 3일 간 변경이나 중앙 각 관부의 요역은 300전이었다. 타인을 대신해 요역에 복무하는 사람들은 그에 따른 보상(매월 2천 전)이 주어졌다. 그렇지만 시간이 지나면서 대역금은 일종의 인두세로 부과되었다. 이 책의 8장 3절 참조.

323 은닉한 상인의 재산이 드러날 경우 그것을 몰수하고, 재산은닉을 고발한 자에게 몰수된 재산의 절반을 주는 제도.

324 그 부담이 크자 한 고조는 연간 1인당 부담액을 최고 63전으로 제한하는 조서를 발표하기도 했다.

기에 따라 정책적 목적을 위한 조세도 있었다. 이를테면 혜제 때(기원전 189년)에는 조혼을 통한 인구증가를 촉진하기 위해서 15세에서 30세 사이의 미혼여자에게 단계별로 최고 600전까지 부과하고, 왕망 시기에 노비를 감축시키기 위해서 노비 1인당 3천600전의 세금을 주인에게 부과했다. 그 외에 매관과 매작, 속죄, 그리고 화폐발행 수입이 있었다.

조세와 더불어 국가는 각종 공공사업을 위해 강제로 백성들의 노동력을 동원했다. 이것을 요역徭役이라고 하는데, 넓게는 병역을 포함하지만 좁게는 노역勞役만을 의미한다. 동원되는 사업에는 궁궐이나 관부의 건설, 축성, 봉화대나 초소 등 방어시설, 도로, 제방과 하천 보수, 조운을 포함한 운수 등 수없이 많았다.[325] 그 외에도 사람들은 황제의 순행 시 물자 수송이나 전쟁 시 후근지원에도 동원되었다.

사실 각종 조세가 백성의 수입 가운데 어느 정도 차지했는지는 알 수 없다. 위의 마다잉은 한 시기에 요역에 대한 대역금을 포함해 5인 가족의 경우 인두세만 2천369전이라고 추산하고 있다.[326] 그 외에 각종 토지세·재산세 등이 합해지면 더욱 많아질 것이다. 문헌들은 과도한 조세에 시달리는 백성들이 도망가거나 노비가 되는 등 문제점들을 수없이 묘사하고 있다. 물론 때에 따라서 자연재해 시에 세금면제 등의 정책을 실시하는 경우도 적지 않다. 그리고 시기적으로도 차이가 적지 않은 것 같다. 이를테면 전한 초기에는 대체로 조세의 부담을 줄였다면, 무제 시기에는 대외적 사업에 의해 많은 조세가 부과되었다.

한편 전통사회에서 토지(또는 그 생산물)에 대한 과세도 국가의 중요한 재원이었다. 그렇다면 그 비율은 어느 수준에서 정해지는 것일까. 토지에 대한 징세와 관련해 앞서 언급했듯이 전국시대 맹자는 그 비율로 10분의

---

325 黄今言, "西汉徭役制度简论," 1982: 58-60.

326 马大英, 『汉代财政史』, 1983: 16.

1이 가장 합리적이라고 보았다. 그것은 봉건제하에서 토지의 균등한 분배인 정전제井田制의 이상을 내포하고 있다. 맹자는 인치를 주장하였는데, 거기에는 백성들에게 과도한 부담을 주지 않는 것도 포함되었다. 따라서 그가 제시하는 세율은 그리 높지 않았을 것이다. 실제 전국시대와 통일 전후 진에서도 대략 10분의 1세가 일반적이었다. 반면 전한과 후한 모두 건국 초기 잠시 10분의 1세 또는 15분의 1세를 실시했을 뿐, 그 후 대부분의 기간에는 30분의 1세로 낮추었다.[327] 다만 농민들의 입장에서 세금의 적정성 여부는 토지소유 형태와 긴밀하게 관련되었다. 특히 양한 시기에는 토지의 사유화와 겸병이 심화되면서 지주-소작 관계가 지배적인 생산관계가 되었다.

과거 봉건제 아래에서 공식적으로 토지는 천자의 소유이고, 백성은 모두 천자의 신하로 간주되었다. 토지는 공적인 재화로서 공신과 왕족 그리고 지방의 세력들에게 수시로 분배되고 또 재분배되었다. 천자에서 제후 그리고 관리에 이르기까지 각자 자신의 영토나 토지에서 독립적으로 재원을 조달했다. 중앙정부의 입장에서 조세의 징수 대상이 천자의 직속 영토에 제한되었기 때문에 상대적으로 높은 세율을 적용하지 않을 수 없었다. 생산자의 입장에서도 토지세 이외에 추가적인 부담이 없기 때문에 상대적으로 높은 세율을 수용할 수 있었다.

그렇지만 춘추전국시대를 거치면서 국유에 바탕을 둔 봉건제적 방식의 토지배분은 점차 사라졌다. 그 대신 토지의 사적 소유와 자유로운 매매가 등장했고, 이것은 시간이 지나면서 지주에 의한 토지의 겸병과 그에 따른 다수 농민의 소작농화를 가져왔다. 앞서 진에서 상앙의 개혁정책 이후 상황에 관한 동중서의 언급에서 나타난 것처럼 농민들은 높은 소작료

327 『漢書』 卷二十四 「食貨志」, 卷二 「惠帝紀」; 『後漢書』 卷一 「光武帝紀」; 刘华祝, "关于两汉的地租与地税," 1981: 54-55. 각각의 토지에 대한 지세의 구체적인 수량은 일정 기간을 간격으로 측정되는 연간 생산량을 기준으로 정해졌다.

에 시달렸다. 소작료가 보통 수확량의 절반에 해당되었음은 여러 문헌에 기록되고 있다. 그 결과 한의 세율이 30분의 1로 낮아졌지만, 다수 농민들의 부담은 감소되지 않았다. 세율의 경감은 단지 토지를 소유한 지주와 일부 자경농에게 유리했을 뿐, 토지세를 납부할 의무가 없는 소작농과는 별 상관이 없었다.

이러한 상황에서 국가는 딜레마에 빠질 수밖에 없다. 그것은 세율을 높이면 백성들의 불만을 사게 됨으로써 사회불안 요소가 되었고, 반대로 세율을 줄인다고 하더라도 토지소유자는 여전히 높은 비율의 소작료를 강제함으로써 그 혜택을 가로챘기 때문이다. 그 결과 국가의 조세정책은 제한을 받지 않을 수 없었다. 즉 가능한 생산자들에 대한 세율을 낮게 유지해야 했던 것이다. 물론 그렇다고 하더라도 높은 소작료에 시달리는 그들의 불만을 제거할 수 없었다.

그렇다면 재정수입은 어떻게 관리되었을까. 전한 시기 재정은 크게 두 가지로 구분되어 관리되었다. 즉 황실 및 종실의 재정과 국가재정이다.

황실과 제후의 재정은 소부少府에서 담당했는데, 산·강·호수·과수원 등 각종 국유지의 조세나 임대수입, 그곳에서 직접 생산되는 농축수산물, 그리고 시세市税[328] 등이 각각 황제나 제후들의 사적 재원으로 사용되었다. 또한 구부口賦 23전 가운데 20전[329]이 천자의 재원으로 지정되었다. 무제 때 염철전매가 이루어지기 전에는 염세가 실물로 황실에 납입되었다.[330] 그 외에도 제후나 열후는 소속 인구의 비율로 황제에게 매년 일정한 액수의 헌금을 했고, 화폐주조에 따른 수익도 대개 소부에 귀속되었다.[331] 무제 때에는 수형도위水衡都尉를 별도로 설치해 황실의 재산인 상림

---

328 시세市税, 즉 시장거래세는 지방재정 수입으로서 제후국에서는 제후의 수입, 일반 군현에서는 해당 지방관서의 수입이었다(马大英, 『汉代财政史』, 1983: 89).

329 나머지 3전은 산부算賦의 보충으로 국가재정에 귀속되었다.

330 马大英, 『汉代财政史』, 1983: 17.

원上林苑과 화폐주전의 수입을 담당하게 했다. 후한 시기 해당 업무는 다시 소부로 편입되었다.

전한 시기에는 황실의 재원이 국가재원보다도 많았다. 원제元帝 시기의 한 자료에 의하면 수형도위와 소부에는 각각 25억 전과 18억 전의 수입이 있었고, 대사농의 수입 담당 부서인 도내都內은 40억 전이 있었다.[332] 그리하여 황제는 부족한 국가재정을 지원하기도 했다. 황실과 국가재정의 분리는 중앙집권적 전제정치 체제에서 별다른 의미를 갖지 못했다. 따라서 후한 이후 역대 왕조는 양자를 단일화시켰고, 소부는 황실의 지출만 담당하게 되었다.

그렇다면 황실의 재원은 어떻게 지출되었을까. 지출 항목은 주로 황실의 식비·의복·기물·거마·의약·음악·후궁·상여 등이었고, 거기에는 환관과 같은 궁정의 각종 관리인원에 대한 경비도 포함되었다. 화폐주조와 소부 및 수형도위의 경비도 마찬가지였다. 다만 궁궐의 건축과 같은 토목공사는 장작대장將作大匠과 같은 국가기구가 담당하는 것으로서 국가재원에서 충당되었던 것으로 추정된다. 또한 황태후나 태자는 소위 탕목읍湯沐邑이라 하여, 각기 분봉된 지역(통상 30개의 현)에서 나오는 세금을 수입원으로 했다.[333]

한편 일반 조세나 각종 전매수입 등은 모두 국가재정으로 간주되었다. 국가재정의 지출내력에 관한 자세한 통계는 전해지지 않는다. 그렇지만 전제왕조의 속성에 따라 국가재정은 특히 방대한 통치기구와 인원의 유지, 그리고 각종 공공업무의 수행에 지출되었다. 또한 중앙과 지방에 소속된 군대를 유지하거나 전쟁을 수행하기 위해서도 거액의 비용이 소요되었다. 구체적으로 군인의 급식·복장·장비, 축성과 요새의 수리, 군마

331 加藤繁 著, 吳杰 译,『中国经济史考证』, 1962: 58-65.

332『漢書』卷八十六「王嘉傳」.

333 加藤繁 著, 吳杰 译,『中国经济史考证』, 1962: 66-104.

의 사육, 포로의 안치 등이 거기에 해당되었다. 그 외에도 종묘나 산천에 대한 제사, 치수·관개·개간·운송시설과 같은 인프라의 구축, 그리고 교육이나 각종 사회구제사업 등에도 적지 않은 재정이 지출되었다.[334]

### 전매·평준·균수

국가가 재원을 조달하는 방법은 조세에만 있지 않다. 국가는 직접 물자의 생산이나 유통에 관여함으로써 수익을 창출할 수 있다. 전매와 같이 특정 품목의 독점을 통한 재원확보는 직접세의 징수보다도 기술적으로 더 손쉬운 방법이었을 것이다. 그럼에도 중국사에서 그것은 한 무제 때 비로소 본격적으로 실행되었다.[335] 전매가 늦게 등장한 이유는 정확하게 알 수는 없다. 적어도 이론적 측면에서 보면 전매는 광역에 대한 국가의 통치력과 더불어 화폐경제의 상당한 발전을 전제로 한다. 춘추전국 시기와 같이 국가들이 분열되어 있고 자연경제가 지배적인 상황에서 전매는 효과적인 재원확보 수단이 되지 못했을 것이다.

어쨌든 철과 소금에 대한 전매는 기원전 119년 한 무제 시기에 도입되었다. 전매의 배경은 여러 가지로 해석된다. 먼저 재원의 확보이다. 소금과 철은 백성들의 생활에 가장 필요하면서도 그 원료가 특정 지방에 한

---

334 马大英,『汉代财政史』, 1983: 159-160.

335 문헌상으로 거의 유일한 예외라면『관자』에 기록된 제 관중의 전매정책이다. 구체적인 방법은 다음과 같다. 일단 소금을 민간에서 많이 생산하게 하여 그 일부를 조세로 부과하여 모아 둔다. 그 후 농사철을 이유로 소금생산 농가들에게 인력을 모집하지 못하게 함으로써 생산을 억제한다. 그리하여 소금 가격이 오르게 되면 그때 소금을 내지의 다른 나라들에게 고가에 판매한다(『管子』「輕重(甲)」). 사실 이러한 방식은 일부의 소금에 대해서 국가가 그 유통만을 관리하는 것으로서, 후에 무제 시기의 전매정책에 비한다면 매우 제한적이었다(林文勋, "中国古代专卖制度的源起与历史作用—立足于盐专卖制的考察," 2003: 9-13).

정되어 있다는 점에서 이에 대한 전매는 적지 않은 수익을 의미했다. 당시 한은 대외팽창을 위한 전쟁의 수행에 많은 재원을 필요로 했다. 그와 함께 전매는 지방세력을 약화시키고 사회적 안정에도 기여할 것으로 기대되었다. 철과 소금을 생산하려면 대규모 설비투자가 필요했고, 따라서 지방의 거상이나 호족들에게 독점과 축재의 중요한 수단이었다. 농민들도 수입이 적은 농업을 벗어나 철과 소금의 집산지에 모여들게 되었는데, 이것은 농업생산을 저해할 뿐만 아니라 사회적 무질서의 원인이 되기도 했다.

그렇다면 소금과 철의 전매는 어떻게 실시되었는가. 정부는 기원전 120년 남양南陽의 제철업자인 공근孔僅과 제齊의 제염업자인 동곽함양東郭咸陽을 국가의 재정을 담당하는 기구인 대농령大農令[336]의 부책임자로 등용했다. 이어 지방에서도 원래의 제철업자나 제염업자를 다수 관리로 채용해 해당 업무를 담당하게 했다. 『한서』 「지리지」에 의하면, 전국적으로 염관은 27개 군국의 36개 현, 철관은 39개 군국의 48개 현에 각각 설치되었다.[337]

철관과 염관은 주로 철과 소금의 생산지에 설치되었지만, 생산지가 아닌 곳이라도 폐철을 재생하기 위해서 지방 군현의 관할하에 소규모 철관이 설치되기도 했다. 지리적으로 철관과 염관은 대부분 황하 중하류와 오늘날 산동성 지방에 집중되었고, 장강 이남에는 거의 설치되지 않았다. 철관에는 전문기술자 이외에 일반 백성 가운데 요역 복무자나 강제노동에 처해진 범죄인, 그리고 일부 관노 등이 배치되었다. 철관에서는 주로 농기구를 주조, 판매했다. 운영에 있어서 철과 소금은 차이가 있었는데,

---

336 한 시기에 국가재정을 담당하는 중앙관청은 처음에는 진의 제도를 이어받아 치속내사治粟內史라 했고, 기원전 143년에는 대농령大農令, 104년에는 대사농大司農으로 개칭되었다.

337 『漢書』 卷二十八 「地理志」.

철은 정부가 직접 생산을 담당하는 방식으로, 소금은 민간의 제염업자에게 생산하게 한 뒤에 정부가 독점적으로 매매하는 방식이었다. 염철의 전매에서 얻은 수익은 대농령에 집중되어 국가재정으로 사용되었다.

소금과 철에 대한 전매에 이어 유통에 대한 국가의 개입은 균수법과 평준법을 통해 다른 품목에도 확대되었다. 균수법은 기원전 115년 대농령의 책임자로 승진한 공근과 부책임자로 임명된 상홍양桑弘羊 등에 의해 도입되었다. 균수법의 내용은 자세하게 알려지지 않았지만 대체로 정부에 의한 물자의 유통과 물가의 통제를 내용으로 했다. 기존에는 지방에서 생산된 물자의 유통은 주로 상인들이 담당했다. 군국의 조세를 통해서 구매해 중앙으로 운송하는 물자조차도 상인의 손에 의해 이루어졌다. 이제 균수법이 도입되면서 각 지방에 균수관이라는 기구를 두어서 물자의 구입과 수도로의 운송을 직접 담당하게 했다. 이것은 상인들이 중간에 취하던 이득을 정부가 직접 취하게 됨으로써 재원을 확보하기 위한 것이었다.

균수의 구체적인 방법과 관련해 가장 직접 언급하고 있는 것은 『사기』 「평준서」와 『한서』 「식화지」에 모두 나오는 다음과 같은 내용이다. 무제 원봉元封 원년(기원전 110년)에 상홍양이 중앙의 재정을 담당하면서 균수의 방안을 제시했다. 그는 먼저 균수를 해야 하는 두 가지 이유를 들었다. 첫째, 여러 관청들이 스스로 물자를 경쟁적으로 구매하기 때문에 물가가 뛴다는 것, 둘째, 조세를 수도로 운송할 때 지리적으로 멀어 운송비가 과다하다는 것이다. 그는 각 현에 균수관을 두어 "먼 지방은 각자 그 물자가 비쌀 때(또는 이전에) 상인들이 돌아다니면서 파는 물자로 부세賦稅를 징수해서, 서로 교류하게 해야 한다."[338]고 주장했다. 이 구절은 사실 분명하지 않다.

---

338 "令遠方各以其物貴時(或異時)商賈所轉販者爲賦而相灌輸."(『漢書』 卷二十四「食貨志」, 괄호 안은 『史記』 卷一百二十八「貨殖列傳」)

다만 그 내용은 대략 다음과 같이 정리할 수 있을 것이다. 그것은 백성들에게 이제까지 상인들이 취급했던 물자들을 부세로 내도록 하고, 균수관이 그것들을 다른 지방과 직접 교역하는 방식이다. 그 결과 국가는 상인들을 대신하여 지역간 물가 차이로 인해 발생하는 이윤을 취할 수 있게 되었다. 이 방식은 무엇보다도 상홍양이 제시한 균수법 실시의 근거와도 부합한다.

먼저 첫 번째 근거, 즉 관청들의 경쟁적 구매와 물가상승 문제이다. 이제까지 중앙과 지방의 각 관청은 조세를 받아 자신의 필요한 물자를 상인들로부터 조달했다. 물자의 유통을 상인이 담당하고, 각 정부의 부서들이 다투어 구매하기 때문에 물가가 상승했다. 그렇지만 이제 상인의 중개를 받지 않고 각 지방의 균수관이 자체 유통망을 구축함으로써 상인들의 중간이익을 없애고 물가도 안정시킬 수 있다. 두 번째 근거는 운송비 문제이다. 그것은 주로 곡물과 일부 현지 특산물 등 실물로 내는 부賦를 중앙에 운송하는 상황에서 발생했다. 따라서 부賦를 상인들이 취급하던 물자들로 납부하게 하고, 그것들을 지방의 균수관이 자체의 유통망을 통해 매매한다면 중앙에 운송할 물자는 크게 감소할 것이다.

그 외에도 기원전 110년 공근에 이어 대농령을 주관하게 된 상홍양은 평준법을 도입했다. 각 지방에 균수관을 증설하고 중앙의 대농령 산하에 평준관을 설치해, 물가의 상승과 하락에 따라 물자의 매입과 판매를 조절하도록 했다. 그러한 방식에 의해 정부는 물가를 조절하고 동시에 상업적 이윤을 확보했다. 전매와 더불어 물자의 유통에 대한 국가의 적극적 개입은 무제 시기에 악화되었던 재정위기를 극복하는 데 크게 기여했다.

그럼에도 국가에 의한 상업적 이익의 취득에 대한 저항도 적지 않았다. 특히 염철의 전매는 상인이나 지방 부호들의 이익을 빼앗는 데 그치지 않았다. 그것은 생산노동자들의 이익과도 반했다. 철의 생산은 국가가 직접 담당했고, 노동력은 일반 백성들이 아니라 부역자들이나 죄수들이었다.

그러한 방식으로 배치된 노동력의 수가 연간 10여만 명에 이르렀다.[339] 그와 함께 농촌을 떠나 그곳에서 일했던 기존의 민간노동자들은 일자리를 잃어야 했다. 철관과 염관이 주로 설치되었던 하남과 산동 지방에서 전한 말기에 수십 또는 100만 이상의 유민들이 발생하기도 했다. 또한 부역자나 죄수들의 입장에서도 무상의 강제노동에 해당되었기 노동조건이 매우 열악했다. 이와 관련해 『한서』「성제기成帝紀」에만 철관의 근로자들 수백 명이 폭동을 일으킨 사건 2건이 기록되어 있다.[340]

또한 국가의 전매는 현실적인 문제를 내포했다. 소금과 철에 대한 전매나 일부 수공업 제품에 대한 국가의 독점적 생산은 근대 계획경제와 유사한 문제점을 안고 있었다. 다시 말해 국가의 개입은 경제과정의 지리적 다양성 그리고 시간적 가변성을 충분히 고려할 수 없었다. 또한 정부의 직접적 생산과 유통에 대한 관여는 그에 대한 정보나 감독을 요구하고 그것은 특히 관료적 느림과 결합해 추가적인 비용을 야기했다. 일부 역사서들은 관에서 제작한 철기는 조악하다는 것, 가격 또한 비싸다는 것, 그럼에도 백성들에게 강매한다는 것[341] 등의 문제점을 제시하고 있다.

철과 소금에 대한 전매정책을 대대적으로 실시했던 무제의 사후에 그것의 존속 여부를 둘러싼 대립이 가시화되었다. 즉 전매정책을 담당했던 어사대부 상홍양을 중심으로 하는 관료층에 대해서, 그로 인해 기득권을 상실한 상인과 호족세력이 반기를 들었던 것이다. 후자의 이익을 대표했던 외척 곽광霍光은 기원전 81년 60여 명의 지방 유생들을 동원해 정책적 토론을 벌이게 했다. 염철회의라고 불리는 이 회의에서 유생들은 정부가 백성과 이익을 다투어서는 안 된다는 유가적 도덕론을 내세웠지만, 실제로는 호족과 상인의 이익을 대변했다.[342] 회의에서는 철과 소금에 대한 전

339 『漢書』 卷七十二 「貢禹傳」.

340 『漢書』 卷十 「成帝紀」.

341 『史記』 卷三十 「平準書」; 『漢書』 卷二十四 「食貨志」.

매와 균수와 평준 등 국가의 적극적 경제참여 그리고 그와 연관된 각종 국내외 정책에 대한 상이한 관점들이 제시되었다.[343]

국가의 경제정책과 관련해 유가의 입장에서 적극적인 상업정책은 바람직하지 않았다. 특히 사회운영의 모범이 되어야 할 국가가 말업末業에 간여하는 것은 옳지 않다. 상업의 중시는 농업에 대한 경시와 그에 따른 농업생산의 감소뿐 아니라 사회적 가치를 이익과 경쟁의 추구에 둠으로써 불평등과 악을 낳게 된다. 다시 말해 개인이든 국가든 경제적 이익이 주된 목적이나 행위의 근거가 되어서는 안 된다.[344]

그러한 비판에 대해서 실권파들은 "나라에 비옥한 토지가 많이 있음에도 백성들의 식량이 부족한 것은 농기구가 충분치 못하기 때문이며, 산해의 자원이 풍부한데도 백성들의 재화가 부족한 것은 상공업이 발달하지 못한 때문이다."라고 『관자』를 인용하고 있다. 국가는 도로를 놓거나, 수레 등 운송수단을 통해서 물품을 유통시켜 백성들을 편리하게 해야 한다. 그와 함께 국가는 철관을 통해 농기구를 대량 생산해 수요를 충족시키고, 균수관을 두어 물자의 유통에 적극 관여해야 한다.[345]

농기구의 생산과 관련해서도 실권파들은 국가에 의한 대량 생산을 적극 강조했다. 그들에 의하면 국가의 대규모 자금, 시설과 기계 그리고 인력의 동원에 의해 합리적인 생산이 이루어질 수 있고, 따라서 민간과 비교해 더욱 견고한 농기구 등 철제품을 생산할 수 있다. 철기의 생산을 민

---

342 니시지마는 국가에 의한 염철전매의 폐지는 민간 상공업자의 이익과 일치한다는 점에서 유가적 주장은 명목에 불과하고, 오히려 정치적 파벌싸움과 특히 지방호족들의 주장이 강하게 제기된 것으로 본다(니시지마 사다오西嶋定生 지음, 변인석 편역, 『중국고대사회경제사』, 1994: 291-293).

343 당시 양자간의 토론은 후에 선제宣帝(기원전 74-49년 재위) 때 환관桓寬에 의해서 『염철론』으로 편찬되었다.

344 『鹽鐵論』「本議」. 김한규·이철호 역, 『염철론』, 2002: 24-25.

345 『鹽鐵論』「本議」. 김한규·이철호 역, 『염철론』, 2002: 30-31.

간에 맡길 경우에는 시간이 많이 들고, 정련기술이 떨어져 견고하지 못하다. 또한 국가에 의한 생산은 규격의 통일, 균등한 가격의 유지 등에 있어서 커다란 장점이 있다.[346] 소금과 철의 매매를 민간에 넘겨줄 경우에는 그것을 바탕으로 재산과 권력을 축적하는 부류가 나타나게 되어 국가권력에 위협이 될 것이다. 그에 반해 국가가 관리할 경우에는 국가의 재원을 마련해 공공정책을 펼칠 수 있다.

국가에 의한 농기구 생산에 대해서 유생들도 거센 비판을 제기했다. 이를테면 원료를 국가가 총괄하고 인위적으로 가격통일이 이루어짐으로써 제품의 강도가 적절하지 못하거나 품질에 차이가 생긴다는 것, 통일적 생산이 지방적 차이를 고려하지 못함으로써 현지에 맞은 농기구를 제공하지 못한다는 것, 정부의 판로가 제한적이므로 농기구를 제때에 가까운 곳에서 조달하기 어렵다는 것, 가격도 높을 뿐만 아니라 팔리지 않는 농기구를 강매한다는 것, 생산을 위해 요역에 동원됨으로써 백성에게 손실을 가져온다는 것, 요역자들은 성실하게 작업해 좋은 제품을 만들고자 하는 동기가 약하다는 것 등이 지적되었다.

그에 반해 민간 생산의 경우 품질이 좋지 않으면 팔리지 않기 때문에 좋은 제품이 생산된다는 것, 외상이나 교환이 가능하고 직접 배달하기 때문에 농민이 농기구를 쉽게 조달받을 수 있다는 것, 자신이 필요로 하는 농기구를 고를 수 있다는 것 등 장점이 제시되었다. 이러한 근거로 유생들은 농기구와 같은 철제품의 생산을 민간에게 맡겨 두어야 한다고 주장했다.[347]

염철논쟁 이후 상홍양과 곽광의 대립이 격화되어 상홍양이 이듬해 연왕燕王 차且의 모반 사건에 연루되어 살해되고 곽광이 집권하게 되었다. 그

346 『鹽鐵論』「水旱」. 김한규·이철호 역, 『염철론』, 2002: 268.

347 『鹽鐵論』「禁耕」, 「水旱」. 김한규·이철호 역, 『염철론』, 2002: 60-62, 268-270.

렇지만 현실적으로 염철논쟁은 당장 별다른 정책적 변화를 가져오지는 못했다. 단지 무제 때 추가적으로 도입되었던 술에 대한 전매만이 폐지되었을 뿐이다. 그것은 무엇보다도 국가의 재정수입 확보라는 측면에서 전매를 폐기하기 어려웠기 때문이다. 약 40년이 지난 기원전 44년 전매제도가 일시 폐지되기도 했으나 3년 후 다시 회복되었다.

뿐만 아니라 왕망 시기에 이르러서 국가의 전매 범위는 크게 확대되었다. 서기 10년 소위 육관六筦정책으로서, 거기에는 염철 및 술의 전매와 화폐주조 이외에 수륙의 산물에 대한 과세, 그리고 균수나 평균보다 강화된 물가조절과 대금업에 대한 국가의 통제가 포함되었다. 물가의 조절을 위해서는 수도 장안을 포함하여 전국 여섯 개 대도시에 소위 오균관五均官을 두어 식량과 옷감에 대한 판매가격을 통제·조절했고, 금융과 관련해서는 사대賖貸라 하여 정부가 민간에 자금을 일정한 이자를 받고 대여하는 정책을 실시했다.

왕망 시기의 이러한 정책들은 국가재정의 확보, 물가의 안정, 그리고 고리대로부터 인민의 보호 등 장점이 있음에도 민간의 상업적 이익을 억제했다. 따라서 육관정책은 토지제도의 개혁, 노비의 매매 금지 그리고 화폐제도의 개혁 등과 함께 사회적 불만을 야기했고, 이것이 정권 붕괴의 중요한 원인의 하나가 되었다. 따라서 정권의 주체가 지방 호족세력이나 부호에 기반을 두었던 후한 시기에 이르러 왕망의 정책은 물론 무제 이래의 전매사업이나 상품유통에 대한 국가의 간여는 대부분 중단되었다. 각지의 염관과 철관은 대사농이 아니라 군현의 관할로 이전되었고, 균수관도 폐지되었다. 후한 말에 일시적으로 염철에 대한 전매가 부활되기도 했으나 그 규모는 크지 않았다.

요컨대 제국은 구조적으로 광범위한 재화의 재분배를 특징으로 하지만, 거기에는 적지 않은 제약이 따른다. 제국은 조세는 물론 전매와 같은 상업활동을 통해 많은 재원을 확보할 여지가 있다. 그렇지만 경제에 대한 개입은 관료적 불합리성과 함께 이익을 둘러싸고 각종 사회세력과의 경쟁 그리고 그들의 반발로 이어질 수 있다. 그리하여 막대한 자연자원과 높은 생산수준에도 불구하고 실제 국가가 지속적으로 동원할 수 있는 권력자원의 규모에는 한계가 있는 것이다.

## 자연경제구역과 기후변화

제국의 넓은 영토에 상응해 지역간 경제적 조건도 차이가 적지 않았다. 일종의 자연경제구역NET이라고 할 수 있는 지역적 차별성과 특화가 형성되었던 것이다. 이와 관련해 『사기』「화식열전」과 『한서』「식화지」 그리고 「지리지」 등은 진한 시기의 경제지리에 관해 적지 않은 정보를 제공하고 있다. 특히 「화식열전」은 크게 산서山西·산동山東·강남江南·용문龍門 및 갈석碣石 이북 등 4개로 구분하고, 각각의 지역에 따른 특산물들을 소개하고 있다.

> 산서[348]에는 목재·대·닥나무·마·야크·옥석이 풍부하고, 산동[349]에는 물고기·소금·옻·명주실·미녀·가희歌姬가 많다. 강남[350]에는 녹나무·가래나무·생강·육계肉桂[351]·금·주석·납·단사·무소·거북·구슬·상아·무소가죽 등이 난다. 용문龍門[352]과 갈석碣石[353] 이북에는 말·소·양·털옷·짐승의 힘줄과 뿔이 많다. 구리와 철은 마치 바둑판을 놓은 것처럼 사방 천리에서 난다.[354]

348 효산崤山과 화산華山의 서쪽.
349 함곡관 동쪽의 중원中原.
350 장강과 회수 이남.
351 향료로 쓰이는 식물명.
352 산서성 서남부 하진시河津市.
353 하북성 동부 창려현昌黎縣.
354 『史記』 卷一百二十九 「貨殖列傳」.

〈그림 21〉『사기』의 경제지역 구분

출처: 雷虹霁,『秦汉历史地理与文化分区研究—以『史记』,『汉书』,『方言』, 中心』, 2007: 33에 약간 수정을 가함.

각 지역의 구체적인 경계에 대해서는 잘 알 수 없지만, 상이한 자연적·지리적 조건에 따라 생산되는 물자들이 달랐다. 그것은 다시 사람들의 생활과 의식에 있어서 차이의 원인이 되었다. 물론 그들은 서로 완전히 단절되었던 것은 아니며, 가까운 주변 지역과 활발한 교역을 행했다. 각각의 경제구역은 좀 더 작은 15개 정도의 지역들로 세분화되고 있다.(〈그림 21〉) 아래에서는 『사기』 「화식열전」을 중심으로 하고, 『한서』 「식화지」와 「지리지」의 내용을 보완해 정리해 보고자 한다.

물론 이러한 경제권의 설정은 단순히 지역적 차이를 말하기 위해서가 아니다. 그것은 경제학적으로 일종의 비교우위와 특화를 말하는 것으로서, 지역간 활발한 물자교류를 전제로 한다. 사마천도 위의 각지 특산물들은 중국 사람들이 모두 좋아하며, 의복·음식·제사 등에 사용된다고 덧붙임으로써 그러한 필요성을 강조한다.

① 산서(관중)

산서山西는 효산崤山과 화산華山의 서쪽 지역을 지칭하다.[355] 산서는 관중關中과 그 서북쪽의 천수天水·농서隴西·북지北地·상군上郡, 남쪽의 파·촉 등 3개의 지역으로 세분화된다.

주지하는 것처럼 진한 시기 제국의 핵심은 진의 수도 함양咸陽과 전한의 수도 장안長安을 중심으로 하는 관중이다. 관중의 주요 부분은 견汧과 옹雍[356]에서 황하와 화산에 이르기까지 1천여 리에 이르는 비옥한 땅이다. 관중은 과거부터 공납의 기준이 되는 토지의 등급도 상급에 해당되었다. 주는 이곳을 중심으로 세력을 구축해 결국 상을 대체했다. 그와 함께 주의 지도자들이 이룩한 문치로 인해서 사람들은 정착해 농사짓기를 좋아

355 林甘泉, 『中国经济通史: 秦汉经济卷』(上卷), 1999: 41.

356 각각 섬서성 농현攏懸 남쪽과 섬서성 봉상현鳳翔縣. 박기수 외 역주, 『사료로 읽는 중국 고대 사회경제사』, 2005: 215.

하고, 좋은 풍습을 유지했다.

진의 경우에도 초기에 옹雍과 역읍櫟邑이라는 곳에 차례로 도읍했는데, 전자는 서남쪽의 농隴과 촉의 물자를 교류하는 중심지였고, 후자는 융적에서 벗어나고 동쪽으로 한·위·조 등 국가들과 통해 있어 상업적으로도 매우 흥했다. 진은 효공孝公 이후 함양에 도읍했고, 한은 그곳에서 멀지 않는 곳에 새로운 수도를 건설했다. 진과 한은 수도과 그 부근에 지방의 귀족들이나 호족들을 이주시킴으로써 인구가 더욱 많아졌다. 수도 주변의 경기지역은 진 시기에는 내사內史, 전한 시기에는 삼보三輔라 불리는 특별행정구역으로 구획되었다.

통일 후 진은 지방의 제후와 호족세력 12만 호를 함양에 이주시킴으로써 제국의 중심을 강화시켰다. 그렇지만 진의 멸망 과정에서 관중은 다시 황폐화되고 말았다. 이에 한도 건국 이후 수도 부근에 대한 이주정책을 쓰지 않을 수 없었다. 그리하여 고조는 제·초 등 제후국들의 후예와 지방호걸 10만여 명을 관중으로 이주시켰다. 그 이후에도 한은 황제들의 능을 돌보는 명예를 준다는 명목으로 직급 이천석 이상의 고위 퇴직관리, 부호, 지방호족 등 명문가들의 가속들을 황릉이 있는 지역으로 이주시켰다. 소위 사릉徙陵정책은 기원전 197년부터 기원전 65년까지 계속되었는데, 그 과정에서 모두 11개의 능읍(현)이 차례로 설치되었다. 그 결과 기원전 2년 수도 장안의 인구는 24만 6천 명, 11개 능현 전체 인구는 120여만 명에 이르는 등 관중에는 번화한 도시들이 형성되었다.[357] 『사기』에 의하면, "장안과 능이 있는 곳들은 사방에서 물자와 사람들이 모여드니 땅은 좁고 인구는 많아져 사람들은 더욱 교활해지고 말업에 종사하게 되었다."[358]

---

357 『漢書』卷二十八「地理志」; 葛剑雄,『西汉人口地理』, 1986: 137-151; 李成珪, "中國 古代 帝國의 統合成 提高와 그 機制一民·官의 移動과 '帝國意識'의 형성을 중심으로," 2004: 15-26.

한편 관중의 남쪽인 파와 촉 지역은 원래 이민족의 거주지로서 진에 의해 개발되었다. 이 지역은 토지가 비옥할 뿐만 아니라 잇꽃[359]·생강·단사·구리·철·죽기와 목기 등이 많이 생산된다. 그 서남쪽은 서남이 지역인데 이곳과 교류하면서 노예·말·야크 등을 확보, 다시 관중으로 운송하고 있다. 그 외에도 한의 수도 장안은 천수·농서·북지·상군 등 군으로 통하고 있어서, 이 지역은 그 너머의 강족 그리고 융적과 교역하고 있다. 그리하여 관중은 지역이 천하의 3분의 1, 인구는 10분의 3을 넘지 못하지만 그 재부財富는 10분의 6을 차지한다.[360]

그럼에도 관중은 경제적 측면에서 불합리한 면이 없지 않다. 무엇보다도 서북쪽에 치우쳐 있어서 당시 경제적 중심이었던 관동 지방으로부터 다량의 식량과 물자를 운반해야 하고, 여기에는 많은 비용이 든다. 『한서』「식화지」에 의하면, 전한 후반 선제宣帝시기에 매년 관동의 곡식 400만 곡斛[361]을 조운으로 수도에 운반하는 데 병졸 6만 명이 소요되었다.[362] 더욱이 왕망 정권의 몰락 이후 후한 성립기에는 관중 지역은 전란으로 황폐해졌다.[363] 광무제는 권력을 장악한 뒤 관동의 중심지인 낙양洛陽을 제국의 수도로 삼았다. 그 후 목축업을 중심으로 관중의 경제는 회복되었고, 일부에서는 천도까지 제기되기도 했으나, 후한 말에 다시 파괴되고 말았다.

---

358 『史記』 卷一百二十九 「貨殖列傳」.

359 연지의 원료가 되는 꽃.

360 『史記』 卷一百二十九 「貨殖列傳」; 『漢書』 卷二十八 「地理志」.

361 1곡은 10두斗로 약 20리터.

362 『漢書』 卷二十四 「食貨志」.

363 이와 관련해 역사서는 "사람들은 배가 고파 서로 잡아먹고, 죽은 자는 수십만으로 장안성은 폐허가 되어, 성중에는 인적이 없게 되었다."(『漢書』 卷九十 「王莽傳」), "크게 기아가 있어서 서로 잡아먹고, 성곽은 모두 비고 백골이 들판을 덮었다."(『後漢書』 卷三十一 「劉盆子傳」)고 전한다.

② 산동(관동)

산동은 위의 산서와 상대적인 명칭으로서 관동關東이라고도 한다. 즉 함곡관의 동쪽이라는 의미이다. 관중이 진의 영토였다면, 산동은 전국시대 나머지 6국 지역 가운데—강남으로 분류되는—초의 이북지역 전체를 포괄한다. 세부적으로는 삼하三河·조趙·중산中山·정鄭·위衛·제齊·추鄒·노魯·양梁·송宋·영천潁川·남양南陽 등이다.

산동 지역은 내부적으로 상당히 다양한 지역들로 구성되는데, 가장 왼쪽은 한의 하동·하내·하남 3개 군으로 된 삼하三河이다. 「화식열전」에 의하면 그곳은 대략 낙양 부근인데, 천하의 중심으로서 하·은·(동)주가 도읍을 정했던 곳이다. 토지가 협소한 데 비해 인구가 많고 제후국들이 집중되어 그 풍속은 섬세하고 일처리에 능숙하다. 이곳은 서쪽으로 진과 융적의 거주지와 거래하고, 동북으로 전국시대 조趙가 위치했던 종種과 대代, 동남으로 중산中山 지역과 교역한다.[364]

다음으로 중산과 낙양 사이에는 한단邯鄲[365]과 그 아래 온溫 그리고 지軹[366]가 있다. 한단은 장수漳水와 황하 사이의 큰 도시로서 북으로 연燕과 탁涿으로 통하고, 온과 지는 북쪽으로 종·대·중산과, 서쪽으로 상당上黨과 교역한다. 그 남쪽에는 정鄭·위衛 지역인데, 이곳은 풍속이 조와 유사하지만 중후하면서도 절개를 중시한다.

낙양의 동쪽은 제齊·노魯 지역인데, 태산을 중심으로 전자는 북쪽에, 후자는 남쪽에 각각 위치한다. 제는 산과 바다를 끼고 있는데, 기름진 땅이 천 리나 되며, 뽕과 마를 심기에 적합하다. 사람들은 대부분 무늬가 있는 직물과 비단·생선·소금을 생산한다. 그 중심지는 임치臨菑(=淄)인데, 그 풍

364 한의 대군은 오늘날 하북성 중서부 울현蔚縣, 중산국은 그보다 남쪽인 하북성 정주시定州市 부근이다.

365 하북성 남쪽 끝 한단시邯鄲市.

366 각각 하남성 서북부 온현溫縣과 제원시濟源市에 위치.

속은 관대하고 활발하며, 지혜가 많고 논쟁을 좋아하며, 지리적으로 풍요롭기 때문에 딴 곳으로 옮겨 가는 일을 어렵게 생각한다. 사람들은 패싸움에는 비겁하지만, 칼로 찌르는 일에는 용감해 남을 협박하는 자들이 많다. 대국의 기풍이 있는바, 사·농·공·상이 고루 갖춰져 있다.

한편 추鄒·노魯 지역은 수수洙水와 사수泗水 주변에 위치한다. 그곳에는 뽕과 마가 성하지만 삼림과 소택의 풍요로움은 없다. 토지는 좁고 인구는 많아서 사람들은 검소하고 인색하며, 처벌을 두려워해 사악한 일을 멀리한다. 물론 노가 쇠퇴한 이후 그곳 사람들은 낙양 사람들보다도 더 장사를 좋아하고 이익을 추구한다.

노의 아래 지역은 전국시대 양梁과 송宋 지역이다. 요堯와 상의 탕왕이 각각 흥기했다고 하는 성양成陽과 박亳이 그곳에 위치한다. 그러한 유풍으로 인해 사람들은 품성이 중후하고, 군자가 많으며, 농사짓기를 좋아한다. 비록 자연의 풍요로움은 없지만 옷이나 음식을 절제할 수 있어서 재물을 축적한다.

마지막으로 낙양의 남쪽에는 영천潁川과 남양南陽이 위치하는데, 하夏 사람들이 거주하던 곳이다. 풍습은 정직하고 꾸밈이 없으며, 인정이 두텁다. 남양은 서쪽으로 무관武關과 운관鄖關으로 통하고, 남쪽으로는 한수漢水·장강·회수가 흐른다. 그곳에 인접한 남양군의 치소 완宛[367]도 대도시로서 사람들은 풍속이 잡스럽고, 일 벌이기를 좋아해 생업으로서 상업에 종사하는 사람이 많다.

결국 산동은 지역적으로 다양하고 차이가 적지 않았다. 그렇지만 대체로 인구가 많고, 농업이 발달되었으며, 오랜 정치적 전통으로 인해 문화적으로도 성숙된 면목을 갖추고 있었다. 한 시기에 지리적으로는 작지만 인구가 많은 군들이 이곳에 밀집되어 있었다. 따라서 비록 관중이 정치적

367 하남성 남양시南陽市.

중심지였지만, 산동은 사회경제적으로 중요한 위치를 차지했다. 전한 말 이미 낙양과 그 주변 지역인 삼하의 인구는 37만 7천 명이었고, 이것은 장안을 둘러싼 삼보 지역 인구 24만 4천 명의 1.5배였다. 후한이 낙양에 도읍을 정한 뒤 양자의 차이는 더욱 커져서, 각각 238만 4천 명과 52만 5천 명으로 약 4.5배가 되었다.[368]

③ 강남

강남江南, 즉 장강과 회수淮水 이남은 춘추전국시대 초와 오·월 지역이다. 이곳은 다시 서초西楚·동초東楚·남초南楚 등 세 지역으로 나뉜다.

첫째는 대체로 동쪽 서주徐州의 패군沛郡에서 서쪽으로 형주荊州까지의 지역으로, 서초라고 부른다. 이 지역은 땅이 척박하고 축적이 적다. 풍속은 사납고 쉽게 화를 내는 경향이 있다. 그곳의 중심지는 강릉江陵인데, 과거 초의 수도였던 영郢이다. 서쪽으로 무군巫郡과 파군巴郡으로 통하며, 동으로 운몽택雲夢澤의 풍요로움이 있다. 진陳에는 장사하는 사람이 많은데, 주로 물고기와 소금의 화물이 유통된다. 서徐·동僮·취려取慮 사람들은 청렴하고 엄격하며, 약속을 잘 지킨다.

둘째는 팽성彭城 동쪽의 동해군東海郡·오군吳郡·광릉군廣陵郡 등을 포괄하는 동초 지역이다. 풍속은 위의 서·동 지역과 비슷하다. 구朐·회繒 이북은 풍속이 제齊와 유사하다. 한편 오吳는 강동의 중심도시로서 동쪽으로 바닷소금이 풍부하고, 장산章山의 구리, 오송강吳淞江·누강婁江·동강東江과 태호太湖의 이로움이 있다. 이를 기반으로 춘추시대 오왕 합려闔閭나 오초칠국의 난을 일으킨 오왕 비濞 등이 독자적인 세력을 키우기도 했다. 절강浙江의 남쪽은 월越이다.

368 각각 『漢書』 卷二十八 「地理志」, 『後漢書』 卷二十九 「郡國一」의 기록이며, 각각 서기 2년과 140년의 상황이다.

셋째는 형산衡山·구강九江·강남江南·예장豫章·장사長沙 등 군으로서, 남초 지역이다. 풍속은 대체로 서초와 유사하다. 이곳에는 초가 영郢에서 천도한 수춘壽春이 있다. 합비合肥는 장강과 회수의 물길이 각각 남북에서 이르는 곳으로서 가죽, 절인 어물, 목재 등의 집산지이다. 이 지역에는 민중閩中과 오·월의 풍속이 섞여 있다. 언변이 좋지만 믿음이 잘 가지 않는다. 강남은 지세가 낮고 습해 남자들이 일찍 죽으며 대나무와 목재가 많다. 예장에는 황금이 생산되고, 장사에는 납과 주석이 생산되나 그 수량이 적어 채취해도 타산이 맞지 않는다. (지금의 호남성 남부에 위치한) 구의九疑산과 창오蒼梧산부터 (해남도에 위치한) 담이儋耳까지의 지역은 강남과 풍속이 비슷하지만 양월楊越인이 많이 살고 있다. (오늘날 광동성 광주시에 해당하는) 번우番禺도 중요한 도시로서 진주·물소·바다거북·과일·베의 집산지이다.

전체적으로 초·월 지역은 땅은 넓으나 인구는 희박하다. 여전히 화전과 물을 대어서 잡초를 제거하는 수누水耨와 같은 낙후된 농사법이 이용되기도 한다. 자연자원이 풍부하고 논농사는 물론 생선·과일 등이 풍족하다. 그렇지만 이들 지역은 이렇게 굶주릴 걱정이 없었기 때문에 오히려 사람들은 게을러 구차하게 살아간다. 축적되는 것도 없어 다수가 가난하게 산다. 따라서 "추위에 떨거나 굶주리는 사람은 없지만 또한 천금을 가진 사람도 없다."[369]

### ④ 용문·갈석 이북

용문龍門은 황하가 내몽고 지역에서 내려와 동으로 굽기 전에 대략 분수汾水와 접하는 곳으로서, 지금의 산서성과 섬서성의 경계에 위치한다. 그리고 갈석碣石(산)은 정확하지 않으나,[370] 용문과 갈석의 두 지점을 잇는 선이

---

369 『史記』 卷一百二十九 「貨殖列傳」; 『漢書』 卷二十八 「地理志」.

370 갈석은 발해만을 끼고 있는 하북성 동쪽 창려현昌黎縣 북쪽에 위치한다고 한다. 그

농업과 유목 지역을 대략 구분했다. 따라서 이 구분선의 이북는 말·소·양 등 가축과 그 부산품이 많이 난다. 다시 말해 유목 또는 반농반목이 이 지역의 주된 생업이다.

중요한 지역으로서 연燕은 남으로 조趙 및 제齊와 통하고, 동북쪽은 오랑캐〔호胡〕 지역이다. 상곡上谷에서 요동에 이르는 지역은 멀고 인구는 희박해 자주 노략질을 당한다. 민속은 조趙나 대代와 비슷한데, 사람들은 기질이 사납고 강하며 사려심이 적다. 이곳에는 생선·소금·대추·밤 등이 많이 생산된다. 북으로는 오환烏丸·부여夫餘와 인접하고, 동으로 예맥濊貊·조선·진번眞番과의 교역을 장악하고 있다.

상곡과 어양漁陽의 서쪽에 위치한 정양定襄·운중雲中·오원五原 등지는 원래 융족의 땅으로서, 지금의 내몽고 지역에 흐르는 황하의 북단 주변이다. 이곳은 진이 통일 후 장악해 이주정책으로 편입했지만, 진이 망한 뒤 다시 흉노의 땅이 되었다. 그 뒤 흉노와 한이 공방을 벌이다 결국 무제 시기에 한에 완전히 편입되었다. 따라서 이곳에는 조·제·위衛·초로부터 이주해 온 자들이 많다. 그곳 사람들은 비속하고 소박하며, 예의나 꾸밈이 적고 사냥을 좋아한다. 안문雁門 지역의 풍습도 그와 같다. 내륙지역에 비해 낙후되었지만, 한의 정책적 교화를 통해 점차 개선되었다.

그보다 남서쪽에는 천수·농서·북지·상군이 위치하는데, 풍습이 대체로 관중과 비슷하다. 다만 서쪽으로 강羌족들과 교역하고, 북으로 융적의 축산물을 이용할 수 있다. 목축이 중국에서 가장 발달된 곳이기도 하다. 이곳은 지세가 편벽지고 험해 수도 장안 지역에서만 접근이 가능하다.

위 지역의 동북쪽에 위치한 종種과 대代는 그보다 북쪽인 오랑캐와 접하고 있어서 자주 침략을 당한다. 품성이 강직하며, 호기를 부리고 임협

---

러나 "대체로 연燕도 발해와 갈석산 사이에 있는 도시"라는 「화식열전」의 기록을 염두에 둔다면, 갈석산은 산서성 동북쪽이나 하북성 서북쪽에 위치해야 옳을 듯하다.

이 되어 불법을 일삼을 뿐 농업이나 상업에 종사하려 하지 않는다. 다만 이 지역에는 북방의 오랑캐로 인해 자주 군대가 파견되는데, 사람들은 군대의 물자를 수송하는 과정에서 이득을 취한다. 사람들은 흉노와 잡거하고 있고, 기질이 거칠고 잔인하다. 그보다 약간 남쪽에 위치한 중산中山은 땅이 척박하고 인구가 많으며, 사람들은 음란하고 성질이 급하며, 도둑질·강도질·투기·음악 등을 좋아한다.

유목지대의 가장 왼편은 소위 하서주랑河西走廊에 위치한 무위武威·장액張掖·주천酒泉·돈황敦煌 등의 군이다. 원래 흉노의 지역이었으나 무제 시기에 한에 편입되었다. 한은 군현을 설치하고 다른 유목지역과 같이 대규모의 이주정책을 통해 그곳을 실지화했다. 『한서』「지리지」에 의하면, 풍습은 다른 지역과 상당히 다른데, 땅은 넓고 인구는 희박하다. 넓은 사막 가운데 물이 있는 곳에 목축업이 성하다.[371]

이러한 경제구역들은 장거리 무역을 통해서 서로 연결되고 그 결과 지역간에는 물자의 생산과 교환에 있어서 분업적 관계가 등장하게 된다. 각각의 경제구역에는 몇 개의 중심도시가 있는데, 이를테면 『한서』「지리지」는 수도인 장안과 함께 낙양·남양·임치·한단 등 20여 개의 경제 중심도시들을 나열하고 있다. 중심도시들은 주변의 소도시 시장들과 연결되고, 이들은 다시 주위의 광범위한 농촌으로 이어진다. 이와 같은 단계적 방식에 의해 전국에 체계적인 상품유통망이 형성된다.

진한 시기의 경제지리와 관련해 마지막으로 언급해야 할 것은 기후와 그에 따른 자연환경의 변화이다. 연구에 의하면, 2천여 년 전 중원지역의 기후는 아열대에 가까웠다고 한다.[372] 오늘날과 비교하여 화북평원은 1도, 상해와 절강은 2도, 황해의 수온은 3도 정도 높았고, 동부의 해수면도 약 2

371 『漢書』 卷二十八 「地理志」.

372 林甘泉 主编, 『中国经济通史: 秦汉经济卷』(上,下), 1999: 1-14.

미터 더 높았다. 그 증거로서 문헌에 의하면, 관중과 황하 중하류 지역에는 아열대에서만 자라는 대나무가 대량으로 서식했고, 그 북방한계는 내몽고사막 주변까지였다. 그에 반해 오늘날 대나무의 북방한계는 장강 중하류 지역이다. 당시 황하 유역에는 현재의 장강 이남과 같이 수많은 호수들이 있었고, 장강 이남에는 더 크고 많은 호수들이 있었다.

그런데 전한에서 후한으로 변화되는 시점에서 온도가 급속히 하강했다. 특히 폭설 등 저온현상에 관한 문헌적 기록이 적지 않다. 온도가 낮아지면서 북방에서는 호수와 연못들이 사라지고 평지화되었다. 거기에는 인위적인 요소도 작용했다. 특히 농업이 발전하면서 토지개간 사업이 대대적으로 벌어졌는데, 과도한 개간으로 초지와 택지, 삼림 등이 사라지고 심각한 토지유실 현상이 나타났다. 황토색의 강을 의미하는 황하라는 명칭도 전한 시기에 비로소 등장하였는데, 이것은 그간 흙탕물로 변화되었기 때문으로 해석된다. 그와 함께 생산되는 농산물도 달라졌다. 전한 시기에 황하 유역에서는 벼가 주요 농작물이었는데, 점차 기후가 낮아지고 건조해지면서 밀로 대체되었다.

특히 오르도스 지역의 사막화는 매우 두드러졌다. 그곳은 농업과 목축업이 모두 가능한 지역이었고, 따라서 그곳을 둘러싸고 중원 정권과 북방민족 사이에 일진일퇴의 경쟁이 벌어졌다. 그 후 해당 지역을 편입한 한이 수십만 명의 인원을 동원해 개간함으로써 생태환경에 변화가 나타났다. 후한 초기에도 그곳에 대한 개간이 반복됨으로써 결국 사막으로 변하게 되었다. 한은 오르도스 지역에 20여 개의 현을 설치했는데, 그중 8개 현소재지가 오늘날 사막 가운데나 그 언저리에 위치하고 있다.

기후와 생태환경의 변화는 민족들의 관계에도 영향을 미쳤다. 북방의 기후가 낮아지고 건조해지면서 농업의 북방한계선이 점차 남쪽으로 옮겨졌다. 중원의 한족들은 강남 지역으로 내려오게 되었다. 후한 전반 장강 이남의 호적인구가 크게 증가했다. 그것은 중원에서 상대적으로 가까운 형주荊州와 양주揚州는 물론 과거 남월 지역에 설치된 여러 군현에서도 발생했다. 이를테면 서기 2년에서 140년 사이에 형주와 양주의 호적인구는 총 680만 4천 명에서 1천57만 4천 명으로 크게 증가했다. 그에 비해 중원과 서북부 변군들, 이를테면 사예부는 668만 5천 명에서 302만 7천 명으로, 병주는 322만 1천 명에서 69만 7천 명으로 감소했다.[373]

강남의 인구증가에 대해서 라오간勞榦은 그 원인을 양한 교체기에 중원으로부터 피난인구의 유입, 죄인들의 유배 등 외부로부터의 진입과 더불어 특히 그간 한의 지배에서 벗어나 있던 국외자들의 흡수 그리고 현지 이민족들의 자발적 또는 강제적 방식에 의한 편입의 결과로 보았다.[374] 어쨌든 후한 시기 제국의 무게중심은 점차 남쪽으로 옮겨지고 있었다. 북방의 공백은 점차 유목민들의 남하를 통해서 다시 채워졌다.

결국 자연경제지역이나 기후변화는 제국의 질서에 어떤 의미를 갖는 것인가. 지역적 다양성과 그에 따른 풍부한 물산은 국내적으로는 활발한 상업활동을 자극했지만, 제국의 대외교역을 제한하는 요인이 되었다. 물자가 대부분 제국 내에서 자급자족됨으로써 대외교역의 필요성은 상응하여 감소하였던 것이다. 그에 반해 지역적으로 협소하거나 자연조건이 단순한 주변 국가들에서 대외교역의 필요성은 컸다. 그들은 물자의 상당부분을 제국에 의존하지 않으면 안 되었다. 제국과 주변 국가들은 상호교역에 대해서 근본적으로 다른 입장에 있었던 것이다. 양자 사이에는 조공이나 국경무역을 통해 교역이 이루어지기도 하지만 그것은 제한적이다.

이러한 상황은 주변 국가들이 제국의 변경을 지속적으로 약탈하게 하는 요인이 되었다. 특히 자연조건에 의해 거의 생산물자가 제한적일 뿐만

373 梁方仲, 『中国历代户口, 田地, 田赋统计』, 2008: 39-49.

374 勞榦, "兩漢戶籍與地理關係," 1935: 210-214. 무제 이후와 후한 시기 강남 지역 이민족들의 흡수 과정에 대해서는 이 책 3장 4절 참조.

아니라 유동성이 강하여 제국이 통제하기 어려운 북방의 유목민족들은 자주 변경을 침범했고, 이것은 다시 제국으로 하여금 변경을 폐쇄하여 국경무역조차 막음으로써 악순환이 반복되었다. 유목민족들은 특히 기후의 한랭건조화에 의해 생존이 어려워지자 점차 남하하지 않을 수 없었고, 수세기 이후에는 실제 중원의 핵심지역까지 차지했다(5호16국시대).

| 아홉 번째 |

# 지방권력과 행정

# 9

이 장에서 다루는 지방조직과 행정은 크게 세 부분으로 구성된다. 첫 번째는 권력의 지속적인 통합 과정에서 이루어진 지방조직의 형성과 변화이다. 제국의 지방행정 단위인 '현'과 '군'은 춘추전국시대 진행된 권력의 통합과 집중의 산물로서 진秦에 의한 통일 이전에 이미 보편적으로 구축되었다. 두 번째는 군현화의 완성이라 할 수 있는 봉건제후의 제거이다. 주로 전한前漢 시기 봉건제후의 거세를 위한 각종 정책들이 분석된다. 세 번째로 한의 지방구획과 지방행정이 다루어진다. 먼저 인구의 지리적 분포에 대한 분석을 통해 지리적 원근에 따른 군현적 지배의 차이를 밝힌다. 이어 군과 현의 행정책임자인 태수와 현령의 임면과 그들의 특징에 관해 살펴본다. 제국은 특히 지방정부의 문제해결 능력 제고와 지방권력에 대한 통제라는 상반된 요구에 직면했다.

## 1. 지방권력의 형성

지방행정구획은 어느 정도 크기의 정치조직이라면 어느 시대에서든 매우 중요한 문제였을 것이다. 그것은 공동체의 존속을 위해서는 지방적 차원에서 공공의 업무가 이루어져야 하기 때문이다. 이를테면 조세의 징수, 치안과 국방을 위한 징병과 훈련, 법이나 규범에 대한 교육과 집행, 이해의 조정, 인재의 선발, 자연재해에 대한 구제, 인프라 구축을 위한 노동력 동원, 생산의 장려 등 수많은 공공의 업무는 지방 차원에서도 수행되지 않으면 안 된다.

중국의 지방행정과 관련하여 중요한 특징들 가운데 하나는 군현적 지배이다. 이를테면 왕부지王夫之는 군현제가 2천 년 동안 유지되었고, 모두가 그것에 적응되고 있다는 점에서 불변의 제도로 간주했다.[1] 군현제는 전국을 군이나 현과 같은 행정구역으로 나누어 중앙에서 통일적으로 통치하는 방식이다. 이것은 지역을 제후들에게 분봉하여 독자적으로 통치하게 하는 봉건제와 대비된다. 따라서 군현제는 관료적 통치가 지방에서

1 "郡縣之制, 垂二千年, 而弗能改矣, 合古今上下皆安之."(『讀通鑑論』 卷一)

구현된 것으로 볼 수 있다. 다시 말해 군현제와 관료제는 통일제국의 정치체제를 지탱하는 양대 지주인 것이다.[2] 특히 관료제는 신분이 아니라 능력에 기반을 둔 관리의 채용, 승진과 해고, 상하간의 위계, 등급, 관료의 충원을 위한 교육과 시험 등을 특징으로 한다.[3]

다만 이 글에서 강조하는 것처럼 권력의 행사는 지리적인 제약을 받는다. 따라서 광역에 대한 통일적 권력행사를 특징으로 하는 군현화는 역사 초기에는 생각하기 힘들다. 역사 초기에는 소규모의 씨족이나 부족단위의 공동체가 존재했다. 이 공동체는 이 글에서는 성읍국가로 표현된다. 하나의 성읍은 광역이 아닌 하나의 지점을 단위로 하기 때문에 지방적 구분의 의미가 적다. 성읍들 사이에 일정한 위계가 있는 경우에도 그 연계성은 매우 제한적이었다. 하·은·주 등 초기의 주요 국가들은 봉건제에 기반했고, 따라서 개별 성읍들 사이에 행정적 연계성은 존재하지 않았거나 매우 약했다.

시간이 지나면서 성읍체제는 광역에 대한 지배를 특징으로 하는 영토국가 체제로 변모했다. 물론 영토국가의 등장이 곧 중앙집권적 정치체제의 구축을 의미하지는 않는다. 영토국가는 초기에는 봉건제에 바탕을 두었다. 따라서 군현화는 개별 제후국들에서 먼저 진행되었다. 제후국에서 권력은 점차 군주에게 집중되었고, 군주는 권력의 강화와 확대를 위해서 전국에 걸쳐 정교한 지방행정체제를 구축하고, 그것을 지속적으로 관리하기 위한 법과 규범 그리고 제도들을 도입하였다. 이러한 군현화의 과정은, 앞서 권력의 속성에 관한 이론적 설명에서 언급한 것처럼, 춘추전국시대 수백 년을 거쳐서 점진적으로 진행되었다. 진에 의해 중원이 통일되는 시점에서 제후국의 군현화는 사실상 대부분 완성되었다. 진

---

2 周长山, 『汉代地方政治史论—对郡县制度若干问题的考察』, 2006: 18.

3 Loewe, *The Government of the Qin and Han Empires*, 2006: 17-55; 니시지마 사다오西嶋定生 지음, 최덕경 외 옮김, 『중국의 역사: 진한사』, 2004: 109-118.

시황의 군현화 선언은 단지 제후국들의 중앙정부만 제거하는 것을 의미했다.

그렇다면 이처럼 성읍국가, 영토국가, 중앙집권국가, 그리고 통일제국으로 이어지는 과정에서 지방행정체제는 어떻게 변화되었을까. 실제 중국의 고대 문헌에는 그 목적에 따라 매우 다양한 방식의 지방구획이 제시되고 있다. 그것은 주로 가구의 수를 기준으로 하지만, 일부는 사람의 수 또는 제한적이지만 면적을 기준으로 설정되기도 한다. 각각의 방식들은 상당히 기계적이고 현실성이 부족해 보이지만, 어쨌든 지방에 대한 조직화의 요구를 반영하고 있다. 여기에서는 문헌적 자료에 근거해 초기 지방구획의 단초들을 살펴보고자 한다.

### 성읍체제에서 지방

먼저 성읍체제는 상응하는 사회조직에 기반을 두었다. 서주 시기의 지배적인 사회조직은 중국의 학자들이 자주 사용하는 개념으로서 넓은 의미의 가족공사나 농촌공사와 같은 혈연에 기반을 둔 친족공동체였다. 공동체는 토지공유제, 귀족과 평민의 신분제, 종족간 지배와 피지배 등을 특징으로 했다. 생산이나 제사·치안유지·조세부과 등 공공적 기능은 공동체를 중심으로 이루어졌다. 이것은 지역 수준에서 국가와 사회가 여전히 분화되지 않은 상황을 반영한다.

지역공동체들은 주 왕실이나 제후와 같이 외부적으로 좀 더 큰 정치권력에 귀속되었다. 혈연조직들의 지도자들은 경·대부의 직책과 거기에 따르는 일정 지역을 봉읍으로 받아 제후의 공동체를 구성했다. 각 종족 구성원들 가운데는 사士라 불리는 남자들이 군사나 행정 등 공공의 업무를 담당했다. 국가는 제후의 일부 가문 이외에는 대부분 지방의 유력한 혈연조직들로 구성되었다. 개인이나 가구는 주 왕실이나 제후의 직접적 지배를 받기보다는 그러한 혈연조직의 지도자들에 의해 관리되었다.

그렇다면 이러한 혈연 중심의 정치구조에서 행정은 어떻게 이루어졌을까. 관료제가 등장하기 이전에도 일정한 역할을 담당하는 일종의 관직들이 있었다. 구체적인 관직의 수행과 관련해서는 혈연이나 지연에 바탕을 둔 세습제가 지배적인 형태였는데, 이를테면 주의 선조는 농사일을, 진秦의 종족은 오랫동안 말을 기르는 일을 담당했다. 그에 대한 대가로서 일정한 지역에 대한 지배권이 주어졌다. 마찬가지로 궁정의 주방·내정·국방 등도 개별 종족들이 세습의 방식으로 담당했다.

서주는 이미 상당히 체계적인 관직체계를 갖고 있었던 것으로 전해진다. 이를테면 『상서』에 의하면, 서주에서는 태사太師·태부太傅·태보太保 삼공과 소사少師·소부少傅·소보少保 3고孤가 국가운영 전반을 논의한 것 외에 총재冢宰(치국과 백관의 통솔)·사도司徒(교육과 경전)·종백宗伯(의례와 제사)·사마司馬(군사)·사관司冠(형벌)·사공司空(토지와 인구) 등 육경六卿이 각기 업무를 분담하고 지방의 책임자들을 지도해 백성을 다스렸다.[4] 또한 『시경』「소아」에는 경사卿士·사도司徒·재부宰夫·선부膳夫·내사內史·취마趣馬·사씨師氏 등 일정한 업무를 시사하는 후대의 관직명들이 등장한다. 물론 후대의 기록이기 때문에 그대로 받아들이기는 어렵지만, 중앙과 지방에서 일정한 업무를 담당하는 관직들이 등장했던 것은 분명하다.

그렇다면 지방의 구획은 어떻게 이루어졌을까. 그 예로 서주 시기의 정치제도를 기술하고 있는 『주례』를 들 수 있다. 이 문헌은 기존에 내려오던 자료에 바탕을 두어 후대에 작성된 것으로 중앙집권화가 적지 않게 진행된 춘추전국시대의 상황을 반영한다. 즉 서주와 춘추전국의 제도나 관념이 혼재되고 있다. 또한 그 내용으로 보아서 기계적인 측면이 적지 않

---

4 『尙書』「周書·周官」.

다는 점에서 하나의 이상적 모델에 가깝고 현실과는 차이가 있어 보인다.[5] 그럼에도 이 문헌은 초기 지방행정에 대한 흥미로운 아이디어들을 담고 있다.

지방행정구획과 관련해, 『주례』는 위에서 언급된 성읍체제에 상응하는 고전적 요소들을 포함하고 있다. 이를테면 지배부족과 피지배부족은 국國[6]과 야野[7]에 각각 거주했다. 종법에 따라 주 왕실에 의해 분봉된 지배부족의 귀족들은 통치기구와 관리를 두었고, 그 운영을 위한 조세와 부역을 피치자에게 부과했다. 지배부족은 한편으로 다양한 층차의 귀족계급과 다른 한편으로 농업 등 생산에 종사하는—문헌에서는 국인國人이라 부르는—평민으로 구성되었다. 야는 국 바깥쪽의 넓은 농촌 지역을 의미하며, 여기에는 야인野人 또는 서인庶人으로 불리는 대규모 피지배(피정복)부족들이 거주했다. 물론 귀족세력에 대해서는 평민과 야인 모두 피통치자의 신분이었다.

그렇다면 지방행정은 구체적으로 어떠했을까. 『주례』는 위에서 언급한 국과 야, 즉 도시와 농촌에 따라서 상이한 행정제도를 제시하고 있다. 먼저 국에 대해서 그 목적과 기능에 따라 여러 가지 방식의 지역적 구획이 제시된다.

첫째, 일반적인 지방행정, 즉 주민간의 상호규율, 교육, 형벌 등을 목적으로 비比(5개 가구), 여閭(5개 비), 족族(4개 여), 당黨(5개 족), 주州(5개 당), 향鄕(5개 주)의 6개 층차로 조직한다. 최고의 지방조직으로서 향은 1만 2천500가구로서 전국은 모두 6개의 향으로 조직된다. 각 층차의 지방조직에는 비장比長·여서閭胥·족사族師·당정黨正·주장州長·향대부鄕大夫 등 상이한 명칭

5 『주례』의 내용은 서주 시기의 제도로서 『한서』 「식화지」에도 매우 유사하게 전재되고 있다.

6 도都 또는 향鄕으로 불리기도 함.

7 비鄙 또는 수遂라고도 함.

과 직급의 책임자가 있다. 그들의 직급은 각각 하사下士－중사中士－상사上士－하대부下大夫－중대부中大夫－경卿의 순서이다.[8]

둘째, 군대와 치안, 그리고 공물과 징세를 위한 지방조직이다. 위의 일반 지방행정 조직에 상응해, 가구당 1명을 차출하는 방식으로 6개 층차로 조직된다. 즉 오伍(5인), 양兩(5개 오), 졸卒(4개 양), 여旅(5개 졸), 사師(5개 여), 군軍(5개 사)이다. 전국은 6개 군軍, 7만 5천 명으로 구성된다(1군=1만 2천500명). 이것은 병농일치의 편제를 반영한다. 다만 군사책임자의 직급은 행정책임자의 직급과 약간 다르다. 군사책임자는 각각 장長·양사마兩司馬·졸장卒長·여수旅帥·사수師帥·군장軍將이다. 직급은 오의 책임자인 오장伍長만 없고, 그 위부터 중사－상사－하대부－중대부－경의 순서이다.[9]

셋째, 토지의 경영을 위한 조직이다. 그것은 정전제에 따라 면적과 인구를 동시에 고려하는 방식인데, 9부(1부夫는 100무畝)를 기초로 하여 1정井, 읍邑(4개 정), 구丘(4개 읍), 전甸(4개 구), 현縣(4개 전), 도都(4개 현)의 6개 층차를 설정하고 있다.[10]

다음으로 국의 교외에 위치하고 피지배 종족이 거주하는 야에 대한 구획이다. 여기에도 명칭이 다를 뿐 국 지역과 유사하게 조직된다. 즉 인隣(5개 가구), 이里(5개 인), 찬酇(4개 이), 비鄙(5개 찬), 현縣(5개 비), 수遂(5개 현)의 층차가 있다. 각각의 층차마다 인장鄰長·이재里宰·찬장酇長·비사鄙師·현정縣正·수대부遂大夫 등 책임자들이 있다. 다만 야 지역 책임자의 직급은 동급의 국 지역 책임자보다 한 단계가 낮다. 즉 이재는 하사이고 수대부遂大夫는 중대부이다.[11] 그리고 앞서 언급한 것처럼 국에는 각급에 군대조직이 있지만, 야 지역에는 없다.[12] 그것은 병역은 지배 종족으로서 국인만의 의

8 『周禮』「地官司徒(上)」.

9 『周禮』「地官司徒(上)」,「夏官司馬(上)」.

10 『周禮』「地官司徒(上)」.

11 『周禮』「地官司徒(下)」.

무이자 권리로 이해되었기 때문이다.[13]

각급의 책임자들은 통상적인 행정업무 이외에 몇 가지 공통된 업무가 있는데, 그것은 산천에 대한 제사, 소속지역 백성들에 대한 기록, 상급에서 관장하는 군사훈련이나 사냥, 그리고 부역을 위한 주민동원 등이다.

그 외에 각급의 고유한 업무도 일부 확인된다. 이를테면 5개 가구로 구성된 최소의 단위인 비比의 역할은 이사하는 사람들에 대한 인계에 국한된다. 25가구 단위인 여閭는 주로 세금의 징수나 예법의 감시를 담당한다. 족族·당黨·주州 등 중간급은 법령의 전달과 교화, 인재와 모범주민의 천거, 형벌의 집행 등을 공통으로 담당한다. 최상급인 향鄕의 책임자는 법령의 집행 이외에도 관리의 임명과 지도, 국사에 대한 자문, 군대의 동원 등을 수행한다.[14] 야 지역에서는 농정의 중요성이 크지만, 각급은 국 지역의 동급 단위와 유사한 기능을 담당한다.[15]

『주례』의 내용은 서주 시기 주공의 낙읍 건설에 관한 『일주서』의 언급에도 부분적으로 반영되고 있다.

> (주공은 낙읍의) 교외지역을 설정했는데, (그 크기는) 사방 600리로서 서토西土(수도인 호鎬)까지 연결하면 사방 1천 리였고, 100개 현으로 나뉘었다.

---

12 야 지역의 주민은 군대의 보조적 인원으로 필요시에 동원되었다(『周禮』「地官司徒: 縣正」).

13 서주의 지방행정은 『한서』「식화지」에도 기술되어 있는데, 그 내용은 『주례』와 약간 다르다. 즉 「식화지」는 농촌과 도시를 구분하지 않고, 국과 야 지역의 구획 명칭을 선택적으로 반영해 인鄰(5개 가구), 이里(5개 인), 족族(4개 이), 당黨(5개 족), 주州(5개 당), 향鄕(5개 주)의 6단계로 나누고 있다. 각각의 책임자는 하사下士인 인장鄰長에서 한 등급씩 올라 경卿인 향대부鄕大夫로서, 『주례』의 국과 같은 방식을 취하고 있다(『漢書』 卷二十四「食貨志」).

14 『周禮』「地官司徒(上)」.

15 『周禮』「地官司徒(下)」.

1개 현에는 4개의 군, 1개 군에는 ■[16]개의 비鄙가 있었다. 큰 현의 성은 왕성의 3분의 1, 작은 현의 성은 9분의 1로 했다. 군의 비는 100가구를 초과하지 않음으로써 농사에 편리하게 했다. 농부는 비에 살면서 서사庶士가 될 수 있었고, 사士는 국國이나 가家에 살면서 각종 공公이나 대부大夫가 될 수 있었다. 무릇 공인·상인·서사·노비는 서로 잡거하지 못하게 했다.[17]

그 외에도 우리는 『주례』 이전 『맹자』와 『예기』에서 주나라의 관료체제에 대한 개관을 볼 수 있다. 특히 맹자는 춘추시대를 거치면서 주의 제도가 자신들에게 불리하다고 간주했던 제후들이 자료를 모두 없앴기 때문에 잘 알 수 없다고 전제하고서, 대강의 내용을 전달하고 있다. 그는 천자의 직할지와 크고 작은 각 제후국에서 관리들의 직위와 정전제에서 공전으로부터 수입에 근거한 봉록을 〈표 8〉과 같이 제시하고 있다.

〈표 8〉 서주 시기 작위와 봉록[18]

| 작위 | 천자 | 공 | 후 | 백 | 자 | 남 |
|---|---|---|---|---|---|---|
| 나라의 크기 | 천자국 (사방 1천 리) | 대국 (사방 100리) | | 중국 (사방 70리) | 소국 (사방 50리) | |
| 군주 | — | 320A | | 240A | 160A | |
| 경 | 320A | 32A | | 24A | 16A | |
| 대부 | 240A | 8A | | 8A | 8A | |
| 상사 | (원사)160A | 4A | | 4A | 4A | |
| 중사 | | 2A | | 2A | 2A | |
| 하사·서인 | | A | | A | A | |

A는 관직을 맡지 않고 농업에 종사할 경우 경작으로 얻을 수 있는 수입을 의미함.

16 결문.

17 『逸周書』「作雒解」. 여기서는 黃懷信, 『逸周書校補注譯』, 1996: 255-256.

18 『孟子』「萬章下」.

『맹자』에 의하면, 관리의 직책은 신분적 질서에 바탕을 두었다. 구체적으로 천하는 수평적으로 중앙의 천자와 공·후·백·자·남 등 5등급 제후가 등급에 따라 일정한 지리적 크기의 국가들을 관장했다. 최저인 자·남의 봉토인 사방 50리 이하는 부용附庸이라 했고, 천자가 아니라 제후국들에 부속되었다. 각각의 국가들은 내부적으로 군주에서 경卿·대부大夫·상사上士·중사中士·하사下士 및 서인庶人까지 수직적인 통치체계를 갖고 있었다. 그리고 이들은 천자의 국가와 각각 크고 작은 제후국에 따라 일정한 식량을 급여로 받았다.[19]

또한 그 기준이 되는 하사와 서인의 급여는 동일하여, "경작해 얻을 수 있는 수입을 대신하기에 충분한 정도"였다.[20] 『예기』는 더 구체적인데, 서인은 가족의 수를 기준으로, 하사는 상농에 해당하는 급여를 받았다. 여기서 상농은 9명의 가족을 부양하는 농부로 정의된다. 다시 말해 서인에게는 가족의 수에 따라 적절하게 차등을 두어 급여를 주고, 하사에게는 9명을 부양할 수 있는 정도의 급여를 주었다.[21] 그와 함께 〈표 8〉에 나타난 것처럼 관리의 직급이 높을수록 급여는 많아졌다. 이를테면 모든 제후국에서 대부는 하사 급여의 8배에 해당되고, 그보다 상급에서는 대국과 소국 사이에 차이가 적지 않았다. 천자국의 경·대부·상사는 각각 후·백·자 및 남의 제후와 동일한 봉록을 받았다.

19 『예기』에도 거의 동일한 내용이 있다. 다만 여기에서는 『맹자』와는 달리 천자국의 삼공은 공과 후의 군주(320A), 경은 백의 군주(240A), 대부는 자와 남의 군주(160A), 원사는 부용의 군주에 준한다(『禮記』「王制」).

20 맹자의 정전제에서는 농부 1명에게 공히 100무畝를 공급하는데, 토지의 등급에 따라 수확량, 즉 부양할 수 있는 사람의 수가 다를 수밖에 없다. 따라서 농부는 최고 9명을 부양할 수 있는 토지를 분배받는 상농에서 최저 5명을 부양하는 토지를 분배받는 하농까지 5단계로 구분된다. 마찬가지로 관직에 있는 서인들의 급여는 그 직무에 따라 서로 차이가 있었다(『孟子』「萬章下」).

21 『禮記』「王制」.

그런데 맹자의 지방행정은 그의 이상적인 토지제도인 정전제와 긴밀한 관계가 있다. 소국인 등滕의 문공文公이 사람을 보내 정전제에 대해서 물었을 때, 그는 이상적인 사회조직을 다음과 같이 그리고 있다.

> 죽어서 장례를 치르거나 이사를 하더라도 모두 고향을 벗어나지 않는다. 같은 정전을 경작하는 각 가구는 출입 왕래 시 서로 동반하고, 도적을 막을 때에 서로 도우며, 병에 걸리면 서로 보살핀다. 이렇게 하면 백성들은 서로 단결하고 화목하게 된다. 구체적인 방법은 다음과 같다. 사방 1리의 면적을 한 개의 정전으로 획정한다. 각 정전은 900무인데, 그중 한가운데 100무는 공전이고, 주위의 800무는 8개 농가에 분배해 각각 사전 100무씩 갖게 한다. 공전은 8개 농가가 공동으로 경작한다…… 이렇게 하면 관리의 봉록을 위해 공전公田이 있고, 백성은 사전私田이 있으니 이렇게 하여 관리와 백성이 구분된다.[22]

맹자의 경우 정전제는 단순히 토지의 공정한 분배에 그치지 않는다. 그것은 하나의 사회조직이다. 정전제하에서 농민들에게 일정한 크기의 토지를 공급하고, 농사나 도적의 방어 그리고 질병 등의 일에 서로 협력하게 함으로써 그들이 안정적으로 토지에 정착할 수 있다. 생산에 참여하는 다수 농민이 있음으로써 국가는 관리의 봉록이나 다른 기능을 위한 재원을 마련할 수 있다. 다만 방식에 있어서는 강제가 아니라 인정仁政을 통해서이다. 인정을 통해서 백성들이 편안하게 살 수 있게 함으로써 그들 스스로 자국에 몰려들게 해야 한다.

요컨대 일부 문헌들에 전해지는 서주 시기의 지방행정체계는 몇 가지 특징을 보여준다. 그것은 지배종족과 피지배종족은 거주지가 구분되고 그

---

22 『孟子』「滕文公上」.

에 따라 별도의 조직으로 편제되어 있다는 점, 군사조직은 피지배종족을 배제한 지배종족만 해당된다는 점, 지방의 책임자들이 작위를 가진 다양한 귀족들이라는 점, 정전제를 기반으로 일반 행정체계와 별도의 생산관리 체계를 둔다는 점 등이다. 기층의 조직이 기계적인 방식으로 조직된 것처럼 보이지만, 사실 그 내용은 전통적 혈연공동체의 요소를 대개 유지했다고 보아야 할 것 같다.

실제 『주례』 자체는 서주 이후 약 400-500년 후의 작품이다. 그동안 춘추전국의 급격한 변화가 이루어졌고, 그와 함께 정치조직에 있어서 관료화가 더 많이 진행되었다. 또한 『주례』는 역사적 사실에 대한 기술에 그치지 않고, 이상적 국가조직의 구상을 목적으로 하는 측면이 강하다.

## 영토국가와 지방구획

춘추전국 시기를 거치면서 성읍국가 체제는 영토국가 체제로 변모하였다. 그것은 무엇보다도 권력확대의 관성에서 찾을 수 있지만, 기존의 권력을 제한하는 요소들이 점차 제거됨으로써 비로소 가능하였다. 앞서 언급한 것처럼 권력에 대한 제약은 요소적 측면과 관계적 측면으로 나뉜다. 요소적 제약은 권력구성 요소의 양적인 한계를 의미하는 것으로서, 경제의 발전, 인구의 증가, 교통의 발달 등에 의해 점차 완화되었다.

그렇다면 권력의 사회적 관계에서 변화와 영토국가의 형성은 어떤 관련이 있는가. 주지하는 것처럼 지속적인 전쟁은 사회구조에 변화를 가져왔다. 전쟁은 당시 병역을 특권으로 독점했던 귀족계급의 몰락을 가져왔다. 그와 함께 당시까지 전쟁에서 배제되었던 피지배계급이 전쟁에 동원되었다. 지역적으로 국과 야의 종족적 거주지 구분이 사라지고, 그 대신 동일한 신분으로서 평민이 등장했다. 이로써 병사로서 뿐 아니라 요역과 조세 등을 담당할 수 있는 계층이 확대되었다. 이것은 토지공유제에 기반을 둔 신분질서와 사회조직의 해체를 의미했다. 일부 국가들은 일종의 국유지로서 농가에 분배하여 경작하게 했다(수전제). 일부에서는 토지의 사유화도 진행되었다.

사회조직의 변화는 통치방식에도 변화를 요구했다. 공동체와 신분질서의 타파는 다수의 백성에 대한 직접적 통치를 가능하게 했고, 이것은 인적·물적 관리를 위한 정교한 통치기구를 필요로 했다. 그 결과 귀족계층이 지역공동체를 이끌어 가는 것이 아니라 국가의 관리가 지방의 통치를 담당하게 되었다. 이것은 지역공동체와 구분된 지방적 차원의 국가권력이 별도로 등장하게 되었음을 의미한다. 비록 혈연에 바탕을 둔 공동체적 요소가 없었던 것은 아니지만, 궁극적으로는 가족과 개인은 지역공동체의 완충이 없이 국가권력의 직접적 통치대상이 되었다.

그렇다면 이러한 사회적 변화와 영토국가의 형성은 지방조직에 어떻게 반영되었을까. 여기서는 초기의 문헌에 나타난 제·초·진에 대해서 차례로 살펴본다. 각각은 『관자』·『할관자鶡冠子』·『상군서』 등에 묘사되어 있다. 관련 문헌들은 영토국가의 출현에 따른 지방의 구획에 대한 다양한 아이디어를 제공하고 있다. 물론 문헌들이 후대에 작성되었고, 일부는 위작으로 간주되기도 한다는 점도 염두에 두어야 할 것이다.

먼저 제齊이다. 제의 지방행정은 춘추시대 정치가 관중管仲의 저술인 『관자』에서 일부 찾아볼 수 있다. 그는 부국강병을 위한 정책의 일환으로 다양한 목적과 방식의 지방에 대한 구획과 관리 방안을 환공에게 제시했다.[23] 그의 구상에 의하면, 지배부족이 거주하는 국 지역에 대해서 각각 5개 가구와 10개 가구단위로 오伍와 십什을 구성하고, 그 위에 유游, 이里(10개 유), 주州(10개 이), 향(5개 주)을 두어 전체를 5개 향으로 조직한다. 각각의

23 『관자』는 관중의 제자들이나 학파에 의해 전국시대에 쓰인 것으로 평가되고 있다. (김필수 외 옮김, 『관자』, 2006: 15-18).

조직에는 상이한 명칭의 우두머리를 둔다. 각 지방단위의 기능과 관련해 위 문헌들은 주로 사람들의 출입관리, 법의 준수와 처벌 등을 언급하고 있다.[24] 위 문헌은 또한 다른 곳에서 각기 다양한 목적을 위한 지방조직의 병존을 제안한다. 이를테면 행정조직으로서 폭暴(사방 6리), 부部(5개 폭), 취聚(5개 부), 향鄕(5개 취), 방方(4개 향)을, 민간조직으로서 오伍(5개 가구), 연連(10개 가구), 폭暴(5개 연), 향鄕(5개 폭), 도都(4개 향)를, 생산조직으로서 취聚, 이離(4개 취), 제制(5개 이), 전田(5개 제), 부夫(2개 전), 가家(3개 부)를 차례로 조직한다.[25]

제 환공의 재상이 된 뒤에 관중은 위의 개략적인 방안을 기초로 하여 다음과 같은 방식으로 지방을 조직했다.[26] 먼저 국인國人이 거주하는 국 지역은 궤軌(5개 가구), 이里(10개 궤), 연連(4개 이), 향鄕(10개 연) 등 4개 층차로 조직했다. 각각의 단위에는 궤장軌長·유사有司·연장連長·양인良人을 두었다.[27] 전국은 21개 향으로 조직되었는데, 그것은 사향士鄕이라 불리던 일반 향으로서 모두 15개와 공상업에 종사하는 사람들이 거주하는 6개의 공상향工商鄕이 있었다. 6개 공상향과 사향 5개, 즉 전체 11개 향은 환공이 직접 통치하고, 나머지는 각각 5개씩 나누어 경卿에 해당하는 고자高子와 국자國子에게 관리하도록 했다. 앞서 언급한 것처럼, 이러한 행정적 조직에 따라서 군대도 편성되었다.

다음으로 야 지역도 국 지역과 유사한 방식의 조직화가 구상되었다. 즉 5개 가구를 단위로 궤軌, 읍邑(6개 궤), 졸卒(10개 읍), 향鄕(10개 졸)으로 조직한

---

24 『管子』「立政」.

25 『管子』「乘馬」. 행정조직·민간조직·생산조직은 각각 원문은 관제官制·읍제邑制·사제事制이고, 현대어로는 谢浩范·朱迎平 译注, 『管子全译』, 1996: 62에 의거함. 그렇지만 원문에서도 더 이상의 언급이 없어 자세한 내용은 알 수 없다.

26 『管子』「小匡」; 『國語』「齊語」.

27 관중은 백성들을 사·농·공·상 직업에 따라 각기 별도의 지역에 거주하게 했는데, 그것은 서로 동거함으로써 자신의 업무나 규범을 대대로 익혀 유지하는 데 도움이 된다고 보았기 때문이다.

다. 각각의 단위에는 궤장軌長·유사有司·졸장卒長·양인良人을 둔다. 전체적으로 15개 향을 두어 문정文政을 실시하고, 무정武政을 위해서 각각 3개 향을 속屬으로 묶어 모두 5명의 대부가 관할한다.[28]

각기 『주례』와 『관자』에 기술된 서주와 제의 지방구획을 비교하면, 여전히 일정한 가구 수에 입각한 기계적인 방식의 구획, 국과 야의 구분, 지방행정과 군사제도의 연결 등이 제에서도 나타나고 있다. 또한 제에서도 지방은 통합적인 단위로서보다는 목적에 따라 여러 가지 방식으로 구획된다. 전국시대 중반 이후 기층의 주요 조직으로 자리 잡게 되는 향鄕이 양국 모두에서 최고의 지방행정 등급이었다.

그렇지만 몇 가지 주목할 만한 변화도 확인된다. 먼저 서주 시기는 6개 층차로 구분되었다면, 춘추시대 제에서는 4개 층차로 감소되었다. 그것은 점차 큰 지방단위들의 등장을 의미했다. 명칭에서 볼 수 있듯이 국가의 관리라고 할 수 없는 5개 가구의 단위를 제외한다면 제의 지방조직은 이–연–향의 3개 층차로 중국 역사에서 지배적인 구획방식을 채택한 셈이다. 층차의 감소는 인민에 대한 국가의 좀 더 직접적인 지배를 의미할 것이다. 국과 야는 여전히 행정적으로 구분되어 있지만, 야 지역도 무정武政이 실시되면서 부분적으로 군사조직으로 편제되고 있다. 또한 관중의 지방조직에는 서주 시기 정전제를 기초로 하는 층차적 구획은 없다.

지방 수준에서 조직화가 중앙–지방간 권한 분리의 문제를 내포했음은 분명하다. 즉 중앙과 각급 지방간 통치권한을 둘러싸고 다툴 수밖에 없다. 그것은 마치 농촌과 도시가 노동력을 다투고, 민간과 정부가 재화를 다투는 것과 같다. 여기에 대해서 관자는 과도한 집중보다는 분권적 통치를 주장한다. 조정이 결정권한을 집중하지 않아야 지방이 분치되어 잘 다스려질 수 있다.

---

28 『管子』「小匡」.

농촌과 도시가 백성을 두고 서로 경쟁하고, 민간과 정부가 재화를 두고 서로 경쟁하며…… 향鄕과 조정이 다스리는 문제로 서로 경쟁한다. 그리하여 전야에 잡초가 쌓이지 않는 것은 농사일이 우선하기 때문이다. 관부에 재화가 쌓이지 않는 것은 민간에 저장되기 때문이다. 시장에 점포가 배열되지 않는 것은 가정에 물자가 풍족하기 때문이다. 조정에 많은 관리를 모아 두지 않는 것은 향에서 잘 분치分治되기 때문이다. 전야에 잡초가 쌓이지 않고, 관부에 재화가 쌓이지 않으며, 시장에 점포가 배열되지 않으며, 조정에 많은 관리를 모아 두지 않는 것은 가장 좋은 통치방법이다.[29]

그렇지만 기층 수준에서 국가권력의 확대는 개개인에 대한 더 많은 통제를 의미했다. 『관자』에는 다음과 같이 언급되고 있다.

담을 쌓고 틈새 길을 막아 도로를 하나만 두고, 출구와 입구를 오직 하나로 한다. 마을 문을 살피고 자물쇠와 열쇠를 신중히 해 자물쇠를 (이里의 책임자인) 이위里尉가 보관하고, 여유사閭有司를 두고 때에 맞춰 여닫게 한다. 여유사는 출입하는 사람을 관찰해 이위에게 보고한다. 출입시간이 맞지 않거나 의복이 규정에 어긋나거나 권속圈屬의 무리들이 규범에 따르지 않을 경우에는 여유사가 언제나 보고한다. 만일 이里에 사는 어떤 가장의 자제·신첩·속역屬役·빈객에게 문제가 있으면 이위가 해당 이里의 책임자인 유종을 질책하고, 유종은 해당 십장이나 오장을 다시 질책하며, 십장이나 오장은 해당 가장을 질책한다…… 죄를 저지른 도당이 가속家屬이면 가장을 연좌해 벌하고, (죄를 저지른 자가) 가장이면 십장과

29 『管子』「權修」. 이를 근거로 청 말의 량치차오梁啓超는 『관자』가 일종의 지방자치를 실시했다고 주장했다(梁启超, 『诸子集成』 第5集 「管子评传」, 1986: 30).

오장을 연좌해 벌하며, 십장이나 오장이면 유종을 연좌해 벌하고, 유종이면 이위를 연좌해 벌하고, 이위면 주장을 연좌해 벌하고, 주장이면 향사를 연좌해 벌한다. 매년 상부에 3개월에 한 번 보고하고, 6개월에 한 번 종합해서 보고하며, 12개월에 한 번 문건으로 보고한다.[30]

여기에서는 마을에 대한 출입의 통제, 의복 등 생활에 대한 감시, 연좌제, 상급에 대한 주기적 보고 등이 명시되어 있다. 그 외에도 위 문헌은 신분에 따라서 음식의 정량, 의복, 주택, 가축과 노비의 수, 배와 수레의 크기, 제사용 기물과 관棺, 무덤의 방식이나 크기 등에 있어서도 엄격한 제한을 두고 있다. 이러한 통제는 현실성이 커 보이지는 않지만, 적어도 당시 통치자들은 그러한 방식의 통치를 지향했다고 할 수 있다.

전국시대 서남부의 강자인 초의 경우에도 제와 비슷한 구상이 제시되었다. 이를테면 초나라 사람이 쓴 『할관자』에는 지방행정과 관련해 하나의 이상적인 방안으로서 다음과 같은 내용이 있다.

읍邑(교외지역)과 도都(도시지역)의 관리를 위해서는 풍속이 비슷한 사람들로 5개 가구씩 오伍를 만들어 오장伍長을 두고, 10개 오로 이里를 만들어 유사有司를 두며, 4개의 이로 편扁을 만들어 편장扁長을 두고, 10개 편으로 향鄕을 만들어 향사鄕師를 두며, 5개 향으로 현縣을 만들어 색부嗇夫를 두어 통치하고, 10개 현으로 군郡을 만들어 대부大夫가 지키고 속관屬官을 임명한다. 군대부가 물러나서는 속관을 바로잡고, 현색부가 물러나서 자신의 향을 바로잡고, 향사가 물러나서 편을 바로잡고, 편장이 물러나면 이를 바로잡고, 이의 유사가 물러나면 오를 바로잡고, 오장이 물러나서는 그 가정을 바로잡는다. 매사에 서로 바로잡고, 기거와 출입 시 서

---

30 『管子』「立政」.

로 살핀다. 어른은 아이를 자애하고, 아이는 어른을 공경한다……[31]

여기서는 상세하게 다루지 않았지만, 이 글은 『관자』의 내용과 매우 유사하다. 위의 내용 가운데 일부, 즉 상급의 책임자들은 물러나면 한 단계 낮은 하급을 보살피는 관례, 연장자와 연소자 간 자애와 공경 그리고 자녀에 대한 교육 등에 대한 언급은 『관자』에서도 유사하게 확인된다. 다만 『할관자』에는 전국시대 일부 국가에서 지방행정단위였던 군과 현이 등장하고 있다.[32]

중앙에 의한 직접적인 통치는 무엇보다도 현지에 대한 많은 정보를 필요로 했다. 따라서 아래로부터 위로의 보고에 대한 강조는 여러 문헌에서 찾아볼 수 있다. 『할관자』의 언급은 앞서 인용한 『관자』와 매우 유사하다.

> 오伍의 인원이 이유 없이 상부의 명령을 받들지 않고 생활상의 여유나 부족함에 대해서 그때그때 이里의 유사에게 보고하지 않으면 어지러운 가구라 하니 오장伍長도 같이 단죄한다. 이里에서 어른을 공경하지 않고 아이를 자애하지 않은 경우가 지나치게 많거나 부형의 가르침을 듣지 않으며 아래로부터 접수된 것을 모두 편장에게 보고하지 않는다면 어지러운 이里라 하니 그 유사를 단죄하고 그 가족도 연좌해 처벌한다. 편에서 정기적으로 교화를 행하지 않고 아래로부터 접수된 것을 향사에게 보고하지 않는다면 어지러운 편이라 하니 그 편장을 단죄하고 그 가족도 연좌해 처벌한다. 향에서 정기적으로 교화를 행하지 않고 아래로부터 접수된 것을 현색부에게 보고하지 않는다면 어지러운 향이라 하니 그 향사를 단죄하고 그 가족도 연좌해 처벌한다.[33]

31 『鶡冠子』「王鈇」.

32 『管子』「小匡」.

33 『鶡冠子』「王鈇」.

여기서 인용하지는 않았으나 상급의 현색부·군대부 등도 마찬가지로 정기적으로 교화를 행하지 않고 아래로부터 접수된 것을 상급에 보고하지 않고 은폐할 경우 단죄의 대상이 된다. 특히 향·리의 기층 지방정부가 혈연적 공동체가 아니라 관료국가의 하부단위로 등장한 것은 매우 중요한 의미를 가진다. 그것은 국가권력이 개인들 그리고 그 집합체로서 지역사회에 대한 광범위하고 직접적인 침투를 의미하기 때문이다.

마지막으로 진秦의 지방행정에 관한 『상군서』와 『사기』 「상군열전」의 기록이다. 기층 수준에서 국가권력의 작용은 무엇보다도 법가적 통치방식을 도입했던 진에서 가장 극적으로 확인된다. 진의 효공孝公(기원전 361-338년 재위) 시기 상앙商鞅의 변법이 그 예이다.

> 부자형제가 같은 집안에 거주하는 것을 금지하고 조그만 향읍과 부락을 통합해서 현縣을 삼고, 각 현에는 영令과 승丞을 두었다. 모두 31개 현이었다. 종래의 농지 사이에 있던 길이나 경계의 둑을 없애서 경작지를 넓히고, 부역과 세금을 공평하게 하고, 도량형을 통일했다.[34]

이 짧은 글은 실제 많은 내용들을 내포하고 있다. 거기에는 세대별 가족을 사회 구성단위로 설정함으로써 씨족체제를 해체한다는 것, 지방을 통합해 행정단위를 조직하고 중앙에서 관리를 배치한다는 것, 토지의 균등배분을 기반으로 하는 정전제井田制를 폐지해 토지 점유의 차별성을 허용한다는 것, 통일적인 조세를 부과한다는 것, 도량형을 통일한다는 것 등이다. 전국시대 철제 농기구에 따른 증산과 개별 농가에 의한 생산이 가능해지면서 공동체적 토지제도로서 정전제의 기반이 이미 사라지고 있었다. 대규모 토지에 근거하는 세습적 귀족사회가 해체되고 조세를 내는

---

34 『史記』 卷六十八 「商君列傳」.

평민들의 수가 크게 확대되면서, 무엇보다도 국가와 이들 사이에 직접적인 관계가 형성되었다.

그 외에도 상앙의 개혁은 강력한 법치를 기본으로 하고 있다. 구체적인 조치에는 기층단위의 조직화를 통한 상호감시, 전쟁에서의 공과에 따른 엄격한 상벌, 가구별 작위에 따른 농지의 면적이나 첩·노비의 숫자 그리고 의복의 종류 등에 대한 등급화도 포함되었다. 이와 관련해 『상군서』는 다음과 같이 상술하고 있다.

> 백성들을 10개나 5개 가구단위로 만들어 서로 감시, 검거하게 하고, (그것을 어기면) 연대로 처벌한다…… 1개 가구에 성인 남자가 2명 이상인데 분가하지 않은 경우, 부세를 두 배로 한다[35]…… 본업에 힘을 다하고, 농사와 베짜기에 성과가 큰 경우에는 노역이나 부세를 면제한다. 상공업에서 이득을 보거나 태만해 가난한 자는 노예로 삼는다. 왕족이라도 군공이 없으면 가족의 적籍에 등록할 수 없다. 각 가구의 존비와 작위의 등급을 분명히 해서 각각 토지와 주택·신첩·노비·의복 소유의 등급을 결정한다.[36]

---

35 "民有二男以上不分異者, 倍其賦."이 구절은, 앞서 「상군열전」의 인용구절에도 나타나고 있는 것처럼, 가구의 분화를 강제하는 조치로 이해되어 왔다. 물론 그와 다른 해석도 적지 않다. 이를테면 쩡셴리曾憲禮 교수에 의하면 조세와 토지배분은 가구단위로 하지만, 요역은 각 가구에서 조세가 면제된 나머지 성인남자가 담당하기 때문에 개별 상황에 따라 분가 여부의 손익이 다를 수 있다. 한편 이성규 교수는 좀 더 급진적으로 부賦를 조세가 아니라 국가가 배분하는 토지로 보고, 상앙의 정책이 오히려 가족의 분화를 억제하기 위한 것으로 해석한다. 그는 "父子同室한 戶에게는 그렇지 않은 戶의 두 배의 授田을 한다."고 해석한다(曾宪礼, "民有二男以上不分异者倍其赋," 1990: 76-77; 李成珪, 『中國古代帝國成立史硏究—秦國齊民支配體制의 형성』, 1984: 79-89). 이성규 교수에 대한 체계적인 반론으로 李裕成, "戰國 秦의 鄕村支配定策에 대한 一考察," 1993: 230-233 참조.

36 『史記』 卷六十八 「商君列傳」.

그 통치방식은 5-10개 가구의 편성과 연대책임, 가족을 기본단위로 하는 사회의 조직, 군공 위주의 신분지정과 그에 따른 기존 신분질서의 개편, 가장의 작위에 의한 사회적 신분제도의 구축, 신분에 따른 토지·주택·노비 등 소유 범위 결정, 농업의 장려와 상업의 억제, 근로의 요구, 엄격한 상벌 위주의 통제 등을 특징으로 하고 있다. 위의 문헌은 그러한 통치가 처음에는 백성들로부터 적지 않은 저항이 있었지만, 시간이 지나면서 성공을 거두었음을 강조하고 있다. 즉 "그것을 실행한 지 10년이 되자 진나라 사람들이 크게 기뻐했고, 길에는 떨어져 있는 물건을 줍지 않았고, 산에는 도적이 없었으며, 가정은 자급자족했다. 사람들은 나라를 위한 전쟁에 용감했고, 사적인 다툼은 하지 않아 향읍이 잘 다스려졌다."[37]

지방행정과 관련해 상앙의 『상군서』에는 시각에 따라서는 매우 중요한 내용이 포함되어 있다. 즉 각 지방에 대해서 중앙의 통일적인 정책이 실시되어야 하는 필요성이 지적되고 있다. 정책을 통일하면 관리들의 임의적인 행동과 부패를 줄이고, 그러면 백성들의 노고를 감소시킬 수 있다. 지방관의 부패를 줄이면 하급관리의 수가 감소되고, 그러면 급여가 줄어 조세징수도 억제되며 농업생산의 활성화도 기대할 수 있다.[38] 정책의 집행에 있어서 통일성은 공공성과도 연결된다. 그는 백성들이 오로지 농업에 전념하도록 하기 위해서 "공적인 기여를 드러내 상을 주고, 권문權門을 통한 청탁을 막을 것"을 주장한다.[39] 그는 또한 통치자의 임의적 판단이 아니라 법으로 정한 공적 기준에 의한 통치, 즉 공사의 구분을 강조한다. 이러한 정책적 방향은 관료제적 방식을 의미하며, 제국의 통일과 그 이후 중앙집권적 통치의 기반이 되었을 것이다.

그렇지만 상앙의 주장에서 어떤 공공성을 지나치게 강조하는 것은 논

37 『史記』 卷六十八 「商君列傳」.

38 『商君書』 「墾令」.

39 『商君書』 「言壹」.

리적 비약이라고 해야 할 것 같다. 사실 일반의 의지가 반영될 수 있는 제도적 장치가 없는 전제정치 체제에서 엄밀한 의미의 공공성을 이야기할 수는 없다. 그에게 공적 영역, 즉 국가는 여전히 통치자, 즉 군주의 배타적 영역에 불과하다. 그는 국민의 힘이 통치력보다 우위에 있으면 국가는 약해지고, 통치력이 국민의 힘보다 우위에 있으면 국가는 강해진다고 지적한다. 마찬가지로 인민이 법을 좌지우지하면 국가는 약해지고, 국가가 인민을 통제하면 국가는 강해진다.[40] 백성들이 물질적으로 풍요하고 정신적으로 자유로울 경우에는 나라는 망하게 된다. 따라서 정신을 자유롭게 할 수 있는 학문과 같은 생산 외적 활동은 억제되어야 하고, 부자들에게 많은 부세를 부과해 가난하게 만들어야 한다.

제국의 관료체제가 기층 수준까지 이르게 되었다는 사실은 사회구성상의 변화를 내포했다. 씨족에 기반을 둔 촌락단위가 아니라 가구와 그 개별 구성원을 단위로 해서 기층 수준을 재조직하는 것이었다. 혈연공동체로서 씨족제의 해체와 가구 및 개인 단위의 재조직은 몇 가지 측면에서 매우 중요했을 것이다. 그것은 무엇보다도 제국의 운영에 필요한 토지세와 인두세 그리고 요역의 부과에 있어서 효율성을 높일 수 있었다. 뿐만 아니라 이 가구들을 일정한 수로 묶어서 범죄에 대한 공동의 법적 책임을 물음으로써 일반 주민에 대한 통제를 강화할 수 있었다.[41]

평민들은 진 시기에는 '검은 머리'라는 의미에서 '검수黔首'로, 한 시기에는 귀천이 없이 균등하다는 의미의 편호제민編戶齊民으로 불리었다. 농촌사회의 기본단위는 각기 독립된 소농이 되었고, 이것은 중앙집권적 국가에 의해 직접 통치되었다. 물론 기존의 혈연적·종족적 질서의 와해가 신분질서 자체의 폐지를 의미하지는 않았다. 왜냐하면 혈연이나 종족에

---

40 『商君書』「說民」.

41 니시지마 사다오西嶋定生 지음, 최덕경 외 옮김, 『중국의 역사: 진한사』, 2004: 23; Loewe, *The Government of the Qin and Han Empires*, 2006: 141-146.

의한 신분질서를 대신해 국가가 정하는 새로운 방식에 의해 신분이 형성되었기 때문이다. 이를테면 백성들은 전쟁에서의 기여, 일정액 이상 조세의 납부 등에 따라 20등급으로 구분되었다. 등급에 따라 관직이나 부역과 같은 공공업무뿐 아니라 식량·주택·의복 그리고 소유 노비의 수 등 사적인 활동에도 제한을 두었다.

## 군현화의 전개

주의 봉건제는 춘추전국시대를 지나면서 그 기반이 점차 약화되었다. 그와 함께 중앙집권적 국가의 지방행정단위로서 군·현 등의 명칭이 출현했다. 『춘추좌전』 등 일부 문헌들에 산재해 있는 기록에 의하면, 먼저 등장한 것은 현이었다. 문헌상으로 『사기』는 진秦이 최초로 현을 건설했다고 전한다. 무공武公(기원전 697-678년 재위) 10년과 11년, 즉 기원전 688년과 687년 융족의 지역인 규邽와 기冀, 그리고 소국인 두杜와 정鄭을 각각 공략해 현으로 만들었다.[42]

그렇지만 초기 현의 설치 사례에 대한 좀 더 자세한 기록은 춘추시대의 역사서인 『춘추좌전』에서 찾아볼 수 있다. 먼저 중원의 패자였던 진晉은 주변 제후국이나 융적의 지역을 흡수하면서 해당 지역에 현을 설치했다. 이를테면 진의 문공文公(기원전 636-628년 재위)은 주의 양왕襄王에게서 원原과 온溫 2개의 읍을 받았다가 이들이 저항하자 멸망시키고 현으로 만들었다.[43]

그렇지만 뒤에는 경·대부로 통칭되는 귀족들의 권력과 함께 영지가

---

42 『史記』 卷五 「秦本紀」. 그렇지만 한 주장에 의하면, 『춘추좌전』에 그에 대한 기록이 없는 것으로 보아서 이전의 역사를 가탁假託해 기록했을 가능성이 있다(韩连琪, "春秋战国时代的君县制及其演变," 1986: 42).

43 『春秋左傳』 僖公二十五年 (기원전 635년).

확대되면서, 그들도 자신의 영지에 대부분 현들을 설치했다. 그 후 그들 사이에 권력싸움에 벌어지면서 현들은 몇몇 귀족가문들에 의해 분할되었다. 춘추 말에 군주도 여러 개 현들을 갖고 있었지만, 일부 귀족가문들도 각기 여러 개의 현을 보유했다. 이를테면 평공平公(기원전 557-532년 재위) 때 진晉에는 49개의 현이 있었는데, 그중 한韓씨 가문이 7개, 양설羊舌씨 가문은 3개를 갖고 있었다. 그들은 현의 책임자를 스스로 임명했고, 군대를 동원하는 기반으로 삼았다. 현의 장관은 관직을 수守, 작위를 대부大夫라고 했는데, 주로 경·대부와 그 자제들이 담당했다. 현 대부는 부자세습도 없지 않았으나 소속 귀족가문의 교체도 빈번했다.[44] 진晉에서 현은 대체로 주 봉건제의 채읍과 진秦 이후 관료제의 중간 형태로 운영되었던 셈이다.

현의 설치는 초에서도 활발했는데, 주변의 소국들을 멸망시키고 그곳에 현을 두었던 것이다. 무왕(기원전 740-690년 재위)은 제후국인 권權을 멸망시키고 현을 두었다. 문왕(기원전 689-677년 재위)도 — 그간에 차례로 멸망시킨 — 제후국 신申과 식息을 현으로 전환했다. 그 이후 장왕莊王(기원전 631-591년 재위)·영왕靈王(기원전 540-529년 재위)·혜왕惠王(기원전 488-432년 재위) 시기에는 제후국 진陳에 현의 설치와 제후국 회복이 각각 4차례 반복되었다. 그 이외에도 초는 운鄖·침沈·채蔡·불갱不羹·약鄀·장蔣·허許 등을 흡수해 현을 세웠다. 현의 명칭도 대개 해당 제후국 수도의 이름을 그대로 유지했다. 이를테면 초가 멸망시킨 약鄀의 수도는 상商이었는데, 그곳에 세워진 현의 명칭도 상이었다.[45] 현의 책임자는 윤尹으로서 진晉과 같이 경·대부나 그 자제들이 담당했다.

물론 현의 조기설치를 지나치게 과장할 수는 없을 것 같다. 현의 설치

44 韩连琪, "春秋战国时代的君县制及其演变," 1986: 40-42.

45 韩连琪, "春秋战国时代的君县制及其演变," 1986: 38-39; 谭黎明, "论春秋战国时期的楚国官制," 2007: 159.

가 비교적 빠른 것으로 알려진 진晉이나 초에서는 춘추 후기, 다른 국가들도 전국시대에 이르러 비로소 현이 지방행정단위로 등장했다. 또한 초기 현은 대부분 그 내부에 향·리와 같은 조직에 의해 뒷받침되지는 않은 소위 공읍公邑으로서 존재했다. 즉 현은 사읍私邑이나 채읍采邑이 아니라 일종의 중앙정부로 간주되는 제후나 실력 있는 경·대부에게 소속되었을 뿐이었다. 이를테면 제齊는 위왕威王(기원전 356-320년 재위) 시기에 72개 현이 있었는데, 그것들은 엄격한 의미의 현이 아니라 공읍이었다.[46]

진에서는 전국시대에 특히 상앙의 개혁으로 기층사회의 재조직과 더불어 좀 더 엄격한 의미의 현이 설치되었다. 『사기』「진본기」에 의하면, 기원전 350년 진은 "여러 작은 마을들을 병합해 큰 현을 만들었다. 현에는 현령縣令 1명이 있었고, 전국적으로 41개 현이 있었다."[47] 전국시대에 진은 동진하면서 탈취한 변경에 현을 설치하였다. 물론 진은 현 이외에도 다수의 채읍을 보유하고 있었다. 전국시대 중반까지 각국에는 공읍을 포함해 모두 300-400개의 현이 있었던 것으로 추정되고 있다. 통일 후 진의 영토가 1천 개 현에 해당되었다는 것을 고려한다면, 아직 많은 지역에 채읍제가 실시되었던 셈이다.[48]

현의 운영도 후대의 관료적 방식과는 차이가 적지 않았다. 초에서 현의 책임자는 현윤縣尹 또는 현공縣公으로 표현되었는데, 대부분 일부 귀족 가문이 차례로 담당했다. 춘추시대에 현윤은 상당한 세력을 갖고 있는 경우도 있었다. 그들은 국가 전체의 중요한 군사력을 장악하면서, 대외적으로 전쟁의 수행에 있어서 중요한 역할을 담당했다. 그들은 정치적으로도 중요한 위치에 있었다. 현의 책임자들이 중앙의 관직을 겸하기도 했고,

---

46 万昌华, 『秦汉以来地方行政研究』, 2010: 62.

47 『史記』 卷五 「秦本紀」. 이와 달리 『史記』 卷六十八 「商君列傳」과 『史記』 卷十五 「六國年表」에는 현의 수가 31개로 되어 있다.

48 万昌华, 『秦汉以来地方行政研究』, 2010: 62.

현을 기반으로 반기를 들거나,[49] 이를 통해 중앙의 권력을 장악하기도 했다.[50] 그 외에 춘추시대에 노魯·위衛에서도 현이 설치되었는데, 현의 책임자는 재宰라 했고, 제齊에서는 진晉과 같이 대부라고 불리었다.

현은 처음에는 군사적 성격이 강했다.[51] 현은 앞서 언급한 것처럼 원래 주변의 소국 등 새로운 정복지역에 설치되었다. 춘추 말까지 "나라가 망해 현이 된 것이 천하의 절반을 훨씬 넘었다."[52] 그렇지만 현은 점차 일반 지역까지 보편화되었다. 어떤 국가에서는 분봉되지 않은 직할지나 공읍公邑에 현을 설치하거나, 귀족들은 자신의 봉지에 현을 두기도 했다. 현은 설치나 이전이 빈번했다. 현은 처음에는 실력자들 사이에 주고받는 경우가 많았다.[53] 이것은 초기의 현이 여전히 봉건제적 요소가 강했고, 군현제하에서의 현과는 성격이 달랐음을 의미한다. 현과 병존해 여전히 많은 지역이 분봉되어 세습적으로 통치되었다.[54]

현의 책임자와 관련하여 전국 초기에 이르러서 초와 제가 춘추시대의 명칭을 유지한 것 이외에 다른 나라들은 영令의 칭호를 사용했다. 중앙의 군주에 의해 임명되는 그 책임자는 해당 현에 대한 행정·군사·재정의 권력을 갖고 있었다. 현에는 현령 이외에 그 부관으로서 민정을 위한 승丞, 군사를 담당하는 위尉, 그리고 재정·사법 등 관련 관리들이 있어 종합적

49 신현申縣의 투반鬥班.(『春秋左傳』 莊公十三年(기원전 681년))

50 채현蔡縣의 기질棄疾.(『春秋左傳』 昭公十一年(기원전 531년)~昭公十三年(기원전 529년))

51 谭黎明, "论春秋战国时期的楚国官制," 2007: 157-160.

52 顧棟高 輯, 吳樹平·李解民 點校, 『春秋大事表』, 1993: 561.

53 徐复观, 『两汉思想史』 1, 2001: 44.

54 현의 세습적 성격에 대한 연구로서는 增渊龙夫, "说春秋时代的县," 刘俊文 主编 『日本学者研究中国史论著选译 第3卷 上古秦汉』, 1992: 189-213; 杨宽, "春秋时代楚国县制的性质问题," 1981: 19-30; Creel, "The Beginnings of Bureaucracy in China: The Origin of the Hsien," 1964: 155-184.

인 행정기구로서 기능했다. 현은 또한 징병과 군대 동원의 단위였다.

현 책임자의 임명은 왕실과 귀족들의 혈연관계보다는 점차 능력에 기반을 두었다. 현에 대한 통제도 엄격했다. 진秦을 포함한 일부 국가들은 과거 제후가 천자에게 했던 술직述職과 유사하게 엄격한 상계上計제도를 도입했다. 여기에는 개간된 토지의 면적, 호구의 증감, 재정수입과 지출, 치안과 사법행정 등이 포함되었다. 군주는 늘 사람들을 보내 현 상황을 보고받았다. 이를 근거로 군주는 현의 책임자에게 상벌을 가했다.[55] 군주는 때로 현을 순시해 현의 실정을 살피기도 했다. 이것은 현이 점차 엄밀한 의미에서 군현제적 성격을 갖게 되었음을 의미한다. 지방조직은 군·현 2급체제가 아니라 현급 단일의 1급체제였다. 군이 없었던 것은 아니지만, 초기에는 순수한 군사기구였다.

춘추시대에 이미 군이 등장했지만, 관련 문헌은 매우 제한적이다. 『춘추좌전』에는 춘추 말인 기원전 493년 진晉의 조간자趙簡子가 전쟁을 하면서 각계의 지지를 받기 위해서 "적을 이기면 상대부는 현縣, 하대부는 군郡, 사士는 땅 10만 무를 받고, 평민들은 벼슬길에 오를 수 있고, 노비는 속박을 벗게 할 것이다."[56]고 선언한 사실만 기록하고 있다. 또한 청나라 초의 문인인 요내姚鼐(1731-1815)는 춘추시대 말 진晉과 진秦이 융적지역을 공략해 군을 세웠다고 주장한다. 군은 지리적으로 멀고 황량해 현보다 그 책임자는 직급이 낮았다.[57] 다만 실제 구체적인 명칭을 가진 군은 전해지고 있지 않다.

구체적인 명칭을 가진 군은 전국시대에 들어와서 등장했다. 특히 흉노

---

55 『韓非子』「內儲說上」; 『史記』 卷一百二十六 「滑稽列傳」.

56 "克敵者, 上大夫受縣, 下大夫受郡, 士田十万, 庶人工商遂, 人臣隸圉免."(『春秋左傳』 哀公二年(기원전 493년))

57 군의 칭호와 관련해 그는 융적을 공략해 그들의 우두머리, 즉 군장君長으로 삼았기 때문에 해당 지역을 군郡이라고 불렀다고 주장했다(姚鼐, "郡縣考," 1991: 10-11).

와 같은 북방 민족과 인접한 중원의 제후국들이 군사적 목적으로 군을 설치했다. 『사기』 「흉노열전」에 의하면, 진秦·조·연·위魏가 북방 민족을 막기 위해서 10여개 군을 두었다.[58] 초의 경우에도 월과 같은 남방의 민족들을 축출하면서 그곳에 군을 설치했다. 관련 연구에 의하면, 주변 민족들뿐 아니라 서로 경쟁하는 주변 제후국들 사이의 요충지나 새로 정복한 지역에도 많은 군들이 설치되었다.[59]

위와 초에서 기원전 4세기 초반 몇몇 군의 설치가 확인되지만, 군의 등장은 전국시대 후반인 3세기 초에 집중되었다. 전국시대 말 진시황의 통일전쟁 이전에 위 1개, 조 4개, 한 1개, 초 2개, 연 5개, 진 9개 등 22개의 군이 설치되었다. 제만 군을 설치하지 않았다.[60]

군의 설치가 200여 년의 긴 과정을 통해서 이루어진 만큼 그 내부의 구조도 점진적으로 형성되었다. 처음 군은 새로 개척된 변경지역의 방어를 위한 군사구역에 가까웠다. 군의 책임자들은 대개 장군들이었고, 그 명칭도 '지킨다'는 의미의 '수守' 또는 존칭어로서 '태수太守'였다. 역사서는 그들이 해당 군의 군대를 동원해 출정하는 일을 주로 기록하고 있다. 군은 일반 행정구역이 아니라 일정한 지역의 국방을 전담하는 단위였던 것이다. 군 책임자의 병권이 지나치게 강화되는 것을 막기 위해서 군대는 훈련을 포함해 평상시에는 각 현에서 관리하고, 군대 동원의 권한은 국왕이 가졌다. 유사시에는 국왕이 병력의 동원령을 내리고 군수는 병사를 지휘하는 임무만을 담당했다.

58 『史記』 卷一百十 「匈奴列傳」. 이 책 3장 2절 참조.

59 杨宽, 『战国史』(增订本), 1998: 228-229.

60 제는 군과 유사한 행정단위로 5개의 도都를 두었다. 도는 연·조·초·위衛·거莒 등 사방의 주변 국가들과 경계하는 지역에 설치되었다. 도의 책임자는 대부로서 행정과 군사에 대한 권한을 모두 보유했다(韩连琪, "春秋战国时代的郡县制及其演变," 1986: 43; 杨宽, 『战国史』(增订本), 1998: 229-230).

군이 군사기능에 한정되면서 행정기능은 현이 담당했다. 각국의 군주들은 군을 통하지 않고 직접 현을 통해 통치지역을 관리했다. 재정에 있어서도 군주는 현과 직접 연계되었다. 군의 재정은 중앙에 의존했고, 현의 재정과 무관했다. 그 외에도 군은 사법적 기능을 갖지 않았다.[61] 군의 기능을 제한한 것은 강력한 군은 분권적 정치권력을 형성할 수도 있었기 때문이다.[62] 물론 각각의 제후국들은 아직 중원의 통일국가로서 진한과 같이 크지 않았다. 따라서 현의 수가 적어서 중앙이 직접 현을 관장할 수 있었다.

그렇지만 후에 빈번한 전쟁으로 인해 훈련과 후근 등 군수의 권한이 민간 영역으로 확대되었다. 그 결과 현에 대한 군수의 영향력도 점차 강화되었다. 더욱이 이웃 국가들의 합병으로 인해 국가의 규모가 커지자 현의 수가 크게 증가하게 되었다. 중앙이 이들을 직접 통제하기 어렵게 되었다. 전국시대 중반 한·위·조에서 군이 현의 상급 행정단위로 변모하기 시작해 후반에는 다른 나라들에도 보편화되었다. 그 결과 군은 수십 개의 현들을 통괄하게 되었다. 일급 지방정부로서 군에는 군수 아래 내정을 돕는 군승郡丞, 군사업무를 담당하는 군위郡尉, 관리에 대한 감찰을 담당하는 어사御史 등의 관리를 두었다. 결국 진이 통일하기 이전 대부분의 나라들에서 군·현 2급 행정체계가 형성되었던 것이다.

### 진의 36군(47군)

진秦의 입장에서 군을 설치하고 그것을 전국적으로 확대하는 과정은 100년 이상의 긴 시간을 요했다. 진은 전국시대부터 통일 이후까지 여러 가

---

61 陈长琦, 『中国古代国家与政治』, 2002: 116-120.

62 周长山, 『汉代地方政治史论—对郡县制度若干问题的考察』, 2006: 58.

지 방식으로 군을 확대했다. 그것은 첫째, 초기에 주변의 이민족들과 제후국들의 땅을 정복해 군을 설치한 경우, 둘째, 이미 다른 나라에서 설치했던 군을 빼앗은 경우, 셋째, 6국을 멸망시키면서 아직 군이 설치되지 않은 지역에 군을 설치한 경우, 넷째, 통일 이후 대외정복을 통해 영토를 확대, 이민족 지역에 군을 설치한 경우, 다섯째, 기존의 군을 분할하여 설치하는 경우이다.[63]

먼저 정복지에 대한 군의 설치이다. 전국시대 중반 이후 진은 주변의 이민족 지역뿐 아니라 다른 제후국들에 대한 영토를 크게 확대시키면서 해당 지역에 군을 설치했다. 우선 진은 파·촉 지역을 공략해 각각 파군巴郡(기원전 311년)과 촉군蜀郡(311년경)을 설치했다. 이어 진은 위魏의 땅을 빼앗아 하동군河東郡(286년)을 설치하고, 융적들을 공략해 농서군隴西郡(279년)과 북지군北地郡(271년경)을 설치했다. 그와 함께 동남쪽으로 초와 한의 땅을 탈취해 각각 남군南郡(278년)과 남양군南陽郡(272년)을 세웠다. 또한 군소국으로 전락해 있던 주周에는 삼천군三川郡(249년), 조에는 태원군太原郡(246년)을 설치했다. 진은 진시황의 등장 이전 주변 국가들을 공략해 모두 9개의 군을 직접 설치한 셈이다.

둘째, 6국이 이미 설치한 군을 빼앗는 방법이었다. 그것은 기원전 328년 위의 상군上郡을 빼앗음으로써 시작되었다. 그 이후에도 진은 초의 한중군漢中郡(312년)과 검중군黔中郡(277년)을, 한韓의 상당군上黨郡(248년경)을 획득했다. 진시황의 등장 이후에는 조趙의 상당군上黨郡(236년경)[64]·운중군雲中

63 진이 설치한 군에 대해서 초기 역사서는 체계적인 기술을 하고 있지 않다. 그로 인해 일부 군의 설치 연대와 존재에 대해서 매우 상이한 주장들이 있다. 이하는 주로 탄치샹譚其驤을 기준으로 하고, 쩡자오쉬안曾昭璇 등의 저작으로 보완해 작성되었다. 譚其驤, "秦郡新考," 1987: 1-11; 曾昭璇, "秦郡考," 『嶺南學報』, 1947: 121-140; 杨宽, 『战国史』(增订本), 1998: 677-684.

64 상당군은 원래 진晉의 땅이었다. 기원전 403년 진이 한·위·조로 분할되면서 3국이 각각 일부를 차지했는데, 한과 조 모두 상당군을 두었다.

郡(234년)·안문군雁門郡(228년)·대군代郡(222년)을, 연燕의 우북평군右北平郡과 요서군遼西郡(225년)·요동군遼東郡(222년)·어양군漁陽郡(224년경)·상곡군上谷郡(221년경)을 차례로 빼앗았다. 모두 12개 군이 이러한 방식으로 생겨났다.

셋째, 진시황은 6국을 멸망시키면서 그곳에 15개의 군을 새로 세웠다. 그곳은 주로 군이 설치되지 않았던 제를 비롯해 6국의 수도와 지방이었다. 위魏에 동군東郡(242년)과 탕군碭郡(225년), 초에 장사군長沙郡·초군楚郡(또는 진군陳郡)·구강군九江郡·사수군泗水郡(223-224년), 제에 설군薛郡(224년경)·낭야군琅邪郡과 제군齊郡(221년), 한에 영천군潁川郡(230년), 조에 한단군邯鄲郡(228년)과 거록군巨鹿郡(222년), 연에 광양군廣陽郡(224년), 오와 월 지역에 민중군閩中郡(222년)과 회계군會稽郡(221년)이 설치되었다. 결국 통일 시점에서 진은 중원지역에 모두 36개 군을 두었다.

넷째, 통일 이후 진은 주변 민족 지역을 정복하는 방식으로 군을 확대했다. 진시황은 기원전 214년 남월을 공략해 오늘날 광동성과 광서성 지역에 남해군南海郡·계림군桂林郡·상군象郡을 설치했다. 이듬해에는 북방의 흉노를 몰아내고 구원군九原郡을 설치했다. 이러한 방식으로 모두 4개의 군이 설치되었다.

다섯째, 기존의 군을 분할하는 방식이었다. 즉 설군에서 동해군東海郡, 한단군에서 항산군恒山郡, 제군에서 제북군濟北郡, 낭야군에서 교동군膠東郡, 하동군에서 하내군河內郡, 구강군에서 형산군衡山郡 등 6개 군이 분리되었다.[65] 한편 진은 직할지인 내사內史를 두었는데, 경기지역은 현만 두고 중앙이 직접 관할했던 것이다. 그리하여 내사를 포함하여 모두 47개의 군이 설치되었다.

결국 군현체제는 긴 역사적 과정에서 점진적으로 형성되었다. 진에 의해 통일되는 시점에서 각각의 제후국들은 대부분 군현체제로 편성되었

65 그렇지만 『사기』·『한서』 등 역사서에는 위 군들의 공식적인 설치가 명시되어 있지 않다.

〈그림 22〉 통일 후 진의 군현

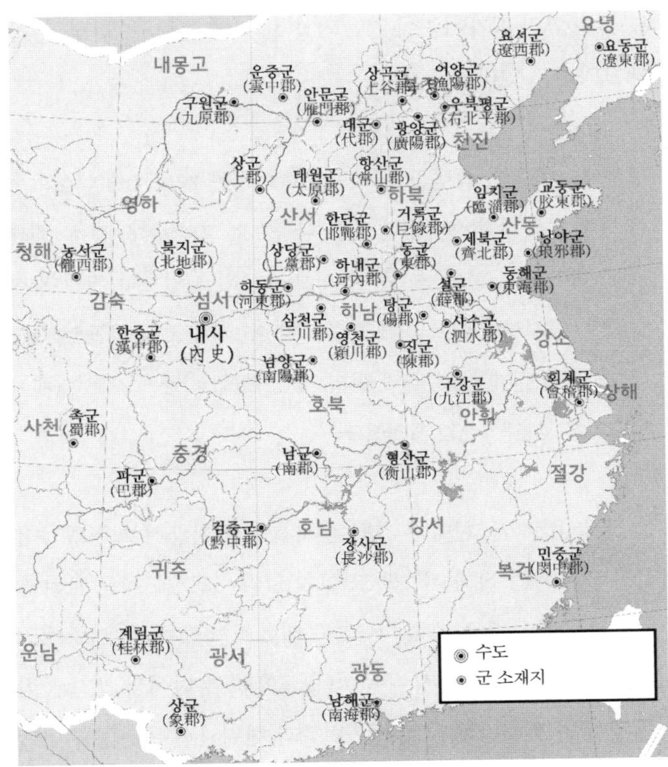


다. 일부의 지역만이 귀족들에게 분봉되어 봉건제적 방식으로 통치되었을 뿐이었다. 이러한 측면에서 본다면, 진의 군현화가 가지는 역사적 의미는 군현의 설치 자체에 있는 것이 아니라, 제후왕을 제거하고 군현을 황제의 직할에 둔 것에 있다.

물론 통일 이후 군현의 운영은 좀 더 관료적 방식으로 전환되었다. 앞서 언급한 것처럼 봉건제하에서 지방의 관직은 신분과 세습에 의해 주로 귀족들이 담당했다. 그러한 요소는 군현의 운영에도 적지 않게 남아 있었다. 그렇지만 진의 통일에 의해 전국의 지방이 군현으로 일원화되고 황제에게 직속되면서 봉건적 요소는 약화되었다. 그 책임자의 임면에는 능력과 같은 신분 외적 평가기준이 적용되었다. 이와 관련해 『한구의』는 다음과 같이 요약하고 있다.

> 옛날에는 제후가 백성을 다스렸다. 주나라는 1천 800개 이상의 제후국이 있었는데, 각각 큰아들이 군주, 다음으로 그의 둘째·셋째·넷째 동생들이 경과 대부, 친속들이 사士·서자庶子[66]가 되었으며, 모두 관직을 세습했다. 진시황에 이르러 제후를 폐지하고 군현으로 만들었다. 관직은 세습하지 못하게 하고, 군과 현의 책임자들을 다른 성씨로 대체시키고, 세습의 경·대부·사를 제거했다.[67]

사실 전국시대의 군현화가 진척된 시점에서 지방정부의 행정적 기능에 대해서 역사서는 거의 서술하고 있지 않다. 그런데 이를 보완하는 기록들이 적힌 죽간들이 적지 않다. 그중 대표적인 것이 수호지睡虎地 진간秦簡이다. 1975년 12월 하북성 운몽현雲夢縣의 한 무덤에서 발견된 이 죽간은 통일 직전 진의 지방에서 실시된 법률과 행정관련 문건들을 대거 포함하고 있다.[68] 그것들은 당시 대민업무가 대부분 현급에서 이루어지고 있음을 보여 주고 있다.

이 자료에는 일반적인 민사나 형사상의 각종 법률 이외에 현급 정부의 기능들이 기술되어 있다. 여기에는 호적, 토지, 조세, 창고, 공공기물, 대출, 관노비, 지방군의 병참, 치안, 감옥, 농업, 수공업, 요역, 군역, 말의 사육과 훈련, 축산 등 매우 다양한 업무들이 포함되어 있다. 특히 지방정부

---

66 주 시기에 제후나 경·대부의 서자들에 대한 교육을 담당하는 관리.

67 『漢舊儀』 卷下. 이 문헌은 후한 초 위굉衛宏이 편찬한 것으로, 한의 관제를 자세히 기술하고 있다.

68 睡虎地秦简整理小组, 『睡虎地秦墓竹简』, 1978.

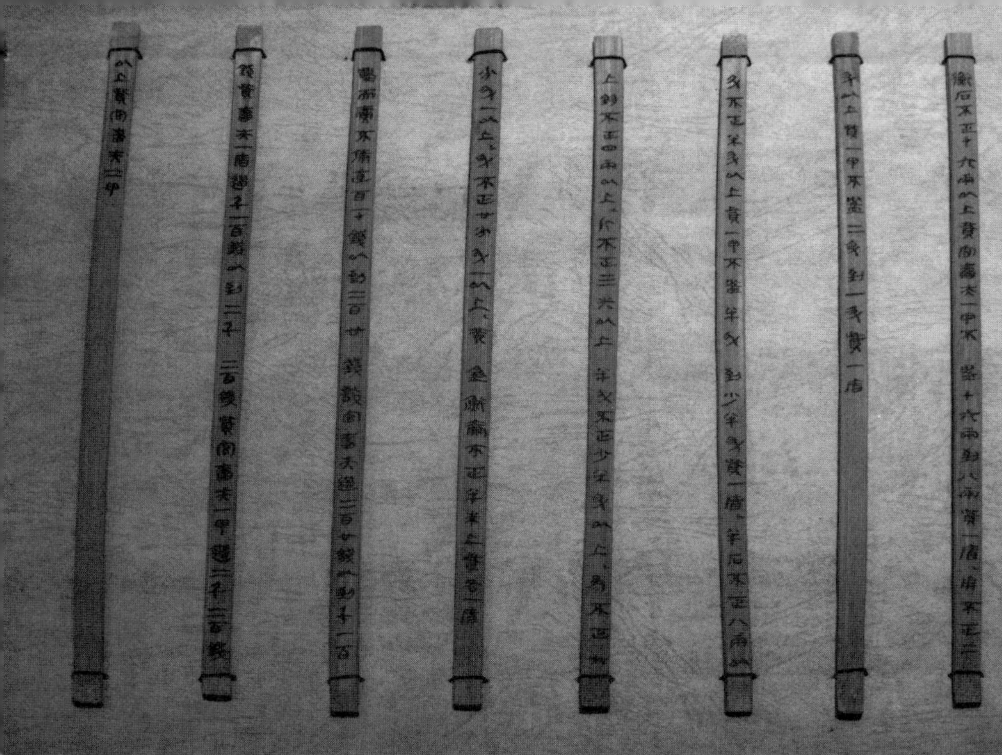

수호지睡虎地 진묘 죽간_1972년 호북성 운몽현雲夢縣 수호지 진의 묘지에서 발견된 죽간으로 당시 법률이나 행정의 실태에 관해 잘 보여 준다.

의 업무가 매우 광범위하고, 그것을 집행하는 관리들도 매우 많았다. 여러 부문의 관리들 이외에도 다수의 노비나 죄수, 군역자, 수공업자, 군인, 외지의 손님 등이 있었다. 당시에는 화폐경제가 충분히 발달하지 않았기 때문에 이들의 의복이나 식량을 직접 지방정부가 제공했다. 지방정부의 업무는 국유경제를 연상시킬 정도로 다양하고 직접적이었다.[69]

각각의 업무에 대해서 아주 세부적인 지침이 정해져 있고, 위반에 대해서는 다양한 방식의 처벌이 규정되어 있다. 뿐만 아니라 업무나 현황에 대해서는 철저한 기록과 정기적 점검, 그리고 상급에 대한 보고가 의무화되어 있다. 예를 들어 농사감독에는 각종 농작물의 종자와 면적당 파종수

69 杨师群, "从云梦秦简看秦的国有制经济," 1994: 42-47.

량은 물론 파종 후 지방관이 강우량과 그에 따른 수혜受惠면적, 그리고 폭풍·홍수·병충해의 피해면적 등을 조사해 그때그때 문서로 조정에 보고하도록 되어 있다. 문서는 가까운 현은 빠른 도보로, 먼 현은 역참을 통하도록 되어 있다. 농작물 수확 이후 토지세의 징수와 창고보관 및 관리, 방출 등에 관해서도 매우 자세하게 규정하고 있다. 토지세에는 농작물 이외에도 면적당 일정량의 남은 줄기도 포함된다. 곡물과 줄기는 일정한 단위로 보관된다. 입고 시의 봉인과 등기, 부패나 쥐에 의한 손상, 출고 시의 재점검 등 과정에 대한 세부적인 지침과 위반에 대한 엄정한 책임도 명시하고 있다.[70] 그 외에도 현정부는 대규모의 관영 수공업과 축산을 직접 관리하고 있으며, 그와 관련되어서도 세부적인 규정들이 있다.[71]

특이하게도 이 문건에서 군에 대한 언급은 아래에서 소개하는 하나의 사례 이외에는 찾아볼 수 없다. 현의 업무는 중앙의 담당 부서인 내사內史에 직접 보고하도록 규정되어 있을 뿐이다. 그와 함께 현의 업무에 대한 평가나 감독도 내사가 하는 것으로 규정되어 있다. 이러한 의미에서 본다면 행정적 업무에는 군이 관여하고 있지 않은 셈이다. 다만 수호지 진간에는 남군南郡[72]군수 등騰이 소속 현의 관리들에게 내리는 포고문이 들어 있다. 진시황 20년(기원전 227년)을 명시하고 있는 이 포고문은 군과 현의 관계를 직접 보여 주는 거의 유일한 자료이다.

20년 4월…… 남군수 등騰이 각 현과 도道의 책임관리들에게 고한다: ……

---

70 『睡虎地秦墓竹简』「倉律」, 「田律」.

71 수공업은 『睡虎地秦墓竹简』「工律」, 「均工」, 「工人程」, 축산은 『睡虎地秦墓竹简』「厩苑律」 참고.

72 남군은 소양왕 29년(기원전 278년) 진이 초의 수도 영郢을 점령하고 설치했던 군이다. 서쪽의 오랑캐로 간주되던 진의 무력통치에 대해 그곳 주민들의 반발이 적지 않았고, 실제 진 말에 반란이 많았다(邢义田, 『天下一家: 皇帝, 官僚与社会』, 2011: 4).

> 모든 법령은 백성들을 교도하고, 악행을 없애고, 악습을 청산해 선행을 하도록 하기 위한 것이다…… 나 등은 법령, 전령田令 그리고 사행을 징벌하는 법률을 정리해 내려보내 관리들이 백성들에게 분명하게 공포하게 했고, 관리와 백성 모두 분명히 이해해 위법하지 않도록 했다. 이제 법령이 이미 공포되었는데도 소문에 의하면, 관리와 백성들이 위법하고 사행이 아직 그치지 않고, 사리사욕과 과거의 습속이 고쳐지지 않고 있다. 현령과 현승 이하가 알면서도 처벌하지 않고 있다. 이것은 군주의 법을 공공연히 위반하면서 사악한 사람을 비호하는 것이다…… 이것은 큰 죄이다. 그리고 현령이나 현승이 잘 모른다면 매우 큰일이다. 이제 사람을 보내 위법자를 색출하고 법에 따라 처벌할 것이며, 현령이나 현승이라도 조사를 받을 것이다…….[73]

사실 위의 내용만으로 군의 기능을 충분히 알 수는 없다. 위에서 언급한 현의 구체적 행정기능에 비한다면, 이 문건은 상당히 일반적인 수준에서 법의 집행을 강조하고 있는 셈이다. 그럼에도 이 문건은 진 시기에 군이 현의 관리들에 대해 일정한 감독과 처벌 기능을 수행하고 있음을 보여주고 있다.[74]

---

73 『睡虎地秦墓竹简』「語書」. 번역은 張政烺·日知 編, 『雲夢竹簡』(I), 1990: 33-37.

74 이 문건을 적극적으로 해석하여 태수가 소속 현의 인사, 행정명령, 고과, 치안유지 등의 권한이 있다고 보는 예도 있다(任仲爀, "戰國 秦의 地方 行政組織," 1993: 108-110).

## 2. 봉건제후의 종말

### 진 통일의 의의

앞서 언급한 것처럼 진은 전국을 통일하고 36개의 군을 설치했다. 이것은 통상 중국사에서 새로운 정치체제, 즉 황제 중심의 중앙집권적 국가의 출현으로 해석된다. 통일 직후 황제 칭호의 논의에서 나타난 것처럼 전국적 군현화는 어느 제왕도 이룩하지 못한 그의 최고 업적이었다. 그렇지만 위에서 살펴본 것처럼 군현화는 진시황의 등장 이전부터 오랜 기간에 걸쳐 진행되었고, 기원전 221년 통일 시점에서는 대부분의 지역에 이미 군이 설치되었다. 이것은 통일 이전 이미 군현제가 전반적인 지방통치체제가 되었음을 의미한다. 통일 직후 벌어진 군현화의 논의와 진행도 그러한 배경하에서 이해되어야 한다.

기원전 221년 통일 직후 그해 진 조정에서는 봉건·군현의 논의가 이루어졌다. 그것은 일부 관료들이 중앙에서 먼 지역의 통치를 효과적으로 하기 위해서 황제의 자제들을 왕으로 세워야 한다고 제의함으로써 시작되었다. 승상丞相 왕관王綰 등이 다음과 같이 청했다. 『사기』에 의하면 왕관의 의견은 당시 군신들 다수의 생각이었다.

> 제후들이 이제 평정되었으나 연·제·초는 지역이 너무 멀어서 왕을 두지 않으면 안정시킬 수 없습니다. 황자들을 세우시길 청하오니 허락해 주십시오.[75]

---

75 "諸侯初破, 燕齊荊地遠, 不爲置王, 毋以塡之. 請立諸子, 唯上幸許."(『史記』 卷六 「秦始皇本紀」)

위의 주장을 근거로 왕관은 봉건제의 주창자로 알려지고 있다. 그렇지만 자세히 보면, 그의 의견은 몇 년 뒤 한 고조가 실시한 군국제에 가깝다. 왕관은 봉건제의 보편적 실시를 주장하는 것은 결코 아니며, 대부분의 지역에는 군현을 설치하되 중앙에서 멀어서 진에 대한 저항이 강한 변경 지역에 대해서만 봉건제후를 둘 것을 제안하고 있다. 그는 또한 봉건제후로서 이성제후가 아닌 동성제후를 언급하고 있다.[76] 실제 진시황의 경우에는 한 고조와 같이 건국 과정에서 협조를 받은 이성의 제후왕들을 배려할 이유가 없었고, 동성의 제후들만 봉해도 되는 상황이었다.

그렇지만 통일의 공신인 정위廷尉 이사李斯와 진시황은 약간의 분봉조차도 반대했다. 이사에 의하면, 봉건제후에 의한 통치는 제국의 분열을 가져올 것이다.

> 주의 문왕과 무왕이 책봉한 자제들은 성이 같은 이들이 매우 많았으나, 후손들은 소원해져 서로 원수처럼 공격했고, 제후들은 더욱 서로 죽이고 싸웠지만 천자는 막을 수 없었습니다. 지금 천하가 폐하의 신령에 힘입어 통일되어 모두 군현이 되었으니, 여러 자제들이나 공신들에게는 국가의 조세로 후하게 상을 내리신다면 충분히 통제할 수 있습니다. 천하에 다른 마음이 없게 하는 것이 안녕을 유지하는 술책입니다. 제후를 두는 것은 이롭지 않습니다.[77]

진시황도 제후왕이 전쟁의 원인이 된다는 이사의 의견에 동의하면서

---

76 민두기, 『中國 近代史 硏究』, 1973: 175-177; 于敬民, "'郡国并行'制的最早倡导者一王绾: 兼论郡国并行制," 1986: 3-7 참조.

77 "周文武所封子弟同姓甚衆, 然後屬疏遠, 相攻擊如仇讎, 諸侯更相誅伐, 周天子弗能禁止. 今海內賴陛下神靈一統, 皆爲郡縣, 諸子功臣以公賦稅重賞賜之, 甚足易制. 天下無異意, 則安寧之術也. 置諸侯不便."(『史記』 卷六 「秦始皇本紀」)

낭야대 진이세 조서詔書의 석각_조서는 진시황 석각에 진시황의 명칭이 없어 후대에 오해가 생길 것을 염려하여 추가됐다. 승상 이사가 쓴 것으로 진의 문자인 소전小篆으로 쓰인 대표적인 작품으로 전해진다. 진시황의 낭야대 석각은 현재 남아 있지 않다.

다음과 같이 대답했다.

> 천하가 모두 전쟁으로 끊임없이 고통을 받는 것은 제후왕이 있었기 때문이다. 종묘의 은덕으로 천하가 막 평정되었는데, 다시 제후국을 세우면 그것은 전란을 일으키는 일이 된다. 그때 가서야 안정시키려 하면 어찌 어렵지 않겠는가.[78]

그는 군현제를 고수해 전국의 군현에 행정·군사·감독 등의 직무를 맡는 관리들을 배치했다. 법령과 도량형, 그리고 문자 등도 통일되었다. 그

78 "天下共苦戰鬪不休, 以有侯王. 賴宗廟, 天下初定, 又復立國, 是樹兵也, 而求其寧息, 豈不難哉!"(『史記』卷六「秦始皇本紀」)

와 함께 그는 남북의 이민족들에 대한 정복활동을 벌여서 군현을 확대했다. 그는 전국을 순행하면서 기원전 219년 낭야대琅邪臺에 '온 세상이 황제의 땅'이며 '인적이 이르는 곳은 왕의 신하가 아닌 곳이 없다.'고 새겼다. 그와 함께 거기에 다음과 같은 신하들의 칭송도 덧붙여졌다.

> 고대의 제왕은 토지가 천 리를 넘지 않았고, 제후들은 각기 자신들의 영지를 지키며 조현을 오기도 하고, 오지 않기도 했고, 서로 침략해 난리와 살인이 그치지 않았다…… 고대의 5제와 3왕 시기에는 가르침이 각기 다르고 법도가 분명하지 않았으며, 귀신의 권위를 빌어 먼 지역을 속이고자 했으나 명실상부하지 못했고, 따라서 오래 유지되지 못했다…… 이제 황제가 천하를 통일하고, 전국에 군현을 설치해 천하가 안정되었다.[79]

무엇보다도 진의 기여는 천하를 실질적으로 통일하고, 봉건제가 아닌 군현을 통해서 장구한 정치제도를 구축했다는 데에 있다고 간주되었다.

그렇지만 첫 논의가 있은지 8년이 지난 기원전 213년 진시황의 생일을 축하하는 자리에서 논쟁이 재연되었다. 무관인 주청신周青臣이 진시황이 대외적으로 만이를 몰아내고 대내적으로 제후국을 군현으로 만들어 천하를 안정시킨 것은 이제까지 없었던 업적이라고 찬양했을 때, 한 박사가 반론을 제기했다. 초청된 70명의 박사들 가운데 제齊 출신인 순우월淳于越이 다음과 같이 말했던 것이다.

> 신이 듣건대 은과 주 왕조가 1천여 년 동안 다스릴 수 있었던 것은 자제와 공신들을 제후로 봉해 버팀목으로 삼았기 때문입니다. 지금 폐하께

79 "古之帝者, 地不過千里, 諸侯各守其封域, 或朝或否, 相侵暴亂, 殘伐不止…… 古之五帝三王, 知教不同, 法度不明, 假威鬼神, 以欺遠方, 實不稱名, 故不久長…… 今皇帝并一海內, 以爲郡縣, 天下和平."(『史記』 卷六 「秦始皇本紀」)

> 서는 천하를 소유하고 계시지만, 자제들은 평범한 사람일 뿐입니다. 만일 전상田常[80]이나 육경六卿[81]과 같은 신하가 있게 되면, 제후들의 버팀목이 없으니 어떻게 구해 줄 수 있겠습니까? 옛것을 본받지 않고 장구한 왕조는 듣지 못했습니다.[82]

이전의 논쟁에서 봉건제는 현실적인 문제, 즉 변경 지역에 대한 효과적인 통치라는 제한된 의미를 가졌다면, 이제는 체제의 안정과 관련된 본질적인 문제로서 제기되었다. 순우월에 의하면 제후는 중앙에 대한 버팀목으로 삼을 수 있다. 그는 진시황 사후 일부 권신들에 의한 전횡 가능성을 제기하였던 것이다.

박사의 주장은 이사 등의 반론에 반영된 것처럼 일견 시대착오적인 것처럼 보인다. 왜냐하면 그들은 여전히 은·주의 역사적 경험에 근거해 논지를 펴고 있기 때문이다. 그럼에도 순우월의 말은 현실적 권력관계의 핵심을 드러내고 있다. 사실 황제의 권력이 공고화되면서 정치는 그를 둘러싼 소수에 의해 좌지우지되었다. 그것은 인용문에서 구체적인 사례로 제시한 것처럼, 망국의 주요 요인이었다. 그에 반해 봉건제는 왕의 친척이나 공신들에게 권력의 지역적 기반을 제공해 중앙의 관료들을 견제할 수 있다. 아래에서 다루게 되는 것처럼, 한의 유방도 진의 멸망은 동성제후들을 두어 권력을 나누어 주지 않아 중앙이 고립되었을 때 그들의 도움을 받지 못했기 때문이라고 생각했다. 결국 박사들은 권력의 예민한 부분을 드러낸 셈이었고, 이것은 그들에 대한 물리적 탄압으로 이어지게 된다.

---

80 춘추시대 제齊의 대부로서 간공簡公을 죽이고 정치를 좌지우지했던 인물.

81 춘추 말 진晉의 여섯 귀족으로서, 국정을 좌우하고 국토를 분할해 결국 진을 멸망하게 했다.

82 "臣聞殷周之王千餘歲, 封子弟功臣, 自爲枝輔. 今陛下有海內, 而子弟爲匹夫, 卒有田常, 六卿之臣, 無輔拂, 何以相救哉? 事不師古而能長久者, 非所聞也."(『史記』 卷六 「秦始皇本紀」) 동일한 주장이 『史記』 卷八十七 「李斯列傳」에도 나옴.

박사들의 문제제기에 대해서 그간 승상에 오른 이사는 단지 시대가 변하면 다른 방식으로 통치해야 한다는 논지만을 새롭게 제시했을 뿐, 지방의 버팀목이 없는 중앙의 권력은 쉽게 위기에 처할 수 있다는 지적에 대한 직접적인 답변을 제시하지 못했다. 그는 진시황의 제가를 얻어 물리적으로 지식인들을 탄압하는 방식을 취했다. 그들은 박사들이 쓸데없는 과거에 대한 지식으로 백성들을 현혹시키고, 사상의 통일을 저해한다는 명목으로 『시詩』, 『서書』, 그리고 제자백가의 모든 서적들을 태우고 관련 논의를 금지시켰다. 사실 순우월의 우려는 진시황 사후 조고趙高·이사 등에 의해 권력이 좌지우지되면서 현실화되었다.

진시황의 군현제 선택과 관련해 한 가지 사실에 주목할 필요가 있다. 그는 종실의 정치세력이 그다지 강하지 않아서 봉건제를 활용하기 어려웠다는 점이다. 그의 아버지 장양왕莊襄王은 서얼 출신으로서 조趙에 인질로 10여 년 있다가 갑자기 왕이 되었지만 재위 4년 만에 죽었다. 진시황 자신도 다른 형제가 없이 9세에 귀국해 13세에 왕이 되었다.[83] 따라서 그는 다른 숙부나 사촌과 별다른 접촉도 없었다. 그 이후 정치적 활동에 있어서도 이들은 이름조차 등장하지 않는다. 더욱이 아들들도 나이가 어렸다. 그 수는 20여 명으로 적지 않았으나,[84] 대개 10대이거나 많아도 20대 초반이었다. 통일을 완성할 당시 진시황은 나이가 38세에 불과했다. 진시

83 진시황은 동생 장안군長安君 성교成蟜가 있었으나, 통일전쟁 과정에서 조나라에 항복해, 후에 진시황의 군대에 의해 살해되었다.

84 역사서는 23명 정도를 추론케 한다. 관련 문헌에 의하면, 호해胡亥의 집권 과정에서 자결해야 했던 맏아들 부소扶蘇, 집권 이후 두杜에서 살해된 6명의 공자, 신하의 예를 하지 않는다는 죄목으로 억울하게 자살해야 했던 장려將閭 3형제(『史記』 卷六 「秦始皇本紀」), 그리고 수도 함양咸陽의 길거리에서 살해된 12명의 공자, 가족을 보호하기 위해서 진시황과 순장을 선택했던 고高 등이다(『史記』 卷八十七 「李斯列傳」). 진시황은 다수의 후궁을 두었으나 황제가 된 이후 황후와 태자도 두지 않았다. 이것이 소수 권신에 의한 편법적 제위계승과 그에 따른 진의 조기 멸망 원인이 되었다(李开元, "秦始皇的后宫之谜与亡国之因," 2007: 第36版).

황의 이러한 혈연 관계는 주의 무왕이나 한의 고조에게 활동적인 어른, 형제, 자제들이 적지 않았던 것과 비교한다면 매우 대조적이다. 황제의 어린 자제들을 모두 제후왕으로 분봉한 것은 고조에 의해 새롭게 세워진 규범이었다.[85]

사실 진시황에게는 그가 원래 제위를 넘겨 주고자 했던 큰아들 부소扶蘇가 있었다. 그는 매우 인간미 넘치고 강직한 인물이었기에 갱유坑儒와 같은 탄압정책을 비판했고, 그로 인해 미움을 받아 북방의 전선에 보내졌다. 진시황이 기원전 210년 남방의 순행 중에 갑자기 죽자 조고와 이사 등 권신들은 자신들의 권력을 지키고자 진시황의 조서를 날조해 부소를 자결시키고, 대신 20세의 막내 호해胡亥를 내세웠다. 진이세秦二世로 불린 이 인물은 즉위 후 권좌를 지키고자 나머지 형제들을 모두 죽게 했다. 이로써 권신들이 득세했고, 호해도 집권 3년 만에 조고에 의해 살해되었다. 조고는 황족 가운데 자영子嬰[86]을 3대 황제로 세웠는데 이번에는 자영이 그를 살해해 권력을 정상화하고자 했다. 그렇지만 그때에는 이미 반군이 수도 함양에 밀어닥쳤고, 자영도 재위 한 달여 만에 항복, 항우에 의해 살해되었다. 주의 무왕이나 한의 고조와 같이 혈연적 관계에 기반을 둔 버팀목을 갖지 못한 것도 진이 쉽게 망하게 된 하나의 요인이었던 셈이다.

---

85 『史記』卷六十「三王世家」참조. 주周 문왕文王의 막내아들 강숙康叔과 주공周公의 맏아들 백금伯禽이 어린 나이에 제후왕에 봉해진 경험이 있지만, 예외적이었다. 그에 비한다면, 고조 유방은 제후왕의 다수가 어린 자제였다. 그 이후 전한과 후한 시기 황자들은 어려서 모두 제후왕으로 봉해졌다.

86 자영에 대해서는 여러 가지 관점이 있는데, 기존에는 부소의 아들이라는 설이 지배적이었으나 최근에는 진시황의 알려지지 않은 동생이거나 죽은 동생 성교의 아들이라는 설도 제기되고 있다(李东湖, “子婴乃始皇弟考辨,” 1992: 67-71; 张志丽, “子婴是秦始皇的什么人,” 2000: 30). 모두 문헌적인 근거에 바탕을 두고 있으나, 생물학적인 판단으로는 두 번째의 개연성이 크다.

## 항우와 봉건제후

진의 중앙집권적 관료체제는 그 외형과는 달리 상당히 취약했다. 특히 지방의 정권은 아직 공고하지 못했다. 기원전 209년 빈농 출신의 진승陳勝이 "왕후장상이 씨가 있겠는가?"라고 주장하면서 진에 반기를 들었을 때, 군현의 관리들은 반란세력에 의해 쉽게 공격당하고 말았다.[87] 또한 반기에 동참한 세력들은 통일 이전으로 복귀하고자 했다. 진승은 초를 계승해 확장한다는 의미로 장초張楚를 세웠고, 다른 6국의 후예들도 차례로 조·연·제·위 등의 이름으로 세력을 구축하고자 했다.

그 과정에서 최대의 실력자는 초의 귀족가문 출신이었던 항우項羽(기원전 232-202)였다. 그가 지향했던 것은 춘추시대 패권적 질서의 일종이었다. 그것은 비교적 강한 패자가 상황 전반을 주도하고, 각각의 지역들은 군소의 왕들이 다스리는 방식이었다. 그는 기원전 206년 자신의 직할지로서 9개 군을 두고, 나머지 지역에는 모두 18명의 왕과 2명의 후를 세웠다(〈표 9〉). 그중 한왕 유방은 파·촉·한중 지역을 관장하게 되었다. 항우는 주周의 통치형태를 의식해 일시적으로나마 명목상의 황제로서 의제義帝를 두기도 했다. 항우의 조치는 형식적으로나마 봉건제로의 회귀를 의미했다.

전형적인 봉건제에서는 건국의 공신과 자제들에게 분봉되었지만, 항우는 유방을 포함해 서로 적대적인 장수들을 각지의 왕으로 삼았다. 그리고 그는 초의 최고 통치자로서 스스로를 패왕으로 칭하고, 나머지는 그냥 왕의 이름을 주었다. 패왕은 춘추시대의 패자를 연상시킴은 물론이다.

항우의 이러한 조치는 현실정치의 산물이었다. 사마천도 지적하고 있듯이, 그 자신이 왕이 되기 위해서 다른 장수들도 왕으로 삼았다.[88] 이것

---

87 『史記』 卷四十八 「陳涉世家」.

〈표 9〉 항우가 분봉한 제후왕[89]

| 제후왕 | 제후국 | 도읍지 | 지역 | 이전 직위 |
|---|---|---|---|---|
| 유방劉邦 | 한漢 | 남정南鄭(섬서 남정南鄭) | 파·촉·한중 | 장수 |
| 장한章邯 | 옹雍 | 폐구廢丘(섬서 평흥興平) | 관중(함양 이서) | 진 장수 |
| 사마흔司馬欣 | 색塞 | 역양櫟陽(섬서 임동臨潼) | 관중(함양 이동) | 지방 옥리 |
| 동예董翳 | 적翟 | 고노高奴(섬서 부시膚施) | 상上 | 진 도위 |
| 위표魏豹 | 서위西魏 | 평양平陽(산서 임분臨汾) | 하동 | 위왕魏王 |
| 신양申陽 | 하남河南 | 낙양洛陽(하남 낙양) | 하남(진秦 삼천三川) | 진 관리 |
| 한성韓成 | 한韓 | 양적陽翟(하남 우주禹州) | 한韓 | 한왕韓王 |
| 사마앙司馬卬 | 은殷 | 조가朝歌(하남 기淇) | 하내河內 | 조趙 장수 |
| 조헐趙歇 | 대代 | 대현代縣(하북 위蔚) | 대代 | 조왕趙王 |
| 장이張耳 | 상산常山 | 양국襄國(하북 형대邢臺) | 상산常山 | 조趙 재상 |
| 경포黥布 | 구강九江 | 육六(안휘 육안六安) | 구강九江 | 초楚 장수 |
| 오예吳芮 | 형산衡山 | 주邾(호북 황강黃岡) | 주현邾縣 | 진 현령 |
| 공오共敖 | 임강臨江 | 강릉江陵(호북 강릉) | 강릉현江陵縣 | 초 귀족 |
| 한광韓廣 | 요동遼東 | 무종無終(하북 계薊) | 요동遼東 | 연왕燕王 |
| 장도臧荼 | 연燕 | 계薊(북경) | 연燕 | 연燕 장수 |
| 전시田市 | 교동膠東 | 즉묵卽墨(산동 즉묵) | 제의 동부 | 제왕齊王 |
| 전도田都 | 제齊 | 임치臨淄(산동 임치) | 제의 중부 | 제 장수 |
| 전안田安 | 제북濟北 | 박양博陽(산동 태안泰安) | 제의 서북부 | 제 왕손 |
| 항우項羽 | 서초패왕 西楚霸王 | 팽성彭城(강소 서주徐州) | 초 | 초 귀족 |

은 항우의 조치가 장수들 사이의 현실적 세력분포를 관리하는 정도에 그쳤음을 의미한다. 따라서 제후왕들의 이합집산은 계속되었다. 그해에 제의 실력자이면서도 분봉에서 빠진 전영田榮이 교동·제·제북의 왕들을 모두 몰아내고 스스로 제의 왕이 되었다. 유방도 진秦 지역에 있던 색塞·적

88 『史記』 卷七 「項羽本紀」; 『漢書』 卷十三 「異姓諸侯王表」.

89 『史記』 卷七 「項羽本紀」.

翟·옹雍 3개국을 병합했고, 연왕 장도는 한광을 제거하고 요동을 병합했다. 이로써 지역적 구도는 깨어지고 말았다.[90]

사실 항우의 분봉은 전국시대 6국으로의 회기를 의미하지 않았다. 그는 "옛날의 왕들은 모두 몰아내고 자신의 장군과 재상을 왕으로 봉했다."[91] 이것은 전국시대의 봉건체제, 즉 지방 귀족세력에 기초한 정치체제가 다시 회복될 기반이 거의 사라졌음을 의미한다. 뿐만 아니라 유방의 참모였던 한신韓信에 의하면, 항우는 "누가 공을 세워 작위를 봉해야 할 때에도 관인의 모서리가 닳도록 만지작거리면서 차마 내주지 않았다."[92] 이것은 항우가 대범하지 못함과 더불어 봉건제 자체는 더 이상 시대에 부합하지 않게 되었음을 시사한다. 단지 그것은 권력강화를 위한 일시적 수단의 하나일 뿐이었다.

유방의 경우에도 한때 항우와 경쟁하는 과정에서 봉건제를 활용하는 방안이 제기되었다. 한왕 3년, 기원전 204년 유방은 항우의 근거지인 팽성彭城을 공격했다가 대패해 형양滎陽에 포위되는 곤란한 상황에 처하게 되었다. 이때 참모인 역이기酈食其가 봉건제를 통해 그 국면을 타개하자고 제안했다. 즉 상의 탕왕과 주의 무왕이 각각 걸桀과 주紂를 정벌하면서 그들의 후예들을 기杞와 송宋에 봉했던 것처럼 진에 의해 패망한 과거 6국의 후예들을 제후로 봉해 은덕을 베풀어 아군의 세력으로 만들자는 것이다. 그렇지만 장군 장량張良(기원전 약 250-186)이 반론한 것처럼 거기에는 일정한 조건이 있어야 했다. 아래는 장량과의 대화이다.

**장량** 옛날 탕湯이 걸桀을 정벌하면서 기杞에 그 후손들을 봉한 것은 걸

---

90 『漢書』 卷一 「高帝紀」.

91 "逐其故主而王其將相."(『資治通鑑』 高帝 元年(기원전 206년)); 유사한 표현은 『사기』에도 나온다. "今盡王故王於丑地, 而王其羣臣諸將善地."(『史記』 卷七 「項羽本紀」)

92 "當封爵, 刻印刓, 忍不能予."(『漢書』 卷三十四 「韓信傳」)

의 운명을 통제할 수 있다고 보았기 때문입니다. 지금 폐하는 항우의 운명을 통제할 수 있습니까?

**유방** 할 수 없소.

**장량** 그것이 분봉이 불가한 첫째 이유입니다. 무왕이 주紂를 벌하고 그 후손들을 송宋에 봉한 것은 주紂의 머리를 얻을 수 있다고 보았기 때문입니다. 지금 폐하는 항우의 머리를 얻을 수 있습니까?

**유방** 할 수 없소.

**장량** 그것이 둘째 이유입니다. 무왕이 은을 점령하고 상용商容의 옛 마을을 표창하고, 갇혀 있던 기자箕子를 풀어 주고, 비간比干의 묘에 제사 지냈는데,[93] 폐하는 성인의 묘에 제사를 지내고 현자의 마을을 표창하며, 지식이 높은 인물의 문전에 예를 표할 수 있습니까?

**유방** 할 수 없소.

**장량** 그것이 세 번째 이유입니다. 무왕은 거교鉅橋[94]의 곡식을 내주고, 녹대鹿台[95]의 금전을 풀어 가난한 사람에게 나눠 주었는데, 폐하는 창고를 풀어 가난한 사람들에게 나눠 줄 수 있습니까?

**유방** 할 수 없소.

**장량** 그것이 네 번째 이유입니다. 무왕은 은을 멸망시키고 전차를 민간용의 수레로 만들고, 무기를 내려놓아 그것들을 호랑이 가죽으로 덮어 놓고 천하에 더 이상 싸우지 않을 것임을 보여 주었습니다. 지금 폐하는 무력을 그만두고 문치를 행하며 더 이상 싸우지 않을 수 있습니까?

**유방** 할 수 없소.

**장량** 그것이 다섯 번째 이유입니다. 무왕은 화산華山[96]의 양지에 말을

---

93 3인은 모두 주紂시기의 현자들로 덕망이 높았으나 주紂가 간언을 듣지 않거나 핍박함.

94 상의 주紂시기 곡식창고 이름. 오늘날 하북성 곡주현曲周縣에 위치.

95 상의 주紂시기 보화와 금전을 저장해 둔 곳. 오늘날 하남성 탕양현湯陽縣에 위치.

쉬게 하고 아무것도 하지 않음을 보여 주었는데, 지금 폐하는 말을 쉬게 하고 사용하지 않을 수 있습니까.

**유방** 할 수 없소.

**장량** 그것이 여섯 번째 이유입니다. 무왕은 소를 도림桃林[97]에 풀어놓고 다시는 (전쟁을 위한) 물자의 운수에 사용하지 않을 것임을 보여 주었습니다. 지금 폐하도 그렇게 할 수 있습니까?

**유방** 할 수 없소.

**장량** 그것이 일곱 번째 이유입니다. 또한 천하의 유객들이 그 친지를 떠나고, 조상의 묘지를 버리고, 친구들을 버리면서 폐하를 따르고 있는 것은 단지 밤낮으로 작은 땅이라도 얻기 위해서입니다. 지금 6국을 회복해 한·위·연·조·제·초의 후예들을 세우면, 천하의 유객들은 모두 그 군주에게 돌아가 모시고, 그 친지들과 함께 하며, 친구들과 조상의 묘로 되돌아갈 것인데, 폐하는 누구와 함께 천하를 얻을 수 있겠습니까? 그것이 여덟 번째 이유입니다. 또한 초는 매우 강해 다시 6국을 세워도 모두 굴복하여 초를 따르면 폐하는 누구를 신하로 얻을 수 있겠습니까?[98]

무엇보다도 봉건제를 통해서 권력을 장악한 은의 탕왕이나 주의 무왕의 경우와 같이 그것을 뒷받침할 수 있는 여력이 있어야 한다. 거기에는 봉건제후에 대한 물리적·도덕적 지배와 조정 능력, 전쟁의 종식과 평화 정착, 공고한 지지세력 등이 필요했다. 특히 강력한 초가 존재하고, 권력

---

96 오악五岳의 하나로 오늘날 섬서성 화양시華陽市 남쪽에 위치.

97 화산의 동쪽에 위치. 오늘날 하남성 영보靈寶 서쪽, 섬서성 동관潼關 동쪽.

98 『史記』 卷五十五 「留侯世家」 유사한 내용은 『資治通鑑』 高帝三年(기원전 204년). 번역은 杨钟贤·郝志达 主编, 『全校全注全译全评史记』 第三卷, 1997: 498-499; 丁範鎭 외 옮김, 『사기세가』(하), 1994: 558-560을 참조함.

관계가 불안정한 상황에서 자신의 영토와 세력을 분할하는 것은 적절하지 못했다. 또한 많은 사람들이 유방을 추종하는 이유가 땅을 얻기 위해서인데, 6국의 후예들을 봉하게 되면 추종자들을 잡아 둘 땅이 없게 될 것이다.

그럼에도 어느 정도 여건이 개선되자 유방은 다른 방식으로 봉건제를 활용했다. 그는 일부 군사적 실력자들을 제후로 봉해 자신의 편으로 만들었다. 그 과정에서 그는 기원전 203년 한신韓信을 제왕齊王, 경포黥布[99]를 회남왕淮南王으로 봉했고, 팽월彭越에게도 왕을 약속했다. 이들의 협조로 그는 비로소 기원전 202년 말 해하垓下의 전투에서 항우를 물리치고 다시 천하를 통일할 수 있었다.

## 고조의 동성제후

기원전 206년 항우에 의한 분봉 이후에도 제후국들 사이에 전쟁은 계속되었고, 그 과정에서 한의 영토도 크게 확대되었다. 유방은 동맹세력들을 제후왕으로 임명하면서도 지속적으로 영토를 확대하여 그곳을 자신의 군현으로 전환시켰다. 기원전 206년 한왕으로 분봉되었을 때, 그는 파·촉·한중 3개 군만 장악했다. 그렇지만 그해에 그는 색塞과 적翟을 항복시켜 각각 위남渭南·하상河上·상군上郡 등 3개 군을 설치했다. 기원전 205년 그는 옹왕雍王 장한章邯을 제거하고, 중지中地·농서隴西·북지北地 3개 군을 두었다. 그해에 그는 또한 서위西魏를 하동군河東郡과 상당군上黨郡으로, 하남을 하남군河南郡으로, 은殷을 하내군河內郡으로 한에 귀속시켰다. 기원전 204년에는 대代를 한의 태원군太原郡으로 만들었다. 이어 그간 교동膠東과 제북濟北을 합병시킨 제를 기원전 203년 한의 군현으로 전환시켰다. 다만 기원전

---

99 영포英布라고도 함.

202년 초의 항우를 멸했을 때, 그 지역에는 최고의 공신인 한신을 봉했다.[100]

고조 5년인 기원전 202년 정월, 항우를 해하垓下에서 무찌른 유방은 곧바로 황제에 올랐다. 동시에 노관盧綰·한신韓信[101]·장이張耳·경포·오예吳芮·한신韓信·팽월彭越 등 7명의 이성제후왕을 공식적으로 분봉했다(〈표 10〉). 이들은 항우와 전쟁할 때 유방을 지지했던 세력으로서, 대부분 이미 군사

〈표 10〉 한 고조의 이성제후 분봉 현황(기원전 202년)[102]

| 제후국 | 제후왕 | 소속 군郡 | 최초 분봉시기 (기원전) | 폐지 |
|---|---|---|---|---|
| 연燕 | 노관盧綰[1] | 광양廣陽·상곡上谷·어양漁陽·우북평右北平·요동遼東·요서遼西 | 206년 | 196년 |
| 한韓 | 한신韓信[2] | 영천潁川 | 205년 | 200년 |
| 조趙 | 장이張耳[3] | 한단邯鄲·거록鉅鹿·상산常山 | 203년 | 198년 |
| 초楚 | 한신韓信[4] | 동해東海·회계會稽·사수泗水·진陳·설薛 | 203년 | 201년 |
| 회남淮南 | 경포黥布 | 구강九江·형산衡山·여강廬江·예장豫章 | 203년 | 196년 |
| 양梁 | 팽월彭越 | 탕碭 | 202년 | 196년 |
| 장사長沙 | 오예吳芮 | 장사長沙·무릉武陵 | 202년 | 155년 (경제 2년) |

1 기원전 206년 항우에 의해 처음 장도臧荼가 연왕에 봉해졌으나, 반란 혐의로 202년 9월 노관盧綰으로 대체됨.

2 기원전 205년 처음 한왕에 봉해졌고, 202년 영천潁川에 분봉되었다가 이듬해에 태원군太原郡을 한국韓國으로 바꿔 이동함.

3 기원전 203년 장이張耳가 조왕에 봉해졌으나 이듬해에 그가 죽자, 그의 아들 장오張敖가 봉해짐.

4 기원전 203년 제왕齊王으로 분봉되었다가 옮겨 옴.

100 『漢書』 卷十三 「異姓諸侯王表」.

101 여기서는 한왕韓王 신信을 의미하며, 유방의 장군으로 제와 초에 차례로 봉해졌던 회음후淮陰侯 한신韓信과 다른 인물이다.

102 『漢書』 卷十四 「諸侯王表」; 周振鶴, 『西汉政区地理』, 1987: 8을 중심으로 재구성.

적으로 각각의 지방에서 할거하고 있었다.[103] 7명 가운데 앞의 5명은 항우에 의해 제후왕에 봉해졌고, 한신과 팽월은 항우와 전쟁할 때 큰 공을 세운 사람들이었다. 이것은 고조와 제후왕들의 관계는 마치 패자로서 항우가 유방을 포함한 18명의 제후왕들과 맺었던 맹약에 기초한 주종관계와 별다른 차이가 없음을 의미한다.[104] 그렇지만 한을 제외한 18개 제후국들 가운데 5개만 생존했고, 나머지는 대부분 한의 군현으로 귀속되었다.

지리적으로 유방은 제국의 서반부, 즉 자신이 점령했던 진의 본거지와 동쪽의 제 지역을 황제의 관할 군현으로 삼았다. 동부는 제 지역을 제외하고 모두 제후왕들에게 배분했다. 제 지역은 동부의 다른 지역에 비해 경제적으로 가장 발전하였고, 남북의 지역을 통제할 수 있는 요충지였다.[105] 이 점은 얼마 후 그곳에 동성제후를 분봉해야 한다는 전긍田肯의 말에서도 잘 반영되고 있다. 군의 수로 보면 고조는 24개 군을, 제후국들은 모두 22개 군을 차지했다.[106] 면적에 있어서는 제후왕의 통치 지역이 고조의 직접 통치 지역을 능가했다.[107] 제후국들은 대개 기름진 땅으로서 "큰 것은 100여 개 성(현)을, 작은 것은 30-40개 현을 차지했다."[108]

국가체제의 구축에 있어서 대부분 진을 답습하면서도, 한이 부분적으로 제후국을 허용한 것은 정치적 상황의 결과였다. 무엇보다도 항우에 대

103 周振鹤, 『西汉政区地理』, 1987: 7.

104 嚴耕望, 『中國地方行政制度史 甲部—秦漢地方行政制度』, 1990: 14.

105 嚴耕望, 『中國地方行政制度史 甲部—秦漢地方行政制度』, 1990: 13.

106 고조의 24개 군은 하상河上·위남渭南·중지中地·상上·북지北地·농서隴西·한중漢中·파巴·촉蜀·운중雲中·안문雁門·대代·태원太原·상당上黨·하동河東·하내河內·하남河南·남양南陽·남南·동東·임치臨淄·제북濟北·교동膠東·낭야琅邪 등이다(周振鹤, 『西汉政区地理』, 1987: 8).

107 고조의 통치 지역에도 공신들에게 분봉된 후국侯國, 황후나 공주들에게 분봉된 읍이 있었으나 이들은 현지의 재원에 대한 권리만 가질 뿐, 제후국과 달리 통치권은 허용되지 않았다.

108 『漢書』 卷四十八 「賈誼傳」.

한 전쟁이 여러 제후왕들과 함께 수행되었기 때문에 전쟁 이후 고조는 권력을 독점할 위치에 있지 않았다. 더욱이 건국 초기에는 능력을 갖춘 관리가 부족한 상황에서 영토의 확대가 이루어질 경우 현지의 실력자에게 분봉해 제국에 편입시키는 것은 유용한 통치방법이었다.

제후왕들은 형식상 통합적 정치질서 안에 있었지만, 그들이 존재하는 한 진정한 의미에서 제국의 통일은 아니었다. 따라서 고조는 초왕 한신을 시작으로 이성의 제후들을 차례로 제거했다.[109] 그 대신 좀 더 신뢰할 수 있는 자제들로 대체해 유씨 제국을 건설했다. 특히 제와 초에 대한 동성 제후의 분봉은 이제 막 성립된 한의 안정을 위해서 절실했다. 『사기』는 한신을 체포한 직후 전긍田肯의 말을 전하고 있다.

> 제는 동쪽으로 풍요로운 낭야琅邪와 즉묵卽墨이 있고, 남쪽으로 견고한 태산泰山이 있으며, 서쪽으로 막아 주는 탁수濁水와 황하가 있으며, 북쪽으로 이로운 발해渤海가 있습니다. 땅은 사방 2천 리이며, 100만 명의 군대를 가져도 천 리 바깥에 떨어져 있기 때문에 제는 10분의 2, 즉 20만 명으로 그들을 막을 수 있습니다. 그래서 제는 동쪽의 진秦이라고 할 수 있습니다. (황제의) 친 자제가 아니면 제의 왕을 시켜서는 안 됩니다.[110]

그의 말에 고조는 기뻐서 황금 500근을 상으로 주었다고 한다. 당시 제는 분봉되지 않고 고조의 직할로 되어 있었지만, 전긍은 동성제후의 필요성을 제기한 셈이었다. 그 후 제후왕들이 차례로 제거되었다. 그들은 후侯로 강등되거나[111] 주살되었고,[112] 아니면 반기를 들어 흉노에 항복[113]했

---

109 『史記』 卷八 「高祖本紀」.

110 "夫齊, 東有瑯邪即墨之饒, 南有泰山之固, 西有濁河之限, 北有勃海之利. 地方二千里, 持戟百萬, 縣隔千里之外, 齊得十二焉. 故此東西秦也. 非親子弟, 莫可使王齊矣."(『史記』 卷八 「高祖本紀」)

다. 그들의 제거와 관련해 역사서들은 한결같이 그들이 모반했기 때문으로 기록하고 있지만, 모반의 이유는 아마도 고조의 압박에 대한 대응이었을 것이다.

제후왕들을 대신하여 고조의 형제들[114]과 아들들이 차례로 분봉되었다. 그는 우선 기원전 201년 초 초왕 한신을 제거한 뒤, 집안의 먼 친척 형으로서 전쟁에 기여한 유가劉賈를 형왕荊王으로 봉해 회수淮水 동쪽의 52개 현을, 동생 유교劉交를 초왕楚王으로 봉해 회수 서쪽 36개 현을 각각 다스리게 했다. 이듬해 고조는 장남 유비劉肥를 제에, 둘째 형 유중劉仲을 대代에 봉했다. 다만 유중이 기원전 199년 흉노의 침략을 막지 못해 도망 오자, 고조는 그를 합양후合陽侯로 강등했다.[115] 앞서 언급한 것처럼 전략적으로 중요한 제에는 고조와 가까웠던 첫째 아들 유비劉肥가 봉해졌다. 그와 함께 제에는 자신의 직계 장군인 조참曹參을 주둔시켰다.[116]

고조는 사위인 조왕 장오張敖를 반란 혐의로 후侯로 강등시킨 이듬해에(기원전 198년) 셋째 유여의劉如意를 그곳에 봉했다. 이어 그는 기원전 196년 12월에는 일곱째 유장劉長을 회남왕에, 정월에는 넷째 유항劉恒을 대왕代王, 2월에는 다섯째 유회劉懷를 양왕梁王, 3월에는 여섯째 유우劉友를 회양

---

111 초왕 한신과 조왕 장오張敖.

112 양왕 팽월, 회남왕 경포.

113 한왕 신과 연왕 노관.

114 유방은 4형제였는데, 위로 유백劉伯·유중劉仲이, 아래로 동생 유교劉交가 있었다. 유백은 젊어서 죽었고, 유교는 이복동생이었다.

115 기원전 200년 대代의 평성平城에서 흉노에게 패한 고조는 북방의 중요성을 의식해 이듬해 유중을 대왕으로 봉했으나, 그는 이듬해 흉노가 침략해 오자 막지 못하고 낙양으로 도망쳐 왔다. 이에 북방의 방어는 장군 진희陳豨가 맡게 되었는데, 그의 세력화를 고조가 의심하자 진희는 반기를 들어 기원전 196년 대왕으로 자립했다. 고조는 이듬해 반란을 진압한 뒤 넷째 아들 유항劉恒(당시 8세)을 대왕에 봉했다.

116 이러한 조치는 몇 년 뒤 대왕 진희와 회남왕 경포의 저항을 진압하는 데 크게 기여했다.

〈그림 23〉 고조의 동성제후 분봉(기원전 195년)

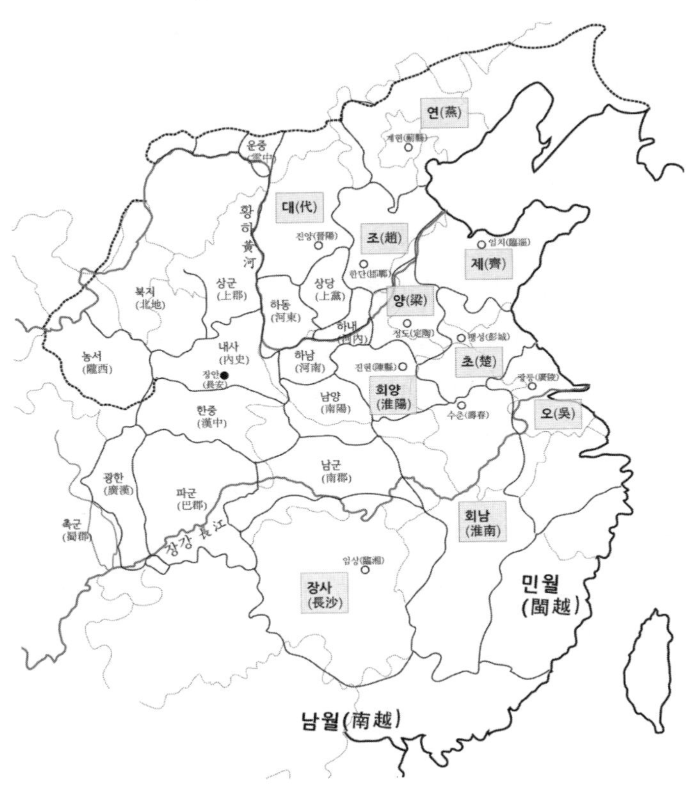


출처: 周振鶴, 『西汉政区地理』, 1987: 11.

왕淮陽王에 각각 봉했다.[117] 회남왕 경포, 대왕 진희陳豨, 양왕 팽월彭越은 유방의 압박에 반기를 들었지만 역부족이었다. 또한 기원전 195년 11월 조카 유비劉濞[118]가 오에, 2월에는 여덟째 유건劉建이 연에 봉해졌다. 이는 전년도 형왕 유가가 경포의 난에 죽자 그곳이 오로 개명되었고, 연도 노관이 흉노에게 항복했기 때문이었다.[119]

117 한 시기에 1년은 10월에서부터 이듬해 9월까지였다.

118 유중劉仲의 아들.

119 『史記』 卷十七 「漢興以來諸侯王年表」; 『漢書』 卷十四 「諸侯王表」.

고조 자신은 15개 군, 즉 내사內史·상上·북지北地·농서隴西·한중漢中·파巴·촉蜀·광한廣漢·운중雲中·상당上黨·하동河東·하내河內·하남河南·남양南陽·남南을 직접 통치했다.[120] 그것은 202년 이성제후의 분봉 시점과 비교해 지리적으로 큰 차이는 없었다. 즉 제국의 서쪽은 자신이 직접 관할하고, 동쪽은 동성의 제후들에게 분봉했던 것이다. 규모가 큰 제후국은 5, 6개의 군을 포괄했고 수십 개의 현을 갖고 있었다. 『한서』의 표현대로, "각각의 제후국은 서로 연결되었고, 북쪽·동쪽·남쪽의 세 방향을 둘러쌌으며, 그 바깥으로 오랑캐와 접했다."[121] 약간 차이가 있다면, 동방의 제 지역이 제후국에 속하게 되었고, 따라서 고조의 통치 지역은 약간 더 작아졌다. 이성인 장사국과 9개의 동성제후국은 모두 40개 군을 포괄했다.[122]

그리하여 고조 말년인 기원전 195년 유씨 일가가 권력을 분점했다. 고조의 8명 자제 중 혜제惠帝로 제위를 잇게 되는 차남 유영劉盈 이외에 나머지 7명이 모두 제후왕에 책봉되었다.[123] 지리적으로 멀고 인구가 2만여 호 정도로 적은 장사국을 제외한 이성의 제후들은 모두 제거되었다.[124] 그와 함께 고조는 "유씨가 아니면서 왕이 되려고 한다면 천하가 함께 그를 공

---

120 그 외에도 고조는 고제 5년(202년) 이전의 월왕 무제亡諸를 민월왕閩越王으로, 11년(196년) 조타趙佗를 남월왕으로, 12년(195년) 월의 후세인 남무후南武侯 직織을 남해왕南海王으로 봉했다. 그렇지만 그러한 분봉은 한의 형식적 우위를 확인하는 것에 불과했고, 국내의 제후국과는 전혀 성격이 달랐다. 『사기』와 『한서』도 이들을 제후왕에 포함시키지 않고 있다.

121 『漢書』 卷十四 「諸侯王表」.

122 周振鶴, 『西汉政区地理』, 1987: 8-10. 다른 연구에 의하면, 장사군 소속 군은 3개, 동성제후국 소속 군의 수는 39개 등 모두 42개로 약간 차이가 있다. 唐燮军·翁公羽, 『从分治到集权: 西汉的王国问题及其解决』, 2012: 94-95 참조.

123 차남이 제위를 이은 것은 장남 유비劉肥가 서자였기 때문이다.

124 장사왕 오신吳臣(오예吳芮의 아들)은 자신의 처남이기도 했던 회남왕 경포가 기원전 196년 고조에게 반기를 들었다가 패주해 오자 그를 꾀어 죽게 한 공로도 있었다. 그렇지만 장사국은 경제景帝 때 유씨 성인 유발劉發이 봉해졌고(기원전 155년), 모

격할 것이다."고 경고했다.[125] 역사서들은 "고조가 동생들과 아들들을 왕으로 봉해 지역이 개 이빨과 같이 교착되어 서로 통제하게 했다. 이는 반석磐石과 같이 안정된 종실이라는 것으로, 천하가 그 강력한 힘에 복종하게 되었다."고 기록하고 있다.[126]

분봉의 목적과 관련해서 동성제후에 의한 제국의 안정이라는 측면은 앞서 언급된 전긍의 주장에 반영되어 있다. 고조도 진의 패망을 제후왕의 부재 때문으로 간주했다. 사마천은 서장자인 유비劉肥를 제齊에 봉한 것과 관련해, "국내가 처음 안정되자, 자제가 어리고 진이 조금의 영토도 분봉하지 않아서 망했던 것에 자극을 받아 동성의 큰 제후국을 봉해 만민의 마음을 안정시켰다."고 기록하고 있다.[127] 『한서』를 지은 반고班固도 "국내가 처음 안정되자, 동성이 너무 적어 진이 고립해 망한 것을 경계해 이에 영토를 나누어 2등급, 즉 (제후)왕과 후를 두었다."고 기록하고 있다.[128] 거기에는 제국의 울타리로서 제후국의 존재라는 봉건제적 관념이 작용했던 셈이다. 앞서 언급한 것처럼 주의 무왕도 은을 멸망시킨 뒤 다수의 동성제후국을 두었다.

각각의 제후국들은 독자적으로 해당 지역을 통치했다. 그들은 각기 독립된 군대와 재정을 유지하고 있었고, 한 왕실과 유사한 국가체제를 갖추고 있었다. 중앙에는 각종 관료기구가 있었고, 소속 지방은 군현체제로 편성되었다.[129] 관료의 임명에 있어서 제후국의 최고 행정책임자인 상국

---

든 제후왕이 폐지된 왕망 시기에는 전만군塡蠻郡이 설치되었다(서기 8년). 후한 때에는 다시 유흥劉興이 장사왕으로 봉해졌다가(서기 25년), 결국 장사군으로 전환되었다(서기 38년).

125 "非劉氏而王, 天下共擊之."(『史記』 卷九 「呂太后本紀」)

126 "高帝封王子弟, 地犬牙相制, 此所謂磐石之宗也, 天下服其强."(『史記』 卷十 「孝文本紀」; 『資治通鑑』 高皇后八年(기원전 180년))

127 『史記』 卷五十二 「齊悼惠王世家」.

128 『漢書』 卷十四 「諸侯王表」.

相國을 중앙에서 임명할 뿐, (지군支郡이라 부르는) 소속군의 군수 이하 관료들은 제후왕이 독자적으로 임명했다. 한왕 초기 제후국에 대해서 『한서』는 다음과 같이 언급하고 있다.

> 제후왕은 고제高帝 초기에 설치했고, 금색의 새璽와 녹색의 수綬를 하사받아 자신의 봉국을 다스렸다. 제후왕을 보좌하는 태부太傅, 백성을 다스리는 내사內史, 병권을 쥔 중위中尉, 관리를 통솔하는 승상丞相이 있었고, 모든 경대부들도 중앙의 조정과 같이 설치되었다.[130]

그 외에도 제후국에는 감찰을 담당하는 어사대부御史大夫, 사법을 담당하는 정위廷尉, 제후왕의 사재를 담당하는 소부少府, 종실을 관리하는 종정宗正, 교육을 담당하는 박사관博士官 등이 있었다. 다만 중앙은 상국을 직접 임명해 현지의 기본정책을 관장하게 한 것 이외에도 몇 가지 방식으로 제후들을 통제했다. 한의 조정은 각 제후국이 자연형세를 이용해 할거하지 못하도록 그 위치를 지리적으로 조정했다.[131] 또한 제후왕들은 정기적으로 황제에게 조현을 하고, '상계上計'라 하여 일종의 업무보고를 해야 했다. 제후국의 군대는 위의 『한서』「백관공경표」의 내용과는 달리 대부분 중위中尉가 아니라 상국이 관장했을 뿐만 아니라, 그가 군대를 동원할 경우에도 중앙의 호부虎符, 즉 허락을 받아야 했다. 마지막으로 제후국은 '헌비獻費'로서 일정 액수의 세금을 중앙에 납부해야 했다.[132]

---

129 吴荣曾, 『先秦两汉史研究』, 1995: 285-309.

130 "諸侯王, 高帝初置, 金璽綟綬, 掌治其國. 有太傅輔王, 內史治國民, 中尉掌武職, 丞相統衆官, 群卿大夫都官如漢朝."(『漢書』 卷十九 「百官公卿表」)

131 제국의 입장에서 지역적 요새에 바탕을 둔 세력의 득세, 소위 거험칭웅據險稱雄은 중요한 경계대상일 수밖에 없었다. 군의 조정은 주로 지방행정구획에 있어서 자연구역을 인위적으로 분해 또는 통합하여 그 잇점이 발휘되지 못하도록 무질서한 상태로 만든 방법이었다(李孔怀, 『中国古代行政制度史』, 2006: 226).

결국 유방은 한 제국의 건설 이후 군현제에 봉건제적 요소를 가미했다. 왕족들을 일정한 지역에 분봉하는 형태와 중앙에서 관리를 파견해 직접 통치하는 형태로 구분했던 것이다. 따라서 한의 지방행정 체제는 군국제郡國制라 불리기도 한다. 그것은 진의 과도한 권력독점과 그에 따른 멸망에 대한 교훈과 결부되기도 하지만, 자제들의 분봉은 무엇보다도 제국의 권력을 공고히 하기 위한 것이었다. 따라서 진에 의해 외형적으로나마 완성된 권력집중의 요구는 여전히 강력한 힘을 발휘했다. 고조 이후 몇 대 지나지 않아 황제들은 동성제후들조차 차츰 거세했고, 황제 중심의 중앙집권적 통치체제를 구축했다.

제후국의 분봉은 제국의 울타리로서 기대되었지만 좀 더 자세히 들여다보면 봉건제의 기반은 그리 온전하지 못했다. 이를테면 대다수 제후왕들은 나이가 어렸다. 나이가 알려진 자제 중에서 태자로서 황제가 된 둘째 유영劉盈은 기원전 211년생, 셋째 유여의劉如意(208년생)는 분봉 당시 11세, 넷째 유항劉恒(202년생)은 8세, 일곱째 유장劉長(198년생)은 3세였다. 다섯째 유회劉懷, 여섯째 유우劉友 그리고 여덟째 유건劉建도 어린애들에 불과했다. 성인으로서 제후왕에 봉해진 유씨는 둘째 형 유중劉仲, 동생 유교劉交, 당형 유가劉賈, 그리고 장남 유비劉肥 정도였다. 실제 고조 사후 왕실이 여후呂后와 여씨 일가에 넘어가도 제후왕들은 별다른 조치를 취할 수 없었다. 결국 여후가 죽고 그들이 성인이 된 연후에야 정권을 다시 회복할 수 있었다.

여후는 고조의 부인으로서 그의 사후(기원전 195년) 17세의 혜제惠帝(195-188년 재위), 그리고 유공劉恭(188-184년 재위)과 유홍劉弘(184-180년 재위) 두 소제 시기 섭정을 통해 실질적인 권력을 행사했다. 그 과정에서 여후는 아들 혜제에게 외손녀를 시집보내기도 했다. 뿐만 아니라 고조가 한 때 후계자

132 唐燮军·翁公羽, 『从分治到集权: 西汉的王国问题及其解决』, 2012: 95-100.

로 삼고자 했던 나이 12세에 불과한 조왕趙王 유여의劉如意를 수도로 불러 독살시키고, 그의 모친 척戚부인을 '인간돼지〔인체人彘〕'로 만들어 혹형을 가했다. 그녀는 제후왕들 가운데 회양왕淮陽王 유우劉友[133]와 양왕梁王 유회劉懷에게 여씨 여자를 혼인시켜 현지의 권력을 장악하고 결국 그들도 죽게 했다. 그와 함께 여록呂祿(조趙)·여산呂産(양梁)·여통呂通(연燕) 3명을 포함해 모두 9명의 여씨가 왕이나 후에 봉해졌다.[134] 그 결과 기원전 180년 여후가 죽고 나서 권력다툼이 벌어질 당시 제후왕은 유씨가 9명, 여씨가 3명이었다. 유씨 제후왕들 가운데 4명은 나이가 어려 봉국에 가지 않고 장안에 머물러 있었다.[135]

결국 중앙과 지방의 대신들과 유씨들이 다시 권력을 잡았다. 그들은 약 15년 동안 전횡하던 여씨세력을 제거하고 고조의 살아 있는 두 아들 가운데 22세로 연장자인 대왕代王 유항劉恒을 황제로 옹립했다.[136] 그가 성군으로 이름난 문제文帝(180-157년 재위)이다. 여씨 사건은 유씨정권의 입장에서 제후왕의 중요성과 더불어 중앙정부의 제후국에 대한 의존을 말해주었다. 따라서 제후에 의존해 즉위한 문제는 제후국의 축소 등 중앙집권화를 적극 추진하게 되었다.

## 봉건제후의 거세

동성제후에 의한 제국의 분할통치는 일정한 단계까지는 효과를 발휘하지만 시간이 지남에 따라 문제가 발생할 수밖에 없는 구조이다. 황제와

---

133 그는 194년 조왕 유여의가 독살된 뒤에 조왕으로 임명되었다.

134 『漢書』 卷十八 「外戚恩澤侯表」.

135 『資治通鑑』 高皇后八年(기원전 180년).

136 다른 한 사람은 고조의 7자 회남왕 유장劉長이었다. 장남 제왕 유비와 8자 연왕 유건은 각각 재위 12년과 14년 후인 기원전 189년과 181년에 사망했다.

제후의 개인적·혈연적 관계는 날로 취약해지고 점차 대결의 가능성이 높아진다. 그들은 전대에는 부자의 관계였지만 한 세대가 지나면 사촌이 되고, 그 다음 세대는 먼 친척이 된다. 친속관계가 멀어지면서 황제에 대한 제후들의 충성을 기대하기란 어렵다. 또한 종실에서는 촌수가 중요한데, 황제의 입장에서 자신보다도 촌수가 높은 제후는 통제하기가 어려울 뿐만 아니라 그 권위도 도전받게 된다. 또한 시간이 지나면서 황실의 다수 자제들에게 봉할 영토가 부족한데도 지방 제후의 자제들은 넓은 영토를 물려받게 되면서 그들 사이의 물질적인 기반에 불균형이 나타날 수밖에 없다.

그에 대한 대응의 하나는 황제의 친자들을 계속하여 제후왕으로 봉하는 것이다. 이를 통해서 친속관계가 소원해짐으로써 생기는 문제를 완화시킬 수 있을 것이다. 실제 문제文帝는 3명의 자녀를 제후왕으로 봉했다.[137] 직계자녀의 분봉은 그 이후 적극 시행되었지만,[138] 그럼에도 근본적인 대책은 되지 못했다. 그것은 동성이지만 소원한 제후왕들이 여전히 적지 않았고, 친자도 어리거나 수적으로도 적었기 때문이다. 뿐만 아니라 황제와 제후의 제도적 권력관계에는 변화가 없었다. "소원한 자들은 필연적으로 국가를 위태롭게 하고, 가까운 자들은 반드시 나라를 어지럽힌다는 것이 이미 드러났다."는 가의賈誼의 주장은 그러한 맥락에서였다.[139]

앞서 언급한 것처럼 고조 재위기간에 이성의 제후왕들은 제거되었지만 동성의 제후들은 시간이 지남에 따라 경제적·정치적 실력을 키우게 되

137 그들은 읍揖(양梁)·무武(大代·회양淮陽·양梁)·참參(태원太原·대代)이었다(『漢書』 卷十四 「諸侯王表」). 원래 해당 지역에는 혜제의 세 아들들이 봉해졌는데, 여씨가 제거되면서 소제와 함께 이들도 모두 살해되었다. 그것은 그들이 혜제의 친자가 아니고 여후가 꾸며낸 아들들이라는 이유였다(『資治通鑑』 高皇后八年(기원전 180년)).

138 경제 때 15명, 무제 때 4명, 선제 때 4명, 원제 때 2명의 자녀들이 각각 제후왕으로 봉해졌다(『漢書』 卷十四 「諸侯王表」).

139 『漢書』 卷四十八 「賈誼傳」.

었다. 당시 제후들은 넓은 지역을 갖고 있었다. 분봉 지역에서 그들은 군주로서 중앙과 유사한 행정조직을 갖추었다. 그들이 임명한 관리들의 직급도 중앙과 동일했다. 그와 함께 제후왕들은 정책상의 독립성도 갖고 있었다. 그들은 조세는 물론 요역과 병역 등 인력을 동원할 권한을 보유했다. 뿐만 아니라 산림자원의 개발, 화폐의 주조, 야금 등 경제활동에도 직접 참여했다. 제후국들은 자체의 지리적 이점을 활용해 군현 지역보다 더 빠른 속도로 발전할 수 있었다. 다시 말해 전한 초기의 분권화된 통치는 지방에 더 많은 권한을 부여했고, 이것은 지방의 적극성을 발휘하게 함으로써 사회경제적 발전을 촉진했다.[140]

지방경제가 발전함으로써 시간이 지남에 따라 제후왕들은 더 많은 권력자원을 갖게 되었다. 그들은 국내외 인력을 동원해 철이나 구리 등을 포함한 채광산업, 소금의 생산과 유통, 화폐의 주조 등을 통해 많은 부를 축적했다. 후에 중앙의 압박에 반기를 들어 오초칠국의 난을 주도했던 오왕 비濞에 관해서 『사기』는 다음과 같이 언급하고 있다.

> 마침 혜제와 고후 시기에 천하가 비로소 안정되고 군국의 제후들은 각기 그들의 백성을 돌보는 데 힘썼다. 오吳에는 예장군豫章郡 구리산이 있는데, 오왕 비는 천하의 도망자들을 불러 화폐를 주조하고, 바닷물을 끓여 소금을 만들었다. 그 결과 조세가 없어도 나라의 재원이 풍부했다.[141]

다른 문헌도 오왕 비가 바다와 소택지의 생산물을 독점하고, 산동의 교활한 자들을 모아 소금과 금의 생산에 동원했다고 전한다. 특히 그가 주조한 동전의 수량은 적지 않았는데, "오와 (촉군의) 등통鄧通이 주조한 동전

---

140 冷鹏飞, "西汉前期的郡国并行制与社会经济的发展," 1988: 103-107.

141 『史記』卷一百六「吳王濞傳」.

위　중산정왕中山靖王 유승劉勝(기원전 154~113년 재위)의 묘에서 발견된 청동 정鼎
아래 중산정왕의 옥의玉衣_옥의는 시체가 썩지 않도록 보존하기 위한 것으로, 한의 예법에는 황제는 금루金縷, 제후는 은루銀縷를 사용하도록 되어 있었으나, 제후왕들은 대부분 원칙을 무시하고 금루를 사용했다.

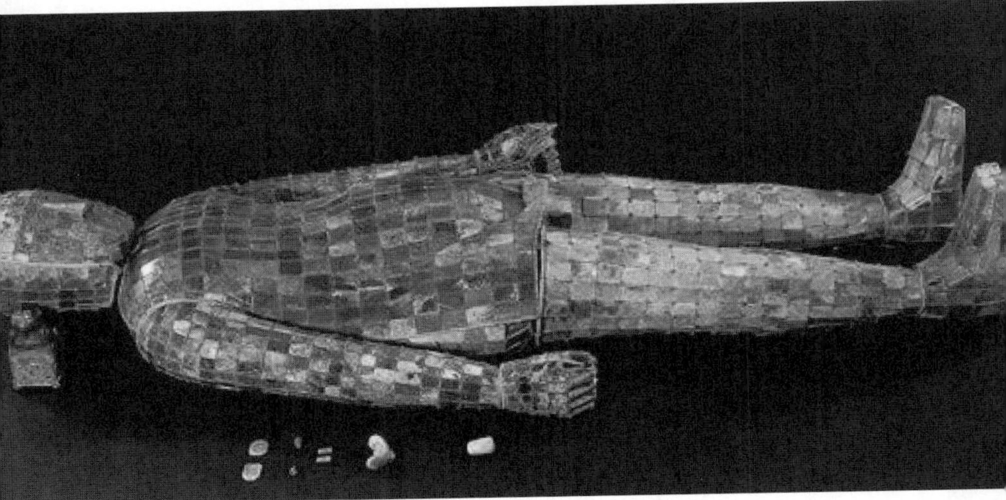

이 천하에 퍼졌다."고 한다.[142] 결국 오왕 비가 오초칠국의 난을 주도했을 때, 그의 권력은 강력한 경제력에 기반을 두었다. 그는 제후들에게 동참을 호소하면서 전공을 세우거나 항복한 자들에 대한 거액의 보상을 약속하는 등 많은 재원을 동원할 수 있음을 강조했다.[143]

황제와 제후왕들의 경쟁은 단순히 경제적 영역을 넘어 인적 자원으로 확대되었다. 이와 관련해 황제가 직접 관할하는 군현 지역은 넓기 때문에 그는 구조적으로 열세에 있었다. 이를테면 군현 지역에서 법적으로 성인 남자들은 멀리 있는 변방과 수도를 수비할 병역의무가 있었다. 군현 지역에서 병역은 때로는 수개월씩 걸리는 장거리 여행이 불가피했고, 그 비용도 국가가 부담할 수 없어 스스로 해결하지 않으면 안 되었다. 그에 반해 제후국에서 남자들은 각각의 제후국 내에서 복역하면 되었다. 따라서 그들은 장거리 여행이 필요하지 않았고, 제후들은 일정한 급여를 주기도 했다. 그 결과 가의가 지적한 것처럼 백성들은 군현 지역보다는 제후국에 살기를 원했고, 그 결과 많은 사람들이 제후국 지역으로 도망했다.[144]

황제와 제후들 사이에서 자원을 둘러싼 경쟁이 계속되는 가운데 문제 때 가의賈誼는 황제권의 강화를 제창하는 대표적인 인물로 등장했다. 그는 「번상藩傷(제후국의 해로움)」·「번강藩彊(제후국의 세력강화)」 등 여러 편의 글을 통해서 제후들의 득세를 우려하고, 중앙집권적 체제를 역설했다. 그는 "줄기가 약한데 가지와 잎이 크면 나무의 중심이 반드시 부러진다."[145]라는 비유를 들기도 했다.

가의의 시각에서 제국의 장기적인 안전〔장치구안長治久安〕을 위해서 제후국의 개혁은 매우 시급한 일이었다. 그것은 시간이 지날수록 제후국들이

---

142 『鹽鐵論』「錯幣」.

143 『史記』卷一百六「吳王濞傳」.

144 『漢書』卷四十八「賈誼傳」.

145 "本細末大, 弛必至心."(『新書』「大都」)

득세할 것이기 때문이었다. 그에 의하면, 제후왕들은 대개 어려서 책봉되지만 점차 성년이 되면서 독자적으로 행동하려 한다. 아울러 중앙정부가 초기에 파견한 대신들이 연로해 물러나면 제후왕들은 자기 측근들을 그 자리에 임명하고, 이를 바탕으로 더욱 자신들의 세력을 구축하려 한다. 또한 처음 제후왕들은 분봉한 황제에게 충성심이 있지만, 세습에 의해 그 위치에 오르게 되면 지금의 황제에게 복종할 이유가 적어진다. 그들은 이름만 황제의 신하이지 실제로 황제의 형제라고 생각하고 황제와 같이 행동한다. 그들은 마음대로 작위를 주거나 사면을 실시하고, 황제는 해당 지역에서 한의 법령을 집행할 수도 없다.[146]

그러면 어떻게 할 것인가. 그의 주장에 따르면, 개별 제후국의 규모를 작게 하여 그 힘을 약화시켜야 한다. 경험으로 볼 때, 세력이 큰 제후왕들이 먼저 반란을 일으켰기 때문이다. 세력이 약한 제후왕들은 한에 충성함으로써 오랫동안 보존되었다. 그것은 제후왕 개개인의 성격 때문이 아니라 제후국의 크고 작음과 관련된다.

> 제후왕들이 모두 조정에 충심으로 귀부하도록 하기 위해서 가장 좋은 방법은 그들을 장사국長沙國[147]과 같이 지리적으로 작고 힘도 약하게 해야 합니다. 신하들이 살을 저며 소금에 절이는 형벌을 받지 않게 하는 최선의 방법은 번쾌樊噲나 역상酈商과 같은 사람은 열후로 봉하고 왕으로 봉하지 않는 것입니다. 국가를 오랫동안 잘 다스리는 가장 좋은 방법은 작은 제후국을 여러 개 세워서 그들의 세력을 축소시키는 것입니다. 세력이 작아지면 법령으로 그들을 지시하기 쉽고, 봉해진 나라가 작으면 모반하려는 나쁜 마음이 있을 수 없습니다. 전국의 형세가 마치 몸이 팔을

146 『漢書』 卷四十八 「賈誼傳」.

147 가의에 의하면 장사국은 당시 2만 5천 가구 크기였다.

부리고 팔이 손가락을 부리듯 모두 복종하게 되어 제후왕들은 감히 딴 마음을 먹지 못하게 됩니다.[148]

물론 그가 제후국의 전면적인 폐지나 군현화를 주장한 것은 아니다. 당시 지배적인 사고에 의하면, 진이 망한 주된 이유는 황제의 권력독점이었다.[149] 더욱이 지리적으로 먼 곳에 대한 황제의 직접통치는 인원과 물자 운송에 있어서 장애와 낭비를 가져왔다. 이러한 문제를 해결하기 위해서 분권적 통치는 불가피했다. 그는 여강군廬江郡을 제후국으로 전환할 것을 주장하기도 했다.[150] 다만 제후의 정치권력은 약화시켜야 하며, 이를 위해서 개별 제후국을 여러 개로 나누어 크기를 축소할 필요가 있다. 이를테면 제·조·초 등 대규모 제후국을 해당 제후왕의 여러 자손들에게 분할하는 것이다. 어떤 제후왕의 자손이 많지 않을 경우에는 잠시 왕위를 비워두었다가 자손이 생기면 자리를 채우게 한다. 필요에 따라 제후왕의 영지가 대규모 삭감되어 조정에 귀속되는 경우에도 그 자손들은 다른 곳에 봉해 준다.[151]

---

148 "欲諸王之皆忠附, 則莫若令如長沙王; 欲臣子之勿菹醢, 則莫若令如樊, 酈等; 欲天下之治安, 莫若衆建諸侯而少其力. 力少則易使以義, 國小則亡邪心. 令海內之勢如身之使臂, 臂之使指, 莫不制從, 諸侯之君不敢有異心."(『漢書』 卷四十八 「賈誼傳」; 『資治通鑑』 文帝六年(기원전 174년)) 『자치통감』은 가의의 상소를 기원전 174년의 기사에 포함시키고 있는데, 사실 그가 제시한 방식은 문제 2년(기원전 178년)에 이미 부분적으로 실시되었다. 즉 제에서 제북濟北과 성양城陽이 분리되어 제왕 유비의 장남 홍거興居와 차남 장章이 각각 봉해졌다. 그리고 같은 해 조趙에서 하간河間이 분리되어 조왕 우友의 아들 벽강辟彊이 봉해졌다.

149 가의도 진 이세의 잘못을 정리한 「과진론」에서 "땅과 백성을 나누어서 공신의 후예를 봉하고 (제후)국을 건설하고 군주를 세워 천하에 예를 보이는 일"을 하지 않음으로써 나라를 잃었다고 지적했다. 사마천은 그의 「과진론」을 칭찬하고 그 전문을 「진시황본기」에 실음으로써 진의 잘못에 대한 자신의 입장을 대신하였다(『新書』 「過秦」; 『史記』 卷六 「秦始皇本紀」).

150 이에 관한 더 자세한 내용은 이 책 1장 2절 각주 109 참조.

그 외에도 가의는 자신이 죽기 직전인 기원전 169년에 좀 더 현실적인 방안을 제시하기도 했다. 그것은 혈연적으로 가까운 제후국들의 세력을 키움으로써 다른 제후국들로부터 제국을 보호하게 하는 것이었다. 구체적으로 — 문제 2년에 친자를 봉했던 — 회양淮陽과 양梁의 영토를 더 크게 늘려서 초·오·제·조와 같은 대제후국을 막을 수 있게 해야 한다는 것인데, 그의 이러한 주장은 부분적으로 채택되었다.[152] 실제 양에 봉해진 아들 유무劉武가 몇 년 후 발생한 오초칠국의 난에서 매우 큰 활약을 보였다. 제후의 존재가 제국의 안전을 지켜 낸 셈이었다.

가의가 제창했던 제후국의 축소는 그후 조조鼂錯 등 관료들이 가세하면서 점차 실현되었다. 즉 제후국을 제후왕의 여러 자제들에게 분할하는 방식은 가의가 죽고 난 뒤, 문제와 경제 시기에 대대적으로 실시되었다. 문제 16년(기원전 164년) 제는 제齊·제북濟北·치천菑川·교동膠東·교서膠西·제남濟南으로 육분되어 제왕 유비劉肥의 아들들이 봉해졌다.[153] 같은 해 회남도 회남淮南·형산衡山·여강廬江으로 분할, 회남왕 유장의 세 아들들에게 분봉했다.[154] 다만 문제는 상당히 도덕적인 정치를 펼쳤던 인물로 제후왕에 대한 직접적인 공격을 삼갔다.[155]

문제를 계승한 경제는 제후국의 분할을 넘어 제후왕의 영지를 직접 빼앗아 군현으로 전환하는 정책인 소위 삭번削藩을 실시했다. 어사대부 조조 등은 이제까지 분봉 초기의 세력을 유지하고 있던 오·초와 같은 대제

---

151 『新書』「權重」.

152 『資治通鑑』文帝十一年(기원전 169년).

153 『資治通鑑』高皇后二年(기원전 178년), 文帝十六年(기원전 164년); 『漢書』卷十四「諸侯王表」.

154 최초의 회남왕인 유장劉長은 흉노와 결탁한 이유로 174년 폐위되었다. 후에 성양왕城陽王 희喜가 회남왕에 봉해졌는데, 문제는 그를 성양으로 복귀시켰다(『資治通鑑』文帝十六年(기원전 164년); 『漢書』卷十四「諸侯王表」).

155 董平均, "文景时期的分国与削藩探微," 2003: 75.

후국들에 대한 봉지삭감 필요성을 제기했다.[156] 그리하여 기원전 154년 초왕 무戊는 태후의 상복기간에 간음했다는 이유로 동해군을, 오왕 비는 난을 꾀한다는 이유로 예장군豫章郡과 회계군會稽郡을,[157] 조왕 수遂는 불확실한 이유로 하간군河間郡을, 교서왕膠西王 앙卬은 불법적인 작위 매매를 이유로 6개 현을 각각 삭감당했다.[158] 오초칠국의 난이 발발할 당시 이미 제후국들은 크게 축소되었다. 당시의 한 주장에 의하면, "제후의 땅은 한의 10분의 2에 미치지 못하니 (반란은) 좋은 계책이 아니니다."[159]

삭번에 대해 제후왕들이 반발했다. 오왕 유비劉濞는 삭번책을 제안했던 조조를 제거한다는 명목으로 초·조·교서·제남·치천·교동의 여섯 제후왕들과 함께 난을 일으켰다. 경제는 조조를 멸족시켜 제후왕들을 달래기도 했으나 반란은 계속되었다. 3개월간 지속된 반란의 진압에 성공한 경제는 관련 제후국들을 분할해 자신의 13명 아들들을 왕으로 세웠다. 그리고 동생 양효왕梁孝王 무武가 기원전 144년에 죽자, 경제는 양梁에서 제천濟川·제동濟東·산양山陽·제음濟陰을 분할해 무의 다섯 아들들에게 분봉했다.[160] 결국 난을 계기로 각각의 제후국은 강도국江都國을 제외하고는 그 범위가 하나의 군에 국한되었고, 그 지위도 군과 같게 되었다. 제후국들에 소속되었던 지군支郡들은 중앙에 귀속되었다.[161]

제후왕의 통치권도 크게 약화되었다. 관리임용권을 포함해 통치권한

---

156 『史記』 卷一百一 「鼂錯列傳」.

157 후에 오왕 유비에게는 화폐의 주조, 제염 및 천하 도망자의 규합 등 비판이 제기되었다.

158 『史記』 卷一百六 「吳王濞列傳」; 『資治通鑑』 景帝三年(기원전 154년); 『漢書』 卷三十五 「荊燕吳傳」. 『한서』와 『자치통감』에는 조왕 수의 삭감지역이 하간군이 아니라 상산군常山郡으로 되어 있다.

159 『資治通鑑』 景帝三年(기원전 154년).

160 『漢書』 卷四十七 「文三王傳」.

161 葛剑雄 主编, 『千秋兴亡: 汉朝』, 2000: 94-95.

은 대부분 폐지되었다. 즉 기원전 145년 경제는 제후에게 더 이상 제후국을 통치하지 못하게 하고 중앙정부가 관리들을 직접 임명, 파견했다. 그와 더불어 제후국에서 관리를 통솔하는 승상丞相은 상相으로 강등되었고, 어사대부·정위·소부·종정·박사관 등 통치기구는 폐지되었으며, 대부大夫·알자謁者·낭郎 등 각종 행정기구의 속관들도 축소되었다.[162]

삭번은 무제武帝(기원전 141-87년 재위)에 이르러 완성되었다. 그는 주보언主父偃의 추은분후지책推恩分侯之策을 수용했다. 그것은 제후국을 더 작게 나누어서 자제들을 낮은 등급인 후侯로 봉하는 것이었다. 주보언의 주장은 다음과 같다.

> 과거 제후는 땅이 100리를 넘지 않아 강약의 형세가 제어하기 쉬웠습니다. 그러나 지금 제후는 연이은 성城(현)이 수십 개가 되고 영토가 사방 천 리나 됩니다. 인수印綬를 받으면 교만하고 사치해지고 쉽게 방종해집니다. 위급한 상황이 생기면 그 영토를 막고 서로 합종해 중앙에 반기를 듭니다…… 오늘날 제후의 자제들은 때로는 10여 명이지만 적장자만이 대를 이어가서 나머지는 혈육이라도 조금의 봉토도 없어서, 인효의 도가 선양되지 못합니다. 원컨대 폐하께서는 제후들에게 추은령을 내려 자제들에게 땅을 나누어 후侯에 봉하게 하십시오.[163]

주보언의 분후책은 시간이 지나면서 제후국이 스스로 분할되게 하는 것이었다. 즉 제후왕이 죽으면 태자가 왕위를 계승하되, 다른 아들들도

---

162 『漢書』 卷十九 「百官公卿表」.

163 "古者諸侯地不過百里, 彊弱之形易制. 今諸侯或連城數十, 地方千里, 緩則驕奢易爲淫亂, 急則阻其彊而合從以逆京師…… 今諸侯子弟或十數, 而適嗣代立, 餘雖骨肉, 無尺地之封, 則仁孝之道不宣. 願陛下令諸侯得推恩分子弟, 以地侯之."(『漢書』 卷六十四 「主父偃傳」)

열후로서 그 왕국의 일부에 봉하도록 한 것이다. 그리하여 제후국의 분할은 계속되어, 전한 말에 이르러 큰 것은 불과 10여 개의 현, 작은 것은 수십 리의 영토만을 갖게 되었다.[164] 뿐만 아니라 각각의 후국들은 주변 군에 귀속되어 감독을 받았다. 무제는 종묘제사에 필요한 황금을 매년 일정량 헌상하도록 하는—문제 시기에 제정된—주금률酎金律을 이용해 그 중량과 순도의 기준에 미치지 못한다는 이유로 열후들에게 죄를 물어 봉지를 회수하기도 했다.

그 외에도 무제는 소금과 철에 대한 전매정책, 지방정부의 무단 화폐주조 금지 등을 통해서 제후의 재정적 기반을 크게 축소시켰다. 그는 산과 택지 그리고 염철 생산지역을 한의 군현에 편입시켰는데, 그것은 제후들에게 순수한 조세만을 그 수입으로 국한시키는 것을 의미했다. 또한 그는 군현과 제후국에 상관없이 전국을 13개 주州로 구분해 자사刺史 1인을 두고 소속 군국을 감독하게 했다. 박사 서언徐偃의 일화는 이러한 중앙집권화 정책의 일면을 보여 준다. 그는 제후국인 교동국膠東國과 노국魯國에 사신으로 가서 양국의 염철생산을 허락하고, 그것을 춘추시대 제후국에 가는 천자의 사신이 갖는 전권으로 합리화했다. 거기에 대해서 무제는 천하는 하나가 되어 하나의 제도를 갖게 되었으며, 염철은 주변의 군현에서 생산해 해당 제후국들에게 공급하기에 충분하다는 알자급사중謁者給事中 종군終軍의 논리를 통해서 서언을 단죄했다.[165]

결국 전한 말에 이르러 제후국 지역은 실질적으로 일반 군과 차이가 없게 되었다. 『한서』에 의하면, 성제 때인 기원전 8년 "(제후국의 백성을 다스리는) 내사內史를 폐지하고 상相에게 백성을 다스리게 했는데, 마치 군태수와 같았고, (제후국의 군사를 담당하는) 중위는 군도위郡都尉와 같았다."[166] 군현화

---

164 『漢書』 卷十四 「諸侯王表」.

165 『漢書』 卷六十四 「終軍傳」.

166 『漢書』 卷十九 「百官公卿表」.

의 결과에 대해서 사마천은 다음과 같이 정리하고 있다.

> 제후들은 약화되어 큰 제후국도 불과 10여 개 성에 지나지 않고, 작은 후국은 겨우 몇십 리에 불과했다. (그 크기는) 위로는 나라에 공물을 바치고 아래로는 조상제사를 모시고 수도를 둘러싸서 호위하기에 충분한 정도였다. 반면 한 조정이 설치한 80-90개의 군郡은 제후국들 사이에 얽혀지듯 자리해 그 형세가 개의 이빨처럼 단단히 맞물린 듯했고, 요충지를 막고 중심을 강화해 주변을 약화시키는 형세를 장악했다. 따라서 존비의 관계가 명확해지고 모든 일이 제대로 행해지게 되었다.[167]

무제의 대외팽창 정책이 가능했던 것도 그러한 권력의 집중 덕분이었다. 제후왕들이 제거되면서 황제가 직접 동원할 수 있는 정치적·경제적 자원이 크게 증가했던 것이다.

삭번에 의한 제후국의 축소는 『한서』「지리지」에 기술된 제후국의 상황에 그대로 반영되어 있다. 전한 말 제후국은 모두 20개였는데, 전체 145개의 현을 두었고, 인구는 약 644만 명으로 전국의 약 11%만을 포괄하고 있었다. 즉 제후국이 포함하는 현의 수는 평균 7.25개, 소속된 인구의 수는 평균 약 32만 명으로 일반 군의 절반 정도에 불과했다.[168]

제후국의 약화는 그 지리적인 위치 변화에도 반영되었다. 원래 제후국들은 제국의 방어를 위해서 주로 변경 지역에 위치했다. 그렇지만 중앙으

167 "諸侯稍微, 大國不過十餘城, 小侯不過數十里, 上足以奉貢職, 下足以供養祭祀, 以蕃輔京師. 而漢郡八九十, 形錯諸侯間, 犬牙相臨, 秉其阸塞地利, 彊本幹, 弱枝葉之勢, 尊卑明而萬事各得其所矣."(『史記』 卷十七 「漢興以來諸侯王年表」)

168 『漢書』 卷二十八 「地理志」. 구체적으로 20개 제후국 가운데 인구 50만 명 이상은 4개, 10만에서 50만 명은 15개, 10만 명 미만은 1개였다. 소속된 현의 수가 5개 이하인 제후국은 10개, 현의 수가 6-9개인 제후국은 6개였다. 10개 이상의 현을 가진 제후국은 4개에 불과했다.

로부터 지속적인 세력약화의 위협이 오자 이들은 오히려 외부의 적들과 결합해 황제에 반기를 들었다. 고조 때에는 대代왕 진희陳豨와 연燕왕 노관盧綰이 흉노의 지원을 받아 반기를 들었고,[169] 문제 때에는 회남왕 유장劉長이 민월閩越과 흉노에 사람을 보내 그 군대를 동원하고자 했다.[170] 경제 시기에는 오초칠국의 난을 이끌었던 오왕 비가 자신이 남월에서 30만 명을 동원할 수 있고, 연과 조도 흉노와 이미 약조한 바 있어 함께 장안으로 진격할 것이라고 주장했다. 실제 그는 민월과 동월東越에 사신을 보내 군사를 지원받고, 조왕趙王 유수劉遂도 몰래 흉노에 사신을 보내 군사적 연합을 꾀했다.[171] 한편 무제 때에는 음란하기로 소문난 강도왕江都王 유건劉建이 회남·형산 등 주변 제후국들에 의해 병탄될 것을 우려해 군사력을 키우는 과정에서 민월의 세력과 내통했다.[172]

변경의 제후국들과 주변 민족들 사이의 군사적 연계를 제거하기 위해 한도 몇 가지 조치를 취했다. 특히 한은 관련 제후국들을 제거한 후 그 봉지를 내지로 이동시키거나 그 변군을 한의 일반 군현으로 전환시켰다. 뿐만 아니라 내지의 인접한 제후국들끼리 반란을 공모하지 못하도록 그들을 지리적으로 서로 차단시켰다. 예를 들어 경제 때 오초칠국의 난이 종결된 뒤에 여강왕慮江王이 월과 접해 내통하자, 그 영지를 장강 북쪽으로 이동시켜 형산왕衡山王으로 삼았다.[173] 그리고 남방의 이민족들과 연계했던 강도국江都國은 폐지되고, 대신 광릉군廣陵郡이 설치되었다. 이로써 제후국들은 더 이상 변군을 갖지 못하게 되었다. 즉 "연燕·대代는 북방의 변군이 없게 되었고, 오·회남·장사는 남방의 변군이 없게 되었다."[174]

---

169 『史記』 卷九十三 「盧綰列傳」.

170 『史記』 卷十 「孝文本紀」.

171 『史記』 卷一百六 「吳王濞列傳」.

172 『漢書』 卷五十三 「景十三王傳」.

173 『漢書』 卷四十四 「淮南厲王劉長傳」.

제후국의 약화와 군의 강화에 대한 우려가 표명되기도 했다. 이를테면 무제 시기의 인물인 엄안嚴安(기원전 약156-87)은 특히 변경 지역에 대규모 군이 등장해 주변의 제후국을 위협함으로써 한의 종실에게 불리하게 작용하고 있음을 지적했다. 그에 의하면, 태수가 광범위한 지역과 경제력 그리고 무기 등을 소유하게 되면서 유사시에 문제가 될 수 있다.

> 현재 변경의 군은 수천 리에 이르기도 하고, 수십 개의 성이 연이어 있습니다. 그 형세는 군 내의 백성들을 복종시키고 주변의 제후국들을 위협하고 있습니다. 이러한 상황은 한의 종실에 이롭지 못합니다. 위로 제齊와 진晉이 망한 이유를 보면, 공실이 쇠약해지고 육경, 즉 중앙의 고관들이 너무 강했기 때문입니다. 아래로 진秦이 망한 이유를 살피면, 형벌과 법이 너무 가혹했고, 욕심이 끝이 없었습니다. 현재 군수가 장악한 권력은 육경에 그치지 않습니다. (군의) 토지는 수천 리로 농촌의 밑천에 그치지 않고, 군대와 무기는 무력으로 사용될 수도 있습니다. 만일 천하에 변란이 발생하면 어떤 상황이 벌어질지 말할 필요가 없습니다.[175]

무제도 태수(와 제후국 상)들의 활동 상황에 매우 깊은 관심을 가졌던 것으로 전해진다.[176] 무제는 그들을 감시하기 위해서 전국을 13개 주로 나누어 직급 육백석의 자사를 두기도 했다.

---

174 『史記』 卷十七 「漢興以來諸侯王年表」. 제후국은 내지에 한정되었는데, 기주冀州 6개, 청주青州 · 연주兗州 · 서주徐州 각각 3개, 예주豫州 2개, 형주荊州 1개, 양주揚州 1개였다(『漢書』 卷二十八 「地理志」).

175 "今外郡之地或幾千里, 列城數十, 形束壤制, 帶脅諸侯, 非宗室之利也. 上觀齊晉所以亡, 公室卑削, 六卿大盛也 ; 下覽秦之所以滅, 刑嚴文刻, 欲大無窮也. 今郡守之權非特六卿之重也, 地幾千里非特閭巷之資也, 甲兵器械非特棘矜之用也, 以逢萬世之變, 則不可勝諱也."(『漢書』 卷六十四 「嚴安傳」)

176 洪邁, 『容齋隨筆』 卷十 「漢武留意郡守」.

무제는 태수가 도전세력이 되는 것은 막을 수 있었지만, 엄안이 말했던 제후국 약화의 두 번째 측면, 즉 중앙의 고관에 의한 권력찬탈에 대해서는 다른 방안을 마련하지 못했다. 왕망王莽이 제위를 찬탈하고 신新을 세웠을 때, 이미 거세된 제후왕들은 그에 대해서 어떤 저항도 하지 못했던 것이다. 왕망은 천자와 지방의 제후 모두가 약한 것을 알고 거리낌 없이 황제의 직위를 찬탈했다. 그 과정에서 그가 전국에 관리들을 보내서 황제의 명령을 전달했을 때에도 "한의 제후왕들은 오직 위협이 두려워서 모두 포복해 옥새와 수대綬帶를 받들어 앞을 다투어 공덕을 찬양하고 아첨했다."[177]고 한다. 따라서 『한서』의 편자는 제후국이 지나치게 약화된 것을 재검토할 필요성을 덧붙이고 있다.

그렇다면 후한의 건설 과정에서 유씨는 어떤 역할을 한 것인가. 한의 정통성을 회복한 인물은 고조의 9대손인 광무제 유수劉秀이다. 그렇지만 그는 결코 분봉된 제후의 자제가 아니었다. 유수의 선조들은 차례로 제후왕·후·태수·군도위 등을 역임했지만, 아버지 유흠劉欽에 이르러서는 현령이었다. 당시로서는 낮은 지방관에 불과했던 것이다. 반란에 참여한 유수나 그의 형제들은 더 이상 작위를 갖지 못했고, 단지 토지에 기반을 둔 지방의 호족세력에 가까웠다. 이들 사이에는 유씨정권의 회복에 대한 유대가 있었던 것 같지도 않다.

사실 왕망에 반기를 든 대표적인 세력은 자연재해와 기근으로 인해 반기를 든 녹림군綠林軍·적미군赤眉軍 등 농민군들이었다. 유씨들은 산발적으로 거기에 가입했을 뿐이다. 대표적으로는 유수 이외에 그의 먼 친척형인 유현劉玄과 유수의 형 유연劉縯이었다. 유현은 녹림군의 낮은 직급에 있었으나, 나중에 한의 종실인 관계로 황제, 즉 갱시제更始帝로 옹립되었

177 『漢書』 卷十四 「諸侯王表」. 왕망의 찬탈에 군사적인 저항을 감행했던 대표적인 인물은 동군東郡 태수 적의翟義였다. 그는 엄향후嚴鄉侯 유신劉信을 천자로 내세우고 반기를 들었으나 실패했다(『漢書』 卷八四十 「翟方進傳」).

광릉왕새廣陵王璽_전해지는 한대 유일한 제후왕의 금인으로, 광릉왕은 후한 광무제의 9번 째 아들인 유형劉荊이다. 거북이 모양의 손잡이이고 길이는 2.3cm이다.

다. 녹림군은 왕망정권을 몰아내고 관중을 장악했다. 반란군이 유씨를 옹립한 사례는 그 이후에도 반복되었다. 다른 농민세력인 적미군은 후에 갱시정권을 대체한 뒤, 자신들이 잡아다 소치기를 시켰던 15세의 유분자劉盆子를 황제로 세웠다. 반란세력들은 유씨 황족을 황제로 내세움으로써 자신들의 정당성을 강화하고자 했던 것이다.

한편 유수나 유연은 갱시정권에 의해 고위 직책에 임명되었지만, 유연은 갱시제의 견제를 받아 살해되었다. 갱시제는 또한 왕망에 의해 폐위되어 구금되었던 유영劉嬰을 일부 세력이 천자로 삼으려 하자 그를 죽였다. 유수는 초기에는 갱시제의 장군으로 활약했지만, 점차 하북 지역을 중심으로 자립해 황제에 올라 그와 병립했다. 갱시정권이 적미군에 의해 멸망하자, 유수는 10여 년 전쟁을 치르면서 적미군을 포함해 도적들을 차례로 제거하고 서기 40년에 천하의 질서를 회복했다. 그렇지만 그 과정에서 가장 큰 장애물의 하나는 아이러니하게도 다름 아니라 제후왕의 자제인 유영劉永이었다. 그는 고조의 10대 손으로 아버지 유립劉立까지만 하더라도 양국梁國의 왕이었다. 아버지가 왕망에게 살해되자 유영은 동생들과 함께 천자로 자립해 제양齊陽·산양山陽·패沛·초楚·회양淮陽·여남汝南 등지를 포괄하는 동방지역을 석권했다. 그가 서기 27년 광무제의 군대에 의해 살해된 뒤 그의 아들 유우劉紆는 2년 반 이상 계속해 후한에 저항했다.[178]

178 이상은 주로 『後漢書』 卷一 「光武帝紀」, 卷四十一 「劉玄劉盆子傳」, 卷四十二 「劉永傳」 등을 참고해 작성함.

후한의 건국 과정에서 사실상 기존 제후국들은 어떤 기여도 하지 않았지만 후한 시기 제후국의 지위는 크게 변하지 않았다. 광무제는 개국 직후 왕망에 의해 제거되었던 제후국들을 차례로 회복시켜 유씨 중심의 봉건 체제를 다시 확립했다. 그 결과 『후한서』에 기록된 후한 말의 상황을 보면, 제후국의 수는 20개로서 전한 말과 동일했다. 제후국의 분포는 지리적으로 익주 6개, 청주 4개, 연주 3개, 서주 3개, 예주 4개로서 전한 말과 별다른 변화가 없었다. 다만 제후국이 포괄하는 인구는 1천94만 4천명으로 거의 두 배 가까이 확대되었다.[179] 그것은 제후국의 규모가 그만큼 커졌다는 것으로 해석될 수 있다. 그렇지만 제후국들도 일반 군과 마찬가지로 행정단위로서 주州의 통제 아래 있었다는 점에서 그 독립성은 취약했다. 다시 말해 무제 이래 균현제적 지배는 변화되지 않았다.

### 봉건론의 지속

사실상 군현화가 고착되었지만, 후한 시기에도 봉건·군현 논의는 계속되었다. 후한 시기의 논의는 우선 전한 시기의 경험에서 출발한다. 유씨 정권의 입장에서 전한 시기 제국의 정치적 위기는 두세 차례였다. 최초의 위기는 고조 사후 여후와 여씨 세력에 의한 전횡이었다. 그렇지만 여후가 죽은 뒤에 유씨들은 일부 대신들의 도움을 받아 권력을 되찾을 수 있었다. 이것은 봉건제의 정치적 힘을 말해 주었다. 그렇지만 경제 시기에는 오초칠국의 난이 발생해 제후들이 황제에 대항하는 양상이 나타났다. 봉건제의 문제점을 보여 준 사례가 된 것이다. 다만 그것은 제후국을 약화시키고자 실시했던 삭번책에 대한 반발의 측면이 강했다. 마지막 위기는 외척인 왕망에 의한 정권탈취였다. 그의 사후 유씨가 다시 권력을 회복했

---

179 『後漢書』卷二十九「郡國一」—卷三十三「郡國五」.

지만 제후세력과는 무관했다. 광무제는 고조의 후손이었지만, 그는 혼자의 힘으로 군사적 승리를 통해서 권력을 장악했다. 새로운 왕조의 건설과 다름이 없었던 것이다. 어쨌든 왕망의 일은 그간 봉건제가 약화된 결과임은 분명했다.

이러한 정치적 경험 이외에 또 다른 변화는 유학이 국가의 중요한 통치규범으로 자리 잡게 되었다는 점이다. 그런데 유학의 통치이념에는 봉건제적 요소가 포함되었다. 이를테면 유학은 군주의 전제를 부정하지 않지만 법가와 달리 권력의 독점보다는 분권을 강조한다. 현능한 자의 적극적 등용, 친인척에 대한 배려 등은 군주의 덕목에 해당된다. 공자가 주의 봉건제를 이상적인 정치형태로 간주했던 사실은 잘 알려져 있다. 그러므로 현실적으로 군현제가 지배하고 있는 상황에 대한 합리화가 요구되기도 했다. 예를 들어 후한 초 반표班彪(3-54)는 군현제의 확대를 다음과 같이 정당화한다.

> 주周의 흥망과 한漢은 다릅니다. 당초 주는 5등급의 작위를 세우고 제후국들이 각자 통치하게 했습니다. 따라서 줄기에 해당하는 주 왕실이 쇠퇴하자 가지인 제후국들이 강대해졌고, 그 결과 주 말년에 제후국들 사이에 서로 싸우는 일이 발생했습니다. 이것은 상황에 따른 불가피한 결과였습니다. 한이 진의 제도를 계승, 군현을 세워 황제는 전제적 권위를 가졌습니다. 대신들은 장기적인 일을 벌일 권한을 갖지 못했습니다…… (나중에) 위기가 위로부터 나타났지만 아래까지는 이르지 않았습니다.[180]

180 "周之廢興, 與漢殊異. 昔周爵五等, 諸侯從政, 本根既微, 枝葉彊大, 故其末流有從橫之事, 埶數然也. 漢承秦制, 改立郡縣, 主有專己之威, 臣無百年之柄. 至於成帝, 假借外家, 哀平短祚, 國嗣三絕, 故王氏擅朝, 因竊號位. 危自上起, 傷不及下."(『後漢書』 卷七十「班彪傳」)

그럼에도 일부의 유가에서는 적어도 이론적으로 봉건제에 대한 친화성을 보여 주고 있다. 반표의 아들 반고班固가 편찬한 『백호통의』는 봉건제의 장점에 대한 유가적 시각을 반영하고 있다. 주지하는 것처럼 위의 문헌은 후한 장제章帝(75-88년 재위) 때인 서기 79년 백호관白虎觀 회의의 결과를 정리한 것이다. 회의에서는 특히 금문학과 고문학의 유가 경전에 대한 서로 다른 해석이 논의되었고, 결국 금문학의 우위가 재확인되었다.

원래 금문학파의 공양학 이론에서는 제후는 독립된 군주로 인정되고 천자의 순전한 신하로 간주되지 않았다. 그에 반해 고문학파가 따르던 『춘추좌전』에서는 황제의 절대적 지위를 강조하고, 따라서 제후는 천자를 지키는 순전한 신하로 간주되었다. 회의의 결과는 다른 문제들과 마찬가지로 황제와 제후의 관계에 있어서도 일단 금문학의 입장이 관철되었다. 즉 "왕자는 제후를 순전히 신하로 삼지 않고 존중한다."[181]

그 근거는 다음과 같이 제시되었다. 먼저 왕 스스로 모든 권력을 독점하지 않고 현자들에게 덕을 드러내고 재능을 펼치도록 하고, 특히 이들이 제국의 국방에 기여하고 백성들에게 올바른 정치를 하게 한다. 다음은 제국을 건립한 뒤 친척과 공신들에게도 영토를 분배함으로써 그 혜택을 공유해야 한다. 물론 영토의 분봉은 사사롭게 정해서는 안 된다. 그것은 『시경』「소아」에 나타난 것처럼, 천하가 기본적으로 천자의 영토이고 온 천하가 왕의 신하가 아닌 곳은 없기 때문이다. 이러한 사고는 천자가 보편적 이익의 대변자이고 천하는 공동의 것이라는 천하위공天下爲公의 관점에 기반을 두고 있다. 천자가 즉위하면 맨 먼저 현자에게 분봉하고 그 다음에 친족들에게 분봉하는 것이 이상적이다.[182]

제후와 관리의 차이에서도 봉건제의 의의나 장점은 존재한다. 무엇보

---

181 "王者不純臣諸侯何? 尊重之."(『白虎通義』「王者不臣」)

182 『白虎通義』「封公侯」.

다도 봉건제는 제후의 덕에 기반을 두고 있다. 제후는 일종의 군주, 즉 주권자이다. 천자와의 관계에서도 그는 일반 신하들과는 다른 특수한 위치에 있고, 따라서 예로써 대해야 한다. 그에 반해 관리는 일정한 능력에 따라 주어진 특정 임무만을 수행할 뿐이다. 따라서 제후의 직위는 세습되지만 관리들의 직위는 세습되지 않는다. 관리들을 세습하게 할 경우 권한이 강해져서 국가권력에 도전할 수도 있다.[183] 결국 유가적 시각에서 제후는 관리보다 장기적인 관점에서 그리고 포괄적으로 자신의 영지에 대해서 책임을 진다.

물론 위의 언급은 정책적 방안이라기보다는 지극히 이론적이고 원칙론적이었다. 그리하여 『백호통의』에서는 강간약지强幹弱枝와 같은 고문학의 중앙집권적 주장도 수용되었다.[184] 이를테면 『백호통의』에는, 제후는 매년 천자에 조회하는데 그때 업적을 평가하여 실정失政이 오랫동안 계속될 경우에는 영지를 회수할 수 있다는 『상서』의 구절이 인용되었다.[185] 그와 유사하게 천자는 제후의 업적에 따라 상벌을 준다는 것도 언급되고 있다.[186] 이것은 황제가 제후의 세습까지도 막을 수 있는 가능성을 내포한다. 그와 함께 『백호통의』는 제후국의 최고 관직인 삼경三卿의 임명권을 부분적으로 중앙의 천자가 보유한다는 『예기』「왕제」를 인용함으로써 제후국에 대한 천자의 내정간섭을 합리화시켰다.[187] 물론 이러한 모든 것은 이미 광범위하게 진행된 군국의 군현화와 제후의 권력상실을 반영한다.

그렇지만 후한 말의 불안정을 경험하면서 봉건론이 강하게 대두되었

183 『白虎通義』「封公侯」,「王者不臣」.

184 히하라 도시쿠니 지음, 김동민 옮김, 『국가와 백성 사이의 漢』, 2013: 65-68.

185 『白虎通義』「瑞贄」.

186 "賞有功, 黜不肖."(『白虎通義』「考黜」)

187 "『王制』曰: '大國三卿, 皆命於天子. 下大夫五人, 上士二十七人; 次國三卿, 二卿命於天子, 一卿命於其君; 小國二卿, 皆命於其君."(『白虎通義』「封公侯」)

다. 이것은 봉건론의 핵심적 주장 가운데 하나인 유사시 제후에 의한 왕실의 보호 문제가 현실로 나타난 결과였다. 즉 일부 권신들 사이에 황제가 고립무원 상태가 되면서 제후의 가치에 대한 필요성이 인식되었던 것이다.

그리하여 앞서 반고의 주장은 후한 말 순열荀悅(148-209)에게서 유사하게 반복되고 있다.[188]

> 제후 제도는 유래가 오래이다…… 옛날 성왕이 천하를 가진 것은 자기 자신이 아니라 백성들을 위해서였다. 그 권리를 독점하지 않고 천하와 공유했다. 오로지 공정할 뿐이었고 사사롭지 않았다. 제후를 세우고 그 지위를 세습하게 한 것은 백성을 자식과 같이 돌보고 가정과 같이 나라를 사랑하게 하기 위해서였다. 이에 능력 있는 경·대부를 두어 그들의 실적을 평가해 진퇴시켰다. 땅은 나누어 주되 백성은 나누어 주지 않고 왕이 전체를 통괄하며 그 정치를 제어했다. 그러므로 제후국에서 규범을 어기면 아래에서 백성들이 반기를 들고 위에서 왕이 징계했다. 이로써 손익을 잘 고려하고, 상을 권하고 권위를 두렵게 하며, 각기 자신의 권력을 신중하게 사용하고 딴마음을 갖지 않게 했다. 천자가 도를 잃으면 제후가 그것을 바로잡고, 왕실이 약해지면 큰 제후국이 그것을 보좌해 주었다. 무도한 자라도 전체에 해를 끼칠 수 없었다.[189]

---

188 순열은 헌제獻帝의 명으로 『한서』를 편년체로 정리한 『한기漢紀』와 개인 문집인 『신감申鑒』에서 역사와 현안 문제들에 대한 자신의 의견을 개진했다.

189 "諸侯之制. 所由來尚矣…… 昔者聖王之有天下. 非所以自爲. 所以爲民也. 不得專其權利. 與天下同之. 唯義而已. 無所私焉. 封建諸侯. 各世其位. 欲使親民如子. 愛國如家. 於是爲置賢卿大夫. 考績黜陟. 使有分土而無分民. 而王者總其一統. 以御其政. 故有暴禮於其國者. 則民叛於下. 王誅加於上. 是以計利慮害. 勸賞畏威. 各競其力. 而無亂心. 及至天子失道. 諸侯正之. 王室微弱. 則大國輔之. 雖無道不得虐於天下."(『前漢紀』 卷五 「孝惠皇帝紀」)

순열이 제시하는 봉건제의 장점은 몇 가지로 요약될 수 있다. 그것은 무엇보다도 높은 도덕적 정당성이었다. 천하를 홀로 전유하지 않고 어질고 능력이 있는 사람과 공유하는 것은 도덕정치의 중요한 요소이다. 그와 함께 제후왕은, 중앙에서 일정 기간 파견되어 그 지시에 따라 통치하는 관료들과는 달리, 현지의 군주로서 부모와 같이 백성들을 보살필 수 있다. 또한 봉건제는 통치체제 전반의 균형을 잡는 데 기여할 수 있다. 권력을 분산함으로써 왕실에 변고가 있을 경우 바로잡을 수 있고, 잘못된 황제가 나타나더라도 그 피해를 완충할 수 있다. 중앙은 각각의 제후국에 경과 대부 등 관리를 파견하고, 또한 백성들에 대한 통치(이를테면 조세나 부역의 부과)는 황제가 직접 담당하며, 제후들의 부정에 대해서는 징계하는 등 제후들을 통제할 수 있다.

그렇다면 현실에서는 어떠했을까. 위의 구절에 이어 그는 봉건제의 역사적 전개와 그 변질 과정에 대해서도 개괄하고 있다. 그에 의하면, 군현론자들이 주장하는 것과 달리 왕조의 몰락은 봉건제와는 별 상관이 없었다. 그것은 봉건제를 제대로 운영하지 못했기 때문이며, 제도 자체에 문제가 있었던 것은 아니다. 이를테면 하·은의 몰락은 천자의 폭정에 있었고, 주의 몰락은 반대로 큰 제후들을 둔 결과였다. 진의 몰락은 주와 반대로 제후들을 제거하고 황제가 권력을 독점했기 때문이다. 한은 진을 교훈 삼아 봉건제적 요소들을 도입했으나 초기에는 제후의 권력을 너무 강화시켰고, 나중에는 정반대로 그것을 지나치게 제약하는 오류를 범했다. 순열이 봉건제의 분권적 내지는 분열적 관성을 낙관하는 측면이 없지 않지만, 봉건제는 권력균형을 위한 바람직한 제도였다. 특히 한 이후 황제가 군현제를 통해 권력을 독점함으로써 앞서 언급된 봉건제의 장점이 발휘될 여지가 없게 되었다.

봉건제와 군현제는 제국의 안정과 관련하여 각각 장점과 단점이 있고, 그것은 역사적으로 적지 않게 증명되었다. 마키아벨리의 그에 관한 논의는 문제의 핵심을 지적하는 측면이 있다. 그는 『군주론』(1532년)에서 봉건제와 군현제의 장단점에 대해서 논의하였다. 그가 그 개념들을 직접 사용하는 것은 아니지만, 그에 의하면 역사적으로 알려진 왕국들은 기본적으로 군주와 그 신하에 의해 다스려지는 방법 즉 군현제와 군주와 제후들에 의해 다스려지는 방법 즉 봉건제 두 가지이다.

그는 봉건제와 군현제의 장단점을 다음과 같이 요약한다. 즉 군현제 국가는 점령하기는 곤란하지만 일단 정복하면 보유하기 쉽고, 봉건제 국가는 점령하기는 쉽지만 보유하기 어렵다는 것이다. 군현제 국가가 점령하기 어려운 것은 내부의 모반을 기대하기 어렵기 때문이다. 군현제에서는 불만을 가진 제후가 없고, 관리나 백성은 맹목적으로 군주의 절대적 권위에 종속되어 있어서 이들의 협조를 얻을 수 없다. 다만 일단 왕국을 정복한다면, 군주 이외에는 저항할 세력이 없기 때문에 유지하기란 용이하다. 그에 반해 봉건제에서는 군주에 불만을 갖는 제후들의 지원을 얻을 수도 있어서 침입하기에는 용이하다. 그렇지만 정복 이후 그 나라를 유지하기란 어렵다. 그것은 침입 과정에서 지원한 세력들을 만족시켜야 하고, 때로는 제후들이 새로운 세력으로 결집하여 저항할 수 있기 때문이다.

마키아벨리는 실제 군현제하의 아시아가 알렉산더에 의해 정복된 뒤 쉽게 보유될 수 있었던 반면, 봉건제하의 스페인이나 프랑스, 그리스는 로마에 대해서 지속적으로 반란을 일으켰다는 점을 각각의 예로 들고 있다.[190] 이 점은 군현제에 기반을 두었던 중국에 대해서도 상당히 시사적이다. 중국은 역사적으로 외부의 침략으로부터는 상대적으로 안전했지만, 일단 외부세력에 의해 정복되면, 그 정복왕조는 내부의 저항 없이 오랫동안 유지되었다.

---

190 마키아벨리 저, 白尙健 역, 『君主論』, 1981: 50-55.

## 3. 한제국의 지방행정

### 지방행정체제

주지하는 것처럼 진은 기존 6개 제후국들의 지방통치체제를 거의 그대로 이어받았다. 그렇지만 통일은 영토와 인구를 크게 확대했고, 따라서 새로운 형태의 지방통치체제 구축을 요구했다. 무엇보다도 실질적인 대민업무를 담당하는 현의 수가 크게 확대되었다. 전국시대에는 군의 중요성이 커졌지만 여전히 현에 대한 중앙의 직접적인 통제가 이루어졌다. 이제 현이 1천여 개로 증가함으로써 중앙의 직접적인 통제가 매우 어렵게 되었고, 상급 정부인 군에게 현에 대한 더 큰 감독권을 부여하지 않으면 안 되었다.

물론 중앙의 정치권력이 지방정부의 조직과 기능의 강화에 적극적일 수 없는 측면도 있다. 권력이론의 측면에서 보면, 지방정부는 한편으로는 어떤 지역에 대한 통치를 위해 필요하지만 동시에 그 자체로서 권력의 분점을 의미한다. 실제 진은 상급 지방정부의 구축에 적극적이지 않았던 것 같다. 그것은 현을 중앙정부가 직접 지배하고자 하는 욕구가 강했기 때문이다. 진은 군의 기능을 강화하기보다는 권력의 집중을 선택했다. 진 시기 민정과 관련된 군의 조직과 기능은 여전히 온전하지 못한 것으로 알려지고 있다.[191] 전국시대와 유사하게 통일 직후에도 현이 여전히 지방행정의 중심이었고, 진정한 의미의 군현체제가 성립된 것은 아니라고 하겠다. 지방에서 반란이 일어났을 때 진이 효과적으로 대응하지 못하고 결국 단명하게 된 것도 이러한 상황과 무관하지 않다.

191 栗劲,『秦律通论』, 1985: 334.

한 초기에도 현이 지방행정을 담당하는 상황은 크게 변화되지 않았다. 다만 봉건제가 부분적으로 도입되면서 여러 개의 중심들로부터 현에 대한 통제가 이루어졌다. 처음 한의 고조는 통일 전 진 지역에 군현을 두어 직접 통치했다. 해당 지역에 15개의 군이 상급 지방정부로서 설치되었으나, 중앙은 소속 현들을 직접 관장했다.[192] 제후국이 설치된 다른 지역에서도 상황은 유사했다. 각각의 제후국들은 몇 개의 군들을 포괄했지만, 지방행정은 현을 통해서 이루어졌던 것이다. 군은 주로 군대의 동원과 현에 대한 감찰 등 제한된 기능을 담당했다.

그렇지만 그러한 상황은 오래 지속될 수 없었다. 앞서 설명한 것처럼 한은 문제에서 무제 시기까지 삭번과 추은령 등 각종 방식을 통해서 제후의 통치 지역과 권한을 축소시켰다. 결국 제후국의 규모는 대개 1개 군에 불과했고, 중앙의 직접통치 대상이 되었다. 지방의 상급단위로서 제후국들이 사라지면서 중앙정부가 직접 관리하는 군현의 수는 크게 확대되었다. 특히 그 수가 계속 증가해 1천 500여 개에 달하는 현을 중앙정부가 관리하는 일은 거의 불가능하게 되었다.[193] 따라서 무제 시기를 거치면서 군의 행정적 기능이 크게 강화되었다. 군은 아래에서 상술하는 것처럼 인재의 추천과 인사, 농사의 지원, 교육, 조세의 징수, 치안 등 현의 구체적인 업무를 총괄하고 감독하는 기능도 담당하게 되었다.[194] 이로써 진정한 의미의 군-현 2급 지방행정체제는 전한 후기에 성립되었다.

그런데 군의 역할 강화는 그에 대한 통제라는 새로운 문제를 수반했다. 거기에 대응하여 무제 이후에 몇 개의 군을 묶어 일종의 감찰구로서

192 周长山,『汉代地方政治史论—对郡县制度若干问题的考察』, 2006: 57-60.

193 무제 시기 군급은 109개(91개 군, 18개 제후국)로 전한 시기에 가장 많았고, 현급은 1천 500개를 초과했다(王恩涌,『中国政治地理』, 2004: 40; 周长山,『汉代地方政治史论—对郡县制度若干问题的考察』, 2006: 74).

194 周长山,『汉代地方政治史论—对郡县制度若干问题的考察』, 2006: 60-76.

〈그림 24〉 한의 지방행정체제

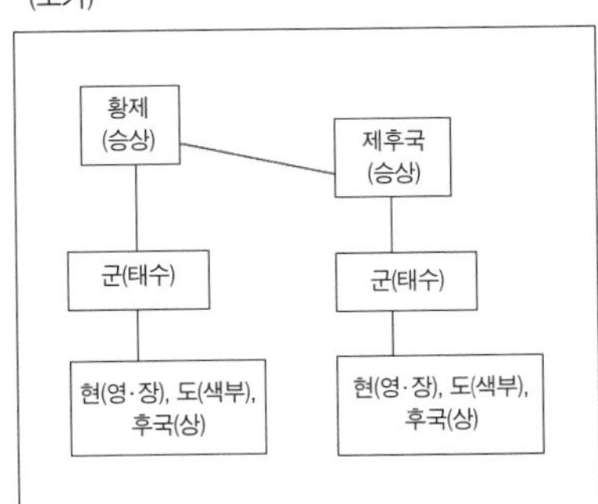


(후기)

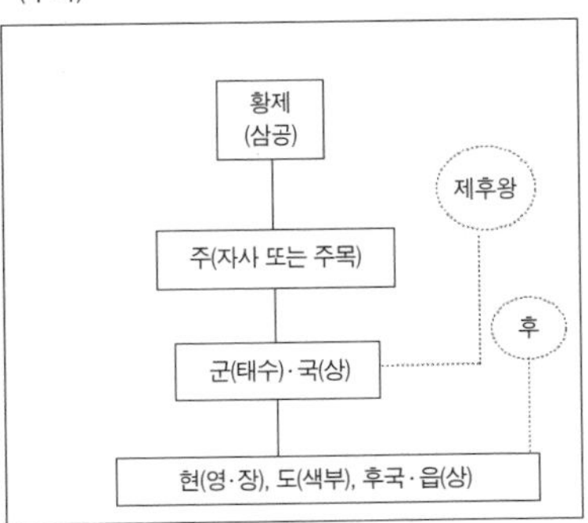


주州를 두어 태수들을 감시하게 했다. 국내 불안으로 중앙정부가 약화된 후한 시기에 이르러 주는 포괄적인 행정을 담당하는 상급 지방정부로 변모했다. 주-군-현 3급 지방행정체제의 출현은 그러한 정치적 상황에 따른 것이지만, 각급 정부의 기능이 서로 중첩되거나 절차가 복잡해지는 또 다른 문제를 내포했다. 그 결과 이후에도 2급 또는 3급 지방행정체제가 번갈아 출현했다.

『한서』「지리지」에 의하면, 전한 말 한의 영토는 동서로 9천302리, 남북으로 1만 3천368리였다. 가구수는 1천223만 3천62개, 인구수는 5천959만 4천987명이었다. 최고 지방행정단위인 군국은 103개로, 중앙 직할지 3개, 군 80개, 제후국 20개가 있었다. 군국의 규모는 다양해 각각 인구 200만 명 이상은 3개, 100-200만 명은 11개, 50-100만 명은 30개, 20-50만 명은 30개, 20만 명 미만은 29개였다. 군국의 하위 행정단위인 현급은 1천587개이며, 그중 일반 현읍은 1천314개, 소수민족 행정단위인 도道는 32개, 봉지인 후국侯國은 241개였다.[195] 여기에는 한반도 및 그 이북에 설치되었던 현도군과 낙랑군도 포함되었다. 그렇지만 오늘날 신장 위구르자치구와 대체로 일치하는 서역도호부는 포함되어 있지 않다.

## 군의 구획

그렇다면 지방행정 구획의 기준은 무엇이었을까? 통상적으로 지방행정 구획은 자연적 조건, 경제적 교류, 역사적·문화적 전통, 국방 등으로 설명될 수 있을 것이다. 『한서』「지리지」는 군의 수적 변화 과정을 다음과 같이 제시하고 있다.

> 원래 진秦은 수도 부근을 내사內史라 부르고, 천하를 36개 군으로 나누었다. 한이 건국된 뒤에 그 군이 너무 커서 점차 새로운 군들을 설치하고, 제후왕의 봉국도 건설했다. 무제 때 삼면의 변경을 확장했다. (군의 수는) 고조 때 26개, 문제와 경제 때 각각 6개, 무제 때 28개, 소제昭帝 때 1개가 증가되어 평제平帝 때 103개가 되었다.[196]

군의 수는 진의 36개에서 시작해 계속 더하는 방식으로 전한 말까지 103개로 증가했다. 건국 직후 고조·문제·경제 때에는 기존의 군이 분할되거나 제후국에서 분리되는 방식으로 새로운 군들이 등장했다. 군의 수적 확대는 개별 군의 권력을 줄이기 위한 것으로서 삭번책에 의한 제후국 규모의 축소와 유사하다.[197] 무제 때에는 영토를 확대해 점령지에 새로운 군을 설치했다. 『한서』「지리지」에 나타난 서기 2년 전한 말 시점에서 군의 분포를 살펴보면 지방구획의 몇 가지 특징들이 드러난다.

먼저 군의 크기이다. 역사서는 각 군국들의 면적은 나타내지 않고 인구의 수만을 제시하고 있어서 각 행정구획의 범위를 충분히 알 수는 없다. 다만 후대의 학자들이 문헌에 근거하여 작성한 지도로부터 그 면적을 추산

---

195 『漢書』卷二十八「地理志」.

196 『漢書』卷二十八「地理志」.

197 薛军力, "从汉代地方行政体制的演变看中央和地方的关系," 1990: 45.

〈그림 25〉 한의 군과 인구분포(서기 2년)

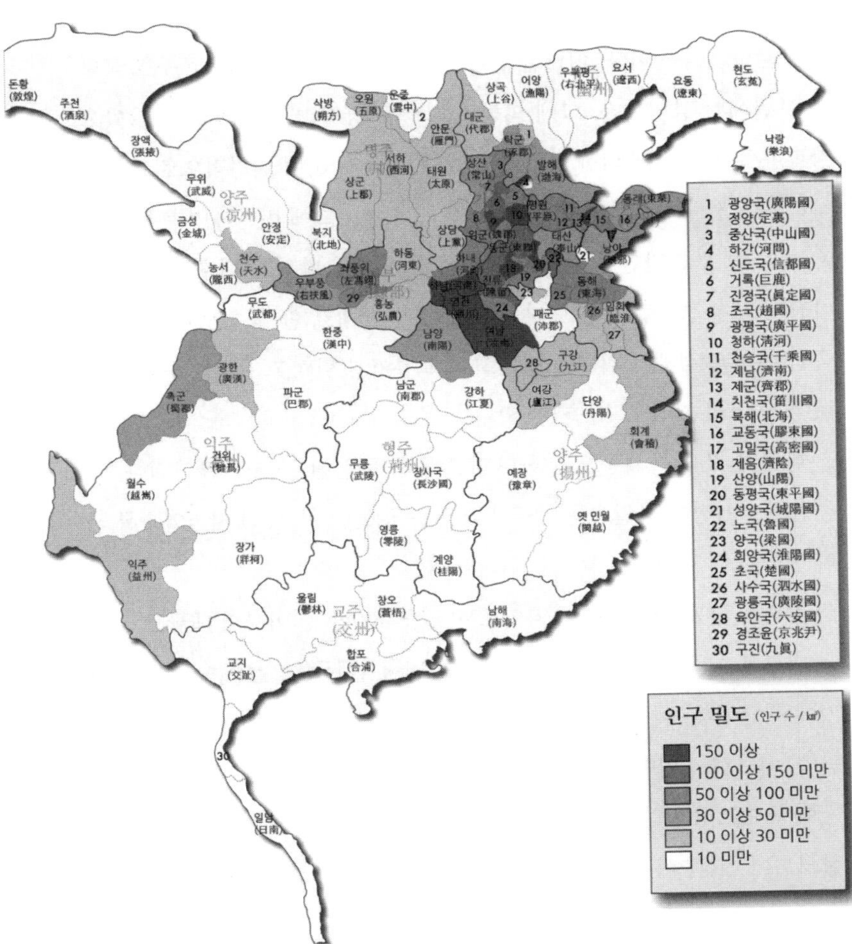


출처: 雷虹霁, 『秦汉历史地理与文化分区研究』, 2007: 57.

하는 것이 비교적 가능한 방법이다. 그럼에도 특히 변경 지역에 있어서 그 경계가 상당히 불분명할 수밖에 없다. 여기서는 일단 대만의 역사학자 라오간勞榦이 제시한 개별 군의 면적을 기준으로 삼는다.[198]

특징적인 것은 지역간 군의 면적이 현저하게 차이가 있다는 점이다. 장강 유역은 군의 범위가 넓어 오늘날 몇 개의 성을 포괄하는 경우도 있다. 그에 반해 중원과 서북 변경의 경우 군은 지리적으로 협소해 몇 개의 현을 포괄하는 수준이다. 이러한 편차와 관련해서 옌겅왕嚴耕望은 주로 국방의 차원에서 설명한다. 그에 의하면 남방은 당시 별로 개발되지 않았고 강력한 주변 세력에 의한 압박이 없었다. 따라서 군이 지리적으로 넓다고 하더라도 정치적 불안정에 대한 염려가 없었다. 그에 비한다면 북부는 강羌·호胡 등 호전적인 민족들과 인접하기 때문에 방위가 매우 중요했다. 따라서 군을 축소하지 않으면 방어 임무를 제대로 할 수 없었다. 그리고 중원 지역은 경제가 비교적 발달하여 교류가 활발하고 문화수준도 높아서 개별 군의 지리적 범위가 작았다.[199]

한편 인구수를 기준으로 한다면 일종의 동심원 구조가 확인된다. 즉 중원에서 가까운 곳일수록 인구가 많은 큰 군들이 있고, 먼 지역일수록 군의 인구는 더 적다.

첫째는 전통적인 중원 지역으로서, 인구 100만 명 이상의 대규모 군들은 대부분 이곳에 위치한다. 대체로 연주兗州·예주豫州·서주徐州 등이 거기에 해당된다. 이곳에는 제후국들도 다수 있는데, 그 규모는 대부분 50만 명 이하로서 일반 군들보다 작다.

다음으로 중원의 외곽 지역에는 인구 50-100만 명 사이 크기의 군들이 설치되어 있다. 이곳은 기주冀州, 사예부司隷部, 청주青州, 형주荊州의 북부,

---

198 勞榦, "兩漢郡國面積之估計及口數增感之推測," 1976: 38-45. 거젠씨옹葛劍雄은 탄치샹譚其驤이 편집한 『中國歷史地圖集』 第二册(1982)을 약간 수정해 동일한 시점(서기 2년)의 군 면적을 달리 계산해 각 군의 인구밀도를 추산했다. 이를테면 그는 장성 이북을 지도집과 달리 행정구역이 아니라 군사적 기지로 보고 행정구역을 장성 이남으로 한정하거나, 일부 행정구역 개편을 반영했다. 어쨌든 그의 추산은 라오간보다 지역적으로 다소 편차가 있기는 하지만 전체적인 인구분포에서는 큰 차이가 없다(葛剑雄, 『西人口地理』, 1986: 87-104).

199 嚴耕望, 『中國地方行政制度史 甲部—秦漢地方行政制度』, 1990: 39.

병주幷州의 남부, 익주益州의 동북부, 유주幽州의 서남부(탁군涿郡과 발해군渤海郡) 등이다. 각 주의 해당 지역은 중원에서 가까운 곳에 위치한다. 마찬가지로 이 지역에는 상대적으로 규모가 작은 제후국들이 일부 설치되어 있다.

그 다음 지역에는 인구 20만 명에서 50만 명 사이의 더 작은 군들이 있다. 이 지역은 해안에 가까운 산동성 지역을 제외하고는 대부분 진과 전한 초기 변경에 해당된다. 구체적으로 동북으로 요동과 한반도를 포함한 유주幽州의 동북부, 북으로 병주幷州의 북부, 서북으로 양주凉州의 서남부, 동남으로 양주揚州(중심지인 회계군 제외) 등이다. 각 주의 해당 지역은 중원에서 먼 곳에 위치한다.

마지막으로 전한 중반 한무제 시기에 새로 개척된 지역이다. 여기에는 양주凉州 서북부, 서남이 지역인 형주荊州의 중남부, 남월南越 지역인 교주交州가 해당되었다. 이곳에는 20만 명 이하의 작은 군들이 설치되어 있다.

군의 하급단위인 현의 경우에도 인구는 군의 인구수와 거의 비례한다. 중원 지역은 5-7만 명, 그 외곽은 3-4만 명, 그리고 새로 개척된 지역은 1-2만 명으로 확인된다. 다시 말해 중원에서 먼 지역의 작은 군일수록 소속된 현의 규모도 작았던 것이다.

결국 중원에 가까울수록 각 군의 면적은 작고 인구수는 많음으로써 인구밀도는 매우 현격하게 차이가 나고 있다. 이를테면 평방킬로미터당 인구밀도는 연주兗州·예주豫州·청주靑州 등 중원의 중심 지역이 평균 80명 이상을 보이고 있다. 그와 함께 중심부의 외곽을 이루는 사예부의 대부분 지역과 유주幽州의 서남부 등이 20-80명의 분포를 이루고 있다. 마지막으로 그 외곽에 위치한 병주幷州와 양주揚州는 약 10-20명, 유주幽州의 동북부는 약 5-10명, 그 외부의 변경 지역인 익주의 서남부지역과 형주荊州의 중남부지역은 3-5명이었고, 지리적으로 더 먼 양주凉州나 교주交州의 대부분 지역에서 인구밀도는 1-3명 정도에 불과했다.

그러한 통계적 사실에 대한 유력한 설명은 중원 지역이 일찍부터 황하 문명의 요람으로 발전했고 토지도 집약적으로 개발, 이용되었기 때문에 인구가 상대적으로 많았다는 것이다.[200] 그렇지만 이러한 방식으로 내지의 군과 변경의 군에서 인구밀도가 수십 배 차이 나는 점은 설명하기 힘들다. 서기 2년의 통계에 의하면, 서남이·조선·남월 등은 중원과 지리적 조건에 있어서 큰 차이가 없지만 인구밀도는 20-30배나 작다. 이 문제는 다른 방식으로 설명되어야 할 것 같다.

우선 제국의 군현체제가 온전했는가 하는 점이다. 진의 경우 통일을 전후로 하여 군을 차례로 설치했다. 그렇지만 일부 역사가들이 진의 군에 대한 고증을 시도해 왔지만, 여전히 그 위치는 물론 명칭이나 수조차도 확실하지 않다. 진의 군현체제에 대한 『사기』의 기록도 매우 단순하다. 더욱이 군현체제의 하급단위인 현에 대해서는 거의 알려져 있지 않다. 진이 망하고 몇 년 간 혼란과 전쟁을 거치면서 세워진 한은 지방행정에 있어서 진의 제도를 답습했다. 1세기 정도가 지난 무제 시기에도 변경 지역이 개척되면서 수십 개의 군들이 새로 설치되었다. 한의 군현적 지배가 적어도 변경 지역에서는 온전하게 관철될 시간적 여유가 적은 셈이다.

진한 시기 군현체제가 불안정했던 것은 일부 문헌에서도 확인되고 있다. 이를테면 진이 형식상 군 이름의 행정구역을 세웠다고 하더라도, 실제로는 소수민족의 우두머리가 통치하는 것을 인정하는 경우도 있었다. 예를 들어 진 혜왕惠王은 파중巴中을 합병시키고 파씨巴氏를 만이의 군장으로 삼았다.[201] 한에서도 그와 유사한 사례들이 있다. 진이 천하를 합병하면서 민월을 공략해 민월왕閩粵王 무제無諸와 월粵의 동해왕東海王을 폐하고 민중군閩中郡을 설치했지만, 초한쟁패 과정에서 도움을 받은 고조는 이들

200 葛剑雄, 『西汉人口地理』, 1986: 105-129.

201 『漢書』 卷九十五 「西南夷傳」.

을 회복시켰다. 또한 무제 때 야랑夜郎[202]이 한에 항복하자 그를 야랑왕夜郎王으로 삼고, 또한 전滇을 공략해 그곳에 익주군益州郡[203]을 설치했다가 전왕滇王에게 왕의 인수를 주고 다시 그곳 백성의 우두머리로 삼았다.[204] 그 외에도 크고 작은 종족들이 내속하자 왕·후·군 등의 작위를 주어 우두머리로 삼은 사례들이 『한서』·『후한서』 등 문헌에 나오고 있다. 이들 만이의 우두머리들은 군현체제에서 태수나 현령과 같은 공식적인 직책을 겸했다.[205]

한의 경우에도 군의 치소(소재지)를 옮기거나 폐지하는 경우가 적지 않다. 요동의 창해군, 한반도 중·북부의 진번군·임둔군·현도군 그리고 남월의 담이군儋耳郡·주애군珠崖郡이 현지인의 저항으로 폐지되거나 다른 곳으로 이주했다. 뿐만 아니라 후한 시기에 강족이 반란을 일으켜 공격하자 141년 정안군安定郡을 부풍扶風으로, 북지군北地郡을 풍익馮翊으로 옮겼다. 지방의 관리들이 주변 군현으로 이동해 외형상 지방정부의 형태를 유지했지만, 해당 군현들은 실질적으로 사라졌거나 통제를 상실했다고 할 수 있다.

강족의 반란이라는 극단적인 상황이기는 하지만, 변경 지역에 대한 제국의 지배가 갖는 한계는 『잠부론』의 저자 왕부王符(약82-167)의 다음과 같은 글에 생생하게 묘사되고 있다. 그의 눈에 제국의 변경 지역은 허토虛土, 즉 비어 있는 땅에 불과하고 누구든 빼앗아 갈 수도 있었다.

> 지금 변방의 군은 그 넓이가 천 리이고 지역마다 각기 두 개의 현縣이 있지만 가호家戶의 수는 단지 수백에 불과하다. 태수의 관할은 주위가

202 오늘날 귀주성 준의遵義 부근.

203 오늘날 운남성 곤명昆明 부근.

204 『漢書』 卷九十五 「西南夷傳」. 그렇지만 서남이의 군장이 수백 명이었지만 야랑왕과 전왕이 유일하게 인수를 받았을 뿐이다.

205 吴永章, "从秦汉时期的民族政策看我国土司制度的渊源," 1984: 4. 만이의 군장이 공식적 지방관직을 겸하는 것은 명·청의 토사제도에서는 허용되지 않았다.

만리지만 텅텅 비어 사람이 없고, 좋은 농토는 버려져 있고 경작되지 않고 있다. 그런데 중원 내지의 주군州郡은 땅을 가르고 경계를 터도 그 넓이가 변군의 절반에 이르지 못한다. 호구는 100만이나 되지만 토지는 부족하다. 사람은 많고 땅은 좁아 충분히 균형이 맞지 않는다……『주서周書』에 이르기를, '땅은 넓으나 사람이 적으면 충분히 그 잠재력을 이끌어 낼 수 없으니, 이를 허토虛土라 하며, 습격하여 점령해도 된다.' 하였다.[206]

좀 더 본질적으로 권력이론의 측면에서 본다면, 군현체제의 불안정성은 지리적·인적 측면에서 제국에 의한 통치의 제약을 반영한다. 다시 말해 제국의 중심에서 멀어질수록 권력의 밀도, 즉 통치의 정도는 약화되었고, 제국의 통치는 상대적으로 인구가 집중된 특정 지역에 국한되었을 뿐이다. 주변의 넓은 지역에는 당시까지 중원의 통제 범위에 들지 않는 다수의 이민족들이 살고 있었다. 실제 서북부의 양주凉州에는 흉노匈奴와 강족羌族이, 서남부에 위치한 익주益州의 대다수 군들은 서남이西南夷라 불리는 다수의 민족들이 거주하고 있었고, 남부 형주荊州나 교주交州에는 남월南越, 양주揚州에는 민월閩越 등의 민족들이 다수 거주하고 있었다. 그와 함께 일부의 한족들도 정치적 또는 경제적 이유에서 중원의 통치에서 벗어나 국외자들로서 이민족들과 잡거하고 있었다.

물론 진시황이나 한무제는 한족과 소수민족들이 잡거하는 지역 너머까지도 제국의 군현체제에 편입시켰다. 그렇지만 그곳에서 이루어지는 제국의 통치는 특정 지점에 대한 군사적 지배에 국한되었다고 보는 것이 현실적이다. 이러한 의미에서 본다면 역사가들이 변경 지역까지 촘촘하

---

206 『潛夫論』「實邊」. 번역은 〔淸〕汪繼培 箋, 彭鐸 校正, 『潛夫論箋校正』, 1985: 285-287, 林東錫 譯註, 『잠부론』, 2009: 547-551.

게 제국의 지도에 포함시키는 것은 사실에 부합하지 않다. 북위北魏의 효문제 시기에 고려高閭라는 인물은 "한의 명신들은 모두 강남을 중국으로 여기지 않았고, (한漢·위魏·진晉) 3대의 경계선도 거기까지 멀리 있지 않았다."고 언급했다. 고려의 언급은 남조南朝에 대한 정벌을 반대하는 근거로 제시된 점도 고려되어야 하겠지만, 전혀 그른 말은 아니었다. 그의 언급에 대해서 황제도 "해당 지역이 중국에 가깝지 않은가?"라고 할 뿐, 정면으로 논박하지는 않았다.[207]

그 외에도 군의 크기를 말해 주는 수치 가운데 하나는 소속된 현의 수이다. 『한서』와 『후한서』에 체계적으로 제시되기 이전에는 그에 대한 자료가 많지 않다. 또한 군 각각이 첨삭을 경험했기 때문에 액면 그대로 비교될 수는 없다. 다만 일부 문헌에 나오는 수치를 정리해 보면 약간의 흐름을 읽을 수 있을 것 같다.

〈표 11〉에서 드러나는 것은 내군에서 군의 크기는 큰 변화가 없는 반면, 변경 지역에서는 그 변화가 크다는 점이다. 북방 변경 지역 군들은 초기에는 많은 현들을 갖고 있었다. 그렇지만 전한 초반 해당 군들이 포괄하는 현의 수는 감소하였다. 그것은 부분적으로 군을 세분해 다수의 군을 설치한 결과이지만, 대개 초한쟁패기의 혼란으로 변경 지역이 흉노에게 다시 넘어갔기 때문이다. 전한 중반 무제 시기의 정복을 통해서 다시 회복되었지만 그 이후에도 가변적이었다. 특히 후한 시기 변군들은 많은 현을 상실하였다. 결국 변군 크기의 변화와 그에 따른 제국의 통치 범위는 상당히 유동적이었던 셈이다. 남부 변군에 대한 자료가 없지만, 행정구획에 있어서 유동성은 그곳에 대해서도 동일하게 적용될 수 있을 것이다.

---

207 "閭曰: '漢之名臣, 皆不以江南爲中國. 且三代之境, 亦不能遠.' 高祖曰: '淮海惟揚州, 荊及衡陽惟荊州, 此非近中國乎?'"(『魏書』 卷五十四 「高閭傳」)

〈표 11〉 일부 군에 소속된 현 수의 변화(단위: 개)

| 군 | 전한 이전 | 전한 초<br>(고조 시기) | 전한 말[h]<br>(서기 2년) | 후한 말[i]<br>(서기 140년) |
|---|---|---|---|---|
| 상上 | 15[a] | - | 23 | 10 |
| 상당上黨 | 17[b](24[c]) | - | 14 | 13 |
| 대代 | 36[b] | 9[g] | 18 | 11 |
| 상곡上谷 | 36[d] | 12[g] | 15 | 8 |
| 안문雁門 | - | 17[g] | 14 | 14 |
| 운중雲中 | - | 12[g] | 11 | 11 |
| 요동遼東 | - | 29[g] | 18 | 11 |
| 요서遼西 | - | | 14 | 5 |
| 어양漁陽 | - | 22[g] | 12 | 9 |
| 우북평右北平 | - | 16[g] | 16 | 4 |
| 농서隴西 | - | 6[e] | 11 | 11 |
| 한단邯鄲 | - | 6[e] | 4 | 5 |
| 청하淸河 | - | 27[f] | 14 | 7 |
| 상산常山 | - | | 18 | 13 |

**주** 상군은 위魏, 상당군은 일부는 한韓, 일부는 조趙, 대군은 조, 상곡군은 연燕, 하동군은 제齊 땅에 진秦이 각각 설치했다. 한단군과 청하군은 전한 말과 후한 말 각각 조국趙國과 청하국淸河國으로, 상산군은 후한 말 상산국常山國으로 바뀌었다.

a: 『史記』 卷五 「秦本紀」, b: 『戰國策』 「秦策一」, c: 『戰國策』 「齊策二」, d: 『戰國策』 「秦策五」, e: 『史記』 卷九十八 「靳歙列傳」, f: 『史記』 卷九十五 「樊噲列傳」, g: 『史記』 卷五十七 「絳侯周勃世家」, h: 『漢書』 卷二十八 「地理志」, i: 『後漢書』 卷二十九 「郡國一」에서 卷三十三 「郡國五」.

한의 실질적인 통치 영역의 제한은 사마천이 『사기』 「화식열전」에서 제시하고 있는 한의 경제구역 설정에도 나타나고 있다.[208] 『사기』는 한 무제에 의한 대규모 영토팽창이 거의 완성된 직후인 기원전 104-91년 사이에 작성된 것으로서 통일제국의 상황을 반영한다고 볼 수 있다. 그런데 여기에는 무제가 정복해 군현을 설치한 사방의 지역들이 대부분 빠져 있다. 서북쪽은 농서와 천수·북지·상군이 경계로서 이 4개 군은 포함되어

208 여기에 관해서는 이 책 8장 4절 참조. 특히 〈그림 21〉 참조.

있지 않다. 오르도스 북쪽도 상군이나 대군을 경계로 하며 그 위의 삭방朔方과 오원五原·운중雲中 등은 언급되지 않는다. 서남쪽으로도 파촉이 경계이고, 그 너머의 서남이 지역은 여전히 이민족 지역으로서 전滇·북僰·공邛·착窄 등으로 명시되고 있다. 무제 시기에 설치된 익주군·월수군·침려군 등은 등장하지 않는다. 동북의 경우에는 상곡에서 요동까지를 경계로 하고, 그 북방 지역은 이민족의 경제구역으로 설정되어 있다. 즉 한사군은 등장하지 않으며, 한은 북으로 오환 및 부여와 접하고, 동으로 예맥·조선·진번과 경제적 관계를 맺고 있다고 기록되어 있다. 무제 때 다시 개척한 지역 가운데 유일하게 남월 지역의 일부만이 제국의 경제구역에 포함되어 있다.

### 군행정과 군태수

『한서』「백관공경표」에 의하면 한의 지방관직은 진의 제도를 거의 이어 받았다. 군의 책임자는 군수郡守(경제 이후 태수太守로 개칭)였다. 군의 행정을 총괄하는 태수의 직위는 이천석으로서, 중앙부서의 책임자인 구경의 중이천석보다 한 단계 낮다. 그렇지만 직급간 구분은 작아서 태수가 중앙의 구경으로 자리를 옮기거나 반대로 구경이 태수로서 지방에 임명되는 경우가 많았고, 이 경우 승진이나 좌천으로 간주되지 않았다.[209] 마치 오늘날 중국의 국가공무원 직급에서 성장과 국무원 부장이 동급인 것과 유사하다고 하겠다.

군행정에 대해서는 『한서』「백관공경표」나 『후한서』「백관」 등에 기술되어 있다. 군(국)은 행정과 군사 2원 체제로 구성되었다. 군의 행정은 태수와 그의 부관으로서 육백석의 승丞이 주관했다. 다만 변경의 군에서는

209 钱穆, 『中国历代政治得失』, 2001: 10-11.

병마를 관리하는 — 육백석의 — 장사長史를 두기도 했다. 태수는 물론 승도 중앙에서 임명했다. 위굉의 『한구의』에 의하면, 군의 관원 중 이백석 이상의 관리는 중앙의 상서나 승상 등이 파견하고, 백석 이하는 태수가 주로 현지인들 가운데에서 임명했다.[210]

군 정부(군부郡府)는 막부제幕府制의 성격이 강했다. 그것은 중앙의 승상부와 유사하게 중앙에서 파견된 관료들을 중심으로 그들이 현지에서 임명한 중하급관리들로 구성되었다. 특히 태수는 중앙이 정한 법과 규칙에 따라 통치해야 하지만, 세부적인 사항에 대해서는 전권을 행사했다. 태수는 행정의 효율성을 위해서 분야별로 조曹로 나누어 그 책임자를 스스로 임명하고(벽제辟除), 그 업무를 지시했다.[211] 막부제는 넓은 영토에 비해 교통이나 통신이 제한된 상황에서 통치의 효율성을 높이기 위한 것이지만 지방 세력이 자생할 수 있는 토대가 되기도 했다.

태수(제후국의 경우에는 국상國相)의 기능은 시간이 지나면서 강화되었다. 이를테면 현령에 대한 임면권은 중앙의 승상이 갖고 있었지만, 현령의 공결 시에는 태수가 현의 장리長吏들 가운데에서 선택해 직무를 대행하게 했다. 그는 현령이 갖고 있던 현 속리들에 대한 인사에 대해서도 실질적인 영향력을 행사하는 경우가 적지 않았다. 그 외에도 태수는 현령이 중앙에 추천하는 인재에 대한 평가와 결정, 백성들에 대한 교육, 현의 중요한 기능인 농업정책에 대해서도 적극 간여했다.

중앙정부도 농사나 그에 따른 조세수입의 정도 등을 태수의 고과에 반영함으로써 그가 현의 행정에 적극 간여하도록 했다. 태수들은 농업생산량을 높이기 위해서 수리사업과 관개, 개간, 공전의 임대 등에 적극적이었

---

210 『漢舊儀』 卷下. 여기서는 〔清〕孫星衍 等輯, 周天游 點校, 『漢官六種』, 1990: 82.

211 이것은 수와 당 시기에 중앙의 6부(이·호·예·병·형·공)에 상응해 지방 각급에서 그들과 각각 계통관계에 있는 6사를 두고, 그 책임자들을 중앙이 직접 임명했던 것과 차이가 있다.

동한의 관료 행차_산동성 유현濰縣 동한의 묘에서 발견된 화상석 탁본으로 가로 13cm, 세로 8.7cm이다. 지방 고관의 수레를 하급관리들이 따르는 모습이 관료의 강력한 권력을 시사한다.

다.[212] 변경의 군에서는 이주를 통한 노동력의 확대에도 힘썼다. 새로 개척된 지역에 대한 도로의 개통, 하천의 보수 그리고 조운漕運 등을 위해서 적지 않은 인원이 태수의 지휘하에 동원되었다. 전한 중반이후 태수는 과거 현의 주요 업무였던 치안에도 적극 관여하게 되는데, 지방의 도적이나 깡패들에 대한 단속이 그들에 대한 고과에서 중요한 요소가 되었다. 그들은 현에서 토호세력의 발호를 억제하는 기능도 담당했다.[213]

군 정부의 기능은 매우 포괄적이었다. 그것은 중앙의 조칙이나 정령을 접수하고 백성들에게 전달하는 일, 중앙이 지시하는 각종 정책의 집행, 지방적 법규의 제정과 정책의 실시, 농업이나 양잠 등 경제활동의 지원,

212 한 시기 지방정부의 수리관개 사업에 대해서는 『史記』 卷二十九 「河渠書」; 『漢書』 卷二十九 「溝洫志」 참조.

213 역사서의 「혹리열전」에는 군수로서 지방 토호세력들을 제거해 이름을 떨친 사례들이 수록되어 있다(『史記』 卷一百二十二 「酷吏列傳」; 『漢書』 卷九十 「酷吏傳」; 『後漢書』 卷一百七 「酷吏列傳」).

치안과 소송의 중재, 조세와 요역의 조직, 교육과 인재의 천거, 소속 현 행정에 대한 감독과 평가 등 다양했다. 이러한 기능을 담당하기 위해서 방대한 행정체계가 구축되었음은 물론이다. 군의 기능강화로 지방행정의 중심이 현에서 군국으로 옮겨지게 되었다는 주장이 가능하게 되었다.[214] 이러한 지방행정체제의 구축은 무제 중반 이후 대규모의 인적·물적 동원을 통해 대외 팽창전쟁을 벌이는 기반이 되었다.

구체적으로 군 정부는 중앙의 각 부서와 상응해 조曹라 하는 약 20여 개의 부서로 구성되었다. 거기에는 서기·감찰·민정·군사·치안·사법·재정·교육과 의료 등이 포함되었다. 즉 회계와 문서(주부主簿)·관리의 임면과 상벌(공조功曹)·호적(호조戶曹)·조세(비조比曹)·제사(시조時曹)·농사(전조田曹)·수리(수조水曹)·군사(병조兵曹)·병졸수송(위조尉曹)·치안(적조賊曹)·판결(결조決曹)·소송(사조辭曹)·창고(창조倉曹)·금전과 면포(금조金曹)·곡물수납(집조集曹)·조운(조조漕曹)·우편과 도로관리(법조法曹)·교육(학관學官)·의약(의조醫曹) 등이었다. 각 조의 책임자는 연掾 또는 사史라 했고, 그 산하에는 영사令史·서좌書佐·이알吏斡 등 하급 사무인원이 있었다. 그 이외에도 관리의 천거를 위한 오관연五官掾, 소속 현에 대한 감찰기구로서 독우督郵 등이 있었다.[215]

군에는 무관인 군위郡尉가 있는데, 그는 군대와 병마·치안 등의 업무를 주관했다. 군위는 진이 통일 이후 설치했지만, 원래 전국시대에도 진과 중원의 여러 나라에서 군은 물론 현의 무관으로서 위尉를 두었다. 한은 진을 계승해 일반 군에는 군위를, 제후국에는 중앙과 동일하게 중위中尉를 두었다. 군위는 기원전 148년 경제 이후에는 도위都尉로 개칭되었다.

직급에 있어서 도위는 이천석인 태수에 비해 약간 낮은 비이천석이었

214 周长山,『汉代地方政治史论－对郡县制度若干问题的考察』, 2006: 68.

215 袁刚, "秦汉地方政府郡, 县, 乡三级管理体制," 1996: 18-20; 陈长琦,『中国古代国家与政治』, 2002: 121-125.

다. 제도적으로 태수가 군 전체를 통괄하는 반면, 도위는 태수를 보좌해 군사업무를 담당했다. 군사행정과 관련해 중앙이나 다른 지방의 문서가 모두 태수를 통해서 하달되었을 뿐만 아니라 태수를 군장군郡將軍, 도위를 부장副將이라고 불렀다. 그렇지만 태수와 도위가 전적으로 전자 위주의 상하관계에 있었던 것은 아니다. 기원전 36년 삼보도위와 큰 군의 도위를 모두 태수와 동일한 이천석으로 높였다.[216] 도위가 태수에게 도전하는 경우도 발생했다. 결국 광무제 때에는 행정의 효율성을 높여 백성들의 부담을 줄인다는 명목으로 전국의 도위를 폐지하고 태수가 그것을 겸직하게 했다.[217] 그렇지만 일부 변군에서 만이의 도전이 발생하고, 나중에는 내군에서도 도적이 빈발함에 따라 일부 지역에서 도위가 간헐적으로 회복되기도 했다.

도위는 자체의 관부, 즉 도부都府를 갖고 부관으로서 육백석의 승丞을 포함한 소속 관리들이 있었다. 도위와 승은 모두 중앙에서 임명했고, 백석 이하인 도부의 관리들은 도위가 직접 임명했다. 특히 변경 지역의 군에는 내지보다는 다수의 도위가 설치되었다(부도위部都尉). 그 외에도 국경의 관문을 지키는 관도위關都尉,[218] 둔전을 담당하는 농도위農都尉, 항복한 만이가 거주하는 속국의 한나라 군사책임자인 속국도위屬國都尉 등이 있었다.[219] 다만 군위는 군사행정을 담당할 뿐이며, 자체의 군대를 갖거나

---

216 『漢書』 券九 「元帝紀」.

217 도위와 더불어 매년 각 군에서 도위의 주관 아래 열리는 군사시범인 도시都試도 폐지되었다. 한 연구자는 광무제의 조치에는 도위에 의한 반란을 막기 위한 의도도 작용한 것으로 보았다. 즉 왕망 시기에 적의翟義가 도시를 계기로 거사를 일으켰고, 광무제 자신도 도위로서 그렇게 계획한 적도 있어서 자신이 권력을 장악한 뒤 해당 제도를 없앴다는 것이다(嚴耕望, 『中國地方行政制度史 甲部－秦漢地方行政制度』, 1990: 153).

218 이를테면 돈황군敦煌郡에는 양관陽關을 지키는 양관도위陽關都尉, 옥문관玉門關을 지키는 옥문도위玉門都尉가 있었다.

219 부도위와 속국도위에 대해서는 이 책 10장 3절에서 상술함.

독자적으로 군대를 동원할 권한은 없었다.

사실 지방행정에 있어서 중요한 대민업무는 군보다는 현이 담당했다. 군의 주된 기능은 군마다 평균 15개 정도 달하는 현에 대한 감독이었다. 현이 호적·요역·부세 등에 관해서 중앙에 보고할 때에는 군을 거쳤고, 군은 그것에 기준해 현을 감독했다. 그 외에도 군은 현에서 이관되는 주요 소송의 처리, 중앙의 조령과 문서의 전달, 중앙에 대한 인재의 추천 등 기능들도 담당했다.[220]

한편 전한 초기에 제후왕들은 한과 같은 기구들을 갖고서 해당 지역의 군주로서 통치했다. 그렇지만 앞서 언급한 것처럼 전한 중반까지 제후국이 축소되고 제후왕의 통치권이 박탈되면서 결국 군과 유사한 조직을 갖게 되었다. 그 결과 제후국은 단지 상相의 이름을 한 태수에 의해 통치되었다. 태수와 상은 같은 등급이었고, 인사에서도 양자 사이에는 수평이동이 자주 이루어졌다.

군현제가 일반화되면서 지방의 최고 관직은 태수와 제후국의 상(이하에서는 태수로 통칭함)이 되었다. 천자나 황제가 전체 백성의 부모에 비유되는 것처럼 지방관들도 해당 지방의 부모와 비유되었다.[221] 통치에 있어서 태수가 갖는 중요성은 선제宣帝의 말에 집약적으로 표현되고 있다.

> 백성들이 농촌에서 편안히 살고 근심이 없기 위해서는 정치와 쟁송이 잘 다스려져야 한다. 나와 이 문제를 함께 할 수 있는 사람은 오로지 이천석일 뿐이다.[222]

220 周长山, 『汉代地方政治史论－对郡县制度若干问题的考察』, 2006: 54-57.

221 『漢書』 卷七十六 「王尊傳」; 『後漢書』 卷六十一 「杜詩傳」.

222 "庶民所以安其田里而亡歎息愁恨之心者, 政平訟理也. 與我共此者, 其唯良二千石乎."(『漢書』 卷八十九 「循吏傳」)

군현의 주요 관리들은 중앙에서 직접 임명되며, 세습되지 않았다. 관리의 최초 임용에는 제후왕이나 태수들이 추천하는 인재풀이 활용되고, 일정한 단계에서는 기존의 공과에 대한 평가에 따랐다. 이러한 관리임용은 중앙집권적 정치체제의 중요한 일부가 되었다. 그렇지만 태수는 소속된 현 전체의 행정·병력·재원 등을 총괄했다. 현령들은 현의 구체적인 업무를 담당하지만, 그에 대한 평가나 조정은 태수의 소관사항이었던 것이다.

그렇다면 태수들은 어떤 인물들일까? 사실 관련 자료는 제한될 뿐만 아니라 지방행정체제가 자주 변화되었기 때문에 실상을 파악하기는 쉽지 않다. 여기서는 옌겅왕嚴耕望이 정리한 『양한태수자사표』의 자료들을 분석하고자 한다. 이 자료는 『한서』·『후한서』 등 역사서와 비문碑文 등 각종 문헌상에 나오는 인물들을 전한과 후한으로 분리해 정리한 것으로 실상을 보여 준다고 생각된다. 이 자료는 구체적으로 전한 시기 608명, 후한 시기 1천534명[223] 태수의 이름·출신지·재직시기·기간·전임직책·이직·평판 등에 대한 정보를 제공하고 있다. 각각의 항목별로 분석함으로써 양한 시기 태수의 전반적인 윤곽을 어느 정도 확인할 수 있다.

먼저 태수의 출신지이다. 태수의 임명과 관련해 중요한 것은 소위 회피제, 즉 출신지를 피하는 일이었다. 위의 자료에 의하면 그 원칙은 비교적 엄격하게 지켜졌다. 전한 시기에는 출신지가 파악된 378명 가운데 자신의 출신 군에 임명되는 경우는 모두 10명뿐이었다. 그것도 수도권인 사예부에 6명이었고, 나머지 지방에서는 4명에 불과했다. 후한 시기에 그 원칙은 더욱 엄격하게 지켜져 출신지가 파악된 1천8명 가운데 4명만

223 한 사람이 여러 군에 재직했던 것을 고려하면 실제로는 각각 485명과 1천338명이다 (p.846 각주 226). 그리고 아래에서 언급하는 것처럼 평균 재임기간을 약 3-4년으로 본다면 태수의 수가 전한과 후한에 각각 5-7천 명은 될 것이므로, 자료에 제시된 태수는 전체의 일부에 불과하다.

〈그림 26〉 한 시기 군태수의 출신지 분포

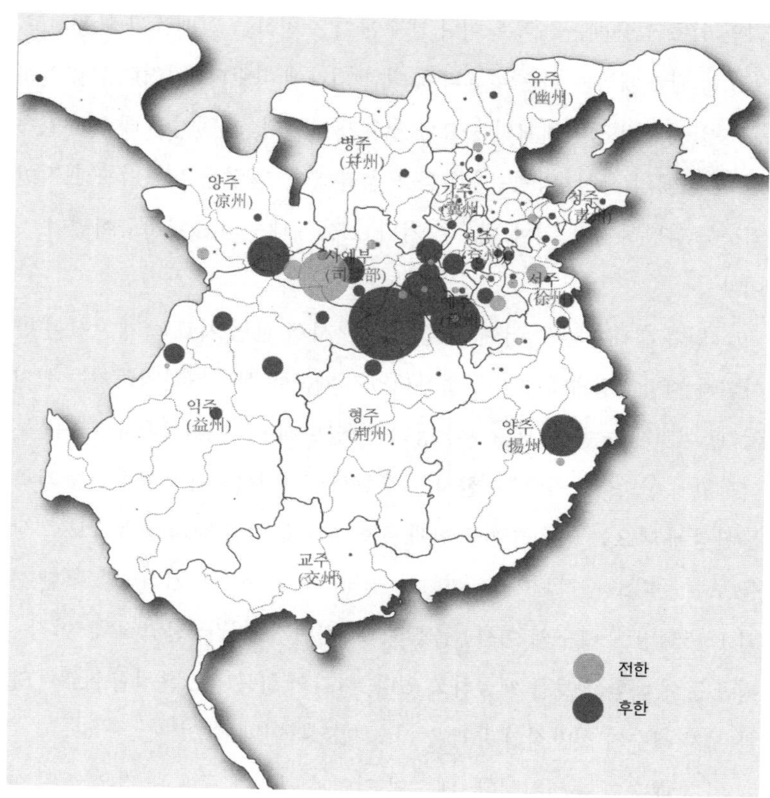


이 출신군에 임명되었는데, 그것도 모두 예외적이었다. 즉 광무제의 족형 유순劉順이 1년이 못 되는 기간 동안 남양태수로 재직했고, 나머지 3명은 후한 성립 시기와 후한 말 헌제 때 지방에서 자립해 스스로 태수가 된 경우였다.[224]

그런데 출신지의 지역적 분포를 보면 상당한 불균형을 보이고 있다. 먼

224 구체적으로는 월수군越嶲郡의 원주민인 앙족卬族의 장귀長貴가 후한 초 내전 상태에서 태수를 죽이고 자립한 경우, 후한 말 요동군에서 공손씨公孫氏 일가가 자립한 경우이다(嚴耕望, 『兩漢太守刺史表』, 1948: 231, 267).

저 전한 시기의 경우 수도권이 압도적으로 많은 가운데, 일종의 동심원적 구조를 형성하고 있다. 중원에서 가까운 지역일수록 많은 태수를 배출한다. 그것은 앞서 언급한 인구분포보다도 더 집중적이다. 전한 시기 경조윤은 66명으로 전체의 17.5%를 차지했고, 사예부는 119명으로 30.5%나 차지했다. 인구비중에 있어서 경조윤은 전한 말 1.2%, 사예부는 11.6%인 점을 고려한다면, 이들의 배출 비율은 매우 높다. 그 뒤를 그 주변의 예주·서주·양주가 잇고 있다. 그 다음이 중원 외곽인 익주·기주이다. 그에 반해 서북의 병주, 남부의 교주 등 변방에서는 태수를 전혀 배출하지 못하는 군들이 매우 많았다. 더욱이 해당 주에서도 태수는 중원과 가까운 농서군(15명)이나 탁군(15명) 등 주요 군들에 집중되었다.

후한 시기에도 수도권에서 태수 배출의 비중이 여전히 높다. 다만 서남부의 익주와 남부의 형주 등 중원 외곽 지역의 비중이 크게 높아지고 있다. 그것은 이 지역이 한에 편입된 소수민족들이 다수 거주하는 곳이었지만, 시간이 지나면서 이주나 개발에 의해 점차 중원의 일부로 편입된 결과이다. 그와 함께 변경 지역의 대표성이 상대적으로 높아지고 있다. 특히 병주에서 그 비중이 높아진 것은 후한 시기 흉노가 한에 복속되면서 안정을 찾게 된 결과로 보인다.

다만 개별 군의 상황은 다르다. 예를 들어 전한 시기 15명의 태수 배출이 확인되었던 양주의 농서는 후한 시기에는 3명만 확인된다. 다른 곳에서 언급한 것처럼 강족과 갈등으로 해당 지역이 크게 파괴되었기 때문이다.[225] 따라서 그보다 안쪽에 위치한 안정군 그리고 서역에 대한 개척으로 돈황군 등의 중요성이 커짐으로써 해당 군들에서 더 많은 태수를 배출하게 되었다. 일부 변군에서는 여전히 태수를 배출하지 못했다. 예를 들어 교주에서는 창오군 4명의 사례를 제외하고 나머지 6개 군에서는 확인되

225 한과 강족의 갈등, 그리고 해당 군현 지역의 황폐화에 관해서는 이 책 3장 3절 참조.

지 않고 있다. 마찬가지로 낙랑군에서는 단 한 명만 전해지고 있다. 이것은 당시까지도 해당 지역이 일종의 식민지적 지배상태에 있었음을 의미한다.

그렇다면 부임하는 태수는 어떤 인물들인가. 전한 시기 태수 가운데 118명의 전임 직책이 알려지고 있는데, 그것은 크게 몇 가지로 분류될 수 있다. 첫째는 다른 군의 태수에서 옮겨 오는 경우이다. 그 가운데는 지방태수가 삼보윤으로 이동하는 경우가 대부분이다(44명). 반대로 삼보에서 다른 지방의 태수로 가는 경우도 있다(8명). 일반 군 사이의 지방간 수평이동은 제한적이다(5명).[226] 후한의 경우 관련 자료가 적어 통계적 의미를 갖지 못하지만, 일반 군 사이 수평이동의 사례들이 전한보다 많이 전해지고 있다.

둘째 부류는 중앙의 열경들이 태수로 이동하는 경우인데, 전한 시기 모두 37명으로 적지 않다. 앞서 언급한 것처럼 양자간의 이동은 수평이동으로 간주되었다.[227] 세 번째는 중앙부서의 속관이 삼보나 지방의 책임자로 승진하는 것으로 전한 시기에는 모두 16명이 확인되었다. 가장 많은 수는 중대부와 그것이 무제 때 개칭된 광록대부인데 모두 10명이 확인되었다. 이들은 궁중 숙위와 관리를 담당하는 낭중령(광록훈)의 최고 속관으로 직급 비이천석에 해당되었다. 그것은 낭중령이 궁정의 숙위와 관리 이외에 인재의 양성업무를 담당했던 것과 무관하지 않다. 그 외에 4명은 승상(및

226 전체적으로 태수들의 지방간 수평이동이 잦은 결과, 전한과 후한 시기 모두 한 사람이 여러 군에서 태수직을 수행한 사례가 적지 않다. 전한에서 태수 485명 가운데 2개 군 근무자는 59명(12.2%), 3개 군 근무자는 18명(3.7%), 4개 군 근무자는 8명, 5개 군 근무자는 1명, 8개 군 근무자가 1명였다. 후한 시기에는 1천338명 가운데 2개 군 근무자는 100명(7.5%), 3개 군 근무자는 36명(2.7%), 4개 군 근무자는 12명, 5개 군 근무자는 4명의 사례가 확인되었다.

227 전한 시기 수도 관중 지역은 경조윤·좌풍익·우부풍의 삼보가 설치되었고, 그 책임자가 윤尹이었으나, 후한 시기에 낙양에 수도를 정하면서 그곳이 위치한 하남군에도 윤을 두게 되었다. 이들은 중앙의 열경과 동일한 중이천석으로 일반 군의 태수보다 한 등급 높았다. 다만 후한 시기에 삼보윤의 직급은 태수와 동급으로 낮춰졌다.

〈표 12〉 양한 시기 태수의 부임 전 직책

| 전직 | 전한 | 후한 |
|---|---|---|
| 중앙 열경 | 대홍려(7), 소부(5), 집금오(중위, 4), 정위(3), 수형도위(3), 사예교위(3), 대사농(2), 광록훈(2), 어사대부(1), 위위(1), 상서령(1), 종정(1), 태복(1), 태상(1), 장작대장(1), 장신소부(1): 37명 | 집금오(1), 상서(1): 2명 |
| 중앙 속관 | 승상(대사도 · 대사마)사직(5), 장사(1), 광록대부(9), 중대부(1): 16명 | 기도위(1), 사공사직(1): 2명 |
| 각급 지방관 | 태수의 삼보윤 이동(44), 태수의 타군 이동(5), 삼보윤의 태수 이동(8), 삼보도위의 삼보윤 승진(4), 주자사(1), 제후국 태부(1): 63명 | 태수의 삼보와 하남윤 이동(3), 태수의 타군 이동(16), 자사(1), 도위(2), 현령(1): 23명 |
| 기타 | 재형호군宰衡護軍(1), 박사(1): 2명 | 도요장군(1): 1명 |
| 합계 | 118명 | 28명 |

출처: 嚴耕望, 『兩漢太守刺史表』, 1948.

대사도 · 대사마)의 부관인 사직司直(비이천석)과 장사長史(비천석)이다.

마지막으로는 지방의 하급 관리들이 태수로 승진하는 경우이다. 전한 시기에는 수도권의 도위가 지방책임자가 된 사례가 4명이 있고, 제후국 태부가 이천석에 임명된 사례가 한 명 전해진다. 후한 시기에는 변군의 도위가 해당 군의 태수가 된 사례가 2명, 현령이 다른 군의 태수가 된 사례가 한 명 전해지고 있다. 위의 자료에는 현의 책임자가 곧바로 태수로 승진하는 경우는 적지만 실제 그 수는 더 많았을 것이다. 옌경왕의 다른 자료에서는 그러한 사례가 전한 시기 4명, 후한 시기 11명 확인된다. 그는 태수의 5, 6분의 1이 현령에서 승진한 것으로 추론하고 있다.[228]

그렇다면 태수의 재직기간은 어느 정도일까. 다른 직책들과 마찬가지

228 嚴耕望, 『中國地方行政制度史 甲部－秦漢地方行政制度』, 1990: 322-324.

〈표 13〉 양한 시기 태수의 임기

| 임기 | 전한 | | 후한 | |
|---|---|---|---|---|
| | 태수 수(명) | 비중(%) | 태수 수(명) | 비중(%) |
| 1년 이하 | 14 | 12.2 | 6 | 5.5 |
| 1년 | 25 | 21.7 | 14 | 12.8 |
| 2년 | 19 | 16.5 | 13 | 11.9 |
| 3년 | 24 | 20.9 | 14 | 12.8 |
| 4년 | 9 | 7.8 | 9 | 8.3 |
| 5-9년 | 17 | 14.8 | 34 | 31.2 |
| 10년 이상 | 7 | 6.1 | 19 | 17.4 |
| 합계 | 115 | 100.0 | 109 | 99.9 |

출처: 嚴耕望,『兩漢太守刺史表』, 1948.

로 태수의 임기는 정해져 있지 않았다. 실적에 따른 평가를 기준으로 승진과 강등이 결정되었을 뿐이다. 실제 재직기간과 관련해 전한 115명, 후한 109명 태수에 대한 정보가 있다. 이들 통계는 대개 1년 단위로 제시되어 있다. 또한 2, 3년 또는 10여년 식으로 기록되어 있어서, 여기서는 각각 2년, 10년으로 계산되었다. 이러한 제약에도 불구하고 몇 가지 특징을 살펴볼 수 있다. 전한 시기에는 1-2년의 단기근속이 절반 가량 되지만 5년 이상의 장기근속 또한 적지 않다. 특히 후한 시기에는 절반 이상이 5년 이상 근속함으로써 임기가 장기화되고 있다. 교지태수 사섭士燮은 3국의 오吳 시기까지 40여 년 근속했다.[229]

마지막으로 태수는 관직을 어떻게 마치는 것인가. 이와 관련해 위의 자료에는 전한 시기 265명, 후한 시기 254명에 대한 정보가 포함되어 있다. 그것을 정리한 것이 〈표 14〉이다.

먼저 중앙으로 이동하는 경우이다. 적지 않은 태수들이 중앙부서로 이

229 嚴耕望,『兩漢太守刺史表』, 1948: 275.

〈표 14〉 양한 시기 태수의 이직

| | 전한 | 후한 |
|---|---|---|
| 중앙이동 | 승상(2), 어사대부(대사공, 22), 정위(10), 소부(12), 대농령(대사농, 20), 위위(3), 종정(5), 집금오(중위, 8), 낭중령(1), 중랑장(1), 태복(6), 태자태부(2), 수형도위(1), 주작도위(2), 광록대부(2), 시중(2), 장군(3), 각종 후의 작위(14), 첨사詹事(1): 117명 | 대사도(4), 정위(4), 소부(1), 대사농(4), 태위(1), 태상(3), 상서령(3), 대홍려(3), 광록훈(4), 장작대장將作大匠(4), 사공(3), 상서(3), 사도(5), 광록대부(1), 태중대부(1), 대장군(3), 호강교위(10), 흉노중랑장(2), 도요度遼장군(9), 정서征西장군(1), 진원鎭遠장군(1): 70명 |
| 지방이동 | 주목(2), 태수가 삼보윤으로(44), 타군태수(5), 삼보윤이 태수로(8), 주자사(1), 군도위(1): 61명 | 경조윤(3), 타군태수(16), 주목(1), 자사(1): 21명 |
| 면직 | 주살(24), 면직(42), 졸관(9), 살해(7), 하옥(2), 하옥사(2), 제후국 폐지(1): 87명 | 주살(12)·하옥사(23), 면직(55), 졸관(43), 살해(21), 기타(9)*: 163명 |

출처: 嚴耕望, 『兩漢太守刺史表』, 1948.
기타: 정죄定罪(5)나 상주上奏(2)의 대상이지만 면직 여부가 불확실한 경우이거나 거임去任(2)에 해당되는 경우.

동하고 있다. 중앙부서로 옮기는 경우, 전한에서는 관리의 감찰을 담당하는 어사대부나 재정을 담당하는 대농령이 가장 많다. 그렇지만 각종 부서의 장이나 승상이 되기도 하고, 각종 후의 작위를 받는 경우도 적지 않다. 후한의 경우에도 다양한 중앙의 직책으로 이동하지만 무관으로 임명되는 경우가 두드러지고 있다. 이것은 후한 시기에 강족과 변방의 문제가 계속된 결과일 것이다.

그 다음은 다른 지방으로 전직하는 경우이다. 그중 일반 군의 태수가 삼보윤으로, 삼보윤이 태수로 전직하는 경우가 두드러진다. 후한 시기에는 자료가 충분하지 않지만, 타군으로 전직하는 태수의 비중이 높게 나타난다.

그렇지만 중도에 태수직을 그만두는 사례들도 적지 않다. 전한에서는 졸관(9), 즉 사망에 따른 임기종료를 제외하면 모두 78명이 거기에 해당되었다. 3, 4명 가운데 1명은 비정상적인 방식으로 임기를 종료하는 셈이다. 그들의 면직은 정치적 사건 연루, 뇌물수수, 지방의 자연재해에 대처 미숙, 도적방비 실패, 정기 평가에 대한 불합격 등이었다. 후한 시기 면직되는 경우는 전한 시기보다 많았는데 위의 통상적인 이유와 더불어 특히 당고黨錮[230]에 연루되어 옥사하거나 면직되는 경우가 많았다. 그 외에도 국내외 도적들에 의해 살해당하는 경우도 적지 않았다. 전한 시기에는 흉노족, 후한 시기에는 주로 선비족과 빚어진 갈등에 의해서 적지 않은 태수들이 희생되었다. 이것은 태수들도 국내외 불안정한 정치에서 자유롭지 못했음을 말해 준다.

그 외에도 특정한 정책위반과 관련하여 태수들에 대한 전면적인 조사를 벌여 처벌하는 경우도 있었다. 이를테면 서기 40년 후한의 광무제는 각 군현의 토지와 호구에 대한 조사를 대대적으로 실시하게 했다. 태수는 상납할 조세의 액수를 줄이기 위해서 토지면적과 인구수를 적게 보고하는 관성이 있었다. 이에 토지의 수량을 제대로 조사해 보고하지 않은 죄로 여러 명의 태수들이 처벌되었다. 즉 하남윤 장급張伋과 10여 명의 태수들이 체포되어 옥사했다.[231]

### 현행정과 현령

한편 군은 현이라는 하급 행정조직으로 분할되었는데, 진秦 시기에 "현은 대체로 사방 100리를 포괄하되, 그 인구가 조밀하면 현의 크기를 줄이고 인구가 희박하면 현의 크기를 넓힌다."[232]는 기준이 제시되었다. 현이 대

230 후한 환제桓帝(146-167년 재위)와 영제靈帝(168-189년 재위) 시기에 환관의 전횡에 대해 사대부들이 비판을 제기했다가 탄압을 받았던 사건. 여기에 관해서는 이 책 8장 1절 참조.

231 『後漢書』 卷一 「光武帝紀」.

민업무를 담당하기 때문에 그 구획에 있어서는 상급보다는 지리적·인적 요소들이 더 많이 고려되었을 것이다. 현의 업무에는 호적에 대한 관리, 요역과 부세의 징수, 농업의 장려, 교육과 인재의 추천, 소송과 치안 등이 포함되었다.[233] 현(및 동급의 도·후국·읍)은 전한 말 서기 2년에는 1천587개, 후한 말 서기 140년에는 1천180개였다. 현의 크기는 대략 사방 100리, 호구수는 큰 현들의 경우 1만-2만 정도였다.[234]

전한 시기 현의 책임자는 그 크기에 따라 구분되었다. 1만 호 이상일 경우에는 직급이 천석에서 육백석 사이인 현령이, 1만 호 이하일 경우에는 직급이 오백석에서 삼백석 사이인 현장이 임명되었다.[235] 후국侯國의 책임자인 국상國相(후에는 상相)도 그와 동일했다. 현의 장리長吏로서는 현령(장) 이외에도 그의 부관인 승丞과 군사업무를 담당하는 위尉가 있었는데, 이들도 중앙정부가 직접 임명했다. 그들의 직급은 사백석에서 이백석 사이였다. 그 이외에 백석 이하의 소리小吏, 즉 하급 관리들이 있었다. 그들은 현의 책임자가 현지에서 직접 채용해 임명했다.

군정부와 마찬가지로 현정부〔현정縣廷〕도 현령(장)의 통괄하에 운영되었다. 현정부는 군과 마찬가지로 조曹라고 불리는 몇몇 부서들로 구성되었다. 즉 그들은 인사·감찰·비서·민정·재정·교통과 통신·군사·치안·문교 등으로 구분되었다. 이를테면 인사는 공조功曹, 호적은 호조戶曹, 사법은 적조賊曹 등의 부서명이 사용되었다.[236] 현의 상황에 따라 소수민족 관련 기구를 두기도 했다. 현에서는 다양한 대민업무가 이루어졌기 때문에

---

232 "縣大率方百里, 其民稠則減, 稀則曠."(『漢書』 卷十九「百官公卿表」)

233 周长山, 『汉代地方政治史论—对郡县制度若干问题的考察』, 2006: 54-57.

234 『漢書』 卷二十八「地理志」와 『後漢書』 卷三十八「郡國五」.

235 『漢書』 卷十九「百官公卿表」. 후한 시기에는 큰 현은 천석의 현령, 작은 현은 사백석 또는 삼백석의 현장이 있었다(『後漢書』 卷三十八「百官五」).

236 『通典』 卷三十三「职官十五」; 袁刚, "秦汉地方政府郡, 县, 乡三级管理体制," 1996: 19.

〈표 15〉 양한 시기 현령(장)의 부임 전 직책[237]

| | 직책 | 전한(명) | 후한 (명) |
|---|---|---|---|
| 1 | 효렴삼서랑(및 낭관) | 10 | 44[a] |
| 2 | 알자謁者(및 시어사) | 1 | 6[b] |
| 3 | 공부연公府掾 | 4 | 13[c] |
| 4 | 무재茂材 | 4 | 13 |
| 5 | 현량賢良, 방정方正 | 4 | - |
| 6 | 현장 및 후국상의 현령승진 | 3 | 14 |
| 7 | 수평이동 | 10 | 12 |
| 8 | 군태수 | 1 | 10[d] |
| 9 | 중도령좌中都令佐 | 2 | 4 |
| 10 | 기타 | 12[e] | 8[f] |
| | 합계 | 51 | 125 |

a: 후한 시기 각종 낭관 11명, b: 후한 시기 시어사 4명, c: 옛 공부연 1명 포함, d: 옛 태수 3명 포함, e: 박사·군정승軍正丞·염관장鹽官長·사예司隸(좌천)·중연中涓·패공태복沛公太僕·중서자中庶子·도위승都尉丞 각 1명, 부교위副校尉·간대부諫大夫(좌천) 각 2명, f: 박사·속국후屬國侯·대장군호군大將軍護軍·태중대부太中大夫(좌천)·군승郡丞·주목州牧(좌천)·의랑議郞(좌천)·국의공장國醫工長 각 1명.

상당히 체계적인 조직과 인원이 배치되었다. 다만 인원은 군정부보다 적었고, 어떤 경우에는 부서가 아니라 1명의 담당자만 있는 경우도 있었다.

그렇다면 현의 책임자들은 어떤 인물들인가. 이와 관련하여 옌겅왕은 『한서』와 『후한서』 그리고 일부 비석들에 근거하여 현령(상)과 후국상의 현황을 조사했다. 전한과 후한을 구분하기 위해서 각각 『한서』와 『후한서』에 등장하는 인물들에 한정하여 작성한 것이 〈표 15〉이다. 전체 현령(장)에 비한다면 극히 소수만 알려지고 있는 셈이지만, 여기에 근거하여 그들의 특징을 부분적으로 살펴볼 수 있다.

237 嚴耕望, 『中國地方行政制度史 甲部－秦漢地方行政制度』, 1990: 335-336에 수록된 '附表甲: 漢代縣令長任遷統計表'를 재구성해 작성되었다.

이 표에 의하면, 특징적인 점은 중앙의 각종 속관들이 현령(장)으로 파견되었다는 점이다. 구체적으로 낭중령(광록훈)의 산하기구인 삼서三署[238]의 낭관, 승상부나 구경 등 외조의 속관, 상서대尙書臺의 속관인 상서랑尙書郎과 영사令史, 어사대부 산하의 속관인 시어사侍御史, 그리고 각종 알자謁者 등이 거기에 해당되었다. 그중 최대의 집단인 낭관은 궁정의 숙위와 관리를 담당하고 일정 기간이 지나면 직급에 따라 지방의 책임자로 파견되었다. 후한 때에는 내조의 핵심기구인 상서대의 속관들이 다수가 현의 책임자로 발령되었다. 그 외에는 무재·현량·방정 등 다양한 형태로 천거된 인재가 현령이 되는 경우이다.[239]

다른 한편으로 지방의 각급 관리들이 현령(장)으로 임명되었다. 그 가운데 다수는 그들 사이의 수평이동이지만 승진의 경우도 적지 않다. 앞서 언급한 것처럼 현의 관리들 가운데 현령(장)과 현승, 현위의 직급이 다르고 또한 현의 크기에 따라 그들의 직급에 차이가 있다. 따라서 그들 사이에서 승진이 빈번했다. 후한 시기에는 태수가 현의 책임자로 좌천되는 경우도 적지 않다. 그렇지만 전반적으로 현의 책임자 가운데 절반 이상은 중앙의 관리들에서 충원되며, 각종 방식으로 천거된 인재들, 그리고 현장의 승진이 그 뒤를 이었다. 현령(장)의 부관들인 현승이나 현위가 현령(장)으로 승진하는 경우는 없지 않지만 제한적이었다.

이러한 모든 것은 현의 관리임용에 있어서 중앙집권적 방식이 관철되고 있음을 반영한다. 여기서는 다루지 않았지만, 관련 자료에 의하면 태수와 마찬가지로 현령도 철저하게 회피제의 방식에 따라 임명되었다. 현령(장)의 부관인 현승이나 현위도 마찬가지였다.[240] 태수가 소속 현령의 인

238 오관중랑장五官中郎將·좌중랑장左中郎將·우중랑장右中郎將.

239 嚴耕望, 『中國地方行政制度史 甲部—秦漢地方行政制度』, 1990: 316-322.

240 전한 시기 출신지가 확인된 현령(장) 66명 가운데, 본군 출신자는 3명, 그리고 8명의 현승과 현위 가운데 1명뿐이었다. 후한 시기에는 212명의 현령(장) 가운데 1명뿐이

사에 관여할 여지는 없었던 것이다. 원칙적으로 현령(장)은 출신 현은 물론 출신 군을 피했다.

그렇다면 현령(장)의 사회적 배경은 어떤가. 한 조사에 의하면, 『사기』·『한서』·『후한서』 등 세 역사서에 등장하는 전한 시기의 현령(장)은 모두 99명이고, 그중 가정 배경을 확인할 수 있는 경우는 29명이다. 이 29명 가운데 20명이 조부나 부친이 직급 이천석 이상에 해당하는 관직이었거나 황제의 환관 또는 종실의 자제였다. 그에 반해 8명만이 빈곤가정 출신이었다. 나머지 한 명은 부유했다. 채용방식에 있어서 고관의 자제들은 주로 추천을 통해서 직접 현령(장)이 되는 경우가 많았다(14명). 반면 빈곤가정 출신자는 주로 하급의 다양한 직책을 거치거나(3명), 아니면 학문적 소양에 의해 임명되는 경우가 적지 않았다(4명).[241]

전한 시기 현의 수가 1천 개가 넘는다는 점에서 극히 일부만 알려진 셈이지만, 잠정적으로 몇 가지 특징을 볼 수 있다. 예상대로 중앙의 고위직 자녀나 종실은 행실이나 재능에 기초하는 추천과 같은 비교적 쉬운 방법을 통해서 현의 책임자가 되는 경우가 상대적으로 많다. 물론 가난한 배경의 자제들에게도 일정한 기회가 주어졌음은 분명하다. 특히 학문적 소양을 높게 평가하는 사회적 분위기가 있었다. 또 문헌상에 등장하는 현령(장)은 후에 더 높은 직책에 올랐기 때문에 그 경력이 비로소 알려진 경우가 많다. 이것은 한편으로는 위의 표본에 편파성을 더해 주고 있지만, 다른 한편으로는 지방에서 실무경력이 중앙의 고위관리가 되기 위한 전제조건이었음을 시사한다.

〈표 16〉은 현령(장)의 이직에 관한 통계자료이다. 그들은 수평이동 이외에는 군태수나 도위, 자사 등의 상급 지방관리로 승진하는 경우가 많

---

었고, 26명의 현승과 현위 가운데 현지 출신자는 한 명도 없었다(嚴耕望, 『中國地方行政制度史 甲部—秦漢地方行政制度』, 1990: 359-383).

241 邹水杰·岳庆平, "西汉县令长初探," 2003: 110-112.

〈표 16〉 양한 시기 현령(장)의 이직[242]

| | 직책 | 전한(명) | 후한(명) |
|---|---|---|---|
| 1 | 군태수 | 8 | 39 |
| 2 | 도위와 중위 | 6 | 5 |
| 3 | 자사 및 사예 | 4 | 11 |
| 4 | 대부·상서(령)·의랑 | 6 | 11 |
| 5 | 수평이동 | 10 | 12 |
| 6 | 현장 및 후상의 현령승진 | 3 | 14 |
| 7 | 박사 | 2 | 2 |
| 8 | 기타 | 7[a] | 9[b] |
| | 합계 | 46 | 103 |

a: 어사중승御史中丞·제후국 태부太傅·낭중호장郎中戶將·장군·장군장사將軍長史·위사마衛司馬·태복太僕 각 1명, b: 낭장郎將 2명, 중이천석 승丞·편장군偏將軍·(현령에서)현장·대사공大司空·군승郡丞·사도장사司徒長史·후상侯相 각 1명.

다. 일부는 대부나 의랑과 같은 중앙의 정책자문직으로 이동하고 있다. 특히 후한의 경우에는 군태수 등 상급 지방관리로 승진하는 경우가 매우 두드러지는데, 관리의 순환이 그만큼 빨리 이루어졌음을 보여 준다.

현급 행정단위에는 일반 현 이외에도 후侯·읍邑·도道 등이 있다. 후와 읍은 공신이나 왕족에게 분봉된 지역이다. 좀 더 정확하게 후는 공신이나 황제의 남자 친인척으로서 열후에게, 읍은 황제의 여자 친인척 가운데 황태후·황후·공주 등에게 주어지는 식읍이다. 도는 일종의 소수민족 자치 지역이다.

한을 건국한 고조는 성립 직후 모두 143명의 공신들을 열후로 봉했다. 이들에게는 대개 크고 작은 한 개의 현이 봉읍으로 주어졌고, 그 작위는

242 일정 시간 경과 후에 갖게 된 직책 포함. 그 결과 전체적으로 각 항목의 수가 많아짐 (嚴耕望, 『中國地方行政制度史 甲部—秦漢地方行政制度』, 1990: 335-336).

세습될 수 있었다. 열후는 관리들을 자체적으로 배치해 조세를 담당하게 했다. 열후의 수입은 그 봉읍에서 징수된 조세를 바탕으로 했고, 따라서 봉읍의 대소에 따라 그 차이는 컸다. 그렇지만 열후들은 제후국에 비해 봉지의 규모가 작을 뿐만 아니라 제후왕과는 달리 봉지가 아니라 주로 수도 장안에 거주했다. 분봉의 의미는 해당 지역의 조세를 그들의 수입원으로 한다는 데에 있었던 것이다. 후에 제후왕과 마찬가지로 열후도 상속법의 제한을 받았다.[243] 도에 관해서는 별도로 다룬다.[244]

## 기층조직과 호적

현 아래의 행정조직은 향鄕이었다. 현에는 평균적으로 4개 정도의 향이 있는데, 각 향의 호구수는 대략 2천 호 정도였다. 향은 다시 약 100호로 구성되는 이里로 구분되었다. 향에는 이里와는 별도로 정亭을 단위로 하여 치안과 역참을 담당하게 했다. 이들 기층조직에는 중앙의 관리가 파견되지 않지만 국가 권력으로부터 자유로운 것은 아니었다.

『한서』「백관공경표」와 『후한서』「백관」의 관련 내용을 종합하면 다음과 같다. 즉 향에는 송사나 부역, 조세를 담당하는 색부嗇夫와 유질有秩, 교육과 미풍양속을 담당하는 삼로三老, 방범을 담당하는 유요游徼 등의 직책으로 현지인을 배치했다. 그들 가운데 큰 향의 행정 책임자인 유질은 직급이 백석으로서 군의 인원편제에 속했고, 일반 향의 책임자인 색부는 현이 관리했다.[245]

향의 주요 업무는 조세징수, 요역의 조직이었는데, 이를 위해서 인구

243 Loewe, *The Government of the Qin and Han Empires*, 2006: 48.

244 이 책 10장 3절 참조.

245 『거연한간』에 의하면, 유질뿐 아니라 삼로·색부·유요 등도 모두 백석이었다(Chang, *The Rise of the Chinese Empire*, *Vol. 2*, 2006: 31).

의 수나 재산에 대한 조사도 중요한 일이었다. 그 외에도 향은 민사소송·사회교화·치안 등을 담당했다.[246] 중앙이 군을 감찰하기 위해서 자사를 두고 군이 소속 현들을 몇 개로 묶어 독우督郵를 두었던 것처럼 현도 소속된 향을 감찰하기 위해서 정연廷掾을 두었다.

사실 기층조직의 구체적인 운영에 대해서는 역사서에 거의 기록되어 있지 않다. 다만 20세기 이후 발견된 『수호지진간睡虎地秦簡』, 『거연한간居延漢簡』, 『장가산한간張家山漢簡』 등과 같은 각종 목간이나 죽간 등 자료에는 상당히 자세한 내용들이 포함되어 있다.[247] 특히 이 자료들은 기층에 대한 국가권력의 침투가 매우 철저했음을 보여 주고 있다.

관련 연구에 의하면, 기층조직들은 성벽이나 담으로 둘러싸여 있었고 출입이 통제되었다. 담을 넘거나 구멍을 뚫는 행위에 대한 엄격한 처벌규정이 있었다. 물론 통행이 금지된 것은 아니며, 각각의 구역은 경비원들과 책임자가 지키는 일정한 문을 통해서만 출입할 수 있었다. 해당 문은 정해진 시간에 출입이 허용되었고, 이 경우에도 부符나 전傳의 명칭을 가진 통행증이 있어야 했다. 일반인의 통행증은 향정부가 일정한 심사를 거쳐 발급했는데, 호적에 범죄기록이 없고 노역 및 부세 의무를 이행한 경우에만 가능했다. 통행 시에는 신원이나 인상착의, 소지품, 출입 목적과 일시 등이 매우 자세하게 기록되었다.[248]

주민에 대한 관리의 기반은 호적제도였다. 호적은 사회구성원의 인적 상황에 관한 기록으로서, 조세와 요역을 합리적으로 조직하고 사회치안과 상호협력 요구에 효과적으로 대응하기 위해서이다. 공적 권력이 있는

---

246 袁刚, "秦汉地方政府郡, 县, 乡三级管理体制," 1996: 19.

247 『睡虎地秦墓竹简』「秦律十八种」, 출처: http://www.laomu.cn/xueke/2012/ 201206/xueke_355609.html; 「二年律令」, 張家山二十七號漢墓竹簡整理小組 編著, 『張家山漢墓竹簡〔二十七號墓〕』(釋文修訂本), 2006: 7-83. 『거연한간』은 Chang, *The Rise of the Chinese Empire*, *Vol. 1/2*, 2006에서 잘 분석됨.

248 宋眞, "漢代 通行證 制度와 商人의 移動," 2005: 75-92.

곳에는, 그 구체적인 방식에 있어서 차이가 있을 수 있지만 호적의 필요성은 쉽게 제기되었을 것이다.

초기의 호적은 일정한 방식으로 조직된 백성들의 명단을 문서상으로 기록한 것에서 출발한다. 문헌상으로 춘추시대 『관자』 등에서도 백성들의 조직화에 대한 기록이 나온다. 다만 국가의 정책적 수단으로서 가장 체계적이고 엄격하게 실시된 것은 전국시대 진으로 알려져 있다. 앞서 살펴본 것처럼, 『사기』에서 상앙의 정치개혁 일부로서 백성을 10개 또는 5개 가구로 조직해 범법에 대해서 서로 감시하고 공동의 책임을 지게 했던 것이다.[249] 그와 함께 결혼해 분가하지 않으면 세금을 2배로 징수함으로써 결혼한 성인은 일부일처의 소가족이 호적의 단위가 되도록 강제하고, 가족 구성원 전체를 등재하게 했다.

호적에는 성명·신분·연령·관적·출신·신체특징·가족구성원·재산 등에 대한 세부적인 기록이 포함되었다. 호적은 토지소유자의 의무이기도 하지만, 정부로부터 토지를 공급받는 자격이기도 했다. 호적의 지역적 이동은 납세와 병역 등 국가에 대한 의무의 이행을 전제로 현 정부에서 엄격하게 관리했다. 이러한 평민 호적 이외에도 왕족·관리·병역의무자·상인·천민·도망자·범죄자 등 여러 가지 사회계층들의 호적이 별도로 운영되었다.[250]

한은 다른 제도와 마찬가지로 명적名籍 또는 명수名數의 이름으로 진의 호적제도를 대부분 계승했다. 그리고 전한 시기에 연좌제도가 폐지되기는 했으나 주민들을 5개 가구, 10개 가구로 조직해 서로 감시하게 했다. 그 외에도 한 시기에는 재산의 많고 적음에 따라서 소가小家·중가中家·대가大家 등으로 구분했고, 중가 이상에게만 세금을 부과하고 대신 관직에

---

249 『史記』 卷六十八 「商君列傳」.

250 高敏, "秦汉的户籍制度," 1987: 72-77.

나갈 수 있게 했다.[251] 호적의 실시를 위해서 등록되지 않은 도망자[252]나 그들의 은닉에 대해서는 강력한 처벌이 이루어졌다. 현정부는 호조戶曹와 같은 부서를 두고, 향鄕에는 향색부鄕嗇夫 등 책임자를 두어 엄격하게 관리하고, 매년 호구 상황을 상급 정부에 보고하도록 했다.

호적의 목적은 오늘날처럼 단순한 인원의 파악에 그치지 않고, 거주이전에 대한 효과적인 통제에 있었다. 거주이전에 대한 통제는 토지 정착을 통한 농업생산의 증대, 조세나 부역의 부과, 치안 등 여러 가지 이유가 있었을 것이다. 따라서 위법적인 이주, 즉 도망이나 그것을 방조하는 행위는 처벌의 대상이 되었다. 즉 일정 기간 이상 도망해 돌아오지 않는 경우에는 그 기간에 따라서 처벌되고, 도망자에 대해 숙소나 일자리를 제공한 자들도 처벌의 대상이 되었다. 때로는 도망자를 체포하기 위해서 전국에 수배하거나, 도망의 경험이 있는 자는 칠과적七科謫으로서 변방에 보내는 등 불이익을 주었다.

## 동해군東海郡의 사례

1993년 강소성 연운항시連雲港市 동해현東海縣 온천진溫泉鎭 윤만촌尹灣村에서 전한 말의 묘지가 발견되었다. 특히 거기서 출토된 문서 가운데 당시 지방행정의 면모를 보여 주는 내용이 포함되어 학계의 주목을 받았다. 24개 목독木牘과 134개 죽간竹簡으로 구성된 약 4만 자의 문서에는 『동해군집부東海郡集簿』·『동해군리원부東海郡吏員簿』 등 지방관직과 관리에 관한 전체적인 통계자료가 포함되었다. 그것은 이제까지 살펴본 군·현·향·이 등 각급의 상황을 보여 주고 있다. 여기에서는 각급 지방관직의 분포에

251 高敏, "秦汉的户籍制度," 1987: 78-79.

252 무적자는 시기에 따라서 적지 않았던 것 같다. 무제 원봉元封 4년(기원전 107년)에 관동關東에 유민이 200만, 무적자 40만 명이 있었다고 한다(『漢書』 四十六 「石奮傳」).

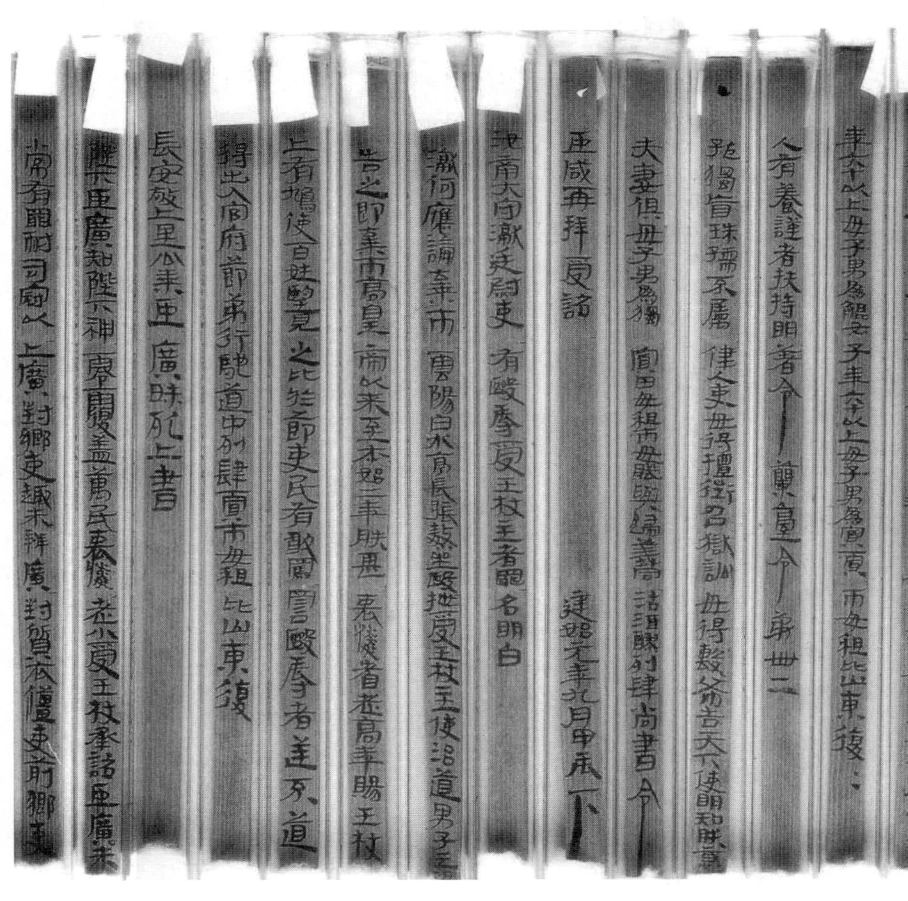

윤만한묘간독尹灣漢墓簡牘_1993년 강소성 동해현 윤만촌尹灣村 전한 말의 묘에서 다량의 목독과 죽간이 발견되었다. 당시 동해군의 관리들에 대한 상세한 내용이 포함되어 있다.

초점을 두어 종합해 보고자 한다.[253]

먼저 동해군의 전반적인 상황에 대한 설명이다. 위의 자료들에 의하면 동해군의 면적은 동서 551리, 남북 488리이다. 가구수는 26만 6천290개, 인구는 139만 7천343명이다. 행정구획으로 모두 38개 현급 단위가 있다.[254] 구체적으로 현 18개, 읍 2개, 후국 18개이다. 현의 하급단위로서 170개의 향이 있고, 그 아래에 다시 2천534개 이里가 있다. 이것은 대략 1개 현에 4, 5개의 향, 1개 향에 15개의 이가 설치되었고, 이는 대략 100여 개의 가구로 편성되었음을 의미한다.

그렇다면 동해군에는 어떤 관직이 배치되었는가? 『동해군리원부』에 따르면 군 전체 관리의 수는 2천202명이었다.[255] 먼저 군급으로 이원적인 체제였다. 하나는 태수를 책임자로 하는 태수부太守府이다. 태수부는 태수와 승丞 1명 외에 소리小吏로서 졸사卒史·속屬·서좌書佐·색부嗇夫 등 25명이 있다. 다른 하나는 군사와 치안을 담당하는 도위부都尉府이다. 책임자는 도위인데, 동해군이 큰 군이기 때문에 그 직급도 태수와 같은 이천석이다. 여기에는 태수부보다 수적으로는 적지만 승丞 이외에 비슷한 관직들이 배치되어 있는데, 도위를 포함해 모두 12명이다. 도위의 치소도 태수와 다른 곳에 두고 있다.

다음은 현급 관리들이다. 앞서 언급한 것처럼 현의 규모에 따라서 책임자의 직급은 상이하다. 동해군에서도 규모가 큰 현의 책임자는 영令으

253 아래는 주로 谢桂华, "尹湾汉墓所见东海郡行政文书考述," 连云港市博物馆·中国文物研究所 编, 『尹湾汉墓简牍综论』, 1999: 22-45; 周振鹤, "西汉地方行政制度的典型实例ㅡ读尹湾六号汉简出土木牍," 1997: 98-103 등에 의거함.

254 인구와 행정단위 숫자는 전한 말(서기 2년) 전국적인 공식 통계인 『한서』「지리지」와 거의 일치한다. 「지리지」에서 인구수는 155만 9천357명으로 약간 더 많고, 현급 행정단위는 현·읍·후의 구분 없이 38개로 동일하다(『漢書』 卷二十八 「地理志」).

255 다만 세부 인원의 합계가 2천203명으로 되어 있어서 논쟁이 되고 있다(周群, "尹湾汉简所载东海郡吏员总额考," 2011: 6-10).

로서 직급이 천석과 육백석이며, 모두 7개의 현이 거기에 해당되었다. 나머지 13개 현(읍 포함)은 그 크기에 따라 삼백석·사백석 직급의 장長이 있다. 책임자 이외에 태수부와 마찬가지로 각 현급 정부에는 현의 크기에 따라 직급 이백석에서 사백석 사이의 승丞 1명과 위尉 1-2명 등 장리長吏가 있다. 18개 후국에는 현령(장)보다 직급이 비교적 낮은 삼백석 또는 사백석의 상相이 배치되었다. 상의 속관으로는 이백석의 승 1명과 비삼백석의 가승家丞 1명이 모든 후국에 배치되었다. 일부의 후국에는 군사와 치안을 담당하는 이백석의 위尉가 있다.

이들 장리 아래에는 각 부서별로 그 명칭에 반영되는 다양한 업무를 담당하는 —백석 이하의— 소리小吏들이 있다. 현의 크기에 따라서 각 분야의 관리 수에도 차이가 있어서, 1개 현에 최소 22명에서 최고 107명이다. 후국에도 상응하는 관리들이 배치되었다. 좀 더 구체적으로 각각의 현과 후국에는 그 크기에 따라 영사令史 2-6명, 옥사獄史 1-4명, 관색부官嗇夫 2-4명, 뇌감牢監 1명, 위사尉史 1-4명, 관좌官佐 4-9명 등 평균 20명 정도의 관리들이 배치되어 있다. 다만 후국에는 열후의 사적인 업무를 담당하는 관리들이 있는데, 그 크기에 상관없이 위의 가승 아래 행인行人·문색부門嗇夫 3명과 선마先馬·중서자中庶子 14명 등 총 17명의 하급 인원들이 배치되었다.

현급 아래에는 170개의 향이 있는데, 그 크기에 따라 향유질鄕有秩이나 향색부鄕嗇夫와 같은 책임자들과 그 부관인 향좌鄕佐, 치안을 담당하는 유요游徼 등이 1-2명 배치되었다. 향 아래에는 이里 2천534개가 설치되어 이정里正이라는 책임자가 있다. 그와 함께 일반 행정단위와는 별도로 치안을 담당하는 정亭이 있고 그 책임자는 정장亭長이다. 동해군의 688개 정에는 모두 2천972명의 병사〔정졸亭卒〕가 소속되었다. 각각의 정장이 4-5명의 병사를 갖고 있던 셈이다. 우편담당 기구인 우郵가 34개 있는데, 거기에는 408명의 인원이 배치되었다. 뿐만 아니라 동해군은 38개 현과 170개 향에 그 크기에 상관없이 각각 1명씩의 삼로三老를 두어 관리와 백성 사이의 중간자

〈그림 27〉 전한말 동해군의 각급 조직인원

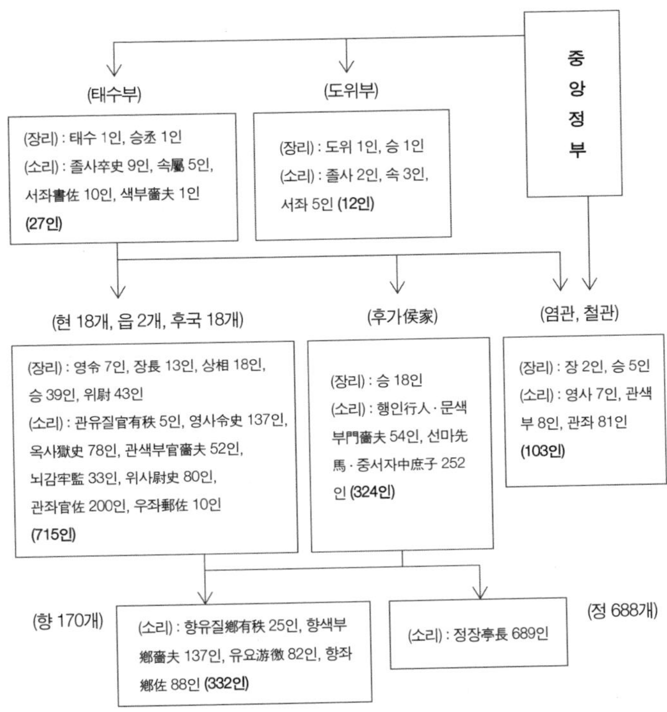


역할을 담당하게 하고, 효孝·제悌·역전力田 등을 각각 120명씩 선정해 백성들의 모범이 되게 했다.

그 외에도 동해군에는 소금과 철을 관리하는 중앙 직속의 염철관이 모두 5개의 현에 상주했다. 즉 3개 현에는 염관이 설치되었는데, 그중 한 곳에는 직급 삼백석에 해당하는 장長이 1명, 해당 현과 나머지 3개 현에는 직급 이백석의 승丞 1명씩 배치되었다. 또한 철관은 2개 현에 설치되었는데, 그 중 한 곳에는 직급 삼백석의 장이 1명, 해당 현과 나머지 현에는 이백석의 승이 각각 배치되었다. 위에서 설명한 내용을 요약적으로 제시한 것이 〈그림 27〉이다.

### 지방 3급체제

통상적인 견해로는 대국일수록 복잡한 이해관계를 조정하기 위해서 국가권력은 강하고 또 전제적이어야 한다. 그렇지만 여기서 이해관계의 조정은 당위성을 말하는 것이며, 오히려 복잡한 이해관계를 반영한다. 다시 말해 대국일수록 복잡한 이해관계로 인해 통치하기 힘들다고 할 수 있다. 이것은 중앙집권적 국가에서 지방행정체제가 정치적으로 중요한 이슈가 되고, 실제 가변적인 이유이다.

위에서 살펴본 것처럼 지방행정체제의 기초는 춘추전국시대에 이루어졌다. 진을 포함해 각 국가들은 대부분 군·현 체제를 구축했고, 결국 진이 통일하면서 각 국가들이 해체되고 군·현만 그대로 전수되어 지방 2급체제가 형성되었다. 한은 처음에는 일부의 군현을 황제가 직접 통치하되 몇 개의 군을 포괄하는 제후국들을 둠으로써 일종의 변형된 3급체제를 도입했다. 그러나 점차 제후국의 전체 범위와 개별 제후국의 크기를 줄이고 그 기능을 약화시키면서, 전한 중반에 이르러 진과 같이 사실상 군-현의 2급체제로 변모했다.

그렇지만 제후국의 군현화와 함께 특히 무제 시기 영토의 확대로 군의 수가 크게 증가하자, 중앙이 이들을 직접 관할하기 어렵게 되었다. 그리하여 무제는 전국을 13개 주州로 나누고 각각 한 명의 자사刺史를 파견했다. 처음 주는 일종의 감찰구로서 행정구역은 아니었으나 점차 행정적 기능을 담당하는 기구로 변모했다. 결국 후한 말에는 지속되는 농민반란에 대응하는 과정에서 주가 일반 행정기능까지 담당하면서 주-군-현 3급체제가 형성되었다.

전체적으로 본다면 3급체제로의 전환은 단계적으로 이루어졌다. 그것은 초기에 새로운 상급단위가 감찰과 같은 특정한 업무를 맡는 것에서 시작되었다. 원래 진은 중앙집권을 위해 지방관에 대한 감독이 필요하다고 보고 각각의 군에 감어사監御史와 같은 감찰기구를 두었다. 그렇지만 전한 초기에는 군의 수장들이 대부분 건국의 공신들이었기 때문에 황제는 감찰제도를 실시할 입장에 있지 않았다.

다만 시간이 지나면서 혜제·문제 시기 황제는 어사御史·승상사丞相史 등을 정기적 또는 부정기적으로 보내 군국을 감찰하게 되었다. 그후 기원전 106년 무제는 경기지방[256]을 제외한 전국을 13개 주州로 구분해 각각 자사刺史를 임명, 가을에 군국을 순찰하게 했다.[257] 한 명의 자사가 보통 5-10개의 군국을 감찰했다. 자사의 감찰 대상은 태수와 지방의 토족세력이었다. 자사의 역할과 관련해 6가지 감찰조항이 발표되었다. 그것은 첫째, 지방 토호세력의 토지와 주택 제한규정 위반과 약자에 대한 횡포, 둘째, 태수들의 업무규정 위반과 백성들에 대한 경제적 침탈, 셋째, 태수들의 임의적인 형집행과 백성들에 대한 횡포, 넷째, 태수들에 의한 관리임용의 불공정, 다섯째, 태수 자제들의 권력남용과 청탁, 여섯째, 태수들과 지방 토족세력의 결탁과 부정 등이다.[258]

처음에 자사의 직위는 매우 낮았다. 그들의 직위는 주된 감찰 대상이었던 이천석의 태수와는 크게 차이가 있는 중하급 현령의 수준인 육백석이었다. 그들은 처벌권도 없었고, 단지 황제에게 그 결과를 보고하는 권한만 갖고 있었다.[259] 그들은 어사대부의 차관인 어사중승御史中丞에 소속되었다. 동시에 승상부 소속의 전국적 감찰관원인 사직司直의 감독을 받

256 경기지방은 경조윤京兆尹·좌풍익左馮翊·우부풍右扶風·하남군河南郡·하내군河內郡·하동군河東郡·홍농군弘農郡이며, 기원전 91년 해당 지방은 사예교위부司隸校尉部로서 이천석의 사예교위司隸校尉가 관할했다. 그렇지만 그 이후 해당 제도는 폐지와 회복을 반복했다(贾玉英 等, 『中国古代监察制度发展史』, 2004: 226-227).

257 袁刚, "秦汉地方政府郡, 县, 乡三级管理体制," 1996: 19.

258 『漢書』 卷十九 「百官公卿表」 颜师古 注引 『漢官典職儀』.

259 황제는 그것을 삼공에게 내려 검토하게 하고, 이들은 다시 소속 관원을 보내 조사한 뒤에 처벌 여부를 결정했다(『後漢書』 卷六十三 「朱浮傳」).

았다. 하급자에 의한 상급자의 감찰은 관료적 위계질서와 맞지 않는 면도 있었다. 그렇지만 직급이 높을 경우에는 감찰의 기능을 넘어 다른 행정에 간섭할 가능성이 있었다. 어쨌든 자사의 권한은 점차 강화되어 결국 군의 상급으로 변모했다. 그리하여 지방행정도 2급체제에서 점차 3급체제로 변화되었다.

자사는 전한 말 성제 때(기원전 8년) 태수와 동일한 이천석의 주목州牧으로 대체되었다. 그 이후 주목과 자사의 폐지와 회복이 반복되었다. 특히 왕망은 지방반란을 막기 위해서 주목을 회복하고 그들에게 세습적인 작위, 군사지휘권은 물론 대장군의 칭호를 주었다. 후한 시기(서기 42년)에는 다시 자사로 복귀했으나, 이제 자사는 직급 이천석으로 각 주에 고정된 관소를 갖고 있었다. 자사는 감찰 이외의 영역으로 그 권한이 점차 확대되었다. 결국 후한 말 영제靈帝(168-189년 재위) 때 황건적의 난이 발생하자 주목이 다시 회복되었고, 태수의 상급자로서 주의 군정대권이 주어졌다. 이를테면 유표劉表와 원소袁紹는 각각 형주목荊州牧과 기주목冀州牧이 되었는데, 그들은 사실상 지방할거 정권이었다. 이것은 당 후기에 주州와 현縣 2급체제 위에 도道가 세워지면서 그 책임자인 절도사가 강력한 세력을 구축해 중앙에 도전했던 선례가 되었다.

진한제국은 2급체제를 지향했다. 이것은 중앙으로부터 지방에 대한 직접적인 통제의 요구에 부응한 측면이 있다. 황제는 현의 책임자들까지 임명했을 뿐만 아니라, 중앙의 부서는 현정부와 업무상으로 연계되었다. 시각에 따라서는 2급체제는 3급체제와 비교해 업무의 신속성을 높일 수 있다. 그와 함께 지방을 100여 개 정도로 분리시킴으로써 군은 군사나 재정에서 적정 규모가 되어 지방의 일을 도모할 수 있으면서도, 개별적으로 중앙의 도전세력이 될 수는 없다.[230]

---

230 嚴耕望, 『中國地方行政制度史 甲部—秦漢地方行政制度』, 1990: 3-4.

그럼에도 다른 측면에서 보면 지방 2급체제는 상황의 요구에 맞지 않았다. 왜냐하면 지방 2급체제는 전국시대 각국에서 성립된 것으로서, 통일에 의해 몇 배로 증가된 국가의 크기를 반영하지 못했기 때문이다. 더욱이 제국은 통일 이후에도 정복활동을 통해 영토를 배가시켰다. 이러한 상황에서 황제가 다수의 지방정부를 직접 통제하기란 쉽지 않았을 것이고, 3급체제는 불가피한 흐름이 되었다. 그렇지만 지방정부는 이중적이다. 지방정부는 황제가 백성들을 통치하기 위한 수단이면서 동시에 권력을 두고 그와 경쟁할 수 있는 통치집단이다. 동한 말 태수 위에 주목을 둔 것은 원래 농민반란으로부터 제국을 지키기 위해서였지만, 그들은 결국 제국을 분할시키고 말았다.

| 열 번째 |

# 중심과 주변

# 10

이 장에서는 광역에 대한 지배에서 발생하는 부가적인 문제들을 다룬다. 여기에는 크게 수도의 위치, 장성, 그리고 이민족에 대한 정책이 포함된다. 수도와 관련해서는 성읍국가·영토국가·통일국가에서 각기 상이하게 나타나는 특징들에 주목한다. 특히 수도의 중심성은 광역의 (통일)국가에서 비로소 의미를 갖는다. 이어 고대 중국의 두 정치경제적 중심지, 즉 관중關中의 서안 부근과 관동關東의 낙양 부근의 입지적 차이가 부각된다. 다음으로, 전국시대와 진한 시기에 축조된 장성을 다룬다. 장성은 단순히 농경과 유목의 구분에 입각한 방어가 아니라, 새로운 정복지의 방어와 추가적 공격을 위해서였다. 마지막으로 광역에 대한 군현적 지배의 제한된 형태로서, 도道·속방屬邦·부도위部都尉 등 각종 이민족 정책들을 살펴본다.

## 1. 수도

수도는 한 국가 내에서 권력의 중심지이다. 따라서 그 위치를 정하는 데에는 정치·경제·문화·군사 등 각종 요소들이 고려되어야 한다. 물론 모든 요소들을 만족시키는 지역은 드물고, 각각의 시대적 상황에 따라 중시되는 것들이 다르기 때문에 위치도 가변적이다. 이 글의 주요 가설 가운데 하나는 권력의 행사는 지리적 제약을 받는다는 것이다. 교통이나 통신이 낙후되어 그러한 제약이 클수록 광역을 통치하는 중심지로서 수도의 위치는 더욱 중요하다. 또한 초기국가의 형성과 통합 과정에서 그 형태나 크기가 다르고, 그에 상응하여 수도의 기능도 달라질 수밖에 없다. 그럼에도 기존의 관련 논의는 주로 어떤 지역의 지리적 특성들이 수도에 부합하는지 여부에 한정되었다.

앞서 언급한 것처럼 초기국가 형태는 소규모 정치조직들이 분산된 성읍체제였고, 점차 영토국가로 변화했다. 이러한 변화와 완전히 일치하는 것은 아니지만, 정치체제도 봉건제에서 중앙집권제로 전환해 왔다. 그와 함께 국가의 규모도 지속적으로 커졌다. 수도의 기능도 이러한 과정과 긴밀한 관계를 가질 수밖에 없다. 수도의 입지조건에 관한 논의도 그러한 맥락에서 이해되어야 할 것이다.

사실 초기 수도의 입지와 관련된 중요한 관념의 하나는 수도는 천하의 중심〔천하지중天下之中〕에 있어야 한다는 것이다. 그렇지만 천하사상이나 화이사상이 중화의 통합적 이해를 전제로 하는 것처럼, 수도의 중심성도 일정한 통합적 국가의 존재를 전제로 한다. 천하의 중심으로서 수도의 위치에 대한 관념이 위 사상들의 중요한 일부를 형성한다. 이것은 수도의 중심성에 대한 관념은 비교적 후대에 생겨났음을 시사한다. 이러한 맥락에서 성읍국가에서 영토국가, 중앙집중적 통일국가로의 통합 과정에서 수도의 위치 그리고 그와 관련된 쟁점들을 검토하고자 한다. 이를 통해 제국의 수도와 정치권력의 연관성이 드러나게 될 것이다.

### 성읍국가와 수도

먼저 전형적인 성읍국가 체제에서 수도와 국가는 지리적으로 거의 일치한다. 천도는 국가 전체의 지역적 이동, 즉 천국遷國을 의미한다. 또한 성읍국가 체제에서는 넓은 공간에 걸쳐 여러 소규모 정치체들이 산재해 있다. 그들 사이에는 어느 누구에도 속하지 않는 넓은 빈 공간이 있다. 따라서 천도는 비교적 용이했고 실제로 빈번히 이루어졌다. 전체를 관장하는 정치적 실체나 관념이 없었던 만큼 천하는 물론 광역의 중심으로서 수도의 개념은 생각하기 힘들다. 강자도 그 직접적 관할 지역은 하나의 큰 성읍에 불과했고, 주변에 대한 영향력은 제한적이었다.

물론 성읍국가 체제에서 개별 성읍들은 나름대로 일정한 요건을 갖출 필요는 있다. 초기에는 자연에 대한 의존 정도가 큰 만큼 무엇보다도 먹을 물, 농사를 위한 토지, 수렵을 위한 산과 연못, 방목을 위한 초원 등 여러 가지 조건들이 구비되어야 한다. 홍수와 같은 자연적 재해가 빈발하는 곳은 피해야 한다. 따라서 성읍국가들은 주로 강들이 모이는 지역의 상류에 건설되었다.

성읍의 건설과 관련하여서는 건축이나 토목 기술도 발달하지 않았기 때문에 자연적 특성에 적응하는 방식을 취하지 않을 수 없다. 춘추 초기의 정치가 관중管仲의 사상을 전하는 『관자』에는 성읍체제하에서 정치의 중심지로서 수도에 대한 관념을 부분적으로 보여 준다.

> 대개 국도國都는 큰 산 아래가 아니면 넓은 하천 위쪽에 세워야 한다. 높은 데는 너무 마른 곳을 피해 물을 충분히 쓰게 하고, 낮은 데는 너무 물에 가까이 하지 않아 도랑을 막을 필요를 적게 한다. 천연의 재화를 이용하고 지리의 이점을 이용하기 때문에 성곽은 반드시 직각형일 필요가 없고, 도로도 반드시 직선일 필요가 없다.[1]

성읍국가 체제에서 통치는 특정의 제한된 지점에 국한된다. 필요한 물자들도 대부분 주변의 인접한 지역에서 직접 조달되어야 한다. 그것은 영토국가와 비교하면 두드러진다. 영토국가는 광범위한 영토에서 많은 물자를 수도에 집중할 수 있는 행정적 조직을 갖추고 있다. 성읍국가 체제에서는 그러한 기제가 결여되어 있다. 따라서 성읍국가는 시간이 지나면서 인구의 증가나 집중이 이루어지게 되면 주거나 자원의 조달에 문제가 발생한다. 더욱이 부가 소수에 집중되는 경향이 있어서 계층간 갈등이 발생할 수 있다. 통치자의 입장에서도 지방조세체제가 제대로 확립되지 않음으로써 재원조달에 제약을 받을 수밖에 없다.

이러한 상황에서 수도는 한 곳에 오랫동안 머물기 어려울 뿐 아니라, 통치자의 입장에서 천도는 몇 가지 이점이 있다. 먼저 상당수의 사람들은

1 "凡立國都, 非於大山之下, 必於廣川之上; 高毋近旱, 而水用足; 下毋近水, 而溝防省; 因天材, 就地利, 故城郭不必中規矩, 道路不必中準繩."(『管子』「乘馬」) 번역은 谢浩范·朱迎平 译注, 『管子全译』, 1996: 53; 김필수 외 옮김, 『관자』, 2006: 72를 참조함.

원래의 수도에 그대로 남아 있을 것이기 때문에 부양할 인구를 줄일 수 있고, 계층간의 불균등 문제를 해결하는 데 도움이 될 것이다. 또한 통치자는 천도의 과정에서 토지 등 추가적인 재원을 확보할 수 있다. 반대로 천도는 기득권층에게는 불리했을 것이다. 실제 천도 논의가 문헌상으로 전해지는 최초의 사례인 상 시기 반경盤庚의 천도에서 나타나는 것처럼 그들은 강력하게 반발했다. 어쨌든 성읍국가 체제에서 천도는 자주 발생했다.

그렇다면 초기의 수도는 어디였을까? 초기의 정치체는 인간의 기록보다 훨씬 이전부터 존재했다. 따라서 정치 중심지는 기록보다는 유물에 의해 확인될 수밖에 없다. 최초의 왕조로 알려진 하의 수도와 관련해 『죽서기년』과 같은 후대 역사서는 7차례의 천도를 기록하고 있다.[2] 그렇지만 그 위치는 고증할 수 없고, 다만 하남성 낙양 부근의 이리두二里頭에서 발견된 궁전이 하의 것으로 추론되고 있을 뿐이다.

하를 대체한 상의 경우에도 잦은 천도가 이루어졌다. 문헌에 의하면, 상 부족의 시조 설契에서부터 기원전 1700년경 하를 멸하고 권력을 장악한 14대 탕湯까지 이미 8차례의 이주가 있었다.[3] 그 이후에도 천도는 계속되었는데, 『죽서기년』을 포함하여 역사서들은 탕 이후 1300년경 19대 반경의 은殷까지 모두 6개의 수도를 기록하고 있다. 지리적으로 상의 도읍지들은 대략 오늘날 하북성 남동부와 산동성 서북부에 해당하는 황하 중하류 유역에 위치했다. 11세기 중반 상을 몰아내고 패권을 잡은 주의 경우에도 그전 13대 동안 최소 6회의 천도가 기록되고 있다.[4] 사실 잦은 천도는 자연에 대한 적응의 의미가 강했고, 따라서 수도의 중심성 개념은 여전히 희박했다.

2 『竹書紀年』「夏紀」.

3 『史記』 卷三 「殷本紀」.

4 상과 주의 천도 과정에 관해서는 이 책 2장 2절 참조.

천도와 관련해 문헌상으로 전해지는 최초의 논쟁은 상 중기에 이루어졌다. 그것은 반경이 상의 일곱 번째 도읍지인 은으로 천도한 것과 관련된다. 논쟁을 전하는 『상서』「반경」에 의하면 천도에 대한 사람들의 반대가 적지 않았던 것 같다. 반경은 천도의 당위성을 매우 적극적으로 제시해야 했는데, 『상서』「반경」은 대부분 해당 내용으로 채워져 있다. 다만 그의 발언이 상당히 모호해 후대에 천도의 요인을 둘러싸고 여러 가지 해석들이 나오게 되었다.

그럼에도 이 문헌은 천도의 이유로 크게 두 가지를 시사하고 있다. 그것은 첫째, 지배층의 사치와 타락에 대해서 새로운 분위기의 조성, 둘째, 황하의 홍수이다. 즉 "현재 재직하고 있는 관리들 가운데에는 정치를 어지럽히고 재물을 탐하는 자들이 있다."[5]거나 "옛날 우리의 선왕은 공을 많이 세웠는데, 높은 지대로 이사해 재해를 제거했다."[6]는 것이다. 홍수에 관한 부분은 『사기』「은본기」에서도 지적되고 있다. 두 가지 이외에도 후대의 연구자들은 유목민의 고유한 이동성이나 화전에 따른 지력의 고갈 등에서 그 원인을 찾기도 한다.[7] 여기서도 수도의 중심성에 대한 요구는 있지 않다.

그렇다면 성읍에서 영토국가로 변화하는 초기 단계에서 확인되는 봉건제에서 수도의 기능은 어떤가. 즉 천자의 직할지로서 수도는 어떤 의미를 갖는가? 분권적 통치를 특징으로 하는 봉건제하에서 수도의 기능은 제한적이다. 각각의 지방은 제후들에 의해 독자적으로 통치되기 때문이다.

---

5 "茲予有亂政同位, 具乃貝玉."(『尙書』「商書·盤庚中」)

6 "古我先王將多于前功, 適于山. 用降我凶德."(『尙書』「商書·盤庚下」)

7 각각의 관점에 대한 반론도 적지 않다. 구지에강이 종합하는 내용은 다음과 같다. 즉 지배층의 타락에 대해서는 천도가 아닌 제도정비를 통해서도 할 수 있다는 것, 유목민의 이동성과 관련하여 상은 이미 농업이 광범위하게 이루어졌다는 것, 화전에 따른 지력의 고갈에 대해서는 그것은 원시적인 농업방법으로서 상은 그 단계보다 발전했다는 것 등이다(顧頡剛·劉起釪, 『尙書校釋譯論』 二卷, 2005: 975-981).

천자는 각지의 권력자원을 직접 활용하지 않기 때문에 중심과 주변 간의 지리적 거리는 그 중요성이 작다. 물론 천자와 제후 간의 인적·물적 교류가 없지 않고, 천하의 중심으로서 수도가 가지는 상징적 의미가 없는 것은 아니다. 그렇지만 천자 역시 큰 제후국에 불과하다. 그 결과 전국에 대한 고려보다는 천자국의 유지가 수도 선택의 중요한 기준이 될 수밖에 없다. 그것은 중앙집권적 정치체제와 비교하면 분명히 드러난다.

상을 대체한 주의 수도도 봉건체제의 맥락에서 이해되어야 한다. 앞서 언급한 것처럼 상의 활동 영역은 황하의 중하류인 하남성 동북부와 산동성 북서부에 해당되었다. 그에 반해 주는 황하의 중상류, 섬서성 중부인 소위 관중關中이었다. 관중에서 실력을 키운 주의 무왕은 결국 함곡관을 넘어 동쪽으로 진격해 상(은)을 멸망시켰다. 그 후 그는 다시 관중으로 되돌아가 지금의 서안 부근인 호鎬에 수도를 정했다(종주宗周). 그와 함께 그는 낙수洛水 북쪽 변에 제2의 수도로서 낙읍을 건설하고자 했다.

이와 관련해 무왕은 다음과 같이 낙읍의 지리적 가치를 주공周公에서 말했다.

> 낙수만洛水灣에서 이수만伊水灣까지는 지세가 평탄하고 험준한 곳이 없다. 이곳은 하夏가 자리 잡았던 곳이다. 나는 남쪽으로는 삼도三塗산을, 북쪽으로 태항太行산을 바라볼 수 있고, 머리를 돌리면 황하가 보이고 낙수와 이수까지도 볼 수 있다. (도읍지는) 하느님의 집〔천실天室〕에서 멀리 떨어져서는 안 된다.[8]

그에게 낙양은 지대가 평탄해 주변의 넓은 지역을 쉽게 통치할 수 있

8 "自洛汭延于伊汭, 居易毋固, 其有夏之居. 我南望三涂, 北望嶽鄙, 顧詹有河, 粤詹雒, 伊, 毋遠天室."(『史記』 卷四 「周本紀」) 이 문장의 해석은 다양하다. 여기서 번역은 安平秋 主編, 『二十四史全譯: 史記』 第一册, 2004: 36-37에 의거함.

다는 장점이 있었다. 다만 그는 얼마 지나지 않아 죽었고, 그 계획은 그의 동생 주공에 의해 실현되었다. 주공은 무경武庚의 난 이후 동방에 대한 통제를 강화하기 위해서 낙읍을 동쪽의 수도로 건설했다. 성왕은 백관을 데리고 낙읍에 와서 하늘에 제사를 지낸 뒤 수도로 되돌아가고, 주공은 낙읍에 남아 통치했다.

후대의 역사서들은 낙읍 건설에 새로운 의미를 부여했다. 그것은 천하의 중심으로서 낙읍의 가치이다. 이를 위해 역사서들은 낙읍이 "지리적으로 중앙에 있어 사방에서 공납하는 거리가 비슷하고,"[9] "나라의 중심에 있고, 제후가 사방을 울타리로 지키고 있다."[10]는 점을 주공의 말로 전하고 있다. 『일주서』도 "내가 주나라가 계속되지 못할까 우려해 천하의 중심에 위치하게 했다."는 주공의 말을 전하며, 그가 섭정 시기에 호의 종주와 별개로 낙읍에 성주成周를 건설해 사방 1천720장杖의 내성과 사방 72리의 외성을 세웠는데, 남으로 낙수로 이어지고, 북으로 망산邙山에 의거해 천하가 다 모이는 곳이 되었다고 기술하고 있다.[11]

그런데 낙읍의 건설과 관련한 가장 최초의 기록은 『상서』이다. 『상서』의 「소조召詔」와 「낙조洛詔」는 각각 낙읍의 건설과 관련하여 성왕과 그를 섭정하던 주공, 그리고 낙읍의 건설을 담당한 소공의 보고와 대화로 구성되어 있다. 특히 「소조」에는 후대에 '천하의 중심'이라는 의미로 과장되는 '토중土中'이 등장한다. 즉 "토중에서 통치한다."는 것이다.[12] 그렇지만 이

---

9 "此天下之中, 四方入貢道里均."(『史記』 卷四 「周本紀」)

10 "昔周公營雒邑, 以爲在於土中, 諸侯蕃屛四方."(『漢書』 卷二十八 「地理志」)

11 "予畏周室不延, 俾中天下, 及將致政, 乃作大邑成周于土中, 立城方千七百二十丈, 郛方七十里, 南繫于雒水, 北因于郟山, 以爲天下之大湊."(『逸周書』 「作雒解」) 번역은 黃懷信, 『逸周書校補注譯』, 1996: 255.

12 "自服於土中…… 自時(=是)中乂."(『尙書』 「周書 · 召詔」) 번역은 顧頡剛 · 劉起釪, 『尙書校釋譯論』 三卷, 2005: 1440; 江灝 · 钱宗武 译注, 『今古文尚书全译』, 1993: 308-309에 의거함.

문헌들에서 '천하'나 그와 유사한 개념은 물론 주공이 언급한 것으로 인용되는 제후의 공납이나 사방에 대한 방어 등의 구체적인 내용들은 들어 있지 않다. 전체적인 내용도 무경의 난 이후 은나라 사람들을 낙읍에 이주시켜 건설하고, 그들에 대한 통제를 강화하는 것에 집중되고 있다.

사실 후대의 논의에서는 수도 호鎬는 거의 언급되지 않고 천하의 중심으로서 낙읍의 건설이 강조되지만, 어디까지나 주의 정치적 중심지는 관중의 호였다.[13] 그런데 호가 위치한 관중은 경제적 자립과 더불어 군사적 방어에 큰 장점이 있었지만, 서북쪽에 치우쳐 있었다. 이념적으로 봉건제는 그 원칙에 있어서 천자가 천하의 중심에 위치하고 제후가 그 울타리로 기능할 것을 요구한다. 물론 이때 천자는 '덕'을 통해 만인의 지지를 받음으로써 안전을 걱정할 일이 없어야 한다. 이러한 관점에서 본다면 주의 수도 관중은 그러한 봉건제의 원칙에 온전히 부합하지 않았다.

그렇지만 우리는 여기서 관중에 자리 잡은 주의 선택이 불합리했다고 할 수는 없다. 오히려 주의 봉건제에 대한 후대의 인식에 문제가 있다고 해야 할 것이다. 그것은 주의 천자가 봉건제의 이념에 따라 천하에 대한 보편적 통치를 관철했다는 인식이다. 사실 주는 여전히 경쟁적인 국가들 가운데 우두머리에 불과했고, 따라서 제후들의 중심에 위치한 낙읍에서 천하에 대한 보편적 통치를 지향하기보다는 전략적으로 유리한 관중에서

---

13 사마천은 이렇게 전한다. "학자들이 모두 '주가 (상의) 주紂를 토벌하고 낙읍에 거했다.'고 하는데, 그 실상을 종합해 보면 그렇지 않았다. 무왕이 낙읍을 측량하고, 성왕이 소공을 보내 점을 치게 하고 구정九鼎을 그곳에 안치했지만, 주의 수도는 여전히 풍豊과 호鎬였다. 견융이 유왕幽王을 패배시키게 되자 비로소 주의 수도는 낙읍으로 동천했다."(『史記』 卷四 「周本紀」) 문왕과 무왕 시기의 수도 풍豊과 호鎬는 서안시 서쪽 풍수豊水의 양안에 각각 위치했는데, 특히 한무제 때 곤명지昆明池·상림원上林苑 등 대규모 토목공사로 파괴된 것으로 추측되고 있다. 성곽이나 궁전은 확인되지 않고, 일부 주거지와 기와 그리고 청동기가 부장된 묘가 발견되었을 뿐이다(가이즈카 시게키·이토 미치하류 지음, 배진영·임대희 옮김, 중국의 역사: 선진시대, 2011. 187-188).

자국을 통치하고, 그것을 바탕으로 전체의 질서를 유지하고자 했다. 낙읍의 건설은 관중의 편중성을 보완하는 정도에서 이해되어야 할 것이다.

주는 기원전 771년 융적의 침략을 받아 호가 함락되어 수도를 낙읍으로 옮겼다. 낙읍은 기원전 256년 진秦에 의해 멸망할 때까지 동주의 수도가 되었다. 그렇다고 천하의 중심인 낙읍으로 옮겨 간 동주가 봉건제적 원칙에 충실했다고 할 수는 없다. 낙읍 천도는 자신의 선택이 아니라 관중을 융적에게 빼앗긴 결과였을 뿐이었다. 동천 이후에 주는 제후국들에 대한 영향력은 상실하고 천자로서 명목만 유지했고, 전국시대에는 명목조차 잃고 말았다.

### 영토국가와 수도

영토국가는 광역지역에 대한 지배를 특징으로 한다. 영토국가에서 수도는 자체의 중요성과 더불어 전국에 대한 통치의 중심지로서 의미를 갖는다. 또한 영토국가는 더 많은 권력자원을 가지고 있고, 그것을 중앙에 집중하려는 경향이 있다. 이러한 권력자원의 동원을 위해서 영토국가는 정교한 통치기구를 각지에 둔다. 이론상으로 영토국가는 성읍국가에 비해 광역의 자원을 활용할 수 있기 때문에 수도의 입지는 상대적으로 덜 중요하다. 그렇지만 중앙집권적 정치체제에서 수도의 중심성은 여전히 중요하다. 그것은 무엇보다도 중앙과 지방 사이의 많은 인적·물적 교류, 특히 지방에서 중앙으로 자원의 집중이 요구되기 때문이다.

역사적으로 춘추전국시대에는 대규모 영토를 갖는 국가들이 출현했다. 영토국가 체제의 등장은 국가들 사이의 지속적인 전쟁 및 통합과 결부되었다. 일부 국가들은 주변의 지역을 흡수하면서 점차 영토를 확대했다. 그와 함께 그들 사이의 접촉면도 넓어질 수밖에 없는데, 거기에는 전쟁 이외에 경제나 문화의 교류도 포함되었다. 수도의 위치도 그러한 변화의 영향을 받지 않을 수 없었다. 그 과정에서 그들은 대내외적으로 국토를 잘 활용하기 위해서 수도를 자주 이전했다. 그 결과 성읍체제에서와 마찬가지로 영토국가에서도 천도는 매우 빈번하게 발생했다. 춘추전국 시기 주요 국가들 중에서 노魯를 제외한 모든 나라들이 천도를 경험했다. 아래에서는 춘추전국시대에 걸쳐 존립했던 몇몇 나라들의 사례를 살펴본다.

먼저 춘추시대에 오랫동안 패권의 위치에 있던 진晉의 경우이다. 진은 기원전 11세기 중반 주 성왕의 동생 숙우叔虞가 산서성 서남부 당唐에 봉해진 것에서 시작된다. 서주 시기 진은 악鄂·곡옥曲沃·강絳(=익翼) 등으로 옮겨 다녔는데, 대략 하동의 분수汾水 하류로서 오늘날 산서성 서남부에 위치했다.[14] 춘추시대 후반인 기원전 585년 다시 신전新田[15]으로 천도가 이루어졌는데, 그곳도 진의 본거지를 벗어나는 것은 아니었다.

신전 천도의 직접적 배경은 알려져 있지 않다. 다만『춘추좌전』에 전년도에 도성 근처의 양산梁山이 무너져 내렸다는 불길한 징조만 기사에 나올 뿐이다. 어쨌든 논쟁의 일부가 문헌상에 전해지고 있다.『춘추좌전』에 의하면, 사람들은 모두 비옥한 토지, 소금산지의 근접성을 근거로 '나라에도 유리하고 군주에게도 좋은 일'이라 하면서 순하郇瑕 지역을 선호했다. 그러한 의견에 대해서 실력자였던 한헌자韓獻子[16]는 크게 두 가지 이유에서 순하 대신 신전 천도를 주장했다. 첫째는 순하 지역이 지질적으로 오물이 쉽게 쌓여 병에 걸리기 쉬운 반면, 신전은 분수汾水·회수澮水가 씻어내 병에 걸리지 않는다. 둘째는 연못이나 삼림, 염지 등 순하 지역의 좋은 입지로 인해 사람들은 교만해지고, (농사를 짓지 않아) 채취에만 힘씀으로

14 谭其骧 主编,『中国历史地图集』第一册(原始社会·夏·商·西周·春秋·战国时期), 1982: 17-18.

15 오늘날 산서성 서남부 후마시侯馬市.

16 한헌자의 가문은 5대가 지나 진의 삼분에 참여하여 한韓을 건국했다.

하동염지河東鹽池_소금에 대한 접근성은 수도와 같은 정치적 중심지의 중요한 요건들 가운데 하나였다. 그림은 진晋의 근거지에서 가까운 곳으로 산서성 서남단의 운성시運城市 남쪽에 위치한다.

써 군주는 빈곤하게 될 수 있다.[17]

이 논의에서는 당시 국제정치적인 측면은 언급되어 있지 않지만 시대적 상황을 고려해 볼 수 있다. 당시 진은 그간 오랫동안 유지해 오던 패권적 지위에 도전을 받고 있었다. 그 도전은 다름 아닌 서쪽의 진秦과 특히 남쪽의 초였다. 이를테면 기원전 597년 진은 정鄭을 구하려다가 필邲 전쟁에서 초에 격파되었다.[18] 사실 다수 사람들이 순하의 지리적 이점을 천도의 근거로 제시했지만, 국제정치적 의미도 있었을 것이다. 순하가 당시 수도에서 서남쪽 진秦의 방향으로 120-130킬로미터 정도 근접한다는 점에서[19] 천도는 적극적인 대외정책을 의미했을 것이다. 그렇지만 결국 진은 진秦의 공격을 우려하여 수세적으로 신전을 선택했다.[20] 그리하여 진

17 『春秋左傳』 成公六年(기원전 585년).

18 더 자세한 내용은 이 책 2장 4절 참조.

19 谭其骧 主编, 『中国历史地图集』 第一册(原始社会·夏·商·西周·春秋·战国时期), 1982: 19.

은 얼마간 패자로서 위치를 유지했지만 진秦과 초의 득세를 막지 못했다. 내부적으로도 진의 제후는 경대부들에게 권력을 탈취당하고, 결국 세 나라로 분열되고 말았다.

기원전 453년 진이 위·조·한 가문에 의해 삼분된 뒤, 이들은 원래의 근거지로부터 벗어나 각기 주변의 새로운 지역으로 진출을 모색했다. 그들은 독자적인 국가로서 중원의 쟁패에 참여하게 되었던 것이다. 그 과정에서 그들은 모두 장거리 수도 이전을 감행했다.

진의 3국 가운데 위魏의 천도는 매우 극적인 모습을 보여 주는 예이다.[21] 위의 근거지는 원래 신전 남쪽 약 50킬로미터 지점의 안읍安邑에 위치했고, 진이 삼분된 뒤 그 핵심부인 산서성 서남부를 차지했다. 그 결과 위는 진秦 이외에도 조·한·제 등 강대국들에 둘러싸이게 되었다. 위는 이들과 싸우면서 국력이 차츰 소진되었다. 결국 기원전 340년 진秦이 전년도 마릉馬陵 전쟁에서 제에게 크게 패한 위를 공격하자, 위는 하서 지역을 진에게 넘겨줄 수밖에 없었다. 이로써 수도 안읍이 서쪽으로 황하 너머의 진에 너무 가깝게 되자, 위는 약 300킬로미터 동진하여 대량大梁에 천도했다.[22] 대량은 오늘날 하남성 동북부에 위치한 개봉開封 부근으로 중원 동부의 경제와 교통의 중심지였다. 진은 후에 황하를 건너 위의 영토를 계속하여 잠식한 반면, 위는 국력을 회복하지 못했다.

---

20 柴继光, "晋国迁都新田浅析," 1999: 334-337.

21 『史記』 卷四十四 「魏世家」. 위의 천도 과정에 대해서는 상당 부분 牛建强, "战国时期魏都迁梁述论," 2003: 5-7에 의거함.

22 『사기』와 『자치통감』은 위의 천도를 혜왕 31년(기원전 340년)으로 하고, 그 원인도 주로 진秦의 압박 때문으로 기술한다. 그렇지만 일부 역사가들은 『죽서기년』 등에 의거해 천도 목적을 한·조·제 등에 대한 효과적인 대응으로 보고, 천도 연도도 혜왕 6년(기원전 364년)으로 간주한다(『史記』 卷四十四 「魏世家」; 『資治通鑑』 顯王二十九年(기원전 340년); 李民 外 『古本竹書年紀譯註』, 1989: 155-156; 崔恒升, "魏迁都大梁年代考订," 『文献』, 1996: 60-67).

위의 북쪽에 위치했던 조趙도 빈번히 천도했다. 그 위치나 시기에 대해서는 잘 알려지지 않고 있지만, 적게는 3회에서 많게는 6, 7회로 추정된다. 어쨌든 조의 가문은 진晉의 세가로서 처음에는 진양晉陽(기원전 479년)에 자리했다. 이곳은 진의 수도 신전에서 분수汾水를 따라 동북쪽으로 약 300킬로미터 떨어진 곳으로, 오늘날 산서성 중부 태원太原 부근이었다. 진양은 비록 북방에 치우친 곳이었으나 방어에 유리한 지형, 유목지역으로 통하는 교통, 농업과 목축업에 적합한 환경 등을 갖추고 있었다.[23] 조 가문은 이곳을 바탕으로 세력을 구축했다. 더욱이 진의 삼분으로 독자적인 국가로 성장한 조는 동쪽과 남쪽으로 영토를 확대하여 오늘날 산서성 중북부와 함께 하북성과 하남성의 일부까지 포함했다. 그 결과 진양이 서북쪽에 치우친 셈이 되었고, 따라서 좀 더 적극적인 중원 공략을 위해서 조는 동남쪽으로 약 220킬로미터 떨어진 중모中牟(기원전 423년)[24]로 남하했다. 천도는 권력승계 과정에서 반대세력을 벗어나려는 목적도 있었다.[25]

그렇지만 기원전 386년 조는 다시 중모에서 약 90킬로미터 동북쪽에 위치한 한단邯鄲으로 천도했다. 한단은 기원전 228년 망할 때까지 조의 수도로서 번창했다. 한단 천도의 직접적인 원인은 문헌에 명시되지 않았다. 다만 중모는 위魏와 상당히 가까워 유사시 위험에 처할 가능성이 있었다. 반면 한단은 서쪽과 남쪽에 각각 장수漳水와 노수潞水 등 자연적 장애물이 있어서 진과 위의 공격에도 효과적으로 대응할 수 있었다.[26] 조는 그 안쪽에 장성을 구축하여 진과 위의 공격을 막았다.

---

23 孟万忠·刘晓峰, “晋阳的立都背景及其在赵国都城变迁中之地位,” 2010: 17-20.

24 하남성 북부 학벽시鶴壁市 서쪽.

25 조양자趙襄子는 원래 자신을 후계로 삼아 준 형에 대한 보답으로 자기 아들이 아닌 형의 손자 완浣을 후계자로 삼았다. 이에 조양자의 아들 환자桓子가 정변을 일으켜 그를 축출했는데, 환자가 1년 만에 죽자 다시 완이 즉위했다. 그는 환자의 잔존세력을 피하기 위해서 천도를 선택했다(『史記』 卷四十三 「趙世家」).

26 史延廷·徐勇, “试论战国时期邯郸城的战略地位,” 1990: 91-92.

한편 진晉 시기 한韓 가문의 근거지는 수도 신전에서 분수汾水를 따라 약 40킬로미터 북쪽에 위치한 평양平陽[27]이었다. 그렇지만 진을 삼분하여 독자적인 세력을 구축하는 과정에서 한은 황하를 건너 남쪽으로 내려왔다. 그것은 조와 위 사이에 위치하여 영토확장에 어려움이 있었기 때문이다. 황하 이남은 주周와 정鄭의 땅이었는데, 조는 아직 명목상으로나마 천자의 나라인 주 대신 정을 공략했다. 그리하여 진의 삼분 후 약 30년이 지난 기원전 424년 전후, 한은 원래 정의 땅이었던 낙수洛水 강변의 의양宜陽[28]에 천도했다.

의양은 평양에서 남동쪽으로 약 180킬로미터 떨어진 곳으로, 무엇보다도 교통과 방어에 유리했다. 그후 20년이 지난 기원전 403년 한은 그곳에서 다시 약 150킬로미터 동남쪽에 위치한 영수潁水 강변의 양적陽翟[29]으로 천도했다. 양적은 정의 수도(정鄭)에서 서남쪽으로 30킬로미터밖에 떨어지지 않은 곳이었고, 결국 기원전 375년 한은 정을 멸망시키고, 수도 신정新鄭에 도읍했다.[30] 중원의 핵심지역인 정의 장악은 한의 흥성을 대변했다. 다만 그 이후에는 주변 국가들의 해당 지역에 대한 공략도 더 강화되면서 한은 점차 수세적 위치에 처하게 되었다.

다음은 춘추시대 동방의 강국 제齊이다. 제는 지리적으로 동쪽에 치우쳐 있어서 대외적 위협이 적었다. 따라서 수도는 산동성 북부의 제수濟水 하류와 치수淄水 하류 사이를 벗어나지 않았고, 천도도 주로 국내적 이유였다. 처음 무왕이 태공망을 그곳에 봉했을 때 수도는 영구營丘였는데, 나

---

27 산서성 서남부 임분시臨汾市 서남쪽.

28 하남성 중서부 의양현宜陽縣 서쪽.

29 하남성 중부 우현禹縣.

30 王佳涵, "战国韩三都比较研究," 2013: 67-73. 일부에서는 한이 5년 뒤에 내분으로 다시 양적으로 되돌아왔고, 137년이 지나 진秦에 의해 망할 때까지 그곳에 머물렀다고 주장한다('韩han', 中国禹州网, http://www.yuzhou.net.cn/a/xing-shiwenhua/yuanshengxingshi/2013/0128/34638.html).

중에 홍성하게 되는 임치臨淄[31] 부근이었다. 약 1세기 반이 지난 9세기 초 제후의 소환과 죽임, 그리고 그의 후계를 둘러싼 내부 갈등의 상황에서 일시적으로 서북쪽에 위치한 박고薄姑[32]로 천도했다.[33] 그렇지만 기원전 859년 되돌아와 특히 경제적으로 입지조건이 좋은 임치에 수도를 정한 뒤 221년 진에 의해 멸망할 때까지 제는 천도하지 않았다.

그렇다면 전국시대 최대의 강국으로 등장한 진秦은 어떠한가. 진도 다른 나라들과 마찬가지로 처음에는 성읍국가로서 잦은 이동을 거듭해 왔기 때문에 초기의 상황은 정확하게 알 수 없다. 다만 『사기』에 기록된 최초의 정착지는 관중의 서쪽에 위치한 서견구西犬丘[34]였다. 그렇지만 서융西戎에게 쫓기면서 기원전 8세기 후반인 서주 말기에 점차 동쪽으로 견수汧水와 위수渭水를 따라 이동했다. 그리하여 진은 기원전 714년 서견구에서 200킬로미터 동쪽의 평양平陽[35]에 도읍했고, 곧이어 그곳에서 멀지 않은 옹雍[36]에 천도하여 전국시대 초반까지 유지했다. 그 뒤 진은 다시 중원의 진출을 모색했고, 마침내 5세기 말 영공靈公(기원전 424-415년 재위) 때 120킬로미터 동쪽에 위치한 경양涇陽[37]에 군사적 임시 수도를 건설했다.[38] 그

31 산동성 북부 치박시淄博市 동쪽.

32 산동성 빈주시濱州市 부근.

33 주 이왕夷王 3년(기원전 885년), 제의 애공哀公이 무도한데다 참소를 받아 주 왕실에 소환되어 죽임을 당하고, 이복동생 호공胡公이 후계자로 선정되었다. 호공은 내부의 반발을 우려해서 박고에 천도했다. 그렇지만 나중에 그의 동생 산山이 정권을 빼앗았다. 그가 헌공獻公으로 그 과정에서 파괴된 박고를 떠나 다시 영구로 되돌아왔다. 그는 영구를 재건하고 임치로 개명했다(『史記』 卷三十二 「齊太公世家」). 제의 천도는 宣兆琦·张杰, "齐都的再建," 2003: 67-70을 주로 참조함.

34 감숙성 동남부 천수시天水市 동쪽.

35 섬서성 중서부 보명시寶鳴市 동쪽.

36 섬서성 중서부 봉상현鳳翔縣 서남쪽.

37 섬서성 중부 경양현涇陽縣.

38 『史記』 卷五 「秦本紀」.

후 천도한 역양櫟陽(기원전 383년)[39]과 함양咸陽(기원전 349년)[40]도 대략 그 부근으로 모두 관중의 동쪽에 위치했다. 함양은 중국 최초 통일국가의 수도가 되었다.

초의 경우에는 초기 천도의 시기나 위치와 관련하여 기록이 매우 불확실하다. 문헌상으로 초는 기원전 11세기 중반 주 성왕에 의해 오늘날의 하남성 남서부 단양丹陽[41]에 분봉된 뒤, 8세기 초 장강 중류인 하북성 중남부에 위치한 영郢에 자리 잡았다. 그 이후 춘추 말과 전국시대 초반 오·월 등 주변 국가들과 경쟁하면서 약 120킬로미터 북진하여 하북성 의성宜城 부근의 약鄀과 언鄢에 일시적으로 자리 잡았다. 그렇지만 전국시대 후반 서쪽의 진과 치른 전쟁에서 연패하면서 수도 영郢에서 동북으로 약 400킬로미터 이상 떨어진 하남성 중동부와 안휘성 북서부에 위치한 진陳·거양巨陽·수춘壽春 등을 전전했다.

한편, 연의 건국은 주가 상을 멸한 뒤 소공召公 석奭을 봉한 것에 기원한다. 연은 동북쪽에 치우쳐 있어서 춘추시대 융적으로 묘사되는 북방 민족들과 교류가 많았다. 그리하여 북경시 부근의 계薊에 도읍했으나 기원전 7세기 중반 산융山戎(북적北狄)의 공격을 받았고, 제 환공의 도움으로 겨우 이를 물리칠 수 있었다.[42] 그 과정에서 연은 남쪽으로 100킬로미터 정도 떨어진 임역臨易[43]에 잠시 천도했다가 복귀하기도 했다. 그럼에도 연은 세력을 구축하여 전국시대에는 북방 유목지역으로 확장하고 동시에 중원의 국가들과 세력을 다투었다. 그리하여 연은 계薊에서 약 100킬로미터 서남쪽 무양武陽[44]에 하도下都, 즉 제2의 수도를 건설했다. 시기와 관련하

39 서안시 동북쪽 염양구閻良區.

40 섬서성 중부 함양시咸陽市.

41 남양시南陽市 부근.

42 『史記』 卷三十四 「燕召公世家」.

43 하북성 중부 보정시保定市 웅현雄縣.

44 하북성 보정시保定市 서북쪽 역현易縣.

여 명확하지 않으나, 소왕昭王(기원전 311-279년 재위) 때로 전해지고 있다.[45]

월의 경우에도 장거리의 수도 이전을 보여 주는 사례이다. 춘추 초기 월의 수도는 오늘날 절강성 소흥紹興 부근인 회계會稽였다. 그렇지만 월도 점차 중원의 쟁패에 가담했다. 마침내 춘추 말인 기원전 473년 월왕 구천句踐은 오吳를 멸망시킨 뒤, 곧 북쪽으로 근거지를 옮겼다.[46] 그 위치에 대해서는 논란이 있지만, 회계에서 대략 약 700킬로미터 떨어진 산동성 낭야琅邪로 되어 있다. 그렇지만 약 100년 뒤 내란과 과거 자신이 멸망시킨 오나라 사람들이 세력을 다시 규합하는 가운데, 기원전 379년 월은 남쪽으로 내려와 강소성 소주蘇州인 오吳에 천도했다.[47]

## 통일국가의 수도

전국시대 말 중원의 통합이 진행되면서 진정한 의미에서 천하의 정치적 중심으로서 수도의 의미도 비로소 가시화되었다. 그리하여 전국시대 후반 천하에 대한 중심으로서 수도의 개념이 부분적으로 등장했다. 이를테면 『순자』에는 다음과 같은 구절이 있다.

> 사방에 접근하고자 한다면 중앙만한 곳이 없다. 그러므로 왕자는 반드시 천하의 중앙에 자리 잡아야 하고, 그것이 예禮이다.[48]

한편 진에 의한 통일이 가시화되는 시점에서 제작된 『여씨춘추』에도

---

45 『水經注』「易水」. 하도의 건설 시기에 대해서는 『사기』와 같은 역사서에 언급되어 있지 않다. 그렇지만 최근에 그 유적지에 대한 발굴에서 많은 문물들이 출토되었다.

46 연도는 『오월춘추』에 의하면 기원전 472년, 『죽서기년』에 의하면 468년에 해당된다(『吳越春秋』「句踐伐吳外傳」; 『竹書紀年』「周紀·貞定王」).

47 『竹書紀年』「周紀·安王」.

48 "欲近四旁, 莫如中央. 故王者必居天下之中, 禮也."(『荀子』「大略」)

다음과 같은 구절이 등장한다.

> 옛날 왕자는 천하의 중앙을 택해 나라를 세우고, 나라의 중앙을 택해 궁궐을 세우며, 궁궐의 중앙을 택해 사당을 세웠다.[49]

그럼에도 그러한 주장은 어디까지나 이론에 불과했다. 『순자』는 물론 『여씨춘추』의 세계관은 여전히 천자와 제후들의 분권적 통치를 특징으로 하는 봉건제의 틀에 기반을 두었다. 두 구절은 각각 천자와 제후들이 서로 간섭하지 않고, 국가의 크기는 천 리에 지나지 않아야 한다는 구절로 이어지고 있다. 실제 진의 수도는 통일 이후 확실하게 제국의 서쪽에 치우치게 되었지만, 진은 전국시대 중반 천도했던 도읍지를 벗어나지 않았다. 통일 과정이나 이후에도 천도에 관한 어떤 논의조차 제기되지 않았다.

그렇다면 이 글에서 강조하는 국가형태의 변화와 관련해서 본다면 진의 선택은 어떻게 이해될 수 있을 것인가. 주지하는 것처럼 진은 동쪽의 6개 국가들을 멸망시키고 중앙집권적인 통일국가를 건설했다. 다만 진은 통일 이전과 마찬가지로 수도를 관중의 함양에 정했다. 따라서 통일은 수도의 선택과 관련하여 두 가지 문제를 수반했다. 첫째는 관중은 제국 전체로 보아서 중앙이 아니라 서쪽에 치우친 위치에 있게 되었다. 둘째는 중앙집권적 정치체제에서 중앙은 지방을 직접 통치하기 때문에 수도의 위치는 매우 중요해졌다. 이러한 맥락에서 본다면, 관중이 전국시대 진의 부강과 통일의 기반이 되었다고 하더라도 제국의 건설 이후에는 그리 적절하지 못한 셈이었다.

여기서 함양(관중)과 낙읍(관동)의 수도 입지조건에 대해서 잠깐 살펴볼

---

49 "古之王者, 擇天下之中而立國, 擇國之中而立宮, 擇宮之中而立廟."(『呂氏春秋』「審分覽·愼勢」)

함곡관函谷關_관동에서 관중으로 들어가기 위해서 통과해야 할 함곡관 요새

필요가 있다. 진한 시기까지 정치적 중심지는 황하의 중하류를 형성하는 소위 중원 지역이었다. 중원은 크게 지금의 서안을 중심으로 하는 관중과 낙양을 중심으로 하는 관동으로 나뉜다. 당시의 문헌에는 양자의 지리적 특징들이 상당히 분명하게 제시되어 있다.

먼저 낙읍의 최대 장점은 지리적으로 천하의 중심에 위치한다는 것이었다. 그것은 앞서 언급된 것처럼 주가 낙읍에 제2의 수도를 정한 최대의 이유였다. 주 무왕과 주공은 당시 관중에 위치한 수도 호鎬가 너무 서쪽으로 치우쳐 있어서 이 점을 보완하기 위해 낙읍을 동쪽의 수도라는 의미의 동도東都로 개발했다. 주의 전체적인 세력범위에서도 낙읍은 그 중앙에 위치했다.[50] 수도의 중심성은 앞서 『순자』나 『여씨춘추』에 부분적으로 반영된 것처럼 천자로서의 권위와 더불어 수도와 지방(제후)의 접근성과 관련된다. 특히 낙읍은 황하를 통해서 넓은 지역으로부터 많은 물자를 용이하게 운송할 수 있었다. 좁은 범위에서 낙읍은 동으로 성고成皐, 서로 효산

50 史念海, "我國古代都城建立的地理因素," 1986: 2.

崤山과 민지澠池, 북으로 황하, 남으로 이수伊水와 낙수洛水 등으로 막혀 있어서 나름대로 견고한 형세를 갖추고 있었다.

낙읍이 주변과의 소통에 장점이 있었다면, 관중은 반대로 외부와의 단절에 그 장점이 있었다. 관중은 동쪽을 제외한다면, 나머지 세 방향이 모두 막혀 있었다. 남쪽은 진령秦嶺이 에워싸고, 북쪽은 황하의 지류들이 천연의 요새가 되었다. 서쪽으로는 사람들이 거의 살지 않는 광활한 건조지대가 펼쳐졌다. 동쪽에서 관중에 이르는 거의 유일한 통로는 함곡관函谷關이었다. 한 고조 때 전긍田肯에 의하면, 관동의 제후국 100만 명의 군사가 쳐들어 온다고 하더라도 진은 2만 명이 지킬 수 있었다.[51] 물론 관중은 경제적으로도 상당한 자급능력이 있었다. 적어도 왕국의 중앙권력을 재정적으로 뒷받침할 정도로 땅이 비옥해 천부天府(천연의 창고)라고 불렸다. 이를테면 그곳에는 주변에 비옥한 평야가 1천여 리나 되고, 대외적으로는 남쪽으로 물자가 풍부한 파와 촉, 북쪽으로 초원의 목축을 이용할 수 있다. 사마천은 “관중의 땅은 천하의 3분의 1이고, 인구는 10분의 3에 불과하지만, 그 부를 재어 보면 천하의 10분의 6을 차지한다.”[52]고 주장했다.

진은 원래 주와 마찬가지로 그 근거지가 관중의 서부였다. 진은 관중의 서부에 있다가 점차 동진하여 마침내 관중의 동부에 자리 잡았다. 이를 통해 진은 중원의 국가들과 경쟁하였고, 결국 함곡관을 넘어 동쪽의 국가들을 멸망시킴으로써 제국을 통일했다. 통일 후에도 진의 수도는 함양을 벗어나지 않았다. 그럼에도 관중의 편중성은 분명했다. 진은 근거지인 수도를 옮기기보다는 그 편중성을 보완하려는 시도에 집중했다.

먼저 진은 지방의 제후나 호족세력들을 함양으로 이주시킴으로써 제

---

51 “秦, 形勝之國, 帶河山之險, 縣隔千里, 持戟百萬, 秦得百二焉.”(『史記』 卷八 「高祖本紀」)

52 “故關中之地, 於天下三分之一, 而人衆不過什三; 然量其富, 什居其六.”(『史記』 卷一百二十九 「貨殖列傳」)

정국거鄭國渠

국의 중심을 강화시켰다. 『사기』에 의하면 진시황은 "전국의 부호富豪 12만 호를 함양으로 이주시켰다."[53] 지방 부호들의 중앙 이주는 수도와 관중을 보강하고 대신 지방과 관동을 약화시킬 목적이었다. 나중에 진시황과 마찬가지로 관중에 자리 잡은 한의 유방도 비슷한 규모와 방식의 이주정책을 실시했다.

그렇지만 이러한 이주정책은 새로운 문제를 수반했다. 수도에 인구가 증가하고 또한 지배층의 소비가 확대되면서 관중 부근만으로 식량과 물자를 공급하기에 부족하게 되었다. 따라서 진시황은 이미 통일 전에 식량증산을 위해서 정국거鄭國渠를 건설하여 관중평야 북부의 농지를 관개하게 했다.[54] 통일 이후에는 황하를 통해 관동의 식량을 운반하기 위해서 중간에 거대한 창고시설을 설치하기도 했다. 그와 함께 진은 수도 함양을 중심으로 전국에 주요 도로를 건설했다. 치도馳道·직도直道·신도新道·오척도五尺道 등으로 불리는 이 도로들은 변경 지역의 개발과 더불어 지방으

---

53 『史記』 卷六 「秦始皇本紀」.

54 정국거는 서쪽의 경수涇水를 동쪽의 낙수洛水와 연결하는 약 300리 거리의 수로로서, 진왕 원년인 기원전 246년에 만들어졌다. 그 명칭은 한韓나라 사람 정국鄭國이 그것을 건의하고 주관했던 것에서 유래한다. 역사서는 정국거로 인해 그 주변 지역 황무지 4만여 경頃에 대한 관개가 이루어지면서 관중이 기름진 토지가 되었고, 이것이 진의 부강과 중원통일로 이어졌다고 기술한다(『史記』 卷二十七 「河渠書」; 『漢書』 卷二十九 「溝洫志」). 그렇지만 후에 수로에 흙이 쌓이면서 바닥이 높아져 그 기능을 상실했다.

로부터 수도 함양에 대규모 물자와 인원의 수송을 목적으로 했다.

사실 진의 통일과 중앙집권화는 구조적인 문제를 수반하였다. 그것은 분권적인 체제에서와 달리 많은 물자와 인원의 장거리 운송과 이동이 불가피해졌기 때문이다. 많은 물자를 외부에서 수도로 운송하지 않을 수 없었고, 그것은 지리적으로 먼 관동으로부터 황하를 통해 이루어졌다. 아래 인용되는 것처럼 전한 중반 선제 때 관동에서 수도까지 매년 400만 곡斛의 식량을 운반했고, 거기에 6만 명의 병사들이 투입되었다. 뿐만 아니라 전국 각지의 사람들이 요역과 군역을 위해서 수도나 변방까지 장거리 여행을 하지 않으면 안 되었다. 수도 함양에 대규모 궁궐을 짓는 데에도 수십만 명이 동원되었다.

그렇다면 중앙집권적 통치체제에서 수도의 중심성이 매우 요구되었음에도 큰 비용과 낭비를 감수하고서라도 관중에 수도를 정한 이유는 무엇일까? 그것은 무엇보다도 후에 한의 고조에게 장량이 언급한 것처럼 전쟁을 통한 집권과 그에 따른 정당성의 부재에서 그 근거를 찾아야 할 것 같다. 그러한 상황에서 통치자들에게 안전은 최대 관심사였고, 따라서 수도의 위치를 정하는 데 가장 중요한 판단의 근거였다. 이것은 한 시기의 일반적 관념에도 반영되었다. 즉 관동이 덕에 입각한 왕자의 수도에 적합했다면, 관중은 힘에 의거해 천하를 제어하고자 하는 패자의 수도로서 적합했다.

더욱이 황제의 입장에서 보면 통일로 인해 엄청난 권력자원을 새로 확보할 수 있었고, 일부를 낭비해도 될 여력조차 갖게 되었다. 전국시대에 이미 각 제후국들에서는 군현의 편제가 이루어졌고, 중앙과 이들 지방정부 사이에 어느 정도 권력이 배분되었다. 통일 이후 군현은 제국의 지방단위로 존속되어 황제의 직접적인 관할 아래 놓였다. 그와 함께 제후국의 중앙정부들은 아예 없어지고 그 권력자원은 제국의 중앙정부로 넘어갔다. 그 가운데 상당 부분은 장거리 운송이나 이동에 따라 낭비되지 않을 수 없었지만, 권력의 안정과 비교한다면 그러한 낭비는 덜 중요했다.

진이 조기에 멸망하였지만, 수년 뒤 통일제국을 재건한 한의 고조는 진시황과 동일하게 관중에 수도를 정하게 된다. 그 사이에 일시적으로나마 정치권력을 주도하였던 인물이 항우項羽였다. 그는 낙읍이나 관중이 아닌 자신의 고향 팽성彭城[55]을 수도로 선택하였다. 그의 선택은 당시의 관념으로서는 의외였지만, 거기에는 나름 이유가 있었다.

항우는 진의 수도 함양을 불태우고 고향인 초로 돌아가려 하였다. 그 시점에서 한생韓生라는 인물이 항우에게 관중에 수도를 정할 것을 건의했다. 그에 의하면, 관중은 산으로 막고 강을 두르고 있어 사방이 요새이고, 토지는 비옥하여 수도로 삼으면 패권을 차지할 수 있었다.[56] 서주와 진의 경험에서 볼 때 수도로서 관중의 전략적 가치는 분명했지만, 그것을 공론화한 것은 사실상 그가 처음이었다. 한생의 의견에 대해서 항우는 "부귀를 얻어서 고향으로 돌아가지 않음은 비단옷을 입고 밤에 돌아다니는 것과 같다."[57]고 거부하면서 금의환향을 선택했다.

사실 그가 관중을 선택하기란 어려웠다. 그것은 관중이 전쟁으로 크게 파괴되었기 때문이다. 또한 그는 관중에 진입하는 과정에서 장군 영포英布를 시켜 거록鉅鹿[58]에서 장한章邯이 이끄는 진의 군대 20만 명을 죽여 매장했다.[59] 민심까지 잃은 관중에 수도를 정해 동쪽의 다른 경쟁자들을 물리치기란 더욱 어려웠을 것이다.[60] 아직 안정되지 않은 동쪽 지역도 평정하고자 서두른 면도 없지 않지만, 어쨌든 항우는 18명의 제후를 봉한 뒤

---

55 강소성 서주시徐州市.

56 『史記』 卷七 「項羽本紀」; 『資治通鑑』 高帝元年(기원전 206년).

57 "富貴不歸故鄉, 如衣錦夜行."(『史記』 卷七 「項羽本紀」)

58 하북성 형대시邢臺市 평향현平鄉縣.

59 『史記』 卷九十一 「黥布列傳」.

60 徐卫民·方原, "项羽定都彭城的原因及利弊," 2010: 83-86.

관중을 나와서 스스로 초왕이 되어 팽성에 자리 잡았다. 팽성은 항우의 지지기반이 있는 곳이기도 했다.[61] 그는 진시황이나 유방처럼 통일국가를 건설해 황제가 되기보다는 기존의 분권적 질서의 우두머리에 머물고자 했는지 모른다.

그렇지만 항우는 관중의 전략적 중요성을 매우 잘 알고 있었던 것 같다. 그는 관중에 맨 먼저 진입함으로써 원래의 약조에 따라 그곳의 왕이 되어야 할 유방을 축출했다. 그러면서 그는 '파·촉도 관중이다.'고 억지를 부려 유방을 파·촉·한중을 다스리는 한왕으로 봉했다. 그와 함께 그는 관중을 삼분해 항복한 진의 장수들을 왕으로 삼았고, 이들에게 한왕을 견제하게 했다. 즉 항우는 장한을 옹雍(함양 이서), 사마흔司馬欣을 색塞(함양 이동), 동예董翳를 적翟(상군上郡)의 왕으로 삼았다.[62]

한중에 봉해졌던 유방은 그를 배반하고 관중을 다시 겸병했다. 그는 관중을 차지한 뒤 초에 대한 대규모 공격을 감행했다. 그는 56만 대군을 모집하여 팽성을 공격했다. 처음에는 패전이 거듭되었다. 그는 팽성에서 한 번에 10여만 명의 병사를 잃었고, 형양滎陽에서 포위되어 겨우 목숨만 건져 도주했다. 다만 그는 노련한 정치술로 한신이나 팽월 등과 같은 세력들을 활용함으로써 결국 항우에게 승리했다. 이러한 과정을 본다면, 후대의 일반적인 평가와 달리, 항우의 패배와 유방의 승리는 관중 정도定都 여부와 별 상관이 없어 보인다.

한의 고조는 기원전 202년(고조 5년) 항우를 물리친 직후 낙양洛陽[63]에 자리를 잡았다. 문헌에 의하면 그 이유는 한의 권위가 주周의 그것에 비견됨을 과시할 수 있었기 때문이다. 그리고 그는 낙양을 장기간 도읍으로 삼

---

61 당시 팽성에는 전국시대 초회왕楚懷王의 손자로서 항우의 숙부 항량項梁에 의해 옹립되었던 초회왕 웅심熊心이 있었으나, 항우는 그를 축출했다.

62 『史記』 卷七 「項羽本紀」. 이들 3명을 포함하여 항우의 분봉은 이 책 9장 2절 〈표 9〉 참조.

63 낙읍은 전국시대에 낙양으로 개칭되었다.

고자 했다.[64] 그러나 그는 그해에 루경婁敬이라는 인물의 건의를 수용하여 관중의 장안으로 천도했다.

역사서에 전해지는 바에 따르면, 루경의 주장은 항우에게 관중 천도를 처음 제기했던 한생과 크게 다르지 않다. 다만 그의 주장이 좀 더 구체적으로 전해지고 있을 뿐이다. 핵심은 관중이 넓고 기름진 토지와 공략하기 어려운 자연적 조건을 갖고 있다는 것이었다. 그에 의하면, 진의 옛 땅에 자리한다면 "천하의 목을 움켜잡고 그 등을 치는 격"[65]이었다. 이것은 사방에서 접근이 용이하여 공략당하기 쉬운 낙양과 비교되었다.

그럼에도 앞서 언급한 것처럼 낙양은 천하의 중심으로서 서주의 중요한 거점으로 활용되었다. 이러한 역사적 경험을 염두에 둔 듯 루경은, 낙양은 "덕을 지니면 왕 노릇 하기 쉽지만, 덕이 없으면 망하기 쉬운 곳"이었다고 말한다. 그에 의하면 주는 800명 제후들의 지지를 얻어 은의 주왕을 멸망시킴으로써 성립되었다는 점에서 정권의 도덕적 기반이 강했다. 그에 반해 한의 고조는 수많은 전쟁과 희생을 통해 정권을 잡았기 때문에 정권의 기반이 튼튼하지 않았다. 따라서 함곡관으로 들어가 관중의 요새적 특성을 활용해 정권을 공고히 하지 않으면 안 되었다.[66]

물론 관중 천도에 대해서 일부 반론도 제기되었다. 유방 자신과 함께 한을 건설한 세력들은 관동 사람들이었고, 그들은 그곳에 위치한 낙양을 선호했다. 그들은 주가 낙양에서 수백 년 유지된 반면, 관중의 함양에 도읍했던 진이 2대 만에 망하고 말았음을 주장하면서 낙양 건도建都를 주장했다.

그렇지만 고조의 책사였던 장량張良이 루경을 지지했다. 그에 의하면, 낙양은 "이러한 공고함이 있다 해도 그 중심부가 작아서 수백 리에 불과

64 『史記』 卷八 「高祖本紀」.

65 "搤天下之亢而拊其背."(『史記』 卷九十九 「劉敬傳」)

66 『史記』 卷九十九 「劉敬傳」; 『漢書』 卷四十三 「婁敬傳」.

하고, 논밭도 척박하며, 사면에서 적을 만나면 무력을 사용할 수 없는 곳"[67]이었다. 즉 낙읍은 천하의 중심에 위치했지만, 그 자체는 지대가 좁고 사방으로부터 공격당할 경우 방어에 어려움이 있었다. 그러나 관중은 낙양에 비해 자체의 지역적 크기나 토질과 같은 경제적 측면뿐 아니라 험한 지형으로 인해 전략적 측면에서도 유리했다.

> 왼쪽은 효산崤山과 함곡관, 오른쪽은 농隴과 촉蜀으로 비옥한 토지가 천리이며, 남쪽으로 파·촉의 비옥함, 북으로 호원胡苑의 이점이 있습니다. 삼면을 막고 굳게 지키고, 단지 한 면으로 동쪽의 제후들을 제어하면 됩니다. 동쪽의 제후국들이 안정되면, 황하와 위수渭水를 통해 천하의 물자를 운송하여 서쪽의 수도에 공급할 수 있고, 제후국들에서 사태가 발생하면 물길을 따라 내려가 물자를 운반해 주기에 충분합니다.[68]

그 외에 관중 천도는 역사서에 명시되지 않은 이점이 있었다. 당시 관동에는 여러 이성제후들이 할거하였다. 그들 사이에 끼여 있는 것은 황제의 위상은 물론 안전에도 도움이 되지 않았다. 그에 비한다면 관중은 고조 자신만의 기반이었다. 그는 반란 과정에서 최초로 관중에 진입함으로써 그곳에 대한 정당성을 확보했다. 그는 또한 진입한 뒤 항복한 자들을 죽이지 않고, 진의 가혹한 법령을 폐지하는 등 현지의 민심을 얻고자 했다. 이것은 나중에야 진입하여 대규모 살상과 파괴를 감행했던 항우와 대비되었다. 어쨌든 유방은 항우의 힘에 의해 곧 관중에서 밀려나고 말았지

67 "雒陽雖有此固, 其中小, 不過數百里, 田地薄, 四面受敵, 此非用武之國也."(『史記』卷二十五「留侯世家」)

68 "夫關中左殽函, 右隴蜀, 沃野千里, 南有巴蜀之饒, 北有胡苑之利, 阻三面而守, 獨以一面東制諸侯. 諸侯安定, 河渭漕輓天下, 西給京師. 諸侯有變, 順流而下, 足以委輸."(『史記』卷二十五「留侯世家」)

만, 이듬해에 다시 정복할 수 있었다. 후한 시기 두독杜篤의 표현대로, 그의 관중 정복은 "비어 있는 땅을 습격하여 얻었다."[69]고 할 정도로 쉽게 이루어졌다. 그후 수년 간 관동에서 항우와 전쟁을 벌였을 때에도 고조는 관중을 자신의 충실한 부하인 소하蕭何에게 관리하게 했다.

또한 공신들의 저항은 그리 완고한 것 같지 않다. 그들은 유방과 같이 귀족이 아닌 평민 출신으로서 사회적 기반이 약했고 따라서 토착적 이해관계도 적었다. 이것은 후한을 건설한 광무제와 그 추종자들이 관동의 지주들로서 경제적 이해관계나 기반이 컸기 때문에 낙양에 수도를 정했던 것과 대비되었다. 역사서는 고조가 천도의 논의가 이루어진 '당일로 수레를 몰아 관중에 들어가 도읍을 정했다.'고 전한다.[70] 다만 전쟁으로 진의 수도 함양이 완전히 파괴되었기 때문에 장안을 수도로 정했다.[71]

관중의 선택은 고조의 대외전략과도 관련되었을 것이다. 관중은 당시 오르도스를 다시 차지하고 남하한 흉노와 지리적으로 매우 가까웠다. 흉노를 공략하기 위해서는 멀리 떨어진 낙읍보다는 관중에 자리하는 것이 유리했다. 다만 관중은 오랜 전쟁으로 파괴되고 인구수가 크게 줄었기 때문에 재건이 필요했다. 따라서 고조는 루경의 제안에 따라 제齊·초楚 등 관동의 제후국 잔여세력 10여만 명을 장안으로 이주시켰다.[72] 진시황의 정책과 마찬가지로 대규모 이주는 관중의 재건 이외에도 다른 목적이 있었다. 즉 지리적으로 가까운 흉노를 방비하고, 관동 지방의 세력에 대해서 중앙의 권력을 강화시켰던 것이다.

69 "掩空擊虛."(『後漢書』 卷一百十 「文苑傳」)

70 『史記』 卷八 「高祖本紀」.

71 함양과 장안은 각각 위수渭水를 사이에 두고 북과 남에 위치했다. 그로 인해 위수가 북쪽으로 계속 이동하면서 함양의 옛터는 씻겨 내려가 사라지고 말았다. 모두 오늘날 서안시 서북쪽에 위치한다.

72 『史記』 卷九十九 「劉敬傳」.

물론 고조의 제국 통치는 진시황과 달랐다. 진시황이 군현제를 기반으로 중앙집권적 방식에 의해 권력을 독점한 것과 달리 그는 제국의 약 3분의 1정도만 스스로 통치하고, 나머지는 제후들에게 분봉했다. 그리하여 실제 전한 시기 일반적인 상황에서 조운을 통해 관동에서 수도 관중으로 운송된 식량은 많지 않았다. 역사서는 고조 시기에는 그 수량이 연간 수십만 석에 불과했다고 기록하고 있다.[73]

그럼에도 시간이 지나면서 수도 관중의 문제점이 가시화되었다. 특히 인구증가에 따른 식량의 공급이 최대의 과제가 되었다. 사실 고조 시기와 같은 대규모는 아니지만, 전한 시기에 관중으로 정책적인 이주는 계속되었다. 역대 황제들은 한 번에 수천 호씩 지방의 호족과 세가들을 거액의 금전을 주며 황제의 무덤이 있는 관중 지역에 이주시켰다. 소위 사릉徙陵 정책이 그것이다.[74] 사릉정책의 대상은 관동뿐 아니라 전국을 포괄했지만, 어쨌든 관중의 인구를 크게 증가시켰고, 이것은 황하를 거슬러 다량의 식량을 운반하는 조운을 요구했다. 무제 시기에는 흉노와의 전쟁, 항복한 흉노의 안치, 하서 4군의 설치 등과 같은 정책적 요구에 의해 그 수량이 더욱 증가했다. 이를테면 무제 때 관동에서 운송된 양식이 매년 100여만 석이었다.[75] 선제 때에는 "해마다 관동의 곡식 400만 곡斛(=석石)을 조운하여 수도에 공급했는데, 역졸 6만 명이 동원되었다."[76]

한이 천하의 중심으로 간주되는 낙양이 아닌 서쪽에 치우친 장안에 도읍했지만, 수도의 중심성을 강조하는 이념은 계속 유지되었다. 그것은 무엇보다도 천하에 대한 보편적 지배와 결부되었다. 다시 말해 제국의 수도는 단지 중원의 중심지만이 아니라 이민족들을 포괄하는 천하의 중심이

73 "漕轉關東粟以給中都官, 歲不過數十萬石."(『漢書』 卷二十四 「食貨志」)

74 任小波, "徙往陵县的豪族—西汉一代的政治与社会," 1999: 81-84.

75 "漕從山東西, 歲百餘萬石."(『漢書』 卷二十九 「溝洫志」)

76 "歲漕關東穀四百萬斛以給京師, 用卒六萬人."(『漢書』 卷二十四 「食貨志」)

라는 것이다. 특히 사방으로 영토를 팽창함으로써 그러한 이념을 구현하고자 했던 무제 시기에 그러한 관념이 강하게 제기되었다. 그리하여 일부에서는 수도의 중심성을 초기 성읍체제까지 소급하여 적용했다. 예를 들어 동중서는 『춘추번로』에서 다음과 같이 언급하고 있다.

> 하늘이 옛것을 폐하고 새로운 것을 시행할 때, 지리적으로 반드시 중심에 있어야 한다. (하·은·주) 3대는 중국에 위치했다. (이들은) 하늘을 본받고 근본을 받들어 통치의 핵심을 잡아 천하를 통괄하고 제후들을 입조하게 했다.[77]

그와 유사하게 같은 시기 사마천도 초기국가들의 수도를 천하와 결부시키고 있다.

> 옛날 요堯는 하동河東에 도읍했고, 은殷은 하내河內에 도읍했으며, 주周는 하남河南(낙양)에 도읍했다. 무릇 삼하三河는 천하의 중앙에 위치하며, 솥의 발처럼 셋으로 갈라져 왕자王者가 번갈아 도읍했던 곳이다.[78]

---

77 "天始廢始施, 地必待中, 是故三代必居中國. 法天奉本, 執端要以統天下, 朝諸侯也."(『春秋繁露』「三代改制質文」). 번역은 蘇輿 撰·鍾哲 點校, 『春秋繁露義證』, 1992: 196; 신정근 옮김, 『동중서의 春秋繁露: 춘추-역사해석학』, 2006: 360-361을 참조함.

78 "昔唐人都河東, 殷人都河內, 周人都河南. 夫三河在天下之中, 若鼎足, 王者所更居也." (『史記』 卷一百二十九 「貨殖列傳」) 하동은 황하가 내몽고 쪽에서 내려오는 부분을 기준으로 동쪽을 의미하며, 오늘날 산서성 서부에 해당한다. 따라서 황하 너머의 왼쪽이 하서가 된다. 하내는 황하 중하류의 북쪽으로, 오늘날 하북성 남부와 하남성 북부에 해당한다. 황하 건너의 남쪽은 하외가 된다. 이러한 명칭들은 황하 중하류의 북쪽을 기준으로 한 것으로서, 5제와 같이 문헌으로 존재하나 실증하기 어려운 초기국가들이 주로 이 지역에 위치했던 것과 무관하지 않다. 물론 이러한 명칭상의 규칙이 엄격하게 지켜졌던 것은 아니다.

이러한 유가적 이념에 따라 왕망은 낙양으로 천도 계획을 세우기도 했다. 문헌적 근거가 확인되는 것은 아니지만, 유가의 이념은 후한의 광무제가 낙양에 천도함으로써 구현되었다. 후한을 건설한 광무제 유수劉秀는 관중이 아니라 관동의 낙양에 수도를 정했다. 전쟁 과정에서 그는 하북과 낙양 주변을 근거지로 했다. 그가 낙양에 수도를 정했을 때, 아직 관중은 공손술公孫述과 위효魏囂 등이 할거하고 있었다. 그리고 그 후면에는 흉노가 위협하고 있었다. 이러한 상황에서 그는 한의 정통성을 계승했지만, 전국을 수습한 뒤 장안으로 천도하지 않았다.

그 이유는 여러 가지로 분석된다. 그것은 낙양이 천하의 중심으로서 갖는 이점과 후한 성립 당시의 상황에 근거한다. 후자와 관련하여 한 분석에 의하면, 전한의 수도였던 장안이 그간 전쟁 과정에서 대거 파괴되었을 뿐만 아니라 아사자가 수십만에 이를 정도로 수년 간 흉년이 들었다. 또한 후한의 건국자들은 관동에 사회적 기반을 갖고 있었다. 유수를 포함하여 후한 건국의 공신들은 관동의 지주계급이었다. 32명의 공신들 가운데 28명이 남양군과 영천군 등 관동 출신이었다.[79] 그들은 제국의 안정을 위해서 자신의 지역적 기반을 활용하고자 했다. 그에 반해 위에서 언급한 것처럼 관중에 대한 식량공급은 전한 시기에 이미 심각한 문제로 대두되었다.

더욱이 국제정치적으로 후한의 집권자들은 보수적이었다. 그들은 오랜 전쟁에 지쳐 있었고, 흉노에 대한 견제나 서역의 진출과 같은 적극적인 대외확장을 모색하기보다는 대내적 안정에 더 주력했다. 당시 서쪽과 북쪽으로 흉노와 서역, 강족 등 이민족들이 있었고, 적극적인 대외정책의 수행에 있어서는 관중이 수도로서 그 가치가 있었던 것은 분명하다. 광무제 때, 「수도를 논함」이라는 장문의 글을 써서 관중 천도를 주장했던 두독杜篤이 제시한 근거도 특히 이러한 대외정책상의 필요성에 입각했다.[80] 그렇

79 周志先·张霞, "析东汉定都洛阳的原因," 2004: 96-98.

지만 그의 주장은 받아들여지지 않았다.

이제 낙양은 천하의 중심으로서 공고한 지위를 갖게 되었다. 특히 앞서 언급한 것처럼 그곳은 유가에서 강조하는 덕치를 전제로 하는 한에서는 이상적이었다. 후한 시기 반고가 편찬한 『백호통의』는 이러한 시각에서 수도 낙양을 합리화했다. 이에 의하면, 경사京師, 즉 수도는 국토의 중앙에 잡아야 하며, 그 근거는 도덕적 교화에 있었다.

> 왕자가 반드시 세상 가운데(토중土中)에 있어야 하는 이유가 무엇인가. 그것은 두루 교화하고, 왕래를 쉽게 하며, 선행과 악행을 쉽게 전해, 백성들에게 삼가야 할 일을 분명하게 밝혀 선행과 악행을 잘 살피게 하기 위해서이다.[81]

즉 중앙 건도는 현대적 의미에서 발전된 경제와 문화의 확산, 정령의 전달, 물자의 집산과 인원의 왕래, 사회 통합의식의 형성 등에 이점이 있었다.[82] 그렇지만 그것은 당시 점차 가시화되는 동아시아 질서와도 무관하지 않다. 다시 말해 천하의 구성에 대한 화이관과 유사하게 천하의 중심으로서 수도의 위치가 점차 강조되었던 것이다.

천하의 중심으로서 낙양의 관중에 대한 우위는 조선 시기 정약용丁若鏞(1762-1836)의 평가에서도 반영되고 있다.

> 낙양은 적의 위협을 받았(지만……) 오히려 천하를 제어할 수 있었던 것에

80 『後漢書』 卷一百十「文苑傳」.

81 "王者必即土中者何? 所以均教道, 平往來, 使善易以聞, 爲惡易以聞, 明當懼愼, 損於善惡."(『白虎通義』「京師」) 번역은 陳立 撰, 吳則虞 點校, 『白虎通疏證』, 1994: 157-158; 신정근 역주, 『백호통의』, 2005: 137-138을 참조함.

82 侯甬堅, 『区域历史地理的空间发展过程』, 1995: 174. 여기서는 周志先·张霞, "析东汉定都洛阳的原因," 2004: 97에서 재인용.

대해 신의 생각으로는, 대사마大司馬가 구기九畿[83]의 부세賦稅를 맡았기 때문인가 봅니다. 이는 대개 구복九服 여러 나라들에게 빙 둘러서 천자의 수도를 호위하도록 한 것으로, 그 엄밀한 호위와 몇 겹의 방어가 진秦 나라의 함곡관函谷關에 비교할 바 아니었으며…….[84]

정약용은 곧이어 나라의 안녕은 지리적인 우세보다는 덕치에 있다는 점을 강조하지만, 낙양은 천하질서의 중심으로서 조선의 지식인에게도 깊이 각인되어 있었던 것이다.

실제 후한 이후에도 낙양은 오랫동안 수도로 남았다. 삼국 시기 북중국을 관할했던 위魏(220-266년)와 중국 전체를 통일하였던 서진西晉(266-316년)도 낙양에 자리 잡았다. 서진을 남쪽으로 축출하고 북중국을 통일한 선비족의 북위北魏도 평성平城에서 낙양에 천도했다. 이로써 낙양은 위진남북조 시대 북중국의 중심지가 되었다. 후에 남북조를 통일한 수隋(581-618년)도 처음에는 관중의 장안에 자리 잡았지만, 양제 때 다시 낙양으로 천도했다. 양제는 강남으로부터 물자공급이 중요해진 상황에서 대운하를 건설하였는데, 낙양 천도는 황하를 거슬러 수도까지 물자를 운송하는 비용을 크게 줄이는 효과가 있었다. 그와 함께 고구려 등 동북 세력과 전쟁을 수행하기 위해서도 동쪽의 낙양은 이점이 있었다.

수로부터 권력을 빼앗은 당唐(618-907년)은 다시 장안에 자리를 잡았다. 그렇지만 당이 몰락한 이후 제국의 정치중심지는 확실하게 관중을 떠나 중원의 동쪽으로 옮겨졌다. 즉 5대10국 시기의 5대(907-960년)와 북송北宋(960-1127년)이 개봉開封 또는 낙양에 자리 잡았던 것이다. 이어 12세기 초 북방 민족들이 중원을 장악하면서 수도는 중원을 완전히 떠나 오늘날 북경

83 구복九服과 같은 개념으로 당시 중국을 중심으로 하는 천하질서를 의미함. 구복에 관해서는 이 책 7장 2절 참조.

84 『다산시문집茶山詩文集』 제8권 「대책對策」 지리책地理策: (한국고전번역원 종합DB)

부근으로 옮겨졌다. 북중국을 차지하였던 여진족의 금金(1115-1234년)과 중국 전역을 장악한 몽고족의 원元(1271-1368년)이 그 예이다. 원을 대체한 명明(1368-1644년)은 처음 지금의 남경에 수도를 정하였으나, 1421년 다시 북경으로 천도하였다. 그 이후 수도 북경은 만주족이 세운 청淸 시기를 거쳐 오늘에 이르렀다.

## 2. 만리장성

### 초기 장성

제국의 건설과 관련해 수도가 그 중심성을 상징했다면, 만리장성은 어떤 의미를 가졌을까. 진시황이 1만리에 이르는 장성을 쌓았다는 기록이 있지만, 오늘날 일반적으로 알려진 북경 부근의 만리장성은 명 시기에 축조되었다. 상상을 초월하는 이 거대한 건축물은 북방의 야만족들로부터 제국을 방어하는 상징물이 되었다. 월드론Waldron이 언급한 것처럼, 장성의 역사적 의미는 과장되어 근대 민족주의 신화에 불과한 측면이 없지 않다.[85] 그럼에도 초기 제국의 형성 과정에서 장성이 대외정책과 국방의 중요한 일부였던 것은 부인할 수 없다.

장성은 글자 그대로 긴 성城이라는 의미이다. 성城은 역사 초기부터 대부분의 지역에서 건설되었다. 그것은 외부의 침입을 막기 위해서 일정한 장애물을 구축할 필요가 있었기 때문이다. 중국에서도 마찬가지이다. 앞

---

85 Waldron, *The Great Wall of China: from History to Myth*, 1990: 1-2.

서 언급한 것처럼 초기의 국가형태로서 성읍국가는 다름 아닌 성을 단위로 했다. 이를테면 상이나 주 시기 정치단위로서 국國이나 읍邑은 언어학적으로 일정한 지점을 벽으로 둘러싼 모습을 표현하고 있다. 봉건제의 서주 시기에도 주변에 넓은 농업지역을 낀 성곽도시들이 정치체의 전형적인 모습이었다. 도시들은 각기 관청이나 방어를 위한 군대, 곡식창고 등의 시설을 두었다.[86] 경우에 따라서는 중심에서 떨어진 외부에 추가적으로 곽郭이라 불리는 외성을 쌓기도 했다.[87]

춘추시대를 거치면서 성읍국가가 점차 영토국가로 변모했는데, 그에 따라 성의 축조방식도 바뀌었다. 즉 과거 일정한 지점을 둘러싼 벽이 이제는 더 넓은 지역을 포괄하는 형태로 전환되었다. 실제 춘추시대에 축성은 북방뿐 아니라 내륙지역 국가들에서도 광범위하게 이루어졌다. 전국시대에 이르러서는 작은 나라들이 큰 나라로 합병되었는데, 그 결과 국가 전체를 성으로 둘러싸는 일은 거의 불가능하게 되었다. 따라서 축성은 전략적 요충지에 한정되었다.

춘추시대 각국의 장성은 문헌과 유적을 통해 확인된다. 그것은 주로 제·초·위 등 중원의 국가들에서 건설되었다. 진·조·연 등 북부에 위치한 국가들도 북방 변경 지역이 아닌 중원의 적국들 방향에 장성을 세웠다. 왜냐하면 당시 전쟁은 주로 중원 지역에 집중되었기 때문이다. 북부의 국가들은 아직 북방 변경 지역에 대한 적극적인 공략에 나서지 않았다. 전국시대 중반까지도 그들은 중원의 다른 국가들을 겨냥해 장성을 건설했다. 특히 최근에 탐사와 발굴이 상당히 활발하게 이루어지면서, 중원 제후국들 사이에 축조된 장성의 흔적들이 확인되고 있다.

---

86 Lattimore, *Inner Asian Frontiers of China*, 1962: 394.

87 이를테면 주의 공자 태백太伯이 남방으로 가서 오吳를 세웠을 때, 마침 은왕조 말기로 중원에 전쟁이 빈발하자 거기에 대비해 "성을 쌓았는데 둘레가 3리 200보, 외곽外郭이 3백여 리였다."고 전한다(『吳越春秋』「吳太伯傳」).

그렇다면 춘추시대와 전국시대 초반 중원 국가들 사이에 건설된 장성에 관해 살펴보자.[88] 정확한 건설 연대나 위치 등에 대해서는 문헌상에 기록되어 있지 않다. 그렇지만 일부 문헌적 근거와 실지 조사를 통해서 부분적으로 그 면모가 드러나고 있다. 이를테면 제齊의 장성은 제 선공宣公(기원전 455-405년 재위) 시기에 이미 문헌상으로 확인되는데, 그 위치는 제수濟水에서 시작해 제남시 남쪽을 거쳐 낭야대琅邪臺 바닷가까지로서 산동성 중부를 가로지른다. 그것은 제의 수도인 임치臨淄를 서쪽의 위와 조, 남쪽의 초와 월로부터 방어하기 위해서였다. 그 거리는 1천여 리에 이르렀는데, 특히 동쪽은 앞서 언급한 것처럼 오를 멸망시키고 중원 진출을 꾀하기 위해서 낭야琅邪로 천도했던 월을 겨냥했다.[89]

초도 시기적으로 빠른 춘추 중엽 이래 방성方城이라 불리는 장성을 축조한 것으로 기록된다. 대표적인 것은 북부의 교통요지인 원宛[90]을 중심으로 동서로 건설되었다. 이곳은 전국시대에는 진·한·위 3국과 경계를 이루었다. 초의 장성은 중원의 진출을 위한 일종의 전진기지였다가 점차 장성으로 발전했다. 한편 위魏는 새로 천도한 수도 대량大梁에서 가까운 서쪽 한韓의 국경과 한 너머의 진秦과 접한 국경 부근 두 곳에 장성을 쌓았다. 축성은 무엇보다도 진의 동진에 방비하기 위해서였다.

한편 전국시대 조는 동쪽으로 제, 서쪽으로 진, 남쪽으로 한·위 등과 접경하고 있었다. 북쪽으로는 임호·누번 등 이민족과도 접했다. 그렇지만 다른 북방의 나라들과 마찬가지로 조의 장성은 변경 민족보다는 전국시대에 경쟁하던 중원 국가들을 겨냥해 시작되었다. 그 근본적인 출발은 조의

---

88 전국시대까지의 장성 건설에 대해서는 주로 瓯燕, "我国早期的长城," 1987: 14-16; 罗庆康, "战国及秦汉长城修建原因浅析." 1988: 61-62; 니콜라 디코스모 지음, 이재정 옮김, 『오랑캐의 탄생』, 2005: 192-213 등에 의거함.

89 史念海, "我国古代都城建立的地理因素," 1986: 12-13.

90 오늘날 하남성 남양시南陽市.

조나라의 장성_기원전 300년경 조나라가 오늘날의 내몽고 지역에 쌓은 장성

남진정책이었다. 즉 위에서 언급한 것처럼 조는 수도 진양에서 멀리 남진하여 기원전 423년 중모에, 386년 한단에 자리잡고 제·위 등과 경쟁했다. 그렇지만 남진은 더 이상 진행되지 못했고, 오히려 이들의 공격을 받게 되었다. 기원전 352년에 위의 혜왕惠王(기원전 369-318년 재위)은 조의 수도 한단을 탈취했다. 조는 제의 도움을 받아 3년 뒤에야 수도를 회복할 수 있었다.

이러한 상황에서 조의 남쪽 장성은 당시 세력을 크게 확대했던 위의 공격에 대한 방어를 목적으로 했다. 문헌에 의하면 무령왕의 아버지 숙후肅侯가 재위하던 기원전 333년 위를 공략하다 실패한 뒤, 남쪽에 장성을 쌓았다.[91] 장성은 수도 한단의 남쪽에 동서 방향으로 건설되었고, 그 길이는 약 100리(또는 400리[92])였다.[93]

---

91 "(肅侯)十七年 圍魏黃 不克 築長城."(『史記』 卷四十三 「趙世家」)

92 瓯燕, "我国早期的长城," 1987: 15.

93 罗庆康, "战国及秦汉长城修建原因浅析." 1988: 59; 白音查干, "战国时期燕, 赵, 秦长城新论," 1999: 52.

남방에서 수세에 몰린 무령왕은 기원전 307년 북진정책을 결정했다. 즉 북방 오랑캐의 땅을 공략하기로 했던 것이다. 당시 조의 북부에는 백적白狄이 세운 중산국中山國과 북적北狄이 세운 대代, 서북쪽에는 누번과 임호가 있었다. 그들은 모두 목축에 종사했다. 『사기』에 의하면, 조의 무령왕은 북진해 임호와 누번을 무찌른 뒤, (동쪽의) 대代로부터 음산陰山을 따라서 서북쪽의 고궐高闕까지 요새를 쌓고, 운중雲中·안문雁門·대군代郡을 설치했다.[94]

조 장성의 동단과 서단은 정확하게 고증되지 않았지만, 일부 연구에 의하면 대략 오늘날 하북성 중서부에서 시작해 산서성 동북부를 지나 내몽고의 음산산맥을 따라 서진해 오르도스의 황하 왼쪽 상단 만곡부에 이른다. 그 길이는 약 2천 킬로미터로 추산되고 있다.[95] 다만 위 『사기』 인용문의 요새〔새塞〕는 일종의 군사초소로서 장성長城과 다르다고 보아 무령왕의 장성 건설이 부인되기도 한다.[96] 어쨌든 조는 북쪽으로 영토를 크게 확장한 뒤에 그곳에 군현을 설치하고 그 북방 외곽에 장성을 축조해 군현을 방비했다.

진도 마찬가지로 서쪽의 서융과 경계뿐 아니라 동쪽의 한·위 등을 겨냥해 장성을 구축했다. 특히 전국 초기 진의 우려는 흩어져 있는 서융의 여러 부족들보다는 중원 국가들과 관련되었다. 이미 기원전 5세기 말 진은 지금의 섬서성 동부에 남북으로 장성을 축조했다. 당시 위는 지속적으로 황하를 넘어 서진을 시도했다. 특히 문후文侯는 기원전 408년 장군 오

94 『史記』 卷一百十 「匈奴列傳」.

95 瓯燕, "我国早期的长城," 1987: 15-16; 白音查干, "战国时期燕, 赵, 秦长城新论," 1999: 52-53. 그와 달리 한 연구자는 실지 조사를 통해서 동단은 하북성 중서부보다 훨씬 북쪽에 위치한 내몽고 동남쪽 흥화현興和縣 북부로 추정한다(李逸友, "中国北方长城考述," 2001: 2-3).

96 李千和, "赵长城略考," 2005: 92.

전국시대 진나라의 장성_소왕昭王 때 쌓은 것으로 현재 영하회족자치구 남부에 위치한 고원현固原縣 유적이다.

기吳起를 등용해, 이듬해 진의 하서 지역을 탈취하고 거기에 서하군西河郡을 설치했다. 이에 진은 낙수洛水의 서쪽 제방변에 장성을 축조해 위의 서진에 방비했다. 서하군은 기원전 330년 혜문왕惠文王(기원전 337-311년 재위) 때 다시 진이 탈취했다.

그에 반해 북쪽의 장성은 시기적으로 한참 뒤에 축조되었다. 전국시대 진의 북방장성은 서융과의 장기적 대립의 산물이었다. 전국시대 후반 혜문왕과 그의 아들 소왕昭王, 즉 소양왕昭襄王(306-251년 재위)에 이르러 중원 지역뿐 아니라 융족 지역에 대한 공략을 감행했는데, 특히 오르도스 동남부의 의거義渠가 주된 목표가 되었다. 의거는 유목과 농업의 혼합경제와 정착생활을 영위하고 있었다. 혜문왕은 의거로부터 25개의 성을 탈취해 그 세력을 약화시켰다. 이어 소왕은 그들을 축출해 그 지역에 농서·북지·상군을 설치하고, 그들의 반격을 막기 위해서 장성을 축조했다.[97] 장

97 『史記』卷一百十「匈奴列傳」.

성은 황하 만곡부의 서남쪽 황하변에 위치한 감숙성 임조臨洮에서 출발해 남동으로 약간 내려오다가 다시 동북으로 방향을 바꿔 만곡부의 오른쪽 상단에 이른다. 이 장성은 진장성秦長城 또는 소왕 장성으로 불리는데, 그 길이는 최대 3천 킬로미터 정도로 추정된다.[98](그림 28)

다른 북부 중원 국가들과 마찬가지로 연燕도 남쪽의 중원과 북쪽의 이민족에 대해서 별도의 장성을 쌓았다. 먼저 남쪽 장성이다. 건축 연도는 전해지지 않지만 4세기 말 이전으로 추정된다.[99] 그 위치는 오늘날 하북성 중서부에 위치한 역현易縣의 남쪽인데, 이것은 연의 장성이 서남쪽의 조나라를 겨냥했음을 시사한다. 후에 연은 기원전 311년 소왕昭王(311-279년 재위) 때 중원에 대항하기 위해서 수도인 북경 부근의 계薊와 별도로 역현에 군사적 목적의 하도下都를 건설했다. 그에 따라 남쪽 장성은 하도를 방어하는 기능을 담당하게 되었다.

한편 전국시대 연은 북쪽에도 장성을 쌓았는데, 그것은 동호를 겨냥했다. 그 너머에는 조선·부여·예맥·옥저 등이 자리했다. 이와 관련해 『사기』는 다음과 같이 언급하고 있다.

> 그 후 연은 지혜로운 장수 진개秦開가 있었다. 그는 동호에 인질로 있었는데, 동호가 그를 매우 신임했다. 그는 귀국한 뒤 동호를 패주시켰는데, 동호는 1천여 리를 퇴각했다…… 연은 또한 조양造陽에서 양평襄平까지 장성을 축조했다. (연은) 상곡군·어양군·우북평군·요서군·요동군을 설치해 동호를 막았다.[100]

---

98 瓯燕, “我国早期的长城,” 1987: 15; 白音查干, “战国时期燕, 赵, 秦长城新论,” 1999: 53.

99 연의 소왕昭王 원년인 기원전 311년 기사에 해당 장성長城의 명칭이 등장한다(『史記』 卷七十「張儀列傳」).

100 『史記』 卷一百十「匈奴列傳」.

축성 시기는 남쪽의 장성보다 약간 늦은 3세기 초반으로 추정되고 있다. 장성의 서단인 조양은 당시 상곡군의 북쪽, 동단인 양평은 요동군의 치소로서 각각 북경의 서북부에 위치한 장가구張家口와 요녕성 심양瀋陽 아래에 위치한 요양遼陽에 해당된다고 한다.[101] 『사기』「조선열전」은 "(전국시대) 일찍이 연나라는 그 전성기에 진번眞番과 조선을 공략, 복속시켜, 관리를 두고 요새(장새鄣塞)를 쌓았다."[102]고 기록하고 있다. 그와 함께 『수경주水經注』에서 몽염의 장성이 임조에서 갈석碣石까지 이른다고 하였는데,[103] 갈석의 위치에 대한 논의가 분분하다. 다만 「조선열전」에서 진과 조선의 국경을 압록강 부근으로 설정함으로써 연의 장성이 조선까지 이르렀다는 주장의 근거가 되고 있다.[104] 하지만 한 연구에 의하면, 장성과 요새는 구분되어야 할 필요가 있다. 특히 압록강 이남에서는 장성의 흔적이 발견되지 않는다는 점에서 양평에서 갈석까지는 장성이 아니라 크고 작은 요새들에 불과할 수도 있다.[105] 실제 연의 장성 길이는 1천 킬로미터에서 2천 킬로미터까지 다양하게 제시된다.[106]

어쨌든 연의 장성이 다섯 개 군현 북쪽에 축조되었다는 점에서 진·조의 장성과 그 목적이 유사하다. 즉 북방 민족들을 축출한 뒤, 그곳에 군현

---

101 瓯燕, "我国早期的长城," 1987: 17; 白音查干, "战国时期燕, 赵, 秦长城新论," 1999: 51-52.

102 "自始全燕時嘗略屬眞番朝鮮, 爲置吏, 築鄣塞."(『史記』 卷一百十五 「朝鮮列傳」)

103 "始皇令太子扶蘇與蒙恬築長城, 起自臨洮, 至于碣石."(『水經注』 卷三 「河水」) 『수경주』는 북위北魏 시기에 지은 일종의 종합지리서.

104 거기에 근거하여 현대 중국의 문헌이나 지도들은 대개 만리장성을 조선의 평양까지 그리고 있다(이를테면 后晓荣, 『秦代政区地理』, 2009: 57; 谭其骧 主编, 『中国历史地图集』 第二册(秦·西汉·东汉时期), 1982: 3-4). 반대로 요동군의 위치와 관련하여 요하遼河의 동쪽이라는 견해와 달리 그 서쪽에 위치한다는 주장도 있다(권오중, "前漢時代의 遼東郡," 1995: 270-278).

105 김한규, 『한중관계사』(I), 1999: 72-73 각주 9.

106 전자의 예는 罗庆康, "战国及秦汉长城修建原因浅析," 1988: 59, 후자의 예는 瓯燕, "我国早期的长城," 1987: 16.

을 설치하고 이것을 방어하기 위해서 성을 쌓았던 것이다. 해당 군현 지역은 농업이 가능한 최북단이라는 점에서, 장성은 농업지역을 확보하고 그것을 유목지역과 구분하기 위해서 새로 설정된 경계였던 셈이다. 물론 확보된 농업 가능 지역은 일부는 개간이 필요했고, 그냥 말의 방목과 같은 목축업에 활용될 수 있었다.

전국시대 중반 이후 중원 북부의 국가들은 강력한 군사력을 바탕으로 북방 영토를 확대해 나갔다. 그들은 대규모 국가권력을 형성함으로써 소규모 유목민족들이 흩어져 있는 넓은 초원지역을 비교적 손쉽게 정복할 수 있었다. 다만 해당 지역에 대해 내지로부터 이주가 단기간에 이루어질 수 없었고, 그 지역은 넓었기 때문에 기동성이 강한 기마민족들로부터 방어하는 일이란 쉽지 않았다. 그에 대한 대응책의 하나는 북방에 긴 인공 장애물, 즉 장성을 구축하는 것이었다. 전국시대 북방 3국의 장성은 진시황이 중국을 통일한 뒤 세운 만리장성의 기반이 되었다.

### 진의 통일과 장성

진의 통일에 의해 전국시대 여러 중원 국가들이 서로 겨냥해 쌓았던 내지의 장성은 그 의미를 잃게 되었다. 실제 내지의 장성은 해체되었다. 이와 관련해 진시황이 통일 후 6년이 지난 기원전 215년 연의 갈석碣石에 갔을 때 다음과 같이 돌에 새겼다고 한다.

> 진시황이 위세를 떨쳐 제후들을 합병해 비로소 통일을 이루었다. 성곽을 허물고 하천의 제방을 터서 통하게 하고 험준한 곳을 깎아 평평하게 했다. 지세가 이미 안정되자 백성들은 요역이 없게 되고 천하가 모두 편안했다.[107]

이 기록은 성곽의 제거가 한편으로 내지의 교통이나 하천을 통하게 하고, 다른 한편으로 요충지를 제거해 지방의 반란과 같은 만일의 사태에 대비하기 위해서였음을 시사한다. 그와 함께 백성들은 성곽이나 제방을 보수하고 지키는 수고를 덜게 되었다. 다만 전국적으로 성곽을 해체하는 일과 같은 조치에 관한 기록은 없다. 사실 초기 장성은 주로 흙으로 지었기 때문에 시간이 지나면서 자연적으로 허물어졌을 것이다.

그렇지만 북방의 장성은 좀 더 적극적인 의미를 갖게 되었다. 진은 통일 이후 몇 년이 지난 기원전 214년과 215년에 흉노를 공략하고 장성을 구축했다. 소위 만리장성의 축조와 관련해서 『사기』는 몇 군데에서 언급하고 있는데, 그 가운데 「흉노열전」에서 가장 자세한 내용을 전달하고 있다.

> 나중에 진이 6국을 멸망시키자 진시황은 몽염蒙恬을 시켜 10만의 무리를 이끌고 북쪽으로 흉노를 공격하고, 하남 지역을 모두 흡수했다. 황하를 따라 요새를 만들고, 황하와 나란히 44개 현[108]을 세운 다음 죄인으로서 변방을 지키는 자들을 이주시켜 그곳을 채우게 했다. 구원九原부터 운양雲陽까지 직선도로를 개통했다. 이어 산의 험한 곳과 계곡을 따라 가능한 곳에 성을 쌓았는데, 임조臨洮에서 요동遼東까지 1만여 리에 이르렀다. 또한 황하를 건너 음산陰山과 북가北假 지역을 점거했다.[109]

---

107 "皇帝奮威, 德并諸侯, 初一泰平. 墮壞城郭, 決通川防, 夷去險阻. 地勢既定, 黎庶無繇, 天下咸撫."(『史記』 卷六 「秦始皇本紀」)

108 「진시황본기」에는 33개 현으로 되어 있다(『史記』 卷六 「秦始皇本紀」).

109 "後秦滅六國, 而始皇帝使蒙恬將十萬之衆北擊胡, 悉收河南地. 因河爲塞, 築四十四縣城臨河, 徙適戍以充之. 而通直道, 自九原至雲陽, 因邊山險塹谿谷可繕者治之, 起臨洮至遼東萬餘里. 又度河據陽山北假中."(『史記』 卷一百十 「匈奴列傳」) 그 외에도 『史記』 卷六 「秦始皇本紀」; 『史記』 卷八十八 「蒙恬列傳」 등에 유사한 표현이 나옴. 양산陽山은 음산의 한 갈래이다.

이 내용은 대략 다음과 같이 정리된다. 즉 몽염의 대군이 하남, 즉 오르도스 지역을 모두 점령하고 황하변을 따라서 요새를 설치했다. 이어 진의 군대는 황하를 건너 북으로 전진해 음산과 북가 지역까지 점령했다. 여기서도 진시황 장성의 목적이 전국시대의 장성과 마찬가지로 새로 정복한 지역에 대한 방어에 있다는 점이 분명해진다. 즉 장성은 일단 어떤 지역을 정복해 정복지의 바깥쪽에 세운 것으로서, 외부의 위협에 대한 순수한 방어의 목적이 아니었다.[110]

사실 전국 말에 중원 국가들에 의해 장성 밖으로 축출된 북방 민족들이 자신의 근거지를 회복하고자 했을 것이다. 그렇지만 진의 통일 시점에서 그들이 중국의 변경을 자주 침입했다는 기록은 찾아볼 수 없다. 위의 인용문에도 그 점은 나타나고 있지 않다. 춘추 이래로 황하 만곡부는 융적의 근거지였다. 진은 소왕 시기에 동남부 절반을 확보했는데, 진시황은 통일의 기세를 몰아 오르도스를 포함한 만곡부 전체를 점령했다. 그 결과 그 범위에 있어서 진시황의 장성은 새로운 부분이 적지 않았다.

앞서 언급한 것처럼 전국시대에 이미 북방에는 진·조·연의 장성들이 있었다. 위의 인용문은 진시황의 장성은 주로 그것들을 이은 것처럼 해석되고 있다. 단지 전국시대의 장성이 대개 3세기 초반에 지어진 것으로 거의 1세기가 지났기 때문에 상당 부분 보수해야 했을 것이다. 그렇지만 진시황의 북방 장성의 일부 구간은 전국시대 진을 포함하여 북방 국가들이 세운 장성보다 더 북쪽에 위치했다. 이전의 장성과 가장 차이가 큰 구간은 오르도스 지역과 관련된다. 전국시대 진 소왕의 장성이 오르도스의 남단에 위치했다면, 진시황의 장성은 그 북단에 위치했다. 두 장성의 출발점은 모두 임조였지만, 소왕의 장성이 동북쪽으로 오르도스 남단을 가로질렀다면, 진시황의 장성은 반대 방향인 서북쪽으로 올라가 황하변을 따라 계속 음산까

110 물론 몽고의 지배를 당한 이후 명 시기에 집중적으로 건축된 장성은 방어가 목적이었다.

통일 후 진나라의 장성_진나라가 흉노를 구축하고 오늘날 내몽고 음산산맥에 쌓은 장성으로, 내몽고자치구의 포두시包頭市 고양현固陽縣에 위치한다.

지 이어졌다. 진시황은 해당 구간에 대대적인 요새와 군대시설을 설치하게 했다.[111]

뿐만 아니라 진시황의 장성은 조와 연의 장성 구간 부분에서도 차이가 있다. 흔히 조와 연의 장성 구간에서는 기존의 장성을 잇거나 수리한 정도로 간주되는 경향이 있다. 즉 위에서 인용된 구절에서도 중원 쪽 황하변에 장성을 축조한 것처럼 해석될 여지가 없지는 않다. 그렇지만 음산산맥 부근에 대한 실제 조사에서 장성은 황하변이 아니라 음산과 북가北假[112]의

111 〈그림 28〉에서 이 구간에 장성이 표시되지 않은 이유는, 길게 이어진 유적이 없는 것으로 보아서 국경의 일반적인 장성이 아니라 요새나 군사시설만 있었을 가능성이 있기 때문이다.

112 오르도스 이북과 음산 이남의 중간지역으로, 황하의 지류들과 여러 산들을 끼고 있다. '가假'는 개척한 토지를 국가가 이주한 백성에게 빌려주어 경작하게 한 데서 유래함.

〈그림 28〉 무제 시기까지의 북부 장성

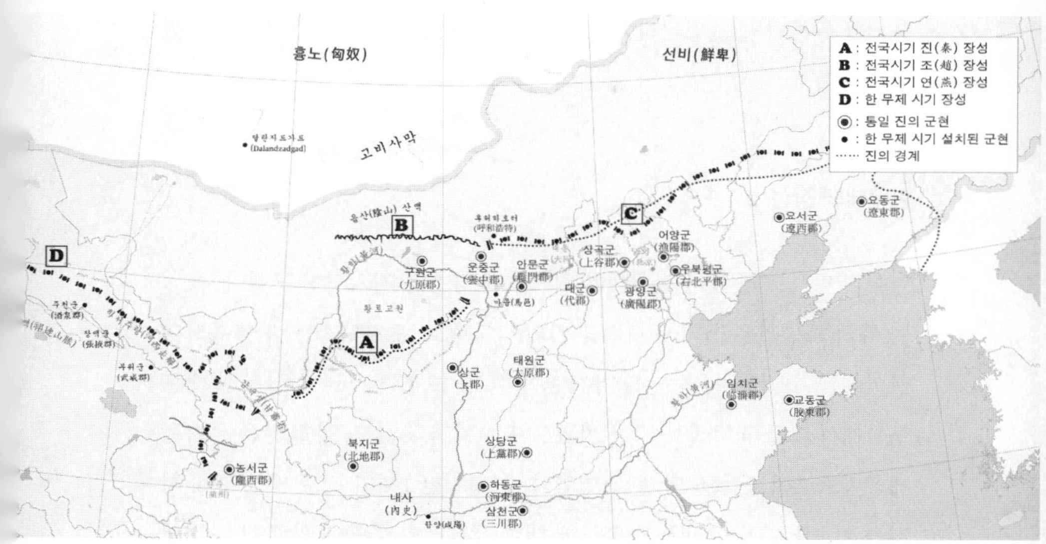


출처: Man, *The Great Wall: The Extraordinary History of China's Wonder of the World*, 2008: 51-52, 108-109에 근거함. 그림에는 오르도스(황토고원) 왼편 황하변의 장성은 나타나지 않는다. 이곳은 문헌상으로 진의 통일 직후 몽염이 쌓고 한무제 때 회복한 구간으로 인식되지만, 현재 장성의 흔적이 없다. 장성이 시간이 지나 소실되었는지 아니면 처음부터 단지 요새로서만 존재했었는지 불분명하다.

산악지대에서 그 유적이 발견되고 있다.[113] 즉 만리장성이 방어에 유리한 황하변이 아니라 그 너머의 산악지대에 축성되었던 것이다. 연의 장성 구간에서도 진시황의 장성은 그보다 북쪽에 위치하는데, 이를테면 그중 내몽고와 하북성 구간에서 두 장성의 간격은 약 25킬로미터로 조사되고 있다. 이 구간의 장성은 대부분 산등성이나 하천변에 돌이나 흙으로 축성되었다.[114]

이것은 장성이 단순히 방어에 있지 않음을 시사한다. 진의 장성은 방

113 李逸友, "中国北方长城考述," 2001: 7.

114 瓯燕, "我国早期的长城," 1987: 17. 그 외에도 Man, *The Great Wall: The Extraordinary History of China's Wonder of the World*, 2008: 50-51.

어가 아니라 흉노를 근원적으로 그곳에서 축출하기 위해서였다. 적어도 흉노가 황하의 물에 접근하지 못하게 막아 좀 더 먼 곳으로 몰아내고자 했던 것이다.

### 한무제의 장성

진이 멸망하고 중원이 전쟁에 빠짐으로써 장성은 지켜지지 못했다. 흉노는 특히 묵특선우 시기에 세력을 키워 남하했고, 오르도스는 다시 흉노의 권역에 흡수되었다. 중원을 다시 통일한 한 고조는 오늘날 산서성 대동 부근에서 그들의 남하를 막아 싸웠으나 이기지 못했고, 적지 않은 물자를 제공함으로써 흉노를 달랠 수 있었다. 그렇지만 1세기 정도 지난 무제 시기에 이르러 흉노의 내분과 흉노에 대한 지속적인 공략에 의해 한은 진의 장성을 회복했을 뿐만 아니라 더 북상했다. 무제는 여러 곳에 장성을 구축했다.

먼저 장성의 구축은 오르도스 북방에서 시작되었다. 위에서 언급한 것처럼 한은 수년 간 흉노에 대한 공격을 감행해 결국 기원전 128년과 127년의 공격에서 위청衛青이 이끄는 기병 수만 명이 하남을 회복했다. 그와 함께 진이 통일 뒤 북방을 공략해 세웠던 구원군九原郡 지역에 삭방군朔方郡[115]과 오원군五原郡[116]이 설치되었다. 한의 군대는 오르도스 서쪽 황하를 건너 그 너머의 지역까지도 개척했는데, "삭방 서쪽에서 영거令居[117]까지 도처에 수로를 트고 둔전을 해, 동원된 관리와 병사가 5, 6만 명이었다."[118] 이것은

---

115 치소 삭방朔方은 오늘날 내몽고 항금기杭錦旗 북부.

116 치소 구원九原은 오늘날 내몽고 포두包頭 서북부.

117 현재 감숙성 영능永能. 후에 소제 때 강족을 축출하고 금성군이 설치되면서 그 현의 하나가 됨.

118 『史記』 卷一百十 「匈奴列傳」.

한무제의 장성_무제는 흉노로부터 하서주랑을 확보하고 그것을 지키기 위해서 장성 을 쌓았다. 사진은 감숙성 돈황 부근의 장성이다.

진시황 때 몽염이 황하변에 세웠던 장성의 회복을 의미했다.[119]

또 하나는 하서 4군의 북측에 세워진 장성이다. 기원전 121년 흉노의 혼야왕이 4만 명을 데리고 한에 항복하자 한은 그들을 내지로 이주시키고 그곳에는 장액군·주천군 등 네 개의 군을 차례로 세웠다. 그와 함께 이 지역을 다른 흉노세력으로부터 보호하고, 흉노와 강족을 단절시키며, 나아가 서역을 개척하기 위해서 장성을 쌓기 시작했다.

이 장성의 동쪽 기점은 북방 만리장성의 서쪽 종점인 영거令居였다. 그 이후 서역에 대한 개척이 이루어지면서 서쪽 방면으로 장성은 계속 연장되었다. 이를테면 원봉元封 연간(기원전 110-105년)에 서역의 고사姑師를 공략하고, 주천에서 돈황군 서쪽 끝단인 옥문관까지 정亭과 장鄣을 연속해 설치했다. 영거에서 옥문관玉門關까지는 약 1천 킬로미터에 이르렀다.[120] 그

119 『漢書』卷九十四「匈奴傳」.

후 기원전 101년 대원이 항복한 뒤 서역에 대한 개척이 본격화되면서 군사나 역참 등 관련 시설들이 설치되었다. 따라서 시각에 따라서는 장성의 서쪽 끝은 로푸노르 호수(염택) 부근까지로 설정되기도 한다.[121] 그와 함께 하서 장성의 북쪽으로 지선이 건설되었다. 그것은 감숙성 장액張掖에서 북쪽 방향으로 내몽고 서부를 가로질러 몽고 접경지의 거연택居延澤까지 약 350킬로미터에 이르렀다.[122] 다량의 목간을 포함한 유적이 발견되어 유명한 거연변새居延邊塞가 바로 그것이다.

여기에 그치지 않고 한은 음산 이북의 몽고고원까지 점령하고 그곳에 이중의 장성을 구축했다. 10여 년 동안 전쟁을 통해 흉노를 크게 약화시킨 후, 마침내 기원전 102년 한의 군대는 오원군五原郡 요새에서 수백 리 출격해 그곳에 장성과 군사시설을 설치하고 둔전을 실시했다. 다만 그해에 흉노가 그 성을 파괴하고 한의 군현으로 진입하자 남쪽에 다시 새로운 장성을 구축했다. 30여 킬로미터 간격의 이중 장성은 무제외성武帝外城, 광록장성光祿長城[123] 등으로 불리는데, 길이는 약 600킬로미터로 조사되었다.[124] 이 장성은 흉노의 중심지역에 설치되었다는 점에서 그 공격적 성격을 반영한다.

북방의 장성이 전국시대부터 지속적으로 축성되었음에도 문헌상으로 그 이점에 대한 가장 종합적인 언급은 한참 뒤에야 확인된다. 그것은 북위北魏 시기 고려高閭라는 인물이 효문제에게 올린 상소에서이다. 시기적

---

120 黄朴民, 『秦汉统一战略研究』, 2007: 62-63.

121 사카쿠라 아츠히데阪倉篤秀 지음, 유재춘·남의현 옮김, 『長城의 中國史—유목과 농경 6,000km의 공방』, 2008: 91.

122 李逸友, "中国北方长城考述," 2001: 26-27.

123 그것은 광록훈光祿勛 서자위徐自爲가 개척했기 때문이다.

124 任宝磊, "秦汉长城防御体制与民族关系研究," 2010: 14. 한은 호한야 선우가 항복하기 10여 년 전인 기원전 68년에 외성으로부터 철수했다. 즉 "흉노가 변경을 약탈하지 못하게 되자 이에 한은 (무제)외성을 파하고 백성들을 쉬게 했다."(『漢書』 卷九十四 「匈奴傳」)

으로 차이가 있기는 하지만, 그는 다음과 같이 축성의 다섯 가지 이점을 제시했다.

> 첫째, 이동하면서 방어하는 어려움을 제거할 수 있다.
> 
> 둘째, 북부지역에 방목을 해도 약탈을 당할 우려가 없다.
> 
> 셋째, 높은 성에 올라가서 적을 편안히 관찰할 수 있어서 수고를 덜 수 있다.
> 
> 넷째, 국경 방어의 비용을 줄이고 상시 방비를 할 필요가 없다.
> 
> 다섯째, 매년 언제든 식량과 물자를 장성으로 운반함으로써 부족함이 없게 할 수 있다.[125]

장성은 무엇보다도 기동성이 강한 유목민을 상대로 효과적으로 대응할 수 있는 수단으로 이해된다. 장성이 인공 장애물로서 상시적으로 방어의 기능을 수행한다는 점은 분명하다. 뿐만 아니라 장성에 완비된 군사주둔 시설을 둠으로써 물자를 비축해 사용할 수 있다. 그렇지만 장성이 건설된다고 해도 대규모 병력 주둔이 불필요해지지는 않는다.[126] 장성의 축조뿐 아니라 그것을 유지하는 데에는 많은 물자와 인원이 요구된다. 결국 장성은 영토를 넓히고 그것을 지키기 위해서뿐 아니라 넓은 변경 지역을 빈틈없이 관리하기 위해 건설되었다.

---

125 "罷游防之苦, 其利一也; 北部放牧, 無抄掠之患, 其利二也; 登城觀敵, 以逸待勞, 其利三也; 省境防之虞, 息無時之備, 其利四也; 歲常游運, 永得不匱, 其利五也."(『魏書』 卷五十四 「高閭列傳」)

126 실제 한 시기 서북의 최전방 국경도시들로서 오늘날 돈황 부근에 위치한 옥문관玉門關과 양관陽關에는 각각 약 4만 명과 1만 명이 상주하고 있었다(Man, *The Great Wall: The Extraordinary History of China's Wonder of the World*, 2008: 111, 116).

### 당대의 평가

그렇다면 장성에 대한 초기의 평가는 어떠했을까. 그리고 그 근거는 무엇이었을까. 주지하는 것처럼 전한 시기 진시황에 대한 비판은 보편적이었고, 맹강녀孟姜女 전설에서 나타나는 것처럼 장성은 폭정의 상징이었다. 사실 장성은 일시적으로 변경의 안전에 기여했지만, 많은 물자와 인원의 징발로 인해 백성들의 생활을 피폐하게 만들었다.

폭정의 상징으로서 장성에 대한 비판은 사마천의 말에도 반영되고 있다. 그는 진의 장성을 돌아본 경험을 회고하며, 그것의 건설을 직접 수행한 몽염蒙恬을 다음과 같이 비판하고 있다.

> 내가 북변에 가서 직도로 되돌아오는 길에 몽염이 진을 위해 쌓은 장성과 보루를 보았는데, 산을 깎고 골짜기를 메워 직도까지 통했다. (그것은) 진실로 백성들의 노고를 중시하지 않은 일이었다. 진이 당초 제후들을 멸망시켰을 때, 천하의 인심이 안정되지 않았고 전쟁의 상처도 치유되지 않았다. 그런데도 몽염은 명장으로서 그때 강력히 간언해 백성들의 위급한 사정을 구하고 노약자를 구휼해 백성의 안락한 생활을 힘써 마련하지 않고, 오히려 진시황의 마음에 영합해 (장성의 건설과 같은) 사업을 벌였으니, 그 형제가 죽임을 당하는 것도 당연하지 않은가? 어찌 지맥을 끊었던 일을 탓하는 것인가?

몽염은 진 이세의 즉위와 함께 죽음에 이르게 되자, 자신은 잘못이 없다고 부인하면서, 그 원인을 장성 건설 과정에서 지맥을 끊었던 것에서 찾았다. 사마천에 의하면, 장성의 건설은 무엇보다도 당시 어려웠던 백성들의 삶을 더욱 힘들게 만들었다.

무제 시기에 진의 장성을 비판했던 주보언主父偃은 더 구체적이지만, 기본적인 입장은 사마천과 크게 다르지 않다. 다만 주부언의 언급은 무제의 공격적인 대외정책에 대한 비판적 입장에서 제시되었다는 점에서 차이가 있다.

> (진시황은) 마침내 몽염에게 군사를 이끌고 흉노를 공략해 천 리를 퇴각시키고 황하를 경계로 삼게 했습니다…… 그 후 천하의 장정들을 징발해 북하北河를 지키게 했습니다. 10여 년 동안 군대가 야외에 주둔하니 죽은 자가 헤아릴 수 없었습니다…… 또한 천하의 백성들에게 말에 먹이는 꼴과 식량을 나르게 했는데…… 멀리 바다를 등지고 있는 지역에서 북하까지 운수할 경우 30종鍾[127]으로 출발해도 도달하면 1석밖에 남지 않았습니다. 남자들이 농사에 힘써도 군량이 부족했고, 여자들이 방직을 해도 천막이 부족했습니다. 백성들은 피폐해지고, 고아·과부·노약자는 먹일 수 없어 길거리에 죽은 자들이 널려 있었습니다. (이에) 천하가 반기를 들기 시작했습니다.[128]

진의 장성에 대해서 긍정적인 평가를 내리는 경우도 없지는 않다. 문제 시기 가의賈誼는 『과진론過秦論』에서 진시황의 국내정치에 대해서는 신랄하게 비판하면서도 몽염의 장성은 높게 평가했다. 즉 "몽염에게 북쪽에 장성을 쌓아 변방을 지키고, 흉노를 700여 리나 몰아내게 하니 …… 흉노가 감히 남쪽으로 내려와 말을 방목하지 못했고, 흉노의 병사들이 감히 활을 당겨 원한을 갚지 못했다."[129]

사실 장성 축조에 대한 논의는 무제 사후 비로소 본격적으로 이루어졌

127 안사고顔師古의 주석에 의하면, 1종은 6곡斛 4두斗에 해당함. 1곡은 1석이므로, 결국 1석을 운반하는 데 192석이 소요된 셈.

128 『漢書』 卷六十四 「主父偃傳」.

129 『史記』 卷六 「秦始皇本紀」.

다. 특히 무제 시기에는 적극적인 팽창정책이 추진되었고, 그 일환으로 대규모 장성의 축성이 이루어졌다. 무제가 죽자 염철회의에서 그의 정책에 대한 전면적인 검토가 이루어졌는데, 거기에는 장성의 축조도 포함되었다.

먼저 대부로 통칭되는 실권파는 무제의 다른 대외정책과 마찬가지로 장성의 축성에 매우 긍정적인 의미를 부여했다. 그에게 장성은 강력한 국방과 적극적인 대외공략의 상징이었다. 그는 "무기와 갑옷은 나라에 유용하고, 성채와 보루는 나라를 굳게 지켜 준다."거나 "예로부터 현명한 군주라도 정벌하지 않으면 의롭지 못한 자를 굴복시킬 수 없고, 성곽과 보루가 없이는 강포한 자를 막을 수 없다."고 주장했다.[130] 그는 특히 진의 통일 이후 몽염의 장성 수축의 정당성과 계승의 필요성을 다음과 같이 강변했다.

> 몽공蒙公이 견고한 장성을 쌓은 것은 적의 침략에 대비해 만 리 밖에서 적군이 회군하도록 하기 위해서였다. 지금 바깥을 공고히 하지 않고 그 안을 평안하게 하고자 하니, 이것은 마치 사람들이 담장을 튼튼히 해 놓지 않고서 밤에 개짖는 소리에 놀라 어둠 속에서 허둥대는 것과 같다.[131]

그와 함께 대부는 전한 초기 과거 진이 개척했던 오르도스의 상당 부분을 잃고, 그 남쪽에 장성을 구축했던 것을 비판하고, 이것을 회복했던 무제의 적극적인 대외공략 정책을 옹호했다.

> 지난날 흉노가 황하와 음산의 험준한 지세에 기대어…… 중국을 침입해 노략질하니…… 상군上郡의 남쪽에 모두 성을 쌓았다. 문제 때 오랑캐가 소관蕭關[132]을 침입하니…… 뭇 신하들이 두려워 나아갈 바를 알지 못했

130 『鹽鐵論』「和親」.

131 『鹽鐵論』「險固」.

132 한의 안정군安定郡 소재.

다…… 흉노는 서쪽으로 대원大宛과 강거康居의 무리를 부리고 남쪽으로 강족羌族과 통했다. 무제께서 이들을 물리치고 넓고 비옥한 땅을 빼앗아 장액張掖 서쪽에 군현을 세우고 흉노와 강족의 사이를 단절시키자…… 흉노는 달아났다. 이로 인해…… 변방에 인근한 장성 이남의 군현에는 말과 소를 마음대로 풀어 기르고 들판에 곡식이 가득 쌓이게 되었다.[133]

대부의 입장에서 장성의 축조는 변경 지역을 안정시키는 정치적 목적과 함께 다른 한편으로 개간을 통한 식량생산, 특산물의 생산과 같은 경제적 이익도 있었다.

물론 유가적 소양을 가진 유생들은 그에 대해서 여러 가지 근거를 들어 반론을 제기했다. 그들의 입장에서 기본적으로 천자는 강압이 아닌 인의에 의해 천하를 다스려야 한다. 더욱이 현실적인 측면에서도 장성의 축조를 통한 대외방비는 합리적이지 않다. 장성의 축조와 유지는 무엇보다도 백성들의 요역과 세금 부담을 초래하고, 이것은 백성들의 불만과 그에 따른 국내 불안을 야기할 수 있다. 그들에 의하면 진은 험한 지형과 장성에 의존했으나, 진승陳勝에 의해 촉발된 내부의 반란에 대해서 속수무책이었다.

진의 땅은 왼쪽에 효산殽山과 함곡관이 있고…… 뒤로는 음산과 황하가 있어 사방 요새의 견고함이 금성천리金城千里라고 할 만했다…… 탕과 무왕이 다시 살아나고 치우蚩尤가 다시 일어난다고 해도 가볍게 공격하지 못할 것이라 여겼다. 그러나 일개 수졸이었던 진승이…… 빈손으로 떨쳐 일어나 100만의 대군을 격파했는데, 담장이나 울타리를 넘어야 할 어려움이 없었다. 따라서 방어의 요체는 덕에 있는 것이지 견고함에 있는 것이 아니다.[134]

133 『鹽鐵論』「西域」.

134 『鹽鐵論』「險固」.

유생들은 전한 초기의 개방적인 정책을 적극 옹호했다. 그들에 의하면 전한 초기 관문과 교량을 개통해 흉노와 한의 무역을 허용했을 때에는 선우單于 이하가 모두 한에 친부했다. 그런데 무제 때 마읍馬邑 사건을 벌이고 흉노를 자극함으로써 전쟁이 발생했고, 백성들은 피폐해지고 말았다.[135]

## 장성의 목적과 기능

그렇다면 장성 축조의 목적은 결국 무엇이었을까. 통설에 의하면, 장성은 북방 민족의 침입을 방어하기 위해서 농업과 목축의 자연적 경계에 구축되었다. 초기 문헌들은 대개 흉노를 몰아내고 장성을 쌓았다는 식으로 언급하고 있다. 이로써 장성은 북방 유목민의 침입에 대한 방어를 목적으로 했다는 결론이 쉽게 내려진다. 하지만 이러한 결론은 상황을 이해하는 데 크게 도움이 되지 않는다. 장성 건설의 몇 가지 특징을 통해 그 전체적 목적과 기능을 살펴볼 필요가 있다.

먼저 북방 장성은 대대적인 대외팽창 정책을 구사했던 시기에 축조되었다. 특히 전국시대 후반에 중원의 국가들은 전쟁과 정복을 일삼았는데, 조·진·연 등 북쪽의 국가들은 북방으로 그 영토를 크게 확장했다. 그 과정에서 그들은 별다른 저항을 받지도 않았다. 통일국가의 성립 이후 장성 건설은 거의 진시황과 한 무제 시기에 국한되었다. 그들은 대규모 대외정복 활동을 벌였고, 그 일환으로 장성을 축조했다. 장성의 축조는 어디까지나 새로이 정복한 지역을 방어하기 위한 것으로서 정복과 영토확장의 결과였던 셈이다.[136]

---

135 『鹽鐵論』「和親」.

136 장성이 유목민의 공격에 대한 중원 국가들의 방어를 위해서가 아니라, 중원 국가들의 변경 확장 수단이었다는 주장의 대표적인 예로는 니콜라 디코스모 지음, 이재정 옮김, 『오랑캐의 탄생』, 2005: 213-217 참조. 다만 그의 주장은 전국 말 연·진·조 북

장성의 축조는 무엇보다도 영토확장과 결합되었다. 이를테면 진시황은 최대한 북방으로 경계선을 확장한 뒤, 그것을 지키고자 북방 전체에 방어선을 구축하였다. 4, 5천 킬로미터에 이르는 축성은 앞서 언급한 전국시대 진을 포함해 북방 국가들이 쌓은 것들을 연결하는 작업이었지만, 상당 부분은 새로 이루어졌다. 전국시대 진의 장성은 대략 오르도스의 서남에서 동북쪽으로 대각선 방향에 세워졌다. 그렇지만 진시황은 통일 이후에 오르도스 전역을 정복하고, 그 외곽에 장성을 건설했다. 그는 장성을 건설한 뒤 많은 사람들을 그곳으로 이주시켜 실지화하고자 했다.

다음으로 장성이 시기적으로 그 위치가 계속 북쪽으로 옮겨졌다는 점도 그것이 공격을 위한 조치임을 말해 준다. 앞서 살펴본 것처럼 북방 장성은 크게 3회 축조되었다. 그것은 전국시대 진·조·연에 의해, 전국을 통일한 진에 의해, 그리고 전한 중엽 무제에 의해 대규모로 이루어졌다. 통일 이후 진의 만리장성은 전국시대 각국이 설치했던 장성의 북쪽에 설치되었다. 한이 등장하는 시점에서 흉노에서 통일국가가 형성됨으로써 양자 사이에 균형이 이루어졌다. 따라서 전한 초기 한의 문제는 장성 이북은 선우가 통치하고, 장성 이남은 황제 자신이 통치한다고 선언했고, 장성은 유목과 농경을 구분하는 자연적 경계선인 것처럼 비춰지기도 했다. 그렇지만 100여 년이 지난 시점에서 한 무제가 흉노를 다시 물리쳤을 때, 그의 장성은 진시황의 장성을 넘어 그 북쪽에 세워졌다.

초기 장성의 축조가  북방에 대한 개척을 목표로 했던 것은 장성의 축조 방식에서도 반영되었다. 나중에  몽고의 정복을 경험한 명은 북방 민족의 재침을 근본적으로 방어하기 위해 장성을 구축했으며, 따라서 초기 장성과는 축성의 방식도 달랐다.

---

방 3국의 장성에 대한 연구 결과이다. 전국시대 개별 국가와 진·한과 같은 통일제국에서 장성의 의미는 구분될 필요가 있다.

명대의 장성은 구운 벽돌을 재료로 해서 훨씬 공고하고, 높고, 크게 건축되었다. 성벽은 약 7미터 정도로 높아서 쌍방의 어느 누구도 문이 아니고서는 통과하지 못했다. 그리고 성벽은 단순히 장애물이 아니라 수레가 다닐 정도로 폭이 넓어 방어전의 수행에 매우 효과적이었다. 구운 벽돌로 지은 장성은 공고했을 뿐만 아니라 반영구적이었다. 모든 것은 장기간의 완전한 방어에 중점을 두었던 것이다. 물론 이처럼 대규모 인적·물적 자원을 투입해 국가적 사업으로 장성을 구축한 것은 몽골족에 의한 지배의 기억과 두려움 때문이었다.

그에 비한다면 진한까지의 장성은 기동성이 높은 기병들의 진입을 막는 것이 주된 목적이었다. 즉 유목민들을 말에서 내리게 함으로써, 그들의 기동성과 전투력을 줄이고자 했던 것이다. 따라서 초기 장성은 명의 장성과 같이 말이 다닐 수 없는 산 위에 쌓는 것이 아니라 주로 평지에 쌓았다. 축성도 지역에 따라 차이가 있지만, 대개 황토를 다져서 벽을 세우는 소위 판축版築 공법이 주된 방식이었다. 그 높이도 약 3미터 정도에 불과했다. 물론 산악이나 하천과 같은 자연적 장애물들로 다양하게 활용되었다.

그리고 초기 장성에는 긴 담장 이외에도 관성關城이라 불리는 일종의 군사도시와 요충지에 장鄣·정亭 등 군대주둔지가 있었다. 그것들은 각기 수십에서 수백 제곱미터까지 사각형 모양으로 그 면적이 다양했다. 그 외에도 야간과 주간에 비상시 봉화를 올려 후방의 군대에 알리는 봉수烽燧도 있었다. 봉수는 흙과 돌로 높은 대를 축조하고, 그 위에 망루를 두는 방식이었다. 군사주둔지나 봉수는 경계지역과 더불어 수도 방향으로 설치되었다. 변경의 군사시설들은 몇 킬로미터씩 일정한 간격으로 건설되었고 군대가 배치됨으로써 전투는 물론 망보기나 통신 등을 담당했다.[137] 이러

137 사카쿠라 아츠히데阪倉篤秀 지음, 유재춘·남의현 옮김, 『長城의 中國史—유목과 농경 6,000km의 공방』, 2008: 16-20; 任宝磊, "秦汉长城防御体制与民族关系研究," 2010: 19-27.

북방민족의 농경 생활 벽화_내몽고자치구 호린게르현和林格爾縣의 동한 묘에서 발견된 벽화. 유목뿐만 아니라 농업이 이루어졌음을 보여주는 예로서, 장성이 농업과 유목의 구분선이 될 수 없음을 증명해준다.

한 의미에서 장성은 일반 도로와 마찬가지로 통신과 물자운수, 군대의 이동 등에 필요한 병참시설로서 중요한 군사적 기능을 담당했다.

나아가 초기 장성은 구간에 따라서는 모두 벽으로 연결되기보다는 장障이나 정亭만이 일정한 간격으로 설치되었을 가능성도 없지 않다. 특히 자연조건을 활용한다는 측면에서 보면, 오히려 후자가 더 합리적이었을 것이다. 그 결과 초기의 장성에서 성벽은 군대 거점 지역에 대한 보조적 역할을 했다. 이것은 성벽이 자체로서 주된 기능을 담당했던 명의 장성과 차이가 있다. 실제 문헌상으로도 장성들의 구체적인 표현이 다양하고, 일부는 글자 그대로 긴 담장의 의미로서 장성이 아니라 장·정과 같은 군사시설로 표현되기도 한다. 또한 일부 지역에서는 확실하게 긴 성벽의 흔적이 남아 있지만, 많은 지역에서는 요새의 흔적만 남아 있다. 그것은 유실된 탓도 있겠지만 처음부터 요새만 지어졌기 때문일 것이다.

장성이 유목과 농업의 자연적 경계선이라는 통설도 정확하지는 않다.

사실 유목과 농업 지역 사이에는 양자가 모두 가능한 소위 혼합경제 지역으로 불리는 넓은 중간지대가 있었다. 거기에는 주로 농업과 목축을 겸했던 북방 민족들이 거주했다. 그들은 한랭건조화가 진행되면서 앞서 언급한 것처럼 하·상·주 시기 장기간에 걸쳐 점차 남하해 중원의 변방에 거주했다. 그런데 전국시대 중반에 이르러 중원에서 대규모 중앙집권적인 영토국가들이 등장하면서, 이들은 대외적 공략에 나서게 되었다.[138] 이들은 변방의 민족들을 축출한 뒤 농업지역을 확보하고, 그것을 방어하기 위해 장성을 축조했다. 초기의 장성은 농업과 목축이 모두 가능한 지역을 중원의 정권이 점령하고 그 외곽에 쌓았다. 그리고 점령지역에는 군현이 설치되고 내지인으로 채워졌다. 생산도 농업 위주로 전환되었다.

그와 함께 북방 민족들은 선택의 기로에 서게 되었다. 일부는 장성 안으로 들어와 농업에 종사하면서 중원에 동화되었지만, 다수는 장성 밖으로 이동하지 않을 수 없었다. 그렇지만 그 지역은 한랭건조화로 인해 농업이 불가능한 상태에서 이미 버려진 땅이었다. 따라서 그들은 유목에 전념하게 되었다.[139] 더욱이 중원정권은 변경 불안을 근본적으로 해결하기 위해서 그 너머의 유목지역까지도 자신의 통제하게 두고자 했다. 진시황이나 한 무제는 오르도스의 유목지역 전체를 장악하고 그 외곽에 장성을 구축했던 것이다. 이러한 시각에서 본다면 장성은 농업과 유목의 자연적 경계가 아니라 인위적 구분에 가까웠다.

장성은 흉노의 진입을 막는 일에 국한되지 않았다. 장성은 내지의 사람들이 장성 밖으로 도망하는 것을 막는 기능도 담당했다. 이것은 한에 내속한 호한야 선우가 변경 지역을 스스로 지키게 해달라고 요청했을 때, 그것을 적극 반대해 관철시켰던 후응侯應의 주장에서도 분명하게 나타난

138 Lattimore, *Inner Asian Frontiers of China*, 1962: 412-422.

139 왕명가王明珂 지음, 이경룡 옮김, 『중국 화하 변경과 중화민족』, 2008: 217-221.

변방의 현縣 소재지 벽화 '영성시중寧城市中'_호린게르현和林格爾縣 동한 묘 벽화. 상곡군의 영현寧縣으로, 시장이 정방형의 토성으로 둘러싸여 주민과 분리되어 있다. 변경교역에 대한 한의 엄격한 통제를 시사한다.

다. 그는 장성의 여러 가지 기능을 제기했는데, 특히 내지 사람들의 장성 밖 도주를 막는 것도 강조되었다. 거기에는 한에 내속한 속국과 같은 흉노들, 종군했다가 흉노 지역에 남아 있는 사람들의 내지 자손들, 변경 지역의 노비들과 도적들이 포함되었다. 그 외에도 장성이 없었던 서강西羌에서 나타난 것처럼, 장성을 통해 막지 않는다면 내지의 사람들이 이민족들을 약탈해 갈등의 원인이 될 수 있었다.[140]

장성은 단지 군사적 방어 이외에도 유목과 농경지역 간 인적·경제적 교류를 차단하는 기능을 했다. 이러한 교류의 단절은 일시 변경 지역의 안정에 기여했지만, 동시에 유목민에 의한 크고 작은 약탈을 오히려 증가시키는 요인이 되었다. 그것은 중국 연구자들도 지적하는 것처럼 유목민들은 구조적으로 농경지역에 의존했는데, 장성의 건설로 인해 정상적인

140 후응이 주장한 변경정책에 관해서는 이책 4장 2절 참조. 후한 시기 한과 강족의 갈등에 대해서는 이 책 3장 3절 참조.

교역의 가능성이 거의 사라졌기 때문이다.[141]

이론적으로는 장성의 축조 이후에 정부에 의한 물자의 제공이나 관시關市와 같은 국경무역의 허용도 평화를 유지하는 방법일 수 있다. 그렇지만 그러한 대안은 장성을 통해 자신의 위세를 내세우려는 제국적 관념과는 상치되었다. 이 글에서 강조한 것처럼 장성은 공격적인 대외정책의 일환이었기 때문이다. 전한 전반 한은 흉노에게 매년 많은 물자를 제공해야 했다. 당시에는 장성도 무력화된 상태였다. 다만 그것은 전쟁의 패배와 힘의 열세로 인해 부득이한 결과였을 뿐이다. 무제 시기 한이 흉노에 대한 우위를 점하자 장성이 다시 구축되었고, 동시에 물자의 공급은 중단되었다. 마찬가지로 제국 중심의 사고에서는 일종의 상호적 계약관계를 전제로 하는 제도적인 국경무역은 수용하기 어려웠다.

그 이후의 역사는 장성의 건설이 변경 문제에 대한 근본적 해결책이 되지 못했음을 분명하게 보여 준다. 사실 장성은 그 자체로서 방어의 능력을 갖지 않았고, 그것을 지키기 위해서 많은 군대의 주둔을 요구했다. 따라서 제국의 전반적인 국방능력이 약화되었을 때, 장성은 흉노의 남하를 막지 못했다. 앞서 살펴본 것처럼 왕망과 후한 초반 한이 내전에 휩싸인 상황에서 흉노는 쉽게 경계를 넘어 한의 변군들을 침입했다. 다행히 흉노의 내분, 자연재해, 오환의 흉노 공격 등 요인들로 인해 한은 일시적으로 변경 지역을 안정시킬 수 있었을 뿐이다. 후한 말 흉노뿐 아니라 오환·선비 등 민족들이 대규모로 남하했을 때, 한은 그들을 장성 이내로 이주해 정착하게 하지 않을 수 없었다.

특히 자체의 방어능력이 약한 가운데 한은 내부한 민족들을 이용하여

141 그렇지만 유목민의 중국에 대한 의존은 과장될 필요는 없다. 북방의 민족들은 유목과 작은 부분이나마 농경을 겸했고, 더욱이 필요한 생필품을 중국만이 아니라 중앙아시아나 시베리아 등에서도 조달할 수 있었다(니콜라 디코스모 지음, 이재정 옮김, 『오랑캐의 탄생』, 2005: 215).

적대적 민족들을 방어하는 이이제이以夷制夷 전략에 의존했고, 그 결과 많은 민족들을 장성 이내로 수용하게 되었다. 더욱이 후한 중반 이후 내부한 민족들조차 반란을 일으키는 등 새로운 문제를 일으켰을 때, 변방의 자연적 요새를 활용해 쌓았던 장성은 유명무실하게 되었다. 그와 함께 민족갈등을 줄이기 위해서 한의 변군을 내지로 옮기지 않을 수 없었고, 실제 후한 말까지 북부의 10여 개 변군들이 대부분 폐지되거나 크게 축소되었다. 다만 내군의 외곽에 보루나 초소를 세워 더 이상의 진입을 막는 정도였다. 장성은 북방의 방어체제 기능을 완전히 상실했던 것이다.

## 3. 이민족 정책

대국으로서 중국은 다민족 국가이다. 한족이 절대적 우위를 갖고 있지만, 민족 문제는 현재는 물론 과거에도 중요한 과제였다. 그것은 역사적으로 최초의 통일국가 진이 등장하면서 시작되었다. 그 전에도 중원의 국가들과 주변 민족들 사이에 접촉이 적지 않았지만, 그것은 일종의 국제정치적 성격을 갖고 있었다. 중국에 중앙집권적 통치체제가 구축되고 광역에 대한 지배가 확립되자, 그 범위에 포함된 민족들의 문제는 국내정치적 성격을 띠게 되었다. 더욱이 진은 통일 이후에 대규모 정복전쟁을 감행해 영토를 크게 팽창시켰다. 진은 정복한 지역에 군현을 설치함으로써 직접지배를 지향했다.

진의 과도한 팽창정책은 진이 조기에 몰락하는 중요한 원인의 하나가 되었다. 뿐만 아니라 진의 몰락에 의해 그간 흡수된 이민족 지역도 진의 지배에서 벗어나게 되었다. 그렇지만 약 1세기 후 한 무제는 다시 대대적

〈그림 29〉 진한 제국의 이민족 직접통치

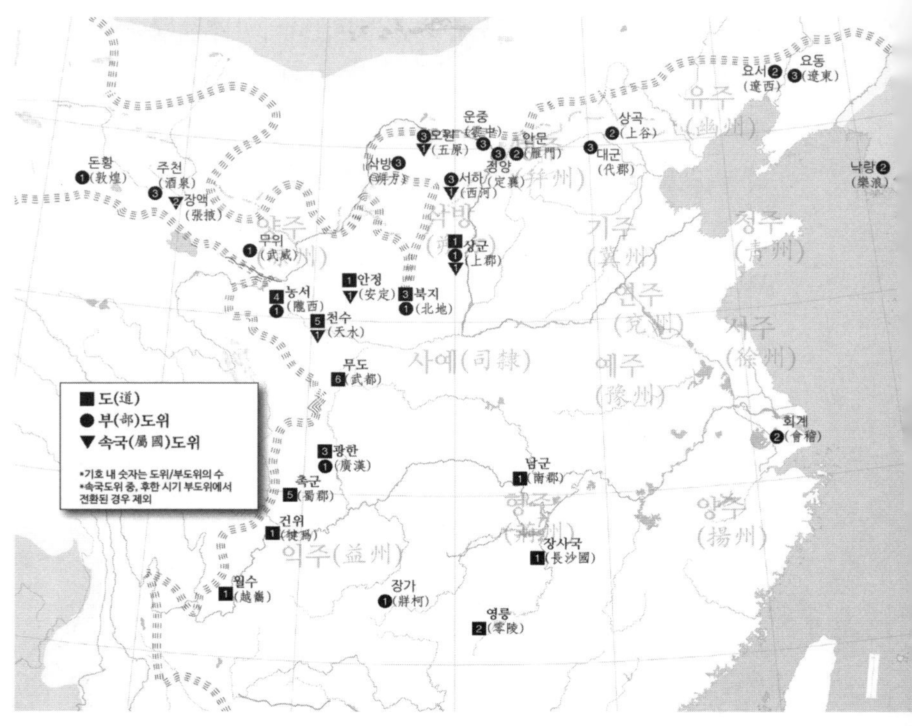


인 팽창정책을 구사해 영토를 크게 확장했다. 그와 함께 해당 지역에 대해 진과 같이 군현이 설치되었다. 군현체제는 조공책봉과 같은 간접적 수단을 통해 국제적 패권을 유지하는 소위 조공체제와 차이가 있었다.

물론 진한 시기 정복지역에 대한 군현의 설치가 실패한 경우도 적지 않았다. 즉 현지인의 반발이나 통제의 어려움 때문에 포기했던 것이다.[142] 군현이 설치되었더라도 그것은 이름뿐이고 현지의 왕을 그대로 유지시킨 경우도 있었다. 그것은 이민족에 대한 통치가 간단한 문제가 아니었음

142 요동에서 창해, 임둔과 진번, 서남이 지역에서 침려와 문산, 교주의 담이와 주애. 이 책 3장 참조.

을 말해 준다. 어쨌든 일부 이민족들은 일종의 특수 행정단위로서 제국의 통치체제에 편입되었는데, 대표적인 예가 도道와 속방屬邦(또는 속국屬國)[143]으로서 일종의 이민족 행정구역이다. 그 외에도 변방의 군에는 부도위部都尉라 하여 변경의 민족들을 군사적으로만 통제했다. 이러한 변경 지역 민족정책은 수당 시기 기미부주羈縻府州, 명의 토사土司·위소衛所, 청의 번부藩部 등 소수민족 통치의 선례로 간주된다. 민족정책은 진한 시기 대외정책의 일부로서 시작되었다.

아래에서는 진한 시기 이민족의 통치를 위한 여러 가지 행정구획과 군사조직에 대해서 살펴보고자 한다. 행정구획과 관련해서는 토착 이민족의 현급 단위 행정조직으로서 도道와 귀순한 유목민의 조직체인 속국이 해당된다. 부도위는 직접적인 통치가 불가능한 이민족에 대한 군사적 통치를 위해 설치되었다. 물론 그에 대한 이민족들의 저항도 적지 않았던 것으로 보인다.

### 도道

이민족 지방행정단위로서 도의 설치는 정확하게 그 연원을 알 수 없지만 전국시대 진에서 확인되고 있다. 진은 사방으로 영토를 확대했는데, 여기에는 서남이西南夷로 통칭되는 이민족 지역도 포함되었다. 진은 해당 지역을 병합한 뒤 토착세력에 대해서 일종의 유화정책을 구사해 그 우두머리의 지위를 인정했다. 그 외에 형벌이나 조세에 있어서도 이민족, 특히 그 상층부에 대해서 우호적인 정책을 실시했다.[144] 도는 군현체제에서 현縣급에 상응하는 단위로서 설치되었다. 이것은 한편으로 진의 지배에 대한 현

143 속방은 한 시기에—고조 유방의 이름을 피하기 위해서—속국屬國으로 개칭되었다.
144 陈庆云, "秦汉时期民族关系的法律调整—以《属邦律》和《蛮夷律》为中心," 2007: 55.

지인들의 저항을 줄이고 다른 한편으로 차후 초나라를 공략하기 위한 기지로서 그들의 협조를 얻기 위해서였다.

서남이는 대부분 정착민에 가까웠다. 이들은 부분적으로 목축업에도 종사했으나 농업과 겸했다. 서남이는 지리적으로도 북부의 평원과는 달리 험준한 산악지대에 거주했다. 그곳은 대외적인 교류도 제한적이었고, 폐쇄적 성격이 강했다. 따라서 중원정권의 입장에서도 공략하기 어려웠다. 물론 흉노와 같이 서북의 유목민들과 비교해서 서남부의 민족들은 유동성이 그리 크지 않기 때문에 일정한 행정기구를 설치해 관리하는 것은 가능했다. 역사학자들은 통일 전의 진에서 7, 8개 정도의 도를 확인하고 있다.[145] 도에서는 이민족의 배타적인 거주가 아니라 한인과 이민족의 잡거가 이루어졌다. 그것은 변경 지역에 한족을 대거 이주시키거나 반대로 이민족을 내지로 이주시킨 결과였다.

한은 진의 도를 존속시켰을 뿐만 아니라 크게 확대시켰다. 특히 무제 시기에 대외적인 영토확장이 대규모로 이루어지면서 건설된 새로운 군에도 도가 설치되었다. 그 결과 전한 시기에 그 수는 30개에 이르렀다.[146] 다만 후한 시기 일부 지역에 대한 통제력을 상실해 그 수는 다시 21개로

145 그 위치는 북지군北地郡에 제도除道, 농서군隴西郡에 적도狄道·고도故道·원도豲道, 촉군蜀郡에 엄도嚴道·전저도湔氐道·북도僰道 등으로 모두 새로 편입된 주변 민족 거주지에 해당되었다(罗开玉, "论秦汉道制," 1987: 55-56). 최근 사료에서 17개의 도가 추가로 확인되고 있으나 그 경우에도 대부분 이민족과 관련되었다(张焯·张东刚, "秦'道'臆说一兼向罗开玉先生请教," 1989: 93-95).

146 『漢書』 卷二十八 「地理志」: 이도夷道(남南군); 영도泠道·영도營道(영릉零陵군); 전저도甸氐道·강저도剛氐道·음평도陰平道(광한廣漢군); 엄도嚴道·전저도湔氐道(촉蜀군); 북도僰道(건위犍爲군); 영관도靈關道(월수越巂군); 고도故道·평락도平樂道·가릉도嘉陵道·순성도循成道·하변도下辨道·무도도武都道(무도武都군); 적도狄道·저도氐道·여도予道·강도羌道(농서隴西군); 융읍도戎邑道·면저도綿諸道·약양도略陽道·원도豲道(천수天水군); 월지도月支道(안정安定군); 제도除道·약반도略畔道·의거도義渠道(북지北地군); 조음도雕陰道(상上군); 연도連道(장사長沙군). 무도도는 『漢書』 卷三 「高后紀」.

축소되었다.[147]

그렇다면 도는 어떻게 관리되었을까. 사실 도의 구체적인 운영에 관해서는 잘 알려져 있지 않다. 중국의 역사가들은 도의 자치적 성격을 강조하고 있다. 관직의 명칭은 일반 현과 마찬가지로 색부嗇夫·영令·장長 등이지만, 관직은 이민족의 수장들이 담당했다. 또한 기층 주민의 통치에 있어서도 도는 전통적인 사회조직에 기반을 두었다. 즉 기존의 씨족이나 부족 그리고 그 연합체와 같은 자치적 조직들에 의해 통치되었다. 그것은 다른 지역이 향鄕이나 이里와 같은 기층 행정단위가 설치되어 현의 감독을 받았던 것과 다르다. 진은 귀속한 민족들에 대해서 그 우두머리를 책임자로 삼는 경우도 많았다. 조세의 징수와 관련해서도 중국 역사학자들은 만이에 대한 우호적인 정책을 강조한다. 예를 들어 진 혜왕惠王이 파중巴中을 점령한 뒤, "그 군장은 해마다 부賦 2천16전을 냈고, 3년마다 의무적 부세賦稅 1천800전을 냈다. 그 백성은 가구마다 종포賨布 8장 2척과 (화살 제작에 사용되는) 닭 깃털 30개씩 냈다."고 한다.[148] 한이 홍기하면서 진의 이러한 제도를 다시 따르게 했다.

이 구절은 만이의 백성들이 혜택을 받은 예로서 역사가들에 의해 자주 인용되고 있다.[149] 다만 개별 백성의 경우 부세가 적어 보이지만, 군장의 몫이 사실상 집단적 조세라는 점도 고려되어야 할 것이다. 이를테면 조세

---

147 『後漢書』 卷二十九 「郡國一」 – 卷三十三 「郡國五」: 이도夷道(남南군); 영도泠道·영도營道(영릉零陵군); 전저도甸氐道·강저도剛氐道·음평도陰平道(광한廣漢속국); 엄도嚴道(촉蜀군속국); 전저도湔氐道·문강도汶江道·면사도綿虒道·청의도靑衣道(촉蜀군); 북도僰道(건위犍爲군); 영관도靈關道(월수越嶲군); 고도故道·무도도武都道·강도羌道(무도武都군); 적도狄道·저도氐道(농서隴西군); 원도豲道·농도隴道(천수天水군, 후한 시기 한양漢陽군); 연도連道(장사長沙군). 청의도와 농도는 『後漢書』 卷六 「安帝紀」 등.

148 『後漢書』 卷一百十六 「南蠻傳」.

149 陈庆云, "秦汉时期民族关系的法律调整—以《属邦律》和《蛮夷律》为中心," 2007: 55; 曾代伟·王平原, "《蛮夷律》考略—从一桩疑案说起," 2004: 78.

가 단순히 복종을 표시하는 상징성을 갖는 정도로 보기에는 그 단위가 지나치게 세부적인 면이 있다. 또한 일부의 만이에 대해서 우호적인 정책이 취해진 것은 이들의 협조에 대한 보상의 의미로 해석되어야 하며 일반화시킬 수는 없을 것이다. 역사서에는 불공평한 과세에 대해서 만이들이 물리적인 저항을 했던 사례들이 자주 등장한다.

사실 진한 시기 이민족 지역에 대한 구체적인 통치 방식에 대해서는 알려진 내용이 많지 않다. 특히 『사기』나 『한서』 등 역사서에는 그에 관해서 거의 언급이 없다. 그런데 금세기 들어 발굴된 죽간 등은 상당히 사실적인 내용들을 담고 있다. 뿐만 아니라 단순히 중국 역사가들의 통상적인 주장, 즉 도의 자치적 성격에 반드시 부합하지 않는 것들도 확인되고 있다. 그 예가 1983년 호북성 강릉현江陵縣 장가산張家山에서 발굴된 전한 시기의 죽간인 『장가산한간』 「진헌서奏讞書」에 수록된 한 사법적 안건이다.[150]

사건은 한 고조 11년, 즉 기원전 196년 남군南郡의 이도夷道라는 곳에서 제기되었다. 그것은 무우毋憂라는 이민족 남자가 군도위의 병역 영장을 받고서 도피한 혐의로 체포됨으로써 시작되었다. 그는 "(법률 규정에 따르면) 만이의 성인남자는 1년에 종賨 56전을 내어 요역과 부세를 대신하고, 둔졸을 하지 않는다."고 주장했다. 그에 대해서 도위는 "법률은 만이의 성인남자는 매년 종賨을 내면 요역과 부세를 대신할 수 있다고 규정하고 있을 뿐, 둔졸복무를 하지 않는다고 명시하지는 않고 있다. 또한 설사 둔졸복무를 하지 않는다고 규정했더라도 요窯(도위의 이름)가 이미 영장을 발급했으니 너는 곧 둔졸이다."고 책임을 물었다. 당시 제도에 따르면 판결하기 어려운 사건은 중앙정부의 의견을 묻도록 되어 있었다. 따라서 이 안건은 중앙정부에 보고되었고, 정부는 도위의 손을 들어 주었다. 그 결과

150 張家山二四七號漢墓竹簡整理小組 編, 『張家山漢簡〔二四七號墓〕』(釋文修訂本), 2006: 91.

무우는 허리를 자르는 요참腰斬에 처해졌다.

이 사건은 많은 내용들을 내포하고 있다. 먼저 이 글의 관심사인 이민족의 대우와 관련해서는 그들은 종 56전을 내는 것으로 되어 있다. 이것은 이민족의 특별세 정도로 이해될 수 있다. 다만 종 56전이 어느 정도 액수인지는 알려지고 있지 않지만, 요역과 다른 조세는 면제받으니 그 부담이 적을 수는 있다고 하겠다. 당시 한인들은 조세로서 토지세, 인두세, 그리고 각종 잡세와 지방세 등을 납부했고, 요역으로는 지방정부를 위해 일정량의 노동력을 제공하거나 군역을 담당해야 했다. 다만 요역과 관련해서 당시에는 한인들도 돈을 내고 그것을 면제받는 제도가 있었으니,[151] 종 위주의 납세가 이민족의 특권인 것만은 아니다.

또한 일부의 역사가들은 이민족에 대한 법절차의 공정성에 대한 증거로 간주하기도 한다. 즉 일종의 피의자에게 변론이 보장되고, 지방의 관리들이 중앙정부의 의견을 물어서 결정하는 절차 등이 확인된다. 또한 조세와 부역에 대해서 세부적인 규정이 이미 존재하고, 백성이나 관리 모두 나름대로 관련 법규에 대해서 상당한 지식이 있었음은 분명하다.[152] 다만 법의 해석과 적용에 있어서는 공정성을 말하기가 어려울 것 같다. 도위는 이민족이 종을 냈을 경우, 다른 조세와 요역이 면제된다는 것은 인정하고 있다. 그러면서도 군역에 대해서 그는 별도로 법 규정이 없다고 주장하고 있는데, 사실 요역에는 군역도 포함된다. 나아가 그는 이미 영장을 받은 것만으로 군역의 의무를 기정사실화하고 있다. 뿐만 아니라 군역의 기피에 대해서 국가는 요참이라는 가혹한 처벌을 가하고 있다.

---

151 한의 법에 의하면, 성인남자는 누구나 변방복무의 의무가 있었다. 그렇지만 1인당 300전의 비용을 내면 해당 의무에서 면제되었는데, 이 대역전代役錢으로 정부는 사람을 고용해 대신 복무하게 했다. 한인들의 조세부담과 대역전에 관해서는 이 책 8장 4절 참조.

152 曾代伟·王平原, "《蛮夷律》考略—从一桩疑案说起," 『民族研究』, 2004: 76.

요컨대 도는 주로 정주의 성격이 강한 이민족들을 관리하기 위한 특별 행정구역이었다. 물론 일종의 지방자치단위로서 도의 중요성을 과장할 수는 없다. 전한 말 전국의 군이 103개였고, 그 산하에 1천587개 현급 행정단위가 있었다. 그중에서 32개의 도가 13개 군에 설치되었을 뿐이다. 당시 이민족들의 거주지가 전국적으로 약 3분의 1이라는 추론에 근거해 보면, 대다수 이민족들은 도가 아닌 일반 군현체제에 포함된 셈이다.

### 속방屬邦(속국屬國)

그렇다면 유동적인 이민족들은 어떻게 관리했을까. 특히 서북의 유목민들은 이동성이 높았는데, 그들은 특히 넓은 초원을 오가며 목축업에 종사했다. 초원지대는 공략하기 쉽지만 지속적으로 장악하기는 어려웠다. 더욱이 유목민들은 흩어졌다가도 서로 연합해 중원에 위협을 가했다. 서북과 북부의 유목민들에 대해서 취해진 제도로서 진은 속방을 두었다. 속방이란 진에 자발적 또는 강제적으로 귀의한 비교적 규모가 큰 이민족이나 부락,[153] 또는 그들을 관리하는 기구[154]를 말하며, 신방臣邦 또는 외신방外臣邦이라고도 했다. 그럼에도 진 시기와 전한 초기까지 구체적인 속방의 명칭은 역사서에 등장하지 않는다.

그런데 최근 발견된 죽간은 진의 속방에 대한 구체적인 내용을 포함하고 있다. 1975년 12월 호북성 운몽현雲夢縣 수호지睡虎地의 묘에서 발견된 『수호지진묘죽간睡虎地秦墓竹簡』에는 속국에 관한 법률적 규정이 수록되어 있다. 특히 진의 18개 법률들 가운데 소위 「속방률屬邦律」 그리고 각종 법률에 대한 「법률문답法律問答」에는 신방臣邦, 즉 귀의한 이민족에 대한 규

153 赵云田, 『中国治边机构史』, 2002: 7.

154 孙言诚, "秦汉的属邦和属国," 1987: 13.

정들이 포함되어 있다.[155]

이민족정책과 관련해 위의 문헌들에는 이민족 군장의 후계자에 대한 보호, 이민족 귀족들에 대한 속죄贖罪, 속방 정부에 대한 불만으로 인한 주거지 이동의 불허, 민족간 결혼에 따른 자녀의 귀속 등이 포함되어 있다. 군장의 후계자를 살상할 경우 처벌한다는 규정은 이민족 군장에 대한 세습의 허용을 내포하고 있다. 또한 속죄는 이민족 상층계급에 대한 형벌상의 우대를 의미한다. 한편 속방 내부의 정치적 갈등에 의해 반대 세력이 속방을 이탈하는 것도 제한되었다.[156] 그것은 속방의 해체를 막고 동시에 제국이 속방 내 정치적 갈등에 관여하지 않는다는 것을 의미한다. 이러한 규정들은 이민족 지배자들을 회유하고자 하는 목적에 부합했다.

물론 제국에게 유리한 규정들도 포함되어 있다. 민족간 결혼과 자녀의 귀속에 관한 규정은 이민족에 대한 일종의 혈연적 동화정책을 연상시킨다. 예를 들어 관련 규정에 의하면, 부부 중 한쪽이 진의 국적이면 자녀도 진에 귀속되었다. 순수한 이민족 사이에 태어난 자녀만 해당 속방에 귀속되었다. 인구가 중요한 자원인 상황에서 자녀들은 가급적 진의 민족으로 분류되었던 것이다.

그 외에는 진 시기의 속방정책에 대해서 잘 알려져 있지 않다. 더욱이 진이 망하자 흉노가 다시 오르도스 지역을 차지했을 뿐만 아니라 진의 변

---

155 원문과 번역문은 http://www.gushiwen.org/guwen/shuihu.aspx. 전체적 내용에 대한 소개로는 龚荫, "秦皇朝民族政策论述," 1998: 4-6.

156 원문은 "臣邦人不安其主長而欲去夏者, 勿許. 可(何)謂夏? 欲去秦屬是謂夏."인데, 중국의 연구자들은 속방인의 진 군현 이주까지도 불허하는 것으로 해석하고, 속방의 해체를 막기 위한 보호정책으로 간주한다. 이때 '하夏'는 '진秦'으로, '진속秦屬'은 '신방臣邦', 즉 '속방'으로 해석된다. 그런데 뒤의 '하夏'는 모두 '거하去夏'로서 맨 마지막 문장에서 '신방'이 곧 '진'이 되어 앞뒤가 맞지 않는다. 필자의 소견으로 '진속'은 '신방'이 아니라 진에 속하는 모든 지역(사람), 즉 광의의 진으로서 '하夏'와 일치한다. 이러한 관점에서 보면 위 규정은 '하夏'로부터 속방인의 이탈을 불허할 뿐, 이론적으로 진의 군현으로 이주를 금하는 것은 아니다.

군들까지도 일부 장악했다. 한이 건설되었지만 유방이 흉노에게 패하면서 이민족에 대한 적극적인 흡수와 관리 정책은 후퇴했다.

그렇지만 무제 시기의 영토팽창 정책과 흉노 내부의 분열로 북방에 대한 정복과 복속이 이루어졌다. 그와 함께 그간 정체되었던 속국의 확대가 이루어졌다. 『사기』에 의하면, 기원전 121년 흉노의 혼야왕渾邪王이 항복해 오자, "항복한 자들을 5개 변군의 옛 경계선 밖에 나누어 살게 했다. 그들은 모두 하남에 위치했고, 이전의 풍습을 따르게 하여 속국으로 삼았다."[157] 해당 사건에 대해서 『한서』는 약간 다르게 표현하고 있다. 즉 "다섯 개의 속국을 두어 그들을 살게 하고, 그들의 땅은 무위군과 주천군으로 만들었다."[158] 어쨌든 역사서의 기록은 한이 항복한 흉노를 한에 가까운 변경 지역으로 이주시켰다는 것, 원래 거주지는 한의 군현으로 전환시켰다는 것, 소규모로 분할시켜 세력을 약화시켰다는 것, 일정한 자치를 허용했다는 것 등을 시사하고 있다.

역사서는 혼야왕 일파의 속국 이름은 명시하지 않고 있다. 뿐만 아니라 전한 시기에 관한 역사서인 『한서』에는 속국 자체에 대한 기록은 거의 찾아볼 수 없다. 대부분 속국에 대한 한의 군사책임자인 속국도위의 임명과 그들이 변경의 안정을 위해 활약한 사례에 국한되고 있다. 전국의 군현을 소개하는 『한서』「지리지」에는 속국이 군현의 행정단위로 등장하지 않는데, 이것은 앞서 언급된 도가 현급 단위로 수록된 것과 다르다. 다만 속국도위의 치소가 있는 5개 군의 현 명칭만 수록되어 있다. 전체적으로 전한시기에 모두 8개의 속국도위가 확인되고 있다.[159] 그럼에도 일부 종

---

157 "分徙降者邊五郡故塞外, 而皆在河南, 因其故俗, 爲屬國."(『史記』 卷一百十一「衛將軍驃騎列傳」) 혼야왕의 항복에 대해서는 이 책 3장 2절 참조.

158 "置五屬國以處之. 以其地爲武威, 酒泉郡."(『漢書』 卷六「武帝紀」)

159 『한서』「지리지」의 주注에는 안정安定·상上·오원五原·천수天水·서하西河 등 군에 설치된 5개 속국도위가 기록되어 있지만(『漢書』 卷二十八「地理志」), 다른 편에

족이 이탈하는 경우도 있어 속국의 존속은 불안정했다.[160]

그렇다면 속국의 목적은 무엇이었을까. 속국은 무엇보다도 흉노에 대해서 실시되었다는 점에서 한의 흉노에 대한 전략의 일부로 볼 수 있다. 이와 관련하여 문제文帝 때 가의賈誼는 『신서』「흉노」에서 그와 유사한 전략을 제기한 적이 있다. 그는 자신에게 속국을 관리하는 직책을 주면 몇 년 이내에 흉노를 멸망시킬 수 있다고 장담하면서, 자신의 계책을 황제에게 상주했다. 그는 거기서 "불을 밝혀 매미를 잡는 것〔요선지술耀蟬之術〕"[161]과 비유해 흉노에 대한 유인의 필요성을 강조했다. 마치 불을 밝히면 매미가 스스로 불을 향해 오는 것처럼 흉노의 백성을 끌어들인다는 것이었다. 그것은 일종의 물질적 유인책이었다.

그의 판단으로 흉노는 인구가 30만 명 정도로 매우 적다. 따라서 한의 입장에서 흉노를 약화시키기 위해서는 일부의 주민들을 빼내어 그 수를 더욱 줄일 필요가 있다. 이를 위해 흉노 백성에 대한 천자의 신의와 자비를 바탕으로 그들 가운데 일부에게 각종 물질적 '미끼〔餌〕'를 주어서 제국에 귀의하도록 한다. 이것은 장작불을 끄기 위해서 장작을 하나씩 꺼내는 것〔부저추신釜底抽薪〕과 유사한 일종의 분할 정책을 의미한다. 그와 함께 이들을 1천 개 가구를 단위로 한 개의 국國을 만들어 변경 밖에 나란히 위치시키고 농서隴西에서 요동까지 변경을 지키게 해야 한다. 이렇게 주변 민족간 상호견제의 기능을 담당하게 함으로써 이이제이以夷制夷가 가능하게 될 것이다. 특히 흉노는 당시 응집력이 약한 여러 집단으로 구성되어 있었기 때문에 가의의 전략은 효과가 있을 것으로 보였다.[162]

---

는 북지北地·장액張掖·금성金城 등 군의 속국 명칭이 등장한다(『漢書』 卷八 「宣帝紀」, 卷十七 「景武昭宣元成功臣表」, 卷六十九 「趙充國傳」).

160 贾敬颜, "汉属国与属国都尉考," 1982: 6-7.

161 『新書』「匈奴」. 해당 비유는 『순자』에서도 찾아볼 수 있는데, 순자는 군주가 덕을 밝힘으로써 사방에서 유능한 신하들이 몰려들게 해야 한다는 취지였다(『荀子』「致士」).

가의의 구상은 그의 사후 50여 년이 지난 무제 시기에 이르러 실현되었다. 무제는 앞서 언급한 것처럼 한편으로 흉노에 대한 대규모 군사적 원정을 감행함과 더불어 적극적인 유인정책을 구사했던 것이다. 속국정책이 바로 거기에 해당되었다. 속국정책은 단순히 항복해 온 자들을 나누어 정착시키는 소극적인 방식에 그치지 않았다. 항복을 유도하기 위해서는 상당한 물질적 보상과 정치적 자율성이 보장되어야 했고, 이것은 한으로서도 치르지 않으면 안 되는 비용이었다.

『사기』나 『한서』 등 역사서는 항복한 흉노에 대해서 많은 금전적 보상은 물론 작위와 같은 정치적 대우를 언급하고 있다. 즉 위의 혼야왕이 항복할 때 한은 2만 개의 수레를 징발해 그들을 마중했다. 그들에게 상을 내리고 의복과 음식 등을 제공하면서 지방정부의 국고가 텅 비게 되었다.[163] 강직한 대신으로 알려진 급암汲黯은 흉노에 대한 지나친 대우와 관련해 "버릇없는 자식을 떠받드는 것과 같다."고 비판하기도 했다. 그는 항복한 자들을 노비로 삼아 국경 지역에서 부역을 하다가 죽은 병사들의 가족에게 하사해야 할 것이라고 주장했다.[164]

속방이나 속국은 여러 민족들에게 적용되었다. 앞서 언급한 것처럼 다수는 서북부의 흉노와 관련되지만, 그 외에도 여러 민족들이 해당되었다. 이를테면 서쪽의 금성金城속국은 강족羌族, 동북의 요동속국은 오환烏桓·선비鮮卑 등 민족들이 주된 대상이었다. 〈그림 29〉에서 볼 수 있는 것처럼 속국들은 지리적으로 한의 변군 밖과 장성 안 사이에 위치했다. 그곳은 원래 만이의 거주지로서 정복 후 그 너머에 장성을 세웠다는 점에서 제국의 땅은 아니었다. 어쨌든 제국은 귀부한 만이들을 속국의 형태로 장성

---

162 가의의 흉노정책 전반에 대한 논의는 이 책 4장 2절 참조.

163 『漢書』 卷二十四 「食貨志」.

164 그는 원래 무제의 흉노에 대한 군사적 정벌을 반대하고 혼인관계를 통한 화친을 주장했다(『漢書』 卷五十 「汲黯傳」).

안에 위치시키고 특정 변군에 인접하게 함으로써 그들을 일정한 통제 아래 두었다.

그렇다면 한은 속국을 어떤 방식으로 관리했을까. 속국은 앞서 언급한 도와 달리 한의 직접적인 행정체제는 아니었다. 도가 군현체제의 일부였다면, 속국은 거기에 포함되지 않았다. 속국에는 왕王·차거且渠·천장千長·백장百長 등 흉노의 원래 관직들도 존재했는데, 일반 행정업무는 이들이 담당했다. 즉 원래의 정치제도나 풍습은 그대로 유지되었던 것이다. 다만 무제 이후 군사적 감독을 위해 직급이 비이천석인 속국도위屬國都尉라는 한의 무관을 두었다. 그 아래에는 승丞·후候·천인千人·구역령九譯令 등 속관들이 있었다. 속관들은 군사적 편제에 따라서 정찰과 경계업무를 담당했다. 속국도위는 제국이 파견한 군사 감독기구인 셈이었다. 속국들을 관리하기 위해서 한은 중앙에 전속국典屬國을 두었다.

한이 적지 않은 비용을 들이면서 속국을 둔 것은 무엇보다도 군사적 목적에서였다. 그것은 앞서 언급한 것처럼 무엇보다도 만이들 가운데 한에 신속한 부류를 통해서 그 너머의 저항하는 부류를 방어하기 위해서였다. 속국은 광범위한 완충지대 역할을 수행할 수 있고, 제국으로서는 먼 곳까지 군사작전을 펼쳐야 하는 수고를 덜 수 있었다. 뿐만 아니라 역사서에는 속국도위가 속국의 기병을 동원해 전쟁을 수행한 사례들이 수없이 등장한다. 속국에 군사적 역할이 주어진 것은 속국의 민족들이 유목민으로서 기마전에 능할 뿐만 아니라 변방 지역의 지리에 밝기 때문이었다. 더욱이 정복지로부터 물자나 노동력을 동원하는 경우도 있었다. 속국도위의 임무는 단순히 현지의 치안뿐 아니라 주변의 국방을 관장하는 데 있었고, 이를 위한 자원은 주로 현지에서 조달되었다. 그 외에도 현지인들이 수공업제품의 생산, 주변 군현을 위한 노동력의 제공 등에 동원된 기록이 전해지고 있다.[165]

그럼에도 이민족 지역에 대한 통치, 특히 사회질서의 유지는 쉽지 않았다. 속국에서는 간헐적으로나마 반란이 일어났다. 역사서에 의하면, 소제昭帝(기원전 87-74년 재위) 말에 서하西河속국의 이추약왕伊酋若王이 수천 명을 이끌고 반란을 일으키자 해당 속국이 폐지되기도 했다.[166] 전한의 원제 때 상군上郡속국의 이민족 만여 명이 흉노에게 되돌아갔다(기원전 48년).[167] 왕망 말년에 삼수三水속국의 반란이 기록되어 있고,[168] 후한 때에는 안정安定속국(서기 45년),[169] 촉군蜀郡속국(156년),[170] 건위犍爲속국(161년)[171] 등에서 반란이 있거나 주변 지역을 공략하는 사건들이 발생했다. 주변 민족들의 속국에 대한 침략도 빈번했는데, 후한 때에는 특히 백마白馬 지역의 강족羌族과 광한廣漢속국의 상호 침략이 반복되었다. 만이는 지방 관리들의 과중한 조세와 부역 그리고 무엇보다도 전쟁 동원에 시달리고 있었고 그에 대한 저항이 빈번했다. 군사적 통치는 불안정한 통치방식으로서 장기적으로 유지되기란 어려웠을 것이다.

사실 전한의 속국이 후한까지 유지된 경우는 많지 않다. 『후한서』「군국」은 모두 7개의 속국들을 나열하고 있다. 그것은 광한속국·촉군속국·건위속국·장액張掖속국·장액거연張掖居延속국·요동속국·구자龜茲속국이다. 앞의 6개는 소속 군의 명칭에 부가된 것이고, 구자속국은 일반 현과 같이 상군上郡에 속했다. 그리고 그 가운데 장액속국과 장액거연속국만이 각각 전한 시기의 속국과 도위를 개편한 경우이고, 나머지는 후한 중반 안제安帝(서기 106-125년 재위) 때 부도위部都尉를 속국으로 전환시킨 결과였다. 즉 광한군 북부도위가 광한속국으로, 촉군 서부도위가 촉군속국으로, 건

165 孙言诚, "秦汉的属邦和属国," 1987: 14.

166 『漢書』 卷七十九「馮奉世傳」.

167 『漢書』 卷九「元帝紀」.

168 『後漢書』 卷四十二「盧芳傳」.

169 『後漢書』 卷一「光武帝紀」.

170 『後漢書』 卷七「桓帝紀」.

171 『後漢書』 卷七「桓帝紀」.

위군 남부도위가 건위속국으로, 요동군 서부도위가 요동속국으로 개편되었던 것이다. 그 외에도 역사서에는 주천酒泉속국[172]과 파동巴東속국[173]이 등장한다. 전한의 속국들이 주로 서북지역에 국한되었던 것과 달리 후한 시기에는 그 범위가 서남과 동북 지역으로 확대되었다.

후한 시기 속국의 성격도 상당히 변화되었다. 그에 대해서 역사서는 다음과 같이 간단하게 언급하고 있다. 즉 "속국은 군(의 중심지)에서 멀리 떨어진 현을 떼어 내어 설치했다. 군보다 약간 작고, 소속된 군의 명칭을 사용했다."[174] 전한 시기의 속국은 변경 밖의 독자적인 이민족 국가였다. 그렇지만 후한 시기에는 현급의 구자속국을 제외한다면, 속국은 군에 비견되는 소위 비군속국比郡屬國으로서 군급 행정단위였다. 속국에는 이민족 자치단위인 도道와 현들이 다수 소속되었고, 이에 상응해 인구도 많았다. 이를테면 광한속국 3개, 촉군속국 4개, 건위속국 2개, 요동속국 6개, 장액속국 5개, 장액거연속국 1개 등의 현급 단위를 갖고 있었다. 속국의 확대는 후한 시기 대규모 이민족의 진입과 관련된다. 변군에는 한인의 이주와 더불어 다수의 이민족이 흡수된 결과, 지속적으로 인구가 증가했다.[175] 후한 말 기준으로 광한속국 20만 5천652명, 촉군속국 47만 5천629명, 건위속국 3만 7천187명, 장액속국 1만 6천952명, 장액거연속국 4천733명이었다.[176]

---

172 『後漢書』 一百十八 「西域傳」.

173 『華陽國志』 卷一 「巴志」.

174 "屬國, 分郡離遠縣置之, 如郡差小, 置本郡名."(『後漢書』 卷三十八 「百官五」)

175 이를테면 그 수는 알려지지 않지만 광무제 때, 귀순한 호한야 선우가 이끄는 남부흉노를 서하西河와 미직美稷으로 이주시켰다. 그 이후 북부흉노에 대한 공략을 계속해 화제和帝 2년(서기 90년) 남부흉노에는 인구가 23만 7천300명이나 되었다(『後漢書』 卷一百十九 「南匈奴傳」). 특히 서쪽의 강족은 후한 시기 30여 차례나 이주된 기록이 있다. 한 번에 적게는 수천 명에서 많게는 수십만 명이 변군과 내군으로 이주되었다. 강족의 이주에 관해서는 이 책 3장 3절 참조.

176 『後漢書』 卷二十九 「郡國一」~卷三十三 「郡國五」.

그렇다면 비군속국에 대한 지배의 정도는 어떤가. 비군속국의 실제 운영에 대해서는 문헌에 잘 알려지지 않고 있다. 『후한서』에서 속국은 군급 행정단위로서 외형상 제국 행정체제의 일부로 기록되고 있다. 그렇지만 그것이 속국에 대한 제국의 강화된 통제를 의미하는지는 불확실하다. 왜냐하면 비군속국에는 한의 관리로서는 비이천석의 속국도위 1명과 1명의 승丞만을 두었기 때문이다.[177] 전한에 비해 그 속관이 크게 줄어든 것으로서, 이것은 속국의 규모가 커지면서 오히려 그에 대한 한의 통제가 약화되었음을 시사한다.

### 부도위部都尉

양한 시기에는 적지 않은 변군에 부도위들이 설치되었다. 부도위는 군도위와 같이 군현의 군사업무를 담당하였다. 다만 내지의 군에 각각 1명의 도위가 있었다면, 변군에는 1개 군에 여러 명의 부도위들이 배치되었다. 그것은 변군의 군사적 중요성이 크고 다수의 이민족이 거주하는 상황에서 그에 대해 효과적으로 대응하기 위해서였다. 부도위는 변방 군현 내에 설치되어 그 일부를 직접 담당한다는 점에서 이민족 국가에 파견된 속국도위와도 달랐다.

원래 무제 때 정복지에 변군을 설치하면서 일반 군현과 마찬가지로 도위 호칭의 독자적인 군사책임자를 두었다. 그렇지만 무제 이후 변군에 대한 군현지배에서 후퇴하면서 부도위가 설치되었다. 부도위의 직급은 비이천석으로 태수보다 1등급 낮았지만, 군내 특정 현을 치소로 하여 별도의 관서인 도위부都尉府를 두었다.

부도위는 아니지만 개척된 변경 지역에 태수가 아닌 군사책임자만 두

177 『後漢書』 卷三十八 「百官五」.

어서 관리를 꾀한 것은 진에서도 있었다. 이를테면 진이 남월을 정벌하고 군들을 설치했을 때, 그 책임자로서 유일하게 알려진 남해군의 임효任囂는 그 직책이 군위郡尉였다. 한 시기 영토를 크게 확장시킨 무제도 그러한 방식을 채택했다. 이를테면 그는 서남이의 중심세력인 야랑夜郎에 건위군犍爲郡을 설치했다가 그에 대한 저항이 자주 발생하자 건위군을 사실상 포기하고 남이南夷와 야랑夜郎 두 개 현에 한 명의 도위만을 두었다. 비슷한 시기에 촉 지방 사람 사마상여司馬相如 등이 서이西夷인 공邛과 작筰에 군을 설치할 수 있다고 진언했다. 이에 무제는 그를 보내서 남이와 마찬가지로 그곳에 10개 현을 설치하고 한 명의 도위를 두어 촉군蜀郡에 속하게 했다.[178]

부도위의 설치 과정은 그것이 무제 사후 군현지배의 후퇴와 관련됨을 보여 준다. 이를테면 한반도 북부의 한사군 가운데 유지되지 못하고 결국 낙랑군에 편입된 임둔과 진번 지역에 각각 동부도위와 남부도위가 설치되었다. 동부도위에는 7개 현이 속했는데 설치 원인은 영토가 너무 넓고 멀기 때문이었다.[179] 한편 기원전 101년 무제는 서남이의 하나인 염방이冉駹夷를 개척해 문산군汶山郡을 설치했다. 그렇지만 그들이 군의 부세가 과중하다고 저항하자 선제宣帝(기원전 74-49년 재위) 때 문산군을 폐지하고 촉군에 병합해 촉군 북부도위가 관리하게 했다.[180]

모든 부도위의 설치 과정이 알려지고 있는 것은 아니다. 다만 전한 말(기원전 2년)을 기준으로 작성된 『한서』「지리지」의 본주에는 모두 20개 변군의 42개 부도위가 언급되어 있으나,[181] 추가로 몇 개가 더 확인되고 있

178 『史記』 卷一百十六 「西南夷列傳」.

179 후한 초 서기 30년에 광무제는 아예 도위를 폐지해 그 지역을 포기하고 현지의 지배층에 넘겨주었다(『後漢書』 卷一百十五 「東夷傳」). 남부도위가 설치된 진번 지역에는 후한 말 요동에 독자적 세력을 가졌던 공손씨公孫氏가 204년경 대방군을 설치했다(『漢書』 卷二十八 「地理志」; 李基白·李基東, 『韓國史講座』 I(古代篇), 1982: 68-69).

180 『後漢書』 卷一百十六 「西南夷傳」.

다.[182] 도나 속국이 각각 서남이나 흉노 등에 국한되었던 것과 달리 부도위는 한의 변군에 대부분 설치되었다(〈그림 29〉). 부도위의 구성을 보면, 한 개의 군에 1명의 부도위를 두는 경우도 있지만 대개 해당 군의 동서남북 방향을 기준으로 2-3명이 있었다. 다수의 부도위를 둔 것은 변군에 대한 군사적 통제를 유지하기 위해서였다.

위의 부도위 설치 과정을 보면, 그것이 내군은 물론 내속한 만이를 대상으로 설치된 내속군보다 완화된 통치방식임을 보여 준다.[183] 부도위는 내속한 만이들에 대한 군현제적 통치가 어려운 상황에서 한이 군사적 방식으로 통제하되 나머지는 현지인에게 넘겨주는 방식이었다. 그러한 의미에서 부도위는 앞서 언급된 속국(도위)과 유사하다. 다만 앞서 언급한 것처럼 속국은 명칭만 소속된 군을 따랐을 뿐이지 군현의 편제에 속하지 않았다. 그에 반해 부도위는 특정 군의 산하에 편제되었다. 속국(도위)은 부도위와 달리 별도의 속현이 없고, 한에 귀속해 변경 지역에 사실상 독자적인 국가로서 거주하는 만이들에 대한 군사적 통제를 담당했다. 그에 반해 부도위는 여러 개의 속현을 가진 군사행정기구였다.

사실 부도위의 설치는 외형적으로 보면, 변방의 피정복민족들에 대한 통치의 한 형태이다.[184] 그렇지만 그것은 제국의 방어를 위한 일종의 완충

---

181 회계군(서부·남부), 광한군(북부), 장가군(남부), 농서군(남부), 무위군(북부), 주천군(북부·동부·서부), 돈황군(중부), 상군(북부), 서하군(남부·북부·서부), 삭방군(서부·중부·동부), 오원군(서부·중부·동부), 운중군(서부·중부·동부), 정양군(서부·중부·동부), 안문군(서부·동부), 대군(서부·중부·동부), 상곡군(서부·동부), 요서군(서부·동부), 요동군(서부·중부·동부), 낙랑군(남부·동부) 등이다(『漢書』 卷二十八「地理志」).

182 그것은 촉군 서부도위, 금성군 남부도위, 장액군 견수도위肩水都尉 등이다(嚴耕望, 『中國地方行政制度史 甲部—秦漢地方行政制度』, 1990: 160-161).

183 권오중, "漢代 邊郡의 部都尉," 2004: 13-16; 권오중, 『낙랑군연구』, 1992: 145-147.

184 김한규, 『古代中國的世界秩序硏究』, 1992: 178-180; 俞鹿年 编著, 『中国管制大辞典』, 1992: 994-995.

지대로서 의미가 더 강했다. 부도위는 무엇보다도 해당 군의 변경 쪽에 설치되었다. 그리하여 북쪽 변군의 부도위들은 북부의 흉노에 대응했다. 낙랑군의 남부도위와 동부도위는 변경 너머의 조선 부족들에 대응했다. 농서군의 남부도위, 광한군의 북부도위는 양자 사이에 있는 저氐·강羌을 위아래에서 견제했다.[185] 동남의 회계군에는 주로 해적을 막기 위해서 부도위가 설치되었다.[186] 따라서 만이가 내속해 위협이 줄어드는 경우에는 부도위를 폐지하고 일반 군현으로 전환하기도 했다. 이를테면 후한 명제明帝 12년(서기 69년) 익주군의 변경 밖 서남이인 애뢰哀牢의 왕이 55만여 명을 이끌고 한에 내속하자, 그곳에 애뢰哀牢와 박남博南 2개 현을 설치했다. 그와 함께 익주 서부도위를 폐지하고, 그가 관할하던 6개 현과 합쳐서 영창군永昌郡을 설치했다.[187]

지리적으로 보면 부도위는 속국도위와 달리 거의 모든 변군에 설치되었다. 부도위는 동북의 낙랑군에서 북부와 서남부의 변군들에 이르기까지 매우 광범위하게 설치되었다. 단지 남월을 멸망시키고 설치된 9개의 군, 즉 교주에 대해서는 부도위 체제가 확인되지 않고 있다. 일단 그곳의 각 군에는 내군과 동일하게 도위가 설치되었다는 점을 주목할 필요가 있다. 앞서 언급한 것처럼 부도위는 넓은 지역이나 전략적 중요성이 큰 지역에 주로 설치되었다. 그에 반해 교주의 군현들은 넓은 지역을 포괄하는 것이 아니라 산재한 점과 같았다. 각 군현들은 현지의 소수 한인들에 대한 관리에 중점을 두었다. 또한 교주는 한의 수도에서 1만 리 이상 떨어져 있어서 개발되기 어려웠을 뿐만 아니라 한에게도 위협이 되지 않았다.

---

185 嚴耕望, 『中國地方行政制度史 甲部—秦漢地方行政制度』, 1990: 156-157.

186 『後漢書』 卷二十一 「天文」.

187 다만 이 경우에도 현지인에 의한 통치는 인정되었다. 황제는 익주 서부도위로서 청렴해 만이들의 신망을 얻었던 정순鄭純을 태수로 임명했고, 그는 매년 각 부족의 추장들이 '2벌의 옷과 1곡斛의 소금'만 정해진 조세로 내기로 약조했다(『後漢書』 卷二 「明帝紀」, 卷一百十六 「西南夷傳」.).

부도위는 무제 사후에 설치되었으나, 그 후 적지 않은 변화를 거쳤다. 부도위는 후한 초기에 전면적으로 폐지되었다가 나중에 일부 회복되었다. 광무제는 서기 30년 현 단위와 관직을 대대적으로 축소했다. 구체적으로 400개 현이 병합되었고, 관리의 10분의 1이 감소되었다. 그것은 후한 건국 과정에서 전란으로 인해 인구가 감소한 상태이므로 경비를 절감할 필요가 있었기 때문이다.[188] 그와 함께 그는 전국의 도위를 전면적으로 폐지하고 그 업무를 태수에게 통합시켰는데, 거기에는 부도위도 포함되었다. 사실 전한 말 흉노가 크게 약화되면서 부도위의 중요성도 감소되었다. 어쨌든 앞서 언급된 낙랑군 동부도위와 같은 일부 부도위의 폐지는 해당 지역의 포기를 의미했다.

그렇지만 강족과 같이 변방의 문제가 남아 있는 상황에서 후한 초 개혁조치는 현실적이지 못했고, 부도위는 그 후에 부분적으로 재등장했다. 다만 이번에는 북방의 흉노보다는 만이의 문제가 심각했던 중서부 지역에 집중되었다. 『후한서』에는 모두 8개 군에 10개의 부도위가 출현한다.[189] 또한 부도위의 명칭을 갖고 있지는 않지만 성격이 유사한 도위가 일부 군에서 확인되고 있다.[190]

또한 앞서 언급한 것처럼 후한 안제安帝 때 일부 부도위가 속국도위(비군속국)로 전환되었다. 그것이 변경 민족 정책에 어떤 의미를 가졌는지에 대해서는 상이한 의견이 제시되고 있다. 하나의 의견은 그것을 일종의 군현지배의 강화로 보는 시각이다. 즉 부도위가 군사적 통제에 국한되었다면, 비군속국은 민간 영역에 대한 통제를 포괄하는 행정단위로 변모했다

188 『後漢書』 卷一 「光武帝紀」.

189 그것은 익주군(서부), 촉군(서부·북부), 광한군(북부), 건위군(남부), 요동군(서부), 농서군(서부), 금성군(서부), 회계군(동부·서부) 등이다.

190 옌겅왕은 안정군·장액군(거연居延)·구진군·교지군 등 네 변군의 도위를 거기에 포함시키고 있다(嚴耕望, 『中國地方行政制度史 甲部—秦漢地方行政制度』, 1990: 161-162).

는 것이다.[191] 반대로 비군속국은 이민족들에 대한 좀 더 큰 자치를 허용하는 제도로 보기도 한다. 즉 부도위를 포함한 변군체제가 실제 군현적으로 운영됨으로써 변경 민족의 저항이 있었고, 따라서 비군속국은 소수민족에 대한 통제를 완화하는 조치라는 것이다.[192]

전체적으로 후한 중반 이후 한의 북부 변경 지역에 대한 통제가 약화되고 있었다. 남부흉노에 이어 북부흉노도 귀부해 한의 국경 안으로 이주되고, 오환과 선비 등에서 일부 부족들이 뒤따랐다. 후한 중반 이후 한은 변경을 직접 통제할 힘을 상실했고, 단지 내부한 집단들을 통해서 다른 집단들의 반기를 막는 이이제이 정책을 선택할 수 있을 뿐이었다. 그 결과 내부한 집단들은 합법적으로 장성 이내에 정착하게 되었다. 그렇지만 시간이 지나면서 이들조차 반란을 일으키는 등 새로운 문제가 발생했다. 특히 안제 시기 서북쪽 강족이 흉노 등의 세력과 결합해 대규모 반란을 일으키자, 서기 110년과 그 이듬해에 금성·농서·안정·북지·상군 등이 내지로 옮겨졌다. 후한 말기까지 한의 10개 변군들은 대부분 폐지되거나 축소되었다. 이것은 변경 지역 전체에 대한 한의 직접적인 통제가 크게 약화되고 있음을 의미한다. 그와 함께 변경 안의 민족들에게는 더 많은 자치가 허용되지 않을 수 없었다.

어쨌든 외형적으로 속국은 군급 단위로서 중요한 위치를 점하게 되었다. 그것은 북방의 이민족들이 대거 중원에 진입하는 역사적 흐름을 반영했다. 속국의 대규모화는 그들이 삼국 시기를 거쳐 5호16국시대에 중국

191 孙言诚, "秦汉的属邦和属国," 1987: 17-19; 黄松筠, 『中国古代藩属制度研究』, 2008: 39. 사실 『후한서』는 후한 시기 속국도위의 설치와 관련해 "몇몇 현으로 나누어 군郡과 같이 백성들을 다스린다(稍有分縣 治民比郡)."고만 언급하고 있다(『後漢書』 卷三十八 「百官五」). 이것은 속국의 성격을 말해 줄 뿐이며 도위가 속국을 다른 군처럼 통치한다는 의미는 아닐 것이다.

192 彭建英, "东汉比郡属国非郡县化略论," 2000: 66-70; 김한규, 『古代中國的世界秩序研究』, 1992: 181.

북부의 절반을 정치적으로 지배하게 되는 과정의 산물이었던 셈이다.

## 종합

이제까지 변방의 이민족 관리기구로서 도·속국·부도위 등에 관해서 살펴보았다. 그렇다면 내군과 다른 방식의 관리는 국제질서와 관련해 어떤 의미를 갖는 것인가. 그것은 중심에서 주변으로의 층차적 통치질서로 간주될 수 있다. 마찬가지로 조공체제도 그 연장선에서 설명될 수 있는 것처럼 보인다. 그렇지만 다음 몇 가지 사실들은 변군체제가 여전히 순수한 의미의 군현지배 전략임을 보여 준다.

가장 중요한 것은 이민족 통치기구가 실제로 어떻게 운영되었느냐는 것이다. 여기에 대해서는 많이 알려져 있지 않다. 그럼에도 진이 설치한 도와 관련해 죽간과 같은 직접적 자료들은 현지인에 대한 철저한 지배가 이루어졌음을 보여 준다. 자국의 국민과 동일한 법이 적용된 것은 아니지만 만이들에 대한 매우 구체적이고 엄격한 법이 존재했다. 속국의 경우에도 그들은 충분한 자치를 보장받은 것 같지 않다. 역사서는 그들이 수없이 다른 이민족과의 전쟁에 동원되었고, 그에 대한 불만이 컸음을 보여 주는 사례를 적지 않게 기록하고 있다. 부도위도 군현적 지배와 차이가 적었던 것 같다. 군현이 부도위로, 부도위가 군현으로 서로 전환되는 경우도 적지 않았으며, 때로 부도위가 태수의 직책을 겸하는 경우도 있었다. 편입된 주변 민족들의 끊임없는 저항은 대부분 한에 의한 직접적 지배 시도의 결과이다.

속국도위와 부도위의 설치도 중원권력이 확대되는 과정의 산물이다. 이와 관련해 도위체제는 무제 시기 대대적으로 영토를 확장하는 과정에서 본격화되었다는 점에 주목해야 한다. 전국시대 이후 군현은 봉건과 달리 황제의 직접지배를 상정해 왔다. 전국시대부터 통치자는 새로운 영토를 확보하면 분봉하지 않고 군현을 세워 자신의 관할에 두어 왔다. 무제도 마찬가지로 국내적으로 봉건제를 유지하는 상황에서도 정복지역에 대해서는 중앙집권적인 군현제를 적용했다. 다만 직접적이고 보편적인 통치가 불가능한 상태에서 속국이나 부도위와 같은 제한된 방식이 적용될 수밖에 없었다.

마찬가지로 변군의 설치는 한인을 위한 영토의 확보가 주된 목적이었다. 변군의 개척은 대대적인 이주와 둔전 정책을 통해서 이루어졌다. 특히 해당 정책은 기후가 건조해 개간과 인공관개 없이는 살기 어려운 제국의 서북쪽에 해당되었다. 변경통치의 지배적인 형태로서 부도위는 대개 그러한 사민정책이 이루어진 곳에 집중되었다. 정착민들이 다수 거주하는 서남이나 조선 지역에는 대규모 이주정책에 관한 기록은 거의 없지만, 그럼에도 한인의 이주는 지속적으로 이루어진 것 같다. 강족 지역에서 한인과 현지인의 갈등, 서남이 지역의 개척을 위한 노동력의 동원, 요동 지역에서 한사군으로 인구이동은 그것을 뒷받침해 준다. 그 외에도 적지 않은 변경 밖 이민족들이 내륙으로 이주되었는데, 그 목적은 다름 아니라 그들에 대한 직접적 통제를 통해서 변경을 안정시키기 위해서였다.

만이들이 주로 거주하는 변군에 대한 인식도 중국중심적이다. 변군은 개념상 내군이나 중국과 구분된다. 그렇지만 동시에 양자는 긴밀한 관계가 있다. 당시의 역사서에도 "중국과 변경은 몸의 복심과 지체와 같다," "변경이 강하면 중국이 안전하고, 중국이 안전하면 변경에 문제가 생기지 않는다."[193]라는 구절들이 있다. 여기에는 변군의 이민족 지역이 중국의 안전을 위해서 존재한다는 일종의 강한 유기체적 사고가 작용하고 있다. 변군의 이민족 거주지는 이들에 대한 통치 자체보다는 제국의 방어

193 "中國與邊境, 猶支體與腹心也."(『鹽鐵論』「誅秦」); "邊境強, 則中國安, 中國安則晏然無事."(『鹽鐵論』「地廣」)

에 본질적 의미를 갖는다.

진한의 적극적인 민족정책은 한편으로 영토를 확대시키고 다수의 민족들을 제국의 통치하에 두게 했다. 그렇지만 그것은 변경 지역에서 끊임없이 계속된 크고 작은 소란에 따른 불안정 요소가 되었다. 더욱 중요하게는 이민족들에 대한 군현적 지배 시도는 장기적으로 그들이 중국에 진출하게 하는 데 기여했다.[194] 후한 후반 국내외 불안으로 제국의 통치능력이 약화되면서 변경 지역의 군현지배도 점차 형해화形骸化되었다.

194 贾敬颜, "汉属国与属国都尉考," 1982: 13.

| 열한 번째 |

# 대국의 유산과 과제 : 서구적 시각

# 11

이 장은 서구에서의 관련 논의에 의거하여 중국의 대국적 규모에 따른 정치적 과제가 무엇인지 살펴본다. 좀 더 세부적으로 이 장은 한편으로 중국의 전통적 정치체제 그리고 다른 한편으로 국가의 크기와 민주주의에 관한 서구의 담론을 정리한다. 전자와 관련해서는 전통 중국의 대국적 속성과 그에 따른 정치 경제적 특징들, 이를테면 전제주의와 사회경제적 정체성停滯性 등이 강조된다. 후자와 관련해서는 폴리스의 직접 민주주의와 근대 사회계약론 등에 반영된 소국지향과 함께 근대에 규모가 커진 국민국가에서 국민주권을 실현하기 위한 방안으로서 제기된 연방제와 대의제 논의들을 살펴본다. 마지막으로 앞선 논의를 바탕으로 향후 중국 민주주의에 대한 시사점을 찾아본다.

## 1. 국가 규모의 정치경제

우리는 이제까지 중국에서 대국이 형성되는 역사적 과정 그리고 대국으로서 대내외 정치제도와 과정상의 특징들에 관해 살펴보았다. 2천여 년 전에 형성된 이 대규모 국가는 그 후 간헐적으로 여러 개로 분열되기도 했지만, 원래대로 회복하는 관성을 보이면서 오늘에 이르고 있다. 그렇다면 대국의 정치체제가 남긴 유산과 과제는 무엇인가? 이를테면, 그 대국은 국가로서 적정한 크기였고, 지금도 그러한가? 상당히 도발적일 수 있으나, 우리는 이러한 문제제기에 유혹을 느끼지 않을 수 없다.

그렇다면 근본적으로 과연 국가의 최적크기란 있는 것인가. 오늘날 이러한 질문을 하는 경우는 많지 않은 것 같다. 국가의 크기는 외생적으로 주어진 것으로서, 즉 이론적 설명이 불가능하다고 간주되는 경향이 있다. 그럼에도 대개 인구나 면적으로 표현되는 국가의 물리적 크기가 정치체제의 작동에 중요한 의미를 가진다는 사실을 부정하기 어렵다. 더욱이 국가는 시대마다 다르기는 하지만 복합적이면서도 일정한 기능을 담당하는 것으로 기대되고, 해당 기능을 수행하는 데 적합한지 여부와 결부하여 국가 크기의 적정성은 제기될 수 있다.

일부 역사학 연구는 서구의 근대 국민국가가 형성되는 과정에서 국경은 지리적으로 주어지는 것이 아니라 인간이 필요에 의해 선택한 제도라는 것을 밝히고 있다.[1] 또한 어떤 경제학자들은 경제적 측면에서 국가의 최적크기가 있다고 주장한다. 이를테면 국민들의 자발적인 선택에 의해서 국경선이 그어진다면 그 국가는 매우 작아질 것이다. 왜냐하면 공공재의 배분과 관련해 사람들은 자신들의 부담에 비례해 수혜의 정도가 높은 곳을 중심으로 하는 방식을 선호할 것이기 때문이다. 또한 나라가 클수록 국민들의 선호도가 서로 다르고, 국내외적 불안과 도전이 많아 통치비용이 클 수밖에 없다.[2]

국가의 최적크기는 소위 제국의 건설이나 외적 팽창과 관련해서도 설명된다. 이를테면 영토의 팽창을 통해 경제적 이익을 확보할 수 있는지 여부를 기준으로 그 한계가 도출되기도 한다. 논리적 근거는 다음과 같다. 흡수하고자 하는 지역의 최적크기는 지배를 위한 비용과 지배에서 오는 이익에 의해서 정해진다. 다시 말해 징수되는 조세가 지배를 위한 비용, 즉 해당 주민들에 대한 재화와 서비스의 공급 그리고 조세징수를 위한 비용보다 커야 한다.[3] 과도하게 팽창된 제국은 지나친 지출로 인해 그 경제적 기반이 약화되고 결국 자신의 영토를 효과적으로 통제할 수 있는 경쟁력을 상실한다. 과도한 팽창overextension은 역사상 대제국들이 몰락하는 주요 원인으로 간주되기도 한다.[4] 사회주의 시기 소련이 과도하게

---

1 Henderson, "Industrial bases and city sizes," 1983: 164-168; Tilly, *Coercion, Capital and European States, AD 900-1990*, 1990: 20-28.

2 Alesina and Spolaore, *The Size of Nations*, 2003: 31-52.

3 Lake, "The Rise, Fall, and Future of the Russian Empire: A Theoretical Interpretation," 1996: 47-50.

4 Kennedy, *The Rise and Fall of the Great Powers: Economic Change and Military Conflict from 1500 to 2000*, 1989; Toynbee, *A Study of History* 1, 2, abridged by D.C. Somervell, 1956.

영향력을 확대·유지하기 위해서 많은 비용을 치르다 몰락한 것이나, 최근 미국이 국제분쟁에 국력을 소모하는 것도 그러한 사례이다.

물론 대국의 장점도 생각해 볼 수 있다. 대외적 안전뿐 아니라 비용과 산출의 측면에서도 국가는 어느 정도 크지 않으면 안 된다. 국가는 일정한 행정적 조직을 갖추어야 하고, 이를 위해 그 비용을 조달할 수 있는 크기가 되어야 한다. 또한 어느 정도 규모의 내수시장은 대외적 요인에 대한 경제적 불안정을 줄일 수 있다. 규모의 경제 측면이나 재정을 통한 재분배와 관련해서 국가의 크기는 긍정적으로 작용할 수 있다. 마찬가지로 자연재해나 환경 등에 관해서도 지나치게 작은 단위의 국가들은 문제해결 능력에 제한적일 수밖에 없다.

그럼에도 전통적 서구의 정치사상에서 국민의 참여와 주권이라는 측면에서 소국에 대한 선호가 두드러지게 나타나고 있다. 그것은 아테네 도시국가에서 직접민주주의의 실현을 위한 플라톤이나 아리스토텔레스의 논의에서부터 16, 17세기 근대의 주권재민에 입각한 사회계약론에 이르기까지 거의 일관되게 나타난다. 다만 18세기 이후 미국과 유럽에서 국민국가가 등장하면서 대규모 국가에서 민주주의의 실현이 정치이론의 중요한 과제가 되었다. 다시 말해 직접민주주의가 불가능한 크기의 국가에서 어떻게 국민주권, 즉 민주주의를 실현할 것인가. 그 과정에서 연방제와 대의제 민주주의 이론이 등장했다. 오늘날 민주주의는 국민주권과 참여의 실현 이외에 문제해결 능력과도 결부되고 있지만, 체제운영의 기본원리로서 전자의 중요성은 감소되지 않는다.

한편 서양인들은 아시아 그리고 그 너머의 중국에 대해서도 일정한 이미지를 가지고 있었다. 그것은 아시아에서 국가는 크고 따라서 전제적이라는 것이었다. 그들은 중국의 전통적 정치체제가 갖는 중요한 특징으로서 전제주의를 그 대규모성과 결부시켰다. 물론 이것은 어떤 경험적 연구의 결과라기보다는 대개 서양 자신과 상반되는 부정적인 이미지였다. 그럼에도 거기에는 나름대로 이론적 일관성이 존재한다. 즉 소국에 대한 선호와 대국에 대한 부정적 이미지이다. 오늘날에도 연방제나 대의제의 이론적 관점에서 본다면, 중국의 전통적 정치체제의 중요한 특징이기도 한 중앙집권체제는 적지 않은 과제를 안고 있다.

약간 다른 각도에서 중국 내에서도 그 대규모성에 주목하는 시각이 있다. 그 예가 푸단대학 교수 출신의 중국공산당 정책 브레인 왕후닝王滬寧이다. 그는 민주적 정치발전을 위한 중국 특색의 정치체제 모델 구축과 관련해 4개 연구 과제를 설정하고 첫 번째로 '대규모 국가와 정치조절의 관계'를 포함시켰던 것이다.[5] 자세한 분석은 하지 않지만, 그는 다음과 같은 기본적인 구상을 제시하고 있다.

> 엄격하게 말해서 세계에는 중국처럼 이렇게 큰 사회가 선택하도록 제공할 수 있는 현존 모델이 없다. 중국은 반드시 자신의 사회문화로부터 어떤 모델을 발전시켜야 한다. 중요한 것은 체제의 구축만이 아니라 조작 가능성이다. 대규모의 인구는 정치관리·이익요구·경제차이·문화특색·종교·민족 등 다방면의 문제에도 영향을 준다. 정치체제는 그것이 포함하는 다양성에 대해서 효과적인 조절을 해내야 하며, 그렇지 않으면 정치체제는 제대로 작동할 수 없다.[6]

그에 의하면, 중국의 큰 규모는 경제적 이해관계, 문화, 민족 등의 다양성을 의미하고, 따라서 그것을 조절할 수 있는 고유한 정치체제의 구축이 매우 중요하다. 그는 중국 사회가 다른 나라와 비교할 수 없을 정도로 크기 때문에 다른 나라의 모델을 수용할 수 없다는 점을 강조하고 있다. 문

---

5 그는 대규모적 성격 이외에도 현재 중국 사회의 특수한 기본조건으로서 일당지배, 공유제, 그리고 윤리중시 문화를 들고 있다.

6 王沪宁, "发展中的中国政治学," 1994: 31.

제의 해결은 서구의 정치이론에서 말하는 연방제나 대의제의 도입에 있지 않다는 것이다. 그럼에도 대규모성에 따른 다양한 이익과 차이의 조절은 중국 정치의 중요한 과제로 남아 있다.

아래에서는 서양의 정치사상에서 전통 중국의 대규모성과 관련된 정치경제적 특징들에 관한 담론을 종합한다. 이어 서양에서 역사적으로 전개된 국가의 크기와 민주주의의 관계에 관한 논의들을 살펴본다. 이를 기초로 대국으로서 중국의 정치적 과제가 무엇인지 제기하고자 한다. 사실 서양과 중국은 다른 역사적 경험을 갖고 있기 때문에 서구적 경험이나 시각에서 중국의 문제를 논하는 것은 적절하지 못할 수 있다. 그럼에도 그 적실성 여부와 상관없이 기존의 시각을 정리, 소개하는 것은 새로운 학술적 토론을 위해서 의미가 있다고 본다. 이 장의 목적은 서양 정치사상의 관련 주장이 중국에 적용될 수 있는지 여부를 논증하는 데 있지 않다. 다만 되도록 주장 그대로 전달해 향후 관련 토론의 출발로 삼고자 한다.

## 2. 중국의 대국적 특징들

### 자유의 부재

서양인들은 아시아, 그리고 그 너머의 중국에 대해 상당히 고정된 상像을 가지고 있었다. 그것은 무엇보다도 대규모 국가에 의한 전제정치와 그에 따른 자유의 부재로서, 대개 서양과 상반되는 부정적인 이미지였다. 아리스토텔레스는 그리스가 적당히 작은 국가와 온건한 기후, 용기와 지성의 결합 등을 바탕으로 자유롭고 효율적인 정치형태를 갖고 있다고 생각했다. 그에 반해 그는 아시아에 대해서는 지나치게 큰 국가규모, 더운 기후, 용기의 부족 등의 요소에 의해 국민은 노예적 상태에 있는 전제적 정치체제로 간주했다.[7] 그에게 아시아는 주로 페르시아에 해당되었지만, 이러한 아시아적 이미지는 후에 그 너머의 인도나 중국에도 적용되었다.

서구 사상가들 가운데 중국의 정치체제를 직접 언급하는 초기의 예는 앞서 언급된 몽테스키외이다.[8] 그는 아리스토텔레스의 전통에 따라 국가형태를 민주정과 귀족정을 포괄하는 공화정republic, 군주정monarchy, 전제정despotism으로 구분하고 중국을 전제정에 포함시켰다. 군주정이나 전제정 모두 한 사람이 통치하지만, 전자는 정해진 법에 따라 통치되고, 후자는 '법도 규범도 없이 만사를 자기의 의지와 일시적인 기분으로 이끌어간다.' 그리고 전제정은 중국을 포함한 아시아의 전형적 정치형태로 간주되었다.

전제정의 출현과 관련해서 몽테스키외는 크게 두 가지 지리적 요소로 설명하려고 시도한다. 그것은 바로 아시아의 더운 기후와 영토적 광대함이다. 그에 따르면 더운 지방 사람들은 나약하고 게으르고 겁이 많다. 영토적 광대함과 관련해, 아시아는 유럽에 비해 넓은 평야를 가지고 있지만 강들은 작기 때문에 이들로 국경선을 정하는 것이 아니라 바다가 그러한 역할을 한다. 따라서 이러한 지역에는 대규모 제국이 형성되는데 이들은 필연적으로 전제적일 수밖에 없다. 그것은 모든 큰 국가(조직)들은 불가피하게 전제적이기 때문이다. 큰 국가는 분열을 막기 위해서 공포를 통한 정치를 해야 하고, 따라서 인민들은 노예적 상태에 처할 수밖에 없다. 그에 반해 유럽은 지형적 특성에 의해 중간 정도 크기의 국가들로 나뉘어 있기 때문에 강제가 아닌 법에 의해서 통치될 수 있고

7 Aristotle, *Politics*, 1999: Part 7, §7.

8 Montesquieu, *The Spirit of Laws*, 1990: Part 17, §6.

따라서 국민들은 자유롭다.

몽테스키외에 의하면 중국에서는 풍토상(주로 더운 날씨)으로 형이하학적이고 감각적 쾌락이 중시된다. 중국이 인구가 많은 것은 특히 여성의 번식능력이 뛰어나기 때문이다. 물론 인구가 많다는 것은 정치적으로도 중요한 의미를 갖는데, 이를테면 기근이나 실정에 의해 막대한 수의 인민이 궁핍해지는 일이 발생하면, 그것은 갑자기 정치적 혼란으로 이어질 수 있다. 혼란이나 반발은 지역적으로 멀고 또 여러 곳에서 발생하기 때문에 자칫 통제하지 못해 결국 제국의 붕괴로 이어질 수 있다. 따라서 중국에서 국가는 이러한 혼란이나 반발에 매우 민감하게 반응하여 폭력적인 방법으로 제압한다.

뿐만 아니라 다수의 인구를 지탱하기 위해서 백성들에게 열심히 일하도록 조건을 만들지 않으면 안 된다. 이를 위해서는 백성들이 노동한 대가를 잃지 않도록 법적·제도적 장치를 마련해 주어야 한다. 중국에서 각종 법률이 발달하게 된 것은 이러한 이유에서이다. 그렇지만 그러한 법은 대국을 통제하기 위해서 전제주의적 방식에 의해 뒷받침되지 않을 수 없다. 따라서 수많은 법과 전제주의가 결합되면서 정치체제는 더욱 전제적이 되고 만다.[9] 몽테스키외의 이러한 중국에 관한 인식은 그 뒤 헤겔, 마르크스 등을 거쳐 근대 서구의 아시아적 담론에 반영되었다.

## 정체성

몽테스키외가 강조한 중국의 부자유와 전제적 성격은 헤겔G. W. F. Hegel(1770-1831)의 정체성停滯性 개념으로 이어진다. 그에게 역사란 인간이 지리적 요소를 포함한 자연적 제약에서 벗어나 자유로운 정신의 진보가 이루

9 Montesquieu, *The Spirit of Laws*, 1990: Part 8, §21.

어지는 과정이다. 따라서 지리적 요소는 역사 발전의 중요한 조건을 이룬다. 헤겔에게 있어서 아시아는 지중해를 중심으로 하는 서양과 달리 세계사의 발전에 참여하지 못했는데 그것은 무엇보다도 그 지리적 성격이나 규모와 직접 관계가 있다.

헤겔에게 아시아는 중국·인도·페르시아·이집트 등을 포괄하지만, 그는 중국이야말로 가장 본래적 의미의 동양이라고 말하고 있다. 중국은 아시아적 전제의 전형으로서 대규모의 통일되고 완비된 국가형태, 군주에 의한 전제적 정치, 불변성과 정체성 등을 특징으로 한다.[10]

헤겔의 동양에 대한 기술은 지리적 특징에서 출발한다. 중국은 큰 강과 주변의 넓고 풍요로운 평원을 가지고 있다. 이러한 지역에서는 농업이 발전하게 되는데, 그와 함께 토지의 소유 그리고 그와 관련된 법률관계가 형성됨으로써 인류의 역사에서 최초로 국가의 토대가 형성되었다. 그리고 그 국가는 넓은 평원과 그에 따른 동질적인 인종 등의 조건에 의해 대규모 왕국으로 등장했다. "그래서 우리는 비로소 아시아에서 하나의 국가를, 즉 지배력을 갖는 한 일반 원칙 아래에서의 공동생활을 보게 된다. 이 원칙 자체에 충실하기 위해서 이 동양의 국가들은 그렇게 크고 대규모적이다. 실체적 권력이 단순한 실체성의 형태나 필연적으로 작용하는 법칙으로서가 아니라, 통치체제의 형태로 존재하는 것이다."[11]

그런데 이러한 대규모 정치적 실체의 형성과 존재는 발전의 질곡으로 작용한다. 아시아의 지리적 성격은 인간의 정신과 국가의 존재 형태에 중요한 영향을 주고 있다. 이를테면 광대하지만 봉쇄적인 평원과 거기에 세워진 왕국은 그곳에 사는 사람들의 의식과 전제정치의 틀을 제공한다. 넓게 펼쳐진 지평선은 사방이 비슷해 보임으로써 사람들은 변화의 자극을

---

10 헤겔 저, 김종호 역, 『역사철학강의』(1), 1981: 204-208.

11 Hegel, *Vorlesungen Über die Philosophie der Weltgeschichte, Band II: Die orientalische Welt*, 1988: 267-268. 번역은 송두율, 『계몽과 해방』, 1996: 69-70을 참조함.

받지 않는다. 그것은 여러 개의 섬, 산, 작은 평원과 강 등으로 서로 구분되고 있지만 바다를 통해 늘 상호 교류하는 그리스의 국가들과 비교하면 분명히 드러난다. 중국도 긴 해안선을 갖고 있지만, 해안선은 육지가 끝나는 곳일 뿐이다. 즉 지중해와 같이 해안은 육지의 제약을 벗어나는 발판으로 기능하지 못한다. 이러한 지리적 요인으로 인해 중국인은 지중해 사람들의 용감함·창의성·모험심 등이 결여되어 있고, 그 결과 역사적 진보를 이루지 못하고 말았다.[12]

그와 유사하게 역사 발전의 중요한 조건으로서 자유에 대한 의식이 중국에는 결핍되어 있다. 서양에서는 지중해를 중심으로 그리고 나중에는 북부 유럽을 포함하는 다양한 민족과 국가들의 교류가 끊임없이 개인의 주관적 자유와 국가에 의해 실현되는 실체적 자유를 확대했다. 그에 반해 동양에서 형성된 대규모 국가는 개인의 자유로운 의식을 제약했고, 전제정치 그리고 나아가 정체성을 가져왔다. 가족 내에서 가장을 정점으로 하는 위계적 질서가 형성된 것처럼 사회 전체적으로 오로지 한 사람의 황제만이 절대적 권력을 행사한다. 이러한 자유의 부재와 국가의 전제적 성격은 다시 중국 사회의 정체성으로 이어진다. 중국이 역사의 유년기에 머문 것은 이러한 이유에서이다.

나아가 헤겔의 시각에서는 전통적 중국 사회의 외형적 통일성조차도 매우 허구적이다. 앞서 언급한 것처럼 개개인은 외적인 환경에 대해서 주체성을 가진 대자적 존재가 아니라 즉자적 존재로 간주된다. 따라서 독립된 개개인들의 내적인 분화에 입각한 실재적인 통일은 중국에는 존재하지 않고, 단지 개념적이고 추상적으로만 존재할 뿐이다.

> 중국에서는 모든 개개인들이 평등하다. 그러나 동시에 이와 더불어 하

12 헤겔 저, 김종호 역, 『역사철학강의』(1), 1981: 179-180과 209-219.

나의 중심으로부터의 통치가 있으며, 이 속에서는 개성 혹은 특수한 것이 결코 독립성 혹은 주체적 자유에 이르지 못한다. 여기에는 국가라는 관념이 '분할에서야만 구체적이다'라는 점이 결여되어 있고, 그 차이들이 유기적 부분들로 자리매김 하는 정신적이고, 살아 있는, 내적으로 구분되어 있는 것이 결여되어 있다.[13]

이러한 시각에서 본다면 중국에서 통일성은 부분들의 확고한 역할이나 존재에 근거하는 굳건한 바탕을 가지고 있지 못한다. 통일은 어떤 의미에서는 구성원의 내적인 정당성에 바탕을 두고 있는 것이 아니라, 물리력과 설득을 포함하는 외부로부터 강제에 입각하고 있을 뿐이다.

### 아시아적 생산양식

그렇다면 중국에서 대규모 국가의 물질적 기초는 무엇인가. 이와 관련해 마르크스K. Marx(1818-1883)의 아시아적 생산양식Asiatic mode of production은 대표적인 이론적 틀을 제공한다. 그에 의하면 중국 경제는 무엇보다도 황하나 장강과 같이 대규모 강 주변에서 행해지는 농업에 의존했다. 특히 건조한 기후로 인해 농업을 위한 관개가 중요하고, 또 황하의 경우 그 특징상 범람이 잦았다. 따라서 그에 대응하기 위해서는 대규모 수리시설이 필요했고, 이것은 다시 많은 물적·인적 자원을 동원할 수 있는 정치체를 요구했다. 그 결과 중국에는 통일적이고 대규모의 정치체가 등장했다. 특히 서양에서 지중해와 유럽의 지리적·문화적 다양성과 거기에 기초한 소규모 국가들의 산재와 비교했을 때, 중국의 통일성과 규모는 매우 두드러진다.

---

13 Hegel, *Vorlesungen Über die Philosophie der Weltgeschichte, Band II: Die orientalische Welt*, 1988: 367-368. 번역은 송두율, 『계몽과 해방』, 1996: 71을 참조함. 유사한 내용으로 헤겔 저, 김종호 역, 『역사철학강의』(1), 1980: 240 참조.

마르크스에 의하면 아시아적 생산양식은 동양 사회의 지리적 크기와도 긴밀한 관계를 갖는다. 동양은 넓은 고원과 사막지대가 펼쳐져 있어 인공적 관개시설을 통해서만 농사가 가능했고, 그것은 강력한 국가권력을 형성하는 데 기여했다. 서양에서 관개를 위한 공공사업은 소규모의 지방적 성격을 띠었기 때문에 자유로운 사적 결사체로 발전할 수 있었지만, 동양에서는 그 영토가 너무 넓었고 또 자유로운 결사체가 발전할 만큼 문명 수준에 이르지 못함으로써 오로지 중앙집권적 국가권력의 개입을 필요로 했다. 공공사업을 기반으로 한 동양의 국가들은 국민에 대한 약탈을 통해 재정을 조달하고 이민족에 대한 전쟁이나 약탈을 통해 권력과 영토를 확대했다.[14] 마르크스는 다음과 같이 설명한다.

> …… 동양의 모든 민족들과 마찬가지로 힌두족은 중앙정부가 그들의 농경과 상업을 위한 첫 전제조건인 거대한 공공사업을 관장하도록 위임했고, 다른 한편으로 이들은 전 영토에 걸쳐 흩어져 살았으며, 단지 경작과 수공업이 가족적으로 결합됨으로써 인구가 밀집된 소중심지를 형성했다. 이러한 두가지 상황은 태고 이래로 특수한 성격의 사회체제, 소위 '촌락체제'를 형성시켰는데, 이 촌락체제는 소규모의 각 단위체들에게 그들의 독립적 조직과 독자적 삶을 보장했다……
>
> 그러나 우리는 이 점에 있어서 이러한 전원적 촌락공동체들이 겉으로는 아무리 평온스러운 것처럼 보인다고 하더라도 먼 옛날부터 동양적 전제주의의 확고한 기반을 형성했다는 사실과, 이 촌락공동체들이 인간의 정신을 가능한 가장 협소한 시야 안에 한정시키고, 인간 정신을 미신에 순종적인 도구로 또한 전통적 규범들에 굴종하는 노예로 만들었으며, 인간 정신으로부터 제 나름의 위대함과 역사적 에너지를 박탈했다는 사실

14 Marx, *Grundrisse der politischen Ökonomie*, 1983: 383-386.

을 잊어서는 안 된다.[15]

마르크스의 아시아적 생산양식 그리고 거기에 기반을 둔 중국 사회의 정체성은 소규모 촌락들과 거대한 전제국가의 병존으로 설명된다. 자급자족과 그에 따른 제한된 상업은 잉여생산의 축적을 방해하는 중요한 요인으로 간주된다. 더욱이 대규모 국가는 제한적이나마 창출된 약간의 잉여생산물마저 탈취해 거대한 관료기구를 유지하는 데 비생산적으로 소모했다. 이러한 상황에서 생산력의 발전에 필요한 자본의 형성이 근본적으로 제한되었다. 소규모 촌락의 산재와 대규모 전제국가의 존재가 상호 의존적으로 작용했던 것이다. 결국 마르크스는 아시아의 촌락공동체들이 근대 이후 영국과 같은 제국주의 국가들에 의해 야만적으로 해체되는 것에 대한 동정심을 보이면서도 동시에 그러한 해체의 역사적 의의를 인정하였다.

## 동양적 전제주의

마르크스의 아시아적 생산양식 이론을 더욱 확장시킨 이론이 비트포겔K. Wittfogel(1896-1988)의 이른바 동양적 전제주의Oriental despotism이다. 요컨대 황하의 잦은 범람에서 안전을 확보하고 그 유역의 넓은 평원에 농사를 짓기 위해서 대규모 관개시설의 건설과 유지가 필요했고, 이를 위해서 강력한 중앙집권적 전제국가가 형성되었다는 것이다.

천수농경이 가능한 유럽 지역과 달리 중국은 대규모 지역에 걸쳐 준準건조지대를 가지고 있었다. 이 지역들은 농사를 짓기 위해서는 대규모 관개가 필요했고, 그와 함께 집중적인 강우가 수반하는 하천의 범람을 막는

15 Marx, K., “Die britische Herrschaft in Indien,” 1960: 131-132; 송두율, 『계몽과 해방』, 1996: 81-82에서 원문에 의거하여 부분적으로 수정됨.

토목사업 등 일종의 비농업적 노동분업이 요구되었다. 이러한 사업들을 수행하기 위한 노동력과 자원의 동원 그리고 그것의 관리는 강력한 중앙 집권적 사회체제를 요구했다. 그것을 그는 수력사회hydraulic society라고 불렀다.

이 수력사회는 특히 농업에 직접적으로 필요한 관개나 토목공사 이외에도 농업을 간접적으로 관리하기 위한 천문학·수학·지질학 등을 발전시켜 그것을 일종의 권력으로 행사했다. 이러한 경제적 권력을 바탕으로 형성된 전제국가는 식수를 위한 저수지, 운하, 만리장성 등 국방을 위한 토목, 도로, 궁전이나 묘지, 도시, 사원 등 비농업적 사업을 통해서 자신의 권력을 더욱 강화시켰다. 동양적 전제국가는 근대 이전 유럽과 비교해 대규모 군사력의 유지, 중과세를 통한 거액의 국가재원 조달, 유럽의 장자상속제와 달리 균등한 토지상속 제도를 통한 토지의 분산과 그에 따른 경제세력의 등장 억제, 독립적 교회의 부정과 종교적 권위의 정치권력에 대한 종속 등의 방식을 취했다.

수력사회에서는 귀족이나 교회와 같은 사회세력의 국가권력에 대한 외적인 통제와 국가의 각종 업무, 즉 공공사업·국방·정보·조직·경제 등 각 업무 담당자들 사이의 내적인 균형이 결여되었다. 정치권력은 제어되지 않음으로써 한 사람에게 집중되는 경향을 보였고, 이것이 동양적 전제로 나타났다. 수력사회의 팽창과 제국의 형성에 대해 비트포겔은 다음과 같이 언급하고 있다.

> 수력사회의 권력 중심들은 주변 지역을 복속시키고 통제하는 능력에 있어서 모든 농업공동체들을 능가했다. 지역에서 '생성' 단계를 거친 뒤에 그리고 기회가 주어지는 곳에서는 그 권력 중심들은 광역 또는 국가적 차원을 갖게 되었다. 특히 유리한 조건에서는 광역적 '개화기'를 거쳐 '제국적' 팽창과 '융합'이 뒤따랐다.[16]

물론 수력사회의 지리적 팽창에 의해 곧장 고밀도의 지배체제가 형성되는 것은 아니다. 그것은 팽창에 의해 사회문화적 단위가 커진다고 하더라도 제도나 문화의 규모 자체가 커지는 것은 아니며, 서로 독립적인 단위들 사이의 느슨한 상호관계가 형성되기 때문이다. 비트포겔은 이러한 단계에서 수력문화는 가장 창조적이며 그에 따른 개화기를 맞이하게 되고, 중국의 경우에는 춘추전국시대 영토국가들의 성립과 진에 의해 시작되는 통일국가의 초기 단계에 해당한다고 보았다. 즉 이 시기에 높은 수준의 사상과 문화, 제도상의 발전이 이루어졌던 것이다.

다만 이러한 변화나 성숙의 단계는 계속되지 못하고 오히려 정체성의 질곡으로 작용하게 되었다. 유럽이나 일본이 봉건적 사회형태를 거쳐 권력의 분권과 거기에 기초해 발전을 이룩한 반면, 동양은 거대한 국가기구에 의한 전제정치로 인해 사회발전이 정체되고 말았다. 국가의 각종 사업들이 일정한 범위를 넘어 확대될수록 기술적·사회적 제약이 커짐으로써 그 효용성은 감소하였다. 따라서 국가는 사회적 잉여의 대부분을 흡수할 뿐, 발전의 기반을 제공하지 못했다. 그와 함께 농민이나 수공업자들이 높은 의욕과 기술을 갖고 높은 생산력을 이룰지라도 국가에 의한 경제적 착취로 인해 독자적인 세력을 형성하지 못했다. 그리하여 정치경제상의 일시적 변화의 경우에도 기존의 사회나 문화의 패턴은 바뀌지 않았다. 그것은 문화나 제도의 수준이 다시 낮아지거나 아니면 주기적으로 원래의 상태로 회복되었기 때문이다.

뿐만 아니라 비트포겔은 근대 이후 그러한 동양 사회 형태의 회복 가능성을 제기했다. 중국 사회의 경제적 정체성을 주장했던 마르크스는 자본주의의 국제적 확산을 필연적으로 간주했다. 즉 싫든 좋든 자본주의의 국제적 팽창은 수력사회를 시장경제로 전환시키고 거기에 상응하는 정

---

16 Wittfogel, *Oriental Despotism: A Comparative Study of Total Power*, 1957: 421.

치체제를 구축하게 할 것이다. 그렇지만 비트포겔에 따르면 시장경제와 더불어 의회 등 여러 가지 정치제도가 도입된다고 하더라도 아시아의 정치는 강력한 국가, 약한 사적 영역을 특징으로 하는 수력사회의 전통에 크게 영향을 받게 될 것이다. 그는 중국의 사회주의 건설을 아시아적 복고Asiatic Restoration로 간주하고, 그 권력은 농업의 집단화, 근대적인 산업과 통신 등의 통제를 통해 이전보다도 더욱 아시아적이라고 보았다.

### 자본주의 형성의 실패

역사적으로 시장경제의 형성과 전개는 유럽의 대외적 진출 또는 팽창과 긴밀한 관계를 갖는다. 시장경제는 새로운 원료의 조달과 상품 시장의 확보를 위해서 유럽의 팽창을 자극했다면, 이것은 다시 대량생산과 기술의 발전을 가능하게 했다. 유럽의 팽창과 자본주의 발전은 상호 추동적인 관계를 가졌던 것이다. 서구의 근대 그리고 자본주의 형성에 관한 연구에 있어서도 중국은 중요한 비교의 대상이 되었고, 그 핵심은 국가의 규모와 그에 대한 대응의 차이와 관련되었다.

근대사회로 전환하는 데 있어 유럽과 중국의 차이에 대한 문제는 크게 두가지 측면에서 제기되었다. 그것은 첫째, 왜 중국은 제국의 팽창을 시도하지 않았는가? 둘째, 왜 중국은 자본주의 발전에 있어서 유럽에 뒤지고 말았는가? 이러한 문제들은 제국·봉건국가·국민국가 등과 같은 각종 크기의 정치제제와도 연관된다. 근대 유럽에서 근대적 경제 및 정치체제를 설명하는 과정에서 중국을 비교의 대상으로 설정한 대표적인 예는 미국의 역사학자 월러스타인I. M. Wallerstein(1930-)이다. 그의 논의는 상당 부분 프랑스의 역사학자 브로델F. Braudel(1902-1985)에 의해서도 수용되었다.

먼저 사회체제에 관한 그들의 개념적 분류에 의하면, 전통 중국은 로마나 비잔틴과 같이 제국empire 또는 세계-제국world-empire이었다. 제국은 도시국가나 국민국가와 대조되는 국가형태인데, 지리적으로 넓은 지역에 걸쳐 존재하고 상당히 많은 인구를 가진다. 그와 함께 제국은 각기 문화적으로 상이한 지역들을 포괄한다. 그러면서도 제국은 하나의 통일적인 정치체제를 갖추고, 각각의 지역들은 경제적으로 상당히 상호의존적이다. 다만 그 방식에 있어서는 세계-경제world-economy와는 다른 원리에 바탕을 둔다.

세계-경제와 비교해 제국 내 지역간 경제적 교류는 제한된다. 이와 관련해 월러스타인은 경제인류학자 폴라니K. Polanyi(1886-1964)를 원용하는데, 폴라니에 의하면 제국의 경제는 교환이 아니라 재분배적 성격을 가지고 있다. 그리고 지역간의 제한된 교환도 시장의 방식이 아니라 국가에 의해 관리되는 방식에 입각한다.[17] 제국은 비록 조공이나 조세를 통해서 주변부에서 중심부로 경제적 부를 확보할 수 있지만, 제국의 통치는 많은 비용을 수반한다. 특히 거대한 관료기구의 유지에 필요한 재원을 사회로부터 흡수하고, 그에 대한 저항은 정치적 억압 기구의 유지와 군사비와 같은 추가적인 비용을 야기한다. 월러스타인에 의하면, 이러한 제국적 통치 방식은 근대적 시장경제가 발전하지 못하는 중요한 원인이 된다.

15세기 근대의 출발선상에 있어서 중국과 유럽은 중요한 차이점이 있었다. 중국이 거대한 제국으로 남아 있었다면, 유럽은 작은 제국들, 국민국가들 그리고 도시국가들로 구성되어 있었다. 이러한 출발선상의 차이가 결국 향후 두 지역의 운명을 바꾸게 되었다. 유럽에서는 세계사에서 매우 특이한 사회체제가 형성되었는데, 월러스타인은 그것을 세계-경제[18]라고 불렀다. 그것은 제국과는 달리 정치적 실체가 아니라 각 부분들이 경제적으로만 상호연관성을 가졌다. 경제적 연관성이란 그 체제 내에 일정한

17 Polanyi, *The Great Transformation*, 1957: 51-52.

18 여기서 '세계'는 전지구적인 범위가 아니라 여러 지역들을 포괄하는 상당히 넓은 지리적 공간을 의미한다.

노동분업이 존재한다는 점과, 그럼으로써 체제 안의 여러 지역들이 생존을 위해서 다른 지역과의 교환에 의존한다는 의미이다.[19] 유럽에서 형성된 세계-경제는 제국으로 발전하지 않고 경제적 실체로 남아 있었다.

유럽은 중세 봉건사회가 해체되면서 소위 국민국가들로 발전했다. 다수의 독립적인 국가들이 출현하면서 제국과는 달리 어떤 특정한 정부가 투자·대출·생산·분배 등의 제도나 방식을 통제하거나 억제할 수 없게 되었다. 이러한 상황은 유럽에서 세계-경제가 형성되는 데 기여했다. 유럽에서는 제국과 같은 정치적 상부구조를 형성하지 않고서 하층계급에서 상층계급으로, 주변부에서 중심부로 잉여를 이동시킬 수 있는 메커니즘이 만들어진 셈이다. 국가의 기능은 단지 일정한 교역조건을 확보하는 데에 국한되었고, 재화의 배분은 시장에 맡겨지게 되었다. 이로써 생산성 확대를 위한 동기부여가 개인에게 부여되었다.

그에 비한다면 중국의 제국적 스케일은 새로운 변화에 부응하지 못한 중요한 요인이었다. 제국은 넓은 영토와 인구를 방어하고 관리해야 할 책

---

19 세계-경제의 기준으로서 경제적 상호연관성에 대해서 브로델은 좀 더 구체적으로 가격과 특히 콩종크튀르conjoncture, 즉 경기景氣를 언급한다. "세계-경제야말로 같은 가격진동이 일어나는 가장 넓은 공간으로서 이것은 단지 콩종크튀르를 받아들일 뿐 아니라 어느 정도 심층에서는 그리고 어느 수준에서는 그 콩종크튀르를 만드는 곳이다. 어쨌든 세계-경제는 광대한 공간 속에서 가격의 단일성unicité을 만든다. 이것은 마치 동맥계가 몸 전체로 피를 전달하는 것과 유사하다. 이것은 그 자체로서 하나의 구조이다."(브로델 저, 주경철 역, 『물질문명과 자본주의 III-1: 세계의 시간 上』, 1999: 109). 그리고 세계-경제는 각 지역들이 최고의 교통수단으로서 약 60일 이내에 도달할 수 있는 최대의 공간이다. 중국도 한국·일본·말레이군도·베트남·운남·티벳·몽고와 같은 속국들을 지배해서 일종의 세계-경제를 구축했다고 간주된다(Wallerstein, *The Modern World-System I*, 1980: 16). 사실 명청 시기 서울에서 중국의 연경(북경)까지는 육로로 3천100리로서 약 50일 정도 소요되었다고 한다(임기중, 『연행록연구』, 2002: 386). 그렇지만 세계-경제의 존재 여부는 단순히 지리적 거리만이 아니라 조공과 국경 무역의 내용, 가격이나 경기를 포함한 지표에 의거한 연구에 의해서만 밝혀질 수 있을 것이다.

임이 있었기 때문에 새로운 도약에 필요한 물질적·정신적 자원을 집중하지 못했다. 평화 시기에도 제국은 끊임없이 외우내환에 시달렸고, 거기에 정력을 쏟지 않으면 안 되었다. 이를테면 명 시기에 왜구가 창궐했는데, 그것은 정권에 크게 위협이 되지 않았음에도 제국은 국가 전체의 역량을 동원했다. 그에 반해 유럽에서 투르크와 같은 대외적 위협에 대해서 황제는 개별 국가들을 거의 동원할 수 없었다. 따라서 포르투갈과 같이 별로 경제가 발달하지 못한 국가도 자신의 역량을 대외팽창에 주력할 수 있었다.

또한 제국은 본질적으로 세계-경제 내의 한 국가와는 달리 진취적일 수 없었다. 그것은 제국은 스스로를 세상의 전부라고 여기기 때문이었다. 제국은 스스로가 유일한 경제라고 부를 만한 수준에 있다고 생각했고, 따라서 다른 나라에서 부를 취할 이유가 없었던 것이다. 전체의 부에서 황제의 몫을 확대할 수는 있었지만, 그것은 다만 조공과 같이 제한된 방식에 의거할 뿐이었다. 더욱이 조공은 많은 경우 제국이 아니라 조공국에게 더 유리한 조건으로 이루어지는 무역의 일종이었다.

월러스타인에 의하면 유럽과 중국의 상이한 농업형태도 자본주의 형성에 필요한 대외적 팽창정책에 영향을 주었다. 즉 유럽은 목축업과 밀생산을 위주로 했기 때문에 중세 말기 인구의 증가에 의해 토지의 부족이 크게 나타났다. 유럽은 필요한 토지를 확보하기 위해서 외부로 눈을 돌렸다. 그에 반해 중국은 벼농사가 중심이었다. 벼농사는 목축업과 밀농사보다 생산성이 높았지만 많은 노동력을 필요로 했다. 따라서 중국은 외부의 추가적인 공간 확보보다는 단지 남부지방의 농업생산에 주력했다. 물론 중국에서도 대외적 팽창은 일부의 사람들에게 이득을 가져왔을 것이다. 그렇지만 정치적 안정과 균형을 지향하는 제국에서 주요 정책이 중앙집권적으로 이루어짐으로써 팽창은 제약을 받았다.[20]

결국 서구적 관점에서 보면, 전통 중국의 대규모성은 그 자체로서 적지 않은 부정적 측면들을 가진다. 그것은 무엇보다도 전제정치와 사회경제적 낙후의 중요한 원인이 되었다. 이러한 관점은 민주와 전제, 진보와 낙후 등 이분법적 사고에 기반을 두는 것은 물론 매우 서구중심적이라는 비판을 면하기 어렵다. 그럼에도 근대 이후 세계사는 서구에 의해 주도되었다. 서구는 민주주의와 시장경제를 창출했고, 그것을 다른 국가들에게 강제했다. 그에 대한 대안, 즉 사회주의는 실패하고 말았을 뿐만 아니라, 두 제도는 차츰 전지구적 차원에서 확산되어 가고 있다. 그렇다면 서구에서는 역사적으로 국가 규모의 문제에 어떻게 대응했는가? 아래에서는 서구 정치사상에서 전개된 관련 논의를 검토하고자 한다.

## 3. 민주주의와 국가의 크기

### 도시국가와 소국지향

서구 민주주의의 원형은 작은 도시국가에서 실시된 직접민주주의였다. 이 도시국가들은 대략 기원전 9세기부터 3세기까지 지중해 지역에서 발전했다. 도시국가의 인구는 대개 10만 명을 넘지 않았다. 도시국가의 형성은 험준한 산악에 의한 지리적 구분과 그에 따른 지역간 교류의 제약 등에 기인했다.[21] 서구 정치사상의 원조로 간주되는 플라톤Plato (기원전 429-347)과 아리스토텔레스Aristotle(기원전 384-322)의 주장은 이러한 시대적 환

20 Wallerstein, *The Modern World-System I*, 1980: 60-63.

21 Lipson, *The Great Issues of Politics; an Introduction to Political Science*, 1960: 346-347.

경을 배경으로 했다. 이들은 소국에서 직접민주주의 실현의 창시자로 등장했고, 그 후 서구의 정치이론에 큰 영향을 미쳤다.[22]

먼저 플라톤은 『법률』에서 공동체의 크기에 관해 다룬다. 그에 의하면 공동체의 구성에는 귀속의식과 단결이 가장 중요한 요소이고, 이를 위해서 공동체는 자급자족적이어야 한다. 자급자족은 경제적 자급뿐 아니라 군사적으로 자위가 가능한 정도를 의미한다. 공동체가 너무 클 경우에는 구성원들 사이의 복잡한 이해관계로 인해 그에 대한 귀속의식과 단결을 저해하게 된다. 따라서 그는 최적의 인구수로서 노예나 여자, 자녀 등을 제외한 성인 가장 5천40명을 상정한다.[23] 그의 이상적 국가는 오늘날의 시각에서는 상당히 작은 규모라고 하겠다.

아리스토텔레스는 『정치학』에서 플라톤보다 적극적으로 국가의 크기에 대해 언급한다. 플라톤과 마찬가지로 그는 폴리스와 같은 직접민주주의('정치적 자급자족')를 위해서 국가의 크기는 작아야 한다고 주장한다. 그에 따르면 정치체의 크기는 통치자와 피치자가 각기 자신의 업무를 적절히 수행할 수 있을 수준에 멈추어야 한다. 이를테면 군주제에서 국가가 너무 크면 통치자의 판단이나 명령이 기술적으로 매우 어렵다. 또한 시민이 정치를 담당할 경우에도 선거를 통해 관직을 분배해야 하는데 상호간의 성격을 알지 않으면 안 된다. 그렇지 않으면 선거나 정책이 제대로 잘

---

22 사실 소국이론은 당시의 지배적인 시각은 아니었던 것 같다. 그들도 인정하는 것처럼, 대다수의 사람들은 큰 국가를 선호하고 있었다(Plato, *The Laws*, 1982: Book 2, §2; Aristotle, *Politics*, 1999: Part 7, §4).

23 Plato, *The Laws*, 1982: Part 9, §4. 물론 이 숫자는 공동체의 운영을 위한 어느 정도 수학적인 계산에 기반을 두고 있다. 5천40은 11을 제외하고 1부터 12까지의 숫자로 나눌 수 있기 때문에 토지분배·조세·사회구제·국방·행정 등 다양한 목적과 방식으로 주민들을 조합시킬 수 있다. 한 추측에 의하면 다른 도시국가보다도 규모가 큰 편이었던 아테네는 전체 인구가 20만-30만 명이었다. 거기에는 노예가 6만-8만 명, 외국인으로서 시민권이 없는 사람들(metics) 3만5천-4만 명이 포함되었다. 선거권을 가진 시민은 3만5천-4만5천 명 정도였다(Lee, "Translator's Introduction," 1974: 26).

이루어질 수 없다. 그 외에도 국가가 너무 크면 이방인이나 외국인들의 유입을 통제하기 힘들다. 마찬가지로 한 국가의 영토적 크기는 경제적 자급자족이 가능하면서도 동시에 영토를 용이하게 지키기 위해서 한눈에 볼 수 있어야 한다. 결국 인구의 가장 적당한 한도는 "생활의 목적을 충족시킬 수 있고, 또 한눈에 조망할 수 있는 최대의 수가 되는 것이다." 경험적으로도 대국은 잘 다스려지는 경우가 거의 없다.[24]

소국지향은 국제관계적 측면에서 폴리스의 일정한 행동규범을 요구한다. 그것은 위의 사상에서 유추될 수 있는데, 무엇보다도 영토팽창 시도에 대한 유보적 태도이다. 왜냐하면 영토의 확대나 연맹체의 구축은 개별 폴리스들의 종교적·문화적 순수성이나 통합성을 약화시킬 것이기 때문이다. 동시에 독립과 자유가 최고의 가치인 한, 그것은 자신뿐 아니라 이웃 나라들에 대해서도 인정되지 않으면 안 되었다. 이러한 의미에서 폴리스의 대외전략은 공격적이기보다는 방어적이었다.

다만 아리스토텔레스는 모순되게도 그리스가 하나의 국가가 되면 세계를 지배할 수도 있다고 언급하고 있다. 그리스에 의한 세계지배 가능성은 자유주의자 존 스튜어트 밀J. S. Mill(1806-1873)에서도 발견된다. 단지 그에게 제국주의 주체가 아리스토텔레스와 달리 그리스가 아니라 확대된 그리스, 즉 유럽으로 전환되었을 뿐이다.[25] 실제 그리스 사상가들의 소국론은 현실적으로 이미 그 기반을 상실하고 있었다. 아리스토텔레스의 제자인 마케도니아의 알렉산더 대왕이 대제국을 건설함으로써 도시국가 체제는 해체되었던 것이다.[26] 그럼에도 직접민주주의와 그를 위한 소국 선호는 서구 정치사상사에 깊은 영향을 주었고 18세기 몽테스키외나 루소

24 Aristotle, *Politics*, 1999: Part 7, §4.

25 Aristotle, *Politics*, 1999: Part 7, §7; Mill, *Considerations on Representative Government*, 2004: XVIII.

26 Lipson, *The Great Issues of Politics; an Introduction to Political Science*, 1960: 349.

와 같은 근대 정치사상가들로 이어졌다.

## 로마제국과 그 유산

로마제국의 경험도 정치사상의 측면에서 중요한 역할을 하게 된다. 그것은 무엇보다도 그리스의 도시국가가 아닌 거대한 영토에 걸쳐 형성된 대규모 국가였다. 우리는 규모의 측면에서 로마제국에 대한 정치이론적 합리화를 현실주의자이자 공화주의자였던 마키아벨리N. Machiavelli(1469-1527)에게서 발견하게 된다.

마키아벨리는 그의 『로마사논고』에서 소국과 대국의 문제를 언급하고 있다. 그는 이상적인 국가의 크기를 제시하기보다는, 주어진 상이한 크기의 국가들이 생존하기 위해서 각기 어떤 전략을 취해야 하는지 보여 주고자 한다. 그에 따르면, 정치의 가장 중요한 목적이 국가의 존속이라고 할 경우, 이를 위해서 소국과 대국은 각각 상이한 통치방법을 취하지 않으면 안 된다. 그리고 그것은 대내적 측면과 대외적 측면으로 구분될 수 있다.

먼저 작은 국가로서 존속하기 위해서는 어떤 방법이 필요한가 하는 문제이다. 스파르타는 그 대표적인 사례로서, 작은 국가가 장기간 존속하는 방법을 보여 주고 있다. 스파르타와 같은 작은 국가에게는 무엇보다도 대내적 단결이 필요하다. 왜냐하면 국내적 갈등은 외부로부터 공격을 유발하거나, 실제 공격을 당할 경우 그에 대한 대응 능력을 떨어뜨릴 것이기 때문이다. 따라서 스파르타는 대내적 단결을 위해서 서로 연관성이 있는 두 가지 조건을 갖추었다. 그것은 주민의 수를 적게 유지하고 소수가 정치권력을 독점하는 방식이었다.

스파르타는 특히 외국인들을 받아들이지 않음으로써 주민들을 외부로부터의 부패에 물들지 않게 했고, 동시에 소수의 지배가 가능하도록 했다. 소수의 지배는 평민들이 정치에 참여하지 않고, 왕과 소수의 귀족들로 구성된 원로원에 의해 통치됨으로써 이루어졌다. 따라서 귀족들과 평민 사이의 분쟁이 발생할 소지가 없었다. 결국 적은 수의 국민에 대해서 소수의 지배가 이루어짐으로써 내부의 결속이 가능했다. 대외적 측면과 관련해서는 마키아벨리가 자세하게 다루고 있지 않지만, 스파르타는 지형적인 요새를 잘 갖춤으로써 외부로부터 공격을 억제할 수 있었다.[27]

그럼에도 현실적으로 국가가 팽창하지 않으면서 유지된다는 의미에서 균형을 잡기란 거의 불가능하다. 그것은 어떤 이유에서든 국가는 대개 커지거나 아니면 스스로 내부의 분열이나 침략에 의해 약화될 가능성이 있기 때문이다. 따라서 마키아벨리는 국가의 지속적인 팽창이 필요하며, 동시에 그 영토를 유지할 수 있는 방법을 마련하는 것이 중요하다고 본다. 이와 관련해 그는 제국의 건설 과정에서 로마가 취한 정책에 찬사를 보내고 있다.

로마는 스파르타와는 달리 팽창정책을 지향했다. 이를 위해서 평민을 무장시켜 전쟁에 동원했고, 나아가 외국인에게 시민권을 개방했다. 또한 팽창정책은 국가의 주권이나 자유를 방어하기 위해서뿐 아니라, 시민적 덕성virtu을 유지하는 데에도 기여했다. 시민적 자유와 국가의 영토적 팽창은 동전의 양면과 같은 것이었다. 물론 이러한 정책은 상당한 부작용을 수반했다. 특히 평민들의 권력에 대한 참여와 정치적 자유가 허용되고, 인구 구성이 다양화됨으로써 사회적 분란과 갈등의 원인이 되었던 것이다. 이러한 의미에서 제국의 건설을 위해서 평민과 원로원 사이의 정치적 갈등, 외부 문화의 영향에 따른 사회적 부패는 불가피한 일이었다.

물론 무턱대고 팽창정책을 추구하는 것은 옳지 않다. 마키아벨리에 따르면 팽창정책은 전쟁의 패배로 인한 국가의 패망을 가져올 수 있다. 뿐만 아니라 그것은 국력의 낭비나 정복한 지역으로부터 악풍의 유입 등에

27 마키아벨리 저, 강정인·안선재 역, 『로마사논고』, 2003: 94-96.

의해 손실을 야기할 가능성이 있다. 따라서 영토의 팽창과 국력의 강화를 서로 긴밀히 연관시키는 일이 매우 중요하다. 그것은 두 가지 의미를 갖는다.

첫째는 영토를 확대하면서 동시에 국력을 강화할 수 있는 조치가 수반되는 일이다. 거기에는 시민을 수적으로 확대해 이들을 무장시키는 일, 그들에게 열성으로 군사훈련을 실시하는 일, 전리품으로 국고를 충실하게 하되 개개인은 검소하게 사는 일, 정복한 국가를 지키기 위해 식민지를 건설하는 일, 소모적인 포위작전보다는 기습작전과 전투를 통해 적을 굴복시키는 일 등이 포함된다.

둘째는 영토의 확대는 무턱대고 추구해서는 안 되며 국력의 허용 범위에 머물러야 한다는 것이다. 그것은 영토의 확대에 있어서 절제를 요구한다. 주변 국가들의 저항을 최소화하면서 제국의 패권적 위치를 확보하는 것이 중요하다. 실제 로마제국도 초기 건설 과정에서는 정복한 국가를 속국으로 만들기보다는 그 영향력을 유지시키는 동맹국으로 만들었다. 점령된 도시들에 대해서도 관리를 직접 파견하기보다는 현지인들이 자신의 법이나 제도에 따라 살도록 허용했다. 심지어 동맹국으로서가 아니라 속국으로서 항복했던 도시들에 대해서도 직접적인 통치를 추구하지 않음으로써 그들의 존엄성을 인정해 주었다. 현지인들을 노예 상태로 만들 경우, 그들의 불만과 저항이 야기될 수 있고, 관리들이 잘못을 저지를 때에도 군주에 대한 비판으로 이어질 것이기 때문이다.[28]

로마와 달리 스파르타나 아테네는 외국인을 받아들이지 않음으로써 무장할 수 있는 국민의 수가 제한되어 있었다. 로마가 최고 28만 명의 병력을 확보할 수 있게 된 반면, 스파르타나 아테네는 2만 명 이내의 병력만을 보유했다. 그러면서도 나중에 스파르타와 아테네는 자신들보다 큰 지

---

28 마키아벨리 저, 강정인·안선재 역, 『로마사논고』, 2003: 283-284, 354-356.

역을 보유하고자 했다. 더욱이 이들은 로마처럼 해당 지역을 동맹국으로서 간접적인 영향력 아래에 두는 것이 아니라, 직접적인 통치 대상으로 삼고자 했다. 그 결과 정복지의 주민은 신민臣民으로 간주되었고, 그로 인해 이들의 반발을 사게 되었다. 결국 자신들의 역량을 초월해 통치의 범위를 확대시켰던 셈이고, 그것이 바로 그들이 몰락하게 된 원인이 되었다.[29]

요컨대 마키아벨리에게 팽창은 국가의 존속을 위해서 매우 중요한 요소이다. 문제는 그 팽창이 단순한 양적인 것이 아니라 국력을 강화시키는 방향으로 이루어져야 한다는 점이다. 다만 장기적으로 팽창의 요구와 그것의 절제에 대한 요구를 적절하게 결합시키기란 현실적으로 매우 어려운 일이다. 이것은 결국 로마제국도 쇠망한 이유이다.

로마제국의 몰락 과정을 연구한 기번도 『로마제국쇠망사』에서 무분별한 영토팽창이 제국을 몰락시키는 중요한 원인이 되었다고 지적하고 있다. 즉 번영은 정신적 타락을 가져왔고, 정복에 의한 영토의 확대는 제국에 대한 혼란과 파괴의 요인이 될 수 있는 요소들을 증가시켰다는 주장이다. 속주로부터 가져온 물질적 풍요는 정신적 타락과 도덕적 해이를 가져왔다. 거대한 제국의 치안을 위해서는 많은 용병이 포함된 군대를 각지에 둘 수밖에 없었다. 그런데 군대는 정치에 관여해 공화국의 자유를 억압했고, 황제의 권위를 해쳤다. 황제도 자신의 정치적 안전을 위해 군대를 이용함으로써 군대의 기율을 해쳤다. 거기에 거대한 제국을 통치하기 위해서 서로마와 동로마로 분할되면서 황제들 사이의 알력이 발생했고, 그것은 제국의 내부적 균열을 가져왔다.[30]

---

29 마키아벨리 저, 강정인·안선재 역, 『로마사논고』, 2003: 280-284.

30 에드워드 기번 지음, 데로 A. 손더스 발췌, 황건 옮김, 『그림과 함께 읽는 로마 제국 쇠망사』, 2004: 540-541.

## 사회계약론에서 국가의 크기

근대 초기 공화제 주창자들에게 그리스의 소규모 정치체제는 여전히 가장 적합해 보였다. 인민주권이 최고의 가치로 설정되는 한, 이론적으로 직접민주주의가 가장 적합한 정치형태였고, 이를 실현하기 위해서 국가는 작을 필요가 있었던 것이다. 대의제나 연방제 구상은 이후에 비교적 큰 규모의 근대 국민국가가 일반적인 국가형태가 되면서 비로소 출현했다.

영국의 정치사상가 홉스T. Hobbes(1588-1679)는 자연상태에서 인간의 야만성 억제와 타인에 대한 공포의 해소를 국가의 최종 목적으로 설정한다. 즉 시민적 덕성이나 인민주권 의식보다는 개별 구성원의 안전과 평화가 공동체의 가장 중요한 목적이라는 인식이다. 따라서 그는 외부의 침략에 맞서 자신을 방어하기 위해서는 주변의 국가들보다는 더 커야 한다고 주장한다. 그렇지만 인간의 고유한 야만성은 규모가 큰 공동체일수록 그 내부에 더 많은 갈등을 야기할 수 있다. 이러한 외부적 안전과 내적 갈등의 모순적 상황을 해결하기 위한 방안으로서, 홉스는 사회계약을 통한 주권자의 절대적 권력과 피지배자의 복종을 강조한다.[31]

한편 프랑스의 정치사상가 몽테스키외C. Montesquieu(1689-1755)에게도 국가의 크기는 중요한 관심의 대상이다. 이와 관련해 『법의 정신』(1748)에는 다음과 같은 구절이 있다.

> 공화국의 속성상 그것은 작은 영토를 가져야 한다. 그렇지 않다면 그것은 존속할 수 없을 것이다. 큰 공화국에서는 부富가 많아서 중용의 정신이 거의 없다. 어느 한 사람의 시민에게 맡기기에는 너무 많은 위탁재산이 존재한다. 이해관계는 특수화되고, 사람들은 조국이 없어도 행복하

31 레오 스트라우스·조셉 크랍시 저, 이동수 외 역, 『서양정치철학사』(II), 2007: 167-168.

고 위대하며 영광스럽게 될 수 있다고 느끼게 된다…… 큰 공화국에서는 수많은 것들을 고려해야 하기 때문에 공공의 선이 희생된다. 공공의 선은 여러 가지 예외적인 것들에 종속된다. 그것은 우연한 것들에 의존한다. 작은 공화국에서는 공공의 선이 더 강력하게 느껴지고, 더 잘 알려지며, 각각의 시민들에게 가깝다. 범법행위는 널리 퍼져 있지 않고 보호받지 못한다. 스파르타가 그렇게 오랫동안 유지될 수 있었던 것은 모든 전쟁을 끝내고도 언제나 그 이전의 영토 상태로 머물러 있었기 때문이다. 스파르타의 유일한 목표는 자유였다.[32]

그에 따르면 공동체의 결속에 필요한 공화적 미덕은 소규모의 국가에서만 존재할 수 있다. 공화정의 정신은 자유에 있고, 영토의 팽창이나 권력의 확대에 있지 않다. 소국에서는 인민의 의사를 반영해 한 사람의 주권자가 권력을 행사하는 군주정 자체가 불가능하다. 왜냐하면 소국에 군주를 둔다면 그는 전제적이 될 수밖에 없기 때문이다. 그는 형식상 주권자로서 최고의 권력을 갖고 있지만, 사실 작은 나라인 만큼 그것을 뒷받침할 수 있는 수단을 갖고 있지 못해서 이것을 확보하고자 국민들을 괴롭힐 것이다. 그리고 군주정하에서의 소국은 공화정만큼 시민들이 국방에 적극적이지 않기 때문에 체제 자체도 취약할 수밖에 없다. 결국 군주정은 작은 나라에서는 유지될 수 없다.

그에 반해 대국은 전제적일 수밖에 없을 뿐만 아니라, 그나마 전제적 권력은 궁극적으로는 유지될 수 없다. 먼저 대국의 전제적 요구와 관련해 말한다면, 나라가 커지면서 대내적으로 통제가 어렵기 때문에, 해체를 막기 위해서는 전제적이 되어야 한다. 그는 다음과 같이 말한다.

32 Montesquieu, *The Spirit of Laws*, 1990: Part8, §16.

> 대제국은 전제적인 권위가 통치자의 인격체 안에 있을 것을 기대한다. 군주는 신속하게 결단을 내림으로써 그것이 전해지는 곳까지의 거리를 보충할 필요가 있다. 또한 (군주에 대한) 공포감을 통해서 멀리 있는 총독이나 집정관이 태만하지 못하게 할 필요가 있다. 법은 한 사람의 인격체에서 나와야 하며, 그리고 법은 국가의 규모에 비례하여 필연적으로 증가할 수밖에 없는 사건들에 따라 끊임없이 변화되어야 한다.[33]

대외적 방비에 있어서도 대국은 자기모순적인 방어체계를 가질 수밖에 없다. 전제국가는 요새나 군대의 보유를 두려워한다. 정당성이 결여된 전제국가에서 요새의 존재는 황제에 대한 위협이 될 수 있기 때문이다. 따라서 황제는 국경지대를 황폐화시켜 사람이 살지 못하게 하는 방식으로 대외적 방비를 취한다. 본토를 지키기 위해서 자국의 일부를 희생시키는 셈이다. 그렇지 않으면 국경지대에 제후를 임명해 통치하는 것인데, 이러한 방식은 분리나 분할을 통해 스스로를 유지시키는 모순을 내포하고 있다. 결국 대제국은 오랫동안 유지될 수 없다. 그는 중국을 전제적 대제국으로 그 성격을 규정한다.

물론 소국은 국방과 같은 가장 중요한 공공재를 조달하는 데 어려움이 있다. 시민적 참여와 안전 사이에는 구조적인 모순이 존재하는 셈이다. 즉 "공화국은 작을 때 외세에 의해서 파괴되고, 클 때 내부적인 결함에 의해서 멸망한다." 그렇다면 국방과 대내적 민주주의를 겸할 수 있는 방법은 무엇인가. 몽테스키외는 연합제적 공화정에서 그 해답을 찾는다. 그에 의하면 이것은 과거 자유로운 공화국들의 연맹체로서 그리스와 초기 로마가 오랫동안 번영했던 이유가 되었다. 마찬가지로 몽테스키외 당시의 네덜란드·독일·스위스연방 등도 거기에 해당되었다.

---

33 Montesquieu, *The Spirit of Laws*, 1990: Part 8, §19.

그에 의하면 한 국가의 방위를 위해서는 적정 규모의 크기가 되어야 한다. 즉 지역이 너무 좁으면 단기간에 공략될 수 있고, 또 너무 넓으면 신속하게 방비를 구축할 수 없다. 따라서 당시 프랑스나 스페인과 같이 중간 크기 정도가 적당하다. 큰 나라일 경우 분산되어 있는 군대를 신속하게 국경에 집결시키는 것은 어렵다. 강행군을 하여 국경까지 멀리 가게 되면 패배하기 쉽고, 일단 패배하면 또한 퇴각지점이 멀기 때문에 군대는 흩어져 버린다. 승리한 적군이 저항 없이 수도까지 진격해 포위할 때에야 지방의 지원군을 요청하게 되어 이미 너무 늦게 된다. 뿐만 아니라 큰 나라는 원래 공포에 의해 통치를 받아 왔기 때문에 지방의 실력자나 인민들은 황제에게 충성을 보이지 않고 자신의 이익을 위해 행동한다. 많은 경우 지방의 실력자들도 침략자들과 마찬가지로 자신의 세력을 확대하고자 경쟁적으로 제국의 해체에 참여한다.[34]

사회계약 이론가들 가운데 국가의 크기에 관해 가장 직접적인 분석을 시도한 사람은 아마도 루소J.J. Rousseau(1712-1778)일 것이다. 그는 『사회계약론』(1762)에서 국가의 크기 문제를 다루는데, 통치와 행정의 측면에서 그리고 인민에 의한 주권 행사의 측면에서 논의한다. 그는 몽테스키외와 마찬가지로 소국지향을 분명하게 드러낸다.

먼저 통치와 행정의 측면에서 제기되는 대국의 문제점이다. 무엇보다도 규모가 커지면 사회적 유대가 이완되고, 공공부문에 과도한 비용이 집중되어 인민의 복지가 해쳐진다. 대국일수록 지리적으로 멀고 또 행정단위의 층차가 많아짐으로써 행정 비용과 그에 따른 인민의 부담이 크다. 법의 집행과 폭동 등 사태 발생에 대해 신속성도 떨어진다. 인민들은 공동체에 대한 애정이 작으며, 지역적 다양성으로 인해 일관된 통치가 이루어지기 힘들 뿐만 아니라 인구가 많아 사회적 부도덕성이 크다. 그 외에도

34 Montesquieu, *The Spirit of Laws*, 1990: Part 9, §1-§6.

과다한 업무로 인해 통치자들은 오히려 아무것도 하지 않으려 하며, 업무를 담당하는 하급관리의 부패를 통제하기 힘들다. 대국의 문제점에 대해서 그는 다음과 같이 자세하게 언급하고 있다.

> 첫째, 원거리는 행정을 어렵게 하는데, 마치 지렛대가 길면 끝 쪽이 더욱 무거워지는 것과 같다. 따라서 거리가 멀수록 행정의 부담이 증가된다. 왜냐하면 우선 각 도시는 인민이 부담해야 할 행정단위가 있고, 또 각 지구district의 비용도 인민이 부담해야 하는 행정단위가 있으며, 다시 그 위에서는 도provinces, 주, 부왕령副王領과 같은 더 높은 행정단위가 있어 올라갈수록 늘 불쌍한 인민들이 부담하는 비용이 늘어난다. 가장 위에는 위의 지방행정단위보다 더 비용이 드는 최고 행정부가 있다. 이러한 모든 과잉부담은 인민들의 재산을 축내지만, 그렇다고 그처럼 많은 단위들로 통치가 잘 되기는커녕 하나의 권위체가 있는 것보다도 못하다……뿐만 아니라 (대국에서는) 정부는 법의 준수를 보장하고, 비행을 방지하며, 악습을 교정하고, 먼 곳에서 시작되는 폭동을 방지할 수 있는 힘과 신속성을 갖지 못한다. 인민은 보지도 못한 통치자들, 세계처럼 크게 보이는 자기 나라, 그리고 대부분 알지도 못하는 동료 인민들에 대해서도 애정을 갖지 않는다. 상이한 풍습과 기후로 인해서 획일적인 통치가 불가능한 다양한 지역들에 똑같은 법률이 통용될 수 없다. 그렇다고 상이한 법은 인민들에게 무질서를 일으키고 혼란만 가중시킬 뿐이다…… 수도에는 서로 알지 못하는 수많은 사람들이 몰려들어 재능은 파묻히고, 덕행은 알려지지 않으며, 악은 처벌되지 않는다. 통치자들은 업무에 파묻혀 스스로 아무것도 보지 않고, 국가는 하급관리들에 의해 관리된다. 끝으로 중앙에서 먼 곳에 있는 이 하급관리들은 국가의 권위를 회피하거나 아니면 (인민에게) 강요하고자 한다. 이것을 막기 위해 취해지는 조치는 모든 공공의 에너지를 소진시켜 버리니 인민의 복지를 위해서는 여력이 없게 된다…….[35]

물론 소국의 경우에도 문제가 없는 것은 아니다. 다른 논자들도 자주 언급하는 것처럼 소국은 병탄될 가능성이 높기 때문에 그것을 방지하기 위해서는 다른 나라들과 비슷한 수준으로 자신의 역량을 키워야 한다. 따라서 국가의 크기를 팽창시켜야 할 이유와 수축시켜야 할 이유가 동시에 존재하게 되는데, 궁극적으로 루소는 국내적인 결속의 강화가 더 많이 고려되어야 한다고 본다. 그의 표현에 의하면, "팽창의 이유는 단지 대외적이고 상대적이므로, 대내적이고 절대적인 수축의 이유에 종속되어야 한다. 강하고 건강한 국가질서가 먼저 추구되어야 한다. 그리고 넓은 영토가 제공하는 자원보다는 좋은 정부에서 오는 활력에 의존하는 것이 낫다."[36]

그렇다면 인민의 주권 행사 측면에서 국가의 크기에 따라 어떤 정부형태가 바람직한가. 루소는 몽테스키외와 유사한 견해를 보인다. 즉 국가의 규모가 작을 경우에는 민주정, 중간 규모일 경우에는 귀족정, 클 때에는 군주정이 적합하다. 그는 다음과 같이 수학적인 근거를 제시하고 있다. 그에 의하면 국가는 3가지 요소들의 관계에 의해 그 성격이 결정된다. 그것은 일반의지와 입법권의 소유자인 인민의 총체로서 주권자, 주권자의 의지인 법의 집행을 위임받은 정부, 그리고 정부에 의해 통치되는 대상으로서 개별적인 인민 등 3자를 말한다. 그에게 있어서 어떤 정부형태가 좋은가를 판단하는 기준은 3자의 관계에 있어서 균형 여부이다. 그것은 '인민 : 정부 : 주권자'의 비례적 관계이고, 따라서 그 중간에 위치한 — 그가 비례중항mean proportional이라 부르는 — 정부가 중요한 의미를 갖는다.[37] 좋은 정부의 형태는 특히 인민의 수로 표현된 국가의 크기와 긴밀하게 연관된다.

---

35 Rousseau, *The Social Contract Discourses*, 1955: Part 2, §9.

36 Rousseau, *The Social Contract Discourses*, 1955: Part 2, §9.

37 Rousseau, *The Social Contract Discourses*, 1955: Part 3, §1.

먼저 인민의 수와 주권자의 관계이다. 인민의 수가 많을수록 인민의 개별적인 의지가 일반의지에 의해 대표될 수 있는 가능성은 낮아진다. 이것은 마치 선거인의 수가 많을수록 개개인의 입장에서 거기에 영향을 줄 가능성이 낮아지는 것과 같다. 이러한 의미에서 나라가 크면 자유는 더 작아진다는 주장이 가능해진다. 그렇다면 이 관계는 인민과 주권자 사이의 중간적 실체로서 정부에 어떤 의미를 갖는가. 루소에 따르면 인민의 수가 많아 개별의지와 일반의지의 유사성이 작아질수록, 다시 말해 서로 조정해야 할 개별의지들이 많아질수록 강제력이 큰 정부가 좋은 정부이다. 즉 인민의 수가 많을수록 거기에 비례해 정부의 강제력도 커져야 한다.

그렇다면 정부의 강제력과 정부의 형태 사이에는 어떤 연관성이 있는가. 정부의 형태는 통치자(또는 행정가)의 수에 따라 구분되는데, 민주정은 인민의 다수가, 귀족정은 소수가, 군주정은 군주 일인이 정부를 담당한다. 그런데 통치자는 3가지 의지를 동시에 가지고 있는데, 그것은 사적인 존재로서 개별의지, 정부의 일원, 즉 행정가로서 단체의지 그리고 주권자의 일부로서 사회 전체를 위한 일반의지이다. 다만 인간의 이기적인 속성으로 인해 개별의지, 단체의지, 일반의지 순으로 우선순위가 주어진다. 인간은 주권자인 시민보다는 통치에 참여하는 행정가로서 더 적극적이다. 그것은 행정가는 구체적인 기능을 담당하지만 시민은 주권의 행사에 그만큼 적극적이지 않기 때문이다.

이러한 상황에서 예를 들어 군주정에서와 같이 군주 한 사람이 통치할 경우 개별의지와 단체의지가 전적으로 통일되고, 따라서 단체의지의 강도가 가장 크게 된다. 그리고 단체의지는 정부의 힘이 일정한 한에서 정부의 능동성 정도를 결정하는 가장 중요한 요소이다. 그 결과 한 사람이 통치하는 경우 정부의 활동이 가장 능동적일 수 있다. 인민의 다수가 행정가로서 통치에 참여하는 민주정은 그와 정반대이다. 이 경우에 단체의지는 일반의지와 분간할 수 없게 되어 양자 모두 발휘될 수 없고, 오히려 개별의지가 지배적이게 된다. 따라서 통치에 참여하는 사람이 많아질수록 정부의 활동에 있어 개별의지의 작용 가능성이 높아짐으로써 정부의 능동성이 약화된다. 즉 다수가 정부를 담당하게 되면 토론이 길어지고 업무의 효율성도 떨어질 수밖에 없다.

결국 정부의 능동성과 통치를 담당하는 사람의 수는 반비례 관계에 있다. 이것은 인민의 수로 표현되는 국가의 규모가 클수록 정부는 더 능동성이 있어야 한다는 앞의 주장과 결합해 다음과 같은 결론에 이르게 된다. 즉 "국가의 규모가 커질수록 국민의 수적 증가에 비례해 지배자의 수가 감소하도록 정부의 집중도를 강화시켜야 한다." 여기서 소국은 민주정, 중간 크기 국가는 귀족정, 대국은 군주정이 적합하다는 주장이 가능해진다.

문제는 정부의 능동성이나 효율성의 제고가 정부의 공정성rectitude과 반비례한다는 점이다. 다시 말해 행정가 수가 많을수록 단체의지가 일반의지에 접근하는 반면, 소수가 지배할수록 개별의지가 우세해 정부의 공정성은 약화될 수밖에 없다. 위에서 제시된 국가의 크기와 좋은 정부형태의 분류는 정부의 능동성에 기초하는 것으로서, 공정성의 개념을 고려하고 있지 않다. 따라서 효율성과 공정성을 어떻게 결합할 것인가 하는 문제가 남아 있다. 또한 위의 능동적인 정부형태로서 군주정은 매우 유능한 군주를 전제로 한다. 그렇지만 군주정은 유능한 군주의 출현과는 제도적으로 모순 관계에 있다. 군주정은 안정된 정권교체를 위해 세습제를 채택하기 때문이다. 정책적으로도 군주 일인의 의지에 의존하기 때문에 민주정이나 귀족정에 비해 불안정하며 연속성을 담보할 수 없다. 정부가 강력해짐으로써 군주정은 또한 전제적이 될 가능성이 높다. 결국 대국에서는 군주정이 이상적인 정부형태지만, 그것은 실제 전제적일 수밖에 없다.

루소의 소국 민주주의 이론은 그의 전반적인 정치이론의 핵심 개념인 일반의지와 인민주권에 기반하고 있다. 그에 의하면 주권은 일반의지로 구성되며 분할하거나 양도할 수 없다. 주권은 인민이 직접 표출할 수 있을 뿐이며 다른 사람에 의해 대표될 수도 없다. 정부는 주권자가 제정한 법률을 집행하는 일종의 업무기구에 불과하다. 정부가 인민의 주권을 탈취하지 않게 감독하기 위해서 정기적으로 인민집회를 열어 정부의 존속 여부를 결정해야 한다. 집회가 성공적으로 이루어지기 위해서는 국가 규모는 작아야 한다. 나라가 작지 않으면 주권자는 자신의 주권을 계속 행사할 수 없다.

사실 루소가 살았던 시대에 제네바와 같은 도시국가들은 더 이상 정치단위로서 기능하지 못하고 점차 규모가 큰 국민국가들로 통일되는 과정에 있었다. 이러한 상황에 비추어 본다면, 루소의 관점은 현실의 변화와는 동떨어져 있었던 셈이다.[38] 어쨌든 18세기까지도 정치이론에 있어서 공화국은 소국에서만 실현될 수 있고, 대국에서는 군주제가 가장 적합한 정치체제라는 관점이 지배했다.

### 연방제 국가의 출현

유럽에서 담론이 시대적 요구, 즉 근대 국민국가의 출현과 대의제에 충분히 부응하지 못하는 상황에서 국가의 크기 문제는 다른 곳에서 먼저 제기되었다.[39] 즉 미국에서 연방제라는 새로운 정치형태가 논의의 대상으로 등장했다. 미국의 건설 초기 연방주의자들과 공화주의자로 불리던 반대파 사이의 논쟁은 잘 알려진 사실이다.

미국 최초의 헌법인 「연합과 항구적 동맹에 관한 조례Articles of Confederation and Perpetual Union」가 1777년 제2차 대륙회의에서 채택되었다. 거기에는 몽테스키외적[40] 연합제 국가형태가 규정되었다. 그런데 연방주의

---

38 Watkins, "Introduction to Rousseau: Political Writings," 1953: ix-xxxv.

39 물론 근대 초기 스위스나 네덜란드 등에서는 작은 정치체들이 주로 국방과 같은 제한된 목적으로 결합함으로써 연방제적 국가조직을 형성하기 시작했다.

자들의 입장에서 위 규정은 연방의 권한을 너무 제약했기 때문에 수정될 필요가 있었다. 그들은 독립적으로 존재하던 각각의 주states들을 통합해 좀 더 큰 규모의 공화국을 건설하고자 했다. 그 결과 1787년 제헌의회에서 미합중국 헌법이 논의되는 과정에서 국가의 크기와 민주주의 문제가 중요한 이슈로 떠올랐다. 특히 정치이론의 측면에서 기존의 지배적인 사고, 즉 직접민주주의를 위한 소국의 적합성에 대해서 '대규모의 공화국'이 가능하고 또 필요하다는 점이 증명되지 않으면 안 되었다. 따라서 논쟁은 위에서 언급한 몽테스키외의 주장을 둘러싸고 발생했다.

연방 반대파들은 몽테스키외의 소국 민주주의 이론으로부터 일종의 대국 전제론을 도출해, 대국은 필연적으로 전제적일 수밖에 없다고 주장했다. 그들에 따르면 대국은 방대해 강력한 정부가 없다면 와해될 것이기 때문에 전제적 통치가 실시될 수밖에 없다. 또한 대국은 물자가 풍부하고 인구가 많아서, 물자나 징집 동원이 가능하기 때문에 호전적일 수 있다. 대국의 그러한 조건은 주변 국가의 질투나 야심을 자극해 전쟁을 유발할 수도 있다. 전쟁은 불가피하게 다시 전제적 통치를 야기할 수 있다. 또한 대국이 공화제를 실시하려 해도 성공할 수 없다. 공화제의 유지는 공공의 업무에 대한 인민의 참여를 전제로 하는데, 이를 위해서 인민은 정치와 공동체에 대한 식견과 관심을 가져야 한다. 그런데 대국에서는 공공의 일들이 너무 많고 복잡해 인민들도 무관심할 수밖에 없게 된다. 마지막으로 대국에서는 극소수만이 공공의 업무를 담당하게 된다. 그런데 그들은 국민의 신임을 받은 대표이지만, 일단 권력을 얻으면 국민보다는 자신의 뜻대로 일함으로써 공화제적 요소를 훼손시키고 만다.[41]

연방 반대파들에 대해서 가장 체계적으로 반론을 제기한 인물은 메디

---

40 몽테스키외는 위에서 자세히 다루었듯이 민주주의와 국방을 동시에 해결하는 방식으로서 소국들의 연합을 주장했다.

41 레오 스트라우스·조셉 크랍시 저, 이동수 외 역, 『서양정치철학사』(III), 2007: 67-68.

슨T. Madison(1746-1798)이었다. 그는 제헌의회 연설에서 국가의 크기와 관련해 몇 가지 흥미로운 쟁점을 제시하였다.[42] 그의 문제의식은 개인이나 집단의 자유를 보장하면서 동시에 그 과정에서 발생할 수 있는 파벌과 그것에 의한 (소수의) 개인적·사회적 권리와 이익의 침해를 어떻게 방지할 것인가였다. 이와 관련해 메디슨은 직접민주주의는 파벌의 문제를 해결하지 못한다고 본다. 그것은 소규모 직접민주주의 국가에서는 다수가 특정한 공통의 이익을 쉽게 가질 수 있고, 이 경우 소수의 권익에 대한 훼손을 막을 수 없기 때문이다.

그에 반해 규모가 큰 대의제 공화국은 몇 가지 장점이 있다. 먼저 공공의 견해를—사회 전체의 이익을 가장 잘 파악하는—소수를 통해서 매개함으로써 일시적이고 부분적인 이해관계에 얽매이지 않도록 할 수 있다. 대국에서는 전국적 대표를 통해 지방적 지도자들의 편협한 편견이나 부정을 대체할 수 있다. 더욱이 국가가 클수록 대표자의 국민에 대한 비율이 낮을 것이므로 유능한 대표자들이 선출될 가능성이 더 높다. 또한 큰 나라일수록 대표는 더 많은 사람들의 지지를 받아야 하므로 선거의 왜곡이 감소해 유능하고 균형 잡힌 대표가 뽑힐 가능성이 더 크다. 또한 국민의 수나 영토의 크기가 클수록 분파적 이익이 전국적으로 관철될 가능성도 낮다. 그것은 국민이나 영토의 규모가 클수록 특정한 공통의 이익을 바탕으로 소수의 권익을 침해할 수 있는 동기가 전국적으로 형성되기 어렵고, 그런 동기가 있다고 하더라도 다양한 집단들을 조직해 그것을 관철하기가 어렵기 때문이다. 또한 일부의 지역이나 부문에서 파벌적 지도자들이 출현하더라도 큰 규모의 국가에서는 그것이 국부적으로만 가능할 뿐 전국적으로는 관철되기 어렵다. 따라서 국가의 크기는 파벌에 의한 안전장치로 기능할 수 있다.

---

42 Rossiter(ed.), *The Federalist Papers*, 1999: 71-79.

그 외에도 다른 건국의 아버지들 가운데 제이J. Jay(1745-1829)나 헤밀턴 A. Hamilton(1755-1804)과 같은 연방주의자들은 각 주들이 별도로 존재하면 갈등의 가능성이 크고 한 나라일 경우에는 평화로울 가능성이 크다는 것, 대외적 위협에 대해서도 대국이 더 안전하다는 것, 재정정책에 있어서 규모의 경제가 있다는 것 등을 지적했다.[43] 다만 수직적 권력의 강화를 의미하는 연방의 건설 과정에서 대규모의 국가권력이 인민을 억압할 수 있는 가능성도 분명했다. 따라서 그들은 그에 대한 대안으로서 국가권력 자체를 제한할 필요가 있었고, 그것은 무엇보다도 입법·사법·행정의 수평적 권력분립을 통해서 가능하다고 보았다.[44]

연방제는 각각 독립된 정치체들을 연합해 좀 더 포괄적인 정치체계를 형성하는 방식이다. 각각의 구성원들이 스스로의 정치적 완결성을 유지하면서, 동시에 전국 수준에서 하나의 통일된 정부가 존재한다. 즉 그것은 각 구성원의 독립과 전체적 통일의 원칙이 결합된 정부형태이다. 이러한 점에서 연방제는 아래에서 언급하는 대의제보다 더 적극적으로 규모의 문제를 해결하는 대안이라고 할 수 있다. 즉 소국의 장점으로서 직접민주주의적 요소를 발휘하고 동시에 대국으로서 대외적 안전과 자유를 보장하는 것이다. 연방주의자들이 주장하는 것처럼 연방의 존재는 그 구성원들의 평화와 자유에도 기여할 수 있다. 그것은 강력한 연방정부는 대내적으로 각 주의 분열과 반란을 막을 수 있고, 대외적으로 외국의 침략으로부터 보호해 줄 수 있기 때문이다. 동시에 연방제가 가지는 분권적인 장치는 권력의 집중과 전제의 등장을 막을 수 있다.

그렇다면 미국 민주주의에 대한 대표적인 옹호자로서 토크빌A. Tocqueville(1805-1859)은 연방제에 관해 어떻게 평가했을까? 그는 미국의 연방

43 Rossiter(ed.), *The Federalist Papers*, 1999: 31-71.

44 토마스 제퍼슨은 주州 중심의 분권적인 연방제를 주장하기도 했다.

제가 소국과 대국의 장점을 적절히 결합하고 있다고 본다.

그는 먼저 몽테스키외와 마찬가지로 민주주의와 소국의 긴밀한 연관성에서 출발한다. 그에 의하면 소국은 정치적 자유의 요람이 되어 왔다. 소국에서는 개개인의 힘이 적은 만큼 욕망이 제한되어 공동체적 생활에 질서와 절제가 있다. 뿐만 아니라 통치자의 권력도 보잘 것 없고 실제 인민들에 의해 통제될 수 있다. 한편 대국의 경우에는 그 반대의 현상이 나타난다. 시민들의 야망이 크고, 그에 반해 애국심은 작기 때문에 엄청난 불평등과 이기심, 이해관계의 상충이 대국의 내재적인 속성이 된다. 동시에 국민들의 성향과 이해관계가 복잡하기 때문에 응집력도 약할 수밖에 없다. 이는 정치적 불안정의 원인이 된다. 이러한 맥락에서 '거대한 제국만큼 인간의 복지와 자유에 배치되는 경우는 없다.'는 주장이 가능해진다.

그렇지만 소국은 대외적 안전을 보장받지 못한다는 치명적인 문제가 있다. 그리고 대국도 단점만 있는 것은 아니다. 대국은 물리적인 힘을 통해 전쟁에 의한 직접적인 위협에서 자유롭고 독립을 누린다. 또한 정치적인 힘은 국가 번영의 조건이다. 예를 들면 대국에서 국민들의 강한 권력욕과 명예욕이 있는 만큼, 지식의 증가와 문명의 진보에 크게 기여할 수 있다. 대국은 많은 자원을 동원해 소국들이 할 수 없는 일들을 벌일 수도 있다.[45]

결국 연방제는 소국과 대국의 장점을 결합할 수 있는 효과적인 대안이며, 미국은 모범적인 사례이다. 미국의 연방제는 단지 큰 규모의 공화국을 설립하는 것이 아니다. 그것은 연방정부와 주정부들 사이의 적절한 업무 분담을 필수 전제로 한다. 즉 중앙정부는 대외적 안전을 담당하고 연방 전체에 필요한 법률을 부과함으로써 복잡한 이해관계에 대응한다. 주정부들은 시민들과 직접 관계되는 일들을 처리함으로써 소국의 장점

45 Tocqueville, *Democracy in America I*, 1959: 165-168.

이 발휘된다. 물론 연방과 주 사이의 권력분할에 분명하지 못한 면이 있지만, 토크빌에 의하면 그것은 실천 과정에서 해결되어야 할 문제이고, 미합중국은 상당히 성공했다.[46]

### 대의제 민주주의의 등장

위에서 살펴본 것처럼 미국의 연방제에 대한 논의는 대의제의 내용을 포함한다. 그렇지만 서구 민주주의 담론에서 그에 관한 본격적인 논의는 상당히 뒤에야 이루어졌다. 사실 로마와 같은 대규모의 공화정에서 엄격한 의미의 직접민주주의는 실현되지 않았고, 이론과 현실 사이에는 상당한 괴리가 존재했다. 직접민주주의 제도로서 민회가 있었지만 지리적으로 먼 곳에 사는 사람들은 참석할 수 없었다. 그렇지만 공화제 정부하에서도 입법부가 전체 시민이 아니라 대표에 의해 구성될 수 있다는 의식은 거의 존재하지 않았다. 따라서 로크나 루소에게도 대의제는 관심사가 아니었거나 허용될 수 없었다.

원래 대의제는 민주주의 이론가들에 의해서 발명된 것이 아니라 영국과 스웨덴 등 중세의 군주제와 귀족제 정부형태에서 발전되었다. 조세, 전쟁선포, 왕위계승 등의 문제들을 다루기 위해서 다양한 계층의 대표자들로 구성되는 회의가 소집되었는데, 그것이 대의제의 시작이었다. 다만 당시에는 민주주의와 대의제의 결합에 대한 인식과 그에 대한 이론적 논의는 거의 이루어지지 않았다. 대의제는 대규모의 근대 국민국가가 형성되면서 거기에 상응하는 민주주의 형태로서 비로소 논의되기 시작했다. 국민국가는 유럽에서 2, 3백 년 장기간에 걸쳐서 이루어진 것이지만, 약 500여 개의 작은 공동체들이 25개 정도의 국가로 통합된 결과였다.[47] 그

46 Tocqueville, *Democracy in America I*, 1959: 169-170.

것은 정도의 차이는 있으나 과거와는 비교되지 않을 정도의 대규모 정치 공동체의 출현을 의미했다. 대의제는 국민국가와 민주주의를 접목할 수 있는 거의 유일한 방법으로 제시되었다.

18세기 말 미국의 독립혁명과 프랑스대혁명에 간여했던 토마스 페인T. Paine(1737-1809)은 대의제 민주주의의 대표적인 옹호자이다. 인민이 선출한 대표를 통한 정치라는 의미로서 대의제는 그가 주창한 인민주권, 보통선거, 시민적 평등과 같은 근대 민주주의의 중요한 요소들 가운데 하나이다. 그는 공화제가 대국에서는 적합하지 않다는 루소나 몽테스키외의 주장에 대한 비판적 시각을 분명히 보여 준다. 그에 의하면, 공공의 업무를 가장 잘 수행할 수 있는 정부형태는 직접민주주의가 아니라 대의제이다.

페인에 의하면 인구가 증가하고 영토가 확대되면서, 아테네와 같은 단순 민주주의simple democracy는 실현할 수 없게 되었다. 국가의 규모가 커진 상황에서 다수에 의한 정부형태로서 직접민주주의는 혼란에 빠질 수밖에 없다. 다만 그간 대의제가 알려지지 않았기 때문에 실제 군주제나 귀족제와 같은 소수에 의한 지배형태가 등장하게 되었다. 그렇지만 군주제에서 군주의 능력은 제한될 수밖에 없다. 그리고 세습제하에서는 유능한 군주의 지속적인 출현을 보장할 방법이 없다. 귀족제의 폐단은 이보다 적지만 별반 차이가 없다. 그에 반해 대의제하에서는 사회의 각 영역에서 실천적인 지식과 재능을 가진 대표들을 지속적으로 확보함으로써 안정적인 통치가 이루어질 수 있다. 이러한 의미에서 본다면 아테네와 같은 소국에서도 직접민주주의보다는 대의제가 더 나을 수 있다. 어쨌든 민주제에 대의제를 접목할 경우 국가의 크기와 상관없이 다양한 이해관계를 정치과정에 수용할 수 있다.[48] 페인의 시각에서 대규모 국가로서 미국은

---

47 Tilly, *The Formation of Natioal States in Western Europe*, 1975: 15.

48 Paine, *Rights of Man, Common Sense, and Other Political Writings*, 1995: 227-235, 358-359.

대의제의 모범적인 사례이다.

대의제가 점차 민주주의의 중요한 방식으로 간주되면서, 1820년 제임스 밀J. Mill(1773-1836)은 대의제를 '근대의 위대한 발견'이며 "그 속에서 사변적이건 실제적이건 모든 난제들의 해결책이 발견될 수 있을 것"이라고 선언했다.[49] 대의제는 그의 아들 존 스튜어트 밀J.S. Mill(1806-1873)에 의해 더 확고한 정당성이 부여되었다.

존 스튜어트 밀도 루소와 마찬가지로 주권재민의 원칙에서 출발하고 있다. 가장 좋은 통치는 그 주권이 사회 전체에 있는 체제였다. 다시 말해 가능한 인민의 정치참여가 허용됨으로써 주권이 다수에 의해 공유되어야 한다. 그렇지만 소국의 직접민주주의가 가장 이상적이라고 할지라도 그것은 더 이상 현실적이지는 않다. 국민국가가 보편적인 정치단위가 되어 가는 상황에서 모든 사람들이 사소한 지방적 문제를 제외하고는 대부분의 중요한 공공업무에 참여하는 것은 불가능하다. 나아가 대의제하에서 보다 유능한 사람이 정치를 담당할 수 있고, 다양한 이해관계를 조절할 수 있는 효율적인 정부가 가능하다.[50] 이러한 점에서 오히려 그에게 있어서 이상적인 통치체제는 대의제일 수밖에 없다.

그렇다면 주권과 통치의 효율성 사이의 모순은 어떻게 해결될 수 있을까. 밀에 의하면, 그것은 정부에 대한 통제와 정부의 행정을 분리함으로써 비로소 가능하다. 다시 말해 좋은 통치체제는 정부에 대한 최종적 통제권은 인민이 갖고 있으되, 행정은 일부 지식과 기능을 가진 전문인이 담당하는 방식이다. 만약 일반 국민이 행정에 참여하지 않는다면 정부의 효율성이 높아지고, 또 일부 유능한 사람이 더 나은 정책결정을 할 수 있을 것이다. 결국 민주주의의 정당성은 국민들의 직접적인 정치참여와 정부

49 로버트 달 저, 조기제 역, 『민주주의와 그 비판자들』, 1999: 72.

50 Mill, *Considerations on Representative Government*, 2004: 34-50.

에 대한 관리가 아니라 덕성을 갖춘 사람을 대표로 선출하는 데에 있다. 이처럼 정부에 대한 통제권과 관리권을 분리시킴으로써 밀은 규모가 큰 국가에서의 대의제 실시에 대한 이론적 정당성을 부여했다.

## 현대적 논의

민주주의와 국가의 크기에 대한 논의는 현대 정치학자 로버트 달R. A. Dahl(1915-2014)에 의해 종합되었다. 그는 기존의 논의를 단일한 이론적 틀로 통합해 국가의 크기와 민주주의의 상관성이 가지는 복합적 측면들을 드러내고 있다. 우선 그는 작은 도시국가로부터 대규모 국민국가로의 전환과 후자에 있어서 대의제 및 다양한 수준의 지방적 자치(및 연방)에 주목하고 있다. 다시 말해 도시국가와 비교해 규모가 큰 국민국가는 대의제와 지방자치를 통해서 민주주의에 근접하는 정치를 구현할 수 있다. 그 결과 국가의 크기와 민주주의의 직접적인 상관성도 약화된다. 고전적 민주주의가 최고의 통치형태로서 직접민주주의와 그것의 실현을 위해 소국을 지향했다면, 새롭게 정의된 민주주의에 있어서 최적의 국가규모란 존재하지 않는다.

그와 함께 민주주의에 대한 기존의 논의가 주로 절차적 민주주의, 즉 국민의 참여 가능성에 주로 초점을 두었다면, 국민의 요구를 해결하는 능력도 중요하다. 달에 의하면 민주주의의 가장 중요한 요구조건은 시민적 역할의 효능citizen effectiveness과 체제능력system capacity이다. 전자는 국민들의 적극적인 정치참여를 통한 정부의 통제를, 후자는 국민들의 요구를 충족하는 정치체제의 능력을 의미한다. 그런데 체제능력은 시민적 효율성에 반비례하는 경우가 많다. 그 예로 지방에서의 환경오염 문제에 상급정부가 직접 나서서 해결하지 않고 정책결정의 수준을 낮춰 시민적 참여와 효과를 높일수록 문제해결 가능성은 낮아질 수 있다. 또한 주권국가가 아니라 초국가적 차원에서 해결해야 하는 문제들도 나타나고 있다.[51]

결국 달의 입장에서 시민적 참여와 체제능력을 모두 달성할 수 있는 최적의 국가규모는 있을 수 없다. 해결해야 할 문제에 따라서 상이한 크기의 정치단위가 적합한 것이다. 안보나 사회간접자본과 같은 일에는 좀 더 큰 정치단위가 필요하겠지만, 교육이나 복지 등은 작은 지역적 단위에서 다루는 것이 적합하다.

또한 추상적인 수준에서 국가의 크기와 그 성격, 이를테면 민주주의에 대한 논의는 복잡한 현실을 설명하는 데에는 한계가 있다. 거기에는 여러 가지 이유가 있겠지만 무엇보다도 국가의 크기를 결정하는 요소들이 매우 복잡하기 때문이다. 통상적으로 사용되는 인구의 경우에도 절대적 크기가 아니라 구체적으로 인구의 자질, 지리적 분포나 밀도, 계층적 구성 등이 중요하고, 영토의 크기도 그것의 토질, 자연자원, 기후 등의 측면들이 함께 고려되어야 한다. 그 외에도 국가의 크기를 결정하는 것들은 교통·통신·조직·생활수준·대외교류와 같은 경제사회적 발전 수준, 그리고 인종·언어·종교와 같은 문화적 다양성, 역사적 경험과 의식 등의 요소들이 있다. 그 요소들은 개별 국가나 상황에 따라 중요도가 다르다. 더욱이 그것들은 많은 경우 계량화할 수 없는 것으로서 질적으로만 존재하며, 특히 국제정치에서 분명하게 드러나는 것처럼 상대적이기도 하다.

그런데 달에 의해서 국가의 최적크기가 부정된 것처럼 보이지만, 그것은 일정한 전제조건하에서만 성립된다. 그 전제조건은 다름 아니라 국민주권 원칙을 바탕으로 하는 연방제 혹은 지방자치제나 대의제 등 부가적인 제도들의 실현이다. 이 제도들은 무엇보다도 그러한 원칙을 구현하기에는 근대국가가 지나치게 큰 현실에 대응하여 고안되었다. 비록 오늘날 국가가 가지는 다양한 목적에 전적으로 부합하는 최적크기는 상정할 수 없을지라도, 적어도 국민주권의 구현에 관한 한, 국가의 대규모성에 대한

51 Dahl and Tufte, *Size and Democracy*, 1973: 20-25.

적절한 대응이 요구되는 것이다. 또한 국가의 크기를 구성하는 다양한 요소들의 복잡성과 관련해서도 그것들의 계량화가 어려운 것은 사실이지만, 그렇다고 국가의 크기가 가지는 중요성, 다시 말해 최적크기의 존재가 부정되는 것은 아니다.

## 4. 중국 정치의 과제

서구의 정치사상은 대개 민주주의를 주권재민으로 이해하고, 그것을 실현하는 이상적인 방법은 국민들의 직접적인 정치참여로 간주해 왔다. 근대 이후 연방제나 대의제의 도입도 주권재민의 이념에 기초하고 있다. 그와 달리 전통적 중국의 대규모성은 전제정치나 경제적 정체성의 중요한 원인으로 간주되어 왔다. 마찬가지로 오늘날 중국의 비민주적 정치체제는 다름 아니라 중앙집권과 당에 의한 권력의 독점과 결부되고 있다.

중국에 관한 근대 초 서구의 논의가 엄밀한 경험적 사실에 기초하기보다는 에드워드 사이드E. Said(1935~2003)가 제기한 오리엔탈리즘에 가깝다는 것은 분명하다. 또한 오늘날 중국의 정치체제는 전통적 정치체제와는 적지 않은 차이가 있어서, 후자에 빗대어 논의하는 데에는 무리가 있다. 그럼에도 중국이 민주주의의 실현을 위한 규모의 문제를 충분히 해결하지 못하고 있음도 분명한 사실이다. 오늘날 중국이 지향하는 중국 특색의 정치체제가 어떤 내용을 담고 있든 거기에는 국가의 대규모성에 따른 문제들에 대한 방안이 포함되지 않으면 안 된다. 이러한 의미에서 규모와 민주주의의 관계 그리고 전통적 정치체제에 대한 서구의 담론은 그 타당성과 상관없이 관련 논의의 출발이 될 수 있다.

종합하자면, 서구 정치사상에서 소국과 민주주의, 대국과 전제주의는 각기 서로 친화적인 것으로 간주되어 왔다. 물론 현실적으로 직접민주주의는 제한된 정도만 실현되었고, 특히 도시국가에서 국민국가로 이행되어 국가의 규모가 커짐으로써 기존의 관념에 대한 변화가 요구되었다. 그 과정에서 등장한 이론이 연방제와 대의제이다. 새로운 제도들은 그 자체로서 직접민주주의보다 나은 정치체제로 설명되기도 했다. 그렇지만 기본적으로 직접민주주의와 소국의 기본 정신, 즉 인민의 정치참여가 부정된 것은 아니었다. 연방제나 대의제는 변화된 현실에서 국민의 정치참여를 실현하기 위한 방안으로 제시되었다.

이러한 시각에서 본다면 중국의 정치체제는 여전히 적지 않은 과제들을 안고 있다. 공식적으로 중국 정부는 서구가 근대 이후 규모의 문제를 극복하기 위해서 채택했던 제도들의 도입을 거부하고 있다. 즉 연방제나 다당제, 보통선거 등 대의제에 대해서 부정적인 입장을 취하고 있다. 그와 함께 중국 특색의 정치체제 구축을 강조하고 있다. 로버트 달의 개념으로 말한다면, 시민적 효능보다는 체제능력이 강조되어 왔다. 권력의 수직적 분할과 유능한 대표의 선출은 중국에서도 중요한 정치적 과제로서 제기되어 왔지만, 그것은 민주주의의 실현을 위해서라기보다는 국가의 정책을 효율적으로 집행하기 위해서였다.

그렇지만 국민의 참여를 통한 민주주의는 중국에서도 점차 중요해질 수밖에 없다. 오늘날 민주주의는 보편적 가치로서 중국 정부도 인정하는 단계에 있다.[52] 비록 중국 정부가 제시하는 민주주의의 개념이 서양의 그것과 일치하지 않을지라도, 적어도 참여의 중요성이 점차 강조되고 있다.

먼저 연방제(지방자치)의 문제이다. 이것은 자신의 생활과 밀접한 관련이 있는 정책을 주민 스스로 결정한다는 의미에서 지역적 차원에서의 정

52 闫健 编,『民主是个好东西—俞可平访谈录』, 2006: 1-5.

치참여 형태이다. 중국에서 지방행정단위의 규모가 크고 또한 소수민족의 비중이 적지 않다. 따라서 반체제 인사들은 연방제나 연합체를 유력한 수직적 권력분할 형태로 제시하고 있다.[53] 비록 중국에서도 부분적으로 지방단위에게 자율성을 부여하고 소수민족 지역에 대해서 일부 자치를 제도적으로 실시하고 있지만, 거의 형식에 그치고 있음은 부정할 수 없다. 특히 그것은 주민참여라는 측면에서 본다면 기층 수준에 한정되고 있을 뿐이다. 따라서 주민참여를 통한 민주주의 실현을 위해서 어떤 방식의 분권적 정치체제를 구축할 것인지는 매우 중요한 과제로 남아 있다.

대의제 문제는 좀 더 본질적이다. 그것은 이론상으로 직접민주주의의 대안이지만, 근본적으로 인민주권의 기본 원리를 어떻게 실현할 것인가에 대한 근대적 대응방식이다. 대의제는 인민주권, 보통선거, 시민적 평등 등 소위 근대 민주주의의 중요한 요소들과 긴밀하게 연관된다. 대의제는 인민이 자신의 이익을 직접 대변할 수 있는 대표를 선출하는 방식과 관련된다. 따라서 대의제는 군주제나 귀족제와 같이 단순히 소수에 의한 통치를 의미하지는 않는다. 오늘날 강조되는 정부의 효율성이나 문제해결 능력도 시민적 참여를 대체하는 것은 아니다. 개혁 이후 중국에서도 기층 수준을 비롯해 부분적으로 선거에 의한 대표의 선출이 시도되고 있다. 그럼에도 그것은 매우 제한적인 단계에 머물러 있다. 이러한 측면에서 본다면, 대국으로서 중국에서 진정한 국민의 대표를 선출하는 제도의 도입은 민주주의의 실현에 매우 중요한 과제로 남아 있다.

결국 서구 정치사상의 측면에서 본다면, 중국의 민주주의를 위해서 연방제 또는 제대로 기능하는 지방자치 그리고 대의제의 도입은 매우 중요하다. 앞서 언급한 왕후닝과 같이 중국이 서구 여러 나라들보다 훨씬 크기

53 魏京生, "給鄧小平的信," 1997: 261-274; 严家其, 『联邦中国构想』, 1992; 『零八宪章』(2008年12月10日). http://www.2008xianzhang.info/chinese.htm.

때문에 그러한 제도들이 오히려 대안이 될 수 없다고 주장하는 것은 매우 자기모순적이다. 중국 정부가 연방제나 다당제 등 서구식 민주주의제도를 거부하고 소위 중국 특색의 정치체제 구축 가능성을 주장하지만, 연방제나 대의제 이론가들이 제기했던 문제 자체를 비켜 갈 수는 없다.

# 결론

이 책은 중국에서 대국이 형성되는 역사적 과정, 하나의 정치체제로서 대국이 갖는 특징들 그리고 그것이 동아시아 국제질서에 미치는 영향 등을 파악하고자 했다. 방법론적으로는 단순히 사실에 대한 기술이 아니라 정치학의 핵심 개념인 권력을 매개로 일관되게 분석하고자 했다. 기존의 연구가 대개 시간적 변화에 국한되었다면, 이 책은 공간적 변화에도 주목했다. 결론에서는 이러한 연구의 결과들을 종합적으로 검토해 본다.

초기 국가형성을 설명하는 데 있어서 역사적 사실들은 중요한 전거가 된다. 역사적 사실들은 유물이나 기록에 나타나는 것들이다. 그렇지만 그것들은 매우 복잡하고 시간적으로 오랜 기간에 걸쳐 있을 뿐만 아니라 간접적인 증거물들이다. 그것들에 대한 해석도 어려운 문제여서 여러 가지 상이한 시각들이 제시되고 있다. 따라서 사실들을 일정한 방식으로 정리하는 데에는 상당한 상상력이 요구된다. 국가가 정치권력의 외형적 형태라고 한다면, 국가의 형성과 통합에 관한 이해를 위해서는 정치권력의 내적 속성에 대해 자세하게 분석할 필요가 있다. 특히 인간의 권력욕에 의해 정치권력은 확대되려는 관성이 있다는 점에서, 그에 대한 제약적 측면에 초점을 두어야 한다.

정치권력은 일정한 양적 크기를 갖는 요소들로 구성된다. 그것들은 시대마다 차이가 있으나 초기국가에서 인구나 군대, 토지 그리고 거기에서 생산되는 식량 등은 중요한 권력자원들이다. 또한 그것들을 동원할 수 있는 능력, 이를테면 관료조직이나 이념적 설득 등도 중요하다. 이러한 측면에서 국가의 크기는 권력자원, 즉 그 구성 요소들과 동원능력에 의존한다. 역사 초기에는 그것은 낮은 농업생산성, 교통의 불리함 등에 의해 상당한 제약을 받았을 것이다.

뿐만 아니라 권력의 구성요소들은 균형이 있어야 하고, 동시에 각각의 구성 요소들은 대개 수익-비용의 양면성을 갖는다. 이것은 권력 구성요소들의 정합성을 요구한다. 이를테면 토지만 넓고 인구가 적다면 넓은 토지는 개발되지 못할 것이므로 권력자원으로 활용될 수 없다. 동시에 일부 권력 구성 요소들은 수익과 비용의 양면성을 갖는다. 인구는 중요한 권력자원이지만 동시에 그들의 다양한 요구나 이해를 충족시키기 위해서는 상응하는 비용이 발생한다. 넓은 영토는 중요한 권력자원이지만, 그것의 방어를 위해서는 그만큼 많은 권력자원이 소요된다.

동원할 수 있는 권력 구성 요소들의 크기나 그것들 사이의 정합성에 대한 요구는 권력작용을 제약하는데, 이것을 우리는 '요소적 제약'이라 불렀다. 한 나라의 국력을 단순히 인구·군대·경제력 등 외형적 크기만으로 평가할 수 없는 이유이다. 한 나라의 권력자원은 실제 제한된 범위에서만 대외정책에 동원될 수 있을 뿐이다.그리고 영토의 확대는 다른 나라들의 크고 작은 저항에 부딪친다는 점에서, 자국의 능력만으로 관철될 수는 없다. 이러한 의미에서 권력은 '관계적 제약'을 받는다. '관계적 제약'은 정복에 따른 권력자원의 확대와 그 과정에서 발생하는 비용, 즉 수익과 비용의 관계로 설명될 수 있다.

물론 이러한 이론적 설명은 완전하지 않다. 그것은 인구·군대·재정수입 등 일부를 제외한다면 권력 구성 요소들이나 동원능력은 개량화하기 어렵기 때문이다. 게다가 권력의 크기가 일정한 국가의 (최적)크기로 이어지는 것은 아니다. 이론상으로 국가의 최적크기는 보유하는 권력의 크기에 상응해야 하지만, 다시 말해 권력작용의 수익과 비용이 서로 균형을 이루어야 하지만, 현실에서 정치적 선택은 반드시 그렇지 않다. 일부 통치자들은 강력한 권력욕으로 인해서 권력자원의 측면에서 불합리한 선택을 할 수도 있다. 따라서 수익과 비용의 균형 여부를 이론적으로 판단하는 것도 거의 불가능하다.

그럼에도 정치권력의 작용과 국가의 크기에 있어서 수익과 비용 사이에 존재하는 일정한 함수관계는 부정되지 않는다. 그것은 시장경제에서 수요와 공급에 따른 가격결정 메커니즘과 마찬가지이다. 현실적으로 수요와 공급에 관한 정보는 얻기 어려울 뿐만 아니라, 설령 얻었다고 하더라도 가격의 구체적인 액수를 정확하게 예측할 수는 없다. 그렇다고 해서 한 상품의 가격이 수요와 공급에 따라 결정된다는 사실은 부정되지 않는다. 그 사실을 부정하는 생산활동과 소비행위, 그리고 관련 경제정책은 장기간 유지될 수 없다. 그러한 기업, 소비자, 그리고 국가는 결국에는 파산하고 말 것이다. 마찬가지로 국가의 최적크기는 정치체제의 위기와 같은 징후에서 도출할 수 있다. 진시황이 구축했던 정치권력의 크기나 그 배분방식이 적정하지 못했다는 것은 그러한 정책으로 인해 나라가 망했던 것에서 증명된다. 마찬가지로 한무제의 과도한 영토팽창은 수반되는 과도한 비용으로 인해 사회적 활력을 잃게 했다. 연구자들은 그러한 현상을 과잉팽창이라 부른다.

그렇다면 권력작용의 시각에서 국가의 형성과 통합은 어떻게 설명할 수 있을 것인가? 이 문제를 다루기 전에 국가란 무엇인가에 대한 질문이 제기될 수 있다. 사실 인간은 집단적 삶을 살아왔기 때문에 어떤 형태의 집단을 국가라고 할 것인지는 분명하지 않다. 권력은 모든 크고 작은 조직의 보편적 현상이다. 앞서 언급한 것처럼 국가를 정치권력의 외형적 형태나 조직이라고 한다면, 국가는 일반적인 권력형태와는 다를 수 있다. 그렇지만 여기서 우리는 다시 정치적인 것이 무엇인가라는 또 다른 문제에 봉착하게 된다. 결국 문제가 해결되기보다는 더욱 복잡한 문제들이 끊임없이 계속된다. 따라서 상식적인 수준에서 출발하는 것도 하나의 방법이다.

권력작용의 측면에서 본다면, 역사학이나 인류학에서 자주 언급되는 성읍국가는 정치권력의 초기 존재형태로서 설득력을 갖는다. 그것은 유럽 등에서 널리 확인되는 소위 도시국가city-state에 대한 중국적 개념에 가깝다. 여기에 따르면, 그리스의 폴리스와 유사하게 중국에서도 성방城邦이나 성읍城邑 등 초기국가들이 존재했다. 원시공동체가 와해되면서 계급분화와 사유재산이 형성되고 거기에 기반을 둔 소위 공민公民이 출현했는데, 그들은 일정한 중심지와 그 배후의 크고 작은 농촌지역을 하나의 단위로 하는 공동체를 형성했다.[1] 그들은 혈연이나 숭배하는 조상을 공유했고, 서로 관련이 없거나 적대적인 관계에 있는 다른 종족들 사이에 흩어져 있었다. 특히 영토국가territorial state가 일정한 면面을 통치 영역으로 하는 반면, 성읍국가는 지역적으로 산재해 있는 크고 작은 점點과 같았다.[2] 하·상·주의 왕조는 성읍국가들의 느슨한 네트워크나 연합체적 국가였다.[3] 성읍국가는 권력의 작용이나 통치의 측면에서 단급체제라고 할 수

---

1 廖学盛, "试论城邦的历史地位和结构," 1986: 29-36; 일부에서는 공동체의 의사결정에서 그리스 폴리스와 같은 민주주의를 찾기도 한다. 日知, "从《春秋》'称人'之例再论亚洲古代民主政治," 『历史研究』, 1981: 3-17; 林志纯, "孔孟书中所反映的古代中国城市国家制度," 『历史研究』, 1981: 123-132; 두정성杜正胜은 중국의 성읍체제가 대략 기원전 2500년부터 춘추 말기인 기원전 500년까지 2천 년 간 유지되었다고 주장한다(杜正胜, "中國古代的城與城邦," 2001: 2).

2 王玉哲, "殷商疆域史中的一个重要问题—'点'和'面'的概念," 1982: 42.

3 Lewis, *The Construction of Space in Early China*, 2006: 136-137; Campell, "Toward a Networks and Boundaries Approach to Early Complex Politics: The Late Shang Case," 2009: 821-848.

있다. 즉 지방적 구획이 없이 하나의 중심에서 직접 주변 지역을 통치하는 방식이다.

물론 이 글의 목적은 성읍국가의 존재를 증명하는 것은 아니다. 그렇지만 그것은 통일국가에 이르는 과정에 대한 분석의 출발이 된다. 다행히 몇 가지 사실들은 성읍국가의 존재를 간접적으로마나 보여 준다. 이를테면 초기 문헌적 자료로서 갑골문이나 금문, 그리고 일부 후대의 글에서 초기 정치조직에 관한 개념들이 확인된다. 그것들은 초기의 정치조직이 일정한 지점에 국한되었고, 또한 기껏해야 수백 리에 불과한 소국이었음을 보여 준다. 그 외에도 국가의 잦은 지역적 이동은 그러한 성읍국가가 아니면 불가능했을 것이다. 춘추시대에 이르러 영토국가 체제로 진입한 시점에서조차 성읍국가적 요소는 잔존했다. 이를테면 경·대부의 봉지가 본국에서 멀리 떨어져 있었던 사례들이 있고, 장성과 같은 방어선도 아직 국경이 아니라 수도를 중심으로 구축되었다.

그렇다면 권력의 내적 속성은 성읍국가 체제에서 영토국가 체제를 거쳐 통일제국에 이르는 역사적 과정에 어떻게 반영되는가? 일반적으로 중국사는 황하문명에서 출발한다고 한다. 그렇지만 그것은 황하 지역에서 주변 지역보다 선진적 문화가 등장했다는 점을 말해 줄 뿐이며, 다른 지역에서는 인간들이 살지 않았다는 것을 의미하지는 않는다. 그들 사이에 광역에 걸친 공통점과 그에 따른 교류와 흔적은 적지 않지만, 오늘날 중국의 대부분 지역에서 국가형성 이전의 단계로서 신석기 문물들이 발견되고 있다. 청동기 문물은 신석기 문물보다는 지역적으로 한정되고 그 다양성도 제한되어, 외부로부터의 전파에 의한 것으로 간주될 수 있다. 그럼에도 청동기가 널리 확산된 시점에서도 황하 유역뿐 아니라 중국의 전역에 수많은 정치체들이 산재했다.

중국사에서 왕조로 등장하는 하·은·주 등의 국가들은 황하 유역에 위치했던 그러한 소규모 정치체들 내에 어떤 연계성이 형성된 결과였다.

하·은·주는 여러 정치체들이 공동의 우두머리로 인정하는 중심국가 또는 공주共主였던 것이다. 따라서 다른 지역에서는 거기에 가담하지 않은 수많은 이민족 정치체들이 존재했다. 어쨌든 중심국가의 권력자원과 동원능력의 측면에서 본다면, 역사초기에 봉건제는 필연적 현실이었다. 다시 말해 당의 유종원이 말하는 것처럼 봉건제는 한 집단에 의한 광역적 통치의 제약에서 오는 불가피한 결과였던 것이다. 문헌적으로 그 활동이 상당히 알려지는 상의 경우, 후에 자신을 대체하게 되는 주를 포함하여 일부 부족들에 대해서 봉건적 주종관계를 형성했던 것으로 기록되고 있다.

그렇지만 주에 이르러 봉건제는 더욱 발전하였고, 특히 혈연관계에 있는 동성제후들을 대거 분봉했다. 따라서 봉건제는 자체로서 분권적 통치형태이지만, 역사적으로 보면 주의 봉건제는 정치권력의 통합 과정으로 이해될 수 있다. 주는 관중에 위치하면서 관동 지역에 대한 통치를 위해서 왕의 자제 50여 명을 분봉했다. 분봉 당시 이들은 사방 수백 리의 작은 나라들이었으나, 그들 가운데 일부는 춘추시대를 거치면서 대규모 영토국가로 성장했다. 하지만 중원의 정치권력 확대는 이들에 의해서가 아니라 만이로 간주되던 주변 국가들이 중원 지역에 진출하는 방식으로 이루어졌다.

시간이 지나면서 각각의 국가들은 주변의 작은 정치체들을 흡수함으로써 점차 영토국가의 면모를 갖추게 되었다. 서주 시기에 불과 수십 리 또는 수백 리의 영토와 수백 승乘에 불과한 군대를 가졌던 나라들이 수천 리의 영토와 수천 승의 군대를 갖게 되었다. 그와 함께 춘추시대의 주된 흐름은 진晉을 중심으로 하는 중원 국가들과 진·초·오·월 등 주변 국가들의 대결이었다. 특히 만이로 간주되던 주변 국가들의 공격에 대해서 중원 국가들의 힘겨운 방어가 계속되었다. 이것은 정치권력의 확대가 중원의 나라들이 그 주변을 차례로 흡수함으로써 이루어졌다는 통상적인 관점과는 다르다. 후대에 유목민들에 의한 중원진출과 그에 따른 중국의 영토확대와 유사한 패턴이었던 셈이다.

어쨌든 성읍체제로부터 제국체제에 이르는 통합적인 과정은 앞서 말한 권력의 내적인 속성을 반영한다. 먼저 역사는 오랜 시간에 걸친 통합 과정을 그대로 보여 주고 있다. 정확한 수치는 아니겠으나 기원전 21세기 하夏에서 1만 명의 제후, 기원전 16세기 상에서 3천 명의 제후, 기원전 11세기 중엽 주에서 1천800개의 제후국들이 기록되어 있다. 그 이후에도 제후국들의 수는 계속 감소하는데 기원전 8세기 중엽인 춘추 초기에 1천200개, 기원전 5세기 춘추 말은 170개, 기원전 4세기 전국시대는 7개 등이다. 정치체의 수적 감소는 좀 더 큰 정치체들로 권력이 통합되었음을 의미한다.

춘추시대 이전의 통계적 사실은 신빙성이 크지 않지만, 적어도 일정한 역사적 단계에서 성읍국가의 존재를 분명히 보여 준다. 우리는 적어도 약 1천200개의 제후국들이 존재했던 춘추 초기까지를 성읍국가 체제로 간주할 수 있다. 이 점은 매우 중요하다고 생각된다. 왜냐하면 전국시대에 군과 현의 2급 지방행정체제가 완성되었을 때 현은 기본적으로 춘추 초기의 성읍국가들에 기원하기 때문이다. 역사 초기에 현縣과 성城은 동일하게 사용되었는데, 일정한 지점의 성城을 단위로 하는 성읍국가 체제와 무관하지 않을 것이다. 전국을 통일한 진한의 경우에도 기본적으로 전국시대의 행정체제에서 크게 벗어나지 않았다. 현의 크기는 지리적으로 대략 사방 100리였고, 그 중심에 위치한 현소재지는 소속 현의 먼 곳에 사는 주민들도 걸어서 하루에 일을 보고 돌아갈 수 있는 정도였다. 제국에서 대민업무를 담당하는 행정단위는 다름 아닌 현급 정부였다.

그에 비한다면 상급 지방단위는 가변적이었다. 그것은 원래 군郡이 군사적 성격의 지방단위로서 변방에 설치된 것에서도 반영된다. 군은 나중에 병력과 군수물자의 조달을 위해서 몇 개의 현을 포괄하는 상급 행정단위로 변모했다. 전국시대 일부 대국들이 형성되면서 다수의 현에 대한 감독을 위해서도 군은 필요했다. 그리하여 진이 동방의 6개국을 병합했을 당시에 대부분 군현체제를 도입하고 있었고, 통일 직후 군-현 2급체제의 구축은 그러한 역사적 전개의 연장선상에 있었다. 시기적으로 다르지만 통일된 진에 약 900개에서 1천 개 정도의 현이 있었고, 40개 전후의 군이 이들을 감독했다. 1개 군이 대략 20여 개의 현을 관리한 셈이었다. 물론 과거의 전통에 따라 현의 책임자는 중앙정부가 직접 임명했고, 현에 대한 감독이 군에 전적으로 위임된 것은 아니었다.

그런데 권력자원의 배분에 있어서 진의 체제는 불균형적이었다. 통일 전 진은 이미 중국의 약 3분의 1을 차지하는 대국이었지만, 갑자기 영토와 인구가 3배로 확대되었다. 그럼에도 진은 기존의 일국적 통치방식을 전국에 확장시켰을 뿐, 자원배분 방식의 조정을 시도하지 않았다. 진은 군-현 2급은 그대로 유지하고, 각국 중앙정부들의 권력자원은 모두 중앙에 집중시켰다. 물론 교통의 제약으로 인해서 적지 않은 자원이 낭비되었지만, 황제는 과거와는 비교가 되지 않을 규모의 권력자원을 보유하게 되었다. 그는 새로 확보된 대규모 권력자원을 궁전과 황릉의 축조, 만리장성·도로·운하의 건설, 그리고 대외원정과 정복지에 대한 실지화 작업 등에 투입했다. 그 가운데에는 제국을 방어하고 지역간 교류를 확대하려는 목적도 있었지만, 대부분 소비적인 영역에 지출되었다. 동방의 백성들은 과거의 정권보다 더욱 착취적인 진에게 반발했고, 그것은 진이 조기에 멸망한 원인의 하나였다.

한은 진의 엄격한 군현제에 수반되는 통치상의 문제점을 보완하기 위해서 제후왕들을 통한 분권적 통치를 도입했다. 그렇지만 전한 중반까지는 이들이 점차 거세되고 사실상 군현제로 회복되었는데, 이때 제국은 새로운 문제에 봉착했다. 제후왕의 거세와 영토의 확대로 인해 현의 수는 1천600여 개, 군의 수는 100여 개에 이르게 되었던 것이다. 그리하여 개별 군현에 대한 중앙의 통제는 어렵게 되었고, 이에 전국은 13개 주州로 나뉘었다. 주는 처음에는 자사刺史가 소속 지방의 관리들을 감찰하는 단위에 불과했으나, 후에 정식 지방행정 기구가 되었다. 그 결과 지방행정도 군-현 2급체제에서 주-군-현 3급체제로 변모했다. 그렇지만 대규모 지방단위로서 주의 등장은 중앙에 도전할 잠재력을 가진 지방정부의 출현을 의미했고, 그들은 왕조 말기에는 지역할거 세력으로 제국을 분열시켰다.

요컨대 초기 정치권력의 통합을 단순화 한다면 다음과 같이 프랙탈 방식, 즉 유사 구조의 재생산을 보여준다. 최초의 국가형태로서 성읍국가들은 춘추시대 국가들의 지방단위, 즉 현으로 변모했다.(지방1급체제) 이어 전국시대에 현-군의 지방행정체제가 등장했을 때, 춘추시대의 각국에 기반을 두었다. 즉, 현은 그대로 유지되면서 현을 통제하기 위해서 몇 개씩을 묶어 상급 단위의 군이 설치되었던 것이다.(지방2급체제) 진은 전국시대 국가들을 해체하고 군-현을 직접 지배하고자 했으나 그것은 단기간 유지되었을 뿐이다. 그리하여 한제국이 군-현-제후국(후에 주)의 지방3급체제를 구축했는데, 기존의 현과 군이 유지되었고, 제후국이나 주는 전국시대 국가들과 대략 일치했다. 다시 말해 한제국에서 현은 성읍국가들, 군은 춘추시대의 국가들, 제후국 및 주는 전국시대 국가들에 기초하였던 것이다.

한편 중원에서 통일제국의 출현은 국제질서에 있어서도 중대한 변화를 의미했다. 그것은 무엇보다도 동아시아에 형성된 비대칭적 질서였다. 통일제국은 권력관계에 있어서 개별 주변 국가들을 압도했다. 그렇다고 대외정책이 단지 권력자원의 외형적 크기나 통치자의 권력욕에 의해 결정되는 것은 아니다. 대외정책은 국내외의 복합적인 질서에 대한 종합적 판단에 근거할 수밖에 없다. 여전히 흉노와 같이 일부 강력한 경쟁세력이 존재할 뿐만 아니라, 광역에 대한 직접지배의 현실적 한계, 넓은 국경선에 따른 국방의 어려움, 복잡한 국내정치와 그에 따른 안정의 중요성, 그리고 국제적 책임에 대한 요구 등은 제국의 대외정책을 제약했다. 그리하여 권력의 팽창에 대한 관성과 그에 대한 제약의 요구로 인해 대외정책은 매우 역동성을 띠게 되었다.

실제 제국의 조정에서는 대외정책상의 논의가 수없이 이루어졌고, 일부는 역사서들을 통해서 오늘날까지 전해지고 있다. 그것은 지역이나 민족마다 다르지만 대략 전쟁(정복)과 평화(화친) 정책으로 요약될 수 있다.

전제정치 아래서는 황제의 절대적 권위와 천하에 대한 보편적 지배 이념을 정면으로 부정할 수 없었다. 또한 화이관이나 천하관과 같은 주변 민족들에 대한 제국의 문화적·종족적 우월의식 등이 지배하였다. 이러한 상황에서 평화의 담론은 수세적 위치에 처할 수밖에 없었다. 〈표 17〉에도 나타나는 것처럼 평화론의 근거는 소극적이다. 평화론과 관련하여 일각에서는 유가의 세계관으로서 중화와 이적의 구분에 입각한 이원적 지배가 강조되지만, 사실 그 근거는 여전히 취약했다. 마찬가지로 유가가 국내정책에 있어서 호소할 수 있었던 통치자의 도덕성조차 실제 대외정책에 반영될 여지는 크지 않았다. 그들은 전쟁 반대의 근거로 전쟁의 비용에 따른 백성들의 부담과 전쟁의 불확실성과 같은 현실적 이유를 들어야 했다. 유가는 도덕과 교화를 기본 원칙으로 하지만, 전제권력의 요구를 떨치지 못함으로써 한계에 부딪히고 말았다. 때로는 유가들 스스로 황제

〈표 17〉 대외정책에서 전쟁론과 평화론의 근거

| | 전쟁(정복) | 평화(화친) |
|---|---|---|
| 원칙 | 황제의 보편적 지배 | 왕자는 이적을 다스리지 않는다 |
| 종족 인식 | 교화 불가능 ⇒ 제거, 축출 | 교화 불가능 ⇒ 방임 |
| 공간 인식 | 중국과 주변의 완결성(유기체) | 주변의 이질성 |
| 주변의 경제가치 | 국토 및 토지의 확대 | 사막이나 초원의 불가용성 |
| 승리 가능성 | 군사력의 우위 | 무력에 의한 승리의 불확실성 |
| 정책비용 | 장기적으로 낮은 비용 | 낮은 비용 |
| 국제질서 | 힘에 의한 패권적 질서 | 도덕과 문화적 우위를 통한 위계질서 |
| 부가적 효과 | 평화와 국경 안전 | 다른 민족들의 자발적 복종 |

의 보편적 통치와 중화의 우위를 위해서 적극적인 대외공략을 주장했다.

그에 상응하여 대외강경론은 이론적 우위에 있었다. 강경론은 무엇보다도 황제의 천하에 대한 보편적이고 일원적인 지배 이념에 부합했다. 문제는 그러한 이론상의 우위를 실행할 수 있는 현실적 기반이었다. 북방의 유목제국을 형성한 흉노는 적어도 전한 시기에는 군사적으로 중원제국에 필적했다. 흉노는 서역과 조선을 자신의 영향권 아래 둠으로써 중원제국의 서북쪽에서 동북쪽까지 에워쌓다. 그렇지만 일정 기간 휴식기를 거치면서 축적한 자원을 동원할 수 있게 되었을 때, 제국은 강경론을 실천에 옮겼다. 전한 중반 무제는 흉노의 일부와 남월·조선·동월·강족 등을 정복하여 그곳에 군현을 설치했다.

무제 시기의 대규모 팽창정책은 제국의 통치 범위를 크게 확대시켰다. 그럼에도 지리적으로 멀고 문화나 종족에 있어서 이질적인 지역을 직접 통치하는 데 드는 비용은 제국의 능력으로 감당할 수 없었다. 정복지의 지속적인 저항은 군현적 지배의 한계를 노출시켰다. 일부의 지역에 대해서 제국의 통치는 거리는 물론 종족이나 문화적 요소에 의해서도 제약을 받았다. 제국의 주변에는 많은 이민족들이 있었고, 이들에 대해서는 내지와 다른 방식의 통치가 불가피했다. 그 결과 도·속방(속국)·부도위·도호부·교위 등 일종의 다층적 지배구조가 형성되었다. 도가 군현체제의 일부로서 편입된 방식이라면, 부도위는 형식상 제국의 군현에 포함되었으나 군사적 지배에 국한된 방식이었다. 전자는 서남이, 후자는 변군들에서 주로 실시되었다. 그에 반해 속방(속국)은 군현 외부에 사실상 독자적인 민족들에게 제국이 단지 군사책임자인 도위를 주둔시켜 관리하는 방식이었다. 귀부한 흉노가 대표적이었다. 그 외에 도호나 교위는 제국의 통치 밖에 있는 특정 지역이나 민족들에 대한 군사사절단에 가까웠다. 대상은 서역·남흉노·오환·선비 등이었다. 이러한 모든 것은 제국의 직접적 지배 범위가 무한정 확대될 수 없음을 의미했다.

한편 정복지역 너머에는 새로운 민족들이 고대국가로 성장하여 제국과 마주했다. 이러한 상황에서 주변 지역이나 민족에 대한 중원제국의 지배는 매우 복잡한 형태를 띨 수밖에 없었다. 그것은 목표에 있어서 그 지배의 정도에 따라서 군현화, 군사적 지배, 조공책봉, 그리고 수평적 관계 등 다양했다. 그러한 목표를 달성하기 위한 수단도 군사적 정벌, 물자의 제공을 통한 화친과 회유 그리고 소극적인 통제인 기미羈縻 등 여러 가지였다. 그리하여 제국의 대외정책과 그 주변 민족들의 관계는 다양한 방식으로 나타났다.

특히 무제가 공략한 지역들 너머의 새로운 민족들에 대해서는 순수한 형태의 조공체제가 성립되었다. 여기에는 서역·흉노·부여·고구려 등이 포함되었다. 해당 민족들은 제국의 종주권을 인정하되 통치에 있어서 자율성을 승인받았다. 동아시아 질서를 표현하는 대표적인 개념으로서 조공(책봉)체제는 제국의 군현적 지배가 한계에 도달한 시점과 시기적으로 일치했다. 다시 말해 제국의 입장에서 순수한 의미의 조공체제는 그 권력이 미치는 정도에 따라 구축된 다층적 지배구조의 맨 바깥에 위치했다.

조공체제하의 조공국과 종주국의 관계에 대해서는 다양한 의견이 있다. 일부에서는 조공국을 종주국의 통치 범위 또는 심지어 지방정권으로 인식한다. 일부에서는 조공체제를 사실상 독립된 국가들의 관계로 본다. 후자의 경우에도 위에서 언급된 속국이나 부도위 등 대개 군사적 통제와 같은 제한적 통치방식들은 국내질서로 간주되는 경향이 있다. 그럼에도 이러한 구분은 배타적 주권을 특징으로 하는 국민국가 관념에 따른 것이며, 제국체제에서 주권의 소재는 엄격하지 않았다.

다만 오늘날의 시각에서 국가의 독립성에 대한 중요한 기준은 권력자원의 이동과 정합성(수익과 비용의 균형) 여부라고 생각한다. 중앙과 지방 군현의 관계에서는 자원의 이동이 많고 대개 쌍방적이기 때문에 정합성이 높다. 그에 반해 위의 제한적 통치방식들에서는 일반 군현에 비해 중심과 주변 사이 자원의 이동이 적다. 그렇지만 자원의 이동은 주변에서 중심으로(이를테면 식민지 수탈), 또는 반대로 중심에서 주변으로(이를테면 군사적 점령에 수반되는 비용이나 화친 및 회유를 위한 물자의 제공) 일방적으로 이루어지는 경향이 있어서 정합성에 영향을 준다. 따라서 양자의 관계는 장기적으로는 불안정하다. 왜냐하면 전자의 경우 주변국은 독립을, 후자의 경우 점령국은 전면적 지배를 지향하기 때문이다.

그에 반해 조공체제에서는 양자간 조공과 책봉이라는 자원의 이동이 종주국은 물론 조공국에서도 그 정합성에 영향을 미치지 않는다. 조공은 대부분 의례적인 수준이었을 뿐만 아니라 조공국에 유리한 측면도 있다. 마찬가지로 책봉이 현지 지배자의 권위를 더해 주는 것은 사실이지만, 실제 현실을 인정해 주는 상징에 불과하다. 따라서 조공체제는 사실상 독립적인 국가들 사이의 관계에 해당한다. 그만큼 종주국과 조공국의 관계는 상당히 안정적이므로, 조공체제는 오랫동안 유지될 수 있다.

그렇다면 초기 국가권력이 등장하고 확대되는 과정은 이념적으로 어떻게 뒷받침되었는가? 좀 더 정확하게는 역사적 현실이 정치사상에 어떻게 투영되었는가? 유가·도가·법가·묵가 등 제자백가로 통칭되는 초기 정치사상의 문헌들이 오늘날까지 널리 읽히고 있는 것은 그것들이 그만큼 역사를 초월하여 존재하는 문제들에 대한 통찰력을 보여 주기 때문일 것이다. 그럼에도 그것들을 좀 더 역사적 맥락에서 이해할 필요가 있다. 그것은 몇 가지 이유에서이다.

이 글에서는 초기 역사를 성읍국가에서 영토국가, 그리고 통일제국으로 이어지는 정치권력의 통합 과정으로 설명했다. 그렇다면 당시의 정치사상도 그러한 맥락에서 이해할 필요가 있다. 정치사상이 가장 꽃피운 춘추전국시대는 국가권력의 통합이 가장 집중적으로 이루어진 시기이다. 정치사상을 정치권력의 형성이나 통합과 같은 현실의 특정한 요구와 결부시킴으로써 새로운 측면들이 드러날 수 있다. 또한 문헌상에 나타나는 '천하'나 '중국'과 같은 공간 개념이나 '제하'나 '이적'과 같은 종족 개념도 고정된 것이 아니라 시기에 따라 그 구체적인 대상이나 내용에 변화가 나타남을 주목할 수 있다.

먼저 정치권력의 형성과 기원에 관하여 초기 정치사상에서 매우 다양하고 풍부한 논의를 확인할 수 있다. 특히 정치권력의 부재를 의미하는 소위 자연상태에 관한 논의는 서구 정치사상의 사회계약론과 비교될 수 있는 요소가 적지 않다. 다시 말해 초기 중국의 정치사상에서 통상적 의미의 정치권력이나 국가의 정당성에 대한 다양한 인식이 확인되며, 그것은 학파로서 표현되는 각각의 사상체계와 긴밀하게 연결된다. 이 글에서 초점을 두고 있는 정치권력의 크기나 형태, 그리고 그것들의 통합에 관해서도 초기 정치사상에서는 다양한 아이디어들이 확인된다.

유가는 자연상태에서 인간의 문명적 낙후와 물질적 결핍에 주목하고, 성인에 의한 계몽의 정치로서 국가의 기원을 설명한다. 성인은 단지 의식주와 같은 기본적인 문명뿐 아니라 예와 같은 정치사회적 질서나 정치제도의 창조자로 등장한다. 현실의 문제는 그러한 사회질서가 무너진 결과이고, 그에 대한 해결은 성인의 예법을 회복함으로써만 가능하다. 또한 역사적인 맥락에서 본다면, 유가에서 성인의 정치는 역사의 초기상태이다. 역사의 초기단계에서 정치권력은 분권적이었고, 유가에서 3왕으로 이상화되는 하·은·주는 봉건적 정치질서에 기반을 두었다. 그리하여 후에 진한과 같은 통합적 정치질서가 구축된 상황에서도 유가는 대개 지방과 주변 국가들의 상대적 자율성을 인정했다.

한편 묵가는 성인의 문명사적 역할을 인정한다는 점에서 유가와 유사하지만, 자연상태에서 무질서나 갈등을 강조한다는 점에서 법가의 선구로 볼 수 있다. 묵가에서 국가의 기능도 갈등의 해소에 초점이 맞춰져 있다. 다만 국가의 통치원리와 관련하여 유가가 통치자의 덕성, 법가가 엄격한 법치를 강조한다면, 묵가에는 무엇보다도 중앙에서 지방에 이르는 통일적인 조직에 대한 요구가 두드러진다. 묵가의 통일적인 조직은 상명하복의 의사결정이나 전국적인 정보망의 구축과 감시체제 등에 의해 뒷받침된다는 점에서 전체주의 국가를 연상시킨다. 다만 묵가에서 정치는 군주 개인이 아닌 다수의 백성들의 이익에 봉사해야 하고, 지도자나 관리의 충원은 혈연과 같은 봉건제적 방식이 아닌 능력에 기반해야 한다. 이것은 묵가를 진秦의 전제정치와 연결시킬 수 없는 이유이다.

법가도 묵가와 마찬가지로 자연상태에서 결핍보다는 재화의 배분 등 공동의 의사결정을 둘러싼 갈등을 강조한다. 따라서 정치의 출발은 문명적 계몽이 아니라 갈등해소를 위한 메커니즘을 만드는 일이다. 이를 위해서는 덕성을 갖춘 성인이나 현자의 중재보다는 법과 제도와 같은 비인격적 수단이 더 요구된다. 왜냐하면 특히 인구가 많아지고 상대적으로 재화가 부족해지면서 갈등이 더 증폭됨에 따라 도덕적 설득으로는 해결하기 어렵기 때문이다. 법가에게 자연상태는 국가권력의 부재를 의미하며, 전국시대의 현실은 그것이 더욱 극화된 상태에 불과하다. 그에 대한 유력한 대안은 강력한 국가권력의 창출이다. 그 결과 법가는 대내적으로 강력한 군주를 중심으로 하는 중앙집권적 통치와 대외적으로 팽창정책을 옹호한다. 진은 법가에 의거하여 국가체제를 정비하여 전국을 통일했다.

춘추전국시대의 주요 사상적 흐름의 하나로서 도가사상은 어떻게 볼 것인가? 자연상태와 관련하여 도가는 그것이 하나의 이상사회였고, 성인의 계몽이나 정치가 오히려 무질서와 혼란의 원인을 제공했다. 법가가 강조하는 형벌에 의한 통치는 그러한 무질서의 극치에 해당되었다. 노자가 제기하고 후에 장자가 사실화시킨 소국과민은 문명 이전의 원시상태를 연상시킨다. 그렇지만 다른 사상들과 유사하게 도가가 상정하는 자연상태의 역사적 사실 여부는 중요하지 않다. 도가에서 이상적인 질서는 소국과민으로 회귀하는 것이 아니라 어떤 형태의 국가권력이나 정치도 존재하지 않는 상태, 즉 무위자연을 의미했다. 정책으로서 무위자연은 무정부주의에 가까울 것이다.

자연상태와 정치의 기원(정당성)과 관련하여 통일제국 시기에도 위의 사상적 흐름은 계속되었다. 특히 전란으로 지친 결과 황로사상으로 명명되는 도가사상의 영향이 적지 않았지만, 제국의 통치를 위한 현실적 요구는 유가는 물론 법가나 묵가 등 여러 사상들의 종합으로 이어졌다. 물론 시간이 지나면서 유가는 제국의 통치이념으로 자리 잡았다. 그렇지만 광역을 지배하는 제국의 요구에 따라, 그 이상적 질서는 외형은 비슷하였지만 내용은 적지 않게 변모되었다. 이를테면 본디 의미의 정치, 즉 성인에 의한 계몽의 정치는 황제의 초월적 전제정치로 변모했다. 마찬가지로 천자와 제후의 봉건적 관계는 제국과 주변 국가 간에 확대 적용되었다. 유가의 인치는 대외정책상의 유화론으로 이어지기도 했지만, 그것은 황제의 보편적 지배라는 이념 앞에 자주 한계를 드러냈다.

그렇다면 천하질서에 대해서 각각의 사상은 어떤 입장을 보이는가. 먼저 유가의 경우이다. 유가에서 천하의 통합적 질서에 대한 직접적인 언급은 찾기 힘들다. 실제 맹자나 순자는 물론 공자에게서도 정치의 중요한 단위는 개별 국가들이었다. 그들에게 천하질서는 단지 일국의 확대에 불과했고, 매우 막연했다. 그들이 제시한 인의나 왕도는 통치의 원리에 불과했다. 공자는 예악정벌이 천자(왕)에서 나오지 않는 것을 개탄했지만, 그의 주된 비판은 대부가 제후의 권한을 침해하는 것이었다. 또한 『논어』에 대한 언어적 분석에 따르면 공자에게 정치의 주체는 군君이었고, 그가 다스리는 국國 또는 방邦이었음이 분명하게 드러난다. 이것은 춘추 말에 주의 천자가 어떠한 정치적 권위를 갖지 못했던 현실을 반영한다.

맹자도 정치의 주체는 제후였고, 그의 대일통 사상을 종합하는 것으로 해석되는 '안정은 하나됨에 있다[定於一]'는 것도 천하의 통합이나 통일은 아니다. 그것은 인의에 의한 것이든, 아니면 치자와 피치자의 단결에 의한 것이든 일국 내에서 정치적 안정을 의미했다. '하나됨'은 당시 거의 모든 정치사상에서 사용되는 개념이다. 또한 맹자는 물론 공자에게도 '천하' 개념은 등장하지만, 그것은 광역의 지리적 개념은 아니라 추상적인 의미에서 '세상'이나, '우리' 또는 '나라' 등을 지칭했다. 또한 공자나 맹자가 상정하는 천하질서는 주의 봉건적 질서로 간주된다. 그렇지만 현실적으로 거기에 이르는 방법과 관련하여 당시 아직도 존재하고 있던 주의 천자에 의한 권위의 회복은 어디에도 언급되지 않는다. 그 주체는 적어도 맹자에게는 제齊와 같은 제후국이었다.

한편 법가는 일국의 부국강병을 지향한다는 점에서 철저한 국가주의를 보인다. 다시 말해 정책적 단위는 개별 국가이다. 그리고 법가의 문헌인 『상군서』나 특히 『한비자』에서 제시되는 천하질서는 여전히 유가적 언어로 표현되는 '왕자'였다. 법가에서는 유가의 '3왕' 이외에도 환공과 같은 '5패'가 역사적 모범으로 인용된다. 다만 유가에서와 달리 법가에서 '왕자'는 인의와 도덕적 권위가 아닌 힘과 강제(법)에 의거한다는 점에서 '패자'와 사실상 차이가 없다. 법가가 구체적인 통일제국의 상을 제시한 것은 아니지만, 국내에서 권력의 집중과 강화 그리고 그것의 대외적 확대에 있었다는 점에서 정치권력 통합의 시대정신을 구현하고 있었던 것은 분명하다.

유가나 법가에 비한다면, 묵자는 전체적 사고를 보여 준다. 묵자는 시기적으로 공자보다 조금 늦게 활동했던 것으로 알려지고 있지만, 제자백가 사상가들 가운데 누구보다도 '천하'의 개념을 자주 사용하고 있다. 그는 천자-제후-경·대부-이장·향장으로 이어지는 전국적 통치조직을 상정했다. 그와 함께 올바른 정치와 관련하여 그는 상하의 일치를 의미하는 '상동尙同'의 조직원리와 능력 있는 자의 중시(상현尙賢) 그리고 하늘에 의한 상벌이라는 초월적 기준을 부여했다. 이러한 전체적 사고는 후에 진에 의해 구현된 중앙집권적 통일제국을 상기시킨다. 그렇지만 정치의 목적과 관련하여 묵가는 진의 전제정치와 달리 유가와 유사하게 민본주의를 강조한다. 묵가는 국제정치적으로 누구보다도 평화를 중시하고 전쟁을 반대했다. 도가사상의 경우 앞서 언급한 정치나 국가에 대한 부정은 천하질서에 대해서도 해당된다.

그런데 전국시대 정치사상에서 천하질서에 대한 관념은 의식적이든 의식적이지 않든 공통으로 찾아볼 수 있다. 물론 그러한 관념은 이상적 통치원리만 언급할 뿐, 구체적인 정치질서를 제시하지는 않는다. 그럼에도 각각의 관념이 언급하는 통치원리는 각기 과거 특정한 시기에 역사적으로 존재했던 상이한 정치질서를 상정한다. 따라서 거기에 비추어 우리는 각 사상이 지향하는 천하질서에 관해 말할 수 있을지 모른다.

주지하는 것처럼 유가의 맹자나 순자에서 가장 전형적으로 나타나는 천하의 통치원리는 왕도이다. 그리고 왕도는 하·은·주 '3왕'의 역사적 경험과 결부된다. 그것은, 달리 표현하면, 천자를 중심으로 하는 봉건적 통치구조이며 인의의 원리에 기반을 둔다. 다만 순자에게 왕자王者가 이상적이지만, 군사력·신의·법 등의 원리에 바탕을 둔 패자覇者도 차선의 천하의 통치원리로서 설정된다. 법가도 왕자를 부정했던 것은 아니며, '패'와 '왕'을 병렬시켜 '패왕'의 개념을 사용하였지만, 전국시대의 상황에서는 패자가 실질적인 대안일 뿐이었다. 패자는 춘추오패의 역사적 경험과 결부되었다. 즉 패자는 특정한 국가가 힘으로써 명목상의 천자를 중심으로 유지하는 변형된 봉건질서를 의미했다.

한편 전국시대 왕과 패 이외의 또 다른 통치원리로서 제帝가 제시되었다. 그것은 대략 왕과 패를 일정한 방식으로 결합한 형태, 즉 왕자 스스로 패자의 힘을 겸비한 것이었다. 다만 '5제'와 같은 역사초기 통치자로서 '제'의 칭호가 없었던 것은 아니지만, 초기 정치사상에서는 왕도와 비교되는 제도帝道는 존재하지 않았고, 당연히 그것을 구현하는 제자帝者 또한 없었다. 따라서 전국시대의 '제'는 이제까지 없었던 새로운 통치원리였고, 거기에 기반을 둔 천하질서도 마찬가지였다. 다만 이상적인 질서로서 기존의 '왕'과 결합되어 '제왕'이 널리 사용되었는데, 정치질서 자체를 부정한 장자도 마찬가지였다. 노자에게 이상적인 통치질서의 담지자는 '왕'이었지만, 장자는 그것을 주로 '제왕'으로 표현했다.

결국 전국 말에 이르러 천하질서는 그 이상적인 유형에 따라 제–왕–패의 순서로 분류되었다. 특히 진한에 이르러 중원의 최고 통치자가 황제로 정해진 이후에도 그러한 유형적 분류는 유지되었다. 그와 함께 '왕'은 인의, '패'는 권위나 술수와 같은 세속적인 통치원리와 결부되는 반면, '제'에는 신비적이고 초월적인 의미가 부여되었다. 뿐만 아니라 통치의 지리적 범위에 있어서도 '왕'과 '패'가 중원의 세계에 국한된다면, '제'는 중원과 이적을 포함한 천하를 포괄하는 것으로 상정되기도 했다. 다만 유가가 제국의 통치이념으로 자리 잡게 되면서 '왕'과 '왕도'는 여전히 이상적인 정치질서로 간주되었다.

이제까지 제자백가를 비롯한 초기의 정치사상에서 국가의 형성과 그것의 통합을 둘러싼 논의를 살펴보았다. 그것은 기본적으로 우리가 중원이라고 부르는 지역과 그곳에 사는 사람들로 한정되었다. 그렇다면 초기 정치사상은 이적·만이 등으로 부르는 그 주변의 지역이나 사람들에 대해서는 어떤 인식이나 관념을 보여 주는 것인가? 일반적으로 천하사상이나 화이사상 등으로 묘사되는 그러한 관념들은 역사적으로 오래되었고, 중원 국가(들)의 대외정책에 크게 영향을 끼쳐 왔다.

초기의 대외관념은 공간적 측면과 종족적 측면으로 구분될 수 있다. 전자는 천하의 공간적 구성에 관한 관념이라고 한다면, 후자는 이민족에 대한 관념이다. 이 책에서는 양자를 각각 천하관과 화이구분으로 표현하였다. 천하관은 세계를 중심과 주변으로 구분하고 중심의 입장에서 이해하는 사고이다. 화이구분은 중화와 이적의 본질적 차이와 전자의 우월성을 강조하는 사고이다. 공간은 사람으로 채워진다는 점에서 양자는 서로 긴밀한 관계를 갖는다.

『시경』에 등장하는 '보천지하 막비왕토'나 '혜차중국 이수사방'과 같은 구절이 전형적인 천하관으로 간주된다. 그리하여 천하관은 대개 역사 초기로 소급되는 경향이 있다. 그렇지만 정치권력의 규모와 결부시켜 본다면, 중국과 천하의 구체적인 범위는 초기에는 매우 제한되었고 시간이 지나면서 비로소 확대되었다. 서주 시기 중원에는 성읍국가들이 산재해 있는 상태였고, 그들 사이에는 융족을 포함하여 나중에 이적으로 묘사되는 많은 민족들도 거주했다. 이러한 상황에서 중심과 주변, 중화와 이적의 구분은 생각하기 힘들며, 어느 집단이 유사한 관념을 가졌을지라도 그것은 별다른 의미를 갖지 못했을 것이다.

중원의 이적들은 춘추시대를 지나면서 점차 흡수되거나 축출되었다. 그리하여 중원 지역에는 주변의 민족들과 구분되는 종족집단이 등장했다. 그들은 소위 제하·화하 등으로 불리었다. 그럼에도 그들은 춘추 초반 진晉·제·노·송·정 등 몇 개에 불과했고, 그 외곽의 진秦·초·오·월 등은 이적으로 간주되었다. 춘추시대를 거치면서 이들은 비로소 중원의 일원이 되었다. 그와 함께 '천하'나 '중국'의 외연도 확대되었다. 전국시대까지 중원에서 상대적으로 가까운 이적이 중원화되면서 이제 이적은 그 너머의 다른 종족들로 새롭게 설정되었다. 융戎·이夷·호胡·강羌·파巴·맥 등이 그 예이다. 지리적으로 이들은 흉노·남월·동월·서남이·조선 등의 지역에 분포했다. 그와 함께 '보천지하 막비왕토'나 '혜차중국 이수사방'과 같은 구절들도 새로운 의미를 획득하게 되었다. 해당 구절들은 그간 중원화된 이적들을 확고하게 중국의 일부로 기정사실화하고, 그 너머의 흉노 등 새로운 이적들에 대한 공략이나 지배를 정당화하는 역사적 근거를 제공했다.

그 이후 전한 중반 무제 시기에 이적들 가운데 서남이·남월·조선 등이 다시 중국의 일부가 됨으로써 '중국'과 '천하'의 영역은 다시 새롭게 설정되었다. 이때 이적은 아직 흡수되지 않은 흉노, 서역과 그 너머의 월지나 오손 등의 국가들, 동북쪽의 선비나 동호, 부여, 고구려, 왜 등으로 설정되었다. 다만 이때는 제국의 팽창도 그 한계에 이르게 됨으로써 제국은 이적과의 관계에서 명목적인 상하관계인 '조공체제'를 지향하게 되었다.

이러한 중국과 천하의 공간적 확대와 새로운 이적의 재생산 과정은 초기 정치사상에 대한 해석에 있어서도 심각하게 고려해야 한다. 그러한 관점에서 본다면, 춘추 말 공자에게는 존왕양이의 시대정신이 관철되고 있었다. 그의 어록인 『논어』는 관중에 대한 노골적인 지지를 포함하여 강한 인종주의적 입장을 보인다. 맹자나 순자는 더욱 분명한 중화중심주의와 이적에 대한 배타적 의식을 보여 준다. 그들이 '천하'나 '사해'와 같은 일종의 통합적 질서를 시사하는 경우에도 그것은 중국에 국한되었다. 그들은 이미 확고하게 중원화된 국가들조차도 이적으로 여기고 그들에 대한 우월감을 표시했다. 그들에게 이적들은 중원에 의한 교화의 대상이거나 경제적 이용의 대상일 뿐이었다.

이적에 대한 유가의 배타적 입장은 일견 문화수준의 차이에 바탕을 둔 것처럼 보인다. 특히 중화와 이적의 구분을 종족이 아니라 문화의 수준에 의거한다는 의미에서 소위 문화민족주의는 『춘추』에 부분적으로 나타나고, 유가의 사상가들에게도 반영되어 있다. 그럼에도 그들이 문화적 낙후를 기준으로 하여 이적으로 간주한 진·초·오·월 등 국가들은 이미 사실상 중원의 일부가 된 상태였다. 『춘추』나 다른 유가의 문헌에서는 융戎·적狄 등 아직 중원과 적대적 관계에 있던 종족들이 중화로 변모되는 예를 찾을 수 없다. 중화화되지 않은 이적들에 대한 그들의 언급들은 실제 문화적인 것보다는 인종적인 것들이었다. 이를테면 이적들의 문화적 특징인 단발·문신·좌임 등은 중화와 이적들의 본질적인 차이를 나타내는 표현이라는 점에서 사실상 인종적 구별이었다. 물론 유가의 인의나 덕치와 같은 개념을 배제할 경우, 이적들에 대한 적대의식은 더욱 분명하게 드러난다. 그 예로 진의 통일 시점에서 작성된 『여씨춘추』는 이적들을 '금수禽獸'로 표현했다.

그럼에도 통일제국의 형성은 이적관에도 변화를 요구했다. 특히 이적에 대한 배타적 의식은 황제의 일원적 지배와 배치되는 측면이 없지 않았다. 강경론의 입장에서는 정복지를 차지하고, 그곳으로부터 이적을 축출하고 대신 한족으로 채우는 방식에 의해 해결될 수 있었다. 그렇지만 인의와 도덕을 강조하는 유가의 입장에서는 다른 길을 모색해야 했다. 이러한 상황에서 제시된 대안은 다름 아니라 기미정책으로 요약되는 간접적 지배였다. 기미정책은 다양한 방식이 있지만 기본적으로 현지인의 자치를 허용하는 방식으로서, 황제의 보편적 지배에 대한 요구와 그 현실적 한계 사이에서 모색된 타협책이었다. 『회남자』의 편자인 유안과 같이 이적의 고유한 가치를 인정하고 그들에 대한 침략전쟁을 적극 반대한 경우도 있었지만, 그것은 소수였다.

한 무제는 무력으로 황제에 의한 보편적 지배를 시도했고, 상당 부분 성공을 거두었다. 거기에는 많은 비용과 희생이 수반되었지만 제국의 영토는 크게 확대되었고 그 권위는 높아졌다. 수많은 이적들이 이제 제국의 직접적 또는 간접적 지배하에 놓이게 되었다. 이러한 상황에서 그들에 대한 인식도 바뀌어야 했다. 『사기』는 이 점을 가장 체계적으로 반영했다. 『사기』의 역사기술에서는 제국의 일부가 된 이적을 포함하는 대일통의 천하질서가 상정되었다. 국내적으로 그것은 공동의 시조로서 황제黃帝의 설정, 역대 제왕들의 계보화, 그들과 여타 중원 국가들 사이의 혈연적 연계 등으로 나타났다. 대외적으로 새롭게 편입된 이적의 국가들에 대해서는, 그들과 중원의 정치사적 연결이 강조되었다.

그런데 무제 시기에 확장된 영토는 제국이 도달할 수 있는 최대의 통치 범위였다. 전쟁에 따른 인명피해는 물론 경제적으로도 제국은 곤란한 지경에 이르렀다. 게다가 이적에 대한 군현적 지배는 유지되지 못하는 경우가 적지 않았다. 나아가 정복지역 너머에는 새로운 이적들이 있었다. 그 결과 천하에 대한 황제의 보편적 지배란 불가능하다는 사실이 분명해졌다. 이러한 상황에서 중화와 이적 사이의 구분이 다시 강조되었다. 현실에서 통치 범위의 한계는 '왕자는 이적을 통치하지 않는다.'는 논리로 합리화되었다. 그와 함께 이적들에 대한 더 적대적인 이미지가 구축되었다. 이적은 금수로 간주되었고, 따라서 교화의 가능성은 배제되었다. 강경파는 이적은 금수이기 때문에 제거되어야 한다고, 온건파는 금수이기 때문에 상대하지 말아야 한다고 주장했다. 다만 제국이 활력을 잃고 국내 문제에 몰두하는 상황에서 온건파의 입장이 우위를 점했다.

천하나 화이에 관한 관념의 일부로서 좀 더 체계화된 구상들도 있다. 오복과 구복이 그 예인데, 그 내용은 천하와 중국의 지리적 크기와 그 내적 구조에 관한 것이다. 구복은 『주례』와 『일주서』에서만 수록되지만, 오복은 『상서』·『순자』·『국어』 등에 수록되고, 특히 『사기』에서는 하와 주의 천하구획을 모두 오복으로 설명한다. 그 구상들에서 제기되는 핵심적인 주장은 이런 것들이다. 즉 천하의 질서는 천자를 중심으로 하고, 그 주변에 제후국, 그리고 그 너머 이적이라는 동심원적 구조를 갖는다. 천자에 의한 지배의 정도는 중심에서 멀어질수록 감소한다. 즉 자치가 더 허용된다. 다만 천하와 중국의 크기와 관련하여 오복에서는 각각 5천 리와 3천 리이고, 구복에서는 각각 1만 리와 7천 리로 제시된다.

이러한 구상들은 현실성이 매우 적었다. 그럼에도 그것들이 그 자체로서 중화 중심의 천하질서를 나타낸다는 것은 부인할 수 없다. 다시 말해 천자에 의한 보편적 지배를 전제로 하고 있는 것이다. 오늘날 그 구상들은 주변 민족들이 제국에 정치적으로 복속되어 있었다는 증거로 간주되는 경향이 있다. 그렇지만 그러한 구상들의 정책적 지향에 주목할 필요가 있다. 특히 좀 더 많은 문헌들에 출현하는 오복은 전국시대와 특히 양한 시기에 한결같이 이적에 대한 불간섭이나 유화정책의 이론적 또는 역사적 근거로 인용되었다. 중심에서 먼 곳일수록 이적의 자주성이 허용되어야 한다는 것이다. 후에 조선도 스스로를 오복의 일부로 설정했는데, 이 경우에도, 조선이 지리적으로 뿐만 아니라 문화나 정치에 있어서 중화와 별개라는 전거로서 제시되었다.

중국과 그 주변을 포괄하는 정치질서는 일반적으로 소위 제국帝國으로 간주되는 경향이 있다. 변경 지역에 대한 다층적 지배구조나 조공체제 개념도 그러한 맥락에서 이해되어 왔다. 그렇지만 고대 중국과 동아시아 질서를 나타내는 개념으로서 제국은 적절하지 못한 측면이 있다. 제국은 여러 가지 의미로 해석되지만, 광역에 대한 간접적 통치를 특징으로 한다. 제국 전체에는 단지 종교나 문화와 같은 보편적인 가치가 관철되지만, 적어도 통치에 있어서는 중심에 의한 주변의 지배에 대해서 의식이나 제도상의 '절제'가 전제되는 것이다. 그에 반해 중국과 동아시아에서는 그러한 '절제'가 아닌 권력의 내재적 속성 즉, 팽창과 집중의 관성이 작용했다. 다층적 지배나 조공책봉과 같은 분권적 통치체제는 일정한 의식이나 제도에 바탕을 두기보다는 권력작용의 요소적·관계적 제약의 산물일 뿐이었다. 그러한 통치체제를 합리화하는 논리들은 권력작용의 현실적 제약을 은폐하기 위한 수단에 불과했다.

한편 초기 역사는 정치권력의 통합 과정이고, 이것은 한편으로 권력의 외연적 확대와 다른 한편으로 권력의 집중을 의미한다. 권력의 확대는 국가가 보유하는 권력자원, 무엇보다도 영토와 인구 그리고 거기에서 파생되는 요소들의 증가를 말하며, 권력의 집중은 중앙집권적 통치체제의 구축으로 나타났다. 특히 중앙집권적 통치체제는 중국에서는 관료제와 군현제에 의해 대표되었다. 정치권력의 외연적 확대와 집중은 오랜 기간에 걸쳐서 점진적으로 진행되었는데, 권력의 지역적 확대가 정점에 이른 진한 시기에는 중앙집권적 통치구조도 갖추어졌다.

주지하는 것처럼 진한에서 최고 통치자의 칭호는 '황제'였다. '황제' 칭호는 통일 후 진시황이 조정의 논의를 거쳐 선택한 것이지만, 그것은 오랜 역사적 과정의 결과였다. 한반도를 포함하여 국가형성 이전 단계에 있는 여러 종족들은 각자 그 지도자들에 대한 다양한 칭호를 갖고 있었다. 따라서 중원에서도 그랬을 것으로 추측되지만, 오늘날 전해지는 최초의 문자인 갑골문은 은의 지도자를 '왕'으로 칭했다. 그 이후 '왕'은 주와 춘추전국시대에 통치자의 호칭으로 일반화되었다. 다만 주의 왕은 '천자'의 칭호를 병행했다. 전국 초반 제후국들이 모두 '왕'의 칭호를 쓰게 되면서, 일각에서 그보다 높은 '제'로써 차별화하고자 했고, 그것은 후에 '황제'로 이어졌다. 진의 패망 이후 각국들은 '왕'으로 회귀했지만, 한의 통치자는 스스로를 '황제'로, 봉건제후들은 '왕'으로 호칭했다.

나중에 한이 주변 국가들과 소위 조공책봉의 관계를 형성했을 때, 이들에게 주어진 최고의 칭호는 제후왕과 동일하게 '왕'이었다. 흉노 등 일부 강력한 유목국가만이 선우의 호칭을 사용했을 뿐이다. 중국의 '황제'는 한 나라가 아닌 천하를 통치하는 천자로 인식되었고, 따라서 '일국의 황제'라는 의미의 '제국'은 사용되지 않았다. 서양의 'imperium'을 번역한 '제국'의 개념은 근대 이후에 일반화되었을 뿐이다. 물론 황제의 실질적 통치는 중국에 국한되었다. 그 결과 황제는 천하의 통치자여야 한다는 이상과 중국의 통치자인 현실 사이에 괴리가 발생했다. 주변국 왕들도 마찬가지였다. 그들은 국내에서는 절대적 위치에 있으면서 황제에 대해서는 신하라는 모순에 직면했다. 그럼에도 이러한 인식상의 긴장은 약 2천년 전 동아시아에서 형성된 국제질서에 안정성과 역동성을 동시에 부여했다.

제국은 황제를 정점으로 하는 거대한 관료집단에 의해 유지되었다. 제국의 안녕을 위해서는 넓은 영토와 다수의 인구에 대한 효과적인 관리가 중요했다. 이를 위해서 업무에 따라 분업화된 조직체계가 만들어졌고, 그것은 엄격한 규정과 규범에 따라 운영되었다. 거기에는 물리적인 힘으로 제국을 국내외의 도전세력으로부터 지킬 군대도 있었다. 그와 함께 제국은 관료조직의 운영에 필요한 자원을 조달하기 위해서 조세와 재정, 요역, 전매, 화폐 등 여러 가지 경제제도를 마련했다. 이러한 통치구조는 중앙에서 지방까지 구축되었고, 따라서 양자는 긴밀하게 연결되었다. 그럼에도 제국에서 권력은 매우 복잡한 요소들로 구성되었다. 이것은 권력자원의 동원을 포함하여 권력작용을 구조적으로 제약했다.

먼저 최고의 권력보유자로서 황제이다. 황제는 제도적으로 초법적 존재로서 무소불위의 권력을 행사할 수 있지만, 그것은 어디까지나 이론적이었다. 현실에서 황제는 대부분 그 능력이나 성향 등 여러 가지 요인에 의해서 그러한 절대적 권력을 행사할 수 없었다. 특히 세습제에서 황제가 어린 나이에 제위에 오르는 경우가 많은데, 이 경우 모친과 그 가문의 남자들이 황제를 끼고 권력을 행사했다. 물론 황제도 환관과 같은 연고 없는 측근들을 통해 자신의 권력을 확대하고자 했다. 이처럼 황제의 권력을 외척이나 환관 등이 대리하면서 비공식적인 정치와 그에 따른 정치 과정의 파행이 반복되었다. 비공식적 정치는 황제의 개인적 한계를 보완해 준다는 점에서 황제제도의 안정에 기여했지만 모든 권력이 황제에 집중됨으로써 정치는 오로지 황제를 둘러싸고 소용돌이처럼 전개되었고, 이것은 다시 황제의 권력을 절대화시켰다. 이러한 상황에서 황제의 존재는 제국의 안녕에도 매우 중요했고, 이것은 황제제도의 끈질긴 생명력으로 이어졌다.

제국의 권력은 거대한 관료기구를 기반으로 했다. 제국은 광역에 대한 권력자원을 관리하기 위해서 중앙에서 지방까지 체계적인 관료기구를 구축했고, 거기에는 일정한 지식과 소양을 갖춘 관료들로 채워졌다. 관료채용의 기준도 점차 마련되었다. 중앙정부는 대민업무를 직접 담당하는 현급의 책임자까지 직접 관리했다. 모든 행정은 한자로 된 문서를 통해서 실행되었다. 관료들의 승진과 처벌은 엄격한 실적에 따랐다. 정확한 수는 알 수 없지만, 전한 말 제국의 관료 수는 약 12만 명으로 기록되고 있다. 또한 관직에 포함되지 않은 다수의 보조인원이 있었다. 그리고 제국의 안전을 위해 약 100만 명으로 추정되는 상비군이 중앙과 지방 그리고 변경지역에 배치되었다. 제국은 또한 특정한 공정을 위해서나 전시에 일반 백성들을 노동력으로 이용하거나 전쟁에 동원시킬 수 있었다. 그렇지만 권력구조의 내부를 들여다 보면 각종 제약들이 드러난다.

사실 정치제도는 오랜 역사적 과정을 통해서 점진적으로 형성되게 마련이다. 다만 통일 이후 중앙권력의 구축은 사실상 새로운 일이었다. 이것은 지방의 군현이 기본적으로 과거와 같이 유지시키면 되었던 것과는 달랐다. 따라서 진한 시기 중앙의 권력구조는 적지 않은 시행착오를 겪어야만 했다. 특히 황제에 대한 권력의 집중은 관료조직에게 직책상 권한과 업무상의 자율성을 용납하지 않았다. 그 결과 정치 과정은 제도화되지 못했고 불안정한 상태로 남게 되었다.

먼저 승상제도의 문제이다. 황제의 보좌에 해당되지만, 승상은 관료기구를 통솔하는 최고 직책이다. 따라서 그 자체로서 막대한 권력을 보유할 여지가 있었고, 황제의 입장에서 그에 대한 적절한 통제는 중요했다. 실제 진한 시기에는 황제와의 관계에서 승상의 지위가 계속 낮아지는 현상이 나타났다. 진은 좌·우 승상 두 사람을 두어서 서로 견제하게 했다. 한 초기에 승상은 건국의 공신과 귀족이 임명되었으나 후에는 평민이 임명되었다. 후한은 소위 3공제도를 두어서 3명의 승상으로 그 권력을 분할시켰다. 결국 수隋에 이르러 승상제도 자체가 폐지되고 황제가 중앙부서를 직접 관할했다.

승상제도의 불안정성은 중앙의 부서들에서도 비슷하게 반복되었다. 외형상 중앙에는 10개 전후의 각종 부서들이 있었는데, 그것들은 각기 경卿이라고 부르는 중이천석 1명과 여러 명의 1천석 직급의 부관 그리고 각종 행정인원으로 구성되었다. 각각의 부서들은 사법·제사·군사·재정 등 오늘날과 유사하게 업무에 따라 구분되었다. 이것은 외견상 정교한 관료기구로 보이지만, 전문적인 관료기구라기보다는 황제의 가신으로서 정책적 자문역할이 강했다. 실제 국가의 중대사는 각 부서에서 전담하기보다는 어전회의에서 논의되었고, 황제의 제가를 거쳐서 결정되었다. 사법적 사안들조차도 그러했다. 중앙의 부서들과 지방 군현의 관계에 있어서도 각 부문별 수직적 관계는 존재하지 않았다. 황제에게 권력이 집중되는 한에서는 권한의 제도적 구분은 기대하기 어려웠다.

무제와 같은 권력욕이 강한 황제는 그러한 공식적 관료기구조차도 번거롭게 생각했다. 그리하여 공식적인 관료기구인 외조와 별도로 내조(중조)를 구성해 업무를 처리하게 했다. 황제는 이들을 통해서 권력을 행사했고, 이들은 처음에는 황제의 개인적인 업무를 처리했지만 점차 정부의 결책기구로 변모했다. 황제가 권력을 사유화하면서 외조는 단지 내조의 결정을 집행하는 기구로 전락했다. 그렇다고 해서 모든 황제가 그 권력을 행사할 수는 없었다. 앞서 언급한 것처럼 어린 황제가 즉위하면 외척 가운데 최고의 실권자가 소위 보정輔政으로서 별도의 정무기구를 두어 황제의 권력을 대신하기도 했다.

다음으로 제국의 중요한 권력기반은 군대이다. 제국에서 군대는 단지 국방뿐 아니라 매우 복합적인 목적을 가진다. 군대는 황제의 보호를 위한 중앙수비군, 외적으로부터 제국을 보호하거나 공략하기 위한 변방의 군대, 그리고 지방의 반란을 막고 치안을 유지하기 위한 지방군 등으로 구성된다. 이러한 상비군 이외에도 비상시에는 지방으로부터 크고 작은 병력을 별도로 차출하여 군대를 구성하기도 한다. 그런데 군대는 중요하지만 그 유지를 위해서는 비용이 많이 들었고, 낮은 생산성하에서 백성들의 노동력을 줄이기 때문에 무한정으로 많이 둘 수는 없었다. 또한 무력집단이라는 군의 특성 때문에 그에 대한 통제도 매우 중요했다.

이러한 상황에서 제국은 전문적인 무관을 최소화했고, 대규모 병력은 각 지방에서 비상시에만 동원하는 방식을 채택했다. 이때 장군들은 황제의 측근이나 친인척 또는 문관인 고위관료가 임명되었고, 그들은 일정한 임무를 마치면 복귀되었다. 또한 군대 이동을 포함하여 장군의 작전권은 상당한 제약을 받았다. 뿐만 아니라 병역제도와 관련하여 그 광역성으로 인해 징병제의 토대는 취약했다. 징집에 따른 장거리 여행, 변경지역의 열악한 근무환경 등으로 병역에 대한 사회적 저항도 적지 않았다. 그리하여 제국은 칠과적과 같은 사회 주변계층들을 강제적으로 동원했다. 이러한 모든 것은 군사들의 사기와 전투력 저하로 이어졌다. 제국의 군대는 병력, 무기와 장비, 병참 등에 있어서 절대적 우위에 있었으나 전투에서 패하는 경우가 비일비재했다. 정복전쟁에서 실패는 물론 농민반란이나 소수민족들의 저항에 수년 간 대처하지 못하는 사태도 적지 않았다.

그렇다면 국가권력의 사회경제적 기반은 어떤가? 처음 농업생산은 토지공유제에 바탕을 둔 씨족공동체였지만, 점차 농가 단위의 소농경제로 전환되었다. 춘추시대에는 새로운 공터들이 개발되거나 정복되면서 국가가 관리하는 토지가 크게 확대되었고, 그것은 국가에 의한 토지의 배분,

즉 수전제의 배경이 되었다. 이로써 자영농 위주의 농가는 조세와 부역, 그리고 병역의 단위로서 국가권력의 중요한 기반이었다. 다만 전국시대의 지속적인 전쟁은 수전제의 기반을 약화시켰다. 특히 전쟁을 위한 인원과 물자를 조달하기 위해서 국가는 농가들에게 과중한 조세와 부역을 부과했고, 그로 인해 다수의 농민들이 파산했다. 더욱이 전쟁으로 약화된 일부 국가들은 수전제를 유지하지 못했고, 토지의 사유화를 허용하지 않을 수 없었다. 물론 토지의 사유화는 토지의 겸병과 집중으로 이어져 결국 자영농 중심의 사회경제적 기반도 약화되었다.

통일제국에서 토지는 자영농이 일부 소유했지만 대부분은 지주들이 소유했다. 지주경제는 통일국가 형성의 시점에서 지배적인 방식이 되었던 것이다. 다만 지주들은 노예나 고용농을 통해 직접 경작하기보다는 주로 소작농을 통해서 생산했다. 국가는 중농억상重農抑商 정책을 통해 유동성이 강하고 통제하기 어려운 상인계급의 성장을 억제하고자 했다. 국가와 농민들의 직접적인 관계는 중앙집권적 통치구조의 중요한 기반이었다. 자영농과 소작농 중심의 농민들은 편호제민編戶齊民으로서 병역과 요역 그리고 조세의 주체였다. 그리하여 지주의 과도한 착취로부터 농민을 보호하는 일이 국가의 중요한 임무였다. 국가권력의 강화를 위해서 지주의 토지소유 제한과 소작세의 경감 같은 정책적 요구들이 반복적으로 제기되었다.

제국의 경제는 농업에 기반을 두었고, 사회구성원 다수가 농업에 종사했다. 그리고 상인과 상업에 대한 부정적인 이미지는 통일제국 이전부터 분명했다. 유가나 법가 모두 농업을 본업, 상업을 말업으로 간주했다. 그리고 양자는 약간 다른 이유에서 억상정책을 주장했다. 유가는 최고의 인격적 실체로서 군자는 상업적 이익을 추구해서는 안 된다고 주장했다. 법가는 상업을 사치품의 유통과 결부시켰다. 통일제국도 상인계층에 대해서는 우호적이지 않았다. 제국은 상인들을 평민으로서 농민과 다른 호적으로 편제하여 각종 불이익을 주었다. 즉 제국은 상인들과 그 자녀들은 관리등용에서 배제했을 뿐만 아니라, 때로 전방의 수비나 전쟁에 동원했으며, 자산에 대해서 산민전이라는 특별세를 별도로 부과했다. 나아가 제국은 전매와 균수 등 정책을 통해서 주요 물자의 생산과 유통을 직접 관장함으로써 상업적 이익을 수탈했다.

그럼에도 우리는 각종 문헌에서 부정적이든 긍정적이든 통일 이전에도 상업이 중요한 역할을 담당했다는 점을 쉽게 확인할 수 있다. 각국 내에서뿐만 아니라 각국들 사이에도 상당한 교역이 이루어졌다. 통일제국에서는 상업이 더욱 발달할 수 있는 조건들이 마련되었다. 무엇보다도 제국의 지역적 격차이다. 제국은 전체적으로는 땅이 넓어 생산되는 물자들도 많았다. 그렇지만 각 지방의 입장에서 본다면, 광역에 걸쳐 토질이나 기후조건이 비슷하여 생산되는 물자의 다양성은 감소되었다. 그리하여 지역간 물자교역의 중요성이 커졌고, 상업적 이익도 컸다. 그와 함께 제국에는 다수의 비생산계급이 존재했다. 중앙과 지방의 관리들이나 귀족들, 그리고 군인들의 생계를 위해서는 적지 않은 물자가 시장에서 조달되어야 했다.

또한 진한제국은 화폐·도량형·문자·법제 등을 통일하고, 물자의 운송을 위한 도로와 수로 등을 건설했다. 마찬가지로 전국시대 국가들이 조세수입과 물자유통의 통제를 위해서 세웠던 관소들이 철폐되고, 전국이 군과 현의 행정 네트워크로 연결되었다. 이것을 바탕으로 각종 조세를 부과하여 국가의 재정적 자원을 확보했다. 물론 거기에 상응하여 국방과 치안, 치수와 농정, 교육과 빈민구제 같은 각종 사회적 지출이 이루어졌다. 이러한 조치들은 무엇보다도 중앙집권적 통치를 위한 목적이었으나 상업이 발전할 수 있는 기반을 마련했다. 특히 제국은 통일적인 화폐를 통한 재화의 배분을 지향했다. 조세의 대부분을 실물이 아닌 화폐로 납부하게 했고, 관리의 급여나 공공지출도 화폐를 위주로 했다. 제국은 또한 전국에 생산과 판매망을 두어 소금과 철에 대한 전매를 실시하고, 균수관을 두어서 주요 물자에 대한 유통에도 관여했다.

그러나 경제 전반은 여전히 농가 단위의 자급자족 경제였다. 교통의 제약으로 물자의 지역적 유통도 제한적이었다. 이러한 상황에서 단일화폐를 매개로 하는 제국의 운영에는 중앙집권적 통치를 위한 정치적 목적이 작용했다. 따라서 부작용도 없지 않았다. 무엇보다도 화폐의 안정적 공급에 제국은 적지 않은 어려움을 겪었다. 화폐주조를 통한 이익을 위해서 중앙과 군국 그리고 민간은 화폐주조권을 둘러싸고 대립했다. 불량화폐의 유통은 경제질서를 어지럽혔다. 제국은 결국 중앙에 의한 화폐주조의 독점을 관철시켰지만, 화폐주조의 수익을 상당부분 포기하지 않을 수 없었다. 또한 화폐는 중앙집권적 통치의 중요한 수단이었지만 추가적인 문제를 야기했다. 특히 자급자족에 기반을 둔 다수의 농민들은 조세의 납부를 위해 상인이나 호족세력에게 의존하지 않을 수 없었고, 이것은 소농경제의 기반을 약화시키는 원인이 되었다. 또한 국가의 전매와 관련하여 철제 농기구의 품질저하 등 문제점이 없지 않았다. 특히 상업적 이익을 빼앗긴 상인과 지방 호족세력의 반발도 만만치 않았다. 그리하여 후한 시기 지방 호족세력이 국가권력의 기반이 되면서 전매는 유지되지 못했다. 제국이 사회적 부를 정치권력의 자원으로 동원하는 데는 적지 않은 제약이 있었던 것이다.

한편 대국에서 지방권력은 국가권력의 중요한 부분이다. 황제의 입장에서 지방권력은 광역에 대한 통치를 위해서 불가결한 요소이면서 동시에 잠재적 도전세력이기도 하다. 따라서 지방권력의 구축은 중대한 문제인데, 무엇보다도 일정한 지역적 행정단위의 설치와 지방통치를 담당하는 관리들의 파견을 주된 내용으로 한다.

먼저 제국의 행정구획이다. 행정구획은 성읍국가에서 영토국가를 거쳐 통일제국에 이르는 수천 년의 오랜 역사적 산물이다. 문헌적 기록들은 성읍체제나 봉건제하에서 일정한 지역이나 가구를 단위로 하는 조직화의 시도가 이루어졌을 가능성을 시사한다. 그렇지만 전국시대 광역을 포괄하는 대규모 중앙집권적 국가에서 비로소 지방구획은 중요한 의미를 갖게 되었고, 특히 통일제국에 이르러서는 더욱 그러했다.

춘추시대부터 시작된 군현의 설치는 권력의 통합과 집중, 즉 중앙집권적 영토국가의 형성과 결부되었다. 봉건제하에서 혈연이나 신분에 기초하여 각 지방이 분권적으로 통치되었다면, 군현은 중앙의 왕에게 직속되었다. 초기에는 군현의 통치가 책임자 한 사람에게 전적으로 위임되기도 하고 심지어 세습되기도 했다는 점에서 분봉과 큰 차이가 없었다. 그렇지만 전국시대 거의 모든 나라에서 군현화는 보편적인 추세였다. 각국은 중앙의 통일적인 규칙에 의한 관료적 통치를 차례로 도입하고, 군현 지역을 기존의 분봉 지역까지 확대했다. 따라서 통일 이후 진은 자제들을 제후왕으로 세우지 않고 모든 군현의 관리들을 황제가 직접 관장했다.

사실 분봉과 관련하여 진의 통일 직후 이루어진 논쟁에서 제기된 것처럼 동성의 제후왕이 제국의 버팀목이 될 것인지, 아니면 전란의 원인이 될 것인지는 불분명했다. 어쨌든 나중에 한의 고조는 진이 조기에 멸망한 원인을 제후왕의 제거에서 찾았다. 그에 의하면, 진은 중앙에 변고가 발생했을 때 자신을 지켜 줄 수 있는 지방의 버팀목을 갖지 못했다. 그리하여 고조는 관중을 중심으로 하는 제국의 핵심 부분을 직접 통치하면서, 9명의 자제들로 하여금 제국 영토의 3분의 2를 통치하게 했다. 그럼에도 황제들의 입장에서 동성제후는 제국의 버팀목이면서 동시에 권력을 나눠 가져야 하는 세력이기도 했다. 황제들은 제후왕들의 영지를 줄이고 권한을 축소시킴으로써 그들을 정치적으로 무력화시키고자 했다. 물론 오초칠국의 난에서 나타난 것처럼 제후왕들도 이에 저항했다.

결국 황제는 제후왕들을 거세하는 데 성공했지만 다수의 지방 단위들을 직접 감독해야 하는 문제에 직면하게 되었고, 이를 위해 주州와 같은 새로운 상급 지방행정 단위의 설치가 불가피하게 되었다. 제후왕의 정치적 기반이 사라지면서, 황제는 외척과 같은 다른 정치집단을 견제할 세력을 잃게 되었다. 왕망이 황제의 자리를 빼앗았을 때 지방의 제후왕들은 대응책을 갖지 못했고, 제국의 권력은 쉽게 무너지고 말았다. 광무제가 유씨정권을 다시 회복했지만, 그는 제후왕의 후예는 아니었다. 그는 제후왕을 다시 두었지만, 황제에게 권력을 집중함으로써 제국의 안전을 구하고자 했다. 후한 시기 제후왕들은 황제의 권력을 약화시키지도 않았지만 그렇다고 제국의 버팀목도 되지 못했다. 후한 말 중앙의 권력이 약화되고 지방할거가 나타났을 때, 일각에서 봉건론, 즉 제후왕의 부활을 제기했지만 관철되지 못했다.

어쨌든 제국은 전국을 군현으로 편제하고 관리를 파견하는 방식, 즉 중앙집권적 행정체제를 구축했다. 제국은 군과 현의 권한을 행정과 군사로 나누고 그 주요 책임자들까지 중앙정부가 직접 관리했다. 군수나 현령 등 주요 책임자들은 대부분 중앙부서의 경력자들이 임용되었다. 군수는 중앙부서의 책임자나 부책임자들 가운데에서, 현령은 궁중의 숙위를 담당하는 낭중령의 속관이나 정책자문인 의관들 가운데에서 주로 임명되었다. 지방간 수평이동도 적지 않았으나 지방-중앙의 이동은 일상적으로 이루어졌다. 지방관의 임기는 정해지지 않았으나 주기적인 평가를 통해 승진과 강등이 이루어졌다. 그 외에도 지방행정이 개인적인 연고에 의해 파행되지 않도록 군현의 책임자들을 출신 지방에는 임명하지 않았다.

각급 지방정부에는 세분화된 부서와 인원들을 두고 체계적인 행정업무를 담당하게 했다. 대민업무는 기본적으로 현정부의 소관사항이었는데, 여기에는 호적에 대한 관리, 요역과 부세의 징수, 농업의 장려, 교육과 인재의 추천, 소송과 치안 등이 포함되었다. 군의 업무는 주로 현행정에 대한 감독과 국내외 비상시 병력의 동원이었다. 한편 주州는 소속 군현에 대한 감찰의 기능에서 출발했고 그 책임자의 직급도 낮았으나 점차 지방행정 단위로 변모했다. 후한 시기 중앙정부 스스로 군현에 대한 직접적인 통제를 할 수 없는 상황에서 점차 주는 행정과 군사적 기능을 갖게 되었고, 후한 말 지방할거의 단위가 되었다.

그런데 군현적 지배가 철저하게 제국의 영토 전체에 미친 것은 아니었다. 그것을 가장 직접적으로 보여 주는 것은 중심과 주변 사이의 현격한 인구밀도 차이이다. 후대의 지도와 당시의 인구통계를 바탕으로 계산된 인구밀도는 중원의 핵심 지역에서 변경 지역으로 갈수록 비례하여 현저하게 감소된다. 그리하여 주변 지역의 인구밀도는 중심에 비해 수십분의 일에 불과했다. 이것은 중원과 변경 지역 사이에서 인구밀도가 낮은 것은 사람들이 몇몇 지역에 집중하여 거주할 뿐, 개발되지 않은 곳이 많았기 때문일 것이다. 그러나 전체적으로 변경 지역의 지리나 기후 등 생존조건이 중원이나 다른 민족들의 거주지역에 비해 크게 나쁜 것도 아니었다. 변경 너머 에는 많은 민족들이 거주하고 있었다.

중심과 주변 사이에 이해하기 힘들 정도로 현격한 인구밀도에 대해서 좀 더 현실적인 설명을 찾아야 한다. 사실 변경의 군현들은 일종의 전진기지와 같이 점들로서 존재했고, 그들 사이에는 제국의 통치가 미치지 않은 종족들이나 국외자들이 거주하고 있었다. 그중에는 일시 정복된 지역으로서, 군현적 지배가 불가능한 경우도 적지 않았다. 행정적으로도 일반 군현이 아니라 부도위나 속국도위와 같은 군사적 통제에 그친 경우도 적지 않았다. 광범위한 변경 지역의 존재로 인해서 엄격한 국경선 설정은 적절하지 않았던 셈이다. 『사기』「화식열전」에서 사마천은 전국을 경제구역으로 나누어 그 특색을 설명하면서도 무제 당시 새로 정복된 지역은 기본적으로 한의 영토에 포함시키지 않고 있다. 정복지역의 군현은 단지 점진적으로만 그 주변이 제국의 지배에 들어왔다.

지방구획과 마찬가지로 중요한 것은 수도의 위치이다. 특히 초기 문헌들에서는 수도의 중심성, 즉 천하의 중심으로서 제국의 수도가 갖는 의미가 강조된다. 그렇지만 성읍국가에서는 각국이 하나의 중심으로만 구성되어 있었기 때문에, 수도는 영토국가에서 비로소 중요한 의미를 가진다. 초기국가들은 잦은 지역적 이동을 보여 주는데, 상은 황하를 따라 빈번하게 이동했다. 마찬가지로 시각에 따라서는 주가 관중에서 낙읍으로 옮긴 것은 천도遷都가 아니라 천국遷國에 해당되었다. 각국은 잦은 수도의 이전을 보여 주는데, 주로 국방의 요인이 컸던 것으로 이것은 영토국가 체제가 아직도 불완전했음을 반영한다.

통일제국의 건설 이후 수도는 좀 더 안정성을 가지는데, 진과 전한은 관중에, 후한의 낙양에 자리 잡았다. 양자의 장단점은 비교적 분명했다. 즉 관중은 서북쪽에 치우쳐 있고 요새로 둘러싸여 있어서 수도의 방어에, 낙양은 지리적으로 중심에 위치하고 있어서 전국에 대한 접근성에 있어서 유리했다. 또한 관중에 자리 잡은 세력이 북방진출을 고려했다면, 낙양에 자리잡은 세력은 국내통치에 주력했다. 그런데 이러한 장단점들은 객관적인 상황을 말해 줄 뿐, 수도를 정한 실제 이유를 설명해 주지는 못한다. 사실 권력자들은 자신들의 안전을 우선적으로 고려한다고 가정할 수 있다. 그들은 어느 정도 입지조건이 갖춰져 있다면 자신들의 기반이 강한 곳에 수도를 정하고자 할 것이다.

진은 이전부터 관중에 자리 잡았고, 진시황은 그곳을 떠나지 않았을 뿐이었다. 진을 대신한 항우는 관중 천도를 거부하고 자신의 고향인 팽성(강소성 서주시)에 자리 잡았다. 그에게 전국에 대한 직접통치의 의지는 없었지만, 패자로서 지리적 위치도 중요했을 것이다. 한의 고조도 위의 가정에서 크게 벗어나지 않았다. 그와 그의 참모들은 관동 출신이지만, 평민 출신으로 그곳에 기반이 공고하지 않았다. 관동에는 여러 반란세력들이 할거했다면, 관중은 무주공산이었다. 고조는 가장 먼저 관중에 진입함으로써 그곳을 선점했다. 그는 일시 그곳에서 축출되었지만, 얼마 지나지 않아서 어렵지 않게 회복했다. 후한의 광무제와 그의 추종자들은 관동의 지주들로서 건국 이후 자연스럽게 낙양에 자리 잡았다.

수도가 제국의 중심성을 상징했다면, 장성은 제국을 북방 유목민으로부터 방어하는 건축물로 간주되어 왔다. 때로는 유목과 농경을 구분하는 문명의 경계선으로 간주되기도 한다. 그렇지만 장성의 역사적 등장 과정이나 초기 장성의 유적 등을 고찰해 보면, 장성의 목적이나 형태에 대해서 다른 추론도 가능하다. 주지하는 것처럼 전국시대 대부분 국가들에서 장성이 구축되었다. 장성은 중원 내부의 국경지역에 설치되었다. 이것은 이 시기에 이르러 영토관념이 좀 더 분명하게 성립되었음을 의미한다. 장성은 적국들의 진입을 막거나 또는 공격하기 위해서 요충지역을 중심으로 설치되었다. 즉 국경선을 따라서 전역을 방어하기 위해서 길게 축조된 것은 아니며, 수십 리 또는 수백 리 정도에 불과했다. 당시 전쟁은 주로 중원국가들 사이에 있었기 때문에 장성은 그들 사이에 세워졌다.

그렇지만 진·조·연 북방 3국은 거의 비슷한 시기인 기원전 3세기를 전후로 북방을 개척하여 장성을 세웠다. 문헌에 의하면, 3국은 북방의 넓은 지역을 개척하고, 그 외곽에 각기 2-3천 리나 되는 장성을 구축했다. 사실 중원 국가들 사이에 각축이 벌어진 전국시대 당시 상황에서 그렇게 긴 장성을 건설한다는 것은 생각하기 힘들다. 그에 대한 해답은 당시 장성의 건축 형태에서 찾을 수 있다. 즉 그것은 모두 담장으로 연결되기보다는 구간에 따라서는 군사시설만이 일정한 간격으로 설치되었다. 실제 유적은 대부분 남아 있지 않다.

진한제국도 장성의 축조에 매우 적극적이었다. 진의 만리장성은 방어의 목적으로 대부분 3국의 장성들을 수리하여 만들어진 것으로 간주되는 경향이 있으나 반드시 그렇지는 않다. 오르도스 남단에 위치했던 과거 진의 장성구간은 북쪽으로 옮겨졌다. 즉 진시황은 흉노를 오르도스 전역에서 축출하고 그 외곽, 그것도 황하변이 아니라 그 너머의 산악지대에 장성을 구축했다. 조와 연의 구간에 대한 현지 조사에 의하면, 진의 장성은 그보다 더 북쪽에 위치했다. 진이 망한 뒤 1백여 년이 지나 한무제가 북방을 다시 회복했을 때 장성은 진의 장성에서 더욱 북진하여, 흉노의 중심지에 위치했다. 제국은 최대한 영토를 확보하고 그 너머에 장성을 축조했던 것으로, 유목과 농경 문화의 경계와도 관련이 적었다.

이제까지 우리는 중국제국의 등장과 관련된 국내적 그리고 국제적 문제들에 관해서 살펴보았다. 그렇다면 제국이 남긴 역사적 유산과 과제는 무엇일까. 글을 서술하는 과정에서 그에 대한 어느 정도의 시사점은 제시되었다고 생각한다. 따라서 조금 다른 각도에서 그 문제에 접근해 보자. 그것은 다름 아니라 대국으로서 전통 중국과 관련하여 주로 서구에서 제기되는 주장에 대한 검토에서 출발하는 것이다. 이와 관련하여 지배적인 시각은 제국의 경제적 정체성과 전제정치일 것이다. 양자는 서로 연관된다. 전제국가는 많은 잉여를 사회로부터 흡수하여 비생산적으로 소비함으로써 확대재생산을 불가능하게 만들었다는 것이다. 이것은 특히 서구에 비해 중국이 높은 문명적 기반을 가지고 있었음에도 자본주의와 민주주의에 있어서 뒤졌던 사실에 대한 설명으로 제기되었다.

먼저 대국은 필연적으로 전제적일 수밖에 없다는 가설이다. 이와 관련하여 서구의 민주주의 이론가들은 대부분 직접민주주의를 염두에 두고 소국을 지향했고, 따라서 대국은 전제정치와 결부되었다. 단순화하자면, 사회의 복잡한 이해관계를 처리하기 위해서는 좀 더 강력한 통합적 권위가 행사되어야 한다는 것이다. 다른 조건들이 일정한 한에서는 이 점은 논리적으로 부정하기 힘들다고 생각한다. 실제 중국에서는 중앙집권적 전제정치가 지배했다. 황제를 정점으로 하고 거대한 관료기구가 그를 뒷받침하는 권력구조는 어떤 의미에서 정치가 아닌 통치만을 위한 것이었다.[4] 다시 말해 제국은 정치참여의 여지가 없이 오로지 황제의 결정을 집행하는 소위 행정국가에 가까웠다.

다만 대국을 옹호하는 근거도 만만치 않다. 전제나 민주가 기본적으로 그 사회의 가치나 선택에 의해 결정된다고 가정해 보자. 이와 관련하여 다음과 같은 동서양의 차이가 자주 제기된다. 이를테면 서양에서는 주로 자유를, 동양에서는 평화를 강조한다는 것이다. 동서양의 상이한 사회적 가치와 관련해서는 다음과 같은 설명이 설득력이 있다. 이를테면 서양은 노예에 기반을 둔 귀족사회가 오랫동안 유지되었고, 지리적 개방성으로 인해 활발한 교역이 이루어졌다. 귀족이나 상인들은 각기 정치와 경제상의 자유를 선호했다. 그에 반해 중국에서는 잦은 전쟁으로 귀족사회가 초기에 무너졌고, 특히 넓게 산재되고 고립된 촌락사회는 농업에 기반을 두었다.[5] 농민들은 정치적 자유보다는 평화를 원했다. 농업은 계절적 요소가 중요했고, 따라서 시기를 놓치면 생계의 어려움이 생겼다. 더욱이 상업적 교류가 적었기 때문에 전쟁의 여파는 대규모 기아로 이어지기 쉬웠다.

정치권력의 측면에서 자유와 평화에 대한 요구는 각기 상이한 정치질서와 결부된다. 정치적 자유는 국가권력의 제약과 피치자의 정치참여를 의미한다. 그리고 이것을 가장 잘 보장할 수 있는 국가는 소규모여야 하고, 그리스 정치사상은 이 점을 가장 잘 대변했다. 거기에는 물론 외부로부터 방어의 문제가 남아 있었지만, 대부분의 나라들이 작다면 일단 문제될 것은 없었다. 그리고 국가들 사이 국방을 위한 제한된 목적의 연합도 가능했다. 그에 반해 평화는 대내적 질서와 함께 대외적으로 전쟁이 없는 상태이다. 전쟁은 춘추전국시대에서 분명하게 드러난 것처럼 여러 국가로의 분열에 기인한다. 평화는 국가들이 분열된 것보다는 통일된 상황에서 보장될 가능성이 높다. 그 결과 중국에서 대규모의 통합적 정치질서가 형성되었다.

---

4 赵汀阳, “反政治的政治,” 2007: 35-40.

5 유사한 논의로는 钱穆, 『中国历代政治得失』, 2001: 2.

사실 이 책에서 주목했던 정치권력의 속성으로 본다면, 그것의 통합과 분산 그리고 그에 따른 국가의 크기는 사회의 가치나 선택에 의해 결정된다고 하기는 어렵다. 권력은 오히려 기본적으로 확대와 집중의 내재적 경향이 있고, 다만 동원될 수 있는 자원의 크기, 통치비용, 그리고 그와 함께 작용 대상과의 관계에 의해 제한될 뿐이다. 중국에서도 처음에는 성읍국가들이 산재하였다. 그렇지만 일단 황하 유역의 넓은 지역을 바탕으로 강력한 정치권력이 등장하자, 그것은 강력한 흡인력을 갖고서 주변의 작은 종족들을 차례로 흡수했다. 물론 정치권력의 팽창은 무제한 계속될 수는 없었고, 결국 한편으로 지리적 제약과 그에 따른 과도한 통치비용, 다른 한편으로 더 강력한 종족들의 저항으로 한계에 이르게 되었다. 대국은 그 자체로서 도전세력이 적기 때문에 당연히 대외적으로 평화로웠다. 따라서 국내적 안정이 더 우선되는 과제였다. 안정은 물론 전제정치를 의미했다.

다만 중앙집권적 전제정치와 경제적 정체성 사이의 상관성에 대해서는 재론의 여지가 있다. 중앙집권적 전제정치의 고비용과 낭비를 주장하는 이론가들은 그것을 특히 여러 나라로 분리되어 있던 유럽의 분권적 성격과 비교해서 설명한다. 다시 말해 유럽에서는 국가간 제약 없는 교역이나 시장의 힘이 최대한 발휘되면서도 일종의 작은 정부로서 통치비용은 최소화된 것으로 간주된다. 그에 반해 통일제국으로서 중국은 통일된 시장에도 불구하고 강력한 정치권력과 그에 따른 지나치게 높은 통치비용으로 인해 재원이 축적되지 못했다. 이것은 중국이 정체된 반면, 유럽에서 자본이 축적되어 산업화가 빨리 이루어진 원인에 대한 유력한 논거로서 자주 제시된다.

사실 대규모의 중앙집권적 전제정치가 경우에 따라서는 경제적 정체성의 원인이 될 수 있다는 점도 부인하기 힘들다. 그럼에도 반대로 다수로 분산된 국가들에서 통치비용의 총합이 통일국가에 비해 낮다는 점은 논리적 근거가 충분하지 않다. 그것은 아래와 같은 이유에서이다.

대국의 통치가 상당한 비용과 낭비를 감수해야 한다는 점은 분명하다. 그것은 무엇보다도 여러 나라로 나뉘어 있을 때의 상황과 비교하면 쉽게 드러난다. 대국은 대규모 자원을 중앙에서 소비하거나 재분배하는데, 이것은 지방으로부터 충당되어야 한다. 마찬가지로 중앙의 지방에 대한 통치에 소요되는 비용도 상응하여 증가한다. 이때 순수한 경제적 비용뿐 아니라 복잡한 관료적 절차에 따른 비용도 적지 않다. 지리적으로 먼 제국의 수도로부터 전국시대 각국의 중앙정부들이 행사했던 정도의 권력을 행사하기 위해서는 그만큼 많은 추가비용이 발생한다. 국가는 자체적으로 생산적이지 않기 때문에 그러한 비용은 전적으로 백성들의 부담을 가중시킨다. 특히 중앙에서 먼 지방에서는 그러한 통치비용으로 인해서 제대로 통치가 이루어지지 못할 것이다. 이것은 통일 직후 진의 일부 대신들이 봉건제의 도입을 주장했던 가장 큰 근거였다.

그와 반대로 대국은 통치비용을 줄일 수 있는 여지도 있다. 대민업무가 이루어지는 개별 군현의 권력은 통일 전과 후에 별다른 차이가 없을 것이다. 그렇지만 제국의 중앙권력 유지비용은 전국시대 제후국들의 중앙권력 유지비용의 총합보다는 축소될 수 있다. 거기에 관해서 자세한 통계적 자료는 없지만 정부의 재원 가운데 큰 부분을 차지하는 군대를 들어 보자. 전국시대 7국의 군대는 대략 500만 명을 상회했고, 진이나 초와 같은 큰 나라들은 진한제국과 비슷한 100만 명 정도였다. 그것은 국가간 전쟁 상황과 무관하지 않겠지만, 그럼에도 통일제국은 대외적 위협이 적기 때문에 상대적으로 적은 수의 상비군을 두어도 되었다. 6국의 멸망은 각국의 귀족과 관료들로 구성된 중앙권력의 폐지를 의미했다. 제국은 통일전에 비해 훨씬 큰 중앙권력을 두어야 했고, 군의 상급정부로서 제후국이나 주州를 다시 도입해야 했지만, 그 비용은 7국 중앙권력의 총합보다는 적었을 것이다. 그 외에도 대국은 국내외적 평화와 더불어 기술이나 문명적 발전에 유리한 측면이 없지 않다.

이러한 의미에서 대국은 그 자체로서는 많은 비용을 야기시키지만, 분열된 국가들이 병존하는 상황과 비교해서 반드시 더 많은 통치비용이 든다고 할 수는 없다. 실제 일부의 통계적 사실은 국가의 크기와 경제발전의 부정적 상관성에 의문을 제기하게 한다. 이를테면 광범위한 통계자료를 제시한 앵거스 매디슨Angus Maddison에 의하면, 산업화 이전, 서기 1세기부터 15세기까지 중국이나 유럽 등 세계 모든 나라들에서 일인당 GDP는 거의 변화되지 않았고, 그 크기에 있어서 1990년 기준 구매력 기준으로 400-500달러로서 지역간에 차이도 크지 않았다. 산업화가 시작된 15세기 전후 유럽을 중심으로 점차 증가되었을 뿐이다.[6] 이 책의 관심사는 아니지만, 유럽에서 시장경제의 등장은 사회생산력의 자연발생적 결과가 아니라, 특정 시점에서 발명된 독특한 경제제도에 불과하다는 주장도 있다.[7] 통치체제와 경제발전의 연관성에 관해서는 어떤 결론도 내릴 수 없는 셈이다.

결국 근대 이후 대국의 문제는 주로 정치적인 영역에 해당한다. 그것은 대국으로서 복잡한 사회적 이익을 조정하고 내적인 질서를 유지하는 일이다. 사실 근대 이후 서구에서 인민주권이 실현되었지만, 비슷한 시기에 새로운 상황이 나타났다. 즉 근대로의 진입은 국민국가nation-state의 건설과 더불어 이루어졌는데, 그 과정에서 약 500개의 작은 봉건국가들에서 약 25개 정도의 대규모 국가들로 통합되었다. 국민국가는 초기 민주주의 이론이 기반을 두고 있던 소위 직접민주주의를 실현하기에는 너무 컸

---

6 Maddison Historical GDP Data. http://www.worldeconomics.com/Data/MadisonHistoricalGDP/Madison%20Historical%20GDP%20Data.efp

7 Polanyi, Karl, *The Great Transformation: the Political and Economic Origins of Our Time*, 1944.

다. 이러한 대국화에 대응하여 두 가지 제도가 고안되었다. 그것은 다름 아닌 연방제와 대의제였다.

연방제와 그 변형된 형태로서 지방자치는 현지 주민들의 삶과 직접 관련되는 지방적 문제에 대해서 그들로 하여금 결정하게 하는 제도이다. 그리고 대의제는 국민이 대표를 통해서 전국적 문제의 결정과 실행에 참여하는 제도이다. 양자 모두 대규모 국가에서 국민주권의 실현을 위한 것이다. 이 두 제도는 국민주권을 실현하고 있는 나라들에서 정도의 차이가 없는 것은 아니지만 예외 없이 실시되고 있다. 오늘날 인터넷 등 통신수단의 발달로 지리적 제약은 감소되고 있고, 의사결정에 있어서 다수의 의견을 직접 반영할 수 있는 여지는 더욱 커지고 있다. 그럼에도 위의 제도들을 대체할 정도는 아니다.

중국뿐 아니라 세계는 새로운 시대적 변화를 경험하고 있다. 이 책에서 초점을 두고 있는 정치권력의 작용에 있어서도 몇 가지 변화가 두드러진다. 그것은 정치권력 작용의 두 가지 측면, 즉 요소적 측면과 관계적 측면으로 나누어 살펴볼 수 있다.

정치권력의 요소적 측면에서 변화는 권력자원의 양적인 확대와 그것의 동원에 있어서 제약의 감소가 두드러진다. 무엇보다도 경제발전과 거기에서 파생되는 권력자원은 엄청난 규모로 증가하고 있다. 또한 교통과 통신의 발달로 인해 권력자원의 이동이나 동원에 대한 공간적·시간적 제약은 현저하게 감소하고 있다. 과거에 권력의 집중은 많은 기회비용을 야기했지만 이제 그 비용은 현저하게 낮아지고 있다. 그리하여 권력자들은 권력의 집중에 대한 강한 유혹을 느끼고 있다. 일부 민족주의적 정서는 강대국화, 즉 국가로의 권력집중에 대한 요구로 이어지고 있다. 게다가 사회문제의 해결과 관련해서도 통일적인 접근이 강하게 선호된다.

그렇지만 정치권력의 관계적 측면에서 제약은 커지고 있다. 다시 말해 각종 사회문제들은 통치비용을 크게 증가시키고 있다. 이를테면 노동자 파업, 환경문제, 관리의 부패, 민족갈등, 전염병, 집단시위, 자연재해 등이 그 예이다. 과거에 그러한 문제들은 국부적이었고 따라서 소요되는 비용도 상대적으로 작았다. 그렇지만 오늘날 그러한 문제들은 쉽게 전국적 문제로 비화되고, 해결을 위해 동원되는 인원이나 비용도 훨씬 많다. 또한 이제까지 국가의 배타적인 영역으로 간주되던 인권·환경·경제 등과 관련된 각종 정책들에는 다른 국내외 행위자들이 관여하는 정도가 커지고 있다.

특히 오늘날의 시대정신으로서 인민주권이 구현되는 방식은 여러 가지일 수 있지만, 그것이 다양한 이익의 조정을 요구한다는 점에서 새로운 절차와 그에 따른 비용을 내포한다. 중국에서도 인민의 대표로서 당조직과 전국인민대표대회 등이 있고, 소수민족지역에 대한 자치가 공식적 제도로서 실시되고 있다. 그럼에도 인민의 정치참여는 아직 충분한 정도에 이르지 못하고 있다. 다당제, 보통선거 그리고 연방제는 물론 지방자치제 등 인민주권의 기본적인 제도들은 실시되고 있지 않다. 중국 정부는 '중국 특색의 사회주의'를 기치로 내걸면서 권위주의적 통치의 불가피성을 강조한다. 이러한 논거는 서구 사상가들이 대국이 전제적일 수밖에 없는 이유로서 제시한 것이다. 어쨌든 현실에서 인민의 정치참여에 대한 요구는 계속 강화될 것이고, 이것은 정치권력을 제약할 수밖에 없다.

다음으로 대국으로서 중국과 주변국들 사이의 관계에서는 어떤 변화가 있는가? 가장 두드러진 현상으로서 오늘날 중국의 국력은 그 총량에 있어서 폭발적으로 증가하고 있다. 중국은 어느 때보다도 많은 권력자원을 동원할 능력을 갖추고 있다. 일부 미래학자들은 권력이 인구·군사력·국내총생산 등과 같은 하드파워로부터 정보·과학기술·문화 등 소프트파워로 이동하고 있다고 본다. 그렇지만 권력자원은 이동하거나 대체되기보다는 새로운 영역으로 확대되고 있다고 해야 할 것이다. 어떤 방식으로든 중국은 시간이 지날수록 더 많은 권력자원을 보유해 가고 있다. 뿐만 아니라 그러한 권력자원들의 작용범위는 세계시장을 매개로 하여 국가간 경계를 초월하고 있다. 과거에는 국가가 권력작용의 거의 유일한 단위였다면, 이제 초국가적인 권력작용이 벌어지고 있는 것이다. 그와 함께 개인·기업·사회단체·지방정부 등 다양한 주체들이 거기에 가세하고 있다.

물론 권력작용은 일방적일 수는 없다. 권력자원의 증가는 모든 나라들에서 이루어지고 있다. 중국으로부터 자본·상품·노동력 등의 국제적 이동과 더불어 동일한 현상이 반대 방향으로 이루어지고 있다. 세계와 주변국가의 경제가 중국에 의존하는 정도가 큰 만큼 중국이 해외시장에 의존하는 정도는 갈수록 커지고 있다. 게다가 국민국가 이외에도 초국적 기업들, 국제적 NGO들, 그리고 나아가 국제 종교나 테러조직들까지도 점차 권력작용에 참여하고 있다. 또한 안보나 환경 등 여러 가지 문제들의 해결은 대부분 지역적 또는 국제적 협력형태를 띠지 않을 수 없다. 중국의 국내정치도 국제여론과 조직들로부터 자유롭지 못하다. 어느 나라든 이제 별개의 지역적 정치조직으로서가 아니라 국내외 중층적 권력구조의 일부로 존재한다.

그렇다고 우리는 국가로서 중국의 실체를 부인할 수는 없다. 여전히 국가는 가장 많은 권력자원을 보유하고 동원하는 단위이다. 마찬가지로 오늘날 동아시아가 과거와 같이 폐쇄된 공간이 아니라 세계질서의 일부인 것은 분명하지만, 동아시아의 지정학적 특수성을 무시할 수는 없다. 오늘날 중국의 인구나 경제력 그리고 거기에서 파생되는 엄청난 권력은 전통적 동아시아 질서의 특징, 즉 권력의 비대칭성을 상기시킨다. 그러한 비대칭성은 과거에는 지리적 제약과 주변국들의 저항능력에 의해 일정한 균형을 이루었다. 그럼에도 주변국들은 조공체제라고 하는 위계적 질서를 피하지 못했다. 근대 이후 부분적으로 국민국가 체제의 중요한 원칙으로서 국가의 주권에 의해, 부분적으로 다른 강대국들에 의한 세계적 차원의 권력구조에 의해, 그러한 그 비대칭성은 발휘되지 못했다. 그렇지만 이제 자유무역을 매개로 하는 글로벌화로 인해 국가주권 원칙의 기반은 갈수록 약화되고 있다. 더욱이 중국의 부상은 세계적 차원의 권력구조까지도 변화시킬 태세이다. 이러한 상황에서 동아시아에서 비대칭성은 과거보다 훨씬 전면적으로 작용할 여지가 커지고 있다.

# 부 록

## 그림(지도)과 표 목록 / 참고문헌 / 찾아보기

## 1. 1차 자료

『管子』
『國語』
『老子』
『論語』
『論衡』(王充)
『大戴禮記』
『大越史記全書』
『獨斷』(蔡邕)
『孟子』
『墨子』
『文獻通考』
『白虎通義』
『史記』
『三國史記』
『三國志』
『尙書』
『說苑』(劉向)
『蘇軾集』
『水經注』
『荀子』
『詩經』
『新書』(賈誼)
『申鑑』(孫悅)
『新語』(陸賈)
『十三經注疏』
『呂氏春秋』
『列子』
『鹽鐵論』(桓寬)
『禮記』
『禮記正義』
『容齋随筆』(洪邁)
『吳越春秋』
『尉繚子』(尉繚)
『爾雅』
『逸周書』
『資治通鑑』
『潛夫論』(王符)
『戰國策』
『前漢紀』
『帝王世紀』
『周禮』
『周易』
『竹書紀年』
『晉書』
『春秋公羊傳』
『春秋繁露』
『春秋左傳』
『風俗通義』(應劭)
『漢舊儀』(衛宏)
『韓非子』
『漢書』
『韓詩外傳』
『鶡冠子』
『華陽國志』
『淮南子』

## 2. 2차 자료

### 1) 중국어 문헌

安平秋 主編,『二十四史全譯: 史記』, 上海: 漢語大詞典出版社, 2004.

安平秋·張傳璽 主編,『二十四史全譯: 漢書』(全三册), 上海: 漢語大詞典出版社, 2004.

晏振宇 主编,『中国皇帝传』, 北京: 中国人事出版社, 2003.

安作璋·熊铁基,『秦汉官制史稿: 第一編 中央官制』, 济南: 齐鲁书社, 2007.

安作璋·熊铁基,『秦汉官制史稿: 第二編 地方官制』, 济南: 齐鲁书社, 2007.

白音查干, "战国时期燕, 赵秦长城新论," 1999年 第5期: 51-55.

卜宪群, "春秋战国乡里社会的变化与国家基层权力的建立,"『清华大学报哲学社会科学版』, 2007年 第2期: 62-76.

卜宪群,『秦汉官僚制度』, 北京: 社会科学文献出版社, 2002.

〔晋〕常璩 撰·刘琳 校注,『华阳国志校注』, 成都: 巴蜀出版社, 1984.

陳初生 編纂,『金文常用字典』, 西安: 西安人民出版社, 1987.

〔清〕陳立 撰, 吳則虞 點校,『白虎通疏證』(全二册), 北京: 中華書國, 1994.

陈连庆, "汉代兵制述略,"『史学集刊』, 1983年 第2期: 21-30.

陈庆云, "秦汉时期民族关系的法律调整－以《属邦律》和《蛮夷律》为中心,"『曲靖师范学院学报』, 2007年 第7期: 52-56.

陳夢家,『殷墟卜辭綜述』, 北京: 中華書國, 1988.

陈剩勇, "'九州' 新解,"『东南文化』, 1995年 第4期: 13-17.

陈恩虎, "两汉外戚特点比较研究,"『淮北煤师院学报』, 1997年 1期: 42-45.

陈长琦,『中国古代国家与政治』, 北京: 文物出版社, 2002.

除兴祥,『中国古代民族思想与羈縻政策研究』, 昆明: 云南民族出版社, 1999.

崔恒升, "魏迁都大梁年代考订,"『文献』, 1996年 第3期: 60-67.

丁德科, "子的大一统思想,"『西北大学学报』(哲学社会科学版), 2001年 1期: 76-81.

董巧霞, "《周礼》所见地方行政组织考察," 东北师范大学 博士学位论文, 2009.

董平均, "文景时期的分国与削藩探微,"『天中学刊』, 2003年 第1期: 73-77.

佟杜臣, "中国新石器时代文化的多中心发展论和发展不平衡论,"『文物』, 1986年 第2期: 16-30, 39.

渡辺信一郎,『中国古代的王权与天下秩序』, 北京: 中华书局, 2008.
段玉裁 注,『說文解字注』, 南京: 鳳凰出版社, 2007.
杜正胜,“中國古代的城與城邦,” 日本大東文化大學專題演講, 東京: 大東文化大學(2001. 11. 27), http://ishare.iask.sina.com.cn/f/22653055.html?from=like.
范传贤 外,『中国经济通史』 第二卷, 湖南人民出版社, 2002.
藩晟.“五服与中国古代地图学,”『地国』, 2001年 第2期: 37-40.
范文瀾,“试论中国自秦汉时成为统一国家的原因,”『历史研究』, 1954年 3期: 15-25.
傅斯年,“評‘秦漢統一之由來和戰國人對於世界的想像’,” 顧頡剛 等編,『古史辨』 第二册, 海口: 海南出版社, 2003: 7-9.
高敏,“秦汉的户籍制度,”『求索』, 1987年 1期: 72-81.
葛剑雄,『西汉人口地理』, 北京: 人民出版社, 1986.
葛剑雄 主编,『千秋兴亡: 汉朝』, 长春: 长春出版社, 2000.
葛志毅,『周代分封制度研究』(修正本), 哈尔滨: 黑龙江人民出版社, 2005.
龚荫,“秦皇朝民族政策论述,”『西南民族学院学报』(哲学社会科学版), 1998年 第2期: 1-8.
顧頡剛,“畿服,”『史林雜識』, 北京: 中华书局, 1963.
顾颉刚,“周室的封建及其属邦,”『顾颉刚论文集』 第二册, 北京: 中华书局, 1988.
顧頡剛·劉起釪,『尙書校釋譯論』 全四册, 北京: 中華書局, 2005.
顾颉刚·史念海,『中国疆域沿革史』, 北京: 商务印书馆, 1999(1938).
顧頡剛,“秦漢統一的由來和戰國人對於世界的想像,” 顧頡剛 等編,『古史辨』 第二册, 海口: 海南出版社, 2003: 1-6.
顧棟高 輯, 吳樹平·李解民 點校,『春秋大事表』, 北京: 中華書局, 1993.
顧炎武 著, 黃汝成 集釋,『日知錄集釋』, 上海: 上海古籍出版社, 2006.
关贤拄等 译注,『吕氏春秋全译』, 贵阳: 贵州人民出版社, 2002.
郭沫若,『中国古代社会研究』, 北京: 人民出版社, 1954.
韩康信·潘其风,“古代中国人种成分研究,”『考古学报』, 1984年 第2期: 245-263.
韩连琪,“春秋战国时代的郡县制及其演变,”『文史哲』, 1986年 5期: 40-49.
贺业钜,『中国古代城市规划史论丛』, 北京: 中国建筑工业出版社, 1986.
胡寄窗,『中国经济思想史』(上, 中, 下), 上海: 上海财经大学出版社, 1996.
胡如雷,『中国封建社会形态研究』, 北京: 新华书店, 1979.
胡适,『中国哲学史大纲』, 北京: 团结出版社, 2005.
胡新生,“西周春秋时期的国野制与部族国家形态,”『文史哲』, 1985年 第3期: 57-65.
皇甫谧 撰,『帝王世紀』, 沈阳: 辽宁教育出版社, 1997.
黃懷信,『逸周書校補注譯』, 西安: 西北大學出版社, 1996.
黄今言,“西汉徭役制度简论,”『江西师院学报』(哲学社会科学版), 1982年 第3期: 51-63.

黄今言,『秦汉军制度史论』, 南昌: 江西人民出版社, 1993.
黄今言·陈晓鸣, “汉朝边防军的规模及其养兵费用之探讨,”『中国经济史研究』, 1997年 第1期: 86-102.
黄朴民,『秦汉经一战略研究』, 北京: 中国人民大学出版社, 2007.
黄松筠,『中国古代藩属制度研究』, 长春: 吉林人民出版社, 2008.
黄永堂 译注,『国语全译』, 贵阳: 贵州人民出版社, 1995.
黄宛峰, “东汉三公, 尚书职权辨析,”『南都学坛』(社会科学版), 1991年 第4期: 1-9.
何炳棣, “国史上的‘大事因缘’解谜一从重建秦墨史实入手,”『光明日报』(2010. 6. 3): 第10版.
何耀华, “试论古代羌人的地理分布,”『思想战线』, 1988年 第4期: 72-81.
后晓荣,『秦代政区地理』, 北京: 社会科学出版社, 2009.
侯甬坚,『区域历史地理的空间发展过程』, 西安: 陕西人民教育出版社, 1995.
胡宏起, “汉代兵力论考,”『历史研究』, 1996年 第3期: 29-40.
季德源, “汉代的军事机构及其主官,”『军事历史』, 1987年 第2期: 35-36.
吉琨璋, “晋国迁都新田的历史背景和考古学观察,”『文物世界』, 2005年 第1期: 20-22.
加藤繁 著, 吳杰 译,『中国经济史考证』, 北京: 商务印书馆, 1962.
贾敬颜, “汉属国与属国都尉考,”『史学集刊』, 1982年 4期: 5-13.
贾玉英 等,『中国古代监察制度发展史』, 北京: 人民出版社, 2004.
江灏·钱宗武 译注,『今古文尚书全译』, 贵阳: 贵州人民出版社, 1993.
蒋南华等 译注,『荀子全译』, 贵阳: 贵州人民出版社, 1995.
蓝永蔚,『春秋时期的步兵』, 北京: 中华书局, 1979.
减知非, “试论一汉代中尉, 执金吾和北军的演变,”『益阳师专学报』, 1989年 第2期: 43-49.
劳榦, “漢代政治組織的特質及功能,”『勞榦學術論文集』甲編, 臺北: 藝文印書館, 1976: 1239-1256.
劳榦, “兩漢郡國面積之估計及口數增感之推測,”『勞榦學術論文集』甲編, 臺北: 藝文印書館, 1976: 38-45.
劳幹, “兩漢戶籍與地理關係,”『國立中央研究院歷史言言研究所集刊』, 1935年 第5本 第2分: 179-214.
雷海宗, “帝王制度之成立,”『清華學報』, 1934年 第4期: 853-871.
雷虹霁,『秦汉历史地理与文化分区研究』, 北京: 中央民族大学出版社, 2007.
冷鹏飞, “西汉前期的郡国并行制,”『求索』, 1988年 第5期: 103-107.
李伯谦,『中国青铜文化结构体系研究』, 北京: 科学出版社, 1998.
李大龙,『汉唐藩属体制研究』, 北京: 社会科学出版社, 2006.
李东湖, “子婴乃始皇弟考辫,”『武汉教育学院学报』(哲学社会科学版), 1992年 第2期: 67-71.
黎虎,『汉唐外交制度史』, 兰州: 兰州大学出版社, 1998.

李家声,『诗经全译全评』, 北京: 华文出版社, 2002.
李开元,“秦始皇的后宫之谜与亡国之因,”『21世纪经济报道』(2007. 8. 20): 第36版.
李孔怀,『中国古代行政制度史』, 上海: 复旦大学出版社, 2006.
李梦生 撰,『左传译注』, 上海: 上海古籍出版社, 1998,
李民 外『古本竹書年紀譯註』, 開封: 中州古籍出版社, 1989.
李圃,『甲骨文選注』, 上海: 上海古籍出版社, 1989.
李千和,“赵长城略考,”『山西文学』, 2005年 第6期: 90-92.
李雪慧 等,『中国皇帝全传』, 北京: 中国华侨出版社, 2008.
李雪山,『商代分封制度研究』, 北京: 中国社会科学出版社, 2004.
李雪山,“卜辞所见商代晚期封国分布考,”『殷都学刊』, 2004年 第2期: 14-19.
李逸友,“中学北方长城考述,”『内蒙古文物考古』, 2001年 第1期: 2-51.
李玉福,『秦汉制度史论』, 济南: 山东大学出版社, 2001.
李泽厚,『中国古代思想史论』, 北京: 人民出版社, 1986.
梁方仲,『中国历代户口, 田地, 田赋统计』, 北京: 中华书局, 2008.
梁啓超 原著, 賈馥茗 標點,『先秦政治思想史』, 臺北: 東大圖書公司, 1980.
梁启超,“管子评传”『诸子集成』第5集, 上海: 上海书店, 1986.
辽宁大学历史系『中国古代史地图』编绘组 编,『中国古代史地国』(上册), 沈阳: 辽宁大学历史系, 1981.
廖学盛,“试论城邦的历史地位和结构,”『世界历史』, 1986年 第6期: 29-36.
林甘泉,“秦汉的自然经济与商品经济,”『中国经济史研究』, 1997年 第1期: 71-85.
林甘泉 主编,『中国经济通史: 秦汉经济卷』(上,下), 北京: 经济日报出版社, 1999.
林文勋,“中国古代专卖制度的源起与历史作用一立足于盐专卖制的考察,”『盐业史研究』, 2003年 第3期: 9-17.
林志纯,“孔孟书中所反映的古代中国城市国家制度,”『历史研究』, 1981年 第3期: 123-132.
『零八宪章』(2008年12月10日). http://www.2008xianzhang.info/chinese.htm.
刘春生 译注,『尉缭子全译』, 贵阳: 贵州人民出版社, 1993.
刘逖.“论《禹贡》畿服制一中国最古的边疆学说试探,”『中国边疆史地研究』, 1991年 第1期: 46-58.
刘国防,“西汉护羌校尉考述,”『中国边疆史地研究』, 2010年 第3期: 9-17.
刘华祝,『关于两汉的地租与地税』,『北京大学学报』(哲学科学版), 1981年 第4期: 52-56.
刘太祥,“秦汉中央行政决策体制研究,”『史学月刊』, 1999年 6期: 24-31.
柳宗元,“封建論,”『(諸大名家評點)評註柳柳州全集』, 臺北: 新興書局, 民國52 (1963): 99-107.
栾保群,“由西汉外戚专政谈外戚与皇权的关系,”『天津师院学报』, 1981年 3期: 41-46.
吕思勉,『中国制度史』, 上海: 上海教育出版社, 1985.

吕思勉,『中国通史』, 北京: 新世界出版社, 2008.
吕友仁 译注,『周礼译注』, 贵阳: 贵州人民出版社, 2004.
吕友仁·吕咏梅 译注,『礼记全译·孝经全译』, 贵阳: 贵州人民出版社, 1998.
罗开玉,“论秦汉道制,”『民族研究』, 1987年 第5期: 54-60.
罗庆康,“战国及秦汉长城修建原因浅析,”『内蒙古社会科学』(汉文版), 1988年 第6期: 59-63.
羅志田,『民族主義與近代中國思想』, 臺北: 東大出版社, 1998.
罗志田,“天下与世界: 清末士人关于人类社会认知的转变一侧重梁启超的观念,”『中国社会科学』, 2007年 第5期: 191-204.
梅桐生 译注,『春秋公羊传全译』, 贵阳: 贵州人民出版社, 1998.
马大英,『汉代财政史』, 北京: 中国财经经济出版社, 1983.
马新,“群落与中国早期国家的形成,”『山东社会科学』, 2008年 第7期: 42-48.
马智全,“戊己校尉的设立及其属吏秩次论考,”『丝绸之路』, 2012年 第6期: 9-12.
孟祥才,『中国政治制度通史: 第三卷 秦汉』, 北京: 人民出版社, 1996.
西嶋定生,“中國古代統一國家的特質一皇帝統治之出現,” 杜正勝 編,『中國上古史論文選集』(下), 臺北: 華世出版社, 1978: 729-747.
牛建强,“战国时期魏都迁梁述论,” 2003: 5-7.
瓯燕,“我国早期的长城,”『北方文物』, 1987年 第2期: 11-18.
樊文礼,“中国古代儒家‘用夏变夷’思想与理论变迁,”『烟台大学学报』(哲学社会科学版), 2005年 第3期: 340-345.
彭建英,“东汉比郡属国非郡县化略论,”『民族研究』, 2000年 第5期: 66-70.
彭小瑜,“‘封建之失, 其专在下; 郡县之失, 其专在上’一以政治人类学质疑专制主义中央集权,”『中华读书报』(2012. 5. 16).
冯友兰,『中国哲学史新编』(上), 北京: 人民出版社, 2003.
皮錫瑞,『今文尙書考證』, 北京: 中華書局出版, 1989.
翦伯贊,“關於兩漢的官私奴婢問題,”『歷史研究』, 1954年 4期: 1-24.
翦伯赞 主编,『中国史纲要』, 北京: 人民出版社, 1962.
钱穆,『中国历代政治得失』, 北京: 三联书店, 2001.
乔健,“从‘重礼义’到‘尚功利’一中国君主专制体制形成的一条重要线索,”『社会科学战线』, 2007年 第4期: 149-156.
屈建军,“秦国兵役徭役制度试探,”『咸阳师专学报』(综合版), 1994年 第1期: 43-52.
邹元初 主编,『中国皇帝要录』, 北京: 海潮出版社, 1991.
任宝磊,“秦汉长城防御体制与民族关系研究,” 陕西师范大学 硕士学位论文, 2010.
任小波,“徙往陵县的豪族一西汉一代的政治与社会,”『民族史研究』, 1999: 78-104.
日知,“从《春秋》‘称人’之例再论亚洲古代民主政治,”『历史研究』, 1981年 第3期: 3-17.

沙少海·徐子宏 译注,『老子全译』, 贵阳: 贵州人民出版社, 2002.
沈长云,“酋邦, 早期国家与中国古代国家起源及形成问题,”『史学月刊』, 2006年 第1期: 6-12.
石磊 译注,『商君书』, 北京: 中华书局, 2009.
史念海,“西周与春秋时期华族与非华族的杂居及其地理分布”(上,下),『中国历史地理论丛』, 1990年 第1期: 9-40, 第2期: 87-84.
《十三經注疏》整理委員會 整理,『春秋公羊傳注疏』, 北京: 北京大學校出版社, 2000.
史延廷·徐勇,“试论战国时期邯郸城的战略地位,”『河北学刊』, 1990年 第3期: 91-94.
宋杰,“西汉的中都官狱,”『中国史研究』, 2008年 第2期: 77-104.
栗劲,『秦律通论』, 济南: 山东出版社, 1985.
粟劲 主编,『《白话四书五经 上册》之四: 孟子』, 长春: 长春出版社, 1992.
蘇輿 撰·鍾哲 點校,『春秋繁露義證』, 北京: 中華書局, 1992.
睡虎地秦简整理小组,『睡虎地秦墓竹简』, 北京: 文物出版社, 1978.
孙家洲,『中国古代思想史: 秦汉卷』, 南宁: 广西人民出版社, 2006.
孫啓治 校注,『政論校注 昌言校注』, 北京: 中華書局, 2012.
〔清〕孫星衍 等 輯, 周天游 點校,『漢官六種』, 北京: 中華書局, 1990.
孙言诚,“秦汉的属邦和属国,”『史学月刊』, 1987年 第2期: 12-19.
孙永春,“东汉尚书令考述,” 吉林大学 硕士学位论文(2008).
谭其骧 主编,『中国历史地图集』 第一册(原始社会·夏·商·西周·春秋·战国时期), 上海: 地图出版社, 1982.
谭其骧 主编,『中国历史地图集』 第二册(秦·西汉·东汉时期), 上海: 地图出版社, 1982.
谭其骧,“秦郡新考,”『长水集』(上), 北京: 人民出版社, 1987: 1-11.
谭其骧 主编,『《中国历史地图集》释文汇编·东北卷』, 北京: 中央民族学院出版社, 1988.
谭黎明,“论春秋战国时期的楚国官制,”『社会科学战线』, 2007年 第4期: 157-160.
唐燮军·翁公羽,『从分治到集权: 西汉的王国问题及其解决』, 杭州: 浙江大学出版社, 2012.
万昌华,『秦汉以来地方行政研究』, 济南: 齐鲁书社, 2010.
王夫之,“封建制与郡县制孰优孰劣,” 王夫之 著, 伊力 主编,『读通鉴论之通监: 文白对照全译读通鉴论』, 开封: 中州古籍出版社, 1994.
王夫之 著, 伊力 主编,『读通鉴论之通监: 文白对照全译读通鉴论』, 开封: 中州古籍出版社, 1994.
王沪宁,“发展中的中国政治学,”『瞭望』, 1994年 第20期: 31-32.
〔清〕汪繼培 箋, 彭鐸 校正,『潛夫論箋校正』, 北京: 中華書局, 1985.
王佳涵,“战国韩三都比较研究,” 郑州大学 考古学及博物馆学 硕士学位, 2013.
王力,“两汉时期西羌内迁浅析,”『青海民族研究』, 2004年 第3期: 70-75.

王力·王希隆,“东汉时期羌族内迁探析,”『中国边疆史地研究』, 2007年 第3期: 48-60.

王利器 校注,『鹽鐵論校注』(全二册), 北京: 中華書局, 1992.

王利器 校注,『風俗通義校注』(全二册), 北京: 中華書局, 1981.

王连旗,“试论西汉丞相制度的演变,”『开封大学学报』, 2010年 第4期: 23-26.

王世民,“西周春秋金文中的诸侯爵称,”『历史研究』, 1983年 第3期: 3-17.

王守谦 等 译注,『左传全译』, 贵阳: 贵州人民出版社, 1990.

王守谦 等 译注,『战国策全译』, 贵阳: 贵州人民出版社, 1992.

王勖,“东汉羌汉战争动因新探,”『中国边疆史地研究』, 2008年 第2期: 15-21.

王恩涌 主编,『中国政治地理』, 北京: 北京科学出版社, 2004.

王亞南,『中國地主經濟封建制度論綱』, 上海: 人民出版社, 1955.

王永太,“西汉建都关中与粮食供应,”『浙江学刊』, 1986年 第6期: 112-115.

王玉哲,“殷商疆域史中的一个重要问题一‘点’和‘面’的概念,”『郑州大学学报』(哲学社会科学版), 1982年 第2期: 44-47, 81.

王宗维,“汉代的属国,”『文史』第二十辑, 北京: 中华书局, 1983: 41-61.

魏建震,“先秦两汉文献中的九州,”『燕赵历史文化研究之三·冀州历史文化论丛』, 河北省历史学会, 2009: 74-79.

魏京生,“給鄧小平的信,”『魏京生獄中書信集』, 臺北: 時報文化出版, 1997: 261-274.

翁礼华,“中国古代中央与地方事权财政关系的形成及发展,”『中国财政文化专刊』, 2009年 第1期: 22-27.

吴荣曾,『先秦两汉史研究』, 北京: 中华书局, 1995.

吴永章,“从秦汉时期的民族政策看我国土司制度的渊源,”『中南民族学院学报』, 1984年 第3期: 2-11.

吴昕春,“定于一命题与孟子的政治思想,”『学术界』, 1995年 第3期: 29-32.

萧公权,『中国政治思想史』, 沈阳: 辽宁教育出版社, 1998.

谢桂华,“尹湾汉墓所见东海郡行政文书考述”连云港市博物馆·中国文物研究所 编,『尹湾汉墓简牍综论』, 北京: 科学出版社, 1999.

谢浩范·朱迎平 译注,『管子全译』, 贵阳: 贵州人民出版社, 1996.

薛军力,“从汉代地方行政体制的演变看中央和地方的关系,”『天津师大学报』, 1990年 第5期: 44-51.

薛小林,“秦汉时期君臣关系中的‘壅蔽’,”『社会科学』, 2013年 第2期: 133-142.

谢维扬,『中国早期国家』, 杭州: 浙江人民出版社, 1995.

邢义田,『天下一家: 皇帝, 官僚与社会』, 北京: 中华书局, 2011.

徐复观,『两汉思想史』1,2, 上海: 华东师范大学出版社, 2001.

許嘉璐 主編,『二十四史全譯: 後漢書』全三册, 上海: 漢語大詞典出版社, 2004.

许匡一 译注,『淮南子』, 贵阳: 贵州人民出版社, 1993.
徐瑞泰, "先秦疆界制度浅议,"『东南文化』, 2008年 6期: 50-53.
徐卫民·方原, "项羽定都彭城的原因及利弊,"『湖南行政学院学报』, 2010年 第6期: 83-86.
徐兴祥,『中国古代民族思想与羁縻政策研究』, 昆明: 云南民族出版社, 1999.
徐勇, "中国历代军事制度概述: (二)春秋至秦军事制度概述,"『历史教学』, 1989年 第9期: 7-12.
許愼 撰, 段玉裁 注,『說文解字注』(上,下), 南京: 鳳凰出版社, 2007.
叙中舒 主编,『甲骨文字典』, 成都: 四川辞书出版社, 1989.
宣兆琦·张杰, "齐都的再建,"『管子学刊』, 2003年 第3期: 67-70.
楊伯峻 譯注,『孟子譯注』, 北京: 中華書局, 1960.
楊伯峻 譯注,『論語譯注』, 北京: 中華書局, 1980.
楊寬, "春秋戰國間封建的軍事組織和戰爭的變化,"『歷史教學』, 1954年 第4期: 7-13.
杨宽, "春秋时代楚国县制的性质问题,"『中国史研究』, 1981年 第4期: 19-30.
杨宽,『中国古代都城制度史研究』, 上海: 上海古籍出版社, 1993.
杨宽,『战国史』(增订本), 上海: 上海人民出版社, 1998.
杨师群, "从云梦秦简看秦的国有制经济,"『史学月刊』, 1994年 第4期: 42-47.
楊振紅, "徭,戍爲秦漢正卒基本義務設一更卒之役不是 '徭',"『中華文史論叢』 總第99期 (2010): 332-336.
楊樹達,『論語疏證』, 北京: 科學出版社, 1955.
杨钟贤·郝志达 主编,『全校全注全译全译史记』 第一一五卷, 天津: 天津古籍出版社, 1997.
姚鼐, "郡縣考,"『惜抱轩全集』, 北京: 中國書店, 1991.
嚴耕望,『兩漢太守刺史表』, 臺北: 商務印書館, 1948.
嚴耕望,『中國地方行政制度史 甲部一秦漢地方行政制度』, 臺北: 中央研究院歷史言語研究所, 1990.
严家其,『联邦中国构想』, 香港: 明报出版社, 1992.
闫健 编,『民主是个好东西一俞可平访谈录』, 北京: 社会科学文献出版社, 2006.
叶自成, "中国外交的起源一试论春秋时期周王室和诸侯国的关系,"『国际政治研究』, 2005年 第1期: 9-22.
易中天,『帝国的终结: 中国古代政治体制制度批判』, 上海: 复旦大学出版社, 2008.
尹砥廷, "论孔子的大一统,"『吉首大学学报』(社会科学版)," 2002年 3期: 92-94.
遊逸飛, "四方, 天下, 郡國一周秦漢天下觀的變革與發展," 國立臺灣大學文學院歷史學系 碩士論文(2009.7)
于逢春, "华夷衍变与大一统思想框架的构筑一以《史记》有关记述为中心,"『中国边疆史地研究』, 2007年 第2期: 21-34.

余华青,『中國宦官制度史』, 上海: 上海人民出版社, 1993.
于敬民, "'郡国并行'制的最早倡导者一王绾: 兼论郡国并行制,"『齐鲁学刊』, 1986年 第1期: 3-7.
俞鹿年 编著,『中国管制大辞典』, 哈尔滨: 黑龙江人民出版社, 1992.
余尧, "东汉羌人起义,"『甘肃师大学报』, 1981年 第1期: 89-93.
于智榮 译注,『新书』, 哈尔滨: 黑龙江人民出版社, 2002.
袁刚, "秦汉地方政府郡, 县, 乡三级管理体制,"『理论研讨』, 1996年 第3期: 18-20.
袁愈荌 译诗·唐莫尧 注诗,『诗经全译』, 贵阳: 贵州人民出版社, 1992.
〔清〕阮元 校刻,『十三經注疏』(上,下册), 北京: 中華書局, 1980.
曾代伟·王平原, "《蛮夷律》考略一从一桩疑案说起,"『民族研究』, 2004年 第3期: 75-86.
曾宪礼, "民有二男以上不分异者倍其赋,"『中山大学学报』(哲学社会科学版), 1990 第4期: 71-77.
增渊龙夫, "说春秋时代的县," 刘俊文 主编『日本学者研究中国史论著选译 第3卷 上古秦汉』, 北京: 中华书局, 1992.
曾昭璇, "秦郡考,"『嶺南學報』, 1947年 第2期: 121-140.
張傳璽,『从协和万邦到海内一统: 先秦的政治文明』, 北京: 北京大学出版社, 2009.
张耿光 译注,『庄子全译』, 贵阳: 贵州出版社, 1993.
張家山二十七號漢墓竹簡整理小組 編著,『張家山漢墓竹簡〔二十七號墓〕』(釋文修訂本), 北京: 文物出版社, 2006.
张觉 译注,『韩非子全译』, 贵阳: 贵州人民出版社, 1992.
张坪, "西汉三辅建置考述,"『历史教学』, 1986年 第6期: 41-43.
张荣明, "《周礼》国野, 乡遂组织模式探原,"『史学月刊』, 1998年 3期: 2-8.
张涛·傅根清 译注,『申鉴中论选译』, 成都: 巴蜀书社, 1991.
張政烺·日知 編,『雲夢竹簡』(I), 長春: 吉林文化出版社, 1990.
张志丽, "子婴是秦始皇的什么人,"『北京师范大学学报』(人文社会科学版), 2000. 05. 25: 30.
张焯·张东刚, "秦'道'臆说-兼向罗开玉先生请教,"『民族研究』, 1989年 第1期: 93-97.
张子侠, "'大一统'思想的萌生及其发展,"『学习与探索』, 2007年 第4期: 210-213.
赵春青, "《禹贡》五服的考古学观察,"『中原文物』, 2006年 第5期: 14-19.
赵鼎新 "古代中国的国际关系和中国的统一: 对国际关系理论的启示," 北京大学中国与世界研究中心 研究报告, 总第14号(2008.4).
赵汀阳, "反政治的政治,"『哲学研究』, 2007年 第12期: 30-41.
赵红梅, "西汉经略朝鲜半岛北部政策嬗变,"『社会科学战线』, 2010年 第3期: 242-245.
赵树贵, "试论两汉奴婢问题与奴婢政策,"『史学月刊』, 1985年 第5期: 25-30.
赵文林·谢淑君,『中国人口史』, 北京: 人民出版社, 1988.

赵云田,『中国治边机构史』, 北京: 中国藏学出版社, 2002.
周才珠·齐瑞端 译注,『墨子全译』, 贵阳: 贵州人民出版社, 1995.
周群, "尹湾汉简所载东海郡吏员总额考,"『南都学坛』, 2011年 第5期: 6-12.
周书灿, "服制看商代四土的藩属体制与主权形态,"『中国边疆史地研究』, 2010年 第3期: 1-8.
周书灿外, "西周王朝的天下格局与国家结构,"『河北师范大学学报』(哲学社会科学版), 2000年 第1期: 17-21.
周长山,『汉代地方政治史论 — 对郡县制度若干问题的考察』, 北京: 中国社会科学出版社, 2006.
周振鹤,『西汉政区地理』, 北京: 人民出版社, 1987.
周振鹤, "西汉地方行政制度的典型实例—读尹湾六号汉简出土木牍,"『学术月刊』, 1997年 第5期: 98-103.
周志先·张霞, "析东汉定都洛阳的原因,"『洛阳师范学院学报』, 2004年 第3期: 96-98.
邹水先·『两汉县行政研究』, 长沙: 湖南人民出版社, 2008.
邹水杰·岳庆平, "西汉县令长初探,"『北京大学学报』(哲学社会科学版), 2003年 第4期: 109-119.
朱伯康·施正康,『中国经济通史』(上,下), 北京: 中国社会科学出版社, 1995.
朱熹,『四書集注』, 臺北: 藝文印書館, 1978.
朱子彦, "汉代外戚集团的形成与擅权"『历史教学问题』, 1996年 第8期: 4-10.
佐竹靖彦,『殷周秦汉史学的基本问题』, 北京: 中华书局, 2008.
庄春波, "中国历代军事制度概述: (三)两汉军事制度概述,"『历史教学』, 1989年 第10期: 12-16.
左言东,『中国古代官本位体制解析』, 北京: 知识产业出版社, 2013.

### 2) 한글 문헌

『고려사절요高麗史節要』
『다산시문집茶山詩文集』
『대동야승大東野乘』
『동문선東文選』
『동사강목東史綱目』
『백호전서白湖全書』
『선조수정실록宣祖修正實錄』

『역대요람歷代要覽』

『조선왕조실록朝鮮王朝實錄』

『청음집淸陰集』

『청장관전서靑莊館全書』

『해동역사海東繹史』

『홍재전서弘齋全書』(출처: 한국고전번역원 종합DB)

갈검웅 저, 숙사연구회 역, 『중국통일 중국분열』, 서울: 신서원, 1996.

가이즈카 시게키 · 이토 미치하루 지음, 배진영 · 임대희 옮김, 『중국의 역사: 선진시대』, 서울: 혜안, 2011.

강신주, 『노자老子: 국가의 발견과 제국의 형이상학』, 서울: 태학사, 2004.

거지엔씨옹葛劍雄 지음, 이성희 옮김, 『천추흥망: 한나라—세계 최대의 강국』, 서울: 따뜻한손, 2009.

국사편찬위원회 편, 『韓國史 4: 初期國家 古朝鮮 · 夫餘 · 三韓』, 서울: 국사편찬위원회, 2003.

국사편찬위원회 편, 『中國正史 朝鮮傳』 譯註 一, 서울: 신서원, 2007.

국사편찬위원회 편, 『中國正史 朝鮮傳』 1권-4권, 서울: 신서원, 2004.

권오중, 『낙랑군연구』, 서울: 일조각, 1992.

권오중, "前漢時代의 遼東郡," 『人文硏究』, 제29집(1995): 269-296.

권오중, "漢代 邊郡의 部都尉," 『東洋史學硏究』, 제88집(2004): 1-32.

권오중, "낙랑군 역사의 전개," 『인문연구』, 55호(2008): 449-474.

기수연, "中國 正史 속의 高句麗—중국의 고구려 귀속 논리에 대한 문헌사적 검토," 『단군학연구』, 제10호(2004): 5-28.

김경호 외, 『하상주단대공정—중국 고대문명 연구의 허와 실—』, 서울: 동북아역사재단, 2008.

김관식 역, 『書經』, 서울: 현암사, 1967.

金秉駿, 『中國古代 地域文化와 郡縣支配』, 서울: 一潮閣, 1997.

김원중 옮김, 『한비자』, 서울: 글항아리, 2010.

김정렬, "기억되지 않은 왕들—서주시대의 지역 정치체에 대한 연구—," 『崇實史學』, 제25집(2010): 275-309.

김정렬, 『서주 국가의 지역정치체 통합연구』, 서울: 서경문화사, 2012.

김종서, 『한사군의 실제 위치 연구』, 서울: 한국학연구원, 2005

김필수 외 옮김, 『관자』, 서울: 소나무, 2006.

김학주 옮김, 『새로 옮긴 시경』, 서울: 명문당, 2010.

김학주 옮김, 『순자』, 서울: 을유문화사, 2008.
김학주 역저, 『新完譯 墨子』(上, 中, 下), 서울: 明文堂, 2003.
김학주 옮김, 『장자』, 서울: 연암서가, 2010.
김학주 역, 『노자』, 서울: 연암서가, 2011.
김한규, 『古代中國的世界秩序研究』, 서울: 一潮閣, 1992.
김한규, 『천하국가: 전통시대 동아시아 세계질서』, 서울: 소나무, 2005.
김한규, 『한중관계사』 (I, II), 서울: 아르케, 1999.
김한규·이철호 역, 『염철론』, 서울: 소명, 2002.
남성훈, "黃宗羲와 顧炎武의 政治思想의 比較研究," 전북대학교 사학과 박사학위 논문, 1986.
니시지마 사다오西嶋定生 지음, 변인석 편역, 『중국고대사회경제사』, 서울: 한울, 1994.
니시지마 사다오西嶋定生 지음, 최덕경 외 옮김, 『중국의 역사: 진한사』, 서울: 혜안, 2004.
니콜라 디코스모 지음, 이재정 옮김, 『오랑캐의 탄생』, 서울: 황금가지, 2005.
니콜로 마키아벨리 저, 강정인 · 안선재 역, 『로마사 논고』, 서울: 한길사, 2003.
레오 스트라우스 조셉 크랍시 저, 이동수 외 역, 『서양정치철학사』(I, II, III), 서울: 인간사랑, 2007.
로버트 달 저, 조기제 역, 『민주주의와 그 비판자들』, 서울: 문학과지성사, 1999.
리우리劉莉 · 천싱찬陳星燦 저, 심재훈 역, 『중국 고대국가의 형성』, 서울: 학연문화사, 2006.
마키아벨리 저, 白尙健 역, 『君主論』, 서울: 博英社, 1981.
미조구치 유조 외 지음, 조영렬 옮김, 『중국제국을 움직인 네 가지 힘』, 서울: 글항아리, 2012.
민두기, 『中國 近代史 研究』, 서울: 一潮閣, 1973.
閔斗基, "前漢의 "貢賦"에 對한 一考—獻費 · 口賦와 關聯하여—," 『歷史學報』, 第13輯(1960): 109-122.
박기수 외 역주, 『사료로 읽는 중국 고대 사회경제사』, 서울: 청어람미디어, 2005.
박미라 옮김, 『신서』, 서울: 소명출판사, 2007.
朴趾源 著, 李家源 譯, 『熱河日記』(上, 中, 下), 서울: 大洋書籍, 1973.
方香宿, "漢代의 政策決定過程," 『東洋史學研究』, 제74집(2001): 1-46.
방향숙, "古代 동아시아 册封朝貢體制의 원형과 변용," 방향숙 외, 『한중 외교관계와 조공책봉』, 서울: 동북아역사재단, 2005.
벤자민 슈워츠 지음, 나성 옮김, 『중국 고대 사상의 세계』, 서울: 살림, 2004.
브로델 저, 주경철 역, 『물질문명과 자본주의 III-1: 세계의 시간 上』, 서울: 까치, 1999.
사카쿠라 아츠히데阪倉篤秀 지음, 유재춘·남의현 옮김, 『長城의 中國史—유목과 농경 6,000km의 공방』, 춘천: 강원대학교 출판부, 2008.

서긍徐兢, 『고려도경』, 서울: 민족문화추진위원회, 1977.
성백효 역주, 『논어집주』, 서울: 전통문화연구회, 1990.
송두율, 『계몽과 해방』, 서울: 당대, 1996.
송영배, 『중국사회사상사』, 서울: 사회평론, 1998.
宋眞, "漢代 通行證 制度와 商人의 移動," 『東洋史學硏究』, 제92집(2005): 75-111.
신동준 역, 『국어』, 서울: 신서원, 2005.
신정근 역주, 『백호통의』, 서울: 소명출판, 2005.
신정근 옮김, 『동중서의 春秋繁露: 춘추－역사해석학』, 서울: 태학사, 2006.
쓰루마 기즈유키鶴間和幸 지음, 김용천 옮김, 『秦漢帝國 어프로치』, 서울: 동과서, 2007.
안길환 편역, 『新完譯 淮南子』(上, 中, 下), 서울: 明文堂, 2013.
안주섭 외, 『영토한국사』, 서울: 소나무, 2006.
에드워드 기번 지음, 데로 A. 손더스 발췌, 황건 옮김, 『그림과 함께 읽는 로마 제국 쇠망사』, 서울: 청미래, 2004.
오영찬, 『낙랑군 연구』, 서울: 사계절, 2006.
와카바야시 미키오 저, 정선태 역. 『지도의 상상력』, 서울: 산처럼, 2007.
왕명가王明珂 지음, 이경룡 옮김, 『중국 화하 변경과 중화민족』, 서울: 동북아역사재단, 2008.
왕천유 저, 이상천 역, 『중국고대관제』, 서울: 학고방, 2006.
요시노 마코토吉野誠 지음, 한철호 옮김, 『동아시아 속의 한일 2천년사』, 서울: 책과함께, 2005.
우재호 역, 『맹자』, 서울: 을유문화사, 2007.
우재호 역, 『상군서』, 서울: 소명출판, 2005.
尹乃鉉, "天下思想의 始原" 全海宗 외, 『中國의 天下思想』, 서울: 민음사, 1988.
윤내현 편저, 『중국사 1』, 서울: 민음사, 1991.
李基東 譯解, 『논어강설』, 서울: 성균관대학교 출판부, 2005.
李基白·李基東, 『韓國史講座』 I(古代篇), 서울: 一潮閣, 1982.
李基奭·韓百愚 역, 『신역 서경』, 서울: 弘新文化社, 1979.
李相玉 譯著, 『新完譯 禮記』(上, 中, 下), 서울: 명문당, 2003.
李成珪, 『中國古代帝國成立史硏究－秦國齊民支配體制의 형성』, 서울: 일조각, 1984.
이성규, "中國古代 皇帝權의 性格" 동양사학회 편, 『東西史上의 主權』, 서울: 한울, 1993.
이성규, "戰國時代 統一論의 形成과 그 背景," 『東洋史學硏究』, 제8·9합집(1975): 24-96.
이성규, "진秦의 지방행정조직과 그 성격－현縣의 조직과 그 기능을 중심으로－," 『東洋史學硏究』, 제31권(1989): 1-90.

李成珪, "中國 古代 帝國의 統合成 提高와 그 機制－民·官의 移動과 '帝國意識'의 형성을 중심으로－," 『中國古代史硏究』, 제11집(2004): 1-71.
이연승, 『양웅揚雄: 어느 한 대漢代 지식인의 고민』, 서울: 태학사, 2007.
李容一, "戰國時代 列國의 封君 存在形態," 『中國史硏究』, 제74집(2011): 1-33.
李裕成, "戰國 秦의 鄕村支配定策에 대한 一考察," 『中國學報』, 제33권(1993): 209-242.
李耳·宋志英 譯解, 『老子』, 서울: 동서문화사, 1979.
이주행 옮김, 『論衡』, 서울: 소나무, 1996.
李春植, "朝貢의 起源과 그 意味－先秦時代를 中心으로－," 『中國學報』, 제10집(1969): 1-21.
李春植, "中國古代國家의 二重構造와 世界觀," 『亞細亞硏究』, 제87호(1992): 87-123.
이춘식, 『중화패권의 뿌리와 이념』, 서울: 고려대학교출판부, 2014.
임기중, 『연행록연구』, 서울: 일지사, 2002.
임기환, "3-4세기 초 위魏·진晉의 동방정책," 『역사와 현실』, 제36집(2000): 2-34.
林東錫 譯註, 『잠부론』, 서울: 동서문화사, 2009.
任仲爀, "漢代의 文書行政," 『中國學報』, 제19집(1989): 95-144.
任仲爀, "戰國 秦의 地方 行政組織," 『中國學論叢』, 제7집(1993): 47-115.
任仲爀, "尹灣漢簡을 통해 본 漢代의 지방행정제도," 『역사교육』, 제64집(1997): 65-99.
장현근, 『성왕: 동양 리더십의 원형』, 서울: 민음사, 2012.
전목 著, 김준권 譯, 『강좌 중국정치 제도사』, 파주: 한국학술정보, 2005.
全海宗, "漢代의 朝貢制度에 대한 一考察－〈史記〉·〈漢書〉를 통해－," 『東洋史學硏究』, 제6집(1973): 1-15.
全海宗 외, 『中國의 天下思想』, 서울: 민음사, 1988.
丁範鎭 외 옮김, 『사기본기』, 서울: 까치, 1994.
丁範鎭 외 옮김, 『사기세가』(상, 하), 서울: 까치, 1994.
鄭英昊 解譯, 『여씨춘추 12기』, 서울: 자유문고, 2006.
鄭英昊 解譯, 『여씨춘추 8람』, 서울: 자유문고, 2006.
鄭英昊 解譯, 『여씨춘추 6론』, 서울: 자유문고, 2006.
정창원, "秦帝國의 남방공략과 靈渠개착－개착년도 문제를 중심으로－," 『역사와 실학』, 제35집(2008): 181-209.
池載熙·李俊寧 解譯, 『주례周禮』, 서울: 자유문고, 2002.
조긍호·강정인, 『사회계약론 연구』, 서울: 서강대학교 출판부, 2012.
조지프 R. 스트레이어 지음, 중앙대학교 서양중세사연구회 옮김, 『국가의 탄생 －근대국가의 중세적 기원』, 서울: 학고방, 2012.
헤겔 저, 김종호 역, 『역사철학강의』(1, 2), 서울: 삼성출판사, 1981.

호리 도시카즈堀敏一 지음, 정병준·이원석·채지혜 옮김, 『중국과 고대 동아시아 세계: 중화적 세계와 여러 민족들』, 서울: 동국대학교 출판부, 2012.

홍승현, 『중국과 주변: 중국의 확대와 고대 중국인의 세계 인식』, 서울: 혜안, 2009.

黃宗羲 著, 全海宗 譯, 『明夷待訪錄』, 서울: 삼성문화재단, 1971.

히하라 도시쿠니 지음, 김동민 옮김, 『국가와 백성 사이의 漢』, 서울: 글항아리, 2013.

### 3) 서양 문헌

Alesina, Alberto and Spolaore, Enrico, *The Size of Nations*, Cambridge, Mass.: Mit Press, 2003.

Aristotle, *Politics*, translated with a commentary by David Keyt, New York: Oxford University Press, 1999.

Baldwin, David A., "Power and International Relations" in Walter Carlsnaes, Thomas Risse and Beth A. Simmons(eds.), *Handbook of International Relations*, London: Sage, 2002: 177-191.

Barfield, Thomas J., "The Shadow Empires: Imperial State Formation along the Chinese-Nomad Frontier," in Susan E. Alcock et al. (eds.), *Empires: Perspectives from Archaeology and History*, Cambridge: Cambridge University Press, 2001: 10-41.

Barnett, Michael and Duvall, Raymond, "Power in International Politics," *International Organization*, Vol. 59, No. 1(Winter, 2005): 39-75.

Bodley, John H., *The Power of Scale: A Global History Approach*, York, Armonk: M.E. Sharpe, 2002.

Campell, Roderick B., "Toward a Networks and Boundaries Approach to Early Complex Politics: The Late Shang Case," *Current Anthropology*, Vol. 50, No. 6(Dec. 2009): 821-848.

Chang, Chun-shu, *The Rise of the Chinese Empire, Vol. 1, 2*, Ann Arbor: The University of Michigan Press, 2006.

Chang, K. C., "Sandai Archaeology and the Formation of States in Ancient China: Processual Aspect of the Origins of Chinese Civilization," in David N. Keightley(ed.), *The Origins of Chinese Civilization*, Berkeley: University of California Press, 1983: 495-521.

Chang, K. C., *Archeology of Ancient China*, 4th edition, revised and enlarged, New Haven: Yale University Press, 1986.

Chang, K. C., *Art, Myth, and Ritual. The Path to Political Authority in Ancient China*, Cambridge Mass.: Harvard University Press, 1988.

Creel, H. G., *The Origins of Statecraft in China, Vol. I, The Western Chou Empire*, Chicago: University of Chicago Press, 1970.

Creel, H. G. , "The Beginnings of Bureaucracy in China: The Origin of the Hsien," *Journal of Asian Studies*, Vol. 23, No 2(Feb. 1964): 155-184.

Dahl, Robert A. and Tufte, Edward R., *Size and Democracy*, Stanford: Stanford University Press, 1973.

Davis, L. and Huttenback, R. *Mammon and the Pursuit of Empire*, New York: Cambridge University Press, 1986.

Elman, Service R., *Origins of the State and Civilization: The Process of Cultural Evolution*, Toronto: W. W. Norton & Company, Inc., 1975.

Fairbank, John K., "A Preliminary Framework," in John K. Fairbank ed., *The Chinese World Order*, Cambridge: Harvard University Press, 1968: 1-19.

Fairbank, John K. and Edwin O. Reischauer, *East Asia: The Great Tradition*, Boston: Houghton Mifflin, 1960.

Finer, S. E., *The History of Government From the Earliest Times*, Vol. 1: Ancient Monarchies and Empires, New York: Oxford University Press, 1997.

Garnsey, Peter and Saller, Richard, *The Roman Empire: Economy, Society and Culture*, Berkeley: University of California Press, 1987.

Hardy, Grant and Anne Behnke Kinney, *The Establishment of the Han Empire and Imperial China*, Westport, CT.: Greenwood Press, 2005.

Hegel, G. W. H., *Vorlesung Über die Philosophie der Geschichte*, Hegel Werke 12, Frankfurt am Main: Suhrkamp, 1969.

Hegel, G. W. H., *Vorlesungen Über die Philosophie der Weltgeschichte, Band II: Die orientalische Welt,* Hamburg: Verlag von Felix Meiner, 1988.

Henderson, Gregory, *Korea: The Politics of the Vortex,* Cambridge, MA.: Harvard University Press, 1968.

Henderson, J. V., "Industrial bases and city sizes," *American Economic Review*, Vol. 73 No. 2(1983): 164-168.

Hsiao, K. C., "Legalism and Autocracy in Traditional China," Yu-ming Ki(ed.) *Shang Yang's Reform and State Control in China*, New York: M. E. Sharpe, 1977: 125-143.

Jervis, Robert, *System Effects: Complexity in Political and Social Life*, Princeton: Princeton University Press, 1997.

Kennedy, Paul, *The Rise and Fall of the Great Powers: Economic Change and Military Conflict from 1500 to 2000*, New York: Random House, 1987.

Lake, David A., "The Rise, Fall, and Future of the Russian Empire: A Theoretical Interpretation," in Karen Dawisha and Bruce Parrott(eds.), *The End of Empire?: The Transformation of the USSR in Comparative Perspective*, Armonk, N.Y.: M.E. Sharpe, 1997: 30-62.

Lattimore, Owen, *Manchuria: Cradle of Conflict*, New York: Macmillan, 1935.

Lattimore, Owen, *Inner Asian Frontiers of China*, Boston: Beacon Press, 1962.

Lewis, Mark Edward, *The Construction of Space in Early China*, Albany: State University of New York Press, 2006.

Lee, Desmond, "Translator's Introduction," Plato, *The Republic*, New York: Penguin Books, 1974: 11-58.

Li, Jieli, "State Fragmentation: Toward a Theoretical Understanding of the Territorial Power of the State," *Sociological Theory*, Vol. 20, No. 2(July 2002): 139-156.

Li Feng, "'Feudalism' and Western Zhou China: A Criticism," *Harvard Journal of Asiatic Studies*, Vol. 63 No.1(2003): 115-144.

Linduff, Katheryn M. and Ge, Yan, "Sanxingdui: A new Bronze Age site in southwestern China," *Antiquity*, Vol. 64(Sept. 1990): 503-513.

Lipson, Leslie, *The Great Issues of Politics; an Introduction to Political Science,* Englewood Cliffs, N. J.: Prentice-Hall, 1960.

Loewe, Michael, *The Government of the Qin and Han Empires*, Indianapolis/Cambridge: Hackettt Publishing Company, Inc., 2006.

Man, John, *The Great Wall: The Extraordinary History of China's Wonder of the World*, London: Bantam Books, 2008.

March, Andrew L, *The Idea of China*, New York: Praeger Publishers, 1974.

Marx, K., "Die britische Herrschaft in Indien," *Marx-Engels Werke(MEW) 9*, Berlin: Dietz Verlag, 1960: 127-133.

Marx, K., *Grundrisse der politischen Okonomie,* Marx-Engels Werke(MEW) 42, Berlin: Dietz Verlag, 1983.

Mill, J. S., *Considerations on Representative Government*, A Penn State Electronic Classics Series Puclication, The Pennsylvania State University, 2004.

Montesquieu, Charles de Secondat, *The Spirit of Laws*, Chicago: Encyclopaedia Britannica, 1990.

Needham, Joseph, *Science and Civilization in China*, Vol. 5, Part VI: Military Technology: Missiles and Sieges, Cambridge: Cambridge University Press, 1994.

Paine, Thomas, *Rights of Man, Common Sense, and Other Political Writings*, edited by Mark Philp, Oxford: Oxford University Press, 1995.

Parsons, Talcott, "Concept of the political power," *Proceedings of the American Philosophical Society*, Vol. 107, No. 3(June, 1963): 307-336.

Perdue, Peter C., *China Marches West: The Qing Conquest of Central Eurasia*, Cambridge, Mass.: Harvard University Press, 2005.

Plato, *The Laws*, translated by Trevor J. Saunders, New York: Penguin Books, 1982.

Plato, *The Republic*, translated by Desmond Lee, New York: Penguin Books, 1974.

Polanyi, Karl, *The Great Transformation: the Political and Economic Origins of Our Time*, Boston: Beacon Press, 1944.

Pumain, Denise(ed.), *Hierachy in Natural and Social Sicences*, Dordrecht: Springer, 2006.

Pye, Lucian W., "China: Erratic state, frustrated society," *Foreign Affairs*, Vol. 68 No. 4(1990): 56-74.

Rossiter, Clinton (ed.), *The Federalist Papers*, New York: Penguin Books, 1999.

Rousseau, J. J., *The Social Contract Discourses*, translated from the French and introduction by G.D.H. Cole, London: Dent, 1955.

Terrill, Ross, *The New Chinese Empire - and What it Means for the United States*, New York: Basic Books, 2003.

Tilly, Charles, *Coercion, Capital and European States, AD 990-1990*, Cambridge, Mass.: Basil Blackwell, 1990.

Tilly, Charles(ed.), *The Formation of National States in Western Europe*, Princeton, N.J.: Princeton University Press, 1975.

Toynbee, Arnold J., *A Study of History 1, 2*, abridged by D.C. Somervell, New York: Oxford University, 1956.

Tocqueville, Alexis de., *Democracy in America I*, New York: AA Knopf, 1959.

Twitchett, Denis and John K. Fairbank, *The Cambridge History of China*, Vol. I: The Ch'in and Han Empires, 221 B.C.-A.D. 220, Cambridge: Cambridge University Press, 1986.

Waldron, Arthur, *The Great Wall of China: from History to Myth*, Cambridge & New York: Cambridge University Press, 1990.

Wallerstein, Immanuel, *The Modern World-System I, II*, New York: Academic Press, 1980.

Wang, Zhengping, "2 Speaking with a forked tongue: diplomatic correspondence between China and Japan, 238-608 A.D.," Caroline Rose (ed.), *Sino-Japanese Relations, Vol 1: History, Politics, Economy and Society*, New York, NY: Routledge, 2011: 34-48.

Watkins, Frederick, "Introduction to Rousseau: Political Writings," 1953, http://www.constitution.org/jjr/watkins.htm.

Werlin, Hebert H., "The Evolution of Political Power in Political Development," *Journal of Developing Societies*, Vol. 24, No. 3(Sept. 2008): 307-336.

Wittfogel, K., *Oriental Despotism: A Comparative Study of Total Power*, New York: Vintage Books, 1957.

Yü, Ying-shih, *Trade and Expansion in Han China: A Study on the Structure of Sino-Barbarian Economic Relations*, Berkeley and Los Angeles, University of California Press, 1967.

Yü, Ying-Shih, "Chapter 6. Han Foreign Relations," in Denis Twitchett and John K. Fairbank, *The Cambridge History of China, Vol. I: The Ch'in and Han Empires, 221 B.C.-A.D. 220*, Cambridge: Cambridge University Press, 1986: 377-462.

Zarri, Joseph, "Aristotle's Theory of the Origin of the State"(July 16, 1948), http://www.scholardarity.com/?page_id=2410.

가



나

다



라



마

바



사

아

자

**차**

## 타



## 파



## 하

## 김영진

■ 1962년 전남 장성에서 태어났다. 입시 특급장학생으로 경희대학교에 입학해 영어영문학 학사를 마치고, 서울대학교에서 정치학 석사 그리고 독일 베를린자유대학에서 정치학 박사학위를 받았다. 유학 도중 중국 베이징대학교에서 방문학자로서 연구했고, 귀국 후에는 경희대학교, 성균관대학교, 서울대학교 등에서 강의했다. 현재 국민대학교 국제학부 교수로 재직 중이다. 주요 저서로는 『중국의 시장화와 노동정치』(1998), 『시장자유주의를 넘어서: 칼 폴라니의 사회경제론』(2005), 『중국의 도시 노동시장과 사회』(2002, 2011)가 있다.

■ 최근 10여 년간 고대 중국과 동아시아 질서 형성에 관심을 두어, 「중국 제국 형성 시기 대외관계와 군현화 전략」(2011), 「초기 중국의 통일국가 형성기제에 대한 이론적 고찰」(2013) 등의 논문들을 발표했다. 앞으로 동아시아 관계사, 특히 외교 논쟁사에 관해 구체적인 연구를 진행할 계획이다.

중국, 대국의 신화

중화제국 정치의 토대

1판 1쇄 발행 2015년 9월 15일

1판 2쇄 발행 2016년 3월 31일

지은이 | 김영진

발행인 | 정규상

펴낸곳 | 성균관대학교 출판부

등록 | 1975년 5월 21일 제1975-9호

주소 | 110-745 서울특별시 종로구 성균관로 25-2

전화 | 02) 760-1252~4

팩스 | 02) 762-7452

홈페이지 | press.skku.edu

ISBN 979-11-5550-119-1 93340

값 42,000원